Jürgen Rühle

Literatur und Revolution

Die Schriftsteller und der Kommunismus in der Epoche Lenins und Stalins

Büchergilde Gutenberg
Frankfurt am Main
Olten Wien

JÜRGEN RÜHLE

Literatur und Revolution

Die Schriftsteller und der Kommunismus in der Epoche Lenins und Stalins

Büchergilde Gutenberg
Frankfurt am Main Olten Wien 1987

Frau Ilse Spittmann-Rühle, die das Manuskript nochmals durchgesehen und Korrekturen gelesen hat, sei für ihre Mitarbeit herzlich gedankt.

Gesamtausstattung Juergen Seuss, Niddatal bei Frankfurt am Main. Die Bildvorlagen entstammen dem Verlagsarchiv und dem Archiv von Juergen Seuss, fünf weitere Vorlagen stellte uns der Autor zur Verfügung. Satz und Druck Richard Wenzel, Goldbach bei Aschaffenburg. Schrift Borgis Excelsior auf Linotype 4b (Bleisatz). Lithographische Arbeit RGD – ReproGruppeDreieich, Langen. Buchbindearbeit Großbuchbinderei Monheim (R. Oldenbourg), Monheim. Printed in Germany 1987. ISBN 3 7632 2740 7

Inhaltsverzeichnis

Meinen Lehrern

Ernst Bloch,

Richard Hamann,

Alfred Kantorowicz,

Victor Klemperer,

Georg Lukács

und Hans Mayer

1919 wurde der Schriftsteller Kurt *Eisner*, bayrischer Ministerpräsident, von einem nationalistischen Attentäter erschossen; Gustav *Landauer* wurde von Freikorpsleuten gelyncht.

1921 fiel Nikolai *Gumiljow* unter den Kugeln eines bolschewistischen Pelotons; Boris *Sawinkow* (W. Ropschin) stürzte 1925 aus einem Fenster des Moskauer Zentralgefängnisses Lubjanka.

1926 wurde Antonio *Gramsci* von der Polizei des faschistischen Italien verhaftet, er starb 1937 im Gefängnis.

1931 ließ Tschiang Kai-schek die Schriftsteller *Ju Schih, Hu Je-Ping, Jin Fu, Li Weh-sen* und *Feng Keng*, eine Frau, durch eine Maschinengewehrgarbe niederstrecken.

1933 wurde Theodor *Lessing* in Marienbad von den Nationalsozialisten ermordet; in Hitlers Vernichtungslagern gingen zugrunde Carl *von Ossietzky*, Erich *Mühsam*, Paul *Kornfeld*, Georg *Hermann*, Fritz *Reck-Malleczewen*, Theodor *Wolff*, Gertrud *Kolmar*, Hans Arno *Joachim*, Jakob *van Hoddis*, Max *Jacob*, Klaus *Neukrantz* und andere; Johannes *Wüsten* starb 1943 im Zuchthaus; Adam *Kuckhoff* wurde 1943 durch das Beil hingerichtet, Albrecht *Haushofer* 1945 durch Genickschuß.

Verfolgt von den Nationalsozialisten begingen Selbstmord Walter *Hasenclever*, Kurt *Tucholsky*, Stefan *Zweig*, Walter *Benjamin*, Carl *Einstein*, Reinhard *Goering*, Egon *Friedell*, Jochen *Klepper*, Ernst *Toller*, Eugen Gottlob *Winkler*, Ernst *Weiss* und andere.

Herwarth *Walden*, Ernst *Ottwalt* und Karl *Schmückle* kamen, nachdem sie vor Hitler in der Sowjetunion Zuflucht gesucht hatten, in der Stalinschen Säuberung um; Willi *Münzenberg* starb 1940 in Frankreich unter Umständen, die auf einen Fememord der Komintern deuten.

1936 wurde Federico *García Lorca* vor den Toren Granadas von spanischen Faschisten erschossen; Antonio *Machado* starb 1939 auf der Flucht; Miguel *Hernandez* kam 1942 in einem Gefängnis Francos um.

1942 wurde Nikola *Wapzarow* von der monarchistischen Diktatur Bulgariens erschossen; die Tschechen Vladislav *Vancura* und Julius *Fučik* wurden 1942 und 1943 von der deutschen Besatzungsmacht hingerichtet; der Pole Bruno *Schulz* wurde 1942 auf der Straße eines Gettos von einem Gestapomann getötet; der tatarische Dichter Mussa *Dshalil* wurde 1942 in Berlin-Moabit hingerichtet; 1944 wurde der Däne Kaj *Munk* von der Gestapo erschossen.

Als Opfer der Stalinschen Säuberung starben im Erschießungskeller oder im Zwangsarbeitslager Boris *Pilnjak,* Isaak *Babel,* Ossip *Mandelstam,* Sergej *Tretjakow,* Wladimir *Kirschon,* Michail *Kolzow,* Artjom *Wesjoly,* Alexander *Tarassow-Rodionow,* Iwan *Makarow,* Viktor *Orlow,* Iwan *Katajew,* Nikolai *Sarudin,* Boris *Guber,* Sergej *Budanzew,* Georgi *Nikiforow,* Nikolai *Kljujew,* Sergej *Klytschkow,* Pawel *Wassiljew,* Pjotr *Oreschin,* Wladimir *Kirillow,* Michail *Gerassimow,* Boris *Kornilow,* Mikola *Kulisch,* Iwan *Mikitenko,* Bruno *Jasienski,* Tizian *Tabidse,* Daniel *Charms,* Alexander *Arosew,* Grigori *Belych,* Alexej *Gastew,* Iwan *Kasatkin,* Viktor *Kin,* Wassili *Knjasew,* Sergej *Kolbaschew,* Michail *Loskutow,* Wladimir *Narbut,* Nikolaj *Olejnikow,* Valerian *Prawduchin,* Alexander *Wwedenski,* Wladimir *Sasubrin* und andere; Maxim *Gorki* wurde wahrscheinlich vergiftet; alle führenden Literaturkritiker der Sowjetunion wurden liquidiert, darunter Fürst Dmitri *Mirski,* Alexander *Woronski* und Leopold *Auerbach.*

Unter dem Bolschewismus begingen Selbstmord Nikolai *Kuznezow,* Sergej *Jessenin,* Andrej *Sobol,* Wladimir *Majakowski,* Paolo *Jaschwili,* Marina *Zwetajewa,* Alexander *Fadejew* und andere.

1945 wurde in Frankreich Robert *Brasillach* wegen Kollaboration mit den Deutschen erschossen; Pierre *Drieu La Rochelle* entzog sich der Anklage durch Selbstmord. In der Sowjetunion wurde 1947 Pjotr *Krasnow* als Kosakenführer wegen Zusammenarbeit mit dem Feind gehängt.

1951 stürzte sich Konstantin *Biebl,* um der Anklage im Schauprozeß zu entgehen, in Prag aus dem Fenster; Otto *Katz* (André Simone) wurde 1952 im Slansky-Prozeß als angeblicher zionistischer Agent verurteilt und gehängt.

1952 ließ Stalin die 26 angesehensten jiddischen Intellektuellen töten, darunter David *Bergelson,* Itzig *Feffer,* Leib *Kwitko* und Peretz *Markisch.*

1958 wurde Miklos *Gimes* wegen seiner Teilnahme am ungarischen Volksaufstand 1956 hingerichtet; Geza *Losonczy* erlag den Verhören.

In den mehr als zwanzig Jahren seit Erscheinen der ersten Ausgabe dieses Buches hat die Verfolgung von Schriftstellern nicht nachgelassen. Nach wie vor werden in vielen Teilen der Welt Autoren wegen ihrer Gesinnung unterdrückt, gefangengehalten, gefoltert und getötet. Fünf Beispiele sollen für viele stehen: 1966 trieben Rotgardisten der chinesischen Kulturrevolution *Lao She* in den Tod. 1972 starb Juri *Galanskow* in einem sowjetischen Zwangsarbeitslager. 1973 ermordeten Soldaten im Fußballstadion von Santiago de Chile den Volkssänger Victor *Jara.* 1978 tötete ein bulgarischer Agent in London Georgi *Markov* mit einem vergifteten Regenschirm. 1981 ließen die Mullahs im Iran den revolutionären Schriftsteller Said *Soltanpur* hinrichten.

Der Ermordeten und Verfolgten gedenkt dieses Buch.

Vorwort von Manés Sperber

Als Jürgen Rühle im Jahre 1960 *Literatur und Revolution* veröffentlichte, war es nicht zu früh, die Stellung der Schriftsteller zum Kommunismus und ihre Rolle in der kommunistischen Weltbewegung unter historischem und literarischem Gesichtspunkt zu erforschen. Der Sechsunddreißigjährige hatte eine höchst aufschlußreiche Lehrzeit hinter sich: Als Student und als Kulturredakteur in Ulbrichts Berlin war er vielen Intellektuellen nahegekommen. Seine politischen und beruflichen, besonders aber seine persönlichen Beziehungen erklären es, daß er über die Schriftsteller der DDR kaum je ein persönlich wertendes Urteil fällt, obschon er gegen ihre Werke und ihre politische Tätigkeit die schwersten Bedenken hegt. So kennzeichnet die erfolgreiche Bemühung um Objektivität sein beinahe enzyklopädisches Buch, das nun, up to date gebracht, wiedererscheint.

Während er über Werk und Leben der Schriftsteller im Sturm der Zeiten berichtet, bleibt Rühle dessen stets eingedenk, daß die Entscheidungen, vor die jeder von ihnen immer wieder gestellt wurde, schwierig, daß die Erprobung oft lebensgefährlich gewesen ist. Denn weit mehr als je vorher ist die Geschichte der Literatur in diesem hyperbolischen Jahrhundert nicht zuletzt eine Chronik von Verführungen und Erpressungen gewesen, von bedrohter Existenz und erzwungenen Lobpreisungen, von Selbstverleugnung und Selbstentfremdung. Auch deshalb ist Rühles so informatives, oft genug entlarvendes Buch nicht polemisch, sondern ein analytischer Bericht über Irrungen, über verführte Verführer, botmäßige Revolutionäre und treue Ketzer. *Literatur und Revolution* behandelt das tragische Kapitel einer politischen, sozialen und intellektuellen Revolution, die sich nach ihrem Triumph allmählich in eine permanente Konterrevolution verwandelt hat.

Seit 190 Jahren eignet dem ursprünglich von Astronomen gebrauchten, häufig variierten Wort ›Revolution‹ ein Klang, der stürmische Begeisterung oder haßvollen Widerwillen, maßlose Hoffnungen oder Angst hervorruft. Deutsche Philosophen und Dichter haben ihrer Bewunderung für die Französische Revolution in noch immer zitierten, erhabenen Worten Ausdruck gegeben. Kant und Hegel, Klopstock und Schiller haben die weitreichende Bedeutung des Ereignisses früh erkannt. Und weil die Verhältnisse, in denen sie lebten, ihnen die Erwartung einer Umwälzung im eigenen Lande zu verwehren schienen, wurde die

Revolution in Deutschland früher als anderswo ein Mythos. Ein Mythos, den man auf Erden naturalisieren würde, wenn es gelänge, die *›Versöhnung des Göttlichen mit der Welt herbeizuführen‹*, wie Hegel 1792 glaubte. Sechs Jahre später erklärte der 74jährige Kant, der die Irrtümer der Französischen Revolution weder bestritt noch beschönigte, jenes ungeheure Ereignis habe immerhin den Beweis erbracht, daß die Menschheit sich auf dem Weg zur universellen Republik befinde.

Diesem Mythos, den man in der heutigen politischen Terminologie Frankreichs auch als *Mystique* bezeichnet, hat weder der Thermidor noch der annexionistische Bonapartismus ein Ende gemacht. Im Gegenteil neigen heute sogar Konterrevolutionäre dazu, sich selbst als die einzig wahren Revolutionäre zu betrachten; seit langem will beinahe niemand mehr ein Konterrevolutionär oder auch nur ein streitbarer Konservativer sein. Mussolinis Faschismus und Hitlers Nationalsozialismus brachten ungeheure Massen in Bewegung und begründeten Regime, die trotz ihrer traditionsgebundenen Phraseologie sich auf den Willen der Volksmassen beriefen, die Zustände schleunigst, durch einen Umbruch, durch eine ›nationale Revolution‹ von Grund auf zu verändern. Jedoch hat eben der Aufstieg Mussolinis, Hitlers und ihrer Nachahmer im Herzen Europas die Zahl jener Intellektuellen vermehrt, für die die Revolution ausschließlich links beheimatet und durch die Ziele jener Bewegungen determiniert war, die sich auf Marx, Lenin, Trotzki, bzw. auf Proudhon, Bakunin oder Kropotkin beriefen.

Die Autoritäts- und Traditionsfeindlichkeit der Expressionisten und ihr früh geäußerter Abscheu gegen den Krieg, die führende Rolle von Intellektuellen in den Revolutionen der kriegführenden Länder Ost- und Mitteleuropas, die Ermordung von Männern wie Kurt Eisner und Gustav Landauer – all das erzeugte die Gewißheit, daß eine grundlegende Änderung der unerträglichen Verhältnisse nur durch eine soziale, eine proletarische Revolution errungen werden konnte. Es schien offenbar, daß, wer in Frieden und Freiheit leben wollte, um soziale Gerechtigkeit kämpfen mußte.

Diese Feststellung legt die Vermutung nahe, daß Schriftsteller in großer Zahl, wenn nicht gar in ihrer Mehrheit, Revolutionäre gewesen sind, daß sie in die zeitweise gefährlichen politischen Auseinandersetzungen tatkräftig eingegriffen, sich als Poeten, Dramatiker, Essayisten oder Erzähler eindeutig für die Revolution eingesetzt haben – kurz, daß sie die Autoren einer revolutionären Literatur wurden.

»Kisch an der Spitze der Roten Garde in Wien, in der auch Werfel und Robert Neumann kämpften«, heißt es in diesem Buch. Nun, es gab dort eine jämmerlich kleine Rote Garde; das Ganze war so unernst wie vieles, was in Umsturztagen geschieht und manchen als große Tat erscheint, aber am Ende nur einer durch Schattenspiel maßlos vergrößerten Posse gleicht. In München allein wurde es töricht ernst und tragisch zugleich: Ein Gustav Landauer mußte sterben, viehisch umgebracht; Toller und Mühsam endeten im Kerker. In Ungarn kamen Intelligenzler, unter ihnen einige Intellektuelle, zur Macht – sie fiel ihnen so leicht zu wie ein unverhofftes Geschenk und blieb nur kurze Zeit in ihren Händen. Einer dieser Männer, Georg Lukács, sollte später als Mentor revolutionärer Schrift-

steller in Deutschland auftreten und dann, von der Sowjetunion aus, als marxistischer Theoretiker bei mittel- und westeuropäischen Literaturkritikern und Essayisten hohe Geltung erlangen. Auf die russischen Schriftsteller aber, in deren Mitte er lange Jahre lebte, hat Lukács keinen Einfluß ausgeübt. Im übrigen darf man behaupten, daß die europäische Literatur sich nicht anders entwickelt hätte, selbst wenn seine Auffassungen unbekannt geblieben wären.

In den ersten hundertsiebzig Seiten seines Buches gewährt Jürgen Rühle dem Leser tiefen Einblick in die Entwicklung der sowjetischen Literatur. Er zeigt das Kräftespiel auf, in dem die Schriftsteller früher oder später unterliegen mußten, gleichviel ob sie sich der fordernden, unterdrückenden Macht sofort völlig unterwarfen oder ihr standzuhalten suchten. In diesen Rückzugsgefechten, die sich Jahre hinzogen, blieb nur der mit vielen Pseudonymen bezeichnete, schließlich total und totalitär gewordene Staatsapparat siegreich, niemals irgendeine literarische Richtung, keine revolutionäre Ästhetik. Texte von Marx, Engels, Plechanow, Franz Mehring, Lenin, Stalin und Shdanow, fallweise auch von Gorki, lieferten die jeweils passenden Zitate, um die vorübergehend endgültigen dogmatischen Utopien zu begründen.

Die endlosen, doch nicht unfruchtbaren Debatten über Symbolismus und Formalismus, die im Vorkriegsrußland die Gemüter erregt hatten, wurden durch die revolutionären Ereignisse nicht sofort völlig desaktualisiert. Jene Dichter, die zuerst an die Versprechen der Revolution glaubten, mußten bald genug einsehen, daß die Literatur, zumindest während einiger Zeit, nur noch als ein Mittel, als eine der vielen Waffen in einem Bürgerkrieg ihre Daseinsberechtigung finden würde. Wladimir Majakowski wurde schnell weit über Rußlands Grenzen hinaus berühmt als der Dichter der ersten, der einzigen proletarischen Revolution, die unbesiegt blieb. An den Wänden der Eisenbahnwagen, die die Rotarmisten an die Front brachten, leuchteten weithin die farbigen Buchstaben seiner Gedichte, die Waffen waren, welche, hieß es, dem Feind so gefährlich werden konnten wie Maschinengewehre und Kanonen.

Lenin hatte allerdings öffentlich erklärt, daß er Majakowskis Poesie nicht recht verstünde; er zog ihr Puschkins Gedichte vor, die er stets auf seinem Nachttisch liegen hatte. Doch ging es nicht um ästhetische Kriterien, sondern nur um eine einfache, unter allen Umständen vordringliche Frage: Nutzte das, was einer schrieb, nutzte das Gedicht der Revolution oder nicht? Entfesselte es, vermehrte es jene Kräfte, die dem Sozialismus die Welt erobern würden? So war zum Beispiel die Frage müßig, ob Jessenin, dieser wunderbare Bauernjunge, nicht ein besserer, weit begabterer Dichter war als Majakowski.

»*Hier will mich niemand hören / schlecht bin ich gelitten / Ich selber bin hier nicht vonnöten, /scheint's*«, schrieb Jessenin im Dezember 1925, ehe er sich die Adern durchschnitt und sich schließlich am Kristallüster seines Hotelzimmers erhängte. Majakowski aber schrieb: »*Ich will, daß die staatliche Plankommission / mein Pensum alljährlich in heißer Debatte / vorschreibe auf strengem Kontrollzifferblatte / ich will – meine Feder ins Waffenverzeichnis! / Bajonett und Feder – so laute das Gleichnis!*«

Im Dezember 1930, fünf Jahre nach Jessenins Selbstmord, erschoß sich Majakowski. Die letzten Worte seines allerletzten Gedichtes waren: ». . . *überflüssig ist es / aufzuzählen / die Leiden / Schmerzen / und Bitternisse des Daseins / Lebt wohl!*«

Man weiß, daß die eingestandenen oder enthüllten Gründe eines Selbstmordes gewöhnlich nur Vordergründe, Vorwände sind. Im Leben Jessenins wie in dem Majakowskis entdeckt man früh genug Ereignisse, Erlebnisse und Taten, aus denen sich eine psychologisch einleuchtende Erklärung für ihren Freitod folgern ließe. Jedoch ist es nicht abwegig, in Majakowskis Selbstvernichtung mehr, anderes als ein naheliegendes persönliches Motiv zu vermuten. Im Jahre 1930 sahen nämlich alle, die nicht in der Selbstverblendung Zuflucht suchten, daß der Abgrund immer breiter wurde zwischen denen, die zur Revolution gegangen waren, um Macht auszuüben, und jenen, die die Macht erobert hatten, um die Ziele der Revolution zu verwirklichen – d. h. die Macht zu verallgemeinern, sie abzuschaffen. Während einiger Jahre blieb der bolschewistische Futurist Majakowski noch in tiefstem Einklang mit sich selbst und mit einem Geschehen, das die Gegenwart nicht mehr in Vergangenheit, sondern in eine sehnenswerte Zukunft zu verwandeln schien. Im Jahre 1930 aber, dreizehn Jahre nach dem Roten Oktober, war ›*alles im Keime verfault*‹, die Revolution war verdorben, die Bürokraten, die ›*Wanzen*‹ verwalteten herrisch den Staat. Es gab nicht wenige – unter ihnen auch Trotzki – die den Selbstmord des 37jährigen Majakowski als Protest gegen die Verderber des revolutionären Erbes deuteten.

Der 1883 geborene Jewgeni Samjatin übte den Beruf eines Schiffbauingenieurs bis zur Oktoberrevolution aus. Er hatte sich den Bolschewiki angeschlossen und mit 21 Jahren bei der Vorbereitung der Meuterei des Panzerkreuzers Potemkin eine nicht unbedeutende Rolle gespielt. Er begann sehr früh zu schreiben; manche Zeitschriften, die seine unverkennbar von Gogol beeinflußten satirischen Erzählungen publizierten, wurden ihrethalb konfisziert. Gleich nach dem Siege der Oktoberrevolution gab er seinen Beruf auf und widmete sich der Literatur, schrieb Essays über die Literatur und ihre Ästhetik, überdies zahlreiche Novellen und Theaterstücke. Bereits 1920 verfaßte er seinen Roman *WIR*, in welchem er den totalitären Staat so darstellt, wie er sich erst später unter Stalin zu der vollkommensten Tyrannis entwickeln sollte, die die zivilisierte Welt je gekannt hat. Der enttäuschte Samjatin beging nicht Selbstmord, sondern kämpfte unter offenem Himmel für die Pflicht und das Recht, die Wahrheit zu schreiben. In einem Brief an Stalin äußerte er die Überzeugung, daß »*die literarische Servilität, die Liebedienerei und Schönfärberei in gleichem Maße den Schriftsteller wie die Revolution erniedrigen*«. Er wurde von allen Seiten aufs heftigste angegriffen. 1931 erbat er von Stalin die Gunst der Verbannung ins Ausland, die ihm auch gewährt wurde. Er starb im Jahre 1937 in Paris.

Im Unterschied zum Roman *1984*, den Orwell zugestandenermaßen unter dem Einfluß von *WIR* geschrieben hat, ist Samjatins Roman keineswegs pessimistisch. Er entlarvt die geschwätzige Mythomanie des Revolutionarismus, aber läßt keinen Zweifel daran, daß der Wille zur Freiheit trotz allem unzerstörbar bleibt.

Zwischen 1917 und 1931 war Samjatin als Lehrer in Bildungszirkeln und Schulen aufgetreten. Wie damals, bekannte er sich auch später zu einem Neorealismus,

der die Wirklichkeit so beschrieb, wie sie sich ›*unter einem Mikroskop*‹ darstellen würde. Früh schon prophezeite er, daß die Sowjetunion keine *wirkliche* Literatur hervorbringen würde. Sein herausforderndes Credo lautete am Ende: *»Die wirkliche Literatur kann nicht von fleißigen, wohlgesinnten Leuten hervorgebracht werden, sondern nur von Narren, Einsiedlern, somit von Ketzern, Träumern, Rebellen und Skeptikern.«* Er wurde natürlich von der Kommunistischen Akademie und allen offiziellen Vertretern der sowjetischen Literatur als ein Konterrevolutionär im Dienste des Kapitalismus entlarvt und sein Roman als ein Pamphlet gegen jene, welche die sozialistische Zukunft aufbauten.
Zahllose sowjetische und zahlreiche exilierte Schriftsteller, die in Rußland ein Exil gesucht hatten, sind in Isolatoren, Lagern und Gefängnissen umgekommen. Die gegen den alten Bolschewiken Samjatin erhobenen absurden Anklagen wurden monoton wiederholt, so oft es galt, Schriftsteller zum Schweigen zu bringen. Doch, anders als Samjatin, waren die meisten Opfer solcher Verfolgung gar nicht würdig: Sie erlitten sie, obschon sie sich bereits lange vorher bedingungslos unterworfen hatten. Auch deshalb war es so leicht, diese Wehrlosen zu liquidieren.
Samjatins Literaturästhetik entsprach seiner eigentümlichen Art zu denken und zu phantasieren, in der die mathematischen Maße, philosophischen Differenzierungen und satirischen Übertreibungen sich miteinander unlösbar vermischten. Doch entsprachen sie auch jenen Forderungen, die Belinski, der erste revolutionäre Literaturkritiker Rußlands, gebieterisch an die Autoren stellte, die um 1840 jung waren. Gogols sozialkritischer, satirischer Realismus sollte ihr Vorbild bleiben, verlangte er – sie sollten die Literatur ›*der Ketzer, der Rebellen, der Skeptiker*‹ schaffen, die etwa 100 Jahre später Samjatin allein gelten lassen wollte.
›Die Revolution, die allerletzte Revolution hat hier gesiegt. Wir brauchen eine positive, aufbauende Literatur. Wer jetzt hier rebelliert, ist ein Konterrevolutionär im Dienste des Kapitalismus‹, hieß es damals und heißt es noch heute. In den zwanziger und zu Beginn der dreißiger Jahre gab es noch Platz für die Bürgerkriegsliteratur, in der der Geist der Rebellen sich äußern durfte, denn er verewigte den Mythos der siegreichen Revolution. Mit dem ersten Fünfjahrplan aber sollte die beschleunigte Industrialisierung und die Kollektivierung der Landwirtschaft das ausschließliche Thema sein; Gedichte, Romane, Theaterstücke und Filme mußten die Siege der Arbeit rühmen, die Weisheit der Partei, ihrer Führung, *Stalins*. Das Negative hatte ›dialektisch‹ zu sein, der Feind wechselte nach Bedarf: der westliche Kapitalismus, dessen Agenten noch immer im Lande des Sozialismus wühlten; die Kulaken, die Ingenieure, die Überlebenden der abgeschafften Klassen, die Sozialfaschisten der Zweiten Internationale usw.
Während mehrerer Jahre gab es lebhafte Diskussionen zwischen Schriftstellerorganisationen, die eine bestimmte ästhetische Auffassung von Literatur durchzusetzen versuchten, aber am Ende wurde die Entscheidung von oben getroffen. Die Vereine wurden aufgelöst und deren Vertreter zum Schweigen gebracht, andere Verbände gegründet, die früher oder später das gleiche Schicksal erlitten. Fortab waren die großen Debatten wohlorganisierte Spiegelfechtereien; die

Schlagwörter waren, gleich dem farbigen Tuch der Fahnen, nur da, um die Heere der Schattenkämpfer zu unterscheiden; in allem, hinter allem rollte der Prozeß ab, durch den die Schriftsteller ihre Unabhängigkeit verlieren und ihre bedingungslose Unterwerfung als sozialistische Befreiung preisen mußten. Am Ende bezeichnete der Name *Shdanow* das Befehlszentrum, das allein entschied, wer was schreiben, veröffentlichen und, gemäß der Standardisierung der Nomenklatura, als ›Ingenieur der Seele‹ überhaupt noch schreiben durfte.

Die totalitäre Diktatur ist positiv, d. h. sie verbietet nicht, denn sie läßt es gar nicht so weit kommen, daß etwas anderes gedacht, geschweige denn geschrieben werde, als was ihr gerade genehm ist. Sie ist positiv, das heißt, sie schreibt vor, was geschrieben werden soll. Was sie nicht befiehlt, bleibt nicht nur unerlaubt, sondern ist im Prinzip so undenkbar wie ein göttlicher Teufel oder ein teuflischer Gott.

Der von der Agitprop gutgeheißene *Sozialistische Realismus* ist, wie man weiß, weder sozialistisch noch realistisch. Dies braucht heute, 25 Jahre nach der Entstalinisierung, nicht mehr bewiesen zu werden. Die sozialistisch-realistischen Romane gleichen am ehesten jenen frömmlerischen Schmökern, deren Helden alles Gute verkörpern, indes die Un- oder Andersgläubigen das Böse, Verwerfliche sind. Dazwischen gibt es einige schwankende, leicht verführbare, sündige Seelen, die aber am Ende das Licht erblicken und den Weg der Frommen beschreiten werden. In den Romanen der sogenannten proletarischen Schriftsteller Deutschlands, also nicht nur in der Sowjetunion, hatte man es gleichfalls mit solch ärmlicher Dialektik der platten, am Ende erbaulichen Effekte zu tun. Alle Konflikte kamen von außen, aber die kommunistischen Helden verstanden es, in dem vom faschistischen oder sozialfaschistischen Feinde irregeleiteten Proleten das rechte Klassenbewußtsein zu erwecken, ihn also ein für allemal gegen die diabolische Hirnvernebelung zu immunisieren. Im offenen, gewöhnlich blutigen Kampfe, mit dem solch ein Roman gewöhnlich schloß, mochte der reuige Sünder, der Proselyt vom Feinde getötet werden, aber er starb dankbar, stolz im Bewußtsein, sich für seine Partei, für das Weltproletariat geopfert zu haben: Sursum corda! Höher die Fahne Lenins, Stalins, Thälmanns!

Die sowjetischen Schriftsteller verfügten über eine große Auswahl von ›Konflikten‹ innerhalb des Bereichs, den sie nicht verlassen durften. Sie durften, sie mußten endlos die Antwort auf die bedrängenden Fragen variieren: Warum lebt das Volk trotz der an allen Arbeitsfronten errungenen Triumphe weiterhin so schlecht wie früher? Warum fehlten noch immer so viele lebensnotwendige Waren, obschon sie gemäß den offiziellen Statistiken im Übermaß produziert wurden? Warum gab es im Widerspruch zu der Stalinschen Konstitution, der freiesten der Welt, so wenig Bewegungsfreiheit für den gewöhnlichen Sowjetbürger, besonders für die Arbeiter? Diese Literatur durfte die Schwierigkeiten nicht verschweigen, aber sie mußte stets die Not durch die Sabotage der listig getarnten Verräter erklären. Man lebte im sozialistischen Himmel, aber leider nisteten in ihm auch Teufel. Um ihnen das Handwerk zu legen, mußte das Regime sehr umsichtig und gegen jedermann mißtrauisch sein. Und jeder Leser sollte wissen, daß es gerade auf seine Wachsamkeit ankam.

Diese sozialistisch-realistische Literatur zeichnete die Sowjetunion so, wie sie gemäß der weltweiten kommunistischen Propaganda zu sein vorgab, aber nicht war. Darin also bestand der Sozialismus dieser Literatur: die erzwungene Identifikation einer beinahe halluzinatorischen Fiktion mit einer Wirklichkeit, die einmal versprochen und nicht geschaffen worden war. Der Realismus aber trat in der Darstellung des Feindes zutage, im schlechthin unabwendbaren, anfangs geheimen, dann offenbaren Konflikt mit dem Bösen. Das Leninsche *Chto kawo?* – *Wer wen?* blieb Jahrzehnte, bleibt auch heute noch auf der Tagesordnung.
Die scheinbar realistischen, im Inhalt frömmlerischen und teufelsgläubigen Romane fanden auch außerhalb der Sowjetunion eine beträchtliche Leserschaft, die in ihnen die Widerspiegelung des revolutionären Elans eines großen freien Volkes und die wahrheitsgetreue Schilderung der sowjetischen Verhältnisse und der Lebensbedingungen der arbeitenden Menschen finden wollte. Bücher wie Gladkows *Zement* oder Ostrowskis *Wie der Stahl gehärtet wurde* begegneten dem lebhaften Interesse von Lesern, die zwar begeistert werden wollten, aber noch sehnlicher wünschten, die Wahrheit über das in den ersten Jahren hirnrissig verleumdete Vaterland der Revolution zu erfahren. Mit seltenen Ausnahmen ließen die linken Intellektuellen die Gleichung gelten: Sowjetunion, das bedeutet soziale Gerechtigkeit, gleiche Bedingungen für alle, unaufhaltsamen Fortschritt zum Wohle aller. Auch jene Literaturkritiker, die sich's nicht verhehlten, daß die Sowjetliteratur noch immer weit hinter der russischen Literatur des halben Jahrhunderts zurückblieb, das der Revolution vorangegangen war – selbst die beurteilten die sowjetisch-proletarische Literatur ungleich günstiger als die von der kommunistischen Partei geförderte Arbeiterliteratur Deutschlands und anderer Länder, in denen die Intellektuellen immer zahlreicher der radikalen Linken zuneigten. Dank Jürgen Rühles Buch kann sich der Leser von heute eine zutreffende Vorstellung von diesem Schaffen machen, dessen Autoren außerhalb der Sowjetunion, in Europa, Amerika und Japan genauso schrieben, als ob sie den gleichen Zwängen ausgesetzt gewesen wären wie ihre sowjetischen Kollegen. Sie folgten hurtig nicht nur jeder der zahlreichen Wendungen und Abwendungen der politischen Generallinie, sie hielten sich genauestens an die wechselnden Kriterien, welche die sowjetischen Schriftsteller ohne die geringste Verspätung als die einzig richtigen laut preisen und anwenden mußten.
Ich rufe diesen Sachverhalt so ausführlich in Erinnerung, um zu Rühles Thema ›Die Schriftsteller und der Kommunismus‹ folgende Feststellung zu machen: Männer und Frauen, die zu Revolutionären geworden waren und als solche zu schreiben begonnen hatten, wurden in kurzer Zeit die unterwürfigsten, konformistischsten, in Inhalt und Form phantasielosesten Schriftsteller. Dies geschah in einer Zeit, da innerhalb der Welt des ›verfaulenden Kapitalismus‹ das künstlerische Schaffen dank gewagtester, fruchtbarer Experimente Ergebnisse zeitigte, deren Wert seither fast überall anerkannt worden ist.
Will man einen kommunistischen Schriftsteller jener Generation nennen, der, weil er Revolutionär blieb, die sowjetische Wirklichkeit durchschaute und sie getreu der Wahrheit beschrieb, so erinnert man sich in erster Linie an Panaït Istrati, der das auserlesene Opfer der formidabelsten Verleumdungskampagne

der Welt wurde und es bis an sein verfrühtes Lebensende bleiben sollte. Während seines sechzehnmonatigen Aufenthaltes in der Sowjetunion, in den Jahren 1927/28, wohnte Istrati nicht in den großen Hotels der Prominenten, sondern zog es vor, im Alltag von sowjetischen Männern und Frauen heimisch zu werden. Die so unmittelbar erfahrene Wirklichkeit entsetzte ihn wie ein Alptraum, dem er sich nicht entwinden konnte. Er wurde täglich Zeuge der bürokratischen, polizeilichen Willkür, der Günstlingswirtschaft. Die Armen hatten kein Recht, sich gegen das Unrecht zu wehren; taten sie es dennoch, so wurden sie als Konterrevolutionäre und Schädlinge verfolgt. Istrati bewahrte trotz allem den Glauben an den Kommunismus, aber nicht an jenen, der in der Sowjetunion praktiziert wurde.

Sein großer Freund und Entdecker Romain Rolland, der damals, 1929, auf dem Höhepunkt seiner literarischen und moralischen Geltung angelangt war, las als erster Istratis Bericht im Manuskript. Er schrieb ihm darüber: »*Diese Seiten sind heilig. Sie müssen in den Archiven der Ewigen Revolution aufbewahrt werden, in ihrem goldenen Buch. Wir lieben Sie deshalb noch mehr, wir verehren Sie dafür, daß Sie das geschrieben haben.*« Jedoch im gleichen Brief beschwor Romain Rolland den rebellischen Wahrheitssucher: »*Aber veröffentlichen Sie es nicht, Sie dürfen es nicht in diesem Augenblick veröffentlichen!*« Romain Rolland handelte als einer der moralischen Initiatoren, als Garant jener *Verschwörung des Schweigens,* die noch immer nicht aufgehört hat, die mörderische Lüge gegen die Wahrheit zu beschützen.

Panaït Istrati ließ sich jedoch nicht beirren, er veröffentlichte seine Berichte: *Auf falscher Bahn*; *So geht es nicht* und *Rußland nackt*. Er wurde bekämpft, verleumdet und schließlich zur literarischen *Unperson* gemacht, sobald er, der Barfüßler, der Dichter der Rebellion und aller Armen, von der stalinschen Linken als Sowjetfeind abgestempelt worden war.

Jürgen Rühles heute wie beim Erscheinen der Erstausgabe höchst willkommenes Werk erlaubt dem Leser, eine Liste der zeitgenössischen Schriftsteller anzufertigen, die sich im Gegensatz zu Samjatin, Istrati und ihresgleichen zwischen 1917 und 1956 aus revolutionärer, beziehungsweise aus antifaschistischer Gesinnung auf die Seite der Sowjetunion gestellt und sodann alles, was da geschah, gepriesen und das Schlechte an ihr radikal abgeleugnet oder verschwiegen haben. Die Agitprop der Komintern war offen, öfter aber insgeheim die Initiatorin aller Manifestationen, in denen die Sympathisanten rückhaltlos für Stalins Politik eintraten und vor aller Welt bezeugten, daß die Wahrheit so gut wie die Humanität stets und ausschließlich auf seiner Seite waren. Blindere, taubere, unwissendere und hemmungslos aussagefreudigere Zeugen dürfte es – außerhalb der verranntesten religiösen Sekten – nie gegeben haben.

Nur wenige von ihnen waren aktive Kommunisten. Literarisch waren die meisten eher konservativ und jedenfalls vor einer Verlockung zu ästhetischen Experimenten gefeit. Jene aber, die in Deutschland zwischen 1910 und 1925 am expressionistischen Wagnis teilgenommen hatten, ›normalisierten‹ sich wieder. In Frankreich traten die Surrealisten als unversöhnliche Aufrührer auf, und viele von ihnen schlossen sich auch deshalb den Kommunisten an, zogen sich aber zurück, sobald sie entdeckt hatten, daß der sogenannte Rätestaat der radikalste Feind der geistigen Freiheit war. Umgekehrt wurden die Werke eines so ›linientreuen‹ Mannes wie Bert Brecht während langer Jahre in der Sowjetunion beinahe völlig ignoriert, weil man dort, was an ihnen neu war, ablehnte. Um die Mitte der dreißiger Jahre wurden die meisten jener Werke der Literatur, des Theaters und der bildenden Kunst zu ›Unwerken‹, die in den Revolutionsjahren als die charakteristischsten Schöpfungen einer neuen Gesellschaft gerühmt worden waren.

Hier nun drängt sich – einigermaßen verspätet – die scheinbar so simple Frage auf: Was ist denn revolutionäre Literatur? Wen darf man zu ihr zählen? War Swift ein revolutionärer Schriftsteller, waren es Voltaire, Rousseau, Diderot, Beaumarchais, Heine, Victor Hugo, Baudelaire, Rimbaud? Oder Dickens, Zola, Ibsen, Gorki, Heinrich Mann?

Sie alle und ihresgleichen haben zumindest in manchen ihrer Werke die soziale Wirklichkeit kritisch dargestellt und damit im Leser Widerwillen, aktivierende Feindseligkeit gegen die geschilderten Zustände und gegen die für sie verantwortlichen Individuen und Schichten erweckt. Diese Autoren schildern das menschliche Dasein so, als ob dessen Verlauf nicht von einem Schicksal abhinge, sondern von den Verhältnissen – die ihrerseits bewirken, daß die einen Hämmer werden und die anderen Ambosse, die einen Töpfer und die anderen Ton in deren Händen werden. Mag man auch den Leser schließlich mit einem Happy-End befrieden, mit dem Sieg der Guten über die Schlechten, mit dem Triumph der Wahrheit und der Gerechtigkeit trösten, so ist doch die Literatur, die Samjatin als die *wirkliche* bezeichnet hat und die von Ketzern und Rebellen geschrieben wird, von jeher so kritisch wie die griechische Tragödie und so enthüllend wie die antike Komödie. Wäre somit alle wahre Literatur revolutionär? Ja, sofern sie zeigt, daß die Menschen und ihre Lebensumstände es dringend nötig haben, geändert zu werden; nein, sofern sie zugleich den Zweifel daran erweckt, daß es je tatsächlich geschehen könnte. In Voltaires *Candide*, dieser höchst belustigenden und grausam-traurigen Erzählung, paaren sich die Gegensätze.

Im Sinne der ersten Forderung wäre Louis-Ferdinand Célines *Reise ans Ende der Nacht* der revolutionärste Roman des 20. Jahrhunderts; an der zweiten Forderung gemessen, ist er jedoch ein Monument der reaktionärsten Literatur; gleich Becketts Werk ist er ein Manifest der eigenen Nutzlosigkeit, eine Parodie des biblischen *Hiob* wie des *Candide*. Die *Reise ans Ende der Nacht* ist das bedeutendste Werk der Romantik unserer Zeit, jener paradox naturalistischen Romantik, die mit revolutionärem Ton und herausfordernden Gesten auftritt und mit einem Heimweh nach einer Vergangenheit endet, die nie Gegenwart gewesen ist.

Céline wird hier nicht so sehr wegen seines unbestreitbaren Genies in den Vordergrund geschoben als wegen der Fragwürdigkeit des Begriffes vom revolutionären Schriftsteller, die sein ganzes Werk geradezu melodramatisch unter Beweis stellt. In einer Sprache, die für französische Leser eine permanente Herausforderung war, in einem Stil, der kühn die scheinbar stets banale Rede in eine ›Schreibe‹, in eine unvergleichliche Prosa verwandelte, hat dieser Schriftsteller

Max Stirners: *›Ich habe meine Sache auf mich, auf nichts gestellt‹* in einem vielhundertseitigen Evangelium spruchreif gemacht, dem die Linken lauschten, als ob sie auf diese nie gehörte Stimme ein Leben lang gewartet hätten: Ecce der wahre Revolutionär!

Nur wenige Jahre später sprach mit seiner Stimme und seinem stürmischen Elan ein Faschist, der erste große, wahrscheinlich der einzige faschistische Dichter von literarischer und geschichtlicher Bedeutung. Ein Mann, der gegen alles, gegen alle war – beinahe alle nur, denn er war nicht gegen Hitler, nicht gegen Mussolini, nicht gegen die uniformierten Mordgesellen, als Europa ihnen zu gehören schien.

Es gab nur wenige Leser, in denen bereits die *Reise ans Ende der Nacht* die Befürchtung hervorrief, sein *totaler, absoluter Negativismus* könnte Céline ins Lager des Faschismus abdrängen. In den letzten Jahren seines Lebens schrieb Majakowski zwei Satiren: *Die Wanze* (1928) und *Das Bad* (1929) – *›gegen das Geschlecht animalischer Egoisten‹*, das nach der Revolution aufgekommen war. Ihn trieb der Ekel in den Tod.

Ist die Literatur, wie alles künstlerische Schaffen, ein In-Frage-Stellen des Gegebenen, der etablierten Gewißheiten, eine – nicht immer bewußt ausgeübte – Kritik am Sein oder an dessen zeitbedingten Formen – wen dürfte man dann als einen revolutionären Schriftsteller hervorheben? Jenen, der im Dienste einer Partei schreibt, die sich als revolutionär ausgibt? Oder die Barden einer siegreichen Revolution, die sich noch nicht in ihr Gegenteil verwandelt hat? Die Werke, die die Französische Revolution vorbereitet und angekündigt haben, sind zumeist unvergessen geblieben; jene aber, welche deren Triumph begleitet haben, sind, mit seltenen Ausnahmen, vergessen. Und die Zeitgenossen Majakowskis werden ohne Staunen daran erinnert werden, daß Chamfort, der ›Krieg den Palästen und Frieden den Hütten‹ angesagt hatte, Selbstmord begehen mußte, um nicht von der Guillotine geköpft zu werden.

Und wie nun, wenn, aus der Nähe betrachtet, die wahrhaft revolutionären Dichter dieses Jahrhunderts Proust und Joyce hießen und, für sein frühes Werk, John Dos Passos? Und wie, wenn weder Tollers noch Tretjakows noch Brechts Theater, sondern das Ionescos und Becketts unseren Nachfahren als die revolutionäre Dramatik unserer Zeit erscheinen sollte?

Um es anders zu sagen: Ob ein literarisches Werk revolutionär ist, hängt in erster Linie nicht so sehr von seinem politischen Inhalt ab, sondern davon, ob es innerhalb der Literatur selbst neu und revolutionierend wirkt, ob es die Manifestation einer neuen, noch von niemand formulierten Ästhetik darstellt und ob es daher seine Leser und Zuschauer gleichsam aus dem Boden stampfen muß. Um es an einem Beispiel aus der bildenden Kunst zu verdeutlichen: Gustave Courbet war ein Communard, aber der revolutionäre Maler war nicht er, sondern Paul Cézanne, dessen Bilder die Museen nicht einmal als Geschenk annehmen, geschweige denn ausstellen wollten.

Faßt man die Weltgeschichte als Geschichte der Zivilisation auf, dann bietet sie Aufschluß über alle Erkenntnisse und alle künstlerischen Schöpfungen. Insofern alles individuelle Tun von den gegebenen gesellschaftlichen Umständen bedingt und durch sie teilweise sogar bestimmt wird, sind die Künste je nachdem ein Teil der religiösen, der wirtschaftlichen und politischen Entwicklung der jeweiligen Epoche.

Schon Homer war ein Nachfahre und erst recht Sophokles – seit Jahrtausenden sind alle Schöpfer Nachfahren. Doch am Ende ragt ein Künstler nur durch jenes seiner Werke hervor, worin er ein Initiator ist. Neu, revolutionär aber ist in jeder Kunst jenes Werk, das sich allem Bestehenden nicht hinzufügt, sondern vorerst entgegenstellt, so daß es statt Fortsetzung oder Verbesserung ein Anfang ist.

Jürgen Rühles Buch wird seinem Untertitel ›*Die Schriftsteller und der Kommunismus*‹ durchaus gerecht, denn es gibt verläßliche Auskunft über alle nennenswerten Schriftsteller, die im Kommunismus eine Heimat gesucht haben; über jene, die sie dort gefunden haben und in ihr zugrunde gegangen sind, und über andere, die nach wenigen oder vielen Jahren mit dem Kommunismus gebrochen haben. Der Leser wird sich darüber verwundern, daß der Kommunismus so zahlreiche Schriftsteller angezogen hat, die glaubten, er wäre genau das, wofür er sich ausgab, und die sich dann aufs schmerzlichste von ihm getrennt haben, als sie, wie Panaït Istrati, sich der Gewißheit nicht mehr verschließen konnten, daß sie schmählichst getäuscht worden waren.

In einer analytischen Betrachtung der Liste jener Autoren wird der kritische Leser von heute zur Feststellung gelangen, daß ihr Werk nur selten und vorübergehend durch irgendeine marxistische Ästhetik beeinflußt worden ist. Lukács, Adorno und der neuerdings oft zitierte, den Marxisten zugerechnete Walter Benjamin sowie deren Interpreten haben gewiß zahlreiche Literaturtheoretiker der jüngsten Generation beeinflußt, aber kaum je Poeten, Romanciers und Dramatiker. Diese blieben in der Form zumeist traditionell, sofern sie nicht ihre Vorbilder unter den Expressionisten, Surrealisten, Existentialisten und Absurden suchten.

Weder Dickens noch Mark Twain, noch Zola, noch Hauptmann oder Dreiser brauchten irgendeine revolutionäre Ideologie, um die Klassengesellschaft, um das Verhältnis von Arm und Reich zu enthüllen. In seiner Wirkung und Nachwirkung bleibt zum Beispiel Zolas *Germinal* weit erschütternder als so viele in der kommunistisch-proletarischen Literatur geschilderten Miseren und Revolten. Dieser naturalistische Roman, der so vielen seiner Leser den Weg zum Sozialismus gewiesen hat, ist unter dem Einfluß einer seinerzeit sehr verbreiteten, fragwürdigen biologischen Degenerationstheorie geschrieben worden – wie der ganze Zyklus *Rougon-Macquart*, zu dem er gehört. Heute, beinahe hundert Jahre nach seinem Erscheinen, bleibt *Germinal* einer der meistgelesenen Romane, wie es mehr noch als aus Verlagsstatistiken aus Berichten der Leihbibliotheken in aller Welt hervorgeht.

Die Thesenromane hingegen haben keine neue Leserschaft gefunden, sie vermodern zusammen mit den stalinistischen und faschistischen Büchern, die während mehrerer Jahrzehnte auch dort verbreitet worden sind, wo sie nicht eine unvermeidliche Pflichtlektüre waren.

Von Pablo Neruda bleibt zwar der *Canto General*, aber seine Stalinhymnen, seine Gedichte für und gegen Mao, gegen die Atombombe im allgemeinen und zum

Ruhme der sowjetischen Atombombe im besonderen, sowie viele politische Gedichte von Aragon, Eluard, Brecht und ihren zahllosen Gefährten und Nachahmern – all das wird in einer Anthologie seinen Platz finden, in einem *Sottisier* ohnegleichen, in dem schier unerschöpflichen Sammelsurium von Texten, mit denen höchst begabte und intelligente Schriftsteller durch ›*literarische Servilität, Liebedienerei und Schönfärberei*‹ (Samjatin) sich selbst erniedrigt und eine große Sache bis zur Unkenntlichkeit entstellt haben.

Paris, 1981

Bemerkung des Autors zur Neuausgabe

Das vorliegende Buch beruht im wesentlichen auf der Originalausgabe von 1960. Eine Fortschreibung bis auf den heutigen Tag wurde erwogen, erschien aber aus einer Reihe von Gründen nicht ratsam. Allein die Geschichte der Sowjetliteratur seit Stalins Tod, eine Spanne von nun auch schon drei Jahrzehnten, in der sich das Gesicht der russischen Literatur grundlegend verändert hat, oder die Geschichte der DDR-Literatur, die seit 1961, dem Bau der Mauer, überhaupt erst ihren eigenen Charakter herausbildete, bedürften, wenn man die Untersuchung ernst und gründlich meint, gesonderter Bücher. Vor allem aber handelt es sich bei allen nachstalinistischen Literaturen politisch-ideologisch und damit auch künstlerisch um einen qualitativ anderen Gegenstand, der weder durch die sowjetische Literaturdoktrin noch durch die auf die Sowjetunion fixierte Utopie definiert werden kann. Das gilt für die gegenwärtige sowjetische und die DDR-Literatur, für die Literatur Polens, der Tschechoslowakei und Jugoslawiens, um so mehr für die sogenannte linke Literatur Westeuropas und der Welt. Deshalb habe ich unser Thema streng auf die Epoche Lenins und Stalins begrenzt und einige Kapitel der Originalausgabe, die über die Epoche hinausragten, weggelassen: *Tauwetter, Beispiele der politischen Neurose, Die revolutionäre Welle rollt zurück.* Lediglich bei einigen Literaturen der Dritten Welt, die zwar von den Ereignissen in Sowjetrußland angeregt, aber niemals ganz dominiert wurden, beispielsweise der lateinamerikanischen und der chinesischen, werden die Perspektiven weitergeführt.

In diesem Rahmen haben sich die Beschreibungen und Bewertungen der Originalausgabe als stichhaltig erwiesen. Die Korrekturen betreffen vorwiegend Fakten, die Ende der fünfziger Jahre noch nicht bekannt oder nicht zugänglich waren. Natürlich wird auf die Weiterarbeit überlebender Schriftsteller und ihre politische Haltung heute eingegangen. Im französischen und amerikanischen Teil wurden die Strukturen der Bewegung deutlicher gezeichnet. Der Neuausgabe hinzugefügt wurde ein *Thomas-Mann-Kapitel* und ein neugefaßtes *Brecht-Kapitel.* Die Zusammenfassungen *(Fazit)* machen den Versuch, Erklärungen des Phänomens zu liefern.

Im übrigen gilt, was ich zu den vorangegangenen Ausgaben bemerkt habe: Es handelt sich weder um eine Enzyklopädie der linken Literatur noch gar um eine Literaturbetrachtung neuer Art, sondern um eine freilich weitgesteckte Problemstudie, die zugleich ein spannendes Stück Kulturgeschichte unseres Jahrhunderts erzählt. Vielleicht wird man trotz des umfangreichen Personenregisters diesen oder jenen Namen vermissen, vielleicht wundert man sich, daß ich Dichter wie Gorki, Scholochow, Pasternak nur anhand jeweils eines Werkes behandele, mich bei Sartre und Camus im wesentlichen auf die Nachkriegsjahre beschränke. Mir schien die genaue Erörterung signifikanter Fälle und Situationen wesentlicher als eine lexikographische Übersicht, die bei diesem Stoff mit seinen schillernden, wechselhaften Erscheinungen, dem Ineinandergreifen politischer, künstlerischer, sozialer und psychologischer Momente, den unscharfen Rändern ohnehin nicht ohne grobe Vereinfachungen zu leisten wäre. Ich hoffe, daß es mir durch die essayistische Darstellung gelungen ist, die verschiedenen Schattierungen des Phänomens zu zeigen und es doch zugleich als einen großen historischen Prozeß verständlich zu machen.

Für die Unterstützung und Kontrolle meiner Arbeit habe ich vielen Instituten, Bibliotheken und Personen zu danken. Ich mache kein Hehl daraus, daß eine globale Untersuchung wie diese unbeschadet meiner eigenen Forschungen undenkbar gewesen wäre ohne den Vorgang vieler wissenschaftlicher Leistungen, die ich in der Bibliographie anführe. Es mag ein Trost in unserer weltanschaulich so disparaten Geschichte sein, daß Forscher diesseits und jenseits der Grenzen, diesseits und jenseits der Ideologien sich mühen, Fäden in das Tuch der Wahrheit zu weben. Persönlich danke ich meinen engsten Freunden und Ratgebern: Sabine Brandt, Ilse Spittmann, Jean Steinberg, meiner amerikanischen Lektorin, und Joseph Caspar Witsch, meinem verstorbenen ersten Verleger.

Jürgen Rühle, Köln 1985
† 29. Juni 1986

Wir sind nicht die Ärzte, wir sind der Schmerz. *Alexander Herzen*

Kunst und Revolte werden erst mit den letzten Menschen sterben. *Albert Camus*

Rechts »Hilf«, russisches Plakat gegen die Hungersnot.
Entwurf D. Moor, 1921

Der begeisterte Weg, Holzschnitt von
Constantin von Mitschke-Collande, 1919

ERSTER TEIL

In diesem Teil geht es nicht um eine Geschichte der Sowjetliteratur, wenngleich alle großen sowjetischen Schriftsteller darin auftreten. Es geht von Anbeginn um unser Thema: die tragische Dialektik von Literatur und Revolution. Die Sowjetliteratur demonstriert am deutlichsten die Strömungen und Wirkungen kommunistischer Kulturpolitik, die Beziehungen zwischen Schriftstellern und Kommunismus. Das Pathos der revolutionären Illusionen, die Perversion des Geistes unter der totalitären Diktatur, die Hoffnungen des Tauwetters – alle Phasen dieses kulturgeschichtlichen Prozesses traten im geschlossenen Raum der Sowjetliteratur mit idealer Reinheit ans Licht. Kein russischer Schriftsteller, sofern er im Lande blieb, konnte sich dem Sog und Druck der Politik entziehen. Schon von Lenin stammt der Begriff ›Parteilichkeit‹, die Wurzel alles Übels; schon er wünschte, aus den widerspenstigen Schriftstellern ›Rädchen und Schräubchen im Mechanismus der Parteiarbeit‹ zu machen. Doch war für ihn wie die anderen intellektuellen Revolutionsführer, Trotzki, Bucharin, Radek und Lunatscharski Achtung vor künstlerischem Schöpfertum noch eine Selbstverständlichkeit. Das Bündnis zwischen linker Kunst und linker Politik, das im Feuer der Revolution entstanden war, nährte überdies die Hoffnung auf eine zwanglose Assimilation der Kunst in der kommenden klassenlosen Gesellschaft, dem ›Reich der Freiheit‹. Je mehr sich jedoch die kommunistische Utopie zur stalinistischen Realität materialisierte, desto widersprüchlicher wurde das Verhältnis von Geist und Macht. Stalin löste den Widerspruch wie einen gordischen Knoten: Er tötete – im buchstäblichen Sinne des Wortes – die Kunst. Den Schriftstellern, zu ›Ingenieuren der Seele‹ berufen, blieb nur die Wahl zwischen dem physischen und dem geistigen Tod. Stalins Nachfolger haben versucht, die Kunst wiederzubeleben – nicht ohne Erfolg. Doch zeigte sich, daß kulturelle Freiheit ohne politische Freiheit nicht denkbar ist, daß jeder Akt der geistigen Befreiung an den Fundamenten der Diktatur rüttelt. Dieses Ineinandergreifen politischer und kultureller Momente, ein Charakteristikum der totalitären Gesellschaft, macht die geistige Emanzipation der Sowjetunion zu einem langwierigen und widerspruchsvollen Prozeß. Er wird erst zu Ende sein, wenn die Hegemonie der Parteiideologie in der Kunst aufgehoben ist.

Д. М. ФУРМАНОВ
ЧАПАЕВ
ГОСУДАРСТВЕННОЕ ИЗДАТЕЛЬСТВО

WIR

МЫ

WIR Roman

SAMJATIN

D-503

МЫ

I-330

Vorhergehende Seiten
Expressionistische Schutzumschlaggestaltung zur russischen Originalausgabe des Romans »Tschapajew« von Dmitri Furmanow
Unveröffentlichter Schutzumschlagentwurf von Juergen Seuss zum Roman »Wir« von Jewgeni Samjatin (deutsche Ausgabe), 1983
Unten Majakowskis Rosta-Fenster: Detail des Glawpolitproswet-Fensters Nr. 364, 1921

Gestirn am Oktoberhimmel

Ich geb dem Mai mich, dem Oktober hin.
Doch daß ihr's wißt:
Die goldne Leier laß ich mir nicht nehmen ...

SERGEJ JESSENIN Sowjetruß 1924

Schon in den frühen chaotischen Jahren haben drei Dichter alle Größe und Tragik der Revolution durchlebt: Block, Jessenin und Majakowski.

In seinen Erinnerungen *Gorki unter uns* erzählt Konstantin Fedin von der Revolutionszeit in Petrograd: »Erstarrte Menschen in Pelzen und Militärmänteln füllten das ausgekühlte, finstere Zimmer. Sie saßen aneinandergedrängt, als ob sie sich gegenseitig mit ihren regungslosen Körpern wärmten. Der einzige Mensch, der, einer irgendwann eingebürgerten Übung folgend, den Pelzmantel abgelegt hatte, stand hinter dem Rednerpult und wandte unbehandschuht mit ruhigen Fingern die Manuskriptblätter um. Es war Block. Der weiße Sweater mit dem nach außen, über den Rock gelegten Kragen verlieh ihm ein etwas fremdländisches, wohl auch ein wenig seemännisches Aussehen. Er las monoton, doch in der Gleichmäßigkeit seiner Tongebung verbargen sich Nuancen, die wie Klagegesänge oder Verse behexten. Er schien mir äußerst gerade, und was er sagte, geradlinig. Er sprach über den Zusammenbruch des Humanismus und über das Schicksal von Zivilisation und Kultur. Seine Worte waren wie Sturmgeläut bei einer Feuersbrunst, aber die Zuhörer schien nicht das Schreckliche seiner Worte zu bannen, sondern die Schönheit seines Glaubens an sie. Sein Gesicht war wenig beweglich, manchmal beinahe leblos. Es regten sich nur die Lippen; der Blick haftete auf dem Papier. Mit einer seltsamen Überzeugungskraft sprach aus dieser Maske das Leben.[1]«

Daß Alexander Block (1880–1921), der vergötterte Dichter des Silbernen Zeitalters, den bolschewistischen Umsturz bejahte, schien vielen seiner Freunde sonderbar. »Machen Sie etwa bei den Bolschewisten mit?« fragte ihn am Telefon die Schriftstellerin Sinaida Hippius, die schon die Koffer zur Abreise ins Ausland gepackt hatte. Block erwiderte: »Ja, wenn Sie so wollen, ich bleibe lieber bei den Bolschewiki.« Der Hippius verschlug es, wie sie sagt, den Atem. Auf eine Rundfrage der Zeitung *Petrogradskoje Echo,* ob die Intelligenz mit den Bolschewisten zusammenarbeiten könne, antwortete Block: »Sie kann es und sie ist dazu verpflichtet ... Die Intelligenz war immer revolutionär. Die Dekrete der Bolschewiki – das sind Symbole der Intelligenz.« Der Dichter, der die Heraufkunft der Schrecken schon ein Jahrzehnt vorher verkündet hatte, ›horchte auf die Musik der Revolution‹ und bekannte: »Die Revolution als schrecklicher Wirbelsturm, als Schneesturm, bringt immer Neues und Unerwartetes, grausam enttäuscht sie

viele, leicht verschlingt ihr Strudel den Wertvollen und bringt oft unversehrt den Wertlosen ans sichere Ufer, aber das ist ihre Eigenart und ändert weder die Gesamtrichtung des Stromes noch das furchtbare, betäubende Getöse, mit dem er daherkommt. Dieses Dröhnen ist in jedem Fall Ausdruck ihrer Erhabenheit.[2]«
Fjodor Stepun, Emigrant aus dem Petersburger Literatenkreis, hat, um Blocks rätselhafte Affinität zur Revolution zu erklären, auf dessen Tagebucheintragung vom 5. April 1912 aufmerksam gemacht: »Der Untergang der ›Titanic‹ hat mich gestern unsagbar gefreut – es gibt noch einen Ozean![3]« Und Maxim Gorki, der den befreundeten Dichter mit ebensoviel Bewunderung wie Mißtrauen beobachtete, notierte nach dem von Fedin geschilderten Vortrag Blocks: »Es war mir nicht klar: bekümmerte ihn nun der Verfall der Humanität oder freute er ihn?[4]«
Als alle anderen verstummten, im erbarmungslosen Winter des beginnenden Jahres 18, schrieb Block zwei seiner berühmtesten Dichtungen, *Die Zwölf* und *Die Skythen.*
Die Zwölf ist eine symbolträchtige, von jäh wechselnden Rhythmen getragene Vision der von Mord, Plünderung und Straßenkampf heimgesuchten Stadt Petrograd. Gleich einem Schneesturm erhebt sich die Revolution (›Schwarzer Abend, weißer Schnee‹), zwölf Rotarmisten marschieren (›Haltet den Schritt der Revolution!‹), die Knarren geschultert, die rote Fahne voran (›Freiheit, Freiheit, Freiheit sei! Und kein Kreuz, kein Kreuz dabei!‹), an der Ecke grämt sich die alte Welt: ein Bourgeois, ein Literat, eine Dame im Persianer, ein Pope, ein räudiger Hund (›Mann der Arbeit, bleib nicht stehn, weiter mußt du, weitergehn‹), das Hürchen Katja, das einen der Zwölf verlassen hat, wird niedergeschossen (›Wie sie da liegt ... Hurengeschmeiß! Dich Aas macht auch der Schnee nicht keusch‹), Petruschka, Mörder aus gekränkter Liebe, marschiert gesenkten Kopfs weiter (›Werden schlimmre Sachen kommen, drum, Genosse, schick dich drein‹), es ist ein heiliger Marsch durch Flockenwirbel und Kugelregen (›Schneewind bläst die Augen blind, Tagwind, Nachtwind, Morgenwind‹), vom Feind bedrängt, vom Sturm umheult, formieren die Zwölf sich zum Zug der Apostel –

»Gehn und schreiten, schreiten, gehen ...
Hungerhund prescht hinterher.
Vorn die Fahne, blutig, wehend,
Und, unsichtbar – denn es schneit –
Einer noch, der ist gefeit,
Sturmfern, sanft, so schreitet er,
Schneeglanz, perlend, um sich her,
Rosenweiß sein Kränzlein ist –
Vorne gehet Jesus Christ.«

Als der Dichter Nikolai Gumiljow die Christusgestalt am Schluß des Poems als einen gekünstelten Effekt kritisierte, antwortete Block: »Mir gefällt das Ende der *Zwölf* auch nicht. Ich wünschte, das Ende wäre anders. Als ich fertig war, staunte ich selbst: weshalb Christus? Aber je mehr ich hinschaute, desto klarer sah ich Christus. Und zur gleichen Zeit vermerkte ich: Leider Christus.« In sein

Tagebuch notierte er am 17. Februar 1918: »Daß Christus ihnen vorangeht, ist gewiß. Es handelt sich nicht darum, ›ob sie seiner würdig sind‹, schrecklicher ist vielmehr, daß er wieder mit ihnen ist und vorläufig kein anderer ...[5]«
Die Skythen beschwört rauschhaft, brünstig den Ausbruch der Barbarei, das Finstere, Wilde, Kannibalische im Russentum. Die Skythen mit ihren gierigen, geschlitzten Augen, unverdorbene, heißblütige Massen, stehen der sterbenden abendländischen Kultur in Liebe und Haß gegenüber. Noch ruft die Leier der Barbaren zum Friedensfest, zur brüderlichen Vermählung: Die höllischen Straßenschluchten von Paris, der Dunst über Köln, die Kühle Venedigs und der Hauch ferner Zitronenhaine sind auch ihnen teuer, aber verschmäht werden sie Europa ihre asiatische Fratze zeigen –

»Sind wir den schuld, wenn eur Skelettlein knackt
In unsren schweren sanften Pfoten?
Wir sind gewöhnt, beim wilden Spiel nicht faul
Das kühne Roß am Zaum zu nehmen,
Das schwere Kreuz zu brechen manchem Gaul
Und heiße Sklavinnen zu zähmen ...
Kommt denn zu uns! Eh Kriegsgreul euch verheert,
Laßt euch in unsre Arme laden!
Bevor's zu spät – steckt ein das alte Schwert,
Und sein wir Brüder! Kameraden!«

Zwei Jahre später blickte Block ernüchtert auf die Arbeiten der Revolutionszeit zurück: »Im Januar 1918 ergab ich mich zum letztenmal den Urgewalten ... Ich widerrufe das damals Geschriebene nicht, weil es im Einklang mit den Urgewalten geschrieben wurde, zum Beispiel verspürte ich bei der Arbeit an den *Zwölf* und auch nachher tagelang in meinen Ohren einen großen Lärm, einen anhaltenden Lärm (wahrscheinlich den Lärm der zerbröckelnden alten Welt). Diejenigen, die in den *Zwölf* politische Verse sehen, sind entweder sehr blind für die Kunst oder sitzen bis an die Ohren im politischen Schmutz oder sind von einer großen Boshaftigkeit besessen, gleichviel, ob sie Feinde oder Freunde meines Poems sind.[6]«
Zu jener Zeit hatte sich Block schon ganz von der Revolution zurückgezogen, er lebte unter elenden Verhältnissen, seine Gesundheit war zerrüttet, und er verfiel zusehends, aufgezehrt von Not und Verzweiflung. Vergebens bemühte er sich um eine Ausreise nach Finnland. »Ich habe nur einmal beobachtet, wie Block lächelte«, berichtet Fedin, »er lehnte sich während einer Sitzung im Haus der Künste gegen die Sessellehne zurück und zeichnete oder schrieb mit einem Bleistift in irgendeiner Mappe, wobei er hin und wieder den neben ihm sitzenden Tschukowski ansah und lächelte. Sein Lächeln war schuljungenhaft übermütig und flüchtig, es blitzte auf, um gleich wieder zu verlöschen, als käme es aus einer anderen Welt und strebte, enttäuscht von dem, was ihm begegnet war, rasch dorthin zurück, woher es gekommen war. Das war nicht Fröhlichkeit. Es war ein träges Fortscheuchen der Langeweile.[7]«

Ein Mädchen vom Newski Prospekt erzählte Gorki, wie sie Block begegnete. An einem unwirtlichen, nebligen Herbstabend gegen Mitternacht wird sie von einem gutgekleideten, gutaussehenden Herrn aufgegriffen, er hat ein sehr stolzes und strenges Gesicht. Sie gehen zu Fuß zu einem Absteigequartier in der Nähe, das Mädchen plappert drauflos, er aber schweigt. Während er im Quartier Tee bestellt, schläft das übermüdete, durchfrorene Mädchen ein. Als sie auffährt, sitzt ihr Begleiter ihr gegenüber, die Hände auf den Tisch gestützt, mit furchtbaren Augen. Ach, mein Gott, denkt das Mädchen, das ist gewiß ein Musiker, und entschuldigt sich beschämt: »Ich ziehe mich auch gleich aus.« Er aber lächelt höflich und antwortet: »Das ist nicht nötig, bemühen Sie sich nicht!« Er setzt sich zu ihr aufs Sofa, nimmt sie auf den Schoß, streichelt ihre Haare und meint: »So, schlafen Sie nur ruhig weiter!« Er wiegt sie zärtlich, und sie schläft lächelnd ein. Nach einiger Zeit verabschiedet er sich: legt 25 Rubel auf den Tisch, küßt ihr behutsam die Hand und geht. »Seit dieser Stunde«, schließt Gorki den Bericht, »fühlte ich, daß ich Block sehr gut verstand, daß er mir nahe war.[8]«

Zu Puschkins Todestag im Februar 1921 sprach Block zum letzten Mal in der Öffentlichkeit. »Ein fröhlicher Name ist's – Puschkin«, begann er, umflort von Melancholie, und interpretierte: »Puschkin hat seine Schöpferbürde so leicht und heiter zu tragen gewußt, obwohl die Rolle des Dichters weder leicht noch heiter ist; sie ist tragisch . . .« Er zitierte Puschkins Worte: »Es gibt kein Glück auf der Welt, es gibt nur Frieden und Freiheit«, und fuhr fort: »Frieden und Freiheit braucht der Dichter zur Freisetzung der Harmonie. Aber Friede und Freiheit werden ihm genommen. Nicht der äußere Friede, sondern der schöpferische. Nicht die kindische Freiheit, die Freiheit, sich liberal zu gebärden, sondern die schöpferische, die geheime Freiheit. Und der Dichter stirbt, weil er nicht mehr atmen kann: das Leben hat seinen Sinn verloren . . .«

Wenige Monate später starb Alexander Block.

In seinem Roman *Der Leidensweg* beschreibt Alexander Tolstoi ein typisches Literatencafé der Revolutionszeit: »Hier versammelten sich Poeten aller Schulen, ehemalige Journalisten, literarische Spekulanten, findige Burschen, die sich leicht und gewandt der unruhigen Zeit anzupassen verstanden, von Langeweile und Kokain vergiftete Mädchen, unternehmungslustige Anarchisten auf der Suche nach pikanter Unterhaltung und Leute, die nur vom Kuchen angelockt waren.[9]« In dieser Atmosphäre trieb sich Sergej Jessenin (1895–1925) herum. Dekorativ gekleidet wie ein Naturbursche in der Operette, in blauer Hemdbluse und langem russischem Kittel, in hohen, weichen Stiefeln, war der hübsche, weizenblond gelockte, blauäugige Bauernjunge umschwärmter Liebling der Cafés, wie er vor der Revolution Hätschelkind der Salons gewesen war. Er soff, grölte, randalierte und las den Huren seine Gedichte vor. Ob dieses Publikum die Schwermut seiner Lieder begriff? Gorki, von Jessenin einmal in einen Vergnügungspark – ›irgendwohin, wo Lärm ist‹ – mitgeschleppt, hatte den Eindruck, er suche die Stätten der Ausgelassenheit nur aus irgendeinem Pflichtgefühl, aus Gewohnheit auf, anstandshalber, ›so wie Ungläubige in die Kirche gehen, dastehen und ungeduldig warten, bis der Gottesdienst zu Ende ist, der ihrer Seele nichts gibt,

ein Gottesdienst für einen fremden Gott[10]‹. In den Moskauer Kneipen spülte Jessenin sein Heimweh hinunter, die Sehnsucht nach dem Dorf in der Ferne, aus dem er kam.
»Ich bin der letzte Dichter des Dorfes«, beginnt ein Gedicht, und der Schmerz dieser Erkenntnis zittert in allen seinen Versen. Die Birken neigen sich vor ihm wie zu einer Abschiedsmesse, die Kraniche ziehen, die Flocken tauen wie Tränen an den Scheiben, und die Ikonen funkeln ein letztes Mal. Der Mond steht über den Wiesen, die Nachtigall schlägt, und der Goldpirol ruft, Tautropfen wiegen auf den Zweigen, die Wasser, das Moor, die Wälder versinken wispernd im Dunst. Die Pferde tänzeln und schlagen mit den Hufen, die Wagenräder knarren, und die Katen ducken sich in der Dämmerung. Das Lachen der Mädchen klingt silberhell, und ihre Küsse sind liebestrunken. »Ja, töne, töne, goldenes Land ...« Jessenins Verse haben die traute und schwermütige Melodie der alten Lieder; eine volkstümliche, bildkräftige Religiosität spricht daraus und eine Naturverbundenheit, der jeder Laut der Tiere, jede Regung der Pflanzen, jeder Atemzug der Erde nahe ist. Heimatlichkeit und Schönheit und Abschiednehmen: wehe Seufzer eines Dichters nach dem ›einfachen, dem törichten Glück‹, nach dem verlorenen Paradies –

»Herrlich wär's, auf der Wiese, lächelnd,
Mit des Mondes Maule Heu zu kauen ...«

Von der bolschewistischen Revolution erhoffte Jessenin, der sich schon vor dem Kriege, wenn auch nicht sehr ernsthaft, als Revolutionär betätigt hatte, die Wiedergeburt des Bauernparadieses. »Das Land, das mich gebar«, dichtete er, »ist meine Mutter, und ich bin ein Bolschewik.« Er widmete dem Rußland der Sowjets zahlreiche Verse: das Gedicht vom *Himmelstrommler* (›Rot wird blühen diese Erde‹); die *Ode* (›Hört unsre neuen Lieder‹); die *Stanzen* (›Lies Marx, gedruckt auf nüchtern-heiligem Papier‹); die *Ballade von den 26,* den während des Bürgerkrieges in Baku erschossenen Kommissaren (›Fünfzig Hände noch wühlen sich aus dem Grab‹); das Poem *Inonia* (›Mit meiner Zunge will ich die Ikonen von Märtyrern und Heiligen sauberlecken‹). Doch er mußte erkennen, daß sein geliebtes Dorf gerade durch die Sowjetmacht, durch die Industrialisierung zum Tode verurteilt war. Verstand und Gefühl lagen im Widerstreit. Wohl sah er ein, daß die Finsternis der Vergangenheit überwunden werden muß: »Du mein Rußland! Zu lang schon geschritten mit der Altväter Hakenpflug! Was an Not du und Herzleid erlitten, dünkt selbst Birke und Ahorn genug.« Zugleich aber klagte er: »Weiß nicht, wie ich mich selbst soll schicken in das Neue mit rechtem Verstand ...« In dem Poem *Sowjetruß* (1924) gestand er widerstrebend seine Entfremdung von der neuen Zeit:

»Vom Hügel steigt der Komsomolze nieder,
und zur Harmonika singt feurig er sein Lied.
Lied der Partei!
Das ganze Tal hallt wider
von Sowjetfreude und von Jubelschrei.

So ist mein Land!
Doch was hat mich geritten,
wer hieß mich Verse röhren,
daß ich mit dem Volke eins?
Hier will mich niemand hören,
schlecht bin ich gelitten.
Ich selber bin hier nicht vonnöten,
scheints.

Was machts mir aus!
Verzeih mir, Heimatland!
Ich diente dir, wie ich vermocht, und bins zufrieden.
Und beust du heute meinen Liedern Mißverstand:
Ich sang zur Zeit, da dich das Glück gemieden.«

Aus dieser Stimmung heraus wuchs Jessenins Auflehnung gegen das Sowjetregime. »Der rauhe Oktober hat mich betrogen«, dichtete er, und: »Offen und geradeheraus gesagt, ist unsere Republik nur ein Bluff.« Ja, er wurde noch deutlicher: »Ihr alle, die ihr ein Schafsfell tragt, der Metzger wetzt für euch schon das Messer. Ihr seid ja nur eine Herde! Eine Herde! Eine Herde! Seht ihr denn nicht und begreift ihr nicht, daß eine solche Gleichheit nichts nützt, eure Gleichheit voll Lüge und Betrug.« In zwei dramatischen Dichtungen, *Pugatschow* (1921) und *Im Land der Taugenichtse* (unvollendet), bekannte er sich in kaum verhüllter Form zu den tragischen Bauernbewegungen Antonows im Gouvernement Tambow und Machnos in der Ukraine, den ›Grünen‹, den Partisanen zwischen Weiß und Rot, die von den Bolschewisten niedergeworfen wurden[11]. Auf den Helden im *Land der Taugenichtse,* den Bauernführer Nomach (Machno), anspielend, der nach der Revolution zum Banditen wird, erklärte Jessenin: »Wenn Falschheit und Heuchelei zur Religion eines Landes erhoben werden, kann nur Auflehnung und Anarchie die Folge sein. Würde Hamlet heute leben, wäre auch er unter die Diebe und Verbrecher gegangen.[12]« Das Sowjetregime selber empfand den Dichter als Feind: Noch ein Jahrzehnt später, während der Großen Säuberung in den dreißiger Jahren, genügte der Besitz eines Gedichtbandes von Jessenin, um von der Geheimpolizei verhaftet zu werden.

Maxim Gorki erzählt, wie der ausgebrannte, von Trunk und Ausschweifung gezeichnete Dichter sein Poem *Pugatschow* vortrug: »Beim Sprechen war er ganz bleich, sogar die Augen wirkten grau. Er gestikulierte mit den Armen, jedoch nicht im Rhythmus der Verse. Und das war richtig, denn der Rhythmus war nicht wiederzugeben, die drückende Schwere der steinernen Worte wechselte

launisch. Es war, als werfe er die Worte hin: das eine sich selbst zwischen die Beine, das nächste weit fort, ein drittes in ein ihm verhaßtes Antlitz. Alles zusammengenommen: die heisere, gebrochene Stimme, die unsicheren Gesten, der sich wiegende Körper, die schwermütig glühenden Augen – alles war so, wie es sein mußte, wie es zur Situation paßte. Ganz erstaunlich trug er Pugatschows dreimal wiederholte Frage vor: ›Seid ihr verrückt?‹ – erst laut und zornig, dann leiser, aber feuriger, schließlich ganz leise, verzweifelt nach Atem ringend: ›Seid ihr verrückt? Wer hat gesagt, daß wir vernichtet sind?‹ Unsäglich schön klang die Frage: ›Sinkst du unter deiner Seele hin wie unter andrer Last?‹ Und nach einer kurzen Pause kam, hoffnungslos, abschiednehmend, der Seufzer: ›Meine Lieben, mei-ne . . . Gu-ten . . .‹«
Nach dem Vortrag empfand Gorki, »Jessenin sei gar kein Mensch, sondern ein von der Natur ausschließlich für Poesie erschaffenes Organ, um die unerschöpfliche ›Trauer der Felder‹ zum Ausdruck zu bringen, die Liebe zu allem, was lebt auf Erden, und das Erbarmen, welches mehr als alle anderen Wesen der Mensch verdient.[13]«
Die letzten Lebensjahre Jessenins waren eine fortgesetzte Flucht vor der Sowjetwirklichkeit: eine kurze und unglückliche Ehe mit der Tänzerin Isadora Duncan (die, wie Gorki sagt, ›alles das verkörperte, was dieser Dichter *nicht* brauchte‹), eine Weltreise, eine neue, ebenso unglückliche Ehe mit einer Enkelin Leo Tolstois, Skandale und Exzesse und daneben das eruptive Hervorbringen immer neuer Gedichte, die zu dem Schönsten gehören, was es in der russischen Poesie gibt.

»Es schluchzen still die Birken
im weiß gewordnen Haar.
Wer starb hier? Wer verdarb hier?
Am End ich selber gar?«

An einem düsteren Dezembertag des Jahres 1925 schnitt sich Sergej Jessenin im Hotel Angleterre in Leningrad die Pulsadern durch und schrieb mit dem eigenen Blut sein letztes Gedicht:

»Lebe wohl, mein Freund! Es gilt zu scheiden.
Teurer, den ich schloß an meine Brust!
Vorbestimmte Trennung macht uns beiden
Wiedersehns Verheißungen bewußt.

Lebe wohl, mein Freund! Kein Wort! Kein Händegeben!
Runzle nicht die Brauen, mach dich hart!
Keine neuen Tode kennt dies Leben,
doch auch lebt sichs nicht auf neue Art . . .«

Dann erhängte er sich am Lüster seines Hotelzimmers.

Jessenins Rivale in der Gunst der Boheme und der Jugend, Wladimir Majakowski (1893–1930), trat in der Pose eines Bürgerschrecks auf. Der baumlange, wild blickende Futurist, Unterzeichner des Manifestes *Eine Ohrfeige dem öffentlichen Geschmack* (1912), pflegte eine zitronengelbe Bluse und dazu eine riesige schwarze Krawatte zu tragen, allen hübschen Frauen mit der Unwiderstehlichkeit einer Lokomotive den Hof zu machen, die angesehensten Literaten auf die unverschämteste Weise zu provozieren und mit lauter Stimme den Dichter Wladimir Wladimirowitsch Majakowski anzupreisen.

»Er setzte sich auf seinen Stuhl wie auf den Sattel eines Motorrades«, erzählt Pasternak, »beugte sich vor, schnitt sein Wiener Schnitzel klein, schlang es hastig hinunter, spielte Karten, ließ seine Augen umherwandern, ohne den Kopf zu wenden, promenierte majestätisch auf dem Kusnetzki-Boulevard, rezitierte besonders tiefsinnige Verse in dumpfem, näselndem Ton wie Teile einer Liturgie, runzelte die Brauen, wuchs, fuhr hierhin und dorthin und trat in der Öffentlichkeit auf. Hinter seiner Art, sich zu geben, spürte man etwas wie einen zur Ausführung gelangten Entschluß, dessen Folgen unabänderlich waren. Seine Genialität war ein solcher Entschluß, und die Begegnung mit ihr hatte ihn so beeindruckt, daß sie ihm für alle Zeiten als Thema vorgezeichnet war, dessen Verwirklichung er sich ohne Mitleid hingab.[14]«

Majakowski fühlte sich am wohlsten, wenn es um ihn herum kochte und brodelte. Die Presse war unentwegt damit beschäftigt, sich über seine Provokationen zu ereifern, und an seinen Vortragsabenden ging es zu wie bei einem Boxkampf: Das Publikum brüllte, riß Witze, pfiff und prügelte sich . . . inmitten des Hexenkessels stand unerschütterlich Majakowski und genoß den Lärm, donnerte mit heiserer Stimme und beschimpfte das Publikum. In seiner faszinierenden Dichtung *Wolke in Hosen* (1915), von der zaristischen Zensur seitenweise mit Auslassungspünktchen versehen, warf er der bürgerlichen Gesellschaft den Fehdehandschuh hin: »Weg mit Eurer Liebe, mit Eurer Kunst, mit Eurer Ordnung, mit Eurer Religion – das sind die vier Schreie der vier Poemteile!« Und sagte sich los von aller bisherigen Kunst:

»Sie nennen sich Dichter
unserer Zeit
und zwitschern mit Wachtelgebärden –
der Schädel der Welt
muß heut
mit dem Schlagring gespalten werden!«

Der erst im Kaukasus, dann in Moskau ansässige Majakowski trat mit vierzehn Jahren als Genosse Konstantin der bolschewistischen Partei bei. Er wurde sofort erwischt. »Platzte in eine Razzia hinein«, heißt es in seiner Autobiographie *Ich selbst* (1928). »Unsere illegale Druckerei. Verspeiste mein Notizbuch. Mitsamt Adressen und einschließlich Einband. Polizeirevier, Ochranka [zaristische Geheimpolizei] . . . Kommissar Woltanowski ließ mich nach Diktat schreiben: war verdächtig, eine Proklamation verfaßt zu haben. Verkorkste das Diktat hoffnungslos. Schrieb ›sozijahldimokritisch‹. Fielen drauf rein . . .« Er wurde noch zweimal verhaftet, einige Monate ins Gefängnis gesperrt, als Minderjähriger freigelassen und trat in eine Kunstschule ein, die ihn ohne polizeiliches Führungszeugnis aufnahm. Er gab die Parteiarbeit auf und machte sich mit Burljuk, Chlebnikow, Brik und einigen anderen Freunden daran, eine revolutionäre Kunst zu erfinden: den Futurismus.

Nach dem Sturz des Zarismus hielt er Vorträge: ›Die Bolschewiki der Kunst‹. Über die Oktoberrevolution notierte er in seiner Autobiographie: »Anerkennen oder nicht anerkennen? Diese Frage existierte für mich (und die anderen Moskauer Futuristen) nicht. Das war meine Revolution.« Es wird berichtet, daß die Matrosen beim Sturm auf das Petrograder Winterpalais Majakowskis Verse sangen: »Friß Ananas, Bürger, und Haselhuhn, mußt bald deinen letzten Seufzer tun!« Ein Jahr später, 1918, schrieb er für die revolutionären Matrosen den *Linken Marsch:*

»Du
hast das Wort,
rede, Genosse Mauser*.
Genug vom Gesetz aus Adams Zeiten.
Gaul der Geschichte, du hinkst . . .
Wolln die Schindmähre zuschanden reiten.
Links!
Links!
Links!«

1919 veröffentlichte er ein Büchlein *Alles, was Wladimir Majakowski verfaßt hat* und schrieb ins Vorwort: »Indem ich jetzt den Schulen überlasse, was ich bisher verfaßt habe, trenne ich mich davon. Wenn ich darüber hinaus bin, werde ich ein ganz neues Buch schreiben.« Sprach's und stürzte sich in den Trubel des politischen Lebens, dabei freilich die Parteimitgliedschaft vermeidend. »Warum nicht in der Partei? Die Kommunisten arbeiten an den Fronten. Auf dem Gebiet der Kunst und der Volksbildung bisher nur Mitläufer. Mich würde man bestimmt zum Fischfang nach Astrachan schicken« (*Ich selbst*). Die Futuristen setzten sich im Kommissariat für Volksbildung fest und versuchten, ›ihre‹ Revolution zur Machtergreifung im Kulturleben auszunutzen. Da sie Talent und eine ungeheure Aktivität entfalteten, gelang ihnen das auch vorübergehend.

Majakowski reiste im Land umher und rezitierte in den Fabriken. Majakowski schrieb für die revolutionären Massenfeste sein *Mysterium Buffo* (1918), nach den Worten von Volkskommissar Lunatscharski eine ›kühne Mischung von Heldisch-Pathetischem mit geistvoll aggressiver Hanswurstelei‹; es wurde von dem Regisseur Meyerhold zum ersten Jahrestag der Revolution in Szene gesetzt und beeindruckte selbst Alexander Block. Majakowski verfaßte Filmdrehbücher und

* Mauser: Gewehrmodell, aber auch die bei bolschewistischen Kommissaren gebräuchliche Pistole.

spielte Filmrollen, denn die Filmkunst galt, laut Lenin, als ›wichtigste der Künste‹. Majakowski arbeitete Tag und Nacht in der Russischen Telegraphen-Agentur (ROSTA) und entwarf ROSTA-Fenster: schlagkräftige, spritzige Plakate gegen die Weißen, die Drückebergerei, den Analphabetismus, den Typhus, die mangels Druckmöglichkeiten mit Hilfe von Pappschablonen vervielfältigt und in Schaufenstern ausgestellt wurden – rund dreitausend Plakate und an sechstausend Knittelverse. Als nach Einführung der Neuen Ökonomischen Politik (NEP) 1921 der Handel wiederbelebt wurde, machte Majakowski Reklame für die Staatliche Handelsorganisation (»Ich halte ›Alles für jeden in Mosselprom-Läden‹ für Poesie höchster Qualifikation«). Majakowski gründete Organisationen, Verlage und Zeitschriften, natürlich allesamt futuristischen Anstrichs. Und Majakowski dichtete, von einer Amerika-Reise zurückkommend, diese Verse (*Nach Hause,* 1926):

»Ich will nicht
als Blümlein auf Feldern blühen,
als Sträußchen
Wicke, Reseda und Mohn,
welches man pflückt
nach des Tages Mühen.
Ich will,
daß die Staatliche Plankommission
mein Pensum alljährlich
in heißer Debatte
vorschreibe auf strengem
Kontrollzifferblatte ...
Ich will –
meine Feder ins Waffenverzeichnis!
Bajonett und Feder –
so laute das Gleichnis!«

Majakowskis Begeisterung für den Kommunismus stieß bei der Partei, wenn man von dem toleranten Volksbildungskommissar Lunatscharski absieht, nicht auf Gegenliebe. Lenin war durch die wortgewaltigen Ausbrüche des ›Kommunisten und Futuristen‹ sichtlich schockiert. Wie Lenins Frau Krupskaja berichtet, trug bei einer Veranstaltung 1918 eine Schauspielerin Majakowskis Gedicht *Unser Marsch* vor. Als sie die Passage sprach: »Unser Gott – der Vormarsch; unser Herz – die Trommel«, ging sie direkt auf Lenin zu, der in der ersten Reihe saß. Der allem Deklamatorischen und Prätentiösen abholde Parteiführer war ganz verwirrt und beruhigte sich erst, als die Rezitatorin ein Gedicht der klassischen Literatur vortrug[15].

Einige Jahre später besuchte Lenin die Wchutemas (die Höheren künstlerisch-technischen Werkstätten). »Iljitsch«, so erzählt die Krupskaja, »blickte auf die Jugend, schaute in die strahlenden Gesichter der ihn umringenden jungen Künstler und Künstlerinnen, und ihre Freude spiegelte sich auf seinem Gesicht wider.

Sie zeigten ihm ihre naiven Zeichnungen, erklärten deren Sinn und überschütteten ihn mit Fragen. Er lachte, wich den Fragen aus, antwortete mit Gegenfragen: ›Was lesen Sie? Lesen Sie Puschkin?‹ – ›Aber nein‹, platzte einer heraus, ›er war doch ein Bourgeois. Wir lesen Majakowski.‹ Iljitsch lächelte: ›Meiner Meinung nach ist Puschkin besser.‹ In der Folge verhielt sich Iljitsch zu Majakowski etwas wohlwollender . . .[16]«

Majakowski selber bemühte sich um eine Aussöhnung, er schickte Lenin 1920 sein Poem *150 Millionen,* einen mit Hyperbeln und Metaphern bis zum Übermaß geladenen Hymnus auf die neue Zeit. Darin wendet sich Majakowski gegen die Klassiker und Realisten, die sich unter die Fittiche der ›Gorki-Henne‹ geflüchtet haben, und rühmt die Futuristen, die die Vergangenheit entrümpeln und Kultur als Konfetti verwenden. Lenin reagierte sehr unfreundlich: »Ist es nicht eine Schande, für die Herausgabe von Majakowskis *150 Millionen* in fünftausend Exemplaren zu stimmen? Es ist unsinnig, dumm, eine Erzdummheit und Anmaßung. Meiner Meinung nach sollte man von zehn solchen Sachen jeweils nur eine und in nicht mehr als 1500 Exemplaren für Bibliotheken und für Sonderlinge drucken. Und Lunatscharski sollte man für seinen Futurismus verhauen.[17]«
Immerhin hatte Majakowski die Genugtuung, daß wenigstens ein Gedicht, *Die auf Sitzungen Versessenen,* dem Diktator gefiel. 1922 sagte Lenin vor den Kommunisten des Metallarbeiterverbandes: »Gestern las ich zufällig in der *Iswestija* ein Gedicht von Majakowski zu einem politischen Thema. Ich gehöre nicht zu den Verehrern seines dichterischen Talents, obwohl ich meine Inkompetenz auf diesem Gebiet durchaus zugebe. Aber schon lange habe ich, vom politischen und administrativen Standpunkt aus, kein solches Vergnügen empfunden. In seinem Gedicht verspottet er gründlich die Sitzungen und macht sich über die Kommunisten lustig, weil sie immerzu Sitzungen und abermals Sitzungen abhalten. Ich weiß nicht, wie es darin um die Poesie bestellt ist, aber was die Politik angeht, so übernehme ich die Garantie, daß das vollkommen in Ordnung ist.« Majakowski kommentierte fröhlich: »Wenn jetzt sogar Iljitsch anerkennt, daß meine politische Richtung richtig ist, dann heißt das, daß ich Fortschritte in Kommunismus mache.[18]«

Nach Lenins Tod geriet Majakowski in eine immer schwierigere Lage. Die Realität der Sowjetgesellschaft zerstörte nicht nur seine künstlerischen, sondern auch seine politischen Träume. Man kann die großen, von mächtig ausladendem Pathos erfüllten Poeme der Spätzeit, *Wladimir Iljitsch Lenin* (1924) und *Gut und Schön* (1927), nur verstehen, wenn man bedenkt, daß der parteilose Kommunist Majakowski hier von einem ganz anderen Kommunismus redet als die Partei. Die beiden Poeme sind der strahlende Abgesang der revolutionären Illusionen: »Sah den Erdball sich drehn, war von Eile beschuht – ja, das Dasein ist schön, und das Leben ist gut.«
1929 hielt Majakowski *Zwiesprache mit Genosse Lenin,* dessen Bild in seinem Arbeitszimmer hing:

»... Man wird müd,
mit dem Gaunerzeug rumzuraufen.
Seit Sie fort sind,
vermehrt sich
das Pack allerdings.
Sehr viele
verschiedene Schurken
laufen
auf unserem Boden herum
und rings.
Von Typen,
unzählbar
und unbenamst,
wird uns
ein Bilderbogen
entrollt:
Bürokrat,
Spekulant
und Großbauernwanst,
Sektierer,
Kriecher
und Trunkenbold.
Da schreiten sie,
die Geblähten
und Vornehmen,
gespickt
mit Füllfedern und Abzeichen
einher.
Gewiß,
wir werden sie
uns kräftiglich vornehmen,
doch mit allen
fertig zu werden
ist entsetzlich schwer ...«

Das Gedicht schließt vielsagend:

»Im Schwall von Geschäften,
Erscheinungen, Plänen
verdämmerte langsam der Tag
und entschwand.
Zwei sind im Zimmer:
ich
und Lenin –
er als Photo
an weißer Wand.«

Aus Majakowskis letzten Arbeiten spricht ein geradezu fanatischer Haß auf die Neue Klasse, das hochgekommene bolschewistische Bonzentum. »Die letzten Höflinge, die letzten Gutsbesitzer und die ultraroten Kapitalisten haben die Revolution verdorben«, notierte er. »Ein Geschlecht animalischer Egoisten ist aufgekommen, das von unaufhaltsamem Streben nach Komfort und persönlichem Wohlergehen erfüllt ist.« Er setzte seinem Oktoberpoem *Gut und Schön* ein anderes entgegen: *Schlecht,* das nach seinem Tode von der Geheimpolizei beschlagnahmt wurde[19]. Die utopischen Satiren *Die Wanze* (1928) und *Das Bad* (1929) sind grimmige Abrechnungen mit der stalinistischen Funktionärsbürokratie. Von Meyerhold brillant aufgeführt, lösten sie bei der parteiamtlichen Kritik unbeschreibliche Empörung aus und mußten vom Spielplan abgesetzt werden.
Der verstörte und in die Enge getriebene Dichter veranstaltete im Februar 1930, unterstützt von jungen Freunden und Verehrern, eine Rechenschaftsausstellung *Zwanzig Jahre Arbeit.* Das Unternehmen wurde boykottiert. Bei der Eröffnung las er aus dem Notizbuch das Gedicht *Mit aller Stimmkraft* vor, sein Requiem. Darin erstattet er den ›Genossen Enkeln‹ Bericht über seinen dichterischen Weg:

»Auch mir
wächst die Agitpropkunst
zum Halse heraus,
auch ich
schriebe
Goldschnitt und Fliederstrauß –
das wär was
für Scheckbuch und Seele.
Doch ich
bezwang mich,
trat
bebenden Hauchs
dem eigenen Lied
auf die Kehle.«

Das Gedicht endet mit einem Aufschrei des letzten Kommunisten im sowjetischen Klassenstaat:

»Erschein ich einst
in lichter Zukunft
vorm Parteigericht,
über der Bande
dichtender
Betrüger, Schieber, Kriecher –
heb ich
als bolschewistisches Parteibuch
hoch ins Licht
all meine
hundert
gut parteigetreuen Bücher.«

Auf Jessenins Abschiedsgedicht, daß es sich auf neue Art nicht leben lasse, hatte Majakowski tadelnd geantwortet: »Sterben ist hienieden keine Kunst. Schwerer ist's: das Leben baun auf Erden.« Aber schon da (1925) hatte er den unglücklichen Gefährten, mit dem er sich zu dessen Lebzeiten oft genug gestritten hatte, gegen den Vorwurf mangelnder Linientreue in Schutz genommen: »Besser noch ein Tod im Alkohol als vor Langerweile!« Nun war er selber am Ende. Ein Kehlkopfleiden erschwerte ihm das öffentliche Auftreten, die einzig noch unzensierte Meinungsbekundung. Letzten Anstoß gab eine unglückliche, im Grunde banale Liebesaffäre, bei der er Impotenz festgestellt haben soll. Am 14. April 1930 schoß sich der laut Stalins postumer Würdigung ›beste und begabteste Dichter der Sowjetepoche‹ eine Kugel ins Herz.

Er hinterließ einen Brief:

»An alle!
Niemand trifft die Schuld an meinem Tode, und bitte macht kein Aufhebens davon. Der Tote liebte das nicht.
Mutter, Schwester und Genossen, verzeiht – das ist keine Art (andern rate ich's nicht) – aber mir bleibt kein Ausweg.
Lilja – liebe mich.
Genosse Regierung, meine Familie – das sind: Lilja Brik, Mutter, Schwestern und Veronika Witoldowna Polonskaja – wenn du ihnen ein erträgliches Leben sicherst – danke schön.
Die begonnenen Verse gebt den Briks, sie werden sich darin zurechtfinden.

Wie man sagt:
Der Fall ist erledigt,
die Liebesbarke
am Leben zerschellt,
dem Leben blieb ich nichts schuldig.
Überflüssig ist es,
aufzuzählen
die Leiden,
Schmerzen
und Bitternisse des Daseins.
Lebt wohl![20]«

Die Totenmesse der Intelligenzija

Übrigens sind alle Russen sonderbar: es ist nicht zu begreifen, was sie wollen – eine Republik oder eine Sintflut?

MAXIM GORKI Klim Samgin IV. Band

Der vierbändige, unvollendete Roman *Das Leben Klim Samgins,* an dem Maxim Gorki (1868–1936) in den letzten zwölf Jahren seines Lebens arbeitete, kommt in den Literaturgeschichten schlecht weg. »Dieses lange Epos«, schreibt Gleb Struve, »das vierzig Jahre des russischen Lebens umspannt, gehört zu Gorkis Mißerfolgen. Mit seinen vielen Gestalten und dem höchst uninteressanten Helden wirkt es weitschweifig und langweilig und offenbart schonungslos Gorkis Mangel an konstruktiver Fähigkeit.[21]« Auch Lettenbauer weiß über *Klim Samgin* nur zu sagen, daß sich darin Gorkis Schwächen des Aufbaus besonders zeigten[22]. Und Nina Gourfinkel klagt in ihrer Gorki-Monographie: »*Klim* hätte die Krönung seines literarischen Werkes bilden sollen: man findet zahlreiche Episoden, Gestalten und Berichte wieder, die der Autor im Laufe seiner langen schriftstellerischen Karriere schon einmal festgehalten hatte. Aber sie haben alles Leben verloren ...[23]«
Ich hingegen halte dieses Buch, das wie ein Granitblock unbewältigt inmitten der Sowjetliteratur liegt, für eines der großen Werke unseres Jahrhunderts, einen Schlüsselroman zum Verständnis des modernen Rußland und überhaupt der Menschen unserer Zeit.
Gorki gab seinem Roman den Untertitel *Vierzig Jahre* und nannte ihn eine Powest; das ist ein in der alten russischen Literatur gebräuchlicher Ausdruck für Chronik. In einer Notiz für die Presse erläuterte der Dichter: »In seinem neuen Roman stellte sich M. Gorki die Aufgabe, vierzig Jahre russischen Lebens möglichst in ihrer ganzen Fülle zu schildern, und zwar von den 80er Jahren bis zum Jahr 1918. Der Roman soll den Charakter einer Chronik haben, die alle wichtigen Ereignisse dieser Jahre bringt, besonders aber die Regierungszeit Nikolais II. Ort der Romanhandlung ist Moskau, Petersburg und die Provinz; im Roman wirken Vertreter aller Klassen mit. Der Autor will eine Reihe von russischen Revolutionären, Sektierern, deklassierten Menschen usw. zeichnen.[24]«
Historische Ereignisse ziehen sich wie Skelettwirbel durch die Romanhandlung: Wir erleben die Katastrophe auf dem Chodynka-Feld bei Moskau, wo sich die Menschen aus Anlaß der Zarenkrönung zerquetschen und tottreten, die Allrussische Industrie-Ausstellung in Nishni Nowgorod 1896, die den Ausbruch der Industrialisierung Rußlands demonstriert, die Diskussionen und Zwistigkeiten zwischen den verschiedenen politischen Richtungen und literarischen Strömun-

gen, den Petersburger Blutsonntag und den Moskauer Dezemberaufstand im Jahre 1905, den Weltkrieg, die Februarrevolution 1917, die den Zarenthron stürzt, die Ankunft Lenins aus dem Exil und den ersten, noch vergeblichen Griff der Bolschewisten nach der Macht. Immer wieder tauchen historische Gestalten auf: Wir bekommen einen Eindruck von Nikolaus II. und von Lenin, wir besuchen den Dichter Leonid Andrejew in seinem Salon, wir sehen den Popen Gapon an der Spitze der Demonstration, die 1905 zum Zaren zieht und zusammengeschossen wird, ja, wir treffen Gorki selber, wie er nach dem Gemetzel des Blutsonntags in der Wohnung des Industriellen Sawwa Morosow weilt, jenes eigenartigen Mannes, der Rußlands Eisenbahnen baute, in Stanislawskis Künstlertheater die Bühnenbeleuchtung bediente, Zehntausende von Rubeln für den Parteifonds der Bolschewisten spendete und sich nach einer Revolte seiner Arbeiter erschoß.

Dennoch ist *Klim Samgin* kein historischer Roman im herkömmlichen Sinne. Die Geschichte hat hier, wie die Bezeichnung Powest nur unzulänglich ausdrückt, eine andere und tiefergreifende Funktion: Sie ist den Personen nicht mehr gegenübergestellt als Lebensraum, Bewährungsfeld, Umweltfaktor, sondern geht in ihnen auf. Geschichte und Individualität integrieren einander so vollständig, daß ein historisch-menschliches Kontinuum entsteht. Geschichte und Individualität treten zueinander in ein Verhältnis der Komplementarität, das nicht mehr aufzulösen, nicht auseinanderzurechnen ist. Die Geschichte macht die Menschen – so wie sie wiederum die Geschichte machen.

In diesem Funktionswandel des historischen Elements kommt die Umwertung des Menschen in unserer Zeit zum Ausdruck. Der Mensch trägt seines Schicksals Sterne nicht mehr in der eigenen Brust; er kann sein Leben von sich aus weder gestalten noch begreifen. Der Mensch ist nur noch, wie Marx sagt, das ›Ensemble der gesellschaftlichen Verhältnisse‹, er ist nur noch in den Prozessen faßbar, mit denen er steht und fällt. Die Schicksalsmächte unserer Zeit: die ökonomischen, administrativen und politischen Apparate mit ihrer Eigengesetzlichkeit und Magie, die Katastrophen unseres Jahrhunderts: die Krisen, Kriege, Revolutionen und Diktaturen, werfen den einzelnen in den Strudel einer unbegriffenen und unbegreifbaren Welt. Damit wird zugleich die Geschichte als objektiver, naturgesetzlicher Vorgang liquidiert. Die Einbrüche des Irrationalen in die Weltpolitik, die Entfesselung des kollektiven Unbewußten gerade bei jenen Ideologien, die sich einer wissenschaftlichen Weltbetrachtung rühmen (Rassentheorie, Geopolitik, Politökonomie, Dialektischer Materialismus), lassen den Menschen heute ratloser denn je vor der Geschichte stehen.

Klim Samgin wehrt sich verzweifelt und vergeblich gegen den alles verzehrenden Sog der Geschichte; er will nicht an sie wie an einen Zuchthauskarren geschmiedet sein. Gorki spricht in seiner Pressenotiz von der »Gestalt eines Revolutionärs wider Willen, eines Revolutionärs aus Furcht vor der unvermeidlichen Revolution, der Gestalt eines Menschen, der sich als Opfer der Geschichte fühlt[25]«. Es ist nicht Feigheit, was Klim von den Revolutionären trennt, denn Leben und Freiheit riskiert er oft genug als Schlachtenbummler, es ist auch nicht besitzbürgerlicher Klassenstandpunkt, denn er hat nichts zu verlieren. Es sei denn seine Persönlichkeit. »Es schien ihm erniedrigend und entsetzlich, als dunkles, unper-

sönliches Kaviarkörnchen den allen gemeinsamen Weg zum unabwendbaren Untergang hinabzurollen. Noch lief er nicht mit der Menge, er stand abseits, aber schon war ihm, als sögen ihn die Menschen in ihren dichten Haufen hinein und rissen ihn mit sich fort. Dann kam ihm in Erinnerung, wie die Wand der Kaserne einstürzte und die Menschen hinabwarf, während er, der von ihr fortzulaufen glaubte, sich ihr unbegreiflicherweise dicht genähert hatte. In solchen Stunden hatte Samgin die Empfindung, als fülle und schwelle ihn ein Wind trostloser Erbosung gegen alle Menschen und sogar ein wenig gegen sich selber.« Im Verlaufe des Romans gilt Klim mal als Revolutionär, mal als zaristischer Geheimagent, mal als Liberaler, mal als unpolitischer Ästhet, er kokettiert auch irgendwann einmal mit jeder dieser Möglichkeiten, um einer anderen zu entgehen – in Wirklichkeit ist er nichts von all dem oder doch, objektiv betrachtet, alles zugleich.
In der neuartigen Metaphysik der Geschichte liegt die erste Besonderheit des Romans.
Der Typus Klim Samgin, ganz im Gegensatz zur Meinung Struves ein höchst interessanter Held, enthüllt die Problematik der Epoche. Gorki nennt ihn und seinesgleichen ›Menschen, die sich selbst erfinden[26]‹. Um sich unter den zum Teil begabteren und profilierteren Gefährten zu behaupten, beginnt er schon als Kind, sich in Szene zu setzen, eine Rolle zu spielen. »Alles Gute ist erfunden – Spielsachen, Bonbons, Bilderbücher, Verse – alles . . .« Klim lernt, seine Worte zu wägen, sich zurückzuhalten und nicht zu engagieren, undurchsichtig zu sein. Er lernt, sich das Air der Bedeutsamkeit zu geben – eine ›geheimnislose Sphinx‹, wie Oscar Wilde sagen würde. Er wächst heran zu einem honetten, geschätzten, wenn auch – trotz aller Liebesabenteuer – wenig geliebten Mann. Er bewegt sich solide und nicht zu schnell (»Sie haben einen merkwürdigen Gang«, sagt ein Bekannter zu ihm, »als ob Sie zu einer Frau gingen, die Sie nicht mehr lieben . . .«); die Gesten seiner weißen, schlanken Musikerhände sind maßvoll und ausgewogen; er spricht wenig, und was er sagt, ist klar, nüchtern und meist kritisch, eigene Gedanken bringt er mit dem Lächeln eines Menschen vor, der an die Bedeutung von Worten nicht so recht glaubt; seine mißtrauischen, kalten Augen versteckt er hinter einer rauchfarbenen Brille, die ihm ein bedeutendes und hintergründiges Aussehen verleiht. Als ihm einmal eine revolutionäre Suada entfährt, meint einer seiner Freunde erstaunt: »Sie scheinen Marxist geworden zu sein, Samgin, aber ich glaube, das kommt nur daher, weil Sie bei Tisch unvorsichtigerweise Weißwein mit Rotwein gemischt haben . . .« Es gelingt ihm, sich das Odium eines Mannes zu geben, »der manches, vielleicht aber auch alles weiß«.
Was jedoch Klim Samgin von einem gewöhnlichen Poseur unterscheidet, was sein Format ausmacht, ist seine Grübelsucht, sein krankhaft bohrender Drang, sich selbst und andere zu durchschauen. ». . . er erwischte sich öfter dabei, wie er sich selbst beobachtete, wie einen ihm wenig bekannten und ihm gefährlichen Menschen.« Er macht sich über die Leere in seinem Innern nichts vor. Einmal sagt jemand zu ihm: »Du hast eine robuste Seelenverfassung, Klim! Du lebst wie ein Monument auf einem Platz, ringsum ist Lärm, Geschrei, Geratter. Du indessen schaust auf alles herab, und nichts vermag dich aus der Ruhe zu bringen.« Klim aber denkt: »Diese Worte zeugen nur davon, daß ich es verstehe, mich nicht zu

verraten ...« Die Leere der Seele wird ihm zum Problem. Ihn tröstet nur die Erkenntnis, daß alle Menschen Masken tragen und sich selbst erfinden, daß sie alle ihre Nichtigkeit hinter einem ›System von Sätzen‹, hinter einem Phrasensystem verbergen. Die Menschen unterscheiden sich nur durch ihr Phrasensystem, urteilt er; in den Streitigkeiten und Meinungsverschiedenheiten um sich herum sieht er nichts als den Trieb der Menschen, sich zu bestätigen und wichtig zu tun. Klim beobachtet, um hinter das Geheimnis der anderen zu kommen, scharf und mitleidlos; er umkreist jeden Menschen, der ihm begegnet, so lange, bis er ihn entlarvt hat. Das rauchfarbene Glas seiner Brille scheint gleichsam alles auf der Erde mit einem Schleier grauen Staubes zu bedecken. Die Gewohnheit, seine Mitmenschen zu demaskieren, das Gold von ihnen abzukratzen, ist für Klim Samgin ein Akt der Selbstbehauptung, die einzige Möglichkeit, nicht von der Umwelt verschlungen zu werden. Ihm ist, als ob er ›mit Erfahrung überladen‹ sei, als ob er »all der Eindrücke und Gedanken, die sich in ihm angesammelt hatten, gar nicht bedurfte. Sie enthielten nichts, das in ihm Wurzeln schlagen konnte, das er als sein eigenes Denkergebnis, als sein Glaubensbekenntnis hätte bezeichnen können. Dies alles lebte gegen seinen Willen in ihm – nicht tief, nein, dicht unter der Oberfläche; tief innen aber war eine Leere, die eines anderen Inhalts harrte«.

Klim ist ein Mensch, der wie alle Menschen glauben möchte, aber nicht mehr glauben kann. Er ist von des Gedankens Blässe angekränkelt. Er hat den Apfel vom Baum der Erkenntnis gegessen und sieht sich nackt, das heißt: leer. »Am Anfang des Gesprächs hast du sehr richtig bemerkt, daß die Leute sich erfinden«, sagt er zu einem Freund. »Möglich, daß es so auch sein soll; denn damit wird der bittere Gedanke von der Sinnlosigkeit des Lebens versüßt.« Klim schmeckt diese Süße schal. Als ihn seine Gegenspielerin Marina Sotowa fragt, ob er mit den Bolschewisten gehe, antwortet er: »Nicht ganz. Ich helfe, soviel ich kann.« Marina sagt nachdenklich: »Du fühlst mit.« Und erläutert es sich selbst: »Mitfühlen, das heißt, nur halb fühlen.« Für Klim ist Gott tot, auch der Gott der Revolutionäre. So ist er ›gleichgültig gegen alles, was nicht Zerstörung ist‹, und setzt jedem ›System von Sätzen‹ ein ›Ich will nicht!‹ entgegen.

In Klim Samgins Erinnerung hat sich unauslöschlich ein Erlebnis der Kindheit eingeprägt: Der begabteste seiner Kameraden, der von ihm beneidete Anführer der Spielgefährten, ertrinkt beim Schlittschuhlaufen im Fluß, und als die Suche nach der Leiche vergeblich ist, ruft ein Mann: »– Ja – war denn überhaupt ein Junge da: vielleicht ist gar kein Junge dagewesen?« Dieser seltsame Ruf: »War denn überhaupt ein Junge da?« zieht sich wie ein Leitmotiv durch den Roman; er bleibt im Gedächtnis Samgins haften als ein magischer Spruch, der die Fragwürdigkeit des Menschen ahnen läßt. »War denn überhaupt ein Junge da?« – darin liegt das Staunen und Erschrecken über den Verlust der Persönlichkeit in unserer Zeit. Jener in sich ruhende, aus sich lebende Menschentypus, Individualität, Persönlichkeit genannt, der mit der Renaissance, mit der Entdeckung des Einzelmenschen, des Bürgers aufkam, wird in der Massengesellschaft zerrieben. Klim Samgin leidet am Verlust der Persönlichkeit. »Große Menschenansammlungen bedrückten ihn, in der Menge schrumpfte er innerlich zusammen und

vernahm seine eigenen Gedanken nicht mehr; unter den einförmig gekleideten Studenten, die alle gleichsam ein und dasselbe Gesicht hatten, fühlte er sich selbst entpersönlicht.« Gorki kündigte seinen *Klim Samgin* an als ›ein trauriges Buch über die Zerstörung der Persönlichkeit[27]‹. Darin liegt die zweite Besonderheit des Romans, die zweite Komponente seiner Modernität.
Um den Typus Klim Samgin zu schaffen, den Menschen mit der leeren Seele, wandte Gorki eine Gestaltungsweise an, die in einem Traum Klims symbolisiert ist: »... die nächtliche Parade der Erinnerungen verwandelt sich in einen schweren Alpdruck. Mit einer Sturmeseile, wie sie nur Träumen möglich ist, sah Klim sich auf einen menschenleeren, festgetretenen Weg zwischen zwei Reihen alter Birken versetzt – neben ihm schritt noch ein Klim Samgin. Es war ein sonniger Tag, die Sonne wärmte den Rücken, aber weder Klim selbst, noch sein Doppelgänger, noch die Bäume hatten Schatten, und das war sehr aufregend. Der Doppelgänger schwieg und stieß Samgin mit der Schulter in die Löcher und Furchen des Weges und auch gegen die Bäume, er behinderte ihn so sehr am Gehen, daß Klim ihm gleichfalls einen Stoß versetzte, da stürzte er zu Klims Füßen nieder, umarmte ihn und schrie wild auf. Da er merkte, daß er selbst zu fallen drohte, ergriff Samgin den Weggenossen, hob ihn auf und spürte, daß er, wie ein Schatten, kein Gewicht hatte. Er war aber genauso gekleidet wie der wirkliche, lebendige Samgin und mußte doch also irgendein Gewicht haben! Samgin hob ihn hoch auf und schleuderte ihn fort, auf die Erde – er zerbrach in Stücke, und sogleich vervielfachten sich um Samgin herum die Figuren, die ihm alle völlig gleich sahen; sie umringten ihn, liefen voller Eifer mit ihm, und obgleich sie alle gewichtslos und durchsichtig wie Schatten waren, bedrängten sie ihn furchtbar, stießen ihn, damit er den Weg verliere, jagten ihn vorwärts – es wurden ihrer immer mehr, alle waren sie heiß, und Samgin erstickte fast in ihrem schweigenden, lautlosen Haufen.«
Klim Samgins Persönlichkeitsspaltung zieht sich durch den ganzen Roman, er steht sich selber fremd, ja feindlich gegenüber. »Mein Leben ist ein Monolog«, resümiert er, »aber in Gedanken führe ich immer Dialoge, beweise immer irgend jemandem irgend etwas. Als ob in meinem Inneren ein Fremder, ein Gegner wohnt, der jeden meiner Gedanken belauert und vor dem ich mich fürchte.« Die Einheit von Bewußtem und Unbewußtem, von Körper, Geist und Seele, die die Persönlichkeit ausmacht, ist zerbrochen – der Schatten ist zum Doppelgänger geworden. Klim erinnert sich an den Helden einer orientalischen Legende, der bitter weinend an einem Kreuzweg in der Sonne saß und auf die Frage, warum er Tränen vergieße, antwortete: »Ich habe meinen Schatten verloren, und nur er hat gewußt, wohin ich zu gehen habe.«
Nicht genug mit der Zweiteilung, Klim erkennt, daß seine Persönlichkeit in zahllose Scherben zersprungen ist. »Er lebte unter den Menschen wie zwischen Spiegeln: jeder Mensch spiegelte ihn, Samgin, wider und zeigte ihm dabei deutlich seine Mängel.« Die Mitmenschen entpuppen sich als eine Parade von Doppelgängern. Zwar lebt jeder in seinem Phrasenkreis, doch in jeweils einem Punkt spiegeln sie einander. Klim ist im Grunde nichts als der Brennpunkt eines solchen Systems von Spiegeln, ähnlich der Geistererscheinung, die ein Magier in den

leeren Raum projiziert. Klim hat keine eigene Substanz, er existiert nur in seinen Reflexen zur Umwelt, zu den, wie Gorki scherzhaft aufzählt, achthundert Personen des Romans. Besonders gespenstisch wird das Phänomen noch dadurch, daß Klim zu seiner Umwelt keine positiven, sondern nur negative Beziehungen unterhält, daß er die Spiegelungen nicht akzeptiert, sondern abstößt, zerstört – es ist gewissermaßen eine Fata Morgana aus Verneinung, die Existenz als Vakuum. Der irreale Eindruck wird noch verstärkt durch das Prinzip der ›vielstimmigen Gespräche‹. Man meint, wenn man die zahlreichen Dialoge des Romans liest, einen verwirrenden Lärm zu hören, eine Vieltönigkeit, als redeten viele Leute gleichzeitig. Man weiß kaum, wer spricht und warum, man kann weder Beginn noch Ausgang der Gespräche verfolgen, ja, es handelt sich überhaupt nicht mehr um richtiggehende Gespräche, sondern nur noch um Dialogfetzen, die konfuse und quälende Engramme ins Gehirn ritzen. Da es keine objektive Außenwelt mehr gibt, da das Eigenleben der anderen Menschen bedeutungslos geworden ist, interessieren nur noch die Impressionen, die die Gespräche bei Klim Samgin bewirken. Auch die Worte sind ausgehöhlt.
Auf diese Weise gelang es Gorki, die Leere der Seele nicht bloß zu beschreiben, sondern zu gestalten. Das ist die dritte Besonderheit des Romans.

Wie kam Gorki dazu, ein solches Buch zu schreiben? Die Kritiker, die sowjetischen wie nichtsowjetischen, halten *Klim Samgin* für eine der zahlreichen Polemiken Gorkis gegen die alte russische Intelligenzija – und deshalb loben es die einen, und die andern tadeln es. Die *Große Sowjet-Enzyklopädie* schreibt beispielsweise: »Das Hauptthema des Romans ... ist die Entlarvung der bürgerlichen Ideologie in allen ihren Spielarten, vor allem des bürgerlichen Individualismus – der Ideologie der Samgins. ›Samginerei‹ ist es, was die Haltung der bürgerlichen Intelligenz charakterisiert, die bald die Toga der Parteilosigkeit anlegt, bald – in den aufsteigenden Momenten der Revolution – sich ihr ›anschließt‹, die sich bemüht, revolutionär zu scheinen, in Wirklichkeit aber stets die Revolution verrät. Das Renegatentum der Intelligenz, ihre Doppelzünglerei sind es, die Gorki entlarvt hat ...[28]« Und Nina Gourfinkel: »Für immer fasziniert von diesen glanzlosen und automatisch komplizierten Helden, hat Gorki ihnen die letzten zwölf Jahre seiner künstlerischen Tätigkeit gewidmet, indem er mit Leidenschaft, Verzweiflung und Unvermögen diese Intelligenzschicht darzustellen versuchte, die er so schmerzlich geliebt hat und die ihn so bitter enttäuschte.[29]«
In den Briefen zur Entstehungszeit des Romans spricht der Dichter jedoch von den russischen Menschen überhaupt, ›die wie niemand sonst ihr Leben zu erfinden verstehen[30]‹; man müsse unbedingt wissen und daran denken, so schreibt er, »daß einige weitverbreitete kleinbürgerliche Klasseneigenschaften zu allgemein menschlichen Eigenschaften wurden, daß diese Eigenschaften selbst Proletariern eigen sind[31]«; sein Roman solle zeigen, »wie die russischen Menschen in den Jahren 1880 bis 1919 gelebt, was sie gedacht, was sie getan haben und wie es in ihrem Innern ausgesehen hat«; und er meint, es würde »etwas außergewöhnlich Asiatisches nach der Verschiedenartigkeit der Nuancen, getränkt mit europäischen Einflüssen, die sich in einer vollkommen russischen Psychologie und Mentalität

widerspiegeln; reich an wirklichen und in gleichem Maße auch an eingebildeten Leiden.[32]«

Der Roman wächst also über die Sozialkritik hinaus: nicht eine Gesellschaftsschicht wird sondiert, sondern der Mensch.

In den vier Bänden des Romans steckt die Abrechnung Gorkis mit sich selbst. Um das zu erklären, müssen wir die Entwicklung des Dichters skizzieren. Der aus der Tiefe des Volkes, aus Not, Demütigung und Verzweiflung emporgewachsene Autodidakt Alexej Maximowitsch Peschkow, der sich als Schriftsteller Gorki (›Der Bittere‹) nannte, stand am Anfang seiner Karriere der liberalen Intelligenz verständnislos und feindselig gegenüber. Er klagte sie an, sich dem Freiheitskampf des Volkes zu entziehen. Diese Haltung Gorkis äußerte sich einerseits in einer Rebellion gegen die literarische Vergangenheit Rußlands, gegen seine Lehrmeister Tschechow, Tolstoi und Dostojewski, zum anderen in der Annäherung an die politischen Revolutionäre, zuerst an die Narodniki, eine Bewegung von Terroristen, die die Bauernmassen aufrühren wollten, dann an die Bolschewiki, den radikalen Flügel des russischen Marxismus. Doch je enger Gorki mit Lenin und den Bolschewisten in Kontakt kam, desto mehr erwachte in ihm selber der kritische Geist des Intellektuellen. Es war ihm unmöglich, den schrecklichen Vereinfachungen zu folgen, die die bolschewistische Parteilinie vorschrieb. Die Entfremdung Gorkis von Lenin, seinem langjährigen Freund und Kampfgefährten, wuchs 1917 bis zur Feindseligkeit. Der Dichter wandte sich auf das heftigste gegen die Machtergreifung der Bolschewisten, gegen ihren Terror und die brutale Zerstörung der Demokratie. Er stellte sich schützend vor die russische Intelligenz und die russische Kultur.

»Mit den Kommunisten«, erläuterte Gorki in seinen Erinnerungen, »hatte ich Meinungsverschiedenheiten in der Frage der Bewertung der Rolle, die die Intelligenz in der Revolution spielen solle, die doch eben von dieser Intelligenz vorbereitet war, wozu auch alle Bolschewiki gehörten, die Hunderte von Arbeitern im Geiste des sozialen Heldentums und hoher Intellektualität erzogen hatten. Die russische Intelligenz – die wissenschaftliche und die aus Arbeiterkreisen – war, ist und wird noch lange das einzige Zugpferd sein, das vor den schweren Wagen der Geschichte Rußlands gespannt ist. Ungeachtet aller Stöße und Weckrufe, die sie erfahren, bleibt die Vernunft der Massen immer noch eine Kraft, die der Führung von außen her bedarf.[33]« Auf Drängen Lenins ging Gorki 1921 ins Exil (zum zweiten Mal in seinem Leben, denn schon unter dem Zaren mußte er emigrieren).

Der Roman *Klim Samgin* wurde von Gorki 1925/26 in Italien begonnen. Er reifte zugleich mit dem Entschluß, in die Sowjetunion zurückzukehren. Die Arbeit daran war also ein Akt der Selbstverständigung und Selbstkritik, ein Versuch des Dichters, seine antikommunistischen Ansichten von 1917, insbesondere in der Frage der Intelligenz, zu revidieren. Unter diesen Umständen vollzog sich die Auseinandersetzung mit der Intelligenz auf einer höheren Stufe als Jahrzehnte früher: denn nun konnte Gorki den intellektuellen Standpunkt nicht mehr einfach als bürgerliche Klassenborniertheit abtun, er mußte sich mit einer Geisteshaltung auseinandersetzen, der er selber einmal angehangen hatte, mit einer geistigen Haltung, die aus Gründen der Humanität und Vernunft den Bolschewismus verwirft. Das erklärt die menschliche Tiefe des Werkes.

Bei aufmerksamer Lektüre findet man im Roman eine ganze Reihe von Indizien, die seinen Charakter als Selbstdarstellung und Selbstkritik Gorkis belegen. Über sein Theaterstück *Nachtasyl* (1902) sagt, offensichtlich in Übereinstimmung mit dem Autor, ein Kommunist: »Das Stück hat mir nicht gefallen, es enthält nichts als Worte. Ein Feuilleton über den Humanismus. Und – erstaunlich unzeitgemäß, dieser bis zum Anarchismus erwärmte Humanismus! Überhaupt – schlechte chemische Küche.« Lenin äußerte sich, wie seine Frau Krupskaja berichtet, ganz ähnlich über das Stück[34]. Klim Samgin spielt beim Moskauer Dezemberaufstand 1905 dieselbe Rolle wie Gorki: Er stellt seine Wohnung den Aufständischen zur Verfügung. Über die sogenannten Gottsucher, eine um Bogdanow, Lunatscharski und Gorki gescharte Fraktion der Bolschewiki in der Vorkriegszeit, die den Kommunismus um religiöse und ethische Momente bereichern wollte, urteilt im Roman ein Kommunist, wieder mit offensichtlicher Zustimmung des Autors: »Lunatscharski und Bogdanow sollen da irgendeinen Unsinn verfaßt haben . . . Iljitsch [Lenin] sagt, sie polierten den Sozialismus mit dem bürgerlichen Denken, da sie fänden, man müsse ihn veredeln.« Einmal schlägt einer von Samgins Freunden vor: »Klim Iwanowitsch, laß uns eine Zeitung herausgeben, mein Lieber! Eine schlicht und rein demokratische, ohne jegliche Schnörkel aus der Philosophie, jedoch mit Marx, aber ohne Lenin, verstehst du, he? Ein Organ des gebildeten Proletariats – verstehst du? Wir werden nach rechts und nach links Schnauzenhiebe austeilen, wie?« Diese Charakteristik trifft haargenau auf Gorkis 1918 von den Bolschewisten verbotene Zeitung *Nowaja Shisn* zu.

Eine Anzahl der im Roman angeführten antikommunistischen Äußerungen stammt aus Gorkis eigener Publizistik. Über Samgins Eindruck von Lenin heißt es beispielsweise im Roman: »Alles, was er sagte, war sehr einfach und überzeugend – um so weniger hatte er Lust, ihm beizustimmen.« Gorki beschreibt in seinen Erinnerungen seinen eigenen Eindruck von Lenin ähnlich: »Seine Worte erzeugten stets das physische Empfinden unumstößlicher Wahrheit – und obwohl diese Wahrheit für mich oft nicht annehmbar war, konnte ich mich dem Einfluß ihrer Wucht nicht entziehen.[35]« Im Roman sagt Samgin weiter über Lenin: »Ja, die Gestalt, die Gesten, die Stimme, die schnarrende Aussprache nach Adelsart...« Gorki in *Nowaja Shisn*: »Lenin ist ein ›Führer‹, ein russischer Barin [Herr], er besitzt die moralischen Qualitäten dieser untergehenden Herrenklasse.[36]« Über die kommunistische Revolution heißt es im Roman: »Die soziale Revolution ist eine Utopie von Abenteurern.« Gorki in *Nowaja Shisn*: »Lenin, Trotzki und ihre Anhänger sind schon angesteckt von dem verderbenden Gift der Macht, wie ihre beschämende Einstellung gegenüber der freien Meinungsäußerung und der Freiheit des Individuums zeigt, um die die Demokratie gekämpft hat. Blinde, fanatische und skrupellose Abenteurer schreien nach einer angeblich sozialen Revolution . . .« Wie im Dialog antwortet darauf ein Kommunist im Roman: »Das ist ganz klar: Diener des Kapitals bleiben und sich mit Reformen begnügen, die den Kapitalisten volle Rede- und Handlungsfreiheit gewähren.« Eine reaktionäre

Romanfigur polemisiert: »Eine Revolution mit Hilfe von Wilden ...« Gorki selber in *Nowaja Shisn*, als die Bolschewisten von dem Blatt Loyalität forderten: »Wir haben nicht gegen die Selbstherrschaft der Kanaillen gekämpft, damit sie durch die Selbstherrschaft der Barbaren ersetzt werde.«

Am bezeichnendsten ist der Schluß des Romans. Das Buch sollte ausklingen mit den bolschewistischen Unruhen, die der Oktoberrevolution vorausgingen. Über diese Unruhen hatte Gorki 1917 in *Nowaja Shisn* geschrieben: »Die breiten Schwingen unserer jungen Freiheit wurden mit unschuldigem Blut befleckt. Es ist verbrecherisch und nichtswürdig, einander zu töten, jetzt, wo wir alle das herrliche Recht haben, ehrenhaft zu argumentieren und verschiedener Meinung zu sein.« Nach dem vorliegenden Konzept des Romans wird Klim Samgin, der Gorkis Meinung teilt, bei eben diesen Unruhen von den Massen zertreten: »Samgin. Ein Sack voll Knochen. Ein schmutziger Sack, angefüllt mit kleinen, eckigen Dingen.« So hart ging Gorki mit sich ins Gericht.

Wie in Klim Samgin rangen auch in Gorki zwei Seelen miteinander. Der Romantiker in ihm war es, den es an die Seite der Revolutionäre, der perfekten und gewalttätigen Weltbeglücker trieb. Als junger Mann sagte er einmal zu Tolstoi, daß er aktive Menschen gut leiden könne, die gewillt seien, sich dem Bösen mit allen Mitteln, notfalls mit Gewalt, zu widersetzen. »Die Gewalt ist das größte Übel!« rief Tolstoi aus. »Wie wollen Sie sich aus diesem Widerspruch lösen?« Und als Gorki auf die feindliche Umwelt verwies, in der sich der Mensch doch durchzusetzen habe, wehrte der Alte von Jasnaja Poljana ab: »Daraus lassen sich äußerst gefährliche Schlüsse ziehen! Sie sind ein sehr fragwürdiger Sozialist. Ein Romantiker sind Sie . . .[37]« Andererseits steckte in Gorki auch sehr viel kritischer Sinn, sehr viel Lebenserfahrung, er kannte die Welt und die Menschen zu gut, um dem revolutionären Schwärmertum ganz zu verfallen.

So lagen in ihm sein Leben lang der Romantiker und der Realist in Fehde, der politische Revolutionär und der liberale Intellektuelle, derjenige, der das Leben erfindet, und der andere, der die Erfindung durchschaut.

Die Rückkehr in die Sowjetunion war ein Triumph der romantischen Neigungen in seiner Seele: Im fernen Italien war die furchtbare Realität des Bolschewismus, das Bild millionenfachen Leides, nach und nach verblaßt, es wurde verdrängt von dem faszinierenden Schauspiel des sowjetischen Aufbaus und von der Sehnsucht nach der Heimat.

Die Spannung zwischen romantischem Ideal und realistischer Kritik durchzieht den Roman *Klim Samgin* auf eigentümliche Weise. Gorki wollte den intellektuellen Restbeständen in sich den Rest geben. Er wollte sie als Ressentiments, Hirngespinste, Egoismen entlarven, als Scheuklappen, die den Blick auf das kommunistische Ideal verstellen. Um diese Entlarvung tiefgreifend und beweiskräftig zu vollziehen, um sich selbst, die kritische Stimme in der eigenen Brust zu überzeugen, mußte Gorki ein Maximum an intellektueller Analyse aufbieten, also gerade jene Geisteshaltung, gegen die er zu Felde zog. Der Romantiker Gorki bedurfte des Realisten, um den Realisten zu bekämpfen. Er bedurfte der ›Samginerei‹, um der ›Samginerei‹ den Garaus zu machen. In dieser verzwickten Dialektik hat Gorki sich verfangen. Der Kritiker zerfleischte sich selber. Wohl schlug er die Intelligenzija mit ihren eigenen Waffen, indem er Phrasensystem auf Phrasensystem durchleuchtete und zerstörte – wie aber sollte dabei das kommunistische System gerettet werden? Wie sollte mit Vernunftargumenten die Unvernunft verteidigt werden? An diesem Widerspruch scheiterte das Unternehmen.

Der Roman blieb unvollendet. Das wird in der Regel damit erklärt, daß Gorki eben vor der Vollendung des Mammutwerkes gestorben sei. In Wirklichkeit blieb der Roman Fragment, weil Gorki mit ihm nicht zu Ende kam und nicht zu Ende kommen konnte. Er hatte die Arbeit auf ein bis zwei Jahre projektiert, aber sie verlängerte sich ins Endlose. »Ich bin nicht sicher, ob es mir gelingt«, klagte er in den Briefen, und: »Ich werde noch 60 Jahre daran arbeiten.[38]« Charakteristisch ist die sinkende Produktivitätsrate seiner Arbeit. Der erste Band ist 1925/26 geschrieben, der zweite 1927/28, der dritte 1928/30, für den vierten, unvollendeten brauchte er die Jahre 1931 bis 1936.

Doch nicht genug damit: Der ganze vierte Band, an dem Gorki so lange schrieb wie an den ersten drei Bänden zusammen, ist, wie er nun vorliegt, eine Fiktion. Nur 110 Seiten, das ist ein Sechstel des Bandes, tragen den Freigabevermerk Gorkis: ›Letzte Redaktion.‹ Der größte Teil ist von sowjetischen Literaturhistorikern aus dem Nachlaß zusammengestellt worden. Diese Konstruktion stimmt hinten und vorne nicht. Sie steckt voller Ungereimtheiten und Verzerrungen in der Logik der Handlung wie der Charaktere. Die Zeitfolge wird zusammengepreßt und überschlägt sich stellenweise. Der dritte Band endet mit den Ereignissen der Jahre 1907/08, der vierte aber beginnt im Sommer 1906. Eine Person, die in den ersten Bänden Nikonowa heißt, wird im vierten Band plötzlich Ljubimowa genannt. Unklar bleibt auch, mit welchem Jahr Gorki den Roman enden lassen wollte. Die vorliegenden Skizzen deuten, wie schon erwähnt, auf 1917, aber in den Briefen und Kommentaren des Autors ist gelegentlich auch von 1918 und 1919 die Rede. All das beweist, daß dieser vierte Band ein Konglomerat aus Skizzen und Fragmenten ist, dem jede Authentizität fehlt. Man darf also dem Schlußband des *Klim Samgin* so wenig trauen wie Nietzsches *Willen zur Macht*.

Aufschlußreicher noch als der äußere Bruch im Roman ist der innere. Der Held Klim Samgin ist, der ideologischen Absicht gemäß, negativ angelegt. Er ist ein mieser, grauer Typ, ohne Phantasie und Originalität, unfähig zu Begeisterung, Hingabe, Lebensfreude, unfähig zur Liebe, ein Durchschnittsmensch, der etwas bedeuten möchte, ein Intelligenzler ›der mittleren Preislage‹, der seinen Nabel beschaut. Durch viele unauffällige Details im Porträt und in der Biographie läßt Gorki seinen Helden unsympathisch erscheinen. Das Bild ändert sich jedoch im Laufe der Handlung. Samgin wird mit zahllosen Personen konfrontiert, mit Menschen, die ihm an Charakterstärke, Begabung, Schönheit oft erheblich überlegen sind, trotzdem gelingt es ihm in jedem Fall, über kurz oder lang auch bei ihnen ein Phrasensystem zu entlarven. Dadurch gerät er, auch in den Augen des Lesers, in eine Position der Stärke.

Der ganze dritte Band wird geprägt von der Auseinandersetzung Klims mit Marina Sotowa. Die schöne, kluge, reiche, energische und stolze Kaufherrin, die ähnlich Sawwa Morosow die Bolschewisten unterstützt, ist die faszinierendste

Gestalt des Romans. Klim umkreist sie jahrelang, um hinter ihr Geheimnis zu kommen, um auch ihre schwache Stelle aufzuspüren. Marina ist die Inkarnation des mächtigen alten Rußland. Klim beobachtet sie, wie sie in einem vornehmen Pariser Café eine Birne schält: Während neben ihr eine Französin die Schale hauchdünn abnimmt, schneidet sie selbst die Schale in dicken Streifen herunter. Eines Nachts sieht Klim sie bei Kerzenschein inmitten verzückter Männlein und Weiblein einer Sekte nackt und entfesselt tanzen. Er ist zutiefst betroffen und verstört. Nach der Szene tritt er auf sie zu und »erblickt im Spiegel neben einem wohlgeformten Frauenkörper einen Mann im grauen Anzug, mit einer Brille und spitzem Kinnbärtchen, mit einem Ausdruck des Schrecks in dem langen, gelben Gesicht und – mit offenem Munde«. – »Du bist unverbesserlich gescheit, mein Freund Klim Iwanowitsch«, sagt Marina zu ihm. »An solchen Menschen wie dir krankt die Welt . . . Du sehnst dich nach Glauben, fürchtest dich aber zu glauben.« Klim schüttelt sich, »als wäre er ganz voller Staub und mit klebrigen Spinnweben beschmutzt«; er hat keine Beziehung zu diesem entarteten und verstiegenen, unter die Schwärmer gefallenen Russentum. Er reist ab.
An dieser Stelle des Romans, am Ende des dritten Bandes, läßt Gorki seinen Helden schon keine Befriedigung mehr darüber empfinden, daß er jemand anderem die Maske herunterriß, sondern nur noch Einsamkeit und Trauer. Wir stehen einem gewandelten Samgin gegenüber, einem Menschen, der ›das Unglück hat, klüger zu sein als seine Zeit‹, der der Krankheit des Denkens unrettbar verfallen ist und vor den Visionen des Hieronymus Bosch die Fragwürdigkeit des Lebens begreift. »Die Zeit verstrich mit einer verblüffenden Schnelligkeit. Sie offenbarte ihre Immaterialität und verschwand spurlos in den Strömen feuriger Reden, im Rauch der Worte, ohne eine Spur von Asche zu hinterlassen. Klim Iwanowitsch Samgin sah viel, hörte viel und blieb er selbst, schwebte gleichsam in der Luft über dem breiten Strom der Geschehnisse. Die Tatsachen gingen an ihm vorbei und durch ihn hindurch, ließen ihn unberührt, verletzten ihn nicht, manchmal – jagten sie ihm einen Schrecken ein. Aber – alles verging, und er blieb unentwegt ein Zuschauer des Lebens . . .«
Der vierte Band hätte die Auseinandersetzung Samgins mit dem neuen, dem bolschewistischen Rußland bringen müssen, verkörpert in dem Berufsrevolutionär Stepan Kutusow. Der bärtige Student, der mit seiner nachdrücklichen, wohltönenden Stimme unentwegt Thesen hämmert, ist ebenso selbstgewiß wie Marina, mit der er auf der Universität ein Verhältnis hatte. Auch Kutusow ist ein mitreißender und bezwingender Typ, Gorki hat ihm viele Züge seines gehaßten Freundes, geliebten Feindes Lenin verliehen.
Wenn Kutusow erzählt, er habe sich die Jagd abgewöhnt, weil er einmal einem Wolf grausam das Rückgrat zerschossen habe, wenn er im Freundeskreis mit strahlendem Bariton singt, dann erinnern wir uns daran, daß Lenin nach dem Bericht Gorkis die Kinder behutsam streichelte und die *Appassionata* liebte. »Die Wölfe tun Ihnen leid«, sagt Klim Samgin zu Kutusow, »über die Menschen aber denken Sie sehr einfach und erbarmungslos.« Kutusow lächelt und gießt sich Rotwein in den Tee: »Die Menschen? Die haben selber ihre gegenseitigen Beziehungen idiotisch erbarmungslos gestaltet, das werden sie auch grausamst

zu büßen haben.« Wie sagte doch Lenin nach dem Beethoven-Konzert zu Gorki? »Eine wunderbare, nicht mehr menschliche Musik. Aber allzuoft kann ich Musik nicht hören. Sie wirkt auf die Nerven. Man möchte nette törichte Dinge sagen und den Menschen, die in dieser schmutzigen Hölle leben und trotzdem solche Schönheit schaffen können, den Kopf streicheln. Aber heutzutage darf man niemand den Kopf streicheln – die Hand wird einem sonst abgebissen. Schlagen muß man auf die Köpfe, unbarmherzig schlagen . . .[39]« Kutusow zu Samgin: »Die giftige Bitternis der Wirklichkeit läßt sich nicht durch den Honigseim des Humanismus versüßen.« Lenin zu Gorki, als sich der Dichter um die Rettung von Menschen vor dem Terror bemühte: »Finden Sie nicht, daß Sie sich mit Torheiten und Bagatellen abgeben?[40]«

Nach 1800 Seiten kommt der Roman endlich zu dem Punkt, um dessentwillen er geschrieben wurde: zur Auseinandersetzung zwischen Humanität und Bolschewismus. Es steht außer Frage, daß Gorki jetzt den Bolschewisten recht geben will, daß er die Partei Kutusows nimmt. Wie aber soll er Samgin, seinen eigenen Schatten, besiegen? Klim steht freier und unangreifbarer denn je in der Welt, und Kutusow hat ihm nichts entgegenzusetzen als ein System von Phrasen. Das Zertrampeln durch die Massen ist ein schwaches Argument. Gorki hat verzweifelt um eine Lösung gerungen, er hatte sogar vor, Klim Samgin, so wie er seiner Intuition entsprungen war, zurückzunehmen. Aus einer nachgelassenen Bemerkung geht hervor, daß er den dritten Band noch einmal umschreiben wollte; jene unstimmigen Passagen, die die sowjetischen Experten in den vierten Band manipulierten, waren offenbar schon für diese Revision gedacht.

Die Arbeit wurde von den Ereignissen überholt. Gorki starb 1936. Wir wissen wenig über seine letzten Lebensjahre, immerhin, daß er enttäuscht war und sich von Stalin zurückzog und daß er erneut, nun zum dritten Mal, emigrieren wollte, aber kein Ausreisevisum bekam. Das sowjetamtliche Protokoll aus dem Jahre 1938[41], nach dem der Dichter von der Geheimpolizei vergiftet wurde, ist bisher auch von Stalins Nachfolgern nicht revidiert worden.

So teilt Gorkis *Klim Samgin* das Schicksal des Fragmentarischen mit anderen großen Werken unserer Zeit, mit den Romanen Kafkas, Musils *Mann ohne Eigenschaften,* Thomas Manns *Krull.* Eine Rechtfertigung des Bolschewismus ist es, so wie es nun vorliegt, nicht geworden, statt dessen bei allem dichterischen Reichtum ein ›trauriges Buch über die Zerstörung der Persönlichkeit‹, ein in der Weltliteratur einzigartiges Dokument des Nihilismus und der Bitterkeit, wahrhaft eine ›Totenmesse der Intelligenzija‹.

Der Ostberliner Herausgeber hat, um die letzten Endes doch erfolgreiche Entlarvung Samgins zu belegen, auf den letzten Satz des Buches verwiesen, in dem sich Klim als Reaktionär entpuppe; da kritisiert er nämlich das Proletariat: »Der Arbeitersowjet hat seine eigenen professionellen Interessen . . .« Das ist aber der letzte Satz im manipulierten Manuskript. Ich habe, einmal auf die Idee gebracht, den wirklichen Schluß des Buches aufgeschlagen, nämlich die letzten Sätze der vom Dichter edierten Fassung. Da steht, gewissermaßen als Maxim Gorkis letztes Wort: »Samgin zog sich aus, ging zu Bett und suchte im Liegen die Endbilanz von allem zu ziehen, was er an diesem außerordentlich inhaltsreichen Tag erlebt und durchdacht hatte. Er wünschte sich sehr, daß das Ergebnis tröstlich ausfiele. ›Ich werde klüger . . .‹ Das Gedächtnis beschäftigte sich, wenn auch bereits müde, immer noch mit den spielerischen Sätzen: ›Der Mensch ist ein Nichtsnutz, ein Betrüger, sein Leben besteht darin, daß er selber sich mit seinen Reden angenehme Kunststücke vormacht, das unglückliche Kind . . .‹«

Die erste Vision der totalitären Welt

Im Endeffekt ist es eine Studie der Maschine an sich, des Geistes, den der Mensch aus seiner Flasche hat entwischen lassen und den er nicht wieder hineintun kann.

GEORGE ORWELL über Samjatins ›Wir‹ 1946[42]

Die Moskauer *Literatur-Enzyklopädie* von 1929/39 nennt den Schriftsteller Samjatin einen Renegaten und Konterrevolutionär; sein Roman *Wir* sei eine niederträchtige Schmähschrift auf die sozialistische Zukunft. »Die Theorien Samjatins«, heißt es da, »sind eine bloße Maskierung der sehr prosaischen und sehr verständlichen Sehnsucht der Bourgeoisie nach dem verwirkten Wohlstand und ihres Hasses auf diejenigen, die sie dieses Wohlstandes beraubt haben.[43]« Das war die letzte öffentliche Erwähnung Samjatins in der Sowjetunion überhaupt, sein Roman ist dort niemals erschienen.

Sehen wir uns den Lebensweg dieses Renegaten und Konterrevolutionärs, maskierten Bourgeois mit der verständlichen Sehnsucht nach Wohlstand einmal näher an.

Jewgeni Samjatin (1884–1937) wurde in der mittelrussischen Provinzstadt Lebedjan geboren. Er war von Beruf Schiffsbauingenieur. Während seiner Studienzeit am Polytechnischen Institut in St. Petersburg, dem heutigen Leningrad, schloß er sich der Sozialdemokratischen Partei Rußlands, der Fraktion der Bolschewiki an. Er arbeitete in den revolutionären Studentenzirkeln, trat als Agitator in den Arbeiterbezirken auf und war 1905 als Drahtzieher an der legendären Meuterei des Panzerkreuzers Potemkin beteiligt. Er veröffentlichte satirische Erzählungen; eine davon trug ihm ein Gerichtsverfahren wegen Beleidigung der russischen Armee ein. Im Ersten Weltkrieg wurde er von der Regierung nach England geschickt, um dort den Bau von Eisbrechern für die russische Flotte zu überwachen. 1917 stand er in den Reihen der Revolutionäre. Als alter Kommunist, Freund Gorkis, spielte er in den ersten Jahren des bolschewistischen Regimes eine führende Rolle im literarischen Leben; er hielt Vorlesungen im Haus der Kunst und beeinflußte zahlreiche junge Schriftsteller. Mit Gorki zusammen stand er Pate bei den Serapionsbrüdern, der fruchtbarsten Schriftstellervereinigung. 1920 schrieb er den Zukunftsroman *Wir*, der zum Bruch mit seinen bisherigen Genossen führte.

Was ist das für eine Zukunftswelt, die Samjatin da visionär gestaltet? Die Menschen des kommenden Jahrtausends, nicht mehr nach Namen, sondern nur nach Nummern unterschieden, leben in einer lichtdurchfluteten, gläsernen Stadt, in langgestreckten kubischen Wohnblocks, in schnurgeraden Straßen, auf denen sich nach den Rhythmen der Musikfabrik graublau uniformierte Marschkolon-

nen bewegen. Eine Gesetzestafel, gegen die das ›größte aller erhaltenen Denkmäler der alten Literatur‹, der Eisenbahn-Fahrplan, nur ein stümperhafter Vorläufer ist, bestimmt minutiös den Tagesablauf der Nummern: Millionen stehen zu ein und derselben Stunde, zu ein und derselben Minute, ja Sekunde auf. Wie ein Mann führen sie alle zur gleichen Sekunde den Löffel mit der künstlichen Naphtha-Nahrung an den Mund; zur gleichen Sekunde treten sie zur Arbeit an und legen sie die Arbeit nieder, gehen sie spazieren, besuchen sie die Schulungsauditorien, legen sie sich schlafen. Sogar das Liebesleben ist mathematisch geregelt: Der Staat gibt – auf Grund exakter Analysen des Hormonhaushalts – rosa Bons für Sexuelle Stunden aus. So hat die Menschheit endlich die jahrtausendealten Stacheln der Unzufriedenheit: Hunger und Liebe, besiegt. »Worum haben die Menschen von Kindesbeinen an gebetet, wovon haben sie geträumt, womit haben sie sich gequält? Daß irgendeiner ihnen ein für allemal sage, was das Glück ist, und sie mit einer Kette an dieses Glück schmiede. Und ist dies nicht gerade das, was wir tun? Der uralte Traum vom Paradies ...«
Doch für ihr materielles Wohlergehen, ihr mathematisches Glück haben die Menschen ihre Freiheit opfern müssen. »Glück ohne Freiheit oder Freiheit ohne Glück – eine andere Möglichkeit gibt es nicht.« Ein unbarmherziger Wohltäter herrscht über den Einzigen Staat, der durch eine Grüne Mauer von der übrigen Welt, von den letzten, in barbarischer Wildheit lebenden Menschen des vormathematischen Zeitalters abgetrennt ist. Durch die Glaswände der Häuser kontrollieren Beschützer jede Regung der Bewohner, damit sie nicht durch Eigenmächtigkeiten, störende Abweichungen von den Normen der Gesetzestafel den reibungslosen Ablauf ihres Wohlergehens gefährden. Elektrische Vernichtungsmaschinen und Gaskammern sorgen auf hygienische Weise für den immer neuen Triumph der Vernunft. Denn eine endgültige, hundertprozentige Lösung des Problems Glück haben selbst die Menschen des Einzigen Staates noch nicht gefunden. Noch immer vernimmt man irgendwoher aus der Tiefe, aus dem Abgrund unter dem gläsernen Parkett der technisch perfekten Gesellschaft das ›wilde Echo des Affen‹, den verbrecherischen, atavistischen Ruf nach Freiheit. »Wir sind noch einige Schritte vom Ideal entfernt. Das Ideal ist dort, wo nichts mehr geschieht (das ist klar), bei uns hingegen ...«
Liest man heute den Roman, ist man überrascht und bestürzt, welche Fülle technischer und politischer Prognosen Samjatin 1920 getroffen hat: Von der Weltraumrakete, der Gehirnchirurgie und der Elektronenmusik bis zur Geheimpolizei, dem Eisernen Vorhang und den Einheitswahlen, den Konzentrationslagern und Gaskammern, der Berliner Mauer. Woher hatte er diese prophetische Gabe? Offenbar war es zuerst einmal der Umstand, daß er Revolutionär und Ingenieur, Politiker und Techniker zugleich war, der es ihm gestattete, die politischen wie technischen Perspektiven unseres Zeitalters vorwegzunehmen. Hinzu kam die Intuition des großen Schriftstellers. Als Russe stand er in der Tradition Gogols, Leskows und Dostojewskis. Gogols Pandämonium der Bürokratie, Leskows Blick für das Abgründige im Menschen, seine Meisterschaft in der Sektion der Seelen, Dostojewskis düsterer Haß auf den Fortschrittsoptimismus und das politische Schwärmertum – all das hat offensichtlich auf Samjatin eingewirkt, nicht nur

weltanschaulich, sondern bis in die literarische Gestaltung hinein. In England lernte er die sozialkritisch utopischen Romane von H. G. Wells kennen, die ihn stark beeindruckten; er hat später einmal eine Studie über Wells geschrieben.
Hinzu kam ferner der ernüchternde Einblick in die Realität des von ihm erträumten und erkämpften Sowjetstaates: Immerhin wirkte schon damals, wenn auch noch weit entfernt von ihrer späteren Perfektion, die Geheimpolizei, die Tscheka; wurden schon damals die Massen unter dem Vorwand der endlich befreiten Arbeit kolonnenweise zu den Roten Subbotniks, unbezahlten Arbeitsleistungen nach Feierabend, getrieben; war die Kunst zu Agitprop (Agitation und Propaganda), die Liebe zu einem physiologisch-hygienischen Bedürfnis degradiert worden (›wie das Trinken eines Glases Wasser‹). Daß die kommende Welt technisch und industriell sein würde, wurde nirgends deutlicher als in diesem Rußland, das aus seiner jahrhundertealten verschlafenen Trägheit plötzlich zu berstender Energie, zur Leidenschaft des Bergeversetzens erwachte. All diese Erfahrungen und Eindrücke vorausgesetzt, bleibt das Genie Samjatins, der viele Jahre vor dem totalitären Staat Stalins und Hitlers, vor der perfekten Massengesellschaft der zweiten industriellen Revolution die Hybris unserer Zeit bis in die Agonie verfolgte.

Zwölf Jahre nach Samjatins *Wir* schrieb Aldous Huxley *Schöne neue Welt,* achtundzwanzig Jahre später George Orwell *1984*. Beide Werke verraten den Einfluß des Russen (die englische Ausgabe von *Wir* ist 1925 erschienen). Wie bei Samjatin der Wohltäter über den Einzigen Staat, herrscht bei Huxley der Weltaufsichtsrat über den Weltstaat, bei Orwell der Große Bruder über Eurasien. Die Primitiven hinter der Grünen Mauer kehren bei Huxley als die Eingeborenen der Reservationen, bei Orwell als Proles wieder. Man könnte die Übereinstimmungen bis in zahlreiche Details nachweisen.
Dennoch bestehen grundlegende Unterschiede zwischen den drei Werken. Samjatins prophetische Leistung steht weit über der der beiden andern: Als er seinen Roman schrieb, existierte der Totalitarismus erst im Embryonalzustand – als Huxley schrieb, hatte die monopolkapitalistische Rationalisierung in Amerika ihren ersten Höhepunkt erreicht (Ford), als Orwell schrieb, stand der Stalinismus im Zenit der Macht. Dafür konnten die beiden Engländer das Antlitz der modernen Welt präziser und pointierter zeichnen; sie haben die utopisch-gesellschaftskritische Satire, deren Bahnbrecher Wells und Samjatin waren, zu einer faszinierenden und beklemmenden Vollkommenheit entwickelt. Doch ging diese Zuspitzung des Zukunftsbildes bei Huxley und Orwell mit einer Begrenzung des Aspektes einher: *Schöne neue Welt* ist ganz auf den modernen Kapitalismus, *1984* ganz auf den politischen Totalitarismus stalinistischer Prägung zugeschnitten.
Bei Samjatin werden auch andere Möglichkeiten angedeutet, z. B. der Nationalsozialismus (Mutternormen, operative Eingriffe in die Persönlichkeitsstruktur, technische Massenvernichtungsmittel) und das nachstalinistische Sowjetsystem, das von Revolutionen erschüttert wird. Auf diese Weise wird die gemeinsame Wurzel aller Übersteigerungsformen der Massengesellschaft sichtbar – und

man begreift, daß der Totalitarismus ein politischer Ausdruck der technischen Welt ist.

Offensichtlich ist bei Huxley auch die weltanschauliche Problematik anders gelagert als bei Samjatin. Die *Brave New World* hat tatsächlich das vollkommene Glück ihrer Bürger verwirklicht, in dieser Welt gibt es kein Leid mehr. Selbst die Epsilon-Kretins aus dem Bokanowsky-Verfahren, die in einem animalischen Zustand gehalten werden, sind mit ihrem Dasein zufrieden, denn diese Zufriedenheit wird ihnen ja in der Schlafschule angenormt. Nur wer außerhalb dieser Welt steht (wie der Wilde aus den Reservaten oder der heutige Leser) oder wer unter einem technischen Webfehler zu leiden hat (wie Sigmund Marx, der aus Versehen einen Schuß Alkohol ins Blut bekommen hat), mißbilligt die Perfektion des Glücks; er mißbilligt sie im Grunde aus Ressentiment – oder wie Huxley aus religiöser Überzeugung. Erinnern wir uns an das zentrale Gespräch des Rebellen Michel mit dem Aufsichtsrat Mustafa Mannesmann:

»Ich brauche keine Bequemlichkeiten. Ich will Gott, ich will Poesie, ich will Gefahren und Freiheit und Tugend. Ich will Sünde.«

»Kurzum«, sagte Mustafa Mannesmann, »Sie fordern das Recht auf Unglück.«

»Gut denn«, erwiderte der Wilde trotzig, »ich fordere das Recht auf Unglück.«

»Ganz zu schweigen von dem Recht auf Alter, Häßlichkeit und Impotenz, dem Recht auf Syphilis und Krebs, dem Recht auf Hunger und Läuse, dem Recht auf ständige Furcht vor dem Morgen, dem Recht auf unsägliche Schmerzen jeder Art?« Langes Schweigen.

»Alle diese Rechte fordere ich«, stieß der Wilde endlich hervor.

Mustafa Mannesmann zuckte die Achseln und sagte: »Wohl bekomm's!«

Ganz anders bei Samjatin. Das wesentliche Manko seines Einzigen Staates ist, daß er das Glück nur halb verwirklicht. »Aus der wilden, unbekannten Weite jenseits der Grünen Mauer«, so steht bei ihm, »weht der Wind gelben Blütenstaub herüber. Dieser süßliche Staub macht die Lippen trocken – man muß sie alle Augenblicke mit der Zunge anfeuchten –, alle Frauen, die mir begegnen, haben diese süßen Lippen. Das verwirrt das logische Denken ein wenig.« Es ist etwas in der Welt, was in der Rechnung des vollkommenen Staates nicht aufgeht. Die Menschen sehnen sich nach Liebe, nach Mutterschaft, nach Poesie, nach Freiheit, weil diese Regungen eben nicht weggenormt, sondern nur unterdrückt werden können. Von den Menschen hinter der Grünen Mauer, die im ›unzivilisierten Zustand der Freiheit‹ leben, heißt es einmal: »Das ist die Hälfte, die wir verloren haben.« Samjatin weist am Beispiel der Wurzel aus minus eins nach, daß selbst die Mathematik sich nicht in purem Rationalismus erschöpft. So kommt es, daß der Konstrukteur D-503, dessen Geschichte in dem Roman erzählt wird, aus heiterem Himmel von einer unheilbaren und ansteckenden Krankheit befallen wird: Es hat sich bei ihm ›eine Seele gebildet‹.

Zur Erläuterung der von Samjatin aufgeworfenen Problematik kann man einen Gedanken von C. G. Jung heranziehen. Jung sieht in dem unaufhebbaren Widerspruch zwischen Massennorm und Individualität die Ursache für das Unbehagen und die Pervertierung des Menschen in der modernen Welt: »Die statistische Methode vermittelt zwar die ideale Durchschnittlichkeit eines Sachverhaltes, nicht aber ein Bild von dessen empirischer Wirklichkeit. Sie gibt zwar einen unanfechtbaren Aspekt der Wirklichkeit, kann aber die tatsächliche Wahrheit bis zur Irreführung verfälschen. Die wirklichen Tatsachen zeichnen sich durch ihre Individualität aus; überspitzt ausgedrückt könnte man sagen, daß das wirkliche Bild sozusagen auf lauter Ausnahmen von der Regel beruhe ... Eine im Prinzip naturwissenschaftliche Bildung gründet sich in der Hauptsache auf statistische Wahrheiten und abstrakte Erkenntnisse, vermittelt also eine unrealistische, rationale Weltanschauung, in welcher der individuelle Fall als bloßes Randphänomen keine Rolle spielt. Das Individuum aber ist als eine irrationale Gegebenheit der eigentliche Wirklichkeitsträger, d. h. der konkrete Mensch, im Gegensatz zu dem nicht wirklichen Ideal- bzw. Normalmenschen, auf den sich die wissenschaftlichen Aussagen beziehen ... Unter dem Einfluß der naturwissenschaftlichen Voraussetzung erleidet nicht nur die Psyche, sondern der individuelle Mensch, ja das individuelle Ereignis überhaupt eine Nivellierung und Unkenntlichmachung, welche das Wirklichkeitsbild zu einer Durchschnittsidee entstellt ...[44]«

Im Unterschied zu Huxley steht Orwell in der echten Nachfolge Samjatins; er hat sich 1946 in einem einfühlenden Aufsatz zu dem Russen bekannt. Beide, Samjatin wie Orwell, sind Sozialisten und Revolutionäre, wenn auch enttäuschte. Sie fordern nicht das Recht auf Unglück, sondern das Recht auf Glück, freilich auf ein richtig verstandenes, universales, humanistisches Glück, das sie dem vom Staate gelieferten Surrogat entgegensetzen. Jener beunruhigende Frühlingshauch bei Samjatin kehrt bei Orwell in den verwehten Fetzen eines alten Kinderliedes wieder, die irreguläre Liebe des Konstrukteurs D-503 und der Revolutionärin I-330 findet ihre Entsprechung in der Liebe von Winston und Julia. Doch ist nicht zu verkennen, daß die Atmosphäre bei Orwell düsterer und bedrückender, schier hoffnungslos ist; bei ihm liefert die Menschlichkeit, so scheint es, ihr letztes Gefecht. Orwells Zukunftsvision ist vollkommen überschattet von der beängstigenden Allmacht der totalitären Apparate, gegen die zur Zeit der Niederschrift von *1984* ein Widerstand kaum möglich schien.

Bei Samjatins Roman handelt es sich dagegen um eine optimistische Tragödie. Nicht nur die Protagonisten, sondern eine Vielzahl von Nummern, ja eigentlich alle handelnden Personen werden vom Nonkonformismus befallen. Tausende von Nummern rebellieren gegen die Einheitswahl. Es kommt zur Revolution, die den ganzen Staat erfaßt und am Schluß des Romans noch längst nicht niedergeschlagen ist. Der Einzige Staat ist auf dem Rückzug: »Wir müssen handeln, die Sache duldet keinen Aufschub, denn in den westlichen Vierteln gibt es immer noch Chaos, Gebrüll, Leichen und leider auch eine bedeutende Zahl von Nummern, die die Vernunft verraten haben. Aber es ist uns gelungen, auf dem 40. Prospekt eine provisorische Mauer aus Starkstrom zu errichten. Ich hoffe, daß wir siegen ...«

Daß diese Hoffnung letzten Endes illusorisch sein wird, drückt Samjatin wieder mathematisch aus, in dem Gespräch zwischen D-503 und I-330:

»Das ist ja Wahnsinn! Ist dir nicht klar, daß das, was du da planst, eine Revolution ist?«

»Ja, es ist eine Revolution! Und warum soll es Wahnsinn sein?«
»Weil unsere Revolution die letzte war. Es kann keine neue Revolution mehr geben. Das wissen alle.«
Sie zog spöttisch die Augenbrauen hoch: »Mein Lieber, du bist doch Mathematiker, mehr noch, du bist ein Philosoph. Bitte, nenn mir die letzte Zahl.«
»Was meinst du damit? Ich verstehe nicht . . . Die Zahl der Zahlen ist doch unendlich. Was für eine letzte Zahl willst du?«
»Und was für eine letzte Revolution willst du? Es gibt keine letzte Revolution, die Zahl der Revolutionen ist unendlich.«
Die Geschichte hat Samjatin recht gegeben. Der rote Oktober war nicht die letzte Revolution. Vielleicht war diese Prophezeiung, mit der Samjatin weit über seine Nachfolger hinausging, die genialste Leistung. Die Beweggründe für den Aufstand, die er anführt, sind erstaunlich aktuell. »Ihr seid krank«, heißt es in einer Verlautbarung der Staatszeitung, »eure Krankheit ist die Phantasie . . .« Damit hat Samjatin den Impuls der Revolutionen in der DDR und in Ungarn, den Prager Frühling, die Aufstände und Streiks in Polen um ein Menschenalter vorweggenommen. Wohl ordnet dann der Einzige Staat die Große Operation, die Amputation der Phantasie an. Aber, so drängt sich die Frage auf, ist ein moderner Staat denkbar ohne die Phantasie? Wer wird, nachdem der Konstrukteur D-503 durch die Große Operation in einen ergebenen Staatsbürger verwandelt wurde, die Weltraumschiffe bauen?
Samjatin sieht die Abhängigkeit des Apparates von den Menschen. Da helfen keine Gehirnchirurgen und keine ›Ingenieure der menschlichen Seele‹, wie Stalin die Schriftsteller nannte[45]. Es gibt eine berühmte bolschewistische Losung: ›Die Kader entscheiden alles!‹ Wer aber sind die Kader? Halten etwa Rädchen und Schräubchen den Mechanismus des totalitären Staates in Gang? Nein, es sind Menschen. Samjatin zeigt, daß der Techniker, der Arzt, der Dichter, selbst der Geheimpolizist dieses Staates am Ende unzuverlässig sind. Und wer ist schließlich der Diktator selbst, der furchtgebietende, allmächtige, mythenumwobene Wohltäter? Eines Tages steht D-503 ihm gegenüber: »Ich . . . blickte auf. Vor mir saß ein Mensch mit einer Glatze wie Sokrates, und auf der Glatze standen kleine Schweißperlen. Wie einfach alles war, wie banal und lächerlich einfach. Vor Lachen fast berstend, hielt ich die Hand vor den Mund und rannte hinaus.« So hat Samjatin die Magie des Apparates durchstoßen.

Es gelang Samjatin, sein Manuskript ins Ausland zu schmuggeln. Als es 1929 – nach vorausgegangener englischer, französischer und tschechischer Ausgabe – in gekürzter und entstellter Form in einer russischen Emigrantenzeitschrift erschien, schlug über dem in der Sowjetunion lebenden Autor eine Welle der Diffamierung zusammen. »Wie seinerzeit die Christen zur bequemeren Versinnbildlichung jegliches Bösen den Teufel geschaffen haben, so hat die Kritik aus mir den Teufel der Sowjetliteratur gemacht«, schrieb Samjatin. »Den Teufel anzuspeien wird als gute Tat angerechnet, und jeder spuckt, wie er nur kann.« In Samjatins Idee der unendlich vielen Revolutionen entdeckten die Parteiideologen – übrigens zu Unrecht – eine Verwandtschaft mit Trotzkis häretischer Theorie der Permanenten Revolution*. Samjatin reagierte auf die Angriffe mit Würde. Er sagte sich vom Bolschewismus los und trat aus der sowjetischen Schriftstellervereinigung aus, da es ihm unmöglich sei, »einer literarischen Organisation anzugehören, die – wenn auch nur mittelbar – an der Verfolgung eines ihrer Mitglieder teilnimmt[46]«.

Zu guter Letzt gelang es Samjatin, wie in seinem Roman so auch in seinem persönlichen Leben den Fetischzauber des Apparates zu durchstoßen. Er schrieb 1931 einen Brief an Stalin: »Ich weiß, daß ich eine sehr unbequeme Angewohnheit habe, nicht das zu sagen, was in dem gegebenen Augenblick von Vorteil ist, sondern das, was ich für die Wahrheit halte. Besonders habe ich nie meine Haltung gegenüber der literarischen Servilität, der Liebedienerei und Schönfärberei verheimlicht: Ich bin der Meinung – und bleibe der Meinung –, daß dies in gleichem Maße den Schriftsteller wie die Revolution erniedrigt . . .« Die Atmosphäre einer systematischen, von Jahr zu Jahr sich steigernden Hetze mache es ihm unmöglich zu schreiben, bedeute seinen Tod. Er bitte, dieses ›höchste Strafmaß‹ durch Verbannung ins Ausland zu ersetzen, damit er zurückkommen könne, ›sobald es bei uns möglich sein wird, der Literatur mit großen Ideen zu dienen[47]‹.

Erstaunlicherweise erhielt Samjatin noch im selben Jahr die Genehmigung, die Sowjetunion zu verlassen. Die Fürsprache Gorkis mag ihm geholfen haben, aber auch Stalin selbst war, wenn er persönlich angesprochen wurde, oft von überraschender Toleranz. (Stalin schützte durch persönliche Intervention zum Beispiel Scholochow, Bulgakow, Ehrenburg, Schostakowitsch und Pasternak; andererseits ließ er Schriftsteller, die ihn persönlich angegriffen hatten oder die er für Anhänger seines Todfeindes Trotzki hielt, erbarmungslos vernichten.) Samjatin ließ sich in Paris nieder; dort ist er 1937 gestorben.

* Trotzki verstand darunter eine Kontinuität der Revolution, nicht ihre ewige Wiederkehr.

Die klassischen Werke der Revolutionsepoche

Die Revolution ist überall und in allem, sie ist ohne Anfang und Ende ...
Das Gesetz der Revolution ist kein soziales, sondern ein viel weiteres – ein kosmisches, ein universales Gesetz wie das Gesetz von der Erhaltung der Energie. Eines Tages wird die Formel dieses Gesetzes feststehen, und die Zahlenwerte darin werden die Nationen, die Klassen und – die Bücher sein.

JEWGENI SAMJATIN Über Literatur, Revolution, Entropie und weiteres 1923

In einer Reihe denkwürdiger Romane der Sowjetliteratur fand der revolutionäre Umbruch Rußlands seine dichterische Gestalt.

Der eiserne Strom (1924) von Alexander Serafimowitsch (1863–1949), dem ›sowjetischen Xenophon‹, ist eine chronikartige Erzählung aus dem Bürgerkrieg, streng und lapidar. Einem eisernen Strome gleich wälzt sich im heißen Sommer des Jahres 1918 ein Zug von Menschen über die Chausseen des Kaukasus: Soldaten in abgerissenen Uniformen, die müde ihre alten Flinten und letzten Patronen durch die Sonnenglut schleppen, Verwundete, Frauen, Kinder, Greise, ein endloser Treck ächzender Wagen, gezogen von ausgemergelten Pferden. 32 Tage lang wandern die Menschen, bolschewistisch gesinnte Bauern aus der Kuban-Steppe, den schweren und mörderischen Weg, der sie aus der Gewalt der Kosaken retten und in den Schutz der im Norden operierenden Roten Armee bringen soll.
Es ist ein grauer, namenloser Zug, umwölkt von Staub und Fliegenschwärmen, ein stummer Zug ohne Worte und Lieder, von dem man nur den schweren Tritt ungeordnet sich bewegender Füße, das dumpfe Stampfen der Hufe, das Knarren der Wagenräder hört. Blutige Kämpfe und Massaker, Überfälle der schweifenden, im Hinterhalt lauernden Kosaken, Hunger, Hitze und Typhus lichten die Reihen. Zuweilen wachsen aus dem episch breiten, gleichförmigen Fluß der Erzählung unvergeßliche Bilder: die brodelnde, drohende Masse beim Meeting – der einsame, wie aus Erz gegossene Fähnrich Koshuch, der diese Masse führt – der Blick von den Bergen auf das wie eine grenzenlose blaue Mauer sich türmende Meer – die verzweifelten Klagen und die flüchtigen Liebesworte an den Lagerfeuern in der Wagenburg – der gewittrige Ansturm der weißen Reiter aus dem Dämmer der Nacht. Die Erzählung erinnert an die Filme Eisensteins: Massenszenen wechseln mit Großaufnahmen, es gibt keinen Helden, sondern nur die Menge, keine Psychologie, sondern nur das Pathos der Geschichte, keine Einleitung und keinen Ausklang, keinen Hintergrund und keine Arabesken, sondern nur den Marsch, der wie ein Naturereignis vorüberzieht.

Tschapajew (1923) von Dmitri Furmanow (1891–1926) erzählt die Geschichte eines legendären Helden des Bürgerkrieges. Furmanow war Politischer Kommissar in der von Tschapajew geführten Division der Roten Armee, sein Buch stützt sich weitgehend auf Tagebuchnotizen. »Die Frage ist«, überlegte er, »soll ich Tschapajew tatsächlich mit all seinen Fehlern und Schwächen, mit seinem ganzen menschlichen Eingeweide zeigen oder, wie üblich, daraus eine Gestalt der Phantasie machen?« Furmanow, ein aufmerksamer Beobachter und kluger Psychologe, gibt ein ungeschminktes Porträt Tschapajews, das Porträt eines wilden, aus dem Kampf geborenen Führers, das »wie ein Spiegel die typischen, halb partisanenartigen Züge der Kämpfer jener Zeit in sich vereinigte: ihre grenzenlose Verwegenheit, ihre Entschlossenheit und Ausdauer, ihre unvermeidliche Grausamkeit und ihre rohen Sitten[48]«.
Man merkt dem Buch an, daß es zu einer Zeit geschrieben wurde, als die Sowjetunion noch keine Heldenverehrung kannte; der Mythos Tschapajews und überhaupt der Mythos des Bürgerkrieges wird nüchtern, beinahe mißtrauisch untersucht und auf ein reales menschliches Maß zurückgeführt. Der Autor tritt in Gestalt des Kommissars Klytschkow auf, der unentwegt moralisiert und an dem Helden herumerzieht, der von dessen Untugenden: seinem Jähzorn, seiner Vertrauensseligkeit, seiner politischen Unbildung und Neigung zur Spontaneität, seinen Flüchen auf die Stäbe, die Intellektuellen und die Tscheka, schier zur Verzweiflung gebracht wird. Aus dieser Haltung spricht die Angst der Partei vor eigenwilligen, aus eigener Kraft emporgekommenen Persönlichkeiten. Furmanow tröstet sich schließlich mit der Hoffnung, daß Tschapajew, hätte er länger gelebt, vielleicht doch noch ein disziplinierter Bolschewik geworden wäre. Der Held wurde beim Durchschwimmen des Flusses Ural von einer feindlichen Kugel getroffen.
Das Buch ist kein Roman, sondern eine Mischung aus Biographie bzw. Autobiographie, Kriegsbericht und Moralepistel, faszinierend gerade in seiner kunstlosen Art; seine Parteilichkeit ist naiv und aufrichtig: die harten und widerspruchsvollen Vorgänge an der Front werden zwar heftig kommentiert und interpretiert, aber nicht verfälscht.

Die Vernichtung (1927, deutsch: *Die Neunzehn*) von Alexander Fadejew (1901 bis 1956) ist eine sparsame, balladeske Erzählung vom Schicksal einer Gruppe roter Partisanen in Fernost, wo der Autor einst selber gekämpft hat. In diesem Buch geht es nicht um die Masse und nicht um die Führer, sondern um ein versprengtes Häuflein Menschen, von denen jeder sein eigenes Leben lebt, wenn auch unter demselben Stern. Einsam und von Gefahren umlauert, reiten sie durch die Taiga. Lewinson, der Kommandeur und Kommunist, ist kein Haudegen wie Tschapajew, vielmehr ein schweigsamer, äußerlich unscheinbarer, innerlich zögernder Mann, ein fast gnomenhaft kleiner, rotbärtiger Jude. Seine Autorität beruht auf stählerner Willenskraft und Selbstbeherrschung; er ist davon überzeugt, daß man andere Menschen nur führen könne, »wenn man sie auf ihre Schwächen hinweist, die eigenen aber vor ihnen zu unterdrücken und zu verbergen sucht«. Er scheut sich, einen Wachposten aufzustören, weil er das

verträumte Kinderlächeln nicht verscheuchen will, mit dem der Junge ins Lagerfeuer schaut, aber er läßt einen durch Bauchschuß Verwundeten vergiften, weil er nicht transportfähig ist. Lewinson weiß, daß in der Überzeugung der andern, er sei ein Mensch besonderer Art, die Stärke der Abteilung liegt; er trägt diese Verantwortung ohne Ehrgeiz und Fanatismus, mit selbstverständlicher Gelassenheit wie eine Pflicht. Wenn er am Schluß des Buches, nach furchtbaren Kämpfen, an der Spitze der letzten Achtzehn aus dem Wald in die goldenen Felder reitet, zusammengesackt, vereinsamt, weinend, spürt man, welche Last er getragen hat.
Neben ihm kämpfen Menschen, die Physiognomie und Psychologie jener Partisaneneinheiten spiegeln: der leichtsinnige, impulsive Kumpel Moroska, Baklanow, Lewinsons jugendlicher Adjutant, der haltlose Intellektuelle Metschik, Warja, die einzige Frau der Abteilung, mütterlich und lasziv zu jedem, der kühne, tragisch endende Hirt Meteliza, der alte Pika, dessen Erscheinung an ein Heiligenbild gemahnt, der Arzt Staschinski und die andern, Arbeiter, Bauern und Soldaten. Alle diese Gestalten sind in eine poetische Atmosphäre getaucht, in der sich die Blitze aus den Karabinern mit dem Lichterspiel des Waldes, dem feuchten Dunst der Sümpfe und dem Honigduft der Buchweizenfelder vermählen.

Budjonnys Reiterarmee (1926) von Isaak Babel (1894–1941) enthält Novellen von eigenartig exotischem Reiz, knappe, bildkräftige Skizzen aus dem Bürgerkrieg, diesmal vom Feldzug in Polen und Galizien. Wie Furmanow und Fadejew hat auch Babel an den Kämpfen, die er beschreibt, selber teilgenommen; der Ich-Erzähler der Novellen trägt unverkennbar die Züge des Autors, die Züge eines gebildeten, schwachbrüstigen, kurzsichtigen Juden, der die rauhen Vorgänge um sich her mit Neugier und Gleichmut betrachtet. Dennoch haben die Geschichten, was ihren sachlich-dokumentarischen Gehalt angeht, wenig Autobiographisches, alles ist umgesetzt in Impressionen.
Eine Welt, die von Grausamkeiten und Widerwärtigkeiten bis zum Übermaß erfüllt ist, offenbart in Babels Darstellung pittoreske Romantik und rätselhafte düstere Schönheit. Es sind Goyasche Szenen, deren Schrecken gedämpft wird durch Poesie und Verzauberung: Der Rotarmist wälzt sich auf ein Lager, wo schon jemand liegt; stoßen Sie nicht meinen Vater, sagt eine schwangere Frau; der Greis aber auf der Pritsche ist tot, das Gesicht entzweigehackt, der Bart mit Blut verschmiert; wo, schreit die Frau, finden Sie auf Erden noch einen solchen Vater . . . Der närrische Kirchenmaler will den Genossen Divisionsschreiber als heiligen Franziskus malen, mit einem Vogel auf dem Arm, einer Taube oder einem Stieglitz, wie es dem Pan [Herrn] Schreiber beliebt . . . Der alte jüdische Trödler Gedalje möchte ja sagen zur Revolution, aber nicht nein zum Sabbath; und warum, fragt er, schießt die Revolution und schießt die Konterrevolution, wer sagt Gedalje, welches die rechte ist; da fallen, so klagt er, wir gelehrten Männer auf unser Angesicht und rufen mit lauter Stimme: Wehe uns, wo ist die süße Revolution . . . Vor dem Fenster sind einige Kosaken dabei, einen alten Juden mit silbergrauem Bart als Spion zu erschießen; er jammert und reißt sich los, da klemmt Kudra von der Maschinengewehrabteilung den Kopf des Alten

unter die Achsel, der Alte verstummt und spreizt die Beine, Kudra macht ihn nieder und ruft: Wenn sich wer dafür interessiert, kann er ihn wegschaffen, das ist erlaubt . . . Verdiente Veteranen der Armee empören sich gegen die unbarmherzigen Krankenschwestern, die die blessierten Kämpfer auskleiden und ins Bad stecken wollen; sie laufen weinend und verstört auf den Marktplatz und zerschießen drei Fensterscheiben . . . Eine böse Wirtin, eine arme Witwe, soll Suppe herausgeben und wehrt sich; da kommt Saschka und spielt auf der Harmonika und möchte ihr einen Gefallen tun; und sie jammert, daß sie keine Suppe hat für sich und den guten Menschen, mit dem sie sich vergnügen könnte . . . Das abenteuerliche und mitleidlose Leben der Soldaten, der Schmerz eines seit zweitausend Jahren heimatlosen Volkes und ein von Seltsamkeiten und Wundern betörtes, versponnenes Dichtertum verschmelzen in diesen Erzählungen zu einer östlich fernen Melodie.

Städte und Jahre (1924) von Konstantin Fedin (1892–1977) ist der erste richtige Roman über die Revolution, der erste Versuch einer dichterischen Auseinandersetzung, durchgeführt in glasklarer Objektivität. Schon die Form ist auffallend: Da eine neue Zeitrechnung angebrochen ist, ist auch die Zeitrechnung im Roman durcheinandergeraten; das Ende steht am Anfang, und überhaupt sind die jahrweise angelegten Kapitel untereinander verschoben. Die Zusammenhänge sind verdeckt wie in einem Kriminalroman und werden erst nach und nach, unter Anspannung der Kombinationsfähigkeit des Lesers, entblättert. Ebenso kunstvoll ineinander verschlungen sind die Beziehungen der Personen, vielfältig in Freundschaft und Feindschaft, in Liebe und Haß verknüpft.

Die Handlung, die teils in Rußland, teils in Deutschland spielt (Fedin war während des Ersten Weltkrieges in Deutschland interniert), konfrontiert zwei Menschentypen, den Humanisten und den Aktivisten. Andrej Starzow, ein russischer Intellektueller, und Kurt Wahn, ein deutscher Maler, befreunden sich. Als der Krieg ausbricht, sagt sich der Deutsche, zu Hurrapatriotismus entflammt, von dem Freund los, der gegen Krieg und für die Freundschaft der Völker ist. Nach der Revolution begegnen die beiden einander in Moskau: der Russe noch immer liberal und demokratisch gesinnt, der Deutsche in der Kriegsgefangenschaft zum Bolschewismus bekehrt. Weil Andrej einem Konterrevolutionär zur Flucht verhilft, wird er von Kurt ohne Wimperzucken liquidiert – »Kurt hatte für Andrej alles getan, was er als Genosse, Freund und Künstler tun konnte.«

Der Konflikt der Brechtschen *Maßnahme* ist hier vorweggenommen. Die Menschlichkeit, lautet die Moral, verträgt sich schlecht mit dem Leben: Der bornierte, noch in jedem Irrtum seiner selbst sichere Fanatiker triumphiert über den, der die Menschen liebt. »Oh, hätte er doch«, schreibt Fedin über Andrej, »nur ein einziges Fleckchen Blut auf sich genommen, nur eine einzige Blüte zertreten! Vielleicht hätte sich dann unser Mitgefühl ihm gegenüber bis zur Liebe gesteigert, und wir hätten ihn nicht so qualvoll und so armselig verderben lassen . . . Aber Glas läßt sich nicht mit Eisen zusammenschweißen, und wir sind nicht imstande, etwas am Schicksal Andrejs zu ändern.«

Die Dachse (1924, deutsch: *Aufruhr*) von Leonid Leonow (* 1899) ist ein Bürgerkriegsroman, der dem geschlagenen Feind Reverenz erweist. Die Dachse sind Bauern, die vor der neuen Zeit in die Wälder geflüchtet sind und von dort aus die Sowjetmacht bekämpfen. Leonow, der in der Tradition des großen russischen Realismus steht, erzählt ihre unglückliche Geschichte in einer bilderreichen, gefühlsstarken Sprache, er bettet das Bauernleben in die Weite der Wiesen und Wälder und stellt es der winkligen Enge der Stadt gegenüber, er zeichnet die Bauern, die roten wie die grünen, die Kommunisten wie die Heckenschützen, mit Liebe und Kritik, enthüllt scharfsichtig, doch voller Einfühlung ihren Eigensinn, ihre Unbesonnenheit, ihre Schwerblütigkeit und Hartnäckigkeit, ihre krampfhafte Verwurzelung im Heimatboden. Zuweilen streut Leonow lyrische Impressionen und symbolträchtige Geschichten ein, beispielsweise die Legende vom Zarewitsch Kalafat. Viele Jahre, so erzählt einer der Dachse seinen Gefährten, hatten die Menschen glücklich und zufrieden gelebt, die Natur nährte die Bauern wie den Zaren. Da kam Kalafat und ordnete das Leben nach der Geometrie. Er numerierte die Sterne, drückte den Fischen Stempel auf, gab den Vögeln und Tieren Pässe, trug jedes Grashälmchen in ein Buch ein. Alles ringsum wurde traurig, selbst der Bär siechte dahin und wußte nicht mehr, ob er ein Mensch oder ein Tier sei, hielt er doch einen Paß in der Tatze. Schließlich baute Kalafat einen Turm bis zum Himmel. Fünf Jahre brauchte er, ihn zu besteigen. Doch als er oben war, prangte der Himmel über ihm so hoch und heiter wie zuvor: Der Turm war unter dem Gewicht Kalafats mit jedem Schritt tiefer in die Erde versunken. Die Geometrie war umsonst, die Natur aber blühte weiter ...
Diese tiefsinnig-hintergründige Erzählung, eine schon 1924 geschriebene Abrechnung mit dem totalen Planstaat, nimmt in dem Roman Leonows einen ähnlich bedeutsamen Platz ein wie die Erzählung vom Großinquisitor in den *Brüdern Karamasow* seines Lehrmeisters Dostojewski. Sie wirft ein Licht auf den Ausgang des Romans. Wohl kapituliert der Dachs Semjon, der eine Million Bauern mit Sensen und Knüppeln gegen die Stadt führen wollte, vor der Sowjetmacht, vor dem Kommissar Anton, seinem leiblichen Bruder. Aber das letzte Wort wird erst gesprochen werden, wenn der babylonische Turm erbaut, die Himmelsleiter mit Fünfjahrplan-Schritten bestiegen ist. Am Ende des Buches blickt Anton, der rote Kalafat, zur Mondsichel auf, die wie ein vom Spiel des Windes emporgetragener Birkenholzspan in den Wolken treibt – dort hinauf blicken auch Mischa Shibanda, der verwegene Freischärler, und Nastja, das leidenschaftliche, freiheitsdurstige Mädchen, des gebrochenen Semjon ungebrochene Gefährten; dem Zug der Kraniche folgend, reiten sie in die unendliche, unergründliche Weite der russischen Nacht.

Zement (1925) von Fjodor Gladkow (1883–1958) ist der erste Roman vom kommunistischen Aufbau, roh, nackt, gewalttätig. Darin kocht noch der Enthusiasmus des neuen Anfangs, darin brodelt die Revolution, die Menschen und Dinge verwandelt. Gleb Tschumalow, heimgekehrter Held des Bürgerkrieges, dekoriert mit dem Rotbannerorden, stampft das Werk aus dem Schutt. »Tschumalow ... er schien aus vergossenem Blut auferstanden zu sein, er war furchtlos und

unüberwindlich, und seine Augen trugen in sich eine erbarmungslose Macht.« Seine Helfer, Gehetzte einer widerspruchsvollen Zeit wie er, sind ihm Freunde und Feinde zugleich. Gleb kämpft mit Dascha, seiner Frau, die sich während seiner Abwesenheit, wie man so sagt, emanzipiert hat; unentwegt tätig für das Wohl der Menschheit, zerstört sie ihre Familie und läßt ihr Kind in einem Heim zugrunde gehen. ›Unser Herz sei aus Stein.‹ Gleb kämpft mit Kleist, dem Ingenieur der alten Schule, der ihn einmal töten lassen wollte, der die Sowjetmacht haßt und sich in einem Winkel der Ruinen eingesponnen hat; dieser Kleist wird mitgerissen von einer ihm verwandten Kraft: dem Fanatismus der Arbeit. Gleb kämpft mit Badjin, dem Vorsitzenden des Exekutivkomitees, und das ist der schwerste, ein aussichtsloser Kampf.
Badjin, der Funktionär aus Stahl, ehernes Herz der Partei, reißt die Frauen ebenso brutal an sich wie die Macht. Badjin, das ist der Mann der Zukunft, der Erbe der Revolution. »Die Romantik existiert nicht mehr. Die Romantik ist gestorben. Die feierlich-revolutionäre Heldentat – ist Geschichte geworden. Und die ergreifenden Hymnen sind verstummt. Nicht Heldentat – sondern Tat . . . Die Romantik existiert nicht mehr. Romantik – das ist das Gestern. Das Heute – ist kalte Berechnung.« Voller Haß sieht Gleb, der Revolutionsheld, der Enthusiast des Aufbaus, auf Badjin. »Das ist ein Mensch, mit dem er nicht auf derselben Erde stehen kann. Badjin steht allein, stützt sich mit den Händen auf die Barriere, und seine Schultern heben sich hoch – bis zum Nacken. Er sieht auf die Massen hinunter . . . und in den elastischen Bewegungen seiner Muskeln, die von Kraft und Gesundheit durchtränkt sind, in der wachsamen Haltung seines Kopfes, in der Nachlässigkeit seines Sich-Absonderns – ist ein Bewußtsein seiner Kraft – seiner Bedeutung – ist der Stolz des Führers.« Gleb preßt die Zähne bis zum Krachen der Kiefer fest aufeinander: »Karrierist.« Und möchte in diesen feisten Nacken schießen. Badjin aber redet unbeirrt zu den Massen, redet über die Sowjetmacht, den Aufbau, den Genossen Lenin, die Partei, die Arbeiterklasse und – über Tschumalow: ». . . an der Front der Arbeit derselbe Held . . . bereit sich zu opfern . . . wie auf den Schlachtfeldern . . .« Geschrei, Jubel, Fahnenwehen. Gleb wird an die Brüstung geschoben: »Also sprich doch . . . fang endlich an . . .« Und seine Stimme tönt, ihm selber unbegreiflich: ». . . im Feuer gestählt, setzen wir alles auf die Arbeit . . . Wir bauen am Sozialismus . . . Auf den Sieg, Genossen!« Neben ihm steht, stiernackig, selbstsicher, in den Augen Spott und Haß: Genosse Badjin, Vorsitzender des Exekutivkomitees, der Fels, auf dem die Partei ihre Zukunft baut . . .
Die Fachleute, als erster Gorki, haben an Gladkows Roman die grobe Charakterisierung, die Maßlosigkeit des Ausdrucks, die verschnörkelte Sprache kritisiert. Gewiß, gewiß – aber niemand hat bemerkt, was hier, im Jahre 1925, zum ersten Mal gestaltet wurde: der Machtantritt des Stählernen, der Machtantritt der Neuen Klasse.

Neid (1927) von Juri Olescha (1899–1960), ein hintergründiger, ironisch schillernder Kurzroman, dringt in das Innere der Menschen ein, spiegelt die revolutionäre Umwälzung im seelischen Bereich. Eine einfache, unbedeutende Handlung mit nur sechs Personen, ein Stück Sowjetalltag, wird raffiniert vielfältig, opalisierend gestaltet: Im ersten Teil erzählt einer der Akteure, im zweiten der Autor; darüber hinaus geben eingeschaltete Briefe, Monologe, Reflexionen, Träume Gelegenheit, die Optik zu wechseln. Die Realität zerfällt in ein Kaleidoskop von Empfindungen, und hinter den sparsamen Konturen des Vordergrundes schimmert eine andere, surreale Dimension, das Reich der Seele, wo Außenwelt und Innenwelt, Wachen und Träumen unmerklich ineinander übergehen und Banalitäten ins Gespenstisch-Groteske wachsen können. Olescha läßt die alte Gefühlswelt mit der neuen Sachlichkeit zusammenprallen. Die Vergangenheit findet skurrile Vertreter in Iwan Babitschew, einem phantastischen Scharlatan und Wirrkopf, und in seinem jüngeren Kumpan Nikolai Kawalerow, einem von Leidenschaften und ohnmächtigem Geltungsdrang zerrissenen Räsoneur; die neue Welt wird drastisch verkörpert von Iwans Bruder Andrej Babitschew, Direktor eines Lebensmitteltrusts, einem cleveren, erfolggewöhnten, rastlos um Musterküchen und billige Wurstsorten bemühten Sowjetmanager, und von dessen Pflegesohn Wolodja, einem Komsomolzen und Fußballstar, der von der totalen Mechanisierung träumt.
Iwan Babitschew, der spürt, daß er auf verlorenem Posten steht, will eine ›Verschwörung der Gefühle‹ organisieren. »Was bedeutet das?« fragt ihn der Untersuchungsbeamte der Geheimpolizei. Iwan antwortet: »Ich glaube, daß eine Reihe von menschlichen Gefühlen der Vernichtung preisgegeben ist . . . Mitleid, Zärtlichkeit, Stolz, Eifersucht, Liebe – mit einem Wort, fast alle Gefühle, die die Seele des Menschen der jetzt zu Ende gehenden Epoche erfüllten . . . Der Kommunist, den die Schlange der Eifersucht stach, wird verfolgt. Der mitleidige Kommunist ebenfalls. Das Unkraut des Mitleids, die Eidechse des Hochmuts, die Natter der Eifersucht – diese Flora und Fauna wird aus dem Herzen des neuen Menschen vertrieben . . . Mir wurde die Ehre zuteil, die letzte Parade der alten menschlichen Leidenschaften vorzuführen.«
Mit Hilfe einer mysteriösen Maschine, der er den poetisch-tragischen Namen ›Ophelia‹ gibt, will Iwan die ›Kopeke‹, Andrejs Volksspeisehaus, das Babel der rationellen Lebensweise, zerstören. Aber der Anschlag, der sich nur in Iwans wirrem Kopf abspielt, mißlingt. Iwans Tochter Walja, ein liebliches, natürliches, warmherziges Mädchen, verläßt ihr konfuses Zuhause und geht zu den neuen Menschen – in ihr verkörpert sich offensichtlich Oleschas Hoffnung, daß der Mensch der Zukunft Gefühlsreichtum und Lebenstüchtigkeit vereinen möge. Iwan gesteht: »Ich habe mich geirrt . . . Ich dachte, alle Gefühle seien zugrunde gegangen – Liebe, Treue, Zärtlichkeit . . . Aber alles ist geblieben . . . Nur nicht für uns – uns ist nichts als der Neid geblieben.« Die schmierige Witwe Prokopowitsch bietet den beiden gestrandeten Romantikern, Iwan Babitschew und Kawalerow, ein demütigendes Asyl in ihrem verwaisten Ehebett.

Die Wolga fällt ins Kaspische Meer (1930) von Boris Pilnjak (1894–1937), der eigentlich Wogau hieß und wolgadeutscher Abstammung war, ist aus der Erzählung *Mahagoni* (1929) hervorgegangen; große Teile dieser Erzählung machen den Kern des Buches aus. In der hinterwäldlerischen Provinzstadt Kolomna kaufen die Brüder Besjetow alte Mahagonimöbel auf, gebrechliche Zeugen verblichenen russischen Reichtums. Ihr Weg führt sie durch die hoffnungslosen Quartiere der expropriierten Expropriateure, durch die düsteren, verstaubten Asyle, in die sich Gutsbesitzer, Kaufleute, Offizierswitwen geflüchtet haben, die gewesenen Menschen, wie Gorki sagt. Die Besjetows nehmen der gestürzten Klasse die verwirkten Schätze ab und bringen sie der neuen Klasse, der neuen Bourgeoisie in den Metropolen der Sowjetunion. Auch in Kolomna gibt es sie, die von der Zentrale delegierten Funktionäre und Bürokraten, Leute, von denen Karl Radek in seinem Vorwort zum Roman sagt, daß sie trotz ihrer Parteidokumente »nicht für den Kommunismus, sondern vom Kommunismus leben«. Daneben vegetieren noch die Kommunisten des ruhmreichen Aufgebots von 1917, die längst aus der Partei ausgeschlossenen Helden der Revolution und des Bürgerkrieges. Sie haben sich in der Erde um den Ziegelofen vergraben, »Männer, die sich ihre Ideen bewahrt haben, die Säufer und Wahnwitzigen, die Aufrechten, die in ihrer Erdhöhle und in ihrer Arbeit beim Entladen der Barken oder beim Holzsägen die strengste Brüderschaft, den strengsten Kommunismus einhielten, die kein Eigentum besaßen, weder Geld noch Sachen, noch Frauen. Übrigens waren ihnen die Frauen vor ihren Phantastereien, ihrem Suff und ihrem Irrsinn davongelaufen«.
Um das allzu negative Bild, das beim Erscheinen der Erzählung von der Kritik beanstandet worden war, abzuschwächen, hat Pilnjak es im Roman in eine monumentale Vision des kommunistischen Aufbaus gebettet: ein ›Monolith‹ wird bei Kolomna gebaut, ein gewaltiger Staudamm, der die Oka umleitet und die Moskwa rückwärts fließen läßt, so daß die Wolgadampfer bis in die Hauptstadt fahren können (eine phantastische Vorwegnahme des dann unter Stalin gebauten Moskwa-Wolga-Kanals). Kühne Ingenieure, Kommunisten und Manager zugleich, Menschen, die keine Zeit mehr für Menschlichkeit haben, deren Frauen wie Strandgut heimatlos umhertreiben, verwandeln das Antlitz Rußlands.
Der in einer eruptiven, sprunghaften, mehr rhythmischen als logischen Prosa geschriebene Roman ist das erste literarische Denkmal der Industriemacht Sowjetunion, die eines Tages Ströme umleiten und Sputniks zum Himmel schicken wird. Über dem Lumpenproleten Iwan Oshogow jedoch, einst Vorsitzender des Sowjets von Kolomna, der in einer letzten Regung seines gescheiterten Daseins die Sprengung des Monolithen verhindert, schlagen die Fluten des Stausees zusammen. »So starb Iwan Karpowitsch Oshogow, ein wundervoller Mensch des wundervollen Zeitalters von neunzehnhundertsiebzehn bis neunzehnhunderteinundzwanzig.« So starben die Ideale der Revolution.

Diese neun Bücher sind – neben Scholochows *Stillem Don* – die bekanntesten, die klassischen Romane der Revolutionsepoche. Ihr Schicksal ist symptomatisch für den Weg der Sowjetliteratur: Die meisten dieser Bücher mußten auf Parteibefehl korrigiert werden, einige radikal. Zwei der Autoren wurden im Verlauf der Säuberung getötet (Babel und Pilnjak), einer nach Sibirien deportiert (Olescha), einer beging Selbstmord (Fadejew), einer starb früh, von der Parteiarbeit verbraucht (Furmanow). Soweit die Schriftsteller die Säuberung überstanden, sank ihr Niveau weit unter das ihrer frühen Werke (abgesehen vielleicht von einigen Arbeiten in der relativ liberalen Kriegs- und Nachkriegszeit wie Fadejews *Junge Garde*, Fedins *Frühe Freuden* und *Ein ungewöhnlicher Sommer*, einigen Stücken und Erzählungen von Leonow). Was sie in ihrer Genieepoche versprachen, haben sie allesamt nicht halten können.
Fedin mußte sich von seinem Avantgardismus distanzieren und auf konventionellen Realismus umstellen. Er verweigerte aber eine nachträgliche Korrektur: »Ich bin mir der Lückenhaftigkeit und der daraus resultierenden Mängel der *Städte und Jahre* bewußt . . . Wäre dieser Roman nicht vor dreißig Jahren geschrieben, sondern jetzt, ich hätte manches anders gesehen, und vielleicht hätte Andrej Starzows Geistesverwirrung, die in der ›verworrenen‹ Komposition des Romans zum Ausdruck kommt, obzwar sie eines meiner Themen geblieben wäre, mich nicht gehindert, auch andere Themen aufzugreifen . . . Das allerdings, was vor dreißig Jahren niedergeschrieben wurde, vermag ich nicht mehr zu ändern.[49]«
Fadejew machte Zugeständnisse. In *Vernichtung* wurden, dem prüden Klima der Stalin-Ära gemäß, die sogenannten physiologischen Liebesszenen getilgt; das sexuelle Verhalten Warjas: »Sie fühlte in den Beinen die bekannte warme Schwäche, und, gehorsam ihrem sanften Zwang, ließ sie sich zur Erde gleiten, erglühend in dem Hauch des heißen männlichen Atems«, fiel, gehorsam einem sanften Zwang, dem Rotstift zum Opfer.
Als das Moskauer Künstlertheater 1955 die *Vernichtung* dramatisieren wollte, lehnte Fadejew das ab, offenbar gewitzt durch die Dramatisierung seiner *Jungen Garde*, die einen Skandal zur Folge hatte. Erstens, so schrieb er dem Theater, sei das Werk nicht zeitgemäß, es handele vom Kampf gegen Japan, heute aber gehe in Japan ein großer Aufschwung der Friedensbewegung vor sich. Doch nicht nur das: »In der *Vernichtung* gibt es nur eine weibliche Gestalt, die der Warja. Sie ist im Roman eine gute, rechtschaffene Frau, ein Freund der Partisanen. Aber sie ist gezeichnet von dem verfluchten Erbe der Vergangenheit, und zwar gerade in jener Sphäre der menschlichen Beziehungen, das heißt in der Sphäre des Liebes- und Familienlebens, die wir in unserer sozialistischen Gesellschaft normalisieren und veredeln wollen . . . Und noch ein Umstand: Solche Beziehungen zwischen den Personen wie die zwischen Moroska und Warja sind doch in dem Roman, bei aller seelischen Nuancierung, unter Beibehaltung jener äußeren Grobheit in dem Verhalten und besonders in den Äußerungen geschildert, die für diese Zeit charakteristisch war und die heute nicht propagiert zu werden braucht. Sie werden einfach gezwungen sein, sowohl Moroska wie Warja zu ›glätten‹, aber geglättet braucht sie niemand.[50]«
Leonow mußte in späteren Ausgaben der *Dachse* den Hinweis auf die Eroberung

fremder Länder durch Kalafat und die Zwangsarbeit von Kriegsgefangenen beim Turmbau weglassen. Kaum merklich ist der Schluß des Romans verändert. »Ich komme, dir zu sagen, daß du recht hattest heute morgen im Wald«, sagt Semjon, als er sich ergibt, zu seinem bolschewistischen Bruder. In der Neufassung ist die Konkretion: ›Heute morgen im Wald‹, entfernt, so daß sich die Worte nicht mehr auf den Gesprächsgegenstand, die Unzuverlässigkeit der Bauern, beziehen, sondern als Votum für die Bolschewisten herauskommen. Ursprünglich ist der verwundete Semjon vom Tode gezeichnet: »Anton ... überraschte ein seltsamer, unnatürlicher Ausdruck in den Zügen Semjons; sie schienen auseinanderzugleiten.« Der Neufassung kommt es weniger auf die Hinrichtung als das Geständnis an: »Anton ... schielte von unten auf den Bruder, der mit gesenktem Kopf vor ihm stand.«

1940 griff, wie Ehrenburg in seinen Erinnerungen berichtet, Stalin persönlich vor Moskauer Schriftstellern Leonows Theaterstück *Schneesturm* an. Die tödliche Kampagne gegen ihn rollte an – da rettete ihn der Kriegsausbruch.

Gladkows *Zement* hat am meisten gelitten, es ist nach der Umarbeitung kaum wiederzuerkennen. Man müßte eine Doktorarbeit schreiben, wollte man alle Veränderungen nachweisen. Schon die Sprache des Romans ist an zahllosen Stellen geglättet, offenbar, um ihre Ausdrucksgewalt, ihre revolutionäre Dynamik zu brechen. Viele unangenehme Details, beispielsweise Flüche auf die Partei und ideologisch anstößige Äußerungen, sind gestrichen, aber auch ganze Kapitel. Es fehlt der grausige Hungermarsch der von der Sowjetmacht ausgepowerten Massen. Es fehlt der Selbstmord des Revolutionärs nach der Parteisäuberung. Natürlich sind auch die erotischen Passagen ausgemerzt, was in diesem Falle zu einer Verzerrung der Charaktere führt. Dascha ist nun ihrem Mann treu, Glebs Trauer um die zerbrochene Ehe wird zu einer kleinlichen, unbegründeten Eifersucht, und der Funktionär Badjin ist ein ehrenwerter Mann. Nicht nur, daß Badjin jetzt kein Verhältnis mehr mit Dascha hat, es fehlt auch die Szene, in der er eine junge, romantisch begeisterte Genossin vergewaltigt – eine Szene, die wie ein Symbol für die Vergewaltigung der revolutionären Ideale durch die Parteibürokratie stand. Man kann sogar unterscheiden, wo der Autor und wo der Zensor strich, denn der Zensor hat, grobschlächtig vorgehend, einige nun sinnlos gewordenen Anspielungen auf die gestrichenen Stellen stehengelassen.

Die Bücher *Neid, Reiterarmee* und *Wolga* wurden überhaupt verboten, was durch das Schicksal ihrer Autoren bedingt war.

Juri Oleschas sensibles Künstlertum mußte, so aufrichtig er auch um ein Verständnis der Zeit rang, an der kommunistischen Wirklichkeit zerschellen. Alle seine Arbeiten seit *Neid* waren ein fortgesetzter und quälender Dialog mit sich selber, eine verzweifelte Klage über den Zwiespalt in der eigenen Brust. »Schau«, sagt die Heldin des Theaterstücks *Liste der Wohltaten* (1931), »mein Tagebuch besteht aus zwei Hälften. Zwei Listen. Hier ist die eine Hälfte: eine Liste der Verbrechen der Revolution ... Hab keine Angst. Du glaubst, daß ich mich darin leichtfertig über die Lebensmittelknappheit beklage. Hab keine Angst. Es ist etwas anderes. Ich spreche von den Verbrechen gegen die Persönlichkeit. Es gibt vieles in der Politik unserer Regierung, mit dem ich mich nicht abfinden kann. Komm her. Sieh: und hier auf der anderen Seite ist die Liste der Wohltaten. Du glaubst, ich erkenne und verstehe die Wohltaten der Sowjetregierung nicht? Nun, laß uns die beiden Hälften zusammenfügen. Das bin ich. Verstehst du? Meine Besorgnis, mein irres Gerede, zwei Hälften eines einzigen Gewissens, ein Durcheinander, das mich zum Wahnsinn treibt. Ich werde es in diesem Koffer verstecken. Es darf nicht hierbleiben. Es könnte ja etwas passieren. Wenn es jemand fände. Schrecklich! Sie werden es wie üblich auslegen, sie werden sagen: Konterrevolutionär!« Auf den Rat, das Tagebuch ins Ausland zu verkaufen, antwortet die Frau: »Was? Eine Hälfte herausreißen? Nur die Verbrechen? Denn im Ausland werden sie nicht eine Kopeke für die Liste der Wohltaten der Sowjetregierung zahlen. Nur die Eintragungen des Zorns vorzeigen und die Aufzeichnungen der Begeisterung schweigend übergehen? Nein! Dieses Notizbuch kann man nicht auseinanderreißen. Ich bin kein Konterrevolutionär. Ich bin ein Mensch der alten Welt, der mit sich selbst in Widerstreit liegt.«

Rührend in Hoffnung und Trauer, schon gezeichnet von Vergeblichkeit, klang Oleschas Bekenntnis zur Humanität auf dem 1. Kongreß der Sowjetschriftsteller 1934: »Irgendwo lebt in mir die Überzeugung, daß der Kommunismus nicht nur ein wirtschaftliches, sondern auch ein moralisches System ist, und die ersten, die diese Seite des Kommunismus verkörpern, werden die jungen Männer und Mädchen sein. Mein ganzes Empfinden für Schönheit, Anmut, Edelmut, meine ganze Sicht der Welt . . . werde ich in diese Werke hineinzulegen versuchen, um zu beweisen, daß das neue sozialistische Verhältnis zur Welt im wahrsten Sinne ein menschliches Verhältnis ist. Das ist die Rückkehr meiner Jugend . . .[51]«

Er kam nicht mehr dazu. Ein von ihm verfaßtes Filmdrehbuch wurde der ›faschistischen Ideologie‹ bezichtigt, und sein Name verschwand Ende der dreißiger Jahre aus der Sowjetliteratur. Er wurde in die mittelasiatische Sowjetrepublik Turkmenistan verbannt, fristete sein Leben durch russisch-turkmenische Übersetzungen, lebte nach 1945 unter armseligen Verhältnissen in Moskau. Immerhin hat Olescha seine Rehabilitierung nach Stalins Tod noch erlebt.

Babels Erzählungen wurden sofort nach ihrem Erscheinen von Marschall Budjonny, dem Kommandanten der roten Kavallerieverbände im Bürgerkrieg, verurteilt; die Darstellung, so hieß es in der kurzen, aber scharfen Stellungnahme des Marschalls, gebe ein verzerrtes und einseitiges Bild der Armee und ihrer Heldentaten[52]. Es nützte wenig, daß Gorki den Dichter verteidigte: »Budjonny schmückt seine Soldaten und Pferde äußerlich. Babel macht sie von innen her schön.« Da Stalin einst Politkommissar bei Budjonny war und für die Grausamkeiten und die Anarchie, die Babel beschrieb, die Verantwortung trug, kann man sich vorstellen, was den Dichter erwartete. Ende der zwanziger Jahre hörte Babel auf zu veröffentlichen, von ganz wenigen Gelegenheitsarbeiten abgesehen. »Ich habe ein neues Genre erfunden, das Genre des Schweigens«, sagte er 1934 auf dem 1. sowjetischen Schriftstellerkongreß. Seine letzte öffentliche Äußerung war die Antwort auf eine Umfrage zum Jahreswechsel 1938/39: »Für 1939 wünsche ich mir, in unseren Buchläden billige und vollständige Ausgaben der Werke

Leo Tolstois vorzufinden. Es ist fast unmöglich, sie zu bekommen ... Und doch weiß ich aus Erfahrung, daß die Schönheit und Wahrheit dieser Bücher mit der Zeit immer unwiderstehlicher wird.[53]« Im Jahre 1939 wurde Babel von der Geheimpolizei verhaftet und in ein Zwangsarbeitslager überführt. Nach sowjetischen Angaben ist er dort 1941 gestorben.

Pilnjak war 1927 das erste Mal in Ungnade gefallen, weil seine Erzählung *Die Geschichte vom nichterloschenen Mond* auf den mysteriösen Tod des Kriegskommissars Frunse anspielte. Frunse, legendärer Held des Bürgerkriegs und profilierter Gegner Stalins, war an einer Operation gestorben, die gegen den Rat seiner Ärzte auf Weisung des Politbüros vorgenommen wurde. Es verbreitete sich das Gerücht, Stalin habe Frunse von der Notwendigkeit der Operation überzeugt und ihn damit dem tödlichen Messer ausgeliefert. Auch in Pilnjaks Geschichte vom nicht erloschenen Mond stirbt der Held, ein Armeegeneral, an einer Operation, die von einer nicht näher bezeichneten höheren Stelle angeordnet ist. Eine Erklärung des Autors im Vorwort, er meine natürlich nicht den Fall Frunse, machte die Anspielung nur noch schlimmer. Die Erzählung wurde als ›schwerer politischer Fehler‹ gebrandmarkt. Nach einer Publikationssperre von zwei Jahren beging er sofort den nächsten Fauxpas. In der erwähnten Erzählung *Mahagoni* (1929) beklagte er das Schicksal der trotzkistischen Parteiopposition, die eben zu der Zeit aus der Partei ausgeschlossen und nach Sibirien verbannt wurde. Das Werk erschien nur im Ausland, in Berlin; in der Sowjetunion wurde es verboten.

Über Pilnjak schlug eine neue Welle der Hetze zusammen. Einflußreiche Freunde wie Gorki und Radek retteten ihn mit Müh und Not. »Pilnjak«, schrieb Gorki, »wurde zu streng bestraft. Seine Bestrafung hebt sozusagen seine Verdienste um die Sowjetliteratur auf ... Mein ganzes Leben lang trat ich für rücksichtsvolle Behandlung des Individuums ein und glaube, dieser Kampf sollte in unserer Zeit und in unserer Umgebung noch verstärkt werden.[54]« In dem Roman *Die Wolga fällt ins Kaspische Meer* versuchte Pilnjak dann, den schlechten Eindruck von *Mahagoni* wettzumachen; freilich ohne rechten Erfolg, denn die Sympathien für die Linksopposition stecken, wie wir gesehen haben, immer noch darin. Überhaupt hat man den Eindruck, als ob Pilnjak, verschanzt hinter einem ganzen Gestrüpp von Widerrufen, Reuebekenntnissen, Umarbeitungen und belanglos ironischen Redensarten, seine Meinung nach wie vor durchzuschmuggeln versucht. 1937, als Gorki tot und Radek im Gefängnis war, wurde der Dichter als ›japanischer Spion‹ erschossen (oder, wie wir im Fall des genialen Theaterregisseurs Meyerhold wissen, bei der Vernehmung zu Tode gefoltert – jedenfalls nennen die sowjetamtlichen Daten für Verhaftung und Tod dasselbe Jahr).

»Die Gegenwart«, schreibt Gleb Struve, »kennt keine ähnlichen Beispiele, daß Schriftsteller vom Format eines Pilnjak und eines Babel spurlos verschwanden.[55]« Und Max Eastman kommentiert: »Wenn Sie ganz erfassen wollen, was das heißt, dann stellen Sie sich vor, Beamte des Federal Board of Investigation begäben sich auf die Halbinsel Florida, griffen in den Straßen von Key West Ernest Hemingway auf, legten ihm Handschellen an, transportierten ihn nach Atlanta ins Zuchthaus, machten seinem Leben durch einen Genickschuß ein Ende und hätten für diesen Vorgang nur ein einziges Wort der Erklärung: Volksfeind![56]«

1956 gab die Partei eine lakonische Erklärung heraus, die Schriftsteller seien bedauerlicherweise ›einer Verletzung der sozialistischen Gesetzlichkeit‹ zum Opfer gefallen[57]. Ihre Namen, so lange aus der Geschichtsschreibung der Sowjetliteratur ausgelöscht, durften wieder genannt werden, meist freilich mit kritischem Kommentar. Ihre Werke wurden nur in sparsamen Dosen wiederaufgelegt, nach Chruschtschows Sturz mit sogar noch abnehmender Tendenz; von Pilnjak wurde in der Sowjetunion nie wieder eine Zeile gedruckt.

Es bleibt noch das Ende Fadejews zu erzählen. Als ergebener Kommunist hat er sich unter Stalin zum Einpeitscher des Schriftstellerverbandes hergegeben und die eigenen Werke umgeschrieben. Auf dem XX. Parteitag der KPdSU 1956 rechnete Scholochow mit ihm ab: »Fadejew erwies sich als ein ziemlich herrschsüchtiger Generalsekretär, der sich in der Arbeit nicht an das Prinzip der Kollegialität halten wollte ... So ging das fünfzehn Jahre lang. In gemeinsamem Bemühen haben wir Fadejew fünfzehn der schöpferischsten Jahre seines Lebens geraubt, und das Ergebnis: Wir haben weder einen Generalsekretär noch einen Schriftsteller. Hätte man nicht Fadejew seinerzeit sagen müssen: ›Hang zum Diktieren in der Schriftstellerei ist eine Sache, die zu nichts führt. Der Schriftstellerverband ist keine militärische Einheit und erst recht kein Strafbataillon, und im Stillgestanden wird kein Schriftsteller vor dir stehen, Genosse Fadejew. Du bist ein kluger und begabter Schriftsteller, du neigst zu Themen aus dem Leben der Arbeiter, so fahre denn für drei oder vier Jahre nach Magnitogorsk, nach Swerdlowsk, nach Tscheljabinsk oder nach Saporoshje und schreib einen guten Roman über die Arbeiterklasse.‹ Es wäre kein Unglück gewesen, wenn wir damals den Generalsekretär Fadejew verloren hätten, aber mit welcher ungeheuren Freude hätten wir dafür den Schriftsteller Fadejew wiederbekommen, mit einem neuen Buch, das vielleicht ebenso bedeutend gewesen wäre wie *Die Vernichtung*. Womit hat sich Fadejew in diesen fünfzehn Jahren beschäftigt? ... Fadejew hat sich lange Jahre an Diskussionen beteiligt, Referate gehalten, Wohnungen an Schriftsteller verteilt und nichts geschrieben. Er hatte keine Zeit, sich mit solchen Kleinigkeiten zu beschäftigen, wie es das Schreiben von Büchern ist ...[58]«

Auf demselben XX. Parteitag mußte Fadejew aus dem Munde Chruschtschows hören, auf welch blutigem Altar er sein Dichtertum geopfert hat. Er ging nach Hause, griff zur Schnapsflasche und blieb die nächsten zwölf Tage betrunken. Dann gab er seinem Gärtner Anweisung, wie er die Blumenbeete bestellen solle, schickte seinen jüngsten Sohn Mischa hinaus in den Garten, legte sich zwei Kissen aufs Gesicht, um den Schall zu dämpfen, und schoß sich eine Kugel in den Kopf[59].

Das Epos der Kosaken

Sozialistischer Realismus –
der Teufel weiß, was das ist ...

ALEXANDER FADEJEW zu Scholochow 1956[60]

Das zweitausend Seiten umfassende Epos *Der stille Don* (1928–1940) des Nobelpreisträgers Michail Scholochow (1905–1984), das in 52 Sprachen übersetzt und in einer Auflage von fünf Millionen in der ganzen Welt verbreitet wurde, ist das bedeutendste Werk der bolschewistischen Literatur und zugleich – welche List der Geschichte! – das Heldenlied der russischen Vendée*.

Der Roman behandelt Leben und Kampf der Donkosaken in den zehn kritischen Jahren von 1912 bis 1922. Held des Romans ist Grigori Meljechow aus dem Dorf Tatarsk bei Weschenskaja, ein Kosak von außergewöhnlicher Begabung, Tatkraft, Kühnheit und Leidenschaft, der das Schicksal seines Volkes in seiner ganzen Tiefe und Bitternis durchleidet. Während des Weltkrieges schlägt er sich tapfer, wird zum Offizier befördert und wiederholt ausgezeichnet. Im Revolutionsjahr 1917 gerät er wie die anderen Frontkosaken in den Bannkreis der bolschewistischen Agitation, die Frieden und Freiheit verspricht. Er kämpft an der Seite der Kommunistenführer Podtjolkow, Kriwoschlykow und Syrzow für eine Sowjetrepublik der Donkosaken. Aber bald kommt es zwischen ihm und Podtjolkow zum Bruch. Als es den Roten gelingt, einen der besten und tapfersten der weißen Offiziere, den Kapitän Tschernezow, gefangenzunehmen, haut Podtjolkow den Wehrlosen in einem jähen Wutanfall mit dem Säbel nieder. Auch die mitgefangenen Kameraden Tschernezows werden viehisch ermordet. Grigori, den der barbarische Vorfall maßlos empört, wird nur mit Mühe davon zurückgehalten, sich zur Verteidigung der wehrlosen Gegner auf Podtjolkow zu stürzen. Er scheidet aus der Roten Armee aus.

Die Ausschreitungen der verwilderten Rotgardisten lösen 1918 die Erhebung des Dongebiets unter dem Ataman Krasnow aus**.

Die kommunistischen Führer Podtjolkow und Kriwoschlykow werden gehängt. An der Spitze der Bewegung stehen die Kosaken der älteren Generation, denen

* Vendée: Massenerhebung der Bauern in der Landschaft südlich der Loire-Mündung gegen die Französische Revolution 1793–96.

** Pjotr Krasnow schrieb 1921 im Exil *Vom Zarenadler zur Roten Fahne*, führte im Zweiten Weltkrieg die Kosakenverbände auf deutscher Seite, von den Amerikanern an die Sowjetunion ausgeliefert, 1947 in Moskau gehängt.

an der Wiederherstellung der zaristischen Ordnung gelegen ist. Grigori gerät sofort mit den Alten aneinander, die ihm seinen Dienst in der Roten Armee vorwerfen. Nur lustlos nimmt er an dem Feldzug teil. Ursprünglich ist er Hundertschaftsführer, wird aber abgesetzt, weil er sich nun gegen die konterrevolutionären Greuel verwahrt. Der Krieg wird immer unpopulärer, besonders als die Grenzen des Dongebiets überschritten werden. Schließlich gewinnen die linken Kosaken die Oberhand; sie machen ihren Frieden mit den Kommunisten und verlassen die Front.
Aber schon nach kurzer Zeit bereuen sie den Friedensschluß. Sie werden von den nachströmenden Bolschewisten sofort entwaffnet. Das Getreide wird requiriert. Unter dem Vorwand einer Verfolgung der ›Atamane, Popen, Offiziere, Gendarmen, Kulaken [Großbauern]‹ werden einfache Bauern erschossen, weil sie sich irgendwann einmal gegen die Sowjetmacht geäußert haben. »Ich werde euch so entkosaken, ihr Hunde, daß ihr ewig daran denkt«, erklärt ein Kommissar. In schwerer Gewissensnot wendet sich Grigori an seine alten Freunde, die Bolschewiken im Dorfsowjet. Der Vorsitzende, Iwan Alexejewitsch, ist soeben mit strahlendem Gesicht von einem Besuch beim Bezirkssowjet zurückgekehrt. Grigori fragt: »Was freut dich denn so, Iwan Alexejewitsch?«
»Was mich freut? Man sieht in mir einen Menschen, warum sollte ich mich da nicht freuen? Die Hand gab er mir wie seinesgleichen, zum Sitzen hat er mich eingeladen ...«
»Die Generale tragen in letzter Zeit ebenfalls Hemden aus Sackleinen. Ich habe sogar einen gesehen, dessen Schulterstücke waren mit Tintenstift bemalt. Der hat auch den Kosaken die Hand gereicht ...«
»Die Generale tun's aus Zwang, diese aber von Herzen. Ist das kein Unterschied?«
»Nein, kein Unterschied! ... Wenn ich aufrichtig reden darf, weder die einen noch die anderen sind nach meinem Sinn.«
»Sondern wer?«
»Niemand!«
»Früher hast du aber anders gedacht.«
»Ich und auch du – jeder hat auf seine Weise gedacht ...«
»Was hast du dieser Regierung vorzuwerfen?«
»Land gibt sie? Freiheit? Alle macht sie gleich? Land haben wir so viel, daß wir uns daran überfressen können. Freiheit? ... Den Ataman haben wir früher selbst gewählt, und jetzt setzt man ihn ein. Wer hat den gewählt, der dich mit seinem Händedruck so erfreut hat? ... Gleichmachen: Damit haben die Bolschewiki das arme Volk an sich gelockt. Schöne Worte hat man ausgestreut, und die Menschen kamen wie ein Fisch auf den Köder! Aber wohin ist die Gleichheit entschwunden? Nimm die Rote Armee, sie marschieren durchs Dorf. Der Zugführer trägt Chromlederstiefel und irgendein Wanka Wickelgamaschen. Ich habe einen Kommissar gesehen, der war ganz in Leder, die Hosen, der Rock, und bei einem anderen reicht es nicht einmal für die Schuhe. Und dabei sind sie erst seit einem Jahr an der Macht, fassen sie aber erst mal Wurzeln – dann ist's aus mit der Gleichheit! ... Den Kosaken bringt diese Regierung nichts als den Untergang! Ob Kommunisten, ob Generale – das ist dasselbe Joch.«

»Deine Worte sind – Konterrevolution! Ich sag's dir grad ins Gesicht: Fremd bist du mir geworden. Du bist ein Feind der Sowjetmacht...«
»Wenn ich mir wegen der Regierung den Kopf zerbreche – dann bin ich Konterrevolutionär?«
»Behalte solche Gedanken für dich. Denn obwohl du ein Bekannter von mir bist..., werd' ich doch Mittel gegen dich finden! Es ist nicht gut, die Kosaken unsicher zu machen, sie schwanken ohnedies schon. Stell dich uns also nicht in den Weg. Sonst wirst du von uns zerstampft!... Leb wohl!«
Nur mit Mühe entgeht Grigori der Erschießung. Der kommunistische Kommissar aber sagt zu Iwan Alexejewitsch, dem Vorsitzenden des Dorfsowjets, die ahnungsvollen Worte: »Schau, der Meljechow, der ist vorläufig davongekommen. Und gerade ihn hätte man in die Zange nehmen müssen! Er ist gefährlicher als alle anderen zusammen. Nimm das zur Kenntnis. Das, was er zu dir im Exekutivkomitee gesagt hat, *das sind die Worte des Feindes von morgen.*«
Wieder kommt es zu einer Erhebung der Kosaken, dem großen Donaufstand im Frühjahr 1919. Hunderte von Kilometern hinter der roten Front konstituiert das Volk die revolutionäre Demokratie am Don. Ihre Losung lautet: ›Sowjets ohne Kommunisten – gegen Erschießungen und Plünderungen!‹ Auf der Pelzmütze tragen die Aufständischen statt einer weißen oder roten Litze deren zwei: eine weiße, die von einer roten durchkreuzt wird. Die Anrede bleibt Genosse. Die Dörfer formieren selbständige Hundertschaften und wählen die tapfersten Kosaken zu Kommandeuren. Nicht der Rang, sondern nur das Verdienst wird berücksichtigt. Grigori, der zum erstenmal mit Enthusiasmus ins Feld zieht, wird Divisionskommandeur. Es ist das stärkste Aufgebot, das der Don jemals gestellt hat. Die Kosaken kämpfen mit Todesverachtung, reiten ins Maschinengewehrfeuer hinein, metzeln die Rotarmisten mit dem Säbel nieder, um Patronen zu sparen. Zwischendurch kehren sie für ein paar Stunden ins heimatliche Dorf zurück und erledigen die Frühjahrsarbeiten. Sie reißen ihre Bleisiebe aus den Kornschwingen, durchwühlen die Erde nach Granatsplittern und gießen daraus Kugeln...
Die Kosaken können sich jedoch nicht lange als selbständige Kraft zwischen Weiß und Rot halten. In dem Augenblick, da sie sich mit der weißen Armee vereinigen, brechen die alten Gegensätze wieder hervor. Die Weißgardisten können ihnen die Desertion nicht vergessen, während die Kosaken sich wiederum an dem unbelehrbaren Hochmut, der verbissen aristokratisch-volksfeindlichen Gesinnung der alten Offiziere stoßen. Der Kampfgeist der Kosaken läßt rasch nach. Grigori wird seiner Stellung als Divisionskommandeur enthoben. Mit seinem Stabschef, einem Offizier alten Schlages, hat er ein bezeichnendes Gespräch:
»... nur müßten sich die Herren Generale ein bißchen durch den Kopf gehen lassen, daß das Volk seit der Revolution anders geworden ist – so, als wäre es sozusagen neugeboren! Die aber messen alles nach dem alten Maß...«
»Was meinst du eigentlich damit?«
»Ich meine, daß bei ihnen wieder alles aufs Alte hinausläuft... Sie wollen nicht begreifen, daß alles Alte zusammengebrochen und vor die Hunde gegangen ist! Sie denken, daß wir aus einem anderen Teig gemacht sind, daß der Ungebildete,

einer, der aus dem einfachen Volk kommt, so etwas wie ein Stück Vieh ist. Sie bilden sich ein, daß ich und meinesgleichen von militärischen Dingen weniger verstehen als sie. Und wer sind die Kommandeure bei den Roten? Ist Budjonny ein Offizier? Ein Wachtmeister der alten Armee ist er. Aber hat er nicht den Generalen vom Generalstab Saures gegeben? Und wir ungebildeten Offiziere, haben wir die Kosaken im Aufstand vielleicht schlecht geführt?«
»Ja, willst du denn die Bedeutung der Wissenschaft in der Kriegführung abstreiten?«
»Nein, ich streite die Wissenschaft nicht ab. Aber weißt du, Kamerad, das ist nicht die Hauptsache im Krieg.«
»Und was ist die Hauptsache, Pantelejewitsch?«
»Die Sache, für die du in den Kampf ziehst ...«
»Selbstverständlich ... Die Idee ist dabei die Hauptsache. Ich bin für die alte, die gute alte Zeit. Alle, die mit uns sind, das sind Leute, die mit Waffengewalt ihre alten Privilegien verteidigen und das rebellierende Volk zum Gehorsam bringen. Und zu diesen Leuten gehören auch wir, du und ich. Aber ich beobachte dich schon lange, Grigori Pantelejewitsch, und kann dich nicht begreifen ...«
»Also, was begreifst du nicht? Vielleicht kann ich es dir klarmachen.«
»Siehst du, mir ist deine Haltung in dieser Sache nicht klar, das wollte ich sagen. Einerseits kämpfst du für das Alte, und andererseits bist du, entschuldige die Schroffheit, eine Art Bolschewik!«
»Worin bin ich ein Bolschewik?«
»Ich sage nicht Bolschewik, sondern nur eine Art Bolschewik!«
»Gehupft wie gesprungen! Ich frage dich, worin?«
»Also meinetwegen auch in deinen Worten über die Offiziersgesellschaft und über ihre Einstellung zu dir. Was willst du von diesen Leuten? Was willst du überhaupt? Du fühlst dich verletzt, weil sie dich nicht als Gleichen in ihre Mitte aufnehmen, weil sie dich von oben herab behandeln. Aber von ihrem Standpunkt aus haben sie recht, das muß man einsehen. Es stimmt, du bist Offizier, aber durch bloßen Zufall in den Offiziersstand geraten. Selbst mit den Schulterstükken eines Offiziers bleibst du, entschuldige bitte, ein ungehobelter Kosak ... Was Anstand und Bildung betrifft, bist du ein Dreck!«
»Bei euch bin ich vielleicht ein Dreck, aber laß mal, wenn es soweit ist und ich zu den Roten übergehe, dann werde ich bei ihnen mehr wiegen als Blei. Dann sollen mir die anständigen und gebildeten Schmarotzer nicht in die Quere kommen! Ich werde ihnen die Haut bei lebendigem Leibe abziehen!«
Grigori kämpft dann in der Roten Armee gegen die Polen. »Ich werde dienen, bis ich meine alten Sünden wiedergutgemacht habe.« Er wird stellvertretender Regimentskommandeur und für seine Tapferkeit von Marschall Budjonny persönlich gelobt. Aber er irrt sich, wenn er glaubt, er könne jemals mit der Sowjetmacht ins reine kommen. Eine Kontrollkommission demobilisiert ihn. Kaum zu Hause angekommen, gerät er in die Mühle der Tscheka. Sein Jugendfreund und Schwager Mischa Koschewoj, der zum fanatischen Kommunisten geworden ist (während ein anderer Schwager Grischas, Mitka Korschunow, als Terrorist bei den Weißen dient), denunziert ihn, so daß er flüchten muß. Grigori erkennt:

»Meiner Meinung nach sind sie einander wert, meine Schwäger Mitka Korschunow und Mischa Koschewoj.« Er schließt sich den Grünen, den Partisanen, an. »Ich habe keinen Ausweg, darum habe ich gewählt.« Bald spürt er, daß die versprengten Häuflein keine Chance mehr haben.

Die letzten Freiheitsfeuer in Kronstadt, Tambow, der Ukraine verlöschen 1921. Das Volk der Kosaken ist ausgeblutet und müde, es ist zum Untergang verurteilt. Eines Tages verläßt Grigori sein Versteck. Noch einmal umfängt sein Blick das Vaterhaus am Don. Noch einmal umarmt er sein Söhnchen. Er nimmt das Gewehr, zählt die Patronen – und versenkt alles in den Fluß. Mit großen Schritten geht er auf das Dorf zu . . .

Das Buch berichtet nichts von seinem Ende. Aber Scholochow läßt keinen Zweifel daran, wie es aussehen wird: Auf den Kosaken Grigori Meljechow wartet die Tscheka.

Man kann sich vorstellen, daß dieses Werk den Rahmen der Sowjetliteratur zu sprengen drohte. Das Buch wurde als ›Kulakenliteratur‹ denunziert*. Da war es Scholochows Glück oder Unglück, wie man es nimmt, daß sich Stalin schon 1929, als die beiden ersten Bände vorlagen, in einem Brief an Felix Kohn über den Roman ausließ: »Ein berühmter Schriftsteller unserer Zeit, Genosse Scholochow, beging im *Stillen Don* eine Reihe gröbster Fehler und machte geradezu falsche Angaben über Syrzow, Podtjolkow, Kriwoschlykow und andere, aber ergibt sich vielleicht daraus, daß der *Stille Don* völlig unbrauchbar sei, daß dieses Werk es verdiene, zurückgezogen zu werden?[61]«

Der Zeitpunkt, zu dem diese – höchst beiläufige – Äußerung fiel, war für das weitere Schicksal des Romans von folgenreicher Bedeutung. Damals war Stalin zwar auf dem Wege der Diktatur schon so weit fortgeschritten, daß er an die Produktion von Geschichtslegenden gehen konnte, er hatte seine Herrschaft jedoch noch nicht als totalitäres System etabliert, das in den künstlerischen Gestaltungsprozeß selbst eingreift. Unter der späteren Kunstdiktatur wäre eine Anerkennung des Werkes, das gegen alle wesentlichen Prinzipien des Sozialistischen Realismus wie Parteilichkeit, Optimismus, Positivität des Helden usw. verstößt, undenkbar gewesen. Das Urteil Stalins hätte also ein paar Jahre früher oder ein paar Jahre später ganz anders gelautet.

Nachdem die Äußerung des Diktators aber einmal in dieser Form gefallen war, mußte sich die sowjetische Literaturpolitik wohl oder übel damit abfinden. Der Grundgedanke des Werkes und sein prinzipieller Wert waren anerkannt worden, und nur die Details waren zum Angriff freigegeben. Hinzu kam, daß Scholochow im Jahre 1932 den ersten Band seines Kolchosromans *Neuland unterm Pflug* veröffentlichte, in dem Stalin besonders herausgestrichen wird. Der Gedanke liegt nahe, daß der Fuchs Scholochow sich damit ›freikaufte‹, um sein Hauptwerk verhältnismäßig ungestört vollenden zu können. So konnte Scholochow noch 1933 den dritten Band und 1940 den vierten beenden, ohne wesentli-

* Kulak: Großbauer. Die Groß- und Mittelbauern wurden bei der Kollektivierung als ›kapitalistische Elemente‹ liquidiert.

che Konzessionen zu machen. (Der immer größer werdende Abstand zwischen den Erscheinungsdaten zeigt allerdings die wachsenden Schwierigkeiten.) Als der letzte Band herauskam, begannen die Moskauer sich schon in der Nacht vor den Buchläden anzustellen: Der Dichter war zum Nationalheros geworden.

Dennoch blieb ihm eine Umarbeitung seines Werkes nicht erspart. Im Jahre 1953 erschien in Moskau eine ›verbesserte Ausgabe‹ des *Stillen Don*. Ihr war ein Nachwort von Potapow beigegeben, in dem es hieß, daß dem Autor ursprünglich noch nicht ›alle notwendigen Tatsachen‹ bekannt gewesen seien, weshalb sich die Überarbeitung als nötig erwiesen habe[62].

Die Revision beginnt bei Kleinigkeiten. So wurden die Ausdrücke ›die Bolschewiken‹ und ›die Roten‹ konsequent durch Krasnaja Gwardia = Rote Garde ersetzt. Namen politisch anstößiger Personen wurden entfernt. Ein Aufruf Trotzkis wird ohne Hinweis auf den Autor zitiert. Aus Syrzow, dem Gründer der Donkommune, ist ein anonymer Delegierter der Bergarbeiter geworden. Aus dem Telegramm, in dem sich der Donsowjet der zentralen Sowjetregierung unterstellt, wurde die Anrede ›Kommissar Antonow[-Owsejenko]‹ getilgt. Ja, eine als Selbstentlarvung gedachte Äußerung des Antisemiten Kaledin: »An der Spitze der Sowjets stehen doch Bronsteins*, Nachamkes und ähnliche«, lautet nun äußerst sinnig: »An der Spitze der Sowjets stehen doch Bolschewiki und ähnliche Leute.« Alle diese Namen mußten verschwinden, weil ihre Träger inzwischen Stalins Säuberungen zum Opfer gefallen waren.

Zu jenen Fakten, die Scholochow bei der Niederschrift seines Romans in der Tat noch nicht bekannt sein konnten, gehört der Umstand, daß alle siegreichen Operationen an der Südfront von Stalin und nur die erfolglosen von Trotzki geleitet wurden: Stalin hatte nämlich zu jener Zeit noch nicht seine *Geschichte der KPdSU, Kurzer Lehrgang* publiziert, die für die Ruhmestaten ihres Autors die einzige Quelle ist. Im Zusammenhang mit Stalins angeblichen Erfolgen an der Südfront kann man die Korrektur des Romans sogar stufenweise verfolgen. Ein Brief Stalins an Lenin über die Kriegführung, der die These des *Lehrgangs* stützen soll, erscheint zuerst außerhalb des Textes als Fußnote – ein bei Scholochow ganz ungewöhnliches Verfahren, da er Dokumente und historische Fakten sonst immer in den Text verwebt. Man hat den Eindruck, daß der Autor sich von dieser Manipulation zu distanzieren versuchte. Bei der Ausgabe von 1953 ist der Zensor aber auf den Trick gekommen, und nun erscheint dieser Brief in seiner ganzen Länge im Text selbst, als habe er immer da gestanden.

Eine weitere Korrektur betrifft die Darstellung des Generals Kornilow und seiner weißen Freiwilligenarmee. Der Heroismus dieser Offiziersverbände, besonders beim sogenannten Eisfeldzug am Kuban, forderte auch denen Achtung ab, die die restaurativen Ziele der Bewegung verurteilten, und fand im Roman Scholochows eine gerechte Einschätzung. Potapow wirft dem Schriftsteller deshalb vor, er habe die ›eigentlichen Ziele der Bewegung und die imperialistischen Mächte im Hintergrund‹ nicht genügend aufgedeckt[63], und Lukin, ein sowjetischer Biograph Scholochows, hält die Beschreibung Kornilows für so ›unnötig

* Bronstein: bürgerlicher Name Trotzkis.

objektivistisch‹, ›daß man den Eindruck einer gewissen ‚subjektiven Ehrlichkeit' in den Motiven des Generals gewinnt, und das in jener Zeit, da er sich als berüchtigter Feind zeigte[64]‹.

Wesentliche Änderungen betreffen natürlich die Gestalt Podtjolkows. Da Scholochow ungebrochene Charaktere, Idealgestalten als literaturfremd ablehnt, stattete er den kommunistischen Helden des Don mit einigen ideologischen Unklarheiten und menschlichen Schwächen aus, die sein Format als Revolutionär und Märtyrer aber eher unterstreichen als beeinträchtigen. Diese Schattierungen hatte schon Stalin im Sinn, als er den Roman kritisierte. Beispielsweise steht der Podtjolkow der Originalfassung in der Frage der Landverteilung wie alle Kosaken auf dem Standpunkt, daß man den Boden der Gutsbesitzer nicht sozialisieren, sondern den Kosaken geben soll. Ferner vertritt er die Autonomie des Dongebiets, was nicht wundernimmt, denn schließlich hat er selbst eine ›Autonome Donrepublik‹ gegründet (von der die Partei heute aber nichts mehr wissen will). Wie die Korrektur im einzelnen aussieht, wollen wir kurz zeigen. Auf die Frage des Atamans Kaledin, ob er die Macht der Räte der Volkskommissare anerkenne, reagiert Podtjolkow im Original folgendermaßen:

»Podtjolkow trank einige Schluck Wasser, stellte den Wasserkrug auf einen Teller, wischte sich den Schnurrbart mit dem Ärmel ab und erwiderte ausweichend: ›Das kann nur das ganze Volk entscheiden.‹«

In der Neufassung hat sich die Stelle kaum merklich verändert: »Podtjolkow trank einige Schluck Wasser, stellte den Wasserkrug auf einen Teller, wischte sich den Schnurrbart mit dem Ärmel ab und erwiderte: ›Ja! Das kann das ganze Volk sagen!‹«

Ein Wort weg, ein Wort hinzu – und verschwunden sind die freien Wahlen!

In der alten Fassung bleibt die naive Frage eines Kaledin-Ministers an die Bolschewiken, ob denn der Rat der Volkskommissare zum Nutzen des Volkes arbeite, unbeantwortet in der Luft stehen. 1953 aber muß Kriwoschlykow brav antworten: »Wir zweifeln nicht daran!«

Besonders angekreidet wurde Scholochow die Schilderung des Hochmutes und der Grausamkeit bei seinem Podtjolkow. Wir haben schon den, übrigens authentischen, Vorfall erwähnt, daß der Bolschewik den gefangenen, entwaffneten Kapitän Tschernezow zusammenhaut. In die neue Fassung ist ein kleiner Satz eingefügt: »Tschernezow riß einen Revolver aus der Tasche, hob die Hand ... Versagt.«

»Was blieb Podtjolkow da zu tun übrig?« meint Potapow im Nachwort. »Auf einen zweiten Schuß warten? Seine Brust dem Revolver des tückischen Angreifers darbieten? ...«

Der Säbelhieb des Genossen Podtjolkow ist nun ein Akt der sozialistischen Gesetzlichkeit.

Leider blieben die Korrekturen nicht auf die historischen Fakten beschränkt, sondern griffen in einigen Fällen auch die poetische Substanz an. Als Beispiel solcher Bearbeitung sei die Liebesgeschichte der Rotarmisten Buntschuk und Anna erwähnt, die Georg Lukács als ein ›kleines Meisterwerk im Rahmen des großen Werkes‹ rühmte (allerdings einige Jahre vor der Umarbeitung!). Fand sich im Original noch der Satz: »Buntschuk küßte ihre unberührten, festen, kühlen Brüste, streichelte ihren nachgiebigen Körper ...«, so heißt es jetzt schlicht: »Buntschuk küßte sie ...«

Dieses Verfahren macht zwangsläufig ein ganzes Kapitel überflüssig, in dem Anna dem Liebsten ihre Schwangerschaft gesteht.

Als Anna fällt, bricht Buntschuk (in der Urfassung) unter der Gewalt seines Schmerzes zusammen. Man wird die grausige Szene niemals vergessen: »Wie ein Blinder stieß er mit der Brust an das Tor, schrie dumpf auf, und von seinem eigenen Schrei gejagt, kroch er auf allen vieren, immer rascher, mit dem Gesicht fast die Erde berührend, über den Bürgersteig. Sein schaumbedeckter Mund stieß unverständliche Worte heraus. Er kroch den Zaun entlang, wie ein nicht zur Strecke gebrachtes Wild, angestrengt und rasch. Drei Rotgardisten, die hinter dem Tor standen, beobachteten ihn. Sie sahen einander schweigend an, tieferschüttert von dieser widerlichen, nackten Offenbarung menschlichen Unglücks.«

Dieser Naturalismus ist der Gloriole eines bolschewistischen Helden abträglich und wurde gestrichen.

Wegen seines Naturalismus und Defätismus wurde auch der tragische Zug der von Krasnow geschlagenen, todgeweihten Donkommunisten retuschiert. Hören wir dazu eine sowjetische Stimme: »Die Expedition, wie sie Scholochow beschrieb, machte den Eindruck eines ziemlich hoffnungslosen Unternehmens. Der kranke Kriwoschlykow war in der Hauptsache damit beschäftigt, Podtjolkows Liebchen Sinka, ein blondes, vollbusiges Mädel, das jener immer als ›Krankenschwester‹ mitnahm, aus der Expedition zu entfernen. Daß der moralisch gebrochene, allem gegenüber gleichgültige Buntschuk der Expedition angehörte, gibt der ganzen Angelegenheit ein noch dunkleres Kolorit ... Die Gestalten Podtjolkows und Kriwoschlykows erhielten Züge aufgeopferter und dem Untergang geweihter Menschen, die ihnen gar nicht eigen waren. Nur bei der Darstellung der Exekution Podtjolkows und Kriwoschlykows erhob sich Scholochow zu bewegtem heroischem Pathos. In der neuen Auflage des *Stillen Don* hat Scholochow die Fehler ... wesentlich korrigiert.[65]«

Scholochow mußte auch seine poetisch farbige, vom Volksdialekt beeinflußte Sprache umschreiben, da ihm ›Mißbrauch lokaler Redewendungen‹ und ›Verstöße gegen die Norm der Sprache‹ vorgeworfen wurden.

In der Ausgabe von 1956 hat Scholochow einen Teil der Änderungen wieder zurückgenommen. Geblieben sind die moralisch-ästhetischen Retuschen, die Anpassungen an den spießbürgerlichen Sowjetgeschmack. Doch die von Stalin befohlenen politischen Korrekturen an der Gestalt Podtjolkows sind samt und sonders wieder aufgehoben worden; selbst der Gefangenenmord steht wieder in seiner krassen Nacktheit da. Nicht genug damit: Stalin selber hat nun Federn lassen müssen; von seinen Heldentaten an der Südfront des Bürgerkrieges ist keine Spur übriggeblieben. Die literarische Ehrenrettung der Trotzki, Syrzow, Antonow-Owsejenko steht freilich noch aus – das bleibt wohl einer späteren Ausgabe nach einem späteren Parteitag vorbehalten. Die sprachliche Gestalt des Werkes wurde wiederhergestellt.

Aus unseren zwar unvollständigen, aber charakteristischen Beispielen wird ersichtlich, daß die Umarbeitung trotz aller Verschandelungen im einzelnen den Kern des Werkes nicht berührt hat. Das ist auf diese Weise auch nicht möglich. Nehmen wir nur die ergreifende Szene der singenden Kosaken auf dem Treck, die den Untergang dieses Volkes melancholisch verklärt. Scholochow fügt der Schilderung noch einen Satz hinzu: »Und grimmig schweigend lauschten die sich schmählich zurückziehenden, im ruhmlosen Krieg gegen das russische Volk geschlagenen Nachkommen der freien Kosaken dem machtvollen Lied . . .«

Dieser einem politischen Kommentar gleichkommende Zusatz findet sich bereits in der ersten Auflage des vierten Bandes. Wir wissen also nicht, ob Scholochow ihn aus eigenem Antrieb oder unter dem Druck des Zensors niedergeschrieben hat, denn der fragliche Band erschien erst 1940, so daß schon während der Bearbeitung im Lektorat Eingriffe der Zensur erfolgt sein dürften (es ist dieselbe Ausgabe, in der der Stalin-Brief als Fußnote auftaucht). Für die Niederschrift unter Druck spricht der Umstand, daß Scholochow in den ersten Bänden konsequent auf jeden subjektiven politischen Kommentar zu den Ereignissen verzichtet. Dennoch dürfte die Bemerkung seiner eigenen Meinung wenigstens nicht widersprochen haben, denn er hat selbst auf seiten der Kommunisten gegen die Kosaken gekämpft.

Wie dem auch sei, für den Eindruck des Lesers ist der Zusatz ganz unerheblich. Das von Scholochow entworfene Bild der Kosaken wirkt so stark, daß man ihre in dem Zusatz ausgesprochene politische Verurteilung gar nicht aufnimmt.

Bei diesem ›Triumph des Realismus‹, dem Widerspruch also zwischen der subjektiven Meinung des Autors und der von ihm gestalteten objektiven Aussage, haben wir es mit einem literarischen Phänomen zu tun, um dessen Klärung sich gerade die marxistische Ästhetik besonders bemüht hat. Engels erklärte es am Beispiel Balzacs: »Gewiß, Balzac war politisch Legitimist . . . Aber trotz all dem ist seine Satire niemals schärfer, seine Ironie niemals bitterer, als wenn er gerade die Männer und Frauen in Bewegung setzt, mit denen er zutiefst sympathisiert – die Adligen. Und die einzigen Leute, von denen er immer mit unverhohlener Bewunderung spricht, sind seine schärfsten politischen Gegner, die republikanischen Helden vom Cloître Saint-Méry . . . Daß Balzac so gezwungen wurde, gegen seine eigenen Klassensympathien und Vorurteile zu handeln . . ., das betrachte ich als einen der größten Triumphe des Realismus und als einen der großartigsten Züge des alten Balzac.[66]«

Der bekannte kommunistische Kritiker Georg Lukács drückt das so aus: »Der große Realismus setzt eine sich um keine Konsequenz kümmernde Aufrichtigkeit im Aufdecken und Aussprechen alles dessen voraus, was der Schriftsteller in der Gesellschaft sieht . . . Die objektive Bedeutung der schriftstellerischen Aufrichtigkeit, ihre Fähigkeit, wesentliche Bestimmungen der gesellschaftlichen Entwicklung aufzudecken und zu gestalten, kann also sehr wohl mit einer Weltanschauung des Schriftstellers verknüpft sein, die vielfach reaktionäre Züge in sich trägt.[67]«

Es ist nun sehr aufschlußreich, diesen Gesichtspunkt auf Scholochow anzuwenden.

Scholochow ist ohne Zweifel aufrichtiger Kommunist. Nach Stalins Tod, als er selber aus dem Druck heraus war, trat er wieder hundertprozentig parteitreu auf (gegen Pasternak, gegen die Dissidenten Sinjawski und Daniel). Dennoch wirkt sein Werk, besonders für den heutigen Leser, wie eine vernichtende Abrechnung mit dem Bolschewismus, so daß in der westlichen Literaturkritik schon ernsthaft die gewiß absurde These aufgeworfen worden ist, Scholochow habe das Manuskript einem weißen Offizier gestohlen. Nach einer erneut von Solschenizyn vorgebrachten Behauptung sollen 95 Prozent der beiden ersten und 70 Prozent der beiden letzten Bände von dem 1920 verstorbenen Kosakenführer Fjodor Krjukow stammen. Einer ernsthaften stilkritischen und inhaltlichen Analyse hält die These nicht stand. Möglich ist allenfalls, daß Scholochow das Sujet vorgefunden hat. Wie kommt es dann aber, daß der Dichter selbst und auch seine Genossen, Stalin eingeschlossen, zumindest während der Entstehungszeit des Romans felsenfest der Überzeugung waren, die Aussage des Romans bestätige den Kommunismus?

Lukács schreibt in bezug auf Balzac und Tolstoi: »Wir sagten, daß die reaktionären Züge, die sich in der Weltanschauung großer realistischer Schriftsteller zeigen mögen, die umfassende, richtige und objektive Darstellung der gesellschaftlichen Wirklichkeit nicht verhindern. Hier ist eine Konkretisierung vonnöten. Denn es handelt sich nicht um beliebige Weltanschauungstendenzen. Nur solche Illusionen, die in der gesellschaftlichen Bewegung notwendig begründet sind, deren dichterischer Ausdruck der Schriftsteller ist, die als Illusionen, oft tragische Illusionen, von einer welthistorischen Notwendigkeit sind, werden für eine solche objektive Gestaltung der Gesellschaft kein unüberwindliches Hindernis sein.[68]«

Das trifft auch den Fall Scholochow. Zur Zeit der Entstehung seines Romans waren die revolutionären Illusionen noch so stark, war der unmenschliche und reaktionäre Charakter des Bolschewismus, wie er dann in der Periode des Stalinismus zutage trat, noch so verhüllt, daß Scholochow die humanen und demokratischen Absichten seiner politischen Gegner anerkennen konnte, ohne die eigene Sache zu diskreditieren. Er konnte den Gegnern ein relatives Recht zubilligen, das durch das höhere Recht der Bolschewisten dialektisch aufgehoben wird. Die Tragödie Meljechows läge dann darin, daß er seine richtigen und edlen Absichten auf einem falschen Wege verfolgt und nicht rechtzeitig erkennt, daß gerade die bolschewistische Herrschaft die Erfüllung seiner Sehnsüchte bringt. In der Tat teilten auch die kommunistischen Kosaken, zu denen ja Scholochow gehörte, wesentliche Beweggründe Meljechows, seine Heimatliebe und seine Sehnsucht nach Freiheit, wie wir es aus den ›ideologischen Unklarheiten‹ des Podtjolkow (der ersten Auflage), seinem Standpunkt in den Fragen der Landverteilung und der Autonomie, ersehen können.

An einer einzigen, aufschlußreichen Stelle tritt der sonst so objektive, sich aller direkten persönlichen Stellungnahme konsequent enthaltende Autor aus der Reserve:

»Heimatliche Steppe! Bitterer Wind setzt sich in den Mähnen der Mutterstuten und Hengste fest und macht ihre trockenen Nüstern salzig. Sie atmen den bitteren Salzgeruch ein, bewegen wiehernd die seidigen Lefzen und schmecken den Wind und die Sonne. Heimatliche Steppe unter dem tiefen Donhimmel! Ihr Schluchten, ihr dürren Täler, ihr rotlehmigen zerklüfteten Ufer, ihr von Steppengras bewachsenen Weiten mit den nestartigen Spuren der Pferdehufe, ihr Tatarengräber, die ihr in weisem Schweigen den Kosakenruhm bewahrt... Tief beuge ich mich vor dir und küsse wie ein Sohn deine Erde, du wieder und wieder mit Kosakenblut gedüngte Steppe am Don!...«

Diese Worte könnten auch aus dem Munde Grigoris kommen. Vor 1933 niedergeschrieben, stehen sie in einem bezeichnenden Gegensatz zu dem 1940 eingefügten, von uns schon erwähnten Kommentar zur Treckszene, wo von einem ›ruhmlosen Krieg gegen das russische Volk‹ die Rede ist.

Während der heroischen Periode des Bolschewismus konnte Scholochow noch ganz schonungslos die Wahrheit darstellen, weil sie gerade in ihrer lapidaren Nüchternheit für die Politik seiner Partei zu sprechen schien. Daß diese wahrheitsgetreue Darstellung heute das Gegenteil aussagt, ist nicht Scholochows Schuld, sondern liegt in der Metamorphose des Bolschewismus begründet.

Eine Parallele dazu bietet Büchners Drama *Dantons Tod,* in dem ebenfalls ein überzeugter Revolutionär, ohne es recht zu begreifen, zu einer konterrevolutionären Aussage kommt (weshalb das Stück im kommunistischen Bereich kaum aufgeführt wird). Arnold Zweig schrieb einmal (zitiert in dem Büchner-Aufsatz von Lukács): »Und so begeht Büchner den dramatischen Fehler, die ungeheure Notwendigkeit und Lobenswürdigkeit der Revolution als solcher vorauszusetzen, wie er sie im Gefühl hat.[69]«

Zweig und dem ihm hierin folgenden Lukács ist bei dieser Einschätzung offenbar gar nicht aufgefallen, daß es dem Dichter doch ein vernichtendes Zeugnis ausstellte, wenn ihm ein so entscheidender, grundsätzlicher Zug bei der Gestaltung ganz aus Versehen entgangen sein sollte. In Wirklichkeit liegen die Dinge bei Büchner wie auch bei Scholochow ein wenig anders: Die historische Notwendigkeit der Revolutionen von 1789 und 1917 bedeutet noch nicht a priori ihre Lobenswürdigkeit. Das ist ein Vorurteil der eschatologischen Geschichtskonstruktion von Hegel und Marx. Auch Erdbeben sind naturnotwendig, ohne darum lobenswürdig zu sein. Der Terror der Jakobiner und der Bolschewisten mag vom historischen Standpunkt aus notwendig gewesen sein – das ändert nichts an seiner Abscheulichkeit. Nur unter der Hypothese, daß jeder Schritt des Weltgeistes ein Schritt zur Menschheitserlösung ist, fallen Fortschritt und Moral zusammen.

Der Scholochow der revolutionären Illusionen sah in der Tragödie der Donkosaken ein beklagenswertes, aber nur episodisches Ereignis auf dem lobenswerten Weg der Geschichte. Nachdem diese Episode zum Charakteristikum der Revolution überhaupt geworden ist, haben er oder seine Zensoren versucht, die Geschichte etwas zu frisieren. Aber ohne Erfolg: Das mächtige Werk war durch einige oberflächliche Korrekturen, ein paar lustlose ›Verbesserungen‹ nicht umzudrehen.

Der kommunistischen Literaturkritik blieb die undankbare Aufgabe vorbehalten, das Werk in das Schema des Sozialistischen Realismus einzuordnen, d. h. eine Übereinstimmung herzustellen zwischen der unter besonderen Umständen erfolgten Anerkennung durch Stalin und der heiklen Realität des Scholochowschen Romans. Am interessantesten ist in dieser Hinsicht die 1949 erschienene Arbeit von Lukács, einmal, weil er den sowjetischen Rezensenten intellektuell weit überlegen ist, zum anderen, weil gerade er sich am konsequentesten um Linientreue bemühen mußte, galt es doch, den von der Partei gegen ihn erhobenen Vorwurf einer falschen Einschätzung der Sowjetliteratur u. a. mit diesem Aufsatz zu entkräften.

Die größten Schwierigkeiten für eine linientreue Interpretation bietet natürlich die Figur des Helden Grigori Meljechow. Zum Glück liegt ein soziologisches Klischee nahe. »Grigori ist – entsprechend seiner Klassenlage – ein schwankender Mittelbauer . . .«, verkündet Lukács[70], und der sowjetische Rezensent Leshnew schreibt: »Grigori ist gleichzeitig Kleinbesitzer und Werktätiger. Zwei Seelen wohnen in seiner Brust: In seinem Bewußtsein kämpfen der Instinkt des Privateigentümers und das dem arbeitenden Volk eigene demokratische Empfinden . . .[71]« Nach der kommunistischen Klassifikation zerfällt die Bauernschaft in Klein-, Mittel- und Großbauern, von denen die ersteren ›fortschrittlich‹, die letzteren ›reaktionär‹ sind und die mittleren – ›schwanken‹. Nun erhebt sich aber Scholochows Werk weit über derlei platten Schematismus. Sein Grigori ist weder ein ›Mittelbauer‹, noch kann man eigentlich von ihm sagen, daß er schwankt. Grigori Meljechow ist seiner Herkunft nach ein einfacher arbeitender Bauer, nicht einmal Hoferbe. Wohl liebt er seine Heimat, aber durchaus nicht den Besitz. Wenn er gegen Schluß den Wunsch äußert, nichts weiter als bei seinen Kindern sein und die Wirtschaft bestellen zu können, so spricht daraus die verständliche Sehnsucht nach Ruhe vom Kampf. Es ist ganz unsinnig, wenn Lukács behauptet, »das einzige Motiv, das seine Handlungen wirklich zu bestimmen scheint«, sei die »Sehnsucht, in das bäuerliche Leben zurückzukehren[72]«. Im Gegenteil, wir sehen ihn ohne langes Zaudern den Hof verlassen und sich als Knecht verdingen, nur um mit einer geliebten Frau zusammenzusein.

Überhaupt ist Grigoris leidenschaftliche Liebe zu Akssinja, der kosakischen Anna Karenina, ein Schlüssel zum Verständnis seines Charakters und seines Verhaltens. Beide sind verheiratet, gegen ihren Willen von ihren Eltern verheiratet worden, und beide setzen sich über alle Konventionen hinweg und stürzen zueinander mit geradezu verzehrender Gewalt. In dieser lodernden Leidenschaft spüren wir zuerst und vielleicht am stärksten Grigoris Rebellion gegen Unfreiheit und Lüge.

»Wäre Grigori heimlich zu Akssinja gegangen, hätte er getan, als verstecke er sich vor den Menschen, hätte Akssinja mit Grigori gelebt, hätte sie ihr Verhältnis streng geheimgehalten und sich dabei auch anderen nicht versagt, so wäre daran nichts Besonderes, nichts in die Augen Springendes. Das Dorf hätte darüber gesprochen, wäre aber sehr bald verstummt. Sie lebten aber, ohne es zu verheimlichen, miteinander, etwas Mächtiges verband sie, etwas, was keinem kurzen Verhältnis ähnlich sah. Deshalb beschloß das Dorf, es sei verbrecherisch, unsittlich . . .«

In seiner Liebesleidenschaft, seiner Karriere beim Militär, seiner Besitzlosigkeit, seiner Begabung, seinem Charakter und schließlich seiner politischen Einstellung unterscheidet Grigori sich also wesentlich von der Masse der Bauern: Die Kosakenbauern, die kleinen wie die großen, stehen mit ihrem Herzen geschlossen auf der Seite der Weißen. Grigori gehört zu einer Minderheit von linken Kosaken, die mit der Demokratie sympathisieren. Da sie zugleich die tüchtigsten und aktivsten sind, gewinnen sie allerdings an einigen Wendepunkten beherrschenden Einfluß und drücken der Kosakenrevolte ihren Stempel auf. Der Weitblick Scholochows zeigt sich gerade darin, daß er den Untergang der Kosaken in einer Gestalt verdichtet, deren Haltung bereits Züge dieser ganz neuen Ideologie trägt: »Grigori ist ... ein etwas deklassierter, exzentrisch gewordener Kosake«, gibt sogar Lukács zu, um daraus stereotyp zu folgern, deshalb sei er »in seinen Schwankungen besonders heftig[73]«.

Wie steht es mit Grigoris Schwankungen? In der Tat, Grigori steht zwischen den Parteien. Aber er schwankt nicht, wenn es auch vom Standpunkt der Parteien aus so scheinen könnte. Er hat seinen eigenen Standpunkt, von dem aus er mit außergewöhnlicher Konsequenz handelt. Er strebt einem ganz bestimmten Ziel entgegen, das von seinen Impulsen diktiert wird. Daß er mit seinem Suchen zu keinem Ende kommt, es sei denn dem Tod, liegt in der Ausweglosigkeit seiner historischen Position begründet.

Zwei Motive ziehen sich wie rote Fäden durch das ganze Leben Grigoris. Da ist zuerst seine Sehnsucht nach Freiheit. Ganz am Ende des Romans, als der Freiheitstraum der Kosaken schon unwiderruflich verflüchtigt ist, faßt Grigori noch einmal seine Meinung zusammen: »Schlechte Freiheit ist immer noch besser als ein gutes Gefängnis. Wissen Sie, wie man im Volke sagt: Das Gefängnis ist fest gebaut, aber nur dem Teufel eine Freude!«

Noch stärker ist seine Sensibilität gegenüber jeder Art von Unmenschlichkeit. Der Bruch mit einer der Parteien wird fast immer durch deren Gewalttaten herbeigeführt. Er sieht die Verbrechen beider Seiten, und sein Gewissen verbietet ihm, des persönlichen Vorteils oder ideologischer Prinzipien wegen die Augen zuzudrücken. »Ein Dilemma, das vor dem ganzen Dorf steht, das Korschunow als reaktionärer Henker, Koschewoj als revolutionärer Held löst«, sagt Lukács[74]. Daß Grigori keine der beiden Lösungen wählte, hatte seinen Grund gewiß nicht in irgendeiner Mittelbauernideologie, sondern – in seinem Charakter.

Es ist in diesem Zusammenhang aufschlußreich, einmal jene Figur in Scholochows Roman etwas näher zu betrachten, die von allen kommunistischen Kritikern als ›der positive Held‹ bezeichnet wird, Grigoris Jugendfreund und Schwager Mischa Koschewoj. Wir wollen dahingestellt sein lassen, daß es schon aus rein quantitativen Gründen – Koschewoj spielt eine episodische Rolle – absurd ist, in ihm den Helden des Romans zu sehen. Auch die Art, wie Scholochow diesen Kommunisten zeichnet, ist bezeichnend. Wir erleben ihn in einer Diskussion:

»›Also, was wollt ihr Alten?«

»Du bist der Vorsitzende, kümmere dich darum, daß Salz herangeschafft wird...«

»Ich hab in der Bezirksverwaltung darüber berichtet. Sie wissen dort Bescheid. Man wird wohl bald welches bringen.«

»Da kannst du warten, bis du schwarz wirst!«

Mischa brauste auf und erhob sich. Dunkelrot vor Zorn, wendet er seine Taschen um. »Ich hab kein Salz, seht ihr?! Ich schleppe keins mit mir herum, und aus den Fingern kann ich's mir auch nicht saugen. Verstanden, ihr Alten?!«

»Wo ist es denn hingekommen, dieses Salz? Früher, unter der alten Macht, da hat niemand davon geredet, überall lag es in Haufen herum, aber jetzt kann man nicht einmal eine Prise davon auftreiben ...‹«

Mischa erzählt den Alten lange, wie die Weißen auf dem Rückzug das staatliche Eigentum vernichtet, die Betriebe gesprengt und die Lager niedergebrannt haben. Einiges hatte er selbst im Kriege gesehen, einiges gehört und das übrige dachte er sich in seinem Feuereifer aus, mit dem einzigen Ziel, die Unzufriedenheit von seiner Sowjetmacht abzulenken. Um diese Macht gegen Vorwürfe zu schützen, scheute er sich nicht vor harmlosen Lügen und Ausreden und dachte dabei: Es ist kein großes Unglück, wenn ich das Kadettenpack ein bißchen verleumde. Sowieso ist es Lumpenpack, und es wird ihnen nicht weiter schaden, für uns aber ist es von Nutzen ...

»Denkt ihr vielleicht, diese Bourgeois sind auf den Kopf gefallen? Die sind nicht dumm! Die haben alle Vorräte an Zucker und Salz, Tausende und aber Tausende Pud, aus ganz Rußland zusammengeschleppt und beizeiten alles in die Krim gebracht, und dort haben sie alles auf Dampfer verladen und in andere Länder gebracht, um es dort zu verkaufen«, erzählte Mischa mit blitzenden Augen.

»Haben sie vielleicht auch die Wagenschmiere mitgenommen?«

»Und du, Großvater, hast gedacht, die lassen dir was übrig? Die kümmern sich einen Dreck um dich und das ganze schaffende Volk. Die werden auch die Wagenschmiere los ...«

Während des Bürgerkrieges zündet Koschewoj die Häuser der wohlhabenden Bauern an und schießt Widerspenstige über den Haufen. Eine Frau fragt ihn: »Einen friedlichen Greis umbringen, ist das auch Krieg?«

»Ja, was denn sonst? Natürlich ist das Krieg! Ich kenne diese Friedlichen! So ein Friedlicher sitzt zu Hause und hält sich die Hosen fest, aber er richtet mehr Unheil an als manch einer im Feld ... Gerade solche wie Großvater Grischatka, die haben die Kosaken gegen uns aufgehetzt ... Und du sagst Mörder ... Da hast du gerade den richtigen Mörder gefunden! Früher konnte ich nicht einmal ein Lamm oder ein Ferkel schlachten, und ich weiß, daß ich's auch jetzt noch nicht kann ...«

»Und den Gevatter ...«

»Was wollen Sie bloß mit diesem Gevatter! Nutzen brachte er wie ein blinder Gaul, aber um so mehr Schaden. Ich hab ihm gesagt: Geh raus aus dem Haus! Aber er ging nicht, na, da ist er eben dort liegengeblieben! Ich habe eine Wut auf sie, auf diese alten Teufel! Ein Vieh kann ich nicht töten, höchstens in Wut, aber so ein – entschuldigen Sie bitte – Mistzeug wie diesen Großvater von Ihnen oder irgendeinen anderen Feind, das kann ich – soviel Sie wollen! Bei denen, bei diesen Feinden, die unnütz in der Welt leben, habe ich eine feste Hand!«

»Ja, von dieser Festigkeit bist du auch ganz ausgedörrt. Sicher peinigt dich das Gewissen ...«

»I wo! Wegen so eines Lumpenpacks, wie es dieser Großvater war, peinigt mich das Gewissen noch lange nicht. Das Fieber hat mich kaputt gemacht, hat mich ganz und gar zugrunde gerichtet, sonst, Mutter, würde ich diese ...«

Nach seiner Entlassung aus der Roten Armee hat Grigori eine Unterredung mit seinem Jugendfreund und Schwager. Das Gespräch endet damit, daß Koschewoj droht, ihn bei der Tscheka zu denunzieren.

»Ich habe dir schon gesagt, Grigori, und das ist kein Grund, beleidigt zu sein: Du bist nicht besser als sie [die Weißgardisten], bist auf jeden Fall schlimmer, gefährlicher!«

»Wieso denn? Was quatschst du da? ...«

»Ich kenne deine Heldentaten, hab davon gehört. Du hast viele von unseren Leuten umgebracht. Darum ist es für mich nicht leicht, dich zu sehen. Das läßt sich nicht vergessen.«

»Du hast ein gutes Gedächtnis. Meinen Bruder Petro hast du getötet, aber ich halte es dir nicht vor ... Wenn wir einander alles nachtragen wollten, dann müßten wir wie die Wölfe leben.«

»Na ja, ich hab ihn getötet, ich streite es nicht ab. Und hätte ich dich damals erwischt, dann hätte ich auch dich mit Vergnügen abgeknallt!«

»Und ich habe mich so beeilt, als man Iwan Alexejewitsch gefangennahm, ich hatte Angst, daß auch du dort wärst. Angst, daß dich die Kosaken töten könnten ... Jetzt stellt es sich heraus, daß ich mich damals umsonst beeilt habe.«

»Du bist mir der richtige Wohltäter! Ich möchte wissen, wie du mit mir reden würdest, wenn jetzt die Kadettenmacht obenauf wäre, wenn ihr uns untergekriegt hättet ... Sicher würdest du unsereinem Riemen aus der Haut schneiden! Du bist jetzt nur so gutmütig ...«

»Vielleicht würden andere Riemen schneiden, aber ich hätte mir an dir die Hände nicht dreckig gemacht!«

»Dann sind wir beide eben verschieden ... Niemals habe ich danach gefragt, ob ich mir an den Feinden die Hände dreckig mache, und auch jetzt werde ich nicht mit der Wimper zucken, wenn es darauf ankommt. – Trinkst du noch? ...«

»Was bist du doch für ein Schweinehund geworden, Michail!«

In einem Punkte geht Lukács noch über die sowjetischen Interpretationen hinaus. Während die Mehrzahl der sowjetischen Kritiker das Schicksal Grigoris als eine Tragödie bezeichnet, schreibt er: »Offensichtlich kann man trotz gewisser tragischer Äußerlichkeiten Grigoris Schicksal nicht zu einer Tragödie erklären.[75]«

Bei Marx und Engels wird die Möglichkeit des Tragischen von zwei gesellschaftlichen Konstellationen abhängig gemacht. Einerseits sei die Geschichte des Ancien régime tragisch, »solange es selbst an seine Berechtigung glaubte und glauben mußte[76]«. Andererseits könne auch ein Revolutionär in eine tragische Situation geraten, wenn er zu einem Zeitpunkt auftrete, »wo die Bewegung noch nicht reif ist für die Herrschaft der Klasse, die er vertritt ...[77]« Da die Bolschewisten sich als die Zukunft der Geschichte betrachten, ist klar, daß sie einem Gegner niemals die zweite Variante des Tragischen zubilligen können. Wie steht es aber mit der ersten Möglichkeit?

Lukács schreibt: »Im Falle einer tragischen Klassenkollision hat der untergehende Held eine relative, weil durch die gesellschaftlich-historische Entwicklung bedingte Berechtigung. Dies hat Marx für eine bestimmte Phase der Entwicklung in bezug auf das Ancien régime anerkannt. Es trifft auf Zeiten zu, wo sich der Übergang von einer Klassengesellschaft in eine andere Klassengesellschaft vollzieht. Der Übergang zum Sozialismus zeitigt hier jedoch eine radikale Änderung. Das Zustandekommen einer nicht mehr widerspruchsvollen höheren Gesellschaft beraubt ihre Gegner der Möglichkeit eines relativ berechtigten Pathos. Es ist kein Zufall – und dies wird auch vom Leben in zahlreichen Erscheinungen der letzten Jahrzehnte wiederholt bestätigt –, daß die Feinde der Revolution unfähig sind, mit einer prinzipiellen und moralischen Entschiedenheit ihre schlechte Sache zu verteidigen . . .[78]«

Das heißt wahrlich, die Prinzipien stalinistischer Schauprozesse auf die Literatur anwenden.

Worin liegen dann jedoch Sinn und Bedeutung des Romans? Lukács weiß eine Antwort, die an Klarheit nichts zu wünschen übrigläßt: »Echte Revolutionen sind reinigende Stürme, doch diese Stürme vernichten viele Saaten von Dingen und von Menschen. Im Niedergang der Familie Meljechow und ihres Hofes schildert Scholochow das so ausgezeichnet, daß wir es besonders eindringlich nacherleben können. Es geht aber noch um mehr. Diese Betriebsunkosten der Revolutionen bringen auch die Vernichtung ganzer Menschengruppen mit sich, nicht nur im physischen Sinne des Wortes . . . Zu den Betriebsunkosten der Revolution zählt auch die Tatsache, daß viele wertvolle Menschen auf unrichtige, zum Untergang verurteilte Posten geraten. Das ist auch das Schicksal Grigoris. Hier begegnen sich in ihm persönliche und gesellschaftliche Notwendigkeit. Auf dem komplizierten, zur neuen Gesellschaft führenden Weg des Mittelbauerntums – und im allgemeinen der Mittelschichten – ist es kein Zufall, daß häufig gerade ein Teil der subjektiv hervorragenden, wertvollen Menschen untergeht . . .[79]«

Wenige Jahre später geriet Lukács selber auf einen ›unrichtigen Posten‹ – den des Kulturministers in der ungarischen Revolutionsregierung Nagy 1956 – und wurde von seinen Genossen aufs Spesenkonto abgeschrieben.

Als der letzte Band des Romans in der Sowjetunion erschienen war, kam es zu einer heftigen Polemik der offiziellen Kritiker gegen den Schluß, dessen tragische Note nun einmal nicht zu übersehen ist. Die Kritiker meinten, ›Grigori hätte reifen und schließlich auf den rechten Weg kommen sollen[80]‹. Scholochow beugte sich dieser Forderung nicht.

Hält man sich vor Augen, mit welchen Einwänden Scholochow zu kämpfen hatte, ist seine Lösung des Schlusses wahrhaft bewundernswert. Theoretisch gab es zwei Möglichkeiten: den tragischen Tod oder die Bekehrung, das Happy-End. Es ist jedoch ganz klar, daß die Zensur es niemals zugelassen hätte, den Roman mit der Erschießung Grigoris durch die Tscheka zu beenden, denn ein solcher Tod des jedem Leser sympathischen Helden hätte einen geradezu provokativen Affront gegen das bolschewistische Terrorregime bedeutet. Eine gütliche Lösung wiederum wäre der literarische Ruin des Romans gewesen. Scholochow schließt darum die Fabel mit dem Augenblick, da das Schicksal Grigoris unwiderruflich entschieden, das peinliche juristische Urteil aber noch nicht gefällt ist. Er überläßt es also jedem Leser selbst, Gutes oder Schlechtes von der Tscheka zu denken. Es gibt übrigens keinen kommunistischen Kritiker, der an eine Begnadigung Grigoris glaubt . . .

Lukács, der die soziologische Analyse bis in die Stilkritik vorantreibt, lenkt die Aufmerksamkeit auf den spezifisch epischen Charakter des Werkes: »Scholochows Anordnung der Gestaltung bedeutet eine Annäherung an den inneren Aufbau des Epos.[81]« Dabei ist das Epos als literarische Gattung im Unterschied zum Roman gemeint. Es lohnt sich, dieses Problem einmal zu untersuchen.

Die Schilderung des Kosakenlebens mit Landarbeit, Fischfang, Militärdienst, Hochzeit usw., das wilde und blutige Panorama des Krieges, die Welle der Revolution – das hat in seiner Breite und Vielfalt die Dimensionen des alten Epos. Aber diese Vorgänge bilden im wesentlichen den Inhalt der beiden ersten Bände. Man bemerkt noch kaum, daß Grigori Meljechow die zentrale Figur des Werkes ist, er ist eine Person unter anderen. Im Grunde sind die ersten Bände eine einzige Exposition, ein gewaltiges Präludium zu der Geschichte, die dann einsetzt. Im dritten und vierten Band konzentriert sich das ganze Geschehen auf die Gestalt Grigoris, das Werk gewinnt ganz ausgesprochen den Charakter eines Romans im engeren Sinne. Dieser Umschlag steht im Zusammenhang mit gesellschaftlichen Wandlungsvorgängen.

Lukács hat diese Frage bereits bei anderen Gelegenheiten behandelt. So erklärt er einmal den rein epischen Charakter der Romane Walter Scotts damit, daß in ihnen ein ungebrochenes ›Heroenzeitalter‹ gestaltet wird. Über die Werke Tolstois schreibt er: »Tolstoi selbst hat das wahrhaft Epische seiner großen Romane sehr lebhaft empfunden. Aber nicht nur er selbst hat *Krieg und Frieden* mit Homer verglichen; viele bekannte und unbekannte Leser dieses Buches haben ähnliche Empfindungen gehabt . . . Tolstois Illusionen, daß hier nicht ein auswegloser tragischer Konflikt für die ehrlichen Vertreter seiner Klasse vorliegt, sind die Grundlage für die beispiellose epische Größe dieser Romane. In *Anna Karenina* sind diese Illusionen bereits viel erschütterter als in *Krieg und Frieden*. Und diese Erschüttertheit äußert sich kompositionell in einer ›europäischeren‹, dramatischeren Straffheit der Komposition, in einem weniger bequemen, weniger heiteren und weniger lässigen Gang der Fabel. Die thematische Annäherung an den europäischen Roman des 19. Jahrhunderts zeigt auch äußerlich das Herannahen dieser Krise. *Anna Karenina* hat noch vielfach die stilistischen Merkmale der Anfangsperiode, weist aber schon deutlich in die spätere Krisenzeit hinüber, ist also auch äußerlich viel ›romanhafter‹ als *Krieg und Frieden*.[82]«

Mit besonderer Aufmerksamkeit beobachtet Lukács dieses Phänomen beim Auftreten der neuen sozialistischen Literatur. Er glaubt, eine Verstärkung der epischen Elemente konstatieren zu können, eine in seinen Augen zwangsläufige Entwicklung, bricht doch mit der kommunistischen Revolution ein neues ›Heroenzeitalter‹ an.

Über den epischen Charakter des *Stillen Don* äußert Lukács sich sehr ausführlich. Den grundlegenden kompositorischen Unterschied zwischen den beiden ersten und den beiden abschließenden Bänden hat er aber beiseite gelassen. Er hätte sonst aus seinen eigenen Prinzipien bemerkenswerte Folgerungen ableiten müssen. Das Schicksal Grigoris in seiner Kompliziertheit, Widersprüchlichkeit und Tragik zwang den Dichter nämlich zu einer Gestaltungsweise, wie sie der kritische Realismus im klassischen Roman entwickelt hat. Wollte man Lukács' Vergleich zwischen *Krieg und Frieden* und *Anna Karenina* auf die beiden Hälften des *Stillen Don* übertragen, so könnte man sagen, daß die Illusionen im Schlußteil bereits ›viel erschütterter‹ sind. Mit anderen Worten: Das erhoffte neue ›Heroenzeitalter‹ ist schon wieder zu Ende . . .

Michelet sagt einmal in seiner *Geschichte der Französischen Revolution* über die historische bretonische Vendée, daß sie »selbst in der Gegenrevolution noch die Revolution und die Demokratie vertrat«. Eine solche Erscheinung betont Scholochow auch in der Kosakenbewegung, besonders im Donaufstand, der das Herzstück des Werkes darstellt und in dem sich die Ideen des Helden Grigori Meljechow verkörpert finden.

Der Donaufstand steht in einer Reihe mit den Erhebungen von Kronstadt und Tambow, in der Ukraine, Georgien und Sibirien. Diese Aufstände waren der letzte Akt des Bürgerkrieges, zugleich aber hatten sie einen zukunftsträchtigen Aspekt. Die parteipolitische Orientierung der Führer trat in den Hintergrund. Sozialisten aller Schattierungen waren die Helden von Kronstadt. Machno, der legendenumwobene Anführer der Grünen in der Ukraine, war Anarchist; Antonow, der Rebell von Tambow, Sozialrevolutionär. In Georgien herrschten die Menschewiki, Sozialdemokraten. Grigori, der die Führer des Donaufstandes vertritt, ist Kosaken-Autonomist. Aber die Verschiedenheit der politischen Richtungen spielte keine Rolle mehr. Statt dessen schälte sich mit der Parole ›Sowjets ohne Kommunisten‹ eine neue, gemeinsame Konzeption heraus. Alle Erhebungen gingen von der Revolution und einer sozialistischen Gesellschaft als vollendeten Tatsachen aus. Aber sie forderten die Aufhebung des Terrors, der ›Erschießungen und Plünderungen‹ und die Anerkennung der demokratischen Freiheiten. Insofern handelte es sich bei ihnen um die ersten Aktionen einer nachbolschewistischen, demokratischen Revolution.

Die Aufstände scheiterten, weil sie zeitlich und räumlich voneinander isoliert waren. Es gab keine einheitliche Bewegung, die die einzelnen Aktionen zusammengefaßt hätte. Wenn die Massen, die hinter den Erhebungen standen, bereits 1917 die durch die Februarrevolution etablierte Demokratie verteidigt hätten, wäre der Rote Oktober unmöglich gewesen. Andererseits: Hätten Trotzki und die anderen Führer des antitotalitären Flügels der Kommunistischen Partei nicht die Aufstände in Strömen von Blut erstickt, so hätte es ihnen auch nicht an der Massenbasis gefehlt, als es zum Machtkampf mit Stalin kam.

In der demokratischen Bewegung Rußlands gehen seit Jahrhunderten zwei verschiedene Strömungen nebeneinander her, eine intellektuelle und eine plebejische. Die intellektuelle setzt mit den Dekabristen ein, der Offiziersverschwörung von 1825, pflanzt sich fort über die liberale Intelligenz um Herzen, Belinski und Tschernyschewski, über die Anarchisten und Narodniki bis zu den Politikern der Provisorischen Regierung von 1917, ja bis zu der alten Garde der Bolschewiki, die in der Stalinschen Tschistka (Säuberung) zugrunde ging. Andererseits gibt es aber auch eine direkt dem Volk entstammende revolutionäre Bewegung, die mit den großen Bauernaufständen des 17. und 18. Jahrhunderts unter Führung der Donkosaken Stepan Rasin, Pugatschow und Bulawin beginnt und schließlich zu den Unruhen des Jahres 1905, den Revolutionen von 1917 und zu den nachrevolutionären Aufständen führt. Es kam nie zu einer Vereinigung der beiden Strömungen, die eine stand dem Volk meist sehr fern, der anderen fehlte die gesellschaftsbildende Konzeption.

Bezeichnend ist, daß Scholochows Vater ein Rasnotschinez, ein Angehöriger der alten revolutionären Intelligenz, seine Mutter jedoch eine analphabetische kosakische Bäuerin war. In seiner Person treffen also die beiden Strömungen zusammen. So konnte er, obwohl der politischen Überzeugung nach Bolschewist, die Gestalt des Grigori Meljechow schaffen, dessen revolutionäre Ideen sowohl die elementaren Lebensinteressen und Sehnsüchte der Volksmassen wie auch die Prinzipien einer humanitären Demokratie ausdrücken. Nicht zufällig nennt ihn ein bolschewistischer Kommissar den ›Feind von morgen‹. Die Einstellung Grigoris führt in gerader Linie zu den Aufständen und Revolutionen nach Stalins Tod.

Die heroische Periode der kommunistischen Erziehung

Ist es nicht sonderbar, daß wir von dem, was das Letzte der Revolution, die Summe aller ihrer Siege und Bewegungen ist, so wenig reden – vom menschlichen Glück?

ANTON MAKARENKO Glück 1937[83]

Nach der Kapitulation der weißen Besatzung von Jaroslaw traten die Vertreter der Stadt, so wird berichtet, vor Lenin und schilderten ihm das Elend der von der Belagerung ausgezehrten Bevölkerung. Eine der ersten Fragen Lenins war: »Und die Kinder?[84]« Alexander Newerow (1886–1923) hat die Not jener Jahre aus der Perspektive eines Zwölfjährigen in einem damals weltweit verbreiteten Buch geschildert: *Taschkent – die brotreiche Stadt* (1923).
Hinter jener menschlichen Regung des hartgesottenen Revolutionsführers stand nicht zuletzt staatspolitisches Interesse. Ihrer Ideologie nach Verfechter einer hochindustrialisierten Gesellschaft, waren die Bolschewisten ausgerechnet in einem weit rückständigen, halbbarbarischen Land mit Millionenmassen von Analphabeten zur Macht gekommen; sie mußten also, wollten sie ihre hochfliegenden Pläne verwirklichen, zuerst einmal die Volksbildung forcieren. Darüber hinaus mußten die Bolschewisten, die im russischen Volkskörper nur eine verschwindende Minderheit ausmachten, rasch für eine breitere soziale Basis sorgen – ›wer die Jugend hat, hat die Zukunft‹ (Hitler). Und schließlich war das schwierige Problem der Besprisorny, der Verwahrlosten, zu bewältigen: Abertausende von Kindern und Halbwüchsigen waren durch den Krieg, die Revolution und den Bürgerkrieg entwurzelt und auf die Straße gespien worden, wo sie als kriminelle Banden ein wüstes Leben fristeten. Die Tscheka stellte Sonderkommissionen gegen jugendliche Verbrecher auf, doch die verrohten jungen Menschen mußten wieder in die Gesellschaft eingeordnet werden.
Auf dem Boden dieser staatspolitischen Notwendigkeit konnte sich das pädagogische Ethos entfalten, das die Humanisten in Lenins Umgebung, seine Frau Krupskaja, die Volkskommissare Lunatscharski und Kollontai und den Dichter Maxim Gorki, erfüllte: Eine Umwälzung der Volksbildung, eine Kulturrevolution wurde in Gang gesetzt, die in der ganzen Welt Aufsehen erregte. Drei besonders interessante und umstrittene Aspekte dieser Kulturrevolution: die pädagogischen Experimente der frühen Sowjetschule, die Resozialisierung der Asozialen und der Versuch einer Neuordnung der Liebesbeziehungen, fanden in drei bemerkenswerten Büchern ihre literarische Gestaltung.

Das Tagebuch des Kostja Rjabzew (1926) von Nikolai Ognjow (1888–1938) betrachtet das Leben und Treiben an den sowjetischen Oberschulen der zwanziger Jahre durch die Brille eines fünfzehnjährigen Schülers. Kostja Rjabzew ist ein gewitzter, vorlauter, von sich selbst überzeugter Bengel, ein sowjetischer Halbstarker, der sich mit den Problemen der Pubertät herumschlägt, seine Lehrer zur Verzweiflung bringt und Faulheit beim Lernen mit politischer Betriebsamkeit vereint. Ognjow, der selber Lehrer war, läßt ihn die Reformen im sowjetischen Erziehungswesen mit frühreifer Schnoddrigkeit kommentieren:

27. September: »In unserer Schule wird der Dalton-Plan eingeführt. Das ist ein System, bei dem der Lehrer nichts tut und der Schüler alles selbst ausknobeln muß. So hab ich's wenigstens verstanden. Schulaufgaben gibt's nicht mehr, sondern die Schüler bekommen ein Pensum zur Erledigung. Dieses Pensum gilt für einen Monat; man kann daran in der Schule oder zu Hause arbeiten. Ist man fertig, dann geht man ins Laboratorium und wird geprüft. Statt der Klassen gibt es jetzt Laboratorien. In jedem Laboratorium sitzt ein Schkrab [Schularbeiter = Lehrer] als Fachmann.«

3. Oktober: »Mit dem Dalton, das wird ein schöner Dreck. Kein Mensch kapiert was, weder die Schkrabs noch wir. Die Schkrabs haben jeden Abend Konferenz. Sonst gibt's nichts Neues, außer, daß wir auf einfachen Bänken statt Schulbänken sitzen und keinen Platz haben, die Bücher unterzubringen. Nikpetosch meint, das brauchen wir jetzt gar nicht. Alle Bücher über ein bestimmtes Fach stehn in einem besonderen Schrank im Laboratorium. Und jeder holt sich das Buch, das er braucht. Aber vorläufig gibt's auch keine Schränke! Die Jungens sagen, daß es da irgendeinen Lord Dalton gab, einen Bourgeois. Der hätte diesen Plan erfunden. Da frage ich: Haben wir diesen Bourgeois-Plan wirklich nötig? Man sagt, daß der Lord, während er den Plan austüftelte, Gelee und Gänseleber futterte ... Ja, bei Gänseleber ist es kein großes Kunststück, was zu erfinden.«

24. November: »Bald ist das Pensum für November fällig. Ich hab aber das Oktoberpensum noch gar nicht fertig. Die Arbeit im Schülerkomitee frißt mich auf. Außerdem verlangt die Redaktion des *Roten Schüler*, daß ich Artikel schreibe. Woher soll ich bloß die Zeit nehmen?«

5. Dezember: »Wir haben jetzt zwei Parteien, die Schule und den ›Bund‹ [Zusammenschluß renitenter Schüler] . . . Wir, der ›Bund‹, hatten eine Versammlung und nahmen Statuten an. Nach diesen Statuten ist keiner irgendeinem anderen untergeordnet. Es gibt nur Selbstdisziplin. All die Dummheiten, wie z. B. die Grußpflicht, sind abgeschafft, dafür muß aber jedes Mitglied selber auf sein Benehmen achten. So darf man sich nicht hauen und keinen Lärm machen während des Unterrichts. Für die Beziehungen zu den Schkrabs und den anderen Schülern ist ein Kommissar für auswärtige Angelegenheiten zuständig.«

17. Januar: »Unser Aufstand gegen Dalton ist zusammengebrochen. Ein Instruktor war da. Es gab eine allgemeine Versammlung. Tagesordnung: Die Schulordnung und der Dalton-Plan. Die lange Sinaida erzählte, wie wir die Strohpuppe des Lord Dalton verbrannt hatten. Was braucht sie das gleich dem Instruktor zu erzählen! Der lachte und fragte dann die Schüler: ›Worin bestehn nach eurer Meinung die Mängel des Dalton-Plans und wie wären sie zu beseitigen?‹ Da hagelte es nur so Beschuldigungen gegen Dalton: Man sagte, daß es an Lehrmitteln in den Laboratorien fehle, daß die Zeit zu kurz bemessen sei und noch vieles andere. Dann stand ich auf: ›Es handelt sich nicht um die Laboratorien, sondern darum, daß der Dalton einem den Kopf in Stücke reißt und die Hände zu zittern anfangen.‹ Da brach Gelächter aus. ›Da ist gar nichts zu lachen‹, rief ich wütend. ›Der Dalton sitzt mir auf den Schultern wie ein Sack Mehl. Man kommt nicht mehr dazu, auch nur ein Buch zu lesen oder Schlittschuh zu laufen.‹ Da unterbrach mich Jelnikitka, die Giftkröte: ›Ich habe aber bemerkt, daß gerade Sie, Rjabzew, öfters Schlittschuh laufen.‹ Der Instruktor fragte: ›Wie steht es mit den andern, Sinaida Pawlowa? Bleiben die auch zurück?‹ – ›Nein, die meisten kommen ganz normal mit.‹ Ich hab mich also schön blamiert und sitze nun in der Tinte. Der Dalton-Plan bleibt. Dalton wäre auch geblieben, wenn die meisten Jungen nicht mitgekommen wären. Zum Abschied rief Sinaida Pawlowa: ›Jetzt nimmt das Schulleben wieder seinen Gang. Wir wollen lernen, lernen, lernen. Wißt ihr noch, wer das gesagt hat?‹ Alle schrien: ›Lenin! Lenin!‹ Und damit basta.«

Das pädagogische Poem (1934–1936, deutsch: *Der Weg ins Leben*) von Anton Makarenko (1888–1939) ist eine Epopöe der sozialistischen Erziehung. Der ukrainische Volksschullehrer Makarenko erzählt in seinem schlichten, lebensnahen, humorvoll belehrenden Buch, wie er 1920, noch während des Bürgerkrieges, vor die Aufgabe gestellt wurde, eine Gruppe junger, von der Tscheka eingefangener Banditen umzuerziehen. Ihm standen für diese Aufgabe weder pädagogische Rezepte zur Verfügung noch materielle Möglichkeiten, denn es war eine Zeit, in der es kaum Brot gab und jeder Strohsack eine Kostbarkeit war. »Also«, heißt es auf einer der ersten Seiten des Buches, »muß man den neuen Menschen auf neue Weise schaffen.« Makarenko, der von der Humanität Gorkis erfüllt war, konnte den aus der Bahn geworfenen jungen Menschen nichts weiter bieten als sein eigenes Beispiel, sein Vertrauen und die Kraft der Gemeinschaft. Er war der Meinung, daß die ihm anvertrauten Jungen und Mädchen von Natur aus genauso anständig seien wie alle anderen Kinder und nur durch widrige Umstände entgleisten. Von den früheren Verbrechen der Zöglinge durfte in der Kolonie nicht gesprochen werden. Obwohl er gefährliche Rowdies vor sich hatte, verbot Makarenko es sich, zu schlagen. Als er doch einmal die Beherrschung verlor und zuschlug, machte er sich die bittersten Vorwürfe: »Schlimm ist's ... zum erstenmal in meinem Leben habe ich einen Menschen geschlagen ...« Er ging darauf mit den Jungen zum Holzhacken in den Wald, wo sie mit den Äxten hätten auf ihn losgehen können. Aber die Jungen hatten seine aufrichtige innere Anteilnahme gespürt und Vertrauen gefaßt. »Wir sind nicht so schlecht, Anton Semjonowitsch«, sagte der geohrfeigte Junge zu ihm. »Alles wird gutgehen. Wir verstehen.« Man kann nicht ohne Ergriffenheit lesen, wie dieser bescheidene, schmächtige Mann mit der Brille, der selber unter erbärmlichen Umständen lebte, der von den vorgesetzten Dienststellen schikaniert wurde und fortgesetzt über seine eigenen pädagogischen Prinzipien stolperte, der seine Schriften aus Angst vor einer Kritik Gorkis zehn Jahre lang im Schreibtisch vergrub – wie dieser Getretene unter Getretenen aus Mördern, Räubern, Dieben und Dirnen Menschen machte.

Das Erziehungswerk Makarenkos ist nur zu verstehen aus dem Impuls der revolutionären Illusionen, aus den Hoffnungen auf die klassenlose Gesellschaft. »Einen Menschen erziehen«, sagt Makarenko im *Poem*, »heißt, in ihm die Perspektiven eines Lebensweges gestalten, an dem die Freuden des morgigen Tages liegen.« Die Kolonie hatte den Charakter einer kommunistischen Gesellschaft im kleinen. »In diesem Kollektiv«, berichtet Makarenko, »gab es wohl Befehlsgewalt des einen und Unterordnung der anderen Kameraden, doch niemals bildete sich eine Aristokratie, eine Kaste von Befehlshabern.« Und an anderer Stelle: »Eine sehr wichtige Regel war das Verbot, dem Kommandeur Privilegien, gleichviel welcher Art, einzuräumen; er bekam nie mehr als die andern und wurde niemals von der Arbeit befreit.« Das ist das Wunder der Gorki-Kommune im Gouvernement Poltawa, daraus bezieht Makarenkos Erzählung ihre dichterische Kraft – daß da ein Fetzen des Menschheitstraumes verwirklicht wurde, um den alles Blut der Revolution geflossen ist.

Unter dem Stalinismus wurden die pädagogischen Reformen der frühen Sowjetschule, von denen im *Tagebuch des Kostja Rjabzew* die Rede war, verworfen, und zwar nicht nur die offensichtlichen Übertreibungen, sondern auch die Errungenschaften wie die Einheitsschule (d. h. gleichrangige Bildung für alle), Schulgeldfreiheit, Koedukation, Polytechnische Bildung, moderne Unterrichtsmethodik, Schülerselbstverwaltung. Statt dessen wurde die Methode, die Makarenko bei der Erziehung schwererziehbarer Kinder entwickelt hatte, zum Dogma erhoben. Dabei wurde ihr humanistischer und revolutionärer Kern ausgehöhlt: Das Kollektiv, durch das Makarenko den elternlosen Kindern ein Zuhause, ein Nest gab, wurde als Prägestock der Diktatur mißbraucht. Das Ethos der Arbeit, das dem Leben der entwurzelten Kinder einen Sinn gab, kam gerade recht, die Ausbeutung voranzutreiben. Und die Disziplin, mit deren Hilfe Makarenko unter den Asozialen Ordnung schuf, wurde, ihrer Pfeiler Einsicht, Vertrauen und Liebe beraubt, zu einem kasernenhofartigen Drill. Hingegen kamen Verwahrloste, wie Makarenko sie erzogen hatte, in Kinder-KZs oder wurden erschossen (Zwölfjährige konnten zum Tode verurteilt werden).

Um solche Politik noch mit dem Namen Makarenkos decken zu können, mußten seine Schriften verfälscht werden. Die Herausgeber der einzig authentischen, der sogenannten Marburger Ausgabe haben der sowjetischen Akademie der Pädagogischen Wissenschaften nachgewiesen, daß deren siebenbändige Standardausabe durch Auslassung ganzer Manuskripte und mehrfache redaktionelle Überarbeitung bzw. Kürzung der Texte in erheblichem Maß zensiert worden ist. Es scheint, daß Makarenko, der der Kommunistischen Partei nie beigetreten ist, am Ende seines Lebens mit Bangen die Entmenschlichung seines Erziehungswerkes sah, denn da schrieb er den Aufsatz, den wir als Motto zitierten – die Klage um das menschliche Glück.

Liebe der Arbeitsbienen (1923, deutsch: *Wege der Liebe*) von Alexandra Kollontai (1872–1952) ist ein literarisches Plädoyer für die freie Liebe. Es ist ein Band Erzählungen, dessen wichtigste, *Liebe dreier Generationen*, die Emanzipation der menschlichen Liebesbeziehungen beschreibt. Die Frau der ersten Generation, eine Revolutionärin vom Ausgang des neunzehnten Jahrhunderts, verläßt ihren ungeliebten Mann, einen Regimentskommandeur, und folgt einem liberalen Intellektuellen, der ihren Traum von einem Freiheitshelden verkörpert. Als ihr Geliebter sie betrügt, verläßt sie kurzerhand auch ihn und widmet sich nur noch der Volksaufklärung. Ihre Tochter, eine Kommunistin, hält überhaupt nichts mehr von der Ehe; zum Entsetzen ihrer Mutter, die an die Heiligkeit der Liebesbeziehungen glaubt, liebt sie zwei Männer gleichzeitig. Deren Tochter Shenja wiederum, eine Komsomolzin, hält überhaupt nichts mehr von der Liebe; sie läßt sich mit den Männern ein, wie's gerade kommt, beiläufig auch mit dem Lebensgefährten ihrer Mutter. Sie weiß nicht, wer der Vater des Kindes ist, das sie trägt, und läßt es abtreiben.

Die Mutter verzweifelt an der Gefühllosigkeit Shenjas: »Hier ist kein Funken von Herzenswärme ... Was sind das für Kommunisten?« Shenja verteidigt sich: »Zum Verlieben muß man Zeit haben, ich habe viele Romane gelesen und weiß, wieviel Zeit und Kraft das Verliebtsein beansprucht. Aber ich habe keine Zeit. Wir haben so viel Arbeit im Bezirk, so viel wichtige Fragen sind zu lösen, wann hatten wir denn Zeit in all diesen über uns hinwegrasenden Revolutionsjahren? Immer ein Hasten und Jagen, die Gedanken immer voll von brennenden Aufgaben ... Gewiß, es gibt auch ruhige Perioden ... Nun, dann merkt man eben, daß der eine oder der andere einem gefällt; aber sich zu verlieben, dazu hat man keine Zeit. Auch: kaum befreundet man sich mit einem Mann, bitte schön – so wird er schon an die Front kommandiert oder in eine andere Stadt versetzt. Oder man hat selbst so viel zu tun, daß man ihn vergißt ... Gerade deshalb lernt man die Stunden schätzen, wenn man sich zufällig getroffen hat und sich zu zweit glücklich fühlt ... Das verpflichtet zu nichts ...« Shenja ist eine typische Verfechterin der Glas-Wasser-Theorie, der Auffassung nämlich, daß die Beziehung zwischen den Geschlechtern nichts weiter als die Befriedigung physiologischer Bedürfnisse sei – wie das Trinken eines Glases Wasser.

Alexandra Kollontai, Vertraute Lenins, Volkskommissarin für die Wohlfahrtspflege und später Gesandte in Schweden, verherrlicht nicht den Standpunkt Shenjas, aber sie rechtfertigt ihn offensichtlich als das »zukünftige Recht einer neuen Klasse mit neuen Gefühlen, neuen Begriffen und neuen Moralanschauungen«. In der Tat war damals ein Liebesleben dieses Stils unter den kommunistischen Jungarbeitern und Studenten weit verbreitet. Die Partei kritisierte jedoch die Moraltheorie der Kollontai (›Shenjas Philosophie ist eine Krankheit, kein Klassenideal[85]‹), und Lenin persönlich machte gegen die Glas-Wasser-Theorie Front (›Wer Durst hat, geht nicht zu einer Pfütze, um zu trinken[86]‹).

Lenins Standpunkt entsprach etwa der ›Liebe der ersten Generation‹: freie, aber

ernsthafte und feste Vereinigung zweier Menschen aus Liebe. Unter Freiheit der Liebe verstand er nicht ungezügeltes Geschlechtsleben, sondern die Befreiung der menschlichen Beziehungen von allen sozialen, kommerziellen und religiösen Schranken. Er riet der Schriftstellerin Inez Armand, die seine Geliebte war, die ›schmutzigen Küsse einer Konventionsehe‹ den ›reinen Küssen einer ungebundenen Liebesbeziehung‹ in einem Roman gegenüberzustellen, warnte sie aber nachdrücklich, dieses Thema in einer Massenbroschüre abzuhandeln[87]. Und zu der deutschen Kommunistin Clara Zetkin meinte er, die Flatterhaftigkeit »taugt weder für den politischen Kampf noch für die Revolution. Ich bürge für Verläßlichkeit und Ausdauer im Kampf weder bei Frauen, die ihren persönlichen Roman mit der Politik verknüpfen, noch bei Männern, die jedem Rock nachlaufen und sich von jeder Frau in Begeisterung versetzen lassen.[88]« Seine Beziehung zu Inez Armand, aus der er weder ein Hehl noch Aufsehen machte, die von seinen Freunden wie von seiner Frau Krupskaja respektiert wurde, war ein Beispiel für die gemeinte, zwar unkonventionelle, aber ernste und dauerhafte Bindung zweier gleichgesinnter Menschen. Die Trauer um den Tod der geliebten Frau 1920, die den unter schwersten politischen Belastungen stehenden Revolutionsführer fast in den Zusammenbruch trieb, gehört zu Lenins menschlichsten Zügen.
Die stalinistische Ehegesetzgebung ging dann weit hinter den Sittenkodex bürgerlicher Staaten zurück; sie behinderte die Scheidung, diskriminierte das uneheliche Kind und unterwarf das intime Leben der Bürger einem öffentlichen Reglement.

Die Bücher von Ognjow, Makarenko und Kollontai sind Dokumente der heroischen Periode der kommunistischen Erziehung. Das Buch, das die Kommunisten als Gipfelleistung dieser Periode feiern, das in mehr als fünfzig Sprachen übersetzt und in zwei bis drei Millionen Exemplaren verbreitet wurde, entbehrt dieser Authentizität. »Der Roman *Wie der Stahl gehärtet wurde*«, heißt es in der sowjetamtlichen *Geschichte der russischen Literatur*, »gehört zu den ersten Werken der Sowjetliteratur, in denen der sozialistische Aufbau, wie er nach dem Jahr der großen Wende* einsetzte, sein Pathos fand. Obwohl die Geschehnisse des Romans in den zwanziger Jahren spielen, wurde er doch in den dreißiger Jahren geschrieben ... So wird Ostrowskis Roman erst dann vollends klar, wenn wir ihn auf den Anfang der dreißiger Jahre beziehen, das heißt, auf die Periode des Sieges des Sozialismus, von der Stalin gesprochen hat.[89]«

Wie der Stahl gehärtet wurde (1934) von Nikolaj Ostrowski (1904–1936) ist, obwohl in der dritten Person erzählt, eine Autobiographie. Und das Autobiographische ist auch das Interessanteste daran. Ostrowski, der sich im Roman Pawel Kortschagin nennt, ist Arbeiterkind aus der Ukraine. Bereits mit vierzehn Jahren beteiligte er sich am Bürgerkrieg, unternahm für die Roten Erkundungsgänge und versorgte sie mit Munition. Sechzehnjährig trat er in die Rote Armee

* 1929: Ausweisung Trotzkis und Sturz Bucharins; Anlaufen des ersten Fünfjahrplans und der Zwangskollektivierung.

ein, kämpfte unter anderem in Budjonnys Reiterarmee. Wegen einer schweren Verwundung wurde er im Herbst 1920 demobilisiert. Notdürftig ausgeheilt, stürzte er sich sofort in die Arbeit am Wiederaufbau und in der Partei. Doch 1925 zwang ihn eine unerbittlich fortschreitende Lähmung aufs Krankenbett. 1928 traf ihn ein neuer Schlag: er erblindete. Verzweifelt schrieb er einem Freund: »Wenn im Grund meines Wesens nicht das Gesetz vom Kampf bis zur letzten Möglichkeit so fest verankert wäre, hätte ich mich längst erschossen.« Und: »Solange auch nur eine Zelle meines Organismus lebt und ihre Widerstandskraft bewahrt hat, werde ich leben und Widerstand leisten.[90]«

Er entschloß sich, Schriftsteller zu werden. Er schrieb frei aus dem Gedächtnis; das Schreibpapier legte er auf eine dicke Pappe, in die die Zeilenabstände eingekerbt waren, so daß er blind schreiben konnte. Als das nicht mehr ging, diktierte er. Nachdem seine Aufzeichnungen in der Zeitschrift *Junge Garde* erschienen waren, wurde sein Krankenlager im kaukasischen Kurort Sotschi zum Wallfahrtsort, er empfing Besuche, nahm am politischen Leben teil und hielt noch vom Bett aus Rundfunkansprachen.

Wer das Buch heute liest, ist entsetzt, wie verbohrt und unaufrichtig es ist. Die Konflikte Kortschagins sind geglättet, die Parteigeschichte ist zurechtgestutzt. Das Buch hat etwas Unmenschliches, Seelenloses, und man denkt an das Hitlerwort: »Flink wie die Windhunde, zäh wie Leder, hart wie Kruppstahl«. Das mag zu einem Teil auf Ostrowski selber zurückzuführen sein, der in der Literatur nur eine andere Form der Parteiarbeit sah (›Ich will, daß der Leser bei der Lektüre meines Buches von dem schönsten der Gefühle beherrscht wird – von dem Gefühl der Ergebenheit für unsere große Partei‹) und nach eigenem Geständnis von der Wahrheit abwich (›Ich habe von meinem Recht zu dichten Gebrauch gemacht‹). Aber das Manuskript Ostrowskis ist auch noch nachträglich verändert worden. Schon die Veröffentlichung in der *Jungen Garde* ist zumindest stilistisch überarbeitet worden, denn Ostrowski erwähnt einmal, daß es mit seinem Russisch hapere. Diese Fassung, die noch erbitterte Angriffe auf die Sowjetbürokratie enthielt, wurde für die Buchausgabe erneut überarbeitet. Sämtliche Hefte der *Jungen Garde*, in denen der Originaltext erschienen war, wurden aus dem Verkehr gezogen. Eine Dramatisierung des Werkes, die der große Regisseur Meyerhold vorgenommen hatte, wurde verboten[91]. Nahezu alle Freunde Ostrowskis, die Führer des Komosomol (Kommunistischer Jugendverband) der Kampfzeit, kamen in Stalins Großer Säuberung um; sie wurden nicht älter als ihr Held. So kann man in der Tat sagen, daß *Wie der Stahl gehärtet wurde* eines der ersten Bücher nach dem ›Jahr der großen Wende‹, das heißt der Machtergreifung Stalins ist.

Nur ein Buch erreichte noch die Publizität des Ostrowskischen Romans – bezeichnenderweise mußte auch dieses Werk retuschiert werden.

Die Junge Garde (1945) von Alexander Fadejew (1901–1956), dem Autor der *Vernichtung (Die Neunzehn)*, gestaltet das tragische Schicksal einer Gruppe von Komsomolzen, Jungkommunisten, die während des letzten Krieges hinter den deutschen Linien Widerstandsarbeit leisteten. Der Roman beruht auf Tatsachen-

material: Im September 1942, wenige Monate nach der Besetzung der Stadt Krasnodon im Donezbecken, bildete sich dort eine Untergrundorganisation, die schon im Oktober 103 durchweg jugendliche Mitglieder zählte. Ihr Führer Oleg Koschewoi war sechzehn Jahre alt, Sportler und Schachspieler, Wandzeitungsredakteur und aktiver Komsomolze, der gern las und Pawel Kortschagin zu seinem Vorbild erwählte. Von der Schulbank weg gingen die Jungen und Mädchen in den harten illegalen Kampf, töteten deutsche Soldaten und Polizisten, sammelten Waffen, befreiten Kriegsgefangene, sprengten Industrieanlagen und verfolgten Verräter. Vier Monate arbeitete die Gruppe. Im Januar 1943, einen Monat vor der Rückkehr der Sowjetarmee, wurde die Organisation entdeckt. Nur acht von den 103 jungen Menschen blieben am Leben. Oleg Koschewoi wurde, der sowjetischen Darstellung nach, zu Tode gefoltert.
Ergriffen von dem Opfermut der jungen Partisanen hat Fadejew den Roman, wie er sagt, mit seinem Herzblut geschrieben. Er hat Monate bei den Familien der Junggardisten in Krasnodon, bei ihren Schulkameraden, Lehrern und Genossen verbracht und ihre Geschichte aufgeschrieben, ohne auch nur eine ihrer Taten auszulassen. Es ist ein packender, gefühlsstarker Roman geworden, ein romantisch getöntes Heldenlied, das aus dem Gegensatz zwischen der Heiterkeit der Jugend und der Düsternis ihres Schicksals lebt. Vor allem die Komsomolzen sind prachtvoll gezeichnet, vielgestaltige, lebendige Charaktere, die für die Sowjetjugend zu Leitbildern wurden.
Der Roman wurde dramatisiert. 1947, zwei Jahre nach Erscheinen des Romans, wurde die Bühnenfassung von der *Prawda* und anderen Parteiorganen angegriffen. Hinter dem Angriff auf die Bühnenfassung verbarg sich ein von Stalin inspirierter Angriff auf das Werk selbst, der Fadejew zur Umarbeitung zwang. Die Hauptangriffspunkte waren:
»Vor allem vermißt man eine Würdigung der hervorragenden Rolle, die die Partei bei der Organisierung des Kampfes gegen den Feind in den vorübergehend besetzten Gebieten gespielt hat. Es fehlt das Wichtigste und für das Leben, für die Entwicklung und für die Arbeit des Komsomol Charakteristische, die führende erzieherische Rolle der Partei.«
»Die mit der illegalen Arbeit in der Stadt beauftragten Bolschewiki sind, als einzelne betrachtet, markante und bedeutende, standhafte und tapfere Menschen. Sie erweisen sich aber als unfähig, den Kampf zu organisieren und zu leiten, benehmen sich ungeschickt und entwickeln nicht genügend Klugheit und Scharfsinn.[92]«
»Schulga, ein leitender Parteisekretär, und Walko, Ingenieur und Direktor der Bergwerke, sprechen eine für solche Menschen nicht charakteristische Sprache, die einfache Sprache wenig gebildeter Menschen.[93]«
»Bei der Schilderung der Evakuierung betont Fadejew das Gedränge, das Durcheinander, die Panik usw. zu stark und beschreibt nicht die systematische Arbeit, durch die Hunderte von Industriewerken planmäßig nach Osten verlegt werden konnten, wo sie binnen kurzem wieder Waffen für den Sieg herstellen konnten. Auch in diesem Zusammenhang hat die organisierende Rolle der Partei keine Gestaltung gefunden.[94]«

»Sehr flüchtig und ungenau wurde in dem Roman auch die Sowjetarmee dargestellt. Die Gestalt eines sowjetischen Generals glich eher einer Karikatur.[95]«
An der Umarbeitung saß Fadejew vier Jahre – jene vier Jahre, die ihm dann zur Vollendung seines dritten großen Werkes *Der letzte Udehe* fehlten. Die unter Qualen zustande gekommene Neufassung bereichert das Werk um einige eindrucksvolle Passagen, aber im großen und ganzen verwässert sie es. In dem Jahr, in dem Fadejew sich erschoß, dem Jahr des XX. Parteitags, stellte sich heraus, daß die Mühe der Umarbeitung verschwendet war: Fadejews ursprüngliche Darstellung des Krieges stimmte nun mit der Parteilinie überein.
Immerhin blieb auch in der zweiten Fassung der *Jungen Garde* noch so viel Realismus erhalten, daß die Budapester Jungen 1956 daraus ihre Anleitung zum Kampf gegen die sowjetischen Interventionstruppen bezogen.

Lachen um nicht zu weinen

... Werke, die mit dem Gift einer tierischen Feindseligkeit gegenüber der Sowjetordnung verseucht sind. Nur der Abschaum der Literatur konnte derartige Machwerke schaffen ...

Aus der Anklagerede ANDREJ SHDANOWS gegen Soschtschenko 1946[96]

Ein bekannter sowjetischer Humorist, Valentin Katajew (1897–1986, *Die Quadratur des Kreises, Die Defraudanten)*, kam eines Tages, Mitte der zwanziger Jahre, in die Redaktion der Eisenbahnerzeitung *Gudok* und verkündete: »Ich möchte der sowjetische Dumas-père werden.« Auf die Frage »Warum?« antwortete er: »Es ist höchste Zeit, eine sowjetische Romanwerkstatt aufzumachen. Ich werde Dumas-père sein und ihr meine Neger. Ich liefere euch die Themen, ihr schreibt die Romane, und dann feile ich sie aus. Ich gehe ein paarmal mit dem Stift des Meisters durch die Manuskripte – und schon sind wir fertig. Wie Dumas-père. Na, wer macht mit? Aber ich sage euch gleich, ihr werdet es nicht leicht bei mir haben.« Die beiden Redakteure, Valentins jüngerer Bruder Jewgeni Katajew (1903–1942), der sich Petrow nannte, und sein Freund Ilja Fainzilberg (1897–1937), der sich Ilf nannte, hielten den Vorschlag für einen Witz und lachten. Aber Valentin Katajew meinte ernsthaft: »Hier haben wir schon ein ganz augezeichnetes Thema: Stühle. Stellt euch vor, in einem der Stühle ist Geld versteckt. Es muß gefunden werden. Ist das nicht ein guter Abenteuerroman? Es gibt auch noch andere Themen. Also, was ist? Macht doch mit! Im Ernst! Ilja schreibt einen Roman, und Shenja einen.«
Ilf und Petrow beschlossen, den Roman gemeinsam zu schreiben, und gingen noch am selben Tage an die Arbeit. Sie schrieben im buchstäblichen Sinn des Wortes gemeinsam, das heißt, sie saßen nebeneinander am Schreibtisch und erarbeiteten zusammen jeden Satz. »Es ist sehr schwierig, etwas gemeinsam zu verfassen«, klagten sie in ihrer Autobiographie. »Für die Goncourts mag es leichter gewesen sein. Schließlich waren sie Brüder, während wir nicht einmal miteinander verwandt sind. Wir sind nicht einmal gleichaltrig. Ja, wir gehören sogar zwei verschiedenen Nationalitäten an: einer ist Russe (die rätselhafte slawische Seele), der andere Jude (die rätselhafte jüdische Seele).«
Als sie ihrem Mentor den ersten Teil der Gemeinschaftsarbeit vorlegten, sah er, daß ihm die Jünger über den Kopf gewachsen waren. »Ihr könnt ohne Dumaspère auskommen«, erklärte Katajew. »Macht nur allein so weiter. Ich glaube, das Buch wird ein Erfolg.[97]« Auf diese Weise entstand der Roman *Zwölf Stühle* (1928), der in so gut wie alle Kultursprachen übersetzt und von einem deutschen Film mit Heinz Rühmann erfolgreich plagiiert wurde.
Eine altehrwürdige, durch den Wandel der Zeiten verarmte Matrone gesteht auf

dem Sterbebett ihrem Schwiegersohn, dem gewesenen Adelsmarschall und jetzigen Sowjet-Standesbeamten Ippolit Matwejewitsch Worobjew, daß sie ihre Juwelen vor der Revolution gerettet und in einem der Polsterstühle ihres inzwischen enteigneten Palastes versteckt hat. Ippolit Matwejewitsch stiftet der Verblichenen einen Sarg mit Troddeln und begibt sich auf Schatzsuche. Er bleibt nicht allein. Zu seinem Unglück oder Glück läuft er Ostap Bender über den Weg, dem großen Kombinator, der ihm seine illegalen Umtriebe an der Nasenspitze ansieht. Ostap Bender, immerfort auf der Suche nach dem auf der Straße liegenden Glück, nimmt die Sache in die Hand. Er wendet an das Auffinden der Stühle, die längst wie Schaben auseinandergelaufen sind, ein Maß an Scharfsinn und Initiative, das eines besseren Zweckes würdig gewesen wäre. Er erscheint als Feuerschutzinspektor, Gerichtsvollzieher und Schachweltmeister, poussiert aufopferungsvoll mit stuhlbesitzenden Damen und heiratet sogar, organisiert eine konterrevolutionäre Verschwörung, rettet einen nackten Sowjetbürger, der ausgesperrt vor seiner überschwemmten Wohnung sitzt, flüchtet vor der Volkswut in einem Kahn über die Wolga, kurz: nimmt alle nur denkbaren Mühen, Demütigungen und Verfolgungen auf sich – bloß, um zu den verflixten Stühlen zu kommen.

Ostap hat gegen zwei schier unüberwindliche Widerstände anzukämpfen: gegen die Jämmerlichkeit seines Kumpans, des ehemaligen Adelsmarschalls, und gegen das allgemeine Tohuwabohu in der jungen Sowjetunion. So werden das alte wie das neue Rußland verspottet; ein kurioses und abenteuerliches Sammelsurium von Gaunern, Spekulanten, Spießbürgern, Bürokraten und Bonzen paradiert vor uns. Auch ein Konkurrent taucht auf: der Pope Fjodor, der durch die Beichte der alten Dame hinter das Geheimnis gekommen ist und nun auf der Suche nach den Stühlen demütig durch halb Rußland pilgert. Aber er ist dem Unternehmen ebensowenig gewachsen wie der Adelsmarschall; von dem großen Kombinator mühelos aus dem Rennen geworfen, wird er verrückt und predigt auf einem Kaukasusfelsen den Vögeln. Der Schatz steckt natürlich in dem letzten der Stühle, den Ostap schließlich in einem Klubhaus der Eisenbahner aufspürt. In der Nacht vor der Entscheidung schneidet der von seiner Habgier überwältigte Adelsmarschall dem großen Kombinator die Gurgel durch – und muß am nächsten Morgen erfahren, daß das Geschmeide schon entdeckt, aus seinem Erlös das Kulturhaus errichtet ist. Mit dem wilden, wahnsinnigen Schrei eines zu Tode getroffenen Wolfes krallt Ippolit Matwejewitsch seine Finger in die Mauer des Gebäudes, in den Stein gewordenen Schatz.

Nicht nur dem Leser, auch den Autoren ging der Tod des großen Kombinators nahe. So ließen sie ihn in ihrem nächsten Roman *Das goldene Kalb* (1931, deutsch: *Die Jagd nach der Million*) wiederauferstehen. Es stellt sich heraus, daß Ostap Bender nur scheintot gewesen ist. Er fristet sein Leben als ›Sohn des Leutnants Schmidt‹, jenes legendären Helden der Matrosen-Meuterei 1905, dessen Andenken in der Sowjetunion geehrt wird, dessen Nachkommen mithin überall auf Mitgefühl und Unterstützung rechnen können. Als dieses Gewerbe durch den unerwarteten Zusammenprall mit zwei weiteren Söhnen des Leutnants Schmidt auf gewisse Schwierigkeiten stößt, begibt sich der große Kombinator, assistiert

von seinen beiden Milchbrüdern und dem Besitzer eines betagten, eidechsengrünen Automobils namens Antilope, auf die Jagd nach einer Million.
Ostap Bender, der vierhundert ehrliche Methoden zur Wegnahme des Geldes beherrscht, darunter solche Perlen wie die Organisation einer Aktiengesellschaft zur Hebung des im Krimkriege gesunkenen Schiffes mit der Goldladung und eine Karnevalsveranstaltung zugunsten der Geiseln des Kapitals und eine Konzession zur photographischen Reproduktion von Ladenschildern, übertrifft bei seiner vierhundertsten Unternehmung alle vorhergehenden. Er entwirft einen Operationsplan, der einem Generalstäbler alle Ehre gemacht hätte, und legt für den von ihm aufgespürten Millionär, einen als Buchhalter untergetauchten Spekulanten, ein Dossier an, wie es die Geheimpolizei nicht besser könnte. Um sein Kollektiv durch gesellschaftlich nützliche Tätigkeit zu legitimieren, gründet er die ›Tschernomorsker Abteilung des Arbatower Kontors zur Erfassung von Hörnern und Hufen‹, ein Institut, das mit jedem echten Sowjetbetrieb in Leerlauf und Bürokratismus wetteifern kann, freilich in Schwierigkeiten kommt, als tatsächlich Hörner und Hufe angeliefert werden.
Der eingekreiste, mit Hilfe des Dossiers erpreßte Millionär entwischt um Haaresbreite. Die Milchbrüder verlieren die Geduld und zerstreuen sich, die wundersame Antilope zerschellt in den Schlaglöchern eines Feldweges. Doch der unermüdliche Kombinator folgt dem geflüchteten Millionär bis ans Ende der Welt und jagt ihm inmitten der Steppe Kasachstans die Million ab. Ostaps Traum von einem müßigen, noblen Leben im fernen Rio, einem Leben unter Palmen und glutäugigen Mädchen, nähert sich der Erfüllung – doch leider wird der Held schon auf dem Eis des Grenzflusses von der Siguranza, der rumänischen Sicherheitspolizei, ausgeplündert. Mit dem Schrei »Ausbeuter des werktätigen Volkes! Vampire! Söldlinge des Kapitals! Reptile!« kehrt der große Kombinator ans sowjetische Ufer zurück.
Die negativen Erscheinungen des Sowjetlebens, an denen Ilf und Petrow ihren Spaß haben, werden in der kommunistischen Ideologie gemeinhin als kapitalistische Überreste, als Schlacken der Vergangenheit erklärt. »Das spießerhaft Niedrige und Abgeschmackte«, schrieb Volkskommissar Lunatscharski in seinem Nachwort zu *Jagd nach der Million*, »ist der Bodensatz unserer Gesellschaft, der schmutzige Saum am Gewand der Revolution.[98]« Diese Ausrede mag hingehen, dennoch bleiben einige Reste, die für die kommunistische Ideologie schwer zu verdauen sind. Warum wird – von wenigen gespenstisch-makabren Szenen wie dem Untergang des Popen Fjodor und des Adelsmarschalls Worobjew abgesehen – diese feindliche, dem Untergang preisgegebene Welt bloß humorvoll belacht statt satirisch gegeißelt? Wo bleibt, wenn das Kleinbürgertum ein Fremdkörper in der Sowjetgesellschaft ist, das Positive, das triumphierende neue Leben, Dynamik und Pathos des Aufbaus? Und was soll man schließlich von Ostap Bender halten, diesem charmanten Spitzbuben, der doch eigentlich als Saboteur und Asozialer ins Arbeitslager gehört?
Lunatscharski, der Ilf und Petrow in Schutz nehmen wollte, legitimierte ihren Helden aus der Tradition der westeuropäischen Schelmenromane, sah in ihm – zu Recht – einen Nachfahren der Lazarillo, Eulenspiegel, Gil Blas, Figaro. Er

hütete sich allerdings, eine viel näherliegende Tradition anzuführen – die der Gogolschen Helden Chlestakow und Tschitschikow. Dabei liegt der Vergleich nahe: Wie sich Chlestakow als Revisor des Zaren ausgibt, so Bender als Sohn eines Revolutionshelden, wie Tschitschikow mit toten Seelen handelt, so Bender mit Hörnern und Hufen. Solche Parallelen muß das Regime freilich scheuen, denn in jedem sowjetischen Literaturgeschichtsbuch ist nachzulesen, daß die Hochstapler Gogols im Recht sind, daß sie eine verrottete Gesellschaft entlarven, indem sie sie an der Nase herumführen.

In der Tat bezieht auch Ostap Bender seinen Charme aus dem Umstand, daß er seine Zeit durchschaut, daß er unter lauter Sklaven- und Bürokratenseelen der einzige freie Mensch ist. Mit seinem Talent und seinem Eifer könnte er in der Sowjethierarchie glänzende Karriere machen. Er zieht es aber vor, sich für Ziele einzusetzen, die er sich selber aussucht, die seinen eigenen Intentionen entsprechen. Deswegen und nicht etwa wegen des Gewinns betreibt er seine Hochstapeleien; er verachtet die Kumpane, die ums Geldverdienen allzu besorgt sind. »Ich bin kein Finanzmann«, erklärt er stolz, »ich bin ein freier Künstler und Philosoph.« Schon Lunatscharski meinte besorgt: »Ostap Bender, der alles durch seine Philosophie der Prinzipienlosigkeit, durch seine Konstitution eines sehr klugen Kombinators zersetzt, beginnt uns zu beunruhigen, und wir fragen uns, ob nicht jemand sich vorstellen könnte, daß dies der ›Held unserer Zeit‹ sei ...[99]« In Ostap Bender steckt, was sich später sehr viel düsterer in den wilden Blatnoi der Lager, in den Hooligans und Stiljagi der großen Städte verkörperte – die sowjetische Variante des edlen Räubers, der jenseits aller bürgerlichen Wohlanständigkeit und Konvention sogar dem perfekten Polizeiregime zu trotzen wagt. Inmitten einer unmenschlichen Gesellschaftsordnung kann allein der Asoziale Mensch sein.

Ilf starb 1937 an Tuberkulose; Petrow fiel 1942 als Frontberichterstatter bei der Verteidigung von Sewastopol. Ihre Romane wurden verboten und durften erst nach Stalins Tod wiederaufgelegt werden. Auch Valentin Katajew gab unter dem Stalinismus das Satirenschreiben auf, er verfaßte statt dessen einige weitverbreitete, aber künstlerisch belanglose Romane im Stil des Sozialistischen Realismus. Nach Stalins Tod kehrte er als Autor (*Kubik*, 1969) und Mahner in die Literaturgeschichte zurück.

»Ich weiß nicht, wie viele Berufe es geben mag«, meint Michail Soschtschenko (1895–1958) in einer seiner Geschichten. »Ein mir bekannter Intellektueller erzählte mir, daß es auf dem ganzen Erdball dreihundertneunzig Berufe gibt. Nun, da hat er selbstverständlich übertrieben, aber an die hundert werden es wahrscheinlich doch sein. Nein, alle hundert Berufe habe ich nicht ausgeübt, aber fünfzig waren es bestimmt, die ich selber ausprobiert habe. Vor Ihnen steht also ein Mensch, der sich in fünfzig Berufen versucht hat. Interessant, was ich nicht alles gewesen bin ...« So war der Dichter unter anderem Detektiv, Kraftfahrer, Kontorist, Telefonist, Schuster, Geflügel- und Kaninchenzüchter, Butter- und Käseschmecker, ganz abgesehen davon, daß er ohne nennenswerten Erfolg Jura studierte und im Weltkrieg wie im Bürgerkrieg an der Front stand. Hängen blieb er schließlich bei dem, wie er sagt, schlechtesten aller Berufe – er wurde Schriftsteller.

Wie Ilf und Petrow in der Nachfolge Gogols, steht Soschtschenko in den Fußstapfen Tschechows. »Ich bin im 19. Jahrhundert geboren. Daher kommt es wohl, daß mir alle Ehrfurcht für die Gegenwart fehlt und ich Satiriker wurde.« Wie Tschechow erzählt Soschtschenko in meist kurzen Geschichten und Feuilletons die Erlebnisse des kleinen Mannes, des Mannes von der Straße. Doch dieser kleine Mann ist nicht mehr der gleiche wie zur Zeit des klassischen Meisters, es ist nicht mehr der melancholische Kleinbürger des Fin de siècle, jetzt beherrscht der Proletarier, der Sowjetbürger das Feld. Soschtschenko porträtiert den Durchschnitts-Zeitgenossen, den lern- und wißbegierigen, gutmütigen, freundlichen, dabei unkultivierten und herzerfrischend naiven Sowjetmenschen, der die neue Zeit ohne große Aufregung, mit Staunen zur Kenntnis nimmt, sich in ihr, so gut es eben geht, einzurichten versucht und in einem Winkel seines Herzens der verlorenen Bequemlichkeit nachtrauert.

Soschtschenko identifiziert sich nicht mit seinen Helden, auch nicht mit dem Ich-Erzähler der Geschichten – wie er sich nicht einmal in den autobiographischen Arbeiten mit sich selbst identifiziert. »Ich parodiere nur«, gesteht er. »Ich parodiere einen von mir erdachten Proletarierschriftsteller, der in der gegenwärtigen Zeit und bei den herrschenden Lebensbedingungen existieren könnte.« Der Ich-Erzähler hat die Ausdrucksweise der vielgerühmten Volkskorrespondenten, jener allgegenwärtigen, wachsamen, primitiven, sprachungewandten Zeilenschinder, die alle möglichen und unmöglichen Begebenheiten des Alltags für die kommunistische Presse, für Betriebs- und Wandzeitungen aufschreiben. Durch den Trick, einen derartigen Berichterstatter zwischen sich und die dargestellten Vorfälle zu schieben, verdoppelt Soschtschenko den Witz: nicht nur das Sowjetleben wird karikiert: auch die kommunistische Art, es zu betrachten.

Aus dieser doppelbödigen Darstellungsweise ergibt sich der reizvolle Stil der Geschichten. Gossenausdrücke vermengen sich mit falsch angewandten Parolen, Sprichwörtern und Fachjargon, saloppe und schnoddrige Redensarten mit hochtönenden Phrasen zu einem raffinierten, glitzernden, von Ironie und heimlicher Romantik durchsetzten Sprachgefüge, das zu lesen eine Lust ist. Der anspruchsvolle Gorki war entzückt von Soschtschenkos Talent.

In dem berühmten Slogan *Schlaf schneller, Genosse, auf dein Kissen wartet schon ein anderer* kommt Soschtschenkos hintergründiger Witz, hier auf den fadenscheinigen Enthusiasmus des sowjetischen Aufbaus gezielt, trefflich zum Ausdruck. Menschliches, Allzumenschliches wie Sowjetisches, Allzusowjetisches macht er zum Gegenstand seines respektlosen, lausbubenhaften Spottes. Die Mühseligkeiten der Volksbildung, die Tücken der Technik, Seligkeit und Kummer der Liebespaare, das muntere Treiben der Taschendiebe und Gauner, Wohnungsnot und Ehestreit, Bauchweh und Katzenjammer, Schlamperei und Korruption – das sind die Themen von Soschtschenkos Geschichten. Sein Spott ist gutmütig, versetzt mit etwas Bosheit und Schadenfreude. Soschtschenko will amüsieren und unterhalten, nicht geißeln, vielleicht ein bißchen aufklären, aber sehr ernst nimmt er es mit der Propaganda nicht. »Sie parodieren unsere sozialen Unzulänglichkeiten«, wurde er einmal gefragt, »warum fügen Sie diesen Unzulänglichkeiten nicht Verbesserungen hinzu?« Der Dichter antwortete: »Die Sache ist die, daß mein Genre, das Genre des Humoristen, unvereinbar ist mit der Schilderung von Verbesserungen. Das ist die Aufgabe von Schriftstellern anderer Richtung. Jeder auf seine Art: der dramatische Schauspieler spielt den *Hamlet*, der komische tritt im *Revisor* auf.[100]«

Aber es war wohl nicht nur das. Soschtschenko glaubte offenbar nicht so recht an die Möglichkeit von ›Verbesserungen‹. Darin unterschied er sich nicht nur von den Bolschewiki, sondern von allen Ideologen und Weltverbesserern. 1922, als er sich den Serapionsbrüdern anschloß, der berühmten überparteilichen Schriftstellervereinigung, erklärte er: »Überhaupt ist es reichlich schwierig, Schriftsteller zu sein. Nehmen wir bloß die Ideologie . . . Heute verlangt man vom Schriftsteller Ideologie . . . Und die macht mir wirklich Unannehmlichkeiten . . . Sagen Sie doch selbst, was für eine Ideologie kann ich haben, wenn mich keine Partei völlig anzieht? Vom Standpunkt der Parteileute bin ich ein prinzipienloser Mensch. Meinetwegen. Ich kann von mir nur sagen: Ich bin kein Kommunist, kein Sozialrevolutionär, kein Monarchist, sondern einfach ein Russe und noch dazu ein politisch unmoralischer . . .« (*Über mich und sonst noch einiges*)[101].

Soschtschenko verherrlicht die Sowjetgesellschaft nicht, aber genausowenig verleumdet er sie. Als Staatsbürger loyal – er hat in der Roten Armee gekämpft und zahlreiche Ämter der Sowjetunion bekleidet –, bewegte er sich als Schriftsteller auf einer anderen, politisch irrelevanten Ebene. Hinter seinem ausgelassenen Witz steckt, wenn man genau hinsieht, Tschechowsche Melancholie, der Weltschmerz eines Dichters, der das Los seiner Menschenbrüder in der ewig unzulänglichen Welt beklagt. Nicht zufällig beginnt seine Autobiographie mit dem Satz: »Ich bin unglücklich und weiß nicht, warum.«

Diese Autobiographie *Vor Sonnenaufgang* (1943) und eine Humoreske *Abenteuer eines Affen* (1945) stürzten Soschtschenko ins Unglück. Die Autobiographie, in ganz ernsthaftem, gelehrtem Ton abgefaßt, besteht aus einer Reihe von Episoden, die das Leben des Autors bis in die früheste Kindheit zurückverfolgt. Mit Hilfe psychologischer Tiefenschürfung, die er teils Pawlow, teils Freud entlehnt hat, versucht der Autor auf den Grund seiner Depressionen zu kommen, den er durchaus nicht etwa in der Sowjetgesellschaft, sondern in seiner Kindheit, im Säuglingsalter oder gar in vorgeburtlicher Zeit vermutet. Des prüden Leserkreises in der Sowjetunion eingedenk, schickte Soschtschenko seiner offenherzigen Selbstentblößung eine Erklärung voraus: »Ich werde Dinge beschreiben, die man für nicht ganz geeignet hält, in Romanen erwähnt zu werden. Ich tröste mich damit, daß ich von meiner Jugend spreche. Das ist das gleiche, als ob man von einem Verstorbenen spräche.«

In der Humoreske wird die Geschichte eines aus dem Zoo entsprungenen Seidenäffchens erzählt, das bei seinem Ausflug in die Freiheit die Sowjetverhältnisse und die Sowjetmenschen kennenlernt. Das Äffchen turnt über Straßen und Höfe, dringt in einen Konsumladen ein, gerät in eine Badeanstalt, richtet alle möglichen Verwirrungen an, wird gejagt und beschützt, schließt Bekanntschaften und wird schließlich in eine Familie aufgenommen. Die Humoreske war als Kindergeschichte gedacht; sie ist, wie meist bei Soschtschenko, keine Satire, sondern ein Ulk, die Menschen werden sympathisch, wenn auch ein bißchen närrisch geschildert, die mißlichen Verhältnisse der Kriegszeit werden belacht und erhalten dadurch etwas Tröstliches.

Stalins Chefideologe Shdanow erklärte 1946 auf einer außerordentlichen Sitzung des Parteiaktivs und der Schriftstellerorganisation von Leningrad: »In der empörenden Novelle *Vor Sonnenaufgang* . . . enthüllte Soschtschenko seine fade, niederträchtige Seele, er tat es mit Behagen und Genuß, in der Absicht, allen zu zeigen: Seht, was für ein Gauner ich bin! Es ist schwer, in unserer Literatur etwas Scheußlicheres zu finden als jene ›Moral‹, die Soschtschenko in seiner Novelle *Vor Sonnenaufgang* predigt und in der er die Menschen und sich selbst als garstige, lüsterne Tiere schildert, die weder Scham noch Gewissen besitzen. Und diese Moral setzte er den Sowjetlesern zu einer Zeit vor, als das Leben des Sowjetstaates an einem Haar hing, als das Sowjetvolk für den Sieg über die Deutschen ungezählte Opfer brachte . . .[102]«

»*Abenteuer eines Affen*«, hieß es in dem Beschluß des Zentralkomitees der KPdSU, »stellt eine abgeschmackte Schmähschrift gegen das Sowjetleben und die Sowjemenschen dar. Soschtschenko schildert die Sowjetverhältnisse und die Sowjetmenschen in abstoßend karikierter Form, indem er die Sowjetmenschen als primitive, wenig kultivierte, alberne Menschen hinstellt, als Spießer in Geschmack und Sitten. Diese böswillig rowdyhafte Schilderung unserer Wirklichkeit ist bei Soschtschenko von sowjetfeindlichen Ausfällen begleitet . . . Solch Schmierfink, solch Abschaum der Literatur wie Soschtschenko . . .[103]«

Soschtschenko wurde aus dem Verband der Sowjetschriftsteller ausgestoßen. Nach einer Bewährungsfrist durfte er wieder einige Geschichten veröffentlichen, einfallslose Feuilletons über das Sowjetleben und humorlose Satiren über die imperialistischen Feinde. Im Tauwetter wurde er nicht rehabilitiert. Die umstrittene Autobiographie erschien vollständig 1972, nahezu dreißig Jahre nach ihrer Niederschrift.

»Ach, lieber Leser«, schrieb Soschtschenko einmal, »es ist ein Jammer, wie schwer es doch ist, ein russischer Schriftsteller zu sein!«

Die Passion der Akmeisten

Hysterische Aufwallungen brauchen wir nicht. Wir brauchen den gemessenen Schritt der eisernen Bataillone des Proletariats.

WLADIMIR ILJITSCH LENIN Die nächsten Aufgaben der Sowjetmacht 1918

Der Untergang der russischen Poesie unter der Diktatur scheint mir am ergreifendsten inkarniert im Untergang der Akmeisten, dieser tragisch reinen Toren, die jenseits der Politik den Gral der Dichtung suchten.
Andrej Bely, einer der angesehensten Dichter der Vorkriegszeit, erzählt in seinen Erinnerungen, wie er in der Petersburger Wohnung seines Kollegen Wjatscheslaw Iwanow, im ›Turm‹, dem jungen Nikolai Gumiljow (1886–1921) begegnete. Gumiljow setzte Iwanow und Bely, zwei Häuptern des Symbolismus, langsam und stockend auseinander, daß die Zeit des Symbolismus vorbei sei und eine neue literarische Bewegung den symbolistischen Assoziationsrausch auf die reine Poesie zurückführen müsse. Iwanow meinte spöttisch, die Anhänger der neuen Richtung sollten sich, wegen ihrer paradiesischen Unschuld, Adamisten nennen oder Akmeisten, nach dem griechischen Akme = Höhepunkt, Blüte, Reife. Gumiljow nahm die Idee ernst und rief 1912 in Petersburg die Dichtergilde der Akmeisten ins Leben. In Ossip Mandelstam (1891–1938) und Anna Achmatowa (1888–1966) schlossen sich ihm zwei kongeniale Dichter an.

»Wir streiten für diese Welt, für unsere Erde«, erklärten die Akmeisten. »Wir bewundern eine Rose wegen ihrer Schönheit und nicht, weil sie ein Symbol mystischer Reinheit ist.[104]« Den Akmeisten ging es um Klarheit und Lauterkeit, um einfache, natürliche Sprache, um disziplinierte Form und gediegenes Handwerk, um ›the best words in their best order‹, wie Gumiljow, einem Wort von Coleridge folgend, die Dichtkunst definierte. Die Literaturgeschichte hat den Akmeismus als Neoklassizismus oder Ästhetizismus zu fassen gesucht, auch als Dekadenz – das alles trifft und trifft auch nicht. Die Bestrebungen der Akmeisten korrespondierten mit der Ernüchterung der russischen Intelligenz nach der verlorenen Revolution von 1905 und einer ersten Stabilisierung der Industriegesellschaft in Rußland. Utopien und Ideologien wurden abgeschrieben; Tatsachen, Leistungen, Realitäten bekamen Gewicht. Der einzelne Mensch wurde wichtig genommen. Mit wachsendem Selbstbewußtsein öffnete sich der Blick des russischen Bürgertums für fremde Länder, für die großen Epochen der Geschichte. Das Weltbild wurde konkreter und reicher. Die helle Magie des technisch-wissenschaftlichen Zeitalters drang in die Dichtung, doch sind den besten Dichtern in ihren besten Versen dunkle Ahnungen nicht fremd. So stehen die Akmeisten –

wie die großen französischen Lyriker vor und nach der Jahrhundertwende, mit denen sie viel gemein haben – an der Schwelle zur modernen Poesie.

Nikolai Gumiljow, Sohn eines Marinearztes, studierte in Petersburg und an der Sorbonne. Im Jahrzehnt vor dem Ersten Weltkrieg unternahm er weite Reisen durch Europa, Afrika und den Orient. 1914 meldete er sich kriegsfreiwillig, wurde Offizier und zweimal mit dem Georgskreuz, dem russischen Tapferkeitsorden, ausgezeichnet. Wie sein Leben hatte auch seine Dichtung einen heroischen, abenteuerlichen Stil. Die mystische Schwärmerei der Symbolisten hielt er für die Neurasthenie von Schwächlingen. Er schrieb strenge, männliche Gedichte: »Sei ruhig, meine Muse: wie Bronze soll deine Stimme klingen – das ist die einzige Art zu singen.« Helden, Entdecker, Eroberer, Piraten, Vaganten ziehen durch seine Dichtung, die in die kräftigen Farben der tropischen Landschaft getaucht ist. Die kommunistische Kritik hat ihm Apologie des Kolonialismus nachgesagt – »der Akmeismus ist der vollkommene und konseqente Ausdruck des Imperialismus in der russischen Literatur[105]«. In der Tat sind Reflexe des Imperialismus in Gumiljows Dichtung unverkennbar. Das spricht für ihren seismographischen Sinn; darum kann man aber den Dichter so wenig wie Nietzsche oder Kipling in das Schema eines ›Imperialisten‹ pressen. Gumiljow war vor allem ein großer Individualist, ein Mann von Stolz und Ehre, der auch minneliedhafte Verse und religiöse Bekenntnisse geschrieben hat.

Ossip Mandelstam kommt aus einer jüdischen Kleinbürgerfamilie; er studierte in Petersburg und in Deutschland. Als Persönlichkeit unterschied er sich vollkommen von Gumiljow. Er war ein ganz und gar verinnerlichter Lyriker, häßlich, gebrechlich, unbeholfen, von krankhafter Empfindlichkeit und vollkommen lebensuntüchtig, so daß immer einer der Freunde den Kaffee und die Zigaretten bezahlen mußte, die er für seine dichterische Produktion brauchte. Er schrieb erlesene, klangreine, durchgeistigte Verse in einer vollendeten Sprache, die kirchenslawische Archaismen mit Ausdrücken der Umgangssprache vereinte. Seine geistige Welt war mannigfaltig: das alte Rußland der Ikonen und das Fin de siècle im kaiserlichen Petersburg, Hellas, Rom und Byzanz, griechisch-orthodoxe Liturgie und jüdische Mystik, Philosophie und Wissenschaft, Architektur, Musik und Kunst, die Natur und die Sterne – das alles wird zu Sprachbildern gefügt, die etwas von der Durchsichtigkeit und Sphärenharmonie des Kosmos haben. Später drangen einige unruhige, verstörte, surrealistische Elemente in seine Dichtung – ein fernes Wetterleuchten der gewittrigen Zeit. »War niemands Zeitgenosse, war's in keiner Weise«, bekannte Mandelstam, der die ›aristokratische Intimität‹ der einzelnen dem Geist der Gleichheit und der Masse entgegenstellte.

Anna Achmatowa, die bedeutendste Frau in der russischen Literatur, stammt aus einer ukrainischen Adelsfamilie; ihr Vater war Seeoffizier. Sie studierte in Kiew Rechtswissenschaft, in Petersburg Literaturgeschichte. Von 1910 bis 1918 war sie mit Gumiljow verheiratet. Block und selbst der rauhbeinige Majakowski zählten zu ihren Verehrern. Schon mit ihren ersten Gedichtbänden *Abend* (1912) und *Rosenkranz* (1914) stellte sie den Erfolg ihres Mannes in den Schatten. Sie wurde zum Abgott der Jugend jener Zeit. Die Dichtung dieser vielgeliebten Frau, die Block eine ›christliche Zigeunerin‹ genannt hat, kreist um Liebe und Tod. In einfacher, ungezwungener Sprache von edlem Wohllaut gestaltete sie immer wieder die tragische Spannung zwischen himmelstürmender geistiger Liebe und leidenschaftlichem, sinnlichem Begehren, die Qual der verlassenen, vereinsamten Frau und ihren Trost in der Natur und im Gebet. In ihrer reiferen Dichtung spielen auch gedankliche Motive eine Rolle. Im *Juli 1914* schrieb sie Gedichte, die dem großen Krieg prophetisch entgegensahen.

Als die Oktoberrevolution die russischen Schriftsteller in Weiße und Rote, Emigranten und Mitläufer schied, nahmen die Akmeisten eine Mittelstellung ein. Sie blieben im Lande, engagierten sich aber nicht für die Sowjetmacht. Vieles in ihnen: Patriotismus, Religion, Sensibilität und Geschmack, sträubte sich, die Revolution zu bejahen, doch nahmen sie die Zeitenwende als elementares Ereignis hin.
Feindseliges Mißtrauen und düstere Ahnungen sprechen aus Gumiljows Gedicht vom *Arbeiter* (1918):

»Er steht vor seiner flammenden Schmiede,
ein alt gewordener Mann von mittlerer Größe.
Seine Augen haben einen unterwürfigen Blick
vom Blinzeln in das rötliche Licht.
Seine Gefährten liegen schlafend im Bett.
Er allein wacht, er wird nicht ruhen,
wird darauf bedacht sein, Blei zu gießen,
das an meine Brust fliegen wird.[106]«

Angst zittert in den Versen der Achmatowa *Anno Domini* (1922):

»Alles ist gestohlen, verraten und verkauft.
Des Todes schwarze Schwinge schwebt über unserm Haupt.
Von bittrer Sehnsucht ist jeder benommen,
von wo soll uns Erlösung kommen?«

Ehrfürchtig beugt sich Mandelstam 1918 vor der Revolution:

»Die Freiheit, die da dämmert, laßt uns preisen,
dies große, dieses Dämmerjahr.
Hinabgesenkt der schwere Wald der Reusen
in Wassernächte, wie noch keine war.
In Finsternisse trittst du, taub und dicht,
du Volk, du Sonne-und-Gericht.«

Gumiljow stellte sich in den schweren Jahren des Bürgerkrieges und des Kriegskommunismus der von Gorki geleiteten Volksbildungsarbeit zur Verfügung, übersetzte für den Verlag *Weltliteratur* und unterrichtete junge Schriftsteller. Mit Gorki, Block und Samjatin stand er im Mittelpunkt des kulturellen Lebens im revolutionären Petrograd. Aber er machte kein Hehl aus seiner Ablehnung des Bolschewismus. Er, der nie ein Reaktionär gewesen war und schon vor dem Krieg den Zarismus nach englischem Vorbild modernisieren und demokratisieren wollte, bekannte überall offen seine Sympathien für die Monarchie und schlug jedesmal, wenn er an einer Kirche vorüberkam, demonstrativ ein Kreuz. Schließlich wurde er als Konterrevolutionär festgenommen. Man warf ihm Teilnahme an einer antisowjetischen Verschwörung vor, außerdem gehörte er als Bourgeois, Intellektueller und ehemaliger Offizier sowieso in die Kategorie der zu liquidierenden Staatsfeinde. Seinem heroischen Ideal getreu, machte Gumiljow dem Untersuchungsrichter nicht die geringsten Zugeständnisse. Obwohl Gorki verzweifelt um das Leben des Dichters kämpfte, wurde er 1921 von einem bolschewistischen Peloton erschossen. Anna Achmatowa nahm von dem Gefährten Abschied mit diesen Versen:

»Ließen nicht am Leben Dich,
Aufstehn aus dem Schnee;
Achtundzwanzig Pikenstich,
Sieben Kugeln – Weh.

Bittren Dienst das Hemd Dir tut,
Freund, daran ich näh',
Blut liebt Rußlands Erde, Blut,
Liebt's seit eh und je . . .[107]«

Eine eigenartige Ironie hat es gewollt, daß der liquidierte Konterrevolutionär Gumiljow postum zu einem Protagonisten der Sowjetliteratur wurde: Von ihm stammt – uneingestandenermaßen – das Ideal des neuen Menschen, des positiven Helden, wie es die Sowjetdichter von Bagritzki bis Tichonow besingen, von ihm stammt der Sinn für Exotik und Abenteuer in den populären Romanen des Sowjetschriftstellers Alexander Grin.

Auch Mandelstam wandte sich bestürzt von der Revolution ab. »O Eid, den ich dem vierten Stand geschworen! O mein Gelöbnis tränenschwer!« klagte er im *Ersten Januar 1924*.

»Die Zeit, wer ihr die Stirn geküßt, die wundgequälte,
er denkt, ein Sohn, noch oft in Zärtlichkeit,
wie sie, die Zeit, sich draußen schlafen legte
im hochgehäuften Weizen, im Getreid.

Wer des Jahrhunderts Lider je emporgehoben
– die beiden Schlummeräpfel, schwer und groß –,
der hört Geräusch, der hört die Ströme tosen
der lügenhaften Zeiten, pausenlos...

Der Lebenshauch, ich weiß, verebbt mit jedem Tage,
ein kleines noch, ein kleines – und
erstorben ist das Lied von Kränkung, Lehm und Plage,
mit Blei versiegeln sie dir diesen Mund.

O Lehm-und-Leben! O Jahrhundert-Sterben!
Nur dem, ich fürcht, erschließt er sich, dein Sinn,
in dem ein Lächeln war, ein hilfloses – dem Erben,
dem Menschen, der sich selbst verlorenging.«

Bis 1933 konnte Mandelstam noch hie und da Gedichte und Erzählungen veröffentlichen. Nach der Dekretierung des Sozialistischen Realismus war das nicht mehr möglich. Sein Name verschwand aus der literarischen Öffentlichkeit, bald darauf verschwand auch er. Soweit bekannt, hatte er in kleinem Kreis ein Epigramm auf Stalin vorgetragen, er wurde denunziert, verhaftet und 1934 in ein Zwangsarbeitslager überführt. Es ist verbürgt, daß Stalin persönlich Pasternak anrief, um sich über den dichterischen Rang Mandelstams zu informieren[108]. Pasternaks Fürsprache nützte dem unglücklichen Dichter wenig. Zwar wurde er nach dreijähriger Verbannung vorübergehend freigelassen, ein Jahr später aber wieder verhaftet. Im Dezember 1938 ist er, physisch und seelisch vernichtet, im fernöstlichen Lager Wladiwostok gestorben.
Die Achmatowa verstummte schon Anfang der zwanziger Jahre, belastet durch ihre frühere Bindung an Gumiljow. Sie geriet völlig in Vergessenheit, so daß die Kritik von Mandelstam als dem letzten Akmeisten sprach. Seltsamerweise erlebte die Dichterin fast zwei Jahrzehnte später, 1940, ein Comeback. Durch Intervention einflußreicher Freunde und Verehrer – man spricht von Stalins Lieblingstochter Swetlana, von der berühmten Schauspielerin Alice Koonen, Frau des Theaterregisseurs Tairow, von den Schriftstellern Tynjanow und Wischnewski – durfte sie ein Bändchen Lyrik veröffentlichen, das viele alte und einige neue Gedichte enthielt[109]. Das Bändchen hatte einen großen Erfolg, und die Achmatowa wurde in die Familie der Sowjetschriftsteller aufgenommen. Es stellte sich heraus, daß die alten Ideale, denen die Dichterin unbeirrt anhing, gar nicht schlecht zu der Wiederbelebung des russischen Nationalismus paßten, die Stalin damals betrieb. Im März 1942 erschien ihr Gedicht *Mannhaftigkeit* hochoffiziell in der *Prawda*. Zusammen mit der Prominenz wurde sie aus dem belagerten Leningrad ausgeflogen und nach Mittelasien in Sicherheit gebracht. Während des Krieges stieg ihr Ansehen derart, daß Großinquisitor Shdanow sich 1946 genötigt sah, gegen sie (und Soschtschenko) loszuschlagen.
»Die Akmeisten«, erklärte Shdanow vor dem Zentralkomitee, »stellten eine extrem individualistische Richtung in der Kunst dar. Sie propagierten die L'art

pour l'art-Theorie, die Theorie der Schönheit um der Schönheit willen, doch vom Volk, von seinen Nöten und seinen Interessen, vom gesellschaftlichen Leben wollten sie nichts wissen. Ihrem sozialen Ursprung nach war dies eine aristokratisch-bürgerliche Strömung in der Literatur zu einer Zeit, da die Tage der Aristokratie und der Bourgeoisie schon gezählt waren ...
Die Thematik Anna Achmatowas ist durch und durch individualistisch. Das Register ihrer Poesie ist bis zur Armseligkeit beschränkt, es ist die Poesie der wildgewordenen Salondame, die sich zwischen Boudoir und Betstuhl bewegt. Ihre Grundlagen sind erotische Motive, die mit Motiven der Trauer, der Schwermut, des Todes, der Mystik und der Verlorenheit verbunden sind. Das Gefühl der Verlorenheit – ein verständliches Gefühl für das gesellschaftliche Bewußtsein einer aussterbenden Gruppe –, die düsteren Töne der Hoffnungslosigkeit Sterbender, mystische Erlebnisse, gepaart mit Erotik – das ist die geistige Welt Anna Achmatowas, ein Stück aus den Trümmern der unwiederbringlich und für alle Ewigkeit versunkenen Welt der alten aristokratischen Kultur, der ›guten alten Zeiten unter Katharina‹. Sie ist halb Nonne, halb Dirne, oder richtiger Dirne und Nonne, bei der sich Unzucht und Gebet verflechten:

›Aber vor dir, englischer Garten,
verneige ich mich.
Verneige mich vorm wundertätigen Ikon
und unserer heißen Nächte Sohn ...‹

Das ist Anna Achmatowa mit ihrem kleinen, engen persönlichen Leben, mit ihren nichtigen Erlebnissen und ihrer religiös-mystischen Erotik.[110]«

Das Zentralkomitee der KPdSU beschloß, die Spalten der sowjetischen Publikationsorgane für Achmatowa, Soschtschenko ›und ihresgleichen‹ zu sperren: »Sie fügen der Erziehung unserer Jugend Schaden zu und können in der Sowjetliteratur nicht geduldet werden.[111]« Der sowjetische Schriftstellerverband schloß die diffamierten Schriftsteller weisungsgemäß aus seinen Reihen aus. Erst 1950 erschienen wieder einige Gedichte der Achmatowa aus einem Zyklus *Ruhm des Friedens*, einem Auftragswerk in der Kampagne zur Ächtung der westlichen Atombombe. In diesem Zyklus heißt es: »Wo Stalin ist, da ist Freiheit, Friede und der Erde Majestät.« Diese Gedichte, die man der Achmatowa kaum zutraut, erklären sich daraus, daß die große Schriftstellerin ihr Leben retten mußte.

Der XX. Parteitag, der die ermordeten Revolutionskünstler rehabilitierte, ging an den Akmeisten ›und ihresgleichen‹ mit betretenem Schweigen vorbei. Sie waren nicht verwendbar für die Leninistische Renaissance. Doch zu ihrem Schrekken mußten die Funktionäre feststellen, daß sich die Jugend gerade ›von den falschen Namen mitreißen läßt[112]‹, als da sind: Gumiljow, Mandelstam, Welemir Chlebnikow (1922 verhungert), Marina Zwetajewa (1941 nach Liquidierung ihres Mannes und Deportation der Tochter Selbstmord) und die großen Überlebenden Achmatowa und Pasternak. Neue Verse der Achmatowa in alter Qualität

fanden einen ehrenvollen Platz in dem denkwürdigen Tauwetter-Almanach *Literaturnaja Moskwa.*
Das böse Wort der Terroristen, daß die Toten nicht wiederkehren, gilt nicht für Dichter.

1964 kehrte eine alte Dame aus der Verbannung und Vergessenheit nach Moskau zurück, Nadeshda Mandelstam (1899–1980). Ihre Erinnerungen (1970, deutsch: *Das Jahrhundert der Wölfe* und *Generation ohne Tränen*) sind das einzigartige, auch literarisch meisterhafte Zeugnis von Leben, Verfolgung und Tod eines russischen Dichters in unserer Zeit, des armen, arglosen und unsterblichen Poeten Ossip Mandelstam.
Im Dezember 1964 wurde der 75jährigen Anna Achmatowa in Gegenwart einer Weltelite von Lyrikern, darunter Alberti, Ungaretti und Quasimodo, der Preis von Taormina überreicht. Ein Jahr später, ein Jahr vor ihrem Tod, nahm sie in Oxford die Ehrendoktorwürde entgegen. Zuvor schon, 1958, hatte sich die offizielle Sowjetunion vor der Dichterin verneigt: Zum ersten Mal seit der Kriegszeit erschien in Moskau wieder ein Band ihrer Gedichte, eingeleitet vom Vorsitzenden des Sowjetischen Schriftstellerverbandes.
Anna Achmatowa verabschiedete sich von der Literatur und der Welt durch Veröffentlichung ihres *Requiem* (1963, bisher nur im Westen erschienen), dem bewegendsten lyrischen Zeugnis von den Schrecken der Stalinzeit. Es ist ein Kreis von Gedichten, die sie 1935 bis 1940 niederschrieb. Sie beschreibt darin, wie sie, die schon ihre engsten Gefährten, Gumiljow und Mandelstam, unter dem Terror verloren hatte, sich in den dreißiger Jahren viele Monate lang einreihte in die endlosen Warteschlangen vor den Leningrader Gefängnissen, denn auch ihr Sohn war verhaftet worden und verschwand in den sibirischen Weiten. »Könnten Sie das jemals beschreiben?« fragt eine einfache, verhärmte Frau. »Ich werde es können«, antwortet Achmatowa. »Da huschte etwas wie ein Lächeln über das, was irgendeinmal ihr Gesicht gewesen war.«
Die einst so spröde, aristokratische und esoterische, ganz ihren persönlichen Empfindungen hingegebene Dichterin stellte, als sie ihre Gedichte aus jener Zeit zur Veröffentlichung vorbereitete, dem schmalen Band diese Verse voran:

»Nein, nicht unter fremdem Himmelsbogen,
Nicht im Schutze fremder Flügel war ich –
Ich war zu der Zeit bei meinem Volke,
Ich war, wo mein Volk im Unglück war.«

Alexej Tolstoi – der Arbeiter-und-Bauern-Graf

Vor mir sprach der allen bekannte Schriftsteller Alexej Tolstoi. Wer wüßte nicht, daß er der ehemalige Graf Tolstoi ist. Jetzt ist er einer unserer Besten und einer der populärsten Schriftsteller des Sowjetlandes – der Genosse Alexej Nikolajewitsch Tolstoi. Daran ist die Geschichte schuld . . .

WJATSCHESLAW MOLOTOW auf dem VIII. Sowjetkongreß 1936[113]

Alexej Tolstoi (1883–1945) lebte im stalinistischen Moskau wie ein Grandseigneur der alten Zeit. Seine Bücher waren so verbreitet und sein Ansehen bei der Regierung war so groß, daß ihm die Staatsbank einen unbegrenzten Kredit einräumte – ein Privileg, das auch Gorki gewährt wurde, nach dessen Tod aber nur noch Alexej Tolstoi allein. Der Dichter bewohnte mit seiner jungen, schönen Gattin Ludmilla, seiner dritten Frau, eine komfortable Villa am Rande der Stadt, ausgestattet mit historischen Möbeln, kostbaren Gemälden, chinesischen Porzellanen und einer reichen Bibliothek, aber auch mit allen Gütern der westlichen Zivilisation, die er sich von seinen Auslandsreisen mitgebracht hatte. Sein Kammerdiener war ein alter, würdiger Mann, der schon vor der Revolution in der gräflichen Familie gedient hatte. Kam, wenn Tolstoi nicht zu Hause war, ein hoher Funktionär, um ihn zu sprechen, pflegte der Diener in dunkelgrüner Livree mit respektvoller Stimme zu melden, Seine Exzellenz seien in Parteigeschäften in der Stadt.

Der Dichter hatte einen intimen Freundeskreis um sich gesammelt, Literaten, Schauspieler, Künstler, die wie er gutes Essen und guten Wein liebten. Mit ihnen tafelte er in den feudalen Restaurants der bolschewistischen Hauptstadt auf alte aristokratische Weise. Wenn man in später Nacht an dem prächtig erleuchteten Eingang des Metropol oder des National vorbeikam – berichtet Jelagin (*Zähmung der Künste*) –, konnte man oft beobachten, wie Ober und Portiers ehrfurchtsvoll bemüht waren, einige seriöse Herren in pelzgefütterten Mänteln mit Biberkragen in die wartenden Autos zu verladen – den Genossen Tolstoi und seine Tafelrunde[114].

Die Entwicklung Alexej Tolstois zum Arbeiter-und-Bauern-Grafen, wie ihn der Volksmund nannte, war das Ergebnis eines wechselvollen, zwischen Aristokratie und Boheme pendelnden Lebenslaufes. Der junge Alexej, ein entfernter Verwandter des großen Leo Tolstoi, wuchs auf dem Herrensitz seiner Familie in den Wolgasteppen auf. »Ich glaube«, meinte er später, »wenn ich in der Stadt und nicht auf dem Lande geboren wäre, hätte ich tausend Dinge von klein auf nicht gekannt: im Winter das Schneegestöber in den Steppen und abgelegenen Dörfern, die Christwoche, die Bauernhütten, die Wahrsagerei, die Märchen, den Kienspan, die auf besondere Weise duftenden Getreidedarren. Dann hätte ich sicherlich das alte Moskau nicht so echt beschreiben können. Die Bilder des alten

Moskau klangen in mir als selige Kindheitserinnerungen . . .« In den Erzählungen seiner Mutter und seiner Verwandten spiegelte sich die untergehende Adelswelt – ›eine Welt farbenprächtiger und verschrobener Sonderlinge . . . das war ein künstlerischer Fund[115]‹.

Während des Studiums am Technischen Institut in Petersburg kam er mit Künstlerkreisen in Berührung. Er debütierte mit dekadenten Gedichten. Alexander Block, einer seiner damaligen Gefährten, charakterisierte den jungen Grafen: »Tolstoi hat viel Blut, Fett, Lüsternheit, Adel und Talent. Alles ist verdorben durch sein Wesen eines Hooligans, durch unreife Beziehung zum Leben.[116]« Obwohl Tolstoi, entgegen späteren bolschewistischen Legenden, zur revolutionären Bewegung nur lockere Kontakte unterhielt, setzte er sich nach der verlorenen Revolution 1905 ins Ausland ab, studierte in Dresden und bereiste Westeuropa. Reifer geworden, kehrte er zurück. In teils poetischen, teils satirischen Erzählungen vom Untergang der Landadelsgeschlechter an der Wolga fand er als Schriftsteller zu sich selbst. Im Weltkrieg war er Frontberichterstatter. Im Bürgerkrieg nahm er für die Weißen Partei, anschließend emigrierte er, zuerst nach Paris, dann nach Berlin.

In der Emigration hielt er es fünf Jahre aus, 1923 kehrte er heim. Man sagt, daß unter den Beweggründen zur Heimkehr die materiellen Schwierigkeiten des Emigrantendaseins keine geringe Rolle spielten. Es fiel ihm in der ersten Zeit nicht leicht, sich in die Sowjetverhältnisse zu finden. Er flüchtete ins Reich der Phantasie: Er schrieb, neben Pamphleten gegen die Emigranten, Zukunftsromane, in denen sich Abenteuer, Liebe und Bolschewismus auf effektvolle Weise mengten. Erst als er Stalin kennenlernte, faßte er im Sowjetboden Fuß. Wie es scheint, verstanden sich die beiden vortrefflich, wohl nicht zuletzt auf Grund ihrer gemeinsamen historischen Interessen. Stalin schätzte an dem soignierten Aristokraten die erstaunlichen historischen Kenntnisse, die gediegene, dabei geschmeidige Intelligenz, das diplomatische Geschick und den persönlichen Charme, Eigenschaften, die den Dichter, der noch dazu einen so denkwürdigen Namen trug, zum Gesellschafter und Hofmann im Kreml prädestinierten. Im Unterschied zu dem spröden, eigensinnigen und unbestechlichen Gorki, um den Stalin vergebens warb, fühlte sich der Graf Tolstoi in der ihm zugedachten Rolle wohl. So wurde er, wie sein von den Sowjets ebenfalls umworbener, aber nicht zur Heimkehr zu bewegender Standesgenosse, Nobelpreisträger Iwan Bunin, sagte: »bolschewistischer Poeta laureatus«.

Nach dem Tode Gorkis nahm Tolstoi dessen Platz als Doyen der Sowjetliteratur ein. Im Jahr der Säuberung 1937 sicherte er sich durch den Roman *Brot*, der die Rolle Stalins bei der Verteidigung der Wolgastadt Zarizyn (Stalingrad) im Bürgerkrieg verklärte – ein Buch, das von Stalins Nachfolgern als schamlose Ausgeburt des Personenkults auf den Schindanger geworfen wurde. Der Diktator belohnte die ihm erwiesenen Dienste generös: Alexej Tolstoi erhielt den Lenin-Orden und drei Stalinpreise, wurde Deputierter des Obersten Sowjets und Mitglied der Akademie der Wissenschaften, seine massige Gestalt durfte bei keinem Empfang und keinem Bankett im Kreml fehlen.

Es hieße allerdings die Persönlichkeit Alexej Tolstois unterschätzen, es hieße die Bedeutung seines nachrevolutionären Werkes verkennen, wollte man sein Bekenntnis zum Bolschewismus allein auf Opportunismus zurückführen. Noch während der Emigration, 1921 in Berlin, hatte er sich der Gruppe Smenowechowzy angeschlossen, einer kleinen Gruppe emigrierter Intellektueller, die ›die Signale umstellen‹ wollten, die den Bolschewismus auf nationaler Grundlage anerkannten, ohne darum die marxistische Ideologie zu übernehmen. Diese Vorstellung vom Bolschewismus als nationalem Schicksal Rußlands beherrschte das Denken Alexej Tolstois. Die gewichtigsten Werke seiner nachrevolutionären Schaffenszeit, die Zyklen *Der Leidensweg* und *Peter I.*, an denen er abwechselnd schrieb, sind Versuche des Dichters, die historische Problematik zu bewältigen, der Gesetzmäßigkeit der Epoche innezuwerden. In diesem Sinne ist es zu verstehen, wenn Tolstoi in seinen Erinnerungen schreibt: »Die Oktoberrevolution hat mir alles gegeben ... Ich entsinne mich, daß ich in meinem ersten literarischen Jahrzehnt nur mit Mühe ein Thema für einen Roman und eine Erzählung fand. Jetzt denke ich darüber nach, wie wenig Zeit doch zum Leben geblieben ist und wie wenig Kräfte in einem Leben vorhanden sind, um die bedeutenden Themen unserer großen Epoche zu meistern.[117]« Die Tausende von Seiten des *Leidensweges* und des *Peter*-Romans beweisen, wie ernsthaft Tolstoi um ein geschichtliches Alibi für seine stalinistische Haltung rang.

Die sowjetische Literaturgeschichtsschreibung pflegt den *Leidensweg* neben Scholochows *Stillen Don* zu stellen. Sehr zu Unrecht: Außer der Bürgerkriegsthematik haben beide Werke wenig gemein. Tolstois Trilogie entspricht ihrem Aufbau wie ihrer Qualität nach viel eher dem Epos des weißen Kosakenatamans Krasnow *Vom Zarenadler zur roten Fahne*; mit diesem politischen Gegenstück teilt sie den von Band zu Band zunehmenden Verfall an Objektivität und Gestaltungskraft.

Am stärksten ist der erste Band: *Die Schwestern*, der 1921, also noch in der Emigration, herauskam. Das nostalgische Bild des vorrevolutionären Lebens in Petersburg konnte selbst durch nachträgliche Retuschen des stalinistischen Hofdichters nicht verwischt werden. Tolstoi hat sich denn auch von diesem Band distanziert: »... ein Werk ohne jede Perspektive. Damals sah ich noch nichts. Das ist kein historischer Roman. Das ist das persönliche Empfinden der Epoche.[118]« Im zweiten Band: *Das Jahr achtzehn* (1926), ist die erwünschte Perspektive, die Parteilichkeit für den Bolschewismus, vorhanden. Immerhin spürt man aus der filmartig abrollenden Historie noch das Chaos jener Zeit; das darin eingeflochtene Schicksal der Schwestern und ihrer Männer fesselt in seiner Widersprüchlichkeit und Originalität. Am Schluß der Trilogie: *Trüber Morgen* (1941), ist alles wohlgeordnet. Die glücklich vereinten Ehepaare sitzen in der Moskauer Großen Oper und lauschen Lenins Vortrag über den Elektrifizierungsplan. »Wo ist Lenin?« fragt Katja. »Der dort, im schwarzen Mantel, siehst du, er notiert sich rasch etwas, wirft den Zettel über den Tisch ... Das ist er ... Und der am Tischende – der Hagere mit dem schwarzen Schnurrbart –, das ist Stalin, der Denikin geschlagen hat ...«

Der Roman ist auf das Niveau eines Moritatenbuches herabgesunken. Von einer ehrlichen Selbstverständigung, von einem Ringen um historische Wahrheit kann

nicht mehr die Rede sein; Tolstoi hat sich eingereiht in die Schar der stalinistischen Geschichtsklitterer (nicht Stalin, sondern Trotzki war es, der die Weißen schlug und zur Zeit des Goelroplans der zweite Mann im Staate war).
In *Peter I.* analysiert Alexej Tolstoi die russische Geschichte an einem Beispiel, das zweihundert Jahre zurückliegt. »Nach meiner Auffassung«, kommentierte er einmal, »hat jener Kritiker das Richtige getroffen, der sagte, der Roman *Peter I.* sei ein Herangehen an die Wirklichkeit von ihrem tiefen Hinterland aus.« Das ist nicht so zu verstehen, daß Tolstoi etwa die Problematik der Gegenwart in die Vergangenheit projizierte; eine solche Methode lehnte er ausdrücklich als ›pseudohistorisch und unkünstlerisch‹ ab. Aber er empfand die offensichtliche Parallelität zwischen den Reformen Peters und denen der Bolschewisten. »Das erste Jahrzehnt des achtzehnten Jahrhunderts«, erläuterte er, »bietet ein erstaunliches Bild vom Ausbruch schöpferischer Kräfte, von Energie und Unternehmungslust. Die alte Welt birst und bricht zusammen. Europa, das alles andere als dies erwartet hatte, blickt voller Verwunderung und Furcht auf die Geburt des neuen Rußlands . . . Trotz der Verschiedenheit der Ziele haben die Epoche Peters und unsere Epoche etwas Gemeinsames eben durch diese stürmischen Kräfte, durch die Ausbrüche menschlicher Energie und menschlichen Willens, deren Ziel die Befreiung von fremdländischer Abhängigkeit ist.[119]«
Tolstoi liefert einen durch und durch realistischen, historisch konkreten Roman, sicher eines der zuverlässigsten Werke seiner Art in der Weltliteratur; man kann ihm nicht vorwerfen, daß er das Sujet an irgendeiner Stelle aktualisiert hätte. Das Bild des Petrinischen Rußland ist in jahrzehntelangen gewissenhaften und unermüdlichen Studien erarbeitet worden, es ist geschöpft aus einer überströmenden Fülle dokumentarischen, biographischen, kriegswissenschaftlichen, kulturhistorischen, volkskundlichen und geographischen Materials. Die Analogien zur Gegenwart entspringen von selbst den Gesetzmäßigkeiten der Geschichte. Eben dadurch wird der historische Zusammenhang tiefer und gültiger erfaßt, als es Tolstoi von seinem subjektiven Urteil aus könnte. Es wird deutlich, was die Epoche Peters mit der bolschewistischen verbindet: die »Bekämpfung der Barbarei mit barbarischen Mitteln«, wie Lenin sagte[120].
Tolstois Gönner Stalin mischte sich auch in die Arbeit an diesem Werk. Doch es scheint, daß sich das in diesem Fall eher fruchtbar als schädlich ausgewirkt hat. Als liberaler Intellektueller hatte Tolstoi ursprünglich ein Vorurteil gegen Peter, in dem er den Exponenten des russischen Absolutismus sah. In der Erzählung *Zar Peters Werktag* (1917) und in dem Stück *Auf der Folterbank* (1929) kritisierte er den Zaren vom Standpunkt der liberalen Aufklärung aus, er schilderte ihn als einen häßlichen, rohen, törichten Menschen von beinahe bestialischer Grausamkeit. Von der Erzählung hat sich Tolstoi später losgesagt, das Theaterstück hat er auf Wunsch Stalins zweimal umgeschrieben[121]. Denn während er an dem Roman arbeitete (1929–1945), änderte sich die Einstellung zur Vergangenheit in der Sowjetunion grundlegend. Der Aufbau des Kommunismus in einem Land ließ den großrussischen Nationalismus neu erstehen. Stalin begeisterte sich für die russischen Nationalhelden: Alexander Newski, Iwan den Schrecklichen und Peter den Großen, die zaristischen Marschälle Suworow und Kutusow. Unter

diesen Umständen blieb Alexej Tolstoi gar nichts anderes übrig, als Peter positiv zu zeichnen. Doch kamen der Wendung offenbar auch seine eigenen Intentionen entgegen: Das intensive Quellenstudium hatte ihm allmählich ein objektiveres Bild des Zaren erschlossen, und was die Abneigung gegen die Selbstherrschaft anging, hatte er sie ja im Umgang mit Stalin abgelegt. So tritt uns Peter im Roman als die titanische Renaissancegestalt entgegen, die er wirklich war, als Rußlands erster Europäer.

Die historische Verfremdung, die Distanz von zweihundert Jahren, gestattete es Tolstoi, seinen Helden bei allem Wohlwollen auch kritisch zu sehen. Jene Glorifizierung, die bei der Darstellung Lenins oder Stalins im *Leidensweg* unerläßlich war, konnte er sich bei deren archaischem Vorgänger sparen, ja, er mußte es sogar, denn Peter war wohl ein Russe und insofern ein großer Mann, aber eben noch kein roter, sondern ein weißer Zar. »In Tolstois Darstellung Peters und seiner Kampfgefährten«, heißt es in einem sowjetamtlichen Kommentar, »spürt man immer den Schriftsteller der sozialistischen Epoche, der die Vergangenheit kritisch betrachtet und Vorzüge und Mängel der von ihm dargestellten Helden ebenso wie das Maß der Größe und Begrenztheit ihres Wirkens ausgezeichnet begreift.[122]«

Wir bekommen also keinen Bilderbuchhelden vorgesetzt, sondern einen ganzen Menschen in seinem Widerspruch, hin und her gerissen von Leidenschaften und Komplexen, nicht nur den Staatsmann, Schlachtenlenker und Globetrotter, sondern auch den ungestümen Barbaren, der zügellose Gelage veranstaltet, den Bojaren die Bärte schert und seine Leibgardisten eigenhändig foltert. Seine Mitarbeiter sind Männer voller Begabung, Energie und Wagemut, doch ihre Motive sind Ehrgeiz, Gewinnsucht und Abenteuerlust. Vor allem wird das Leben des Volkes zur Zeit Peters nicht beschönigt. Tolstoi zeigt das Elend in dem von Kriegslasten ausgepreßten Land, die Fron in den Dörfern, Waffenschmieden und Bergwerken, die Zwangsarbeit beim Bau der neuen Städte, an der mehr Menschen zugrunde gehen als in den Schlachten, die grausame Verfolgung Andersdenkender, die imperiale Hybris und die Diplomatie der Wortbrüche und Ränke. Er zeigt, daß Peter sein Reich auf Leid gebaut und mit Blut gekittet hat. In dieser Objektivität, die von der Partei nicht nur gestattet, sondern sogar gewünscht wurde, ist der Grund zu sehen, warum Alexej Tolstoi der Roman *Peter I.* im Unterschied zum *Leidensweg* gelang. Auf dem Umweg über die Geschichte wurden Größe und Verhängnis des Bolschewismus offenbar.

Der Roman blieb unvollendet; der dritte Band, der mit Peters Sieg über Karl XII. von Schweden bei Poltawa 1709 ausklingen sollte, bricht mit der Schlacht bei Narwa 1701 ab. Wie bei Gorki (*Klim Samgin*) und Scholochow (*Stiller Don*) sank auch bei Alexej Tolstoi die Produktivitätsrate in der stalinistischen Zeit: Während er die beiden ersten Bände mit insgesamt 850 Seiten in fünf Jahren schrieb, brauchte er zwölf Jahre für die 200 Seiten des fragmentarischen dritten Bandes. Das kam vor allem daher, daß er mit politisch mehr gefragten Arbeiten beschäftigt war, mit den Romanen *Brot* und *Trüber Morgen* und mit den Dramen über Iwan den Schrecklichen. Doch unabhängig davon war wohl auch die beste Zeit für die Arbeit am Peter-Stoff vorbei. Gegen Ende des Krieges überschlug sich der russische Chauvinismus; 1945 hob Stalin das Glas auf das Wohl des russischen Volkes, »der hervorragendsten Nation unter allen zur Sowjetunion gehörenden Nationen[123]«.

Unter diesen Umständen war Objektivität auch in der Geschichtsbetrachtung nicht mehr erwünscht. In der Geschichte der russischen Literatur für Oberschulen wird bereits kritisch angemerkt: »Peters einseitige Begeisterung für die westeuropäische Kultur, die sich auf die weitere Entwicklung der russischen Kultur und ihrer fortschrittlichen Ideen schädlich ausgewirkt hat, ist allerdings von Tolstoi nicht kritisiert worden. Die Hochachtung, die Peter der westeuropäischen Kultur entgegengebracht hat, beruhte vielfach auf einer Überschätzung ihres Wertes und auf einer gewissen Mißachtung der eigenständigen Entwicklung der russischen Kultur. Diese Frage ist leider durch den Roman nicht aufgeworfen worden.[124]« Wenn man bedenkt, daß Tolstoi, wie aus einer seiner Äußerungen zu schließen ist, im dritten Band vor allem die Reisen Peters nach dem Westen, nach Frankreich, Polen, Holland, behandeln wollte, kann man ermessen, was für eine heikle Aufgabe seiner wartete. Abgesehen davon, daß er schwerlich eine kulturelle und zivilisatorische Fortschrittlichkeit des alten Rußland gegenüber dem Westen hätte schildern können – die ganze Politik Peters hätte ihren Sinn verloren.

So ist es kein Wunder, daß sich das historische Interesse Tolstois wie das Stalins von Peter dem Großen auf Iwan den Schrecklichen verlagerte. Die schon erwähnte Literaturgeschichte für Oberschulen schreibt dazu: »Besonders weit verbreitet war die falsche Beurteilung Iwans des Gestrengen. Sie unterstrich nur einseitig seine Härte und Grausamkeit, übersah aber völlig, wie richtig Iwan der Gestrenge die Interessen Rußlands erkannt und wahrgenommen hat, indem er sich in einen Kampf gegen das seiner Politik hinderliche Bojarentum auf das russische Volk stützte. Tolstoi gibt der Gestalt Iwans des Gestrengen in seinen Dramen [1942/43] ein neues Gesicht.[125]« Der Dichter, dem sich bei der Gestaltung Peters der Vergleich mit Lenin aufgedrängt hatte, erkannte in der düsteren Figur Iwans ›des Gestrengen‹ das geeignete Modell, um ein Porträt Stalins zu zeichnen. Stalin empfand diese Parallelisierung offenbar als schmeichelhaft, vielleicht hat er sie selber angeregt. Leider war bei diesem Unternehmen nicht zu vermeiden, daß die historische Authentizität durch Glorifizierung Iwans verdorben wurde.

Ilja Ehrenburg – Literat Provocateur

Der Provokateur ist der große
Geburtshelfer der Weltgeschichte . . .

ILJA EHRENBURG Julio Jurenito 1922

Ilja Lochmaty, Ilja der Zerzauste, nannte sich ein junger Schriftsteller, dessen Arbeiten Lenin schätzte, obwohl sie mit dem Kommunismus wenig zu tun hatten[126]. Inzwischen sind viele Jahre verstrichen, in denen mancher Stern am Himmel der Sowjetliteratur erlosch, aber Ilja Ehrenburg (1891–1967), der oft Gezauste, wird in der Sowjetunion noch immer geschätzt, wenngleich bis zu seinem Tode zweifelhaft blieb, was er eigentlich mit dem Kommunismus zu tun hatte.
Über der Wohnung, die er in der Moskauer Gorkistraße bewohnte, lag ein Schimmer von Boheme; an den Wänden hingen, in eigenartigem Kontrast zum Sowjetleben draußen vor der Tür, Bilder von Picasso, Matisse und Léger; auf den Regalen seiner Bibliothek drängten sich die Bücher westlicher, längst verpönter Autoren. Ehrenburg war am Ende seines Lebens ein ergrauter Bonvivant mit schon etwas müden Zügen, nonchalant gekleidet in englischen Tweed, zu dem er eine modische Krawatte trug, er rauchte lässig seine Dunhill-Pfeife und plauderte über das literarische Leben in Ost und West, als habe es einen Eisernen Vorhang nie gegeben. Seine Memoiren, ebenso bemerkenswert in dem, was sie ausplaudern, wie in dem, was sie verschweigen, liest man hier wie dort mit Genuß und Zorn. Ein vielgelästerter Mann, dessen Charme und Esprit sich doch niemand entziehen konnte.
Er hat, seit er aus der behüteten Jugend im jüdischen Kaufmannshaus ausbrach, um ins Kloster, zur Fremdenlegion oder auf die Barrikaden zu gehen, viele Rollen gespielt, vielen Herren gedient und vielerlei Lieder gesungen. Er hat beim Zaren und bei den Bolschewisten im Gefängnis gesessen. Er schrieb katholisierende Gedichte und propagierte den Atheismus. Er bestritt seinen Lebensunterhalt wechselweise mit Vorträgen über Surrealismus und der Vorführung dressierter Hasen. Er war auf dem Montparnasse und bei Kempinski in Berlin genauso zu Hause wie in den Roten Klubs von Moskau. Schäumender Haß auf die Deutschen, auf die Amerikaner wechselte mit salbungsvollen Reden für den Frieden. Ein Teil seiner Romane steht auf dem sowjetischen Index, andere wurden mit Stalinpreisen ausgezeichnet. Er galt als des Kreml ergebenster Diener und hat doch zu dessen Ärger Tauwetter gemacht. Wer war Ehrenburg wirklich, was steckte hinter seinen Masken? Vielleicht findet man den Schlüssel in dem Erstlingsroman, der Ehrenburg berühmt gemacht hat und den nicht nur die Kritik, sondern auch er selber für sein bestes Buch hielt; es trägt den schönen Titel:

Die ungewöhnlichen Abenteuer des Julio Jurenito und seiner Jünger Monsieur Delhaie, Mister Cool, Karl Schmidt, Ercole Bambucci, Alexej Tischin, Ilja Ehrenburg und des Negers Ayscha in den Tagen des Friedens, des Krieges und der Revolution in Paris, Mexiko, Rom, am Senegal, in Moskau, Kineschma und an anderen Orten, ebenso verschiedene Urteile des Meisters über Pfeifen, über Leben und Tod, über Freiheit, über Schachspiel, das Volk der Juden und einige andere Dinge (1922). Das historische Vorbild für Ehrenburgs Julio Jurenito war der mexikanische Maler und Revolutionär Diego Rivera.

Über dieses Buch, das sich von den späteren, den im Stil des Sozialistischen Realismus geschriebenen, gerade durch seine Ironie unterscheidet, hat Ehrenburg gesagt: »Es ist mein einziges ernsthaftes Buch«, und hinzugefügt: »Es scheint, als ob weder die Kritiker, noch die Leser, noch ich selbst, ja eigentlich niemand genau sagen kann, wo in ihm der Spott aufhört.[127]« Der Meister Julio Jurenito ist auf Grund der trüben Erfahrungen mit zahllosen mexikanischen Revolutionen zu der Erkenntnis gelangt, daß man die verderbte Zivilisation nicht mit Hilfe von Gewehren und Fleischermessern ausrotten kann, sondern im Gegenteil ihre Eiterbeulen hätscheln und pflegen muß, damit sie immer mehr um sich greifen und den sowieso schon halbverfaulten Kadaver verzehren. Er wird, um den weltgeschichtlichen Prozeß voranzutreiben, Provokateur.

Die sieben vortrefflichen Jünger sind ihm dabei nützlich: der französische Geschäftsmann Gaston Delhaie, der sich an Camembert, Calvados und zierlichen Mätressen delektiert; der amerikanische Missionar Mr. Cool, der auf die Bibel und Dollars schwört und mit ihrer Hilfe die Welt verbessert, einschließlich der öffentlichen Häuser; der italienische Vagabund Ercole Bambucci, ein gutgebauter Römer, der unter Brücken schläft, Modell steht, Zigarettenstummel sammelt und um die Wette spuckt; das deutsche Organisationsgenie Karl Schmidt, in dessen Stube Bildnisse von Karl Marx, Kaiser Wilhelm, Kant und dem Berliner Restaurateur Aschinger hängen; der russische Intellektuelle Alexej Spiridonowitsch Tischin, wie alle russischen Intellektuellen hoffnungslos in Weltschmerz versunken; der kleine Senegalneger Ayscha, der drei liebenswürdige holzgeschnitzte Götter mit sich herumschleppt und dessen Zunge Jurenito zum Anfeuchten der Briefmarken benutzt; schließlich der jüdische Kaffeehausliterat Ilja Ehrenburg, der Mahlzeiten schnorrt, Pfeife raucht, Ehebruchsromane liest und bei allen Aufregungen zittert und bebt.

Der Meister und seine sieben Jünger pilgern unermüdlich durch die Welt, was dem Autor Gelegenheit gibt, sich über alle Nationen, Gesellschaftsordnungen und Ideologien lustig zu machen. Überall finden sie zu ihrer Freude die Kräfte der Zerstörung am Werk. Dabei geraten sie in alle möglichen Bedrängnisse und Mißlichkeiten, die aber stets von einem der so weise ausgesuchten Jünger, sei es Mr. Cool mit seinem Geld, Monsieur Delhaie mit seinen Beziehungen, Karl Schmidt als General, gemeistert werden. Schließlich reisen sie ins revolutionäre Rußland, wo sie erst umjubelt, dann eingesperrt werden.

Das ist für den Autor ein Anlaß, nach dem kapitalistischen System nun auch das bolschewistische mieszumachen. Besonders grotesk ist die Szene, wo der Tscheka-Kommissar dem inhaftierten Meister eine Lektion über Freiheit hält. Diesmal ist es Genosse Ayscha, Propagandist in der Sektion der Komintern für die Völker Afrikas, der seine Gefährten herauspaukt. Julio Jurenito begleitet alle Vorfälle mit seinen todernst vorgebrachten Zynismen, wobei ihm der Autor Äußerungen über den Kommunismus, den totalen Staat und den totalen Krieg, die kommenden Judenverfolgungen, die koloniale Revolution in den Mund legt, die wahrhaft prophetisch sind.

Jurenito begeht am Ende auf höchst originelle Weise Selbstmord: Er geht mit nagelneuen Stiefeln in einem einsamen Park spazieren und wird prompt nach einer halben Stunde ermordet aufgefunden – ohne Stiefel. Ilja Ehrenburg aber kehrt zurück in sein geliebtes Café am Boulevard Montparnasse und gedenkt wehmütig seines Meisters. Sicherlich wäre Jurenito, so resümiert Ehrenburg, von allen Gerichtshöfen der Welt, »das Revolutionstribunal der Russischen Sowjetrepublik und den weisesten Marabut von Zentralafrika inbegriffen«, als Verräter, Lügner und Provokateur gebrandmarkt worden, während er doch »vor unseren staunenden Blicken ein wenig die Tür öffnete, die zum großen und unvermeidlichen Morgen führt«.

Was ist damit gemeint? Was soll der Satz bedeuten, daß der Provokateur der große Geburtshelfer der Weltgeschichte sei? Julio Jurenito sagt einmal: »Die Menschheit geht jetzt durchaus nicht in ein Paradies, sondern in das schwärzeste, härteste Fegefeuer. Es bricht gleichsam eine Freiheitsdämmerung an. Assyrien und Ägypten werden von dieser neuen, unerhörten Sklaverei übertroffen werden. Aber diese Galeeren werden die Vorstufe, das Pfand der Freiheit sein – nicht der Statue auf dem öffentlichen Platze, nicht der abgegriffenen Erfindung des Zeitungsschreibers, sondern der wahren, lebendigen Freiheit, des unfehlbaren Gleichgewichts, der letzten Harmonie. Ihr werdet fragen: wozu war dann dieser Schritt nach rückwärts oder auf die Seite nötig?... Eine Freiheit, die nicht mit Blut genährt ist, sondern umsonst aufgelesen, als ein Trinkgeld empfangen worden ist, muß verrecken. Doch merkt euch, was ich jetzt, wo Tausende von Händen sich nach dem Stocke ausstrecken und Millionen von Rücken wollüstig nach dem Stocke lechzen, sage: es kommt der Tag, und niemand wird mehr den Stock brauchen. Ein ferner Tag! Jetzt aber – auf Wiedersehen!«

Und dem Kommissar, der ihm unbedingt weismachen will, daß mit der bolschewistischen Machtergreifung das Reich der Freiheit angebrochen sei, hält Jurenito vor: »Lieber Genosse, ich zweifle durchaus nicht, daß das Reich der Freiheit einmal anbrechen wird (vielleicht erst dann, wenn die letzten Menschen auf unserem Planeten ausgerottet sein werden). Zunächst treten wir aber gerade ins Reich des unverblümten Zwanges, in dem die Vergewaltigung nicht von der gemeinen, süßlichen Maske englischer Gentlemen verdeckt wird. Ich flehe euch an: verziert eure Peitschen nicht mit Veilchen! Ihr habt eine große und komplizierte Sendung – den Menschen so sehr an Ketten zu gewöhnen, daß sie ihm als zärtliche Umarmungen der Mutter erscheinen. Dazu braucht man sich ihm nicht vorsichtig zu nähern, die Ketten hinter dem Rücken verbergend. Nein, man soll für die neue Sklaverei ein neues Pathos schaffen. Sie scheinen trotz Ihrer Intelligenz und der Vorliebe für Zitate ein tüchtiger und energischer Mann zu sein. Überlassen Sie also die Freiheit den Syphilitikern in den Cafés am Montmartre und tun

Sie, was Sie ohnehin schon tun . . .« Begeistert ruft er aus: »Ihr Kommunisten zerstört die Freiheit, deshalb grüße ich euch. Ihr seid die größten Befreier der Menschheit, weil das herrliche Joch, das ihr der Menschheit aufbürdet, eben nicht aus Gold ist, sondern aus massivem Eisen und angemessen organisiert.« Daraufhin kommt der Meister zur Umschulung ins Lager.

Es ist in der Tat schwer zu sagen, wo hier der Spott aufhört und die Prophetie beginnt. Jedenfalls geriet Ehrenburg, als er sich vom Fellow-Traveller zum Sowjetbürger mauserte, in denselben Konflikt wie sein Julio Jurenito: Er, der illusionslos zum Kommunismus stieß, wurde gezwungen, die Peitschen mit Veilchen zu dekorieren, eine Tätigkeit, die seinem Wesen widersprach und ihn als Schriftsteller ruinierte. Zynismus hat wohl im sowjetischen Leben Platz, nicht aber in der sowjetischen Literatur. Es lohnt sich nicht, auf die zahlreichen stalinistischen Werke Ehrenburgs einzugehen: Personen- und schauplatzreiche Kompendien, die mit gewandter Feder, aber im Unterschied zu den brillanten Frühwerken (*Julio Jurenito*, 1922, *13 Pfeifen*, 1923, *Die Liebe der Jeanne Ney*, 1923, *Der Sommer des Jahres 1925*, 1926, *Das bewegte Leben des Lasik Roitschwanz*, 1928) ohne Witz und ohne dichterischen Funken geschrieben sind. Nur zweimal noch lebte Ehrenburg auf – als er sich als Provokateur betätigen konnte.

Wie die sowjetamtliche Biographie mitteilt, entfaltete Ehrenburg eine »außerordentlich bedeutsame publizistische Tätigkeit im Großen Vaterländischen Krieg[128]«. Beispielsweise schrieb Ehrenburg am 24. Juli 1942 in der *Prawda*:

»Wir wollen nicht reden. Wir wollen uns nicht entrüsten. Wir wollen töten. Wenn du im Laufe des Tages nicht wenigstens einen Deutschen getötet hast, ist dein Tag verloren. Wenn du einen Deutschen getötet hast, töte einen zweiten. Es gibt nichts Schöneres für uns als deutsche Leichen. Zähle nicht die Tage. Zähle nicht die Kilometer. Zähle nur eins: die von dir getöteten Deutschen. Töte den Deutschen! – bittet dich die alte Mutter. Töte den Deutschen! – fleht das Kind. Töte den Deutschen! – schreit die Heimaterde. Verfehle ihn nicht. Laß ihn nicht entkommen. Töte!«

In peitschender Diktion kehrt der Refrain immer wieder: »Jetzt gibt es keine Bücher, keine Liebe, keine Sterne, nichts, außer dem einzigen Gedanken: die Deutschen zu töten. Sie alle zu töten, zu vergraben. Dann erst werden wir schlafen gehen.«

Ob das berüchtigte Flugblatt, das die Rotarmisten zur Vergewaltigung deutscher Frauen aufrief, tatsächlich von Ehrenburg stammt, ist nicht erwiesen. Auf alle Fälle spornte sein zügelloser Haß zu den tausendfachen Morden, Plünderungen und Vergewaltigungen an, die den Einmarsch der Sowjetarmee in Deutschland (aber auch in andere, von Hitler unterdrückte Länder) zu einem unvergeßlichen Schreckenszug machten.

Selbstverständlich wurde der Provokateur, nachdem er seine Schuldigkeit getan hatte, zurückgepfiffen wie weiland Julio Jurenito. »Jeder, der seine Artikel genau liest«, schrieb auf höchste Anweisung der Parteiphilosoph Alexandrow, »muß erkennen, daß sie falsch konzipiert und grundsätzlich verkehrt sind; Ehrenburgs Auffassungen stellen eine Abart des mit dem Sowjetgeist unvereinbaren Faschismus und Rassenhasses dar.[129]« Selbstverständlich bekränzte auch Ehrenburg selbst die brutalen Vorgänge nachträglich mit Veilchen. In seinem stalinpreisgekrönten Roman *Sturm* (1947) zeichnete er die Sowjetsoldaten, wie sie deutsche Kinder streicheln und deutsche Frauen, die sich ihnen anbieten, in ihre Schranken weisen.

Der maßlose Deutschenhaß während des Krieges war eine der wenigen ehrlichen Äußerungsformen Ehrenburgs. Er erklärt sich nicht nur aus dem umgedrehten Rassenhaß, nicht nur aus der bitteren Enttäuschung über das Land, das ihm einst, als er noch Jünger des Julio Jurenito war, die größten literarischen Erfolge bescherte. In den Haß gegen das nationalsozialistische Deutschland legte er all das, was er bei sich zu Hause herunterschlucken mußte. Wir wissen heute, wie sehr Ehrenburg unter dem stalinistischen Terror litt, unter der permanenten Lüge, die sein Talent erstickte, wir wissen heute, wie er um seine Künstlerbrüder, um Meyerhold, Babel, Mandelstam trauerte, die in Stalins Vernichtungslagern zugrunde gingen. Das Verdrängte entlud sich einer Eruption gleich in den Pamphleten des Krieges – wer weiß, ob der große Provokateur nicht mit der physischen Zerstörung der feindlichen Nation die moralische Zerstörung der eigenen erreichen wollte? In der Psychoanalyse nennt man das Phänomen Projektion. Er hat das Seine getan, den Namen der glorreichen Sowjetunion mit Schande zu bedecken.

Ehrenburgs *Tauwetter* (1954/56) war weder das erste noch das stärkste Buch der Entstalinisierung. Es verdankt seinen Ruhm vor allem dem schlafwandlerisch sicheren Griff, mit dem sein Autor ihm einen Namen gab, der Epoche machte. Diejenigen, die Ehrenburg für nichts als einen Opportunisten halten, haben in seinem Buch eine Auftragsarbeit in der Entstalinisierungs-Kampagne des Kreml gesehen – sicher zu Unrecht, denn er hing der Ketzerei noch an, als sie längst gerügt worden war. In Wirklichkeit wird es so gewesen sein, daß Mephistopheles wieder einmal einen günstigen Augenblick nützte, um den Geist der Zerstörung freizusetzen.

In Gestalt des preisgekrönten Malers Wolodja Puchow, eines genialen Pfuschers, der sein Talent, aber nicht seinen Geschmack korrumpiert hat, geht der Provokateur Ehrenburg durch das Buch und verkündet seine zynischen Weisheiten: »... diese Epoche ist nun einmal so. Es ist unwichtig, wie man malt, die Hauptsache ist, ein Thema zu finden, das kein Jahr zu früh und kein Jahr zu spät kommt. Wenn gerade ein Feldzug gegen die Trunksucht im Gange ist – dann bitte: der betrunkene Vati findet das Schlüsselloch nicht, und sein Töchterchen als Mitglied der Pioniere schaut ihn strafend an. Die Kritiker wollen, daß alles gestriegelt ist. Man braucht sich nur für die Malerei zu begeistern, und schon beginnen sie zu schreien: ›Rückfall in den Formalismus‹, ›Farbenkult‹, ›Skizzenhaftigkeit‹, ›Objektivismus‹. Zeigt man ihnen diesen Baum am Fluß, überschlägt sich ihre Stimme: ›Wir pflanzen Lindenalleen. Wem nützt diese zerzauste Weide? Der Herbst ist schön, wenn man Äpfel, den goldenen Wald, einen Feiertag im Kolchos darstellt, aber die Landschaft Puchows macht schwankend.‹ Das kenne ich alles auswendig.« Und: »Früher habe ich weiße Hühner gemalt, heute aber stelle ich eine optimistische Bürgerin dar, die eine Schokoladenreklame in der Hand hält, natürlich die teuerste. Es ist außerordentlich wichtig, alle möglichen Sortimente

von Konfekt zu berücksichtigen. Sie dagegen wollen, daß ich mir über Goya Gedanken mache.« Und: »Raffael wäre heutzutage nicht zum Verband bildender Künstler zugelassen worden.« Und: »Für Ideen zahlt man nichts, mit Ideen kann man sich nur das Genick brechen. In Büchern ist eine Ideologie am Platze. Sie existiert – und das hat seine Ordnung. Ideen aber haben nur Verrückte.«
Übrigens hat Ehrenburg das Schicksal seines Romans mit zynischer Frechheit vorweggenommen: Das Buch beginnt mit einer Leserversammlung in einer Fabrik, wo ein von der Parteilinie abgewichener Roman nach allen Regeln der kommunistischen Scholastik verrissen wird – freilich von einem Mann, der sich auf dem Heimweg selbst einen Lügner nennt. Die Misere der Kunst, die in *Tauwetter* geschildert wird, reflektiert nur die allgemeine Misere der Gesellschaft. Im Mittelpunkt der Handlung steht der Fabrikdirektor Shurawlow, ein seelenloser, parteiergebener Bürokrat, der seine Frau vernachlässigt, Kritik unterdrückt und alle Gelder zur Produktionssteigerung statt zum Bau menschenwürdiger Arbeiterwohnungen verwendet. In dieser heiklen Frage enthält sich Ehrenburg der Zynismen, deren er sich auf dem harmlosen Felde der Kunst so ausgiebig bediente, er flüchtet in die äsopische Sprache und schickt, wie Zebaoth den Philistern, dem Shurawlow ein Unwetter auf den Hals:
»Der Sturm begann eine Stunde vor Morgengrauen und war ungewöhnlich heftig . . . Shurawlow fuhr in die Höhe: schlaftrunken, wie er war, vermochte er nicht zu begreifen, was da los war, ihm schien, als pochte jemand an die Tür. Der Sturm wurde stärker. Man hatte den Eindruck, als steckte in ihm blinde Wut, Empörung und Verzweiflung – er wirft Bäume um, schleudert Pfosten, Dachsparren und Planken zur Seite, deckt Dächer ab und dreht die unglücklichen Menschen wie Kreisel, so als seien sie keine Menschen, sondern Späne; er rafft trockenen, beißenden Schnee vom Boden auf und fegt ihn den Menschen mit Gelächter und Pfeifen in die Augen. ›Was für ein Sturm . . . einen solchen hatten wir noch nie . . .‹, sagten die Leute. Kaum war Shurawlow auf die Straße gerannt, als er auch schon begriff: es muß etwas ganz Schreckliches passiert sein.«
Es fällt nicht schwer zu erkennen, daß dieser Sturm eine Stunde vor Morgengrauen, der mit den windschiefen Arbeiterbaracken die Karriere Shurawlows begräbt, als Gleichnis für den Ausbruch des Volkszorns steht, an dem unser Mephisto Ehrenburg-Jurenito-Puchow seine Freude hat.
In einem Gespräch 1958 mit dem westdeutschen Korrespondenten Gerd Ruge entwickelte Ehrenburg eine Theorie von den drei Phasen der Sowjetliteratur: In den zwanziger Jahren gab es eine bedeutende Literatur, aber nur für Intellektuelle; dann begann die Breitenarbeit, eine Vereinfachung und Verflachung, um neuen Lesermassen einen Zugang zu eröffnen; in den letzten Jahren zeichnet sich eine Tendenz zur künstlerischen Vertiefung ab, die auf eine neue Blüte der Literatur hindeutet[130]. Betrachtet man diese Theorie genau, entpuppt sie sich als eine Neuauflage der Jurenitoschen Theorie von den drei Phasen der Freiheit: von der Anarchie (bürgerlicher Individualismus) über die Tyrannei (Parteidiktatur) zur Harmonie (klassenlose Gesellschaft). Ilja, der Zerzauste, harrte also unverwandt des einst von ihm verkündeten Tages, an dem man keine Peitschen mehr braucht und keine Veilchensträuße, sie zu bekränzen.

Jurenito war die erste, Puchow die letzte Inkarnation des großen Provokateurs Ehrenburg. Dazwischen liegt ein Leben. Wie unterschiedlich sieht doch das Selbstbildnis des Dichters in den beiden Büchern aus:

»So lebe ich«, schließt der *Julio Jurenito*, »es ist kein gutes Leben, aber ich schäme mich seiner nicht und verzweifle nicht. Natürlich werde ich sterben, ohne die wilden Felder mit den Tänzen und dem kindlich sinnlosen Lachen der endlich befreiten Menschen gesehen zu haben. Aber jetzt streue ich die Samen dieser fernen Gräser – Wermut, Johanniskraut und Minze – aus. Das Unvermeidliche wird kommen, ich glaube daran, und allen, die es erwarten, allen meinen Brüdern ohne Gott, ohne Programm und ohne Ideen, den Nackten und Verachteten, die nur den Wind und den Skandal lieben, gilt mein letzter Kuß. Hurra! Hip, hip, hurra! Vive! Zivio! Hoch! Eviva! Bansei!«

Der Ehrenburg des *Tauwetters* lebt immer noch oder schon wieder ohne Gott, ohne Programm und ohne Ideen, liebt immer noch den Wind und den Skandal, aber wie anders klingen nun seine Worte: »Über Puchow debattiert und schreibt man, ist man entzückt, aber niemand weiß, daß in seinem Innern alles leer ist, daß sich hinter seiner Seele nichts verbirgt. Deshalb macht er sich auch über alle lustig. Wenn er sich eines Tages aufhängt, so wird das kaum etwas sein, worüber man sich wundern müßte.«

Nach diesem letzten zynischen Spiel mit sich selbst, das in seiner schonungslosen Aufrichtigkeit seine wohlberechnete Funktion beim Aufbrechen der so lange verlogenen Sowjetliteratur hatte, wurde Ilja Ehrenburg plötzlich sehr ernst. Ein alter Mann, an der Neige seines Lebens – ein Clown, der sich abschminkt. Man muß sein Gesicht von damals sehen. Seine letzten Jahre verbrachte Ehrenburg damit, in den nach dem XX. Parteitag geschaffenen Kommissionen zu sitzen, um seine ermordeten Freunde Meyerhold, Babel, Pilnjak, Mandelstam, die jiddischen Schriftsteller nicht nur politisch und juristisch zu rehabilitieren, was sowieso Parteibeschluß war, sondern auch künstlerisch, also Namen und Werk aus der Vergessenheit zu reißen. In seinen Erinnerungen *Menschen, Jahre, Leben* (1960–1965) gedenkt er ohne Vorbehalt der Toten und Verfolgten.

Auf die Frage seiner Schriftstellerkollegen, wieso er, der alles wußte, so lange Poeta laureatus des Stalinismus sein konnte, findet der brillante Stilist freilich nur eine banale Antwort, die vielleicht sogar die Wahrheit, jedenfalls seine Wahrheit ist: »Ich blieb am Leben – . . . weil es Zeiten gibt, da das Schicksal eines Menschen nicht einer Schachpartie, sondern einem Lotteriespiel gleicht.[131]«

Die Stimme Rußlands

Die Proklamation, der Lärm, die Aufregung sind vorbei. Nun wächst etwas anderes, etwas Neues. Es wächst unaufhörlich und leise wie das Gras. Es wächst wie eine Frucht und wächst unmerklich in den Kindern. Das Wesentliche dieser Epoche ist, daß eine neue Freiheit im Entstehen ist.

BORIS PASTERNAK zu Gerd Ruge 1958[132]

Der Dichter Boris Pasternak (1890–1960) war ein esoterischer, ganz und gar unpolitischer Mensch, schon inmitten seiner lautstarken futuristischen Freunde eher in sich gekehrt, während der Schreckenszeit ein reiner Tor, ein Parzival, der die Abgründe an seinem Weg nicht zu sehen schien, der mit Stalin vollkommen unbefangen über den literarischen Rang des Staatsfeindes Mandelstam plaudern konnte. Um so entsetzter standen die Funktionäre 1956 vor seinem Roman *Doktor Schiwago*, der in früher Tauwetter-Zeit, als alle anderen noch herumtaktierten, wie ein Dammbruch die lange gestaute Substanz der russischen Literatur freisetzte. »Unendlich dankbar, bewegt, stolz, erstaunt, beschämt«, telegrafierte er, als ihm das schwedische Komitee 1958 als erstem sowjetischen Schriftsteller den Nobelpreis verlieh. Wie seinerzeit die nationalsozialistische Regierung Ossietzky, verbot nun die sowjetische Regierung Pasternak die Annahme des Preises.

»Ein Schwein besudelt niemals den Ort, wo es frißt und schläft. Wenn man daher Pasternak mit einem Schwein vergleicht, so ist festzustellen, daß ein Schwein nicht getan hätte, was er tat.« (Wladimir Semitschastni, Sekretär des Komsomol[133].)

Seit Tolstois *Krieg und Frieden* ist Rußland nicht so besungen worden wie in *Doktor Schiwago*. Pasternak ist Lyriker, und so besitzt er wie kaum ein anderer die Gabe, Bilder der Landschaft zu malen, die man nicht vergißt:

Gleich zu Beginn der Landsitz inmitten der endlosen Getreidefelder, gebeugte Ähren in der Sonnenglut eines reglosen Mittags, darüber kreisende Vögel; der Blick in die Weite, über das metallisch blinkende Band des Flusses hinweg auf die Ebene, aus der irgendwo in der Ferne die weißen Dampfwölkchen eines winzigen, wie ein Spielzeug voranskriechenden Schnellzuges steigen.

Der Teich mit den Seerosen, über den ein Boot gleitet, die Blätter mit hartem, trockenem Geräusch durchschneidend; die weißen Blüten mit dem eidottergelben und blutroten Herzstück versinken im Wasser und tauchen dann, vor Nässe tropfend, wieder auf.

Der unablässige Regen über der Stadt in der Steppe, der die schwarze Erde in kaffeefarbenen, zähen Schlamm verwandelt und das Land ringsum in düstere, unergründliche Finsternis taucht.

Ein durch überschwemmtes Land fahrender Zug, dahingleitend über den uferlosen See, in dem Wiesen und Gräben, Sträucher und Bäume, selbst die Wolken versunken sind; verlassen ragt aus der Wasserfläche eine mit Bäumen bestandene Landzunge, ihre von der Wasserspiegelung verdoppelte Silhouette verschwebt im diesigen Himmel.
Die brennende Stadt am Horizont, eingesponnen in das Netz der Bahnlinien und Telegrafenmasten.
Eine Eberesche in der herbstlichen Taiga, prunkend mit ihrem vollen rotbraunen Laub vor dem bleigrauen, winternahen Himmel, übersät mit zahllosen glühendroten Beeren, die sie den hungrigen, geschäftigen Vögeln darbietet, den Dompfaffen und Meisen, die sich in ihr Gezweig geflüchtet haben.
Die kristallene Klarheit der weißen Nacht, eine imaginäre Landschaft unter dem Zaubermantel der Sterne, bläuliches Licht, das die Schatten messerscharf aus dem Dämmer schneidet und die Menschen erschauern läßt.
Winterliches Moskau, Häuser und Gärten unter glitzernden Eiskristallen, Schlitten, stampfende Pferde, vermummte Passanten, Wolken von Dampf aus den Teestuben und Schenken, Schatten und Lichter hinter bereiften Scheiben.
Das Landhaus in Warykino schließlich, in eine weiße, verwehte Fläche gebettet, die bis an den fernnahen Waldrand reicht, wo, vom Mondlicht getroffen, Wölfe sich wie langgestreckte, unheimliche Schatten bewegen und ihr winselndes, gedehntes Heulen zum Haus hinüberschicken.
Pasternak spricht irgendwo von der ›schrecklichen Schönheit der Welt‹. Rußland beherbergt diese schreckliche Schönheit im Übermaß. Ihr Lied hat Pasternak gesungen, angerührt, betroffen und bezwungen von der Schönheit wie dem Schrekken, dem Guten wie dem Bösen, das dieser Kontinent gebar. Wer den Roman gelesen hat, weiß, daß es keine Redensart war, als Pasternak an Chruschtschow schrieb: »Ich bin durch meine Geburt, mein Leben und meine Arbeit mit Rußland verbunden. Ich kann mir mein Schicksal nicht getrennt und außerhalb von Rußland vorstellen ... Das Verlassen meines Landes wäre für mich gleichbedeutend mit dem Tod.[134]«

»*Was kann es Gemeinsames geben zwischen dem großen Humanismus und Demokratismus der klassischen russischen Schriftsteller und dem ›Doktor Schiwago‹, der erfüllt ist von Verachtung und Haß gegenüber dem Volk und seinen Taten?*« (Literaturnaja Gaseta[135]).

Der Roman *Doktor Schiwago* wird von drei Gestalten beherrscht, die im Dreieck angeordnet sind: Schiwago, Lara und Strelnikow. In diesen drei Gestalten ist das Beste aufgehoben, was die russische Literatur, was das russische Volk der Menschheit geschenkt hat, die Leitbilder des liberalen Intellektuellen, der großen Liebenden und des heimatlosen Revolutionärs.
In Juri Schiwago setzt sich die lange Reihe ›überflüssiger Menschen‹ fort, der schwankenden, am Leben zerbrechenden Gestalten, eine Reihe, die mit Puschkins *Eugen Onegin* einsetzt, über Lermontows *Held unserer Zeit* und Gontscharows *Oblomow* zu Pierre Besuchow in Tolstois *Krieg und Frieden*, zu Fürst

Myschkin in Dostojewskis *Idiot* führt und sich in Gorkis *Klim Samgin* behauptet hat. Es sind Menschen, die zu gut, zu human, zu sensibel fürs Leben sind, die dazu verdammt sind, auf den Grund der Dinge zu sehen, und heimgesucht werden von einer Art metaphysischem Überdruß. »Was die kleinlichen Geschäfte der Welt, die Umgestaltung des Erdballs etwa, anbelangt«, sagt Lara am Sarge Schiwagos, »so müssen wir bedauern, daß sie unsere Sache nicht sind.«

Die sowjetischen Rezensenten haben sich vor allem an einer Szene gestoßen, die Schiwago an der Seite roter Partisanen in Sibirien durchlebt. Von den Roten zwangsweise rekrutiert, sympathisiert er mit ihren Gegnern, bürgerlichen Studenten, die gegen die Sowjetmacht kämpfen, ist aber im Verlauf des Gefechts gezwungen, auf sie zu schießen; obwohl er auf einen Baumstamm zielt, trifft er einen Jungen, der in die Schußlinie läuft, er beklagt sein Opfer, aber auch einen roten Telegrafisten, der auf der eigenen Seite gefallen ist, läßt einen gefangenen Weißgardisten entkommen, bleibt aber selber bei den Roten. »In einer kurzen Zeitspanne legt also Ihr Held den komplizierten Weg mehrmaligen Verrats zurück«, schrieb das Redaktionskollegium von *Nowy Mir*, das den Roman verwarf, an Pasternak. ›Dieser drei- oder vierfache Verrat muß bei jedem vernünftigen Menschen Abscheu erregen ... Sie aber sind mit der ganzen Kraft Ihres Talents bestrebt, Schiwago in dieser Szene zu rechtfertigen, und somit versteigen Sie sich schließlich zu einer Apologie des Verrats.[136]«

Es wäre Pasternak leichtgefallen, die Haltung seines Helden zu beschönigen, ihn vor dem Odium grenzenloser Hilflosigkeit und Verwirrung zu bewahren. Aber sein Schiwago ist eben kein ›vernünftiger‹ Mensch, er versagt vollkommen vor den Geschäften der Welt, von denen das Totschießen eines der wichtigsten ist. Schiwago beugt sich in Demut: »Ich bin von allen bezwungen, und das ist mein einziger Sieg.«

Lara, die Geliebte des Doktor Schiwago, ist eine Schwester der *Anna Karenina* Tolstois, der Dirne Sonja in Dostojewskis *Schuld und Sühne*, der Katerina in Alexander Ostrowskis *Gewitter* und der Nina in Tschechows *Möwe*, der *Schönen Dame* Blocks und der Axinja in Scholochows *Stillem Don*. Aus der Fülle der Gefühle ist sie Heilige und Sünderin. Ihr Herz strömt über, wie das Herz Rußlands überströmt; wie Mütterchen Rußland selber spendet sie Segen und Verhängnis, Glück und Leid. Ihre Liebe ist Herdfeuer und Feuersbrunst zugleich. Diese Liebe setzt sie gegen die Welt, die aus den Fugen ist. »Alles, was zu Sitte und Brauch gehört, ist gestürzt und liegt zertrümmert zu Boden«, sagt Lara in der großen Liebesbegegnung mit Juri Schiwago. »Nichts blieb als ein ungewöhnliches, nacktes Verlangen nach Liebe, für die sich nichts geändert hat, denn all die Zeit über hat sie gezittert vor Frost und gebebt und sich zu einer Herzensangst hingezogen gefühlt, die ebenso nackt und einsam ist wie sie. Wir beide sind wie die beiden ersten Menschen, wie Adam und Eva, die nichts hatten, womit sie sich nach der Erschaffung hätten bedecken können; und wir sind jetzt genauso nackend und ohne ein Dach über uns am Ende der Welt; und wir beide – ich und du – sind die letzten Erinnerungen an das übersehbar Große und Gewaltige, das in der Welt im Laufe der Jahrtausende zwischen ihnen und uns geschaffen wurde. Und in der Erinnerung an diese dahingeschwundenen Wunder atmen wir und lieben wir, weinen wir und halten uns aneinander fest und fühlen uns zueinander hingerissen.«

Pawel Antipow, genannt Strelnikow, Laras Mann, ist ein Nachfahre des Nihilisten Basarow in Turgenjews *Väter und Söhne*, des Rachmetow in Tschernyschewskis *Was tun?*, des Stawrogin in Dostojewskis *Dämonen*, des Grigori Meljechow in Scholochows *Stillem Don*. Er ist einer jener einsamen, besessenen, tragischen Revolutionäre, die das Salz der russischen Geschichte sind, einer aus dem Jahrhundertzug von Märtyrern und Verdammten, der über die große sibirische Straße zog. Allen Revolutionären Rußlands ist hier ein Denkmal gesetzt – nicht zuletzt den Helden des Roten Oktober, die wie dieser Revolutionär des Romans von der Revolution gefressen wurden. »Klarheit der Vorstellung, Gradlinigkeit, Prinzipienstrenge, Rechtlichkeit, Rechtlichkeit, Rechtlichkeit – Strelnikow«, urteilt selbst Schiwago, sein Gegenspieler. Und Lara, die an dem Fanatismus ihres Mannes verzweifelt, bekennt, daß sie auf den Knien bis an den Rand der Welt kriechen würde, um bei ihm zu sein.

»Das alles gehört in ein anderes Leben«, sagt unerschütterlich Strelnikow. »Zuerst muß ich mein neues Dasein zu Ende leben, ehe ich in jene Existenz zurückkehre, die so jäh unterbrochen wurde. Eines Tages wird es soweit sein. Aber wann, aber wann?« Aufgewachsen in der düsteren Welt der Vorstädte, hat Antipow immer nach Größe und Reinheit gestrebt, nach Gerechtigkeit. Er ist, sagt Schiwago, nicht über der Lektüre von Büchern verrückt geworden, sondern durch Leiden und Prüfungen. Er hat aus Menschenliebe Berge versetzt – aber über der Menschheit die Menschen vergessen. »Um wirklich Gutes zu wirken, mangelte es seinem rigorosen Geist an jener Großmut des Herzens, die den besonderen Fall höher als den allgemeinen achtet und gerade dadurch wirklich groß ist, daß sie das Kleine, das Geringe tut.« So verliert er alles und scheitert.

Aber was besagt das schon? Auch Schiwago scheitert ja. Alle drei, Schiwago, Lara und Strelnikow, gehen, jeder für sich, den ihnen bestimmten Weg zu Ende. Ungebrochen bekennt der schon von der Tscheka gejagte, dem Tode verfallene Revolutionär in seinem letzten Gespräch mit Schiwago: »Nun, sehen Sie, das ganze neunzehnte Jahrhundert, seine Revolutionen in Paris, die Generationen russischer Emigranten mit Herzen an der Spitze, alle Zarenmorde, die mißlungenen wie die gelungenen, die ganze Arbeiterbewegung der Welt, der Marxismus in den Parlamenten und Universitäten Europas, das gesamte neue System von Ideen, mit der Neuartigkeit und durchschlagenden Kraft ihrer Konsequenzen, ihrer Ironie und den im Namen der Barmherzigkeit propagierten unbarmherzigen Errungenschaften. Alles das hat einer in sich aufgenommen und allgemeingültig zum Ausdruck gebracht, Lenin, um als personifizierter Rachegeist für alles, was geschah, über die Vergangenheit herzufallen. Und an seiner Seite erstand das unauslöschliche, gewaltige Bild Rußlands, das vor den Augen der ganzen Welt plötzlich als ein Licht der Erlösung von allem Unheil und allem Mißgeschick, das über die Menschheit gekommen war, erstrahlte . . .«

»Das ist ein boshaftes Pasquill auf die sozialistische Revolution ... Ein wütender Spießer hat seiner rachsüchtigen Gereiztheit freien Lauf gelassen.«
(Sowjetkritiker D. Saslawski[137].)*

Pasternak läßt keinen Zweifel an der Notwendigkeit der Revolution. Er findet bittere und böse Worte über die Herrschaft des Zarismus, ›jene Welt der Infamie und der Falschheit‹, er verachtet das Leben der Reichen, in welchem er ›etwas Morbides‹ sieht. »Selbst wenn man mich dafür bezahlte«, sagt eine der Personen im Roman, »so wollte ich nicht eine so altmodische Fabrik leiten. Das wäre ein Rückfall in die Barbarei früherer Zeiten, wie wenn man plötzlich wieder nackt herumlaufen oder das Alphabet vergessen würde. Nein, die Geschichte des Eigentums in Rußland ist zu Ende.« Und Lara ruft: »Wie aufregend diese Schüsse klingen. Selig sind die Unterdrückten und Schwachen, selig die Betrogenen. Gott segne euch, ihr Schüsse, ihr habt das gleiche Ziel wie ich.«
Schiwago nennt die Revolution eine wunderbare Chirurgie. »Man nimmt einfach ein Messer und schneidet kurz entschlossen kunstvoll die alten stinkenden Geschwüre heraus. Man räumt in aller Öffentlichkeit mit einer jahrhundertealten Ungerechtigkeit auf, vor der sich jedermann ehrfürchtig dienernd bis zur Erde hinabbeugte. In dieser Art, die Dinge rücksichtslos bis zum Ende voranzutreiben, liegt etwas Ur-Russisches ... – etwas von Puschkins unerbittlicher Klarheit, von der unverbrüchlichen Treue zur Realität, wie man sie bei Tolstoi findet.« Auch er glaubt, »daß es Rußland bestimmt ist, das erste sozialistische Reich seit dem Bestehen der Welt zu werden«, und er weiß, daß diese Entwicklung unwiderruflich ist. »Die neue Ordnung wird uns so vertraut und gewohnt sein wie der Wald am Horizont, wie die Wolken über uns. Sie wird uns von allen Seiten umgeben. Es wird nichts anderes mehr geben als sie.«
Selten sind über die Revolution so tiefe Worte gesagt worden, wie sie Schiwago, ihr angeblicher Todfeind, sagt: »Nur einmal in der ganzen Ewigkeit kann sich etwas so Unerhörtes ereignen. Bedenken Sie nur: ganz Rußland hat wie durch einen gewaltigen Sturm das Dach über dem Kopf verloren, und wir stehen nun mit dem ganzen Volke unter dem offenen Himmel im Freien ... Gestern habe ich an einer nächtlichen Versammlung teilgenommen. Ein tolles Schauspiel! Mütterchen Rußland ist in Bewegung geraten, es kann nicht mehr auf seinem Platz bleiben, ruhelos geht es hin und her, es redet und redet und wird nicht müde. Es sind nicht die Menschen allein, die miteinander reden. Die Sterne und die Bäume haben sich zum Gespräch versammelt; die Blumen der Nacht philosophieren, und die Steinhäuser halten Meeting ab. Das hat etwas vom Evangelium, nicht wahr? ... Jedermann lebte auf, wurde wiedergeboren! Überall Verwandlungen, Umwälzungen! Man könnte sagen, daß jeder zwei Revolutionen mitgemacht hat – eine persönliche und die allen gemeinsame. Der Sozialismus kommt mir vor wie ein Meer, in das sich all die individuellen Revolutionen gleich Sturzbächen ergießen, ein Ozean des Lebens, der Freiheit ...«
Dem widerspricht scheinbar die heftige Kritik am Kommunismus, die an anderen

* Im Jahr 1917 nannte Lenin den Kritiker Saslawski eine ›hochstaplerische, käufliche Feder‹.

Stellen des Romans geübt wird. »Der Herdentrieb ist immer die Zuflucht für Unbegabte«, heißt es da, und: »Der Marxismus zeigt zu wenig Selbstbeherrschung, um eine Wissenschaft zu sein. Die Wissenschaften sind für gewöhnlich ausgeglichener und gerechter. Marxismus und Objektivität? Ich kenne keine geistige Bewegung, die mehr auf sich selber bezogen und weiter entfernt von den Tatsachen wäre als der Marxismus. Jedermann bemüht sich, seine Ideen durch die praktische Erfahrung nachzuprüfen. Die Machtmenschen jedoch tun alles nur Erdenkliche, um der Wahrheit den Rücken zu kehren, weil sie an den Mythos von der eigenen Unfehlbarkeit glauben. Die Politik sagt mir nichts. Ich mag die Menschen nicht leiden, die sich der Wahrheit gegenüber gleichgültig verhalten.«
Weiter: »Es hat sich aber herausgestellt, daß die Führer der Revolution nichts auf der Welt so sehr lieben wie das Chaos und den dauernden gewaltsamen Wechsel. Sie fühlen sich da in ihrem Element. Sie wollen sich nicht vom Brot ernähren wie jedermann. Sie wollen die Erdkugel umgestalten. Der Aufbau neuer Welten und die Perioden des Übergangs dienen ihnen als Selbstzweck. Sie haben nichts anderes gelernt und verstehen auch nichts anderes.«
In der Auseinandersetzung mit einem kommunistischen Führer sagt Schiwago: »Die Ideen der allgemeinen Vervollkommnung, wie man sie seit dem Oktober propagiert, können mich nicht begeistern. Im übrigen sind wir von ihrer Verwirklichung noch weit entfernt. Für die bloße Phrase ist bis heute schon so viel Blut gezahlt worden, daß man wohl sagen kann, das Ziel rechtfertigt die Mittel nicht. Wenn ich von der Umgestaltung unseres Daseins reden höre, gerate ich in Verzweiflung und verliere die Gewalt über mich.«
Und er schreit seinem Gesprächspartner ins Gesicht: »Verstehen Sie, verstehen Sie doch endlich, daß das alles nicht für mich gilt . . . – alle diese Banalitäten sind nichts für mich. Ich sage A, aber ich werde nicht B sagen, und wenn Sie vor Ärger darüber zerplatzen! Ich lasse gelten, daß ihr die Fackel und die Befreier Rußlands seid, daß es ohne euch zugrunde gehen, in Armut und Unbildung ersticken würde – und dennoch geht ihr mich nichts an. Ich kümmere mich nicht um euch. Ich liebe euch nicht und wünsche euch alle zum Teufel. Eure Lehrmeister treiben Schindluder mit Sprichwörtern, aber den wichtigsten Spruch haben sie vergessen: Mit Gewalt erreicht man keine Liebe! Und so haben sie sich daran gewöhnt, jene zu befreien und zu beglücken, die darum nicht bitten.«
Nimmt der Roman nun für oder gegen den Kommunismus Partei? Ein junger sowjetischer Redakteur hoffte, wie Pasternak erzählt, das Buch durch einige Kürzungen für die Sowjetunion akzeptabel zu machen. Der Dichter war damit einverstanden, auch er meinte, daß eigentlich nur eine Stelle, die im Westen immer wieder zitiert werde, anstößig sei – ›vielleicht drei Seiten aus einem Buch von 700 Seiten[138]‹. In der Tat hätte man auf diese Weise die antikommunistischen Passagen leicht entfernen können – wie man andererseits durch einige Striche auch die prokommunistischen Äußerungen entfernen könnte. Aber was wäre damit gewonnen? Das Problem liegt tiefer.

»Dieser Mensch berauschte sich an seinem Geschreibsel und gelangte zu einer extremen Pathologie des Individualismus.«
(Sowjetschriftsteller Leonid Sobolew[139].)

Die Aussage des Romans, sein ›Pathos‹, wie die Russen sagen, wird nicht durch diese oder jene politische Tendenz bestimmt, sondern durch eine universale geistige Haltung, von der jede Zeile des Werkes geprägt ist. Diese geistige Haltung ist religiös durchtränkt, allerdings nicht im Sinne irgendeiner Katechismus-Weisheit. Es ist ein sehr östliches Christentum, versetzt mit abendländischer Philosophie, in dem, wie es scheint, nicht einmal für die Vorstellung eines persönlichen Gottes Platz ist. Drei Gedanken ziehen sich durch den Roman:
Als erstes die Ehrfurcht vor dem Leben. »Der Mensch«, sagt Schiwago, »wird geboren, um zu leben, und nicht etwa, um sich auf das Leben vorzubereiten. Das Leben selber, das Phänomen des Lebens, das Geschenk des Lebens – gibt es etwas Ernsteres und Ergreifenderes? Aus welchem Grund setzt man jetzt an seine Stelle diese knabenhafte Harlekinade von dürftigen Fiktionen?« Und: ». . . der Zeitgeist – dieser Geist der pathetischen und hochtrabenden Reden, der jetzt so verbreitet ist, das Genre: Morgenröte der Zukunft, Aufbau einer neuen Welt, Leuchten der Menschheit. Wenn man diese Worte hört, sagt man sich im ersten Augenblick: welche breitwürfige, grandiose Phantasie, welcher Reichtum! Wenn man jedoch näher zusieht, stellt sich heraus, daß die hochtrabenden Worte nichts sind als ein Mangel an Begabung. Gerade die alltäglichen und gewöhnlichen Dinge sind es, die magisch wirken, wenn die Hand des Genius sie berührt.«
Die Marxisten könnten, wenn sie sich nicht durch Pasternaks Ausfälle gegen den Marxismus abschrecken ließen, eine interessante Entsprechung zum jungen Marx entdecken: den Begriff der Entfremdung. Der Zugang zum wirklichen Leben, zum wirklichen Menschsein, ist durch eine Fetischwelt verstellt. Diese Fetischwelt ist bei Marx, auf den Kapitalismus gemünzt, ökonomischer Natur, bei Pasternak, auf den Kommunismus bezogen, politischer Natur. Es ist in dem einen Fall die Welt der Waren, in dem anderen die Welt der Phrasen, der ›politische Mystizismus‹. Daher Pasternaks Antipathie gegen die Politik, daher die Erklärung, ihn gingen Siege wie Niederlagen des Kommunismus nichts an. Mit einer großen Handbewegung wischt der Dichter den ganzen Zauber hinweg und lenkt den Blick auf das Eigentliche des Lebens: das kreatürliche Dasein des Alltags mit Arbeit und Pflicht, Liebe und Familie, Kunst und Wissenschaft. Und er zeigt, wie all das in der Sturzflut der Phrasen untergeht.

Der zweite Grundgedanke des Romans ist das Mysterium der Persönlichkeit. Zieht man vom Leben die Phrasen und Redensarten ab, bleibt der einzelne übrig, der Mensch selber, der konkrete Mensch. Um ihn kreisen alle Dinge, er steht, in aller Demut, im Mittelpunkt der Welt. »Wenn es nach dem Evangelium im Reiche Gottes weder Griechen noch Hebräer gibt, soll das nun heißen, daß vor Gott alle gleich sind? Das wäre nichts Neues gewesen, das wußten schon vorher die griechischen Philosophen, die römischen Moralisten und die Propheten des Alten Bundes. Das Evangelium verkündete jedoch, daß es in dieser neuen, vom

Herzen inspirierten Gemeinschaft, die das Reich Gottes genannt wird, keine Völker mehr gibt, sondern nur Personen.«

Diese für Pasternak charakteristische Auffassung vom Christentum wird an einer anderen Stelle des Buches wiederholt: »Es hatte sich in der Welt etwas verändert. Rom hatte sein Ende erreicht. Tot waren die Macht der Zahl und die mit Waffengewalt aufgezwungene Notwendigkeit, im Verband eines Volkes zu leben. Führer und Völker gehörten nun der Vergangenheit an. Die Persönlichkeit, die Predigt von der Freiheit traten an deren Stelle. Das einzelne menschliche Leben wurde zur Geschichte Gottes, erfüllte mit seinem Gehalt des Weltalls Raum.« Nur von diesem Gedanken aus, der dem Einzelleben eine heilige, eine göttliche Funktion zuweist, ist die anmaßend klingende Äußerung Schiwagos über seine Freunde aus der Sowjetintelligenz zu verstehen: »Das einzig Besondere an euch ist, daß ihr in einer Zeit lebt mit mir und daß ihr mich kennt.« Diese Leute haben eben ihm, Schiwago, nichts weiter zu geben. Das ist auch das Leitmotiv der im Anhang angeführten Gedichte. »Ich bin allein. Rings um mich Pharisäer. Das Leben ist kein Gang durchs Feld.«

Überhaupt enthalten die Gedichte des Anhangs Pasternaks ganze Theologie, wenn wir sie einmal so nennen wollen. Schon die Titel sprechen davon: *Der Stern der Geburt, Das Wunder, Karwoche, Gethsemane.* Das beherrschende Thema dieser Gedichte ist die Passion, der Opfergang. Doch der Schicksalsweg des Einzelmenschen wird nicht nur durch Christus bezeichnet, sondern auch, das ist ein eigenartiger Gedanke Pasternaks, durch Maria Magdalena.

»Es hat mich immer beschäftigt, warum Magdalena ausgerechnet am Vorabend des Osterfestes genannt wird, an der Schwelle des Todes Christi und seiner Auferstehung. Ich kenne die Ursache nicht; aber die Erinnerung an den tieferen Sinn des Lebens kommt so gelegen im Augenblick des Abschiednehmens von ihm und in der Zeit vor seiner Wiederkehr.« Maria Magdalena ist für Pasternak die Inkarnation des Menschlichen ohne alle Zutat und scheinheilige Glorie: »Sie fleht Christus an, ihre Reuetränen gnädig hinzunehmen und auf das Flehen ihres Herzens zu achten, auf daß sie seine reinen Füße mit ihrem Haar trocknen dürfe, unter dessen Mantel sich einst im Paradies Eva in ihrer Scham und ihrem Schrekken verbarg. Und plötzlich hören wir nach dem Passus mit den Haaren den Ausruf, der sich ihrem Herzen entringt: ›Wer die Vielfalt meiner Sünden kennt, erfaßt auch die Tiefe deines Plans.‹ Welche gedrängte Kürze, welche Gleichsetzung von Gott und Leben, von Gott und Persönlichkeit, von Gott und Weib!« Diese Begegnung, die hier für die Begegnung Schiwagos mit Lara steht, weitet das Mysterium der Persönlichkeit zu einem Mysterium der Liebe.

Das führt uns zu dem dritten Grundgedanken des Werkes: der Auferstehung. »Es gibt keinen Tod«, meint Schiwago. »Es wird keinen Tod geben, sagt der Evangelist Johannes, und nun hören Sie, wie einfach er argumentiert: Es wird keinen Tod geben, weil das Vergangene vergangen ist. Das ist fast so, als hätte man gesagt, es gibt keinen Tod, weil wir das alles schon gesehen haben, es ist veraltet und es langweilt uns. Uns verlangt nach Neuem, das Neue aber ist das ewige Leben.« Schiwago erläutert: »Das ganze Leben ist erfüllt vom selben, unermeßlich gleichbleibenden Leben des Alls, und es erneuert sich in jedem Augenblick in unzähligen Verbindungen und Wandlungen. Sie fürchten die Frage, ob Sie auferstehen werden oder nicht? Aber Sie *sind* schon auferstanden, als Sie geboren wurden, nur haben Sie es nicht gemerkt.«

Das hat mit dem Christentum, wie wir es kennen, wenig zu tun, hier verschmilzt uralte christliche Mystik, die in der Tiefe der russischen Seele ein Asyl gefunden hat, mit dem Pantheismus der deutschen Philosophie und der Weisheit der Upanischaden. Ist das noch Abendland, ist das schon Morgenland, was Schiwagos verehrter Lehrer, übrigens ein Revolutionär und Kommunist, verkündet: »Die Macht, die den Menschen im Laufe der Jahrhunderte über das Tier erhoben und so weit gebracht hat, war nicht die Knute, sondern die Musik: die unwiderstehliche Gewalt der unbewaffneten Wahrheit und die Anziehungskraft ihres Beispiels. Man hat bis jetzt immer die moralischen Maximen und Sittengesetze für das Wichtigste im Evangelium gehalten. Für mich besteht das Wesentliche darin, daß Christus seine Gleichnisse, mit deren Hilfe er die Wahrheit erhellt, aus dem Alltagsleben genommen hat. All diesem liegt der Gedanke zugrunde, daß die Gemeinschaft unter den Sterblichen unsterblich ist und daß das Leben als solches, weil es eine tiefere Bedeutung hat, symbolisch ist.«

An dieser Stelle wird der Individualismus Schiwagos aufgehoben. Der Pseudogemeinschaft des sowjetischen Kollektivs, das die Persönlichkeit erstickt (und sich schon durch die Praxis der Denunziation und des Kampfes aller gegen alle entlarvt), stellt Pasternak die Gemeinsamkeit alles dessen gegenüber, was lebt und webt, mag man es nun Gott, Weltseele, Allmaterie nennen – die Partitur des Daseins, in der der einzelne eine Stimme im Chore singt. Dieser Existenz wird nur teilhaftig, wer sich dem Leben hingibt, der Liebe, der Schönheit und dem Schmerz, der Geburt und dem Tod.

Pasternak ist Lyriker, und so bringt er seine Gedankengänge nicht in der Ordnung und Konzentration vor, wie sie hier aufgeführt wurden. Pasternak fehlt die Logik des Philosophen wie die Objektivität und kompositorische Klarheit des Epikers. Andeutungen, Überschneidungen, Widersprüche bestimmen das Bild. Das Kolossalgemälde verschwimmt zuweilen. Nicht alle Gestalten sind profiliert, und die profilierten sprechen alle dem Autor aus der Seele. Es ist ein Bekenntnisbuch, eine Schau der Welt von innen her; es ist aus dem Dichter geströmt wie ein Gedicht.

Staunend steht er vor dem Werk, es scheint, daß er weder an den Schönheiten noch an den Schwächen des Werkes Eigentumsrecht geltend macht. Er spricht davon wie von einem anderen Wesen, das durch ihn hindurchging wie durch ein Medium, das er hinnehmen muß, wie es ihm gegeben ward. Er erzählt, daß er über der französischen Übersetzung des Buches vor Ergriffenheit weinte. So ist ihm auch der Gedanke vollkommen unverständlich, daß er mit dem Roman die Sowjetgesellschaft herausgefordert habe. Um so schlimmer für die Gesellschaft, mag er denken, denn die Dichtung kommt ja von einer höheren Instanz, als er selber und alle seine Kritiker es sind. In dieser vollkommen naiven Hingabe an das Gute, Schöne und Wahre, wie sie nur ein Mann aufbringen kann, der trotz vierzig Jahren Sowjetmacht mit keiner Faser seiner Seele der Verführung des Denkens verfallen ist, liegt das Anrührende und Große dieses Romans.

»*Nur ein Mensch, der unserem Leben vollkommen fremd gegenübersteht, ein Fossil der vorrevolutionären Vergangenheit ... ein Unkraut ...*« (Sowjetkritiker D. Saslawski[140])

Von seiner Philosophie her klärt sich die Ambivalenz Pasternaks zur Revolution. Er spricht davon, daß jede Revolutionsmacht drei Phasen durchläuft. Der Anfang der Revolution ist ein reinigendes Gewitter, ein Triumph der Vernunft, des freien und kritischen Geistes, ein Aufräumen mit den Vorurteilen. Dieser Aspekt der Revolution war es, den Pasternak einst in seinen Poemen *Leutnant Schmidt* und *Das Jahr 1905* (1927) besang. Und um diesen Aspekt der Revolution trauert Schiwago: »Nach einer Wehklage um Lara beweinte er auch jenen Sommer in Meljusejewo, als die Revolution noch wie ein vom Himmel auf die Erde herabgestiegener Gott war, der Gott jenes Sommers, und als jeder auf seine Weise verrückt war und das Leben eines jeden noch für sich selber existierte, nicht aber als eine Bestätigung und Rechtfertigung der höheren Politik.«
Die Sowjetkritiker haben Pasternak vorgeworfen, daß er in seinem Buch nicht fein säuberlich zwischen der (demokratischen) Februarrevolution und der (bolschewistischen) Oktoberrevolution unterscheide. Das stimmt in der Regel, denn Pasternak interessiert die Revolution nicht als politisches, sondern als kosmisches Ereignis. Was allerdings den Sommer von Meljusejewo anbelangt – so war es der Sommer der demokratischen Revolution.
Wer A sagt, braucht nicht B zu sagen, erklärt Schiwago, und er meint damit seine Ablehnung der zweiten Phase der Revolution. In dieser zweiten Phase wächst der Geist der Borniertheit und Gemeinheit, des Mißtrauens, des Denunziantentums und der Lüge. »Eigentlich verlangen sie ja nur wenig«, sagte Pasternak zu einem schwedischen Korrespondenten, »eigentlich nur eines: man soll hassen, was man liebt, und man soll lieben, was man verabscheut. Das, ja das ist das Schwerste von allem![141]«
Alle drei Protagonisten des Romans sterben an diesem System: Strelnikow erschießt sich auf der Flucht vor der Tscheka, Lara endet in einem Konzentrationslager, und Schiwago erstickt in einer überfüllten Straßenbahn, mit letzter Kraft an dem verschlossenen, die frische Luft verwehrenden Fenster rüttelnd. Wir wissen wenig darüber, wie Pasternak selber diese Zeit überstanden hat. Er machte weder als Mensch noch als Dichter Zugeständnisse und ernährte sich von Übersetzungen. Man sagt, der Diktator persönlich habe seine Hand über Pasternak gehalten – als Dank für die Übertragung georgischer Dichtung, der Dichtung aus Stalins Heimat.
Von der dritten Phase der Revolution ist in dem Buch wenig die Rede, doch mündet alles dorthin. Während des Krieges keimte zum erstenmal die Hoffnung (es waren die einzigen Jahre innerhalb der zwei Jahrzehnte Stalinismus, in denen Pasternak sein Schweigen brach und Gedichte veröffentlichte). Zwei überlebende Freunde Schiwagos unterhalten sich: »Erstaunlich! Nicht nur für dich als Konzentrationslagerinsassen, sondern für uns alle ... brach der Krieg wie ein Sturm der Läuterung und Befreiung mit einem frischen Luftstrom herein. Ich meine, die Kollektivierung war eine falsche, eine mißglückte Maßnahme, aber den Feh-

ler konnte man schlecht eingestehen. Um den Mißerfolg zu verheimlichen, mußte man den Menschen mit allen Mitteln der Einschüchterung das Denken und Urteilen abgewöhnen und sie dazu nötigen, Dinge zu sehen, die es gar nicht gab und die dem Augenschein widersprachen. Von hier stammte die beispiellose Härte der Politik ... Als dann der Krieg ausbrach, erwiesen sich die realen Greuel, die reale Gefahr und die Bedrohung durch den realen Tod als ein Segen im Vergleich zu der unmenschlichen Herrschaft des bloß Erdachten, und das schaffte Erleichterung; denn durch ihn wurde die zauberische Macht des toten Buchstabens in Grenzen gehalten. Nicht nur die Konzentrationslagerinsassen, wie du, atmeten freier, sondern alle in der Etappe und an der Front waren von dem Gefühl wahrer Glückseligkeit erfüllt und stürzten sich in den Hochofen des grausamen Kampfes, der zum Tode führen konnte und zur Erlösung.« Das Buch schließt: »Wenn auch der Sieg die erhoffte Aufklärung und Freiheit nicht gebracht hatte, so gab es doch eine Vorahnung der Freiheit; und diese bildete den einzigen historischen Gehalt der Nachkriegszeit.«

Die geschichtsphilosophische Konzeption gestattete es Pasternak, den Hebel sehr viel tiefer anzusetzen als alle anderen Tauwetter-Autoren. Er ist kein ›Revisionist‹, er befaßt sich nicht mit der Korrektur von Mißständen und der Verbesserung des Systems. Er zieht gegen das System der Entfremdung überhaupt zu Felde, gegen die zauberische Macht des toten Buchstabens und der Lüge. »Im Hinblick auf die Sorgen um die Werktätigen«, heißt es einmal im Roman, »um den Mutterschutz, um den Kampf gegen die Macht des Profits ist unsere Revolutionszeit eine nie dagewesene, unvergeßliche Zeit mit Errungenschaften, die für immer bleiben werden. Was nun aber das Verstehen des Lebens betrifft, die Philosophie des Glücks, wie sie jetzt gleichsam eingepflanzt wird, so möchte man einfach nicht glauben, daß das ernst gemeint ist, ein so lächerliches Restchen ist geblieben.« Alle jene Kritiker irren, für die aus dem Roman *Doktor Schiwago* das alte Rußland zu sprechen scheint. In Wirklichkeit ist der Roman nur als nachrevolutionäres Werk denkbar, Pasternak wendet sich an das kommende Rußland. Er malt als Dichter die große Alternative, vor der das Regime zittern muß. Das ist das Geheimnis, warum die Verse dieses esoterischen Dichters, darunter die im Anhang des *Schiwago* gesammelten, auf Tausenden von handgeschriebenen Zetteln in der Sowjetunion zirkulierten. Das ist das Geheimnis, warum dieser alte Mann, dessen Verse Jahrzehnte hindurch unterdrückt wurden und auch heute nur in geringem Umfange publiziert werden, nach den Worten eines Sowjetkritikers zum ›poetischen Fanal der Jugend‹ wurde[142].

Unvergeßlich bleibt jene Episode 1946 im Moskauer Säulensaal: Nach vielen Jahren las Pasternak zum ersten Mal wieder öffentlich seine Gedichte. Als er zu sprechen begann, erhoben sich die Anwesenden und brachten ihm eine lange Ovation dar. Während des Vortrags entglitt dem Dichter ein Blatt. Er bückte sich, um es aufzuheben, da hörte man eine Stimme im Saal, die Pasternaks Poem aus dem Gedächtnis weiter rezitierte, andere Stimmen fielen ein, und die Versammlung deklamierte im Chor das unterbrochene Gedicht. Pasternak murmelte unter Tränen: »Spassibo wam, dorogije – Ich danke euch, meine Lieben.[143]« Es war, als hätte Rußland selbst gesprochen.

FAZIT 1 Die Partei und die Kunst

Auch die Partei ist ein Käfig, und es singt sich, selbst für die Partei, besser draus als drin.

Der Dichter FREILIGRATH an Marx 1860[144]

Um die sowjetische Kulturpolitik zu verstehen, muß man zunächst ihre theoretischen Grundlagen näher betrachten, das, was die Kommunisten Marxistisch-Leninistische Ästhetik nennen, was aber mit Marxismus verhältnismäßig wenig zu tun hat.

Die prinzipiellen Auffassungen von Marx und Engels über Kunst und Literatur liegen im Historischen Materialismus begründet. »Es ist nicht das Bewußtsein der Menschen, das ihr Sein, sondern umgekehrt ihr gesellschaftliches Sein, das ihr Bewußtsein bestimmt.« (K. Marx, *Zur Kritik der politischen Ökonomie*, Vorwort, 1859[145]) Die Kunst gehört als eine Form des gesellschaftlichen Bewußtseins zum ideologischen Überbau und ist von der ökonomischen Basis abhängig. Diese Abhängigkeit wurde von Marx und Engels ursprünglich sehr streng gefaßt als Reflex, Echo, Sublimat (*Die deutsche Ideologie*, 1845/46[146]), von dem alten Engels aber in Auseinandersetzung mit dem Vulgärmarxismus erheblich gelockert.

»Die ökonomische Lage ist die Basis, aber die verschiedenen Momente des Überbaus – politische Formen des Klassenkampfes und seine Resultate – Verfassungen, nach gewonnener Schlacht durch die siegende Klasse festgestellt, usw. – Rechtsformen, und nun gar die Reflexe aller dieser wirklichen Kämpfe im Gehirn der Beteiligten, politische, juristische, philosophische Theorien, religiöse Anschauungen und deren Weiterentwicklung zu Dogmensystemen üben auch ihre Einwirkung auf den Verlauf der geschichtlichen Kämpfe aus und bestimmen in vielen Fällen vorwiegend deren Form.« (F. Engels an J. Bloch, 21. September 1890[147])

»Die politische, rechtliche, philosophische, religiöse, literarische, künstlerische usw. Entwicklung beruht auf der ökonomischen. Aber sie alle reagieren auch aufeinander und auf die ökonomische Basis. Es ist nicht, daß die ökonomische Lage Ursache, allein aktiv ist und alles andere nur passive Wirkung. Sondern es ist Wechselwirkung auf Grundlage der in letzter Instanz stets sich durchsetzenden Notwendigkeit.« (F. Engels an H. Starkenburg, 25. Januar 1894[148])

Um die marxistische Vorstellung von der Kunst als Überbau richtig zu verstehen, muß man also folgendes beachten:

Die ökonomische Basis (zu der Engels im Brief an Starkenburg übrigens auch geographische Grundlage, Milieu und Rasse rechnet) wirkt auf die Ideologie, insbesondere ihre entfernteren Sphären wie Kunst und Literatur, nicht unmittelbar, nicht deterministisch ein, sondern über die verschiedensten Vermittlungen. Tradition, Ungleichzeitigkeiten und Zufall spielen eine eigene Rolle. Die Ideologie wiederum wirkt auf die Basis zurück, bestimmt vielfach die Form der ökonomischen und historischen Prozesse. Die Kunst steht also in einer überaus komplizierten und widerspruchsvollen Beziehung zur sozialen Basis und zur Politik. Sie gestattet dem aufmerksamen und differenzierten Betrachter tiefe Einblicke in die Gesellschaftsstruktur, aber sie ist soziologisch nie ganz aufzuschlüsseln oder gar zu bestimmen. Überdies enthält jedes Kunstwerk persönliche und ästhetische Imponderabilien, die mit der Sozialgeschichte überhaupt nichts zu tun haben.

Der Historische Materialismus beschreibt nur eine Seite der Kunst, ihre Funktion als gesellschaftliches Bewußtsein. Nirgendwo haben Marx und Engels gesagt, daß dies die einzige oder auch nur die wesentliche Seite der Kunst sei. Die Lieblingsschriftsteller von Marx: Äschylus und Shakespeare, Goethe, E. T. A. Hoffmann und Balzac, waren weder Revolutionäre noch Sozialisten. »Die Schwierigkeit liegt nicht darin zu verstehn, daß griechische Kunst und Epos an gewisse gesellschaftliche Entwicklungsformen geknüpft sind. Die Schwierigkeit ist, daß sie für uns noch Kunstgenuß gewähren und in gewisser Beziehung als Norm und unerreichbare Muster gelten.[149]« Mit dieser Schwierigkeit ist Marx nicht fertig geworden; es ist sicherlich kein Zufall, daß die Einleitung zur *Kritik der politischen Ökonomie* (1857), aus der das vorstehende Zitat stammt, an dieser heiklen Stelle abbricht und zu Marxens Lebzeiten nicht veröffentlicht wurde. Eine Ästhetik, d. h. Lehre vom Schönen, gibt es bei Marx und Engels nicht.

Plechanow, der Wegbereiter des Marxismus in Rußland und ursprüngliche Lehrer Lenins, schrieb eindeutig:

»Die wissenschaftliche Ästhetik macht der Kunst keinerlei Vorschriften; sie sagt ihr nicht: Du mußt dich an diese und jene Regeln oder Beispiele halten. Sie beschränkt sich bescheiden auf die Beobachtung dessen, wie die verschiedenen Regeln und Beispiele entstehen, die zu verschiedenen historischen Epochen geherrscht haben.« (*Briefe ohne Adresse*, 1899/1900[150].)

Es ist wichtig, sich die ursprüngliche Einstellung des Marxismus zur Kunst zu vergegenwärtigen, weil sich die kommunistischen ›Revisionisten‹, also Lukács, Bloch, Kolakowski, Ernst Fischer, Goldstücker, Lombardo-Radice, Garaudy, Djilas, bei ihrem Kampf um die Freisetzung der Kunst immer wieder und zu Recht auf Marx berufen haben. Sie gerieten damit aber in Widerspruch zu Grundgedanken der Leninschen Gesellschaftskonzeption, die totalitär angelegt ist.

Die entscheidende Figur in der kommunistischen Kunsttheorie ist Lenin, der – wie auf allen anderen Gebieten – auch auf ästhetischem mit dem klassischen Marxismus brach, zum Teil, ohne sich dessen bewußt zu sein. Er kannte weder die Frühschriften von Marx noch die Briefe von Engels, in denen die Ansichten der Begründer des Marxismus zur Kunst umrissen sind. Unter seinen Händen verwandelte sich die Kunst aus einem zwar sozial bedingten, aber souveränen Phänomen des Geistes in ein Instrument der Macht.

Lenin stand in der Tradition der russischen revolutionären Literaturkritik des 19. Jahrhunderts (Belinski, Dobroljubow, Tschernyschewski und Pissarew), für die Kunst und Literatur immer nur eine Fortsetzung der Politik mit anderen, den Zugriffen der Zensur weniger ausgesetzten Mitteln war. Tschernyschewski beispielsweise schrieb, als man ihn in den Kerker warf und politisch mundtot machte, den Roman *Was tun?*, eine verkleidete Demonstration seiner politischen Thesen. Dieser Roman, künstlerisch belanglos, war Lenins Lieblingsbuch. Tschernyschewski sah in der Kunst eine einfache Reproduktion der Wirklichkeit nach politischen Gesichtspunkten, ein ›Handbuch des Lebens‹. Plechanow, der Vater des Marxismus in Rußland, hat Tschernyschewskis Ästhetik wegen ihrer Plattheit und ihres politischen Subjektivismus kritisiert. (Plechanow führte wie Marx, durchaus respektvoll, das theoretische Defizit des großen russischen Revolutionärs auf seine Isolation in 22jähriger Haft und Verbannung zurück.) Aus der Tradition der russischen revolutionären Demokraten stammen einige der berüchtigtsten Postulate der sowjetischen Kunstdoktrin wie Ideengehalt, Volkstümlichkeit, Optimismus, positiver Held und, wenn auch noch nicht expressis verbis, Parteilichkeit.

Das Prinzip der Parteilichkeit proklamierte Lenin 1905 in seiner noch heute kanonischen Schrift *Parteiorganisation und Parteiliteratur*[151]:

»Nieder mit den parteilosen Literaten! Nieder mit den literarischen Übermenschen! Die literarische Tätigkeit muß zu einem Teil der allgemeinen proletarischen Sache, zu einem ›Rädchen und Schräubchen‹ des einen einheitlichen, großen sozialdemokratischen Mechanismus werden, der von dem ganzen politisch bewußten Vortrupp der ganzen Arbeiterklasse in Bewegung gesetzt wird.« Parteilichkeit bedeutete für Lenin also nicht einfach Parteinahme, sondern Unterordnung unter die Partei, ist also keine Frage der Gesinnung, sondern des Gehorsams.

Es gibt eine u. a. von Lukács vertretene Interpretation, wonach Lenin nur die politische Publizistik, nicht aber die Belletristik gemeint habe. Anhand des Textes ist diese Frage nicht zu entscheiden, was mir ein Beweis scheint, wie wenig Lenin Kunst und Politik auseinanderzuhalten verstand.

Lenin schränkte seine Forderung in zwei Punkten ein:

»Jeder hat die Freiheit, zu schreiben und zu reden, was ihm behagt, ohne die geringste Einschränkung. Aber jeder freie Verband (darunter die Partei) hat auch die Freiheit, solche Mitglieder davonzujagen, die das Schild der Partei benutzen, um parteiwidrige Auffassungen zu predigen.«

»Kein Zweifel, das literarische Schaffen verträgt am allerwenigsten eine mechanische Gleichmacherei, eine Nivellierung, eine Herrschaft der Mehrheit über die Minderheit. Kein Zweifel, auf diesem Gebiet ist es unbedingt notwendig, weiten Spielraum für persönliche und individuelle Neigungen, Spielraum für Gedanken und Phantasie, Form und Inhalt zu sichern.«

Diese beiden Einschränkungen scheinen theoretisch geeignet, eine Kunstdiktatur unmöglich zu machen. Sie sind aber praktisch schwer haltbar. Sie setzen voraus: erstens, daß es einen literarischen Raum außerhalb von Partei, Staat und Planwirtschaft gibt, was dem sowjetischen System widerspricht; zweitens, daß die mit der Lenkung der Kultur betrauten Persönlichkeiten tolerant und taktvoll sind, was bei Funktionären, d. h. Menschen, die Kultur nach politischen Ge-

sichtspunkten zu verwalten haben, in der Regel nicht der Fall ist. Selbst hochgebildete, künstlerischen Wirkungen zugängliche Menschen wie Mao Tse-tung oder Andrej Shdanow, der Kulturinquisitor Stalins, können zu kunstfeindlichen Beckmessern werden, wenn sie als Politiker über Kunst zu bestimmen haben; sie sind dann, eben weil sie die Wirkung der Kunst kennen, besonders gefährlich. Auch ist der Umgang mit Künstlern nach Gunst und Gnade, wie es nie Lenin, wohl aber Stalin betrieb, ein für die Produktion großer Kunst zweifelhaftes, jedenfalls nicht sozialistisches, sondern feudales Prinzip. Man muß in der Geschichte der Despotie lange suchen, bis man auf das positive Beispiel Karls V. und Tizians oder des Herzogs Karl August und Goethes trifft. Näher liegt die Assoziation zu der launischen persönlichen Zensur, die Zar Nikolaus I. über Puschkin und Gogol ausübte. Immerhin: In den ersten zehn Jahren nach der Oktoberrevolution waren diese beiden Bedingungen tatsächlich vorhanden. Zusammen mit einigen anderen günstigen Umständen trugen sie zur kulturellen Blüte in der frühen Sowjetunion bei.
Voraussetzung war ohne Zweifel das hohe geistige, literarische und künstlerische Niveau, das im sogenannten *Silbernen Zeitalter* vor der Revolution geschaffen worden war. (*Goldenes Zeitalter* nennt man in Rußland die erste Hälfte des 19. Jahrhunderts, die Puschkin-Zeit.) Träger der Revolutionskunst war die aus dem Bürgertum und dem niederen Adel stammende Intelligenzija, die im wesentlichen vor der Revolution herangewachsen war. Es wäre jedoch falsch, in der kulturellen Blüte der frühen Sowjetunion allein einen Abglanz des Silbernen Zeitalters zu sehen, Nachwirkungen vorrevolutionärer Kulturleistungen, zu deren Liquidierung die Bolschewisten nur noch keine Zeit gefunden hatten. In Wahrheit wurzelte die Revolutionskunst auch in der bolschewistischen Kulturpolitik jener Jahre.
In den Jahren der revolutionären Umwälzung in Rußland befand sich der Bolschewismus in Übereinstimmung mit wesentlichen Tendenzen des Zeitgeistes: Maßnahmen wie der Friedensschluß, die Landverteilung, die Industrialisierung, die sozialen Reformen, der Ausbau der Volksbildung, die Beteiligung der breiten Masse der Bevölkerung und der Nationalitäten am kulturellen Leben fanden die Zustimmung großer Teile des Volkes, auch vieler Intellektueller. Viele Schriftsteller und Künstler hatten unter dem Zaren links gestanden und erhofften von der Revolution die Erfüllung ihrer Träume. Viele waren avantgardistisch gesinnt und begrüßten das Hinwegräumen der gesellschaftlichen und akademischen Konventionen. Sie empfingen von den revolutionären Ideen und Aufgaben reiche schöpferische Impulse. Die Verstaatlichung der Kultureinrichtungen bot ihnen materielle Sicherheit und Förderung.
Dieses Bündnis von linker Kunst und linker Politik bedeutete nie eine Identifikation. Die Partei klassifizierte die Künstler deshalb als ›Mitläufer‹.

Ferner: Die Partei regierte damals zwar diktatorisch, aber noch nicht totalitär; sie reglementierte nicht alle Gebiete der Gesellschaft in gleichem Maße. Nach den großen Aufständen des Jahres 1921 in Kronstadt und Tambow ließ Lenin sogar in der Wirtschaft private Elemente zu (NEP: Neue Ökonomische Politik).

In der Kunst übte die Partei vorerst nur eine politische, noch keine ästhetische Zensur aus; sie verlangte von den Künstlern staatsbürgerliche Loyalität, bestand aber nicht auf Übereinstimmung mit der Parteiideologie.
Das Zentralkomitee beschloß 1925 unter dem Einfluß Trotzkis eine Resolution *Über die Politik der Partei auf dem Gebiet der schöngeistigen Literatur,* die den Mitläufern schöpferische Freiheit und materielle Unterstützung zusicherte. Zwar wurde in der Resolution der Klassencharakter der Kunst betont und die Möglichkeit einer neutralen und unpolitischen Kunst bestritten, zwar wurde erklärt: ›Die Eroberung der führenden Positionen auf dem Gebiet der schöngeistigen Literatur muß früher oder später eine Tatsache werden‹, aber gleichzeitig wurde anerkannt,
daß die Formen der Kunst ›unendlich mannigfaltig‹ sind,
daß das Proletariat noch keine Zeit gehabt habe, einen allgemeinverbindlichen ästhetischen Kanon auszuarbeiten, sich deshalb auf die ›qualifizierten Spezialisten der literarischen Technik‹ stützen müsse,
daß das Proletariat im Klassenbündnis mit den Bauern und der fortschrittlichen Intelligenz stehe, deren beste Kräfte zu sich herüberziehen und sich die Hegemonie in der Kunst erst verdienen müsse.
»Deshalb muß sich die Partei für den freien Wettbewerb der verschiedenen Gruppierungen und Strömungen auf dem betreffenden Gebiet aussprechen. Jede andere Lösung wäre eine staatsbürokratische Pseudolösung.[152]«
In den zwanziger Jahren gab es also in der Sowjetunion miteinander konkurrierende Schriftstellerorganisationen. Ein Versuch des linksradikalen Proletkult, die Hegemonie an sich zu reißen, wurde von Lenin 1920 zurückgewiesen. Ohne die Vielfalt der Ideen und Meinungen, das Recht zum Experiment, die stilbildende Kraft der Schulen und die harten, aber aufrichtigen und freien Diskussionen wäre die Entfaltung von Literatur und Kunst in der frühen Sowjetunion nicht möglich gewesen.
Schließlich: Die bolschewistischen Führer der Revolutionszeit, die sich mit Kulturfragen befaßten: Lenin, seine Frau Krupskaja, Trotzki, Bucharin, Radek, vor allem der Volksbildungskommissar Lunatscharski, stammten aus der Intelligenzija, hatten im Exil lange unter Schriftstellern gelebt, waren selber literarisch tätig. Unabhängig von ihren politischen Ansichten und ihrem persönlichen Geschmack war es für sie selbstverständlich, daß man in den künstlerischen Prozeß nicht durch administrative oder wirtschaftliche Zwangsmaßnahmen eingreifen darf. Gorki genoß bei ihnen großes Ansehen und nutzte es zum Schutze der Schriftsteller, Künstler und Wissenschaftler. So kam es, daß die ohnehin vagen Parteidirektiven meist so ausgelegt wurden, daß alles, was künstlerisch wertvoll und politisch halbwegs loyal schien, veröffentlicht werden konnte.
Wie Lenin 1905 in *Parteiorganisation und Parteiliteratur* versuchte die bolschewistische Kulturpolitik in den ersten zehn Jahren nach der Oktoberrevolution, einen Modus vivendi zwischen Parteilichkeit und schöpferischer Freiheit herzustellen. Grundlage dieser Politik war die eschatologische Erwartung der Bolschewisten: Über kurz oder lang sollte die klassenlose kommunistische Gesellschaft anbrechen, in der es, mangels anderer sozialer Wurzeln, nur noch eine

einzige, die kommunistische Kunst geben würde. Zwangsmaßnahmen schienen unter diesen Umständen überflüssig, sogar schädlich, denn sie gefährdeten den Aufbau und das Bündnis mit der Intelligenz. Ein gewisses Maß an Gesellschaftskritik in den Kunstwerken war nicht nur erlaubt, sondern erwünscht, denn es konnte dazu beitragen, die ›kapitalistischen Überreste‹ und ›bürokratischen Auswüchse‹ in der Sowjetunion zu beseitigen.
Die Kunst der frühen Sowjetunion war also eine Kunst der revolutionären Illusionen, vom Standpunkt der Künstler wie der Partei aus. Ende der zwanziger Jahre fielen die Voraussetzungen fort, die das Gedeihen der Kunst in der frühen Sowjetunion möglich gemacht hatten.
Die kommunistische Utopie materialisierte sich zur stalinistischen Realität; das erträumte Paradies entpuppte sich als eine neue Klassen- und Gewaltherrschaft, die die alte unter dem Zaren noch übertraf. Die Tendenz der Revolutionskunst: ihre Wahrheitsliebe, ihre Anprangerung allen Übels und ihr leidenschaftlicher Wille zur Veränderung und Verbesserung der Welt, wandte sich nun gegen den Kommunismus selbst. Enthusiastische Anhänger des Revolutionskommunismus gingen zur Anklage des kommunistischen Systems über:
Majakowski schrieb Satiren gegen die Funktionärsbürokratie (*Die Wanze* und *Das Bad*, 1928/29); Meyerhold setzte sie in Szene; Schostakowitsch vertonte sie. Majakowski erschoß sich 1930 – dramatischer Schlußpunkt einer großen Illusion. 1932 wurden alle revolutionären Literaturorganisationen durch Dekret des Zentralkomitees aufgelöst und in einen Einheitsverband der Sowjetschriftsteller überführt.
Die Diadochenkämpfe nach Lenins Tod endeten mit dem Untergang der revolutionären Intelligenz. 1927: Sturz Trotzkis, Sinowjews und Kamenews; Verbannung Trotzkis und seiner Freunde, darunter Radek, nach Mittelasien. 1929: Ausweisung Trotzkis; Sturz Bucharins; Rücktritt Lunatscharskis. Bucharin und Radek durften zwar noch auf dem 1. Sowjetischen Schriftstellerkongreß 1934 sprechen, hatten aber keinen Einfluß mehr. Bald darauf wurden sie vor Gericht gestellt. Über die Sowjetkultur bestimmten von nun an Stalin und Shdanow; der eine ein mißtrauischer, Byzantinismus fordernder Despot mit Minderwertigkeitskomplex gegenüber der Intelligenz und kleinbürgerlich-konventionellem Geschmack, der andere ein eiskalter, zynischer Doktrinär.
Der Übergang von der revolutionären zur totalitären Phase der sowjetischen Kulturpolitik war ein Kampf auf Leben und Tod, in dem physischer Terror die entscheidende Rolle spielte. Ich erinnere an die Ermordung solcher Künstler von Weltrang wie des Theaterregisseurs Meyerhold, der Schriftsteller Babel, Pilnjak und Mandelstam, an die Unterdrückung der Musik von Schostakowitsch, Prokofjew und Chatschaturian, der Filme Eisensteins und Pudowkins.

Unter Stalin wurde der auch heute noch gültige Begriff des Sozialistischen Realismus zur Richtschnur sowjetischer Kulturpolitik.
Der Name Sozialistischer Realismus stammt von Gorki, der darunter recht vage eine Verbindung von Realismus mit sozialistischer Romantik verstand. Gestützt auf Gorkis Prestige, dekretierte Stalins Chefideologe Andrej Shdanow auf dem

1. Kongreß der Sowjetschriftsteller 1934 den Sozialistischen Realismus als verbindliche Kunstdoktrin. Dieser Kongreß fand – welch Menetekel! – in demselben Moskauer Gewerkschaftshaus statt, wo zwei Jahre später die Schauprozesse gegen die Revolutionsführer begannen. Obwohl immer wieder zitiert und interpretiert, blieb der Begriff schillernd und umstritten. In der Regel pflegen die Funktionäre und Ideologen einige Grundprinzipien wie Parteilichkeit, Volkstümlichkeit, Gegenwartsnähe, Optimismus, positiver Held damit zu verbinden, aber es werden zuweilen auch Werke von Gorki, Scholochow und Brecht, die keines dieser Prinzipien aufweisen, unter den Begriff gefaßt.
Die Verwirrung kommt daher, daß der Sozialistische Realismus als ästhetische wie als weltanschauliche Kategorie nicht zu greifen ist; er hat weder mit Realismus noch mit Sozialismus etwas zu tun. Es handelt sich in Wirklichkeit um eine politische Kategorie, die sich aus dem System des totalitären Staates ergibt.
Die Stärke des totalitären Staates besteht darin, daß er ein geschlossenes gesellschaftliches System schafft, eine Art Aquarium, worin sich die Menschen wie Goldfische bewegen. Alles in diesem Lebensraum ist so organisiert, als wäre das Aquarium die Welt an sich. Alle Ausdrucksformen des Lebens: Zeitungen, Radio, Bücher, Kunst, Wissenschaft, der Alltag und der Feiertag, scheinen die eine und ausschließliche Doktrin der Partei zu bestätigen. Selbst Politik und Wirtschaft folgen scheinbar exakt den Gesetzen, die die Partei postuliert hat, denn der totalitäre Staat hat die Macht, alle Vorgänge, wenn auch nicht immer zu bestimmen, so doch auf alle Fälle in seinem Sinne zu interpretieren.
Man stelle sich einen Menschen vor, der innerlich fest überzeugt ist, daß die herrschende Meinung falsch ist. Sein ganzer Lebenskreis aber: die Nachrichten und Kommentare in Presse und Funk, die Transparente auf den Straßen, die Geschichtsbücher und Kunstwerke, sogar die unter Spitzelfurcht lebenden Freunde und Bekannten sind unentwegt damit beschäftigt, teils mit dem Holzhammer, teils mit den spitzfindigsten Argumenten die Ansichten der Partei zu bekräftigen. Eines Tages unterliegt auch der Widerstrebendste der Allgewalt des Absurden und beginnt, an der Zuverlässigkeit des eigenen Verstandes zu zweifeln. Es geht ihm so wie Mario gegenüber dem Zauberer bei Thomas Mann.
Für den totalen Staat ist es eine Kardinalfrage, daß es ihm gelingt, den Horizont der Menschen lückenlos mit Mythen zu umstellen. Deshalb muß er einen Eisernen Vorhang niederlassen, der die Bewohner seines Landes von der Außenwelt abschließt. Deshalb muß er die Freizeit, das Privatleben, den Kunstgenuß jedes einzelnen Bürgers regulieren, auf daß sich kein Kämmerlein finde, wohin man vor dem allumfassenden atmosphärischen Druck flüchten könnte.
Es ist dabei gar nicht so wichtig, nach welchen Prinzipien, nach welcher Ideologie das gesellschaftliche Leben ausgerichtet wird, Bolschewismus und Nationalsozialismus haben von geradezu entgegengesetzten Plattformen aus ein verblüffend ähnliches Machtsystem entwickelt. Es ist zum Beispiel durchaus sekundär, ob das menschliche Liebesleben im Sinne der frühbolschewistischen Freien Liebe, nationalsozialistischer Rassenhygiene oder stalinistischer Prüderie geordnet wird – wichtig ist vor allem, daß die politische Macht in die intimste Sphäre des menschlichen Daseins dringt. Wenn alle Diktaturen einige bestimmte Verhal-

tensmuster bevorzugen: Kollektivismus, Chauvinismus, ›gesundes Volksempfinden‹ usw., so bedeutet das nur, daß diese Elemente vom Standpunkt der Staatsmacht aus am brauchbarsten sind. Sie gelten aber nicht absolut. Im Rahmen einer konsequent naturalistisch-plakativen Kunst pflegten die Stalinisten das durch und durch formalistische Petersburger Ballett, weil ihnen in diesem Falle die Förderung des Nationalbewußtseins wichtiger schien als eine direkte propagandistische Aussage, wie sie der Ausdruckstanz hätte vermitteln können. Es gibt in der Geschichte jedes totalitären Staates zahlreiche Beispiele, wie die Indoktrinationsnormen aus Zweckmäßigkeitsgründen gewechselt wurden: von Friedenspropaganda zum Militarismus, vom Atheismus zur Staatskirche und umgekehrt. Ausschlaggebend ist, daß das System weiter reibungslos ineinandergreift, daß es in sich stimmt beziehungsweise stimmend gemacht wird.
In Paranthese sei bemerkt, daß es für die Menschen im totalen Staat natürlich nicht gleichgültig ist, welche Verhaltensmuster das Regime gerade privilegiert oder verordnet, denn sie bergen sehr unterschiedliche Lebensqualität. Es ist, um ein Beispiel zu nehmen, menschenwürdiger, in grüner, sonnendurchfluteter Architektur zu leben (Majakowskis ›Gartenstadt‹) als von Stalinschen Monumentalbauten erdrückt zu werden, wenngleich die heutige Sowjetregierung die stalinistische Bauweise nicht aus diesen Gründen, sondern aus Systeminteresse, dem Zwang zur Wirtschaftlichkeit, verworfen hat. So wird man in jedem totalen Staat neben Repressionen auch erstaunliche, ebenso anomale Privilegien finden, die man in demokratischen Gesellschaften nicht kennt (Staatsdichter, Herrenmensch), die das, freilich wetterwendische, Faszinosum auf Einzelne wie ganze Nationen erklärt.
Die Kunst des Sozialistischen Realismus ist also in erster Linie ein Instrument der Massenbeeinflussung und des psychischen Terrors, eine Komponente des gesellschaftlichen Zwangssystems, wie es der Partei- und Staatsapparat, die Planbürokratie, die Massenorganisationen, die Propaganda und die Geheimpolizei auf ihre Weise sind. Niemand hat diese Funktion der Literatur treffender charakterisiert als Stalin, indem er die Sowjetschriftsteller ›Ingenieure der menschlichen Seele‹ nannte[153]. Im Statut des sowjetischen Schriftstellerverbandes wird der Sozialistische Realismus definiert als ›Darstellung der Wirklichkeit in ihrer revolutionären Entwicklung‹, d. h. als Darstellung der Wirklichkeit nicht wie sie ist, sondern wie sie sein soll. (Verabschiedet auf dem 1. Sowjetischen Schriftstellerkongreß 1934; in den Hauptpunkten bestätigt auf dem 3. Sowjetischen Schriftstellerkongreß 1959 und bis heute gültig.)
Das totalitäre System hat aber eine entscheidende Schwäche. Der Mensch kann nicht restlos und endgültig definiert werden; die künstliche Umwelt deckt ihn nicht. Je brutaler er in ein Schema gepreßt wird, desto eher wird er es sprengen. Eine Orwellsche Welt, das klassische Modell einer vollkommen und unabänderlich totalitären Gesellschaft, ist nicht zu realisieren. Selbst wenn der Eiserne Vorhang undurchdringlich wäre, wenn die Erinnerung an die Kulturgeschichte gänzlich ausgelöscht werden könnte – Voraussetzungen, die nie eintreten –, selbst dann würde das Leben immer wieder elementar Menschlichkeiten erzeugen, die das System sprengen. Die Diktatur kann eine platte, illustrative Musik

vorschreiben, sie hat aber keine Macht darüber, daß ein wirklich musikalischer Mensch, sei er ein noch so treuer Genosse, diese Parteimusik auch liebt. Die Partei kann vielleicht die Archive unter Verschluß nehmen und korrigieren, niemals aber die Erinnerung der Menschen an die Zickzackwendungen der Parteilinie hinwegwischen.

Ein totalitäres Regime muß ständig mit dem Wesen des Menschen in Konflikt geraten, das eben mehr ist als eine soziologische Formel. Außerdem bewegt sich, was gerade Marxisten wissen sollten, die Welt immerfort im Prozeß der Geschichte. Der Grundwiderspruch jeder totalitären Gesellschaft ist der Widerspruch zwischen dem System und der unendlich komplizierten Wirklichkeit, die der geschickteste Dialektiker nicht auf einen Nenner bringen kann.

Dieser Widerspruch bewirkt, daß das Regime wohl Wahrheit und Menschlichkeit aus der Literatur verbannen und durch Propagandafloskeln ersetzen kann, daß ihm aber im gleichen Augenblick die Literatur unter den Händen zerbricht. Gerade die Überzeugungskraft der Kunst, die die Bolschewisten zu ihrer Okkupation reizte, ist im Sozialistischen Realismus ausgelöscht. Das Regime kann schöpferische Persönlichkeiten, die der Wahrheit die Ehre geben, töten oder in den Konzentrationslagern zugrunde gehen lassen, doch die Folge ist nicht eine Dienstbarkeit des Geistes, sondern ein verheerender Mangel an Initiative und Begabung.

Unsere Beschreibung des kulturpolitischen Systems der Sowjetunion trifft sich, wenngleich vom Praktischen herkommend, mit der Totalitarismus-Theorie, die Hannah Arendt 1951 in die Politische Wissenschaft einführte. Der Begriff ›totalitaria‹ wurde 1925 von Mussolini als Gegenprinzip zu liberalen Herrschaftsformen geprägt; laut Oxford Dictionary ist der Ausdruck seit 1928 im Englischen üblich als Oberbegriff für faschistische und kommunistische Diktaturen. Inzwischen ist der Begriff umstritten, und in der Tat deckt er nicht die ganze Wirklichkeit faschistischer wie kommunistischer Bewegungen und Regime, ihre Entwicklungs- und Differenzierungsmöglichkeiten. Totalitarismus ist ein Denkmodell, eine Zielvorstellung, der sich allenfalls der Nationalsozialismus in seiner Spätphase und der Hochstalinismus zu nähern vermochten: Diktaturen im Belagerungszustand, in Grenzsituationen. Dennoch ist der Begriff unersetzlich, um den Unterschied moderner, weltanschaulich geprägter und technisch durchrationalisierter Diktaturen zu anderen autoritären Herrschaften wie Ständestaaten und Militärregimen, sozusagen den Diktaturen des Manufaktur-Zeitalters, zu verstehen. Die ideologische Verankerung hält zwar den Gang der Geschichte nicht auf, macht aber den Wechsel so mühsam (man vergleiche Polen mit Spanien). Das gegenwärtige Sowjetsystem wird dadurch charakterisiert, daß es den totalitären Anspruch abbaut, besser: unter dem Druck der Wirklichkeit abbauen muß. Milovan Djilas hat sehr früh (*Die Neue Klasse*, 1957) im Blick auf den Titoismus gesagt: »Nationalkommunismus ist Kommunismus im Verfall.« Übersetzt heißt das: Reformkommunismus ist Kommunismus im Verfall, notgedrungene Abkehr von der Forderung totaler Herrschaft über die Menschen. Für Kunst und Literatur sind diese Nuancen, die sich überall im sowjetischen Machtbereich durchzusetzen beginnen, in der Konsequenz der Lebensraum.

Nach Stalins Tod fanden seine Nachfolger ein Feld kultureller Verwüstung vor. Sie unternahmen energische Anstrengungen, die sowjetische Kunst zu regenerieren, bewogen vor allem durch drei Gründe:
Die mit der Politik der Koexistenz verbundene stärkere Kommunikation, Konfrontation und Konkurrenz zwischen Ost und West verlangte von der Sowjetunion eine attraktivere Form der Selbstdarstellung und geistigen Repräsentanz.
Die Reduzierung des physischen Zwangs- und Terrorapparates, die wirtschaftlich unvermeidbar war, sollte wettgemacht werden durch eine Verbesserung der ideologischen Führungsmittel, zu denen die Kommunisten auch die Kunst zählen. Die Abrechnung mit dem Stalinismus wurde nicht zuletzt mit künstlerischen Mitteln vorgetragen. Zudem ist die neue sowjetische Oberschicht aus Managern, Technikern, Akademikern und Offizieren, die immer mehr Einfluß im Staat gewinnt, über das asketische Ideal der Berufsrevolutionäre und Berufsfunktionäre hinausgewachsen; sie wünscht im Rahmen des gehobenen Lebensstandards auch Kunst zu konsumieren.
Ohne Zweifel ist es den Nachfolgern Stalins gelungen, Kunst und Literatur zu beleben. Dieser Fortschritt, der die Sowjetliteratur erstmals wieder seit Jahrzehnten für die Weltöffentlichkeit interessant machte, wurde jedoch immer wieder in nahezu regelmäßigen Intervallen unterbrochen durch Rückschläge und neue Reglementierungen. Der Grund ist in der Inkonsequenz der gegenwärtigen sowjetischen Kulturpolitik zu sehen, die zwar aufrichtig ein Gedeihen der Künste wünschen mag, aber unbeirrbar am Primat der Parteiideologie festhält. Literatur und Kunst sollen nach wie vor »eine zuverlässige Waffe des sowjetischen Volkes, sein guter und kluger Berater in seinem ganzen Leben« sein, wie es in Chruschtschows Rechenschaftsbericht an den XXII. Parteitag im Oktober 1961 hieß. Breshnew nannte auf dem XXV. Parteitag im Februar 1976 in seiner Bürokratensprache die ›ideologische Orientierung‹ das ›selbstverständliche Hauptkriterium bei der Beurteilung eines jeden Werkes‹. Unter diesen Umständen ist das Wechselbad der sowjetischen Kulturpolitik zwischen Liberalisierung und Scherbengericht, Tauwetter und Eisgang unvermeidlich; die einmal in Bewegung gesetzte Kunst pflegt nach kurzer Zeit die Grenzen des Dogmas zu überschreiten.
Selbst literarische Konzepte, die streng nach den Parteidirektiven entworfen, aber mit künstlerischer Kraft verwirklicht werden, geraten mit den Parteiinteressen in Konflikt, weil allein die Umsetzung politischer Thesen in künstlerische Figuren und Bilder neue, eigenständige Qualitäten zutage fördert. Dudinzews Roman *Nicht vom Brot allein* stimmte, wie Mikojan nachträglich bestätigt hat, im wesentlichen mit den Intentionen der Parteiführung überein. Sogar Chruschtschow hat den Roman gelobt, als er ihn schließlich, von Mikojan aufmerksam gemacht, las: »Man muß sich dabei nicht mit Nadeln pieken, um wach zu bleiben.« Dennoch hat das Buch einen Skandal ausgelöst; es wurde zunächst verboten, später in begrenzter Auflage zugelassen. Ähnlich äußerten sich Chruschtschow und Mikojan im nachhinein zum Fall Pasternak; sie schickten einen Arzt, der Tag und Nacht zu wachen hatte, daß dem Dichter kein Leid geschähe. Wenigstens Pasternaks Gedichte, selbst solche aus dem *Schiwago*, wurden veröffentlicht.

Geradezu klassisch ist der Fall Solschenizyn. 1962 erschien seine Lagererzählung *Ein Tag im Leben des Iwan Denissowitsch* mit ausdrücklicher Billigung des Zentralkomitees. Das Buch kam der Partei zu diesem Zeitpunkt als Abrechnung mit dem Stalinismus zupaß. Aber schon bei der Diskussion um eine Auszeichnung des Werkes mit dem Leninpreis stellte sich heraus, daß die Funktionäre keineswegs gewillt waren, durch eine Prämierung der Abrechnungsliteratur Nachahmer zu ermutigen. Über eine eventuelle Veröffentlichung des Romans *Krebsstation* wurde 1966 immerhin noch in den Gremien des Schriftstellerverbandes diskutiert. Danach beschäftigte sich in der Sowjetunion nur noch die Geheimpolizei mit dem Werk Alexander Solschenizyns. 1974 wurde der Dichter verhaftet und in den Westen abgeschoben.
Chruschtschow wollte die künstlerische Freiheit offenbar als Hegelsche Einsicht in die Notwendigkeit verstanden wissen. Er hat sich einmal auf Scholochow berufen, der auf dem 2. Kongreß der Sowjetschriftsteller 1954 die Behauptung zurückwies, die Sowjetschriftsteller schrieben auf Weisung der Partei. »Jeder von uns«, sagte Scholochow, »schreibt auf Weisung seines Herzens, aber unsere Herzen gehören der Partei.[154]« Chruschtschow und Scholochow übersahen dabei, daß die ›Weisung des Herzens‹, also das künstlerische Schöpfertum, und die Politik der Partei nicht in prästabilierter Harmonie verlaufen, sondern ganz verschiedene Daseinswesen des Menschen repräsentieren. Kunst und Politik unterliegen jeweils eigenen Gesetzen. Sie können einander begegnen, anregen und befruchten, wie unter anderem die Revolutionsepoche in der Sowjetunion bewies. Der Versuch jedoch, sie zur Deckung zu bringen, mußte ihren Zusammenstoß provozieren, der bei Stalin wie Hitler mit dem Untergang der Kunst endete. Auch in der Demokratie stehen Kunst und Politik einander oft genug kontrovers gegenüber; die Basis ihres Zusammenlebens ist die Autonomie beider Sphären. Vielleicht war der vielgescholtene Chruschtschow der letzte historische Führer des Bolschewismus, der die Spannung zwischen Utopie und Doktrin in sich selber ausgetragen hat. 1957 drohte er auf einem Bankett gegenüber Margarita Aliger, ein paar sowjetische Schriftsteller erschießen zu lassen, falls sie sich wie die ungarischen benähmen. »Wir strecken euch Schriftstellern die Hand entgegen, aber diese Hand scheut auch nicht vor dem Schießen zurück.[155]« Er hat aber keinen einzigen erschossen, nicht einmal eingesperrt. Er ließ sich von dem avantgardistischen Bildhauer Neiswestny, den er als Parteichef beschimpft hatte, das Grabmal setzen. Alexander Solschenizyn legte, seine letzte öffentliche Handlung in der Sowjetunion, eine Rose auf Chruschtschows Grab. Was danach gekommen ist, war Bürokratie – kühle, leidenschaftslose Abwicklung staatspolitischer Geschäftsgrundlagen.

In diesem historischen Umfeld steht die Sowjetliteratur heute. Ihre wechselvolle Geschichte in den nahezu drei Jahrzehnten seit Stalins Tod kann hier nicht nacherzählt werden. Das wäre ein neues, vor allem anderes Buch. Die Sowjetliteratur heute unterscheidet sich von der Literatur in der Epoche Lenins und Stalins grundsätzlich dadurch, daß sie nicht mehr, im Guten wie im Bösen, politisch definiert werden kann. Allen Repressalien zum Trotz hat sie sich einen eigenen, wenn auch begrenzten Lebensraum erkämpft. Die nach wie vor harten Auseinandersetzungen gehen zwar nicht selten an die materielle und physische Existenz aufrechter Schriftsteller, sie erweisen sich aber in zunehmendem Maße als untauglich, die Substanz der Literatur selber anzugreifen. Wir wollen versuchen, die neuen Züge in der nachstalinistischen Sowjetliteratur zu skizzieren.

1. Die Literatur russischer Sprache, wozu auch zweisprachig schreibende Autoren aus den nationalen Minderheiten gehören, zählt wieder wie in ihrem Goldenen und Silbernen Zeitalter zu den bedeutendsten und interessantesten der Welt. Sie wird überall gelesen – sehr groß ist die Zahl der Übersetzungen vor allem in den traditionellen Aufnahme- und Begegnungsländern russischer Literatur, in Amerika, Westeuropa und Deutschland –, und sie nimmt mit drei Nobelpreisträgern innerhalb weniger Jahre (1958 Pasternak, 1965 Scholochow, 1971 Solschenizyn) auch nach außen hin wieder den Rang ein, den ihr einst Tolstoi und Dostojewski verschafften.

Dieser Rang beruht nicht nur auf der Leistung einzelner Autoren, sondern auf der Breite und Vielfalt neuer russischer Literatur. Es gibt Jahr für Jahr eine Fülle neuer Talente, es gibt die unterschiedlichsten Handschriften, und die Spannweite reicht vom großen Epos bis zur Groteske, von der Literaturkritik hohen Ranges bis zum Song.

2. Das Wunder der Erneuerung vollzog sich in den Jahren 1953 bis 1964, also zur Zeit der Chruschtschowschen Reformen; war, und nur das erklärt die Radikalität, Tiefe und Unumkehrbarkeit, eingebettet in eine Selbstbesinnung der gesamten sowjetischen Gesellschaft. Die Erneuerung war auch literarisch nicht einfach, denn durch Auslöschung oder Verdrängung einer ganzen Generation hatte Stalin in Rußland wie Hitler in Deutschland die organische Entwicklung der Literatur: die Kontinuität, die Überlieferung, die Nachfolge, abgebrochen. Am Anfang des Tauwetters schrieben die jungen Schriftsteller, die nichts anderes kennengelernt hatten, immer noch im Stil des Sozialistischen Realismus, nur jetzt, vorübergehend von der Partei ermutigt, mit umgekehrten Vorzeichen, mit der Tendenz einer Anklage des Systems. Große überlebende Figuren wie Pasternak, Achmatowa, Kawerin, Katajew, Paustowski, Ehrenburg vermittelten mit ihren nachgeholten Werken und Erinnerungen den Brückenschlag zur Geschichte. Auch die Neuauflage, manchmal sogar Erstausgabe (Bulgakows Hauptwerk *Meister und Margerita*) von Werken unter Stalin verfolgter Schriftsteller trug zum Findungsprozeß der neuen Sowjetliteratur bei.

3. Entscheidend für das Aufbrechen der totalitären Schablone war sicherlich die Forderung nach *Aufrichtigkeit*, die bereits 1953, also unmittelbar nach Stalins Tod, in einem der für Rußland typischen ›dicken Journale‹, der Literaturzeitschrift *Nowy Mir*, ausgesprochen wurde (Pomeranzew). Diese Zeitschrift, herausgegeben von dem populären Schriftsteller Alexander Twardowski, Träger mehrerer Lenin- und Stalinpreise, einem Freund Chruschtschows wie Solschenizyns, war lange Zeit neben einigen denkwürdigen Almanachen das Forum zur Selbstverständigung der neuen sowjetischen Literatur. Das Stichwort Aufrichtigkeit, zunächst als Gegenbegriff zur parteilich verordneten Lüge erdacht, erwies sich im Lauf der Entwicklung als noch weit fruchtbarer, literaturträchtiger.

Die Schriftsteller kehrten sich von den säkularen Themen, dem kommunistischen Aufbau und der Beschreibung von Industriegiganten, ab und entdeckten wieder, was sie im Grunde bewegte: die Privatsphäre, die persönliche, menschliche Welt. Selbst wenn sie von den Aufbauprojekten und den Kollektivwirtschaften auf dem Lande handelten, beschrieben sie nun, wie sich die industrielle Revolution mit ihren Härten und Hoffnungen in den Seelen der betroffenen Menschen spiegelt. Das Stichwort Aufrichtigkeit führt aber noch weiter: Es führt die russische Literatur heim in das Spezifikum ihrer Tradition, zu dem, was seit Tolstoi, Dostojewski und Gorki ihren Geschmack, ihre Größe ausmacht. Das hat schon nichts mehr mit der Sowjetgesellschaft zu tun und weist weit über ihren Umkreis hinaus: dieses schonungslose Gerichtstaghalten über sich selbst. In zunehmendem Maße tauchen bei legalen wie illegalen Autoren neben altrussischen auch religiöse Motive auf.

4. Selbst die Zensur und die Repressionen gegen Schriftsteller in der Sowjetunion haben sich gewandelt. Bei Chruschtschow gab es zwar noch, mit dem ganzen wütenden Engagement der Führung, Kampagnen wie gegen Pasternak, aber keinen einzigen Prozeß. Inzwischen ist bürokratische Nüchternheit in die Auseinandersetzung eingezogen. Seit Chruschtschows Sturz 1964 gibt es zwar wieder Prozesse, aber sie werden kaum noch kulturpolitisch motiviert. Anfangs (1964 gegen den Lyriker Josip Brodski wegen ›Parasitentums‹, das heißt literarischer Betätigung außerhalb des Schriftstellerverbandes, 1966 gegen Sinjawski und Daniel wegen unerlaubter Veröffentlichungen im Ausland) waren entfernt noch literarische Gründe zu erkennen. Bei den späteren Prozessen ging es nur noch um politische Verstöße gegen die sowjetischen Gesetze. Das gibt sicherlich der Literatur einen größeren Spielraum. Andererseits kann natürlich die Literatur nicht an Gesetzesschranken haltmachen. Deshalb gibt es in einer Demokratie wie der Bundesrepublik Deutschland den sogenannten Kunstvorbehalt, das heißt die Ausnahme künstlerisch-literarischer Äußerungen von den ansonsten für jeden Bürger verbindlichen Bestimmungen der Gesetze.

Der Gegensatz zwischen Funktionären und Schriftstellern in der Sowjetunion wird heute wesentlich durch diese Konstellation bestimmt: das sogenannte Dissidententum, das Engagement der Schriftsteller für Menschen- und Bürgerrechte. Darüber hinaus greift die sowjetische Zensur nur noch in Geschmacksfragen ein: gegen Avantgardismus und vermeintliche Pornographie, aber diese wohlbekannte konventionelle Abwehrreaktion ist schon kein spezifisch sowjetisches Problem mehr, weist die Sowjetgesellschaft nur als ein durch und durch bürgerliches, rückständiges Gebilde aus.

5. So ist die russische Literatur heute drei- oder viergeteilt. Es gibt die offizielle, staatspreisgekrönte Parteiliteratur, die niemand mehr ernst nimmt; es gibt eine gerade noch legale Literatur, die alle lesen, von der alle sprechen, auch die Funktionäre, die gelegentlich kritisiert, aber respektiert wird; es gibt die Exilliteratur, vertreten durch Sowjetschriftsteller, die man, um Skandale zu vermeiden, ausgewiesen hat oder ausreisen ließ; und es gibt den Samisdat (Selbstverlag), die maschinengetippte oder hektographierte Verbreitung unterdrückter Manuskripte kettenbriefartig im Lande selbst. Die Übergänge sind fließend.

Unter den Autoren von Weltruf leben und schreiben, um nur die wichtigsten Namen zu nennen, Alexander Solschenizyn, Andrej Sinjawski (der große Kritiker, der als Abram Terz ins Lager kam), Wladimir Maximow (Herausgeber der Exil-Plattform *Kontinent*) und Viktor Nekrassow (1946 mit dem Stalinpreis ausgezeichnet für sein Kriegsbuch *Die Schützengräben von Stalingrad*) im Westen. Die bedeutendsten Romanciers Juri Trifonow († 1981), Valentin Rasputin und der Kirgise Tschingis Ajtmatow, die Erzähler Vladimir Kasakow, Daniel Granin, Wladimir Tendrjakow und Wladimir Solouchin, die lyrischen Volkstribunen Jewgeni Jewtuschenko, Robert Roshdestwenski und Bella Achmadulina, die erste eigenwillige Frau in der Sowjetliteratur seit der Zwetajewa und der Achmatowa, werden häufig kritisiert, veröffentlichen dennoch in hohen Auflagen in der Sowjetunion und werden zähneknirschend akzeptiert. Der aus dem Kaukasus stammende Sänger Bulat Okudshawa publiziert teils legal, teils illegal. Jewgenia Ginsburg (die im Lager ihren Sohn, den heute populärsten Jugendschriftsteller Wassili Aksjonnow, aufgezogen hat, *Marschroute des Lebens*), Lew Kopelew, der Leidensgefährte Solschenizyns und Freund Bölls (*Aufbewahren für alle Zeit*) und Wladimir Woinowitsch, der genialste Satiriker Rußlands seit Soschtschenko, lebten lange, aus dem Schriftstellerverband ausgeschlossen, in Moskau und publizierten im Ausland oder im Samisdat, bis auch sie ausgewiesen wurden.
Nicht wenige Schriftsteller haben nacheinander oder sogar nebeneinander sowohl legal wie im Ausland und im Samisdat veröffentlicht. Selbst das Schicksal der Bücher ist wechselhaft: Ein Werk, soeben noch gelobt, wird plötzlich eingestampft; ein anderes, jahrzehntelang unterdrückt, erscheint eines Tages im Staatsverlag. Ein Kompromiß, der vor allem für gesellschaftlich anerkannte bzw. aus politischen Gründen rehabilitierte Künstler gilt, ist die streng limitierte Auflage; dadurch wird einerseits die Kriminalisierung vermieden, andererseits die Verbreitung herb eingeschränkt. Das Kriterum hat wenig mit der literarischen Qualität zu tun: Es richtet sich nach den Klimaschwankungen der Kulturpolitik, staatspolitischen Opportunitäten, manchmal Zufälligkeiten der Zensur und nicht zuletzt den persönlichen Beziehungen der Betroffenen. Der betriebsferne westliche Rezensent fragt sich zuweilen: Ist dieser Autor, dessen Buch immerhin noch, aus welchem Zufall immer, legal in der Sowjetunion erschien, inzwischen im Lager, in den USA oder in Israel oder ist er gar, wie das Schicksal so spielt (vielleicht für ein anderes Buch oder das Drehbuch eines Films), mit einem sowjetischen Staatspreis ausgezeichnet worden.
6. Dennoch oder gerade deswegen präsentiert sich die gegenwärtige Sowjetliteratur als eine Einheit. Als Iwan Bunin 1933 im Pariser Exil als erstem russischen Schriftsteller der Nobelpreis verliehen wurde, hatte das keinerlei Auswirkungen auf die Literatur im Heimatland. Heute gibt es wie selbstverständlich eine Gesamtausgabe seiner Werke im Moskauer Staatsverlag. Damals hatte die Revolution nicht nur äußerlich, sondern bis ins Innerste unversöhnlich die sowjetischen Schriftsteller in Engagierte bzw. Mitläufer und Emigranten geschieden. Heute kann von solcher Scheidung keine Rede mehr sein. Und das hängt nicht nur mit dem international geregelten Kulturaustausch, dem massenhaften Besucherverkehr und den grenzüberschreitenden elektronischen Medien zusam-

men. Die Emigranten von heute, oft nicht einmal freiwillig emigriert, teilen mit ihren Kollegen im Land das Urerlebnis: Anfechtung und Bewältigung der kommunistischen Revolution.

7. So ist die russische Literatur heimgekehrt in den Kreis der Weltliteratur, und nicht nur das. Was sie exemplarisch macht, ist, daß sie die totalitäre Welle unseres Jahrhunderts (den Versuch einer Zurücknahme der Menschenrechte, einer ›Zurücknahme der Neunten Sinfonie‹, wie Thomas Mann es genannt hat), am tiefsten durchlitten hat. In den zwei Bänden des Almanachs *Das literarische Moskau* (1956, im Jahr des XX. Parteitags), der Magna Charta einer neuen Sowjetliteratur, zu der sich nahezu alle führenden Schriftsteller des Landes zusammenfanden, hat Margarita Aliger, Stalinpreisträgerin aus der Kriegszeit, das Credo formuliert, das zu den Ursprüngen schöpferischer Arbeit zurückführt und nicht mehr auszulöschen ist:

»Geh deinen Weg. Wenn auch den Stab
Sie brechen über dich. Nicht umsonst
Hast du gelebt,
gedacht,
geglaubt...
Komme, was mag.
Du hast dein Werk getan. Du hast geschrieben.«*

* Dieses Fazit wurde zuerst für die amerikanische Ausgabe von 1969 geschrieben. Für die deutsche Neuausgabe hat es der Autor 1980/81 überarbeitet und erweitert, Anfang 1985 zum letzten Mal revidiert. Die Entfaltung des Reformprogramms von Gorbatschow hat er nicht mehr erlebt. Dazu gehört im Zusammenhang dieses Buches die Rehabilitierung von Boris Pasternak, Nikolai Gumiljow und Jewgenij Samjatin. Boris Pasternak wurde Anfang 1987 postum wieder in den Schriftstellerverband aufgenommen, aus dem er 1958 ausgeschlossen worden war. Der mit dem Nobelpreis ausgezeichnete Roman *Dr. Schiwago* soll 30 Jahre nach seinem Erscheinen erstmals in der Sowjetunion veröffentlicht werden (Ankündigung von Sergej Salygin, Chefredakteur von »Nowy Mir«, im Februar 1987). Der sowjetische Schriftstellerverband hat Anfang 1987 einen »Ausschuß für das literarische Erbe von Boris Pasternak« unter Vorsitz des Schriftstellers Andrej Wosnessenski eingesetzt. Das Haus in Peredelkino bei Moskau, in dem Pasternak 1960 starb, soll in ein Museum umgewandelt werden.
Nikolai Gumiljow, 1912 Gründer der Dichtergilde der Akmeisten, 1921 als »Konterrevolutionär« erschossen, wurde zu seinem 100. Geburtstag mit der Veröffentlichung einer Auswahl seiner Gedichte in der Illustrierten »Ogonjok« (Nr. 17/1986) und in der »Literaturnaja Rossija« (11. 4. 1986) geehrt. Der neue Sekretär des sowjetischen Schriftstellerverbandes, Wladimir Karpow, kündigte in »Ogonjok« (Nr. 36/1986) einen Auswahlband mit Gedichten Gumiljows an und schloß seine Würdigung mit den Worten: »Selbst wenn Gumiljow schuldig war, und wenn meine Motive für seine Rehabilitierung nicht überzeugen, kann doch die Heimat ihn begnadigen. Es gibt auch diese Form des Verzeihens selbst bei einem vollzogenen Verbrechen.« (Vgl. Wolfgang Kasack in »Osteuropa«, Februar 1987)
Von Jewgenij Samjatin ist 1986 in Woronesh ein Band mit Erzählungen erschienen, von Oleg Michajlow herausgegeben. Sein berühmter Roman *Wir* wird im Vorwort positiv erwähnt. (Anmerkung von Ilse Spittmann-Rühle)

Linke Seite Holzschnitt von O. R. Schatz zu Karl Schröder »Klasse im Kampf«, Büchergilde Gutenberg, Berlin 1932
Unten Zeichnung von Max Pechstein, 1916/18, entnommen dem Buch »Der große Befehl« von Johannes Schönherr, das die Büchergilde Gutenberg als eines der letzten Bücher vor der Machtergreifung noch im ersten Quartal 1933 herausbrachte
Folgende Seite Einbandzeichnung von Käthe Kollwitz zu Heinrich Manns Roman »Die Armen«, der 1917 bei Kurt Wolff in Leipzig erschien

Heinrich Mann
Die Armen

ZWEITER TEIL

Deutschland, die deutsche Literatur, ist der zweite Schwerpunkt der Untersuchung. Nirgendwo außerhalb des Sowjetblocks ist die Begegnung von Literatur und Revolution so dramatisch und schicksalhaft verlaufen wie in der Mitte Europas. Nirgendwo sonst sind die weltbewegenden Ideen des 20. Jahrhunderts: Faschismus, Kommunismus und Demokratie, mit so vehementer Kraft und wechselnden Fronten zusammengestoßen. Die vielfältige ideologische Verstrickung, die angesichts der widerspruchsvollen, bis heute nicht zu Ende geführten politischen Kämpfe unausbleiblich war, Verführung wie Erschrecken sind aus dem Gesicht der neueren deutschen Literatur deutlich abzulesen. Schriftsteller nicht nur der Linken wie Brecht, auch der Rechten wie Thomas Mann sind in diesen Konflikten zu Autoren von Weltbedeutung gereift. Freilich erscheinen die politischen Einflüsse in der deutschen Literatur weit differenzierter und fragmentarischer als in der sowjetischen, die unter der Glasglocke des totalen Staates alle Wandlungen der kommunistischen Kulturpolitik konsequent reflektierte. Schon die Revolteliteratur der zwanziger Jahre, die aus den Erschütterungen des Ersten Weltkriegs und der Revolution geboren wurde, genoß gegenüber derjenigen in der Sowjetunion den Vorzug, sich unbekümmert um Parteilinie und staatlichen Dirigismus entfalten zu können. Als Stalin die revolutionäre Literatur Rußlands in Blut erstickte, nahm die deutsche aus dem Impuls der antifaschistischen Volksfront einen neuen Aufschwung. Die Auseinandersetzung mit der Diktatur Stalins wurde von der Auseinandersetzung mit der Diktatur Hitlers überschattet. Als Deutscher konnte man, zumal im westlichen Exil, noch zwölf Jahre länger als in der Sowjetunion Parteigänger des Kommunismus und Dichter zugleich sein. Um so radikaler war dann der Bruch nach der Übersiedlung in die sowjetisch besetzte Zone Deutschlands. Vergiftet von Byzantinismus und Kollaboration, fielen die Kommunisten und Mitläufer weit unter ihr früheres Niveau, ja verstummten bald. Doch soll nicht vergessen werden, daß die revolutionäre Literatur Deutschlands in den Denkern, die ihren Weg begleiteten: in Niekisch, Bloch und Lukács, ihren geistigen und moralischen Rang behauptet hat. 1961 wurde die Mauer von Berlin gebaut – ein Test, ob Nation, Geschichte, Kultur, Sprache, Verwandtschaft, ob Literatur zu teilen ist.

Unten Titelblatt »Die Aktion«, Nr. 45/46, 1918
Rechte Seite Farblithographie von Max Schwimmer, 1924
Übernächste Seite Umschlag der von Ernst Niekisch 1932 herausgegebenen Schrift »Hitler – ein deutsches Verhängnis«, mit der Titelzeichnung von A. Paul Weber

Die Aktion

VIII. JAHR. HERAUSGEGEBEN VON FRANZ PFEMFERT NR. 45/46

INHALT: Der Kapitalismus, der das werktätige Volk zur Schlachtbank hetzte und entrechtete, schreit, um weiter entrechten und ausplündern zu können, nach der „Nationalversammlung" (Titelblattholzschnitt) / Franz Pfemfert: Aufruf der Antinationalen Sozialisten-Partei (A. S. P.) Gruppe Deutschland / Soldat Hans Siemsen: Kameraden / F. P.: Soldaten / Otto Freundlich: Unvergängliche / Die deutsche Sozialdemokratie und der deutsche Krieg / F. P.: Kleiner Briefkasten

NIEDER
MIT DEM
FASCISMUS
WÄHLT
V.S.P.D.

Hitler -
ein deutsches
Verhängnis
von Ernst Niekisch
Widerstandsverlag * Berlin 1932

Links wo das Herz ist

Das Chaos ist aufgebraucht.
Es war die beste Zeit ...

BERTOLT BRECHT Im Dickicht der Städte 1921/24

Die Erdbeben, die kommen sollten, spürte man in den Künstler- und Literatencafés von München, Dresden und Berlin, von Wien, Prag und Zürich eher als in den Kabinetten und Generalstäben. 1911 veröffentlichte ein unbekannter junger Mann, der vierundzwanzigjährige Georg Heym (er ist ein Jahr später beim Schlittschuhlaufen auf der Havel ertrunken), einen Gedichtband, in dem diese Verse über den Krieg standen:

»Aus dem Dunkel springt der Nächte schwarze Welt,
Von Vulkanen furchtbar ist ihr Rand erhellt.

Und mit tausend hohen Zipfelmützen weit
Sind die finstren Ebnen flackernd überstreut,
Und was unten auf den Straßen wimmelnd flieht,
Stößt er in die Feuerwälder, wo die Flamme brausend zieht.

Und die Flammen fressen brennend Wald um Wald,
Gelbe Fledermäuse, zackig in das Laub gekrallt,
Seine Stange haut er wie ein Köhlerknecht
In die Bäume, daß das Feuer brause recht.

Eine große Stadt versank in gelbem Rauch,
Warf sich lautlos in des Abgrunds Bauch.
Aber riesig über glühnden Trümmern steht,
Der in wilde Himmel dreimal seine Fackel dreht,

Über sturmzerfetzter Wolken Widerschein,
In des toten Dunkels kalten Wüstenein,
Daß er mit dem Brande weit die Nacht verdorr,
Pech und Feuer träufet unten auf Gomorrh.[1]«

Der Expressionismus war künstlerischer Ausdruck der ersten revolutionären Welle unseres Jahrhunderts. Er begann als Kunstrevolte wie die Bewegungen vor ihm, die periodisch das geistige Leben aufgewühlt hatten, wie Impressionismus, Naturalismus, Spätromantik. Aber schon bald zeigte sich, daß er über die bloß formalen Ambitionen hinauswuchs: Die Zertrümmerung der Formen lief auf eine Zertrümmerung der Ordnungen hinaus, der Aufstand gegen die Väter auf einen Aufstand gegen die Bürgerwelt, das Signalement seelischer Erschütterung auf ein Menetekel gesellschaftlicher Katastrophen, die Revolution des Geistes auf eine politische Revolution.

Der hektische, apokalyptische Zug in der Dichtung der Expressionisten hing mit dem Unerhörten, Unfaßbaren zusammen, das sie zu sagen hatten. Die schrille, sich überschlagende Stimme, der Hexentanz eruptiver Bilder, die ekstatische Gefühlsaufwallung entsprangen ihrer Anstrengung, die Übermacht der Wirklichkeit zu bannen. Vision, Schrei, Fanfarenstoß schienen ihnen die legitimen Ausdrucksmittel für die Zeit der Menschheitsdämmerung und Menschheitserlösung. »Der Dichter meidet strahlende Akkorde«, schrieb Johannes R. Becher. »Er stößt durch Tuben, peitscht die Trommel schrill. Er reißt das Volk auf mit gehackten Sätzen.[2]«

Schon vor dem Krieg erschien in München eine Zeitschrift, die sich *Revolution* nannte und Revolutionsgedichte von Becher, Mühsam und anderen brachte. *Sturm*, *Aktion* hießen die tonangebenden Organe der Expressionisten.

Natürlich hatte keiner der revoltierenden Literaten eine Vorstellung, was für eine Revolution das sein sollte. Nur eines war ihnen klar: Es sollte anders werden. »Die Welt muß umgeboren werden[3]«, verkündet Friedrich Wolf, »von oben nach unten, von unten nach oben, daß sie neu werden kann! Nichts ist unmöglich!« Und Franz Werfel: »Komm, Sintflut der Seele, Schmerz, endloser Strahl! Zertrümmre die Pfähle, den Damm und das Tal! . . . Wachsend erkenne das Vermaledeit! Brüllend verbrenne im Wasser und Feuer – Leid! Renne renne renne gegen die alte, die elende Zeit!« Und Gottfried Benn: »Finale! Huren! Grünspan der Gestirne! Verkäst die Herrn! Speit Beulen in die Knochen! Rast salometert bleiche Täuferstirnen![4]« Und Ludwig Rubiner: »Es kommt aber darauf an, keine Zuflucht mehr zu haben. Es kommt darauf an, daß wir in die vollkommenste Verzweiflung gehen, wo wir nichts mehr zu retten haben. Kein Geheimnis mehr. Kein Fürsichsein. Kein Privatleben. Es kommt darauf an, zu verwirklichen. Es kommt darauf an, Besitz, Macht, Gegebenheit zu vernichten, um das Bewußtsein von der Existenz Gottes zu erreichen.« Und Alfons Paquet: »Die Sterne beschämend, ein Ausbruch fassungslos!«

Die Revolution stellten sich die Schriftsteller im allgemeinen als ein Fest der Menschheitsverbrüderung vor, ein glückliches Umarmen und Händereichen nach dem Blutbad des Krieges. René Schickele hoffte »auf eine Revolution, durch keine andere Gewalt als die der Herzen, der Überredung und des frohen Beispiels«. Paul Kornfeld gedachte, »durch Melodien . . . die Welt zu erretten«. Ernst Toller forderte: »Kein Mensch darf Menschen töten um einer Sache willen.« (*Masse Mensch*). Leonhard Frank schrieb: »Wir wollen mit solch überzeugender Kraft des Glaubens sagen: *Der Mensch ist gut*, daß auch der von uns Angesprochene das tief in ihm verschüttete Gefühl ›Der Mensch ist gut‹ unter hellen Schauern empfindet und uns bittet: ›Mein Haus ist dein Haus, mein Brot ist dein Brot.‹ Eine Welle der Liebe wird die Herzen der Menschen öffnen . . .« Und selbst Becher,

von Anfang an einer der Radikalsten, rief auf »zur einfachen, brüderlichen, zur ganz natürlichen Liebe, zur Liebe Mensch an Mensch; zum eindeutigen, unanfechtbaren Glauben von der Evolution der Menschheit, vom Weg zu Gott, restlos bewiesen durch die Geschichte, zum überherrlichen Endsieg der guten Idee.«
Georg Lukács hat auf den Zusammenhang aufmerksam gemacht, in dem der Expressionismus zur Unabhängigen Sozialdemokratischen Partei (USPD) stand, den zwischen Sozialdemokraten (SPD) und Kommunisten (KPD) stehenden Linkssozialisten. Das kam schon in personeller Hinsicht zum Ausdruck: Eisner, Landauer, Toller, Mühsam, Hasenclever, Pfemfert, Becher, Brecht, Wolf, Tucholsky, Regler, Holitscher spielten eine Rolle in der Bewegung des unabhängigen Sozialismus, saßen in Revolutionsregierungen und Arbeiterräten. Lukács hat ihre ideologische Funktion kritisiert: »Subjektiv zumeist mit ehrlichen, wenn auch zumeist unreifen, unklaren und verworrenen Überzeugungen. Zugleich aber tief erfüllt nicht nur von jenen Schwankungen, denen auch die unreifen, revolutionären Massen unterworfen waren, sondern auch von allen möglichen reaktionären Vorurteilen der Epoche, die sie für die verschiedenartigsten antirevolutionären Parolen (abstrakter Pazifismus, Ideologie der Gewaltlosigkeit, abstrakte Kritik des Bürgertums, anarchistische Schrullen usw.) mehr als zugänglich gemacht haben.[5]«
Die Kritik von Lukács klingt hart, stimmt aber, wenn man politische Maßstäbe anlegt. Die USPD war das Ferment, die treibende Kraft der Novemberrevolution, sie war jedoch nach dem Sieg völlig außerstande, eine konstruktive staatspolitische Lösung anzubieten. Eine Laune der Geschichte spülte einige Schriftsteller wie Eisner, Landauer, Toller an die Spitze der Revolution in Bayern, ein Abenteuer, das der Demokratie und dem Sozialismus nicht genützt, Eisner und Landauer aber das Leben gekostet hat. Die Münchner Räterepublik der Literaten wurde zuerst von den Kommunisten übermannt, dann von den Freikorps niedergewalzt. Die ›reifen‹, von keinerlei Skrupeln heimgesuchten Berufsrevolutionäre wie der Kommunist Leviné und der Nationalsozialist Ritter von Epp erwiesen sich als stärker. Der verzweifelte Toller, der inmitten des Infernos hin und her lief, Haftbefehle zerriß, Geiselmorde verhinderte, Verhandlungen anbahnte, den Bürgerkrieg sabotierte und von beiden Seiten verleumdet wurde, bietet das tragische und mitleiderregende Bild des Zauberlehrlings, der die Geister, die er rief, nicht mehr los wird.
Nach Abklingen der revolutionären Welle löste sich die USPD auf; ihr linker Flügel ging 1920 zur Kommunistischen Partei über, ihr rechter kehrte 1922 zur Sozialdemokratie zurück. Auch die Expressionisten verliefen sich. Das Absurde ihrer Position, politisch wie künstlerisch, spricht aus Johannes R. Bechers Hymne auf die ermordete Kommunistin Rosa Luxemburg: »O Würze du der paradiesischen Auen: Du Einzige! Du Heilige! O Weib! – Durch die Welten rase ich –: Einmal noch deine Hand, diese Hand zu fassen: Zauberisches Gezweig an Gottes Rosen-Öl-Baum. Wünschel-Rute dem Glück-Sucher.[6]«
Es ist bezeichnend, daß kaum einer der Gefühlsrevolutionäre zur praktischen Demokratie, zum demokratischen Sozialismus fand. Einige gingen zu den Kommunisten: Becher, Wolf, Brecht. Andere zu den Nationalsozialisten: Johst, Benn, Bronnen. Werfel und Döblin fanden Trost im Schoße der katholischen Kirche.

Hasenclever, der sich 1940 angesichts des Vormarsches deutscher Truppen in einem französischen Internierungslager erhängte, beschäftigte sich mit Okkultismus; Regler schrieb am Ende seines Lebens über Hellseherei. Zwei blieben bis an ihr tragisches Ende heimatlose Linke: Mühsam und Toller.

Erich Mühsam (1878–1934) war der Prototyp des radikalen Bohemiens[7]. Er verbrachte sein Leben als freier Schriftsteller und Kabarettist in den Cafés von München-Schwabing und des Berliner Westens. Seine *Unpolitischen Erinnerungen*, etwa an die Berliner Naturalisten der Jahrhundertwende, an die Münchner Humoristen: das Kabarett *Elf Scharfrichter* und den *Simplicissimus*, an Karl Kraus, der in seiner exklusiven *Fackel* Arbeiten von Mühsam veröffentlichte, sind noch heute lesenswert. Seine gewagte Vagantenlyrik (»Ich küsse deinen violetten Strumpf...«) steht den Bänkelliedern Wedekinds nahe, mit dem er bis zu dessen Tode 1918 eng befreundet war. Den wirren Ideen der Boheme gemäß war Mühsam Anarchist; er betete nicht Marx an, sondern Bakunin und Kropotkin. Lange vor allen anderen, schon im ersten Jahrzehnt des Jahrhunderts, schrieb er revolutionäre Gedichte (»Doch die Revoluzzer lachten, und die Gaslaternen krachten . . .«). 1909 wollte er das Münchner Lumpenproletariat zur Revolution aufwiegeln. Im Krieg war er radikaler Pazifist. Als Vertrauter des unglücklichen Landauer gehörte er zu den Köpfen der bayrischen Räterepublik. Er wurde zu mehreren Jahren Festung verurteilt, die er zusammen mit Toller und Niekisch verbüßte. Dem Anarchismus blieb er auch späterhin treu.

Demgegenüber war Ernst Toller (1893–1939), nachdem er blutjung auf einen führenden Posten der Räterepublik geraten war, ein für allemal von der Revolution enttäuscht.[8] »Muß der Handelnde schuldig werden, immer und immer?« fragte sich Toller. »Oder wenn er nicht schuldig werden will, untergehen?[9]« In der Haft schrieb er, angeregt durch ein Schwalbenpaar, das in seiner Zelle nistete, das wehmütig-zarte *Schwalbenbuch* (1924). Seine Dramen (*Die Wandlung,* 1919; *Masse Mensch*, 1920; *Maschinenstürmer*, 1922; *Hoppla, wir leben*, 1927; *Feuer aus den Kesseln*, 1930) beklagen die tragische Vergeblichkeit der Revolution. Er blieb Sozialist, wollte aber weder mit SPD noch KPD etwas zu tun haben. Einen »Erzpazifisten, der einen halbfaschistischen Standpunkt einnimmt«, nannten ihn die Kommunisten. Für die Rechte hinwiederum war er ein ›Salonbolschewist‹ und – besonders nach dem *Hinkemann* (1923), der Tragödie eines impotent geschossenen Kriegsinvaliden – ein Besudler nationaler Ehre. »Er war ein Mann des Gefühls«, urteilt sein Freund und Kampfgefährte Ernst Niekisch, »nicht der kühlen Berechnung, der Phantasie, nicht des nüchternen Tatsachensinns. Die Situation riß ihn mehr hin, als daß er sie mit kalter Überlegenheit beherrschte. Tollers politische Handlungen waren impulsive Gefühlsausbrüche, Improvisationen, effektvolle Einfälle, keine zielsicheren taktischen und strategischen Maßnahmen. Der Eintritt Tollers in die Politik war eines jener überraschenden Abenteuer, die dem Dichter erlaubt sind und die man ihm um so lieber verzeiht, als sie ihm zum Erlebnisstoff werden, den er in das Gold seiner Poesie ummünzt.[10]« Max Weber verteidigte ihn vor Gericht und sprach davon, daß Gott im Zorn Toller zum Politiker erschuf.

Erich Mühsam wurde 1933 verhaftet und starb nach einjährigen, furchtbaren

Folterungen in einem nationalsozialistischen Konzentrationslager. Seine Frau Zensl wurde in die Sowjetunion eingeladen, dort während der Großen Säuberung verhaftet und in ein stalinistisches Konzentrationslager eingeliefert: Sie hatte das Glück, die Zeit der Verfolgungen zu überleben, und durfte 1956 in die DDR übersiedeln. Ernst Toller erhängte sich 1939 im New Yorker Exil. In *Masse Mensch* hatte er ahnungsvoll geschrieben:

»Gestern standst du
An der Mauer.
Jetzt stehst du
Wieder an der Mauer.
Das bist du,
Der heute
An der Mauer steht.
Mensch,
Das bist du.
Erkenn dich doch:
Das bist du.«

Die letzten revolutionären Aktionen von links und rechts wurden 1923 niedergeworfen (linkssozialistische Regierungen in Sachsen und Thüringen, Hamburger Aufstand der Kommunisten unter Thälmann, Separatismus im Rheinland, Hitler-Putsch in München). Was folgte, war der Alltag der Republik. Das Ende der Inflation, Einführung der Reichsmark, der Silberstreifen des Dawesplans führten zu einer relativen wirtschaftlichen Stabilisierung. Nüchternheit, Zweckmäßigkeit, Geschäftstüchtigkeit, Hemdsärmeligkeit setzten sich durch; die technische Lebensweise triumphierte: Fließband, Refa-System (Arbeitsnormen), Behaviorismus, Soziologie, Psychoanalyse, Sexualwissenschaft, Kino, Radio, Auto, Flugzeug, Bauhaus, Massensport. Eine neue Kunstrichtung trat auf den Plan: die Neue Sachlichkeit. Tatsachenromane und Reportagen, epische und dokumentarische Stücke, Revuen, Songs und Jazz überschwemmten den Kunstmarkt.
Die Mode selbst hat nicht viel Bleibendes geschaffen, Tagesware das meiste – einzig Brechts *Dreigroschenoper* (1928) scheint zu überleben. Doch wie das Feuer des Expressionismus aus der modernen Kunst und Literatur nicht wegzudenken ist, so auch nicht die Dusche der Neuen Sachlichkeit. Ihr folgenreichstes Verdienst war wohl, daß sie der Literatur die Augen öffnen half für die Welt, so wie sie ist, für eine objektive, realistische Wirklichkeitsbetrachtung.
Im Zug der Zeit lag ein Zug zum Roman; Lyrik und Dramatik, die mehr expressiven und dynamischen Genres, die während der Revolutionsperiode bevorzugt worden waren, traten in den Hintergrund oder wurden selber episiert. Die Romanciers der Vorkriegszeit, die Traditionalisten der Literatur, die von der expressionistischen Woge überspült worden waren, tauchten wieder auf und machten Schule. Es war die große Zeit von Thomas und Heinrich Mann, Bernhard Kellermann, Jakob Wassermann, Alfred Döblin, Lion Feuchtwanger, Arnold Zweig, Stefan Zweig, Leonhard Frank, Bruno Frank, Frank Thieß, Alfred Neu-

mann, Erik Reger, Erich Kästner, Hermann Kesten, Hans Fallada, Oskar Maria Graf. Charakteristisch für ihre Romane war dreierlei: Die revolutionäre Empörung wird durch eine ausgewogene, objektiv begründete Gesellschaftskritik ersetzt, durch den Versuch, die Hintergründe und Entwicklungsgesetze des Lebens zu erhellen. Historische Themen finden zunehmend Interesse, man sucht für die Gegenwart Rat in der Vergangenheit. Und schließlich: Auch die zeitnahen Themen werden, wenn sie aufgegriffen werden, durch Ironie verfremdet. Auf diese Weise entstand eine Romanliteratur von Rang, die man, ohne damit etwas über künstlerische Eigenart und Qualität auszusagen, unter dem Begriff Kritischer Realismus subsumieren kann.

Wie standen diese Schriftsteller politisch? Allesamt waren sie Bürger und alles andere als Revolutionäre. Dessenungeachtet klassifizierte man sie in der Weimarer Republik als Linke, und zum großen Teil sahen sie sich auch selber so. Ihre linke Einstellung stimmte jedoch mit keiner Parteilinie überein; zuweilen fand man ihre Namen auch unter Resolutionen gegen die Kommunisten (beispielsweise protestierten Heinrich Mann, Arnold Zweig und Wassermann 1930 gegen den Terror in der Sowjetunion)[11]. Der linke Standpunkt kann nur vage umschrieben werden: Leonhard Frank hat den herrlich unbestimmten und darum treffenden Slogan *Links wo das Herz ist* geliefert, Thomas Mann sprach von der ›linken Seite der Gesellschaftsphilosophie‹, Heinrich Mann von ›revolutionärer Demokratie‹. Arthur Holitscher (1869–1941), der die ersten faszinierenden Berichte aus Sowjetrußland schrieb und sogar am III. Kongreß der Komintern 1921 teilnahm, war und blieb überzeugter Pazifist, er reiste auch nach Palästina.

Im Grunde steckte dahinter nichts weiter als Gesellschaftskritik und humane Gesinnung, ein Unbehagen an bestehenden, immer verbesserungswürdigen Zuständen und ein Bekenntnis zur Humanität. Thomas Mann hat das 1953 erläutert: »Ich habe keine politischen Glaubensbindungen und bin kein Kommunist. Das vielzitierte Diktum ›Der Antikommunismus ist eine Grundtorheit unserer Epoche‹ meint nichts anderes, als daß die Verwirklichung der Fernziele der Menschheit: Weltregierung, gemeinsame Verwaltung der Erde und ihrer Güter, Völkerfriede, ohne kommunistische Züge kaum vorzustellen ist.[12]« In diesem Sinne ist auch seine Äußerung von 1932 zu verstehen: »Der Bürger ist verloren und geht des Anschlusses an die neu heraufkommende Welt verlustig, wenn er es nicht über sich bringt, sich von den mörderischen Gemütlichkeiten und lebenswidrigen Ideologien zu trennen, die ihn noch beherrschen, und sich tapfer zur Zukunft zu bekennen. Die neue, soziale Welt, die organisierte und Planwelt, in der die Menschheit von untermenschlichen und nicht notwendigen, das Ehrgefühl der Vernunft verletzenden Leiden befreit sein wird; diese Welt wird kommen, und sie wird das Werk jener großen Nüchternheit sein, zu der heute schon alle in Betracht kommenden, alle einem verrottenden und kleinbürgerlich-dumpfen Seelentum abholden Geister sich bekennen.[13]«

Leonhard Frank glaubt am Ende seines Lebensberichts *Links wo das Herz ist* (1952), »daß die Haben-haben-haben-Wirtschaftsordnung auch ohne Atomkrieg im Jahre 2000 abgelöst sein wird durch die sozialistische Wirtschaftsordnung«. Er glaubt, »daß die Kindes-Kinder unserer Kinder glücklicher sein dürfen, als es

uns verstattet war«. Wie diese Zitate, die durch andere ergänzt werden können, belegen, gingen die Forderungen dieser linksbürgerlichen Schriftsteller über einen demokratischen Sozialismus, über soziale Gerechtigkeit und menschliche Freiheit nicht hinaus; das ihnen gemäße Forum war die Demokratie.
Wenn einige dieser Schriftsteller, wie Thomas und Heinrich Mann, Kellermann, Feuchtwanger, Arnold Zweig, Leonhard Frank, immer wieder vom Kommunismus und der Sowjetunion angezogen wurden, so hatte das seine Gründe: einmal in der Sehnsucht nach einem gesellschaftlichen Ideal, das sie in der fernen Sowjetunion vermuteten; zum zweiten in der antifaschistischen Waffenbrüderschaft; zum dritten in der außerordentlichen Hochachtung, die ihnen als Antifaschisten und Realisten von den Kommunisten bezeigt wurde, ausgedrückt in Ehrungen, Staatspreisen, lobenden Kritiken und Massenauflagen.
»Ich möchte«, schrieb Thomas Mann 1950, »keinen Zweifel lassen an meiner Ehrerbietung vor dem meiner Zeit angehörigen historischen Ereignis der Russischen Revolution. Sie hat in ihrem Lande längst unmöglich gewordene, anachronistische Zustände beendet, ein zu neunzig Prozent analphabetisches Volk intellektuell gehoben, das Lebensniveau seiner Massen unendlich menschlicher gestaltet. Sie ist die große soziale Revolution nach der politischen von 1789 und wird wie diese ihre Spuren zurücklassen in allem menschlichen Zusammenleben. Wenn nichts anderes mir Achtung für sie geböte, so wäre es ihre unveränderliche Gegenstellung zum Faschismus ...[14]« 1949 verstieg Thomas Mann sich zu der Äußerung: »Der autoritäre Volksstaat hat seine schaurigen Seiten. Die Wohltat bringt er mit sich, daß Dummheit und Frechheit endlich einmal darin das Maul zu halten haben.[15]«
Heinrich Mann: »Endlich unternimmt es ein Staat, aus den Menschen gerade das zu machen, was wir schon immer wollten: vernünftige Wesen, die allesamt arbeiten für das Glück jedes einzelnen, und aus jedem einzelnen soll etwas Höheres und Besseres werden innerhalb einer Gesamtheit, die sich weiter vervollkommnet. Zu wissen, daß es einen solchen Staat gibt, macht glücklich.[16]« (1937). Und an anderer Stelle: »Die Sowjetunion liebe ich voll gegenwärtig. Sie ist mir nahe – und ich ihr. Sie liest mich massenhaft, gibt mir zu leben, und ich sehe ihr zu, als wäre sie schon die Nachwelt, die mich kennt.« (1943) Auf dem Höhepunkt der Verblendung sah Heinrich Mann sogar in den Moskauer Prozessen einen Beweis für die ›Intellektualität der Revolution‹, die peinliche Befragung des Stalingegners Radek durch den Staatsanwalt Wyschinski schien ihm – als »psychologischer Kampf um den Besitz der unterirdischen Wahrheit« – von Dostojewskischer Dimension (*Ein Zeitalter wird besichtigt*, 1945[17]). Ähnlich Feuchtwanger, der sich schon 1937 den unbegreiflichen Verrat der Revolutionsführer an ihrer eigenen Revolution aus erster Hand, nämlich von Stalin persönlich, bestätigen ließ (*Moskau, Reisebericht für meine Freunde*, 1937).
Kommunist wurde darum doch keiner von ihnen. Thomas Mann, Feuchtwanger, Leonhard Frank genossen das gute Einvernehmen mit den Kommunisten auf sichere Distanz, sie blieben im Westen. Kellermann und Arnold Zweig siedelten in die sowjetisch besetzte Zone Deutschlands über; der eine hielt sich bis zu seinem Tode 1951 im Hintergrund; der andere hat, dreiviertel erblindet, seinen Ho-

rizont mit einem Wunschkommunismus umstellt, den an der Realität zu erproben er sich hütete. Heinrich Mann entschloß sich erst nach langem Zögern zur Übersiedlung in die DDR, er starb 1950 unmittelbar vor der Abreise aus Amerika.

Einige Schriftsteller am Rande der intellektuellen Linken müssen noch genannt werden.

Hans Fallada (1893–1947) beobachtete liebevoll das Leben der kleinen Leute in Stadt und Land, ihre kleinen und großen Sorgen, die ihm nicht fremd waren. Er ›schaffte sein Abitur nicht‹, kam wegen eines leichtfertigen Jugendstreiches ins Gefängnis (*Wer einmal aus dem Blechnapf frißt*, 1934) und konnte in keinem Beruf recht Fuß fassen, war Rittergutseleve, Buchhalter, Nachtwächter, Adressenschreiber, Reporter, Verlagslektor. In *Bauern, Bonzen und Bomben* (1931) und seinem zweibändigen, unter den Augen der nationalsozialistischen Zensur vollendeten Hauptwerk *Wolf unter Wölfen* (1937) hat er die Wirren der Zwischenkriegszeit mit Bauernrevolten, Fememorden und Schwarzer Reichswehr, den Strudel der Inflation, die grellen Kontraste zwischen Schiebern und armen Leuten meisterhaft beschrieben. *Kleiner Mann, was nun?* (1932), sein berühmtestes Buch, war der Aufschrei der von der Wirtschaftskrise zermahlenen Mittelschichten. Alle diese Bücher kritisierten die ›Systemzeit‹, aber sowohl ihre rechten wie ihre linken Strömungen. Mit dem Nationalsozialismus wollte Fallada nichts zu tun haben; er verwarf jedoch den Gedanken an Emigration als Fahnenflucht und zog sich auf seinen mecklenburgischen Landsitz zurück. Um einige Zugeständnisse kam er nicht herum; so wird *Der eiserne Gustav* (1938), ein Berliner Droschkenkutscher, auf der letzten Seite des Buches Nazi. 1944 wurde Fallada, der für Rauschgifte anfällig war, in eine Entziehungsanstalt eingeliefert, die einem barbarischen Gefängnis gleichkam (*Der Alpdruck*, 1947, und *Der Trinker*, postum veröffentlicht).

Fallada, Anwalt des kleinen Mannes, aber nie einer Partei, war nach dem Kriege kurze Zeit Bürgermeister eines mecklenburgischen Ortes. Durch Vermittlung Johannes R. Bechers erhielt er Einblick in die Polizeiakten des Dritten Reiches; daraus gestaltete er den erschütterndsten Roman des Widerstands, Dokument der Verlorenheit und Hoffnungslosigkeit illegaler Arbeit, *Jeder stirbt für sich allein* (1947). Der Roman, dem jede Mythenbildung fehlt, wird von den Kommunisten als ›kleinbürgerlich‹ abgewertet. Falladas Requiem *Der Trinker*, von Becher ein »ganz und gar unnötiges, schädliches und widerwärtiges Buch« genannt, war in der DDR Restriktionen unterworfen (streng limitierte Auflage)[18].

Ehm Welk (1884–1966), Seemann, Weltreisender und Journalist, war ein humorvoll versonnener, skurriler Erzähler, der sich in der Natur, auf Schiffen, unter Bäumen und Tieren, bei wunderlichen Dörflern und Kindern am wohlsten fühlte, den aber sein eigensinniges Temperament immer wieder in politische Verwicklungen gerissen hat. Schon als junger Journalist wurde er gemaßregelt, weil er sich in einen Streik von Seeleuten eingemischt hatte. 1927 erregte er Aufsehen durch die radikale Piscator-Inszenierung seines weit weniger radikalen Störtebeker-Stückes *Gewitter über Gottland* (Piscator ließ einen der frühkommunistischen Helden in der Maske Lenins auftreten). Politisch hielt sich Welk in der bürgerlichen Mitte und wurde Chefredakteur der *Grünen Post* im Berliner Ullstein-Verlag. Weil er noch 1934 mit bemerkenswertem Mut Goebbels angriff: »Auf ein Wort, Herr Minister[19]«, kam er ins KZ Oranienburg. Nach der Entlassung erhielt er Schreiberlaubnis für unpolitische Bücher. Seine prachtvollen Romane aus dem niederdeutschen Dorf: *Die Heiden von Kummerow* (1937), *Die Lebensuhr des Gottlieb Grambauer* (1938), *Die Gerechten von Kummerow* (1943), erzielten Millionenauflage.

Nach 1945 in das Kulturleben der Ostzone eingespannt, trat er der KDP/SED bei. Neben sozialistisch-realistischer Makulatur hat er in der Spätzeit eine bissige Satire auf die Novemberrevolution 1918 in Braunschweig geschrieben: *Im Morgennebel* (1953), die seinen meilenweiten Abstand von der Revolution verrät. Der Aufstand wird durch die Harfenagnes ausgelöst, die schmutzige Lieder singt und dadurch einen Menschenauflauf verursacht; der Revolutionsheld, ein Lehrer, läßt sich als Staatsbeamter erst ordnungsgemäß beurlauben, ehe er die Regierung stürzen geht. Die Persiflage wurde ihm übel vermerkt, zumal ausgerechnet der Ministerpräsident der DDR, Otto Grotewohl, einst führender Sozialdemokrat in Braunschweig gewesen war. Indigniert bemerkte Welk: »Den Männern vom sturen Ernst – nicht vom sogenannten tierischen Ernst, denn das Tier liebt von Natur einen freudigen Zustand –, also diesen Männern sind Humor und Liebe in der Literatur nun einmal Äußerungen politischer Uninteressiertheit, ja Versuche, die Menschen vom politischen Kampf abzulenken.[20]«

Oskar Maria Graf (1894–1967), der ›Dichter in der Krachledernen‹, ist als derbdrastischer Erzähler bayrischer Moritaten bekannt geworden, der *Kalendergeschichten* (1929) und des *Bayrischen Dekameron* (1930). »Sein oberbayrisches Land«, sagte Thomas Mann, »hat keinen echteren, in der vom Schicksal erzwungenen Ferne keinen treueren Sohn.[21]« Dennoch war es ein grotesker Irrtum, daß ihn die Nationalsozialisten auf die Liste des empfehlenswerten Blut-und-Boden-Schrifttums setzten, ein Irrtum, den Graf selber von Österreich aus durch den stolzen Protest ›Verbrennt mich!‹ revidierte. In seiner berühmten Autobiographie *Wir sind Gefangene* (1927), die er eine ›schonungslose Chronik‹ nennt, hat Graf erzählt, wie er, von seinem Bruder malträtiert, mit siebzehn Jahren aus dem Elternhaus, einer Bäckerei, weglief, sich als Müllerbursche, Posthelfer, Plakatausträger, Liftboy durchschlug und in zwielichtigem Kaschemmenmilieu versackte. Der Erzählung nach ein rechter Depp aus dem Hinterwald, geriet er aus anarchistischem Freiheitstrieb ins politische Handgemenge. Mit viel List und unter erheblichen Risiken (Arrest, Kriegsgericht, Irrenanstalt) verweigerte er den Kriegsdienst. Beim Munitionsarbeiterstreik im Januar 1918 wurde er verhaftet. Natürlich war er bei der Novemberrevolution und bei der Räterepublik dabei, wenn auch weniger politisch aktiv als randalierend. Am Ende saß er wieder in Haft. Viele seiner Bücher sind sozialkritisch, insbesondere die großen Romane *Anton Sittinger* (1937) und *Unruhe um einen Friedfertigen* (1947), in denen er die Wurzeln des Nationalsozialismus im deutschen Kleinbürgertum aufspürt. *Das Leben meiner Mutter* (1940), die schlichte Geschichte einer Frau aus dem Volk, krönt seine Autobiographie.

»Was ich im Lauf der Zeiten liebgewann,
das hängt vertraut an meinen Zimmerwänden:
Tolstoi und Goethe, Lincoln und Lenin,
ein Bild von Marx, von Masaryk und Thomas Mann,
drei Aquarelle (Wiesen, Berge, Wolken drüberhin),
dazwischen – meine alte Mutter ...[22]«

Graf rechnete sich in den zwanziger Jahren zu den Kommunisten, mußte sich aber schon 1930 in der *Linkskurve* von einem ›russischen Genossen Metallschweißer‹ sagen lassen: »Ein schöner Revolutionsheld! Der geht mit seinem Liebchen Sekt saufen und läßt andere für sich kämpfen ...[23]« Graf war Gast des Schriftstellerkongresses 1934 in Moskau, schlug jedoch, nachdem er 1938 mit dem letzten holländischen Flugzeug aus der Tschechoslowakei entkommen war, sein Domizil in den USA auf. Dort blieb er auch nach dem Kriege. West- wie Ostdeutschland schienen ihm als linkem Schriftsteller gleichermaßen unbehaglich. Seine pessimistische Zukunftsvision *Die Eroberung der Welt* (1949) vertritt pazifistisch-kosmopolitische Ideen. Er denke und schreibe bayrisch, meinte er einmal in seiner naiv provokativen Art, weil Bayrisch fast auf der ganzen Welt nicht verstanden werde.

Adam Scharrer (1889–1948) stammte aus ähnlichem Milieu wie Graf: »Geboren und aufgewachsen in einem kleinen bayrischen Dorf mit achtundzwanzig Hausnummern, als ältester Sohn des Gemeindehirten.[24]« Als er im Prager Emigrantencafé Continental mit Graf und Kisch zusammensaß, erzählte er: »Bei uns im bayrischen Dorf, wo ich Hütebub gewesen bin, da sind sie verschlagen, hinterlistig. Die Häuser sind voller geheimer Intrigen. Den Armen drehen sie die Gurgel ab. Landgeizig sind sie und gierig, und um einen Batzen streuen sie dir Gift in die Suppe. Zwischen den Großbauern und der Dorfarmut liegt eine Kluft wie zwischen Himmel und Hölle, verwandt sind sie und verschwägert untereinander. Dutzende von Familien hören auf den gleichen Namen. Aber der Bruder betrügt die Schwester im nächsten Hof. Und das ist den großen Herren grad recht in den Bezirksstädten und den Pfaffen; denn wo so viel gesündigt wird, da ist die Beicht einträglich. Wenn man nicht zugrund gehen will und doch anständig bleiben, da heißt es breite Schultern haben – oder man wird ein Lump.« Oskar Maria Graf trank sein Bier, wischte sich den Mund und sagte: »Schreibs doch, i schreibs aa ...[25]« Im heimatlichen bayrischen Dorf spielen Scharrers beste Romane, so *Der Hirt von Rauhweiler* (1941).

Die kommunistischen Literaturhistoriker haben nachträglich versucht, Scharrer ihrer Proletarisch-Revolutionären Literatur einzuverleiben. Das stimmt nur insofern, als er tatsächlich Landproletarier und Revolutionär war; Bücher wie *Vaterlandslose Gesellen* (1929) und *Der große Betrug* (1931), die das Arbeiterleben in der Kriegszeit und in der Nachkriegszeit behandeln, sind militante Klassenkampfliteratur. Doch war Scharrer, obwohl einst Mitkämpfer des Spartakusbundes, weder in der KPD noch im Bund Proletarisch-Revolutionärer Schriftsteller. Er gehörte statt dessen von 1920 bis 1933, zuletzt als Redakteur, der KAP (Kommunistischen Arbeiterpartei) an, einer unabhängigen, von den orthodoxen

Kommunisten heftig bekämpften Gruppe. Literarisch wirkte sich das dahingehend aus, daß seine Bücher weit farbiger und volkstümlicher waren als die linientreue Agitationsliteratur der Bredel und Genossen. Scharrer bestritt die »Verpflichtung, wie manche meinen, nur immer von der ›Masse‹ zu reden, Massen aufmarschieren zu lassen. Der proletarische Dichter wird von dem sprechen, wozu ihn sein Gestaltungswille drängt«. Die Parteikritik bemäkelte denn auch an den Helden von Scharrers Büchern, »daß das Handeln dieser Kommunisten stellenweise mehr oder weniger als spontaner persönlicher Einsatz einzelner erscheint, nicht aber als bewußte und organisierte Realisierung des Bauernhilfsprogramms, das Ernst Thälmann im Mai 1931 verkündet hatte[26]«.
Scharrer emigrierte in die Sowjetunion. Die Säuberung überlebte er in einem abgelegenen ukrainischen Dorf. Als er 1945 heimkam, zog er sich, ein grüblerischer, spröder und einsamer Mann, nach Mecklenburg zurück. Er starb übrigens unmittelbar nach einer erregten Diskussion mit Ehm Welk in Schwerin, dem er vorwarf, unter Hitler in Deutschland geblieben zu sein, während er selbst im Exil unbeirrt eine kämpferische antifaschistische Literatur vertreten habe. In Wirklichkeit war beider Standpunkt überholt: Weder die bürgerlich-humanistische Position Welks noch die proletarisch-revolutionäre Scharrers stimmten mit der Literaturdoktrin der DDR, dem Sozialistischen Realismus, überein.

In den Jahren vor dem Weltkrieg traten die ersten Arbeiterdichter in die Literatur ein, Karl Bröger, Heinrich Lersch, Max Barthel und andere[27]. Sie gingen über die bürgerliche Mitleidsliteratur vor der Jahrhundertwende, die Sozialkritik der Naturalisten, insofern hinaus, als sie nicht mehr nur das Elend, sondern auch die positiven Werte des Arbeiterlebens gestalteten. Sie bereicherten die Dichtung um Bilder von der Macht und Dynamik, der schöpferischen Kraft der Produktionsprozesse, um den Rhythmus des Maschinenzeitalters und die Melodie der großen Städte, um das Gemeinschaftserlebnis der Arbeiterkolonnen. Doch sie stießen noch nicht aus dem Sozialen ins Politische vor, allenfalls malten sie das Hoffnungsbild einer von Klassenkampf und Existenznot freien Zukunft. Sie gaben mehr dem Fühlen als dem Denken, mehr dem Hoffen als dem Wollen, mehr der Daseinslage als dem Kampf der Proletarier Ausdruck.
Nur zu leicht unterlagen sie den Schwankungen der Massenstimmung. 1914 gerieten sie in den Sog der Kriegsbegeisterung. Karl Bröger dichtete: »Immer schon haben wir eine Liebe zu dir gekannt, bloß wir haben sie nie mit einem Namen genannt. Als man uns rief, da zogen wir schweigend fort, auf den Lippen nicht, aber im Herzen das Wort *Deutschland*.« Der kaiserliche Reichskanzler Bethmann-Hollweg zitierte Brögers Verse im Reichstag: »Herrlich zeigte es aber deine größte Gefahr, daß dein ärmster Sohn auch dein getreuester war. Denk es, o Deutschland.« Heinrich Lersch schrieb: »Vaterland! und: Sieg! und: Tod! / Blut! und: Wunden! und: Soldaten! / Freunde! Brüder! Kameraden! / Heimat! Liebe! Gott! und: Not!«
Mit den Massen vollzogen die Arbeiterdichter die Wendung zu Kriegsmüdigkeit und Revolution. Aber sie gelangten nie über sozialdemokratische Erbauungslyrik, republikanische Feiertagspoesie hinaus. Als Beispiel Max Barthel: »Frei al-

lem Wahn, die Herzen hoch erhoben, der ganzen Welt das Wesen dargebracht, laßt uns, Entkettete, die Sonne loben, den Tag, die Tat, das Licht, die Nacht ...[28]«
Ihr rein gefühlsmäßiger Nationalismus und Sozialismus, ihre verschwommene antikapitalistische Sehnsucht führte die Arbeiterdichter schließlich in den Bannkreis der nationalsozialistischen Demagogie, die ihnen Deutschen Sozialismus, Volksgemeinschaft, Ehrung des Arbeiters versprach.
In bewußtem Gegensatz zu dieser Art Arbeiterdichtung entstand in den zwanziger Jahren die revolutionäre Arbeiterliteratur der Kommunisten, die dank dem organisatorischen und finanziellen Genie von Willi Münzenberg* auf Meetings und Versammlungen, in den kommunistischen Zeitungen und Illustrierten, auf Flugblättern und als Rote-1-Mark-Romane massenhaft verbreitet wurde[29].

Diese Arbeiterliteratur neuen Typs[30] schlug einen ganz anderen Ton an als die von Bröger, Lersch und Barthel, sie erhob allerdings auch keinen Anspruch mehr, Dichtung zu sein. »Unsere Literatur« erläuterte Becher, »gestaltet und arbeitet mit daran, die Welt zu verändern vom Standpunkt des revolutionären Proletariats aus.« Friedrich Wolf proklamierte: »Kunst ist Waffe!« Klaus Neukrantz: »Wer schreibt – agitiert!« Erich Weinert: »Ich habe Kunst nie um ihrer selbst willen betrieben, auch nicht um anderen oder mir damit zu gefallen. Noch weniger habe ich die Neigung, mit ihren Mitteln private Gefühle zur Schau zu stellen. Wenn ein Gefühl in mir zum Ausdruck drängte, war es selten ein privates; es war eher der Reflex von Gefühlen und Vorstellungen, die in meiner engeren oder weiteren Umwelt lebendig oder am Lebendigwerden waren. So sprach ich in meinem Gedicht das aus, für das Tausende von Herzen bereit waren ... Um das Geschwätz der literarischen Snobisten, die in der politischen Dichtung ein Sakrileg an den Tempelschätzen der ›reinen Kunst‹ sehen, habe ich mich nie gekümmert.[31]«
Weinert (1890–1953), Maschinenschlosser, Zeichenlehrer, rüttelte die unzufriedenen Massen mit seinen zündenden Versen auf:

»Es sitzt, umwölkt von Bratgerüchen,
Herr Kapital und frißt und schnalzt.
Der Hitler inspiziert die Küchen,
Daß keiner ihm den Fraß versalzt.
Der Hauskaplan gibt seinen Segen,
Was gut für die Verdauung ist.
Die SPD als Arzt dagegen
Sorgt, daß er sich nicht überfrißt.
Doch diesen Braten soll er schlecht verdaun.
Wir werden ihm den Appetit versaun.

* Willi Münzenberg (1889–1940), Begründer der Kommunistischen Jugendinternationale und der Internationalen Arbeiterhilfe, Reichstagsabgeordneter und Mitglied des ZK der KPD, der ›rote Pressezar‹, wurde nach Bruch mit der Komintern auf der Flucht vor den deutschen Panzern in Frankreich wahrscheinlich von GPU-Agenten ermordet.

Hier kommt's auf einen Treffer an!
Da muß noch roter Pfeffer ran!
Damit verbrennt er sich den Mund,
Das juckt im Hals, das kratzt im Schlund.
Mit milder Würze geht's nicht mehr.
Gebt mal den roten Pfeffer her![32]«

Eine Fülle kommunistischer Agitationsromane überflutete zwischen 1928 und 1933 den Markt. Ihre Themen waren revolutionäre Kämpfe gegen die Republik: *Brennende Ruhr* von Karl Grünberg, *Sturm auf Essen* von Hans Marchwitza, *Märzstürme* von Otto Gotsche, *Hamburg auf den Barrikaden* von der Russin Larissa Reisner, *Barrikaden am Wedding* von Klaus Neukrantz; Streiks und Arbeitskämpfe: *Maschinenfabrik N. & K.* von Willi Bredel, *Schlacht vor Kohle* und *Walzwerk* von Marchwitza; Arbeiterleben und Parteiarbeit: *Rosenholzstraße* von Bredel, *Ein Prolet erzählt* von Ludwig Turek, *Das Mädchen an der Orga Privat* von Rudolf Braune; Klassenjustiz: *Denn sie wissen, was sie tun* von Ernst Ottwald, *Wasser, Brot und blaue Bohnen* von Gustav Regler, *Wie lange noch, du Hure bürgerliche Gerechtigkeit* von Franz Jung. Unter den Roten 1-Mark-Romanen findet sich kein einziger gegen den aufbrandenden Nationalsozialismus.

Die kommunistischen Schriftsteller setzten sich zur Aufgabe, erstens: das Arbeiterleben als Klassenkampf zu zeigen, zweitens: nicht das Proletariat im allgemeinen, sondern seine Avantgarde, die Kommunistische Partei, herauszustellen, drittens: die Massen für den revolutionären Kampf zu mobilisieren, viertens: den Endsieg des Kommunismus zu verkünden. Die Romane *Sturm auf Essen* (Kampf der Roten Ruhrarmee gegen die Reichswehr im Anschluß an den Kapp-Putsch 1920) und *Barrikaden am Wedding* (Unruhen in Berlin am 1. Mai 1929) wurden polizeilich verboten, weil sie direkt zum bewaffneten Aufstand aufriefen, ebenso einige Gedichte von Becher, Weinert und Genosse Slang, dem früh verstorbenen Agitationsdichter Fritz Hampel.

Inkriminiert wurde beispielsweise der revolutionäre Schluß von *Sturm auf Essen* (den Marchwitza übrigens in der späteren, stalinistischen Fassung seines Romans selber weggelassen hat). »Die tausend Gräber der roten Ruhrrebellen werden stets der Wegweiser sein für die frischen, roten Bataillone, die wir neu formieren werden, Genosse! Der Prolet wird wieder eines Tages mit seinen Fäusten in die Räder greifen, die Gewehre an sich reißen! Dann gibt es keinen Waffenstillstand mehr! Wir werden die, die ihn predigen, in die Ruhr werfen! Wir werden die Schwätzer aufs Maul schlagen! Nur eins wird sprechen: Unsere Gewehre![33]«

›Schwarzbrot[34]‹ nannte Lenin Bücher dieses Schlages; der Kritiker Walter Karsch sprach in der *Weltbühne* von ›Courths-Mahler rot[35]‹.

»Teils eine Art von Reportage, teils eine Art von Versammlungsbericht«, meinte Georg Lukács und unterzog die Arbeiten einer harten Kritik. Sie seien, so führte er aus, »weitgehend vom Berichtstil der ›neuen Sachlichkeit‹ bestimmt, freilich ohne die hier modische selbstauflösende Ironie. Sosehr diese Literatur hierdurch ideologisch und moralisch gewonnen hat, so ist sie zugleich auch künstlerisch reizloser, trockener . . . Diese Literatur bringt zwar thematisch manches Neue ins deutsche Schrifttum, aber ihre Darstellungshöhe reicht nicht aus, um damit in breiten Kreisen selbst innerhalb der Arbeiterklasse starken und unmittelbaren Eindruck zu erzielen. Ein weiteres Hemmnis ist, daß im Widerspruch zum formalen Berichtstil die meisten dieser Bücher inhaltlich in einer Welt spielen, nicht wie sie in Wahrheit ist, sondern wie sie nach Meinung der Autoren sein soll. Wünsche und Hoffnungen der Schriftsteller werden in die Wirklichkeit hineinprojiziert und in den literarischen Berichten die Kräfteproportionen im deutschen Klassenkampf und in den Richtungskämpfen der Arbeiterklasse verzerrt widergespiegelt.[36]«

Da Lukács die Meinung seiner Partei vertrat, die mit der Qualität der literarischen Produktion unzufrieden war, legte der prominenteste der Arbeiterschriftsteller, Willi Bredel, sofort Selbstkritik ab. »Alle Einzelheiten, die der Genosse Lukács in seinem Artikel anführt – mangelnden oder gar keinen dialektischen Entwicklungprozeß in den Handlungen und Personen meiner und der meisten anderen proletarischen Romane – primitive Arbeiterkorrespondentensprache und keine lebendige, abgestufte, künstlerisch gestaltete Sprache – die ›chargenhafte‹ Steifheit und Unlebendigkeit der dargestellten Personen – alles, das muß jeder Genosse zugeben, entspricht den Tatsachen.[37]« (1932).

Aber Bredel bewahrte den Groll in seinem Herzen; zweieinhalb Jahrzehnte später, als Lukács nach der ungarischen Oktoberrevolution in Ungnade gefallen war, rollte er den Fall wieder auf: »Wenn ich ... ein Romanschriftsteller geworden bin, dann ist Georg Lukács daran unschuldig. Nicht wegen seines Daseins, sondern trotz seines Daseins bin ich es geworden. Andere Menschen und bestimmte Umstände haben mir geholfen, den Weg in die Literatur zu finden . . . Was meiner Meinung nach Lukács fehlt, ist der Glaube an die schöpferischen Kräfte im Proletariat; er ist – wie ich es sehe – in dieser Hinsicht sogar von einem tiefen Unglauben erfüllt. Das ist der geistige Boden, von dem aus er an die ersten literarischen Gehversuche eines Arbeiters nur Maßstäbe ästhetischer, formaler, stilistischer Art legt, die jedes künstlerisch-schöpferische Bemühen von vornherein ersticken.[38]« (1958).

In Wirklichkeit hat Lukács' Kritik bewirkt, daß aus der kommunistischen Arbeiterliteratur wenigstens einige lesenswerte Werke hervorgingen, beispielsweise Bredels *Väter* (1941). Andere Menschen und bestimmte Umstände (nämlich die stalinistische Kulturpolitik) haben diese fruchtbare Entwicklung dann wieder abgebrochen – wie Bredels sukzessiver Abstieg in den *Söhnen* (1947) und *Enkeln* (1953) demonstriert. Die Bredel, Marchwitza, Grünberg, Gotsche (Sekretär Ulbrichts) endeten als Kunstgewerbler der DDR.

Die literarische Linke, deren hauptsächliche Strömungen wir skizziert haben, zerfiel in der Praxis des Literaturbetriebes und des Parteienkampfes der Weimarer Republik in zahllose, um die verschiedensten Zeitschriften gescharte Gruppen und Grüppchen, Kreise und Zirkel, die häufig wechselten, schwankten, kollaborierten, ineinander übergingen, ganz abgesehen von all den Einzelgängern,

Außenseitern, Überläufern, die zwischen ihnen fluktuierten. Hinzu kam ein Schwarm von Sekten nationalbolschewistischer Denkart, von denen man nicht genau sagen konnte, ob sie zur Rechten oder zur Linken gehörten: Ernst Niekisch und sein Organ *Widerstand*; Hans Zehrer (bis zu seinem Tode 1966 Chefredakteur der *Welt*) und sein Organ *Tat*; die Gruppe um Friedrich Hielschers *Reich*. Schriftsteller wie August Winnig, die Brüder Jünger, Franz Schauwecker, Ernst von Salomon, Arnolt Bronnen, der von links nach rechts, Bodo Uhse, der von rechts nach links ging, standen dem Nationalbolschewismus nahe. In diesem geistigen Feld muß man Denker wie den Staatsrechtler Carl Schmitt und den Geopolitiker Karl Haushofer sehen.

Aus diesem Gestrüpp von Meinungen und Richtungen hoben sich zwei Organe, die eine klare politische Konzeption vertraten: *Die Linkskurve*, das Blatt der Kommunisten, und *Die Weltbühne*, das Blatt der radikalen Demokraten und Pazifisten.

Die Linkskurve wurde 1928 als Monatszeitschrift des Bundes Proletarisch-Revolutionärer Schriftsteller gegründet. Da die Kommunisten den Akzent der Arbeiterliteratur vom Proletariat auf die Kommunistische Partei verschoben, gebrauchten sie den Ausdruck Arbeiterliteratur als Synonym für kommunistische Literatur. Als proletarische Schriftsteller figurierten demnach nicht nur Proletarier wie Bredel und seinesgleichen, sondern auch bürgerliche Intellektuelle wie Johannes R. Becher, Bert Brecht, Friedrich Wolf, Anna Seghers und die Tschechoslowakei-Deutschen Egon Erwin Kisch, F. C. Weiskopf und Louis Fürnberg, Adlige wie Ludwig Renn und Georg Lukács. Andererseits wurde ein Proletarier und Revolutionär wie Theodor Plievier, dessen Berichtstil der kommunistischen Arbeiterliteratur sehr nahestand, nicht als Proletarisch-Revolutionärer Schriftsteller klassifiziert, sondern als Anarchist und Kleinbürger – er war nicht Mitglied der KPD. Ja, man kann sagen, daß die Intellektuellen unter den kommunistischen Schriftstellern tonangebend waren, insbesondere Becher, Wolf, Lukács, Renn; sie bestimmten – in Übereinstimmung mit Moskau – den Kurs des Bundes und der *Linkskurve*. Diese Praxis entsprach der Lehre Lenins, daß die Arbeiter von sich aus nur zu Sozialdemokratismus und Gewerkschaftlertum fähig seien, der revolutionäre Gedanke erst durch intellektuelle Berufsrevolutionäre in die Arbeiterbewegung getragen werden müsse.

Die Kommunisten hielten streng auf Exklusivität. »Wir werden weiter kämpfen«, schrieb Johannes R. Becher, »gegen die sogenannten ›Arbeiterdichter‹, wie sie die Bourgeoisie und die Sozialdemokraten hätscheln und hochpäppeln, gegen alle religiösen und pazifistischen Klassenversöhnungspoeten, die ihre Sendung darin erblicken, das Proletariat lyrisch zu erweichen und ihm durch ›ästhetische Stimmungen‹ sein Fließband- und Maschinendasein schicksalsgerecht zu machen. Abgrenzen müssen wir uns von den ›Sympathisierenden‹. Diese ›Linke-Leute-Literatur‹ ist ganz bestimmt nicht unsere Sache. Wir müssen vor allen Dingen auch auf die Zersetzungsarbeit hinweisen, die die ›Sympathisierenden‹ in unseren eigenen Reihen, im Proletariat selbst leisten. Wir müssen betonen, daß sie gerade in der Frage der Partei, wo es bekanntlich entscheidend zu springen gilt, immer wieder ihre konterrevolutionäre Stellung beziehen. Gewinnen und dauernd an uns binden können wir die wertvollsten Kräfte unter den ›Sympathisierenden‹ nur durch rücksichtslosen und offenen Kampf und nicht dadurch, daß wir unser Gesicht verstecken und uns ihnen zuliebe auf ihren Standpunkt stellen.[39]«

In diesem Sinne kämpfte die *Linkskurve* tapfer und unermüdlich gegen alle nichtkommunistischen Kräfte der Linken, gegen Heinrich Mann, Arnold Zweig, Leonhard Frank, gegen Döblin, Toller, Plievier, Graf, Tucholsky, sogar gegen Barbusse, und vergaß den eigentlichen Feind, der schließlich auch die Kommunisten hinwegfegen sollte: Hitler. So spiegelte die kommunistische Literatenzeitschrift getreu die Rolle, die die Kommunistische Partei bei der Zerstörung der deutschen Demokratie spielte.

Die Weltbühne wurde, ursprünglich unter dem Titel *Schaubühne*, 1905 von dem Theaterkritiker Siegfried Jacobsohn gegründet. Schon unter seiner Leitung entwickelte sie sich von einer literarischen Zeitschrift zu einer politischen. 1919 schrieb er: »Meine Lieben, jetzt muß man wirklich Politik machen. Jetzt hat der Geist zu verhüten, daß seine Todfeinde wieder ans Ruder kommen. Schon rühren sie sich ringsum und verkünden, es sei früher schließlich gar nicht so schlimm gewesen, und man solle natürlich revoltieren, aber nicht grade bei ihnen. Aber grade bei ihnen! Was an meinem Teil liegt, so will ich, bei der grauenhaften Vergeßlichkeit des genus homo, unablässig auf die Verbrecher hinweisen, die uns in diesen Jammer gebracht haben, seien sie Offiziere oder Großfabrikanten, Diplomaten oder Beamte, Zeitungsschreiber oder Agrarier, Lakaien oder Blaublütler. Mit ihnen ist der laublütige Bourgeois schuldig, der sich wedelnd alles gefallen ließ. Wie ihm heut davor bangt, daß sich etwas ändert! . . . Wie er feige und hinterhältig ist! Wie er gehauen zu werden verdient, daß die Wolle aus seiner Schlafmütze fliegt![40]«

Nach Jacobsohns frühem Tod 1926 gaben Ossietzky und Tucholsky *Die Weltbühne* heraus, an der glänzende Gesellschaftskritiker wie Alfred Polgar, Erich Kästner, Hermann Kesten, Walter Mehring mitarbeiteten.

Carl von Ossietzky (1889–1938) stammte aus verarmtem katholischem Adel. Er machte, da das Geld für höhere Bildung fehlte, eine kaufmännische Lehre durch, war beim Hamburger Senat angestellt und wechselte dann zum Journalismus. Im Weltkrieg diente er als gemeiner Landser. 1920 wurde er Sekretär der Friedensgesellschaft in Berlin. Über linksliberale Organe wie *Volkszeitung* und *Tagebuch* kam er zur *Weltbühne*. »Ein bescheidener, stiller Mann«, beschreibt ihn Axel Eggebrecht. »Gekleidet wie ein korrekter Beamter, die goldene Uhrkette quer über der Weste des schwarzen Anzuges. Nachts am Schreibtisch bei Kaffee und Zigaretten focht er seine Schlachten gegen die Macht . . .[41]« Das historische Bild Ossietzkys ist für immer geprägt durch seine Aufsätze in der *Weltbühne*: ein kühnes politisches Temperament, dessen Ernst bei allem funkelnden Spott nicht zu übersehen war, fundierte Meinungen, in geschliffener, aggressiver Sprache vorgetragen, publizistisches Ethos, wie es in dieser Makellosigkeit und Tapferkeit in unserem Jahrhundert kaum ein zweites Mal verkörpert wurde.

Kurt Tucholsky (1890–1935) stammte aus einer Berliner Fabrikantenfamilie. Er promovierte als Jurist, war kurze Zeit Volontär in einem Bankhaus. Den Krieg erlebte er im Schipper-Bataillon. Seine ersten Arbeiten erschienen, als er siebzehn Jahre alt war, im *Ulk*; dort war er auch Redakteur. Mitte der zwanziger Jahre ging er als Korrespondent der *Weltbühne* und der *Vossischen Zeitung* nach Paris und kam seitdem nur noch besuchsweise nach Deutschland, das er wohl liebte, das ihm aber als ›Teutschland‹ verleidet war. Er schrieb mit 5 PS (Pseudonymen): Kurt Tucholsky, Theobald Tiger, Peter Panter, Ignaz Wrobel und Kaspar Hauser, schrieb Feuilletons, Reiseberichte, Rezensionen, Glossen, Chansons, Gedichte, nicht zuletzt die beiden bezaubernden Bilderbücher für Verliebte, *Rheinsberg* (1912) und *Schloß Gripsholm* (1931). Er war ein treffsicherer Kritiker und volkstümlicher Humorist, ein Mann mit ›Schnauze und Herz‹, wie die Berliner sagen, der die kleinen Leute mochte und die Intellektuellen entzückte, der für den Tag schrieb und zur allgemeinen Überraschung (sicher auch zu seiner eigenen, falls er es erlebt hätte) beinahe schon ein Klassiker geworden ist.
Die Weltbühne stand jenseits der Parteien. Dem Demokraten Ossietzky waren die Linksradikalen so unsympathisch wie die Rechtsradikalen; er hat sie oft miteinander verglichen. »Die einzige linke Oppositionspartei ... lief ... hinter Hitler her, ihrem Kopisten, und der brave Thälmann, der sonst so viel sozialrevolutionäre Pathetik in der Thermosflasche mitschleppt, servierte einen lächerlichen Aufguß von nationalistischem Fascismus!« Und weiter: »Wie diese Neigung von Ganzlinks zu Ganzrechts allerdings zustande gekommen ist, erfordert schon ein besonderes Studium. Aber vielleicht handelt es sich hier auch nur um jene unberechenbare Liebe, die zum Unheil aller Beteiligten nun einmal von Zigeunern stammt. Sie fragt nach Rechten nicht, Gesetz und Macht . . .[42]«
Trotz dieser Position zwischen den Extremen richtete Ossietzky – im Unterschied zur kommunistischen *Linkskurve* – schon Jahre vor der Machtergreifung Hitlers den Hauptstoß gegen rechts, weil er dort die größte Gefahr für die Republik sah. *Die Weltbühne* deckte die Hintergründe der nationalistischen Fememorde auf, zog die geheime Rüstung der Reichswehr ans Licht und ihr Zusammenspiel mit den Sowjets. »Überall« schrieb Ossietzky, »sitzt sie, diese feige, namenlose Obstruktion. In Justiz, Armee, Diplomatie, Verwaltung, Schule horstet diese falsche Loyalität, die der Republik nur Treue auf Zeit gelobt hat, ihren Geist verfälscht, ihre Arbeit sabotiert und ihren Namen nach Kräften lächerlich macht . . .[43]«
Das war's, was sein Mitkämpfer Tucholsky bitter kommentierte: »Wir dachten unter kaiserlichem Zwange an eine Republik . . . und nun ist's die! Man möchte immer eine große Lange, und dann bekommt man eine kleine Dicke – C'est la vie –![44]« Zur Rettung der deutschen Demokratie erstrebten Ossietzky und Tucholsky eine Einheitsfront von Liberalen, Sozialdemokraten und Kommunisten. Unter diesem Aspekt – und nur unter diesem – betrachtete sich *Die Weltbühne* als verbündet mit den Kommunisten. Die gemeinsame Bedrohung, so meinte Ossietzky, müßte doch eine gemeinsame Abwehr möglich machen. Er verteidigte die KPD, wenn sie von der Polizei oder der SA terrorisiert wurde, und ließ in seiner Zeitschrift kommunistische Autoren zu Worte kommen.

Tucholsky arbeitete an Willi Münzenbergs *Arbeiterillustrierten* mit, schrieb Gedichte für die kommunistisch organisierte Arbeiterschaft, so die *Fragen an eine Arbeiterfrau* (1929):

»Bist du sein guter Kamerad
und stehst an seiner Seite – ?
Und bist du ihm auf jedem Pfad
im Kampf mit diesem Klassenstaat
Gesellschaft und Geleite – ?

Hat er die Frau, die ihn versteht?
Ist euch *ein* Lied erklungen?
Und weißt du auch, warum er spät
noch abends in Versammlung geht:
für dich und deinen Jungen – ?

Und ist dein Herz denn auch dabei?
Seid ihr die richtige Zweiheit?
Und machst nicht nur die Kocherei?
Und tust auch was für die Partei?
für Licht und Luft und Freiheit – ?

Und hilfst du ihm auch für und für
im Wirken und im Schaffen?
Und bildest du dich nach Gebühr?
Und stehst nicht an der Kirchentür?
Und hörst auf keinen Pfaffen – ?

Und hältst du ihn auch nicht zurück,
wenn rote Fahnen rufen – ?
Er kämpft für euer Lebensglück!
Geh mit ein Stück! Geh mit ein Stück!
Empor zu neuen Stufen – ![45]«

Demselben Tucholsky schien es aber zugleich an der Zeit, »den Unentwegten mitzuteilen, daß man den Marxismus nicht wie eine Käseglocke über die Welt stülpen kann. Er deckt sie nicht. Ihr habt aus ihm eine dogmatische Religion gemacht. Wir machen das nicht mit!« Und: »Nach links müssen wir sehen, wo unentwegte Marxisten mit einer großen Theorie alles heilen wollen: die Krankheiten und die sicherlich echten Seelennöte, an denen jeder von uns zu tragen hat, die Neurosen, die aus dem Wirtschaftlichen herrühren, und jene geistigen Betriebsstörungen, die ewig sind wie die Welt. Die fanatische Wut, womit jede Andeutung abgelehnt wird, daß es vielleicht auch außerhalb der marxistischen Gedankengänge etwas gebe, was für Menschen von Wichtigkeit ist, läßt an die verzweifelten Versuche der katholischen Kirche denken, eine um sie herum stets Neues gebärende Welt zu meistern. Es ist ihr, trotz allem, nicht gelungen. Die unentwegten Marxisten haben die Philosophie ihrer Gesinnung![46]«

Die unabhängige Stellung der *Weltbühne* wird durch die Tatsache demonstriert, daß sie den verfemten Trotzki zu Worte kommen ließ, daß sie, ohne darum trotzkistisch zu sein, für ihn gegen Stalin Partei nahm. »Ich weiß nicht«, schrieb Tucholsky 1928, ›ob diese Verbannung, die mir sehr hart erschienen ist, notwendig gewesen ist oder nicht. Aber eines weiß ich: Daß es ein Zeichen von tiefster Schwäche, von Angst und von Mameluckenhaftigkeit ist, des Mannes nicht zu gedenken, der so viel für Rußland getan hat . . .[47]«

Und Ossietzky: »Der [trotzkistischen] Opposition fehlen die Mittel, die Macht an sich zu reißen, ihr Einfluß reicht nicht weit, ihr Gefolge ist zahlenmäßig gering. Was sie verlangt, ist nicht mehr als das Recht zu kritisieren, ist das freie Wort. Das soll ein Verbannung rechtfertigendes Verbrechen sein? Brave Parteikommunisten, die seit zehn Jahren alles und jedes nachgebetet haben, was aus Moskau kam, sagen jetzt mit überlegen geschürzten Lippen: ›Bürgerliche Sentiments, das ist eben Kollektivismus, daß der Führer ersten Ranges, wenn er nicht pariert, ebenso behandelt wird wie der einfache Arbeiter!‹ Ahnen die Kindsköpfe denn nicht, wie sehr sie damit einen Arbeiterstaat kompromittieren, wo man den ›einfachen Arbeiter‹ so, so behandelt? Knebelung des Wortes, administrative Verschickung in Steppen, Eiswüsten und Pestgestank . . . ist das eine Waffe gegen Genossen? Und es gibt auch ganz schlaue, welche sagen: ›Das versteht ihr nicht. Rußland darf nicht den Maßen des Westens unterworfen werden, es hat seine eigenen Gesetze.‹ Das ist nicht neu. Das haben wir alles schon von den Henkern und Prügelmeistern des Zarismus gehört, wenn sie bei der verachteten westlichen Zivilisation Visite machten. Gewiß hat Rußland sein Eigentümliches und Unbegreifliches, wie jedes andere Land auch. Aber niemand kann mir einreden, daß Rußland sein eigner Kosmos sei, mit eignen Sonnen und Sternen, von anderen Wesen bewohnt, infolgedessen mit anderen Lust- und Schmerzgefühlen. Das bißchen Freiheitsgefühl in jeder atmenden Brust kennt auch der geschundenste Muschik . . .[48]«

Die Weltbühne kämpfte auf verlorenem Posten; unter den Schlägen von rechts und links brach die Demokratie zusammen. Bereits im November 1931 wurde Carl von Ossietzky, weil er einen etatkritischen Artikel über die deutsche Geheimrüstung, den Aufbau einer deutschen Luftwaffe auf sowjetischem Territorium, veröffentlicht hatte, in geheimer Verhandlung wegen Landesverrats und Verrats militärischer Geheimnisse zu achtzehn Monaten Gefängnis verurteilt. Ossietzky lehnte es ab, ins Ausland zu gehen, und trat seine Haft an. »Die wahre Republik geht ins Gefängnis[49]«, sagte Lion Feuchtwanger zu Arnold Zweig.

Weihnachten 1932 amnestiert, kämpfte Ossietzky weiter. Er blieb auch, als Hitler kam. »Der politische Journalismus«, schrieb er, »ist keine Lebensversicherung: Das Risiko erst gibt seinen besten Antrieb.[50]« Und an anderer Stelle: »Wer, wie der Schriftsteller, an die immaterielle Kraft des in die Welt hinausgeschleuderten Wortes glaubt, der wird also nicht jammern, wenn dieses, Körper geworden, als Gummiknüppel oder Gefängnishaft wieder auf ihn zurückprallt.[51]«

In der Nacht nach dem Reichstagsbrand wurde er verhaftet, grausam gequält, im Konzentrationslager zugrunde gerichtet. Er lag schon mit schwerer Tuberkulose im Gefängnislazarett, als ihm 1936 der Friedensnobelpreis für 1935 verliehen wurde. Göring bot ihm Begnadigung und Pension, wenn er den Preis ablehne. Er lehnte ihn nicht ab. Unter Polizeiaufsicht ist er 1938 gestorben, achtundvierzig Jahre alt. »Zu seiner Stunde«, schrieb Heinrich Mann, »hat er das Gewissen Europas verkörpert.[52]«

Tucholsky nahm, vereinsamt und zermürbt, 1935 in Schweden Gift. Die Kommunisten veröffentlichten in ihrer Prager *Neuen Weltbühne* seinen Abschiedsbrief an Arnold Zweig, weil er darin, die Schwäche und Zerfahrenheit der antifaschistischen Emigration beklagend, geschrieben hat: »Sehen Sie sich Lenin in der Emigration an: Stahl und die äußerste Gedankenreinheit.[53]« Die Absage an Stalin aber, die in demselben Brief steht, wurde unterschlagen: »Man muß von vorn anfangen – nicht auf diesen lächerlichen Stalin hören, der seine Leute verrät, so schön, wie es sonst nur der Papst vermag. Nichts davon wird die Freiheit bringen können. Von vorn, ganz von vorn. Wir werden das nicht erleben. Es gehört dazu, was die meisten Emigranten übersehen, eine Jugendkraft, die wir nicht mehr haben. Es werden neue, nach uns, kommen. So aber geht's nicht. Das Spiel ist aus . . .[54]«

Was Tucholsky meinte, wird deutlich aus seinem Wort von 1931, das Vermächtnis und Aufhebung der Linken ist:

»Und wenn alles vorüber ist –; wenn sich das alles totgelaufen hat: der Hordenwahnsinn, die Wonne, in Massen aufzutreten, in Massen zu brüllen und in Gruppen Fahnen zu schwenken, wenn diese Zeitkrankheit vergangen ist, die die niedrigen Eigenschaften der Menschen zu guten umlügt; wenn die Leute zwar nicht klüger, aber müde geworden sind; wenn alle Kämpfe um den Faschismus ausgekämpft und wenn die letzten freiheitlichen Emigranten dahingeschieden sind –: dann wird es eines Tages wieder sehr modern werden, liberal zu sein.

Dann wird einer kommen, der wird eine geradezu donnernde Entdeckung machen: er wird den Einzelmenschen entdecken. Er wird sagen: es gibt einen Organismus, Mensch geheißen, und auf den kommt es an. Und ob der glücklich ist, das ist die Frage. Daß der frei ist, das ist das Ziel. Gruppen sind etwas Sekundäres . . . der Staat ist etwas Sekundäres. Es kommt nicht darauf an, daß der Staat lebe – es kommt darauf an, daß der Mensch lebe!

Dieser Mann, der so spricht, wird eine große Wirkung hervorrufen. Die Leute werden seiner These zujubeln und werden sagen: ›Das ist ja ganz neu! Welch ein Mut! Das haben wir noch nie gehört! Eine neue Epoche der Menschheit bricht an! Welch ein Genie haben wir unter uns! Auf, auf! Die neue Lehre –!‹

Und seine Bücher werden gekauft werden oder vielmehr die seiner Nachschreiber, denn der erste ist ja immer der Dumme.

Und dann wird sich das auswirken, und hunderttausend schwarzer, brauner und roter Hemden werden in die Ecke fliegen und auf den Misthaufen. Und die Leute werden wieder Mut zu sich selber bekommen, ohne Mehrheitsbeschlüsse und ohne Angst vor dem Staat, vor dem sie gekuscht hatten wie geprügelte Hunde! Und das wird dann so gehen, bis eines Tages . . .[55]«

Haßliebe zu den niederen Dämonen

Niekisch ist das klassische Beispiel für einen politisch verworrenen, tiefgründig schürfenden Deutschen, der es liebt, mit Dynamit zu spielen.

WELTWOCHE Zürich 1958[56]

Der *Große Brockhaus* nennt Ernst Niekisch (1889–1967) den ›führenden Vertreter des Nationalbolschewismus‹. Begegnete man dem Siebzigjährigen, sah man ihm kaum an, daß er acht furchtbare, todesnahe Jahre in der Haft durchlebt hat und 1945, körperlich gebrochen, aus dem Zuchthaus Brandenburg getragen werden mußte.

Frei stehend begrüßt er den Besucher, er bewegt sich aufrecht und ohne Hilfe, wenn auch ein wenig starr und zögernd, da er nichts sehen kann. Wie sehr ihn der Verlust des Augenlichts getroffen hat, verrät eine Stelle seiner Lebenserinnerungen, *Gewagtes Leben* (1958), eine der wenigen, an denen der asketische, pflichtstrenge Mann einer Rührung Ausdruck gibt: »Da stand ich nunmehr in meiner Zelle, die Gewißheit vor mir, ein für allemal verurteilt zu sein, nie mehr lesen, die Schönheit der Welt nie mehr anschauen zu können. Der Kummer überwältigte mich ...« Sein eiserner Wille ist auch damit fertig geworden: Er holt mit sicherem Griff eine Broschüre aus dem überladenen Bücherschrank; er macht sich, um das Gedächtnis zu stützen, Notizen, die ihm dann wohl ein anderer vorlesen muß.

Die alte Spannkraft steckt in ihm, der Geist ist frisch geblieben, und die Urteile fallen so hart und scharf wie einst. Nur die Sprache klingt, im Vergleich zu den ekstatischen Schriften der zwanziger und dreißiger Jahre, ruhiger; überhaupt umgibt ihn persönlich, was die Kompromißlosigkeit in der Sache nicht einschränkt, ein Hauch von Güte, Toleranz, Zurückhaltung, der schlecht zu dem Bild paßt, das man sich nach der Lektüre seiner Bücher von ihm gemacht hat. Sein Freund Friedrich Georg Jünger bemerkte freilich schon an dem frühen Niekisch diesen zur Schärfe seines Geistes eigentümlich kontrastierenden Zug, er sagt ihm »etwas Rundliches, Gutmütiges, ja Gemütliches und Schwäbisches« nach. »So, wie er dasaß«, schreibt Friedrich Georg Jünger in *Spiegel der Jahre*, »erinnerte er mich an einen großen Hasen, und das Bild kam mir auch späterhin. Vielleicht brachten mir seine aufgerichteten Ohren dieses Tier in Erinnerung, und auch sein lauschendes Wesen, der wache Blick, der hinter scharfen Brillengläsern hervorkam.[57]«

Dieses Äußere unterstreicht, wie wenig Niekisch im Grunde Tatmensch, Realist, Politiker war; dieser Mann war ganz Geist, ganz Ethos, und sein Feld war das Denken. Seine große Zeit war daher, als die Schlachten noch auf diesem Felde geschlagen wurden. Will man das Phänomen Niekisch begreifen, muß man sich in die gärenden, brodelnden, von geistigen und weltanschaulichen Spannungen erfüllten Jahre der Weimarer Republik zurückversetzen – in jene legendären Jahre, von denen ein anderer Kampfgefährte Niekischs, Ernst Jünger, in *Strahlungen* sagt: ». . . Reminiszenzen an Cellaris [Niekisch] und die alte Nationalistenzeit . . . Die Geschichte dieser Jahre mit ihren Denkern, ihren Tätern, Märtyrern und Statisten ist noch nicht geschrieben; wir lebten damals im Eie des Leviathans. Die Münchener Schule, die flachste, hat dann reüssiert; sie tat es am billigsten . . . Doch immer werden diejenigen, die noch auf Erden weilen, gern von jenen Zeiten sprechen; man lebte damals stark in der Idee. So stelle ich mir Robespierre in Arras vor.[58]«

Mit Befriedigung erzählt Niekisch in seinen Erinnerungen, wie er damals gleich einer Spinne im Netz politische Fäden knüpfte. »Ich spann meine Fäden von der äußersten Rechten bis zur äußersten Linken; Deutschnationale, Konservative, Liberale, Zentrumsmänner, Sozialdemokraten, Kommunisten gingen bei mir aus und ein. Ich hatte geheime Verbindungen in zahlreiche hohe Ämter und gehörte zeitweise sicher zu den bestunterrichteten Leuten in Berlin. Die vertraulichsten Angelegenheiten und Schriftstücke wurden mir bekannt. Zuweilen traf ich mit dem amerikanischen Botschafter Dodd und seiner Tochter zusammen . . . Mit einigen führenden Sowjetdiplomaten verkehrte ich vertraulich.« Friedrich Georg Jünger vergleicht Niekisch mit einer Antenne: Ein großer Teil seiner Arbeit habe darin bestanden, Menschen anzuhören und zu beeinflussen; friedlich in seiner Wohnung sitzend, habe er fortgesetzt politische Wellen empfangen und ausgestrahlt[59]. In der Tat wurde das untergründige Beben der Zeit nirgends deutlicher als in den Schriften von Niekisch. Hier einige Zitate aus den Büchern *Gedanken über deutsche Politik* (1929) und *Entscheidung* (1930):

»Außerordentliche Zeiten rechtfertigen außerordentliche Mittel; wo die Frage der nackten Selbsterhaltung eines Volkes aufgeworfen ist, wird die Weisheit und Bedachtsamkeit der Geheimräte schal; da verlangt der Augenblick die Entfesselung tiefster und dunkelster Kräfte eines Volkes. Verharrt hier die Gewalt des Elementaren im Schlafe, tobt und tost das Elementare nicht über alle Dämme hinweg: dann ist alle Hoffnung verloren.«

»Nur eine äußerste Anstrengung, eine übermenschliche Tat, ein Heldentum, das seinesgleichen in der Welt nicht mehr hat, eine Aufraffung, die ins Wunderbare ragt, könnte Deutschland noch retten. Der Westen ist Deutschlands Tod; die Rettung erfordert, sich loszulösen von allem, was aus dem Westen kommt und was westlich ist. Alle westlichen Elemente, die Deutschland selbst in sich trägt, sind Spione, Soldaten, Advokaten und Missionare der westlichen Mächte. Weil es um Sein oder Nichtsein geht, bleibt Deutschland, wenn es sich selbst erhalten will, das Schwerste nicht erspart: die Bartholomäusnacht und Sizilianische Vesper gegen alles, was an Westlichem in ihm lebt.«

»Die nationalistische Minderheit fühlt sich nicht solidarisch mit diesem Europa, dessen Dasein die Knechtung des deutschen Volkes in sich begreift. Sie ist zu Bündnissen mit allen Kräften entschlossen, die den Untergang dieses Europas im Schilde führen. Die ungewisse Hoffnung, auf den Trümmern Europas ein deutsches Mitteleuropa aufbauen zu können, ist ihr teurer als die gewisse Unfreiheit, die der Fortbestand dieses Europa für Deutschland bedeutet. Wenn Deutschlands Auflehnung gegen das Versailler Joch das Verderben des gesamten Europa heraufbeschwört, dann scheut diese Minderheit dieses Verderben nicht: eher mag die Welt zugrunde gehen, als daß sich das deutsche Volk freiwillig in seine Fesseln schicken wird.«

»Der deutsche Europäer: das ist der feige Deutsche, der sein Selbst und Sein verleugnet, weil ihm zu Ungeheuerliches zugemutet wird, Selbst und Sein zu behaupten. Der deutsche Nationalist: das ist der Deutsche, der eher die ganze Welt in Stücke schlägt, ehe er sich einer Untreue am eigenen deutschen Selbst schuldig machte. Deutscher Nationalismus ist der Wille zum deutschen Schicksal: – und wenn es gleich in Sturm und Feuer einherschreitet.«

»Das Maß der Selbstgewißheit kann sich so weit steigern, daß die Nation am Ende gar sich selbst als den Sinn der Welt, das Allgemein-Menschliche, die Erfüllung des Weltenzwecks ausgibt. Auf dieser Stufe fühlt sie sich als den höchsten und wertvollsten Gedanken Gottes; als ihre Mission empfindet sie, die ganze Menschheit sich einzuverleiben.«

»›Moralische Politik‹ ist ein Widerspruch in sich. Es gibt zwar eine politisierende Moral, die aber für jedes Volk, dessen Geschick davon bestimmt wird, ein Unglück ist; niemand erkennt deren Unhaltbarkeit klarer als der Politiker. So erfordert seine Situation: daß er die Ehrfurcht vor dem Moralischen stärke, daß er selbst als moralisch gelte – anders würde sich sein Einfluß verflüchtigen –, daß er aber amoralisch – nicht unmoralisch – handele, d. h. nur aus Beweggründen, die außerhalb des Moralischen liegen ... Ist das Gepräge seiner politischen Handlung derart, daß es mit moralischen Grundsätzen offen in Widerspruch steht, dann darf er nicht merken lassen, wie er selbst darum Bescheid weiß. Sie muß als zufällig, als ungewollt, unerwartet, als Unglücksfall, als Ergebnis einer Zwangslage erscheinen; den Eindruck ihrer Realität muß er abschwächen durch um so lautere Bekenntnisse zur Moral.«

»Die Befreiung der unerlösten Gebiete: das ist, nachdem sich die alte Generation in verächtlicher Feigheit dieser Aufgabe entzogen hat, die heilige Mission der Jugend, der kommenden Geschlechter. Hier ist kein Kompromiß, keine Verständigung, kein Rückzug erlaubt; der Mut, europäischer Unruhstifter zu sein, wird deutsche nationale Pflicht. Ekelerregend ist das Ruhebedürfnis der Räuber deutschen Landes und deutscher Menschen; sie möchten ein sittliches Gesetz daraus machen, sie nicht bei der Verdauung ihres Raubes zu stören. Mag dieses ›Sittengesetz‹ in Genf oder sonstwo verkündet werden: für Deutsche kann es nicht verbindlich sein. Geknechtetes deutsches Land, vergewaltigtes deutsches Volkstum will erlöst sein; mag es Jahrhunderte dauern: es muß erlöst werden und eingehen in das große einige Reich der Deutschen.«

Liest man diese Äußerungen von Ernst Niekisch, so fragt man sich verwundert, was ihn denn eigentlich an Hitler gestört hat. Praktizierte nicht das Dritte Reich, was er propagierte? Dennoch hat Niekisch schon 1921 im bayerischen Landtag für die Ausweisung des Staatenlosen Hitler plädiert, hat er allen Werbungen und Verlockungen der Nationalsozialisten widerstanden, hat er 1932 den schon siegessicheren braunen Bataillonen die Schrift *Hitler, ein deutsches Verhängnis* mit dem apokalyptischen Titelblatt von A. Paul Weber ins Gesicht geschleudert: »Es ist schwer, nüchtern zu bleiben, wo Zahllose trunken sind, es schmerzt, nicht mithoffen und mitglauben zu können, wo kaum einer mehr zweifelt. Aber niemand nimmt dem seine Verantwortung ab, den sein eigenes Gewissen zur Rechenschaft zieht. Keiner darf schweigen, der Abgründe sieht, wo andere noch blind sind. Viele werden verletzt sein; sie mögen sich damit trösten, täglich im Rausche leben zu dürfen. Sie stehen der Sorge um die Zukunft unseres Volkes nicht Auge in Auge gegenüber. Wem diese Sorge nicht mehr von der Seite weicht: der muß sprechen.«

Der Konflikt Niekischs mit Hitler ist nicht, wie manche meinen, auf Konkurrenzneid zurückzuführen, er liegt in der Gesamtkonzeption des Nationalbolschewismus begründet.

Ernst Niekisch wuchs unter dem geistigen Einfluß der großen Immoralisten Macchiavelli und Nietzsche, der Preußen Kant, Kleist, Ranke und Moltke, der Revolutionäre Luther, Marx und Lenin; er bewunderte die welthistorischen Führergestalten, Riesen an Geist und Tatkraft, die Epoche machten, wie Cäsar, Gustav Adolf, Iwan den Schrecklichen, Friedrich den Großen, Napoleon, Freiherr vom Stein, Bismarck. Die entscheidende Triebkraft aller Politik, erklärte er, sei der Machtwille, und an anderer Stelle: Wo ein Lebendiges ist, da will es sich nicht nur erhalten, sondern es will um sich greifen, will gelten, will die Welt mit sich erfüllen. Gesundes und starkes Leben ist Wille zur Macht; der Wille eines Volkes zu politischem Einfluß, zu Größe und Glanz ist die Äußerungsform seiner Lebenskraft, seiner Lebensspannung. In den Weltreligionen, Völkerwanderungen, Imperialismen, Revolutionen bricht der dumpfe, brütende Machttrieb der Massen an die Oberfläche.

Er wird entfesselt und gesteuert von geistigen Eliten; erst durch sie bekommt die dem Volksboden entströmende Energie Richtung und Gestalt. Die Masse bedarf des Geistes und der Geist der Masse, um politisch relevant zu werden, sie ergänzen einander als Muskel und Gehirn der Politik. So gehört zum Katholizismus die Elite der Priester, zum Preußentum die Elite des Adels, zum Bolschewismus die Elite der Funktionäre. Um Führer zu sein, braucht man vor allem Augenmaß, Instinkt und Witterung; Sittlichkeit und Vernunft sind gewöhnlich nur Vorwände, den harten Konsequenzen des Machttriebes auszuweichen. Sittlichkeit und Vernunft müssen zwar berücksichtigt werden, denn es sind politisch wirksame Faktoren, die sich unversehens als Fußangeln erweisen können, sie dürfen aber niemals zum Maßstab, zum Ziel der Politik erhoben werden. In der Geschichte geht es nicht um Humanität und Ideale, sondern um die Entfaltung des Machtwillens, um die Bewältigung des Daseins. Maßstab und Ziel der Politik ist der Erfolg. Dem erfolgreichen Politiker wird alles verziehen – wie Kleist sagt: ›Schlagt ihn tot, das Weltgericht fragt euch nach den Gründen nicht.‹

Als stärkste Triebkraft im deutschen Volk erkannte Niekisch den Nationalismus. Die Demütigung durch den verlorenen Krieg und den ungerechten Frieden, die politische Entmachtung, völkische Zersplitterung und wirtschaftliche Notlage, die Unansehnlichkeit und Unbeliebtheit des demokratischen Systems würden eines Tages, so spürte er seismographisch, mächtige Gegenkräfte wachrufen. Eines Tages würde die Frontgeneration in die politische Arena treten, die Generation von Langemarck*. »Deutschlands beste Jugend«, schrieb Niekisch dithyrambisch, »zog dort in den sicheren Tod. Der Gesang, der erst auf ihren erkaltenden Lippen erstarb, war wie ein Gebet, durch das sie sich dem unbegreiflich Geheimnisvollen weihte, das jeder in seinem Blute trägt, der deutschen Wesens ist. Der Tag von Langemarck war ein Tag reinster heroischer Opferung, aber auch jubelndsten Aufschwungs: solch unermeßliche, triumphierende Hingabe an ein Höheres und Überindividuelles, an das Ewige in uns vollbringt der deutsche Mensch.«

Dieser Frontgeneration, so erläuterte Niekisch, war auf den Schlachtfeldern und in den Schützengräben eine neue Lebensschau, ein neues Weltgefühl zuteil geworden. Sie hatte verspürt, daß das Individuum nichts, der Staat, dieser skrupellos menschenfressende Moloch, alles ist. Warum, fragte Niekisch, lebte man überhaupt das schwere Leben in Dreck und Blut? Doch nur, weil der Staat es befahl. Und warum gehorchte man? Weil man sich ihm als seinem Schicksal beugte. Schärfung des Blicks für das Wesentliche, Vorbehalte gegen die Errungenschaften der Zivilisation, Volksverbundenheit, heroischer Aufschwung, Sinn für geschichtliche Größe und für die Majestät des Staates, Furchtlosigkeit, Hingabebereitschaft, Todesverachtung, Kameradschaft – das ist die aus dem Fronterlebnis geläuterte Haltung. Wer möchte sich schon für die Internationale totschießen lassen? fragte Niekisch. Die Internationale ist ein verschwommenes, blasses, farbloses Gedankengebilde. Die Nation aber ist aus Feuer und Blut geschmiedete Wirklichkeit. In ihrem Namen vermögen die Deutschen Berge zu versetzen und Kontinente zu erschüttern.

Mit der Distanz von drei Jahrzehnten erläutert Niekisch seine damalige Haltung so. »Die Atmosphäre zwischen 1918 und 1933 war explosiv; ich erfaßte sie so und zweifelte nicht daran, daß die Explosion nicht zu vermeiden sei. Die Frage, vor welche ich mich gestellt sah, lautete, ob etwas getan werden könne, die Energien, deren Entfesselung nicht zu verhindern war, in politisch fruchtbare Bahnen zu leiten. Ließ sich, so überlegte ich, insbesondere vermeiden, daß eines Tages der emporgeschleuderte Unrat dem weiteren Gang der Dinge das Gesicht verleihe und ihn bestimme? . . . Ich weiß, daß es vermessen war, eine Explosion steuern zu wollen: solcher Vermessenheit aber war ich damals fähig, war mir aber zugleich dessen bewußt, daß man sich dabei auf die abenteuerlichsten Experimente einlassen mußte . . .« (Brief an Rühle vom 30. Oktober 1958.)

Stellt man den nationalen Aufbruch in den Mittelpunkt der Politik, so bedarf es einer Gesellschaftsordnung, die alle Kräfte diesem Zwecke dienstbar macht. Es gilt, gewissermaßen im Stechschritt durchs Leben zu gehen. Es gilt, alle Ansprüche des Individuums, alle Anfechtungen der Zivilisation, alle Anwandlungen der Humanität hinwegzuwischen. Nicht Freiheit, sondern Ordnung, nicht prometheischer Trotz, sondern Gehorsam, nicht Glück, sondern Zucht, nicht Wohlergehen,

* Bei Langemarck, Flandern, starben 1914 junge Regimenter unter dem Lied »Deutschland, Deutschland über alles . . .«.

sondern die Askese des Feldlagers tun not. Der heldische Mensch allein, schrieb Niekisch, kann Deutschland befreien, der Mann mit den ungebrochenen kämpferischen Instinkten, der die materiellen Güter mit spöttischer Geringschätzung zu behandeln weiß. ›Sparta – Potsdam – Moskau‹ wählte Niekisch zur Losung und erläuterte, was er meinte, in seinem Buch *Entscheidung*: Wille zur Armut, Rückzug aus der Weltwirtschaft, Verödung der Städte, Verwurzelung im Bauernboden, Abschaffung des Privateigentums, hierarchische Rangordnung, Traditionsbewußtsein, Wehrwille, Verheidung, Entfesselung der Lebensinstinkte, Mut zum Abgrund.

Was Niekisch von den Deutschen verlangte, war eine Gesinnung des *Widerstandes* (so nannte er seine Zeitschrift und seinen Kreis) – des Widerstandes gegen Zivilisation, Humanität, Demokratie, gegen den ›warmen Sklavenstall‹. »In der demokratischen Atmosphäre Deutschlands«, klagte er, »nimmt sich das nationale Gefühl aus, als sei es eine Anrüchigkeit; der Wille zur neuen deutschen Größe muß hier ein schlechtes Gewissen haben und wirkt wie ein bösartiger Makel. Die große demokratisch-liberale, katholische und sozialdemokratische Presse, das ihr zugehörige Zeitschriftenwesen, ein umfangreicher Teil des Buchschrifttums pflegen diesen Geist, vergiften mit ihm die öffentliche Meinung; weit schon ist er in den Schulen vorgedrungen; im bürokratischen Apparat . . . hat er sich eingenistet. Wie eine Seuche frißt der Geist des Demokratismus um sich. Die Absicht der neuen Politik, die sich mit kecker Anmaßung breitmacht, ist: Hand in Hand mit den Westmächten und der Kurie die deutsche Staatlichkeit auszurotten.« Gegen diesen Geist des Demokratismus sollte der Geist der Barbarei beschworen werden.

Nun war Ernst Niekisch sich aber darüber im klaren, daß der deutsche Nationalismus, wie militant er auch auftrete, nicht allein gegen die ganze Welt stehen könne. Das hatte der Erste Weltkrieg gelehrt. Deutschland mußte sich nach Verbündeten umsehen. Und da kamen nur die anderen schlecht weggekommenen Völker in Frage, die jungen, proletarischen, soldatischen Völker, die Habenichtse, die nach dem Platz an der Sonne gieren und den bestehenden Weltzustand um jeden Preis ändern wollen: das bolschewistische Rußland, das faschistische Italien, das militaristische Japan. Vor allem in Moskau sah Niekisch das Zentrum der Gegen-Versailler Welt. Moskau – das ist der Ausbruch barbarischer Urgewalten, der Dämonen Dostojewskis. Moskau – das ist die radikale Absage an alles Westliche; der Halbtatare Lenin und der Kaukasier Stalin haben, die Juden Marx und Trotzki übertrumpfend, den Bolschewismus geformt. Moskau – das ist die Vernichtung des Bürgertums, der Demokratie, der Humanitätsduselei. Moskau – das ist ein neues Sendungsbewußtsein, die Herausforderung des Abendlandes, das Richtschwert über zweitausend Jahre Menschheitsgeschichte.

Niekisch sah im Bolschewismus weniger ein soziologisch-politisches System als das ›ganz und gar in Brand gesetzte Rußland‹. Ihn faszinierte der Gleichklang der Maximen »Wer auf die preußische Fahne schwört, hat nichts mehr, was ihm selber gehört« (Flex) und »Die Proletarier haben nichts zu verlieren als ihre Ketten« (Marx/Engels). Niekisch berief sich auf das Wort Lenins von 1920, daß die Unterscheidung von unterdrückten und unterdrückenden Völkern die wichtigste außenpolitische These sei. Der gemeinsame Nenner für deutschen Nationalismus und russischen Bolschewismus sollte die Expropriation der Expropriateure, die antikapitalistische Sehnsucht sein. So verschmolzen bei Niekisch auf eigentümliche Weise Weltherrschaftsstreben und Weltrevolution, Imperialismus und Klassenkampf. Er prägte die verführerische Formel: Wir sind keine Kommunisten, aber wir sind, wenn es das nationale Lebensinteresse erfordert, des Kommunismus fähig. Emblem des Widerstands-Kreises waren Hammer und Sichel in den Fängen des Preußenaars.

Herzstück des deutschen Nationalbolschewismus war also die Ostorientierung, das Bündnis mit der Sowjetunion. Und dieser Punkt war es denn auch, der Niekisch von Hitler trennte. Anfang der dreißiger Jahre traf er in der Wohnung Arnolt Bronnens mit Goebbels zusammen. Goebbels, immer auf der Suche nach zugkräftigen Intellektuellen für die Partei, fragte ihn, was er für Vorbehalte gegen den Nationalsozialismus habe. Niekisch antwortete, daß der Nationalsozialismus seiner Meinung nach eine völlig falsche außenpolitische Konzeption vertrete und die machtpolitischen Möglichkeiten Deutschlands überschätze. Die Politik der splendid isolation, der Versuch, einmal den Westen gegen den Osten, dann den Osten gegen den Westen auszuspielen, sei 1918 gescheitert. Die erfolgreichsten deutschen Politiker wie Friedrich II. und Bismarck hätten mit Rußland fruchtbare Politik getrieben; da der Westen in Deutschland nur einen wirtschaftlichen Konkurrenten sähe, den es niederzuhalten gelte, müsse man im Osten Rückhalt suchen. Goebbels versuchte in dem Gespräch den Eindruck zu erwecken, als sei für die Nationalsozialisten nach Niederschlagung des Kommunismus im Innern eine außenpolitische Ostorientierung möglich. Goebbels selbst kam ja vom linken Flügel der NSDAP. Er stieg auf als Vertrauter von Gregor Strasser, dem zweiten Mann und Organisator der Partei, den Hitler dann 1934 wie den Stabschef der SA Ernst Röhm ermorden ließ. Von Gregor Strasser stammt das Wort, das wie kein anderes die Epoche deckt: das Wort von der ›antikapitalistischen Sehnsucht‹.

1935 wurde Niekisch von Mussolini empfangen. Es ergab sich zwischen beiden sofort ein guter Kontakt, als Niekisch erklärte, er sei Sozialdemokrat gewesen, habe in den Gewerkschaften gearbeitet und sei vom Marxismus beeinflußt. Mussolini strahlte: »Nicht wahr, man muß durch die Schule des Marxismus gegangen sein, um ein wahres Verständnis für die politischen Realitäten zu besitzen.« Der Duce erkundigte sich dann, was er gegen Hitler hätte. Auch ihm antwortete Niekisch, daß er besonders die Außenpolitik zu beanstanden hätte. Die Westmächte, so meinte er, würden Hitler nie die Erlaubnis geben, Rußland zu überwältigen, denn dann würde Deutschland viel zu stark. Die antisowjetische Linie Hitlers müsse zum Zweifrontenkrieg und damit in die Katastrophe führen. »Was schlagen Sie demgegenüber vor?« fragte Mussolini. »Ich nehme«, entgegnete Niekisch, »Ihr Wort von den proletarischen Völkern auf. Proletarische Völker sind Deutschland, Italien, Rußland und vielleicht auch Japan. Mein Gedanke wäre, eine Kombination zu schaffen, in der Italien, Deutschland, Rußland und möglicherweise Japan zusammenwirkten. Diese Kombination wäre unüberwindlich, sie würde England und Amerika in Asien ebenso mattsetzen wie in Europa.« Erregt schlug Mussolini auf den Tisch: »Das ist es, was ich Hitler selbst auch immer wieder sage! Wenn Hitler durch seine törichte Politik Rußland in die Arme Frankreichs und Englands treibt, dann wird Deutschland, dann wird Italien, dann wird ganz Europa zugrunde gerichtet werden.«

Niekisch schied in der schmerzlichen Erkenntnis, daß das abessinische Abenteuer, zu dem der Duce sich gerade anschickte, Italien, ob es wollte oder nicht, doch in den Sog der Hitlerpolitik ziehen würde.

Es drängt sich die Frage auf, ob der deutsche Nationalismus, wenn er der außenpolitischen Konzeption von Niekisch gefolgt wäre, Erfolg gehabt hätte, ob die *Deutsche Daseinsverfehlung*, die Niekisch 1945 konstatierte, zu vermeiden war. Die Frage wird durch die geschichtliche Erfahrung beantwortet: 1917 hatten General Ludendorff und Lenin, 1939 Hitler und Stalin ihren Teufelspakt geschlossen. Beide Male scheiterten die Abmachungen an der Unehrlichkeit beider Seiten; die vom Tagesinteresse zusammengeführten Partner lauerten nur darauf, einander bei der nächsten Gelegenheit den Hals umzudrehen. Das konnte auch nicht anders sein. Eine redliche Teilung der Welt in Interessensphären, wie Niekisch sie im Sinne hatte, war im Zeitalter der Nationalstaatlichkeit möglich gewesen, in den Tagen des Hubertusburger Friedens, des Wiener Kongresses, des Bismarckschen Maklertums, nicht aber mehr im Zeitalter der modernen Totalitarismen, in deren Gestalt der Nationalismus daranging, ›die ganze Welt sich einzuverleiben‹.

Für deutschen Imperialismus und russischen Bolschewismus war nebeneinander nicht Platz; unter Gangstern gibt es keine Kameradschaft. Die einen waren auf ein Rußland aus, wie es nach 1941 in den von der Wehrmacht besetzten Gebieten verwirklicht wurde, die anderen auf ein Deutschland, wie es nach 1945 im mitteldeutschen SED-Staat Gestalt annahm. Hitlers Rußland und Stalins Deutschland – das sind die nationalbolschewistischen Realitäten; der Plan von Niekisch war eine nationalbolschewistische Utopie. Das ist das Geheimnis, warum Ernst Niekisch scheiterte, obwohl er alle Größen des Dritten Reiches an geistigem Format überragte; warum er nie über Sekten wie die Alte Sozialdemokratische Partei Sachsens und seinen Widerstands-Kreis hinauskam; warum alle seine Konspirationen mit Rathenau, Ludendorff, Seeckt, Schleicher, Hugenberg wie Radek, mit nationalsozialistischen Oppositionellen und Rotfrontkämpfern, mit Freikorps, Bünden und Gewerkschaften, dem Herrenklub und der Landvolkbewegung, mit politisierenden Gelehrten und heimatlosen Schriftstellern im Sande verliefen.

Wie wenig die Kommunisten mit ihm anfangen konnten, zeigt eine Besprechung seiner *Gedanken über deutsche Politik* in der *Linkskurve*. »Man sieht, auch dieses Buch, zu dem die weitere Schrift von Ernst Niekisch *Politik und Idee* mit ihrem Bekenntnis zur Gewalt als politischem Faktor und ihrem Ausschalten des moralisierenden Elements aus der Politik eine Ergänzung darstellt, legt Zeugnis ab von der Vielfältigkeit und der dumpfen, unklaren Gärung innerhalb des deutschen Faschismus.[60]«

Zur Ehre Niekischs muß gesagt werden, daß ihn an den Nationalsozialisten nicht nur die dilettantische Außenpolitik abgestoßen hat, sondern auch das Verbre-

chertum. In seinem Buch *Das Reich der niederen Dämonen*, das er 1935/36 heimlich schrieb und das dann Gegenstand der Hochverratsanklage wurde, hat er den Nationalsozialisten unerbittlich all das vorgehalten, was er selber noch 1929/30 zu propagieren schien: die Amoral, die Entfesselung der dunklen Instinkte, Militarismus und Kriegslüsternheit, Diktatur und Terror, Verfolgung der Intellektuellen, die nationale Hybris. Da man einem so prinzipientreuen Mann wie Niekisch schwerlich vorwerfen kann, er habe seine Gesinnung gewechselt, muß er also von vornherein etwas anderes gemeint haben. Die Elite, schreibt er 1958 in seinem Erinnerungsbuch *Gewagtes Leben*, »hat einen gefährlichen Rivalen in geltungssüchtigen und ehrgeizigen Elementen, die sich auf dem Niveau der primitiven Masse festsetzen und die Masse nicht durch uneigennützige Fürsorge, sondern durch verantwortungslose Verheißungen und Glücksversprechungen hinter sich zu bringen imstande sind. Es sind die Demagogen, die mit Hilfe von Pseudodogmen und Pseudoideologien der Masse den Kopf verdrehen und der geistigen Elite ihr großes Anliegen, eine Herrschaft der Vernunft und Sittlichkeit zu errichten, verderben. Das Hitlerreich war ein Beispiel solchen Demagogentriumphes über geistige Eliten.«
Man liest erstaunt: Herrschaft der Vernunft und Sittlichkeit. In den programmatischen Schriften von einst war davon nicht die Rede, im Gegenteil. Daß Niekisch an seinem Lebensabend die moralische Komponente nachträgt, wirft ein Licht auf den zweiten Fehler, der ihm in seiner Konzeption unterlief: Er hatte die humane Gesinnung, die ihm, dem immer ehrenhaften und lauteren Charakter, in Fleisch und Blut übergegangen war, vorausgesetzt. So kam er auf die Idee, man könne mit dem Menschlichen verfahren wie mit den anderen Dingen der Natur, es als bloßes Kraftelement ausnutzen; »die Willensregungen und seelischen Bewegtheiten gelten ... als ebenso charakteristische Merkmale eines bestimmten Objektes, wie etwa die Giftigkeit der Schlange, die Heimtücke des Tigers, der Sauerstoffmangel des Wassers als Merkmale betrachtet werden, auf die sich das praktische Handeln einzurichten hat« (*Gedanken über deutsche Politik*). Er vergaß dabei ganz und gar den Fundamentalsatz der Ethik: daß der Mensch Zweck, niemals Mittel ist, also humane Ziele nicht mit inhumanen Mitteln verfolgt werden können, ohne sofort zu pervertieren.
Den großen Dämonen der Geschichte, auf die Niekisch sich berief, war die Humanität stets gegenwärtig, selbst da, wo sie sie verletzten – das macht ihre tragische Größe aus. Die Bestialität gebiert nur niedere Dämonen. Wie der Zauberlehrling stand der Ideologe des deutschen Nationalismus fassungslos vor den Geistern, die er gerufen hatte – selber nun Opfer seiner fahrlässigen Beschwörungsformeln.

Ernst Niekisch wurde 1937 von der Gestapo verhaftet, weil er das nationalsozialistische Regime mit allen ihm zur Verfügung stehenden Mitteln, legal und illegal, publizistisch, diplomatisch und konspirativ, bekämpft hatte; der Volksgerichtshof verurteilte ihn 1939 zu lebenslänglichem Zuchthaus. Man kann es nur aus der anfänglichen Toleranz der Nationalsozialisten gegenüber den ehemaligen Kameraden aus dem nationalen Lager erklären, daß der *Widerstand* überhaupt

noch zwei Jahre nach der Machtergreifung erscheinen durfte und daß Niekisch selber so lange auf freiem Fuße blieb, obwohl er nie die Hand zum Hitlergruß erhoben, nie einen Pfennig für die Winterhilfe gegeben, nie anders als abfällig über Hitler gesprochen und unentwegt an Verschwörungen gebastelt hat.
Es ist darüber gestritten worden, ob diese provokativ offene Ablehnung des Dritten Reiches durch Niekisch und seinen Kreis einen Sinn gehabt hat. Friedrich Hielscher, ein Nationalbolschewik etwas anderer Tönung, berichtet in seinem Erinnerungsbuch *Fünfzig Jahre unter Deutschen* über eine Auseinandersetzung, die er in den ersten Jahren der nationalsozialistischen Herrschaft mit Niekisch hatte.
Niekisch warf Hielscher vor, daß er seine Zeitschrift *Das Reich* eingestellt habe und nur mehr unterirdisch arbeite, daß er somit auf die Unterrichtung der Öffentlichkeit verzichte.
»Und was ist dagegen einzuwenden?« meinte Hielscher.
»Ich weiß, was Sie denken«, zürnte Niekisch, »Sie hätten schon vielen geholfen. Aber das waren einzelne. Immer dieser oder jener. Aber niemals alle.«
»So ist es. Nur wehre ich mich dagegen, daß der eine Weg mehr Tapferkeit verlange als der andere.«
»Welche Gefahr laufen Sie schon, Herr Hielscher! Ich berufe Geheimversammlungen ein und verteile Flugschriften.«
»Das ist nicht tapfer, sondern verbrecherisch.«
»Verbrecherisch? Gegen wen?«
»Gegen die Leute, die Sie versammeln und einsetzen. Sie liefern sie ans Messer, ohne irgendwem zu nützen ...«
Hielscher schließt seinen Bericht mit dem Hinweis, daß ein Jahr später in Franken eine Versammlung hochging, zu der Niekisch schriftlich eingeladen hatte[61].
Der realpolitisch argumentierende Hielscher verkennt, daß es Niekisch im Grunde gar nicht ums Politische, sondern ums Ethische geht. Hinter der verstiegenen, widerspruchsvollen, von Jahr zu Jahr, von Buch zu Buch wechselnden Ideologie, mit der Niekisch brilliert, steckt eine sittliche Idee, die wiederum aus einem spezifischen Charakterbild, dem ihres Schöpfers, abgeleitet ist. Antagonistische Prinzipien: marxistischer Rationalismus und völkische Trunkenheit, Hang zur Realpolitik und Dogmatismus, ringen miteinander in Niekischs Brust und geben seinem Denken das eigenartig Schillernde und Konstruierte. Wenn er von praktischer Politik spricht, gießt er nur seine Ideenwelt in Gleichnisse. Er dachte so extrem, daß es keinen Brückenschlag zur Realität mehr gab. So meint sein Rigorismus offensichtlich keine gesellschaftspolitische Apparatur, sondern einen kategorischen Imperativ menschlichen Verhaltens.
Hier liegt die Wurzel seines Konflikts mit Hitler: Er mußte die Materialisierung seiner Gedanken als Sakrileg, als Befleckung der reinen Idee empfinden, denn selbstverständlich verlieren Utopien, wenn sie vom Himmel auf die Erde verpflanzt werden, ihren Glorienschein. Im Reich der Phantasie glühender Verfechter des Totalitarismus, bekämpfte er den Totalitarismus sofort, als er ihm leibhaftig entgegentrat. In einem Brief an Buchheim (1955) gab er zu: »... eine typische Situation, die sich in meinem Leben oft wiederholte: innerlich hatte ich mich

für ein Prinzip entschieden, dem ich die Zukunft zubilligte; als Denkender war ich radikal und ging bis zur äußersten Konsequenz. Zugleich aber war ich mir dessen bewußt, daß für diese theoretische Konsequenz praktisch die Stunde noch nicht geschlagen hätte, daß man die Umstände beachten müßte und daß es ein großer Fehler wäre, das prinzipiell Richtige praktisch realisieren zu wollen.[62]«

Die Faszination, die Niekisch wenn auch nicht auf die Massen, aber doch auf viele bemerkenswerte Menschen ausübte, hatte ihren Grund ganz offensichtlich nicht in seinen ideologischen Konstruktionen – die selbst von seinen Freunden und Anhängern kritisiert werden –, sondern eben in seinem Ethos. Es war die preußische Haltung, das Aufrechtstehen in rauher Luft, was Niekisch zum Beispiel machte. Die Brüder Jünger, die ihn besser kannten als Hielscher, haben das ausgesprochen. »Vielleicht«, schreibt Friedrich Georg Jünger über Niekischs Kampf gegen Hitler, »waren diese Jahre die besten und kräftigsten von Niekisch. Sein Widerstand mochte, an den Kräften der Gegner abgemessen, nutzlos erscheinen. Aber es lag etwas daran, daß er standhielt und sich nicht einschüchtern ließ.[63]« Und Ernst Jünger in *Jahre der Okkupation*: »Ernst Niekisch gehört zu den Ausnahmen, die im Bürgerkrieg Mut haben. Ich hätte vor den Ereignissen nicht gedacht, daß dieser Mut so außerordentlich selten ist . . . Der Mut im Kriege ist demgegenüber normal. Man möchte meinen, daß schließlich der Tod hier oder dort ein und derselbe sei. Das ist aber nicht der Fall. Mindestens in der Einbildung scheint das Ende im Bürgerkrieg schrecklicher . . . Ich habe gesehen, wie allein ein Mann wie Niekisch steht.[64]«

Unter dem Eindruck der nationalsozialistischen Herrschaft hat Niekisch dem Geist von Sparta, das heißt dem Barbaren- und Kriegertum, abgeschworen wie dem Geist von Potsdam, das heißt dem preußisch-deutschen Nationalismus; er hat sie, wie er in den Lebenserinnerungen sagt, fallen lassen ›wie verbrauchte Masken‹. Wie aber steht es mit dem dritten Element seines Nationalbolschewismus, dem Geist von Moskau? In den Lebenserinnerungen motiviert Niekisch seine Ostorientierung etwas anders als früher, mehr geschichtsphilosophisch als pragmatisch-imperialistisch. »Der russisch-asiatische Block enthält so viel Energien, daß ihm wohl die Zukunft gehören wird«, schreibt er da; angesichts dieser Konstellation sei es Absicht des Widerstands-Kreises gewesen, die besten europäischen Kulturwerte in die neue Zeit hinüberzuretten; das Preußentum mit seinem asketischen Pflichtgedanken, seiner junkerlichen Verachtung aller Bürgerlichkeit, seiner Isolierung vom Westen habe sich als gegebene Brücke angeboten. Heute sei diese Chance durch die Schuld Hitlers vertan, der Zweite Weltkrieg war der Todeskampf der deutschen Großmachtexistenz; die westliche Hälfte Deutschlands sei nun ganz dem Westen, die östliche ganz dem Osten verfallen. Legt man diese Deutung zugrunde, ist die Ostkonzeption des Widerstands-Kreises heute überholt.

Doch räumt Niekisch ein, daß noch ein tieferer Beweggrund hinter seiner Politik stand: der Machtwille der Elite. »Nun war es meine Grundüberzeugung«, erläutert er, »daß es nur eine einzige Elite gibt, die zur Herrschaft wahrhaft legitimiert ist. Die Elite, die ich meine, war die Elite des Geistes. Die Kraft des Geistes ist nicht äußerlich und materiell, wie es die Macht des Grundbesitzes oder des mobilen Vermögens ist. Sie trägt ihre Berufung in dem ausgezeichneten Menschen selbst. Sie ist eine schlechthin naturgegebene, unkorrigierbare und unveräußerliche Tatsache.« Von diesem Standpunkt aus folgert er: »Der Bolschewismus wollte von Anfang an der geistigen Elite eine große Chance zur Errichtung ihrer Herrschaft bieten. Grundbesitz und Geldeigentum sollten nicht mehr Mittel sein, Macht über die Massen zu erwerben; nur die Kraft des Geistes, die die Massen in ihren Bann zog, sollte fernerhin noch Herrschaft ausüben dürfen ... Die Verführungskraft der kommunistischen Idee auf manche Intelligenzschichten geht auf die Chance zurück, welche diese Idee der Macht des Geistes zu bieten scheint, besonders in Anbetracht der Aufgaben, welche die Entwicklung und Beherrschung der technischen Produktionsmaschinerie stellen.« Dieses Motiv der Ostorientierung ist offenbar noch nicht überholt, Niekisch hat es nicht verworfen. Was aber bedeutet die auffällige Möglichkeitsform (›wollte ... sollte ... scheint‹), in der er darüber spricht?

Niekisch war der erste, der – im *Reich der niederen Dämonen* – den Nationalsozialismus als totalitäres System analysiert hat; das totalitäre Denken war ihm ja nicht fremd. Liest man das Buch, drängt sich die Parallelität zwischen Nationalsozialismus und Bolschewismus geradezu auf; man kann Niekischs Darstellung des Dritten Reiches Punkt für Punkt auf den Sowjetstaat übertragen, bloß die Termini und Namen sind verschieden. Man sehe sich nur einige Kapitelüberschriften an: Spielarten der Demagogie – Der totale Willkürstaat – Terror – Judenverfolgung – Gleichschaltung – Arbeitsbeschaffung – Kanonen statt Butter – Feste seh' ich und Feiern – Der Geist der Lüge – Kämpfende Wissenschaft – Entartete Dichtung und Kunst – Der Wille zum Krieg. Ob Niekisch selber sich dieser Parallelität bewußt geworden ist, wissen wir nicht.

Niekisch hat den Bolschewismus nicht kritisiert wie den Nationalsozialismus – vielleicht aus Anhänglichkeit an seine alten Hoffnungen, vielleicht aus Pietät gegenüber seinen Befreiern, vielleicht aus Ruhebedürfnis nach einem gewagten und geopferten Leben. Bezeichnend ist jedoch, daß er persönlich immer Abstand hielt. Dreimal hatte er Gelegenheit, sich dem Bolschewismus anzuschließen: 1919 während der Bayerischen Räterepublik, als er Präsident des Zentralrats der Arbeiter-, Bauern- und Soldatenräte war; Anfang der dreißiger Jahre, als er zu den Nationalismus-Experten der KPD (Kippenberger, Scheringer, Beppo Römer) Fäden spann und in die Sowjetunion zu Radek reiste; und nach 1945, als er im Kulturbund der Sowjetzone und an der Ostberliner Humboldt-Universität zu Ehren kam. 1954 trat er aus der SED aus. Offenbar hat er gespürt, daß auch in Stalins Reich nur niedere Dämonen wirkten.

So ist Ernst Niekisch sein Leben lang kein Politiker geworden – aus Lauterkeit. Welch seltsames Schicksal für einen Mann, der die Moral aus der Politik verbannen wollte!

Thomas Mann und die Krise der deutschen Republik

Die Republik – wie gefällt euch das Wort in meinem Mund?

THOMAS MANN Von deutscher Republik 1922

Im Oktober 1922 hielt Thomas Mann (1875–1955) in Gegenwart des sozialdemokratischen Reichspräsidenten Friedrich Ebert seine Rede *Von deutscher Republik,* worin er es unternahm, die akademische Jugend »für die Republik zu gewinnen und für das, was Demokratie genannt wird und was ich Humanität nenne«. Die Rede erregte Aufsehen, denn noch vier Jahre zuvor, 1918, als die Niederlage Deutschlands im Ersten Weltkrieg und der Untergang des Kaiserreiches schon offensichtlich waren, hatte er in den *Betrachtungen eines Unpolitischen* das ›deutsche Wesen‹, an dem die Welt genesen sollte, gegen den Ansturm der Demokratie verteidigt. In seiner Rede stellte er selber die Frage: »Wie? Und dein Buch? Deine antipolitisch-antidemokratischen Betrachtungen von Anno achtzehn?! Renegat und Überläufer! Der du dir selber aufs Maul schlägst ...« Er antwortete: »Ich widerrufe nichts. Ich nehme nichts Wesentliches zurück. Ich gab meine Wahrheit und gebe sie heute.« Und erläuterte: »... war es, zornige Freunde, nicht dies Element, das ich mit jenem Buchwerk, in wirklicher Lebensnot nach rechts und links, ja, unter schwerstem Druck, mehr noch nach links als nach rechts, verteidigte: Das Element der Humanität.« Was in der Rede als radikale politische Wendung erschien, breitete Thomas Mann auf den mehr als tausend Seiten seines Romans *Der Zauberberg* (1924) in seiner gesamten Problematik aus.

Der autobiographische Kern des Romans erhellt aus einer Episode, die der Dichter 1939 den Studenten in Princeton erzählte. Im Jahre 1912 hatte er seine Frau, die an einer leichten Lungenaffektion erkrankt war, in den Schweizer Höhenkurort Davos begleitet. »Ich befand mich etwa zehn Tage dort oben, als ich mir bei feuchtem und kaltem Wetter auf dem Balkon einen lästigen Katarrh der oberen Luftwege zuzog. Da zwei Spezialisten im Hause waren, der Chef und sein Assistent, lag nichts näher, als der Ordnung und Sicherheit halber meine Bronchien untersuchen zu lassen . . . Der Chef, der, wie Sie sich denken können, meinem Hofrat Behrens in Äußerlichkeiten ein wenig ähnlich sah, beklopfte mich und stellte mit größter Schnelligkeit eine sogenannte Dämpfung, einen kranken Punkt an meiner Lunge fest, die, wenn ich Hans Castorp gewesen wäre, vielleicht meinem ganzen Leben eine andere Wendung gegeben hätte. Der Arzt versicherte mir, ich würde sehr klug handeln, mich für ein halbes Jahr hier oben in die Kur zu begeben, und wenn ich seinem Rat gefolgt wäre, wer weiß, vielleicht läge ich noch immer dort oben. Ich habe es vorgezogen, den *Zauberberg* zu schreiben.« (*Einführung in den Zauberberg.*)

Der junge Mann, Hans Castorp, stammt aus einer norddeutschen Hansestadt, nicht gerade aus Lübeck wie der Autor selber und Buddenbrooks, sondern – ›zur Abwechslung‹, wie der Dichter einmal gestand – aus Hamburg. Er fährt ins Sanatorium nach Davos, seinen kranken Vetter zu besuchen, und erkrankt dort auf die nämliche Art, die Thomas Mann den Studenten von Princeton geschildert hat. Was ist das für eine seltsame Krankheit, die Hans Castorp auf Grund bloßen Abklopfens und Durchleuchtens befällt und die er bei einiger Willensanstrengung hätte abschütteln können und eines Tages auch abschütteln wird? Thomas Mann nennt die Tuberkulose eine ›Jugendkrankheit‹ und deutet damit das Paradigmatische an. Es ist eine Krankheit, mit der er selber zu ringen hatte und vor der er die Jugend der Weimarer Republik retten möchte.

In seinem großen Erstlingsroman *Buddenbrooks* (1901) hat der Dichter die Frage nach Gesundheit und Krankheit, nach Leben und Tod zum ersten Mal aufgeworfen, die ihn sein Leben und Schaffen hindurch nicht mehr loslassen wird. ›Verfall einer Familie‹ heißt der Untertitel, und es ist ein Verfall im Äußern wie im Innern, im Wirtschaftlichen und Gesellschaftlichen wie im seelischen Bereich. Ein patrizisches Handelshaus geht unter, eine reiche, honorable Familie aus der Tradition der königlichen Kaufherren, die im Manufakturzeitalter Meere und Straßen beherrschten, an fernen Gestaden ihre Kontore errichteten und Kaiser zu ihren Schuldnern zählten. Sie sind dem rücksichtslosen und hektischen Konkurrenzkampf der entwickelten kapitalistischen Gesellschaft nicht mehr gewachsen. Guter Name, Senatorenwürde und Bürgerfleiß vermögen nichts mehr, wenn das Barometer der Börse fällt und der Hagel eine auf dem Halm aufgekaufte Ernte zerschlägt. Die alten Vorstellungen von Treu und Glauben, der Wahlspruch, bei Tage nur solche Geschäfte zu machen, die einen nachts gut schlafen lassen, kommen darauf hinaus, überhaupt keine Geschäfte mehr machen zu können. Vornehme Geschlechter, deren verwöhnte, verfeinerte Erben die »Verwandlung des deutschen Bürgers in den Bourgeois[65]« nicht mitmachen können und wollen, gehen unter; immer mehr Glieder der Familie verlaufen sich, werden gleichmütig, lebensuntüchtig, dekadent, suchen den Inhalt des Lebens woanders, nicht zuletzt im Künstlertum, das vom Standpunkt alter Patrizierherrlichkeit eben auch eine Form des Verfalls, der Auflösung und Krankheit ist. Gegen diese Gefährdung von außen und innen setzt Thomas Buddenbrook, schon gezeichnet von Vergeblichkeit und selber unrettbar der Kunst, der Musik und der Philosophie verfallen, das, was er Haltung nennt, einen kategorischen Imperativ, in dem sich Strenge und Würde des hanseatischen Protestantismus mit dem preußischen Gedanken der Pflicht berühren.

Um diese Haltung ging es dem in die Kunst verschlagenen Patriziersohn Thomas Mann in den *Betrachtungen eines Unpolitischen.* Aufgewühlt und politisiert durch den Krieg, hatte er sich mit dem großen Preußenkönig beschäftigt (*Friedrich und die große Koalition*, 1915), in dessen faszinierender Gestalt er den Souverän im Dienste seiner Untertanen, den Künstler und Philosophen auf dem Thron, die Einheit von Geist und Macht, von Aufklärung und Tradition, einen

Triumph der Zucht über eigene Sensibilität und Schwäche sah. Preußen – das war ein Rechtsstaat inmitten absolutistischer Willkür, die Zuflucht der religiös und politisch Verfolgten, ein wahrhafter Schutz der Bürger und der Musen. War schon dieses Bild aus der Distanz der Jahrhunderte romantisch verklärt, so war es Thomas Manns kardinaler Irrtum, seine Vorstellungen vom Preußen des großen Königs auf das wilhelminische Kaiserreich zu projizieren. Wilhelm II., dessen erste verhängnisvolle Tat die Entlassung des Eisernen Kanzlers Bismarck war, verkörperte ganz im Gegensatz zu preußischer Schlichtheit und Askese das pompöse Deutschland der Jahrhundertwende mit Gründerzeit-Prunk und Wagner-Musik, mit Höflingswirtschaft, Säbelklirren und imperialer Hybris. In der Feuerprobe des Krieges, den der Kaiser gewiß genausowenig gewollt hatte wie die anderen europäischen Staatsoberhäupter, in den er ›hineingeschlittert‹ war, erwies sich das Reich als ein aufgeblasener Koloß, hinter dessen militärischem Bizeps sich Mangel an Tatkraft und politischer Klugheit verbarg. Die *Betrachtungen eines Unpolitischen* waren der späte Versuch einer Rechtfertigung des Dichters für die hurrapatriotische Verirrung, ein Akt der Bestandsaufnahme und Besinnung, der den Weg freimachte für eine neue Orientierung. »Die Republik ist ein Schicksal, und zwar eines, zu dem amor fati das einzig richtige Verhalten ist.« Steckt hinter diesem Wort aus der Rede *Von Deutscher Republik* nicht die Hoffnung, daß die Weimarer Republik, die sich gerade unter ihrem ersten, sozialdemokratischen Reichspräsidenten, ›Vater Ebert‹, in blutigen Kämpfen gegen die Feinde von außen und innen, von rechts und links behauptete, jene ›machtgeschützte Innerlichkeit‹ würde gewähren können, von der Thomas Mann in einem Aufsatz über Wagner sprach und die er von dem Nachfahren Friedrichs des Großen vergebens erwartet hatte? Wie fragwürdig auch diese Hoffnung war, erkannte weniger der Politiker als der Dichter Thomas Mann; davon handelt die große Gesellschaftsanalyse *Zauberberg*.

Man sollte sich, was die zeitliche Fixierung des Romans angeht, nicht täuschen lassen. Das Geschehen des *Zauberberg* ist in der Vorkriegszeit angesiedelt, weil das Buch, wie wir gesehen haben, auf einen Anlaß aus dem Jahre 1912 zurückgeht und damals auch begonnen wurde und weil die konkrete Fabel, das Treibhaus-Dasein in einem mondänen Lungensanatorium, medizinisch wie gesellschaftlich dem Stand jener Jahre entsprach. »Nur unter jenen Verhältnissen«, sagte Thomas Mann in Princeton, »war es möglich, daß die Patienten auf Kosten ihrer Familien jahrelang oder auch ad infinitum dies Leben führen konnten. Es ist heute zu Ende oder so gut wie zu Ende damit . . . Heute geht die Lungentherapie vorwiegend andere Wege, und die Mehrzahl der schweizerischen Hochgebirgssanatorien ist zu Sporthotels geworden.« Die Arbeit wurde aber im wesentlichen bewältigt und abgeschlossen erst nach dem Kriege, auf der Basis der Erkenntnisse, die der Rede *Von Deutscher Republik* zugrunde liegen. Bei anderer Gelegenheit, als er 1942 die Entstehungsgeschichte seines *Josephs*-Romans erzählte, bemerkte der Dichter: »So steht, der dichterischen Chronologie nach, der Donnerschlag des Kriegsausbruchs von 1914 am Ende des *Zauberberg*-Romans, in Wahrheit aber hatte er an seinem Anfang gestanden und alle seine Träume hervorgerufen.«

Das Ineinanderschieben der beiden Gesellschaftsformationen war insofern verhältnismäßig leicht, als die intellektuelle Welt der Vorkriegszeit von der der Republik nicht grundsätzlich verschieden war. Die geistigen Repräsentanten der Weimarer Republik: Thomas und Heinrich Mann, Gerhart Hauptmann, Max Reinhardt, Liebermann, Planck und Einstein, repräsentierten das geistige Leben bereits in wilhelminischer Zeit. In beiden Fällen handelte es sich um eine Provinz des Geistes im Schutze der Macht, sei es nun der konstitutionellen Monarchie oder der demokratischen Republik, um eine von äußeren Widrigkeiten unberührte pädagogische Provinz, die in der geschlossenen Szenerie des Hochgebirgssanatoriums vorzüglich symbolisiert ist. Das Hochgebirgssanatorium ist ein Gleichnis für den deutschen Parnaß. In der dünnen Luft auf großer Höhe, in der gesteigerten, fiebrig erregten Atmosphäre des Sanatoriums werden die Probleme reiner und radikaler erörtert. Dort, abseits der alltäglichen Geschäftigkeit, ist Muße und Abstand, um nachzudenken. Die Kurgäste, Urlauber von der Prosa des Lebens, blicken mit Schaudern und Verachtung auf das ›Flachland‹ herab, sie sind überzeugt, ein ›höheres‹ Dasein zu leben. Andererseits ist aber offensichtlich, daß sie ohne das Flachland, ohne die Renten und Revenuen, die von dort zu ihrem Unterhalt fließen, überhaupt nicht existieren könnten. Wir haben es also mit einem klassischen Beispiel machtgeschützter Innerlichkeit zu tun, einer Lebensform, die, wenn sie es auch weitgehend aus ihrem Bewußtsein verdrängt, eine intakte, wirtschaftlich und politisch funktionierende Gesellschaft voraussetzt. Die Menschen im Sanatorium leben ein geborgtes Leben, ein Leben aus zweiter Hand und auf Abruf; ihre immerwährenden Gespräche um Leben und Tod, Gesundheit und Krankheit reflektieren wie Wetterleuchten die Krisen des Flachlandes, der eigentlichen und wirklichen Welt.

In der kälteklaren, abstrakten Sphäre dieser hochgelegenen pädagogischen Provinz wird Hans Castorp mit ›zwei gleichermaßen schnurrigen Erziehern‹ konfrontiert, die die beiden Seiten, die heile und die dunkle, im Wesen Thomas Manns verkörpern, den Willen zum Leben und die Sympathie mit dem Tode, Bürgerlichkeit und Künstlertum, Aufklärung und Dämonie. Herr Settembrini ist ein bürgerlicher Revolutionär aus der Schule Mazzinis, ein Nationalliberaler, der dem Vaterland und der Menschheit dient, die Ideale Freiheit, Gleichheit, Brüderlichkeit hochhält und mit bewegter Rhetorik den Fortschritt feiert. Sein Denken ist optimistisch und problemlos, er läßt die Gespenster aus dem individuellen und kollektiven Unbewußten nicht zu und schaltet, als er das Krankenzimmer Castorps betritt, zuerst einmal das Licht an. Seine Argumentation kommt auf eine Apologie des kapitalistischen Flachlandes hinaus. Ihm hält sein Gegenpart, der zwielichtige Jesuit Naphta, entgegen, daß die heroische Zeit der bürgerlichen Ideale längst vorbei ist. »Ich suchte Logik in unser Gespräch einzuführen, und Sie antworten mir mit Hochherzigkeit«, fährt er dem Liberalen über den Mund. »Das Prinzip der Freiheit hat sich in fünfhundert Jahren erfüllt und überlebt . . . Alle wahrhaft erzieherischen Verbände haben von jeher gewußt, um was es sich in Wahrheit bei aller Pädagogik immer nur handeln kann: nämlich um den absoluten Befehl, die eiserne Bindung, um Disziplin, Opfer, Verleugnung des Ich, Vergewaltigung der Persönlichkeit. Zuletzt bedeutet es ein

liebloses Mißverstehen der Jugend, zu glauben, sie finde ihre Lust in der Freiheit. Ihre tiefste Lust ist der Gehorsam ... Nein! Nicht Befreiung und Entfaltung des Ichs sind das Geheimnis und das Gebot der Zeit. Was sie braucht, wonach sie verlangt, was sie sich schaffen wird, das ist – der Terror.«
Der kommunistische Kritiker Georg Lukács erledigte Naphta kurzerhand, indem er ihn einen ›Vertreter der reaktionär-faschistischen Weltanschauung[66]‹ nannte. Sehen wir von dem hartnäckigen Gerücht ab, Thomas Mann habe als historisches Vorbild für seinen spitzfindigen, abstrakt terroristischen Scholastiker – Lukács selber vorgeschwebt (der Dichter kannte den deutsch schreibenden Ungarn seit dessen ersten Arbeiten vor dem Ersten Weltkrieg), sehen wir ferner von der kleinen Unstimmigkeit ab, daß der angebliche ›Präfaschist‹ Jude ist – es gibt im *Zauberberg* eine Stelle, wo Naphta seine Weltanschauung politisch präzisiert:
»... alle diese wirtschaftlichen Grundsätze und Maßstäbe halten nach jahrhundertelanger Verschüttung ihre Auferstehung in der modernen Bewegung des Kommunismus. Die Übereinstimmung ist vollkommen bis hinein in den Sinn des Herrschaftsanspruchs, den die internationale Arbeit gegen das internationale Händler- und Spekulantentum erhebt, das Weltproletariat, das heute die Humanität und die Kriterien des Gottesstaates der bürgerlich-kapitalistischen Verrottung entgegenstellt. Die Diktatur des Proletariats, diese politisch-wirtschaftliche Heilsforderung der Zeit, hat nicht den Sinn der Herrschaft um ihrer selbst willen und in Ewigkeit, sondern den einer zeitweiligen Aufhebung des Gegensatzes von Geist und Macht im Zeichen des Kreuzes, den Sinn der Weltüberwindung durch das Mittel der Weltherrschaft, den Sinn des Überganges, der Transzendenz, den Sinn des Reiches. Das Proletariat hat das Werk Gregors aufgenommen, sein Gotteseifer ist in ihm, und so wenig wie er wird es seine Hand zurückhalten dürfen vom Blute. Seine Aufgabe ist der Schrecken zum Heile der Welt und zur Gewinnung des Erlösungszieles, der staats- und klassenlosen Gotteskindschaft.«
Nun wollen wir aus dem eifernden Jesuiten beileibe keinen Bolschewisten machen. Naphta, »von Instinkt zugleich Revolutionär und Aristokrat, Sozialist – und zugleich besessen von dem Traum, an stolzen und vornehmen, ausschließlichen und gesetzvollen Daseinsformen teilzuhaben«, repräsentiert das totalitäre Denken schlechthin, den Rigorismus ›aller wahrhaft erzieherischen Verbände‹, mag man nun darunter den Jesuitenorden oder die kommunistischen und faschistischen Parteien verstehen. Er repräsentiert das totalitäre Denken des 20. Jahrhunderts gegenüber dem liberalen des 19. – kein Wunder, daß er in dem pädagogischen Dialog auf dem *Zauberberg* der Stärkere bleibt.
Hans Castorp, dem zu Ehren die beiden Ideologen das Feuerwerk ihrer Argumente und Aperçus entzünden, zieht die Summe in einer Bemerkung zu Settembrini: »Du bist zwar ein Windbeutel und Drehorgelmann, aber du meinst es gut, meinst es besser und bist mir lieber als der scharfe kleine Jesuit und Terrorist, der spanische Folter- und Prügelknecht mit seiner Blitzbrille, obgleich er fast immer recht hat, wenn ihr euch zankt ... euch pädagogisch um meine arme Seele rauft wie Gott und Teufel um den Menschen im Mittelalter.« Es liegt ein feiner Sinn darin, daß Thomas Mann beide Ideologen unheilbar krank sein läßt, sie

wissen also trotz aller Großsprecherei keinen Ausweg. Hans Castorp, der naive Scholar, der die hellen wie die dunklen Einflüsse als Bildungserlebnis aufgenommen hat, wählt schließlich nach sieben Jahren der Verzauberung einen Weg, der eine Synthese aus den beiden vorgeschlagenen, aus Tatendrang und Todessehnsucht ist. Er kehrt ins Flachland zurück, aber nicht etwa, um sich dem tätigen Leben zuzuwenden und, wie es sein Beruf ist, Schiffe und Brücken zu bauen, sondern um als Kriegsfreiwilliger ins Feld zu ziehen – wie Thomas Mann seinerzeit selber als geistiger Kriegsfreiwilliger unter die Fahnen trat.
Diese Lösung überrascht, denn der Roman ist doch ein Produkt der Nachkriegszeit, hervorgegangen aus dem schmerzlichen Erkenntnisprozeß, der dem Autor im Kriegsdienst widerfuhr. Vielleicht liefert Thomas Manns Hinweis auf das gemeinsame Element in den *Betrachtungen eines Unpolitischen* wie in der Rede *Von Deutscher Republik* eine Erklärung. »Ich nenne noch einmal ihren ein wenig altmodischen und heute wieder im Jugendglanz lockenden Namen: Humanität. Zwischen ästhetizistischer Vereinzelung und würdelosem Untergange des Individuums im Allgemeinen; zwischen Mystik und Ethik, Innerlichkeit und Staatlichkeit; zwischen todverbundener Verneinung des Ethischen, Bürgerlichen, des Wertes und einer nichts als wasserklar-ethischen Vernunftphilisterei ist sie in Wahrheit die deutsche Mitte, das Schön-Menschliche, wovon unsere Besten träumten.« Hinter dem politischen Bekenntnis steckt die alte Sehnsucht nach der blauen Blume. Die Widersprüche blieben ungelöst, die Politik zwischen Mystik und Ethik eine Zauberwelt, der Ausweg Utopie. Sollte, was freilich der Dichter für unwahrscheinlich gehalten hat, Hans Castorp die Stahlgewitter des Ersten Weltkrieges überlebt haben, sollte er gar unter den jungen Leuten gewesen sein, vor denen Thomas Mann 1922 seine Rede hielt, so stand er allen guten Worten zum Trotz nach wie vor ratlos in der Zerrissenheit der Zeit. Die ›deutsche Mitte‹ erwies sich leider als Schnittpunkt zweier Extreme, und die jungen Leute der Frontgeneration rüsteten schon zum neuen Abenteuer. Sie, die einst unter der schwarzweißroten Flagge des Kaisers kämpften und verloren, verschworen sich nun den roten Fahnen mit Hakenkreuz oder Hammer und Sichel und rissen in ihrer todessüchtigen Lebensgier die Republik ins Verderben.

Wie stand Thomas Mann zu den beiden Extremen?
Ohne Zweifel hat sich der Dichter nicht nur in jener Rede von 1922, sondern während der gesamten Lebensdauer der Weimarer Republik zur demokratischen Staatsform bekannt. Er hat zu Tagesfragen Stellung genommen, um Vertrauen für die demokratischen Institutionen geworben, die Verständigungspolitik Stresemanns unterstützt. Er ist als eine Art Kulturbotschafter, als geistiger Repräsentant der deutschen Demokratie durch die Hauptstädte Europas gereist, um die paneuropäische Einigung voranzutreiben. Diese Haltung war, jedenfalls in intellektuellen Kreisen, genauso unpopulär und unzeitgemäß wie sein Patriotismus am Ende des Weltkrieges; denn die Mehrzahl aller Schriftsteller, die rechten wie die linken, trommelte gegen die Republik. Es entbehrt nicht der Ironie, wenn Thomas Mann nun selber jene Vorwürfe gemacht wurden, die er einst in den *Betrachtungen eines Unpolitischen* dem ›Zivilisationsliteraten‹, nämlich sei-

nem Bruder Heinrich, entgegengeschleudert hatte. Besonders aufschlußreich ist eine Äußerung des Nationalbolschewisten Friedrich Georg Jünger, weil sie Argumente vorbringt, die in der Gedankenwelt der Rechten genau so wie der Linken zu Hause sind: »Munter kopiert und kolportiert man den französischen Demokratismus, auf dessen poliertem Stuck die Moosblumen der Verwesung erblühen – und was für eine Verwesung! Die Sozietät dieser Bourgeoisie ist es, die Thomas Mann empfiehlt. Wir kennen sie! . . . Keine Arbeiter- und Soldatensphäre, eine sehr gepolsterte Sphäre, ein kosmetischer Salon, eine feminine Sesselloge mit kulturellem und zivilisatorischem Weihrauch – je nach Bedarf! Möge sich die Schicht, die ihm am Herzen liegt, so rasch wie möglich zersetzen – wir bieten Hilfeleistung an. Möge faulen, wer da will und muß, es soll uns lieb und wert sein, wir helfen morbiden Gemütern gern mit einer Injektion nach. Aber wir verbitten uns, daß Herr Mann, mit der Miene des papa ex cathedra, sich erhebt, um an Angelegenheiten zu rühren, die mit dem *Zauberberg* nichts zu tun haben, daß er als papa infallibilis in deutschen Angelegenheiten der europäischen Finanzbourgeoisie und ihren literarischen Hühneraugen Vortrag erstatten will. Hier endet Amt, Befähigung, Aufgabe.[67]«

Zu seiner eigenen wie seiner Mitwelt nicht geringen Überraschung sah sich Thomas Mann plötzlich in die Lage versetzt, den Zivilisationsliteraten – in diesem Falle sich selber – gegen deutsche Dichterromantik zu verteidigen, so in seiner Lessing-Rede 1929:

»Ein Dichter, wie er sein soll, das ist nach ihrer Meinung ein Wesen, das nichts sieht, nichts merkt, von nichts etwas ahnt und dessen reine Torheit sich bequem als Vorspann der Schlechtigkeit und des Interesses mißbrauchen läßt. Sieht und merkt er etwas, läßt er sich in Harnisch jagen durch Heuchelei, Rechtsbruch und Volksverdummung, durch die betrügerische Vermengung etwa von Industrie und Heldenlied, so ist er kein Dichter, sondern bloß ein Schriftsteller, und zwar ein unvaterländischer.«

Kann angesichts solcher Verkehrung der Fronten noch von einer Kontinuität der Weltanschauung gesprochen werden, wie es Thomas Mann bei der Drucklegung seiner Rede *Von Deutscher Republik* tat? »Ich weiß von keiner Sinnesänderung. Ich habe vielleicht meine Gedanken geändert – nicht meinen Sinn.«

Die Gedanken aber, so meinte er, seien »immer nur Mittel zum Zweck, Werkzeug im Dienst eines Sinnes«, den es zu behaupten gelte:

»Dieser republikanische Zuspruch setzt die Linie der *Betrachtungen* genau und ohne Bruch ins Heutige fort, und seine Gesinnung ist unverwechselt, unverleugnet die jenes Buches: diejenige deutscher Menschlichkeit.«

Da haben wir ihn wieder, diesen schillernden Begriff, dem Kaiserreich wie Republik nur Mittel zum Zweck, dienende Werkzeuge sein sollten: die deutsche Menschlichkeit. Es verwundert nicht mehr, in seiner Studie *Kultur und Sozialismus* (1929) eine eigentümliche Definition der Demokratie zu vernehmen:

»Wer also in Deutschland der Demokratie das Wort redet, meint nicht eigentlich Pöbelei, Korruption und Parteienwirtschaft, wie es populärerweise verstanden wird, sondern er empfiehlt damit der Kulturidee weitgehende zeitgemäße Zugeständnisse an die sozialistische Gesellschaftsidee, welche nämlich längst viel zu siegreich ist, als daß es nicht um den deutschen Kulturgedanken überhaupt geschehen sein müßte, falls er sich konservativ gegen sie verstockte. Wer ihn um seiner großen Vergangenheit willen liebt, sagt ihm, was wahr und notwendig ist, indem er ihm den sicheren und schon vollendeten Sieg des sozialistischen Gegengedankens vor Augen rückt und Beweglichkeit, Anpassungswilligkeit, Aufnahmefähigkeit von ihm fordert.«

Das bedeute, meint der Dichter, nicht notwendig politischen Radikalismus, worunter er offenbar Barrikadenkampf, Kirchenschändung und Guillotine versteht. Dessen ungeachtet enthüllt er in *Kultur und Sozialismus* eine Konzeption, die vielleicht auf den ersten Blick politisch harmlos, gar sphärenharmonisch klingen mag, in ihrer Berührung der Extreme aber an geistiger Explosivkraft ihresgleichen sucht. Da werden gleich drei oder vier irdische Paradiese in eins gegossen: die sagenhafte griechische Polis, die Tugendrepublik der Jakobiner, die blaue Blume der Romantik und die klassenlose Gesellschaft:

›Was not täte, was endgültig deutsch sein könnte, wäre ein Bund und Pakt der konservativen Kulturidee mit dem revolutionären Gesellschaftsgedanken, zwischen Griechenland und Moskau, um es pointiert zu sagen – schon einmal habe ich dies auf die Spitze zu stellen gesucht. Ich sagte, gut werde es erst stehen um Deutschland, und dieses werde sich selbst gefunden haben, wenn Karl Marx den Friedrich Hölderlin* gelesen haben werde – eine Begegnung, die übrigens im Begriffe sei, sich zu vollziehen. Ich vergaß hinzuzufügen, daß eine einseitige Kenntnisnahme unfruchtbar bleiben müßte.‹

Thomas Mann dachte, wenn er vom Kommunismus sprach, nicht an die konkrete, wirkliche Welt, sondern an eine Erscheinung im Reich der Geister. Mit dem demokratischen Sozialismus, mit der mühseligen, glanzlosen Kleinarbeit in Parlamenten und Gewerkschaften, die die Voraussetzung sozialen Fortschritts ist, hat ein Credo wie das eben zitierte nichts gemein. Die ›edle Einfalt, stille Größe‹ unseres Marmorbildes von Griechenland wird man im Alltag politischer und sozialer Interessenkämpfe vergebens suchen. Und genausowenig kann die moderne Massendemokratie, die nun einmal ohne ›Pöbelei, Korruption und Parteienwirtschaft‹ nicht denkbar ist, mit jenem donnergrollenden Pathos der Menschheitsbefreiung aufwarten, das so viele Intellektuelle aus Moskau zu hören meinten. Thomas Manns Sympathie für den Kommunismus fand in seinem – zumindest zeitweise – leidenschaftlichen Haß auf Deutschland eine Entsprechung; in beiden Fällen war sehr viel Emotionales und Unbewußtes im Spiel. Die außerordentliche Reizbarkeit gegenüber allem Deutschen, das bodenlose Mißtrauen, die Kompromißlosigkeit der Absage haben sicherlich darin ihren Grund, daß er selbst sich zutiefst als Deutscher fühlte, im Guten wie im Bösen – nicht als Staatsbürger, der er ja seit seiner Ausbürgerung durch Hitler nicht mehr war und nie mehr wurde, aber in seinem innersten Wesen. Er litt wirklich an Deutschland, nicht zuletzt an dem Deutschen in sich selbst. Er war im Ersten Weltkrieg durch die

* Hölderlin (1770–1843), meist als esoterischer Dichter mißverstanden, engagierte sich in Leben und Werk für die antike griechische Demokratie und die Französische Revolution (vgl. G. Lukács, *Hölderlins Hyperion*, Werke VII, Neuwied 1964).

nationalistische Verblendung gegangen, er wußte, wie groß und gefährlich die Versuchung war. Er mußte schreiben, um die verführerischen Stimmen in sich zu übertönen; er rechnete mit Deutschland ab wie mit dem Bösen in sich selbst.

Die deutsche Katastrophe, die schmerzlichen Erkenntnisse aus dem zweiten Krieg und der zweiten Niederlage hat Thomas Mann im *Doktor Faustus* (1947) gestaltet. Wieder treten uns die beiden Prinzipien entgegen, die wir aus dem *Zauberberg* kennen, nun in Gestalt des Chronisten der Geschichte, des Gymnasialprofessors Dr. Serenus Zeitblom, und ihres Helden, des Musikers Adrian Leverkühn. Inzwischen aber sind diese Prinzipien ganz auf den Hund gekommen (im Falle Leverkühns müßte man Höllenhund sagen). Zeitblom, »ein mäßiger Mann und Sohn der Bildung«, hockt in einer hinterwäldlerischen Kleinstadt am Schreibtisch, räsoniert hilflos über Gott und die Welt und den Führer, schöpft lauwarmen Trost aus den klassischen Schriften und ist doch, wie ein verstörtes Kaninchen vor der Schlange, paralysiert von seinem genialen, dem Teufel und der Paralyse verfallenen Freunde. Dieser Adrian Leverkühn hat aus der Krankheit – es ist nicht mehr die hektisch blühende Schwindsucht, sondern die finster und unterirdisch schleichende Syphilis – höchsten Gewinn gezogen; an der Grenze von Genie und Wahnsinn komponiert er unsterbliche Werke in Zwölfton-Reihen. Eine mittlere Figur, wie es auf dem verwunschenen Berge Hans Castorp war, gibt es nicht mehr, will man nicht das zarte Knäblein ›Echo‹ dafür ansehen, das früh und jammervoll verlischt. Die Mitte ist aufgehoben, was ein Zeichen der tief pessimistischen, ausweglosen Konzeption ist, der übrigens auch das für Thomas Mann charakteristische Element der Ironie vollständig abgeht. Die Mitte ist aufgegangen in den beiden Protagonisten, von denen der Autor sagt, daß sie »viel zu verbergen haben, nämlich das Geheimnis ihrer Identität«. Das Ringen zwischen Gott und Teufel um den Menschen ist entschieden: Leverkühn – das ist Castorp, der sich dem Teufel verschrieben hat; und Zeitblom – das ist auch wieder Castorp, der naive, staunende Zuschauer, der genauso, wenn auch auf passive und reflektierende Weise, dem Teufelsspuk verfallen ist. Das Ringen um die Gesundheit ist ausgekämpft: Auf der einen Seite gibt es die »schöpferische, Genie spendende Krankheit, Krankheit, die hoch zu Roß die Hindernisse nimmt, in kühnem Rausch von Fels zu Fels sprengt«, auf der anderen die »zu Fuße latschende Gesundheit«. Das Ringen um die rechte Lebenshaltung ist ausgekämpft: Der Künstler ist zum amoralischen Artisten geworden, der die Größe seiner Werke mit der Verdammnis seiner Seele bezahlen muß – der Bürger zum Philister und Spießer, zum Kauz in der Dachstube. Auch das politische Ringen ist zu Ende: Leverkühn ist ein deutschtümelnder Barbar, dem selbst die Ambivalenz Naphtas gegenüber dem Kommunismus spurlos abhanden gekommen ist (der Teufel erscheint ihm in Italien!); Zeitblom ist ein Abbild der bürgerlich-demokratischen Parteien, die sich durch ihre Zustimmung zu Hitlers Ermächtigungsgesetz 1933 im Reichstag selber entmannten und von da an ein kümmerliches Schattendasein in der Inneren Emigration fristeten.
Thomas Mann hat seinen *Faustus* ein ›Buch des Endes‹ genannt. Vor allem sollte es ein Buch des deutschen Endes sein. »Alles drängt und stürzt dem Ende entge-

gen, in Endes Zeichen steht die Welt – steht darin wenigstens für uns Deutsche, deren tausendjährige Geschichte widerlegt, ad absurdum geführt, als unselig verfehlt, als Irrweg erwiesen durch dieses Ergebnis, in Nichts, in die Verzweiflung, in einen Bankrott ohne Beispiel, in eine von donnernden Flammen umtanzte Höllenfahrt mündet.« Thomas Mann inszeniert in seinem Roman eine Götterdämmerung à la Wagner, die, und das ist immerhin verdächtig, gewiß den Beifall des im Bunker der Reichskanzlei zur Hölle gefahrenen Führers gefunden hätte. Mindestens seit Stalingrad bereitete die Propagandamaschinerie des Dritten Reiches das Furioso einer solchen Götterdämmerung vor. Wenn der Nationalsozialismus untergehen mußte, sollte auch das deutsche Volk zugrunde gehen – das war der Sinn des Kampfes bis zum letzten Mann, der Brückensprengungen und der Verwandlung deutscher Stadtruinen in Festungen, des Volkssturms von Alten und Lahmen und der Werwolf-Aktionen von Kindern. Das deutsche Volk hat, ungeachtet einer aus preußischem Pflichtgefühl und der Angst vor dem Bolschewismus gespeisten soldatischen Tapferkeit, seinem Führer den Gefallen nicht getan, und einer der letzten Sprüche dieses Führers war es denn auch, daß das deutsche Volk seiner nicht würdig sei. Der linke Schriftsteller Thomas Mann aber stimmte in die Goebbelssche Operninszenierung ein, übermannt von der nun allerdings typisch deutschen Eigenschaft, ›Apokalypsen zu träumen‹. »Will sagen: der Krieg ist verloren, aber das bedeutet mehr als einen verlorenen Feldzug, es bedeutet tatsächlich, daß wir verloren sind, verloren unsere Sache und Seele, unser Glaube und unsere Geschichte. Es ist aus mit Deutschland, wird aus mit ihm sein, ein unnennbarer Zusammenbruch, ökonomisch, politisch, moralisch und geistig, kurz allumfassend, zeichnet sich ab . . .«

In Wahrheit hat Deutschland, wenn auch arg zerschunden, überlebt, nicht nur ökonomisch und politisch, sondern auch moralisch und geistig, und dieser nicht vorhergesehene Effekt brachte den alten Dichter, worauf wir noch zu sprechen kommen werden, in nicht geringe Verwirrung gegenüber seinem Land. Thomas Mann hat, aus den Abgründen seiner Seele schöpfend, den Nationalsozialismus unzulässig dämonisiert, wie er es schon in seiner seltsamen Studie *Bruder Hitler* (1938) tat, worin er den zum Diktator aufgestiegenen Dilettanten als einen tragisch gescheiterten Künstler interpretierte. Hier haben wir die ganze Verworrenheit einer Politik zwischen Mystik und Ethik. Natürlich hatte der Nationalsozialismus spezifisch deutsche Züge, und Deutsche waren seine Werkzeuge, aber genauso war der Faschismus italienisch gefärbt, hat der Bolschewismus russisches, der Kommunismus in China chinesisches, der Fidelismus exotisch-kubanisches Gepräge, was nicht hindert, daß sie in der Praxis einander ähneln wie ein Ei dem anderen. Natürlich stimmt es, »daß es nicht zwei Deutschland gibt, ein böses und ein gutes, sondern nur eines, dem sein Bestes durch Teufelslist zum Bösen ausschlug« – aber eine solche Pervertierung kann jedem Volk passieren, wenn es unter totalitäre Herrschaft fällt. Nicht jener geniale Apokalyptiker Leverkühn ist das Symbol der modernen Diktatur (Hitler hin, Goebbels her), sondern viel eher der mediokre Funktionär Eichmann, der, nachdem er Millionen Juden hatte vernichten lassen, in aller Unschuld sagte: »Ich saß am Schreibtisch und machte meine Sachen.«

Um nachzuweisen, daß die Diktatur ausschließlich eine deutsche und die einzige deutsche Möglichkeit war, bedient sich Thomas Mann in seinem Roman eines Kunstgriffs. Er schiebt drei historische Ebenen ineinander. Da ist zunächst einmal der historische Ort des legendären Doktor Faustus aus dem deutschen Volksbuch, der Übergang vom Mittelalter zur Neuzeit, im Roman lokalisiert in der altertümlichen Stadt Kaisersaschern mit ihren Wällen und Türmen, in der Leverkühn und Zeitblom geboren sind und die sie für immer geprägt hat. Kaisersaschern, »die Stadt der Hexen und Sonderlinge, des Instrumentenlagers und des Kaisergrabes im Dom«, hat etwas von Luthers Wittenberg und Nietzsches Naumburg und natürlich von dem alten Lübeck Thomas Manns. Vor allem Luther erscheint als die Schlüsselfigur jener Zeit. Das dürfte nicht nur auf die protestantische Herkunft des Autors zurückzuführen sein, sondern mehr noch darauf, daß der Schriftsteller Thomas Mann dem Reformator und Bibelübersetzer, der die hochdeutsche Sprache schuf, eine entscheidende Rolle bei der Herausbildung des Deutschtums zumaß. Für das moderne deutsche Denken erkannte er diese Rolle dem nicht minder bedeutenden Sprachschöpfer Nietzsche zu.

Nietzsche ist denn auch die zentrale Figur der zweiten Ebene, so daß man geradezu von einem Nietzsche-Roman sprechen kann. Der tragische Denker von Sils Maria lieferte, wie Thomas Mann in der *Entstehung des Doktor Faustus* (1949) berichtet, die Biographie Leverkühns bis in die Details: »Die wörtliche Übernahme von Nietzsches Kölner Bordell-Erlebnis und seiner Krankheitssymptomatik, die Ecce-Homo-Zitate des Teufels, das – kaum einem Leser bemerkliche – Zitat von Diät-Menüs nach Briefen Nietzsches aus Nizza oder das ebenfalls unauffällige Zitat von Deussens [des Nietzsche-Biographen] letztem Besuch mit dem Blumenstrauß bei dem in geistige Nacht Versunkenen.« Ist nicht schon der Name Leverkühn eine plattdeutsche Form des Nietzsche-Wortes ›Gefährlich leben‹, das als ›vivere pericoloso‹ ein Schlagwort des italienischen Faschismus wurde? Nietzsche steht als Exponent der modernen Philosophie und Kunst, die den Dichter in seiner Jugendzeit tief bewegte. Insofern es ein Musikerroman ist, spielen auch andere Elemente hinein, so der von Nietzsche in Haßliebe verfolgte späte Wagner, der Wagner des *Tristan* und des *Parsifal*, von dem ein direkter Weg zur Zwölfton-Technik Schönbergs führt, welcher sich Adrian Leverkühn bei seinen Kompositionen bedient. Die dritte Ebene schließlich ist die Zeit des Nationalsozialismus, in der der Chronist Zeitblom, in der auch Thomas Mann selber an die Niederschrift der Geschichte ging.

So kunstvoll der Dichter die drei Ebenen montiert und ineinander verschränkt hat, so kann doch weder dem Leser noch dem Kritiker entgehen, daß sie nicht zusammenpassen, daß sie im Grunde unverbunden nebeneinander stehen bleiben. Der Totalitarismus mag mittelalterliche Züge haben, insbesondere den Rückfall in die Barbarei, aber es waren doch Panzer und Sturzkampfbomber, die über Europa herfielen, nicht auf Besenstielen reitende Hexen, und die Gestapo-Keller wurden nicht von altertümlichen Wunderkerzen und Kandelabern, sondern von den grellen Scheinwerfern des technischen Zeitalters erhellt. Die Lutherkirche, um dieses Beispiel zu nehmen, war im Dritten Reich eine feste Burg gegen die Ansprüche des totalen Staates. Und was die zweite Ebene anbelangt: Mussolini hatte, wenn er es auch nur zu einer Karikatur des Übermenschen brachte, Nietzsche immerhin gelesen, Hitler aber kannte kaum mehr als den Namen; er ging zwar ins Bayreuther Festspielhaus, liebte jedoch wie jeder Kleinbürger mehr die konventionellen Werke Wagners als die verführerisch schillernden der Spätzeit. Die atonale Musik Leverkühns wäre im Dritten Reich als ›entartet‹ verboten, das geisteskranke Genie selber als ›lebensunwertes Leben‹ von SS-Ärzten abgespritzt worden.

Ein zweiter Kunstgriff Thomas Manns, den wir schon vom *Zauberberg* kennen, ist das Vorführen einer geschlossenen Gesellschaft, der die Kommunikation zum wirklichen Leben fehlt. Es gibt im Doktor Faustus keine Arbeiter und keine Industriellen, keine Beamten, Offiziere, keine technische Intelligenz, nicht einmal Nationalsozialisten und Kommunisten, wenn man von einigen skurrilen Vorläufern absieht. Statt dessen finden wir Künstler und Literaten, Bohemiens, versprengte und parasitäre Bürger, auch einige Professoren und Studienräte, aber nur solche, die humanistische Fächer lehren, schließlich ein paar altertümlich stilisierte Handwerker und Bauern. Es ist eine Studierstuben- und Winkelatmosphäre, in der die Gesellschaft des 20. Jahrhunderts nicht wiederzuerkennen ist. Bei solcher Optik kommen die Antriebe und Strukturen des Totalitarismus allenfalls als verzerrter Spiegelreflex ins Bild. Thomas Mann hat einmal gesagt, daß er sich nie ums Geldverdienen zu sorgen brauchte; als das ererbte Vermögen in der Inflation zerrann, war er durch seine Einkünfte als arrivierter Schriftsteller gesichert. So fehlte ihm der Blick für das, was vor allem den Nationalsozialismus an die Macht brachte: die Not der Wirtschaftskrise. Was Thomas Mann ein höchst interessanter und komplizierter Vorgang im Denken schien, war für Millionen schlechtweg eine Frage des leeren Magens. Und mag auch das traditionelle humanistische Denken angesichts des nationalsozialistischen Infernos ans Ende seines Lateins gekommen sein, die Deutschen räumten 1945 die Trümmer weg und setzten die Fabriken wieder in Gang. Schon unter der Hitler-Diktatur hatten Zehntausende von Widerstandskämpfern eine andere Alternative gewußt als die von Leverkühn und Zeitblom, am sichtbarsten die Empörer vom 20. Juli 1944; nach der Höllenfahrt der ›blonden Bestien‹ wuchs aus dem angeblich seit dem Mittelalter verseuchten deutschen Boden eine recht kraftvolle Demokratie; und die angeblich zur Revolution konstitutionell untauglichen Deutschen vertraten, noch vor Polen, Ungarn und Tschechen, im sowjetisch besetzten Teil ihres Landes diese Demokratie sogar auf den Straßen (17. Juni 1953).

Was Thomas Mann als Untergang Deutschlands mißverstand, war in Wahrheit etwas ganz anderes: der Untergang der bürgerlich-humanistischen Intelligenz. Ihn bis in die Tiefen gestaltet zu haben, macht den Rang des Dichters aus. Der freischwebende, schöngeistige Intellektuelle entstammt in der Tat jener dämmrigen Umbruchsepoche zwischen Mittelalter und Neuzeit, deren Spuren sich in dem alten Gemäuer der Stadt Kaisersaschern erhalten haben, dem Zeitalter der Renaissance, der Reformation und des Humanismus, dessen ökonomische Basis die Handelshäuser und Manufakturen waren. Leverkühns Vater ›spekuliert die Elemente‹, er erzeugt im Wasserglas fressende Tropfen und sich bewegende, lichtempfindliche Kristallgespinste, was den Kindern einen unheimlichen Schauer über den Rücken jagt. Aus jener Zeit der Studiergehäuse und spinnwebbedeckten primitiven Laboratorien, da Chemie und Goldmacherei, Astronomie und Sterndeutung, klassische Studien und Teufelsbeschwörung noch Hand in Hand gingen, hat der Intellektuelle etwas von der Würde und dem Odium der Allwissenheit des Magiers behalten. Er ist bis in unsere Zeit Autorität geblieben nicht nur in philosophischen und ethischen, auch in politischen Fragen, ein Mann, der aufgrund seiner Bildung die Welt überschaut und in den Sternen liest. Das Aufkommen der Industrie, der Arbeitsteilung und der modernen Produktionsprozesse hat diese universale Funktion des Intellektuellen unterhöhlt. Der bürgerlich-humanistische Intellektuelle wurde von einer ihm rätselhaften, aber unaufhaltsam fortschreitenden Krankheit befallen, von Frustration und Dekadenz, er kam mit der Welt nicht mehr zurecht. Hegel und Marx haben dieses Phänomen Entfremdung genannt.

Thomas Mann hat die Problematik in den Erscheinungen der Kontaktlosigkeit und Herzenskälte erfaßt, von denen im *Doktor Faustus* so viel die Rede ist. Durch den Roman weht eine Kälte, die weit herzbeklemmender ist als die im *Zauberberg*, weil es sich nicht um die eisige Frischluft des Hochgebirges handelt, sondern um die feuchte Kühle einer Gruft. Um nicht wieder der Gesichtslosigkeit und gnadenlosen Prädestination ausgeliefert zu werden, aus der er sich am Ausgang des Mittelalters strebend befreit hat, rettet sich der Bürger in Vertracktheit und Skurrilität, was den Roman zu einem ›wunderlichen Aquarium von Geschöpfen der Endzeit‹ macht. Es hilft nichts, der Bürger ist verloren, die Erlösungsbotschaft von Goethes *Faust* wird in Thomas Manns *Doktor Faustus* in allen Punkten umgedreht, der revoltierende Mensch wird wieder wie im alten Volksbuch vom Teufel geholt, der nun allerdings die Fratze von Hitler und Stalin zeigt.

»Ich habe gefunden«, sagte er, »es soll nicht sein.«

»Was, Adrian, soll nicht sein?«

»Das Gute und Edle«, antwortete er mir, »was man das Menschliche nennt, obwohl es gut ist und edel. Um was die Menschen gekämpft, wofür sie Zwingburgen gestürmt und was die Erfüllten jubelnd verkündigt haben, das soll nicht sein. Es wird zurückgenommen. Ich will es zurücknehmen.«

»Ich verstehe dich, Lieber, nicht ganz. Was willst du zurücknehmen?«

»Die Neunte Symphonie.«

Thomas Mann konnte sich die Republik, »was Demokratie genannt wird und was ich Humanität nenne«, nur als eine Republik der Geister vorstellen, gelegen auf einem Zauberberge weit über den realen Vorgängen der Ökonomie, Soziologie und Politik, eine platonische Bildungsrepublik in machtgeschützter Innerlichkeit. Deutschland war für ihn immer nur das Land der Dichter und Denker. Machtgeschützte Innerlichkeit erwartend, hatte er zuerst auf das wilhelminische Kaiserreich gesetzt, dann auf die Weimarer Republik, und er brauchte drei Jahre, ehe er sich – nach den Bücherverbrennungen und seiner Ausbürgerung – entschieden vom Dritten Reich distanzierte. Er war und blieb ein Unpolitischer, für den die gesellschaftlichen Vorgänge zwischen Mystik und Ethik verschwammen. Die funktionale Industriegesellschaft und die Massendemokratie, auf die selbst

im Ostblock und in den Entwicklungsländern alles hintreibt, kamen ihm von seinem Olymp aus überhaupt nicht in den Blick, es sei denn in der grotesken und wieder ins Künstlerische transponierten Figur des Impresarios und Managers Saul Fitelberg im *Faustus*-Roman. So konnte er mit der Wirtschaftswunder-Demokratie der Bundesrepublik Deutschland nichts anfangen, und auch mit der amerikanischen Demokratie kam er, als die Intellektuellen-Hegemonie der Roosevelt-Ära vorbei war, nicht zurecht. Er ließ sich in der Schweiz nieder, also am konkreten Ort des *Zauberberg*; dieses Land mit seiner urtümlichen Demokratie, an dem Kriege und Diktaturen vorübergegangen sind, in dem schon aus geographischen Gründen für große Industrie und Millionenstädte kein Platz ist, bot dem bürgerlich-humanistischen Einzelgänger eine letzte Zuflucht.
Thomas Mann, ›ein mäßiger Mann und Sohn der Bildung‹, war niemals Kommunist, so wenig, wie er Anhänger des Wilhelminismus und des Nationalsozialismus war. Dennoch kommt er in der *Entstehung des Doktor Faustus*, das deutsche Trümmerfeld überblickend, zu der fragwürdigen Prognose: »Die Ausrufung eines Nationalbolschewismus und der Anschluß an Rußland sind immer noch nicht unmöglich. Für eine dezente liberal-demokratische Republik ist dieses Land verloren...« Angesichts der faulen und erledigten Alternative Zeitblom – Leverkühn, das heißt: antiquierte bürgerliche Demokratie oder Faschismus, setzte der Dichter, wenn auch, wie immer, mit sichtlichem Unbehagen, auf die noch nicht ausprobierte neue Utopie. Der Kommunismus schien ihm ein Schicksal, und zwar eines, zu dem offenbar amor fati das einzig richtige Verhalten sei.
Thomas Mann, unbestreitbar die repräsentativste und bedeutendste Gestalt der deutschen Literatur zwischen den Kriegen, hat die Problematik der deutschen Intelligenz – und nicht nur der deutschen – am tiefsten gestaltet. Er hat, durchdrungen von einer tragischen Sehnsucht nach Demokratie, nach dem, was er Humanität nennt, das unglückliche Verhältnis der Intellektuellen zur Demokratie des 20. Jahrhunderts auf vielen tausend Seiten zu Papier gebracht. Wie die skurrilen Figuren dieser Romane drängten, verzaubert und behext, viele gerade der besten Intellektuellen zum Teufelspakt.

Die Geschichte als Gleichnis

Ich für mein Teil habe mich, seitdem ich schreibe, bemüht, historische Romane für die Vernunft zu schreiben, gegen Dummheit und Gewalt, gegen das, was Marx das Versinken in die Geschichtslosigkeit nennt.

LION FEUCHTWANGER Versuch einer Selbstbiographie 1954[68]

In den Wirrnissen der Zwischenkriegszeit, in der Verzweiflung des Exils suchten deutsche Schriftsteller Trost und Rat in der Geschichte. Die Hauptwerke von Lion Feuchtwanger (1884–1958) und Heinrich Mann (1871–1950) sind aus diesem Impuls entstanden. »Die Kräfte, welche die Völker bewegen«, erläuterte Feuchtwanger, »sind die gleichen, seitdem es aufgezeichnete Geschichte gibt. Sie bestimmen die Geschichte der Gegenwart ebenso, wie sie die der Vergangenheit bestimmt haben. Diese unveränderten und unveränderlichen Gesetze in ihren Auswirkungen zu gestalten ist wohl das höchste Ziel, das ein historischer Roman erreichen kann. Ihm strebt der Autor zu, der heute an einem ernsthaften historischen Roman schreibt. Er will die Gegenwart darstellen. Er sucht in der Geschichte nicht die Asche, er sucht das Feuer. Er will sich und den Leser zwingen, die Gegenwart deutlicher zu sehen, indem er sich distanziert.[69]«

Mitte der zwanziger Jahre, als Feuchtwanger durch seine Romane *Die häßliche Herzogin Margarete Maultasch* (1923) und *Jud Süß* (1925) weltberühmt geworden war, bemerkte er, sein bisheriges Leben und Werk überblickend, er habe im Grunde immer nur *ein* Buch geschrieben, »das Buch von dem Menschen, gestellt zwischen Tun und Nichttun, zwischen Macht und Erkenntnis[70]«. Dieses Thema Feuchtwangers war ein Kardinalthema der linken Intelligenz. Die Bedrückung durch das Wilhelminische Kaiserreich, die Schrecken des Weltkrieges, der Sündenfall der zuerst mit Enthusiasmus begrüßten Novemberrevolution ließen die Intellektuellen in der Macht das schlechthin Böse sehen. Von diesem Gesichtspunkt aus war Feuchtwanger darangegangen, »den Weg eines Mannes zu zeigen vom Tun zum Nichttun, von der Aktion zur Betrachtung, von europäischer zu indischer Weltanschauung.« »Es lag nahe«, so meinte er, »diese Idee der Entwicklung eines Mannes aus der Zeitgeschichte zu gestalten: Walter Rathenau. Ich versuchte es: es mißlang. Ich legte den Stoff zwei Jahrhunderte zurück und versuchte den Weg des Juden Süß Oppenheimer darzustellen: ich kam meinem Ziel näher.[71]«

Es war kein Zufall, daß Feuchtwanger sein Thema gerade an Juden zu demonstrieren suchte. Als deutscher Schriftsteller jüdischer Abstammung mußte er sich mit dem Antisemitismus auseinandersetzen, der das politische Leben der Weimarer Republik vergiftete. In seinem großen autobiographischen Roman *Erfolg* (1930) hat er mit Ironie und Bosheit und ahnungsvollem Grauen die Anfänge der Hitlerbewegung beschrieben, denen er in München begegnet war. Feuchtwanger rang ernsthaft und vorurteilslos um ein Verständnis der Judenfrage. Einen Schlüssel dazu vermutete er in dem Zwiespalt zwischen Tun und Nichttun, Macht und Erkenntnis, dem die Juden, gewachsen an der Grenzscheide von Europa und Asien, besonders ausgesetzt sind.

»Vom Abendland her«, so schreibt er zu Beginn des fünften Buches des *Jud Süß*, »schlägt eine wilde, ewige Welle nach dem Lande Kanaan: Durst nach Leben, nach Persönlichkeit, Wille zum Tun, zur Lust, zur Macht. Raffen, an sich reißen, Wissen, Lust, Besitz, mehr Lust, mehr Besitz, leben, kämpfen, tun. So klingt es vom Westen her ... Aber von Ost her klingt sanfte Weisheit: Schlafen ist besser als wachen, tot sein besser als lebendig sein. Nicht widerstreben, einströmen ins Nichts, nicht tun, verzichten. Und die milde, ewige Welle verebbt von Morgenland her nach Kanaan«. So sind die Juden selbst in der Diaspora noch »zu Hause auf der Brücke zwischen Tun und Verzicht«, in ihrem Blut und Gefühl lebt »das tiefe, heimliche, sichere Bewußtsein von der Sinnlosigkeit, der Wandelbarkeit, dem Unwert der Macht«.

Es leuchtet ein, daß Feuchtwanger die Gestaltung dieser Problematik am Beispiel Rathenaus nicht gelang. Denn die Resignation des Industriellen und Reichsministers, der als Repräsentant einer Verständigungspolitik nach Ost und West den Fememördern zum Opfer fiel, wurzelte kaum in einer ›indischen‹ Wendung zur Kontemplation, auch nur beiläufig in seinem Judentum, sondern in dem Scheitern des liberalen Bürgertums an den reaktionären und revolutionären Kräften in der Weimarer Republik.

Anders beim Jud Süß. Georg Lukács sagt sehr richtig: »Feuchtwangers dichterische Begabung, die leidenschaftlich eine historische und menschliche Konkretheit sucht, zeigt sich darin, daß er das Problem von Tun und Nichttun bei einem Menschentyp gestaltet, für welchen dies ein wirklich reales, aus seinen realen Lebensbedingungen herauswachsendes Problem gewesen ist: nämlich bei dem kaum aus dem Getto entwachsenen jüdischen Finanzmann und Wucherer des 17. Jahrhunderts. Hier entspricht sogar auch das unmittelbare Nebeneinanderbestehen von rücksichtslosen erpresserischen Geldmanipulationen und religiöser Mystik gesellschaftlich-geschichtlich der Wahrheit.[72]« Nicht nur das jähe Entsagen, das Sich-Fallenlassen angesichts der Eitelkeit des Lebens wird beim Jud Süß verständlich – auch die Judenfrage wird hier an der Wurzel gepackt, den sozialen Verhältnissen der ausgehenden Feudalzeit, wo die Geldwirtschaft, manipuliert von den Juden, auf die Schranken und Vorurteile der ständisch geordneten Gesellschaft stößt.

Trotz dieser positiven Seiten hat Lukács den Roman vom marxistischen Standpunkt aus kritisiert. Er warf Feuchtwanger vor, die spezifische, historisch und soziologisch bedingte Wandlung seines Helden mit der »ewigen, überzeitlichen Gloriole der Lösung eines allgemein-menschlichen Schicksals« umgeben zu haben. »Dadurch aber«, erklärte Lukács, »entsteht die groteske und verzerrte Perspektive, daß das Schicksal eines ganzen Landes, das Schicksal von Millionen Menschen [der Bevölkerung von Württemberg] nur die gleichgültige Kulisse der seelischen Umkehr eines jüdischen Wucherers wird, daß die bengalische Beleuchtung einer kabbalistischen Mystik und des Märtyrertodes, den Süß in ihrem Geiste auf sich nimmt, den Abschluß einer Entwicklung bilden soll, in welcher wir ununterbrochen das Leiden und das Getretensein eines Volkes – wenn auch im Hintergrund – gesehen haben.« Es sei verletzend, so meint er, »wenn das Jahrzehnte währende Leiden eines ganzen Volkes als ›Anlaß‹ der seelischen Bekehrung eines nicht allzu wesentlichen Menschen erscheint[73]«.

In der Tat war Feuchtwanger zur Zeit der Niederschrift des *Jud Süß* kein Marxist: die Klassenkämpfe im alten Württemberg und selbst der Antisemitismus waren für ihn nicht mehr als äußere Faktoren, welche die wirklich wesentlichen Vorgänge im Innern des Helden auslösen. *Jud Süß* ist kein politisches, sondern ein philosophisches Buch; es trifft darauf zu, was der autobiographische Held des Romans *Erfolg*, der Schriftsteller Jacques Tüverlin, bekennt: »Ein großer Mann, den Sie nicht leiden können, ich übrigens auch nicht, er heißt Karl Marx, meinte: Die Philosophen haben die Welt erklärt, es kommt darauf an, sie zu ändern. Ich für meine Person glaube, das einzige Mittel, sie zu ändern, ist, sie zu erklären. Erklärt man sie plausibel, so ändert man sie auf stille Art, durch fortwirkende Vernunft. Sie mit Gewalt zu ändern versuchen nur diejenigen, die sie nicht plausibel erklären können.«

Die Hoffnung trog allerdings: Der Roman *Jud Süß* hat trotz seines Erfolges den Antisemitismus nicht aufgehalten, im Gegenteil, die Antisemiten bemächtigten sich des Stoffes, ließen alle Erklärungen weg und machten daraus den berüchtigtsten Hetzfilm unserer Zeit.

Als Feuchtwanger Ende der zwanziger Jahre die Arbeit an seinem *Josephus*-Zyklus begann, wurde er immer noch von demselben Thema, seinem Thema, bewegt. Wieder wählte er einen Knotenpunkt der jüdischen Geschichte: die Zerstörung des jüdischen Staates durch die flavischen Kaiser im Jahre 70 nach Christus, Ausgangspunkt für die Zerstreuung der Juden über die Welt. Und wieder demonstrierte er einen Weg vom Tun zum Nichttun, von der Macht zur Erkenntnis: die historisch verbürgte Wandlung des Geschichtsschreibers Flavius Josephus, ursprünglich Josef Ben Matthias geheißen, vom jüdischen Priester und Nationalisten zum Weltbürger, vom Revolutionsführer zum Schriftsteller der Versöhnung.

Nach dem Fall der Bergfestung Jotapat, die er heldenhaft verteidigt hat, begreift Josef, daß das mächtige Rom nicht durch Waffen, sondern allenfalls durch Geisteskräfte zu bezwingen ist. Er begrüßt Vespasian als Messias und stellt sich in seinen Dienst. »Ja«, erkennt er später, »er hatte recht gehabt mit seiner Prophezeiung. Vespasian war wirklich der Messias. Die Erlösung freilich durch diesen Messias vollzog sich anders, als er gedacht hatte, langsam, hell, nüchtern. Sie bestand darin, daß dieser Mann die Schale des Judentums zerschlug, auf daß ihr Inhalt über die Erde verströmte und Griechentum und Judentum ineinander schmolzen. In Josefs Leben und Weltbild drang immer mehr von dem hellen, skeptischen Geist dieser östlichen Griechen. Er verstand nicht mehr, wie er früher hatte Abscheu spüren können vor allem Nichtjüdischen. Die Heroen des griechischen Mythos und die Propheten der Bibel schlossen einander nicht aus, es war kein Gegensatz zwischen den Himmeln Jahves und dem Olymp des Homer.

Josef begann die Grenzen zu hassen, die ihm früher Auszeichnung, Auserwähltheit bedeutet hatten. Es kam darauf an, das eigene Gute überfließen zu lassen in die andern, das fremde Gute einzusaugen in sich selbst. Er war der erste Mensch, eine solche Weltanschauung vorzuleben. Er war eine neue Art Mensch, nicht mehr Jude, nicht Grieche, nicht Römer: ein Bürger des ganzen Erdkreises, soweit er gesittet war.«

Lukács rühmte den ersten Teil des Romans, *Der jüdische Krieg* (1932), als einen »außerordentlich großen Schritt vorwärts«. In der Tat ist dieser Roman wesentlich politischer als *Jud Süß*; er durchbricht die Grenzen der individualethischen Konzeption und bietet eine Lösung politischer Probleme an, nicht nur der Judenfrage, sondern des Völkerzwistes überhaupt, der die Welt aufs neue zu zerfleischen drohte. Lukács kritisierte aber immer noch zweierlei: daß das Volksschicksal weniger direkt als in den Reflexionen bedeutender Persönlichkeiten abgehandelt wird und daß Feuchtwanger liberale Illusionen, »eine allzu große Verehrung der ›Realpolitik‹, des feinen, diplomatischen Ränkespiels, des klugen Kompromisses«, an den Tag legt[74].

Der zweite Band des *Josephus*-Zyklus war 1933 fertig entworfen und zu einem großen Teil ausgeführt. »Als aber im März 1933«, berichtet Feuchtwanger, »die Nationalsozialisten mein Haus in Berlin plünderten, vernichteten sie das ausgeführte Manuskript dieses Schlußbandes sowie das vorhandene wissenschaftliche Material. Den verlorenen Teil in der ursprünglichen Form wiederherzustellen erwies sich als unmöglich. Ich hatte zu dem Thema des *Josephus*, Nationalismus und Weltbürgertum, manches zugelernt, der Stoff sprengte den früheren Rahmen, und ich war gezwungen, ihn in drei Bände aufzuteilen.[75]« In den beiden neuen Bänden, *Die Söhne* (1935) und *Der Tag wird kommen* (auch *Das gelobte Land* genannt, 1942), trat eine ideologische Wandlung Feuchtwangers zutage.

Die Vorstellung einer Assimilation und gegenseitigen Durchdringung der Nationen und Kulte hatte sich angesichts des Triumphes der Nationalsozialisten als Illusion erwiesen. Der Völkerbund war zerfallen; die am meisten assimilierten Juden in der Welt, die Juden in Deutschland, wurden zuerst vernichtet. Feuchtwanger erkannte, daß Gegensätze nicht zu verkleistern sind, sie müssen aufgehoben werden. Das aber heißt, daß die gegenseitige Befruchtung der Nationen eine Weltordnung der nationalen Gleichberechtigung und Toleranz voraussetzt, wie sie weder das alte Römische Reich noch die moderne imperialistische Gesellschaft zu bieten vermag, wie sie nach Feuchtwangers Meinung allein im Sozialismus zu verwirklichen ist.

So gelingt es zwar Josephus, einen Platz am Hofe der Flavier zu erringen, aber für sein Volk und seine Glaubensbrüder erreicht er wenig. Er verliert seine Söhne, die er zu Weltbürgern erziehen wollte, und bleibt letztlich doch immer mit dem Pariageruch behaftet: von den Römern als Speichellecker verachtet, von den Juden als Verräter gehaßt. Am Ende entschließt er sich, nach Judäa, zu seinem Volk, zurückzukehren (eine Wendung, für die es keinen historischen Beleg gibt, wenn man von der prosemitischen Gesinnung seiner letzten Schrift, dem *Anti-Apion*, absieht). »Er hatte die Welt gesucht«, resümiert der Dichter, »aber gefunden hatte er nur sein Land, *denn er hatte die Welt zu früh gesucht.*«

Angesichts der Notwendigkeit, eine antifaschistische Widerstandsfront aufzurichten, revidierte Feuchtwanger auch seine These, daß Geist und Macht einander ausschließen. Er erkannte, daß die Humanität kämpfen muß. Der heimgekehrte Josef bejaht einen neuen Aufstand der Juden und wird von römischen Reitern zu Tode geschleift. In den letzten Minuten seines Lebens, verendend in der geliebten Steinwüste Galiläas, bekennt er: »Einverstanden mit mir selber, glücklich bin ich nur dann gewesen, wenn ich gegen die Vernunft gehandelt habe. Schöne Zeit, herrliche Zeit, da ich ganz meinem Trieb gefolgt bin, da ich das *Buch gegen Apion* schrieb, das dümmste und beste, was ich geschrieben habe! Und vielleicht, trotz allem, das Gott am meisten gefällige. Denn wer will entscheiden, welches der gute Trieb ist und welches der böse? Und selbst wenn es diesem bösen entsprungen sein sollte, heißt es nicht in der Schrift: ›Du sollst Gott dienen auch mit dem bösen Trieb!‹ . . . Um seine alten Lippen war ein Lächeln, schier töricht vor Glück. Beinah siebzig hat er werden müssen, ehe er so weise wurde, unweise zu sein. Gelobt seist du, Jahve unser Gott, der du mich hierher hast gelangen lassen und mich noch einmal atmen läßt die süße, reine Luft Galiläas und die wilde, würzige des Krieges!«

Die zunehmende Radikalisierung führte Feuchtwanger zu einer Annäherung an den Marxismus. Ihn interessierten nun stärker die Triebkräfte und Gesetze der geschichtlichen Prozesse. Im zweiten Band des Romans sagt der ehemalige Führer des linken Flügels der jüdischen Aufständischen, der als Sklave in Rom lebende Johann von Gischala, zu Josephus über dessen Darstellung des Jüdischen Krieges: »Ich selber habe zu Anfang des Krieges seine Ursachen nicht besser gekannt als Sie, vielleicht auch habe ich sie nicht kennen wollen . . . Es ging damals nicht um Jahve und nicht um Jupiter: es ging um den Preis des Öls, des Weins, des Korns und der Feigen. Hätte eure Tempelaristokratie in Jerusalem nicht so gemeine Steuern auf unsere mageren Produkte gelegt, und hätte Ihre Regierung in Rom uns nicht so niederträchtige Zölle und Abgaben aufgebrummt, dann wären Jahve und Jupiter noch lange ausgezeichnet miteinander ausgekommen. Hier in Rom konnte der Liter Falernerwein für fünfeinhalb Sesterzien verkauft werden, wir mußten unseren Wein für dreiviertel Sesterzien verschleudern und davon fast noch einen halben Sesterz Steuern abgeben. Wenn man sich das nicht klarmacht . . ., dann weiß man von den Ursachen des Krieges, auf gut galiläisch, einen Dreck. Ich habe Ihr Buch sehr aufmerksam gelesen, Doktor Josef: Preise und Wirtschaftsziffern habe ich keine darin gefunden. Lassen Sie mich, einen einfachen Bauern, Ihnen sagen: Ihr Buch mag ein Kunstwerk sein, aber wenn man es gelesen hat, weiß man über das Warum und Wieso des Krieges keinen Deut mehr als vorher. Das Wichtigste haben Sie nämlich leider ausgelassen.«

Es ist offensichtlich, daß Feuchtwanger sich hier von seinem eigenen ersten Band distanziert.

Der politische Effekt, den Lukács von der Änderung der Gestaltungsweise erhoffte, trat darum doch nicht ein. Die Realismus-Konzeption von Lukács ist nämlich erst der halbe Schritt zur Parteiliteratur – und Feuchtwanger hütete sich, wie übrigens auch Lukács selber, den ganzen Schritt zu tun. Die im *Josephus* angewandte Gestaltungsweise beschwört die geschichtliche Realität ohne alle Zu-

tat – ohne die abstrakten Ideen des frühen Feuchtwanger, aber auch ohne die Dogmen der Parteiideologie. Zwar meinte der Schriftsteller im Vorwort zur sowjetischen Ausgabe seiner Werke, für die Lösung des im *Josephus* aufgeworfenen Konflikts zwischen Nationalismus und Internationalismus habe ihm die Lösung des Nationalitätenproblems in der Sowjetunion wichtige Fingerzeige gegeben: Ein Mensch könne gleichzeitig national und kosmopolitisch sein[76]. Er mag dabei die Potemkinsche Fassade vor Augen gehabt haben, die ihm 1937 bei einer Erbauungsreise durch die Sowjetunion und einem Gespräch mit Stalin vorgegaukelt wurde. In Wahrheit besteht die praktische Nationalitätenpolitik der Sowjetunion vor dem historischen Spiegel seines Romans denkbar schlecht. Wohl wird der russische Nationalismus hoch geschätzt, nicht aber der anderer Völker und schon gar nicht der jüdische, von dem die *Josephus*-Trilogie handelt. ›Zionismus‹ wie ›Kosmopolitismus‹ sind politische Verbrechen. Wer heute im Sowjetreich die Völkerverbrüderung sucht, ist nicht besser dran als Flavius Josephus im Imperium Romanum. Ihm bleibt nur die Wahl zwischen Kollaboration und Widerstand.
Die Tragödie des Josephus ist die ewige Tragödie des Kollaborateurs aus Weltanschauung, die Tragödie Hamsuns und Ezra Pounds, aber auch Brechts und Arnold Zweigs. Ja, vielleicht noch mehr die Tragödie des Georg Lukács, der wie der Held des Feuchtwangerschen Romans den argen Weg der Erkenntnis bis zu Ende ging.

Auch Heinrich Manns Denken kreiste um den Antagonismus von Macht und Geist, wenngleich er, der Verehrer und Schüler der französischen Literatur, den Geist von Anfang an aktiver, kämpferischer auffaßte als Feuchtwanger, der unter dem Einfluß indischer Philosophie und jüdischer Mystik reifte. »Geist ist Tat, die für den Menschen geschieht«, heißt es in Heinrich Manns denkwürdigem *Zola-Essay* (1915), »– und so sei der Politiker Geist, und der Geistige handele.« Das war der Impuls, aus dem der Dichter inmitten des Ersten Weltkrieges sein Bekenntnis zu Zola, dem Helden der Dreyfus-Affäre*, ablegte – ein Manifest des Geistes gegen die Macht.
Als er 1916 in Prag Teile des Essays vorlas, deutete er den politischen Hintergedanken der literarhistorischen Reminiszenz an: »Das zweite Kaiserreich nämlich hat schlimm geendet, mit einer Niederlage, einem Zusammenbruch, einer Katastrophe von seltener Vollständigkeit. Da aber die Reiche doch nicht zufällig zusammenbrechen, müssen diese viel gesündigt haben, sie müssen mit viel Unrecht beladen sein und mit viel Lüge. So ergab sich für Zola die Notwendigkeit, nicht nur eine hervorragende Arbeitskraft zu betätigen, sondern auch eine ungemeine Wahrheitsliebe . . .«
Mit derselben Wahrheitsliebe hielt Heinrich Mann seinem Vaterland die einstigen französischen Zustände als Spiegel vor: »Niemand im Grunde glaubt an das

* Hauptmann Dreyfus wurde Ende des vorigen Jahrhunderts in einer antisemitischen Kampagne der Spionage bezichtigt und deportiert, durch das Auftreten von Zola (*J'accuse*), Anatole France, Clemenceau, Jaurès rehabilitiert.

Kaiserreich, für das man doch siegen soll. Man glaubt zuerst noch an seine Macht, man hält es für fast unüberwindlich. Aber was ist Macht, wenn sie nicht Recht ist, das tiefste Recht, wurzelnd in dem Bewußtsein erfüllter Pflicht, erkämpfter Ideale, erhöhten Menschentumes. Ein Reich, das einzig auf Gewalt bestanden hat und nicht auf Freiheit, Gerechtigkeit und Wahrheit, ein Reich, in dem nur befohlen und gehorcht, verdient und ausgebeutet, des Menschen aber nie geachtet ward, kann nicht siegen und zöge es aus mit übermenschlicher Macht. Nicht so verteilt die Geschichte ihre Preise. Die Macht ist unnütz und hinfällig, wenn nur für sie gelebt worden ist und nicht für den Geist, der über ihr ist. Wo nur noch an die Macht geglaubt wird, eben dort hat sie aufgehört, zu sein ... Ihr seid besiegt, schon vor der Niederlage.« Von diesem Standpunkt aus erwartete er die Demokratie als ein Geschenk der Niederlage: »Das Mehr an allgemeinem Glück, die ›Zunahme der menschlichen Würde‹, Ernst und Kraft, die wiederkehren, und eine Geistigkeit, bereit zur Tat: Geschenke der Niederlage.«

Heinrichs jüngerer Bruder Thomas, der die deutsche Kriegführung in einer Reihe öffentlicher Äußerungen unterstützt hatte, fühlte sich durch den *Zola-Essay* persönlich verletzt[77]. »Zola sah die gehaltensten Dichter unvermittelt den windigsten Journalismus treiben«, hatte Heinrich über »die Wortführer und Anwälte des Überfalls, seine Logiker, Propagandisten, Drauf- und Durchgänger« geschrieben, und: »Wir waren zu duldsam. Im äußersten Fall, nein, dies glaubten wir nicht, daß sie im äußersten Fall Verräter werden könnten am Geist, am Menschen. Jetzt sind sie es. Lieber als umzukehren und, es zurückbannend, hinzutreten vor ihr Volk, laufen sie neben ihm her und machen ihm Mut zu dem Unrecht, das es tut. Sie, die geistigen Mitläufer, sind schuldiger als selbst die Machthaber, die fälschen und das Recht brechen.« Mit Schmerz und Zorn wende er sich von diesen Leuten ab.

In den *Betrachtungen eines Unpolitischen* antwortete Thomas Mann 1918 dem Bruder: »Mit Schmerz und Zorn«, sagt er, »hat er sich von mir gewandt, wobei sein Schmerz seinen Zorn nicht hinderte, mir doppelsinnig-halböffentlich Dinge zu sagen, die in politischem Betracht vorzüglich sein mögen, menschlich genommen aber einfach tüchtige Gemeinheiten sind ...« Er titulierte den anderen, ohne einen Namen zu nennen, aber den *Zola-Essay* wörtlich zitierend, ›Zivilisationsliterat‹, ›Rhetor-Bourgeois‹, ›politischer Neu-Pathetiker‹, ›Boulevard-Moralist‹, ›Bummel-Psychologe‹, ›Politikus‹, ›Ententefreund‹, ›deutscher Westler‹, ›deutscher Belles-lettres-Aktivist‹, Mann des ›Fortschritts und der sittlichen Geborgenheit‹ und rief aus: »Vor dem Kriege nämlich waren wir Brüder, o mein Gott! Wo wir es aber etwa nicht waren, da waren die Kampfmittel ›geistig‹ – ich muß sehr bitten. Und die Inhumanität der Kampfmittel ist es, was der Zivilisationsliterat verabscheut. Die Inhumanität beginnt ihm dort, wo Blut fließt: Das kann er nicht sehen. Seelenmord scheint ihm fortschrittsgemäßer als Bajonett- oder Handgranatenkampf – und da hat er recht!«

Der Bruderzwist im Hause Mann kontrastierte Geist und Macht, Gesellschaftskritik und Staatstreue, Aufklärung und Tradition, Pazifismus und Militarismus, man könnte sagen: Nonkonformismus und Konformismus, in einer Schärfe und Abstraktion, wie sie von zwei Schriftstellern, die im Grunde beide sowohl libe-

ral wie verantwortungsbewußt gesinnt waren, auf die Dauer nicht aufrechterhalten werden konnten. Schon in den *Betrachtungen eines Unpolitischen* betonte Thomas Mann, daß er mit seiner Verteidigung der deutschen Kultur ›nicht gerade Junkerherrschaft und rohe Gewalt‹ gemeint habe, er hüte sich auch, den anderen einen ›schlechten Deutschen‹ zu nennen: »Im Gegenteil! Er kümmert sich aus allen Kräften darum, er fühlt sich im höchsten Grad verantwortlich für sein Schicksal.« Rückblickend qualifizierte Thomas die *Betrachtungen* als »ein einziges großes Rückzugsgefecht romantisch apolitischer Bürgerlichkeit vor der überwältigend anrückenden Politik« (*Kultur und Sozialismus*), und Heinrich ließ in späteren Ausgaben des *Zola-Essays* die anstößigen Stellen fort.
Alfred Kantorowicz und Hans Mayer, denen wir kluge Untersuchungen des Konflikts verdanken, haben darauf aufmerksam gemacht, daß die ursprünglich so heftig umkämpfte Alternative vom Lauf der Zeit überholt wurde. Der Boden, auf dem die Brüder einander trafen, war die deutsche Demokratie, die ›Weimar-Kultur‹, deren hervorragendste Repräsentanten sie waren. Schon bald nach dem Weltkrieg fand die Versöhnung statt, und von da an stritten sie beide Seite an Seite. So wie sich Thomas angesichts des heraufziehenden Faschismus immer mehr von den konservativen Elementen seines Denkens löste, verteidigte Heinrich das geistige Deutschland gegen die Leute, die bei dem Wort Kultur die Pistole entsicherten (wie Hanns Johst, Präsident der Reichsschrifttumskammer, provokativ formuliert hatte).
Nach einem Zusammensein der Brüder während der Emigration in Los Angeles meinte Heinrich zu Thomas' Tochter Erika: »Mit deinem Vater verstehe ich mich politisch jetzt wirklich recht gut. Etwas radikaler ist er als ich.« Thomas kommentierte: »Das klang unendlich komisch, aber was er meinte, war unser Verhältnis zu Deutschland, dem teuern, auf das er weniger zornig ist als ich, aus dem einfachen Grunde, weil er früher Bescheid wußte und keinen Enttäuschungen ausgesetzt war.« (*Bericht über meinen Bruder*[78]).
Die beiden Bände *Die Jugend des Königs Henri Quatre* (1935) und *Die Vollendung des Königs Henri Quatre* (1938) nannte Heinrich Mann »das wohlausgereifte Werk meiner späten Zeit[79]«. Der Dichter, der durch zwei gesellschaftskritische Satiren großen Stils, *Professor Unrat* (1905)* und *Der Untertan* (1914), zu Weltruhm gekommen war, beschloß sein Lebenswerk mit einem Bekenntnis zur Nation, zum Staat und zur Macht, die er freilich als ›Vorposten der menschlichen Freiheiten‹ verstand.
In dem Erinnerungsbuch *Ein Zeitalter wird besichtigt* (1945) hat Heinrich Mann erzählt, wie der Roman um Henri reifte. 1925 besuchte er, als einziger Deutscher in einem Schwarm französischer Touristen, das Schloß Pau am Fuße der Pyrenäen. In dem Geburtsschloß Henris erinnerte noch alles an den mehr als dreihundert Jahre toten König. »X [das ist der Autor] war sehr unruhig, blieb in den verlassenen Zimmern allein zurück, besann sich auf alte Antriebe, endlich fühlten sie ihre Befriedigung kommen. Was war es doch? Er wußte es nicht, während

* Bekannt geworden, wie der Autor ironisch sagt, durch die Beine der Marlene Dietrich in dem Film *Der blaue Engel* (1930 mit Emil Jannings).

es ihn verlangte. Sieben Jahre denkt man an den großen Plan, der wartet. Er kann es, X hat Zeit. Das Buch zu schreiben, nimmt er sich noch einmal sechs. Das ist nun ein Aufenthalt, ironisch Exil benannt, in dem Königreich seines Henri. Auf seiner Spur lernt X es von Grund auf verstehen. Legt sich täglich nieder und steht wieder auf im Dienst derselben Gestalt – die ihm jung bleibt, auch er selbst altert um ihrer willen noch nicht. Wunderbare Ermutigung, leibhaftig zu sehen: der menschliche Reichtum – nicht die gewohnte verkümmerte Natur ohne Wissen – kann machtvoll sein. Ein Mächtiger kann auch lieben, wie dieser König seine Menschen: trotz ihnen und in voller Erkenntnis ihrer Gebrechlichkeit, nur um seine weiß er ebensogut. Kann über jede Frist, über seine Jahre und ihren Tod, Gabrielle lieben. X beendete diese Geschichte einer beständigen Leidenschaft, woraus Größe wird, woraus Schuld wird, denn Henri ließ sie sterben – und auch der Roman ist aus. Da war es spät geworden, 1938. Er hat bald achtundsechzig Jahre bestanden, diese letzte Liebesgeschichte überschritt die Altersgrenze, für Henri und für ihn.«

Der Roman erzählt in Bildern voller Pathos und Sinnenfülle des Barock die abenteuerliche wie glorreiche Geschichte des Königs Heinrich von Navarra, späteren Königs von Frankreich: den Bürgerkrieg der protestantischen Hugenotten gegen die katholische Liga, die Bluthochzeit des jungen Hugenottenfürsten mit der Tochter Katharina von Medicis, auch als Bartholomäusnacht bekannt, Henris Fehden und Liebschaften, ›die nicht immer seiner würdig sind‹, den Kampf um die nationale Einigung, den Einzug in Paris, der Henri ›eine Messe wert‹ schien, und das Toleranzedikt von Nantes, das den Religionsfrieden besiegelte, den großen Plan einer Föderation der Königreiche und Republiken Europas, das jähe Ende unter dem Dolche des Ravaillac.

»Es ist«, wie der Autor sagt, »weder verklärte Historie noch freundliche Fabel; nur ein wahres Gleichnis.[80]« Henri Quatre ist in die Geschichte eingegangen als der gute König, der Frieden stiftete, das Volk liebte (vor allem die Töchter des Volkes) und jedem Bäuerlein des Sonntags ein Huhn im Topf wünschte. Die Volksmengen, heißt es am Ende des Romans, »werden nie wieder vergessen, daß sie das eine Mal ihren König gehabt haben. Sein Herz schlug für einiges mehr als sie: für seinen eigenen Vorrang, für die Größe Frankreichs und den Frieden der Welt. Die ersten waren sie bei ihm doch, am nächsten seinem Herzen, wenn sie arm waren.« Aber, heißt es an anderer Stelle, »eine Gattung Mensch will dies nicht, und gerade ihr soll er begegnen überall, bis ans Ende. Es sind keine Protestanten, Katholiken, Spanier oder Franzosen. Es ist eine Gattung Mensch: die will die düstere Gewalt, die Erdenschwere, und Ausschweifungen liebt sie im Grauen und in der ewigen Verzückung. Das werden seine ewigen Gegenspieler sein, er aber ist ein für allemal der Abgesandte der Vernunft und des Menschenglücks.«

Grundgedanke des Werkes ist die Machtwerdung des Geistes, der Güte, der Menschlichkeit. Am Strand vor La Rochelle begegnet der König dem Philosophen Montaigne. Von dem weisen Skeptiker lernt er, daß die Religionskriege nichts weiter sind als ›Unternehmungen zur Zerreißung Frankreichs‹. Montaigne hielt nichts für fremder der Religion als Religionskriege. Weder haben die Religions-

kriege ihren Ursprung im Glauben, noch machen sie die Menschen frommer. Den einen sind sie Vorwand für ihren Ehrgeiz, den anderen eine Gelegenheit, sich zu bereichern. Heilige erscheinen wahrhaftig nicht in Religionskriegen. Aber die Kriege schwächen Volk und Königreich. »Welche Religion ist die rechte?« fragt Henri. »Que sais-je?« antwortet der Philosoph. Und sagt weiter: »Die Gewalt ist stark. Stärker ist die Güte. Nihil est tam populare quam bonitas.« Dies, heißt es im Roman, vergaß Henri nie wieder, weil er es gehört hatte, als es sein ganzer Trost war. Gutsein ist volkstümlich, nichts ist so volkstümlich wie Gutsein. Daß dies beileibe nicht als knieweicher Pazifismus zu verstehen sei, klärt Heinrich Mann einige Kapitel später: »Sogar Montaigne war Soldat gewesen, trotz seinen ungeschickten Händen hatte er dies notwendige Handwerk getrieben – notwendig, weil es sonst allein den Hirnlosen überlassen bliebe. Das muß man wissen: wer denkt, soll handeln, und nur er. Dagegen gibt es das Sittlich-Ungeheure außerhalb der Grenzen der Vernunft. Das ist die Sache der Unwissenden, die gewalttätig werden durch ihre ausschweifende Dummheit. Ihre Versuchung und Gelegenheit ist die Gewalt. Seht den Zustand des Königreiches! Es verwahrlost, es wird ein Morast aus Blut und Lüge, und kein gerades, gesundes Geschlecht könnte auf einem solchen Boden noch heranwachsen, wenn nicht wir Humanisten auch ritten und zuschlügen.«
In der großen Schlußapotheose des Romans redet Henri, so wie Rubens ihn gemalt hat, von der Höhe einer Wolke herab zur Gegenwart und fordert sie auf, die menschlichen Freiheiten zu verteidigen, »die da sind: die Gewissensfreiheit und die Freiheit, sich satt zu essen«.

Lukács nannte den *Henri Quatre* »das höchste Produkt des modernen historischen Romans[81]«, er stellte ihn noch über den vollendeten *Josephus*-Zyklus, da die französische Geschichte der deutschen näherstehe als die jüdische, die politische Nutzanwendung somit stärker in die Augen springe. Und wie Feuchtwanger die Aussage seines Werkes mit der sowjetischen Nationalitätenpolitik in Verbindung brachte, deutete auch Heinrich Mann im *Zeitalter* eine prokommunistische Tendenz seines Romans an. »Eine Liga der Großgrundbesitzer und provinzialen Monopolisten zerriß und zerstörte das Königreich – natürlich, ohne sich zu ihrer Sache zu bekennen. Wenn man die Herren hörte, verteidigten sie einen Glauben, sprich: Weltanschauung; unter denselben Umständen hätten sie seither ihren Antibolschewismus angepriesen. Der Befreier Henri Quatre handelte revolutionär, seither wäre er Bolschewik genannt worden. Indessen hieß er Ketzer, und die wirklichen Zusammenhänge blieben im dunkeln.« Aus solchen Äußerungen könnte man schließen, daß die beiden Schriftsteller nur noch wenig vom Kommunismus trennte. Lukács sprach von ›Romanen des Übergangs‹: Nur weiter so, ihr seid schon auf dem rechten Wege! In Wirklichkeit führte dieser Weg am Kommunismus vorbei.
In den Spätwerken von Feuchtwanger und Heinrich Mann kommt zum Ausdruck, daß die linken Schriftsteller vom abstrakten O-Mensch-Pathos, von der Humanitätsschwärmerei zur politischen Realität gefunden haben. Das bedeutet, wie Lukács richtig sah, Annäherung an die kommunistische Konzeption in drei-

erlei Hinsicht: Hinwendung zur konkreten Geschichtlichkeit (Realismus), Sinn für Volksbewegungen (Revolution) und Bejahung des praktischen politischen Kampfes (Antifaschismus). Diese Annäherung ist aber nur äußerlich, denn alle drei Aspekte haben ihre Kehrseite, die mit dem Kommunismus nicht vereinbar ist. Die geschichtliche Realität wird objektiv, nicht parteilich dargestellt (Objektivismus), die Volksbewegungen kristallisieren sich nicht um Klassen oder Organisationen, sondern, was schon aus dem biographischen Charakter der Romane hervorgeht, um Einzelmenschen, ›welthistorische Individuen‹ (Individualismus), und der politische Kampf zielt nicht auf die kommunistische Gesellschaft, sondern auf einen handgreiflichen sozialen und humanen Fortschritt (Reformismus). Feuchtwanger kritisiert seinen Josephus, weil er geflüchtet war »vor der Schwierigkeit des Erreichbaren in den bequemen Traum des nie erreichbaren Ideals«, weil er »das Heute und Morgen verriet um einer nebelhaften Zukunft willen«. An anderer Stelle (Vorspruch zu *Füchse im Weinberg*, auch *Waffen für Amerika* genannt, 1947/48) bekennt sich Feuchtwanger zu dem »Glauben an ein langsames, langsames, doch sicheres Wachsen menschlicher Vernunft zwischen der letzten Eiszeit und der kommenden[82]«. Heinrich Mann sagt in demselben Buch, in dem er den Vergleich zwischen seinem Henri Quatre und den Bolschewisten zieht, im *Zeitalter*: »Die Sowjetunion ist ein Beispiel, nicht das einzige, des guten Willens, die menschliche Lage zu verbessern. Die westlichen Demokratien, mit ihren intellektuellsten Männern [Roosevelt und Churchill] an der Spitze, geben dasselbe Beispiel. Der Sozialismus hat den Wert einer praktischen Maßnahme, zu ihrer Zeit, an ihrem Ort wird sie vorgenommen.« Ja, Heinrich Mann sagt sogar: »Das Frankreich des Königs Henri Quatre und des Generals de Gaulle ist durchaus das gleiche.«
Die beiden Schriftsteller waren von der heimatlosen Linken zur Demokratie übergegangen. Die politische Basis ihres Bündnisses mit den Kommunisten war die Volksfront bzw. die Große Allianz, die literarische Basis war die Realismus-Konzeption von Lukács, die, wie die Parteitheoretiker inzwischen herausgefunden haben, den Ansprüchen der kommunistischen Parteilichkeit eben nicht genügt. Die Basis war gerade tragfähig für die antifaschistische Waffenbrüderschaft, sie mußte brechen, als es darüber hinaus um die Gestaltung der Welt ging. Denn die Konkretion der Ideale, die den Sinn der Schriftsteller für die Realpolitik, so für die Volksfront geschärft hatte, ließ zugleich die Unterschiede zwischen stalinistischem und demokratischem Sozialismus deutlicher hervortreten, als es im Nebel der linken Illusionen geschehen war. Dort, wo die Schriftsteller mit der kommunistischen Partei direkt konfrontiert wurden, waren Zusammenstöße unvermeidlich.
1937, als Heinrich Mann sich in Paris um eine Einigung der deutschen Emigration bemühte, schrieb er an den saarländischen Sozialdemokraten Max Braun: »Ihre Mitteilungen ... zeigen mir, daß Ulbricht tatsächlich eine eigene Volksfront, die ihm unterstehen soll, ins Werk setzen möchte. So ungern ich Mitglieder der deutschen Opposition als Gegner ansehe, einige wollen es offenbar nicht anders. Ich bin daher gegen eine Zusammenberufung des Gesamtausschusses, solange U. als Hauptvertreter oder auch nur als ein Vertreter seiner Partei dort erschei-

nen darf.« An den ehemaligen Chefredakteur der Vossischen Zeitung, Georg Bernhard, schrieb er im selben Jahr: »Der bewußte Ulbricht intrigiert gegen mich ...[83]« Sein Versuch, die Emigration zu einigen, scheiterte tatsächlich an den Quertreibereien Ulbrichts. 1938 sagte der Dichter verbittert zu seinem Freund Kantorowicz: »Sehen Sie, ich kann mich nicht mit einem Mann an einen Tisch setzen, der plötzlich behauptet, der Tisch, an dem wir sitzen, sei kein Tisch, sondern ein Ententeich, und der mich zwingen will, dem zuzustimmen.[84]« Man denkt an den Satz, den Heinrich Mann in jenen Jahren niederschrieb: daß alle Religionskämpfe nichts weiter sind als Unternehmungen zur Zerreißung der Nation.
Dennoch: Zur Gründung der DDR 1949 sandten Heinrich Mann und Lion Feuchtwanger ein Telegramm an den »lieben, sehr verehrten Präsidenten Wilhelm Pieck«: »Erlauben Sie uns, Ihnen und dem Kanzler Otto Grotewohl unsere herzlichsten Wünsche auszusprechen. Wir brauchen Ihnen nicht zu versichern, mit welcher tiefen Teilnahme wir das Schicksal der jungen Republik unter Ihrer beider Führung verfolgen. In aufrichtiger Verehrung.[85]«
Dennoch: Es war kein Zufall, daß der greise Dichter seine Übersiedlung in die DDR, die ihn als Repräsentationsfigur der Ostberliner Akademie der Künste wünschte, aufschob, bis es zu spät war. Sein Freund Alfred Kantorowicz hat in seinem *Deutschen Tagebuch* darüber berichtet. In Heinrich Manns letzten Briefen flackert immer wieder das Mißtrauen gegen den Ulbricht-Staat. Elf Jahre nach Heinrich Manns Tode brachte Ulbricht dann das makabre Schauspiel zuwege, die Asche des nun wehrlosen Dichters nach Ostberlin überführen und von Volksarmee-Offizieren zu Grabe tragen zu lassen.
Auch Feuchtwanger reagierte auf das ständige Werben und Drängen der SED-Funktionäre nur mit freundlichen Redensarten; er ließ sich aus seiner kalifornischen Felsenburg nicht hervorlocken. Seine letzte politische Handlung war 1957 eine Intervention zugunsten seines Ostberliner Verlegers Walter Janka, der vom Ulbricht-Regime als Staatsfeind zu fünf Jahren Zuchthaus verurteilt worden war.
Müde geworden nach lebenslangen Kämpfen, bedrückt vom Unbehagen am Kapitalismus (dessen Schattenseiten sie beispielsweise im Filmmarkt Hollywood und im McCarthyismus vor sich sahen), zugleich die Enttäuschungen ahnend, die ihrer in einem kommunistischen Deutschland harrten, klammerten sich die Schriftsteller an die Volksfront-Ideale, als davon nirgendwo in der Welt mehr die Rede war. So starben sie in gutem Einvernehmen mit den Kommunisten – aber durch einen Ozean von ihnen getrennt.

Der rote Reporter

Weh uns, wenn wir gesiegt haben!

EGON ERWIN KISCH 1937[84]

In den letzten Jahren seines Lebens arbeitete Kisch (1885–1948) an einem Reportagenband über die neue Tschechoslowakei. Nur Fragmente dieser Arbeit liegen vor: Die letzten Schritte des K. H. Frank, des zum Tode verurteilten nationalsozialistischen Protektoratsministers – Die Historie des Prager Judenfriedhofs – Das von den Nationalsozialisten eingerichtete Jüdische Museum – Fischfang im Südböhmischen See – Besuch bei Petr Bezruč, dem Dichter der *Schlesischen Lieder* – Reportage über die Bata-Schuhwerke – Karl Marx in Karlsbad. Es mag Zufall sein, aber es fällt doch auf, daß in diesen Reportagen, die der neuen Tschechoslowakei gewidmet sind, die neue, die volksdemokratische Tschechoslowakei überhaupt nicht vorkommt.

Einige der Reportagen beschäftigen sich mit den Folgen der nationalsozialistischen Schreckensherrschaft, andere mit jüdischen und böhmischen Traditionen, die Geschichte der Bata-Werke bricht ab, bevor die Sozialisierung zur Sprache kommt. Von der Studie über Karl Marx heißt es zwar in der Kisch-Biographie des Prager Professors Emil Utitz, sie gehöre »inhaltlich zur großen Reportage durch die Tschechoslowakei: denn zu ihrer Geschichte zählt der Besuch des ›größten Geistes des Jahrhunderts‹ auf ihrem Boden[87]« – aber diese großzügige Ausdehnung unterstreicht nur die Distanz, mit der Kisch das Thema der neuen Tschechoslowakei umkreiste.

Die Untersuchung über den Kuraufenthalt von Karl Marx in Karlsbad (1946) ist die bedeutendste der späten Arbeiten, das letzte Meisterstück des großen Reporters[88]. In den vergilbten Kurlisten entdeckt er die Eintragung Nr. 13 316 vom 22. August 1874: »Herr Charles Marx, Privatier, und Tochter Eleanor aus London«. Mit dem kriminalistischen Spürsinn, der ihn berühmt gemacht hat, folgt Kisch den spärlichen Spuren des berühmten Kurgastes. Aus zeitgenössischen Berichten, Dokumenten, Briefen erweckt er die historischen Vorgänge zum Leben, den Badebetrieb von damals, Marxens Gesundheitszustand und seine Hoffnungen auf den Erfolg der Kur, die halb konspirativen Umstände der Reise, die Reaktion der Behörden und örtlichen Blätter, die Begegnungen und Eindrücke jener Tage. An Akribie, Farbe, Spannung, historischer Evidenz steht Kischs Karlsbad-Reportage den besten Arbeiten seiner Glanzzeit nicht nach. Doch macht Utitz, der lebenslang mit dem Schriftsteller befreundet war, auf eine Eigenart dieser Reportage aufmerksam:

»Früher bediente sich K. meist noch eines humoristischen, ironischen oder satirischen Tones. Wie hätte der jüngere K. der Ironie und Satire freien Lauf gelassen in der Schilderung altösterreichischer Zensurverhältnisse, polizeilicher Überwachung usw. Wie hätten alle Lichter seines Humors gespielt in der Verulkung des modernen Badelebens! Und aus all dem tollen Wirbel hätte sich die Gestalt von Karl Marx licht und ernst abgehoben. Licht und ernst erscheint sie gewiß auch so, aber Humor, Ironie und Satire als Begleitmusik erklingen nur sehr gedämpft und leise. K. ist älter geworden. Es ist ihm nicht mehr so zum Lachen und Lustigsein . . .[89]«
Kisch hatte ein hartes und wechselvolles Leben, er wurde in der Welt herumgestoßen – »Das Leben spielt mit mir[90]«, sagte er einmal –, aber noch alle Bücher des Exils strotzen von Witz und Optimismus. Erst als er in die Tschechoslowakei zurückkehrte, in das Land, das ihm einmal Heimat gewesen war, verging ihm das Lachen.

> »Frühling von Neunzehnhundert! Unwiderbringliche Zeit!
> Du hattest für gläubige Menschen heimliche Wunder bereit!
> Wandernde Wolkenkähne glitten froh durch den Tag,
> Schwammen lenzlich bewimpelt über dem goldenen Prag.[91]«

Ein Prager Poet, Paul Leppin, sang diese wehmütigen Verse, sich der Zeit erinnernd, da er in den Cafés der Moldaustadt saß, in einer Tafelrunde mit Rainer Maria Rilke, Franz Kafka, Max Brod, Franz Werfel, Paul Kornfeld und – Egon Erwin Kisch. Schwer vorzustellen, daß der Rasende Reporter, der Fanatiker der Sachlichkeit, aus dieser Atmosphäre stammt: zu Hause nicht nur in den Kaffeehäusern einer exzentrischen, übermütigen Boheme – zu Hause nicht nur in der soignierten Bürgerlichkeit und Kulturbeflissenheit des k. k. Prag, seiner jüdischdeutschen Creme – zu Hause auch in der legendenumwobenen Altstadt mit ihren dunklen Gassen und Höfen, wo der blinde Scherenschleifer seine romantischen Balladen sang, wo jeder Winkel spukhafte Geschichten zu erzählen wußte, wo der Golem, das aus Lehm geknetete Fabelwesen, geisterte. Die Mystik des alten Prag hat unseren K. nicht verschlungen – im Unterschied zu dem anderen K.: Kafka –, sie hat im Gegenteil seinen kritischen Verstand geweckt. Er stieg dem Golem nach auf den Dachboden der Synagoge, wo er sich der Sage nach versteckt halten sollte, und fand nur Staub und eine verstörte Fledermaus.
Die frühen Arbeiten Kischs atmen noch die Phantastik seiner Umwelt. Seine erste Reportage schrieb er über einen großen Mühlenbrand. Da er keinerlei Erfahrung hatte, wie man die Wahrheit herausbekommt, ließ er seine Phantasie spielen: »Ich lutsche an meinem Bleistift. Entlutschte ihm, daß das Städtische Nachtasyl in der Nähe der Schittkauer Mühlen lag. Mein Bleistift trieb eine Gruppe von Obdachlosen zum Brandplatz. Mein Bleistift sah, wie sie fasziniert sich gegen den Feuerherd vorschoben, mein Bleistift half ihnen, sich dem Kordon der Polizisten zu nähern, denen sie sonst eilig und in weitem Bogen auszuweichen pflegten. Die Polizei, von dichtem Dunkel umgeben, sah nicht, was mein Bleistift sah, sah nicht, welcher Art die sich heranwälzende Menge war. Nur wenn

eine Feuergarbe ihr grelles Licht anstatt zum Himmel aufwärts seitlich warf, wurden die Gestalten sichtbar, die der Unterwelt entstiegen schienen, aber in Wirklichkeit meinem Bleistift entstiegen: Landstreicher mit gegerbten Gesichtern, wirren Bärten, struppigen Haaren und starr auf das Feuertheater gerichteten Augen ... Solcherlei schrieb und beschrieb mein Bleistift, bis ihn die hundertfünfzigste Zeile stoppte.« (*Marktplatz der Sensationen*).

So wurde aus dem ›Brand der Schittkauer Mühlen‹ ein ›Ansturm von Obdachlosen bei einer Feuersbrunst‹. Kisch wurde für seine Gruselgeschichte gelobt; die Kollegen, die Bescheid wußten, warfen ihm nur vor, daß er seine genialen Intentionen nicht mit ihnen abgestimmt hatte.

Mit diesem unverhofften Erfolg stand der Reporter am Scheidewege. Er wußte, daß er gelogen hatte und daß ein Chronist das nicht darf. Er mußte sich zwischen Dichtung und Wahrheit entscheiden. Er entschied sich für die Wahrheit. »Oh, nicht etwa aus moralischen Gründen! Da war jene Dantesche Neugier. Von Kindheit an brachte ich infolge dieser Neugier von jedem Weg zum Kaufmann oder zum Postschalter eine solche Fülle von Erzählenswertem heim, daß man es zumindest für eine Übertreibung hielt. Mich verdroß diese Verdächtigung, weil ich es nicht nötig hatte, zu erfinden, sah und hörte ich doch überall so viel Unglaubhaftes, das dennoch Wahrheit war. Wie konnte es sein, daß die mir selbstverständlichen Erlebnisse den anderen unmöglich schienen? Gestern hatte ich zum ersten Mal etwas erfunden, und alle hatten es geglaubt ... Sollte ich also bei der Lüge bleiben? Nein. Gerade weil mir bei der ersten Jagd nach der Wahrheit die Wahrheit entgangen war, wollte ich ihr fürderhin nachspüren. Es war ein sportlicher Entschluß.« (*Marktplatz*).

Die Dantesche Neugier prädestinierte Kisch für den Beruf des Reporters, sie war der Schlüssel zu seinen Erfolgen. Wie Dante angesichts der Peinigungen, die er in der Hölle miterlebte, ungerührt bemerkte: »Meister, sehr wär ich begierig, zu sehn, wie man ihn taucht in diese Brühe ...«, so schrak Kisch vor keinem Grauen, keinem Geheimnis, keiner verschlossenen Tür zurück. »Wie andere Menschen bei etwas Bedrohlichem aus dem Traum aufschrecken, so erwache ich, weil ich nicht weiß, wer jene Person im Hintergrund des Traumes ist. Ich kann in keiner Straßenbahn fahren, ohne herauskriegen zu wollen, welches Buch der Herr in der entgegengesetzten Ecke liest. Ich verfolge ein Paar durch mehrere Straßen, um zu erfahren, welche Sprache sie sprechen. Ich gaffe in fremde Fenster, ich lese alle Wohnungsschilder in dem Haus, in dem ich zu Besuch bin, ich durchforsche Friedhöfe nach vertrauten Namen. Gleichgültige Menschen frage ich über ihr Leben aus. Ungewöhnliche Straßenbezeichnungen zwingen mich, zu ergründen, warum sie so lauten. Jede Rumpelkammer und jeden Stoß alter Papiere möchte ich durchsuchen, jedes ›Eintritt verboten‹ lockt mich zum Eintritt, jede Geheimhaltung zur Nachforschung.[92]«

Der junge Reporter machte sich einen Namen, indem er Kriminalfälle und politische Intrigen aufdeckte. Eine Freundin, ein Ladenmädchen aus der Vorstadt, erzählte ihm, daß ein Individuum namens Litera eine ›nasse Sache‹ vorhabe, also eine Sache, bei der Blut fließen soll. Bald darauf passierte ein Raubmord. Er wurde den mißliebigen Sozis in die Schuhe geschoben; nur Kisch blieb dabei, es sei Litera gewesen. Um sein Renommee und seine Stellung zu retten, spielte er Detektiv, es gelang ihm tatsächlich, Literas Fluchtweg zu rekonstruieren und die Mordwaffe zu finden. Ein andermal entlarvte er eine Einbrecherbande, weil er kurz zuvor, neugierig wie immer, die langweiligen Steckbriefe im Polizei-Anzeiger gelesen hatte. Die ›Siamesischen Zwillinge aus Böhmen‹ stöberte er im Kindbett auf und mußte dafür den Anwurf einstecken, er habe sie geschwängert. Ein kleines Postfräulein, an deren blaßrosa Dessous mit weißen Spitzen er sich noch gut erinnert, verhalf ihm dazu, ein streng vertrauliches Telegramm des deutschen Kaisers an den Fürsten Hohenlohe-Schillingsfürst auszuspionieren und damit einen internationalen Skandal auszulösen.

Sein Glanzstück leistete Kisch, als er den Fall Redl aufdeckte (1913). Bei einem Fußballmatch fehlte in der Mannschaft, für die Kisch spielte – immer auf dem linken Flügel, versteht sich –, plötzlich der Star des Vereins, ein Schlossergehilfe. Er war abberufen worden, um für eine Kommission aus Wien die Wohnung eines hohen Offiziers aufzubrechen. Kisch kombinierte, daß es sich nur um die Wohnung des Prager Generalstabschefs, Oberst Redl, handeln könne, für den am selben Tag ein ehrender Nachruf in der Zeitung stand. Wie der Schlosser berichtete, suchte die Kommission nach Geheimakten – also war Redl ein Spion. In seiner Wohnung sah es wie bei einer Dame aus – also war Redl homosexuell und wurde erpreßt. Nun kam es nur noch darauf an, die Entdeckung durch die Zensur zu schmuggeln. Kisch tarnte sie als Dementi, herausgegeben von ›hoher Stelle‹ – natürlich wurden der Wiener Hof und die Weltöffentlichkeit sofort aufmerksam, das vom Generalstab gehütete Geheimnis kam ans Licht. Der Skandal erschütterte die Donaumonarchie.

Viele Jahre später sprach Kisch mit dem Feldmarschalleutnant, den man 1913 als Sündenbock für die Affäre Redl in die Wüste geschickt hatte. Er deutete ihm an, wie er hinter das Geheimnis gekommen sei. Der alte Offizier lächelte nachsichtig: »Mein lieber Freund, Sie sehen den Fall als Kriminalfall an! Es war aber ein Fall der internationalen Wehrpolitik. Da spielt kein Schlossergehilfe mit.« Aus Erlebnissen solcher Art zog Kisch den Schluß, daß es in der hohen Politik doch so zugeht, wie sich's der kleine Moritz vorstellt.[93]

Durch den Krieg wurde Kisch radikalisiert. Sein Kriegstagebuch *Schreib das auf, Kisch* (*Soldat im Prager Korps*, 1920) beginnt mit den Worten. »Der Bleistift zitterte und das Herz zitterte, als dieses Manuskript entstand ...« Niedergeschrieben unter dem unmittelbaren Eindruck des Erlebten, schildert das Tagebuch des Reservekorporals Kisch die Schrecken und Unmenschlichkeiten des Krieges. Es steigert sich zu einer apokalyptischen Vision in der Schilderung des Übergangs über die Drina:

Die aus Serbien flüchtende österreichische Armee staut sich am Fluß. Es gibt keine Brücke, keine Fähre, nur ein paar Pontons, die nicht annähernd ausreichen. Die Serben sind schon am Ufer und beschießen die Fliehenden, die in voller Ausrüstung in den reißenden Fluß waten, um eines der rettenden Boote zu erreichen. »Der Ponton hatte sich bereits gefüllt. Stimmen wurden laut: ›Abstoßen! Niemand hereinlassen!‹ Inzwischen ist das ganze Fahrzeug von mehr als sechzig verzweifelten Händen umklammert. ›So können wir nicht rudern!‹ schreien

die Pioniere, und das ist das Signal zum Angriff gegen uns ›Außenseiter‹. Mit Gewehrkolben schlägt man den draußen Hängenden auf die Finger oder trommelt mit den Fäusten auf ihre Hände, bis diese loslassen. Dann fallen die Armen ins Wasser, gurgeln, tauchen auf, manche zwei- oder dreimal, und sinken unter ...«
Im Revolutionsjahr 1918 war Kisch ein Führer der Roten Garde in Wien. An der Spitze einer Gruppe revolutionärer Arbeiter stürmte er das Gebäude der *Neuen Freien Presse*. In den Redaktionsräumen traf er seinen älteren Bruder Paul, der dort als Redakteur waltete. »Das Gebäude ist besetzt. Ich fordere dich auf, sofort die Redaktion zu verlassen!« erklärte der Kommandeur der Roten Garde. Der Redakteur kapitulierte zähneknirschend: »Gut, ich weiche der Gewalt!« Bevor er aber den Raum verließ, stieß er noch hervor: »Mach dich nur auf was gefaßt! Ich schreib's der Mutter!« Kurz darauf fragte die beunruhigte Mutter bei ihrem ältesten Sohn an, was ihr Liebling mache, und erhielt die telegrafische Antwort: »Egon körperlich gesund.« Wegen seiner politischen Tätigkeit wurde Kisch verhaftet, zu drei Monaten Haft verurteilt und aus Österreich ausgewiesen[94]. Er ging nach Berlin.

Der Anschluß an die Kommunisten bewirkte Kischs Wendung von der Sensationsberichterstattung zur großen gesellschaftskritischen Reportage, zu jener Form der Reportage also, die durch ihn klassisch wurde. Er verließ den Marktplatz der Abnormitäten, der Kriminalfälle, Intrigen und Klatschgeschichten und wandte sich dem unmittelbaren sozialen Leben zu. »Nichts ist verblüffender als die einfache Wahrheit, nichts ist exotischer als unsere Umwelt, nichts ist phantastischer als die Sachlichkeit. Und nichts Sensationelleres gibt es in der Welt als die Zeit, in der man lebt.[95]« Die Welt selber wurde ihm zum Kriminalfall: Der kapitalistischen Gesellschaftsordnung wird der Prozeß gemacht, Kisch führt das Protokoll und sammelt die Indizien, die Kommunistische Partei vertritt die Anklage, die Geschichte fällt das Urteil und die Revolution wird es vollstrecken. Diese Auffassung, so absonderlich sie anmutet, wurde äußerst fruchtbar für das Schaffen Kischs; sie öffnete seiner Reporterneugier ein weites, noch ganz und gar unbeackertes Feld und zwang ihn, wenn er nicht in bloßer Propaganda stekkenbleiben wollte (und das tat er so gut wie nie), zu einem Maximum an Findigkeit, Scharfsinn und Sachkenntnis.
Der Beiname Rasender Reporter stimmt nicht ganz. Kisch ließ sich Zeit, um zu beobachten, nachzuforschen, nachzudenken und zu belegen. Er hat hart um die rechte Darstellung gerungen, er schrieb seine Manuskripte immer wieder um, manche Seiten bis zu vierzehnmal, und das in einer Handschrift mit absichtlich retardierenden Schnörkeln, damit das Wort nicht zu rasch, nicht unüberlegt aus der Feder fließe. Das Wühlen in alten Akten, die Jagd nach Dokumenten war Lebensbedürfnis. Nie schrieb er über etwas, sei es das Zarenschloß oder eine Kaktusstaude, ohne historische und wissenschaftliche Literatur zu studieren. Er zog Graphiken, Lagepläne, Wörterbücher, Chroniken heran. In den Riesenbibliotheken von Washington und New York fühlte er sich ebenso zu Hause wie im Marx-Engels-Institut in Moskau. Von der Mühseligkeit der Arbeit spürt man in den

fertigen Reportagen wenig, sie sind vom Atem seiner politischen Leidenschaft durchweht.
Als Detektiv des Kommunismus, als ›roter Reporter‹, streifte Kisch durch fünf Kontinente. Er übernachtete in den Slums von Whitechapel und besuchte die Opiumhöhlen der Chinesenstadt, bummelte durch das Hafenviertel von Marseille und über die Reeperbahn von Rotterdam, sah den Amsterdamer Diamantenschleifern bei der Arbeit zu und den Todgeweihten in den Quecksilber-Bergwerken von Almadén in Spanien, er saß am Roulette in Monte Carlo und badete im wundertätigen Wasser von Lourdes, er wanderte auf der Spur Balzacs durch das Quartier Latin und auf der Spur van Goghs zu den brennenden Kohlengruben der Borinage, er schrieb über das Leben der Rikschakulis in den Straßen von Schanghai und über eine Leprakolonie in Mexiko, er war zu Gast bei tunesischen Juden und chinesischen Palasteunuchen, ihn interessierten die Versuchshunde des Russen Pawlow ebenso wie die Seidenwirkerei in Lyon, das Schattenspiel in Peking und die geheimnisvollen Drogen der Indios, er erlebte die Geburt eines Vulkans und die Hinrichtung eines Straßenräubers, er studierte die Kinderprostitution und die Manöver an der Getreidebörse, er ging im afghanischen Dschungel auf Tigerjagd und porträtierte die Schlachthöfe von Chikago, er schilderte die Brutalitäten beim spanischen Stierkampf, beim mexikanischen Hahnenkampf, beim amerikanischen Fußball, beim australischen Kricket und die Schiebungen bei Pferderennen, er war einfach überall dabei.
Viele seiner Abenteuer bestand er im Dienst seiner Partei: Weil er als Kommunist nicht an Land durfte, sprang er in Australien vom Schiff und brach sich das Bein; in die Sowjetunion fuhr er als Ehrengast, getarnt reiste er durch China, unter falschem Namen, verdingt als Leichtmatrose, besuchte er die USA; die Nationalsozialisten verhafteten ihn in der Nacht des Reichstagsbrandes, mußten ihn aber als tschechoslowakischen Staatsbürger wieder freigeben; auf der Liste der Kommunisten wurde er in den Prager Stadtrat gewählt; in Spanien war er zur Zeit des Bürgerkriegs; die Emigration überstand er in Mexiko.
Wie kommt es, daß die Reportagenbände, die Kisch als Plädoyer für den Kommunismus empfand, von jedem, auch und gerade dem nichtkommunistischen Leser mit Genuß gelesen werden können?

Kisch unterlag einer Magie der Tatsachen. Nach seiner Erfahrung mit der Mühlenbrand-Reportage war er überzeugt, daß alles Erfundene und Erdichtete zweifelhaft ist und nur die Tatsachen Wahrheit verbürgen. Er konstruierte ein geradezu kriminalwissenschaftliches System der Wahrheitsfindung. So schrieb er im *Literarischen Echo* über die Methode des Reporters: »Natürlich ist die Tatsache bloß die Bussole [Kompaß] seiner Fahrt, er bedarf auch eines Fernrohrs: der ›logischen Phantasie‹. Denn niemals bietet sich aus der Autopsie eines Tatortes oder Schauplatzes, aus den aufgeschnappten Äußerungen der Beteiligten oder Zeugen und aus den dargelegten Vermutungen ein lückenloses Bild der Sachlage. Er muß die Pragmatik des Vorfalls, die Übergänge zu den Ergebnissen der Erhebung selbst schaffen und nur darauf achten, daß die Linie seiner Darstellung haarscharf durch die ihm bekannten Tatsachen (die gegebenen Punkte der Strecke) führt.

Das Ideal ist nun, daß diese vom Reporter gezogene Wahrscheinlichkeitskurve mit der Verbindungslinie aller Phasen des Ereignisses zusammenfällt.[96]« Kisch glaubte so fest an die Überzeugungskraft der Tatsachen, daß er den roten Faden, um den es ging, nie durch rote Kommentare unterstrich.
Nun ist aber der Indizienbeweis schon vor dem Kriminalgericht fragwürdig – um so mehr vor dem Weltgericht, wo es nicht um die Verletzung irgendwelcher Normen und Paragraphen, sondern um tiefgreifende und komplizierte und widerspruchsvolle Prozesse geht. Wo der Unterschied zwischen richtig und falsch, zwischen gut und böse nicht über den juristischen Leisten geschlagen werden kann.
Ein Beispiel: In *China geheim* (1933) berichtet Kisch von dem Schicksal russischer Emigranten in Schanghai. »Finster und stinkig ist's abends bei den Werften am Hongkew-Creek, die Gäßchen münden auf die Landungsbrücken oder ins Wasser, Fässer verengen die Enge, und blatternarbige Porusski-Girls, alte, schwammige Gestalten, stellen sich jedem quer, der vorbeikommt, auch jedem Kuli, sie heben ihre Röcke hoch und rufen heiser: ›Come in my house . . .‹« Kisch gibt der einen ein paar Papirossy, sie ist glücklich, russisch sprechen zu können, und erzählt, wie sie einst mit ihrem Mann über den zugefrorenen Amur aus der Sowjetunion floh. Schreckliche Angst habe sie gehabt, daß man sie erwischte, aber, so hüstelte sie sieghaft, sie habe es doch geschafft.
Kisch glaubte mit diesem Beispiel die Verblendung der Frau zu demonstrieren, die dem glücklichen Sowjetleben entfloh, um nun hier im Hafen von Schanghai jämmerlich zu vegetieren. Genausogut kann man die Episode aber auch anders deuten: Wie unglücklich muß das Leben der Frau unter dem Kommunismus gewesen sein, wenn sie sich noch im Elend, das sie dafür eingetauscht hat, der Rettung freut! Im Grunde besagt die Geschichte nichts weiter, als daß jede Emigration furchtbar ist – auch Kischs eigene Emigration war kein Zuckerlecken.
Die Objektivität Kischs ist schuld, daß seine Genossen die klassischen Rußland-Reportagen *Zaren, Popen, Bolschewiken* (1927) und *Asien gründlich verändert* (1932) drei Jahrzehnte nicht wieder auflegten. Er hatte die junge Sowjetunion dargestellt, wie sie war: gärend, kreißend, ringend; er hatte geglaubt, daß das Werk der Menschheitsbefreiung keiner Beschönigung bedürfe, daß die Wahrheit und nichts als die Wahrheit die beste prosowjetische Propaganda sei. Inzwischen aber hatten die kommunistischen Kulturpolitiker vor der Wahrheit Angst bekommen.
Andererseits konnte es passieren, daß eine Reportage von Kisch im Dritten Reich preisgekrönt wurde. Ein Humorist von der Waterkant, Hanns ut Hamm, bemächtigte sich der Geschichte vom Magdalenenheim: wie Kisch durch ein Heim für gefallene Mädchen geführt und, zum Entsetzen der adligen Vorstandsdamen, von den Pfleglingen mit ›Servus, Egon‹ begrüßt wird (*Marktplatz*). Hanns ut Hamm steckte dafür den Literaturpreis der Stadt Hamburg ein. Allerdings kam *Das Schwarze Korps*, das Blatt der SS, hinter die Quelle und deckte empört die »schamlose Einschmuggelung von typisch volksfremden Gedankengängen in das nationalsozialistische Volks- und Brauchtum« auf. Das Blatt forderte, den Plagiator festzunehmen, »damit Hanns ut Hamm ein für allemal erfährt, was es ko-

stet, wenn man in Egon Erwin Kischs ausgelatschte Stiefel schlüpft und beginnt, auf plattdeutsch zu jüdeln . . .[97]«

Wenn es in den Arbeiten Kischs eine Aussage über die Fakten hinaus gibt, so liegt sie jenseits der Politik und Ideologie: Es ist die Einsicht in die Gebrechlichkeit der Welt. Seine Reportagen leben aus dem Widerspruch zwischen Ideal und Realität, wie er überall zu finden ist; Kisch hat entdeckt, daß die gegebene Welt unvollkommen ist. Sein Irrtum war es, daraus die Möglichkeit eines vollkommenen Gesellschaftszustandes abzuleiten. Die Tatsache, daß die Welt voller Leid ist, besagt noch nicht, daß die Kommunisten ein Rezept haben, es abzuschaffen. Man kann Kischs humanistisches Pathos teilen, ohne doch an die nahende Seligkeit zu glauben. Im Gegenteil: Gerade die patentierten Welterlöser müssen den kritischen Sinn des Reporters mit Mißtrauen betrachten und zumindest von ihrem Herrschaftsbereich fernhalten. Das erklärt den Erfolg Kischs bei kritisch denkenden Demokraten wie die wachsende Entfremdung von seiner Partei.

Es scheint, daß dem Fanatiker der Wahrheit die Wahrheit auf die Dauer nicht verschlossen blieb. Alfred Kantorowicz berichtet über eine Begegnung während des spanischen Bürgerkrieges: »Die Bitterkeit drückte Kisch das Herz ab. Wir beide gingen am Strande spazieren, er schwerfällig auf den Stock gestützt, denn er hatte sich ja nicht lange zuvor bei seiner ›Landung in Australien‹ den Fuß gebrochen. Ächzend ließ er sich auf einen Stein nieder, zeichnete vor sich hin brütend mit seinem Stock Schnörkel in den Sand, sah dann auf, sah mir in die Augen und sagte: ›Weh uns, wenn wir gesiegt haben!‹« Während der Moskauer Prozesse trug er sich mit dem Gedanken, aus der Partei auszutreten, er ließ sich dann aber von Freunden umstimmen. Charakteristisch ist der Hinweis Koestlers, Kisch habe ihm als Vorbild für den enttäuschten Untersuchungsrichter in *Sonnenfinsternis* gedient.

Sein offizieller Biograph Utitz sagt offen, daß die Lage des Schriftstellers nach seiner Heimkehr in die Tschechoslowakei ›nicht ganz einfach‹ war. »Das tschechische Volk hatte während des Protektorats unsäglich gelitten . . . So erscheint es beinahe selbstverständlich, daß schon das deutsche Wort abgelehnt wurde, eben als Sprache des verhaßten Feindes . . . Für einen Schriftsteller deutscher Zunge erwuchsen dadurch von selbst gewisse Schwierigkeiten . . .«

Ein deutscher Verleger (Paul Steegemann) besuchte Kisch 1947 in Prag. Er berichtet, daß man ihn rasch ins Haus zog, weil er bei der Begrüßung deutsch sprach.[98] Kisch wäre am liebsten mit ihm nach Berlin gegangen, aber die Zeit der Freizügigkeit war vorbei. Für einen Mann wie Kisch war der Nationalitätenhaß durchaus nicht selbstverständlich. Unter der Donaumonarchie hatte er auf Ämtern und am Telefon demonstrativ tschechisch gesprochen und mit tschechischen Vereinen Fußball gespielt, nun sprach und schrieb er deutsch. Seine Schrift über den Besuch von Karl Marx im alten österreichischen Karlsbad war unter diesen Umständen ein Bekenntnis zur nationalen Toleranz; gilt es doch bis heute selbst in der deutschsprachigen kommunistischen Presse als Sakrileg, den deutschen Namen statt Karlovy Vary zu gebrauchen.

Das Schlimmste blieb Kisch noch erspart: Als er starb, ballten sich gerade die Wolken der Stalinschen Judenverfolgung zusammen, der u. a. sein Freund und

Emigrationsgefährte Otto Katz (André Simone) zum Opfer fiel. Zwei andere Freunde, Louis Fürnberg und F. C. Weiskopf, entgingen der Liquidierung nur durch entwürdigende Demutsgebärden (Fürnberg: »Die Partei, die Partei, die hat immer recht . . .«).

Die letzte Reportage, die Kisch vollendet hat, schildert seinen Besuch bei Petr Bezruč (1947). Kisch fragt den tschechischen Dichter, einen alten Sozialisten, wen er in seinem berühmten Kaktusgedicht mit dem Mann gemeint habe, der wie ein Kaktus einmal in seinem Leben rot aufblüht und nie mehr wieder. Immer auf der Suche nach dem Geheimnis hinter den Dingen, möchte er hören, daß Bezruč vor grauer Zeit das eigene Schicksal vorausgesagt, die sozialistische Berufung des Dichters besungen habe. Bezruč aber, spröde, menschenscheu, ideologiefeindlich, meint unwirsch, es sei nur die Antwort auf eine gereimte Botanik von Celakovsky gewesen, der die Rose als Geschenk des Himmels und den Kaktus als Geschenk der Hölle bezeichnet hatte. »Wissen Sie, da wollte ich einfach den Kaktus in Schutz nehmen.[99]«

Kisch stellte diese Zurechtweisung unwidersprochen an den Schluß seiner Reportage – als wollte auch er die Magie der Tatsachen, die ihn so lange gebannt hatte, zurücknehmen.

Offizier des Kaisers – Soldat der Komintern

Das verfluchte Vaterland stand mir doch nah.

LUDWIG RENN Krieg 1928

Verwundert betrachtet man die Broschüre, die ein Ministerium der DDR herausgegeben hat, buntbedruckt, den westlichen Groschenheften über Kriegserlebnisse zum Verwechseln ähnlich und versehen mit dem Motto ›Für Volk und Vaterland‹. Das Heft trägt den Titel *Die Schlacht bei Guadalajara*[100], sein Verfasser ist – Ludwig Renn (1889–1979). Man ist versucht, an ein Mißverständnis, eine zufällige Entgleisung zu glauben. Vielleicht hat Renn selber von dem Mißbrauch seiner Schrift zu militaristischer Propaganda gar nichts gewußt? Aber dann lesen wir seine Rede auf dem Schriftstellerkongreß der DDR 1956. Er fordert da in aller Offenheit eine Kriegsliteratur, eine Militärliteratur. »Wenn man sich wirksam verteidigen will«, sagt er, »so muß man sich darauf vorbereiten. Man muß sich die Kenntnisse aneignen, die notwendig sind, falls wir gezwungen sind, einen gerechten Krieg zu führen. Und wir müssen in diesem Falle auch Begeisterung haben ...[101]« Und in einer anderen Rede: »Es lebe unsere Nationale Volksarmee![102]« Ist das noch Ludwig Renn, der Mann, der als der unbestechliche Entlarver des Krieges in die Literaturgeschichte eingegangen ist?

Man kommt dem Phänomen Renn näher, wenn man sein denkwürdiges Buch *Krieg* (1928) mit den beiden anderen berühmten Büchern vergleicht, die den Ersten Weltkrieg aus deutscher Sicht dargestellt haben, mit *Im Westen nichts Neues* (1929) von Erich Maria Remarque und *In Stahlgewittern* (1920) von Ernst Jünger. Remarque hat seinem Werk die Erklärung vorangeschickt, daß es weder eine Anklage noch ein Bekenntnis sein soll. In Wirklichkeit ist es, und zwar ganz bewußt, sowohl Anklage wie Bekenntnis: Anklage gegen den Krieg, Bekenntnis zur Verlorenen Generation. Remarque macht aus seiner Tendenz auch gar kein Hehl. Das Panorama des Krieges, das er malt, besteht aus Strömen von Blut, zerfetzten Leibern, amputierten Gliedmaßen, aufgeklappten Schädeldecken, verspritztem Hirn. Es besteht aus Granattrichtern, Leichenfeldern, Lazaretten, Kloaken. Es wird bevölkert von Menschen, deren Dasein und Menschenwürde brutal zerstampft werden, die Angst haben und Hunger und Läuse, die das Äußerste durchmachen an Schrecken und Verzweiflung – »eine Generation, die vom Kriege zerstört wurde, auch wenn sie seinen Granaten entkam«. Dieses Panorama ist, bei all seiner Grausamkeit, effektvoll und dramatisch arrangiert. Die Sensationen durchziehen den Roman wie lauter Ausrufungszeichen, sie geben dem Schrecklichen den Nervenkitzel und die Agitationskraft von Schlagzeilen. Selbst an der stärksten Stelle des Buches: als der Kriegsfreiwillige Bäumer einen Franzosen, den er töten mußte, neben sich im Granattrichter verbluten sieht, selbst da also, wo die Szene über sich hinauswächst und zum Archetypus des Kampfes Auge in Auge, zum Paradigma des großen Entsetzens vor der Welt wird, lenkt Remarque die Aussage durch melodramatisch-moralisierende Akzente in die Dimension der Antikriegsreportage zurück.

Das ist die literarische Schwäche des Romans: Der Krieg erscheint bunter und interessanter, als er ist, und greift nur selten in seiner ganzen Unerbittlichkeit und Todeskälte ans Herz, vor lauter Greueln erlebt man das Grauen nicht. Das ist aber zugleich die politische Stärke des Romans: Der Leser wird nicht gebannt, sondern aufgeregt, er wird immer wieder mit der Nase auf das gestukt, was er fühlen und folgern soll, sein Entsetzen und seine Empörung werden planmäßig provoziert. So wird das Unfaßbare faßbar, das Unvorstellbare plausibel gemacht; die Nutzanwendung springt aus dem Kasten: Nie wieder Krieg! Das erklärt die Massenwirkung des Romans, seinen Effekt als Manifest des Pazifismus.

Jünger steht in der Wiedergabe der Schrecken und blutigen Massaker des Krieges nicht hinter Remarque zurück. Auch er vertuscht nichts und beschönigt nichts. Aber er unterscheidet sich dadurch, daß er die schaurigen Vorgänge auf Hunderten von Seiten kommentarlos registriert, ohne Emotion, ohne Sentiment, in der leidenschaftslosen Sachlichkeit eines Kriegstagebuches, so wie er später Insekten seziert hat. Aus Jüngers Text weht ein Hauch von Kälte an. Hat man zwei Drittel des Buches gelesen, fühlt man sich von der Monotonie der Darstellung gelähmt; man weiß nicht recht, was diese Aufzählung von Gefechtshandlungen und Verlusten bedeuten soll.

Erst als 1917 und 1918 die großen Schlachten einsetzen, die Jünger ›blutige Feste‹ nennt, tritt die Darstellung aus der Reserve: Da quillt aus dem Rauch der Blutopfer die faszinierende Majestät des Krieges, da stürzt sich der Kämpfer – der ›rücksichtslos tapfere Führer‹, wie Jünger in der Verleihungsurkunde des Pour le mérite, der höchsten deutschen Tapferkeitsauszeichnung, genannt wird – trunken und von blutigen Nebeln umwallt, in das metaphysische Ereignis der Schlacht. »Auch das Gefecht des Weltkrieges hat seine großen Augenblicke gehabt«, heißt es in den *Stahlgewittern*. »Das weiß jeder, der sie in ihrem Reich gesehen hat, die Fürsten des Grabens mit den harten, entschlossenen Gesichtern, tollkühn, so sehnig, geschmeidig vor- und zurückspringend, mit scharfen, blutdürstigen Augen, Helden, die kein Bericht nennt. Der Grabenkampf ist der blutigste, wildeste, brutalste von allen, doch auch er hat seine Männer gehabt, Männer, die ihrer Stunde gewachsen waren, unbekannte, verwegene Kämpfer. Unter allen erregenden Momenten des Krieges ist keiner so stark wie die Begegnung zweier Stoßtruppführer zwischen den engen Lehmwänden des Grabens. Da gibt es kein Zurück und kein Erbarmen. Blut klingt aus dem schrillen Erkennungsschrei, der sich wie ein Alpdruck der Brust entringt.«

Der kälteklirrende Operationsbericht im ersten Teil des Buches und die schaurige Entfesselung kriegerischer Dämonie gegen Ende spielen so einander in die Hände, um zu einer Aussage zu gelangen, die der von Remarque diametral entgegengesetzt ist: Der Krieg, der dort verneint wird, wird hier bejaht, die Verlo-

rene Generation wird zu der heroischen Frontgeneration umgedeutet, die, in Stahlgewittern gehärtet und geläutert, zur Erneuerung der Nation berufen ist.
Renns Buch steht in seiner Einstellung zum Krieg, grob gesprochen, zwischen den beiden andern. Seine Sprache ist sachlich; weder dramatisch aufgepulvert wie bei Remarque noch künstlich unterkühlt wie bei Jünger. Renn verbirgt nicht seine Erschütterung über die Schrecken des Krieges, aber er hat auch einen Sinn für die Tugenden, die der Krieg im Menschen erwecken kann, für Tapferkeit, Opfermut, Kameradschaft. Für das Ethos der Pflicht, in dem der Mensch sich selber überwindet. Die Brüderlichkeit der Frontsoldaten ist nicht wie bei Remarque nur als Notgemeinschaft der Entrechteten und Betrogenen gesehen, sondern eher wie ein Orden der Tapferen, der scharf gegen ›die da hinten‹, gegen die Etappe und selbst gegen die Meuterer vom November 1918 abgegrenzt ist. »Ich zeichne da«, kommentiert Renn, »ein Bild der Zusammenarbeit zwischen Offizier und Mann im Heere, wobei fast alle Offiziere meine Pflichtauffassung nach unten haben. Ich mußte ihnen diese Pflichtauffassung geben, um das beschreiben zu können, was mich so stark bewegt hatte, das große Zusammengehörigkeitsgefühl vorm Feinde.[103]«
Das Fronterlebnis wird also von Renn positiv empfunden, es hat mythische Kraft. »Um Mitternacht plagte mich der Hunger. Ich hatte aber nichts mehr zu essen und schweifte draußen umher, nur weil ich nicht wußte, was ich sonst tun sollte. Der Mond ging auf. Hinten im Grund hing Nebel. Der Weiße Berg drang mit der Glatze mystisch durch die Finsternis. Alle Dinge waren seltsam klar. Ich ging zu Israels Grab, auf dem jetzt das Holzkreuz stand. Die Morgenkälte faßte mich und machte mich schauern.« Hier weitet sich die Nacht überm Schützengraben zu einem Urerlebnis, das freilich dem Sternenhimmel von Austerlitz in Tolstois *Krieg und Frieden* nähersteht als dem blutigen Mythos des Grabenkampfes bei Jünger.
Renn unterscheidet sich auch darin von Jünger, daß er bei der positiven Seite des Krieges, seiner charakter- und mythenbildenden Kraft nicht stehenbleibt. Als sehr sensibler und humaner Mensch wird er beunruhigt durch die Frage nach dem Sinn all der Leiden und Anstrengungen. »In mir war ein Glanz, daß es ein Reich gäbe, das aus den Träumen meiner Jugend war, nur stärker«, schreibt er im Roman. »Es ist ja auch gar nicht der Krieg, was so furchtbar ist, sondern – ja, was? Ich ahnte wohl etwas davon, aber in die Nähe der Gedanken kam es nicht.« Und ein andermal: »Ich verfiel in Grübeln. Was ist denn das Vaterland? Nichts? Eine altgewordene Redensart? Aber es ist doch etwas. Ich liebe es vielleicht auch.« Ludwig Renn ist auf der Suche nach dem Vaterland, einem Vaterland freilich, dessen Glanz in der Feuerprobe des Krieges nicht zerschmolzen wird, das, gegen die Hekatomben von Opfern ausgewogen, nicht zu leicht befunden wird. Er sucht, wie Hölderlin sagt, eine Fahne, ein Thermopylae, wo er all die einsame Liebe, die ihm nimmer brauchbar ist, mit Ehre verbluten kann.
Vielleicht kann man Renns *Krieg* erst ganz verstehen, wenn man seinen *Nachkrieg* (1930) liest. Die beiden Bücher bilden einen eigentümlichen Kontrast, und zwar, wenn man Renns linke Einstellung vor Augen hat, einen sehr verblüffenden. Der Nachkrieg ist nämlich viel abstoßender gezeichnet als der Krieg. Gibt

es in dem Kriegsbuch fast nur positive Gestalten, einschließlich der Offiziere, so in dem anderen Buch fast nur negative, einschließlich der Revolutionäre. »Das Buch träufelt schwer in Niederungen dahin«, kommentierte Renn später. »Wie gern hätte ich irgendwo einen Lichtpunkt aufgesetzt. Aber sobald ich es versuchte, stimmte alles nicht mehr. Dann hätte ich ja selbst eine bessere, eine bewußtere Rolle in diesen Jahren spielen müssen.[104]«

In der Tat ist Renn, besser: der Hauptmann Arnold Vieth von Golssenau, wie sein richtiger Name lautet, mit der Nachkriegszeit nicht fertig geworden, er fand keine Beziehung zur Demokratie, zur pathoslosen, gänzlich unheroischen Politik des Alltags. »Ich bin Kommunist!« brüllt der Renn des *Nachkrieg* seinem Vorgesetzten bei der Polizei ins Gesicht. »Ich bin der Meinung, daß hier alles zerbrochen werden muß, weil hier alles faul ist!« Anschließend gesteht er sich ein, daß er keine Ahnung hat, was ein Kommunist ist. Aber der Impuls wird hier deutlich, der ihn später zu den Kommunisten trieb.

»Die Fälle mehren sich in Deutschland«, schrieb Renn 1931 in der *Linkskurve*, »wo Angehörige adliger Familien zur Roten Front stoßen. Ist das ein Zufall?« Und er antwortete: »Ich persönlich habe mich stets mehr zu den echten Proletariern hingezogen gefühlt als zu den Bürgerlichen oder gar Sozialdemokraten, die mir als Menschen erschienen, die etwas scheinen wollen, was sie nicht sind, und sich dabei lächerlich machen ... Vom Adel aus gesehen ist das Bürgertum eine Emporkömmlingsklasse, die nicht einmal imstande ist, sich eine eigene Sitte und Moral zu schaffen, sondern stets zum Adel hinüberschielte, ob der auch nicht die Nase rümpft ... Wo noch die alten feudalen Traditionen da sind, ist auch der Kampf gegen das Bürgertum da, dessen gefühlsmäßiger Ausdruck die Verachtung ist. Auch dieser Umstand begünstigt den Umschlag des Adligen in das klassenbewußte Proletariat ... Der Adel als eine alte herrschende Klasse mit ausgeprägtem Selbstbewußtsein haßt die Winkelzüge und das viele Reden des ewig schwankenden Kleinbürgertums. Er ist bereit, sich klar zu entscheiden, ohne erst jede Möglichkeit zu untersuchen.[105]«

Ein weiteres Motiv für die Affinität zwischen Renn und dem Kommunismus ist in der kommunistischen Einstellung zum Krieg zu suchen. Schon Lenin wandte sich 1916 gegen die ›reaktionären Sozialpfaffen‹ und ›weinerlichen Kleinbürger‹, in denen der Krieg ›nur Schrecken, nur Erschrockenheit, Abscheu vor Waffengebrauch, Tod, Blut usw. erzeugt‹; er propagierte statt der Losung ›Die Waffen nieder!‹ eine andere: ›Umwandlung des Krieges in den Bürgerkrieg.[106]‹ Stalin schrieb 1930 in einem Brief an Gorki zum Thema Kriegsliteratur: »Was die Erzählungen über den Krieg betrifft, so sind sie nur nach sorgfältiger Auswahl zu veröffentlichen. Auf dem Büchermarkt ist eine Menge belletristischer Erzählungen anzutreffen, die die ›Schrecken‹ des Krieges malen und Abscheu gegen jeglichen Krieg (nicht nur den imperialistischen, sondern auch jeden anderen Krieg) einflößen. Das sind bürgerlich-pazifistische Erzählungen, die keinen großen Wert haben. Wir brauchen Erzählungen, die die Leser, ausgehend von den Schrecken des imperialistischen Krieges, an die Notwendigkeit der Überwindung der imperialistischen Regierungen, die diese Kriege organisieren, heranführen. Außerdem sind wir doch nicht gegen jeglichen Krieg. Wir sind gegen den imperialistischen

Krieg als konterrevolutionären Krieg. Aber wir sind für den Befreiungskrieg, den antiimperialistischen, revolutionären Krieg, ungeachtet der Tatsache, daß ein solcher Krieg bekanntlich nicht frei ist von den ›Schrecken des Blutvergießens‹, sondern diese sogar reichlich aufweist.[107]«

Remarques pazifistischer Roman war für die Radikalen von rechts und links von vornherein unbrauchbar. Die Rechten warfen ihm vor, er verleumde den Frontsoldaten, die Linken, er decke nicht die Wurzeln des Krieges auf und mobilisiere nicht gegen den Krieg. Diese Begründungen sind vorgeschoben und stimmen nicht: Wenn es in dem Buch von Remarque einen positiven Aspekt gibt, so ist es gerade die trotz Angst und Dreck saubere Haltung des Frontsoldaten. Und andererseits mobilisiert gerade Remarque, viel mehr als zum Beispiel Renn, gegen den Krieg, er weckt die Empörung der Leser und lenkt sie auf Generale, Unteroffiziere, Schulmeister und Kriegsgewinnler, die er für schuldig an dem Gemetzel hält. In Wirklichkeit stieß *Im Westen nichts Neues* auf die Ablehnung der Nationalsozialisten wie Kommunisten, weil es kompromißlos wie kein zweites Buch gegen den Krieg ist, die Totalitären aller Schattierungen aber ohne Blutvergießen nicht existieren können. Bei der Uraufführung der Filmfassung in Berlin 1932 ließ Arnolt Bronnen (1895–1959) aus der Goebbelsschen Loge weiße Mäuse los, um die Vorstellung zu stören. Dieser von den Nazis geschätzte Exzentriker starb als Dichter der DDR*.
Jünger und Renn, die das Kriegserlebnis bejahten, wurden bezeichnenderweise sowohl von den Nationalsozialisten wie von den Kommunisten umworben. Die totalitären Verkündigungen Jüngers im *Arbeiter* und in der *Totalen Mobilmachung* wurden nicht nur rechts, sondern genauso links mit Sympathie aufgenommen; Karl Radek erklärte seinen Genossen, daß Ernst Jünger zu gewinnen für die KPD mehr wert wäre als alle neuen Wählerstimmen zusammen. Jünger näherte sich dem nationalbolschewistischen Kreis um Ernst Niekisch.
Renn wiederum wurde, obwohl er 1928 Mitglied der Kommunistischen Partei geworden war, von den Nationalsozialisten lange Zeit hofiert. Über die Vorgänge nach seiner Verhaftung 1933 berichtet er selbst. »Schon bald nach Beginn meiner Haft stellte ich fest, daß ich der einzige politische Gefangene war, den die Nazis nicht geschlagen hatten. Dann erschien ein Nazi-Rechtsanwalt, der mir auf eine auffallend anständige Weise anbot, mich vor Gericht zu verteidigen, und dafür keine Bezahlung haben wollte. Da wußte ich, daß die Naziführung mich gewinnen wollte. Später habe ich auch erfahren, daß Goebbels dahinterstand und Hitler selbst eine geheime Verfügung herausgegeben hatte, daß ich nicht geschlagen werden durfte. Meine Verhaftung war nur ein Druckmittel, um mich gefügig zu machen. Das andere Mittel waren Angebote. Der Rechtsanwalt besuchte mich dazu wiederholt im Gefängnis. Einmal bot er mir den Besuch Alfred Rosenbergs an. Sofort schoß mir durch den Kopf: Er wird natürlich nicht ins Gefängnis kommen, sondern ich würde zu ihm gebracht, sobald ich ja sage. Dann

* Vgl. J. Rühle, Literatur und Revolution, Erstausgabe Köln-Berlin 1960, Beispiele der politischen Neurose.

begrüßt er mich vor Zeugen als neuen Anhänger der Nazis. Was kann ich da noch tun? Daher sagte ich lächelnd dem Abgesandten: ›Das Treffen würde für Herrn Rosenberg ebenso peinlich sein wie für mich. Wir unterlassen das besser.‹[108]«*

Warum, bei mancher äußeren Gemeinsamkeit, die Wege Jüngers und Renns am Ende doch auseinandergingen, liegt in ihren Charakteren beschlossen, deren Verschiedenheit schon in ihren Kriegsbüchern zutage trat.

Jünger, der aus dem Elternhaus in die Fremdenlegion durchbrannte, suchte das Abenteuer, das physische wie das geistige, die Bewährung und Bestätigung seiner selbst, das Triumphgefühl des Sieges. Er war, zwar nicht von Geburt, aber aus Berufung, Aristokrat und Ästhet, Sprecher der Elite, Prophet der blonden Bestie. In den *Stahlgewittern* sagt er: »Das hat mir vor allem den Offizierstisch wert gemacht. Hier, wo die geistigen Träger und Vorkämpfer der Front zusammenkamen, verdichtete sich der Wille zum Siege und wurde Form in den Zügen wetterharter Gesichter. Hier war ein Element lebendig, das die Wüstheit des Krieges unterstrich und doch vergeistigte, die sachliche Freude an der Gefahr, der ritterliche Drang zum Bestehen eines Kampfes. Im Laufe von vier Jahren schmolz das Feuer hier ein immer reineres, ein immer kühneres Kriegertum heraus.« Diese aristokratische Gesinnung war es, die zur Absage an Kommunisten wie Nationalsozialisten führen mußte. (Jünger gehörte zu dem Kreis der Offiziere, die sich am 20. Juli 1944 gegen Hitler erhoben.)

Vieth von Golssenau, ein empfindsames und kränkelndes Kind, erzogen zusammen mit dem sächsischen Kronprinzen, hat demgegenüber schon sehr früh, als Fahnenjunker und aktiver Offizier in einem der feudalsten königlich-sächsischen Regimenter, Widerwillen gegen den Dünkel, die ziellosen Beschäftigungen und inhaltslosen Formen seines Standes empfunden. Deshalb hat er sich in der Ich-Erzählung seines Kriegsromans in den Gefreiten Ludwig Renn, das »vielleicht romantische Ideal eines einfachen, ehrlichen Menschen[109]« verwandelt. »Nicht der Offizier war es gewesen, dessen Handlungen mir an der Front imponiert hatten, sondern der namenlose Soldat, dessen Wärme und Hilfsbereitschaft ich in der schwersten Not der Kämpfe so stark miterlebt hatte. Ihn zu ehren, machte ich zum Helden meines Buches nicht einen Offizier, wie ich es gewesen war, sondern einen Soldaten aus der Masse.[110]« Ja, er übertrug die Identifikation sogar aus dem Buch ins Leben, indem er sich nun immer und überall Ludwig Renn nannte. Dieser Drang zum einfachen Volk und zur Gemeinschaft machte ihn empfänglich für die sozialistische Demagogie der Kommunisten; die Kameradschaft der Frontsoldaten, die ihm so teuer war, fand er in der Solidarität der Rotfrontkämpfer wieder.

In einer biographischen Skizze (*Ein Anstoß und seine Folgen*) hat der in persönlichen Dingen immer aufrichtige Renn einen bezeichnenden Aspekt seiner Wendung zum Kommunismus preisgegeben. Danach stand er dem Kommunismus in

* Alfred Rosenberg: Reichsleiter und Ideologe der NSDAP (*Der Mythus des 20. Jahrhunderts*), später Minister für die besetzten Ostgebiete, 1946 in Nürnberg verurteilt und hingerichtet.

seiner revolutionären Phase fern, weil ihn das ›intellektuelle und gefährliche Geschwätz Trotzkis‹ abstieß; er habe dessen ›geistreich schillernden Stil‹ gefühlsmäßig abgelehnt. Erst Stalins ›schlichte Sachlichkeit‹, die er als ›einfach und klar‹ empfand, habe ihn überzeugt. Er erklärt das aus der eigenen Unfähigkeit, sich in einer rhetorischen Auseinandersetzung zu behaupten[111].

Auch im Dienst der Komintern blieb Renn Soldat. Er fungierte als Militärexperte, schrieb in der militärpolitischen Zeitschrift der Kommunisten *Aufbruch* Artikel über die Entwicklung der Kriegstechnik von den Schweizer Kriegen bis zum modernen Gift- und Gaskrieg, hielt Vorträge über Kriegswissenschaft an der Marxistischen Arbeiterschule in Berlin. Schon 1932 zog er sich ein Verfahren wegen Literarischen Hochverrats zu, das aber nach zwei Monaten Untersuchungshaft eingestellt wurde. Er wurde in der Nacht des Reichstagsbrandes 1933 verhaftet und wegen Vorbereitung zum Hochverrat zu zweieinhalb Jahren Gefängnis verurteilt. Nach der Entlassung flüchtete er in die Schweiz.

Er wollte sich sofort der spanischen Republik im Kampf gegen Franco zur Verfügung stellen, doch das scheiterte am Veto der Komintern. Erst als die Modalitäten zwischen der spanischen Republik und der Sowjetunion, dem nicht gerade uneigennützigen Helfer, ausgehandelt waren (Bezahlung durch politische Zugeständnisse und blankes Gold), wurde Renn von seiner Partei delegiert. Er war nacheinander Kommandeur des Thälmann-Bataillons, Stabschef der berühmten XI. Internationalen Brigade und Direktor einer Kriegsschule[112].

Über sein Hauptwerk hat Renn einmal rückblickend gesagt: »Mein *Krieg* ist ... ein Übergangswerk, wie seine Auffassungen Übergangsauffassungen sind. Nur in einer Übergangsstellung war eine solche Objektivität möglich, wie sie die Erzählung zeigt.[113]« Das Buch *Im Spanischen Krieg* (1955) hat die ›Objektivität der Übergangsstellung‹ überwunden – nicht zum besten des literarischen Niveaus. Was die Schilderung des Kriegsgeschehens angeht, spricht auch aus dem Spanienbuch noch die Persönlichkeit Renns, wie wir sie aus dem Weltkriegstagebuch kennen. In nüchterner, schmuckloser Prosa, präzis gegliedert nach dem Schema der traditionellen Melde- und Berichtstechnik, schreibt er über den Einsatz der legendären Internationalen Brigaden, der Helden von Madrid und Guadalajara. Jede Zeile verrät in Stil und Haltung die Schule des alten deutschen Generalstabs. Der Berichterstatter, sicherlich der militärisch klügste und erfahrenste Kopf unter den Internationalen, tritt völlig hinter den Geschehnissen zurück. Mit prätentionsloser Selbstverständlichkeit notiert er, wie nicht er, sondern sein aus kaderpolitischen Gründen vorgesetzter Kommandeur das Lob für gelungene Operationen einheimst. Der Stabschef hat eben nur der namenlose Gehilfe des militärischen Führers zu sein. Überhaupt folgt Renn auf dem Schauplatz des spanischen Bürgerkrieges derselben Disziplin und demselben Ehrenkodex, die das kaiserliche Offizierskorps auszeichneten. Dienen ohne zu murren, gehorchen ohne zu fragen, mehr sein als scheinen – nur daß jetzt die Kommunistische Partei Befehlsgeber und Treueempfänger ist.

Man hat in dem Buch immer wieder den Eindruck, es weniger mit dem für den spanischen Freiheitskampf begeisterten Genossen Renn zu tun zu haben als mit dem gleichnamigen Militärexperten der Komintern. Dieser Eindruck wird durch den Bericht seines damaligen Kampfgefährten Regler bestätigt, der ihn als »einen erstaunlich fischblütigen Organisator« beschreibt, »der selbst im Kugelregen seinen Bleistift nicht aus der Hand ließ; er war angenehm unpolitisch, ja sogar Politkommissaren feindlich gesinnt; aber er folgte den Befehlen der Partei blind . . .[114]« Sein Buch *Krieg* kommentierend, hat Renn gesagt: »Mein Held gehorcht, weil er nicht weiß, um welches Zieles willen er nicht gehorchen soll.[115]« Der Held des *Spanischen Krieges* hält es offenbar noch ebenso.

Leider heißt das nicht, daß Renn es in seinem zweiten Kriegsbuch wie in dem ersten ohne politisch-ideologische Kommentare bewenden läßt. Es heißt nur, daß er sich über diese Kommentare keine eigenen Gedanken macht, er entnimmt sie unbesehen dem kommunistischen Katechismus. Es referiert sozusagen ein loyales Mitglied der Kommunistischen Partei über die von seiner Führung ausgegebene Version. Man kann ihm dabei zugute halten, daß er sich von den politischen Thesen meist auf feine Art distanziert; er sagt nur: »wie in den Zeitungen stand...«, »mir wurde berichtet...«, »nachher erfuhr ich...« oder legt die politischen Erörterungen anderen Personen in den Mund. So hat man manchmal den Eindruck, als wolle er zu verstehen geben: Fragt mich nicht nach solchen Sachen, dafür bin ich nicht zuständig – ich bin Soldat, nicht Ideologe. Man kann Renn weiter zugute halten, daß sein Spanienbuch erst nach jahrelangen Kämpfen mit den Parteifunktionären und unter vielen Zugeständnissen seinerseits erscheinen durfte; das Original hat anders ausgesehen.* Wie dem auch sei: Der Fortschritt von der Objektivität zur Parteilichkeit hat das Buch verdorben.

Mit dem Spanienbuch und anderen Schriften ist Renn seiner Forderung nach einer Kriegsliteratur der DDR nachgekommen. So diente er im Grunde der ›Nationalarmee‹ wie einst im Mai – sie hat ja dort drüben auch noch die alten Uniformen und den alten Drill.

Der Zwiespalt im Innern aber, an dem der Fahnenjunker Golssenau, der Frontsoldat Renn litt, der blieb. Denn daß die DDR nicht jenes Reich aus den Träumen seiner Jugend war, hat Renn wohl gewußt. Seine späten Bücher voller versponnener und verklärter Jugenderinnerungen, seine exotischen Kinderbücher, seine Studien zur Geschichte, Kunstwissenschaft und Anthropologie, seine unverändert bescheidene, aufrichtige und liebenswerte Art als Mensch, all das stand in einem seltsamen Widerspruch zu dem, was er als Parteigenosse von sich geben mußte. In den postum erschienenen Erinnerungen (*Anstöße in meinem Leben*, 1980), verteidigt er gegen die SED-Propaganda das sächsische Herrscherhaus der Wettiner, das »väterlich für sein Volk sorgte«. Als er 1951 (er war damals Professor für Anthropologie und Kunstwissenschaft an der Technischen Hochschule Dresden) die moderne Architektur des Bauhauses gegen die Vorwürfe sowjetischer Kunstrichter verteidigte, warf ihm das Zentralorgan der SED *Neues Deutschland* vor, die Kulturbarbarei des amerikanischen Imperialismus zu unterstützen[116].

* Vgl. J. Rühle, Mit den Augen des Stabsoffiziers, *Monat*, Berlin-West, Nr. 91, April 1956. Darin wird der Brief Bertolt Brechts an mich vom 29. 8. 1953 zitiert, wonach die Unterdrükkung der Werke Renns Anlaß für Brechts berühmtes kritisches Gedicht *Das Amt für Literatur* war.

An einer der wenigen ganz persönlich gehaltenen Stellen seines Spanienbuches berichtet Renn von seiner Begegnung mit Ernst Toller kurz vor dessen Selbstmord: »Ich blickte Toller an. Er bewegte sich schmerzlich. Zwar lächelte er, aber das war nicht befreiend, sondern wohl nur eine Höflichkeit. Er schien von einem schweren Druck nicht loszukommen. Schon aus früheren Gesprächen mit ihm wußte ich, daß er in Hoffnungslosigkeit verfallen war. Er zählte sich nicht mehr zu den Anarchisten, sondern war im wesentlichen Kommunist geworden. Aber er hatte es verpaßt, in die Kommunistische Partei einzutreten. Seit Jahren erschien kein Buch mehr von ihm. Seine junge Frau, die er noch in Hollywood gehabt hatte, war fortgegangen. Nun stand er ohne den Halt da, den ihm die Kommunistische Partei mit ihrer Brüderlichkeit gegeben hätte. Dahin kommt ein Schriftsteller, wenn er keine gesellschaftliche Bindung mehr hat!«
Damals ahnte Renn noch nicht, daß auch seiner die Resignation harrte – trotz oder wegen der Parteigenossenschaft.

Gefährten am Kreuzweg

Ich kann mich noch ungefähr an einige Zeilen erinnern, die uns damals bestürzten: ›Viel Leid haben die Intellektuellen verschuldet. Oft genug haben sie die Festung ihres Glaubens verraten, Flecke aller Art beschmutzen ihr grandioses Werk.‹ Was meinte Barbusse mit diesen Worten?

ANNA SEGHERS vor Studenten der Humboldt-Universität Berlin 1952[117]

In den Jahren nach 1933 entspann sich unter den kommunistischen Schriftstellern des Exils eine Diskussion über Gestaltungsfragen der Literatur, die ihren Höhepunkt in einem Briefwechsel zwischen Georg Lukács und Anna Seghers fand[118]. Die Diskussion war ein Reflex der großen Enttäuschung und Ernüchterung, die die nationalsozialistische Machtergreifung den Kommunisten bereitet hatte. Was haben wir falsch gemacht? fragten sie sich. Der sogenannte Brüsseler Parteitag der KPD (Moskau 1935) gab dem Radikalismus, dem Sektierertum, dem Kampf gegen Demokratie und Sozialdemokratie, der die Kommunistische Partei hoffnungslos isoliert hatte, den Abschied und proklamierte die Volksfront. Georg von Lukács (1885–1971), deutsch schreibender Ungar, der klügste Kopf unter den kommunistischen Kritikern, übertrug die neue Politik auf die Literatur. Auch die linken Schriftsteller, so sagte er, haben sich vom Volk gelöst. Er wandte sich gegen den literarischen Avantgardismus und seine Wortführer in den kommunistischen Reihen, nicht zuletzt gegen sich selber, den frühen Lukács nämlich, den Autor von *Theorie des Romans* (1920) und *Geschichte und Klassenbewußtsein* (1923).
Die sogenannte Expressionismus-Debatte, die die Exilzeitschriften von Paris bis Moskau bewegte, wurde von ›drei Großen Doktoren‹ (Max Rychner) beherrscht: Ernst Bloch und Walter Benjamin einerseits, Georg Lukács auf der anderen Seite, aber auch andere Prominente wie Bertolt Brecht, Karl August Wittfogel und Alfred Kurella nahmen leidenschaftlich Partei. Oberflächlich betrachtet könnte man fast, je nach Emigrations-Richtung, von ›Westlern‹ und ›Moskowitern‹ sprechen, doch so einfach lagen die Positionen nicht. Zwar konnten die West-Emigranten frei vor sich hinreden (was ihnen später, nach der Übersiedlung ins Sowjetimperium, heimgezahlt wurde), während die in Moskau Ansässigen sich schon in Sklavensprache übten, aber in der Substanz waren die Äußerungen auf beiden Seiten sehr differenziert. So wie der in Moskau lebende Lukács entwikkelte vor allem der in Paris lebende Benjamin eine eigene Ästhetik, die weit über den Anlaß hinausging und nicht mit marxistischer Elle zu messen ist.
Walter Benjamin (1892–1940), Verfasser der *Berliner Kindheit um Neunzehnhundert*, Mitglied der Kommunistischen Partei, nahm 1940 Gift, als ihm spanische Grenzpolizisten wegen eines fehlenden Stempels den Übertritt aus dem besetzten Frankreich in den rettenden Westen verweigerten. Seine Ästhetik,

die Kunst im Spätkapitalismus betreffend (*Das Kunstwerk im Zeitalter seiner technischen Reproduzierbarkeit*, 1936) die Jahrzehnte nach seinem Tod in der Studentenbewegung der sechziger Jahre Brisanz gewann, können wir hier nicht erörtern, zumal sie nicht ohne das Spannungsverhältnis zur ›Frankfurter Schule‹, dem linksbürgerlichen Institut für Sozialforschung von Horkheimer und Adorno (Frankfurt, Paris, New York), zu verstehen ist. Wir halten uns an einen konkreten Gegenstand, den Disput zwischen Anna Seghers, die auf poetisch elementare Weise die Intention von Benjamin vertrat, und Georg Lukács.

Nicht die Avantgardisten wie Joyce und Dos Passos, meinte Lukács, sondern die scheinbar altmodischen und konventionellen Realisten wie Gorki, Rolland, Thomas und Heinrich Mann sind politisch am brauchbarsten. Die Avantgardisten geben nur Scherben, Splitter der Wirklichkeit, subjektive Eindrücke und Meinungen, die für die Masse der Leser weder verständlich noch verbindlich sind. Die Realisten aber geben die gesellschaftliche Totalität, die Fülle des Lebens; ihrem Werk können sich die Leser durch unendlich viele Türen nähern, von den verschiedensten Seiten und Lebenserfahrungen aus, und sie können daraus lernen, nicht nur, was der Autor, sondern vor allem, was das Leben selber sagt: »Zu Joyce und zu anderen Vertretern der ›avantgardistischen‹ Literatur«, schrieb Lukács, »führt nur eine ganz enge Pforte; man muß einen bestimmten ›Kniff heraushaben‹, um überhaupt zu verstehen, was dort gespielt wird. Und während bei dem großen Realismus der leichtere Zugang auch eine reiche menschliche Ausbeute ergibt, können die breiten Massen des Volkes aus der ›avantgardistischen‘ Literatur nichts lernen. Gerade weil in dieser Literatur die Wirklichkeit, das Leben fehlt, zwingt sie (politisch gesprochen: sektiererisch) ihren Lesern eine enge und subjektivistische Auffassung vom Leben auf, während der Realismus durch seine gestaltete Fülle Antwort auf die vom Leser selbst gestellten Fragen gibt – Antworten des Lebens auf Fragen, die das Leben selbst gestellt hat! Das schwer erkämpfbare Verständnis für die Kunst der ›Avantgarde‹ gibt dagegen so subjektivistische, verzerrte und entstellte Stimmungsnachklänge der Wirklichkeit, die der Mann aus dem Volke niemals in die Sprache seiner eigenen Lebenserfahrung zurückübersetzen kann.«

Die Genossin Anna Seghers, die der modernen Richtung nahestand, verwahrte sich gegen die Forderung von Lukács, daß der Schriftsteller die ganze Wirklichkeit, die gesellschaftliche Totalität widerspiegeln müsse. Das, sagte sie, ist nicht möglich in der Realität einer Übergangszeit, einer Krisenzeit, die neue Darstellungsmethoden, neue Widerspiegelungsmethoden verlangt. »Was hatten wir denn für ›Spiegel‹ im Krieg und kurz nach dem Krieg, als wir aufwuchsen? Sie spiegelten entweder eine vergangene Welt fremder Grunderlebnisse, denen wir damals unter der Wucht unsrer eignen nicht gerecht werden konnten, oder sie spiegelten die Gesellschaft verzerrt, als Vexierspiegel ... Uns waren aber Splitterchen, die irgendeinen Bruchteil unsrer eignen Welt aufrichtig spiegelten, lieber als alle Scheinspiegel. Ich nehme wieder das Wort Splitter, obwohl es etwas Zerbrochenes ausdrückt, was aber gar nicht stimmt. Es ist ja nicht die Rede davon, daß da etwas Neues zu Bruch ging, es fing ja erst etwas an, was auch jetzt noch

nicht abgeschlossen ist: die Gestaltung der neuen Grunderlebnisse, die Kunst unsrer Epoche.«
Wenn man schon über die Gestaltungsmethode von Dos Passos streite, meinte die Seghers, müsse man zuerst einmal zugestehen, daß er die Literatur unsrer Zeit um große Stoffe bereichert hat. »Um Fetzen von Stoffen? Gut, aber immerhin solche Fetzen wie die Geschichte von dem arbeitslosen Liebespaar, das, von den Docks vertrieben, von der Wirtin gekündigt, in New York keinen Platz findet, um sich niederzulegen. Oder das Begräbnis des Unbekannten Soldaten, das ja für sich eine Dichtung ist.«
Und sie schloß: »Was Du als Zerfall ansiehst, kommt mir eher wie eine Bestandsaufnahme vor; was Du als Formexperiment ansiehst, wie ein heftiger Versuch eines neuen Inhalts, wie ein unvermeidlicher Versuch.«
Vom künstlerischen Standpunkt aus hatte Anna Seghers gewiß recht. Der Künstler kann die moderne Welt in der Tat nicht in ihrer Totalität erfassen, einmal, weil er sich dazu erst ein neues literarisches Instrumentarium erarbeiten muß, zum anderen, weil die Welt selber noch unausgegoren, noch fragwürdig ist. Die Zeit ist noch nicht reif. Der Künstler nähert sich deshalb der neuen Wirklichkeit erst zögernd und tastend, versucht, Bruchstücke und Tendenzfragmente einzufangen, und zieht außerkünstlerische Erfahrungen wie Philosophie, Wissenschaft, Politik zur Deutung heran. Schriftsteller wie Gorki, Rolland, die Brüder Mann, die Lukács als Vorbild hinstellt, wuchsen in der Zeit vor dem Ersten Weltkrieg auf, als man noch ein geschlossenes Weltbild bejahen oder verneinen konnte. Als die Fronten zwischen Gut und Böse, zwischen Fortschritt und Reaktion noch übersichtlich waren. Soweit die von Lukács gerühmten Realisten die spätere kritische Zeit erlebten, gerieten auch sie mehr als einmal ins Schwanken. Beim späten Thomas Mann beispielsweise ist der Realismus längst durch Reflexionen, Essayismen, Ironie zersetzt, ähnlich steht es beim späten Gorki (*Klim Samgin*). Eine widerspruchsvolle Zeit bringt eine widerspruchsvolle Literatur hervor.
Andererseits ist aber auch das Bedauern von Lukács verständlich, daß die Literatur kein Wegweiser mehr ist. Die Literatur läßt den Leser bei den großen Daseinsentscheidungen im Stich, weil sie nicht klüger ist als ihre Zeit. Moderne Schriftsteller hohen Ranges wie d'Annunzio, Marinetti, Benn, Jünger, Hamsun, Pound, Montherlant, Céline, Giono, Brasillach gerieten in den Umkreis des Faschismus. Andere wie Dos Passos, Brecht, Becher, die Seghers schlossen sich den Kommunisten an. Diese Unsicherheit der Literatur beunruhigte Lukács. Ihn beunruhigte auch an den unbestreitbar humanistischen Werken z. B. der Seghers, wie wenig sie über ihren konkreten Inhalt hinaus zur Orientierung in der Epoche beitrugen.
Anna Seghers (1900–1983), mit bürgerlichem Namen Dr. Netty Reiling, gebürtig aus Mainz, trat in die Literatur mit der Erzählung *Aufstand der Fischer von St. Barbara* (1928), für die sie den Kleistpreis erhielt. Es ist eine dunkle, schattenhafte Ballade vom verzweifelten und vergeblichen Aufbegehren der ausgepowerten Fischer an der bretonischen Küste. Eine knappe, unpathetische und kommentarlose Erzählung, revolutionär in ihrer Aussage wie in ihrer Gestaltung, der erzählerischen Vieltönigkeit und Opaleszenz, diszipliniert in der Sprache,

die schon Realität und Vision verschmilzt, wie in diesem Satz: »Längst nachdem die Soldaten zurückgezogen, die Fischer auf der See waren, saß der Aufstand noch auf dem leeren, weißen, sommerlich kahlen Marktplatz und dachte ruhig an die Seinigen, die er geboren, aufgezogen, gepflegt und behütet hatte für das, was für sie am besten war.«

Die Erzählung *Auf dem Wege zur amerikanischen Botschaft* (1930) berichtet von einem Mann, der zufällig in einen Zug von Demonstranten gerät, die gegen den Justizmord an Sacco und Vanzetti* protestieren. Er marschiert ein Weilchen mit, dann fällt ihm ein, daß ihn die Sache eigentlich nichts angeht, daß er aus dem Zug ausbrechen und die Demonstranten allein weiterlaufen lassen könnte. Aber er bringt es nicht über sich, denn: ›die anderen dauerten ihn, die drei in seiner Reihe, die dann ohne ihn waren.‹

Die Erzählung *Die Gefährten* (1932) registriert den Zusammenbruch der ersten revolutionären Welle nach dem Ersten Weltkrieg. Ein Bündel von Streiflichtern, wie Dos Passos es gibt, von Kämpferschicksalen aus verschiedenen Ländern beleuchtet die Internationalität der kommunistischen Bewegung, ihre Kommunikation im Kampf wie im Untergang. Die Erzählung ist vollgestopft mit Szenen des Terrors: Verfolgung, Vertreibung, Zuchthaus, Folter, Hinrichtung, Mord, mit Szenen, wie sie damals für die Regime Horthys, Pilsudkis, Mussolinis, Tschiang Kai-scheks charakteristisch gewesen sein mögen. Das ungarische Geschehen, das blutige Ende der Räterepublik 1919, steht nicht zufällig am Anfang: Anna Seghers zeigte stets eine Affinität für Ungarn, sie heiratete den Soziologen László Radvanyi, war mit Georg Lukács befreundet (einst Kulturkommissar jener Räterepublik).

Weltberühmt wurde Anna Seghers durch den Roman *Das siebte Kreuz*, der zuerst in englischer Sprache erschien (1942). Die Schriftstellerin, seit 1933 emigriert, zuerst nach Frankreich, dann nach Mexiko, erzählt darin die Geschichte einer Flucht aus einem deutschen Konzentrationslager. Sieben Häftlinge sind entflohen; sie sollen, wenn sie wieder eingefangen sind, an sieben Kreuze, Bäume, deren Kronen gekappt sind, gebunden werden zum Zeichen der Unentrinnbarkeit des Systems. Sechs Flüchtlinge werden herangeschafft, tot oder lebendig, aber ein Kreuz bleibt leer. Einer ist entkommen.

»Ein kleiner Triumph, gewiß«, empfinden die zurückgebliebenen Häftlinge, »gemessen an unserer Ohnmacht, an unseren Sträflingskleidern. Und doch ein Triumph, der einen die eigene Kraft plötzlich fühlen ließ nach wer weiß wie langer Zeit, jene Kraft, die lange genug taxiert worden war, sogar von uns selbst, als sei sie bloß eine der vielen gewöhnlichen Kräfte der Erde, die man nach Maßen und Zahlen abtaxiert, wo sie doch die einzige Kraft ist, die plötzlich ins Maßlose wachsen kann, ins Unberechenbare.« Die Kraft – das war immer noch der Geist des Aufstandes, der auf dem Marktplatz von St. Barbara saß.

* Zwei amerikanische Anarchisten italienischer Herkunft, Streikführer, 1920 unter der Anklage des Raubmordes verhaftet, 1921 in fragwürdigem Gerichtsverfahren zum Tode verurteilt, 1927 trotz weltweiter Proteste hingerichtet; 1977 durch den Gouverneur von Massachusetts rehabilitiert.

Der Stil der Anna Seghers erlebte am Ende der Emigration noch eine letzte Reife und Sensibilität in *Transit* (1944) und *Ausflug der toten Mädchen* (erst 1948 erschienen). Das eine ist ein Roman versprengten Menschentums, ein kafkaeskes Warten, Vertrösten und Verirren politischer Flüchtlinge im Behördenlabyrinth von Marseille 1941, Alpdruck einer quälenden, deprimierenden, nicht enden wollenden Hetzjagd nach Stempeln und Visen für das rettende Schiff. Das andere ist eine surrealistische Traumvision, in der Kindheitserinnerungen der Netty Reiling aus Mainz mit Schicksalen der Hitlerzeit eigenartig verwoben sind.

Alle Erzählungen und Romane der Seghers vor 1945, so verschiedene Töne sie anschlagen, sind in der gleichen Art gestaltet: Es sind Augenblicksbilder, huschende Lichtreflexe der Wirklichkeit, menschliche Ereignisse, die zugleich politische Episoden sind, eingefangen und hingestreut von der Erzählerin, echt im Erleben, aber ohne Hintergrund, begrenzt in der Aussagekraft auf eben den Fall, der zur Debatte steht. Kurz: Es fehlt die gesellschaftliche Totalität, die Gesamtschau der Welt.

Das gilt auch für *Das siebte Kreuz.* Wohl führt da die Erzählerin, offenbar durch die Diskussion mit Lukács angeregt, ihren Helden, den Flüchtling Georg Heisler, durch alle Gesellschaftsschichten und politischen Strömungen des Dritten Reiches, aber auch das ist nur eine phänomenologische, keine strukturelle Darstellung der Gesellschaft, ist politische Topographie, nicht soziologisches Röntgenbild. Lukács sagte über das Buch: »An Bildhaftigkeit der einzelnen Situationen, an innerer Wahrheit der dargestellten Menschen beider Lager hat Anna Seghers Außerordentliches geleistet. Und doch kommt auch sie oft nicht über die Schilderung sinnlicher oder psychologischer Zuständlichkeiten hinaus, in denen sich freilich ihre ungewöhnliche Energie der Vergegenwärtigung plastisch zeigt. Das tiefe Warum des Kampfes, das Herauswachsen seines gesellschaftlich-geschichtlichen Sinnes aus individuellen Erlebnissen, Zusammenhängen, Konflikten lebendiger Einzelmenschen bleibt auch hier von einem – dichterisch allerdings hochwertigen – Schleier verhüllt.[119]«

Lukács berief sich in der Auseinandersetzung mit Anna Seghers auf die Formalismus-Realismus-Diskussion in der Sowjetunion, er fühlte sich durch die sowjetische Entwicklung in seinen Ansichten bestätigt. Man könnte daraus schließen, er habe der Seghers gegenüber den Standpunkt des Sozialistischen Realismus bezogen. Das sieht aber nur auf den ersten Blick so aus. In Wirklichkeit lagen die Dinge komplizierter; Lukács täuschte sich da selbst. Er stimmte mit der stalinistischen Kulturpolitik nur im Ausgangspunkt überein: dem Unbehagen am Avantgardismus, an der mangelhaften gesellschaftspolitischen Aussagekraft der modernen Literatur. Der Realismus, der ihm als Lösung vorschwebte, unterschied sich jedoch wesentlich vom stalinistischen Kunstideal.

Lukács sehnte sich nach einem gültigen und universalen Weltbild der Humanität, wie es die Klassiker der Kulturgeschichte vermittelt haben. Er sehnte sich nach einer Literatur, die eine objektive, stichhaltige gesellschaftliche Orientierung gibt, geschöpft aus einer umfassenden und tiefdringenden Analyse der Wirklichkeit. Die persönlichen Ansichten des Schriftstellers sind dabei unerheblich, die Welt kann durch einen Bürger wie Thomas Mann genauso realistisch abgebildet werden wie durch die Kommunistin Anna Seghers. Erforderlich sind allein künstlerische Kraft und intellektuelle Ehrlichkeit, um die Welt wahrheitsgemäß, in ihrer ganzen Fülle und Tendenzhaltigkeit zu beschwören. Die politische Nutzanwendung entspringt dann von selbst dem dargestellten Wirklichkeitsgeschehen. Mit dieser Auffassung folgte Lukács Marx und Engels, die den Legitimisten Balzac höher schätzten als den Sozialisten Zola, weil sein literarischer Realismus über seine privaten politischen Anschauungen triumphierte.

Die Kunstideologen des Stalinismus haben sich von Lukács' Realismus-Definition distanziert (und damit im Grunde vom Marxismus). Sie bemängelten die Vernachlässigung des Klassenstandpunktes, der Parteilichkeit. In der Tat ist der von Lukács propagierte Realismus nicht spezifisch kommunistisch gemeint, sondern ›objektivistisch‹, allgemein menschlich. Lukács sah darin allerdings keinen Widerspruch, der Kommunismus war für ihn identisch mit Menschheitsinteresse. Sein Irrtum war, daß er die Volksfront-Losung seiner Partei ernst nahm, daß er nach dem Scheitern der revolutionären Ambitionen an eine demokratische, humanistische Gemeinschaft der antifaschistischen Parteien glaubte, während die Moskauer Zentrale nur ein Bündnismanöver meinte. Die Stalinisten haben nicht ganz unrecht, wenn sie ihm vorwerfen, er sei schon damals zur Demokratie übergegangen. Er merkte es nur noch nicht[120].

Den stalinistischen Funktionären ging es weniger um Wahrheitsfindung als um parteipolitische Zweckmäßigkeit. Sie brauchten die Literatur als Waffe im Klassenkampf. Solange der Kommunismus als revolutionäre Ideologie Tendenzen der Menschheitsbefreiung ausdrückte, konnte ihm eine Literatur wie die der zwanziger Jahre genügen, eine Literatur, die Tendenzen der Menschheitsbefreiung einfing und propagierte. In dem Moment, da sich der Kommunismus als Herrschaftssystem etablierte, das nun selber Unmenschlichkeiten beging, mußte ihm eine solche Literatur lästig werden. Was sollte ein politisches System, dessen Antlitz selber von Konzentrationslagern geprägt war, mit einem Roman wie dem *Siebten Kreuz* anfangen? Der Leser nimmt zwar Partei für den Kommunisten Heisler – aber nicht, weil er Kommunist ist, sondern weil er verfolgt wird, er könnte genausogut ein Zeuge Jehovas, ein Bekenntnispfarrer oder ein Offizier vom 20. Juli sein. Der Terror der Nazis wird angeprangert – aber es könnte genausogut irgendein anderer Terror zu irgendeiner anderen Zeit an irgendeinem anderen Ort sein. Ja, dem aufmerksamen Leser fällt auf, daß der im *Siebten Kreuz* beschriebene Terror in vielen Partien eher den bolschewistischen als den nationalsozialistischen Praktiken ähnelt. Die am Kommunismus geschulte Intuition hat der Seghers da einen Streich gespielt. Um nur ein Beispiel herauszugreifen: Ein so lückenloses Netz zur Überwachung der Volksgenossen, wie es in dem Roman vorgeführt wird, hat es im Dritten Reich nie gegeben. Die Autorin konstruiert da eine Hierarchie von Schnüfflern, deren unterste Stufen die Blockwarte und Hauswarte sind. Nun waren zwar die Blockwarte Amtswalter der NSDAP, die Hauswarte aber nichts weiter als Portiers, vom Hauswirt angestellte Türhüter und Treppenreiniger, die mit politischer Kontrolle nichts zu tun hatten. Die Hausvertrauensleute als allumfassendes Spitzelnetz wurden erst nach 1945 in Deutschland eingeführt – von den Kommunisten.

Wenn also die Stalinisten von den Schriftstellern fordern, ihre Wirklichkeitsbilder nicht nackt in den Raum zu stellen, sondern in ein ganzes Weltbild zu betten, schwebt ihnen dabei nicht wie Lukács das reale, von der Wirklichkeit schlechthin gegebene vor, sondern ein spezifisches, erwähltes, konstruiertes, eben das kommunistische Weltbild. Die Stalinisten meinen nicht die Totalität der Wirklichkeit, sondern die Totalität ihrer Ideologie. Was Lukács an der linken Literatur der zwanziger Jahre kritisiert hatte, das Subjektive, Eingleisige und Tendenziöse, wird also im Sozialistischen Realismus nicht überwunden, sondern nur auf eine andere Ebene transponiert: Die Totalität wird nicht mehr verworfen, statt dessen vorgetäuscht. Ja, man kann sagen, daß Lukács' Idee eines umfassenden Weltbildes in der Literatur durch ihre perverse Verwirklichung im Sozialistischen Realismus geradezu ad absurdum geführt worden ist. Was Anna Seghers befürchtet hatte, trat ein: Die Literatur, die nach diesem Rezept verfertigt wurde, gab keinen Spiegel der Welt, sondern einen Vexierspiegel. Lukács war denn auch erschrocken, als er die Resultate seiner Intentionen auf dem sowjetischen Büchermarkt erblickte.
Lukács' Berührungspunkte mit der stalinistischen Kulturpolitik waren also peripher, sie beschränkten sich auf Entsprechungen in der vorgeschlagenen Gestaltungs*methode*, das Bemühen um eine umfassende Schau der Welt. Im Grunde stand Lukács' Kontrahentin dem Sozialistischen Realismus näher als er. Denn der Seghersche Avantgardismus war wie der Sozialistische Realismus kommunistische Tendenzliteratur, trotz der kritischen Vorbehalte auf beiden Seiten verband sie das gemeinsame Gestaltungs*prinzip*, die Parteilichkeit. »Heute genügt es nicht«, sagte Anna Seghers einmal, »nur den Konflikt als solchen darzustellen, und sei es auch mit der Kraft eines Balzac. Der Schriftsteller muß ihn so darstellen, daß dabei die Entwicklung, die Richtungslinie klar wird.[121]«
Ein solches Gestaltungsprinzip ist unrealistisch per definitionem, denn es gibt der Realität einen Akzent, der ihr nicht innewohnt, zwingt ihr eine Tendenz von außen auf. Gerade davor hatte Lukács gewarnt. Denn wird das Wirklichkeitsbild, das in der Literatur wiedergegeben werden soll, vom Künstler ausgewählt bzw. zurechtgerückt, hängt alles von seinem außerkünstlerischen Standpunkt, seiner Weltanschauung, seinem Horizont, seinem Charakter ab. Der Standpunkt der Seghers ist der Kommunismus. In den revolutionären zwanziger Jahren half ihr dieser Standpunkt, Splitter der Wahrheit und Menschlichkeit in der Welt aufzuspüren. In seiner reaktionären Phase mußte der Kommunismus den Blick auf die Wirklichkeit verstellen.

Nach dem Zweiten Weltkrieg siedelte die Schriftstellerin in die sowjetisch besetzte Zone Deutschlands über, wo sie erstmals mit dem Kommunismus als entfaltetem und herrschendem Gesellschaftssystem zu tun hatte. Unter diesen Auspizien entstand 1949 der Roman *Die Toten bleiben jung*, nach Konzepten aus der Emigration in Ostberlin vollendet – der erste Versuch der Anna Seghers, die Gestaltungsmethode des Sozialistischen Realismus anzuwenden.
Der Roman beginnt 1918 mit der Erschießung eines Spartakisten durch einen Offizier und endet 1945 mit der Erschießung seines Sohnes durch denselben Of-

fizier. Bei der zweiten Exekution sieht der Mörder visionär in der Gestalt des jungen Soldaten dessen Vater: Die Toten bleiben jung. Der Einfall ist, bei aller Zugespitztheit, nicht ohne dichterische und politische Legitimität. Hätte die Seghers über den Stoff eine Novelle geschrieben, wäre wohl ein Werk ähnlich ihren früheren entstanden, eine schlaglichthafte Erhellung politischer Zustände. So aber breitet sie zwischen den beiden Erschießungen ein ganzes Klassenkampfpanorama der Zwischenkriegszeit aus. Die beiden Pole der Erzählung, die doch nur eine assoziative Verknüpfung hergeben, werden zur Achse der Gesellschaft im Sinne des Parteikatechismus. Das geht natürlich nicht ohne Gewaltsamkeiten, ohne Schematismen ab. Es gibt prachtvolle Szenen in dem Roman, originelle und glaubwürdige Charaktere im einzelnen, aber auf das Ganze, das sich weitschweifig und langatmig dahinwälzt (schon der Umfang übersteigt den ihrer früheren Romane um das Doppelte), trifft zu, wovor die Schriftstellerin selber in der Polemik mit Lukács warnte: »....Genossen..., begabte und wenig begabte und unbegabte, im Vollbesitz der Methode des Realismus, Gestalter, nicht Beschreiber, so glaubten sie wenigstens. Was mit dem ›Zauberlehrling‹ passierte, war noch Idylle, gemessen an dem, was diese Freunde anrichteten. Sie hatten es fertiggebracht, die Welt ganz zu *entzaubern.*«

Die Parteikritik urteilte: »*Die Toten bleiben jung* entspricht am vollständigsten und konsequentesten den Forderungen, die von der SED und der demokratischen Öffentlichkeit Deutschlands in den ersten Nachkriegsjahren an die Kunstschaffenden gestellt wurden.[122]« Allerdings fand die Parteikritik, daß die Autorin noch nicht weit genug gegangen sei, und beanstandete am Roman noch einige Inkonsequenzen, störende Restbestände des Dichterischen: Die positiven Gestalten, also die Kommunisten, seien noch nicht positiv genug gestaltet, die negativen, also die Reaktionäre, demgegenüber zu interessant und menschlich dargestellt. Die Seghers reagierte auf diese Kritik abweisend. Als empfindsame Künstlerin spürte sie, daß sie die völlige Zufriedenheit der Partei nur mit Verzicht auf die letzten Eigenheiten und weiterem Qualitätsverlust erkaufen konnte. Sie setzte dem Druck der Kulturpolitik von nun an passive Resistenz entgegen; obwohl Vorsitzende des Schriftstellerverbandes der DDR, nannte sie, den Tenor ihrer früheren Äußerungen aufgreifend, die kommunistische Gegenwartsliteratur dürftig, kleinbürgerlich und kitschig, fade und spannungslos. Sie versuchte, zu ihrer früheren Gestaltungsmethode zurückzukehren, und näherte sich dem Leben erst einmal wieder episodisch, in Erzählungen verschiedenen Umfangs.

Die Schriftstellerin irrte sich aber, wenn sie glaubte, durch einen Sprung in der Methode, einen Rückgriff auf die novellistische Gestaltungsweise der von ihr gefürchteten ›scholastischen Schreibart‹ entgehen zu können. Der Pferdefuß blieb: die kommunistische Parteilichkeit.

1953 erschien die Erzählung *Der erste Schritt.* Dem Leser werden eine Anzahl kommunistischer Friedenskämpfer aus aller Welt vorgestellt. Nach einem internationalen Kongreß versammeln sich die Helden der Erzählung zu einem Plauderstündchen und berichten einander von den Erlebnissen, die ihren ersten Schritt in die Reihen der Friedenskämpfer zur Folge hatten. Die kompositorische wie gedankliche Analogie zu den avantgardistischen *Gefährten* ist nicht zu übersehen: hier wie dort eine übernationale Gemeinschaft von Kämpfern, die, dem Kommunismus verschworen, gegen die kapitalistische Welt zu Felde ziehen. Doch vermag diese Erzählung nicht zu überzeugen, nicht zu erschüttern. Entzieht man ihr die ideologische Stütze, die schematische Teilung der Welt in ein kommunistisches Friedenslager und ein Lager monopolkapitalistischer Kriegshetzer, so schrumpfen die Helden zu kleinen kommunistischen Flugblatt-Verteilern zusammen, Helfershelfer eines Systems, unter dessen Terror die legitimen Nachfolger der *Gefährten* verbluten: die antikommunistischen Freiheitskämpfer in den Ostblockstaaten.

Die Geschichte *Das Erntedankfest* berichtet von einem Umsiedler, der durch die Bodenreform Land bekommen hat, mürrisch, verbissen, in sich gekehrt arbeitet, bis er wieder zu etwas kommt. Da er nie in Versammlungen, nie unter die Menschen geht, argwöhnt man, er sei innerlich verdorrt. Eines Tages aber ... – nein, wir wollen den Schluß im Originaltext der Seghers bringen:

»Als dieses Jahr im Dorf Hagewald die Friedensernte gefeiert wurde, kam Anton Bandusch ein Einfall, um seine Gedanken auszudrücken. Im frohen Umzug der Erntewagen erschien er in seinen alten, zerrissenen Kleidern, und auch sein Gesicht war böse verkniffen, er zog einen schäbigen Karren hinter sich her, auf den er allerlei Plunder geladen hatte, zerrissene Schuhe und Lumpen; daran war ein Schild befestigt: *Das verdanke ich Hitler und seinem Krieg!* Hinter ihm fuhr seine Frau, in guten Kleidern, vergnügt, auf ihrem hoch mit Korn beladenen Wagen. Daran war ein Schild befestigt: *Das verdanke ich der Sowjetunion und der Deutschen Demokratischen Republik!*[123]«

Nach der ungarischen Oktoberrevolution schrieb Anna Seghers die Erzählung *Brot und Salz* (1957). Ein Großgrundbesitzer nutzt die Unruhen aus, um auf seinen ehemaligen Besitz zurückzukehren. Da tun sich alle Dorfbewohner, Kommunisten wie Aufständische, zusammen und jagen den Herrn zum Teufel. Die Erzählung ist charakteristisch für die episodische Gestaltungsweise, speziell der Spätzeit. Der ganze Hintergrund, Revolution und Intervention, fehlt. Selbst wenn man einräumt, es hätte wirklich einen solchen Vorfall gegeben, bleibt alles unklar. Über das Wesen der ungarischen Ereignisse wird nichts ausgesagt. Weder im Sinne der Wahrheit, denn die Problematik des ungarischen Freiheitskampfes wird vollkommen verschoben, noch im Sinne der Parteilegende, denn das zentrale Ereignis, die bewaffnete Einmischung der Sowjets, wird nicht motiviert, sondern ausgespart. Die Schriftstellerin hat sich in eine belanglose Episode geflüchtet, um der Wahrheit nicht ins Gesicht sehen zu müssen.

Doch ein Dilemma wird deutlich: Ihres parteilichen Gestaltungs*prinzips* wegen ist die Geschichte ungenießbar für den Leser, ihrer episodischen Gestaltungs*methode* wegen unbrauchbar für die Partei. Die Erzählung ist eine schamhafte Form der Lüge – die kläglichste Äußerungsmöglichkeit für einen Schriftsteller.

Von 1957 bis 1959 schrieb Anna Seghers den Roman *Die Entscheidung*, dessen weitgesponnene Handlung in einem Stahlwerk der DDR zentriert ist. »Ein Stahlwerk«, erläuterte die Autorin, »macht einen Eindruck wie das Meer und das Hochgebirge ...[124]«). Noch feucht vom Druck, wurde das Buch schon zum Meisterwerk des Sozialistischen Realismus erklärt und mit dem Nationalpreis erster Klasse ausgezeichnet. In der Tat gelang es der Seghers in diesem Buch, den Vorwurf zu entkräften, den die Partei gegen *Die Toten bleiben jung* erhoben hatte, daß ihr nämlich die Reaktionäre interessanter gerieten als die Kommunisten. Diesmal sind die negativen Figuren, die Kapitalisten, Junker, Militärs und Kriegshetzer, genauso fade und langweilig wie die positiven Helden, allesamt sind sie nach dem Strich der Parteilinie gebürstet. Man könnte darüber hinweggehen, drängte sich nicht die Frage auf, ob in diesem Buch, das immerhin nach den Erschütterungen des Jahres 1956 geschrieben ist, nicht doch irgendwo eine Selbstverständigung der Seghers steckt, die es, wenn auch nicht literarisch, so doch psychologisch interessant macht.

Bei genauer Betrachtung stößt man auf eine eigenartige Erscheinung. Obwohl das vorliegende Buch ausdrücklich als ›erster Teil‹ deklariert, eine Fortsetzung des Romans also von vornherein vorgesehen war, sterben einige der Helden einen jähen, unmotivierten und scheinbar sinnlosen Tod. Der Ingenieur Rentmair nimmt sich das Leben, als er unschuldig in den Verdacht der Sabotage gerät. Eine mainfränkische Landsmännin der Autorin, Katharina Riedl, deren Mann im Osten arbeitet, stirbt, als sie – nach längerem Zögern – in hochschwangerem Zustand über die grüne Grenze zu ihm will. Der einstige Spanienkämpfer Melzer, der sich von seinen Genossen gelöst und in Amerika dem kapitalistischen Literaturbetrieb hingegeben hatte, wird gerade, als er sich wieder der Arbeiterklasse nähert und an einer Streikdemonstration teilnimmt, von der westdeutschen Polizei erschlagen.

Selbst der kommunistischen Kritik ist diese Häufung mysteriöser Todesfälle aufgefallen. Zwischen der Autorin und der später berühmt gewordenen Schriftstellerin Christa Wolf entspann sich folgender Dialog:

Kritikerin: ». . . möchte ich Sie noch etwas fragen: In Ihrem Buch müssen drei Menschen sterben: Rentmair, Katharina Riedl und Herbert Melzer.«

Seghers: »Auch andere, zum Beispiel der Schwiegersohn von Castricius, der erschossen wird!«

Kritikerin: »Ich vergaß ihn, weil ich ihn nicht bedauert habe; ich fand richtig, daß er erschossen wird . . . Um die drei Toten auf unserer Seite tat es mir leid. Zum Beispiel Katharina: *Mußte* sie sterben, als sie sich gerade entschieden hatte, zu uns zu kommen?«

Seghers: »Ich sah von Anfang an das Schicksal dieser zwei Liebenden – Katharina und ihres Mannes – als ein schweres und tragisches an. Es begibt sich im kalten Krieg. Riedl hat gedacht, als er ohne Katharina aus dem Westen wieder zurückfuhr: Wäre sie mit mir gegangen, hätte sie lange Zeit bei mir bleiben können, dann wäre sie wahrscheinlich in unser Leben hineingewachsen; aber sie konnte nicht probeweise mitgehen: es gibt nur hüben und drüben. Sie hat sich Furcht einjagen lassen. Sie ist zu spät gekommen . . .«

Kritikerin: »Und der Herbert Melzer? Mußte der auch sterben?«

Seghers: »Muß? Was meinen Sie damit? . . . Ich denke, mit Melzer ist das so: Er ist ein Mensch zwischen den Klassen. Vielleicht hätte er nicht unbedingt zugrunde gehen müssen. Er hat geschwankt, er war schon weit abgetrieben. Nun, da er zurückfindet, geht er aufs Ganze: auf Tod und Leben. Nachdem er sich entschlossen hat, zum nichtreproduzierten, zum wirklichen Leben zu gehen, trifft es ihn sofort mit voller Wucht.«

Die Schriftstellerin hat den Konflikt ihres Buches, das nicht zufällig *Die Entscheidung* heißt, aufs äußerste vereinfacht und zugespitzt. Sie hat die politische Diskussion auf die Faustformel *entweder – oder* gebracht: ja oder nein, alles oder nichts, Leben oder Tod. Es gibt nur Kapitalismus/Faschismus oder Kommunismus, alles Dritte ist von Übel. Willst du nicht die Gestapo, mußt du den Staatssicherheitsdienst wählen. Schwankende werden mit dem Tode bedroht.

»Wenn Katharina«, meint die Seghers, »gedankenlos, vergnügt über die Grenze hüpfte – wer weiß, ob sie dadurch Menschen so helfen könnte, wie sie es jetzt vielleicht tut? Ich meine, die Gestalt in einem Buch muß selbst nicht unbedingt optimistisch sein, um Optimismus, um richtige Handlungen beim Leser zu erzeugen.«

Der Roman ist theologisch zu deuten. Alle drei Opfer sind unschuldig im Sinne der Vernunft. Aber weil sie nicht blind der Partei vertrauten, weil sie eben der Vernunft folgten und dem Gewissen, sind sie auf falsche Positionen im Klassenkampf geraten, und da schlägt das Schicksal, der Weltgeist zu. Rentmair hat an der Sozialistischen Gesetzlichkeit der Geheimpolizei gezweifelt – Katharina wollte ihr Herz, das dem Manne wie der Heimat gehört, nicht in zwei Teile reißen – Melzer hat sich vom Klassenkampf abgewandt und sein eigenes Leben gelebt: Sie wurden irre im Glauben und können nur durch den Tod entsühnt werden. Einer metaphysischen Schuld unterworfen, sterben sie einen metaphysischen Tod.

Die Nutzanwendung liegt auf der Hand: Der Mord an den ungarischen Revolutionsführern von 1956, Nagy und Maleter, die Verurteilung der ungarischen Schriftsteller und der ostdeutschen Philosophen, ihres eigenen Verlegers in Ostberlin, Walter Janka, die Verfemung des greisen Lukács – das waren terroristische Akte, deren irdische Gerechtigkeit Anna Seghers nicht einsehen konnte. Doch anders als die drei Sünder ihres Buches flüchtete sich die Seghers in den Stunden des Zweifels und der Verzweiflung an den Busen einer höheren Instanz, in den Schoß der neuen Kirche.

Die neun Jahre später erschienene Fortsetzung, der Roman *Das Vertrauen* (1968), bezeugt, daß die Dichterin inzwischen ihre Fassung wiederfand. Diesmal geht es um das Jahr 1953, immerhin die Zeit, in die der Volksaufstand vom 17. Juni fiel, aber dieser Konflikt wird nicht mehr problematisiert, sondern in der Diktion der Partei erzählt. Das Buch ist nicht nur, wie das erste, literarisch bedeutungslos, sondern auch psychologisch. Die Problematik des ›real existierenden Sozialismus‹ in der DDR wurde von einer neuen Schriftstellergeneration aufgenommen, am signifikantesten von der Seghers-Schülerin Christa Wolf (*Der geteilte Himmel* 1963, *Nachdenken über Christa T.* 1968, *Kindheitsmuster* 1977, *Kein Ort. Nirgends* 1979). Die neue Generation nahm die Entscheidung der Seghers wieder zurück.

Bemerkungen zu Brecht

Gedenkt unsrer mit Nachsicht!

BERTOLT BRECHT An die Nachgeborenen 1938

In den *Keunergeschichten* erzählt Brecht (1898–1956), daß Herr K. von allen Tieren den Elefanten am meisten schätze und dies so begründe: »Der Elefant vereint List mit Stärke. Das ist nicht die kümmerliche List, die ausreicht, einer Nachstellung zu entgehen oder ein Essen zu ergattern, indem man nicht auffällt, sondern die List, welcher die Stärke für große Unternehmungen zur Verfügung steht. Wo dieses Tier war, führt eine breite Spur. Dennoch ist es gutmütig, es versteht Spaß. Es ist ein guter Freund, wie es ein guter Feind ist. Sehr groß und schwer, ist es doch auch sehr schnell. Sein Rüssel führt einem enormen Körper auch die kleinsten Speisen zu, auch Nüsse. Seine Ohren sind verstellbar: er hört nur, was ihm paßt. Er wird auch sehr alt. Er ist auch gesellig, und dies nicht nur zu Elefanten. Überall ist er sowohl beliebt als auch gefürchtet. Eine gewisse Komik macht es möglich, daß er sogar verehrt werden kann. Er hat eine dicke Haut, darin zerbrechen die Messer; aber sein Gemüt ist zart. Er kann traurig werden. Er kann zornig werden. Er tanzt gern. Er stirbt im Dickicht. Er liebt Kinder und andere kleine Tiere. Er ist grau und fällt nur durch seine Masse auf. Er ist nicht eßbar. Er kann gut arbeiten. Er trinkt gern und wird fröhlich. Er tut etwas für die Kunst: er liefert Elfenbein.«

Wie paßt dieses Leitbild zu der Vorstellung, die wir uns gemeinhin von Brecht machen, zu dem Bild des Ideologen und Dialektikers, kommunistischen Bänkelsängers und tüftelnden Lehrstückeschreibers, verführerisch schillernden Dichters im Zwielicht der Ismen[125]?

Bertolt Brecht – jedenfalls der Brecht der letzten Jahre, wie ich ihn kenne – war ein bescheidener, zurückhaltender Mann, aufmerksam und gewissenhaft in allen ernsthaften Angelegenheiten, freundlich zu den meisten und mit viel Verständnis. In dieser Bescheidenheit steckte Selbstbewußtsein. Er wußte, wer er war. »Beerdigt werden möchte ich auf dem Friedhof neben dem Haus, in dem ich wohne[126]«, sagte er schlicht und meinte den Hugenotten-Friedhof, auf dem Hegel, Fichte, Schinkel, Schadow und Hufeland ruhen. Seine Weisheit und sein Witz kamen von weit her, funkelten hintergründig, manchmal boshaft. Mit todernster Miene sagte er sarkastische Dinge. Er liebte auch einen rechten Spaß. Eine gewisse Exzentrik im Habitus trug er in der beiläufigen Art eines Mannes, der das seinem Ruf schuldig ist. Er konnte aufbrausend und zornig sein, er hat den Bajuwaren nie verleugnet. Er liebte Frauen, gutes Essen, gute Zigarren und den Baum vor der Tür. Man weiß, daß er seine Anzüge bei erstklassigen Maßschneidern im Ausland machen ließ und sie dann proletarisch zerknittert trug. Daß er die Rubel seines Stalinpreises auf ein Schweizer Bankkonto einzahlte. Daß er die DDR pries, sich aber einen österreichischen Paß besorgte. Daß er seine Werke im Osten und im Westen in verschiedenen Fassungen herausbrachte. Daß er den kommunistischen Endsieg verkündete, Mikrofilme seiner Manuskripte aber auch in amerikanischen Tresoren lagerte.

Man könnte das alles für Schrullen oder eher noch für den gesunden Verwirklichungssinn eines Künstlers halten, der einem Meister solcher Dimension wohl nachgesehen werden sollte. Auch Goethe, der Deutschen liebster Klassiker, hatte ja mit dem romantischen Dichterbild, das dem deutschen Bildungsbürger so teuer ist: dem Poeten in der Dachstube oder dem selbstvergessenen, wahnsinnsnahen Genie, wenig zu tun. Aber Brecht ist insofern ein Dichter des 20. Jahrhunderts, einer aus den Fugen geratenen, objektiver Wertmaßstäbe weitgehend verlustig gegangenen Zeit, als bei ihm wie bei den meisten seiner Generation, aller selbstgebastelten kunsttheoretischen Doktrin zum Trotz, persönliche Haltung und literarisches Werk zu einem Kontinuum verschweißen. Nicht, wie es auf den ersten Blick scheint und er uns zuweilen weismachen wollte, ist die Gesellschaft, gar die wissenschaftliche Analyse der Gesellschaft sein Stoff, vielmehr der Mensch in solcher Gesellschaft, der einzelne konkrete Mensch in der Kälte moderner Zivilisation. Das allein verbindet Brechts Texte von der ersten bis zur letzten Zeile, die er schrieb. Und es ist immer auch er selbst, der Intellektuelle oder meinetwegen sensible Zeitgenosse, von dem gehandelt wird, mag er nun in die Maske einer Marketenderin im Dreißigjährigen Krieg oder eines Richters im fernen China schlüpfen. Der unübersehbare Bruch in Brechts Werk, der in die dreißiger Jahre fällt: der Übergang von den Lehrstücken zum Epischen Theater, erklärt sich, wiederum aller kunsttheoretischen Doktrin zum Trotz, zuallererst und vollkommen überzeugend aus dem Bruch in der Biographie des Autors. An die Stelle hochkomplizierter politpsychologischer Erörterungen trat die Beschäftigung mit den elementaren menschlichen Dingen, mit Not, Verfolgung, Hilflosigkeit und Angst.

Brecht lernte den Marxismus Mitte der zwanziger Jahre kennen. Er schien ihm, dem ruhe- und rastlosen, politisch heimatlosen Intellektuellen, der säkulare Wurf zur Lösung aller Rätsel der Geschichte. Dabei spielte die soziale und humane Frage kaum eine Rolle, nur als Material, aus dem der historische Prozeß und ihm folgend der künstlerische gemacht werden. Die kommunistischen Funktionäre haben Brechts Marxismus niemals als rechtgläubig anerkannt; daraus ergaben sich die Konflikte des Dichters mit der Partei bis an sein Lebensende (er ist der Partei auch nie beigetreten). Was Wunder: Brecht lernte den Marxismus durch Karl Korsch und Fritz Sternberg kennen, zwei bedeutende Theoretiker der ersten Stunde, Schüler Rosa Luxemburgs, die zu jener Zeit schon längst aus der Partei ausgeschlossen waren. Für sie wie für Rosa war Marxismus nicht Ersatzreligion, sondern nachprüfbare, korrigierbare Wissenschaft, zu messen und zu bewerten an seinem Beitrag zu einer menschenwürdigen Gesellschaft. Auf diesen Ansatz ist der späte Brecht dann zurückgekommen: Wenn der Marxis-

mus, und daran kann wohl kein Zweifel sein, die großen klassischen Werke des Epischen Theaters beeinflußt hat, so in diesem Sinn.
Zunächst aber, an der Wende von den zwanziger zu den dreißiger Jahren, machte Brecht sich seinen eigenen artifiziellen Marxismus daraus, der weder das eine noch das andere oder besser: das eine wie das andere war: Denkmodell und Mythos, eine faszinierende äonenhafte Welt, in die, und darauf kam es ihm an, der Intellektuelle unserer Zeit geworfen ist oder, wie wir heute sagen würden: im Sinne des Existentialismus sich wirft. Davon handelt das *Badener Lehrstück vom Einverständnis* (1929), zu dem Paul Hindemith die Musik schrieb – radikaler noch, nun offen politisch das Lehrstück *Die Maßnahme* (1930), das Hanns Eisler vertonte.
Die Maßnahme ist ein Dokument von schrecklicher statuarischer Größe, in Wucht und Konsequenz beinahe einer antiken Tragödie vergleichbar (nach der Premiere durch Agitpropgruppen hat Brecht es niemals wieder aufführen lassen). Ein ›Kontrollchor‹ verhört einen ›jungen Genossen‹, der aus Gründen der Menschlichkeit, brüderlicher Hilfe, die Parteidisziplin brach. »Wer für den Kommunismus kämpft, hat von allen Tugenden nur eine: daß er für den Kommunismus kämpft.« Der junge Genosse erklärt sich einverstanden mit der ›Maßnahme‹, seiner Liquidierung: »Er sagte noch: Im Interesse des Kommunismus einverstanden mit dem Vormarsch der proletarischen Massen, ja sagend zur Revolutionierung der Welt.« Ein halbes Jahrzehnt später erst begannen die Moskauer Prozesse; Brecht hatte aus der kühlen Distanz eines Sympathisierenden, aber nicht Gläubigen das Blutgesetz totalitärer Diktaturen vorweggenommen.
Als es dann soweit war, Ende der dreißiger Jahre, als Brecht, von Hitler verfolgt, ›die Länder mehr als die Schuhsohlen wechselnd‹, von einer Ecke Skandinaviens in die andere flüchtete, zog er es vor, nicht die Konsequenz seines ›jungen Genossen‹ zu teilen, sich lieber nicht in die Obhut der Partei zu begeben (›Wer A sagt, muß nicht B sagen‹). Mit den historischen Führern der Revolution starben in Stalins Säuberung auch einige seiner engsten künstlerischen Freunde wie Meyerhold und Tretjakow, denen er seine Theatertheorie verdankte. Brecht lehnte das wohldotierte Asyl in Moskau ab, fuhr von Finnland quer durch den russischen Kontinent zum Pazifik und überlebte im kapitalistischen Hollywood. Daraus sollte man nicht entnehmen, daß er nur ein Opportunist, daß er moralisch gleichgültig war. Versteckt in seinen Werken findet sich das Gedicht *Ist das Volk unfehlbar?* (1939), gewidmet einem Unbekannten. Der DDR-Forscher Fritz Mierau hat nachgewiesen, daß der Adressat Sergej Tretjakow ist, Meyerholds dramaturgischer Gehilfe bei der Geburt des modernen Theaters (*Brülle China*, 1926), Erfinder der Arbeiterliteratur und des Sozialprotokolls, als Sibiriake Mittler Brechts zu fernöstlicher Weisheit. Erschossen 1939. Vielleicht ist dieses Gedicht, von Brecht, seinen Verlegern und seinen Erben sorgsam im Hintergrund gehalten, das missing link, das den Umschlag von der *Maßnahme* zum *Guten Menschen von Sezuan* erklärt.

»Mein Lehrer
Der große, freundliche
Ist erschossen worden, verurteilt durch ein Volksgericht.
Als ein Spion. Sein Name ist verdammt.
Seine Bücher sind vernichtet. Das Gespräch über ihn
Ist verdächtig und verstummt.
Gesetzt, er ist unschuldig?

Die Söhne des Volkes haben ihn schuldig befunden.
Die Kolchosen und Fabriken der Arbeiter
Die heroischsten Institutionen der Welt
Haben in ihm einen Feind gesehen.
Keine Stimme hat sich für ihn erhoben.
Gesetzt, er ist unschuldig?

Das Volk hat viele Feinde.
In den höchsten Stellungen
Sitzen Feinde. In den nützlichsten Laboratorien
Sitzen Feinde. Sie bauen
Kanäle und Dämme zum Wohl ganzer Kontinente und die Kanäle
Verschlammen und die Dämme
Stürzen ein. Der Leiter muß erschossen werden.
Gesetzt, er ist unschuldig?

Der Feind geht in Verkleidung.
Er zieht eine Arbeitermütze ins Gesicht. Seine Freunde
Kennen ihn als eifrigen Arbeiter. Seine Frau
Zeigt die löchrigen Sohlen
Die er sich im Dienst des Volkes durchlaufen hat.
Und er ist doch ein Feind. War mein Lehrer ein solcher?
Gesetzt, er ist unschuldig?
...
Was 5000 gebaut haben, kann einer zerstören.
Unter 50, die verurteilt werden
Kann einer unschuldig sein.
Gesetzt, er ist unschuldig?

Gesetzt, er ist unschuldig
Wie mag er zum Tod gehn?[127]«

Nach dem Krieg geriet Brecht in die antikommunistische Säuberung des Senators Joe McCarthy. Über seine Aussage am 30. Oktober 1947 als Zeuge vor dem Kongreßausschuß für unamerikanische Tätigkeit gab es lange Zeit heroische Legenden, mit wieviel Mut und List er der Inquisition widerstanden habe. Inzwischen liegt der Originalton des Verhörs auf Schallplatte vor. Eine Szene, die nie-

manden ehrt: die Ankläger so wenig wie den Angeklagten. Von viel Mut und List kann nicht die Rede sein; da haben J. Robert Oppenheimer, Konstrukteur der amerikanischen Atombombe, Arthur Miller samt seiner Frau Marilyn Monroe, Dashiell Hammett, Howard Fast und die ›Ten of Hollywood‹, die zehn berühmten aussageverweigernden Filmregisseure, ganz anders widerstanden. Nicht wie bei ähnlichem Vorgang in Moskau mit dem Tod, freilich mit sozialer Ächtung bedroht, hat Brecht sich herausgemogelt. »He is doing all right«, meinte befriedigt der Vorsitzende. »He is doing much better than many other witness you have brought here.[128]« (Er macht seine Sache gut, viel besser als viele andere Zeugen, die hier vorgeführt wurden.)
Es ist leider wahr: Brechts Auftreten damals wie früher oder später hatte nichts zu tun mit dem aufrechten Gang Gary Coopers in Fred Zinnemanns *High Noon*, dem großartigen Zeugnis der Verurteilten aus Hollywood für Zivilcourage und Bürgersinn (1952). »Wehe einer Zeit, die Helden nötig hat.« Im *Leben des Galilei* hat Brecht am Beispiel des italienischen Gelehrten, der seine Entdeckung, die Fallgesetze, widerrief, um zu überleben, Gerichtstag gehalten über sich selbst. Er hat das Stück, ein Schlüsselwerk, dreimal umgeschrieben, was zeigt, wie tief die Skrupel saßen. Er hat dabei seine Motive sogar noch tiefgestapelt; die Schlußworte lauten: »Ich muß essen.« So banal war seine Entscheidung natürlich nicht (die materielle Not, die er und seine Frau Helene Weigel in der Emigration durchaus erlitten hatten, stand nicht mehr zur Debatte). ›Essen‹ war für Brecht ein Synonym für ›leben‹, ›machen‹, ›verwirklichen‹ – also wie übrigens schon bei seinem Galilei Synonym für das Werk.
Nach dem Debakel in Hollywood suchte Brecht eine neue Zuflucht – wieder bot ihm ein kommunistischer Staat, die gerade entstehende DDR, großzügig Asyl. Er hat jahrelang gezögert. Erst als die Aufenthaltsgenehmigung in der Schweiz abgelaufen war, der Versuch, Dichter der Salzburger Festspiele (eine Art neuer Hofmannsthal) zu werden, scheiterte, die Amerikaner ihm die Einreise nach Westdeutschland verwehrten, siedelte er nach Ostberlin über. Nur die DDR bot ihm, was er als Stückeschreiber brauchte: ein eigenes Theater mit der Möglichkeit, seine Ideen praktisch durchzuprobieren. Zu diesem Zeitpunkt (1949) war er am Ende seiner Reise angekommen; er lebte nur noch wenige Jahre.

Die Primär- wie die Sekundärliteratur zu Brecht ist uferlos. Außerdem macht es ja gerade den dichterischen Rang aus, daß jede Zeit, jede Generation, jede Person ihren eigenen, immer anderen Zugang findet. Ich will versuchen zu erzählen, wie ich ihn damals, am Ende seines Lebens, den letzten Jahren stalinistischer Kälte, verstanden habe. Ich fand in seiner Haltung keine Heuchelei. Auch zur Inkonsequenz gehört Mut. Mit der Gelassenheit eines fernöstlichen Weisen hatte er sich selbst durchschaut, und er ging mit den eigenen Schwächen wie mit denen seiner Mitmenschen gnädig um. Nichts Menschliches war ihm fremd.

»Auf die Erde voller kaltem Wind
Kamt ihr alle als ein nacktes Kind.
Frierend lagt ihr ohne alle Hab
Als ein Weib euch eine Windel gab.

Keiner schrie euch, ihr wart nicht begehrt,
Und man holte euch nicht im Gefährt.
Hier auf Erden wart ihr unbekannt,
Als ein Mann euch einst nahm an der Hand.

Und die Welt, die ist euch gar nichts schuld:
Keiner hält euch, wenn ihr gehen wollt.
Vielen, Kinder, wart ihr vielleicht gleich.
Viele aber weinten über euch.

Von der Erde voller kaltem Wind
Geht ihr all bedeckt mit Schorf und Grind.
Fast ein jeder hat die Welt geliebt,
Wenn man ihm zwei Hände Erde gibt.«

Am Anfang seiner Laufbahn schrieb Brecht eine Ballade *Vom armen B. B.* (*Hauspostille*, 1927). Man hat davor gewarnt, diese Ballade autobiographisch aufzufassen. Ich hingegen glaube, daß es kein Dokument gibt, das mehr über ihn aussagt. Man darf sich nur nicht durch den Zynismus, in den das Gedicht gekleidet ist, verblüffen und verwirren lassen. B. B., heißt es da, wurde in die Asphaltstädte verschlagen aus den schwarzen Wäldern in seiner Mutter Leib, und die Wälder werden in ihm bis zu seinem Absterben sein. Er ist freundlich zu den Leuten, setzt nach ihrem Brauch einen steifen Hut auf und sagt: Es sind ganz besonders riechende Tiere, aber es macht nichts, ich bin es auch. Den Frauen sagt er: In mir habt ihr einen, auf den könnt ihr nicht bauen. Wenn es heißt, es wird besser mit uns, fragt er nicht: wann? Er weiß: »Von diesen Städten wird bleiben: der durch sie hindurchging, der Wind.« Und er hofft, daß ihm bei den Erdbeben, die kommen werden, die Virginia nicht ausgehen wird vor Bitterkeit. »Wir wissen, daß wir Vorläufige sind, und nach uns wird kommen: nichts Nennenswertes.«
Viele Jahre später hat er ein zweites Bekenntnis niedergeschrieben, das Gedicht *An die Nachgeborenen*, das mit den Worten beginnt: »Wirklich, ich lebe in finsteren Zeiten ...« (*Svendborger Gedichte*, 1939). Er hat es an das Ende seiner *Hundert Gedichte* gesetzt, offenbar als Vermächtnis. Es ist immer noch der arme B. B., der da, die Länder öfter als die Schuhe wechselnd, durch die Kriege der Klassen geht, sein Essen ißt zwischen den Schlachten und sich schlafen legt unter die Mörder. Der gerne weise wäre, wie es in den alten Büchern steht, dem es aber nicht gelingt, sich aus dem Streit der Welt herauszuhalten und ohne Gewalt auszukommen und Böses mit Gutem zu vergelten. »Alles das kann ich nicht: Wirklich, ich lebe in finsteren Zeiten.« Er kam in die Städte zur Zeit der Unordnung, als da Hunger herrschte, kam zu den Menschen zur Zeit des Aufruhrs und

empörte sich mit ihnen. So verging seine Zeit. »Dabei wissen wir doch«, sagt er, »auch der Haß gegen die Niedrigkeit verzerrt die Züge. Auch der Zorn über das Unrecht macht die Stimme heiser. Ach, wir, die wir den Boden bereiten wollten für Freundlichkeit, konnten selber nicht freundlich sein . . . Gedenkt unsrer mit Nachsicht.«
Die Kommunisten haben diese Zeilen allen Ernstes als Entschuldigung für den Terror Stalins ausgelegt. Was für ein Mißverständnis (wobei übrigens nicht ganz sicher ist, ob Brecht es nicht teilte)!

»Wirklich, ich lebe in finsteren Zeiten!
Das arglose Wort ist töricht. Eine glatte Stirn
Deutet auf Unempfindlichkeit hin. Der Lachende
Hat die furchtbare Nachricht
Nur noch nicht empfangen.

Was sind das für Zeiten, wo
Ein Gespräch über Bäume fast ein Verbrechen ist
Weil es ein Schweigen über so viele Untaten einschließt!
Der dort ruhig über die Straße geht
Ist wohl nicht mehr erreichbar für seine Freunde,
Die in Not sind?

Es ist wahr: ich verdiene noch meinen Unterhalt
Aber glaubt mir: das ist nur ein Zufall. Nichts
Von dem, was ich tue, berechtigt mich dazu, mich sattzuessen.
Zufällig bin ich verschont. (Wenn mein Glück aussetzt,
Bin ich verloren.)

Man sagt mir: Iß und trink du! Sei froh, daß du hast!
Aber wie kann ich essen und trinken, wenn
Ich dem Hungernden entreiße, was ich esse, und
Mein Glas Wasser einem Verdurstenden fehlt?
Und doch esse und trinke ich . . .«

Es ist sehr viel Mit-Leid in den Gedichten und Stücken Brechts. Neunmal heißt es in der *Ballade von der Kindesmörderin Marie Farrar*: »Doch ihr, ich bitte euch, wollt nicht in Zorn verfallen, denn alle Kreatur braucht Hilf von allen.« Es ist das Mitleid mit den Freudenmädchen von Soho und den Reiskahnschleppern, mit den verirrten Polenkindern und dem betrogenen roten Soldaten (›Die Freiheit, Kinder, die kam nie‹), mit dem verendenden Pferd auf der Frankfurter Allee und den Vögeln vor dem winterlichen Fenster, mit der Mutter Courage, die ihre Kinder an den Krieg verliert, und mit der Magd Grusche, die um ein vornehmes Findelkind bangt, mit dem Soldaten Kragler im Spartakusaufstand, mit dem Heilsarmeemädchen Johanna unter den Arbeitslosen von Chikago und mit dem Gelehrten Galilei in der Mühle der Inquisition.

Brecht hat viel Mühe darauf verwandt, dieses Mitleid hinter Verfremdung zu verbergen. Er schämte sich dessen. Wenn er las, zerhackte er die Verse. Wenn er inszenierte, überspielte er die Emotionen. Wenn er über Politik und die Veränderung der Welt philosophierte, war er von kristallener Kälte. Wie stark mag der Ansturm der Gefühle in ihm gewesen sein, daß er sich so tarnen mußte! »Schrecklich ist die Verführung zur Güte ...«

Er hatte ein Herz und einen Sinn fürs Volk, nicht nur für die Ganoven und Huren der *Dreigroschenoper*, mehr noch für die Arbeiter und Bauern und einfachen Leute, die Getretenen und Ausgebeuteten überall. Im *Kaukasischen Kreidekreis* erklärt der Azdak einem flüchtigen Potentaten, wie der arme Mann ißt: »Die Kiste ist der Tisch. Leg die Ellbogen auf'n Tisch, und jetzt umzingelst du den Käse auf'm Teller, als ob der dir jeden Augenblick herausgerissen werden könnte, woher sollst du sicher sein? Nimm das Messer wie eine kleine Sichel und schau mehr kummervoll auf den Käse, weil er schon entschwindet, wie alles Schöne.« Der lesende Arbeiter fragt: »Wer baute das siebentorige Theben? In den Büchern stehen die Namen von Königen. Haben die Könige die Felsbrocken herbeigeschleppt? ... Wohin gingen an dem Abend, wo die Chinesische Mauer fertig war, die Maurer? ...« Die Dichter, sagt Brecht, werden gefragt werden nach denen, die ihnen die Röcke webten. Ganze Literaturen, sagt Brecht, werden durchsucht werden nach Anzeichen, daß da auch Aufrührer gelebt haben, wo Unterdrückung war.

»In den finsteren Zeiten
Wird da auch gesungen werden?
Da wird auch gesungen werden.
Von den finsteren Zeiten.«

In einer *Keunergeschichte* erzählt Brecht von einem Mann, zu dem ein Agent der Machthaber kam. Der zeigte einen Schein vor, auf dem stand, daß ihm jede Wohnung gehören solle, in die er seinen Fuß setze, jedes Essen gehören solle, das er verlange, jeder Mann ihm dienen solle, den er sähe. Der Agent ließ sich in der Wohnung nieder und fragte den Mann, dem sie gehörte: Wirst du mir dienen? Der Mann antwortete nicht, doch er deckte ihn mit einer Decke zu, vertrieb die Fliegen, bewachte seinen Schlaf und gehorchte ihm sieben Jahre lang. Dann starb der Agent. Da wickelte ihn der Mann in die Decke, schleifte ihn aus dem Haus, wusch das Lager, tünchte die Wände, atmete auf und antwortete: Nein.

In Brecht war viel von der Weisheit der Unterdrückten. Von dieser Weisheit gab er dem Azdak und dem Chauffeur Matti, der stummen Kattrin, der Shen Te von Sezuan und der Mutter Wlassowa, dem Herrn Keuner und dem Laotse auf dem Wege in die Fremde. Sein Galilei, der oft gebeugte und nie gebrochene, ist ganz erfüllt von dieser Weisheit. Dieser Galilei sagt: »Die Alte, die am Abend vor der Reise dem Maulesel mit der harten Hand ein Extrabüschel Heu vorlegt, der Schiffer, der beim Einkauf der Vorräte des Sturmes und der Windstille gedenkt, das Kind, das sich die Mütze aufstülpt, wenn ihm bewiesen wurde, daß es regnen kann, sie alle sind meine Hoffnung, sie alle lassen Gründe gelten. Ja, ich

glaube an die sanfte Gewalt der Vernunft über die Menschen. Sie können ihr auf die Dauer nicht widerstehen. Kein Mensch kann lange zusehen, wie ich einen Stein fallen lasse und dazu sage: er fällt nicht.«
Die Weisheit des Volkes steckt in den Songs: in den zynischen der *Dreigroschenoper*, den hintergründig-bitteren aus *Mahagonny*, den melancholischen aus *Mutter Courage*, den aufrührerischen des *Kaukasischen Kreidekreises*. Da heißt es:

»O Blindheit der Großen! Sie wandeln wie Ewige
Groß auf gebeugten Nacken, sicher
Der gemieteten Fäuste, vertrauend
Der Gewalt, die so lang schon gedauert hat.
Aber lang ist nicht ewig.
O Wechsel der Zeiten! Du Hoffnung des Volks!«

Ob es nicht doch Mitleid und Empörung über das Unrecht war, was Brecht einst zu den Kommunisten trieb? Wir übersehen es nur meist neben der unmenschlichen Attitüde der *Maßnahme*, neben dem Lob auf Stalin, ›des Sowjetvolkes großen Ernteleiter‹, und dem Pamphlet gegen *Freiheit und Democracy*. Der Kern war Menschlichkeit. Brecht hat eine Schale darum gelegt, eine Ideologie, in der sich seiner Meinung nach die Menschlichkeit heute und hier institutionalisierte. Es war die Planke, die ihn vor der Uferlosigkeit des Mitleids retten sollte, ein Krummstab, auf den er sich als gebrechlicher Mensch stützte bei seiner Wanderung durch die Kriege der Klassen. So wurde er zugleich Sänger der Unterdrückten und ›Sänger der GPU‹ (Ruth Fischer). Beide, die Unterdrückten wie die Terroristen, haben aus seinem Werk genommen, was sie gebrauchen konnten. Und haben sich an seinem Werk gestoßen.
Brechts Tragik, die hinter Zynismus und Redensarten nur mühsam verborgene Melancholie seines Lebens, lag darin, daß er von dem Widerspruch wußte.

Ich versuche, mich an Brecht zu erinnern – so, wie ich ihn gekannt habe. 1954 – inzwischen war Stalin gestorben – durfte er zum ersten Mal wieder eines seiner großen Stücke aufführen, den *Kaukasischen Kreidekreis*. Es geht darin um die berühmte Kreidekreisprobe: Ein Kind wird, um herauszufinden, welches die wirkliche Mutter ist, in einen Kreis gestellt, und die beiden konkurrierenden Frauen zerren an ihm. Diejenige, die das Kind am meisten liebt, wird als erste loslassen, um es nicht zu zerreißen. Bei Brecht ist das nicht die leibliche Mutter, eine Gutsbesitzerin, die sich nie um das Kind gekümmert hat, sondern die Magd, die es aufzog. Nach Brechts Meinung, weil die Magd mehr ›Produktivität‹ für das Kind aufgewendet hat.
Aus Gründen, die wahrscheinlich wieder mit dem ›Formalismus‹ zusammenhingen, der Brecht beständig vorgeworfen wurde, waren die Parteizeitungen gegen das Stück. Ich war damals Feuilletonchef der (Ost-)*Berliner Zeitung* und Theaterkritiker des *Sonntag* und natürlich wie das ganze Publikum für Brecht. Der Autor lud mich ein und fragte mich: »Ich habe dieses Stück für den Kommunismus geschrieben. Wenn das Publikum der Entscheidung des Richters zugunsten

der Magd zustimmt, muß es doch wohl allen sozialistischen Reformen, allen Reformen im Sinn der Produktivität zustimmen, der Enteignung der Kapitalisten, der Bodenreform und Kollektivierung, der Bildungsreform usw. Warum sind die Parteikritiker gegen mich und ausgerechnet Sie, der offensichtlich ein Gegner ist, für das Stück?« Ich konnte ihm nur antworten, daß ich wie das Publikum für die Entscheidung des Richters aus Gründen der Menschlichkeit sei, nicht aus solchen der Produktivität. Damals gab es noch nicht den Begriff ›Sozialismus mit menschlichem Gesicht‹.

Eines Tages wird man erfahren, daß Brecht sicherlich kein Held, aber auch kein Anpasser war. Die Werktreue einiger Erben hat immerhin bewirkt, daß aus dem Ostberliner Brecht-Museum (›Berliner Ensemble‹ genannt) auch einige kritische Texte wie die *Buckower Elegien* zum Vorschein kamen. Vieles schlummert noch. Da gibt es die Reden, die Brecht 1953 vor dem Präsidium des Kulturbundes und vor der Akademie der Künste gehalten hat; sie dürften protokolliert worden sein. Da gibt es einen sicherlich sehr umfangreichen Briefwechsel mit Freunden während der Stalinzeit; es gibt auch Verständigungszeilen mit der intellektuellen Opposition in den Medien der DDR, beispielsweise Huchel, Harich und mir. Ein Beispiel: Als Anfang der fünfziger Jahre nahezu alle neueren Bücher Ludwig Renns verboten wurden, schickte er mir eine Satire über die Zensur (es ist eines der ganz wenigen Gedichte gegen das Regime, das er zu Lebzeiten veröffentlichen ließ[129]):

»Das Amt für Literatur mißt bekanntlich den Verlagen
Der Republik das Papier zu, soundso viele Zentner
Des seltenen Materials für willkommene Werke.
Willkommen
Sind die Werke mit Ideen
Die dem Amt für Literatur aus den Zeitungen bekannt sind.
Diese Gepflogenheit
müßte bei der Art unserer Zeitungen
Zu großen Ersparnissen an Papier führen, wenn
Das Amt für Literatur für eine Idee unserer Zeitungen
Immer nur ein Buch zuließe. Leider
Läßt es so ziemlich alle Bücher in Druck gehn, die eine Idee
Der Zeitungen verarzten.
So daß
Für die Werke manchen Meisters
dann das Papier fehlt.«

Zur Zeit des Volksaufstandes vom 17. Juni 1953 schrieb Brecht eine längere Epistel an den Parteichef Walter Ulbricht mit Ratschlägen und Ermahnungen für eine bessere Politik. Listig verband er darin die Loyalitätserklärung für das kommunistische Regime mit einer Fürsprache für die Arbeiter. Die Parteipresse veröffentlichte von dem Brief nur den letzten Satz, der als Huldigungsadresse Brechts an Ulbricht in die Geschichte einging. Der Schweizer Publizist Gody Suter berichtet, er habe Brecht nie so hilflos, fast klein gesehen wie damals: als der Dichter ihm das zerlesene, offenbar oft vorgezeigte Original des unglückseligen Briefes zu lesen gab[130]. Das freilich, was zu tun war: die öffentliche Richtigstellung und Distanzierung von den Brieffälschern, hat Brecht nicht getan. Man spürt jenes Achselzucken, mit dem er seinen Weg begann. »In mir habt ihr einen, auf den könnt ihr nicht bauen.«

Inzwischen sind viele Jahre vergangen, und Brecht ist geworden, was er nie werden wollte: ein Klassiker. Niemand wird ihn mehr, wie seinerzeit ein Bundesminister, mit dem Nazidichter Horst Wessel vergleichen. Die Sekretäre der Sozialistischen Einheitspartei legen an seinem Grab ihre Kränze nieder und rühmen ihn (was er sich übrigens verbeten hat: ›Am Grab soll nicht gesprochen werden‹). Ist er nun eingeschreint in die Lesebücher der beiden deutschen Staaten, in jene Klassizität, von der er 1953 gesagt hat – als seine Inszenierung von Goethes *Urfaust* in der DDR verboten wurde, weil sie nicht dem steifen Klassik-Muster der damaligen Kulturpolitik entsprach –, sie sei nichts als die Zuflucht zu falscher Größe?

Wer noch den harten Klang der von Paul Dessau instrumentierten Schlagzeuge im *Verhör des Lukullus* in Erinnerung hat, die spröde Zärtlichkeit der Musik von Hanns Eisler in *Mutter Courage*, wer sich noch erinnert, wie damals, 1949, Helene Weigel zum ersten Mal in Deutschland den Marketender-Karren der Courage über die Drehbühne des Deutschen Theaters zog, sich vergegenwärtigt, wie in Charles Laughton, Leonhard Steckel, Therese Giese, Paul Bildt die großen Schauspieler unserer Zeit sich für ihn engagierten, wer Ernst Busch, den Sänger des spanischen Bürgerkriegs, als Richter und Angelika Hurwicz, heute Spielleiterin an Bühnen der Bundesrepublik, als Magd Grusche im *Kreidekreis* erlebte – dem fällt es schwer zu glauben, dieser Dichter sei für unsere Generation abgetan. Und heißt es nicht bei Wolf Biermann in seinem Lied vom *Hugenottenfriedhof* im Kehrreim: »Wie nah sind uns manche Tote, doch / Wie tot sind uns manche, die leben?«

Unter den späten Gedichten ist eines, von dem man wissen muß, daß es in den Tagen nach dem Juni-Aufstand geschrieben wurde (*Buckower Elegien*). Es sollte Brecht wohl endgültig dem Vorwurf des Opportunismus und Zynismus entziehen:

»Die Silberpappel, eine ortsbekannte Schönheit
Heut eine alte Vettel. Der See
Eine Lache Abwaschwasser, nicht rühren!
Die Fuchsien unter dem Löwenmaul billig und eitel.
Warum?
Heut nacht im Traum sah ich Finger, auf mich deutend
Wie auf einen Aussätzigen. Sie waren zerarbeitet und
Sie waren gebrochen.

Unwissende! schrie ich
Schuldbewußt.«

Die Kunst des inneren Vorbehalts

Ich aber bin froh gestimmt, daß ich noch von Europas Quellen getrunken habe und niemand mich zwingen kann, dies zu vergessen.

ARNOLD ZWEIG Familie Klopfer 1911

Als das *Spiel um den Sergeanten Grischa* auf den Bühnen nicht Fuß fassen wollte, schrieb Arnold Zweig (1887–1968) es zu dem Roman *Der Streit um den Sergeanten Grischa* um (1927). Dieser Roman rückte seinen Verfasser mit einem Schlage in die erste Reihe der deutschen Erzähler. 1931 folgte *Junge Frau von 1914*, 1935 *Erziehung vor Verdun*, 1937 *Einsetzung eines Königs*. Alle vier Romane, von denselben Hauptgestalten durchzogen, umkreisen das Thema des Ersten Weltkriegs; Zweig hat sie zu einem Zyklus *Der große Krieg der weißen Männer* zusammengefaßt, gemeinhin Grischa-Zyklus genannt. In der Meinung, daß dem Zyklus noch der rechte Anfang und der rechte Abschluß fehlten, konzipierte Zweig zweimal zwei Romane, die das vorliegende Werk einrahmen sollten. Diese Arbeit blieb mehr als anderthalb Jahrzehnte liegen. Dann erschienen ein eigentlich gar nicht vorgesehener Band *Die Feuerpause* (1954), der sich chronologisch zwischen die Bände des Ur-Zyklus schiebt, und der nun endgültig erste Band des Gesamtwerkes, *Die Zeit ist reif* (1957). Mit dem Abschlußroman *Das Eis bricht*, den Zweig nicht mehr vollenden konnte, sollte dann der Zyklus gerundet sein, in sieben Bänden mit mehr als dreieinhalbtausend Seiten den Zeitraum von 1913 bis 1918 umspannend.

»Damit wird dann hoffentlich die Aufgabe bewältigt sein, die sich einem ahnungslosen jungen Schriftsteller vor vierzig Jahren stellte[131]«, notierte der Dichter. Der Leser bemerkt zwischen den vier Romanen des Ur-Zyklus und den späten Bänden eine Zäsur, in der formalen Gestaltung ebenso wie in der ideellen. Folgte Arnold Zweig wirklich noch dem Gesetz, nach dem er vor vierzig Jahren angetreten war?

Mit feiner Ironie hat der Dichter einmal davor gewarnt, über seinen Zyklus ein Urteil abzugeben, bevor er vollendet ist: »Bis dahin wird sich der Verfasser allen Mißdeutungen seiner Absicht gern aussetzen.[132]« Dennoch sind eine Reihe tiefschürfender Untersuchungen über den Grischa-Zyklus erschienen, die bedeutendsten stammen von den Koryphäen der marxistischen Literaturkritik, von Georg Lukács und Hans Mayer[133]. Lukács führt aus, daß Zweig die alte Weisheit von Clausewitz, der Krieg sei die Fortsetzung der Politik mit anderen Mitteln, in Romanform umgesetzt habe. Mayer sieht im Grischa-Zyklus einen Querschnitt durch die deutsche Gesellschaft im Zeitalter des ersten imperialistischen Krieges; der historisch-konkrete Realismus habe sich gegen gewisse psychoanalytische und kosmisch-philosophische Ambitionen Zweigs durchgesetzt, wie sie zuweilen noch in Freudscher Terminologie und Betrachtungsweise, wie sie in dem ›planetarisch‹ verfremdeten Gesamttitel *Der große Krieg der weißen Männer* zum Ausdruck kommen. So kenntnisreich und geistvoll diese Analysen sind, verschieben sie doch, wie mir scheint, durch einseitige Betonung der soziologisch-politischen Momente die Tendenz des Werkes. All das, wovon Lukács und Mayer sprechen, steckt wohl darin, nur steht es nicht im Zentrum der Aussage. Im Zentrum steht, wie es sich für klassische Romane gehört, jeweils die Fabel selber, nicht ihr zeitgeschichtlicher Hintergrund.

Junge Frau von 1914 gestaltet die Liebesgeschichte der Bankierstochter Lenore Wahl. Gegen den Willen ihrer Eltern, gegen alle Vorurteile ihres Standes und ihrer Erziehung setzt das tapfere, entschlossene Mädchen die Verbindung mit dem mittellosen und obstinaten Schriftsteller Werner Bertin durch; über voreheliche Liebesbeziehung, Abtreibung, Konflikt mit den Eltern, Unverständnis des geliebten Mannes bis zur endlich erkämpften Eheschließung führt ihr Reifeprozeß zur Frau, den Zweig vor dem Hintergrund des hurrapatriotischen Taumels und der aufgewühlten Gesellschaft zu Kriegsbeginn sich abspielen läßt.

Erziehung vor Verdun behandelt, in die Fronterlebnisse des Bausoldaten Bertin verflochten, das tragische Schicksal der Brüder Kroysing am Douaumont 1916. Der Fahnenjunker-Unteroffizier Christoph Kroysing hat eine Veruntreuung von Lebensmitteln aufgedeckt und wird deshalb von seinem um Vertuschung bemühten Vorgesetzten, dem Hauptmann Niggl, auf ein Todeskommando abgeschoben, wo er fällt. Sein Bruder, der Pionierleutnant Eberhard Kroysing, führt zur Vergeltung inmitten des Granathagels der Materialschlacht einen verbissenen Privatkrieg gegen den erbärmlichen Hauptmann Niggl, ohne zum Ziel zu kommen. Schließlich fällt auch er.

Der Streit um den Sergeanten Grischa geht um einen entsprungenen und wiedereingefangenen russischen Kriegsgefangenen, der 1917 wider Recht und Gesetz erschossen wird. Der Roman zeigt das verzweifelte und vergebliche Ankämpfen einiger anständiger Leute, des alten Generals von Lychow und seines Adjutanten Winfried, des Kriegsgerichtsrates Posnanski und seines Schreibers Bertin, gegen die unmenschliche, mitleidlos zermalmende Militärmaschinerie des Generalquartiermeisters Schieffenzahn (Ludendorff).

Einsetzung eines Königs erzählt, wie 1918 unter dem Protektorat von Ober-Ost, dem Oberkommando der gegen Rußland siegreichen deutschen Armee, ein litauisches Königreich gegründet werden soll. In dem Streit um den litauischen Thron engagiert sich Bertins Freund, der Oberleutnant Winfried, unter dem Einfluß seiner liberal gesinnten Braut Bärbe Osann für die Sache der Demokratie, er überwirft sich mit seinem Chef, der grauen Eminenz von Ober-Ost, General Clauß (Hoffmann), gerät in Intrigen und Katastrophen, wird gedemütigt und ernüchtert. Die Rotkreuzschwester Bärbe Osann stirbt an Typhus.

In Zweigs Romanen werden tatsächlich Gesellschaft und Militärapparat des kaiserlichen Deutschland mit der Akribie des Historikers, in minutiös-exakter Detailmalerei dargestellt. Verständlich, daß die marxistischen Kritiker, denen es um den soziologisch-politischen Gehalt, die Analyse der Klassengesellschaft geht,

gerade von diesem Aspekt des Werkes entzückt waren; schon Friedrich Engels hatte ja an Balzacs Romanen gerühmt, daß er aus ihnen sogar in den ökonomischen Einzelheiten mehr gelernt habe als von allen berufmäßigen Historikern, Ökonomen und Statistikern dieser Zeit zusammengenommen. Doch das stößt noch nicht zum dichterischen Kern des Werkes vor; die historisch getreue Schilderung des Schauplatzes kann nicht mehr als die Basis hergeben, aus der die eigentliche, die menschliche Problematik der Dichtung wächst.
Gewiß hat Zweig seine Romane als Anklage gegen den alten deutschen Militarismus gemeint, und das sind sie auch, aber wären sie weiter nichts, hätten wir sie längst vergessen. Was schert den Leser von heute das Wilhelminische Deutschland? Er wird mitgerissen und erschüttert, weil die Fabeln der Romane, in die gesellschaftlichen Verhältnisse der Weltkriegszeit gepflanzt, den Zusammenstoß menschlicher Intentionen mit der Unmenschlichkeit der Apparate gestalten. Liebesnot, Korruption, Justizmord, politische Intrigen hat es weiß Gott nicht nur in den Jahren 1914 bis 1918 gegeben. Aus der Zeit wachsen die Romane ins Zeitlose und Allgemeine, aus der Fabel wachsen sie ins Gleichnis. Es ist von einer eigenartigen Dialektik, daß eben darin auch der politische Stachel der Dichtung steckt: Indem die Aussage ins Allgemeingültige gehoben wird, bleibt sie aktuell; nicht nur die längst verblichenen Generale von Anno dazumal, sondern die Feinde der Menschlichkeit, wann und wo immer sie auftreten, werden gerichtet.
Durch die Machtübernahme der Nationalsozialisten wurde Arnold Zweig, der Jude und Humanist, aus Deutschland vertrieben; er durchquerte viele Staaten, bis er in Haifa ein dauerhaftes Exil fand. Dort schrieb er, die Abrechnung mit dem Kaiserreich unterbrechend, einen Roman über den Nationalsozialismus: *Das Beil von Wandsbek* (1943). Wie die Grischa-Story von einem tatsächlichen Vorfall ausgehend, behandelt der Roman das Schicksal des Schlächtermeisters Albert Teetjen aus Hamburg-Wandsbek, der sich, um dem Konkurs zu entgehen, dazu hergibt, vier Feinden des nationalsozialistischen Regimes, vier Kommunisten, den Kopf abzuschlagen. Die Ächtung, der schweigende Boykott der Bevölkerung treiben ihn schließlich samt seiner Frau Stine in den Selbstmord. Der Roman, der das Goethewort ›Ihr laßt den Armen schuldig werden, dann überlaßt ihr ihn der Pein . . .‹ zum Motto hat, ist eines der einfühlendsten und fairsten Bücher, das in der Emigration über das Schicksal der Deutschen unter der Diktatur geschrieben worden ist.
Im Jahre 1948 kehrte Zweig aus Israel nach Deutschland zurück, und zwar in die sowjetisch besetzte Zone, wo er seine antifaschistischen und sozialistischen Vorstellungen verwirklicht glaubte. »Unwillkürlich«, so meditierte er 1953 über sein *Beil von Wandsbek*, »dichtet man an den Schicksalslinien weiter, welche all diese erfundenen Personen, hätten sie den Hitlerkrieg und seinen Zusammenbruch überdauert oder wären sie nicht dem Beil des Henkers zum Opfer gefallen, heute wohl durchlebten. Herr Oberst Lintze wäre während des Zweiten Weltkrieges zum General avanciert, hätte zwar mit den Verzweifelten des 20. Juli sympathisiert, ihrem Mangel an Erfahrung, Opferbereitschaft und Kaltblütigkeit jedoch mißtraut und prangte heute, nur fünfzehn Jahre älter, in der Tafelrunde derer, die außer dem deutschen Kapital auch dem amerikanischen erbötig sein möch-

ten. Dagegen säße Friedel Timme anderswo, nämlich ziemlich sicher in einem der Gefängnisse, in welchem die Bundesrepublik überzeugte Vorkämpfer der persönlichen Rechte und Freiheiten aufbewahrt, falls sie dem Arbeiterstande angehören und die friedliche Vereinigung des zerrissenen Deutschland für ebenso notwendig halten wie reine Atemluft. Für Herrn Dr. Koldeweys Gattin, die einstige Dr. Käte Neumeier, sehen wir aufs deutlichste eine Fülle von Funktionen frei, die sie, wieder Mitglied der SPD, zur Stärkung unserer Friedens- und Wiedervereinigungsfront voller Hingabe ausübt . . .[134]«

Daraus könnte man schließen, daß *Das Beil von Wandsbek* beim SED-Regime äußerst beliebt sein müßte. Doch zogen weder die Leser noch die Parteifunktionäre aus dem Buch die vom Dichter gewünschten Schlüsse. In dem offiziellen Material für den Literaturunterricht der Schulen heißt es vorwurfsvoll: »Durch das Bemühen des Autors, das Allgemein-Menschliche in den Vordergrund zu stellen, die Reaktion der einzelnen Gestalten auf die Auswirkungen des faschistischen Machtapparates psychologisch zu erhellen und zu begründen, entsteht der Eindruck einer unentrinnbaren Verstrickung, in die Teetjen scheinbar schuldlos hineingerät.[135]« Hier wird angedeutet, was den bleibenden Wert des Werkes ausmacht: Es ist nicht einfach ein Plädoyer zur Entnazifizierung, sondern ein Dokument der furchtbaren menschlichen Tragödie, die Schuldige und Unschuldige im Mechanismus der Diktatur erfaßt. Nicht der SA-Mann Teetjen sitzt auf der Anklagebank, sondern die Diktatur schlechthin. Das ist für die SED nicht angenehm. Die Funktionäre des Amtes für Literatur haben das Buch nicht gerade unterdrückt – das war bei dem Ansehen des Verfassers schlecht möglich –, aber doch seine Verbreitung gedrosselt.

Der Film, der nach dem Roman gedreht wurde, einer der besten Filme der Babelsberger Produktionsgesellschaft DEFA, wurde sofort nach der Uraufführung verboten – der Appell gegen die Unmenschlichkeit, die Parallelen zwischen der vergangenen und der gegenwärtigen Diktatur wirkten, obwohl die Schöpfer des Films das beileibe nicht beabsichtigten, geradezu provokativ. Der Regisseur Falk Harnack, wie Zweig Opfer des Faschismus, ging in die Bundesrepublik, um seine antifaschistischen Filme nun dort zu drehen, zum Beispiel den über den 20. Juli. Welch ironischer Kommentar der Wirklichkeit zu Zweigs Ausdeutung seines Romans!

An dem Dichter ist das alles scheinbar spurlos vorübergegangen. Er starrte auf die übriggebliebenen Nazis im Westen und übersah, wie sich die Zuchthäuser und Arbeitslager der DDR füllten. Er entrüstete sich über die Aufstellung der Bundeswehr, und dabei entging ihm die Militarisierung im Osten, die sich Jahre früher vollzog. Er war, zu Recht, empört über eine Schändung jüdischer Friedhöfe in der Bundesrepublik, aber er schloß die Augen vor Stalins Judenverfolgungen und den Zionistenprozessen in Prag und Moskau. Er, den der unschuldige Tod des einen Sergeanten Grischa zu einem Lebenswerk der Humanität bewegte, billigte in wohlgesetzten Worten das sowjetische Gemetzel in Ungarn. Nun gut, das war der Mensch Zweig, der irrte. Wie aber ist der Dichter damit fertig geworden?

Nach langer Pause veröffentlichte Arnold Zweig 1954 den Roman *Die Feuerpause*, den fünften Band des Grischa-Zyklus. Ursprünglich hatte er vorgehabt, in dem Band nur die Urschrift der *Erziehung vor Verdun* vorzustellen, die 1930 als autobiographische Erzählung, als Icherzählung konzipierte Urfassung des dann 1935 endgültig als epischer Roman gestalteten Werkes. Einer jungen Schriftstellergeneration sollte der Unterschied zwischen einer autobiographischen und einer epischen Fassung des gleichen Themas vor Augen geführt werden.

Doch im Verlaufe der editorischen Sichtung wuchs das Vorhaben über die bloß philologische Absicht hinaus und bekam Eigenwert. Um das Werk in den Zyklus einordnen zu können, gab Zweig der Erzählung einen Rahmen: Während der Feuerpause, die 1917 an der Ostfront durch den Zusammenbruch Rußlands eingetreten ist, berichtet der Schreiber Werner Bertin seinen Kameraden im Divisionsstab über die Erlebnisse vor Verdun. Die Zweischichtigkeit der Handlungsführung – Verdun 1916 und Brest-Litowsk 1917 – gibt der Erzählung einen neuen, ganz eigenen Akzent. »Ich ließ mir das Ganze noch einmal vorlesen«, kommentiert Zweig, »verliebte mich in die Kontrapunktik . . ., prüfte mein Weltbild von 1930 an dem heutigen und hob viele seiner Bereicherungen ins gestaltende Bewußtsein.[136]« Die Kontrapunktik: das ist die Konfrontation des deutschen Militarismus mit der russischen Revolution.

Dieser Gesichtspunkt kommt am deutlichsten zum Ausdruck in der Szene vom Eintreffen der russischen Delegation zu den Friedensverhandlungen in Brest 1917, wie sie von Bertin und seinen Freunden beobachtet wird. Auf dem verschneiten Bahnsteig wandern im hellen Licht der Bogenlampen Gruppen von Menschen umher, in Pelze vermummt, die frische Luft atmend, Zigarettenstummel wegwerfend, im Gespräch miteinander oder neugierig sich umsehend. Da ist ein Herr mit Brille, ein Professor, sehr gebildet und perfekt Deutsch sprechend. Der rötliche Spitzbart neben ihm ist einer der Volkskommissare. Eine Frau mit Kopftuch, in hohen Stiefeln, hat vor Jahren einen Minister erschossen und ist gerade erst aus Sibirien zurückgekehrt. Ein richtiger Matrose geht vorüber mit mächtigem Haar und Bart und ein Bauer, ein Mushik. »Wahrhaftig, das russische Volk kommt herüber, um Frieden zu schließen«, kommentiert einer der deutschen Zaungäste das historische Schauspiel.

In der Tat, das ist ein rührendes Bild, kostbar gefaßt in die Patina der Geschichte: das friedliebende Volk kommt, die kriegslüsternen Militaristen abzulösen – eine glücklichere Epoche der Weltgeschichte bricht an. Wie schrieb doch Zweig: ». . . prüfte mein Weltbild von 1930 an dem heutigen und hob viele seiner Bereicherungen ins gestaltende Bewußtsein.«

Überdenken wir, aller Rührung zum Trotz, die Szene einmal kritisch, so scheint uns freilich, daß Zweig die Erkenntnisse seiner letzten Jahrzehnte keineswegs ins Bewußtsein gehoben, sie eher verdrängt hat. Wie steht es denn inzwischen mit dem Militarismus à la Schieffenzahn? Standen 1917 die deutschen Truppen weit in russischem, so stehen heute die russischen Truppen weit in deutschem Land. Und weiter: Was ist eigentlich aus denen geworden, die damals im Namen des russischen Volkes herüberkamen, um Frieden zu schließen – aus den Volkskommissaren und Revolutionären, den Trotzki, Joffe, Sokolnikow, die die Verhandlungen von Brest-Litowsk führten? Sie wurden samt und sonders von den Mühlen

Stalins zermahlen; Attentat, Selbstmord, Schauprozeß war ihr Schicksal. Es ist sehr schön, das Bild auf dem verschneiten Bahnhof – aber es ist schon lange her. Die psychologische Verhaltensweise, die Zweig hier praktiziert, ist charakteristisch für Intellektuelle hinter dem Eisernen Vorhang. Der Nobelpreisträger Czeslaw Milosz, der glänzende Analytiker des *Verführten Denkens*, hat sie als ›Ketman der revolutionären Reinheit‹ beschrieben. (Unter Ketman versteht Milosz, nach einem Begriff aus dem Islam, die Kunst des inneren Vorbehalts.[137]) Natürlich weiß Zweig von dem schrecklichen Schicksal, das seine mythischen Friedensbringer von damals betroffen hat; er hat selbst einmal gegen den Terror der Moskauer Prozesse protestiert. Später hat er das verdrängt. Vor dem Eishauch der stalinistischen Realität flüchtet er an das heilige Feuer der Revolution, wie es so lauter unter Lenin loderte. Dieses heilige Feuer ist von Stalin verunreinigt worden, der blanke Schild der Revolution wurde mit Schmutz bespritzt. Das ist bedauerlich, aber, genau besehen, nicht ohne tragische Größe: Muß nicht vielleicht die Menschheit erst durchs Fegefeuer, ehe sie ins Paradies einziehen kann? Eines Tages, davon sind die Ketman-Praktiker dieses Schlages überzeugt, wird die reine Idee der Revolution wie ein Phönix aus der Asche auferstehen.

Die Flucht in die Geschichte kennzeichnet auch den zweiten Roman, den Zweig im Ostberliner Domizil verfaßt hat, *Die Zeit ist reif*. Wieder geht der Autor in die Vergangenheit zurück, diesmal nicht nur bis 1917, sondern sogar bis 1913. Nun, das könnte man damit erklären, daß Zweig unbedingt noch einen Einleitungsband zum *Großen Krieg der weißen Männer* geben wollte (obwohl die vier Bände des Urzyklus eigentlich einer solchen Vorgeschichte nicht bedürfen). Die Flucht in die Geschichte äußert sich jedoch darüber hinaus noch in einem anderen, tieferen Sinne: *Die Zeit ist reif* hat ebenso wie *Die Feuerpause* keine individuelle Fabel. Die straffe, konzentrierte, zügige Komposition, die den Urzyklus auszeichnete, ist einer bedenklichen Knochenerweichung zum Opfer gefallen. Das unterscheidet beide Bände schon rein formal – und zu ihren Ungunsten – von den Frühwerken.

Wie konnte einem erprobten Erzähler und Fabelerfinder wie Zweig das passieren? Er hat 1948 in einem Vortrag definiert: »Der Roman ist eine mehr oder weniger umfangreiche Erzählung in Prosa und behandelt am Schicksal eines Helden oder eines Liebespaares, welches die Fabel ausmacht, auf spannende Art die gesellschaftsbildenden oder gesellschaftszerstörenden Kräfte einer Epoche, der Gegenwart oder einer vergegenwärtigten Vergangenheit.[138]« Auf den ersten Blick scheint diese Definition annehmbar, sie trifft auf Zweigs Romane gewiß zu. Dennoch zeigt sich in ihr eine charakteristische Akzentverschiebung, zu der der Dichter vielleicht von den marxistischen Kritikern, die wir erwähnten, animiert worden ist: Die Fabel, das Herz eines Romans, wird nur als Mittel zum Zweck betrachtet, als Aufhänger der gesellschaftskritischen Aussage, auf die der Schriftsteller hinauswill. Die Definition verführt dazu, die Fabel zu vernachlässigen, sie dem politischen Ziel unterzuordnen. Die Fabel ist nun mal ein ungebärdiges Ding; am Beispiel des *Beils von Wandsbek* haben wir gesehen, wie eine echte und starke Fabel ihr Eigenleben führt und etwas ganz anderes auszudrücken vermag, als der Dichter meint und wünscht. Diese Erfahrung mag die Angst erklären, die der alte Zweig, bewußt oder unbewußt, vor der Fabel hat, vor dem Zündstoff, der darin steckt und nicht zu beherrschen ist. Gibt er statt dessen Dialog, Milieu, Kommentar, kann er verhältnismäßig frei schalten, kann er die Historie so zurechtlegen, daß sie in das gewünschte Schema paßt. Die Geschichte wird statt zur Quelle der Erkenntnis zum Alibi.

Zweig berichtet, wie er vor der endgültigen Fassung des Romans *Die Zeit ist reif* seine Jahre früher geschriebenen Entwürfe zu dem Thema sichtete: »Mit durchaus zwiespältigen Gefühlen durchflog ich ... das aus jener Zeit stammende Material. In gewissem Sinne befriedigte es mich, es schien mir von Frische zu funkeln. Auf der anderen Seite verwarf ich die Mappen und Stöße von Diktiertem: Sie enthielten weder als Gestaltung noch als Analyse das Geheimnis, wie man 1914 eine fünfzigjährige Friedenswelt in diejenige des Ersten Weltkrieges umstülpen konnte. Um diese Aufgabe zu bewältigen, die mir das Schicksal gestellt zu haben schien, mußte ich offenbar noch mehr erfahren, in die Hintergründe der Ereignisse eindringen, denken und lernen.[139]«

In der endgültigen Fassung unternimmt Zweig es nun, das Geheimnis des Krieges, so wie er es versteht, auszuplaudern; es ist auf eine ebenso naive wie anachronistische Weise Gegenstand der Gespräche an einer vom Dichter erdachten Tafelrunde, an der die Offiziere Schieffenzahn (Ludendorff) und Clauß (Hoffmann), der Kapitalist Schilles (Stinnes), der Bankier Hugo Wahl und ein opportunistischer Gewerkschaftsboß Platz nehmen. So hat es Lenin freilich schon 1916 in seinem Buch *Der Imperialismus als höchstes Stadium des Kapitalismus* dargestellt; der Dichter ist bei der Bewältigung der Aufgabe, die ihm das Schicksal gestellt hat, nicht sehr originell vorgegangen. Er hat die politischen Thesen nur umrankt mit den Erlebnissen von fünf Liebespaaren, unter denen sich natürlich auch sein Werner Bertin und dessen Lenore befinden.

Manche dieser Erlebnisse am Rande sind von einer schönen und nachdenklichen Poesie, aus der der große Erzähler spricht. Als er am Roman schrieb, entschuldigte sich Zweig einmal für solch fabulierendes Abweichen von der Generallinie des Werkes. »Hat nicht die Kunst unter ihren Aufgaben auch diejenige, Elemente der Wirklichkeit zum Spiel aufzulösen und die von ihrem Alltag abgespannten Menschen in eine real anmutende, durchaus aber phantasiegebaute Existenz zu verzaubern – ihnen Entspannung zu geben, Lust am Erfundenen, Erdichteten, und sie so mit dem ›Romanhaften‹ aufwachen zu lassen. Elemente dieser Art sind es gewiß, die uns Erzählern, wenn wir unsere Leser fesseln, zu Hilfe kommen, und nicht das doktrinäre Festhalten und Nachschaffen all jener Vorkommnisse, die zum Aufbau einer neuen Gesellschaft unentbehrlich sind.[140]« Zweig muß solche menschlich-poetischen Bereicherungen und Arabesken einflechten, um den Roman, der kein menschlich-poetisches Zentrum hat, überhaupt interessant, überhaupt lesbar zu machen. Der Roman wäre sonst nichts als ein Geschichtsbuch, und nicht einmal ein gutes.

Doch sofort beginnt das poetische Fleisch, dem das strukturierende Skelett der Fabel fehlt, zu wuchern. Es wird auch nicht, wie der historische Part, durch die politische Disziplin des Autors im Zaum gehalten, denn nur was die Potentaten an der Tafelrunde erzählen, ist bei Lenin vorgezeichnet, wovon Werner und Lenore im Bett plaudern, mußte er schon dem Leben selbst entnehmen. So unterläuft Zweig etwas, was er als Kenner der Psychoanalyse sicher selber am besten hätte erklären können. Ganz im Gegensatz zu den politischen Thesen und Kommentaren im Buch, sie überstrahlend und widerlegend, funkelt aus den Reisen und Romanzen der Liebespaare der ganze betörende Glanz des alten Europa. Das Buch ist gewissermaßen ein Baedeker der Vorkriegswelt, ein Panorama der guten alten Zeit, an deren schönsten Stellen, denen mit drei Sternchen, der Dichter genußvoll verweilt. Im Pankower Arbeitszimmer Arnold Zweigs entstand nicht die postume Geißelung einer Episode, die den ersten großen Krieg gebar, sondern der schmerzlich süße Abgesang einer Zeit, in der der Mensch sich noch als Individuum fühlen konnte, in der man junge Liebe, goldenen Wein und die Schönheiten anderer Länder mit Muße genießen konnte. Der Beginn des Krieges erscheint so nicht als Ausbruch einer lange vorbereiteten und verdienten Katastrophe, sondern als grausame Zerstörung eines goldüberglänzten Lebens in einer besseren Zeit. Der Vergleich mit dem Leben unter dem Kommunismus, der sich jedem Leser im Osten aufdrängt, ist vernichtend.

Ist Zweig diese Enthüllung seines Romans verborgen geblieben? Wir müssen in diesem Zusammenhang auf eine eigenartige Bewußtseinsspaltung der kommunistischen Intellektuellen zu sprechen kommen, die Milosz den *ethischen Ketman* nennt. Er versteht darunter Leute, die den Kommunismus prinzipiell und offiziell bejahen, aber für ihre eigene Person an seinen Fehlern und Verbrechen kein Teil haben wollen. Leute, die ihre Hände in Unschuld waschen. Der scharfblickende Tucholsky hat schon 1927 in seiner *Grischa*-Kritik die heimliche Vorliebe Zweigs für solche Leute aufgespürt, z. B. für den Kriegsgerichtsrat Posnanski. »Ja«, schrieb Tucholsky, »sie waren so witzig und haben es alles durchschaut und die stumpfsinnige Brutalität der Preußen gemildert, wo sie nur konnten ... Und haben mitgemacht.[141]« Auch im *Beil von Wandsbek* gibt es solche Leute, vom Dichter nicht ohne Sympathie gezeichnet. Aber das waren Randfiguren; die Gesamttendenz wurde in allen Büchern vor 1945 von Zweigs eigener kämpferischer Haltung gegen Militarismus und Faschismus bestimmt. Erst im Alter ist Zweig, der sich in den frühen Romanen mit dem gärenden und reifenden Bertin identifiziert hat, in die Haut des philosophierenden Kriegsgerichtsrats Posnanski geschlüpft, man könnte auch – *Die Zeit ist reif* betrachtend – sagen: in die Haut des alten Bankiers Markus Wahl, der, durch eine melancholische Liebesgeschichte vor Sonnenuntergang in die Handlung einbezogen, viele weise und humane Worte spricht, ohne doch nur einen Schritt zu tun, die Fäden der Kriegsvorbereitung, die durch sein Kontor laufen, zu zerschneiden.

Wer Arnold Zweig persönlich kannte, weiß, daß auch er seine humane und gütige Gesinnung nicht verloren hatte. Er behielt sie nur für sich. Vielleicht war er zu alt, zu müde geworden, um noch zu kämpfen; vielleicht gebrach es ihm an Kraft und intellektuellem Mut, von den Hoffnungen eines Lebens Abschied zu nehmen. Ein einziges Mal ist aus dem Dichter, der der Kommunistischen Partei übrigens nie beigetreten ist, das ins Unbewußte verbannte Unbehagen ausgebrochen, in seiner Rede auf dem Kulturbundtag 1954 in Dresden. Da das, was er damals sagte, so gut wie unbekannt geblieben ist, zitieren wir die Kernsätze:

»Wir müssen meiner Meinung nach darauf Wert legen, daß wir als Kulturbund unser kostbarstes Gut, die jungen Menschen, überhaupt unsere Menschen, vor den Beschädigungen des gesellschaftlichen Apparates schützen. Es ist nicht so, daß sich nur unsere Sprache in Kauderwelsch verwandelt oder zu verwandeln droht. Es ist sogar so, daß viele Begriffe nicht mehr da sind, die unsereinem, als wir aufwuchsen, selbstverständlich waren, z. B. der Begriff der Muße, daß ein Mensch spazierengehen muß, um Gedanken zu fassen, daß ein Mensch imstande sein muß, sich einzuschließen oder isoliert auf eine Bank zu setzen und etwas zu lesen, ohne daß das zu einer Instruktion wird, ohne daß er gefragt wird, ob das in Übereinstimmung mit irgendeiner Verpflichtung geschieht, die in die Grundlagen der DDR eingegangen ist ...
Wir sind biologisch in der Lage, die einzelnen Menschen, die einzelnen Wesen zu verändern. Wir sind auch in der Lage, durch den Druck der Organisationen des gesellschaftlichen Zusammenlebens die Menschen zu verändern, aber daß wir uns immer vornehmen, alles zu verändern, was um uns existiert, scheint mir ein Fehler zu sein ...
Es muß also, glaube ich, von uns als Kulturbund eine Warnung ausgesprochen werden vor der zu großen Inanspruchnahme des einzelnen und vor dem Ausradieren der Freiheit, der Muße im Zusammenleben unserer Landsleute ...
Humanismus und stramme Organisation haben sich immer widersprochen. Selbst die Jesuiten, welche uns eine sehr große geistige Potenz hinterlassen haben, waren in ihrer Organisation nicht so angespannt wie wir im Aufbau der DDR ...
Respektiert das Wesen, das im Leben der Kinder liegt! Widersteht dem Übel, kämpft gegen das Übel und laßt nicht aus unserem Deutsch eine Bürokratensprache machen mit Befehlen und Floskeln, die euch in einen Konflikt mit eurem eigenen Wesen bringt.[142]«

Arnold Zweig hat es hingenommen, daß die Publikation dieser Rede sofort verboten wurde, daß der verantwortliche Redakteur der einzigen Zeitung, die die Rede dennoch brachte, vom Staatssicherheitsdienst verfolgt wurde und in den Westen flüchten mußte. Er hat dem Übel nicht widerstanden, hat nicht gekämpft. Nur seinen Ketman, den ließ er sich nicht rauben, er war ihm so nötig wie die Luft, um in der DDR zu atmen. Dieser Ketman eben ist es, der sogar in seinen Büchern durchschlägt.

»Ich werde«, sagte er in seiner Dresdener Rede, »in einem Roman *Aufmarsch der Jugend* [Arbeitstitel von *Die Zeit ist reif*] darstellen, wie das Liebespaar in der Gegend von München lebte, unter der Überschrift: ›Wie Kälber auf der Weide‹. Daß sie geschlachtet werden sollen, war noch verborgen, aber daß sie sich entwickeln und entfalten konnten, das war ihr Glück. Und dieses Glück wollen wir nicht ganz aus unserem Blickfeld entfernen.[143]«

Johannes R. Bechers poetische Konfession

Die Krise war längst da, als ich, äußerlich betrachtet, den größten Erfolg hatte.
Ich hatte eigentlich alles, nur die poetische Potenz hatte ich verloren.
Völlig erschöpft hörte ich ehrende Reden über meine schöpferischen Leistungen.

JOHANNES R. BECHER Auf andere Art so große Hoffnung 1951

In seinen Tagebüchern und Aphorismenbänden der späten Jahre: *Auf andere Art so große Hoffnung* (1951/52), *Verteidigung der Poesie* (1952), *Poetische Konfession* (1954), *Macht der Poesie* (1955) und *Das poetische Prinzip* (1957), läßt uns Johannes R. Becher (1891–1958) einen Blick in seine Seele tun.

Wir erfahren zunächst, wie der Dichterfürst lebt: Wir werden in sein Heim geführt, die einem Nazi enteignete Villa im stacheldrahtumzäunten Regierungsgetto von Berlin-Pankow, nehmen Platz in den üppigen, vom Vorgänger hinterlassenen Möbeln (den ›Nazimöbeln‹) und betrachten L'Inconnue und den ›Mann mit dem Goldhelm‹, die die Wände des Arbeitszimmers schmücken, hören, daß Schumanns *Träumerei* des Dichters Lieblingsmelodie ist: »... scheint mir in ihrem ganzen Ansteigen, Verschwingen . . . unsere große Lebenslinie eben im Klang, einem hingebungsvoll-zärtlichen, zu enthalten«, fahren mit ihm in seine zweite Villa, das ›Traumgehäuse‹ am Saarower See in der Märkischen Schweiz, fahren mit ihm an den Ostseestrand, in den Intelligenz-Kurort Ahrenshoop (›Dichter, trainiert euch im Schwimmen, übt euch im Weitsprung, im Kugelstoßen . . .‹), begleiten ihn beim Segeln und auf der Pirsch, sehen ihn nackt in der Sauna und werden auf die Toilette mitgenommen (›Sprudelfee, Ausdruck für Klosettfrau‹), erleben seine Empörung, wenn ein Homosexueller oder eine minderjährige Prostituierte ihm zu nahetreten, werden in seine Amouren und Ehekräche eingeweiht.

»Das ›Tagebuch‹ wird geschwätzig. Halt's Maul!« bemerkt Becher, und: »Alles, was sonst zu kurz gekommen und ausgelassen ist in meinen Dichtungen, scheint sich hervorzuwagen . . . (Tagebuch: die Rache des Zu-kurz-Gekommenen, des Ausgelassenen, des Verdrängten).« In der Tat entdecken wir zwischen den Zeilen einige Charakterzüge des Dichters, die so lange verborgen waren. Da ist zuerst einmal sein Zynismus. Oder wie soll man sonst einen solchen Satz nennen: »Der Wille zum Frieden, *das ist unser Wille zur Macht.*« (Als dieser Satz bei einem Gesamtdeutschen Gespräch mit Messebesuchern in Leipzig als Losung über dem Saal schwebte und Ärgernis erregte, betrachtete Becher ihn erstaunt, als läse er ihn zum ersten Mal, und erklärte: »Die Losung ist natürlich ganz falsch und muß sofort abgenommen werden.«) Wie soll man es nennen, wenn der Arbeiterdichter das Luxusleben und die Privilegien, die er den Kapitalisten und Nazis salbungsvoll abspricht, im gleichen Atemzug für sich in Anspruch nimmt? Wenn

der Spitzenfunktionär einer Partei, die die Prüderie gepachtet hat und das ehewidrige Verhalten eines kleinen Genossen mit Disziplinarstrafen ahndet, genüßlich seine Liebesgeschichten ausplaudert? Wenn uns die Manipulationen der Kulturpolitik vorgeführt werden: »18. Juli: die Parteitagskantate, *Kantate 1950* [Text: Becher, Musik: Hanns Eisler], soll großartig werden. Darum das entsprechende Wutgeheul bei den Amis. 25. Juli: Die Aufführung der *Kantate 1950* eine Enttäuschung. Text zu allgemein. 28. Juli: Auf meine Veranlassung hin im *Sonntag* eine Kritik der *Kantate* erschienen. Habe darauf dem *Sonntag* folgenden Brief geschrieben . . .: ›Liebe Freunde! Mit Interesse habe ich Ihre Kritik an der *Kantate 1950* gelesen. Es ist begrüßenswert, daß eine solche Kritik erschienen ist . . . Also habe ich allen Anlaß, für die Kritik zu danken . . .‹«
Da ist weiter die Menschenverachtung und Herzenskälte des Dichters, seine extreme Kontaktarmut. »An meine Mutter gedacht«, schreibt er. »Habe ich ihr gegenüber nicht den Mut zum Menschlichsein oder fehlt mir die Kraft dazu?« Als sein Sohn, den er siebzehn Jahre nicht gesehen hat, aus England zu Besuch kommt: »Eine peinliche Fremdartigkeit, die ich mich bemühe, ihn nicht fühlen zu lassen, die aber dadurch um so deutlicher ihm entgegentritt. Ich befürchte von ihm eine Geste der Zärtlichkeit und ziehe mich hinter Geschäftliches zurück, jedes Menschliche versachlichend . . . wer ist er nur?« Der Ekel nach jedem Liebesabenteuer: »Die ›Zauberhafte‹ ist entstoben in einer Wolke von Kindergeschrei, und ich fühle mich überglücklich in meiner Wohnungseinsamkeit . . . Sie scheint mir ein wenig kümmerlich geworden zu sein, und ich versuche mir bei ihrer Betrachtung das alte Traumbild wiederherzustellen. Aber der Glanz ist von ihr gewichen . . . Ich betrachte das Bild bis in jede seiner Einzelheiten und kann es nicht fassen, was es für mich so anziehend gemacht hat . . . dümmlich im Gegensatz zu dämlich ist nicht ohne Reiz, dumm mit ›entzückender Stupsnase‹, dümmlich ist gleich dumm, aber dazu neckisch verkitscht . . . ist entartet zu einem zänkischen Geplapper und zu einer öden, mit Tragik kokettierenden Spielerei. Und mit wem alles läßt sie sich ein! . . .« Das Abrücken von Freunden, die in Bedrängnis geraten sind: »Bei K. eine drückende Atmosphäre, die mich mit leidend macht. Aber was kann ich gegen dieses von ihm fahrlässig heraufbeschworene Mißgeschick tun?« Becher schreibt mit-leiden in zwei Wörtern! »L. ist in eine unangenehme Lage geraten, und er zeigt sich ihr so wenig gewachsen wie nur möglich. Er wirkt albern in seiner Anspruchshaftigkeit und Selbsterhöhung, man bemitleidet ihn [statt mitleiden: *be*mitleiden!] und spendet Trost, aber schon meldet sich auch das Gefühl der Empörung, daß er sich so weit gehen läßt. Dabei ist er ein hochanständiger Mensch, ein guter Kamerad und mein Freund, wenn er jetzt auch kläglich versagt und sich als Jammerbild darbietet.«
Die Notizen des Tagebuchs wirken so niederdrückend und trostlos – man möchte sagen: unmenschlich, weil Becher scharfe, hellsichtige Beobachtungsgabe mit Erbarmungslosigkeit des Urteils vereint, weil er mit geradezu klinischer Sachlichkeit jede Blöße aufdeckt, jedes Gebrechen ans Licht zieht, weil er todsicher den wunden Punkt eines Menschen zu finden versteht, beispielsweise die Angst, weil an allem, was er herabsetzend sagt, etwas dran ist. Er verleumdet nicht, er stellt bloß – und das ist beinahe schlimmer. Da ihm alle humanen Tugenden

fehlen: Liebe, Demut, Toleranz, Verstehen und Verzeihen, fällt kein versöhnender Schimmer auf den Menschen. Der Mensch wird verneint. Becher ist Nihilist. Ich entsinne mich eines Gesprächs unter Freunden, als der erste Band des Tagebuchs gerade erschienen war. Der eine meinte: »So was darf man erst schreiben, wenn man dreißig Jahre tot ist.« Ein anderer wunderte sich, warum die Westpresse das Tagebuch nicht propagandistisch ausschlachte. »Das können die nicht«, antwortete ihm ein dritter, »wenn dieses Buch im Westen bekannt wird, glaubt keiner mehr, daß es bei uns eine Zensur gibt.«
Zynismus und Nihilismus verstummen allerdings sofort, wenn von großen Gegenständen und heiligen Personen die Rede ist, von der Sowjetunion beispielsweise und Stalin, von der Sozialistischen Einheitspartei und W. U. [Walter Ulbricht]. Da lesen wir dann: »Am Abend W. U. Ein gutes, vorwärtsweisendes Gespräch . . . W. U., dieser gesunde, gradlinige Verstand, dessen Erkenntnisse sich in eine mitreißende Energie umsetzen . . . Eine heiter-ernste Tafelrunde, wobei W. U. das Gespräch in einem ruhigen gleichmäßigen Gang erhielt, das Politische und das Menschliche kam jedes in einer wohlgelungenen Mischung zu seinem Recht . . . Gedicht, stimmungshaft entstanden während der Ulbricht-Sitzung am Freitag, darin etwas angedeutet von dem, was wir ›Sozialistischen Realismus‹ nennen . . . Daß der Sport bei uns so außerordentlich unterstützt wird, ist das Verdienst Ulbrichts, man muß geistig *und* körperlich aus der Stagnation heraus . . .«
Schließlich steigert sich die Ergriffenheit des Dichters im Angesicht des Parteisekretärs zu einem Sonett, das beginnt: »Wer so wie du sieht auf den Grund der Dinge . . .« und endet: »Die Liebe ist's, die dies Sonett dir sendet. Wir, die wir Deutschland lieben, grüßen dich. Ruhm jedem, der sein Volk liebt so wie du!«

In seinem Tagebuch wird Kulturminister Becher von einem anonymen Interviewer, offenbar seinem Über-Ich, gefragt: »Wie stehen Sie zu der Tatsache, daß die gegnerische Presse besonders heftig Ihre jetzige Produktion angreift und im Gegensatz dazu Ihre früheren expressionistischen Gedichte als echte Poesie hervorhebt?« Becher antwortet: »Die Leute wissen genau, daß die literarische Dichtung, zu der ich mich seit 1933, als ich in die Verbannung gehen mußte, durchgerungen hatte, von einer ganz anderen Tiefen- und Breitenwirkung ist als meine expressionistischen Experimente, die als Kuriositätswert lediglich einige versnobte Kunstliebhaber ansprechen. Als Dichter bin ich selber erst in dem Zeitpunkt eine Realität geworden, als ich mich ernsthaft bemühte, die Welt realistisch zu gestalten, und erst von diesem Zeitpunkt an bin ich für meine Gegner eine Realität geworden, eine für sie nicht angenehme und, wie ich sogar hoffen möchte, nicht ungefährliche.« Und an anderer Stelle: »Immer wieder begegnet man diesem Blödsinn, der spielend zu widerlegen wäre, wenn die Leute, die ihn verbreiten, geruhen würden, den frühen Becher wieder zu lesen. Aber sie leben von einer Legende, benötigen diese, da sie ihnen ihre eigene Jugend gleichsam wie in einer Gloriole erscheinen läßt. Wie hoffnungslos veraltet mutet jedoch heute dieser unser Jugendstil an!«
Wir haben, um Bechers Weg zu verfolgen, um die Stichhaltigkeit seiner Abrech-

nung nachzuprüfen, die alten Bände, die unkorrigierten, hervorgeholt[144]. Diese frühen Gedichte überwältigen, bei aller Chaotik und Verstiegenheit, noch heute durch ihre Ausdrucksgewalt und sprachliche Fülle, durch das unbändige, ungebärdige Ringen mit der Welt, Inbesitznehmen und Ausspeien des Lebens. »Wir trugen in uns das Bild eines vollkommenen Menschen, das zu verwirklichen wir leidenschaftlich entschlossen waren«, hat Becher in einem Vorwort kommentiert. »Der Krieg platzte in unseren Menschheitstraum. Wir fragten: was sollen wir tun? Wir griffen ins Nichts, wir sahen das Leere. Grauen innen, Grauen außen. Fragezeichen waren wir, glühende, flammende. Wir selbst: mehr als fragwürdig ...«
Die Welt der frühen Gedichte ist üppig und morbide in einem, rebellisch und dekadent, menschheitstrunken und verzweifelt. Anrufung Gottes, der Menschheit, des Geistes wechselt mit eklem Wühlen in Schlamm, Aas, Blut, Kot, Eiter und Sperma. Aus dieser Spannung, dieser Zerrissenheit wächst das Ekstatische, Hysterische, Sich-Überschlagende, Uferlose und Enthemmte der Gedichte, das sich in grandios-gewagten Sprachbildern niederschlägt. »In Zungen redete ich. Fühlte schrieb schrie mich und schmiß: Silben, Silben, nie gekannte Worte. Ende zugleich und Anfang der deutschen Sprache. O mehr noch! O das war schon nicht mehr ich! Ein Aufstand! Ein Ausspruch! Die Sendung! ... Verbrauchte Perioden platzten. Es befreite maßlos sich. Alle Elemente jubelten. Eine fanatische Vernichtung. Überschwemmung Brand Lawinen. Ein Mosaik aus Wahn Verruchtheit Krampf und Glauben. Die Sintflut. Paradiese. O Kaleidoskop! Unterirdische Rhythmen . . . Ein spitzer Blitz von Konsonanten. Wieviel von euch, ihr unergriffenen Worte, muß ich noch durchleiden?! . . . Sätze!! Feuer-Wirbel und Fieber, in jagendster Ungeduld, überstürzt, Gewitter Explosionen Katarakte ...«

Bechers Gedichte der frühen Periode sind zumindest Wegzeichen der Literaturgeschichte, manche sind mehr. Wer könnte einen solchen Vers vergessen:

»Noch nie war ich so tief gelegen
Wie unter dieser Nacht und ohne Kleid.
Der Brunnen meines Bluts verbraust im Regen
O Osten meines Herzens: Ferne Zeit.«

Johannes R. Becher, Kind aus bürgerlichem Hause, ›zum Offizier im Leibregiment auserkoren‹, Rebell gegen den Vater, den Herrn Oberlandesgerichtspräsidenten, Bohemien und verbummelter Student, hat die entscheidende Wendung seines Lebens in einem großen autobiographischen Gedicht reflektiert. »Wir wollen von einander Abschied nehmen. Ich: der ich bin, ich: der ich war!« steht als Motto darüber, und dann heißt es, auf das dunkelste Ereignis seiner Vergangenheit anspielend:

»Sie war die beste Nummer im Programm
Des Tanzpalasts: Little Lunch.
Sie hatte rotes Haar
Und ein Gesicht so kreideweiß,
Little Lunch.
Ich ging nicht mehr nach Haus.
Meine Freunde sagten: sie geht auf den Strich,
Little Lunch.
Ich schaute fremd: vielleicht, wer weiß ...
Wir suchten den Ostersonntag uns aus.
Ich erschoß sie und schoß dreimal auf mich.

Sie ist wie ein Fisch aus dem Bett hochgeschnellt,
Little Lunch.
Durchbiß sich die Zunge.
Ich habe ihre Augen verglasen sehn.
Ich ließ sie bluten. Sie ließ mich schrein.
Wir ließen einander im Sterben allein ...«

Mit Hilfe des § 51 (verminderte Zurechnungsfähigkeit), dessen Schutz ihm der geschmähte Vater verschaffte, entging Becher der Verurteilung wegen Mordes. Er wurde nun ein anderer. »Ich legte ab meinen Namen, ich heiße Genosse –« beginnt ein Gedicht jener Zeit, und ein anderes bekennt: »Das war mein Bestes: Daß Schulter an Schulter ich mitschritt im Marschtritt der Arbeiterheere, daß mein Herzschlag Gleichtakt der Herzen-Millionen trug . . . – daß mein irrnisblendendes Angesicht ich von mir abtat, wie man feurigen Staub abwischt . . . – und daß das Auge ich mir ausriß, das mich ärgerte . . .« In einem Kommentar schreibt Becher: »Dichter sein soll von jetzt an heißen: nähren, Stoff zuführen, hochtreiben das Volk, lindern dessen Steinwege, seine Armeen organisieren . . . Dichter, rhythmisiert die Masse, versifiziert sie!«
Diesem politischen Auftrag und der neusachlichen Zeitströmung gemäß zieht in Bechers Gedichte ein nüchterner, sachlicher, kunstloser Ton ein, die Verse geben sich diszipliniert, proletarisch, in härenem Gewande, sind zuweilen nur noch gebrochene Prosa. Die Energie, die so lange gewittrig zuckte, treibt nun die Dynamos der Partei. Der Entwurf zu einem revolutionären Kampfdrama *Arbeiter, Bauern und Soldaten* enthält allen Ernstes die Regieanweisung: ›Auf der Bühne, von der Bühne herab werden inzwischen Waffen verteilt . . .‹ In ihrer revolutionären Dynamik, ihrer soldatischen Strenge und Kraft enthalten auch die Werke dieser Periode eindrucksvolle, mitreißende Momente. Aber auch sie läßt der späte Becher nicht gelten, auch sie liegen noch vor der Dichterwerdung 1933, dem Schicksalsjahr des Exils.
Die Verbannung brachte in der Tat einen ganz neuen Klang in Bechers Gedicht, die tragische Melancholie des Heimwehs. So unrecht es ist, die frühen Werke abzuwerten, so unrecht wäre es, wollte man umgekehrt vorgehen und vor der tiefen Menschlichkeit und Schönheit der in der Ferne, in Moskau und Taschkent,

geschaffenen Verse Augen und Ohren verschließen. Ehrlich ergriffen von Not und Wirrnis deutschen Schicksals, mitleidend am Massensterben unter dem Hakenkreuz, überwältigt von Sehnsucht und Trauer hat Becher volksliedhafte, warmherzige, innige Worte gefunden, hat er sich immer wieder zu Deutschland bekannt, zu Grünewald und Bach, zu Goethe und Hölderlin, zum Neckar, zum Rhein, zu den Hügeln der Schwäbischen Alb, zur bergumkränzten Weite der bayrischen Hochebene, zu den Städten und Dörfern der Heimat, zu den Menschen, den unschuldig-schuldigen: »Ich suche dich, mein Volk, in allen Weiten, und ein Dich-Suchen war auch mein Gedicht.«
Die politische Dichtung, die Gedankenlyrik ist von Ernst und Verantwortung getragen, von aufrichtigem nationalem Pathos, es gibt darunter Gedichte von eindringlich-knapper Bildhaftigkeit, von hohem sprachlichem Rang. Thomas und Heinrich Mann haben sich vor dem Band *Der Glücksucher und die sieben Lasten* (1936) ehrfurchtsvoll verbeugt. Es sei Johannes R. Becher nicht vergessen, daß er damals die Tränen des Vaterlandes weinte, daß er sich zu dem in der Welt verfemten Land bekannte, zu dem Land, das ihn vertrieben und ausgebürgert hatte, und mit den deutschen Soldaten fühlte, die in den Schneewüsten Rußlands untergingen, daß er ein Gedicht wie dieses schrieb:

»Ich halte über meine Zeit Gericht,
Wobei mein ›schuldig!‹ auch mich schuldig spricht,

Daß ich zu spät hab, Deutschland, dich erkannt,
Zu spät hab ich mich ganz dir zugewandt,

Zu spät hat sich mir deine, meine Art
Im Guten wie im Bösen offenbart.

Was ich als gut erkannt – zu schwach begehrt,
Zu schlecht bekämpft das, was verdammenswert,

Zu spät erst schied sich Sinn von Widersinn,
Und ich erkannte, wessen Sinns ich bin.

So beug ich mich und nehme Schuld auf mich,
Zu spät hab ich, Deutschland, gebangt um dich.

In der Verbannung erst, im Fernesein,
Ward ich der deine ganz – für immer dein.«

Noch 1948 weigerte sich Becher, wie Hans Mayer in seinen Erinnerungen (*Ein Deutscher auf Widerruf*, Frankfurt/Main 1982) berichtet, die deutsche Delegation zum Weltfriedenskongreß in Wroclaw (Breslau) zu leiten, da er sich außerstande fühle, ein polnisches Schlesien zu besuchen. Er hat das große Wiedervereinigungsgedicht geschrieben: »Wenn eines Tages, Deutschland, deine Glocken …«

Dennoch beugte er sich immer wieder der Disziplin der Partei.
Ahnungsvoll schrieb der Emigrant und Dichter 1936, auf den Sagenhelden Antäus anspielend, der den Boden unter den Füßen verloren hat:

»Nach der Erde suchten seine Füße –
Ferne Erde – o er tanzte gern –
Tanzte er hinab die letzten Grüße –
Er, verbannt auf einen fremden Stern ...
Trommelwirbel und Trompetenschallen –
›Tanze, tanze, starker Erdensohn!‹
›Tanze!‹ drohte ihm der Peitsche Knallen –
›Tanze, Riese!‹ Und er tanzte schon ...«

Der Bruch in Bechers Dichtung datiert tatsächlich aus der Emigration. Aber es ist nicht, wie er glaubte, der Bruch zwischen Avantgardismus und Realismus, sondern zwischen Wahrheit und Lüge. Es ist kein literarischer, sondern ein politischer Bruch. Bei aller Unterschiedlichkeit im Gedanklichen und Formalen hatten die drei poetischen Grunderlebnisse Bechers: Verzweiflung – Revolution – Heimweh, doch das eine, Entscheidende gemeinsam: die Aufrichtigkeit. Diese Aufrichtigkeit wurde in der Mühle des Stalinismus zermahlen. Die äußere und innere Not jener Jahre spricht aus diesem erschütternden Gedicht:

»Das war die Angst: allein
zu sein im dunklen Zimmer.
Kein Lichtschein. Nicht ein Schimmer.
Das Dunkel kroch herein.

Das war die Angst, die dich
und mich oft ließ erbleichen:
Daß wir uns nicht erreichen
und jeder bleibt für sich.

O aller Ängste Angst:
Woher sind wir geboren?
Wohin gehn wir verloren?
O Himmel – auch du bangst!«

Becher hätte dem literarischen Verfall nur durch Trennung von der Partei entgehen können – das aber war in der Sowjetunion nicht möglich und im Grunde auch später nicht, denn es hätte bedeutet, in die Leere der Frühzeit zurückzusinken, in die haltlose, preisgegebene, selbstmordnahe Einsamkeit, an der er in seiner Jugend fast zerbrochen war. Becher zitiert Leonardo: »Wer einem Stern folgt, kehrt nicht um.« So blieb er dem Kommunismus treu – einer neuen Religion nach der Definition von Marx: »Der Seufzer der bedrängten Kreatur, das Gemüt einer herzlosen Welt – das Opium des Volkes.« In diesem Rausch, einer politischen

Trunkenheit, die das kritische Denken überschwemmt und ersäuft, dichtete er nun. Plattheiten, Redensarten und Propagandaphrasen, die zu durchschauen er bei nüchternem Verstand klug genug sein mußte, umwölkte er hingebungsvoll mit poetischem Nebel und Weihrauch. Die Monotonie ewiger Wiederholungen, die Häufung tönender Worte, Gefühlsseligkeit und Hoftheaterpathetik machen die Gedichte auch literarisch ungenießbar. Da liest man beispielsweise, auf Bütten gedruckt, solchen Vers:

»Dort wirst du, Stalin, stehn, in voller Blüte
Der Apfelbäume an dem Bodensee.
Und durch den Schwarzwald wandert seine Güte
Und winkt zu sich heran ein scheues Reh.[145]«

Oder einen anderen:

»Vor Stalin neigte sich herab zum Kuß
auf seine Stirne Lenins Genius.«

Man versteht den Stoßseufzer Bechers in seinen Aufzeichnungen: »Wie von einem Fremden geschrieben, liegen Gedichte vor mir, deren Verfasser ich selber bin. Es sind teils schlechte, teils gute. Mit keinem von beiden vermag ich mich ohne weiteres zu identifizieren. Wenn ich die schlechten durchsehe, so erscheint es mir unglaublich, daß ich je solche geschrieben habe. Was für ein unmöglicher Mensch, der derlei verfaßt hat. Wenn ich dagegen von den guten Kenntnis nehme, erscheint es mir ebenfalls nicht glaubhaft, daß ich ihr Verfasser sei. Sie scheinen mir über alles Erwarten gut. Was also bedeutet das? ...«

»Wohin mündest du, mein Gesang?« Die Flucht aus der Poesie in die Prosaschriften der späten Jahre, in Tagebuchnotizen, Reflexionen und Aphorismen, ist ein Versuch Bechers, mit sich ins reine zu kommen, den Schaden im Innern zu sichten. Im Laufe der Selbstverständigung begreift er schließlich, unter vielen Beschwichtigungen, Einschränkungen, Ausflüchten, Rückfällen, daß der Wurm, der sein Dichtertum zerfrißt, das Politische ist. »Meine politische Tätigkeit wird in dem Maße schwächlich und unwirksam, als mein poetischer Grund nicht durch sie hindurchschimmert, und meine Poesie beginnt zu versagen, wenn ich eine politische Tätigkeit ausübe, die ihrer Herkunft und Art nach meiner poetischen nicht entspricht.«

Becher bohrt weiter: »Die Selbstentfremdung des Menschen zeigt sich vor allem in der Bewußtseinsspaltung. Sie ist nicht nur ein schwerer Krankheitsprozeß, der sich in zunehmendem Maße verbreitet und vertieft, sondern muß vor allem als ein gesellschaftliches Phänomen betrachtet werden ... Der heutige Mensch ist in den meisten Fällen nicht mehr identisch mit dem Menschen, der er nach außen hin, und mit dem, der er nach innen hin ist. Der Privatmensch ist ein anderer als derjenige im Beruf, und derjenige, den er im Beruf darstellt, ist wiederum nicht derselbe, den er in seinen politischen Ansichten verkörpert. Der

Mensch ist nach allen Seiten hin gespalten, aber das Entscheidende dabei ist, daß der eine Mensch vom anderen nichts weiß. Jeder verbirgt sich und schämt sich gleichsam vor dem anderen, jeder verdrängt sich in jedem, und nur manchmal grüßen sie sich ›Unter den Linden‹ und geruhen, flüchtig von einander Kenntnis zu nehmen ... Das eine ist es, was der Mensch denkt, und das andere, was er fühlt, was in ihm unterirdisch ›rumort‹. Fühlen und Denken sind keineswegs identisch und spielen einander oftmals die gefährlichsten Streiche.«

Sodann konkretisiert er den Widerspruch: »Sie waren nicht in Übereinstimmung miteinander zu bringen, der Dichter und der Funktionär, die er beide in einer Person vereinigte. Es war interessant zu beobachten, wie auch die Menschen, die ganz einfachen, unverderbten Menschen, diese beiden ›Ämter‹ nicht in einer Person vereinigt sehen wollten, und so sprachen sie mit ihm entweder als Dichter oder als Funktionär, aber niemals gleichzeitig mit ein und demselben. Sie waren sogar erstaunt, wenn nicht betroffen, wenn er als Funktionär auftrat.« Becher wendet sich nachdrücklich dagegen, daß »der Dichter nur als eine Art Funktionär betrachtet wird, der auf dem Gebiet der Propaganda mit literarischen Mitteln arbeitet«. Geradezu empört ist er über eine aus der Sowjetunion importierte Funktionärsidee: »Ein tolles Stück. Der ... Akademie der Künste wird ein Entwurf zur Bildung eines Literatur-Erziehungs-Instituts (Internats) eingereicht als Mittel, realistische Kunst zu erzielen ... ›Ideologische Durchblutung‹ wäre die Aufgabe des Literaten-Seminars, meint der unfreiwillige Spaßmacher.«

Im Gegenteil, meint Becher: »Wie viele gute und auch nützliche Bücher könnte ich schreiben, wenn das Wenn nicht wäre ... Aber ich kann mich nicht darauf hinausreden. Ich selbst, niemand anders, hat es so gewollt. Niemand hat mich dazu gedrängt, eine Position einzunehmen, worin ich oft mehr als ein Anwalt der Poesie erschien, als daß ich das Amt eines Dichters selber wahrnahm.« Der erste Satz seiner *Poetischen Konfession* lautet: »Mißverständnis über Mißverständnis, eines nach dem andern, und am Ende ein großes Mißverstehen, das tragische Mißverstandensein ... Man wird nicht geehrt dessen wegen, was ehrenswert ist. Dein Name bezieht Glanz von irgendwelchem Nebensächlichen, aber das, was du bist, worin dein eigentlicher Wert besteht, was deine poetische Substanz darstellt – darüber Schweigen oder bestenfalls konventionelle Anerkennung ...«

Zu guter Letzt findet er sogar wieder an der expressionistischen Jugendsünde Gefallen: »Ich bin überzeugt, man wird eines Tages wieder auf diese Versuche zurückkommen und mit vielem, vielem inzwischen in Vergessenheit Geratenem auch diesen unseren Aufruhr um die Jahrhundertwende wiederentdecken.«

Bechers Aphorismenbände waren 1955 Gegenstand der Diskussion und Kritik auf einigen Sitzungen des DDR-Schriftstellerverbandes. Widersacher des Dichters war der erst kürzlich aus Moskau zurückgekommene Parteiveteran Alfred Kurella – jener Spaßvogel, der die Gründung eines Literaturinstituts nicht nur vorgeschlagen, sondern mit Hilfe des Zentralkomitees sogar durchgesetzt hatte. »Die Grundhaltung der Bücher ist eine erfreuliche«, räumte Kurella ein, um sofort zum Angriff überzugehen: »Allerdings bilden die Stücke, in denen diese Grundhaltung, sei es dem Leben, sei es der Kunst, speziell der lyrischen Dichtung gegenüber zum Ausdruck kommt, eine Minderheit in den Büchern. Becher sagt ja selbst in mehreren Aphorismen: Es scheint, daß ich im Zuge des Schreibens von dem eigentlichen Thema immer mehr wegkomme, was wird denn eigentlich aus dem, was ich hier aufzeichne und schreibe, das geht ja auf ganz andere Themen über, verliere ich nicht den Faden? Wenn man sich die Mühe machte, die eigentlich philosophischen Gedanken der Bücher aneinanderzureihen und noch die Ansätze philosophischer Gedanken aus dem Tagebuch dazu, so bekäme man ein wenig erfreuliches Bild . . . Becher ist kein eigentlich philosophischer Kopf und sollte sich auf diesem Gebiet zurückhaltender bewegen . . . Jedem von uns – nicht nur dem Dichter und auch dem Dichter – gehen natürlich Hunderte und Tausende von Gedanken durch den Kopf. Dazu ist der Kopf da, dazu ist er in ständiger Verbindung mit Dingen der Außenwelt, dazu hat man Unterredungen mit Menschen, von denen man Gedanken aufnimmt, die man vielleicht nicht ganz versteht, manchmal auch nicht bei sich behält. Das alles gehört zum normalen Leben eines Menschen und eines Dichters; aber von diesen Prozessen gehört nicht so viel auf das Papier, wie hier gedruckt ist.[146]«

Kurella schlug vor, die reine Poesielehre aus den Büchern herauszuziehen und daraus ›ein interessantes und sehr anregendes Bändchen‹ zusammenzustellen (vielleicht gar als Lehrmaterial für das Literaturinstitut) – ein Gedanke, der Becher entsetzlich gewesen sein muß. In seinem Schlußwort zur Diskussion ignorierte er Kurella vollkommen.

»Ich hab's gewagt!« ruft Becher in einem der Bücher aus. »Es zieht mich zurück wie ein unwiderstehlicher Sog in das alltägliche Getriebe, die büromäßige Geschäftigkeit, das billige Sich-Bekanntmachen und Geehrt-Werden. Aber zugleich reißt es mich vorwärts wie mit Explosivgewalt jenen Gebirgen zu, die ich mir bei Beginn meiner Bewußtwerdung zu ersteigen vorgenommen habe, was ich mir damals aufgetragen habe, in solch einer leidenschaftlichen Ergriffenheit, als wäre es ein Auftrag anderer, höherer Art. Ruhm, Unsterblichkeit, Worte wie ein sphärisches, überdimensionales Fahnenwehen. Halte stand! Geh den Weg, den schweren! Blicke nicht mehr nach rückwärts, dorthin, wo deine schwächlichen Erfolge liegen, tritt heraus aus deiner bequemen Behausung in dämmernde Frühe, schreite aus, steige an . . .«

Tapfer zieht er gegen die Kurellas zu Felde: »Der Dichter ist auch ein Mensch, zunächst und vor allem, sollte man meinen, aber manche Leute wollen diese ›menschliche Tatsache‹ nicht wahrhaben. Sie wünschen zwar, daß der Dichter ein menschenähnliches Wesen sei, aber gewisse menschliche Eigenschaften entweder nicht besitze oder sie nicht zum Ausdruck bringe. So soll er nach dem Bild dieser Leute weder traurig noch gar verzweifelt sein, er soll lieben, aber mit Maß, verheiratet sein und brave Kinder zeugen. Vor allem er selbst soll brav sein und bieder womöglich, höflich und zuvorkommend, Bedürfnisse befriedigen, Befehle erfüllen, das Denken anderen überlassen und das Denken dieser anderen eben poetisch illustrieren. Ein Illustrator also vor allem habe der Dichter zu sein, wünschen diese Leute, und ein Jodler.« Unmißverständlich wirft er den Fehdehandschuh hin: »Einige Bürokraten wittern mit Recht, daß die Kunst ihnen etwas Abträgliches, Fremdes, Feindliches ist. Der ordinäre Kunstgeschmack befriedigt sich mit biederen Reimereien, die ihren Gebrauchswert deutlich erkennen lassen und die einen angeblich volksverbundenen, volkstümlichen Charakter zur Schau tragen. Alles davon Abweichende und darüber Hinausgehende erscheint irgendwie nicht in Ordnung, erscheint verdächtig, unheimlich ... Wieder einem eifernden ›Kunstwart‹ begegnet. Dabei darf man nicht übersehen: diese Leute leisten in einem bestimmten Bereich oft Vortreffliches. Nur wenn sie sich auf unser Gebiet begeben, dann fühlen sie sich in ihrer Ungebildetheit und Unsicherheit zu unserem Vormund berufen und verwandeln sich, wenn sie unserer Ablehnung begegnen, in kunstfremde und kunstfeindliche Wüteriche ... Es ist unerträglich, wenn sich ein Literaturbeamter zum Anwalt des ›Volkes‹ aufwirft und sein eigenes Fehlurteil und seinen schlechten Geschmack als ›Volksstimme‹ ausgibt ...«

Dann aber wandelt sich der boshafte Ton des Selbstgesprächs zur Betroffenheit: »Immer wieder muß ich darüber nachdenken, wie es möglich ist, daß bei uns, die wir zweifellos auf der richtigen Seite stehen, auf der Seite der besten Sache der Welt, auf der Seite der Wahrheit, der Gerechtigkeit, der Freiheit, der Völkerverständigung, des Friedens – daß in unseren Reihen sich Leute befinden, alberne Wichtigtuer, Nichtsnutze und Schwindler, die keineswegs leicht zu entlarven sind, sondern sich schön in Positionen zu setzen wissen und oft eine nicht unbeachtliche Rolle spielen ...«

Ja, wie ist das möglich? Einmal hingerissen vom Enthusiasmus der Selbsterforschung, geht Becher so weit, sogar über die beste Sache der Welt, über Wahrheit, Gerechtigkeit, Freiheit, Völkerverständigung und Frieden nachzudenken. Eines Tages erscheinen, ›plötzlich in mir aufkommend‹, diese Verse:

»Weint nicht Vergangenes in mir, ohne getröstet zu sein,
Weint es nicht fort, weint ins Unendliche? ...

Vergangenes weint, ein Weinen ohne Tränen,
Weint in uns fort, weint ins Unendliche ...«

»Wer bist du?« oder »Wer ist er?« ruft Becher aus. »Diese Schicksalsfrage ist an jeden gerichtet, wenn er sie auch nicht an sich selber richtet, und diese Frage nach der Bestimmung unseres Seins, diese wahrhaft existentielle Frage erhält eine besonders unheimliche Nuance dadurch, daß wir in einem Jahrhundert leben, worin viele Geheimnisse enthüllt werden, aber auch manches Geheime sein verheerendes Unwesen treibt ... Es könnte sein, daß ein Mensch, ohne daß er es weiß, aufs beste einer schlechten Sache dient und umgekehrt. Es könnte aber auch sein, daß ein Mensch einer guten Sache dient und ihr gut dient, oder umgekehrt, daß er einer schlechten Sache schlecht dient. Wie viele Variationen dieses großen Themas sind möglich, aber innerhalb dieser Möglichkeiten sind auch noch alle diejenigen vorhanden, daß ein Mensch dem Gegenteil dessen dient, dem er zu dienen glaubt, und daß er dem Gegenteil dessen, dem er zu dienen überzeugt ist, dienstbar gemacht wird ... Welch ein ungeheuerliches, geheimnishaftes Spiel wird mit vielen getrieben! Viele von ihnen werden ›umgedreht‹, ohne daß sie es wissen, viele mit Wissen. Wie kann solch ein Mensch sich noch halten innerhalb

seiner menschlichen Existenz, in Anbetracht solcher ›Umdrehungen‹, Umkehrungen. Aber auch andere Menschen verkehren sich in ihr Gegenteil, durch Umstände gezwungen, und um sich nicht von diesem Schwindel erfassen zu lassen und wehrlos dahinzutaumeln, halten sie sich an irgend etwas fest, was ihnen als noch feststehend erscheint. ›Wer bist du? Wer ist er?‹ – blicke dieser Frage ins Gesicht, solange du es noch vermagst, und antworte! Weichst du dieser Frage aus, kann es sein, daß deine Antwort zu spät erfolgt.«
Und weiter: »Oh, nur kein schmähliches Ende nehmen! . . . Also ein sinnvolles, notwendiges, dem eigenen Leben und seiner Zeit gemäßes Ende finden – das ist die Kunst, vielleicht die höchste aller Künste – und solch ein Ende vorzubereiten muß man beizeiten beginnen – durch ein sinnvolles, ausgefülltes Leben . . .«
»Wir sind so talentvoll, wie es uns die Zeit gestattet«, konstatiert Becher und rechnet ab: »Wenn die Angst umgeht und zu einem herrschenden Gesellschaftszustand wird, dann verkümmert zusehends der Mensch und wird zu einem Produkt der Angst: zu einer zitternden Kreatur, nichtig, jeden Selbstbewußtseins enthoben und stets nur seiner Ohnmächtigkeit bewußt, nichtswürdig vor sich selbst. Homo deminutus, der Mensch in seiner Verminderung, der Mensch, der seinen eigentlichen menschlichen Wert eingebüßt hat, mehr und weniger noch: der auf ein Minimum, der auf ein Nichts reduzierte Mensch, der Mensch in der Vollendung seiner Nichtigkeit . . . Eine zu Ende gedachte Welt ist keine menschliche Welt mehr, eine Welt, worin alles zu Ende gedacht ist, läßt der menschlichen Existenz keinen Raum mehr. Der menschliche Weltraum besteht eben gerade darin, daß er uns immer neue Rätsel aufgibt und neue Erkenntnisse von uns fordert. Mit dem Denkungsvermögen ginge aber auch der Mensch zugrunde, der nur als eine denkende Existenz lebensfähig, denkbar ist . . . Man muß die Ideologie von der Astrologie befreien.«
Er, der sich früher von Ulbricht zu schlechten Gedichten inspirieren ließ, sagt nun: »Ich habe einmal einen dieser Mächtigen gefragt: ›Weißt du denn, was die Leute über uns sagen?‹ Und er antwortete mir in erstaunlicher Naivität: ›Ja, wenn ich tanke, dann frage ich immer den Tankwart, wie es so mit dem oder jenem bestellt ist.‹ Und der Mächtige wollte es nicht glauben, als ich ihm auseinandersetzte, daß der Tankwart ihm nicht dieselbe Antwort gibt, wenn er mit einem Mercedes bei ihm tankt, als demjenigen, der mit einem Motorrad bei ihm vorbeikommt, oder einem Fußgänger . . .«
Schonungslos urteilt er: »Man macht darauf aufmerksam, daß einige Dichter der Vorzeit, wie der Grieche Homer und der Kelte Fingal, von der Sage als blind geschildert werden, und führt diese Tatsache auf die Annahme zurück, daß das Volk in Vorzeiten seine Dichter blendete, um dadurch ihre Wanderungen zu anderen Stämmen zu verhindern und sie so für die Fest- und Traueranlässe ihres eigenen Stammes stets zur Verfügung zu haben. Unser Jahrhundert verfügt über raffiniertere Blendwerkzeuge, durch die es die Dichter sehenden Auges erblinden läßt, damit sie das Licht der Wahrheit nicht erkennen und, in einem mysthischen Halbdunkel verharrend, den herrschenden Mächten nicht gefährlich werden.«
In dem Sonett *Das Unerklärliche* schildert Johannes R. Becher, wie er 1956 nach dem Moskauer Entstalinisierungparteitag sehend wurde:

»Er konnte es sich vormals nicht erklären:
Er war erfüllt von einem Traurigsein.
Er trug an einer Last, an einer schweren,
Und diese Last trug er mit sich allein . . .

Er durfte in die Heimat wiederkehren
Und täglich kehrten Freunde bei ihm ein.
Er sah viel Gutes wachsen und sich mehren –
Und dennoch blieb ein tiefes Traurigsein.

Es war ein Todesjahr und noch ein Jahr,
Und in dem Jahr, dem dritten, ist's geschehen,
Da wurde ein Geheimnis offenbar:

Aus Gräberweiten wehte her ein Schauer
Und ließ das Unerklärliche verstehen –
Die schwere Bürde und die tiefe Trauer.«

Es war ein kurzer Blick ins Licht. In der Zeit, die zwischen Niederschrift und Drucklegung des Gedichts verstrich, hatten sich die Augen des Dichters, von grellen Blitzen geblendet, schon wieder geschlossen. Das große Aufbegehren der Intellektuellen zwischen Budapest und Moskau, das sich nicht nur wie bei Becher in Tagebuchnotizen, sondern in mächtigen revolutionären Bewegungen entlud, bewog das Politbüro, wieder Ordnung in die Dichterscharen zu bringen. Und es betraute mit dieser Aufgabe: Alfred Kurella, der nun über den Kopf Bechers hinweg oberster Kunstwart der DDR wurde.
Was aber ist aus unserem Dichter geworden? Vorbei das sphärische, überdimensionale Fahnenwehen. Vorbei der Entschluß, komme was da wolle, kein schmähliches Ende zu nehmen. Vorbei die Verteidigung der Poesie. ». . . muß ich sagen«, bekannte Kulturminister Becher vor dem Zentralkomitee, »daß es gewissermaßen tragisch ist, daß ich von der Macht, die dem Proletariat, die unserer Bewegung in die Hand gegeben wurde, so schwach, so wenig, ja so kleinmütig Gebrauch gemacht habe. Durch gewisse administrative Vorkommnisse in der Zeit vor der Bildung des Kulturministeriums bin ich in den anderen Fehler verfallen und habe mich vor jeder administrativen Tätigkeit gescheut als einer gewissermaßen unerlaubten Gewaltanwendung. Das Gegenteil eines Fehlers war also wieder ein Fehler. Man muß Gewalt anwenden dort, wo sie im Interesse des Ganzen anzuwenden ist und wo die Mittel der Überzeugung versagen, und wer sich vor solch einer Gewaltanwendung scheut, versündigt sich an dem Interesse des Volkes.[147]«
Schleunigst warf der Dichter eine Biographie des siegreich gebliebenen Parteisekretärs Ulbricht auf den Markt, die er schon vor Jahren geschrieben, aber unter dem Eindruck des 17. Juni 1953 nicht hatte erscheinen lassen. Ulbricht ist da der ›universelle Typ des politischen Führers‹, der ›ausgezeichnete Organisator‹, der ›vorbildliche Lehrer‹, der ›Genosse neuen Typs‹, der ›neue Mensch‹, der

›Freund der Jugend‹, der ›Freund des Sports‹, der ›Freund der Künste‹, der ›beste Freund der Kriegsgefangenen‹, der ›bedeutende Staatsmann‹, in dem die ›Lehre von Marx, Engels und Lenin Gestalt angenommen‹ hat, einer der ›Genien der Arbeiterklasse‹, einer der ›neuen Weltschöpfer‹, in dem die Deutsche Demokratische Republik eine ›unschätzbare Errungenschaft‹ erblickt. Der Hymnus klingt aus: »Und wir alle, die wir die Heimat lieben, und wir alle, die wir den Frieden lieben, lieben dich, Walter Ulbricht, den deutschen Arbeitersohn.« Ulbricht revanchierte sich, indem er Becher (in betonter Herabsetzung Brechts) zum ›größten deutschen Dichter der neueren Zeit‹ proklamierte und – was Becher zum Glück nicht mehr erlebte – ausgerechnet das Literaturinstitut in Leipzig nach ihm benannte. Der ganze Jammer des Dichters über den unglückseligen Aufstand des Gewissens, der ihm in den Jahren des Tauwetters unterlaufen war, spricht aus diesen Versen:

»Du, den ich täglich niederzwinge –
Ich kämpf mit dir im Schlaf auch unbewußt –
Mit dem ich hart mein ganzes Leben ringe;
Du großer Feind in meiner eignen Brust –

Gefährlicher und schlimmer als das Schlimme
Und die Gefahr, die ringsum mich bedrohn,
Sprichst du mich an mit meiner eignen Stimme,
Und ist es mir, als wärst du längst geflohn,

Daß ich mit mir zufrieden bin und prahle,
Und freue mich, weil ich dem Frieden trau
Dann schleichst du dich heran, wie bist du schlau! –
Und schlägst mich nieder; oh, wie viele Male

Erlitt ich so gewaltigen Verlust,
Du großer Feind in meiner eigenen Brust ...«[148]

Das Verdrängte aber hat Rache genommen auf den Seiten der Poetica; da grinst der Feind in der eignen Brust, der unausrottbare, durch die Zeilen und redet: »Du könntest der Henker deiner eigenen Jugend sein, so blickt mich dein Altersbildnis an, aufgeschwemmt, widerwärtig, ein Professor Unrat, und wäre noch ein Hauch deiner einstigen poetischen Leidenschaften in dir, du könntest dieses dein eigenes Bild nicht ertragen und würdest dessen Anblick dir selber und der Welt ersparen ... Bekenne dich zu dem, der du einstmals gewesen bist, rette die Reinheit deines einstigen Bilds vor dem Untergang, vernichte den, der du heute geworden bist und dessen greisenhaftes Grimassieren dich verfolgt in alle deine Träume hinein – damit du endlich den Mut findest ...« Resigniert setzt Becher hinzu: »So sprechen wir oft zu einem, der in der grauen Schäbigkeit seines Altersschwachsinns all das zurückzunehmen bemüht ist, was ihm einst im Leuchten seiner Jugend teuer war.«

Durch die Tagebücher Bechers zieht sich wie eine lose Kette die Auseinandersetzung mit Gottfried Benn. Das kommt daher, daß Becher in Benn seinen geistigen Widerpart, die Alternative sah, den Schatten, den er verloren hatte. »Ich hatte die Wahl, Becher oder Benn zu werden, und auch Benn konnte wählen. Wir haben uns für die entschieden, die wir geworden sind.« In der Tat war der Ausgangspunkt beider sehr ähnlich: beide waren sie von Beruf Mediziner, als Dichter Expressionisten, beide waren sie Lyriker. Und in der Tat gingen sie beide extrem verschiedene Wege. Becher mußte Benn schmähen, wenn er sich selber verteidigen wollte.

1929 war Becher (zusammen mit dem roten Reporter Kisch) aus dem Redaktionskollegium der *Neuen Bücherschau* ausgetreten, weil die Zeitschrift eine positive Besprechung Benns von Max Herrmann-Neisse gebracht hatte[149]. »Die *Bücherschau*«, erklärte Becher, »hat in letzter Zeit meiner Auffassung nach eine Richtung eingeschlagen, für die ich nicht verantwortlich zeichnen kann. Der Aufsatz Max Herrmanns über *Benns Prosa*, diese Bekenntnisse einer schönen Seele, vertreten Auffassungen, die wir jahrelang bekämpft haben und die nun auf einmal von neuem propagiert werden. Auf diesen Seiten tobt sich der Literatendünkel wirklich in seinen widerwärtigsten Formen aus.«

Benn antwortete damals: »Becher und Kisch gehen davon aus, daß Jeder, der heute denkt und schreibt, es im Sinne der Arbeiterbewegung tun müsse, Kommunist sein müsse, dem Aufstieg des Proletariats seine Kräfte leihen. Warum eigentlich? Soziale Bewegungen gab es doch von jeher. Die Armen wollten immer hoch und die Reichen nicht herunter . . . Schaurige Welt, aber nach drei Jahrtausenden Vorgang darf man sich wohl dem Gedanken nähern, dies alles sei weder gut noch böse, sondern rein fänomenal. Es fragt sich also, ist es überhaupt vernünftig, ist es heroisch, ist es radikal, dem armen Teil der Menschheit vorzuspiegeln, daß sie es als Ganzes besser haben kann? Das ›brillante Narrenspiel der Hoffnung‹, von dem Burckhardt einmal spricht, das man den Völkern vorgaukelt, spielt es nicht hier? Nein, mir kommt der Gedanke, ob es nicht weit radikaler, weit revolutionärer und weit mehr die Kraft eines harten Mannes erfordernder ist, der Menschheit zu lehren: so bist Du und Du wirst nie anders sein, so lebst Du, so hast Du gelebt und so wirst Du immer leben. Wer Geld hat, wird gesund, wer Macht hat, schwört richtig, wer Gewalt hat, schafft das Recht. Die Geschichte ist ohne Sinn, keine Aufwärtsbewegung, keine Menschheitsdämmerungen; keine Illusionen mehr darüber, kein Bluff. Die Geschichte ist der Schulfall des Fragmentarischen, ein Motiv Orient, eine Mythe Mittelmeer; sie übersteht den Niagara, um in der Badewanne zu ertrinken; die Notwendigkeit ruft und der Zufall antwortet. Ecce historia! Hier ist das Heute, nimm seinen Leib und iß und stirb.« Diese weise Erkenntnis hat Benn nicht gehindert, das brillante Narrenspiel der Hoffnung nun auf der anderen Seite der Barrikade mitzumachen. Er bekannte sich 1933 zu Hitler. Doch ließ er sich im Unterschied zu Becher nicht ein Leben lang, sondern nur ein paar Jahre täuschen. 1936 wurde er aus der nationalsozialistischen Reichsschrifttumskammer ausgestoßen.

Aus einer eigenartigen Ambivalenz heraus blieb Becher immer mit Benn im Gespräch, er vermochte den Schatten nicht abzuschütteln. So debattierte er immer

wieder mit seinem Widerpart über die Funktion des Dichters: »Gottfried Benn hat in seinen *Problemen der Lyrik* ... von den sechs Gedichten gesprochen, die bestenfalls jedem großen Dichter gelingen und die so eigentlich die Legitimation seiner poetischen Unsterblichkeit seien. Dieser sterilen Konzeption widerspricht jede lebendige Poesie, widersprechen alle großen dichterischen Gestalten. Wenn man schon von einer poetischen Unsterblichkeit sprechen will, so ist der Dichter vor allem in dem Maße unsterblich, als es ihm gelungen ist, sich selbst als unsterbliche Gestalt in seinen Werken zu bilden.«
Als Benn 1956 stirbt, bricht die Polemik plötzlich ab, und Becher schreibt statt dessen, vom Augenblick des Ergriffenseins überwältigt, ein ganz schlichtes, ganz aufrichtiges Bekenntnis zu dem toten Dichterbruder:

»Er ist geschieden, wie er lebte: streng,
Und diese Größe einte uns: die Strenge,
Uns beiden war vormals die Welt zu eng.
Wir blieben beide einsam im Gedränge.

Unwürdig wär ein: nihil nisi bene.
Der Juli summt ein Lied dir: ›Muß i denn ...‹
Mein Vers weint eine harte, strenge Träne,
Denn er nahm Abschied von uns: Gottfried Benn.«

Der poetologische Disput der beiden war ein Scheingefecht: Goethe oder Hölderlin – jeder Dichter von Rang hat sowohl die berühmten sechs Gedichte wie sein unverwechselbares historisches Profil in die Literatur eingebracht. Was Bechers literaturgeschichtliches Profil sein wird, kann heute, das hat er selbst bemerkt, angesichts des vordergründigen politischen Gerölls nicht ausgemacht werden. Jedenfalls: Selbst wenn sein Text der Nationalhymne der DDR: ›Deutschland, einig Vaterland‹ (seit dem Herbst der Entspannung und Abgrenzung 1971 nur noch instrumental dargeboten) nie wieder gesungen werden sollte, werden die sechs unsterblichen Gedichte bleiben. So dies, von Hanns Eisler vertont, von Ernst Busch gesungen, das Brecht gerühmt hat[150]:

»Heimat, meine Trauer,
Land im Dämmerschein,
Himmel, du mein blauer,
Du, mein Fröhlichsein.

Einmal wird es heißen:
Als ich war verbannt;
Hab ich, dich zu preisen,
Dir ein Lied gesandt.

War, um dich zu einen,
Dir ein Lied geweiht,
Und mit dir zu weinen
In der Dunkelheit ...

Himmel schien ein blauer,
Friede kehrte ein –
Deutschland, meine Trauer,
Du mein Fröhlichsein.«

Damit es nicht vergessen wird:
Johannes R. Becher, der selber gefährdete Asylant in der Sowjetunion, holte Theodor Plievier 1941 aus einem Transport der Wolgadeutschen nach Sibirien, schickte der politischen Gefangenen Susanne Leonhard (*Gestohlenes Leben*, 1956) Pakete in den Archipel Gulag und sorgte dafür, daß sie in die DDR entlassen wurde, holte Gründgens aus einem sowjetischen Internierungslager und Fallada aus einer Nervenheilanstalt – später, als Machthaber in der DDR, hat er viele gekränkt, aber auch manche (darunter den Autor dieses Buches) durch Fürsprache bei Ulbricht vor dem Zuchthaus bewahrt.

Bilanz des Hitler-Stalin-Krieges

Guck deinen Führern nicht aufs Maul, guck ihnen auf die Hände.

THEODOR PLIEVIER Ballade vom Frieden 1950

Theodor Plievier (1892–1955), Proletarierkind vom Berliner Wedding, durchlebte eine armselige und harte Jugend. Mit siebzehn Jahren entfloh er der strengen väterlichen Zucht und ging auf die Wanderschaft durch Österreich, Ungarn, Holland und Rußland, schlug sich als Minenarbeiter, Dolmetscher, Segelschiffmatrose, Viehtreiber in Südamerika durch. Im Ersten Weltkrieg diente er bei der kaiserlichen Kriegsmarine. Er nahm 1918 an der Revolution in Wilhelmshaven teil, wurde Redakteur an einem Blatt des Arbeiter- und Matrosenrates in Kiel. 1929 trat er mit dem Roman der deutschen Kriegsflotte *Des Kaisers Kulis* hervor, gestaltet nach eigenen Erlebnissen und authentischen Berichten, gewidmet den Matrosen Köbis und Reichpietsch, die kurz vor Kriegsende als Meuterer in der Wahner Heide erschossen wurden. Das Werk wurde in achtzehn Sprachen übersetzt und, zum Schauspiel umgestaltet, von Piscator in Berlin aufgeführt. 1932 veröffentlichte Plievier, als Ergebnis von zweiundneunzig Interviews mit Politikern aller Richtungen, den Roman des deutschen Zusammenbruchs *Der Kaiser ging, die Generale blieben.*

Nach der nationalsozialistischen Machtergreifung emigrierte der Schriftsteller über die Tschechoslowakei, Frankreich und Schweden in die Sowjetunion. Er siedelte bei den Wolgadeutschen, über die er einen Roman schreiben wollte. Bei Kriegsausbruch geriet er um ein Haar in die barbarische Deportation der Volksdeutschen nach Sibirien; es bedurfte der Fürsprache einflußreicher Kollegen wie Johannes R. Becher, ihn vor der Verschickung zu bewahren und ins Schriftstellerasyl in Moskau, das später nach Taschkent evakuiert wurde, zu holen. Während des Aufenthalts in Rußland war er gezwungen, Manuskripte, darunter einen fertigen Roman, zu verbrennen. Nach Aussagen und Berichten zahlloser gefangener deutscher Soldaten, vom Landser bis zum Generalfeldmarschall, nach Briefen, Tagebüchern und Operationsskizzen gestaltete er den Roman *Stalingrad* (1945). Das Werk wurde in alle Kultursprachen übersetzt, nur nicht ins Russische. Nach 1945 zählte Plievier, in Thüringen lebend und im Kulturbund tätig, zur Literatur-Prominenz der sowjetisch besetzten Zone. Zwei Jahre später kehrte er von einer westdeutschen Vortragsreise nicht mehr nach dem Osten zurück. Er ließ sich am Bodensee, später im Tessin nieder. Gehetzt von den Rotationsmaschinen der Illustrierten, die seine Manuskripte in Fortsetzungen druckten, vollendete er die Darstellung des Hitler-Stalin-Krieges mit den wieder nach Augenzeugenberichten geschriebenen Romanen *Moskau* (1952) und *Berlin* (1954). Im Jahr nach Abschluß der Arbeit brach er, dreiundsechzigjährig, bei einem Spaziergang zusammen und starb.

»Der Getretene schreit«, sagt Plievier. Sein Werk ist der Notschrei eines deutschen Schriftstellers im Angesicht des furchtbaren Verhängnisses, das über dem Leben seines Volkes lastet. Das erklärt auch den Stil seiner Bücher, die zu Unrecht als Reportagen, zu Recht als Dokumente betrachtet werden. Plievier sichtet und rafft die Überfülle historischen Materials, die Masse belegter Einzelschicksale, ohne den Stoff doch ›romanhaft‹ umzuformen, die spontane Vielgestaltigkeit und Authentizität aufzugeben. Es entsteht so ein kaleidoskopartiger, filmhaft fließender und umblendender Stil, in dem Momentaufnahmen, Lageberichte, Dialoge, Analysen und Psychoanalysen, lyrische und pathetische Partien jäh wechseln, ein moderner epischer Stil, der dem von Dos Passos verwandt ist. Diese Gestaltung erhebt das Werk über alles, was man gemeinhin als Tatsachenromane kennt. Nicht Tatsachen sprechen, die Geschichte spricht.

»Moskau-Stalingrad-Berlin«, sagt Plievier, »es ist ein Weg und ein Schicksal und nicht allein ein deutscher Weg und nicht allein ein deutsches Schicksal. Es ist der Weg der Unruhe, der Hoffnungslosigkeit und scheinbaren Ausweglosigkeit. Es ist auch der Weg des Aufruhrs gegen eine überkommene Ordnung, gegen Grenzen und menschliches Gesetz. Es ist die Revolte gegen Gott und zuletzt aus tiefer Not das Gebet, das so hingegeben ist, daß es weit gehört wird.«

Stalingrad, wie Plievier es gestaltet hat: Das ist die Agonie einer Armee, der deutschen Armee. Das sind graue Tage und kälteklirrende Nächte, Trümmer und Schnee, Schnee, Schnee, verschwimmende Weite im Wolganebel. Das ist die weithin sichtbare Rauch- und Feuersäule über der Stadt in der Steppe. Schützenloch an Schützenloch, Granattrichter an Granattrichter, Leichenfeld an Leichenfeld. Tiefflieger, Feuerschläge, Panzerangriffe, Stoßtrupps, durchsickernde Schützenschleier. Menschen, in die Erde gekrallt, hinter Ruinen versteckt, in Bunkern und Kellern vergraben. Angst, Frost, Hunger, Krankheit, Läuse. Verbandsplätze ohne Medikamente, Feldküchen ohne Lebensmittel, Geschütze ohne Munition. Tage, Wochen, Monate der Verzweiflung. Das ist das namenlose Massensterben in Dreck, Blut und Eiter – Tausende Kilometer von der Heimat entfernt. Deutsche Schädelstätte auf Tatarenerde.

Stalingrad: Das ist der schwäbische Kupferschmied, der mit der Frage auf den Lippen stirbt: »Habe ich einem Bauern die Kuh aus dem Stall genommen? – Nein! Habe ich die Wolga nötig gehabt? – Nein, nein, nein.« Das ist der Panzerkommandeur, der von seinen Soldaten Abschied nimmt, nicht mit ›Heil Hitler!‹, wie's üblich ist, sondern mit dem Wort: »Möge Gott Sie behüten!« Das ist der Soldat der Strafkompanie, Totengräber und Minenräumer, der immer noch das Herz hat, einen verstörten und hilflosen Kameraden mitzuschleppen. Das ist der General, Führer der ›glückhaften Division‹, die als erste in Stalingrad eindrang, der dann, als es zu Ende geht, auf den Bahndamm an der Zariza steigt, hocherhoben gegen den Winterhimmel, das Gewehr anlegt und leerschießt, bis ihn eine russische Kugel mitten in die Stirn trifft – der letzte Preuße. Das ist der schneidige Nazioffizier, dem angesichts des Grauens das heulende Elend kommt, der

seinen Kameraden das Brot klaut und von ihnen umgelegt wird. Das ist der Feldmarschall, das kameenhaft geschnittene Gesicht von durchwachten Nächten überschattet, von verborgenen Sorgen gezeichnet, Generalstäbler, für den sich das Schicksal der Armee bislang nur in Fähnchen auf der Karte, Lageberichten, Operationsbefehlen, rechnerischer Abbuchung von Verlusten manifestierte und der nach der Kapitulation von den Fenstern der russischen Limousine aus zum ersten Mal das ganze Elend der von ihm geführten Soldaten sieht.* Größe und Niederlage, Heldentum und Erbärmlichkeit, Bewährung und Versagen, Erkenntnis und Verblendung liegen beschlossen in dem Namen der fernen Stadt.
Stalingrad: Das ist eine Tragödie von antikem Maß, aber nicht in der platten Moral patriotischer Lesebücher. Es ist eine Tragödie in der Art des Aischylos: die Rache der Götter für die Hybris der Menschen. Schuld und Sühne, wie es der Priester im Wehrmachtsrock, Bergarbeitersohn aus dem Ruhrgebiet, empfindet bei seiner Wanderung über das apokalyptische Land. Wie es der Panzerführer Vilshofen, General der letzten Stunde, empfindet bei seinem Weg durch die toten, brandgeschwärzten Straßen der Schicksalsstadt: »Deutschland! Das ist kein Wort an den leeren Himmel geschrieben . . . wer immer hier sinnlos stirbt, mit ihm stirbt Deutschland!« Wie es Theodor Plievier selber, Deutscher in der Fremde, verlorener Sohn eines verlorenen Vaterlandes, empfunden hat in der unvergeßlichen Vision am Ende des Buches:
»Und es fuhr ein Wind auf, der kam über die weiten Schneewüsten des Ostens und war eisig, und da über allen Feldern vom Pamir und vom Balchasch-See her über den Aralsee weg bis zur Wolga die hohe Sonne stand und schwebend diamantene Helle die Lüfte erfüllte, war es ein erster Frühlingswind, und der zog klingend durch die hohlen Hallen und die ragenden Ruinen und die zerklafften Mauern der Stadt Stalingrad und zog weiter über das von Trichtern und Gräben zerfressene und von Haufen zerschlagener Kampfwagen und Räder und Geschütze überstreute weite Land. Und nichts war am Himmel, kein Motorengeheul mehr und keine aufspritzende Rauch- und Erdfontäne mehr, nichts war als das Klingen des Windes. Und die Erde war leer, und von Stalingrad-Mitte über Gumrak und weiter bis zu den Dörfern der Donsteppe zog sich eine breite, von vielen Füßen ausgetretene Spur, eine lang hingezogene Kiellinie, die Schicksalslinie eines Volkes, einen Sterntag lang aufscheinend und wieder versinkend.«

Zwischen den Büchern *Stalingrad* und *Moskau* liegt Plieviers Übergang in den Westen. Man hat zuweilen behauptet, daß der Standortwechsel des Schriftstellers die Tendenz seines Werkes verändert hat, es ist aber eher umkekehrt: Der Schriftsteller mußte seinen Standort wechseln, um sagen zu können, was zum Thema Moskau zu sagen ist. Das Moskau-Buch ist so wenig antirussisch wie das Stalingrad-Buch prorussisch, in beiden Fällen ging es Plievier nur um den historischen Wahrheitsgehalt. Doch konnte er das Menetekel von Stalingrad gestalten, ohne sich mit der Roten Armee befassen zu müssen, sie bleibt da ge-

* Generalfeldmarschall Friedrich Paulus, gestorben 1957 in Dresden als Militärhistoriker der DDR.

sichtslos, hat lediglich die Funktion eines Vollstreckers der Nemesis. Er konnte also in diesem Falle die kommunistische Zensur, die über den Heldenmythos der Roten Armee wacht, umgehen. Bei der Darstellung des Rußlandfeldzuges 1941 kam er aber nicht umhin, den Krieg auf beiden Seiten zu schildern, ja, er rückte den sowjetischen Part politisch und literarisch in den Mittelpunkt. Es ging ihm darum, einige bis dahin unbekannte oder umstrittene Thesen zu demonstrieren:

1. Die Sowjetunion wurde von dem deutschen Angriff 1941 nicht überrascht. Sie mußte damit rechnen und hatte sogar konkrete Beweise dafür.
2. Wenn die deutschen Armeen bei ihrem Vormarsch dennoch auf einen völlig unvorbereiteten Gegner trafen, auf eine chaotische Auflösung der sowjetischen Front, lag das an der organisatorischen und wirtschaftlichen Unfähigkeit der Sowjetbürokratie, an einer falschen militärischen Konzeption, die aus politischen Erwägungen ganz auf einen Angriffskrieg eingestellt war, an der Handlungsunfähigkeit der sowjetischen militärischen Führung, die durch jahrelangen Terror der Geheimpolizei dezimiert und demoralisiert war, an der Unlust der Bevölkerung, das verhaßte bolschewistische Regime zu verteidigen.
3. Stalin selber war vollkommen verzweifelt und gab den Krieg schon verloren. Moskau lag wehrlos vor den Deutschen. Sie hätten durch rechtzeitigen Einsatz einer kampfkräftigen Division die Hauptstadt erobern und einen zumindest partiellen Sieg über die Sowjetunion davontragen können.
4. Wenn der deutsche Rußlandfeldzug dennoch scheiterte, lag das daran, daß die nationalsozialistische Diktatur nicht weniger barbarisch, borniert und unfähig war als die bolschewistische. Hitler durchkreuzte ständig die Pläne der militärischen Fachleute, traf keine Vorbereitungen für den Nachschub und den russischen Winter, entfernte im kritischen Augenblick alle fähigen Heerführer und errichtete in den besetzten Gebieten ein politisches Regime, das die Bevölkerung auf die Seite der Bolschewisten treiben mußte.

»Das Ende einer Legende«, hat Plievier sein Buch charakterisiert, »— der Legende der Unbesiegbarkeit. Ich spreche nur eine geschichtliche Wahrheit aus, wenn ich sage: es gibt keine unbesiegbare Armee. Die Grande Armée von Napoleon war es nicht. Die Wehrmacht unter Hitler war es nicht. Die Rote Armee ist es nicht.[151]«
Als Beleg für seine Thesen führt Plievier neben eigenen Erlebnissen und Erfahrungen im Raum Moskau 1941 zwei Vorfälle an, die ihm von Augenzeugen verbürgt wurden:
Ein sowjetischer Generaloberst, der heute in der Emigration lebt, war schon zwölf Tage vor dem deutschen Angriff aus seinem Wehrkreis Ural in die Westgebiete der Sowjetunion geschickt worden, um dort den Einsatz seiner Truppen vorzubereiten. »Weißt du, was deine Mission bedeutet?« fragte ihn der General Klimowski, der in den Westgebieten kommandierte, aber noch keinerlei Instruktionen von oben hatte. »Ja«, antwortete der Oberst, »Woina (Krieg).« Der unglückliche General Klimowski wurde nach Kriegsbeginn für die mangelnde Verteidigungsbereitschaft seiner Truppen verantwortlich gemacht und erschossen. Zweitens beruft sich Plievier auf eine Politbürositzung in Moskau. Der Moskauer Parteisekretär Schtscherbakow verlangte die Verteidigung Moskaus. Die mächtigen Männer des Kreml schwiegen. Stalin schwieg. Shdanow schwieg. Woroschi-

low, der Verantwortliche für die Verteidigung, Wosnessenski, der Verantwortliche für die Wirtschaft, Kaganowitsch, der Verantwortliche für das Verkehrswesen, waren ratlos. Molotow schlug vor, Moskau zu räumen und mit Hitler zu verhandeln. Und Stalin schwieg immer noch. Da warf sich der Armenier Mikojan, ›Petronius am Hofe des Nero‹, temperamentvoll in die Bresche; Malenkow unterstützte ihn. Mit einfacher Mehrheit wurde beschlossen, den Kampf fortzusetzen. Wenige Tage später versackten die deutschen Panzer im Schlamm. Shukow, der neue Stern am Sowjethimmel, gewann eine entscheidende Atempause, die asiatischen Divisionen an die Front zu werfen.

Als das Buch 1952 erschien, stießen Plieviers Thesen im Osten auf Empörung, im Westen auf Skepsis. 1956 hat Chruschtschow in seiner Geheimrede auf dem XX. Parteitag der KPdSU die Darstellung des Schriftstellers in allen Punkten bestätigt.

Natürlich macht die historische Korrektur nicht das Wesen des Romans *Moskau* aus. Sie hängt aber mit der zentralen Aussage des Buches zusammen. Der siegreiche Sprung der deutschen Armeen in das Herz Rußlands und die chaotische Ratlosigkeit auf sowjetischer Seite, das Inferno von Panik, Terror, Verzweiflung, werden einander gegenübergestellt. Im Laufe des Kampfes tritt dann ein Umschwung ein, der durch das ›Parallelogramm der sittlichen Kräfte‹ bestimmt wird. Deutscherseits enthüllt sich der Feldzug immer mehr als Raubkrieg, auf russischer Seite erwacht, begünstigt durch die zeitweilige Paralysierung der Partei, der Patriotismus.

Der Untergang der deutschen Stoßarmeen ist schaurig inkarniert in dem Schicksal des versprengten, durch die Schneewüsten tappenden Generals, der von sowjetischen Partisanen ergriffen, an den Dorfeingang geschleift, dort aufgestellt und mit Wasser übergossen wird, daß er zur Eissäule erstarrt. Der Oberst Vilshofen aber wird von Partisanen aufgenommen, die gegen die Fremden wie gegen die Bolschewisten kämpfen. »Wirst du an alles denken, Vilshofen?« heißt es am Schluß des Buches. »Noch war die Erde verdunkelt vom Rauch der Geschütze. Aber er hatte das Licht gesehen ... das Licht hatte er gesehen, als die Erde am dunkelsten war.«

Der Hitler-Stalin-Krieg gipfelte in der Schlacht um Berlin. Wieder räumt Plievier mit einer Legende auf, mit der Legende der Befreiung. Berlin: Das ist das Einander-Zerfleischen zweier Totalitarismen. Das ist der Hexensabbat im Führerbunker und der Einbruch der Steppe nach Europa. Blutrausch und Orgien, Besessenheit und Bestialität, Vergewaltigung und Mord – Verbrechen über Verbrechen gegen die Menschlichkeit auf beiden Seiten.

Im Beschwören der Hölle von Berlin erreicht Plievier noch einmal die Ausdrucksgewalt, die apokalyptische Schau und die Bannkraft der Bilder seiner Stalingrad-Vision. Ein hundertfältiges Mosaik von Daten, Fakten, Vorfällen, Beobachtungen, Schicksalen, Tragödien wächst da ins Gleichnis. Der an die Laterne gehängte Deserteur und die von einer vertierten und verhetzten Sodateska geschändete Frau – das sind die paradigmatischen Zeichen der Schlacht um Berlin, die zwei Weltbeglückungsideologien entlarven und richten. »Das Erbe Hitlers«, sagt Plievier, die grausige Walstatt betrachtend, »... aber nicht nur ein Erbe Hitlers.«

Theodor Plievier, Proletarierkind vom Berliner Wedding, sein Leben lang ein stiller, schweigsamer, bedächtiger Mann, Arbeiter auch des Geistes, hat die Not seines Volkes protokolliert. »Man kann«, erzählt der ihm freundschaftlich verbundene Dichter Hagelstange, »an diesem Schriftsteller, der mehr noch als alle seinesgleichen Autodidakt war, manches aussetzen. Es ließe sich wohl auch dies oder jenes Kritische über den Menschen sagen, der nicht ohne anarchische Züge war. Aber das alles ändert nichts an der Tatsache, daß er aus einem Stück war, wie ein Baum aus einem Stück ist, ein Felsbrocken oder auch ein brennendes Feuer. Gewachsenes, Zufälliges und Strebendes – der ganze Kerl war eine sonderbare Mischung aus Fleisch, Instinkt und Ethos. Gelegentlich temperamentlos bis zur Langenweile. Wach und begriffsschnell zuweilen, daß es eine Freude war. Unbestechlich und zuverlässig in entscheidenden Situationen, daß er Vorbild sein konnte.[152]«

Die Dämmerung nach vorn

Wir haben keine Zuversicht, wir haben nur Hoffnung.

ERNST BLOCH Das Prinzip Hoffnung 1954

In den fünfziger Jahren trat der katholische Theologe Jakob Hommes aus Regensburg mit einem Buch über den Dialektischen Materialismus *Der technische Eros* an die Öffentlichkeit. Das Buch erregte Aufsehen und Kritik, weil es mit den bis dahin üblichen Vorstellungen vom Diamat, dargestellt vor allem von Hommes' Kollegen Wetter und Bochenski, radikal brach.
Hommes interpretierte den Dialektischen Materialismus als eine Art Existentialismus, eine verführerisch schillernde Philosophie der menschlichen Selbstverwirklichung. Der Mensch, heillos auseinandergeraten mit der gegenständlichen, gegenwärtigen Wirklichkeit, schier erstickt in der Welt der Sachen und Waren, unternimmt in der sinnlichen Tätigkeit, der Praxis, der Arbeit, verstanden als Schöpfertum, die gewaltsame Wiederaneignung der Welt; nach einem System von Spielregeln – dem Kommunismus – erobert er sich die Welt der Objekte, Natur und Gesellschaft, um in ihnen zu sich selber zu kommen, um aus der ihm entfremdeten Sach- und Warenwelt Heimat werden zu lassen. Anders gesagt: Erst als roter Prometheus, der die Welt nach seinem Bilde und auf seine Weise schafft, kann der Mensch sich wirklich als Mensch fühlen, erhebt er sich über ein bloß vegetierendes Dasein als Kreatur, Arbeitssklave, Konsument, Stimmvieh und dergleichen, freilich auch über seine Gotteskindschaft. In diesem faustischen Drang nach Selbstverwirklichung sieht Hommes den philosophischen, ja mystischen Kern des Marxismus, eine neue Ontologie, die der menschlichen Tat oder Freiheit eine geradezu titanische Rolle zumißt, sie zu dem ersatzgöttlichen Grund und Ziel alles Menschenlebens wie aller Wirklichkeit überhaupt macht. Derart betrachtet, sind für Hommes Dialektischer Materialismus und Existentialismus, beide von Hegel-Schülern, von Marx und Kierkegaard, gestiftet, nur zwei feindliche, gleichermaßen gotteslästerliche Brüder – die beiden Gesichter Beelzebubs in der modernen Welt.
Warnend ruft Hommes am Ende seines Buches aus: »Es gilt, das ekstatische Wesen dieser den modernen technischen Eros tragenden materialistischen Geschichtsauffassung klar zu sehen, denn aus dieser Ekstatik des entfesselten technischen Eros züngelt – wir sagen das aller beruhigenden Rede zum Trotz – eine wahrhaft dämonische Kraft der Zerstörung.«
Bei den Kennern des Dialektischen Materialismus erregten Hommes' Thesen Kopfschütteln. Wer die kommunistische Philosophie der Gegenwart kennt, weiß,

wie wenig Dynamik und Ekstatik in ihr steckt. Keine Spur von Dämonie, Enthusiasmus, Faszinationskraft; der Diamat in seiner stalinistischen Gestalt ist nichts weiter als eine monoton klappernde Gebetsmühle und ein ziemlich holpriges Schema der Geschichtsklitterung, brauchbar weniger zur Teufelsbeschwörung als zur Volksverdummung. Hommes hat, darüber waren sich die meisten Kritiker einig, den Denkansatz des jungen Marx in den Dialektischen Materialismus von heute projiziert. Dabei entging den Kritikern allerdings, daß es doch noch einen lebenden kommunistischen Denker gab, der die von Hommes antithetisch entwickelte marxistische Freiheitsphilosophie vertrat, einen Mann, von dem Hommes selbst offenbar bis dahin noch nie etwas gehört hatte: Ernst Bloch (1885 bis 1977), der schon 1918 in *Geist der Utopie* seine revolutionären Ideen verkündet hatte.

Als ich Bloch kennenlernte, im Jahr nach dem Aufstand vom 17. Juni, saßen wir in den Überresten des Hotels Adlon inmitten des Ruinenviertels am Brandenburger Tor, und er erzählte mir eine Nacht hindurch von den revolutionären Prophezeiungen der Bibel. Da hatte er selber etwas von der Kraft und dem Feuer, auch dem Zorn der alten Propheten. Dieser Mann, der auf den ersten Blick einen so bedächtigen und würdevoll abgeklärten, eben professoralen Eindruck machte, verstand es, zu befeuern und zu bannen. Er illuminierte die jahrtausendealte Kulturgeschichte mit dem Wetterleuchten seiner Hoffnungen und Erwartungen. Er sprach so, wie er schrieb: Hinter der eigenwilligen Terminologie funkelte Poesie aus Lutherdeutsch; aus der breitangelegten, reflexionsbefrachteten Darstellung wuchs plötzlich ein Bild, das den Gedanken wie ein Blitz erhellt. Er konnte sarkastisch sein, auch bitter, und schon schien es mir, daß seine Zukunftstrunkenheit von tragischer Melancholie umflort war. Er schien mir ein Revolutionär *trotz alledem.* Vielleicht brauchte er den übermächtigen Hoffnungsimpuls in sich, um sein kompromißloses Leben voller ruheloser Wanderschaft, voller Verfolgungen und Enttäuschungen im Gleichgewicht zu halten.

Blochs Philosophie geht von einer menschlichen Erfahrung aus, die er Dunkel des gelebten Augenblicks nennt. ». . . am meisten dunkel bleibt schließlich das Jetzt selber, worin wir als Erlebende uns jeweils befinden. Das Jetzt ist der Ort, worin der unmittelbare Herd des Erlebens überhaupt steht, in Frage steht; so ist das gerade Gelebte selber am meisten unmittelbar, also am wenigsten bereits erlebbar. Nur wenn ein Jetzt gerade vergangen ist oder wenn und solange es erwartet wird, ist es nicht nur ge-lebt, sondern auch er-lebt. Als unmittelbar daseiend, liegt es im Dunkel des Augenblicks. Nur das gerade Heraufkommende oder das gerade Vergangene hat den Abstand, den der Strahl des Bewußtwerdens braucht, um es zu bescheinen. Das Daß und Jetzt, der Augenblick, worin wir sind, wühlt in sich und empfindet sich nicht. Dementsprechend also wird der jeweilige Inhalt des gerade Erlebten nicht wahrgenommen.« Viele Male kreist Bloch das Rätselhafte ein, das in diesem Augenblicksdunkel waltet, er spricht vom Daß-Grund, vom Weltknoten, vom Materieschoß und dergleichen, doch hält er es letztlich für unerforschlich, er beläßt es beim Weltgeheimnis, beim gärenden Inkognito.

Denn daß es in diesem Da-Sein des Menschen und der Welt gärt und treibt wie in einem Sauerteig, scheint ihm die einzig greifbare und wesentliche Bestimmung. In uns ist ein Trieb, ein Streben, ein Bedürfnis, aus der Leere des Augenblicks hervorzubrechen, wir empfinden das Nicht-Sein als ein Nicht-Haben: ein Horror vacui gleichsam setzt so die Welt in Gang. Bloch polemisiert gegen Freud, daß man einen so spezifischen Trieb wie die sexuelle Libido nicht zum Nenner der Welt machen könne; er spricht umfassender von Hunger und meint damit ganz offensichtlich nicht nur das physische Magenknurren, sondern den Mangel schlechthin, das Ungenügen an dem, was ist, also alles in uns, was essen, trinken, lieben, überwältigen, sich ausleben und erfüllen will. Auch in der vormenschlichen und außermenschlichen Welt entdeckt Bloch den Trieb, aus dem unerfüllten Schattendasein, der Mangelhaftigkeit herauszukommen – es ist das, was der philosophierende Schuster Jakob Böhme die Qual der Materie nannte. Diese Intention des Weltgrundes aus dem Dunkel heraus ins Licht ist nach Bloch der Ursprung der Geschichte, der Anstoß des Weltprozesses.

Der Weltprozeß tendiert nun auf ein letztes Ziel, das Bloch als höchstes Gut, Totum und Ultimum, Identität, Gelungensein umschreibt, als den Einschlag des Was-Wesens in den Daß-Grund. Wieder verzichtet Bloch darauf, die Sache, um die es geht, exakt auszusagen, da sie noch unzureichend herausgetreten ist, noch ganz in Ahnung steht. Es ist der Sinn des Lebens, das Gewissen der Geschichte, Glückseligkeit und gelobtes Land, der utopische Grenzinhalt, der im ›Verweile doch, du bist so schön‹ des Faustplans gedacht ist. Am konkretesten noch drückt Bloch das Gemeinte mit den Worten von Marx aus: »Naturalisierung des Menschen, Humanisierung der Natur«, oder anders gesagt: »Die vergesellschaftete Menschheit im Bund mit einer ihr vermittelten Natur ist der Umbau der Welt zur Heimat.«

Auf dieses letzte Ziel geht all unser Wollen, unsere Sehnsucht, unsere Hoffnung, erst von dorther bekommt die Welt Inhalt und Sinn. Wir ahnen etwas von dem Letzten, Unsagbaren in unseren Wunschträumen, in den Realchiffren und Archetypen, die unser Leben und Denken geheimnisvoll durchwalten, in den Utopien und moralischen Leitbildern, in den gedichteten Figuren menschlicher Grenzüberschreitung: Don Quichotte, Don Giovanni, Odysseus, Faust, im tönenden Goldgrund der Musik, in den eschatologischen Verheißungen der Religionen, im Morgenland Natur. So taucht in der Dämmerung nach vorwärts eine rätselhafte paradiesische Landschaft auf, ein neuer Himmel und eine neue Erde, wo alles hinwill, aber noch niemand war – die beiden Goethe-Worte ›Am Anfang war die Tat‹ und ›Das Unbeschreibliche, hier wird's getan‹ umspannen den Tendenzbogen der von Bloch gemeinten Welt.

Einen westlichen Betrachter mutete die Blochsche Philosophie mit ihrem alttestamentarischen Pathos, ihrer Fortschrittsgewißheit und dem politischen Heilsgedanken seltsam exotisch an; das Prinzip Hoffnung, das Bloch vertrat, war schon damals im Westen aus der Mode, jedenfalls bei Philosophen und Auguren. Das mag man als Erklärung, wenn auch nicht als Entschuldigung nehmen für die fatale Tatsache, daß das westdeutsche Geistesleben viele Jahre lang an einem unserer anregendsten und bedeutendsten Denker vorbeigegangen ist. Hinzu kam freilich als Sperre zu Blochs Werk, die manchen vor den Kopf stieß, eine eigenartige und weiß Gott nicht immer glückliche Verquickung von spekulativer Philosophie und Tagespolitik: Da ist inmitten tiefer und allgemeiner Gedanken plötzlich von amerikanischer Kulturbarbarei und sowjetischer Friedenspolitik die Rede; C. G. Jung wird kurzerhand als ›faschistisch schäumender Psychoanalytiker‹ abgefertigt, Huxley als ›Individual-Faschist und Verbrecher‹; Stalin geistert bei Bloch als Ausbund der Weisheit wie Napoleon einst bei Hegel als Weltgeist zu Pferde. In der Ausgabe letzter Hand hat Bloch das dann alles gestrichen.

Andererseits war der Unterschied dieser Philosophie zur kommunistischen Parteiideologie immer augenfällig; neben ihr, die Bloch boshaft ›Schmalspurwissenschaft‹ nannte, überwältigte sein Werk durch den Reichtum und die Kühnheit der Gedanken, die intime und souveräne Kenntnis der Kulturgeschichte, schließlich die Fülle echter Weisheit, die ganz unabhängig von der philosophischen und politischen Aussage zur Bewunderung zwingt. Blochs Hauptwerk *Das Prinzip Hoffnung* (1. Band 1954, 2. Band 1955, 3. Band 1959) ist eine wahre Enzyklopädie menschlicher Daseinsäußerungen, soweit sie der Zukunft zugewandt sind. Angefangen von den kleinen Tagträumen des Alltags, von Jahrmarktsrummel, Kintopp und Opiumrausch über all die Utopien und Wunschbilder, die sich die Menschen eh und je in Politik, Wissenschaft, Kunst und Philosophie zurechtgebastelt haben, bis hin zu den Offenbarungen des höchsten Augenblicks findet der gesamte Hoffnungsraum der Menschheit seine Darstellung und immer wieder betreffende Deutung. In seiner späten Arbeit *Differenzierungen im Begriff Fortschritt* entwarf Bloch eine marxistische Naturphilosophie und Kosmologie; in seinem denkwürdigen Hegel-Vortrag im November 1956 forderte er darüber hinaus die Erweiterung des Diamat durch eine marxistische Anthropologie, Ethik und sogar – von Feuerbach ausgehend – Religionsphilosophie.

Kein Wunder, daß der SED dieser ›Arbeiter an der philosophischen Front‹ nie ganz geheuer war. Doch sie tolerierte ihn als repräsentativen Verbündeten, wie sie Brecht tolerierte (beide waren nicht Mitglieder der SED). Parteiprofessor Kurt Hager, der für Ideologie zuständige Sekretär des Zentralkomitees, unterschied, wenn er von der fortschrittlichen Philosophie sprach, feinsinnig zwischen »Anhängern des Dialektischen Materialismus und solchen Denkern wie Ernst Bloch[153]«. Nach langem Zögern entschloß sich die Partei im Tauwetterjahr 1955, dem Philosophen den Vaterländischen Verdienstorden in Silber und den Nationalpreis zu verleihen; bei dieser Gelegenheit bescheinigte man seinen Werken zwar nicht gerade, daß sie linientreu sind, doch daß sie »eine tiefdringende Analyse und Interpretation der Welt mit einer progressiven Einstellung verbinden[154]«. Bloch selber fühlte sich dem SED-Regime durchaus freundschaftlich verbunden, trotz vieler Differenzen im einzelnen erhoffte er vom Kommunismus die Verwirklichung seiner Träume.

Bezeichnend ist eine Episode: Bei einem Staatsbankett sitzen Bloch zwei hohe Parteifunktionäre gegenüber. Der eine zückt eine Zigarre, eine einheimische mit etwas düsterem, verdächtigem Aussehen. Da bietet der andere seinem Genossen eine westliche Importe an. Der nimmt sie und macht sich daran, mit einem Messer die Spitze abzusäbeln. Nun bringt der andere auch noch einen westlichen Zigarrenabschneider zum Vorschein. »Nanu«, meint Nummer eins, »alles aus dem Westen?« Der andere antwortet prompt: »Wenn du es nicht produzierst . . .« Es waren der oberste Wirtschafts- und der oberste Handelsfunktionär der DDR. Bloch, der den Vorgang beobachtet hat, meint: »Wenn ihr doch mit dem Volk ebenso offen und vernünftig reden wolltet, dann würde eure Politik viel mehr Verständnis finden.« Da tritt ein dritter Parteiführer auf ihn zu und drückt ihm die Hand: »Herr Professor, Sie haben mir aus dem Herzen gesprochen.« Das war Ulbricht.

So koexistierte also der Philosoph auf der Basis beiderseitiger Illusionen Jahre hindurch mit der Partei. Wie der alte Hegel ahnte er kaum, welch revolutionärer Funke in seiner philosophischen Lehre glomm. Bis der Oktober 1956 kam, bis plötzlich offenbar wurde, daß – wie Marx sagt – der Blitz des Gedankens in den naiven Volksboden eingeschlagen hat.

Der revolutionäre Funke in Blochs Philosophie – das ist die Dialektik. Bloch spricht einmal von dem Wärmestrom und dem Kältestrom im Marxismus, dem warmen und dem kalten Rot. Das eine ist die Befreiungsintention, das Prozeßdenken, der revolutionäre Impuls der Dialektik, das andere die realistische Situationsanalyse, das Denken im überschaubaren System, die abkühlende Einsicht in das, was möglich und nützlich ist. In dem einen drückt sich die Zukunftsträchtigkeit des Marxismus aus, sein Ziel der Menschheitserlösung, der humane, emotionsgesättigte Antrieb, in dem andern die Anpassung an die Aufgaben der Gegenwart, politische Strategie und Taktik – Machtpolitik. Der Gedankenflug steht der Erdenschwere gegenüber, die Taube auf dem Dach dem Spatz in der Hand. Obwohl Bloch einräumt, daß die zwei Weisen Rotsein korrespondieren, daß sie einander ergänzen und zurechtrücken, bekennt er selber sich offensichtlich zum warmen Rot, zum Marxismus als Wärmelehre. Das kalte Rot bekommt in seiner Darstellung leicht einen abschätzigen Akzent, er sagt beispielsweise, daß es sich zum warmen Rot verhalte wie Säure zum Glauben, daß es dem Überholen, Überschlagen, Überfliegen Blei in die Sohlen gieße. Man ist versucht, eine Folgerung zu ziehen, die Bloch in diesem Zusammenhang nur andeutet: Der Wärmestrom des Marxismus kommt zum Ausdruck in der Blochschen Philosophie, der Kältestrom im Stalinschen Diamat.

Der Unterschied zwischen beiden wird deutlich, wenn man vergleicht, auf welche historische Ahnenreihe sie sich jeweils berufen, an wen sie, Marx vorausgesetzt, anknüpfen. »Das gute Neue ist niemals so ganz neu«, schreibt Bloch im Vorwort seines Hauptwerkes. »Utopisch Gewolltes leitet sämtliche Freiheitsbewegungen, und auch alle Christen kennen es in ihrer Art, mit schlafendem Gewissen oder mit Betroffenheit, aus den Exodus- und messianischen Partien der Bibel. Auch hat das Ineinander von Haben und Nicht-Haben, wie es die Sehnsucht, die Hoffnung ausmacht und den Trieb, nach Hause zu gelangen, in großer Philosophie immerhin gewühlt. Nicht nur im Platonischen Eros, auch in dem weittragenden Begriff der Aristotelischen Materie als der Möglichkeit zum Wesen und im Leibnizschen Begriff der Tendenz. Unvermittelt wirkt Hoffnung in den Kantischen Postulaten des moralischen Bewußtseins, welthaft vermittelt wirkt sie in der historischen Dialektik Hegels.« Diese Genealogie besteht aus lauter nichtmaterialistischen Denkern, und das ist nicht verwunderlich, denn die Dialektik als Motor der Geschichte ist vornehmlich von Philosophen erfaßt worden, die sich über die platte Realität erhoben haben, die ihr vorausgeeilt, vorausgeflogen sind. Wie aber reimt sich diese Abstammungslehre mit der Erklärung Shdanows auf der berüchtigten Moskauer Philosophentagung 1947 zusammen, daß sich der Diamat einzig und allein aus der materialistischen Philosophie der Vergangenheit herausgebildet habe, und zwar im Kampf mit dem Idealismus, welcher stets die Geschäfte volksfeindlicher Klassen besorgte? Blochs Ahnherren stehen demnach samt und sonders auf der andern Seite der Barrikade. Natürlich mit Ausnahme von Marx – doch sollten Bloch und die Stalinisten da nicht auch verschiedene Auffassungen vom Marxismus haben?

In der Tat fließen im Marxismus Wärme- und Kältestrom nicht einfach nebeneinander her, sondern intermittieren wie ein Wechselstrom. Marx hat mit Hilfe der revolutionären Hegelschen Dialektik das Hegelsche System – die preußische Staatsphilosophie – gesprengt; er war niemals Systemdenker, nicht nur die Frühschriften, auch die Bände des *Kapital* stecken voller Dialektik, und noch im Alter erklärte er: »Je ne suis pas marxiste.« Die alte Sozialdemokratie hat den Marxismus zu einem philosophischen System eingefroren. Am Anfang unseres Jahrhunderts war dies System offensichtlich veraltet; Lenin hat wieder Feuer in den Marxismus gebracht, bezeichnenderweise durch Hegelei. Er bekannte offen, daß ihm der kluge Idealismus näherstehe als der dumme Materialismus, und schrieb: »Man kann *Das Kapital* von Marx . . . nicht vollständig begreifen, ohne die *ganze* Logik Hegels durchstudiert und begriffen zu haben. Folglich hat nach einem halben Jahrhundert nicht ein Marxist Marx begriffen!![155]« Stalin systematisierte dann erneut den Marxismus; er preßte ihn auf fünfunddreißig Seiten zusammen als Katechismus des neuen Byzanz: das berüchtigte Diamat-Kapitel im *Kurzen Lehrgang der Geschichte der KPdSU (B)*. Auf diese Faustregel-Ideologie mußte die Blochsche Philosophie, die an Hegel und Marx, auch Lenin orientiert war, wie Sprengstoff wirken.

Bloch selbst scheint den Konflikt trotz gelegentlicher Ausfälle wider die Erstarrung, die in den Marxismus eingedrungen sei, erst sehr spät in seinem ganzen Ausmaß begriffen zu haben: dann allerdings wandte er sich mit aller Entschiedenheit gegen den ›denaturierten Revolutionsgeist‹, die ›Gegenrevolution im Marxismus‹.

Denn hinter der theoretischen Differenz steht eine praktisch-politische: die Frage nämlich, ob die sowjetische Gesellschaftsordnung schon das Reich der Freiheit, von dem Marx träumte, repräsentiert. Die Menschwerdung des Menschen durch befreite Arbeit, sagt Bloch, hat noch viele Stufen, sie ist kein Fixum am ersten klassenlosen Tag. Auf der Konferenz über das Freiheitsproblem 1956 sprach er offen aus, daß die Freiheit in den sogenannten Sozialistischen Staaten noch keineswegs mit dem erstrebten Zielinhalt identisch sei, ja, daß es in diesen Staaten einige der bereits gewonnenen bürgerlichen Freiheiten nicht mehr oder noch nicht wieder gäbe[156].

Und im *Prinzip Hoffnung* hat er mit jenem schwerfälligen, langsam anhebenden Donnergrollen, das Heine den deutschen Philosophen nachrühmt, bekannt:

»Die Revolutionen verwirklichen die ältesten Hoffnungen der Menschheit: eben deshalb implizieren sie, verlangen sie die immer genauere Konkretion des als Reich der Freiheit Gemeinten und der ungeschlossenen Fahrt daraufhin. Nur wenn ein Sein wie Utopie selber (folglich die noch völlig ausstehende Realitätsart: Gelungensein) den Treibens-Inhalt des Jetzt und Da ergriffe, wäre auch die Grundbefindlichkeit dieses Treibens: die Hoffnung, total in das Gelungensein der Wirklichkeit einbezogen. Bis zu dieser möglichen Erfüllung ist die Intention Wachtraumwelt in Gang; keine Abschlagszahlung läßt sie vergessen. Keine Verabsolutierung eines bloßen Vorgefühls darf das Eingedenken in dieser Intention vergessen lassen . . . Die höchste Gewissenhaftigkeit dieses Eingedenkens ist in dem Psalmwort gesetzt: ›Meine Rechte soll verdorren, wenn ich dein vergesse, Jerusalem.‹«

Aus der revolutionären Tendenz der Blochschen Philosophie, ihrem Einschreiten in große, offene Horizonte ergibt sich die ›geradezu titanische Rolle der menschlichen Tat oder Freiheit‹, von der Hommes gesprochen hat. Ohne Möglichkeit der Wahl, sagt Bloch, gibt es keinen Fortschritt; denn ist der Weltprozeß total determiniert, kommt höchstens im Bewußtsein des Menschen, nicht aber in der Realität etwas Neues vor. Das bestürzte, absolute Staunen und Fragen vor dem Dasein, das Bloch erwähnt, hat dann ebensowenig Platz in der Welt wie das gestaltende Verändern. Dem Menschen bleibt nur übrig, der ehernen Logik der Geschichte zu folgen oder es bleiben zu lassen – er ist nicht Lokomotivführer am Schaltbrett des Daseins, sondern bloß ein Fahrgast, der sich am Schalter der Kommunistischen Partei die Fahrkarte zum Sozialismus lösen darf. Nach Bloch macht jedoch der Mensch seine Geschichte selbst; wohl ist er auf die Tendenzen und Möglichkeiten angewiesen, die in der knospenden Entelechie des Materieschoßes angelegt sind, aber: »Die Entscheidung ist noch nicht gefallen, und die Sache selbst ist selber noch nicht heraus.« Es gibt positive und negative Möglichkeiten, die Weltsache ist noch unterwegs und in Gefahr, alles Seiende ist noch vom Nichts umstellt, dem das Weltgeschehen ebenso entgegentreibt wie dem Alles, dem erfüllten Glück. Vom Horizont winkt nicht nur das Gelungensein, sondern auch sein Gegenteil: das Scheitern, das Umsonst des Weltprozesses, die Vereitelung der Utopie. So schimmert der erträumte Himmel vor der schwarzen Folie des Höllenhaften, das erst noch zu besiegen ist, das Leben ist noch in den Tod verschlungen, und wer am Ende triumphiert, ist noch lange nicht ausgemacht. Wir haben keine Zuversicht, sagt Ernst Bloch, wir haben nur Hoffnung.

Diese Offenheit, Unentschiedenheit der Weltgeschichte ist vielleicht das aufregendste an der Blochschen Konzeption, sie wirft den klappernden Geschichtsmechanismus des Diamat völlig über den Haufen und gibt der menschlichen Willens- und Entscheidungsfreiheit neuen Raum. »Willensfreiheit«, so sagte Bloch auf der schon erwähnten Freiheitskonferenz, »kommt von Wollen, das sich durch das stufenweise Wählen, Entscheiden und Handeln verwirklicht. Die Wahl ist hier der Ausgangspunkt der Freiheit . . .« Das heißt, daß niemand den Schlüssel zum Paradies in der Tasche hat, weder die ökonomische Nemesis des Marxismus noch die Partei, die behauptet, immer recht zu haben. Der Mensch selber entscheidet, ob die Welt menschlicher oder teuflischer wird, ob der Himmel aufklart oder sich verdüstert. Dann hat nicht irgendein Winkelzug in der Gesetzmäßigkeit der Geschichte den Nationalsozialismus und den Stalinismus (den ›Personenkult‹) heraufbeschworen, sondern unser eigenes Versagen, unser Nicht-Eingedenken der Menschlichkeit. Dann ist das Aufbegehren des Volkes am 17. Juni 1953 (Berlin) und am 23. Oktober 1956 (Ungarn) nicht irgendein tauber Zweig am Baume der Erkenntnis, nicht ein bloßes Stolpern auf dem sowieso unaufhaltsamen Vormarsch zum Kommunismus, sondern ein Menetekel am Kreuzweg der Geschichte.

Damit rückt der Mensch, der konkrete Mensch in den Mittelpunkt der Philosophie. Der Mensch, sagt Bloch, ist nicht Sklave, aber auch nicht Herr, nicht Leibeigener, aber auch nicht Feudaler, nicht Proletarier, aber auch gewiß nicht Kapitalist. Der Mensch ist dasjenige, was noch vieles vor sich hat. Er wird in seiner Arbeit und durch sie immer wieder umgebildet. Er steht immer wieder vorn an Grenzen, die er überschreitet. In seiner Tapferkeit, nicht in irgendeinem Mythos vom Proletariat, liegt die Zukunft der Geschichte. Der Mensch ist die Angel, in der das Tor zur Freiheit schwingt. Der Spezialist der SED für den Fall Bloch, sein ehemaliger Schüler und späterer Rivale in Leipzig, Rugard Otto Gropp, stellt mit Recht an die Spitze seiner Kritik die Erkenntnis: »Ernst Bloch geht in seiner Weltbetrachtung vom Menschen aus. Das gibt seiner Philosophie ihren Grundcharakter, und dadurch unterscheidet sie sich von vornherein vom dialektischen Materialismus . . .[157]«

Die Blochsche Philosophie ist in der Tat die Grundlegung des menschlichen Sozialismus, das heißt: eines Sozialismus des Menschen und der Menschlichkeit. Zehn Jahre vor dem polnischen und ungarischen Oktober, zwanzig Jahre vor dem Prager Frühling (dem »Sozialismus mit menschlichem Gesicht«) hat er geschrieben (*Freiheit und Ordnung*, 1946): »Die Wurzel der Geschichte ist der arbeitende Mensch; hat er sich erfaßt und das Seine ohne Entäußerung und Entfremdung in realer Demokratie begründet, so entsteht in der Welt etwas, worin noch niemand war: Heimat.«

Das Unheimliche, Gefährliche der Blochschen Philosophie für den Diamat wird in einem Mythos anschaulich, von dem im *Prinzip Hoffnung* berichtet wird, in dem Mythos von der doppelten Helena. Nach einem Fragment des Euripides ist nur ein Schattenbild der Helena nach Troja entführt worden; die richtige hat brav und keusch die Zeit der Wirren im ägyptischen Exil überstanden. Auf der Heimfahrt von Troja entdeckt ihr Gemahl Menelaos sie zu seiner großen Überraschung, zugleich löst sich die auf dem Schiff mitgeführte trojanische Helena in eine Feuersäule auf – rechtschaffen und leibhaft nahe kehrt die fürstliche Gutsfrau heim an ihren Herd; alle beglückwünschen Menelaos zu einer so ehrbaren Frau.

»Indes«, sagt Bloch, »in der wahren Tiefe der Sache trägt sich dieses zu: die trojanische oder Traum-Helena hat vor der ägyptischen voraus, daß sie zehn Jahre lang einen Traum bewohnt, ja den Traum als – Traumgestalt erfüllt hat. Eben gegen dieses kommt die spätere reale Erfüllung nur schwer, jedenfalls nicht vollständig auf; es bleibt der leuchtende Rest des Traumes, es bleibt ein Streif feurige Luft, es verselbständigt sich Fata Morgana. Denn das Objekt der realen Erfüllung war bei den Abenteuern selbst nicht anwesend, zum Unterschied vom

Traumobjekt; das Verwirklichte stellt eine sehr späte Bekanntschaft dar. Nur die trojanische, nicht die ägyptische Helena zog mit den Fahnen, hat die Sehnsucht der zehn utopischen Jahre in sich aufgenommen, die Erbitterung und die Haßliebe des Hahnrei, die vielen Nächte fern von der Heimat, das wilde Feldlager und den Vorgenuß des Sieges. So eben tauschen sich leicht die Gewichte: die Luftsirene in Troja, mit der sich eine Welt von Schuld, Leid, vor allem aber von Hoffnung verbindet, bleibt in dieser merkwürdigen Aporie fast das Reale, die Wirklichkeit wird fast zum Phantom. Vom Kokottenglanz der trojanischen Helena ganz abgesehen hat eben die ägyptische nicht den Utopieglanz der trojanischen für sich, sie zog nicht mit in der Sehnsucht der Fahrt, den Abenteuern des Kampfes, dem Wunschbild der Erringung; so scheint die ägyptische Wirklichkeit als solche von geringerer Dimension.«

Ernst Blochs Philosophie ist ein Kommunismus der revolutionären Illusionen, illuminiert vom Feuerschein der Utopie. Ein solcher Kommunismus hat dem Stalinismus trotz dessen Macht und Erdenschwere unendlich viel voraus: Er ist mit den roten Fahnen gezogen, in ihm sind die Hoffnungen und Opfer der vielen utopischen Jahre inkarniert, die Realität der Arbeitslager und Erschießungskeller ist nicht seine Sache. Das ist es, worüber Parteiprofessor Gropp sich so ärgert und mokiert: »Durch ihren mystischen teleologisch-verkehrten und deswegen als problemreich empfundenen Charakter und auch durch ihre weitgehend feuilletonistische Darstellung übt die Philosophie Ernst Blochs Anziehungskraft auf bestimmte Schichten der Intelligenz und auf Studenten aus, die sich der Praxis entfremdet haben und keine politischen Erfahrungen besitzen. Sie finden hier eine Philosophie, die anzunehmen keinen offenen Bruch mit dem Marxismus erfordert, weil sie sich selbst als marxistisch bezeichnet, die aber erlaubt, sich dennoch vom Marxismus abzusondern. Blochs Philosophie kommt kleinbürgerlichen Stimmungen entgegen, die zwar für den Sozialismus sind, aber ohne die Schwierigkeiten, wie sie der sozialistische Aufbau im Kampf des Neuen mit dem Alten und unter den Bedingungen der imperialistischen Wühlereien mit sich bringt. Die Philosophie Blochs gibt eine ideologische Grundlage für Überheblichkeit, Besserwissen dem Marxismus gegenüber, für seine ideologische Unterhöhlung ...«

Daß Bloch sich dieses Problems bewußt war, wenn auch nicht in bezug auf den Kommunismus, daß er die utopische Mission mit Überzeugung vertrat, geht aus dem Abschnitt ›Begegnung der utopischen Funktion mit Ideologie‹ seines Hauptwerkes hervor. »Da also Ideologien von Haus aus immer solche der herrschenden Klasse sind«, schreibt er da, »so rechtfertigen sie den bestehenden gesellschaftlichen Zustand, indem sie dessen ökonomische Wurzel verleugnen, die Ausbeutung verschleiern.« Utopie holt deshalb nur den Funken, nicht die Asche aus dem Feuer der Geschichte. »Nur so holt Utopie das Ihre aus den Ideologien und erklärt das Progressive historisch weiterwirkender Art in den Großwerken der Ideologie selbst. Geist der Utopie ist im letzten Prädikat jeder großen Aussage, im Straßburger Münster und in der Göttlichen Komödie, in der Erwartungsmusik Beethovens und in den Latenzen der h-Moll-Messe. Er ist in der Verzweiflung, die ein Unum necessarium noch als Verlorenes innehat und im Hymnus an die Freu-

de. Kyrie wie Credo gehen im Begriff der Utopie als dem der begriffenen Hoffnung auf ganz andere Art auf, auch wenn der Reflex bloßer zeitgebundener Ideologie von ihnen weg ist, eben dann. Exakte Phantasie des Noch-Nicht-Bewußten ergänzt derart gerade die kritische Aufklärung, indem sie das Gold sehen läßt, das vom Scheidewasser nicht angegriffen wurde, und den guten Inhalt, der gültigst übrigbleibt, ja aufsteigt, wenn Klassenillusion, Klassenideologie vernichtet worden sind. So hat Kultur hinter dem Ende der Klassenideologien, denen sie bisher bloße Dekoration sein konnte, keinen anderen Verlust als den des Dekorationswesens selbst, der falsch abschließenden Harmonisierung. Utopische Funktion entreißt die Angelegenheiten der menschlichen Kultur solchem Faulbett bloßer Kontemplation; sie öffnet derart, auf wirklich gewonnenen Gipfeln, die ideologisch unverstellte Aussicht auf den menschlichen Hoffnungsinhalt.«
Im *Prinzip Hoffnung* verwahrt sich Bloch noch ausdrücklich dagegen, daß dies auch im Hinblick auf den Kommunismus zu verstehen sei – aber wer konnte verhindern, daß die jungen Menschen, die in seinen Hörsaal strömten, die seine Bücher lasen, es gerade im Hinblick auf den Kommunismus verstanden?
Nicht nur östliche, auch westliche Ideologen pflegen Bloch den offensichtlich utopischen Charakter, das Spekulative, Irreale und Fragmentarische seiner Anschauungen vorzuwerfen, ihren poetischen Nebel. Er selbst hätte darauf eine sehr einfache Antwort gegeben: »Ein scharfer Blick bewährt sich nicht bloß darin, daß er durchschaut. Sondern ebenso in der Weise, daß er nicht jedes als so klar wie Wasser sieht.« Man muß einmal die Ausführungen der zwei Dutzend SED-Philosophen lesen, die inzwischen auf Befehl ihrer Partei das Fehlerhafte und Undeutliche in Blochs Theorien festzunageln versucht haben. Abgesehen von den Mißverständnissen, Simplifizierungen und Verdrehungen, die ihnen unterlaufen, entsteht eben aus dem Versuch, auf alles eine Antwort zu geben, unser Weltbild in allen Punkten wissenschaftlich exakt zu untermauern, ein unentwirrbares, widerspruchsvolles, unentwegt purzelbaumschlagendes Sammelsurium von Meinungen, das im Grunde gar nichts aussagt. Bloch hat demgegenüber mit Absicht vieles in der Schwebe gelassen, weil nach seiner Ansicht die Sache selbst noch nicht heraus ist. Aber wird sie überhaupt jemals herauskommen? Bloch versteift sich darauf, daß sein letztes Ziel: der Himmel auf Erden, erreichbar, realisierbar sei, daß eines Tages das ›Inwendige auswendig, das Auswendige das Inwendige‹ werde, die uralte Glücks-Intention sich erfüllt – doch das ist eine theoretische Konzeption, ich zweifle, daß er im Innersten seines Herzens daran glaubte. »Völlige Deckung«, schreibt er einmal, »ist selten, wahrscheinlich noch nie eingetreten. Im Traum von etwas, bevor das Herz sich labt, war's besser oder schien so.« In seinem berühmten ersten Fernsehinterview auf westdeutschem Boden 1965 sagte er mir: »Mein Prinzip Hoffnung – das ist Hoffnung mit Trauerflor.«

Wie sagte doch Hommes: ». . . aus der Ekstatik des entfesselten technischen Eros züngelt eine wahrhaft dämonische Kraft der Zerstörung.« Dieses Wort des katholischen Theologen wird in einem Sinne, den er allerdings nicht gemeint hat, bestätigt durch die Einschätzung, die ein Kollege von der anderen Fakultät, der

ehemalige Landespastor von Mecklenburg und spätere Diamat-Dozent Heinrich Schwartze, gegeben hat: »Wir kennen aus der antiken Sage die Geschichte des Helden Achilles mit der verwundbaren Ferse. Auch der Siegfried der deutschen Mythologie war nicht gegen jede Art von Angriffen gefeit. Ich möchte über unsere Achillesferse sprechen, das heißt, über eine Stelle, an der wir verwundbar sind. Es handelt sich bei dieser Stelle um das, was gemeinhin als ›menschlicher‹ oder ›ethischer‹ Sozialismus bezeichnet wird.[158]«
Blochs Philosophie blieb – bedingt durch das delikate Verhältnis zur SED – jahrelang in die Esoterik seines Leipziger Schülerkreises gebannt. Erst mit Einsetzen des Tauwetters trat Bloch in den Blickpunkt der Öffentlichkeit. 1953 erschien die von ihm und Harich zusammen mit zwei anderen Professoren herausgegebene *Deutsche Zeitschrift für Philosophie*, die laufend Beiträge von ihm veröffentlichte. 1954 und 1955 erschienen die ersten beiden Bände von *Prinzip Hoffnung*. 1956 hielt er in Berlin die drei großen Reden zur Erneuerung des Marxismus: *Differenzierungen im Begriff Fortschritt, Freiheit und Wahrheit, Hegel und die Gewalt des Systems*. Zu dieser Zeit war sein Auditorium in Leipzig, der größte Hörsaal der Karl-Marx-Universität, ständig überfüllt. Führende Vertreter der Parteiideologie gerieten in seinen Bann, so der ZK-Sekretär Hager.
Mit dem ganzen Gewicht seiner Persönlichkeit und seiner Philosophie trat Ernst Bloch in die Bresche, die der Moskauer XX. Parteitag in die kommunistische Ideologie gerissen hatte. Wie sein Freund Georg Lukács in Budapest wandte er sich nicht gegen den Kommunismus überhaupt, sondern nur gegen dessen Pervertierung, er wollte ihn stärker, überzeugender, menschlicher machen, was freilich schon Umwälzung genug bedeutete. »Jetzt«, rief er bei seinem Hegel-Vortrag im November 1956 unter stürmischer Zustimmung seiner Zuhörer aus, »muß statt Mühle endlich Schach gespielt werden.«
Die Auseinandersetzung wurde verschärft durch das Auftreten einer neuen Generation von Philosophen, junger Sozialisten, die die Ideen Blochs zuspitzten und politisierten.
Der dreiundzwanzigjährige Assistent am Philosophischen Institut der Universität Jena, Günter Zehm, entwickelte in einem dreihundertseitigen Manuskript (das vom Staatssicherheitsdienst beschlagnahmt wurde) eine marxistische Anthropologie, in die neben Gedanken von Marx und Bloch auch Gedanken von Sartre und der deutschen Existenzphilosophie eingingen. Seine Untersuchung, die um das Problem der kosmischen Unbehaustheit und der durch den Stalinismus verschärften Entfremdung kreist, kam zu dem Schluß, daß die Aufhebung der Entfremdung nicht mehr Sache des Proletariats, sondern der ganzen Menschheit ist, insbesondere der Intellektuellen, die er zu einer ›Internationale des Geistes‹ aufrief.

Wolfgang Harich, Dozent für Philosophie an der Humboldt-Universität Ost-Berlin, schrieb 16 Thesen *Zur Weiterentwicklung des Marxismus* (Manuskript ebenfalls vom Staatssicherheitsdienst beschlagnahmt), er erkannte dem Marxismus orthodoxer Prägung nur für das 19. Jahrhundert Gültigkeit zu, schlug die Verarbeitung aller modernen sozialistischen Theorien vor und verlangte die Frei-

setzung aller Erscheinungen des sogenannten Überbaus: also der Philosophie, Wissenschaft, Kunst und Moral, aus dem Parteireglement.
Der Pole Leszek Kolakowski, der neben Bloch und Harich das Gesicht der Berliner Freiheitskonferenz im März 1956 bestimmte, durchdachte in Auseinandersetzung mit dem Stalinismus Probleme wie Freiheit, Wahrheit, Fortschritt, Revolution auf neue Weise; seine geistvollen Erörterungen und kompromißlosen Folgerungen spielten eine hervorragende Rolle in der Bewegung des polnischen Oktober.
Das waren nur drei der jungen Philosophen, die die Ideenwelt Blochs militant gemacht haben. Zahllose andere dachten genauso – »Hunderte von Studenten sind dabei verbraucht worden!« hieß es auf dem 33. Plenum des Zentralkomitees im Oktober 1957. Und ZK-Sekretär Hager, mit einem blauen Auge aus der Affäre davongekommen, fragte bestürzt: »Was ist das für eine Philosophie, die derartige politische Resultate hat, die Arbeiter- und Bauernkinder, junge Genossen in einer solchen Weise verseucht?[159]« Die Partei entschloß sich, wieder Mühle zu spielen.
Als 1953, im Jahr des Arbeiteraufstandes, die *Deutsche Zeitschrift für Philosophie* zu erscheinen begann und sofort von der Partei angegriffen wurde, schloß die *Berliner Zeitung*, damals das Sprachrohr der inneren Opposition in der DDR, ihre Rezension mit den Sätzen: »Die *Deutsche Zeitschrift für Philosophie* ist ein Fachorgan, dem man nach dem ersten Eindruck streitbaren Geist, Vielseitigkeit und wissenschaftliches Niveau nachsagen kann. Ihre ideologische Bedeutung ist nicht zu unterschätzen, wenn sie weiter ihrem Leitsatz von Engels treu bleibt: ›Je rücksichtsloser und unbefangener die Wissenschaft vorgeht, desto mehr befindet sie sich im Einklang mit den Interessen und Strebungen der Arbeiter.‹[160]«
Wenige Jahre später war dieses Ziel erreicht. Das SED-Regime, das sich 1953 noch auf die Verfolgung der Arbeiter beschränken konnte, sah sich 1956/57 gezwungen, mit der gleichen Brutalität gegen die Philosophen vorzugehen. Der Staatssicherheitsdienst besetzte die Redaktion der *Deutschen Zeitschrift für Philosophie*, beschlagnahmte die vorliegenden Manuskripte und verhaftete die verantwortlichen Redakteure. Von den namhaften jungen Philosophen und Schriftstellern erhielten u. a. Wolfgang Harich zehn Jahre, Erich Loest siebeneinhalb Jahre, der Verleger Walter Janka fünf Jahre, Günter Zehm vier Jahre Zuchthaus. Ernst Bloch wurde zwangsweise emeritiert; seine von Generalstaatsanwalt Melsheimer schon angeordnete Verhaftung wurde im letzten Augenblick aus staatspolitischen Gründen abgeblasen.
In dem offiziellen Inquisitionsdekret, einem Brief, den die SED-Leitung der Leipziger Universität auf Anweisung Ulbrichts schrieb, wurde Bloch ›Verführung der Jugend‹ vorgeworfen. Welch eine Ehre für einen Philosophen: Es ist wortwörtlich dieselbe Anklage wie einst gegen Sokrates ...
Im September 1961 schrieb Ernst Bloch aus der Bundesrepublik, wo er seinen Urlaub verbracht hatte und von der Abriegelung der DDR überrascht worden war, an den Präsidenten der Akademie der Wissenschaften in Ostberlin:
»Seit Mai 1949, nach meiner Rückkehr aus der Emigration in Amerika, lebte ich, nachdem ich eine Berufung auf den Leipziger Lehrstuhl für Philosophie ange-

nommen hatte, in dem Staat, der sich nachher als Deutsche Demokratische Republik bezeichnete.
In den ersten Jahren meiner Universitätstätigkeit erfreute ich mich ungehindert der Freiheit des Wortes, der Schrift und der Lehre. In den letzten Jahren hat sich diese Situation zunehmend geändert. Ich wurde in Isolierung getrieben, hatte keine Möglichkeit zu lehren, der Kontakt mit Studenten wurde unterbrochen, meine besten Schüler wurden verfolgt, bestraft, die Möglichkeit für publizistisches Wirken wurde unterbunden, ich konnte in keiner Zeitschrift veröffentlichen, und der Aufbau-Verlag in Berlin kam seinen vertraglichen Verpflichtungen meinen Werken gegenüber nicht nach. So entstand die Tendenz, mich in Schweigen zu begraben.
Demgegenüber gaben mir seit geraumer Zeit Universitäten, Zeitschriften und mein Verlag in Westdeutschland Gelegenheit zu lehren, zu publizieren und meine bisherigen Arbeiten ungestört fortzusetzen.
Nach den Ereignissen vom 13. August, die erwarten lassen, daß für selbständig Denkende überhaupt kein Lebens- und Wirkungsraum mehr bleibt, bin ich nicht mehr gewillt, meine Arbeit und mich selber unwürdigen Verhältnissen und der Bedrohung, die sie allein aufrechterhalten, auszusetzen. Mit meinen 76 Jahren habe ich mich entschieden, nicht nach Leipzig zurückzukehren.[161]«

Im Westen erlebte der greise, nahezu erblindete Bloch eine überraschende Renaissance. Während es zunächst die Theologen waren, die in ihm einen zeitgemäßen, faszinierenden Gesprächspartner fanden (Bloch: ›Wo Hoffnung ist, ist Religion‹), erkoren ihn Ende der sechziger Jahre die revoltierenden Studenten zu ihrer neben Herbert Marcuse (*Der eindimensionale Mensch*, 1964) und Karl August Wittfogel (*Die orientalische Despotie*, 1957) wichtigsten Vaterfigur. Blochs Händedruck mit Rudi Dutschke gab dem Jahr 68 seine Weihe[162]. Die Vorlesungen in Tübingen waren so überfüllt wie seinerzeit in Leipzig. Der Funke Hoffnung hatte im Erdreich beider deutscher Staaten eingeschlagen.

Fazit 2 Sprache, Nation und Sozialismus

Die sozialistische und die kapitalistische Nation haben zwar eine gemeinsame geschichtliche Vergangenheit, aber keine gemeinsame Gegenwart und Zukunft mehr ... Die Tatsache, daß zwischen der sozialistischen deutschen N. und der kapitalistischen deutschen N. ethnische Gemeinsamkeiten bestehen, kann daran nichts ändern.

Kleines Wörterbuch der Marxistisch-Leninistischen Philosophie 1974[163]

Wenn das Regime händereibend von der Jugend spricht,
Gleicht es einem Mann, der,
Die beschneite Halde betrachtend, sich die Hände reibt und sagt:
Wie werde ich es im Sommer kühl haben mit
So viel Schnee!

BERTOLT BRECHT Deutsche Satiren. Die Jugend und das Dritte Reich 1937[164]

Ein gewitzter Zeitschriftenverleger stellte 1973, nach Abschluß des deutsch-deutschen Grundlagenvertrages (1972), Schriftstellern aus Ost und West die provozierende Frage: »Wie viele deutsche Literaturen gibt es?[165]« Die Antwort war eindeutig. Selbst SED-Funktionäre wie Wilhelm Girnus, Chefredakteur der bedeutendsten Literaturzeitschrift der DDR *Sinn und Form*, kamen nicht auf die Idee, aus der Existenz zweier deutscher Staaten auf eine Spaltung der deutschen Literatur zu schließen. Wenn es nach der politischen Grenzziehung ginge, so war die Meinung der meisten Beiträger, müßte man von mindestens zehn deutschen Literaturen sprechen: in der Bundesrepublik, der DDR, Österreich, der Schweiz, Liechtenstein, Luxemburg, Elsaß, Südtirol, Siebenbürgen und schließlich sogar Kasachstan, wohin Stalin die Wolgadeutschen deportiert hat. Auch in den USA und Kanada, in Paris und Rom gibt es deutschschreibende Autoren. Die deutsche Literatur beginnt mit den Merseburger Zaubersprüchen (um 800). In dieser mehr als tausendjährigen Geschichte besaßen die Deutschen genau 74 Jahre lang (1871 bis 1945) einen, nicht einmal kompletten, Nationalstaat. Dennoch spricht alle Welt sicherlich nicht zu Unrecht von einer deutschen Nationalliteratur. Zu ihr zählen Wolfram von Eschenbach wie Walther von der Vogelweide (Südtirol), Goethe wie Grillparzer (Österreich), Keller (Schweiz), Stifter (Böhmen) und Lenau (Siebenbürgen), Fontane wie Storm (seinerzeit noch Dänemark), Rilke (Prag) und Schickele (Elsaß), Böll wie Brecht (DDR), Sperber (Paris) und Buber (Jerusalem).

Wenn man schon die Nationalliteratur von der Weltliteratur sondern will, was in unserer Zeit weltweiter Kommunikation ziemlich eigenbrötlerisch anmutet, kann man sie mangels anderer Kriterien nur als *Literatur in deutscher Sprache* definieren. »Ihre Fragestellung hat mir viel Spaß gemacht«, schreibt Girnus, immerhin Verfechter deutscher Zweistaatlichkeit. »Für mich gibt es nur eine Literatur überhaupt, und das ist gute. In welcher Sprache die geschrieben ist, ist mir wurscht.«

Dennoch bleibt ein Phänomen bestehen, das die Zeitgenossen beunruhigt: Offensichtlich bilden sich in den beiden Gesellschaftsordnungen auf deutschem Boden mit ihren unterschiedlichen Lebensweisen auch eigene Sprachgepflogenheiten heraus. Die Frage ist, welche Qualität diesen Variationen zukommt. Ein Kreis von Germanisten, neben Deutschen vor allem Skandinavier, die der deutschen Sprachentwicklung zwar kundig, aber mit Distanz gegenüberstehen, hat die sprachlichen Eigentümlichkeiten in Deutschland-West und Deutschland-Ost seit den sechziger Jahren aufmerksam beobachtet[166]. Die Relevanz für unser Thema liegt auf der Hand: Von der Sprache führt der Weg zur Literatur und zum Bewußtsein.

Wir können uns hier nicht in die linguistische Diskussion vertiefen, wenngleich wissenschaftliche Unterscheidungen wie die klassische zwischen ›parole‹ (Sprechtakt) und ›langue‹ (Sprachgehalt) oder die moderne zwischen der Sprache als Kommunikationsmittel und der Sprache als Botschaft (›message‹) gerade für die Literatur von höchstem Interesse sind. Die Diskussion der Experten betrachtend, fällt es schwer, ein Aperçu zu unterdrücken: Die Sprache der Germanisten hebt sich, wie jede Fachsprache, erheblich mehr von der allgemein gebräuchlichen deutschen Sprache ab, als es die Umgangs- und Literatursprachen in den beiden deutschen Staaten gegeneinander tun. Das ist nichts Neues: Wer wollte aus den Schriften von Kant und Hegel die Sprache ihrer Zeit rekonstruieren? Diese banale Erkenntnis weist unserer Untersuchung freilich schon den Weg.

Die augenfälligste Variable in der Sprache ist der Wortschatz, der demgemäß am gründlichsten untersucht worden ist. Das ist auch am einfachsten zu machen: Regelmäßig erscheinen die *Duden* West und Ost (Mannheim und Leipzig); dazu sind neuerdings zwei gleichermaßen imposante Standardwerke gekommen: das *Wörterbuch der deutschen Gegenwartssprache* (Ost-Berlin) und das *Große Wörterbuch der deutschen Sprache* (Mannheim/Wien/Zürich), beide in sechs Bänden. Wenn man hinzunimmt, daß es in beiden deutschen Staaten hochqualifizierte germanistische und literaturwissenschaftliche Zeitschriften gibt, daß 1961 das *Deutsche Wörterbuch der Brüder Grimm* gemeinsam (Ost-Berlin und Göttingen) vollendet wurde und gemeinsam fortgeführt wird, ist als erstes Positivum zu erkennen: In dem Bemühen um die deutsche Sprache steht keiner der beiden Staaten hinter dem anderen zurück. Der durch solche Grundlagenforschung mögliche Vergleich wird vertieft durch eine Reihe empirischer Erhebungen: beispielsweise Auszählen von Wörtern nach Quantität und Sinngehalt in Verlautbarungen und Pressetexten, aber auch subtiler Nachvollzug sprachlichen wie stilistischen Bedeutungswandels in den beiden Literaturen.

Das Ergebnis ist, wenn man dem Auseinanderdriften zweier deutscher Sprachen auf die Spur zu kommen sucht, kärglich. Natürlich gibt es gesellschaftsspezifische, vor allem institutionelle und Berufsbezeichnungen, die man über die innerdeutsche Grenze hinweg nicht versteht. Was soll ein DDR-Deutscher mit dem Wort BAföG (Studenten-Stipendium in der Bundesrepublik) anfangen, was ein Bundesdeutscher mit dem Wort Dispatcher (*dispätscher*, eine Art Krisenmanager in

Industriebetrieben der DDR). Die beiden Beispiele sind apart, aber nicht untypisch. Der erste Ausdruck steht, wenn man von seinem konkreten Inhalt absieht, als Muster für die in West wie Ost gleichermaßen grassierende Abkürzungs- und Kürzelsucht: EG, RGW, KSZE, MBFR, Salt I und II, Euratom, Politbüro usw. Ideologisch ist das nicht zu erklären, wohl aber soziologisch. Die Kürzel ähneln nicht zufällig Aktenzeichen, sie sind Ausdruck einer bürokratisch durchrationalisierten, verwalteten Welt. Dispatcher wiederum klingt besonders kurios, handelt es sich doch um einen amerikanischen Begriff, der über das Russische ins DDR-Deutsch eingegangen ist.

Die befürchtete Überschwemmung der deutschen Sprache mit einerseits Anglizismen, andererseits Slawismen hält sich übrigens in Grenzen. Abgesehen von Modetorheiten, die so schnell vergehen, wie sie kommen, dringen fremdsprachige Vokabeln dauerhaft nur dort ein, wo sie politische, wirtschaftliche und technische Tatbestände bezeichnen, die in Deutschland neu sind, deren Bezeichnung im Ausland vorgeprägt wurde. Es sind sprachliche Bausteine der Modernisierung. So was hat es immer gegeben, beispielsweise die finanztechnischen Termini, die zur Zeit der Renaissance aus Italien zu uns kamen (Kasse, Tresor, Konto, Diskont, Bankrott usw.), und die zivilisatorischen Floskeln, die wir der französischen Aufklärung verdanken (Mode, Diskussion, Publikum). Oft sind die Fremd- und Lehnwörter in unserer Sprachsubstanz kaum noch als solche erkennbar, das gilt in noch größerem Maß für die uralten Übernahmen aus dem Griechischen, Lateinischen und Arabischen. Sprachlicher Purismus, Deutschtümelei war immer Ausfluß reaktionärer Gesinnung. Für beide deutschen Gesellschaften gilt heute, daß das Amerikanische als Sprache der entwickeltsten Nation dominiert. Stalin hat das in seiner bemerkenswerten Arbeit *Der Marxismus und die Fragen der Sprachwissenschaft*[167] vorausgesehen: Im Widerspruch zu der Mehrheit der Gelehrten vertrat er die Meinung, daß die finale Weltsprache der einmal geeinten Menschheit keine Mischung wie die der Hautfarben, sondern die Sprache der politökonomisch überlegenen Gemeinschaft sein wird (deshalb das Scheitern von Esperanto). Er glaubte natürlich an den Sieg des Russischen als Ausdruck der nach dem Historischen Materialismus höchsten Gesellschaftsordnung. Abgesehen davon, daß er die Isolationsschranke des kyrillischen Alphabets übersah (die Chinesen haben deshalb zielstrebig ihre Zeichenschrift latinisiert), hat er den ›Wettkampf der Systeme‹ falsch eingeschätzt. Wer als erster eine Eismeer-Insel entdeckt, benennt sie; wer am Teleskop einen neuen Kometen findet, gibt ihm seinen Namen – die Rückseite des Mondes wurde russisch betextet, weil ein sowjetischer Satellit den Trabanten zuerst umflog. Die Amerikaner stellen heute die Mehrzahl aller Nobelpreisträger in der Wissenschaft. So kommt es, daß das ruppige Englisch einer entlaufenen Kolonie zur Lingua franca des 20. Jahrhunderts geworden ist.

Halten wir fest: Jede lebendige Sprache ist in ständigem Wandel begriffen, was sich zuerst im Wortschatz niederschlägt, der aber geprägt wird weit weniger von politischen als technologischen Prozessen. In einem Jahrhundert permanenter wissenschaftlich-technischer Revolution befindet sich auch das Deutsche als Sprache führender Industriestaaten (Bundesrepublik, DDR, Schweiz) im Zustand forcierter Veränderung. Wenn man den Wortschatz statt auf den Dissens westdeutsch – ostdeutsch auf das Gegensatzpaar veraltet – modern abklopfen würde, käme ein Ergebnis heraus, das die Traditionalisten unter den Sprachforschern und Deutschlehrern mehr beunruhigen sollte als der divergierende politische Jargon. Die Zahl wirklicher Neuschöpfungen oder Entlehnungen im politischen Wortschatz ist sehr gering, meist handelt es sich nur um den Bedeutungswandel tradierter Begriffe wie Frieden, Demokratie, Sozialismus, die die Wörterbücher beider Seiten jeweils anders interpretieren. Das ist, jedenfalls sprachlich, kein schneidender Eingriff. Interessant wäre eine Untersuchung, wie sich systemimmanent im Osten Vokabeln und Begriffe von Stalins Zeiten bis heute verändert haben. Vielleicht entdeckte man auch da einen Sprachwandel, der dem innerdeutschen nicht nachsteht.

In der modernen Physik (Quantenmechanik) gilt der Vorbehalt, daß das Beobachtungsinstrument das Beobachtungsergebnis beeinflußt. Solches trifft auch auf die empirischen Sprachforschungen zu. Sie halten sich, naheliegenderweise, an die publizierten Texte, vor allem an das Presse- und Verlautbarungs-Deutsch. Da gibt es tatsächlich markante Gegensätze zwischen West und Ost. In Wirklichkeit spricht im Alltag kein Mensch, selbst ein Politiker oder Funktionär nicht, wie es aus den Debatten und Zeitungen tönt. Wie schnell eine politisch-ideologische Kunstsprache verschwinden kann, haben wir nach Ende des Dritten Reiches erlebt[168]. Dies bringt uns auf den gemeinsamen Nenner im sprachlichen Ausdruck westlicher wie östlicher Eliten. Beides ist Herrschaftssprache, im Westen verwaltungsjuristisch, im Osten marxistisch-leninistisch formuliert. Läßt man das kontroverse Vokabular und die stilistischen Stereotypen beiseite, bedenkt man den Doppelcharakter der Sprache als ›parole‹ und ›langue‹, stößt man bald auf mancherlei verbal verhüllte Gemeinsamkeiten in den Sachzusammenhängen und Führungsstrukturen: imperativer, suggestiver Satzbau, komplizierte grammatische Bezüge, gestelzte, ausgeklügelte Substantivismen, Tarnwörter (Ernstfall statt Krieg, Internationalismus statt Hegemonie) – wie könnte es auch bei Bürokratien etwa gleich entwickelter Gesellschaften anders sein? Auch das also bleibt gesamtdeutsch: Sprache als Legitimitätskulisse und Mittel zur Herrschaftssicherung, nur anders drapiert. Linguistisch bedeutet das: divergierende Vokabeln, gemeinsame Syntax.

Neben dem politischen Raum mit seinen sprachlichen Irrlichtereien gibt es weite und weit wichtigere Bereiche, in denen West- und Ostdeutsch nahezu identisch sind: beispielsweise Freizeit, Jugend und Sport. Im Sport, wen wundert es, geht der Osten voran (die DDR-Wörterbücher nennen gegenüber denen der Bundesrepublik ein Vielfaches an sportlichen Spezialausdrücken); im Freizeit- und Konsumbereich herrscht der Westen uneingeschränkt, wozu die grenzüberschreitenden elektronischen Medien ihres beigetragen haben mögen. Diskothek wird in West wie Ost gleichermaßen als Neuwort registriert (aus dem Griechischen über das Lateinische, Englische und Amerikanische ins Deutsche – welch kulturgeschichtlich faszinierender Vorgang!). Und nun gar der Jugendjargon. Woher stammen wohl solche Slogans?: ›Fakt, Baby, mich peitscht nackter Ekel‹ oder ›Ich glaub, mich rammt ein Rotkehlchen[169]‹. Tatsächlich aus der DDR, wobei das Wort

Fakt als russische Entlehnung aus dem Lateinischen ziemlich genau den bescheidenen Beitrag östlicher Sprachkultur zur deutschen Sprache wiedergibt.
Grammatik und Syntax, gegenüber Wortschatz und Stilistik weit weniger der Mode unterworfen, unterscheiden sich in den beiden deutschen Staaten kaum. Hier erscheint die gesamtdeutsche Sprachverluderung, bewirkt durch Bildungsreformen und Fernsehen, als der eigentliche Feind. Dabei fällt auf, daß die vermeintlich revolutionäre Gesellschaft der DDR dem Wandel oder Verfall härteren Widerstand entgegensetzt. Verschlampen die Journalisten über einige Jahre hinaus den richtigen Gebrauch von Genitiv und Dativ, gibt der West-Duden, verkaufsorientiert, schnell nach. Zunächst heißt es: Richtig so, gebräuchlich aber auch . . . Dann: Sowohl als auch. In der nächsten Ausgabe erscheint die falsche Form schon vor der richtigen. Schließlich: Der Dativ ist veraltet. Demgegenüber wartet der DDR-Duden erst mal ab: ob die Neuigkeit tatsächlich einen Sprachwandel anzeigt oder bloß eine vorübergehende Unart. So registrieren die östlichen Wörterbücher bis heute nicht die Vulgärausdrücke aus dem Geschlechtsleben, die inzwischen nicht nur in die moderne Literatur, selbst in die nobelsten Zeitschriften des Westens eingedrungen sind. Hier wird eines Tages auch der DDR-Duden nachgeben müssen: Der konkrete Ausdruck für Vorgänge, deren Verschleierung nicht im Interesse moderner Leistungs- und Konsumgesellschaften liegt, wird sich nicht verdrängen lassen.
Wirkt das Angloamerikanische als Träger einer neuen Begriffswelt vor allem auf den Wortschatz ein, so das Russische als partielle Herrschaftssprache eher auf Satzbau und Grammatik. Das rührt aus den zahlreichen Übersetzungen, die zumindest in den Anfangsjahrzehnten der DDR Schule, Universität und Massenbildung bestimmt haben. Erkennbar wird die Vorlage in der Häufung von Präpositionalkonstruktionen, vielfachen Genitiven (›Präsident des Nationalrats der Nationalen Front des Demokratischen Deutschlands‹), dem Vorrang von Hilfszeitwörtern gegenüber starken Verben. Im Russischen ist solche Verknappung möglich, im Deutschen müßte sie in Nebensätze aufgelöst werden. Aus guten Übersetzungen, die in der Regel nur in der Belletristik, kaum bei politisch-ideologischen Texten vorkommen, läßt sich ablesen, daß die deutsche Fassung etwa ein Drittel umfangreicher zu sein pflegt als das Original. Seit sich die DDR vom Satelliten zu einem halbwegs eigenständigen Gebilde gemausert, einen eigenen Stil und eigene Lehrbücher entwickelt hat, sind die Symptome der Russifizierung deutlich zurückgegangen. Wesentlichen Anteil daran haben die Schriftsteller, die in ihren Werken das Partei- und Funktionärsdeutsch stets ironisch distanziert, sozusagen als Kuriosum zitieren.
Unter dem Aspekt der Abgrenzung, dem das Prädikat deutsch in vielen DDR-Institutionen zum Opfer fiel, in der Euphorie sich anbahnender weltweiter Anerkennung der DDR als souveräner Staat, meinte Walter Ulbricht 1970, daß »sogar die einstige Gemeinsamkeit der Sprache in Auflösung begriffen« sei[170]. Die ihm nacheifernden Linguisten verstiegen sich schließlich zu der These, daß die ›nationalsprachliche Gesamtheit‹ in der DDR und in der Bundesrepublik ›nicht mehr vergleichbar‹ sei[171]. Demgegenüber hat Stalin, der aus seiner Funktion als Nationalitäten-Kommissar der frühen Sowjetunion zum Herrscher eines multi-

nationalen Imperiums aufstieg (die Hälfte der Sowjetbürger sind keine Russen), lapidar erklärt, daß zur Herausbildung einer Nationalsprache »fünf oder sechs Jahre ein lächerlich geringer Zeitraum sind – Jahrhunderte sind dazu erforderlich«. Entstalinisierung hin oder her, in diesem Punkt befindet sich Stalin in Einklang mit der Wissenschaft.
Beim Blick auf die DDR-Literatur, deren Geschichte bereits mehr als ein Jahrhundertdrittel umspannt, fällt auf, daß sie sich auf Anhieb in drei Autorengruppen teilen läßt: Erstens die ›großen Alten‹ wie Becher, Brecht, Seghers, Zweig, Renn usw. Sie entstammen derselben Tradition wie ihre gleichaltrigen Kollegen im Westen; ihre Ansiedlung in der DDR war teils politisch logisch (Becher, Seghers), teils auch pragmatisch, öko-opportunistisch bedingt (Brecht, Zweig). Über ihr literarisches Schicksal unter dem Diktat des Sozialistischen Realismus wird noch zu sprechen sein. Zweitens die Parteidichter, die Tag für Tag die Beschlüsse und Resolutionen reimen – ihre Episteln wechseln so schnell wie ihre Namen. Sie werden, immer andere Episteln, immer andere Namen, vom dankbaren Staat durch eine Honigschwemme von Literaturpreisen belohnt. Wir wollen dieses vergängliche Genre rasch abhandeln. Eine Perle ist, auch linguistisch, das folgende Gedicht, weil es in vier Zeilen vier Neuwörter, Neuprägungen unterbringt:

»Mein Liebster ist ein Traktor,
Hab ich mein Soll erfüllt,
Dann bin auch ich ein Faktor
In unserm Aufbaubild.«

Auf gehobenem Niveau klingt das nicht viel anders[172]:

»Wir singen von Gärten und Träumen,
von Kohle und glühendem Stahl,
von Straßen mit schattigen Bäumen,
vom Tanz um die Linde im Tal.

Wir singen das Lied, das wir lieben,
in sorgsamen Plänen erdacht,
mit Hammer und Meißel geschrieben,
wir singen das Lied unserer Macht.«

Nun gut, Trivialliteratur gibt es überall. Die Verse des Hitlerjugend-Dichters Anacker waren nicht besser und nicht schlechter als das Poem der kommunistischen Freien Deutschen Jugend (FDJ). Heinrich Anacker: »Magie der Viererreihe / Wenn vorn die Trommel dröhnt.« Bemerkenswert am FDJ-Gedicht ist immerhin, daß die SED-Presse nach dem XX., dem Entstalinisierungsparteitag, Stimmen von Arbeitern zu dem Text brachte: »Alles ganz schön und grün. Bloß 'n bißchen zu grün.« Und daß der Verfasser, Armin Müller, 1956 notierte: »Ich habe lange Zeit nicht gewußt, warum mir kein Vers mehr gelang. Erst heute weiß ich es ... Ich machte mit.« Günter Kunert, Becher- und Brecht-Schüler, inzwischen

in der Bundesrepublik lebend, hat schon damals klar gesehen. »Die Tragik der jungen Schriftsteller oder Dichter ist, daß sie zuviel geglaubt und zuwenig gewußt, zuviel gefühlt und zuwenig gedacht haben. So wurden ihre Gedichte zu Behauptungen, die den Beweis schuldig blieben, weil die Dichter auch keinen hatten.« Armin Müller antwortete in dem vieldiskutierten Gedicht *Diese Nacht*: »Betroffen schwieg die Unerfahrenheit, nach den Lippen suchend der Erfahrenen. Die aber bewegten sich nicht.«
Die großen Alten, die Erfahrenen: Johannes R. Becher war es gelungen, in der unmittelbaren Nachkriegszeit viele bedeutende Persönlichkeiten aus Literatur, Theater, Film und Musik, äußere wie innere Emigranten, nach Ostberlin zu ziehen. Dabei kam ihm die Aufgeschlossenheit der sowjetischen Kulturoffiziere zugute, die von Anfang an, eher als die westlichen Alliierten, zwischen dem Nationalsozialismus und dem deutschen Volk, seiner Kultur, seinem Geist, seiner Geschichte, zu unterscheiden wußten. Stalin: »Die Hitler kommen und gehen, aber das deutsche Volk, der deutsche Staat bleibt.« Sozialisten wie Liberale erlitten wenige Jahre später, als sich die stalinistische Herrschaft zur Kenntlichkeit verändert hatte, ihren Schock. Der Verleger Joseph Caspar Witsch fuhr die 83jährige Ricarda Huch, die sich schon der Reichsschrifttumskammer verweigert hatte, aus Jena in den Westen. Zur gleichen Zeit gingen Plievier, Kasack, Hagelstange, Nicolai Hartmann, Spranger, Bense, Karl Böhm, Gründgens usw. Einige blieben. Meist verstummten sie oder fielen weit unter ihr Niveau. Brecht beispielsweise hat kein einziges Stück mehr geschrieben; es sei denn den *Herrnburger Bericht*[173] (aus Anlaß des Pfingsttreffens der Freien Deutschen Jugend 1950), den er freilich im nachhinein aus seinen Gesammelten Werken verbannt hat. Darin kommen Verse vor, die denen der jugendbewegten Agitpropdichter nicht nachstehen, eher schlimmer sind.

»Zu uns die neuen Gedanken!
Alles zu uns, was jung!
Und ein Gruß von Josef Stalin
und ein Gruß von Mao Tse-tung!

Schneid dir dein Haar,
wie schön es auch war,
jetzt kommt ein neues Jahr.«

Wie war es möglich, daß Johannes R. Becher, der sprachgewaltige Dichter des Expressionismus, kluger Poetologe, solchen Reim veröffentlichte: »Dort wirst du, Stalin, stehn in voller Blüte / der Apfelbäume an dem Bodensee« (*Danksagung*, 1953)? Wie konnte Ludwig Renn solch Satz unterlaufen: »Kurt von Bursin, den Oberleutnant der Kürassiere, konnte niemand leiden, die einen wegen seiner Faulheit und Unfähigkeit, die andern aus Neid und wegen seines knurrigen Charakters« (*Auf den Trümmern des Kaiserreichs*, 1961)? Es fällt nicht schwer, bei Anna Seghers, Arnold Zweig und anderen ähnliches zu finden. Die Erklärung liegt im Prinzip des Sozialistischen Realismus beschlossen. Je loyaler und anpassungswilliger sich die Schriftsteller bemühten, um so mehr mußten sie sich in dem Widerspruch von Doktrin und Wirklichkeit verfangen. Autoren wie Stephan Hermlin und Stefan Heym, die am Beispiel des Volksaufstandes vom 17. Juni 1953 einen Kompromiß zwischen Parteitreue und Elementen literarischer Wahrhaftigkeit suchten (*Die Kommandeuse*, 1954, bzw. *Der Tag X*, in der DDR verboten, erst 1974 unter dem Titel *Fünf Tage im Juni* in der Bundesrepublik erschienen), gerieten zwischen alle Fronten: die eine Seite warf ihnen den inhaltlichen Krampf, die andere die sprachliche Diffusion vor[174].

Für die Schriftsteller ergibt sich aus dem Primat des Politischen ein unlösbares gestalterisches Problem. Wenn die Wirklichkeit nur unter politischen Aspekten betrachtet werden darf und diese Aspekte überdies noch auf die Doktrin der Partei verengt werden müssen, so bedeutet das für den Schriftsteller einen ungewöhnlich schweren, einen ganz tiefen Eingriff in seine schöpferischen Möglichkeiten. Denn wie man auch über die kreativen Quellen des Schriftstellers denkt – darüber gibt es die verschiedensten Meinungen und Theorien –, eins steht fest: daß er aus seinem Verstand, seiner Emotion, seinen Erfahrungen heraus schaffen muß. Wenn man ihm Thesen zu illustrieren aufgibt, geht das eigentlich künstlerisch-schöpferische Moment verloren. Die Schriftsteller im Osten ringen alle mit diesem Problem. Sie sollen die Politik der Partei popularisieren, stoßen aber auf eine Wirklichkeit, in der die Politik der Partei, so wie sie hier und heute ist, nicht bestätigt wird. Stellen wir uns vor, ein Schriftsteller, der ehrlichen Herzens der Partei dienen möchte, will z. B. einen Roman über die Republikflucht schreiben oder über die Mauer. Er guckt sich alles an, reist monatelang herum und interviewt die Leute, studiert die Verhältnisse, geht unters Volk – jetzt kann er natürlich nicht schreiben, was er wirklich gesehen und gehört hat. Als loyaler Kommunist sieht er das ein. In dem Moment aber, in dem er das einsieht und sein Buch dennoch schreiben will oder muß, tritt bei dem Schriftsteller eine echte Bewußtseinsspaltung ein. Ich möchte diese Erscheinung als *politische Neurose* des Schriftstellers bezeichnen. Die Krankheit rührt aus dem Gegeneinander von Intention und Selbstzensur und schlägt bis in die Grammatik durch.

Das kann man auch linguistisch erklären. Peter Christian Ludz kommt das Verdienst zu, Macht und Grenzen sprachpolitischer Herrschaftssicherung abgesteckt zu haben[175]. Er führte in die DDR-Forschung ein neues Instrumentarium ein, die Sprachanalyse, angeregt übrigens von kritischen östlichen Soziologen wie Adam Schaff (Polen) und Georg Klaus (DDR). Seine Untersuchung bestätigt den berühmten Schlußsatz Wittgensteins im *Tractatus logico-philosophicus* (1921): »Worüber man nicht sprechen kann, darüber muß man schweigen.« Die Hopi-Indianer in Arizona beispielsweise, ein ethnologisch faszinierender, keineswegs primitiver Volksstamm, können viele moderne Begriffe nicht begreifen (›begreifen‹ im elementaren Sinn), weil sie sie in ihrer Sprache nicht artikulieren können; sie liegen außerhalb ihrer Praxis und damit auch außerhalb ihrer Vorstellungswelt (Forschungen der Amerikaner Sapir und Whorf). Die Sprache ist die Wirklichkeit des Gedankens oder andersherum: Gedanken sind nicht denkbar ohne verfügbares (erlaubtes) Sprachmaterial. Das gilt für alle Gesellschaften.

In unserem Zusammenhang heißt das, daß die marxistisch-leninistische Dogmatik, entstanden während der Ersten Industriellen Revolution, im Zeitalter mechanischer Maschinen und überschaubarer Klassenfronten, eine Reihe neuer Entdeckungen der Wissenschaft, sowohl der Soziologie und Wirtschaft wie der Naturwissenschaft und Technik, weder beschreiben noch einordnen, folglich nicht bewältigen kann. Den Einbruch der modernen Physik (Relativitätstheorie, Quantentheorie, Nichteuklidische Geometrie) in die marxistische Dogmenwelt wehrte Lenin in einer brillanten Polemik ab (*Materialismus und Empiriokritizismus*, 1909), indem er zwischen philosophischem und physikalischem Weltbild unterschied. Die Welt bleibt unendlich in Raum, Zeit und Tiefe, sie bewegt sich wie ein Perpetuum mobile von Ewigkeit zu Ewigkeit – nur unsere Vorstellung von den Dingen an sich ändert sich je nach Klassenlage. Wenn die Physiker ihre Erkenntnisse als reales Weltbild ausgeben, zeigt das ihre bürgerliche Befangenheit; ihre komplizierten Theorien und Rechnungen dienen der Bourgeoisie zur Verschleierung der Klassenherrschaft, setzen die Relativität der Erscheinungen an die Stelle der absoluten Wahrheit des Marxismus. Schon Hegel, Marxens verehrter Lehrer, pflegte, wenn etwas nicht in sein System paßte, zu sagen: ›Um so schlimmer für die Wirklichkeit‹, was Lenin zu dem erstaunlichen Satz hinriß: »Ein kluger Idealismus steht dem klugen Materialismus näher als ein dummer Materialismus« (*Notizen zu Hegels Vorlesungen über die Geschichte der Philosophie*) – »weil nicht sein kann, was nicht sein darf«, heißt es bei Morgenstern. Das war ein Pyrrhussieg der Ideologie um den Preis des Verzichts auf moderne Wissenschaft. In der Atomphysik und der Kybernetik, den beiden entscheidenden Wissenschaften des 20. Jahrhunderts, geriet die Sowjetunion deswegen um Jahrzehnte in Zeitverlust; noch heute liegt das Sowjetsystem stets um einige Computergenerationen im Rückstand.

Marshall McLuhan, der bahnbrechende kanadische Medientheoretiker, definiert in den *Magischen Kanälen* (1964): ›Das Medium ist die Botschaft (the message).‹ Das heißt, nicht irgendwelche Einbildungen und Verheißungen, die man in politische Phraseologie packt, sind Wirklichkeit, sondern die Form, die materielle Struktur eines Systems, seine Fähigkeit, sich auszudrücken. Nicht die Epizykel (ausgetüftelte Korrekturen an den Umlaufbahnen im geozentrischen Ptolemäischen Weltbild) haben zu Beginn der Neuzeit die katholische Kirche gerettet, sondern das Reformkonzil von Trient. Das heißt: Der ›real existierende Sozialismus‹ ist der Sozialismus selbst. Sollte er Zukunft haben, mag er vielleicht noch so heißen, doch wird er strukturell ein anderer sein (wie Jugoslawien, die Tschechoslowakei, Polen und der Eurokommunismus andeuten); er wird wie die mittelalterliche Kirche mehr als drei Päpste verschleißen. Und seine Kunst wird sich von der vergangenen Epoche so unterscheiden wie Michelangelo und Greco von den Ikonen.

So ist es auch in den anderen Standardwerken der Moderne zu lesen: bei Claude Lévi-Strauss, dem Ethnologen aus der strukturalistischen, also sprachwissenschaftlichen Schule von Petersburg und Prag (*Traurige Tropen*, 1955), der die Begriffswelt der Amazonas-Indianer beschrieben hat – auch hier wieder Gesellschaftskritik aus anthropologischer Distanz. Der Strukturalismus, der sich anfangs Formalismus nannte, hat in der frühen Sowjetunion eine hervorragende

Rolle gespielt (Eichenbaum, Schklowski, Tynjanow).[176] Obwohl sie niemals politischen Fraktionen verbunden waren, haben sie mit ihrer intellektuellen Kühle in der sowjetischen Literaturgeschichte eine so tiefe Spur hinterlassen, daß man bis heute das Etikett Formalismus als Diffamierungsvokabel für alle Strömungen benutzt, die mit dem Sozialistischen Realismus nicht vereinbar sind. Sicherlich ist es kein Zufall, daß die politisch unabhängigen Intellektuellen Malraux und Sartre dem Strukturalismus nahestanden. Auch Sigmund Freuds *Totem und Tabu* (1913), welch paradigmatischer Titel!, gehört in diese Reihe.

Zurück zur Literatur. Der Sozialistische Realismus verlangt die ›Darstellung der Wirklichkeit in ihrer revolutionären Entwicklung‹ (Statut des sowjetischen Schriftstellerverbandes). Wirklichkeit und revolutionäre Entwicklung, wie reimt sich das? Hic Rhodus, hic salta – hier muß gesprungen werden, wie Becher schon 1930 in der *Linkskurve* schrieb. Becher, der selbstkritischste von allen, sagt in seiner Ars poetica: »Wie von Fremden geschrieben, lese ich Verse, deren Verfasser ich selber bin.« Nur in der Lyrik, dem subjektivsten Genre, hat vieles Persönliche, Tiefe, Weitertragende überleben können. Dazu gehören Johannes R. Bechers *Neue Deutsche Volkslieder* (von Eisler vertont, von Busch gesungen), seine todesnahen *Sonette*; Brechts *Buckower Elegien*. Dazu gehören vor allem die Gedichte Johannes Bobrowskis, der den verlorenen Osten besang (›Schöne Erde, Vaterland‹), und die melancholischen Verse Peter Huchels (›Sie gaben Befehl, die Wurzel zu roden. / Es sinkt dein Licht, schutzloses Laub‹).

Erde, Dung, Geröll – aus dieser Verlorenheit und Wildnis entwickelte sich kraftvoll eine neue Generation mitteldeutscher Schriftsteller, deren Aussage heute in beiden Deutschland gilt. Das ist die dritte Autorengeneration im Osten Deutschlands, die erste autochthone der DDR. Sie wurde durch die Mauer, die Unausweichlichkeit der Selbstbesinnung erzwungen. Junge Genossen, aufgewachsen in der DDR, auf sich gestellt, loyal verbunden ihrem Staat, suchten nach der Zukunft ihrer Gesellschaft. Damals schien Wirklichkeit zu werden, was die junge Kommunistin Christa Wolf in ihrer paradigmatischen Erzählung *Der geteilte Himmel* (1963) als Abschied zweier Liebender beschrieb:

›Früher suchten sich die Liebespaare vor der Trennung einen Stern, an dem sich abends ihre Blicke treffen konnten. Was sollen wir uns suchen? / »Den Himmel wenigstens können sie nicht zerteilen«, sagte Manfred spöttisch. / Den Himmel? Dieses ganze Gewölbe von Hoffnung und Sehnsucht, von Liebe und Trauer? »Doch«, sagte sie leise. »Der Himmel teilt sich zuallererst.«

Das war ein kurzer Augenblick der Blendung, wo Schriftsteller und Kritiker an die Möglichkeit einer separaten sozialistischen Literatur deutscher Sprache glaubten. Doch zur selben Zeit zog Igor Strawinsky, der Erzreaktionär und Erzformalist, im Triumphzug durch die Konzertsäle Rußlands, rehabilitierte die Tschechoslowakei Kafka, Rumänien Istrati und Brancusi, empfing Mao die chinesischen Nobelpreisträger amerikanischer Staatsbürgerschaft.

Hier ist nicht der Ort, die Geschichte der DDR-Literatur zu erzählen.[177] Der deutsche Himmel, wenn man darunter Geschichte, Philosophie, Kultur, Wissenschaft und Heimat versteht, wurde nicht geteilt. Christa Wolfs nächste signifikante Titel deuten Ratlosigkeit an: *Nachdenken über Christa T. – Kein Ort. Nirgends.*

Wohin gehört sie, die Lost generation der DDR, die ihrem Staat literarisches Ansehen in der Welt verschaffte und von ihm ausgespuckt wurde: Wolf Biermann, Reiner Kunze, Günter Kunert, Sarah Kirsch, Manfred Bieler, Jurek Becker, Ulrich Plenzdorf, Bernd Jentzsch, Thomas Brasch, Karl-Heinz Jakobs, Günter de Bruyn, Erich Loest, Volker Braun, Heiner Müller wie Stefan Heym (* 1913, der aus Amerika in die DDR wie ins Gelobte Land gekommen war) – wo sind sie zu Hause? Gedruckt im Westen, manchmal auch im Osten, preisgekrönt im Westen, manchmal auch im Osten, Sozialisten im Niemandsland (ausgebürgert oder nur beurlaubt, in der inneren oder schon in der äußeren Emigration?), verkörpern sie physisch vielleicht nicht die Einheit der Nation, wohl aber die Unteilbarkeit deutscher Literatur, worunter man auch verstehen kann, daß niemand aus dem Sprach- und Geschichtsgefüge seines Landes entlassen wird.

Linke Seite Arbeitslose, Zeichnung von José Clemente Orozca, 1932
Unten Von Curt Reibetantz in Holz geschnittener Innentitel des berühmten Buches von B. Traven, Büchergilde Gutenberg, Berlin 1926
Folgende Seite Schutzumschlagentwurf von John Heartfield, Malik-Verlag, Berlin 1929

DAS
TOTEN
SCHIFF
DIE GESCHICHTE
EINES
AMERIKANISCHEN
SEEMANNS
VON
B. TRAVEN

JOHN DOS PASSOS
Drei Soldaten
U.S.

DRITTER TEIL

»Die marxistische Lehre ist ein Gift, ähnlich dem Arsen oder Strychnin«, sagt Koestler in der Geheimschrift *(1954), »in kleinen Dosen wirkt es anregend, in größeren lähmend.« Diesem Gedanken geht der dritte Teil der Darstellung nach. Es kommt darauf an, die Vielfalt und Widersprüchlichkeit der Beziehungen zwischen Literatur und Kommunismus in der ersten Hälfte unseres Jahrhunderts zu zeigen. Das wäre unmöglich gewesen, hätte ich mich irgendeinem Systemzwang unterworfen und den Stoff nach starren Kriterien zu ordnen gesucht, etwa nach der Mitgliedschaft der Autoren in der Kommunistischen Partei oder ihrer Ergebenheit gegenüber kommunistischen Literaturdoktrinen. Wesentlich schien vielmehr, die verschiedenen Formen der Betroffenheit der Schriftsteller durch die politischen und ideologischen Vorgänge zu untersuchen. Der Einfluß des Kommunismus als des radikalsten Ausdrucks sozialer Utopie geht quer durch die zeitgenössische Literatur; unter diesem Gesichtspunkt erscheinen Parteikommunisten und heimatlose Linke, Fellow-Travellers und Renegaten gleichermaßen interessant. Die Betrachtungsweise ist weder chronologisch noch systematisch, sondern so elastisch, wie es nötig schien, um die verschiedenen Aspekte des Phänomens zu begreifen: politische, künstlerische, biographische, psychologische, philosophische und soziale. Daß von Vollständigkeit nicht die Rede sein kann, braucht kaum betont zu werden: Schwerpunkte werden gebildet, exemplarische Fälle für einen weiteren Hintergrund genommen, Einzelanalyse und Überblick wechseln ab. Im übrigen liegt mir nichts ferner, als eine neue Art politischer Literaturkritik zu kreieren, Rang und Substanz dichterischer Werke etwa auf ihre pro- und antikommunistischen Tendenzen zu reduzieren. Die künstlerische Struktur der modernen Weltliteratur ist genügend und unter den verschiedensten Gesichtspunkten dargestellt worden. Dies Buch will gewissermaßen die Rückseite des Mondes ins Licht rücken, einen großen geschichtlichen Prozeß sichtbar machen, ohne dessen Kenntnis ein wesentlicher Teil der Literatur des 20. Jahrhunderts nicht zu verstehen ist.*

SPARTACUS

Roman von Howard Fast

Linke Seite Innentitelgestaltung, mit einer Zeichnung von M. M. Prechtl, Büchergilde Gutenberg, Frankfurt am Main 1978

Unten Innentitelgestaltung, mit einer Zeichnung von Richard Winckel, R. Piper & Co. Verlag, München 1909

Bernard Shaw

Der Amateur-Sozialist

Gustav Kiepenheuer Verlag · Potsdam

1 9 2 4

Die großen alten Männer der sozialistischen Literatur

Ein neuer Glaube antwortet auf vielfältiges Sehnen. Jeder hört aus ihm die Antwort auf das, was er erstrebt. Was ich unter Sozialismus verstand, war viel mehr als eine Sozialreform, es war eine innere Revolution.

ROMAIN ROLLAND Souvenirs de jeunesse (Aus meinem Leben) 1947

Wenn die Kommunisten den Dichter Herbert George Wells (1866–1946) als Friedensfreund für sich in Anspruch nehmen, berufen sie sich auf Worte wie dieses: »Ich glaube bestimmt an die große Welt des Friedens, die in greifbarer Nähe ist und in Erscheinung treten kann, sobald wir ernstlich wollen. In der heutigen Welt der Unordnung, der Unsicherheit wandle ich wie ein Verbannter; aber ich tue, was in meinen schwachen Kräften steht, für die Erreichung meines Sehnsuchtsziels, bald bitterernst, bald hoffnungsvoll gestimmt, bis zum letzten Atemzuge.[1]« Das Wort ist so allgemein wie die ganze Friedensbewegung; es paßt in die Rhetorik jeder Partei.

Wells' Freund und Widersacher, George Bernard Shaw (1856–1950), ›Sozialist, Atheist und Vegetarier‹, äußerte im biblischen Alter von zweiundneunzig Jahren gegenüber einer polnischen Wochenzeitung: »Stalin ist der große Verteidiger des Friedens; ihm verdankt die Sowjetunion ihre Stärke und Einheit. Diese Stärke aber sichert den Weltfrieden. Ich habe wiederholt betont, daß die Zivilisation nur auf der Grundlage des Kommunismus möglich ist. Das kommunistische System sichert den Frieden. Es ist eine Frage von Leben und Tod. Ich wiederhole deshalb noch einmal: ich bin für Stalin.« Dies Aperçu ist nun wieder nicht ernst zu nehmen. Es offenbart weniger eine politische Einstellung Shaws als seine Freude an schockierenden Äußerungen und seine lebenslange Vorliebe für starke Männer. Früher hatte er in der gleichen Tonart Mussolini und sogar Hitler gerühmt; in *Politik für jedermann* schrieb er noch 1944: »[Hitlers] *Mein Kampf* enthält nicht wenig an gesunden Lehren.« Nach der Abschaffung des Stalinkults ist die einzige Äußerung Shaws, die man als Parteinahme für den Kommunismus auslegen könnte, für die kommunistische Propaganda nicht mehr zu gebrauchen. Noch weniger allerdings die Bemerkung, die er 1931, auf dem Höhepunkt der Hungersnot in Rußland, ins Goldene Buch des Moskauer Hotels Metropol eintrug: »Niemals habe ich so gut gegessen wie während meiner Reise durch die Sowjetunion.«[2]

Belege einer tieferen Übereinstimmung finden sich weder bei Wells noch bei Shaw, was ein Licht auf das delikate Verhältnis der beiden großen Sozialisten zum Kommunismus wirft.

Wells wie Shaw gehörten zur Fabian Society, einer Ende des vorigen Jahrhunderts entstandenen Gesellschaft bürgerlicher Intellektueller, die England ohne

Revolution, durch Sozialreformen und Volksbildung in den Sozialismus hineinwachsen lassen wollten. »Die Gesellschaft der Fabier«, erläuterte Shaw in dem *Wegweiser für die intelligente Frau zum Sozialismus und Kapitalismus* (1928), »stellte den Sozialismus als eine Reihenfolge parlamentarischer Maßnahmen dar und ermöglichte es so jedem ehrbaren, religiösen Bürger, sich zum Sozialismus zu bekennen und einer sozialistischen Gesellschaft anzugehören, ohne darum in den Verdacht der Gesetzlosigkeit zu geraten.« Obwohl Marx und Engels eine solche Möglichkeit für England ausdrücklich eingeräumt hatten, disqualifizierte Lenin die seiner Meinung diametral entgegengesetzte Auffassung der Fabier als ›vollendetsten Ausdruck des Opportunismus‹. Das hinderte ihn allerdings nicht, das Standardwerk des Fabier-Ehepaars Webb über die englische Gewerkschaftsbewegung ins Russische zu übersetzen. Und als ihm Shaw den Dramenzyklus *Zurück zu Methusalem* (1921) mit einer ›von Begeisterung erfüllten Widmung‹ schickte, versah er das Vorwort mehrfach mit der Randbemerkung ›Bien dit![3]‹. Er nannte Shaw ›einen guten Menschen, der unter die Fabier gefallen ist[4]‹.
H. G. Wells unternahm in Rußlands schwerster Zeit, 1920, eine mühevolle Reise in die sowjetische Hauptstadt, um Lenin kennenzulernen und, wenn möglich, für den liberalen Sozialismus zu begeistern. Der Diktator hielt ihm, getreu dem Slogan ›Kommunismus ist Sowjetmacht plus Elektrifizierung‹, einen Vortrag über den Elektrifizierungsplan. Wells fuhr mehr erstaunt als erschreckt nach Hause und berichtete der Welt, im Kreml, inmitten eines verwüsteten Landes, sitze ein seltsamer Phantast. »Fast wäre es ihm gelungen, mich zu überreden, mit seinen Augen in die Zukunft zu sehen.« Sein Buch *Rußland im Nebel* (1920, deutsch: *Nacht über Rußland*) war kritisch, aber nicht unfreundlich. »Ich tat alles«, schrieb er an Gorki, »um unsere Gesellschaft begreifen zu lassen, daß die Sowjetregierung eine menschliche Regierung ist und nicht irgendeine Emanation der Hölle . . .« Die Bolschewisten waren nicht sehr glücklich über die Darstellung von Wells. »Sein Buch«, bemerkt ein sowjetischer Literaturhistoriker, »ist oberflächlich, naiv und dringt nicht in die neue Wirklichkeit ein. Es zeigt . . ., welche Verwirrung die großen historischen Ereignisse im Kopf seines Verfassers hervorriefen.[5]«
1934 besuchte Wells Stalin, um ihn – wie zuvor schon Roosevelt – für die Idee eines Weltstaates zu gewinnen. Das Gespräch verlief wenig befriedigend. Der Dichter verteidigte temperamentvoll den Rooseveltschen New Deal und kritisierte die Revolutionstheorie der Kommunisten. »Ich verfolge die kommunistische Propaganda im Westen, und mir scheint, daß diese Propaganda unter den modernen Verhältnissen überaus altmodisch klingt . . . Diese Propagierung des gewaltsamen Sturzes der Gesellschaftsordnung war angebracht zu der Zeit, als es sich um die ungeteilte Herrschaft der einen oder anderen Tyrannei handelte. Aber unter den modernen Verhältnissen, wo das herrschende System sowieso zusammenbricht und sich ohnedies in Zersetzung befindet, sollte man die Betonung nicht auf die Insurrektion, sondern auf die Leistungsfähigkeit, auf die Sachkenntnis, auf die Produktivität legen.« Die Propagierung des gewaltsamen Umsturzes verhindere eine Einheitsfront gegen die Faschisten. »Mir scheint, daß, wenn es sich um die Konflikte mit diesen reaktionären und törichten Gewaltmenschen handelt, die Sozialisten an das Gesetz appellieren und, statt die Polizei

als Feind zu betrachten, sie im Kampf gegen die Reaktionäre unterstützen sollten.« Stalin blieb halsstarrig: »Die Kommunisten gehen von der reichen geschichtlichen Erfahrung aus ... Die reiche historische Erfahrung lehrt ... Es gibt kein Beispiel in der Geschichte ...[6]« Doch im selben Jahr verzichtete die schwer angeschlagene Komintern auf die Weltrevolutions-Parolen und schwenkte auf die Volksfront-Politik ein.

Wells, der von Lenin beeindruckt gewesen war, bekam zu Stalin keinen Kontakt; er fand den Diktator gewöhnlich, doktrinär, undurchsichtig und schloß das Gespräch mit den Worten: »Ich glaube, ich bin viel mehr links als Sie, Mr. Stalin.[7]«

In dem *Wegweiser für die intelligente Frau zum Sozialismus und Kapitalismus* hat G. B. Shaw den Sozialismus definiert als »die durchdachte Aufteilung unserer Produktion und unseres Vermögens auf die Weise, daß unser aller Einkommen gleich werde«. Der Sozialismus werde nicht verwirklicht »durch das Niederbrennen und Zerstören von Gebäuden und die Tötung einiger Widersacher des Sozialismus, wobei naturgemäß auch einige Sozialisten umkommen würden. Sie können nicht eine Zaubergerte über dem Lande schwingen und dazu sprechen: ›Sozialismus soll sein!‹ Oder wenn Sie es tun, so wird doch nichts geschehen. Der Fall Rußlands beweist dies ...«

Er wolle damit nicht die Leistungen der russischen Revolution bestreiten. »Die Sowjetregierung rückt ..., zumindest was die guten Absichten anlangt, in die vorderste Reihe kulturellen Fortschritts vor. Aber es ist kein Sozialismus ... Obwohl der Umschwung eine jener Verschiebungen politischer Macht zur Folge gehabt hat, die das Ziel der Revolution bilden und durch einfache Abschlachtung und Schreckensherrschaft erreicht werden, und obwohl diese Machtverschiebung die russische Selbstachtung erhöht und die moralische Einstellung des russischen Staates aus einer pro- in eine antikapitalistische verkehrt hat – so konnte sie doch nicht so viel angewandten Kommunismus bewirken, wie wir ihn in England haben, und nicht einmal die russischen Löhne auf den englischen Durchschnitt bringen ... Die Aufstände und Staatsstreiche mit all ihrem Blutvergießen, ihren Brandschatzungen und Hinrichtungen hätten, was die positive aufbauende Tätigkeit des Sozialismus betrifft, ebensogut wegbleiben können.«

Shaw riet seinen Leserinnen, vor einer Gefahr auf der Hut zu sein: »Der Sozialismus kann nicht nur als weitreichende wirtschaftliche Neuerung gepredigt werden, sondern auch als eine neue Kirche ... Er wird tatsächlich gegenwärtig so gepredigt. Lassen Sie sich nicht dadurch irreführen, daß die Missionare des kirchlichen Sozialismus das Wort Gott nicht gebrauchen, noch ihre Organisation Kirche nennen oder die Plätze ihrer Zusammenkünfte mit Türmen schmücken. Sie predigen eine unvermeidliche endgültige höchste Begriffskategorie in der Ordnung des Weltalls, in der alle Widersprüche früherer oder späterer Kategorien versöhnt sein werden. Außer im Spott reden sie nicht vom Heiligen Geist oder vom Tröster. Aber sie predigen Hegelsche Dialektik. Ihr Prophet heißt weder Jesus noch Mohammed noch Luther noch Augustinus noch Dominikus noch Joseph Smith junior* noch Mary Baker Glover Eddy**, sondern Karl Marx. Sie

* Haupt der Mormonen ** Gründerin der Christian Science

nennen sich nicht die katholische Kirche, sondern die Dritte Internationale . . . Ihren Erfolg verdankt die russische Revolution der Leitung durch marxistische Fanatiker. Aber ihre nachfolgenden Fehler haben den gleichen Grund. Als Führer zu den Regierungsgeschäften ist der Marxismus nicht nur unnütz, sondern schädlich ... Der Marxismus ist, wie das Mormonentum, der Faschismus, der Imperialismus und in der Tat alle katholisch sein wollenden Systeme . . . im wesentlichen ein Weckruf zu einer neuen Theokratie.« Er, Shaw, sei zwar durch *Das Kapital* zum Sozialismus bekehrt worden, deshalb aber doch kein Marxist – »sowenig wie Marx selbst einer war«.
H. G. Wells, der sein Leben lang in spannenden Zukunftsromanen vor den Schrekken eines unbewältigten technischen Fortschritts gewarnt hatte, schloß sein Werk im Jahr des scheinbar höchsten Triumphes der Weltdemokratie, im Jahr des Sieges 1945, mit einem Dokument tiefsten Pessimismus', *Der Geist am Ende seiner Möglichkeiten.* »Es gibt keinen Weg aus diesem Engpaß heraus oder um ihn herum oder durch ihn hindurch«, schreibt er da. »Es ist das Ende.« Er kehrte damit zu jener düsteren Vision seines berühmtesten Werkes *Die Zeitmaschine* (1895) zurück: Tote See unter sternenlosem Himmel, verlöschende Sonne, eisige Luft, kein Laut außer dem müden Schlagen der Wellen, kein Leben außer Moosen und Flechten und ein widerlicher Krake, der über eine Sandbank kriecht . . .
Shaw schrieb 1944 seine *Politik für jedermann*, den »Versuch eines sehr unwissenden alten Mannes, Menschen, die noch unwissender sind als er, die elementarsten Kenntnisse der Lehre vom sozialen Gleichgewicht zu vermitteln«, das heißt vom »demokratischen Sozialismus«. Auch diese Schrift des alten Spötters glitzert in Paradoxien; prosowjetische und antimarxistische Argumente stehen nebeneinander. Als Shaw starb, widmete ihm die *Sowjetkunst* einen wohlwollenden Nachruf, in dem sämtliche propagandistisch verwendbaren Äußerungen dieses langen Lebens aufgeführt waren, aber auch mit Bedauern konstatiert wurde: »Obwohl Shaw wußte, daß der Kapitalismus dem Untergang geweiht ist, zog er daraus doch nicht die revolutionären Konsequenzen. Alle seine positiven Schlußfolgerungen sind beschattet von der Ideologie des kleinbürgerlichen Fabier-›Sozialismus‹ . . . Shaw war nicht imstande, seine kleinbürgerliche Beschränktheit endgültig zu überwinden, wenn es sich um die Frage der Umgestaltung der menschlichen Gesellschaft handelte.[8]«

Hingegen wurde Anatole France (1844–1924), der heitere Weise mit Käppchen und brokatenem Schlafrock, im ehrwürdigen Alter von beinahe achtzig Jahren Mitglied der Kommunistischen Partei. Man ist versucht, diesen überraschenden Akt für eine letzte Kapriole des großen Spötters zu halten, so wie sein Ahnherr Voltaire auf dem Sterbebett nach dem Priester gerufen haben soll. Doch sollte man nicht übersehen, daß hinter der frivolen Skepsis, in die Anatole France seine Bücher zu kleiden pflegte, schon immer ein Hang zum Sozialismus verborgen war, freilich so hintergründig, so schillernd und ironisch distanziert, daß es neben dem anklägerischen Pathos seines Widerparts Zola übersehen werden konnte. Charakteristisch ist *Die Insel der Pinguine* (1908), ein amüsantes und geistreiches Buch, in dem France seine politischen Ansichten am deutlichsten offenbarte.

Der heilige Maël, so erzählt der Dichter, fuhr einst, vom Missionsdrang getrieben, in einem Bottich über das Meer. Er landete auf einer Insel im Eismeer, wo sein vom Brausen des Ozeans ein wenig taubes Ohr ein Gewirr von Stimmen vernahm und sein vom Polarlicht ein wenig geblendeter Blick auf eine Versammlung klein gewachsener, doch sich gesittet betragender Gestalten fiel. Der fromme Mann kam zu der Überzeugung, daß diese Naturwesen das Heil wohl verdienten, und predigte ihnen das Evangelium. Seine Zuhörer faßten Vertrauen zu seinem freundlichen Wesen, wandten sich ihm in ihrer gravitätischen Art zu und antworteten ihm mit wohltönenden, sanften Stimmen (es war gerade die Jahreszeit der Liebe). Maël unterwies sie in der christlichen Lehre und taufte sie, indem er einen jeden mit einem Tropfen reinen Wassers besprengte. Im Paradies, wo der Herr inmitten seiner Heerscharen thronte, erregte die Nachricht, der heilige Maël habe in seinem Altersschwachsinn Pinguine getauft, große Aufregung. Die Engel, Heiligen, Kleriker und Doktoren stritten endlos über die theologischen Folgen des Mißgeschicks, bis der Herr schließlich entschied, die Pinguine seien in Menschen zu verwandeln. Damit beginnt die Geschichte Pinguiniens . . .

Die Geschichte Pinguiniens ist eine Parodie auf die Geschichte Frankreichs. Anatole France entblättert mit viel Charme und Witz die Heiligenlegenden und Heldensagen, die Ruhmestaten bärtiger Könige, edler Ritter und kühner Generale als ein Gespinst von Geschäften, Intrigen und Amouren. Stößt er irgendwo auf ein besonders ehrwürdiges Ereignis, so wirft er sofort die Frage auf, wieviel Geld es einbrachte und welche Frau dahintersteckte. Das schmeckt nach Aufklärung, die aber durch Ironie wieder aufgehoben wird. France meint es nicht sehr ernst mit seinen Enthüllungen, manchmal weiß man nicht recht, ob er sich nun über die Legendenerfinder oder über die Legendenentlarver lustig macht. Ihm fehlt ganz und gar die antifeudale Empörung seiner revolutionären Vorgänger. Das kommt daher, daß er vor allem antibürgerlich ist, also auch die bürgerliche Aufklärung kritisch sieht. Anderthalb Jahrhunderte nach Voltaire geboren, ist er ein Aufklärer in bürgerlicher Zeit. Sein Spott sprüht Funken, wenn er schildert, wie vom Boudoir der Madame Ceres aus die demokratische Republik regiert wird. Und am Ende des Buches gibt er eine Charakteristik des kapitalistischen Systems, die dem Kommunistischen Manifest ähnlich sieht.

Höhepunkt in der neueren Geschichte Pinguiniens ist der Fall der achtzigtausend Heubündel, wohinter sich der Fall Dreyfus verbirgt. Dem jüdischen Hauptmann Pyrot (Dreyfus) wird vorgeworfen, die für die Armee bestimmten Heubündel an den Feind verschoben zu haben. Kriegsminister Greatauk (Mercier) schwört darauf, daß nur dieser Jude der Schuft gewesen sein kann. In Wirklichkeit aber hat der Großagrarier Graf Maubec (Esterhazy) die Heubündel gar nicht geliefert, denn er hat seinen Grundbesitz längst durchgebracht. Ein kurzsichtiges, muffiges, haariges Männchen namens Colomban (Zola) läuft mit einem Leimtopf durch die Straßen und klebt überall Zettel an, Pyrot sei unschuldig . . . Der Fall Dreyfus, der hier mit leichter Hand karikiert wird, spielte in der Entwicklung von Anatole France eine ernste Rolle, der Dichter wurde durch ihn politisiert: Er, der Zolas Werke einen Haufen Unrat genannt hatte, trat im Streit für die Gerechtigkeit ohne Zögern an die Seite des Verfassers von *J'accuse*.

Im Zusammenhang mit dem Fall der achtzigtausend Heubündel kommt Anatole France auch auf die Sozialisten seiner Zeit zu sprechen, die er, den Genossen Phoenix (Jaurès*) ausgenommen, für Schwätzer und Scharlatane hält. Die Sozialisten, sagt France, hielten sich lange Zeit aus der Affäre heraus: Die einen sagten, es handle sich um einen Konflikt innerhalb der herrschenden Klassen, der die Arbeiter nichts angehe, die andern, nur wenn Pyrot tatsächlich die Armee des Klassenfeindes geschädigt habe, verdiene er Unterstützung, die dritten wollten den Fall in eine Revolution ummünzen. Diese Abrechnung des Dichters mit der linken Rabulistik ist bis in unsere Zeit aktuell: Genau dieselben Argumente brachten die Kommunisten vor, als sie der Zerstörung der Demokratie durch Hitler Beifall klatschten. Der Skeptiker France sah im sozialistischen Parteiapparat nur eine andere Spielart der alten Welt. Die Revolution, die er am Ende seines Buches vonstatten gehen läßt, ändert nichts; nach dem Sturm wachsen Fabriken und Kontore wieder aus dem Schutt, und die Armut bleibt.
Der Allesverneiner mußte auch den Sozialismus, soweit er Gestalt annahm, verneinen – was er selber unter Sozialismus verstand, war das radikal andere, eine Fiktion, um die ganze Welt zu kritisieren. Künstlerisch drückt sich das in der Idee des geschlossenen Kreises aus, in dem die Fabel des Buches verläuft: Immer neue Gesellschaftsordnungen werden immer aufs neue verneint.
Im Buch steht der Satz: »Grundlos zweifelt man nicht, man glaubt nur grundlos.« In der Tat hatte France gute Gründe, an der alten Gesellschaft zu zweifeln und auch an der II. Internationale, deren Vertreter in Frankreich in der Regierung saßen, ohne etwas an der Misere zu ändern. Als dann die III. Internationale wie ein Phönix aus der Asche stieg, fand er vorerst keine Gründe zu zweifeln, und so glaubte er. »Es gibt eine einzige Kraft, die den Weltfrieden zuverlässig, sozusagen wissenschaftlich garantieren kann: die proletarische Kraft.[9]« Die russischen Ereignisse waren so fern und so abstrakt, daß sie seinen kritischen Verstand nicht berührten. Sie waren das radikal andere. Es schmeichelte ihm, von Lenin, ›dem größten Mann Rußlands seit Peter dem Großen‹, gerühmt zu werden, und er dankte den russischen Brüdern, daß sie den Söhnen der bürgerlichen Revolution Lektionen in sozialer Revolution erteilten. Er verteidigte den Kommunisten André Marty, der unter den französischen Interventionsstreitkräften in Odessa eine Meuterei angezettelt hatte, und schrieb regelmäßig für *L'Humanité,* das Organ der KPF. Jack Londons *Eiserner Ferse* gab er 1923 eine revolutionäre Einleitung. Zusammen mit Rolland und Barbusse machte er den Kommunismus im literarischen Leben Frankreichs salonfähig.

Romain Rolland (1866–1944) war ein Mann von hohem Wuchs, dabei gebeugt und bleich, sehr empfindsam, meist leidend und kränkelnd; seine feurige Seele wohnte in einem gebrechlichen Körper. Er floh die Prosa des Lebens mit ihren Alltäglichkeiten und Gemeinheiten, Lügen und Lastern, erschrak vor dem Mensch-

* Jean Jaurès, Abgeordneter und Professor der Philosophie, 1914 von einem Nationalisten erschossen, war die bedeutendste Gestalt des französischen Sozialismus. Er war kein Revolutionär, sondern Reformist und Pazifist.

lichen, Allzumenschlichen in sich und anderen. »Ich muß«, erzählt er in seinen auf Tagebucheintragungen gestützten Jugenderinnerungen *Aus meinem Leben*, »ein heimliches Laster eingestehen, das mir angeboren ist: den Hang zum Träumen. Mein Leben lang lag mir dieses Gift im Blut. Bald heftig ausbrechend, bald latent; oft als Heimweh, bisweilen als bezaubernde Kraft. Als zartes, durch Krankheit geschwächtes Kind, als ein für das Leben schlecht gerüsteter Jüngling (damals hätte ich sagen können: gegen das Leben), hatte ich Zuflucht im Traum gesucht; er war mir zum zweiten Leben geworden, das ich aus Musik, Mystik und Liebessehnsucht zusammenmauerte.« Er fügt dann hinzu: »Es war ein Glück, daß ich durch eine strenge Arbeitsdiziplin im Zaum gehalten wurde, die mir die von meinen Eltern gebrachten Opfer und ihre in mich gesetzten Erwartungen auferlegten. Ohne diese Diziplin und ohne die Eltern wäre ich vielleicht untergegangen, aus Widerwillen und Ekel vor der engen Berührung mit einer Welt, die mir schon früh Wunden beigebracht und deren Schändlichkeit ich gesehen hatte. Aber ich war von zu gesunder Rasse und zu fest mit der Erde verbunden, um nicht das Heilsame des Zwanges zu erkennen. Unter Verwünschungen nahm ich ihn an . . .«

Wir erleben hier in geradezu exemplarischer Weise, wie ein Über-Ich errichtet wird, eine von Autoritätspersonen übernommene Gewissensinstanz.

Später gewann dieses Über-Ich ideologische Gestalt. 1895 bemerkte Rolland in seinem Tagebuch, daß »die sozialistischen Ideen wider meinen Willen, meinen Interessen, meinem Egoismus zum Trotz von mir Besitz ergreifen. Ich möchte nicht daran denken, und doch dringen sie täglich tiefer in mein Herz.« In seinen Erinnerungen kommentiert der Dichter, die Entdeckung des Sozialismus habe ihn vor der gefährlichen Neigung zur Absonderung, zur Hingabe an den Traum bewahrt. »Er rettete mich vor mir selbst. Er brachte mir die Verbrüderung der Menschen. Es war wie ein Freudenschrei!« Rolland verweist auf eine Tagebuch-Eintragung, die den rauschhaft-mystischen Charakter jener Entdeckung spiegelt. »Je mehr sich mir der Sozialismus offenbart, um so größer ist die Freude, die mich erfüllt. Vor mir öffnet sich ein unendliches Leben. Meine starke, aber brachliegende Lebenskraft stürzt sich mit Wonne hinein. Seit meiner Jugendzeit, als Spinoza mir die Tore zur Ewigkeit öffnete, habe ich keinen ähnlichen Geistesrausch, keinen solchen lichtbebenden Kontakt gefunden. Aber heute ist es, als sähe ich von diesem grenzenlos-einsamen Himmel das Licht Tausender von Sternen herabfließen . . .« Rollands Bekehrung zum Sozialismus hatte einen neurotischen Akzent. Er verlegte seine Neigung zur Tagträumerei ins Politische. Nun verstand Rolland freilich, wie er in den Erinnerungen rekapituliert, unter Sozialismus weniger eine Sozialreform als eine ›innere Revolution‹. Im Tagebuch von 1895 heißt es: »Da ich bis zu diesem Tage wenig über diese Dinge nachgedacht hatte, sah ich im Sozialismus nur eine politische Lehre (ich sage nicht ›wirtschaftliche‹). Ich stelle fest, daß sie in noch stärkerem Maße moralisch und philosophisch ist . . . Vielleicht wird mir der Sozialismus den Sauerteig bringen, den mein Geist für das Lebensbrot braucht; vielleicht wird er mir helfen, der zu werden, dem ich so oft vergeblich entgegenstürmte.« Und er umriß seine Intention: »Der politische Kampf kann nicht meine Sache sein; ich werde mich ihm anschließen, wenn es unbedingt notwendig ist, ohne mich mit einer Aufgabe herauszuputzen, die schlecht zu mir paßt. Meine Rolle, so wie ich sie auffasse, wird zunächst darin bestehen, die Revolution wieder mit dem Göttlichen zu verbinden.«

In den großen Werken, die er zu jener Zeit in Angriff nahm: dem zehnbändigen Entwicklungsroman eines deutschen Musikers *Johann Christoph* (1904–12) und der biographischen Reihe *Heroische Leben* (Beethoven: 1903, Michelangelo: 1905, Händel: 1910, Tolstoj: 1911), versuchte der Dichter, »den Menschen hochherzige Modelle der Meisterschaft über sich selbst, der moralischen Vollkommenheit, des Seelenfriedens und des Lichts zu bringen . . . amore, pace . . . wie auf dem Grab meiner alten Freundin Malvida von Meysenbug geschrieben steht, und über dem allen: Licht, luce . . .[10]«

Der Ausbruch des Weltkrieges erschütterte Rolland bis ins Innerste. Im *Johann Christoph* hatte der Franzose Olivier zu seinem deutschen Freund gesagt: »Mag der Krieg kommen! Er wird nicht fähig sein, unsere verschränkten Hände zu lösen.« Nun notierte der Dichter: »Ich bin fassungslos. Ich möchte tot sein! Es ist entsetzlich, inmitten dieser wahnsinnigen Menschheit leben und ohnmächtig den Bankrott der Zivilisation mitansehen zu müssen. Dieser europäische Krieg ist die größte Katastrophe der Weltgeschichte seit Jahrhunderten, der Zusammenbruch unserer heiligsten Hoffnungen auf die Verbrüderung der Menschen. Am schlimmsten ist die Erkenntnis, daß es nicht nur keinen Fortschritt, sondern sogar einen Rückschritt gibt. 1870 hatte sich wenigstens eine Elite gegen den Krieg erhoben... Heute aber fällt die Tatsache auf, daß die Sozialisten aller Länder ohne Zaudern für den Krieg Partei genommen haben.« (*Journal des anneés de guerre,* postum 1952 veröffentlicht.)

Rolland, der während des Krieges in der Schweiz blieb, um *Über dem Getümmel* (1915) zu stehen und versöhnend zu wirken, wurde von beiden Seiten angefeindet; zu seinen Kontrahenten zählten Persönlichkeiten wie Gerhart Hauptmann, H. G. Wells, Verhaeren und André Gide, selbst Anatole France wurde anfangs vom patriotischen Taumel erfaßt. Literarisches Zeugnis jener Zeit ist *Clérambault* (1920), ursprünglich ›Der eine gegen alle‹ genannt, »kein Roman, sondern das Bekenntnis einer freien Seele inmitten der Qual, die Geschichte ihrer Irrungen, Ängste und Kämpfe«.

Die russische Revolution 1917 wirkte auf Rolland wie ein Hoffnungsstrahl in finsterer Nacht, er begrüßte sie als eine Botschaft des Friedens und der Freiheit. Auch die Machtergreifung der Bolschewisten im Oktober nahm er positiv auf, denn die neuen Männer, unter ihnen Gefährten des Schweizer Exils wie Lunatscharski und Lenin, machten im Unterschied zu der von ihnen gestürzten Provisorischen Regierung mit dem Frieden ernst. Lenin, der Rolland während des Krieges in der Schweiz kennengelernt hatte, legte auf den Weggefährten solchen Wert, daß er vor seiner Abreise nach Rußland 1917 an den französischen Kommunisten Guillebeaux telegrafierte: »Nehmen Sie Rolland mit, wenn er grundsätzlich einverstanden ist.[11]«

Rolland betonte jedoch, daß er kein Bolschewist sei. An einen kommunistischen Freund schrieb er Anfang 1918: »Ihr Glaube ist nicht der meine. Ich glaube nicht,

daß jeder von uns ein ›Molekül‹ innerhalb der Gemeinschaft ist. Ich glaube, daß jedes Wesen eine Welt für sich ist, und wenn diese Welten innerhalb des Universums auch danach trachten müssen, zu einer Harmonie miteinander zu gelangen, so hat doch keine dieser Welten das Recht, einer anderen ihre Gesetze oder die ihres Sonnensystems aufzuzwingen. Die Freiheit, der meine ganze Liebe und mein ganzes Streben gilt, ist die innere Freiheit. Ein sozialistisches oder bolschewistisches System sichert diese Unabhängigkeit nicht besser als ein kapitalistisches. Sozialismus und Bolschewismus leisten eine notwendige Arbeit auf materiellem Gebiet, auf geistigem Gebiet aber sind sie ungenügend. Und allzuoft zertreten jene Systeme die innere Freiheit, die für mich den einzigen Lebenswert ausmacht. Mir genügt das Ideal eines emsig arbeitenden und wohlorganisierten Bienenstocks nicht, dessen einzelnes Menscheninsekt sich seiner Versklavung nicht einmal mehr bewußt ist . . . Nie würde ich mit einer Diktatur einverstanden sein, nicht einmal mit einer sozialistischen. (*Journal des années de guerre*)«
In zahlreichen Stellungnahmen, gipfelnd in einer öffentlichen Auseinandersetzung mit seinem Freund Barbusse, verurteilte Rolland die bolschewistischen Gewalttaten. In der Biographie *Mahatma Gandhi* (1923/24) schrieb er: »Alle – Nationalisten, Faschisten, Bolschewisten, unterdrückte Völker und Klassen, herrschende Völker und Klassen – beanspruchen für sich das Recht zur Gewalt, in dem sie *das* Recht erblicken, und wollen es den andern vorenthalten. Vor einem halben Jahrhundert noch unterdrückte die Gewalt das Recht. Heute ist es viel schlimmer: die Gewalt ist das Recht. Sie hat das Recht verschlungen.«
Mißtrauen gegen alle Massenbewegungen, die Idee der Gewaltlosigkeit und religiös getönter Idealismus trennten Rolland prinzipiell von den Kommunisten. Andererseits trieb ihn gerade der schwärmerische Idealismus, ohne den er nicht leben konnte, immer wieder an ihre Seite. In einer Zeit, da der Chauvinismus der Siegermächte überschäumte, die deutschen Gesinnungsfreunde des Dichters, die *Vorläufer* (1919) Liebknecht und Luxemburg, Eisner und Landauer, ermordet wurden, in Italien, später in Deutschland der Faschismus aufkam, sah er im Osten das letzte Licht.
Der irrationale Charakter seiner Hoffnung auf die Sowjetunion spricht aus zahllosen Äußerungen[12]. An die Stockholmer Zeitung *Politiken* schrieb er 1920: »Unabhängig von allen marxistischen Argumenten, die zum Vorschreiten der Revolution führen, gibt es in Rußland eine moralische Ursache, die die reinen Marxisten vielleicht wenig beachten, der ich aber einen unermeßlichen Wert beimesse – nämlich den sozusagen religiösen Charakter, den mystischen Enthusiasmus, der einen Teil der russischen Arbeiterklasse durchglüht. *Diese Männer glauben.*«
Als Konstantin Balmont und Iwan Bunin 1928 einen ›verzweifelten Appell der gemarterten russischen Schriftsteller‹ an ihn richteten, antwortete er: »Diese neue Ordnung ist über und über mit Blut befleckt, vollkommen besudelt, wie die Frucht, die wir dem Mutterschoße entreißen. Trotz allem Abscheu, trotz allem Widerwillen, greulichen Irrtümern und Verbrechen gehe ich zu dem Kindchen, hebe es auf, das Neugeborene: Es ist die Hoffnung, die letzte Hoffnung für die Zukunft der Menschheit.«
Diese Einstellung Rollands ermutigte Lunatscharski, ihm die Mitarbeit in der

Sowjetpresse anzubieten. Was immer er schreibe, »es wird gedruckt werden, selbst wenn die allgemeinen Grundsätze nicht in Übereinstimmung mit den Ideen des Redakteurs sind. In diesem Falle behalten sich die Redakteure das Recht vor, den Leser darauf aufmerksam zu machen.« Rolland nahm an: »Wenn Sie einsehen, daß zur Entwicklung dauerhafter und gesunder Einrichtungen eine freie Diskussion unumgänglich ist, daß nur durch sie die politische Erziehung eines unabhängigen Volkes gesichert wird, werden Sie die unabhängige Elite der Welt um sich scharen.« So wurde Romain Rolland, wie er selber sagt: ›ein ehrlicher Weggenosse‹ – der erste Fellow-Traveller. Literarischen Niederschlag fand diese Etappe in seinem zweiten großen Romanzyklus, *Die verzauberte Seele* (1922–33), den die Kommunisten als größte dichterische Annäherung Rollands an ihre Ideen schätzen. Wohl verkörpert die Heldin des Werkes, Annette, immer noch Rollands Ideal des starken, ungebundenen Einzelmenschen, aber ihr Sohn Marc wird Kommunist und stirbt als Märtyrer.

Als der Dichter 1935 die Sowjetunion besuchte, war er überwältigt von den ›triumphalen Kundgebungen eines von Glück und Stolz erfüllten Volkes‹, zu denen der siebzigjährige Pazifist vor allem die Parade auf dem Roten Platz zählte. »Es ist unmöglich«, berichtete er, »diese Einstimmigkeit auf irgendeine direkte Weisung zurückzuführen: der spontane, individuelle Charakter jeder dieser Äußerungen ist zu lebendig, zu unmittelbar und oft sehr zu Herzen gehend. Viel eher dürfte man sagen, daß diese leidenschaftlichen Zeugenaussagen Teile sind einer kollektiven Psychose – einer Psychose von Glauben, Freude und unbedingten Verlasses auf die Wahrheit und den Sieg der Sache, die diese Millionen in der Welt verkörpern. Aber dies ist es eben, was man die ›großen Stunden der Geschichte‹ nennt, die Stunden, in denen die Völker die Gipfel ihrer Bestimmung erleben und ein neues Weltalter anhebt . . .«

Beim Abschied schrieb er dem ›teuren Genossen‹ Stalin: »Ich reise ab mit der wirklichen Überzeugung, die ich schon bei meiner Herfahrt vorausgefühlt habe, daß der einzige, wirkliche Weltfortschritt untrennbar mit dem Schicksal der UdSSR verbunden ist, daß die UdSSR der feurige Herd der proletarischen Internationale ist, in die sich die ganze Menschheit verwandeln muß und verwandeln wird . . .«

Erst am Ende seines Lebens wurde Rollands Glaube an den Bolschewismus erschüttert. Als Hermann Hesse ihn 1938 bat, sich für Opfer des Stalinschen Terrors einzusetzen, antwortete er bitter: »Mein lieber Freund, hier meine augenblickliche Situation: Vor acht Monaten wurde einer meiner Freunde, Arzt in Leningrad, den ich seit zwanzig Jahren kenne, ohne jede Erklärung verhaftet; man hat seitdem keine Nachricht mehr von ihm erhalten. Ich habe alles für ihn getan, was ich konnte, und zwar mit Leidenschaft; ich habe an alle Chefs geschrieben (an Stalin zweimal) und an alle, die ihn kennen oder ihm helfen könnten: – ich habe während der acht Monate kein einziges Wort darauf gehört. So ist es auch mit all den Briefen, die ich seit zwei Jahren für eine Anzahl verhafteter oder verschwundener Leute, die ich kenne, geschrieben habe: – Stillschweigen. Können Sie sich vorstellen, daß man mir antworten würde der Leute wegen, die ich persönlich nicht kenne? Solange Gorki noch lebte, vermochte ich

viel durch seine Vermittlung – jetzt nichts mehr. Die ›Philosophen‹ (wie man zur Zeit Jean-Jacques' sagte) zählen nicht mehr neben den Herren der Macht ...[13]« Und in den Erinnerungen *Aus meinem Leben,* die er 1940 im besetzten Frankreich, in Vézelay, seinem Alterssitz, niederschrieb, zog er Fazit: »Der Sozialismus hat es darauf abgesehen, jede Spur von Religiosität auszurotten. Ich glaube, er hat unrecht und fügt sich selbst Unrecht zu. Es gibt keine Lehre, die ein ähnliches Potential göttlicher Kraft – dem Feuer im Stein vergleichbar – einschließt, die eine ebenso gewaltige Mystik der menschlichen Gemeinschaft, der Liebe, der Aufopferung besitzt wie die sozialistische. Es ist geradezu unsinnig, sich aus kleinlicher Rachsucht oder aus argwöhnischem Mißtrauen gegen untergegangene Religionen von Gott loszusagen. Wenn man behauptet, den neuen Adam, den großen Menschheitskörper neu schaffen zu wollen, darf man ihn nicht der Flamme des All-Wesens berauben, die ihn belebt. Liebt das Feuer, nährt es! Laßt nicht andere Besitz davon ergreifen! Man ersetzt es nicht durch dialektischen Materialismus, und sei er noch so intelligent. Auch nicht durch Klassenkampfmoral. Nicht euer Ziel ist es, das ich anfechte. Damit bin ich einverstanden. Aber um es zu erreichen, brauchen wir alle Kräfte aus der Tiefe des Wesens, seiner Mystik und seiner reinsten Moral! – Da die gewaltige Union der Sowjetrepubliken diese Kräfte allzuoft vergaß, hat sie manchmal fast tödliche Irrtümer begangen; sie hätten tödlich gewirkt, wenn nicht der begeisterte Aufschwung neuer Klassen und eines neuen Volkes, besessen von totalem, unbewußt religiösem Opferwillen, dieses Ideal, diesen lebendigen Gott, den man doch ausrotten wollte, trotz der gestutzten Doktrin wieder erweckt hätte.«
Romain Rolland starb, wie er gelebt: Die Widerstandsbewegung seines Departements ernannte ihn zu ihrem Ehrenpräsidenten, er selbst sandte ein Grußtelegramm an den Kommunistenführer Thorez – und verschied mit dem Ave Maria auf den Lippen. Seine Moskauer Tagebuchnotizen hat die Witwe bis heute nicht freigegeben.

Zwei Jahre Fronteinsatz machten aus dem 41jährigen Kriegsfreiwilligen Henri Barbusse (1873–1935) den großen Schriftsteller gegen den Krieg. »Sag mal«, fragt ihn ein Kamerad im Graben, »wenn du in deinem Buch die Soldaten reden läßt, reden die dann auch, wie sie wirklich reden, oder machst du das den andern mundgerecht? Ich meine wegen der Kraftausdrücke, die man gebraucht ... Du hörst doch nie einen Soldaten 's Maul auftun, ohne daß er was sagt und immer wieder sagt, was die Drucker nicht gerne drucken. Aber wenn du die Ausdrücke nicht hinschreibst, dann stimmt's doch mit der Ähnlichkeit nicht mehr ...« Barbusse: »Ich werde die Ausdrücke dort hinschreiben, wo sie hingehören, Alterchen, weil es die Wahrheit ist.« Soldat: »Schon, aber glaubst du nicht, daß dann die Kerle aus deiner Gesellschaft, ohne sich um die Wahrheit zu scheren, sagen werden, daß du ein Schwein bist?« Barbusse: »Wahrscheinlich, aber ich werd's doch tun, ohne mich um die Kerle zu kümmern.«
Wer *Das Feuer* (1916) heute liest, wird noch immer angerührt von der dichterischen Kraft dieses Buches, aber er vermag sich kaum vorzustellen, was für ein epochales Ereignis sein Erscheinen war. Man muß sich die Höhepunkte der

Kriegsdarstellung in der klassischen Literatur vergegenwärtigen, Stendhals Waterloo-Szene und Leo Tolstois Beschreibung der Schlachten von Austerlitz und Borodino, um die ganze Umwälzung ermessen zu können, die durch Barbusse in die Literatur kam. Alle Bücher über den Krieg seither, von Remarque und Renn bis zum Nazidichter Beumelburg, auch die Bücher über den Zweiten Weltkrieg, sind undenkbar ohne *Das Feuer,* wo der Krieg zum ersten Mal als elementares Ereignis, als Apokalypse gezeichnet wurde.

Das Erlebnis des Krieges von unten, vom Landser her – die Brutalität in der Sprache und in der Schilderung – die Frontkameradschaft in Dreck und Feuer – das Nebeneinander von Galgenhumor und Grauen – der Haß gegen die Etappe und ›die da oben‹ – das pazifistische Bekenntnis, das sich einer französischen Soldatenkehle in dem Schrei ›Liebknecht‹ entringt: Das schlug 1916, als der Hurrapatriotismus in allen Ländern einem fassungslosen Entsetzen gewichen war, wie eine Bombe ein. Was alle angstvoll empfanden, dieser Franzose sprach es rückhaltlos aus: »Mehr noch als die Attacken, die einer Parade gleichen, mehr als die sichtbaren Schlachten, die wie Oriflammen sich ausbreiten, mehr noch als der ringende Nahkampf, bei dem man schreiend sich ereifert, mehr als das alles ist dieser Krieg: es ist die furchtbarste, die übernatürlichste Erschöpfung, Wasser bis an den Unterleib, und der Kot, und der Schmutz, und der gemeine Dreck. Dazu die verwesten Gesichter, zerfetzte Leiber und die Leichen, die keinem Leichnam ähnlich sind und auf der gefräßigen Erde schwimmen. Das ist der Krieg, jenes endlose, eintönige Elend; unterbrochen durch wilde Tragödien; das ist der Krieg, und nicht das Bajonett, das wie Silber blitzt, auch nicht der Hahnenruf der Trompete im Sonnenglanz.«

Das Buch trägt den Untertitel ›Tagebuch einer Korporalschaft‹. Es schildert die Erlebnisse einer kleinen, immer mehr zusammenschrumpfenden Gruppe einfacher, aus dem Volke stammender Soldaten. Es gibt keine Romanhandlung, überhaupt keine abgeschlossene Handlung: Am Ende geht der Krieg in monotoner Grausamkeit weiter, ohne daß wir erfahren, was aus den Resten der zusammengeschossenen Korporalschaft wird. Die vierundzwanzig Kapitel ähneln Novellen, jeweils um einen Aspekt, eine Episode des Krieges gerundet, doch einander steigernd zur großen Vision. Zuerst die miesen, mit ein paar Tupfen Humor versetzten Alltäglichkeiten im Ruhequartier – dann das gefährliche Leben im Graben und im Vorfeld der Fronten – der Sturm durchs Sperrfeuer, der dem Buch den Namen gab, und das Einander-Zerfleischen im Nahkampf – schließlich der aus unvorstellbarem Elend sich erhebende Ruf gegen den Krieg. Es gibt Bilder, die man nie vergißt: Wie ein Soldat die Leiche einer geliebten, nun schon verwesenden Frau umarmt, wie ein Flieger hoch über den Linien beide Seiten zu demselben Gott um den Sieg beten sieht, wie Freund und Feind im Schlamm einer Regennacht ersaufen . . . Zusammen mit Rolland, der aus der Schweiz zur Versöhnung rief, wurde der 1916 trotz heftiger Anfeindung mit dem Prix Goncourt ausgezeichnete Barbusse zum Symbol des Kampfes gegen den Krieg. 1917 gründete er mit Paul Vaillant-Couturier und Raymond Lefebvre den Republikanischen Frontkämpferbund, 1919 die Intellektuellen-Bewegung *Clarté* (nach einem Roman von Barbusse aus diesem Jahr), zu der sich zeitweise Anatole France, Georges Duhamel, Jules Romains, Georges Eckhoud, Georg Brandes, H. G. Wells, Thomas Hardy, Upton Sinclair, Heinrich Mann, Stefan Zweig, Andreas Latzko, Vicente Blasco-Ibañez bekannten, 1920 die Internationale ehemaliger Frontkämpfer.

Bald zerfiel die Antikriegsbewegung der Intellektuellen in einen pazifistischen Rolland-Flügel, der sich an Gandhi orientierte, und einen klassenkämpferischen Barbusse-Flügel, der der Kommunistischen Internationale zustrebte[14]. 1923 trat Barbusse, den Lenin eine ›gewaltige Stimme‹ genannt hatte, der Kommunistischen Partei bei, eine Entwicklung, die man bei aufmerksamer Lektüre schon aus dem *Feuer* herauslesen kann.

Im rhetorischen Schlußteil des Buches heißt es:

– Ja, wird man sich nach dem Krieg noch weiter rumhauen müssen?

– Vielleicht ja . . .

– Hast du so noch nicht genug!

– Grad weil ich keinen Krieg mehr will! schimpfte einer.

– Und diesmal vielleicht nicht gegen Fremde.

– Kann schon sein . . .

Und auf der letzten Seite, als letztes Wort, sagt ein Soldat: »Wenn dieser Krieg den Fortschritt um eine Stufe weiter gebracht hat, so wird sein Unglück und wird seine Schlächterei wenig zu bedeuten haben.« Das korrespondiert offensichtlich schon nicht mehr mit der pazifistischen Losung: ›Die Waffen nieder‹, sondern mit der Losung Lenins: ›Umwandlung des Krieges in den Bürgerkrieg.‹

Auch die politischen Anschauungen, die Barbusse in *Feuer* verkündet, deuten auf den heranreifenden Kommunismus:

»Ich sage, daß die Brüderlichkeit ein Traum sei, ein verschwommenes Gefühl, ohne Bestand; es ist zwar nicht menschlich, einen Unbekannten zu hassen, aber es ist auch nicht menschlich, einen Unbekannten zu lieben. Auf der Brüderlichkeit kann man nichts aufbauen. Ebensowenig auf der Freiheit: sie ist etwas zu Relatives in der Gesellschaft, in der die Gegenwart eines jeden die Existenz des anderen beeinträchtigt. Aber die Gleichheit bleibt sich ewig gleich. Freiheit und Brüderlichkeit sind Worte. Die Gleichheit (die soziale Gleichheit natürlich . . .) ist die große Formel der Menschheit.«

Barbusse hat nie wieder ein Buch vom Range des *Feuer* geschrieben; selbst ein kommunistischer Gesinnungsgenosse wie der Romanist Victor Klemperer räumt ein, Barbusse habe in seinen späteren Werken ›den Künstler dem Prediger untergeordnet[15]‹. Charakteristisch ist das Poem *Jesus* (1927), in dem er den Stifter des Christentums als Urkommunisten und Atheisten auftreten läßt, der von den Reichen ans Kreuz geschlagen wird. Sein letztes Werk, die Biographie *Stalin* (1935), hat er selber als einen Panegyrikus bezeichnet.

Barbusse empfand aufrichtige Verehrung für Stalin, der die Bedeutung des Dichters erkannt und ihn vor den ständigen Verdächtigungen und Schikanen bewahrt hatte, mit denen die Kommunistische Partei Frankreichs ihr prominentes Mitglied zu belästigen pflegte. (Der ›Barbussismus‹, worunter man den Versuch verstand, die Intellektuellen als Bundesgenossen für den Kommunismus zu gewinnen, galt lange als bürgerlich-liberale Verirrung, die die Hege-

monie des Proletariats gefährde; Barbusses Zeitschrift *Le Monde* wurde als Agentur der Konterevolution denunziert.) Stalin liebte den Umgang mit Dichtern, soweit sie ihm ergeben waren, und Barbusse war von seiner Freundlichkeit gerührt. Heute, nachdem der Diktator von der eigenen Partei des Personenkults für schuldig befunden worden ist, liest man nicht ohne Schmunzeln, daß Barbusse sich vorgenommen hatte, seinen Helden ausgerechnet von den Vorwürfen des ›persönlichen Ehrgeizes, der Willkür und der Grausamkeit‹ reinzuwaschen. Er stützte sich dabei vor allem auf Anekdoten, die ihm Stalin selber oder dessen Umgebung erzählten, und auf Dokumente, die Kaganowitsch eigens für den Dichter zu präparieren hatte[16]. Der spätere Kulturkommissar der DDR, Alfred Kurella, stand ihm als Ghostwriter zur Seite.
Stalin erscheint in dem Buch als ›ein Mensch, durch den sich eine neue Welt erschließt‹ – ›der größte und bedeutendste unserer Zeitgenossen‹ – der ›Fels des des Vertrauens‹ – ›das Gesicht des Volkes, das den sechsten Teil der Erde bevölkert‹ – ›das Herz von all dem, was, von Moskau aus, über die Erdkugel strahlt‹ – derjenige, der ›über Europa und Asien, über Heute und Morgen steht‹ – der ›große Agitator, gewappnet mit Realismus‹ – der Mann ›mit dem Kopf des Gelehrten, mit dem Gesicht des Arbeiters und dem Rock des einfachen Soldaten‹. Stalin, heißt es, »war überall . . . verlor nie die Übersicht . . . hatte nie Differenzen mit Lenin . . . gehörte zu den wenigen, mit denen Lenin den Aufstand beschloß . . . seine Erfolge an der Front hätten genügt, einen Feldherrn berühmt zu machen . . . mit zauberhafter Schnelligkeit führte er kleine, ehemals unterdrückte Völker auf die Höhe sozialistischer Kultur . . . seine Rede über die Ergebnisse des Fünfjahrplans ist ein literarisches Meisterwerk . . . er spricht unermüdlich vom Grundlegendsten, setzt jedes Prinzip an seinen Platz, bringt Klarheit . . .« Hingerissen besingt der Dichter den Helden: »Es gibt in seiner Laufbahn seit 1917 kein Jahr, wo das, was er in ihm getan hat, nicht einen andern für sein Leben berühmt gemacht hätte. Er ist ein Mann von Eisen. Sein Name kennzeichnet ihn: Stalin – der Mann aus Stahl. Er ist unbeugsam und biegsam wie Stahl. . . . Nirgendwo ist der Gedanke und das Wort von Lenin so gegenwärtig wie in Stalin. *Stalin ist der Lenin unserer Tage.*«
Stalins Herzenswunsch nach einer Verewigung im Dichterwort, von dem störrischen Gorki verweigert, wurde von Barbusse erfüllt. Doch die neidischen Götter ließen den Diktator die Ehrung nicht genießen: Er mußte das schöne Buch gleich auf den Index setzen. »Leider«, klagte ein sowjetischer Kommentator, »enthält das 1935 geschriebene Buch zahlreiche Äußerungen von Leuten, die in der Folge als Feinde des Volkes entlarvt wurden. Es finden sich auch einzelne fehlerhafte Auslegungen . . .[17]« Und leider starb der Dichter schon 1935 bei einem seiner Besuche in Moskau, so daß er das Buch beim besten Willen nicht mehr umschreiben konnte.

Der kämpferische Charakter des Kriegsbuches von Barbusse wird besonders deutlich, wenn man es mit seinem humoristischen Gegenstück vergleicht, den *Abenteuern des braven Soldaten Schwejk* (1923, unvollendet) von Jaroslav Hašek (1883–1923). Der brave Soldat ist ein sturer Landser, Kamerad Schnürschuh, der gar nicht daran denkt zu meutern, vielmehr jeden Befehl so ernst nimmt, daß er lächerlich wird, der das Denken den Pferden und Leutnants überläßt und durch seine gute Miene das böse Spiel entlarvt, ›gehorsam dem Gott, der die Flinten wachsen ließ und das Korn, in das man sie wirft‹ (Polgar)[18]. Schwejk ist der gleichmütig wurstige Mann aus dem Volk, der weiß, daß er nicht viel ändern kann, daß aber auch nichts so heiß gegessen wie gekocht wird. »Er ist die Vereinigung von Sancho Pansa und Eulenspiegel, zugleich aber auch Swinigel, und die Hasen des ernsten Lebens rennen sich zu Tode in den Furchen der Bürokratie, um Schwejk zu besiegen: Polizisten und Generale, Leutnants und Spitzel, ihr Bemühen ist sinnlos: Schwejk siegt immer, lächelnd sein warmes, weiches Lächeln, steht er, die Pfeife im Mund, immer als Sieger da« (Böll)[19]. Schwejk ist ein heimlich hinterlistiger Anarchist und Pazifist, ein asoziales Element, nicht nur in der Donaumonarchie, sondern überall, wo man sich für höhere Zwecke totschießen lassen soll. Selbstverständlich war das Buch im Dritten Reich verboten, aber auch die tschechoslowakische Demokratie und Volksdemokratie kamen mit ihrem Nationalhelden schlecht zurecht. Die Kommunisten haben sich viel Mühe gegeben, den Kriegsdienstverweigerer militant zu machen (Piscators Inszenierung 1928 in Berlin, Brechts Bearbeitung *Schwejk im zweiten Weltkrieg*, 1944). Dennoch konstatierte der bekannteste kommunistische Literaturtheoretiker der Tschechoslowakei, Paul Reimann, betrübt, daß Hašek zwar eine progressive Rolle gespielt habe, nur leider ›nicht mit dem Kampf der Arbeiterklasse verbunden war[20]‹.

Dabei war Hašek schon 1918/19, also lange vor Barbusse, der ›Partei der Arbeiterklasse‹, der Kommunistischen Partei, beigetreten[21]. Er war als Sanitäter im österreichisch-ungarischen Heer in russische Gefangenschaft geraten, diente in der tschechischen Legion, die, ursprünglich zur Verstärkung der Alliierten ins Leben gerufen, im Bürgerkrieg eine zwielichtige Rolle spielte, und betrieb eine hemmungslose chauvinistische Agitation: »Minister töten, vor allem Statthalter in Böhmen, Mähren, Schlesien und die Regierungshelfer in Ungarn verfolgen, die Mitglieder des habsburgischen und, soviel es möglich ist, auch des hohenzollernschen Herrscherhauses abschießen ...« Da man ihn schon damals nicht ganz ernst nahm, signierte er die politischen Aufrufe mit dem seriösen Pseudonym Dr. Stanko.

Nach dem Zusammenbruch der Donaumonarchie desertierte er aus der nationaltschechischen Legion in die Rote Armee. Er wurde Mitglied der Bolschewiki und übte eine wechselvolle, zuweilen chaotische Tätigkeit als Propagandist und Organisator aus. Wenn es allzu heiß herging, tauchte er vorübergehend unter, um an anderer Stelle erneut mit überschäumender Energie ans Licht zu treten. Selbst die sowjetischen und tschechischen Biographen sind nicht in der Lage, seinen Weg quer durch die russische Bürgerkriegslandschaft lückenlos nachzuzeichnen. Unter anderem redigierte er Frontzeitungen in tschechischer, russischer, deutscher, baschkirischer, burjato-mongolischer, koreanischer und chinesischer Sprache, von denen er nur die tschechische richtig beherrschte. Ernest Kolman, Genosse in sibirischer Gefangenschaft, erzählt, wie der unermüdliche Hašek mit Hilfe zweier Studenten in wenigen Stunden ein burjätisches Alphabet erfand. Erhalten ist ein Gedicht, das der notorische Deutschenfresser in holprigem Deutsch verfaßt hat:

»Auf Brüder zu den Waffen,
laßt uns die Freiheit schaffen,
erhebt euch Mann für Mann!
Laßt stille stehn die Dampfmaschinen,
kommt auf die Straße Proletar,
laßt jetzt das große Rad bedienen,
der früher sein Besitzer war . . .«

Übrigens heiratete er auch in Rußland, ohne von seiner ersten Frau in Prag geschieden zu sein, was ihm nach seiner Rückkehr in die Tschechoslowakei eine Klage wegen Bigamie einbrachte. Er brachte die russische Frau nämlich mit, sie wurde freundlich im Prager Familienkreis aufgenommen.
Die Kommunisten waren nicht sehr glücklich über ihr ebenso aktives wie extravagantes Mitglied; schon der Gründungsparteitag der ›Tschechoslowakischen Kommunistischen Partei in Rußland‹ 1918 bezeichnete Hašek als ›unverantwortliches Element, das in die Partei eingedrungen ist‹. 1920 kehrte er mit falschem Paß, deutschem Geld und in den Anzug eingenähter Parteilegimitation in seine Heimat zurück. Von weiterer kommunistischer Aktivität ist nichts bekannt; die ›Verbindung zur Arbeiterklasse‹ scheint er in der Tat bald verloren zu haben. Hin und wieder schrieb er in kommunistischen, aber auch in bürgerlichen und reaktionären Blättern. »Ich passe in kein Gefängnis«, meinte er 1922, »weder in ein großes noch in ein kleines. Ich vertrage keine Gitter. Mich sperrt niemand ein und wäre sein Käfig aus reinem Gold oder aus den schönsten Gedanken. Ich pfeife darauf.«
Hašek führte ein ziemlich wirres und ausschweifendes, dabei materiell armseliges Leben als Bohemien. Seinen zunächst unverstandenen Roman verkaufte er in Kolportageheften an den Hintertüren. »Ich weiß«, so sagte er, »daß man mich in Böhmen nicht als ernsthaften Schriftsteller ansieht. Auch ich halte mich für keinen Künstler. Aber ich nehme an, daß Kunst heißt: die Wahrheit bis auf den Grund enthüllen. Und da soll ich mich nicht betrinken, wenn ich bei jedem Schritt diese entsetzliche Wahrheit sehe – und nicht helfen kann! Kamerad, gehen wir trinken. Ins Gasthaus! Euer Schnaps ist schwach! Heute trinken wir auf die Kunst . . .[22]« Mit vierzig Jahren hatte er sich zu Tode gesoffen. Er ist als Parteigenosse so unvorstellbar wie Schwejk als Rotfrontkämpfer.

An die Seite der bürgerlichen Intellektuellen traten zwei Dichter aus dem Proletariat, Brüder Gorkis nicht nur dem Geiste, sondern auch der Herkunft nach: der Däne Martin Andersen (1869–1954), der sich nach der Stadt, in der er seine Jugend verlebte, Nexö nannte, und der Rumäne Panait Istrati (1884–1935). In der Wiege schon entschied sich ihr Schicksal. Armut und Drangsal ihrer Kinderjahre stießen sie auf den revolutionären Weg. »Der Vater war Steinbrucharbeiter und Pflasterer«, berichtet Nexö, »Mutter fuhr mit einem Handkarren

umher und verkaufte Fische, Obst und dergleichen. Wir waren eine große Kinderschar – ich bin der vierte von elf Geschwistern –, und wir lebten in sehr ärmlichen Verhältnissen, obwohl die ganze Familie arbeitete. Armut und anstrengende Arbeit sind die herrschenden Mächte in der Welt meiner Kindheit. Ich habe gearbeitet, seit ich kriechen konnte – trug Zeitungen aus oder sammelte Späne auf den Bauplätzen und verkaufte sie an Herrschaften. Eine Zeitlang war ich auch Kindermädchen bei meiner halbjährigen Schwester – vom frühen Morgen bis zum Abend . . .[23]«
Istrati verdingte sich mit zwölf Jahren in einer Taverne, um seiner Mutter, einer armen Witwe, die sich als Wäscherin durchschlug, nicht mehr auf der Tasche zu liegen. Sein Vater, ein griechischer Schmuggler, kümmerte sich nicht um ihn. »Neunzehn Stunden am Tage«, erzählt Istrati in *Tage der Jugend* (1928), »Stunden der Mühe, der Besorgungen, des Stehens und Aufwartens von sechs Uhr früh bis ein Uhr nachts . . . Ein freier Tag zu Ostern und ein anderer zu Weihnachten . . . Barbarische Worte, obszöne Flüche, sadistische Quälereien, Ohrfeigen ohne Zahl. Ströme von Tränen, ein ungeahnter Aufruhr, verschwundene Träume, Verlangen nach Flucht . . .«
Istrati schreit: »Und ihr wollt Gesetzgeber sein, ihr Werwölfe der schönen Kindheit! Ihr Schenkwirte, Krämer, Händler, ihr großen Raffer von Ländereien, deren Erde schwarz ist wie eure Seele! Und ihr habt Akademien, habt Lehrstühle der Moral, habt Kirchen, die Mitleid predigen beim betäubenden Klang der Glokken, habt Parlamente und wißt nicht, was die Brust eines Kindes birgt, wißt nichts von diesem ganzen Leben, das so schön sein könnte und das ihr schändet!«
Und Nexö in seinen *Erinnerungen* (1932–39): »Ich war mir klargeworden, daß etwas geschehen müßte, damit das Dasein für die Menschen erträglich, die Last von den Schultern der Armen genommen und ihnen ihr Anteil am Leben gegeben würde. Vor allem mußten die Kinder eine Kindheit haben, Hunger und Not mußte aus den Häusern der kleinen Leute vertrieben und Mutters endloser Arbeitstag kürzer und leichter gemacht werden . . .«

Andersen Nexö erzählt in seinen Erinnerungen von einem Berliner Glasergesellen, der ihn mit dem Sozialismus, mit den Erfolgen der deutschen Arbeiterbewegung vertraut machte. »Der Satz: Die Befreiung der Arbeiterklasse muß die Tat der Arbeiter selbst sein! kehrte immer wieder in seinen Reden. Er wurde in meiner Vorstellung zu einer leuchtenden Inschrift über einem mächtigen Portal, dem Eingang zu einer neuen Welt.« Als sie voneinander Abschied nahmen, umarmte ihn der Deutsche und sagte unter Tränen: »Wenn du einmal Dichter wirst, dann vergiß das Proletariat nicht!«
Mit *Pelle der Eroberer* (1906–10), dem ersten Proletarierroman der dänischen Literatur, hat Nexö das Wort eingelöst. Pelle, der ›nur Gesundheit und Appetit besitzt, nackt zum Fest des Lebens kommt‹, ist das Urbild des sozialistischen Arbeiters, der sich seinen Platz im Staate erkämpft, undenkbar ohne das Beispiel solcher Männer wie Bebel und Ebert. »Ich wollte«, sagt Nexö, »die Masse auf dem Weg zum Glück schildern.[24]« Aus der Welt der Knochenmühlen und Elendsquartiere, aus Streiks, Aussperrungen, Unruhen und Polizeiterror erhebt sich

eine mächtige Organisation, ein Millionenheer, das die Rechte der Arbeiter durch Gewerkschaften und Genossenschaften sichert, das seine Führer in die Parlamente schickt.

»Nun habe ich meinen Stoff gefunden, Pelle!« sagt der Schriftsteller Morten (dänische Form für Martin) am Schluß des Romans. »Ich wühle nicht mehr blind im Dunkeln herum – jetzt will ich ein großes Werk schreiben.«

»Glückauf damit! Wovon soll es denn handeln? Soll es ein Werk von der Sonne sein?«

»Ja, von der Sonne und von dem, das siegt. Es soll ein Werk über dich sein, Pelle!«

»Über mich?« fragt Pelle erschreckt.

»Ja – über den nackten Pelle mit dem Siegerhemd! Jetzt ist es wohl an der Zeit, den nackten Menschen in das Licht hinauszurufen und ihn richtig anzusehen, jetzt wo er dasteht und die Zukunft übernehmen soll . . .«

Seinem Pelle stellte der Dichter das Mädchen Ditte zur Seite, den Roman *Ditte Menschenkind* (1917–21). »Der Roman von Ditte Menschenkind«, sagt Nexö, »ist der Bericht vom Dasein der proletarischen Frau, wie es sich mit wenigen Ausnahmen bis ganz in den Beginn dieses Jahrhunderts hinein gestaltete: von ihrer endlosen Plackerei, ihrer unermüdlichen Fürsorge, ihrer nie versagenden Opferbereitschaft. Wie unbemerkt ihr Leben verlief, so hat sie wahrscheinlich mehr zum Ausgang des endlosen Kampfes der Unterklasse um Menschenwürde beigetragen als ihr männlicher Partner; während der jahrhundertelangen Wüstenwanderung war sie es, die die schwere Last des Schicksals getragen hatte. Schon als kleines Mädchen, das selbst noch nach Mutterliebe verlangte, mußte sie in der Regel noch kleineren Geschwistern Mutter sein, und später verfolgte er sie das ganze Leben hindurch, der Anspruch auf Mutterliebe. Ditte – das Menschenkind – hat sich durch ihre nie versagende Fürsorge, durch ihr Leiden für andere mit vollem Recht des Namens ‚Mutter der Menschheit', ihrer Mater dolorosa, verdient gemacht. Ist es möglich, sie nicht zu lieben, sie in seinem Herzen nicht mit einer Glorie, einer Gloriole des Heldentums zu umgeben? . . . Ihr – der Mutter der Schmerzen, aber auch der unbeugsamen Mutter der Hoffnung – wollte ich mit meinem Buch ein Denkmal setzen.[25]«

Ein Vierteljahrhundert später ergänzte Andersen Nexö seine Romane um Pelle und Ditte durch den Roman um Morten (1. Band: *Morten der Rote,* 1945; 2. Band: *Die verlorene Generation*, 1948; 3. Band: *Jeannette*, Fragment, 1958). »Pelle, Ditte und Morten«, erläuterte Nexö in der Einleitung zu *Morten,* »standen mir als eine Art Dreieinigkeit vor Augen, und in diesem Trio war Morten der Mann der neuen Generation.« Trotz dieser zusammenhängenden Konzeption unterscheiden sich die Morten-Bücher grundlegend von den vorangegangenen; die dazwischenliegenden Jahre haben ihre Spuren hinterlassen.

1918 war Andersen Nexö der Kommunistischen Partei beigetreten. Wie viele andere war er von der Haltung der II. Internationale im Weltkrieg enttäuscht worden, er nahm in Vorträgen und Artikeln gegen den Krieg Stellung und schrieb: »Auch wir Sozialdemokraten werden vieles revidieren müssen, wenn einmal – und hoffentlich in nicht allzu ferner Zeit – das Konto des Krieges abgeschlossen werden soll . . .[26]«

Nun mußte er sich von seinem Helden Pelle trennen, in dem Lenin ein ›Beispiel für das Renegatentum sozialistischer Führer‹ gesehen hatte[27]. In der Einleitung zu *Morten der Rote* schreibt Nexö: »Sieht man auf das Tun und Treiben der beiden Männer seit der Jahrhundertwende zurück, dann kommen einem die Gegensätze zwischen ihnen fast ungeheuerlich vor, und man vermag kaum zu begreifen, daß sie überhaupt miteinander haben auskommen können. Pelle, der solide und rechtschaffen wirkte, zurückhaltend war in allen seinen Äußerungen, bedächtig wie ein Wiederkäuer und so verschwommen, daß man niemals wußte, ob er es war, der die Massen führte, oder umgekehrt sie es waren, die ihn führten! Und Morten dagegen: offenherzig und geradezu, klar umrissen in seiner ganzen Kontur, in keiner Weise zu verkennen! . . . Eine Zeitlang verdunkelte Pelles strahlender Erfolg alles andere; es war gleichsam in der Arbeiterbewegung gar kein Platz für andere als ihn. Und als er dann nicht bloß auf seinen Lorbeeren ausruhte, sondern rundheraus gesagt ganz und gar mit der Arbeit aufhörte und nichts weiter als große Reden über das Erreichte hielt, da fiel es schwer, überhaupt eine vorwärtsweisende Linie zu erkennen. Alles lag im Nebel, und in diesem Nebel gingen die Arbeiter im Kreise herum und traten einander auf die Hacken. Nun herrscht wieder klarer Ausblick nach vorn; Pelle und alles, was sich in ihm repräsentiert, waren nur ein Entwicklungsabschnitt gewesen, der jetzt zu Ende geht . . .«

Der Bruch mit Pelle, mit der Sozialdemokratie, die in Dänemark immer mehr Einfluß gewann, trieb den Dichter in die Isolierung und bald auch ins Exil. Er, der ›Erzkopenhagener und Erzproletarier‹, lebte nach seinem Eintritt in die Kommunistische Partei mehr im Ausland als zu Hause, von 1923 bis 1930 und von 1951 bis zu seinem Tode ständig in Deutschland. Dabei konnte, abgesehen von der Besatzungszeit im Zweiten Weltkrieg, von einer Verfolgung des Dichters in seinem Heimatland nicht die Rede sein, er erhielt sogar eine Staatspension und wurde zum Nobelpreis vorgeschlagen. Aber seine *Morten*-Bücher sind eine einzige Klage über das Unverständnis, mit dem die dänischen Proletarier ihm und seinem Kommunismus begegnen. Das traf ihn tief, das traf ihn an der Wurzel. In seiner Verbitterung verschloß er die Augen vor den Leistungen des skandinavischen Sozialismus wie vor den Schattenseiten der Sowjetunion, die er mehrfach bereiste. Seine dichterische Potenz versiegte.

»Ich kannte und kenne«, erzählt Nexö in den *Erinnerungen*, »keine angenehmere Beschäftigung, als Gärten anzulegen. Das hängt mit einem tief in mir liegenden Trieb zusammen, der sich jedoch nie richtig hat entfalten können. In meinen Augen war das Urbarmachen von Brachland immer die erhabenste Form menschlicher Tätigkeit: Dickicht beseitigen, Gestein sprengen, es in fruchtbaren Boden verwandeln – in einen Obstgarten mit seltenen Bäumen und Sträuchern . . . Heute noch ergreife ich gerne jeden Vorwand, die Feder wegzulegen und zum Spaten zu greifen, und ich kenne nichts Schöneres als einen kleinen Hof, der dem Fels- und Heimatboden abgerungen worden ist. Er erhält für mich eine viel größere Bedeutung – wird mir zum Symbol des Erdballs, wie er unter dem Fleiß von Millionen und aber Millionen von Händen gestaltet worden ist.«

Man kann sich vorstellen, wie diesen Mann der Verlust des Heimatbodens und

der proletarischen Gemeinschaft: die Entwurzelung, getroffen hat. Er hatte für seine Nation und seine Klasse ein Surrogat eingetauscht: die Partei.
Die Geschichte Mortens des Roten folgt weder der breiten Spur Pelles und Dittes noch dem aufrichtigen, suchenden Zug der *Erinnerungen*. Sie ist eine Mischung aus beiden, ein ›Erinnerungsroman‹, eine asthmatische Verschachtelung politischer Diskussionen und privater Eheerlebnisse. Auf der einen Seite fehlt ihr die Poesie, auf der anderen die Authentizität. Ihr fehlt, was die anderen Bücher Nexös groß gemacht hat: der Geruch der Erde, die schweißige Kraft des Proletariats. Auch jene menschliche Wärme, deretwegen Thomas Mann den dänischen Dichter einen ›Sozialisten des Herzens‹ nannte.
Auf den letzten Seiten des Bandes *Jeannette*, den letzten, die Andersen Nexö überhaupt geschrieben hat, erscheint dem kranken Morten der Geist Pelles und beschwört den abtrünnigen Freund: »Um die Masse kommst du nicht herum; die Masse ist eine schwerwiegende Kraft . . .«
Es scheint, daß es auch im persönlichen Leben des Dichters einmal einen Augenblick der Wahrheit gegeben hat. Der holländische, lange Zeit kommunistische Schriftsteller Nico Rost (*Goethe in Dachau*, 1948) berichtete dem Autor dieses Buches, er habe Nexö in den dreißiger Jahren in Moskau getroffen, wo er in einem Regierungskrankenhaus behandelt wurde. »Ich will hier heraus«, beschwor der Dichter den Freund Nico Rost. »Die Ärzte haben Mörderaugen.« Das war gewiß Einbildung, aber es war die Zeit, wo man in den sowjetischen Zeitungen lesen konnte, die Kremlärzte hätten Gorki ›auf medizinische Weise‹ ermordet.

Panait Istrati ist erst mit nahezu vierzig Jahren aus der Masse aufgetaucht. In den ersten Tagen des Jahres 1921 erhielt Romain Rolland einen Brief aus dem Krankenhaus in Nizza. Er war im Gepäck eines Mannes gefunden worden, der sich die Gurgel durchschnitten hatte. Der Direktor des Krankenhauses, der den Brief übermittelte, teilte zugleich mit, daß wenig Hoffnung bestehe, den Verletzten zu retten. Rolland las den Brief, die unter dem Eindruck des *Johann Christoph* niedergeschriebene Lebensbeichte eines gestrandeten Vagabunden. »Ich las«, berichtet er, »und war von dem Ausbruch eines Genies erschüttert. Ein sengender Wind, der über die Steppe fegt. Das Bekenntnis eines neuen Gorki des Balkan ... Dieses Erzählergenie ist so zwingend, daß er in dem am Vorabend seines Selbstmordversuches geschriebenen Brief zweimal seine verzweifelten Klagen unterbricht, um zwei lustige Episoden aus seinem Leben zu erzählen.«
Als Istrati genas, fand er einen Brief Rollands vor: »Ich erwarte von Ihnen keine überschwenglichen Briefe, ich erwarte von Ihnen das Werk. Verwirklichen Sie das Werk, wesentlicher als Sie, dauernder als Sie . . .[28]«
Jahrzehnte hatte sich Istrati im Orient herumgetrieben, ruhelos, obdachlos, hungrig, krank, von der Polizei gehetzt, von Leidenschaften zerfressen. Er war Schankkellner, Kuchenbäcker, Schweinezüchter, Schlosser, Kupferschmied, Mechaniker, Maschinist, Tagelöhner, Schiffslader, Diener, Streckenarbeiter, Schildermaler, Anstreicher, Journalist, Photograph, vor allem Landstreicher, Globetrotter, blinder Passagier. Er war Gewerkschaftssekretär und Revolutionär. »Ich bin kein Schriftsteller von Beruf«, bekannte er, »und werde es niemals sein. Der Zufall

wollte es, daß mich der Menschenfischer von Villeneuve [Rolland] mit seiner Angel aus den tiefen Wassern des sozialen Ozeans aufgefischt hat . . .[29]«

In der französischen Sprache, die er erst einige Jahre zuvor autodidaktisch erlernt hatte, schrieb er auf, was er erlebt und erlitten, was ihm die Tippelbrüder und Leidensgenossen in den Tavernen, auf den Straßen und auf den Schiffen erzählt hatten. Er erschloß der Literatur ein wildes, in düsteren Farben prangendes Reich, den Balkan.

Istratis *Geschichten des Adrian Zograffi* (1924–1927) sind ein in mehrere Bücher gegliederter Kranz von Novellen, in einen Rahmen gestellt und ineinander verschachtelt, unbekümmert daherfabuliert nach der Art orientalischer Märchenerzähler. »Hat er erst einmal eine Geschichte begonnen«, sagt Rolland im Vorwort, »weiß niemand, ja er selber nicht, ob sie eine Stunde dauern wird oder tausend und eine Nacht.« In Adrian Zograffi, der erst als Zuhörer, dann als Erzähler im Mittelpunkt des Novellenkranzes steht, stellt Panait Istrati offenbar sich selber vor: »Ein junger Mann, der den Orient liebt. Er ist Autodidakt, der die Bildung sucht, wo er sie findet. Er lebt, träumt, wünscht mancherlei. Später wird er den Mut haben, zu sagen, daß gar viele Dinge schlecht gemacht sind, von den Menschen und vom Schöpfer.« Denn es sind keine Märchen, sondern wüste Geschichten aus einer rauhen Zeit, die dieser Istrati/Zograffi erfahren hat, Lebensbilder aus den Wirren um die Befreiung Rumäniens von den Türken und seine Einigung, die sich von der Mitte des vorigen Jahrhunderts bis zu den Balkankriegen hinzogen. Bei Istrati entschleiert die bunte Welt des Orients – das Treiben auf den Bazaren und an den Kais, das Gewisper hinter Haremsgittern, die wilde Romantik der Berge und Wälder, Freibeuterei, Blutrache und Mädchenraub – ihre düstere Kehrseite: das Martyrium der Armen, Elend, Rechtlosigkeit, Bluttaten, Schändungen, Perversitäten. Man versteht, daß Istrati an diesem Wissen und Erleben, dem Alpdruck der tausend ungesühnten Greuel verzweifelt ist, daß der Aufschrei seiner Bücher ein Befreiungsakt seiner Seele war, daß er Kommunist wurde.

Und man versteht auch, daß sich Istrati nicht von der Fassade blenden ließ, als er 1927 durch die Sowjetunion reiste. Der gebrochene Mann, der seit seinem Selbstmordversuch nur noch ein Toter auf Urlaub war, der seinen einzigen Lebenszweck darin sah, die Wahrheit und nichts als die Wahrheit über die Unterdrückten zu sagen, schrie in die Welt, was seine Lehrmeister Gorki und Rolland schweren Herzens verschwiegen.

In seinen *Büchern über Sowjetrußland* (1929), auf die wir an anderer Stelle noch eingehen werden, stellt Istrati mit Trauer fest, daß Gorki, dessen Name ›Der Bittere‹ bedeutet, nach seiner Rückkehr in die Sowjetunion von den Moskauer Arbeitern Sladki, ›Der Süße‹, genannt wird. »Zwischen meiner Abreise aus Rußland«, schreibt Istrati, »und der Veröffentlichung dieser Zeilen liegen neun Monate. Es wäre mir ein leichtes gewesen, das Buch sechs Wochen nach meiner Rückkehr nach Paris erscheinen zu lassen. Ich habe es nicht getan, ich hegte noch einige Hoffnung, den Donner von Maxim Gorkis mächtiger Stimme erdröhnen zu hören. Während der drei Stunden, die wir in seinem Moskauer Heim ganz unter uns verlebten, wollte er nicht sprechen. Sein aufrichtiges Gesicht, von zwei

Augen beherrscht, die alles sein können, was sie wollen, blieb verschlossen. Und wir plätscherten in Banalität. Aber was Gorki mir nicht sagen wollte, ist er verpflichtet, der Welt zu sagen, die ihn achtet. Er schuldet es vor allem denen, welche von allen Mehrheiten zermalmt wurden: seinen Vagabunden, den Ewig-Besiegten . . .«

Niko Kazantzakis (1883–1957), später berühmt geworden durch den *Alexis Sorbas* und die *Griechische Passion*, den Istrati als Halb-Landsmann zu Gorki mitgeschleppt hatte, berichtet über die Begegnung in *Rechenschaft vor El Greco* (1961). Kazantzakis war tief betroffen, wie fremd die beiden, sozial so verwandten Dichter angesichts der Zerstörung ihres Traums einander gegenüberstanden. Er hatte den Freund gewarnt: »Könntest du dich, jetzt wenn du Gorki sehen wirst, beherrschen und nicht die Umarmungen und Aufschreie beginnen?«

Istrati nach dem Besuch: »Mir kam Gorki sehr kalt vor; und dir?«

Kazantzakis: »Mir sehr verbittert; untröstlich.«

Istrati: »Dann sollte er aufschreien, trinken, weinen . . .«

Kazantzakis: »Ein moslemischer Emir hat einmal, als die Seinigen im Kriege gefallen waren, einen Befehl an die Männer seines Stammes erlassen: . . . ›Weint nicht, schreit nicht auf, damit euer Schmerz nicht leichter wird!‹ Das ist die stolzeste Zucht . . . Deswegen gefiel mir Gorki.«

Zu seinem Freund Panait sagte er: »Du bist Adrian, der Held deiner Bücher, ganz genau, du bist kein Revolutionär, wie du meinst, sondern ein Meuterer . . . ein wirklicher Mensch – warm, voller Widersprüche, ein Knäuel von Hoffnungen und Enttäuschungen – bis zum Tod.«[30]

Kazantzakis, dem westlichen Intellektuellen aus der Schule von Athen, Berlin und Paris, war trotz eines Weltfriedenspreises 1955 die kommunistische Utopie nie ans Herz gegangen. Dennoch kann man in seinem Vagabunden Alexis Sorbas ein brüderliches Bild zum frühen Istrati (wohl auch zum frühen Gorki) erkennen; im Tanz des Sirtaki von Anthony Quinn als Sorbas wird, verzaubert im Duft von Thymian, Balsam und Salbei, vom würzigen Aroma der Orangen, eine eurokommunistische Gegenfigur entworfen zu jener trüben Stunde in Moskau 1927.

Istratis *Bücher über Sowjetrußland* waren – wenn man von Samjatins *Wir* absteht, das früher geschrieben, aber noch nicht bekannt geworden war – die erste Abrechnung eines kommunistischen Schriftstellers mit dem Kommunismus, das erste in der Reihe historischer Dokumente, in denen der Geist Rache an seinen Verführern nahm.

Die Sozialistische Republik Rumänien, die sich mühsam von der Sowjetunion emanzipiert hat, rechnet Panait Istrati heute zu ihren Klassikern. Sein Buch *Disteln des Baragan* (1928) über einen Bauernaufstand Anfang des Jahrhunderts wurde verfilmt als exemplarisches Dokument für den autochthonen Ursprung des rumänischen Sozialismus.

Die Mandarins von Paris

Bürger, die mit ihrer Klasse gebrochen, aber bürgerliche Sitten noch beibehalten haben, getrennt vom Proletariat durch die kommunistische Schranke, losgelöst von der aristokratischen Illusion, hängen wir in der Luft, unser guter Wille dient keinem, auch uns selber nicht ... Schlimmer noch: wir schwimmen gegen den Strom.

JEAN PAUL SARTRE Was ist Literatur? 1948

Das eigenartige politische Klima in Frankreichs République des lettres ließ sogar solche Einzelgänger wie Gide und Malraux in den Bann des Kommunismus geraten.

»Politische Fragen interessieren mich nicht allzusehr«, lautet eine Tagebucheintragung von André Gide (1869–1951) aus dem Jahre 1918, »ich halte sie für weniger bedeutend als soziale Fragen, die sozialen Fragen für weniger bedeutend als moralische Fragen. Es ist nicht so sehr das System als der Mensch selbst, den es zu reformieren gilt.« Noch 1930 notierte er: »Der einzige dramatische Konflikt, der mich wirklich interessiert und den ich jederzeit gern neu gestalten würde, ist der Streit des Individuums mit allem, was es hindert, echt und authentisch zu sein, mit allem, was seiner Verwirklichung im Wege steht.«

Es scheint dem zu widersprechen, wenn Gide schon ein Jahr später von der leidenschaftlichen Neugier spricht, die er der politischen Entwicklung entgegenbringe, und sich von ganzem Herzen wünscht, den Triumph des sowjetischen Experiments noch erleben zu dürfen, wenn er seine Sympathie für die Sowjetunion am liebsten laut in die Welt hinausschreien möchte. Einmal unterbricht er konsterniert seine Meditationen, weil er fürchtet, das Tagebuch, seine persönlichste Aussage, könnte sich ausschließlich mit der Sowjetunion beschäftigen – »und doch«, setzt er hinzu, »scheint es nichts anderes zu geben, wofür ich mich wirklich interessieren könnte.«

Gide hat darauf bestanden, daß sein Anschluß an den Kommunismus keine Konversion gewesen sei. »Ich habe meine Richtung nicht geändert«, versicherte er, »ich bin immer vorwärts gegangen und fahre fort, dies zu tun.« Und in der Tat: Wahrscheinlich versteht man Gides Neigung zum Kommunismus am besten, wenn man darin eine Fortsetzung seines lebenslangen Ringens um Selbstverständigung und Selbstverwirklichung sieht. Bei der Überprüfung der eigenen Position erreichte Gide notwendig einen Punkt, wo seine soziale Herkunft und Lage in Frage gestellt wurde. Er war in einer parasitären Gesellschaft aufgewachsen, die ihm bald zuwider war, er hatte immer im Wohlstand gelebt und sich nie von seiner Hände Arbeit ernähren müssen – da war es bei seiner Sensibilität unausbleiblich, daß er eines Tages den Armen und Schlechtweggekommenen gegenüber Scham empfand. »Vielleicht deswegen, weil er mich des Komforts enthebt, wünsche ich den Kommunismus«, bemerkte er 1931 in seinem

Tagebuch, und an einer anderen Stelle rühmt er die Sowjetunion, weil sie, wie er glaubt, den Fluch: »Im Schweiße deines Angesichts sollst du dein Brot essen«, abgeschafft habe.

Das schlechte Gewissen war vor allem durch die Reisen geweckt worden, die er 1925 als Sonderbeauftragter des Kolonialministeriums nach Französisch- und Belgisch-Afrika unternahm. In den Reisetagebüchern *Voyage au Congo* (1927) und *Le retour du Tchad* (1928) hat er die barbarischen Verhältnisse unter dem Kolonialregime, besonders die Methoden der konzessionierten Kautschuk-Gesellschaften, erbittert angeprangert (was zu einer Debatte in der Kammer und Reformversprechungen des Kolonialministers führte, später tatsächlich zur Einschränkung der industriellen Konzessionen in den französischen Kolonien). »Es ist ein ungeheures Weh in mir, das mich nie wieder loslassen wird«, sagte Gide nach seiner Rückkehr; im Kolonialregime schien sich ihm das Wesen des Kapitalismus zu offenbaren[31].

Im Jahre 1935 stellte sich Gide der katholischen Intellektuellen-Gruppe Union pour la Vérité, der François Mauriac, Jacques Maritain und Gabriel Marcel angehörten, zu einer Diskussion über die Motive seines Kommunismus. Vor diesem Gremium, das sich respektvoll bemühte, seine Entscheidung zu verstehen, erklärte Gide: »Die privilegierte Stellung, die ich selber genieße, hat mich dem Kommunismus in die Arme geführt; sie erschien mir von jeher widersinnig und unerträglich. Ich hatte einmal Gelegenheit, mit einem der überlebenden Schiffbrüchigen der ›Bourgogne‹ zu sprechen. Dieser Mann erzählte mir, er habe das Glück gehabt, in ein Rettungsboot zu gelangen, mit dem sich eine Anzahl Personen in Sicherheit bringen konnte. Hätte man in das Boot mehr Menschen aufgenommen, wäre es gekentert und untergegangen. Darum hätten diejenigen, die an Bord waren, den anderen, die sich auf beiden Seiten an den Bootsrand klammerten und verzweifelte Anstrengungen machten, aus dem Wasser herauszukommen, mit Messern und Äxten die Hände abgehackt. – Sehen Sie, dieses Bewußtsein, zu denen zu gehören, die sicher im Rettungsboot sitzen, während andere um mich her ertrinken, kann ich nicht ertragen . . . Es wäre vielleicht weniger schlimm, wenn ich genau wüßte, daß es die Besten sind, die gerettet werden sollen. Aber wenn man mir sagt: ›Worüber halten Sie sich eigentlich auf? Sie müssen doch zugeben, daß es im Rettungsboot ganz behaglich ist!‹ dann packt mich die Empörung.«

Gide hat wiederholt betont, daß er nicht durch Marx zum Kommunismus bekehrt worden sei, obwohl er dessen Schriften sorgsam und mit Gewinn studierte. »Das Klima in den Schriften von Karl Marx ist erstickend für mich«, gestand er im Tagebuch. »Es fehlt ihm etwas – ich weiß nicht, was für eine Art Ozon –, das mir zum geistigen Atmen unentbehrlich ist.«

Nicht durch Marx, sondern durch das Evangelium habe er zum Kommunismus gefunden, ›auf dem Wege der Liebe‹, und er beteuerte, daß er der einfache Christ geblieben sei, der er immer war. Vor der Union pour la Vérité erklärte er, »daß heute vom Kommunismus nicht die Rede wäre, ja, daß es überhaupt keine sozialen Probleme gäbe, wenn das Christentum Christi Lehren wirklich befolgt hätte.«

Für Gide, den rückhaltlosen Verteidiger aller Entrechteten: der Homosexuellen, der Frauen, der Neger, der Armen, hieß glücklich sein andere glücklich machen. So wird verständlich, daß er sein Bekenntnis zum Kommunismus als ›etwas Religiöses‹ empfand: »Mein ganzes Sein, all mein Sinnen und Trachten ist auf ein einziges Ziel gerichtet; jeder Gedanke, selbst der unfreiwilligste, lenkt mich darauf hin. Die Sowjetunion scheint mir den Weg zur Erlösung aus dem jammervollen Elend zu weisen, in dem sich die heutige Welt befindet. Alles bestärkt mich in dieser Überzeugung. Die erbärmlichen Argumente meiner Gegner können mich niemals umstimmen, sie empören mich. Und wenn der Sieg der Sowjetunion von meinem Leben abhinge – gern und auf der Stelle gäbe ich es dahin. Ich schreibe dies nieder mit kühlem, klaren Kopf, in voller Aufrichtigkeit, aus dem lebhaften Bedürfnis heraus, wenigstens dieses Zeugnis zu hinterlassen, für den Fall, daß der Tod mich ereilen sollte, ehe ich Zeit gefunden habe, mich besser auszudrücken.«

Jahre später (1940/41) bekannte er als seinen Irrtum, »daß es christliche Tugenden waren, die ich im Kommunismus zu finden hoffte«, und »daß ich, als ich mich für einen Kommunisten hielt, Christ gewesen war, wenn es denn möglich ist, Christ zu sein, ohne zu ›glauben‹«.

Für das Ziel der sozialen Gerechtigkeit war Gide bereit, Opfer, bedeutende Opfer zu bringen. 1931 schrieb er in der Einleitung zu Saint-Exupérys *Nachtflug*: »Ich schulde dem Autor besonderen Dank dafür, daß er eine paradoxe Wahrheit ans Licht gebracht hat, die für mich von eminenter psychologischer Bedeutung ist: die Tatsache nämlich, daß nicht die Freiheit den Menschen glücklich macht, sondern die Pflicht.« Im gleichen Jahr bemerkt er im Tagebuch: »Ich glaube immer mehr, daß die Idee der Freiheit nur ein Trug ist . . . Der Mensch tut nichts ohne Zwang, und diejenigen sind sehr selten, die fähig sind, diesen Zwang in sich selbst zu finden . . . Zwang gegen Zwang – der des Faschismus scheint mir eine Rückkehr zur Vergangenheit, der der Sowjets eine ungeheure Anstrengung zur Zukunft hin . . .«

Als ihm bei der Union pour la Vérité jemand vorhielt: »Es scheint mir doch, daß Ihre persönliche Freiheit Ihnen teurer ist als irgend etwas sonst«, unterbrach Gide ihn: »Verzeihung, was ich am höchsten schätze, ist nicht meine Freiheit – es ist meine Kunst.« Aber selbst die war er bereit aufzugeben; es schien ihm, um das Menschheitsziel zu erreichen, unter Umständen sogar richtig, »auch ein paar Kunstwerke preiszugeben«. Ja, er gestand, daß er sich seit seinem Übertritt zum Kommunismus als Künstler gelähmt fühle. Auf die Frage von Mauriac, was ihn denn hindere, antwortete er: »Es ist die Furcht vor dem Index, der mich am Schreiben hindert. Mißverstehen Sie mich nicht! Ich meine nicht den äußeren Index. Was mich stört, ist meine eigene Angst, ich könne von der Parteilinie abweichen . . . Ich habe Orthodoxie in jeder Form stets unbedingt abgelehnt. Auch jetzt noch scheint mir die marxistische Orthodoxie ebenso gefährlich wie jede andere – gefährlich für das Kunstwerk mindestens. Aber da ich davon überzeugt bin, daß die marxistische Orthodoxie für die Errichtung einer neuen Gesellschaftsordnung nützlich oder sogar unentbehrlich ist, scheint es mir lohnend, die Kunst zu opfern – wenigstens vorübergehend.« Immerhin setzte er nachdenklich hinzu: »Freilich, ein Künstler kann sich in seinem Werk nicht an irgendeine Linie halten.«

Wäre Gide der Linie gefolgt, die er damals einzuschlagen gewillt schien, wäre er künstlerisch steril geworden, wie es das Ende so vieler seiner berühmten, zum Kommunismus konvertierten Kollegen war, der Ehrenburg, Alexej Tolstoi, Becher, Barbusse, Andersen Nexö. Aber Gide, der der Kommunistischen Partei nicht beitrat, verlor niemals das Ziel aus den Augen, zu dem ihm der Kommunismus immer nur ein Mittel war. Selbst in der Zeit der größten Annäherung an die Kommunisten finden sich im Tagebuch Notizen wie diese: »Mag auch der Text von Marx oder Lenin sein, ich werde mich ihm nur unterwerfen, wenn mein Herz und mein Verstand ihn billigen; wenn ich der Autorität des Aristoteles oder des Apostels Paulus entfloh, so geschah das nicht, um der ihren zu verfallen.« Und: »Noch heute ist der einzelne mir unendlich viel interessanter als die Masse. Worauf es jedoch vor allem ankommt, ist, die Lebensbedingungen der Masse so zu gestalten, daß eine gesunde Entwicklung des einzelnen gewährleistet scheint.«

In diesem Sinne formulierte er auch seine berühmte Botschaft an den 1. Kongreß der Sowjetschriftsteller 1934: »Auf der Heerstraße der Geschichte, auf der jedes Land, jedes Volk früher oder später seinen Weg nehmen muß, marschiert die Sowjetunion heute glorreich an der Spitze. Sie führt uns eine Gesellschaft vor Augen, von der wir immer geträumt hatten, die wir aber nicht mehr zu erhoffen wagten. Es ist nur wichtig, daß die Sowjetunion uns auf geistigem Gebiet ein gutes Beispiel gibt. Um ihrer selbst willen muß sie uns beweisen, daß das kommunistische Ideal nicht das Ideal eines Ameisenhaufens ist, wie ihre Feinde mit Vorliebe behaupten. Es ist heute ihre Pflicht und Schuldigkeit, in Kunst und Literatur einem kommunistischen Individualismus den Weg zu bereiten – wenn ich mir erlauben darf, diese beiden Begriffe, die gewöhnlich, sehr zu Unrecht, als Gegensätze behandelt werden, miteinander zu verbinden. Daß es für den Übergang eine Periode geben mußte, in der die Betonung bei den Massen lag, versteht sich von selbst. Aber die Sowjetunion ist über dieses Stadium jetzt hinaus, und der Kommunismus kann nur bestehen, wenn er die besonderen Neigungen des einzelnen in Rechnung stellt. Eine Gesellschaft, in der einer wie der andere wäre, kann nicht erstrebenswert sein – ich möchte sogar behaupten, daß sie nie zu erreichen wäre – und noch viel weniger wäre eine uniforme Literatur erstrebenswert. Jeder Künstler ist zwangsläufig ein Individualist, wie stark seine kommunistische Überzeugung und seine Bindung an die Partei auch sein mögen. Nur als Individualist kann er wertvolle Arbeit leisten und der Gesellschaft dienlich sein . . . Der Kommunismus braucht starke Persönlichkeiten, und umgekehrt finden starke Persönlichkeiten im Kommunismus ihren Rückhalt und ihre Bestätigung.«

Den Kommunisten blieben die Schwankungen ihres neuen Bundesgenossen, den den sie flugs von einem dekadenten, sich selbst bespiegelnden Bourgeois zum bedeutendsten Schriftsteller der Epoche erhoben, nicht verborgen, und sie kamen auf die unglückselige Idee, ihn durch eine Einladung in die Sowjetunion fester an sich zu binden. Um das Mißverständnis voll zu machen, empfingen sie

ihn dort – wie alle Leute, auf die es ihnen ankam – mit allem Pomp und allen Reichtümern des Orients, groteskerweise auch mit dem Charme hübscher Agentinnen*. Doch was bei anderen Wunder wirkte, schlug bei Gide ins Gegenteil um. Nach seiner Heimkehr stellte er traurig fest: »Mein sowjetisches Abenteuer ist von Tragik umwittert: ich kam als überzeugter und begeisterter Anhänger nach Rußland, willens und bereit, eine neue Weltordnung zu bewundern, und man versuchte mich mit all den Vorteilen und Privilegien zu gewinnen, die ich an der alten Weltordnung verabscheue.«
Die Absage Gides (auf die wir in anderem Zusammenhang noch eingehen werden) war einer der schwersten und nachhaltigsten Schläge für die kommunistische Kulturfront.

Der Name André Malraux (1901–1976) ist umwittert vom Air des großen Abenteuers.
Wie T. E. Lawrence, Saint-Exupéry und Ernst Jünger gehört Malraux zu den Grenzgängern zwischen Meditation und Tat.
1923 Ausgrabung von Tempelreliefs in den Dschungeln Kambodschas (reflektiert in *Der Königsweg*, 1930); der Versuch, die Khmer-Skulpturen herauszuschmuggeln, trägt ihm eine Gefängnisstrafe ein, die auf Einspruch französischer Schriftsteller annulliert wird;
1924 gibt er in Saigon, was nicht ohne Lebensgefahr möglich war, die scharf antikolonialistische Zeitschrift *L'Indochine enchaînée* (Das gefesselte Indochina) heraus und kommt so in Kontakt zu den sich damals formierenden revolutionären Kräften Vietnams und Chinas (reflektiert in *Die Eroberer*, 1928);
1926 weilt er kurz in Hongkong und Kanton, wo er sicherlich, er ist eine wichtige publizistische Stimme, Vertreter der Kuomintang und der Komintern gesprochen und den bevorstehenden Konflikt der beiden Bewegungen begriffen hat (reflektiert in *La condition humaine*, 1933); politische Funktionen hat er, entgegen eigenen Angaben, offensichtlich nicht wahrgenommen, wenngleich seine Darstellungen so überzeugend wirkten, daß selbst Trotzki mit ihm über strategische Fragen polemisierte;
1933 Prix Goncourt für *La condition humaine*; zusammen mit Gide nach Berlin, um die Befreiung Dimitroffs und Thälmanns zu erwirken (reflektiert in *Die Zeit der Verachtung*, 1935);
1934 glaubt Malraux, bei einem Flug über die Wüste von Jemen in der Ruinenstadt Scheba die ›Hauptstadt der Königin von Saba‹ entdeckt zu haben, und wird vom Kaiser von Äthiopien empfangen, der sein Geschlecht von jener Königin, der Geliebten Salomos, ableitet (es handelt sich jedoch um eine geschichtslose Oase); Ehrengast des 1. Sowjetischen Schriftstellerkongresses in Moskau;
1935 zusammen mit Aragon, Barbusse, Gide an der Spitze der antifaschistischen Schriftstellervereinigung zur Verteidigung der Kultur;
1936 organisiert er ein internationales Luftgeschwader zur Verteidigung der spanischen Republik, trotz Flugverbot 63 Feindflüge, zweimal verwundet (re-

* Gide war, wie er in seinen Tagebüchern offen bekannt hatte, homosexuell.

flektiert in *Die Hoffnung*, 1937, und in dem Film *Sierra de Teruel*), anschließend Spendensammlung in Amerika;
1939 nach dem Hitler-Stalin-Pakt Bruch mit der Kommunistischen Partei, der er formell nie angehört hat; als Panzeroffizier an der Front;
1940 in deutscher Kriegsgefangenschaft (reflektiert in *Die Nußbäume von Altenburg*, 1943); nach der Flucht Anschluß an die Résistance;
1944 rettet er als Kommandeur im Maquis vier britische Fallschirmjäger, indem er aus dem Auto springt und die deutschen Verfolger auf seine Spur lenkt, er wird angeschossen und festgenommen; beim Fall von Paris befreit; Begegnung mit de Gaulle, der von ihm sagt (nachempfunden der Begegnung Napoleons mit Goethe): ›Enfin, j'ai vu un homme‹;
1945 an der Spitze der Brigade Elsaß-Lothringen (Alsace-Lorraine), die Mühlhausen und Straßburg besetzt; Informationsminister in der Regierung de Gaulle;
1947 Mitglied des Führungsausschusses und Pressechef der gaullistischen Bewegung; Publikation des ersten Bandes seiner *Psychologie der Kunst* (das ›imaginäre Museum‹ – zweiter Band 1948, dritter 1950);
1958 Protest gegen die Folterung von Freiheitskämpfern in Algerien; Informationsminister, dann Kulturminister in de Gaulles fünfter Republik. In dieser Eigenschaft verfolgt er eine neue Idee: »Schlösser, Kathedralen, Museen – sie sind alle brüderliche und getreue Wahrzeichen des gewaltigen und lebendigen Traums, den Frankreich fast tausend Jahre lang gelebt hat . . .«, in diesem Sinne schickt er die Mona Lisa nach New York, die Venus von Milo nach Tokio, läßt aber auch die gefährdete Höhle von Lascaux für den Tourismus schließen;
1962 Bombenattentat der Rechtsradikalen (OAS) auf die Wohnung von Malraux;
1965 Mao Tse-tung empfängt den Abgesandten de Gaulles mit den respektvollen wie vieldeutigen Worten: »Für uns sind Sie eine Legende.«
Die hier angeführten Daten und Fakten haben einer kritischen Durchforstung der von Malraux selber in die Welt gesetzten Legenden standgehalten. Besonders in der Frühzeit hat der Autor, neben Traven wohl der bemerkenswerteste Mystificateur in der Literaturgeschichte dieses Jahrhunderts, die erstaunlichsten biographischen Details erfunden, die dann, je berühmter er wurde, von allen geglaubt wurden. Seine geschiedene Gefährtin Clara Malraux hat postum das ihre getan, den Helden wieder vom Denkmal zu holen. Natürlich schickte ihn nicht das Pariser Kolonialministerium nach Kambodscha, um Tempelschätze zu klauen (er wurde auch prompt geschnappt), natürlich war er weder Begründer der kommunistischen Bewegung Indochinas noch gar Kommissar bei Tschiang Kai-schek oder der Komintern. Als die Tragödie in Schanghai geschah, 1927, war er längst in Paris, dennoch hat er in der *Condition humaine* das, selbst für die Chinesen, niemals auszulöschende Zeugnis geschrieben. »Stilisieren heißt humanisieren« (*Kampf mit dem Engel*, Fragment, 1943) – heißt vor allem, die Welt für den Menschen begreifbar und verantwortbar zu machen. François Bondy, der kritischste seiner Verehrer, meint irritiert über die *Anti-Memoiren*, »es sei des Großartigen zu viel«. »Wenn Malraux sich mit seinen Leuten in einer Grotte verbirgt, so muß es gleich Lascaux sein, mit den vorgeschichtlichen Zeichnungen . . . Später, 1936 in Spanien, 1944 in Frankreich, hat sich die Wirklichkeit mit der Legende

gedeckt; bis dahin war Malraux versucht, die Effekte zu verstärken. Es war unnötig.« Bondy erklärt aber auch: »Wenn in den Memoiren de Gaulle, Nehru, Mao, Einstein, Picasso sprechen, sind das nicht Dokumente, sondern Suche nach einer Quintessenz – es hätte so sein können, es war das Gipfelgespräch, wie es das Leben zu selten bietet.[32]« Weder de Gaulle noch Mao haben diesem eigenwilligen Chronisten widersprochen, im Gegenteil: auch sie hätten es gern so gehabt.

Malraux' Abenteuer hat geistige Dimension. Er ist der Versuch eines entschlossenen und furchtlosen Mannes, durch Auskosten extremer Situationen seines Daseins innezuwerden, im Angesicht des Todes das Leben und die Bestimmung des Menschen – ›La condition humaine‹ – zu begreifen. »Ideen wollen nicht gedacht, sondern gelebt sein«, heißt es in *La condition humaine*, und im *Königsweg*: »Nicht um zu sterben, denke ich an meinen Tod, sondern um zu leben.«

In *La condition humaine*, einem Buch über die wechselvollen Kämpfe in Schanghai 1927 (dessen deutscher Titel *So lebt der Mensch* das Wesentliche nicht erfaßt), durchleuchtet Malraux ein Bündel Menschenschicksale. »Jeder Mensch ist wahnsinnig«, bedenkt der fernöstliche Weise Gisors, der dem irdischen Sein schon auf den Wolken des Opiums entrückt ist, »aber besteht denn das menschliche Schicksal in etwas anderem als in der lebenslänglichen Zwangsaufgabe, diesen Wahnwitz mit dem Universum in Einklang zu bringen?«

Alle Helden der *Condition humaine* sind dieser metaphysischen Aktion verfallen – sie leben und sterben, um ihrem Dasein einen Sinn zu geben, der vor dem Universum bestehen kann. Der gefangene Revolutionär Katow verschenkt das Zyankali, das ihn erlösen könnte, an zwei Leidensgenossen und läßt sich ohne Wimpernzucken, mit dem Triumphgefühl des Siegers, von den Kuomintang-Henkern im Lokomotivkessel verheizen. Der Revolutionär Kyo holt, als die Stunde des Untergangs kommt, die ihm entfremdete und doch geliebte Frau zu »dieser großen, letzten Kommunion«, denn er begreift, »daß die Bereitschaft, ein geliebtes Wesen mit in den Tod gehen zu lassen, vielleicht die äußerste, unüberbietbare Form der Liebe ist.« Der Revolutionär Tschen sieht, seit er den Dolch in das Herz eines Menschen gestoßen, seit er getötet hat, im Terrorismus eine Art Religion, ›den Sinn des Lebens‹; alles, was sterblich war, ist von ihm abgefallen, und er wirft sich – »weil keines Menschen Wirkungskraft so groß ist wie die eines Menschen, der den Tod erwählt hat« – mit einer Bombe vor ein Kuomintang-Auto.

Die Männer auf der anderen Seite der Barrikade gehorchen auf ihre Weise demselben Gesetz. »Was glauben Sie mache ich mir aus China?« erklärt Tschiang Kai-scheks Polizeichef König, in dessen Seele sich unauslöschlich die Qualen eingefressen haben, die ihm die Kommunisten im russischen Bürgerkrieg bereiteten. »He, he, China – darauf pfeif ich! In der Kuomintang bin ich nur, weil mir diese Stellung die Macht gibt, Kommunisten töten zu lassen. Dieses Töten – das gewährt mir einen Schein von Leben . . .« Ferral, Präsident des französischen Konsortiums, das China und Indochina erschließen will, geht es nicht um Geschäfte, nicht um Geld, sondern darum, ›sich der Dinge und der Menschen zu bemächtigen‹, um die Magie des Eroberns. Der Mensch, sagt Ferral, ist die Summe seines Tuns, das, was er gemacht hat, was er machen kann. »*Ich bin: meine Stra-*

ßen ...« Selbst das Spiel des Abenteurers Clappique – das Spiel in seiner banalsten Form – ragt noch in metaphysische Dimension: »Er machte die Entdeckung, daß das Spiel ein Selbstmord ohne Tod ist: es genügte, das Geld hinzulegen, auf die Kugel zu sehen und zu warten – so wie man warten würde, wenn man Gift genommen hätte: ein oft erneuertes Gift, das mit Stolz genommen wird.«

Später hat Malraux seine Weltanschauung als einen tragischen Humanismus definiert: »Die geistigen Unternehmungen der Gegenwart sind bezeichnet durch ihren Ausgangspunkt und durch ihren Gegenstand. Kolumbus kannte den Ausgangspunkt besser als sein Ziel. Wir können unser Menschsein einesteils nur auf die Tragik gründen, die darin beschlossen liegt, daß der Mensch nicht weiß, wohin er geht, zum anderen auf den Humanismus, der weiß, woher er kommt und was er will.[33]«

Nur von diesem philosophischen Grundgedanken aus, dem tragischen Humanismus, ist die Idee der Revolution bei Malraux zu verstehen. »All das«, heißt es in *La condition humaine*, »wofür sich die Menschen jenseits der persönlichen Interessen töten lassen, rechtfertigt in mehr oder weniger verworrener Weise den Sinn, die Bestimmung, Mensch zu sein ...: Christentum für den Sklaven, Vaterland für den Bürger, Kommunismus für den Arbeiter.« Die Kommunisten bei Malraux sind es ›aus einem Willen zur Menschenwürde‹, sind ›Brüder vom Bettelorden der Revolution‹; sie haben ihren eigenen Schmerz, ihren eigenen, den ihnen gemäßen Tod erwählt und ›mit fanatischer Inbrunst die einzige Größe an sich gerissen, die ihnen im Leben beschieden sein konnte‹.

Natürlich mußte diese Idee der Revolution mit den machtpolitischen Vorstellungen des Parteiapparates kollidieren. Es spricht für die intellektuelle Ehrlichkeit Malraux', daß dieser Konflikt schon in *La condition humaine* offen zutage tritt, obwohl er selber damals noch mit der Kommunistischen Partei verbunden war. Der Revolutionär Kyo reist nach Kanton, ins Hauptquartier des Komintern-Delegierten Borodin, und verlangt im Namen der siegreichen Aufständischen von Schanghai, daß das unnatürliche Bündnis mit den Generalen der Kuomintang (ein Bündnis vom Schlage des Hitler-Stalin-Paktes) aufgehoben, das Versprechen auf ein besseres Leben, das man den Arbeitern und Bauern gegeben hat, eingelöst und die Revolution zu Ende geführt werde. Ein Komintern-Funktionär erklärt ihm mit wohlgesetzten Worten, warum gerade das Bündnis mit Tschiang Kai-schek ein genialer Schachzug Stalins und die Zeit für den Sozialismus in China noch nicht gekommen sei. »Selbst wenn ich Kuli im Hafen von Schanghai wäre«, erklärt der Funktionär, als seine Argumente nichts fruchten, »würde ich der Überzeugung sein, daß Gehorsam gegen die Partei die einzig logische Haltung eines kommunistischen Kämpfers ist.«

Von düsteren Ahnungen erfüllt, tritt Kyo seine Schiffsreise zurück nach Schanghai an, denn er weiß, was der Apparat nicht wissen will: »Mochten, in fernem Dunkel, Moskau und die westlichen Hauptstädte ihre gegensätzlichen Leidenschaften spielen lassen und eine neue Welt daraus zu gestalten suchen – die Revolution war am Ende ihrer Schwangerschaft, sie mußte jetzt gebären oder sterben.«

Die Revolution starb und Hunderttausende von Revolutionären mit ihr – von

Stalin verraten, weil die chinesische Revolution eine Idee seines Todfeindes Trotzki war und ein Triumph der Weltrevolution die Despotie des finsteren Kaukasiers unmöglich gemacht hätte. Allein: »Die Bauernbewegung werdet Ihr nicht aufhalten können«, sagt Kyo den Funktionären. In der Tat widersetzte sich ein Bauernführer in Hunan namens Mao Tse-tung dem Moskauer Befehl, er machte kommunistische Politik auf eigene Faust und zog zwanzig Jahre später als Sieger in Peking und Schanghai ein.

Es ist interessant, den chinesischen Konflikt in der Reflexion eines anderen Dichters zu betrachten. In Bertolt Brechts Lehrstück *Die Maßnahme* (1930) steht ›der junge Genosse‹, ein namenloser chinesischer Revolutionär, der Kyo heißen könnte, vor dem Parteigericht. »Mein Herz schlägt für die Revolution«, bekennt der junge Genosse. »Der Anblick des Unrechts trieb mich in die Reihen der Kämpfer. Der Mensch muß dem Menschen helfen. Ich bin für die Freiheit. Ich glaube an die Menschheit. Und ich bin für die Maßnahmen der Kommunistischen Partei, welche gegen Ausbeutung und Unkenntnis für die klassenlose Gesellschaft kämpft.« Und weil er aus Idealismus zur Revolution stieß, hat er, als die Not seiner Brüder unerträglich wurde, eigenmächtig zum Aufstand aufgerufen, obwohl es der Zentrale noch gar nicht paßte. Er wird von den Funktionären getötet und in die Kalkgrube geworfen, was Brecht mit den Worten rechtfertigt: »Wer für den Kommunismus kämpft, der muß kämpfen können und nicht kämpfen; die Wahrheit sagen und die Wahrheit nicht sagen; Dienste erweisen und Dienste verweigern; Versprechen halten und Versprechen nicht halten; sich in Gefahr begeben und die Gefahr vermeiden; kenntlich sein und unkenntlich sein. Wer für den Kommunismus kämpft, hat von allen Tugenden nur eine: daß er für den Kommunismus kämpft.«

Man mag es Brecht zugute halten, daß er die Revolution, für die Malraux in den Dschungeln Vietnams und in den chinesischen Hafenvierteln, später am Himmel Spaniens kämpfte, nur vom Klubsessel und vom Barhocker aus reflektierte, seine Unmenschlichkeit also abstrakten Charakters war, auch daß er sich in späteren Jahren der *Maßnahme* nur mit Unbehagen entsann – immerhin erklärt die unterschiedliche Einstellung zur Revolution, warum Brecht Stalin die Treue hielt, als Malraux mit ihm brach.

»Die Revolution mußte jetzt gebären oder sterben« – Malraux ahnt bereits in *La condition humaine,* was er dann in seinem Spanien-Buch *Die Hoffnung* (1937), dem Schwanengesang seiner kommunistischen Illusionen, aussprach: daß Geburt und Tod der Revolution eines sind, daß Gerechtigkeit nur einen Augenblick lang auf den Barrikaden, nur in der Hoffnung und im Angesicht des Todes herrscht. Dieser Revolution – der Revolution als einer tragischen Unternehmung des Menschen, sein Leben mit dem Universum in Einklang zu bringen – hat Malraux an Ende der *Condition humaine* das hohe Lied geschrieben:

». . . Das Bild dieses durch Maschinengewehre von der Menschheit abgesonderten Saales, dieser Stätte, wo die Revolution, welches auch immer ihr Schicksal sein, welches auch der Ort ihrer Wiederauferstehung sein würde, ihren Opfertod vollendete – dieses Bild würde nicht so leicht vergessen werden! Überall, wo Menschen sich abquälen in Fron und Widersinn und Erniedrigung, würde

man mit der Andacht von Gläubigen an diese Opfer zurückdenken! Schon begann man sie in der Stadt zu lieben, diese Todgeweihten, ganz als ob sie die letzte Schwelle schon überschritten hätten ...
Unter allem, was in dieser letzten Nacht die alte Erde an Leid und Sehnsucht barg, war sicherlich dieser Ort des Todeskampfes am tiefsten beladen mit dem Abschiedsschmerz Liebender. Solidarisch sein mit den Seufzern der am Boden liegenden Menschheit, einstimmen in das leise Murmeln der Sterbenden ...
Und eine lautlose Bewegung trug das schmerzliche Flüstern bis an die fernsten Grenzen der Nacht: fast alle diese Männer ließen Kinder zurück. Dennoch enthielt das fiebernde Raunen eine tiefe Ergebenheit, eine Schicksalsergebenheit, die wie abendlicher Friede Kyo und seinen fast schon dem Leben entrissenen, in der Haltung des Todes liegenden Körper umfing mit der Majestät eines Grabgesanges. Er durfte sich rühmen, gekämpft zu haben für das, was, in seinem Zeitalter, mit dem bedeutendsten Sinn, mit der herrlichsten Hoffnung befrachtet gewesen war; er starb inmitten derer, mit denen er hätte leben wollen; er starb, weil er, gleich allen hier liegenden Männern, seinem Leben einen frohen Sinn hatte geben wollen. Was wäre auch ein Leben wert gewesen, für das man nicht bereitwillig in den Tod gegangen wäre? Es ist leicht zu sterben, wenn man im Sterben nicht allein ist. Ein Tod, umklungen von dieser zitternden, brüderlichen Litanei, umhegt von dieser Gemeinschaft der Besiegten, in denen Tausende einst ihre Märtyrer erkennen werden, von dieser blutigen Legende, aus der die goldenen Legenden der Zukunft hervorgehen werden! Wie hätte er, schon vom Tode aufgerufen, es nicht vernehmen sollen – dieses Gemurmel der Opferwilligkeit, das ihm kündete, des Menschen Mut sei eine Zuflucht für die Toten, ebenso zuverlässig wie des Menschen erhabenster Geist!«

Als ein täppischer, verbiesterter Simplicius Simplicissimus, Irrläufer der Klassenkämpfe und armer Sünder ging Louis-Ferdinand Céline (1894–1961) seinen Weg von der äußersten Linken zur äußersten Rechten der französischen Literatur. Als 1932 sein erstes, unvergeßliches Buch *Reise ans Ende der Nacht* erschien, die schwermütig-hintergründige Wanderung des armen Ferdinand durch die Heimsuchungen unserer Zeit: den Krieg, die Kolonien, das kapitalistische Amerika und die Armut der Pariser Vorstädte, wurde es als sozialer Protest von bestürzender Ausdrucksgewalt verstanden und gefeiert. Wie viele andere trat auch Céline die obligatorische Pilgerfahrt nach Mokau an (1936) – wie viele andere kehrte er enttäuscht und erbittert zurück. »Das russische Elend, das ich gesehen habe«, berichtet er in *Kleinigkeiten zu einem Blutbad* (1938, deutsch: *Die Judenverschwörung in Frankreich*), »ist unvorstellbar, asiatisch, dostojewskisch, eine nach Moder, verrotteten sauren Heringen, Gurken und Verrat stinkende Hölle.« Zugleich aber setzte er sich von den Humanisten und Demokraten unter den Rußland-Heimkehrern ab, den ›Renegaten‹ wie Gide und Victor Serge, denn: »Sie drücken sich um das Wesentliche: sie sprechen nie und nirgends von dem Juden ... Also schwätzen sie nur dummes Zeug.«
Mit der Hysterie, die für sein antisemitisches Buch charakteristisch ist, ruft er aus: »Ich Renegat? Wer ist hier ein Abtrünniger? Wieso Renegat? Nichts Rene-

gat! Ich habe noch niemals jemanden verleugnet! Diese Beleidigung ist ungeheuerlich! Wer ist dieses Dreckgesicht, das es wagt, mich im Zusammenhang mit dem Kommunismus zu beschimpfen? . . . Ich bin noch niemals auf eine Rednertribüne gestiegen, um zu schreien, in alle Himmelsrichtungen hinaus, urbi et orbi: ›Ich gehöre dazu! Ich lebe davon! Ich nehme alles unverdaut hin! Ich würde dafür sterben!*‹ Nein! Nein! Nein! Ich habe niemals ins Mikrophon gebrüllt, niemals ins Makrophon der Volksversammlungen! Dabei habe ich in meinem Leben noch nicht ein einziges Mal gewählt! Mein Wahlausweis muß noch irgendwo auf dem Bürgermeisteramt des zweiten Stadtteiles liegen. Ich habe immer gewußt und verstanden, daß die Dummen in der Mehrheit sind und daß sie also gewinnen müssen! Warum sollte ich mich darüber aufregen? Das kennt man doch schon alles. Ich habe niemals ein Manifest unterschrieben, weder für diese Märtyrer noch für jene Opfer. Sie dürfen ganz beruhigt sein. Bei solchen Märtyrern und Opfern handelt es sich immer nur um einen Juden, um ein jüdisches oder freimaurerisches Komitee. Wenn ich armer gewöhnlicher Dummkopf von eingeborenem Franzosen das Opfer wäre, würde niemand über mein Schicksal weinen . . .«

Louis-Ferdinand Céline war ein Außenseiter in der französischen Intelligenz. Als praktizierender Armenarzt in Meudon bei Paris, zeitweise Schiffsarzt und Mitglied der Hygienekommission des Völkerbundes, gehörte er nie zur République des lettres. Vielleicht hängt es mit der medizinischen Bildung zusammen, daß er für die biologischen Argumente der Nationalsozialisten aufgeschlossener war als für die politökonomischen der Kommunisten (man denke an Benn). Tief in ihm wurzelte ein Haß auf alles Schöngeistige, auf die Intellektualität Frankreichs. Schon die erregte und erregende Sprache seiner Bücher, die in der modernen französischen Literatur unerhört fruchtbar wurde: der Bruch mit der klassischen Literatursprache und Rückgriff auf das Argot des Volkes, war ein Akt plebejischer Revolte. *Die Judenverschwörung* strotzt von Ausfällen gegen alles, was in der französischen Kulturgeschichte Rang und Namen hat.

Céline unterschied sich von der französischen Intelligenz auch dadurch, daß er das Proletariat, von dem die anderen nur redeten, wirklich kannte. Tag für Tag sah er um sich herum in den Armenvierteln ein unvorstellbares Elend, dem mit Redensarten nicht beizukommen war. »Hier stürzen, krachen und prallen alle Schreie und Rufe aus zwanzig Häusern im Umkreis zusammen. Sogar die verzweifelten Vögel der Hausmeister, die nach dem Frühling piepen, den sie nie mehr wiedersehen werden, fallen in den Chor ein. Sie hocken in ihren verschimmelten Käfigen neben den Aborten, die da alle im Schatten des Hinterhofes zusammenliegen; die wackligen und immer ausgehängten Türen kreischen. Hunderte männlicher und weiblicher Trunkenbolde leben in diesen Mauern, und besonders am Samstagnachmittag hallen ihre prahlerischen Streitigkeiten, ihre unbestimmten und bilderreichen Flüche von den Wänden wider. Es ist der Höhepunkt des Familienlebens. Man hat die Nase zu lang im Glas gehabt, und jetzt sucht man miteinander Streit; das muß man gesehen haben, wie Papa den Ses-

* Anspielung auf Gide.

sel als Streitaxt schwingt und Mama das Holzscheit wie ein Schwert. Wehe den Schwachen! Die Kleinen kriegen es meistens ab. Alles, was sich nicht wehren und zurückhauen kann, wird mit Ohrfeigen an die Wand geklebt: die Kinder, Katzen und Hunde ...« (*Reise ans Ende der Nacht*).

Céline lebte in den brodelnden Tiefen der Gesellschaft, von wo alle Pogrome und die Exzesse aller Revolutionen ihren Ausgang nehmen. Er nannte sich Anarchist. »Gott hat ihn auf die Welt gesetzt, damit er krakeelt«, meinte Bernanos[34]. Eine wilde antikapitalistische Sehnsucht erzeugte in Céline einen Todestrieb zur Apokalypse, wo alles in Scherben fällt – die Throne der Reichen und die Slums. Sein bedingungsloser Pazifismus, seine Gleichgültigkeit gegen die Ansprüche von Staat, Nation und Gesellschaft waren selbstverständliche Konsequenzen seines Anarchismus: Die Proletarier haben kein Vaterland.

Schon 1932 in *Reise ans Ende der Nacht* hat er geschrieben: »Meiner Ansicht nach sollten die Deutschen nur ruhig kommen und alles massakrieren, verwüsten, in Brand stecken, das Hotel, die Krapfen, Lola, die Tuilerien, die Minister und ihre Freunde, die Kuppel, den Louvre, die großen Warenhäuser; sie sollten in die Stadt einbrechen, den Donner Gottes und das Feuer der Hölle über diesen verderbten Eitelkeitsmarkt ausgießen, auf dem keine Scheußlichkeit mehr fehlte; ich konnte nichts dabei verlieren und nur gewinnen . . . Mit einem Wort, mit meinen Ehrbegriffen sah es verdammt schlecht aus.« Daß Céline sein Massaker nicht platonisch meinte, geht aus einer Notiz von Ernst Jünger vom 7. Dezember 1941 in seinem *Ersten Pariser Tagebuch* (Strahlungen I) hervor. Céline (Jünger nennt ihn Merline) spricht da dem deutschen Besatzungsoffizier, von dem er hätte wissen sollen, daß er nicht nur ein deutscher Dichter, sondern ein Gegner Hitlers war, sein Befremden aus, warum die deutschen Soldaten die Juden nicht einfach erschießen, aufhängen, ausrotten, warum man von den Bajonetten nicht Gebrauch mache. »Wenn die Bolschewiken in Paris wären, sie würden Ihnen das vormachen . . . Wenn ich die Bajonette hätte, ich würde wissen, was ich zu tun hätte.«

So trat denn Céline seine Reise in die Nacht der langen Messer an. Wie konnte er, fragt man sich heute, das schreckliche Buch von der *Judenverschwörung* schreiben, dieses fanatische und konfuse Pamphlet im *Stürmer*-Stil des Nazikriegsverbrechers Streicher (die Juden, die Neger, die Russen, die Engländer, die Freimaurer, die Sozialisten, die Bolschewisten, die Jesuiten, die Protestanten, die Intellektuellen – ›das ist ein und dasselbe‹)? Wie konnte er diese Neuordnung Europas unterstützen, die Frankreich nur Deportationen, Geiselerschießungen und Konzentrationslager brachte? Freilich: auch Aragon und Ehrenburg, Becher und Brecht haben schändliche Dinge geschrieben. Die ganze Kommunistische Partei Frankreichs mit Generalsekretär Thorez an der Spitze hat im Schatten des Hitler-Stalin-Paktes ihr Vaterland verraten. Das aber kann Céline nicht entschuldigen. Nicht einmal trösten: denn *seine* Partei hat das Spiel verloren.

Wie einst der arme Teufel Ferdinand zog am Ende des Krieges Céline heimatlos durch die Lande. Zuerst mit dem Stab der Kollaborationsregierung ins Schloß Sigmaringen, wovon er in seinem düster-grotesken Buch *Von einem Schloß zum andern* (1957) berichtet hat. Dann mit umgehängtem Scholarensack quer durch das zusammenbrechende Deutschland. In einem dänischen Lager erreichte ihn das Auslieferungsbegehren aus Paris. »Wenn ich armer gewöhnlicher Dummkopf das Opfer wäre, würde niemand über mein Schicksal weinen . . .«, hatte er einst geschrieben. Er täuschte sich auch hier. Die dänische Regierung lieferte ihn trotz diplomatischen Drucks nicht aus. Französische Schriftsteller aller politischen Richtungen erwirkten seine Begnadigung. So kehrte Céline am Ende der Nacht als Arzt zu den Verdammten von Meudon zurück.

Die Surrealisten André Breton, Paul Eluard und Louis Aragon wurden sogar organisatorisch Mitglieder der Partei – freilich schon Ende der zwanziger Jahre, als eine Harmonie von linker Poesie und linker Politik unter dem Sowjetstern noch möglich schien. Auf der zweiten Internationalen Konferenz Proletarischer Schriftsteller 1930 in Charkow traten die französischen Surrealisten mit Eluard und Aragon als geschlossene Gruppe auf. Motiv dieses Engagements war der revolutionäre Gestus, den die Surrealisten mit den deutschen Expressionisten und Dadaisten und den russischen wie italienischen Futuristen gemeinsam hatten. Dabei war es eine zweitrangige, vom politischen Klima der jeweiligen Länder abhängige Frage, welcher radikalen Partei sich die Künstler anschlossen; die Franzosen optierten ebenso wie die Russen (Majakowski) für Lenin, die Italiener (Marinetti) für Mussolini, die Deutschen schlossen sich – nach einer Periode anarchistischer Ekstase – teils dem Kommunismus (Becher, Brecht), teils dem Nationalsozialismus (Benn, Johst) an. Gemeinsamer Nenner war der künstlerische und politische Avantgardismus: Zertrümmerung der alten Welt und Vision einer von Grund auf neuen. Als Charakteristikum sei die Formulierung Bretons (1896–1967) im *Zweiten Manifest des Surrealismus* (1930) genannt: »Die einfachste surrealistische Tat besteht darin, mit Revolvern auf die Straße zu gehen und solange wie möglich blind in die Menge zu schießen.« Und es wird wohl nicht viel anderes bedeutet haben, wenn Aragon 1931 ein Gedicht auf die sowjetische Geheimpolizei schreibt: »Hoch die GPU! Wir brauchen eine GPU![35]«

Selbstverständlich zerbrach die Gemeinsamkeit von Politikern und Literaten, als das revolutionäre Feuer verglüht war und sich die kommunistische Freiheitsidee als neues Machtsystem etablierte. Dem Selbstmord Majakowskis 1930 folgte 1931 der Austritt Bretons aus der Kommunistischen Partei Frankreichs. Der konsequenteste Surrealist war nicht bereit, seine avantgardistische Kunstdoktrin gegen den parteiamtlich verordneten Sozialistischen Realismus zu tauschen. Bezeichnenderweise reiste Breton bald darauf nach Mexiko, um bei dem verbannten Trotzki und dessen Anhänger, dem großen Maler Diego Rivera, die unbefleckte Utopie wiederzufinden.

Der junge Dichter René Crevel (1900–1935) nahm sich den Bruch zwischen Surrealisten und Partei so zu Herzen, daß er, ausgerechnet während des berühmten Kongresses zur Verteidigung der Kultur (der nach außen hin die Kommunion zwischen Schriftstellern und Kommunismus feierte), aus dem Leben schied. »Mich widert alles an . . .«, stand auf dem Zettel, den er seinem Freund Klaus Mann hinterließ[36]. Crevels Schicksal erinnert an das seines literarisch wie politisch ebenso engagierten Generationsgenossen in Ungarn Attila József (1905 bis 1937). József, heute von der ungarischen Volksrepublik als großer Dichter und

Sozialist verehrt, verließ 1934 die Partei und beging im Dezember 1937 Selbstmord.

Wenn demgegenüber Eluard und Aragon dem Kommunismus treu blieben, so lag das in den Persönlichkeiten der beiden begründet, vielleicht auch in ihrer dichterischen Eigenart, die niemals so streng an das surrealistische Muster gebunden war wie bei ihrem Lehrmeister und Anreger Breton.

Man ist versucht, Paul Eluard (1895–1952) und Louis Aragon (1897–1982) nebeneinanderzustellen. Beide sind den Weg von der esoterischen Dichtung zur politischen gegangen, »vom Horizont eines Menschen zum Horizont aller«, wie Eluard sagte. Beide haben in der Résistance gekämpft, beide fanden eine Heimat in der Kommunistischen Partei. Nachdem sie jahrzehntelang in extravaganten Versen die Liebe und die Freiheit besungen hatten, endeten sie beide bei Stalin-Hymnen. Dennoch kann man sich Eluard schwerlich als Parteibeamten im Hochhaus der *Lettres françaises* vorstellen wie Aragon. Seine Wendung zur Partei hat gegenüber der Aragons einen hellen und reinen Ton.

L'Amour la Poésie – dieser Titel einer frühen Dichtung (1929) könnte als Motto über Eluards ganzem Leben stehen. Die großen Rhythmen, in denen dieses Leben verlief, waren Rhythmen der Liebe, der Dichtung und der politischen Leidenschaft zugleich. ›Immer bedurfte ich eines einzigen Wesens, um zu leben und alle andern zu lobpreisen‹, bekannte Eluard in seinem letzten, nachgelassenen Gedicht (*Interrompue II*). Die Rhythmen im Leben Eluards werden durch drei Frauennamen bezeichnet.

> »Es mußte so sein, daß ein Antlitz
> Antwort gibt allen Namen der Welt.«

Gala. Eluard heiratete seine erste Frau 1917, während des ersten großen Krieges, der ihn erschütterte, der seine Gesundheit zerstörte, gegen den er sich in seinen ersten politischen Gedichten, den *Gedichten für den Frieden* (1918), aufbäumte. Er schloß sich dem Dadaismus Tristan Tzaras an, der die verrottete bürgerliche Gesellschaft zerstören wollte, ›notfalls mit wirklichen Hämmern‹. Im *Ersten Surrealistischen Manifest*, das er 1924 zusammen mit Aragon und Breton verfaßte, heißt es: »Wir glauben an eine zwangsläufige totale Befreiung ... Wir verkünden unsere absolute Loslösung von den Grundideen der abendländischen Zivilisation ... Wir erkennen die Versklavung der Arbeit nicht an ... Die Idee der Revolution ist der beste und wirksamste Schutz des Individuums ... Wir sind die Revolte des Geistes.«

1927 lernte Majakowski die französischen Surrealisten kennen. »Ich weiß nicht, ob sie ein Programm haben, aber Temperament haben sie«, meinte er hingerissen. »Viele von ihnen sind Kommunisten, viele arbeiten an der *Clarté* mit.[36a]« Zusammen mit Breton und Aragon trat Eluard 1927 der Kommunistischen Partei bei; er gehörte zu einer Zelle von Straßenbahnern. Aber die Episode endete rasch. Wie Breton war Eluard nicht bereit, dem Surrealismus abzuschwören. Er fühlte sich vom politischen Alltag abgestoßen und zog sich von der Partei wieder zurück. Die politische Depression ging mit einer persönlichen einher: Gala verließ ihn*. Schon *Hauptstadt der Schmerzen* (1926), worin Eluard den Surrealismus zur Vollendung führte, hat die Depression angekündigt.

»Wo laß ich meine Lippen ruhen, uferlose Welt?«

Nusch. Seit 1929, seit der Begegnung mit Nusch, der über alles geliebten Gefährtin seiner Mannesjahre, erwachte Eluard zu neuem Leben. Der spanische Bürgerkrieg – er hatte Lorca kurz vor dessen tragischem Ende kennengelernt – bewegte ihn zu Gedichten voller Trauer und Empörung *(November 1936, Der Sieg von Guernica)*. Die politische Aktivität Eluards erreichte ihren Höhepunkt unter der deutschen Besetzung Frankreichs, als ›auch die Dichtung in den Maquis gehen mußte.‹[37] Er half bei der Herausgabe illegaler Zeitungen, verfaßte Flugblätter und verteilte sie, barg Verfolgte, gehörte zum Nationalkomitee der Schriftsteller. »In der Stunde, in der es am schwierigsten war«, schloß er sich endgültig der Kommunistischen Partei an. »Ich erklärte meinen Beitritt zur Kommunistischen Partei im Frühling 1942. Und weil sie die Partei Frankreichs war, so habe ich mich ihr auf immer mit meiner ganzen Kraft verpflichtet und mit meinem ganzen Leben. Ich wollte mit den Menschen meiner Heimat sein, mit den Menschen, die der Freiheit entgegenschreiten, dem Frieden, dem Glück, dem wahren Leben.«
Die sieben Liebesgedichte im Krieg (1943) bezeugen, wie sehr Liebe, Dichtung und Politik nun wieder ineinandergreifen. »Die Stellungnahme, die ich verteidige, ist auch die der Liebe«, bemerkte Eluard einmal. »Das Liebesgedicht ist nur ein anderer Ausdruck des Kampfes ums Dasein . . .« Bezeichnend ist die Entstehungsgeschichte des Gedichtes *Freiheit* (1942), seines berühmtesten Gedichtes, das die Flugzeuge der Royal Air Force in Zehntausenden von Exemplaren über dem besetzten Frankreich abwarfen und das der, ebenfalls kommunistische, Maler Fernand Léger zu einem Wandbild faßte, ähnlich beeindruckend wie Picassos ›Guernica‹.
»Ich habe dieses Gedicht im Sommer 1941 geschrieben«, berichtet der Dichter. »Während ich die ersten Strophen verfaßte . . ., beabsichtigte ich, als Abschluß den Namen der Frau zu offenbaren, die ich liebte und der dieses Gedicht gewidmet war. Aber ich habe rasch gemerkt, daß das einzige Wort, an das ich dachte, das Wort Freiheit war . . . So verkörperte die Frau, die ich liebte, ein Begehren, das größer war als sie . . .«

»Auf meine Schulhefte
Auf mein Pult und die Bäume
Auf den Sand auf den Schnee
Schreib ich deinen Namen . . .«

Dominique. Der Tod von Nusch 1946 stürzte Eluard in die tiefste Verzweiflung, wovon der Band *Einbruch der Zeit* (1947) klagend Kunde gibt. Erst als ihm auf

* Gala wurde die Frau Salvador Dalis.

einem Friedenskongreß in Mexiko 1949 Dominique begegnete und ›mit ihrem Vertrauen umhüllte‹, fing er sich wieder. »Du kamst und ich sagte wieder ja zur Welt ...« Wie in früheren Jahren belebte die Liebe, »errichtet auf dem Gipfel einer Welt der Hoffnung«, zugleich die poetische und politische Potenz. In der Empfindung des Dichters verschmolz der letzte Liebesfrühling mit der Idee des Kommunismus zu einer glückseligen Vision: »Jedes Antlitz wird Anrecht auf Liebkosungen haben« (*Schwestern der Hoffnung*).
Es konnte nicht ausbleiben, daß Eluard, um der Partei zu dienen, auch einige peinliche Verse verfaßte:

»Und Stalin ist uns Gegenwart im Morgen
Stalin hält heute jedes Unheil fern
Sein liebend Denken zeitigt Zuversicht ...
Dank ihm kennt unser Leben keinen Herbst
Ständig erschließt er neue Horizonte ...
Denn Stalin ward erwählt vom Schicksal und den Menschen
Als ird'sches Sinnbild einer Hoffnung ohne Grenzen.[38]«

Als man ihn bat, für befreundete, vom Stalinismus verfolgte tschechische Schriftsteller einzutreten, sagte er: »Ich habe genug zu tun, um mich für Unschuldige einzusetzen, die ihre Unschuld beteuern, und keine Zeit für Schuldige, die ihre Schuld bekennen« (Brief von F. Bondy an Rühle, 9. April 1982). Konstantin Biebl zumindest büßte es mit seinem Leben – Selbstmord 1951.
Im wesentlichen hat Eluard jedoch sein Dichtertum behauptet; die beiden Bände *Immerwährende Dichtung* (1946 und 1953) legen davon Zeugnis ab. Den Sozialistischen Realismus hat Eluard nie akzeptiert. »Ich schreibe über Liebe, über Vögel, wie ich es früher tat, Es gibt keinen verbotenen Stoff. Und vor allem gibt es nicht Dichtung auf Befehl« (1951)[39].
Sogar in dem Aufsatz *Dichtung im Land der Sowjets* (1950) hat er bekannt: »Die Dichtung, erste aller Künste, muß beständig den Menschen vorauseilen. Aber die Melancholie des Dichters und seine bittere und oft verzweifelte Haltung rühren daher, daß die Menschen seinem Marsch nach einer schöneren Wirklichkeit nicht folgen. Er ist sich tragisch bewußt, daß er für eine zu kleine Anzahl von Menschen spricht und häufig, ach, nur für sich selbst. So gelangt er dazu, sich in seiner Verzweiflung zu gefallen und sie zu pflegen, und dann ist er nur noch das lautere Abbild des Elends seiner Zeit. Und wenn man den seltenen Dichtern dankbar sein muß, die wie Victor Hugo oder Walt Whitman der Entmutigung widerstanden, so darf man doch jenen nicht gram sein, die ihre Sehnsucht singen, jenen, die nur noch der getreue Spiegel der Leiden und der Zukunftsträume sind.«

Vielleicht könnte man Eluards Wort ›L'Amour la Poésie‹ auch über das Werk Aragons stellen (jedenfalls über den Teil davon, der zur Dichtung zählt) – wenn man vermerkt, daß es da eine ganz andere Tönung, ein ganz anderes Timbre hat. Der Klarheit Eluards entspricht bei Aragon funkelnde Virtuosität, dem hellen

Jubelton Geist und Witz, zuweilen auch dröhnendes Pathos, der Verzweiflung Zynismus und eine Neigung zum Morbiden. Aragon hat ja nicht nur den surrealistischen *Bauern von Paris* (1926) und später die Widerstandsgedichte *Herzeleid* (1941) und *Die Augen Elsas* (1942) geschrieben, Werke also, in denen er Eluard brüderlich verbunden ist. Kern seines Prosawerkes und wichtigstes Dokument seiner politischen Entwicklung sind die vier Bände der *Wirklichen Welt*, mit denen er sich in den dreißiger Jahren von dem Gefährten seiner Sturm-und-Drang-Zeit löste und, lange vor ihm und unter ganz anderen Umständen, für den Kommunismus entschied.

In seinem 1936 geschriebenen Kommentar zu dem Zyklus spricht Aragon von »Büchern einer langen Zeugenschaft, die ich über die Ursprünge meines Lebens in dieser Stunde des Kampfes ablege, in der ich mich nicht mehr verschieden fühle von Millionen Franzosen, die Brot, Frieden, Freiheit fordern«. Endlich habe er mit Hilfe Elsa Triolets, seiner russischen Frau*, der er den Zyklus wie später die Widerstandsgedichte widmete, aus seinem Nebel (dem Surrealismus) heraus den Eingang zur wirklichen Welt (›monde réel‹) gefunden, ›für die es sich zu leben und zu sterben lohnt[40]‹. Am Ende des ersten Buches, *Die Glocken von Basel* (1934), ruft er aus: »Jetzt, hier, beginnt das neue Lied. Hier endet der Ritterroman. Hier wird zum erstenmal in der Welt der wahren Liebe Platz gemacht. Der Liebe, die nicht mehr befleckt ist durch die Unterordnung der Frau unter den Mann, durch die schmutzigen Geschichten von Unterröcken und Küssen, durch die Herrschaft des Geldes des Mannes über die Frau oder des Geldes der Frau über den Mann. Die Frau der neuen Zeit ist geboren, und sie besinge ich. Und sie werde ich besingen.«

Das Seltsame ist, daß trotz dieser programmatischen Erklärung das neue Lied noch lange nicht anhebt. Die annähernd dreitausend Seiten des Zyklus sind immer noch gefüllt mit den schmutzigen Geschichten von Unterröcken und Küssen, von Amouren, Intrigen und Geschäften. Die Titel des zweiten und des dritten Bandes: *Die Viertel der Reichen* (1936) und *Die Reisenden der Oberklasse* (1942), könnten über dem Ganzen stehen. Die Helden und Heldinnen Aragons, selbst diejenigen, die zu Revolutionären werden, leben nicht von ihrer Hände Arbeit, sondern von Erbschaften, Renten, Dividenden, Spielgewinnen, Dotationen und Apanagen. Von einigen Randfiguren abgesehen, sind es weder Industrielle noch Arbeiter, sondern Parasiten der Gesellschaft: Söhne und Töchter reicher Eltern, Eigentümer, Rentiers, Offiziere, Literaten, Abenteurer, Wucherer, Salondamen, Mätressen und Gigolos. Aragon schildert meisterhaft die Atmosphäre der Boudoirs und Salons, das dahinplätschernde, glitzernde Leben der oberen Zehntausend, ein Leben voller Launen, Langeweile und Überdruß. Die Helden und Heldinnen Aragons, selbst diejenigen, die zu Revolutionären werden, haben keinen Sinn für die wahre Liebe, die der Dichter doch beschwören wollte, sie kennen bloß Verhältnisse, Abenteuer und Schäferspiele. ›Es gibt keine Gefühle, es gibt bloß das Geld.‹

* Elsa Triolet, selber bekannte Schriftstellerin, war die Schwester Lilja Briks, der Gefährtin Majakowskis.

Der letzte Roman des Zyklus, *Aurélien* (1945), ist nur noch eine einzige große Klage um die Hoffnungslosigkeit der Liebe in dieser Welt. Wie die beiden Königskinder, die zueinander nicht kommen konnten, kreist das melancholische Liebespaar Aurélien und Bérénice achthundert Seiten lang umeinander, ohne sich, sei es auch nur im Bett, zu vereinigen. Daß Bérénice – wie zuvor schon Catherine in *Die Glocken von Basel* – zur politischen Kämpferin wird, bringt ihrem Leben darum doch keine Erfüllung. Auch die Revolutionäre Aragons sind von der Impotenz der Seelen befallen, die in den Vierteln der Reichen herrscht, auch sie sind Reisende der Oberklasse, wenn auch mit anderem Ziel.
Offensichtlich hat Aragon die Zeugenschaft über die Ursprünge seines Lebens nicht mit der Schilderung einer neuen Welt in Einklang bringen können. Das kommt daher, daß seine Wandlung zum Kommunismus ganz der alten, der bürgerlichen Welt entsprang. Mit den Arbeitern und dem Sozialismus hatte das nichts zu tun, wenn er das auch sich selber und seinen Lesern einzureden versuchte. Aragons Wandlung zum Kommunismus entsprang – wie sein Dadaismus und sein Surrealismus – der Dekadenz, über die er sich in seinem Zyklus wollüstig verbreitet. Sie entsprang den Launen, der Langeweile und dem Überdruß. Schrieb er doch 1931 in *Der verfolgte Verfolger*: »Ich liebe und indessen ist das Leben zum Sterben unerträglich, ich liebe und indessen müßte ich laut aufschreien ...« Um die Langeweile und den Ekel zu vertreiben, spielen die Helden und Heldinnen Aragons – spielen mit der Liebe, im Kasino und mit der Revolution. Es ist die Lust am Untergang. »Die Sünde ...«, flüstert die kleine Yvonne in den *Reisenden der Oberklasse* ihrem Spielgefährten zu, »hast du auch die Sünde so gern, Pascal?« Als Pascals Vater im Bett der Geliebten sagt: »Nichts ist so verlockend, wie sein Wort zu brechen«, seufzt die Frau hingerissen: »Du bist ein Scheusal, ein richtiges Scheusal ...« Man spürt es in den Fingerspitzen, wie diese Menschen mit dem gleichen Wollustschauer sagen könnten: »Du – ich werde Kommunist!«
In der Tat ist Aragons Anschluß an den Kommunismus ein jäher und absurder Sprung. Noch 1924 war er derjenige unter den Surrealisten, der die russische Revolution am heftigsten ablehnte. In einer Auseinandersetzung mit der kommunistischen Zeitschrift *Clarté* schrieb er: »Wenn Sie mich dem Geist der Politik gegenüber feindlich eingestellt finden ..., dann deswegen, weil ich, wie Sie nicht übersehen haben können, früher, heute und in alle Zukunft den Geist der Revolution über alle Politik gestellt habe und stellen werde ... Was die Russische Revolution anbelangt, so gestatten Sie, wenn ich nur mit den Achseln zucke. Sie ist, am Maßstab der Ideen gemessen, weiter nichts als eine triviale Ministerialkrise.[41]« Drieu La Rochelle, der aus dem Umkreis der Surrealisten zum Faschismus stieß und nach der Befreiung Frankreichs 1945 seinem Leben ein Ende setzte, gibt in seinem Roman *Gilles* eine Charakteristik seines Freundes Aragon (in Gestalt des Cyril Galant). Nur die Ausweglosigkeit der Boheme mit ihren Exzessen, ihrem Ekel und Katzenjammer erklärt die Flucht ins gläubige Kollektiv, in die Disziplin der politischen Partei. Aragon ähnelt darin seinem deutschen Genossen Johannes R. Becher, der wie er vom exzentrischen Wortführer der Avantgarde und Boheme zum kommunistischen Kulturpapst wurde.

Aragon kaschiert in seinen Büchern den irrationalen Augenblick des Umschlags. Jäh pflegt er die Darstellung abzubrechen: »Ich kann nicht mehr von Catherine sprechen. Zögernde, schwankende Catherine, wie langsam näherst du dich dem Licht!« Bérénice läßt er unter verirrten Kugeln sterben. Er geht um den kritischen Punkt herum und schießt statt dessen Kobolz. Er hängt an die Romane rote Schwänzchen an: den Friedenskongreß in Basel 1912 mit einer Rede der späteren Kommunistin Clara Zetkin (›Sie ist die Frau von morgen . . . die dem Manne gleich ist‹), eine Rede des französischen Sozialistenführers Jaurès, einen Streik in Paris, die Résistance. Das aber bewirkt nur einen ärgerlichen Bruch in der Romanhandlung; die Werke werden auf diese Art nicht beendet, sondern beschädigt. Aragons zweiter Zyklus, das parteipolitische Standardwerk *Die Kommunisten*, sechs Bände (1949–51), unvollendet, ist ein einziger monotoner Trommelwirbel hinter dem Danse macabre. Armand Barbentane aus den Vierteln der Reichen drückt Parteisekretär Maurice Thorez die Hand. Es ist, um es kurz zu sagen, eine zurechtgeklitterte und romanhaft aufgelockerte Geschichte der Kommunistischen Partei Frankreichs von der Misere des Hitler-Stalin-Paktes bis zur Gloriole der Résistance nach dem Prinzip: ›Ende gut, alles gut‹. Mit diesem Werk verschwand Aragon für Jahre aus dem Gesichtskreis der französischen Literatur; es lasen ihn nur noch Genossen, und auch die sicherlich nur mit Anstrengung.

Das Erstaunliche ist nun, daß er aus diesen Niederungen wieder auftauchte. Wohl hatte er nach dem XX. Parteitag die nun erlaubte und sogar erwünschte Kritik an Stalin in Nibelungentreue zurückgewiesen, wohl hatte er nach der ungarischen Revolution zornig die Fronde seiner Schriftstellerkollegen gegen Moskau verdammt, an der sich – neben den Sympathisants Sartre, Beauvoir und Vercors – auch die verdienten Parteigenossen Roger Vaillant, Claude Roy und Claude Morgan beteiligten. Aber auch in ihm selber rumorte es; entsann sich doch sogar Elsa Triolet, die viele für Aragons bösen Geist hielten, ihrer in der Großen Säuberung umgekommenen Angehörigen.

In Werken wie *Der unvollendete Roman* (1957) und *Die Karwoche* (1958) trat ein verwandelter Aragon an die Öffentlichkeit, die seiner schon entwöhnt war. Das eine ist ein bekenntnishaftes Poem im besten Stil Aragonscher Lyrik, das andere ein historischer Roman aus Napoleons Hundert Tagen – beides, trotz vieler Vorbehalte des Autors, voller ketzerischer Anspielungen und als Dichtung, wie François Bondy, ein gewiß nicht sympathisierender Kritiker, sagt, ›auf weite Strecken von elementarer Kraft und tänzerischer Grazie und von einem sprachlichen Eros, dessen Zauber sich der Leser nicht entziehen kann[42]‹. Das Zentralkomitee der Kommunistischen Partei Frankreichs begrüßte, ohne den noch ausstehenden Bänden der *Kommunisten* allzu sehr nachzutrauern, das Erscheinen der *Karwoche* als ›ein nationales Ereignis‹ – und, was mehr zählt, sogar der unabhängige, damals gaullistische *Combat* überschrieb eine Seite: »Aragon, Schriftsteller Frankreichs.«

»Welch eine Einfalt«, sagte Aragon 1959, »gehört dazu, mich für so einfältig zu halten, daß ich sämtliche Thesen, die in der Sowjetunion verkündet worden sind, folglich auch die Thesen im Hinblick auf Literatur und Kunst, als Gesetze oder

Prophetien ansehe! Es genügt, darauf hinzuweisen, was alles in der Sowjetunion in vierzig Jahren zu Papier gebracht worden ist, um zu erkennen, wie widersprüchlich das alles ist und welch ein Unsinn manchmal verzapft worden ist. Es steht ganz außer Zweifel: Was Fragen der Kunst anbetrifft, bin ich mit diesem oder jenem sowjetischen Schriftsteller und Kritiker und – was noch mehr ist – mit dieser oder jener politischen Persönlichkeit nicht einverstanden. Der Sozialistische Realismus hat sehr wohl auch Fiaskos, Irrtümer und Dramen, auch Dramen mit tödlichem Ausgang, zu verzeichnen. Ist es notwendig, auch noch die Namen aufzuzählen? Sind sie nicht einem jeden bekannt?[43]«
So ging nach dreißig Jahren, die man früher ein Menschenalter nannte, der Dienst des Schriftstellers Aragon an der Partei zu Ende. 1966/67 verteidigte er die sowjetischen Kollegen Sinjawski und Daniel, denen das Sowjetregime einen Terrorprozeß bereitet hatte; deswegen boykottierte er – wie Sartre – den Moskauer Schriftstellerkongreß. 1968 trat er rückhaltlos für Dubčeks kommunistischen Frühling ein, gegen die sowjetische Okkupation. Er öffnete seine Zeitschrift *Les Lettres Françaises* seinem Genossen aus dem Zentralkomitee Roger Garaudy, der noch 1956 so wie er selbst den sowjetischen Überfall auf die nationalkommunistische Regierung Ungarns zu rechtfertigen suchte, der aber nun nicht nur mit dem sowjetischen Imperialismus, auch mit der moskauhörigen Haltung der eigenen Partei, der KPF, abrechnete. 1971 warf das Organ des sowjetischen Schriftstellerverbandes *Literaturnaja Gaseta* dem Stalinpreisträger Aragon vor, das Spiel der bourgeoisen Propaganda zu treiben. 1972 entzog die KPF den *Lettres Françaises* jede finanzielle Unterstützung, worauf das einzige intellektuelle Organ der Kommunistischen Partei Frankreichs von Rang einging. Eine westliche Zeitung hat den Weg Aragons kommentiert: »Vom Surrealismus zum Kommunismus und zurück.« Das ist so simpel sicherlich nicht wahr, wenngleich er selber einmal, Kommunismus hin oder her, seine literarische Generallinie so definiert hat: »Ich liebe die wunderbare Sprache, das Delirium der Sprache.[44]«

Aus dem Kreis der Existentialisten wurde keiner Kommunist; abgesehen von Camus, der aber auch nur in ein paar Jugendjahren in Algerien, von 1934 bis 1937, der Partei angehört hat. Wenn wir dennoch gerade diese literarisch-philosophische Bewegung als Schlüssel zum Verständnis der französischen Linken wählen, so, weil sie wie keine andere Literaturströmung die heillose Alternative jeder ›littérature engagée‹ zwischen Aktion und Moral in sich ausgetragen hat. Die politischen Widersprüche im Existentialismus traten 1952 dramatisch ans Licht, als Sartres Zeitschrift *Les Temps Modernes* den programmatischen Essayband von Camus *Der Mensch in der Revolte* angriff. Der Autor protestierte erregt, und es entspann sich ein Disput, der so weit ging, daß der Nichtkommunist Sartre den Nichtkommunisten Camus einen Antikommunisten nannte, der Nichtkommunist Camus hinwiederum den Nichtkommunisten Sartre des Kryptokommunismus bezichtigte. Dieser Zwist zwischen den existentialistischen Dioskuren war nicht das erste, aber das sichtbarste Signal dafür, daß die mehr oder weniger friedliche Koexistenz des Existentialismus mit dem Kommunismus, die aus der antifaschistischen Waffenbrüderschaft rührte, nicht länger zu halten war und einer Entscheidung zutrieb.

Der französische Existentialismus ist, wenn auch früher entstanden, geprägt vom Geist der Résistance. Im Vorwort zur deutschen Ausgabe der *Fliegen,* die 1942 unter der Besetzung uraufgeführt wurden, hat Jean Paul Sartre (1905–1980) erläutert: ›Nach unserer Niederlage im Jahre 1940 verfielen zu viele Franzosen der Mutlosigkeit oder gaben in ihrem Innern der Selbstverleugnung Raum. Ich aber schrieb *Die Fliegen* und versuchte zu zeigen, daß die Selbstverleugnung nicht die Haltung war, die die Franzosen nach dem militärischen Zusammenbruch unseres Landes wählen durften. Unsere Vergangenheit existierte nicht mehr. Sie war uns in der Hand zerronnen, ohne daß wir Zeit hatten, sie festzuhalten, sie weiterhin zu beachten, um sie zu begreifen. Neu aber war – auch wenn ein feindliches Heer Frankreich besetzt hatte – die Zukunft! Wir hatten eine Gelegenheit, sie kritisch zu prüfen; es stand uns frei, daraus eine Zukunft der Besiegten zu machen oder – in umgekehrter Richtung – eine Zukunft der freien Menschen, die sich gegen die Behauptung wehren, daß eine Niederlage das Ende alles dessen bedeutet, was das menschliche Leben lebenswert macht[45].‹

In den *Fliegen* gibt Sartre eine aktuelle Deutung der Orestie. Er expliziert, daß der Mensch ›zur Freiheit verurteilt‹ und zur Tat berufen sei. Orest kehrt nach Argos heim, wo seine Mutter Klytemnästra und ihr Galan Ägisth seinen Vater Agamemnon ermordet haben. Der Fluch über dem Haus der Atriden hat die Stadt in Verzweiflung und Angst gebannt; der Terror der Erinnyen, der ›Fliegen‹, die sich an den Skrupeln der Menschen weiden und ihnen das Leben verekeln, duckt die Bürger unter den Zorn der Götter und die Macht der Mörder. Orest aber nimmt seine Tat – die Rache – auf sich. ›Er weiß, daß er frei ist‹, klagt Ägisth dem Jupiter. ›Dann genügt es nicht, ihn in Fesseln zu legen. Ein freier Mensch in einer Stadt ist wie ein räudiges Schaf in einer Herde. Er wird mein ganzes Königreich anstecken und mein Werk verderben. Allmächtiger Gott, worauf wartest du, um ihn zu zerschmettern?‹ Jupiter antwortet: ›Wenn einmal die Freiheit in einer Menschenseele aufgebrochen ist, vermögen die Götter nichts mehr gegen diesen Menschen.‹

Triumphierend ruft Orest seiner Schwester nach der Bluttat zu: »Ich bin frei, Elektra! Die Freiheit hat mich getroffen wie der Blitz . . . Ich habe *meine* Tat getan, Elektra, und diese Tat war gut. Ich werde sie auf meinen Schultern tragen, wie ein Fährmann die Reisenden durchs Wasser trägt, ich werde sie ans andere Ufer bringen und darüber Rechenschaft geben. Und je schwerer sie zu tragen ist, um so mehr werde ich mich freuen, *denn meine Freiheit, das ist diese Tat.* Gestern noch ging ich aufs Geratewohl über die Erde, und Tausende von Wegen flohen unter meinem Schritt, denn sie gehörten andern. Ich bin sie alle gegangen, den Weg der Treidler, der den Fluß entlangführt, und den Saumpfad, und die gepflegte Straße der Wagenlenker, aber kein einziger gehörte mir. Heute gibt es nur einen, und Gott weiß, wohin er führt; aber es ist *mein* Weg . . . Ich bin frei. Jenseits der Angst und der Erinnerungen.« Indem Orest die Rachegeister auf sich zieht, befreit er die ganze Stadt von der Furcht.

Etwa zur gleichen Zeit publizierte Albert Camus (1913–1960) seine Deutung des

Sisyphos-Mythos. Sisyphos ist jener Held der griechischen Mythologie, den die Götter dazu verurteilt haben, einen Felsblock unablässig einen Berg hinaufzuwälzen, von dessen Gipfel er immer wieder herunterrollt. Diese Tätigkeit ist ein Sinnbild des Absurden – wie die Résistance absurd schien, als Hitler im Zenit seiner Erfolge stand. Aus dem Bewußtsein des Absurden aber zieht der Mensch, wie Camus ihn sieht, seinen Stolz. »Sisyphos, der ohnmächtige und rebellische Prolet der Götter, kennt das ganze Ausmaß seiner unseligen Lage: über sie denkt er während des Abstiegs nach. Das Wissen, das seine eigentliche Qual bewirken sollte, vollendet gleichzeitig seinen Sieg. Es gibt kein Schicksal, das durch Verachtung nicht überwunden werden kann.« Die einsame Entschlossenheit des Widerstandskämpfers spricht aus Camus, wenn er sagt: »So leite ich vom Absurden drei Schlußfolgerungen ab: meine Auflehnung, meine Freiheit und meine Leidenschaft.«

Camus' Sisyphos ist ein Bruder des Sartreschen Orest: »Darin besteht die ganze verschwiegene Freude des Sisyphos. Sein Schicksal gehört ihm. Sein Fels ist seine Sache. So bringt der absurde Mensch, wenn er seine Qual bedenkt, alle Götterbilder zum Schweigen... Der absurde Mensch sagt Ja und hört nicht auf, sich anzustrengen. Wenn es ein persönliches Geschick gibt, dann gibt es kein übergeordnetes Schicksal oder zumindest nur eines, das er unheilvoll und verächtlich findet. Darüber hinaus weiß er sich als Herr der Zeit. Gerade in diesem Augenblick, in dem der Mensch sich wieder seinem Leben zuwendet (ein Sisyphos, der zu seinem Stein zurückkehrt), bei dieser leichten Drehung betrachtet er die Reihe unzusammenhängender Taten, die sein Schicksal werden, seine ureigene Schöpfung, die in seiner Erinnerung geeint ist und durch den Tod alsbald besiegelt wird. Überzeugt von dem rein menschlichen Ursprung alles Menschlichen, ist er also immer unterwegs – ein Blinder, der sehen möchte und weiß, daß die Nacht kein Ende hat. Der Stein rollt wieder ...«

Wenn sich der französische Existentialismus jener Phase im Aufruf zur Tat, zur Freiheit erschöpfte – einer Freiheit im Angesicht des Nichts, deren Sinn und Zweck nicht zur Debatte stand –, so entsprach das dem Charakter der Résistance. Nicht nur, daß zu Beginn der Widerstandsbewegung an eine Perspektive noch nicht zu denken war – die aus den verschiedensten Richtungen zusammenströmende Bewegung konnte gar keine Perspektive haben, da sie nur in der Negation: eben dem Widerstand gegen die Okkupation, einig war. Die Existenz geht dem Wesen voraus, lehrt Sartre, was besagt, daß der Mensch seinem Dasein einen Inhalt erst geben muß. Entscheidend ist, daß Orest, daß Sisyphos handeln – nicht, was sie tun.

Vor den konkreten und komplizierten Aufgaben der Nachkriegszeit konnte diese Ideologie nicht bestehen. Sie war eine Ideologie der Stunde Null, der die Intellektuellen denn auch ihr Lebtag lang nachtrauerten. Das Amalgam der Résistance zerfiel – abgesehen von den versprengten Resten der bürgerlichen Demokratie – in die Massenbewegungen des Gaullismus und Kommunismus. Ein Versuch Sartres, die Intelligenz jenseits der Parteien zu sammeln: sein Rassemblement Démocratique Révolutionnaire (RDR), überdauerte nicht einen Sommer. Die Perversion der Freiheitsidee zum Anarchismus der Existentialistenkeller war das unausbleibliche Satyrspiel nach der Tragödie. Wenn man heutzutage vom Existentialismus spricht, denkt man zuerst an das Leben und Treiben in den Cafés von Saint-Germain-des-Prés: Mädchen in Pullovern und hautengen Dreiviertelhosen, bleiche Jünglinge in karierten, über den Gürtel hängenden Hemden, aufgelöste Haare und ungewaschene Hälse, Espresso und Boogie-Wooggie, freie Liebe und uferlose Diskussionen, Weltschmerz und Weltrevolution – inmitten des Trubels der großmächtige Magister Sartre und seine blaustrümpfige Lebensgefährtin Simone de Beauvoir, wie sie sich tiefsinnig über Manuskripte beugen, ebenso geistvolle wie unverständliche Interviews geben, von hohläugigen Jüngern angebetet, von Neugierigen aus aller Welt bestaunt und von Politikern aller Schattierungen umworben werden.

Natürlich konnten Persönlichkeiten vom geistigen Rang Sartres und Camus' nicht auf dieser Position stehenbleiben. Sie gingen ihren Weg weiter, was zwangsläufig zu einer politischen Profilierung führte.

In seinem bekanntesten Buch, *Die Pest* (1947), beschwört Camus eine Pestepidemie in der algerischen Stadt Oran, wo er Jahre seines Lebens verbracht hat. Der anachronistische ›Pestzustand‹ symbolisiert – in einem realistisch-magischen Bild – nicht nur die Jahre der Okkupation, die bis ins Detail: Belagerungszustand, Konzentrationslager, Verbrennungsöfen, durchscheinen, sondern darüber hinaus den totalen Staat schlechthin, dessen Schrecken in kafkaeske Dimensionen wachsen. Im Mittelpunkt des Geschehens steht der Arzt Bernard Rieux, mit dem sich Camus so weit identifiziert, daß er ihm die Autorschaft des Berichtes zuschreibt. Rieux nimmt den aussichtslosen und lebensgefährlichen Kampf gegen die Pest mit Selbstverständlichkeit auf, obwohl er, wie er einmal sagt, an Heldentum und Heiligkeit keinen Geschmack findet – »was mich interessiert, ist, ein Mensch zu sein.« Ihm geht es nicht um große Dinge und Ideen, sondern einfach um die Gesundheit, für die er sich verantwortlich fühlt. »Es handelt sich um Anständigkeit.« Er käme sich »wahnsinnig, blind oder feige vor, würde er sich mit einer Welt abfinden, in der Kinder gemartert werden. »Im Augenblick gibt es Kranke, die geheilt werden müssen . . . das ist alles.« Das ist so klar, wie zwei und zwei vier ist. Wohl »kommt immer ein Augenblick in der Geschichte, wo derjenige, der zu behaupten wagt, daß zwei und zwei vier ergibt, mit dem Tode bestraft wird«, aber »es handelt sich nicht darum zu wissen, welche Belohnung oder Strafe auf diese Behauptung steht; es handelt sich darum zu wissen, ob – ja oder nein – zwei und zwei vier ist.«

Rieux weiß, daß alle Siege der Menschlichkeit nur vorläufig sind, »daß der Pestbazillus niemals ausstirbt oder verschwindet, sondern jahrzehntelang in den Möbeln und der Wäsche schlummern kann . . ., und daß vielleicht der Tag kommen wird, an dem die Pest zum Unglück und zur Belehrung der Menschen ihre Ratten wecken und erneut aussenden wird, damit sie in einer glücklicheren Stadt sterben«, doch er notiert als bescheidenes Fazit all der Heimsuchungen, »daß es an den Menschen mehr zu bewundern als zu verachten gibt.«

Camus will solche Haltung nicht als Tugend oder Moral verstanden wissen, er sieht darin das Menschliche im Menschen, das Lebendige im Leben – »die einzig lebendige Religion im Jahrhundert der Tyrannen und Sklaven: die Freiheit« (wie er zu seinem ein Jahr später geschriebenen Stück *Der Belagerungszustand* bemerkte, in dem die Pest als leibhaftiger Diktator auf die Bühne tritt)[46].

Unüberhörbar tönt am Ende des Romans die Absage an den totalen Staat: »Mitten in dieser Anhäufung von Toten, dem Bimmeln der Krankenwagen, den Warnungen des sogenannten Schicksals, dem hartnäckigen Stampfen der Angst und dem schrecklichen Aufruhr ihres Herzens hatte eine Stimme nicht aufgehört, diese von Entsetzen heimgesuchten Menschen zu wecken und ihnen zuzuraunen, daß sie ihre wahre Heimat wiederfinden müßten. Für sie alle befand sich die wahre Heimat jenseits der Mauern dieser erstickten Stadt. Sie war in den duftenden Sträuchern auf den Hügeln, im Meer, in den freien Ländern und im Gewicht der Liebe. Und zu ihr, zum Glück, wollten sie zurück und voll Ekel wandten sie sich von allem anderen ab.« Hier taucht – sicherlich ohne bewußte Anknüpfung, einfach als Archetypus des totalen Staates – die große Vision Samjatins wieder auf.

Der Schritt, den Sartre vorwärtsging, wird durch sein Ideendrama *Der Teufel und der liebe Gott* (1951) markiert. In einem Interview mit Jean Guiton am 7. Juni 1951 bemerkte er dazu: »Als die *Fliegen* aufgeführt wurden, warf man mir häufig vor, ich hätte Orest gewissermaßen in die Einsamkeit ziehen lassen. Die politischen Verhältnisse hatten mich veranlaßt, die Dinge so darzustellen. Orest verkörperte die verschiedenen Widerstandsbewegungen, die, ohne ein genaueres Programm aufgestellt zu haben, sich zunächst bemühten, das französische Volk von der Unterdrückung zu befreien. Das Programm sollte erst nach der Befreiung aufgestellt werden. Wenn ich heute auf Orest Bezug nehme, dann nur darum, weil ich ihn konsequent durchdenken und Orest einer Verantwortung auf positiver und konkreter Grundlage mitten unter seinesgleichen gegenüberstellen will.«

Es ist die Geschichte des Ritters Götz im Zeitalter des Bauernkrieges, der erst als Landsknechtsgeneral das Böse tut und dann als Armenprediger das Gute, in beidem scheitert, bis er, von dem tauben und toten Gott alleingelassen, an der Spitze der todgeweihten Bauernheere *seinen* Weg erwählt. »Der Unterschied«, sagt Sartre in dem Interview, »zwischen dem Götz, der im zweiten Teil das Gute tut, und dem Götz, der im dritten Teil am Bauernkrieg teilnimmt, besteht darin, daß Götz im zweiten Teil das Gute als ein Absolutum und unhistorisch auffaßt, schon deshalb, weil er eine gewisse Beziehung zu Gott aufrechterhalten will. Wenn er dann zu den Menschen herabsteigt, so soll man darunter verstehen, daß er auf jegliche Unbedingtheit des ethischen Imperativs verzichtet, weil er bescheiden geworden ist und sich nicht mehr auf Gott bezieht, im Bösen als ein Ungeheuer, im Guten als ein Heiliger. Er beabsichtigt nur noch, seine Rechtfertigung von den Werturteilen abzuleiten, die seine Mitmenschen über ihn fällen werden. Er verzichtet auf jede Forderung nach dem Unbedingten, um sich mit einfacheren Dingen zu begnügen, in der Überzeugung, daß das Gute in einer auf Ungerechtigkeit gegründeten Gesellschaft unmöglich ist. Wenn die ganze Gesellschaft schlecht ist, kann man nur noch am Kampfe teilnehmen, auch wenn dieser Kampf aussichtslos ist, wie im Falle des Krieges der Bauern gegen die Adelsherren.«

Auf die Frage, ob diese Entwicklung seines Götz eine Wende seiner Ethik bedeute, erklärte Sartre: »Schon lange bevor ich den Plan gefaßt hatte, eine Ethik zu schreiben, war ich davon überzeugt, daß die wahre Moral wie auch die wahre Existenz nur als Existenz mit dem Du und für das Du begriffen werden kann.[47]« Nach wie vor berühren die Gedanken von Sartre und Camus einander; beide sind und bleiben sie Existentialisten, Atheisten, Aktivisten. Dennoch ist ihre Divergenz offensichtlich, nämlich in der Konkretion der Freiheit: Während Camus verschämt eine moralische Kategorie ins Spiel bringt – die ›Solidarität‹ –, betont Sartre eine politische – das ›Engagement‹. »Alle Unternehmungen, von denen wir sprechen können«, meint Sartre (*Was ist Literatur?*), »laufen auf eine einzige hinaus: Geschichte zu machen.[48]« Demgegenüber heißt es bei Camus: »Man kann sich in der Geschichte nicht bewegen, wenn man an keine Werte glaubt.[49]« Der Künstler widerspricht also dem Geschichtsphilosophen, die Revolte scheidet sich von der Revolution. Hier einige Kernsätze aus dem Disput von 1952:

Sartre: »Sie, Camus, verhalten sich der Geschichte gegenüber wie ein kleines Mädchen, das seine Zehe ins Wasser steckt und sich fragt, ob es auch warm genug ist.«

Camus: »Ich habe es allmählich satt, mir Lektionen von denen erteilen zu lassen, die immer nur ihren Sessel in der Richtung der Geschichte verschoben haben.«

Sartre: »Camus grollt als einsamer Richter irgendwo in der Wüste.«

Camus: »Das Unglück unserer Zeit ruft tausend Advokaten auf den Plan, aber niemals einen Bruder.«

Es ist das Verdienst Simone de Beauvoirs (1908–1986), den für Außenstehende ziemlich vertrackten Zwist allgemeinverständlich, allerdings auch simplifiziert dargestellt zu haben. Man hat ihr vorgeworfen, sie habe in ihren *Mandarins* (1954) tatsächliche Vorfälle, die überall noch durchschimmern, verschoben, verzeichnet, ausgetauscht und ausgeschmückt; ihre Romangestalten Robert und Anne Dubreuilh, Perron, Scriassine und Samazelle, die Intellektuellenbewegung SRL und die Zeitschrift *Espoir* seien nach dem Muster von Sartre, der Beauvoir selbst, Camus, Koestler und Rousset, des RDR und des *Combat* gezeichnet, ohne doch authentisch zu sein. Die Kritik ist nicht ganz unberechtigt; wohl kommt es auf die dokumentarische Verläßlichkeit bei einem Roman nicht an, aber einige der dichterischen Freiheiten wirken, wenn man an die leibhaftigen Vorbilder denkt (und es fällt schwer, nicht an sie zu denken), einigermaßen peinlich. Wichtiger ist jedoch, daß die Beauvoir – bei aller Gelehrsamkeit Frau und Schriftstellerin – die Romanform dazu benutzt, die Rabulistik der Existenzphilosophen auf einen konkreten Gegenstand zurückzuführen.

Bei ihr geht die Diskussion um die sowjetischen Zwangsarbeitslager (der Streit Sartre-Camus 1952 verschmilzt hier mit dem Streit Sartre-Rousset 1950). Der heimtückische Renegat Scriassine (Koestler), der den Sündenfall schon hinter sich hat, den die anderen noch vor sich haben, legt zur allgemeinen Verlegenheit eine Liste der Stalinschen KZ auf den Tisch. ›Alles, was Scriassine wollte, war: die französischen Schriftsteller mundtot machen‹, kommentiert die Autorin böse. Bemerkenswert ist, daß keiner aus der Schar der französischen Linken

auch nur einen Augenblick an der Existenz der Lager zweifelt. »Allein wichtig«, meint Dubreuilh (Sartre) jedoch, »ist die Entscheidung, ob man durch Denunziation der Lager für die Menschheit oder gegen die Menschheit arbeitet.« Was soll aus dem französischen Proletariat, den geknechteten Massen in Spanien, den ausgebeuteten Kolonialvölkern, den Hungernden in Indien und China werden, wenn man ihnen die Hoffnung auf die Sowjetunion raubt? Für Perron (Camus) hingegen »war es von nun an unmöglich, so an die Sowjetunion zu denken, wie man früher an sie gedacht hat. Alles mußte neu durchdacht werden ... Vielleicht ist das Böse überall.«
Weil Perron (Camus) und Samazelle (Rousset) die Wahrheit über die Sowjetunion sagen, werden sie von Dubreuilh (Sartre) feierlich verstoßen – der dessenungeachtet von der kommunistischen Presse als Faschist und Kriegshetzer beschimpft wird.
Man kann die Haltung der französischen Intellektuellen, für die Sartre ein Beispiel ist, nur verstehen, wenn man ihre Mythen bedenkt: den Mythos der Linken, des Proletariats und der Revolution, die Raymond Aron *Opium für Intellektuelle* (1955) nennt. Ein französischer Schriftsteller, der auf sich hält, steht ›links‹ – zur Zeit der Grande révolution, zweier Kaiserreiche und aller fünf Republiken; er macht, mag er auch nie mit einem Arbeiter ein Wort gewechselt haben, die Sache des unterdrückten und ausgebeuteten Proletariats zu der seinen und ruft mit Stentorstimme zur Revolution auf. Kurzum: Er ist engagiert. Das ist Herzenssache und wird, da es kompromittierend irrational ist, mit einem Übermaß an Ratio vertreten. »Oh«, ruft bei der Beauvoir einer der Mandarins aus, »ich denke, ich denke viel, ich tue nichts anderes als denken.« Die spitzfindigen Argumente spielen im Weltbild der französischen Intellektuellen eine Rolle wie die Epizykeln im System des Ptolemäus – sie halten eine holprige Konstruktion mühsam am Leben.
Selbstverständlich zerfallen die französischen Intellektuellen über ihren Haarspaltereien in hundert Gruppen und Grüppchen, und selbstverständlich erhebt jedes Grüppchen, mag es auch nur eine Handvoll Mitglieder und ein hektographiertes Mitteilungsblatt aufweisen, den Anspruch, die Geschichte und das Proletariat zu vertreten. Diese Ambitionen lassen sich indessen schwer realisieren: Weder die Geschichte noch das Proletariat kümmern sich um die Intellektuellen. Da fällt dann der Blick der Mandarins neidvoll auf die Kommunistische Partei, die alles, was ihnen fehlt: Geschichtsmächtigkeit und Massencharakter, zu bieten hat. Allzu gern möchten sie deshalb an ihr partizipieren, freilich ohne das eigene kunstvolle Ideengebäude aufzugeben. Es entsteht der Typus der Sympathisants, der ›Halbjungfrauen‹, wie Koestler sagt. Ihre ständige und nie zu lösende Gewissensfrage ist, wieweit man sich mit den Kommunisten einlassen darf, ohne Schaden an seiner Seele zu nehmen. Die linken Intellektuellen kreisen um die rote Sonne wie die Motten um das Licht – ab und zu verbrennen sie sich dabei die Flügel.
In seiner Polemik warf Sartre Camus vor, er begebe sich, wenn er gleichermaßen kritisch gegen Kapitalismus und Kommunismus, Amerika wie die Sowjetunion vorgehe, jedes geschichtlichen Einflusses, jeder Entscheidung – »in diesem Falle

sehe ich nur eine Lösung für Sie: die Galápagosinseln.[50]« Seltsamerweise hat sich nicht Camus, der gegen jedes Unrecht kämpfte, der kommunistische Atomspione, algerische Aufständische und ungarische Freiheitskämpfer zu retten suchte, die Diktatur Ulbrichts wie Francos verdammte, in exotische Fernen begeben, sondern Sartre selbst. Um zu motivieren, warum ihn die sowjetischen Konzentrationslager nichts angingen, erklärte Sartre im Disput mit Rousset: Möglicherweise würde er in der Sowjetunion mit den Kommunisten Differenzen haben, im Westen hingegen stimme er mit ihnen in der entscheidenden Frage überein: der Negation des Kapitalismus. »Je weiter wir uns geographisch und politisch von der Sowjetunion entfernen, desto mehr finden wir Kommunisten, die Menschen sind wie wir . . . Wenn einer von uns sich mit einem westindischen Kommunisten über die Angelegenheiten von Martinique unterhält, ist er ohne Unterlaß mit ihm einig . . .« Seine Reisen nach China 1955 und Kuba 1960, wo er stundenlang mit Fidel Castro philosophische Gespräche führte, waren ein Ausdruck seines politischen Fernwehs.
Die Kommunisten selbst standen dem Anlehnungsbedürfnis der Intellektuellen mißtrauisch gegenüber; nicht abgeneigt, repräsentative Verbündete willkommen zu heißen, fürchteten sie doch stets, zersetzt zu werden. Als Sartre ihnen mit seiner RDR ins Gehege kam, war er für sie nur ein ›Schreibmaschine schreibender Schakal‹ (Fadejew auf dem Weltfriedenskonkreß in Breslau 1948) – den gutwilligen, demütigen Friedenskämpfer nahmen sie jedoch mit offenen Armen auf.
Die seltenen Augenblicke der Vereinigung mit den Massen genoß Sartre als mystische Höhepunkte seines Daseins; im Sommer 1953 sagte er: »Drei Erlebnisse haben mein Leben, seit ich ins Mannesalter getreten bin, entscheidend bestimmt, drei Erlebnisse, die unvermutet Hoffnungen erweckten: die Volksfront von 1936, die Befreiung von den Faschisten und der Wiener Völkerkongreß für den Frieden [1952].[51]« Das vierte Erlebnis machte dann ebenso unvermutet alle Hoffnungen wieder zunichte: das Massaker in Ungarn 1956. »Ich verurteile«, schrieb er da, »den sowjetischen Überfall vollkommen und ohne jede Einschränkung.[52]«
Die Ironie der Geschichte wollte es, daß er auch bei dieser Gelegenheit mit dem legendären Kommunisten von den westindischen Inseln einig war – der Dichter Aimé Césaire, kommunistischer Deputierter von Martinique, verließ die Partei.

Am Ende seines Lebens geriet Sartre, der von seinem politischen und philosophischen Ethos keinen Abstrich machte, immer mehr in die Einsamkeit. 1964 lehnte er den Nobelpreis ab. 1968 solidarisierte er sich mit den revoltierenden Studenten des Pariser Mai; es war seine letzte, wiederum tragische Kommunion mit den Massen. Für die eurokommunistisch geläuterte KP Frankreichs (›Sozialismus in den Farben Frankreichs‹), die damals das gaullistische Regime rettete, hatte er wie die meisten französischen Intellektuellen nur Verachtung übrig. Er präsidierte dem Russell-Tribunal gegen den amerikanischen Vietnam-Krieg und brandmarkte den sowjetischen Einbruch in den Prager Frühling. Er besuchte den deutschen Terroristen Andreas Baader im Zuchthaus Stammheim; am Steuer seines Wagens saß der später, nach dem Überfall auf die Ölminister in Wien, in den Untergrund getauchte Terrorist Hans-Joachim Klein. Auf den Straßen von Paris verkaufte er die verbotenen Zeitschriften verbotener maoistischer Sekten – selbstverständlich, ohne sich mit deren Zielen zu identifizieren. Staatspräsident de Gaulle, auf die subversive Tätigkeit des Schriftstellers angesprochen, formulierte den klassischen Satz, der Sartre am Ende doch noch wider Willen eingemeindete in die Grandeur seiner Nation: »Einen Voltaire verhaftet man nicht.«

Das Schlußwort zur Epoche hat Albert Camus gesprochen: »Eine lange verhüllt gewesene Wahrheit sprang allen ins Gesicht. Und wenn die Gegenwart noch immer blutig, die Zukunft noch immer dunkel ist, so wissen wir doch wenigstens, daß das Zeitalter der Ideologien vorüber ist und daß die Tugend des Widerstandes zusammen mit dem Begriff der Freiheit uns einen neuen Daseinszweck gegeben hat.[53]«

Italien zwischen Schwarz und Rot

In Zeiten des geheimen Verschwörerkampfes ist auch der Ewige genötigt, sich zu verbergen und andere Namen anzunehmen . . . Könnte jenes Ideal sozialer Gerechtigkeit, das heute die Massen bewegt, nicht einer der Decknamen sein, deren der Ewige sich bedient, um sich der Kontrolle der Kirchen und Banken zu entziehen?

IGNAZIO SILONE Brot und Wein 1936

Das sonnige Italien ist ein armes Land. Mehr als ein Drittel des Territoriums ist gebirgig oder sumpfig, läßt sich also nicht oder nur mangelhaft bebauen. Die Landwirtschaft leidet überdies unter dem Klima und Überschwemmungen. Der Industrialisierungsprozeß ist durch die späte Einigung der Nation und unglückliche (halbgewonnene und halbverlorene) Kriege aufgehalten worden. Es fehlt an Rohstoffen, es fehlt an Kapital. Die Folge war drückende Armut eines großen Teiles der Bevölkerung, vornehmlich der Landproletarier im Gebirge und im Süden, Arbeitslosigkeit und Massenauswanderung. Der Faschismus hat versucht, den nationalen Notstand durch nationales Pathos zu übertönen und die innenpolitischen Spannungen auf außenpolitische Abenteuer abzuleiten. Doch haben die Volksaufstände und Partisanenkämpfe am Ende des letzten Krieges gezeigt, wie oberflächlich die Beschwichtigung geblieben ist. Die Empörung gegen die Diktatur war so nachdrücklich, daß die feudalen Kreise um den König, die zwanzig Jahre lang mit dem faschistischen Regime kollaboriert hatten, in dessen Untergang hineingerissen wurden. Italien konstituierte sich als Republik. Ein Versuch der Linksradikalen, die Transformation der Gesellschaft noch weiterzutreiben und den Volksbefreiungskampf in eine soziale Revolution überzuleiten, scheiterte am Widerstand einer mächtigen konservativen Kraft: der katholischen Kirche. Seither beherrscht der Gegensatz von Rot und Schwarz das politische Leben Italiens und verhindert eine fruchtbare Evolution; Guareschi hat das Dilemma in seinen Farcen um Don Camillo und Peppone trefflich parodiert.

Da die herrschende Gesellschaftsschicht die zentralen Instanzen Italiens: Thron, Regierung, Verwaltung und Episkopat, besetzt hielt, orientierte sich die sozialistische Opposition auf die Regionen und Provinzen. Dort, abseits der Metropolen und Magistralen, regte sich auch unter dem Faschismus das natürliche Leben, dort kristallisierte sich zuerst der Widerstand. Diese Wendung zur Provinz führte nicht zum Provinzialismus, denn sie war keine Flucht vor der Geschichte, vielmehr eine Orientierung auf die eigentlichen und zukunftsträchtigen Potenzen der Nation. Mit der populistischen Position der italienischen Linken hängt zusammen, daß sie die Auseinandersetzung mit der Ecclesia militans, dem Katholizismus als Staatskirche, als politischer, moralischer und pädagogischer Autorität und als Großgrundbesitz, nicht im Namen der Aufklärung und des Atheismus führt, wie es in Italien das liberale Bürgertum tut, sondern aus dem Impuls der Volksreligiosität, eines sehr alten, naiven und demütigen Christentums. Mit der populistischen Position hängt ferner zusammen, daß trotz der Waffenbrüderschaft in der Résistance ein Zusammenstoß der autochthonen sozialistischen Kräfte mit der Kommunistischen Partei unvermeidlich war, denn auch sie war eine überregionale, ja übernationale Macht, deren Politik von anderen Intentionen bestimmt wurde als den Interessen der Armen.

Im Werk Ignazio Silones (1900–1978) gewann die italienische Linke mit ihrem Antifaschismus, ihrer Verwurzelung im Heimatboden, ihrer eigenwilligen Religiosität und stolzen Unabhängigkeit exemplarische Gestalt.

Alle Bücher Silones erzählen die Geschichte des unbekannten Revolutionärs, des Mannes ohne Namen und Gesicht, der als Ausgestoßener und Verdammter durch die elenden Dörfer in den Abruzzentälern zieht. Im wörtlichen Sinne ohne Namen ist jener Große Unbekannte in *Fontamara* (1930), der in Schenken und Bauernhütten wie aus dem Boden gewachsen auftaucht und wieder verschwindet, den ein Heer von Polizisten vergeblich jagt. Im wörtlichen Sinne ohne Gesicht ist Pietro Spina in *Brot und Wein* (1937) und *Der Samen unterm Schnee* (1940), denn er hat, bevor er aus der Emigration in die Heimat zurückkehrte, sein Gesicht mit Jodtinktur behandelt, um unkenntlich zu sein. Selbst wenn er Mutter oder Geliebte, Namen, Adresse und ein Parteibuch hat, wenn drei Pässe in seiner Tasche stecken, bleibt der Held Silones Sinnbild des unbekannten Revolutionärs, wie er nicht nur in den Abruzzen und nicht nur zur Zeit des Faschismus lebt, sondern überall und nirgendwo, namenlos, heimatlos, zeitlos, ein ewiger Wanderer auf der Suche nach dem Heil.

Er geht durch das Land wie ein Pilger. In *Brot und Wein* ist er verkleidet im Priesterrock (wie Silone selber, als er aus dem faschistischen Italien floh). Das ist kein Zufall und schon gar keine Blasphemie. Die armen Leute sehen in ihm den Priester, und er enttäuscht sie nicht. Er bringt ihnen eine gute Botschaft, karge Worte voll Trost und Zuversicht, Kraft zum Leben und Kämpfen. Er hat das Leid der Welt auf sich genommen, er lebt in Demut und Askese, heimgesucht von Traurigkeit. Er hat alles, was eitel war, abgeworfen und ist in die Illegalität gegangen wie in ein Kloster. Außerhalb des Gesetzes dient er einem höheren Gesetz.

»Glaubt er an Gott?« fragt der Funktionär der Parteikontrollkommission in *Eine Handvoll Brombeeren* (1952) die Geliebte des Revolutionärs. »Er hat nie mit mir darüber gesprochen«, antwortet sie. »Aber eines Abends, als ich heimkehrte, habe ich ihn überrascht, wie er kniend betete.« Der Revolutionär Silones ist Kommunist, aber er hat nichts gemein mit dem Berufsrevolutionär bolschewistischen Typs. Er ist, wenn man ihm in die Seele schaut, ein Bruder des Heiligen Franziskus. Nicht die Weltrevolution treibt ihn, sondern die Liebe zu den Armen.

Alle Dörfer, in denen die Romane Silones spielen, gleichen dem Fontamara seines ersten Buches. »Auf steiniger Höhe, rund um eine baufällige Kirche, liegen an die hundert armselige Hütten, alle einstöckig, unregelmäßig, vom Wetter geschwärzt, von Regen und Wind beschädigt, die Dächer mit Ziegeln und allerlei Scherben schlecht gedeckt. Die meisten dieser Behausungen haben eine einzige

Öffnung: Tür, Fenster und Kamin zugleich. Innen kein richtiger Fußboden, dafür aber feuchte Mauern; da wohnen, schlafen und essen die Menschen, da zeugen Männer und gebären Frauen, da hausen Schweine, Esel, Ziegen und Hühner.«
Silone, Kind eines armen Pächters in den Abruzzen, ist unter den Cafoni, den Landproletariern Süditaliens, zu Hause, sein ganzes Denken und Fühlen kreist um sie. Er macht sich nichts vor über sie, er sieht sie als stumme, geduldige, dahindämmernde Kreaturen mit wenig Hoffnung und wenig Willen zum Aufruhr. Der Taubstumme Infante mit seinem Esel in *Samen unterm Schnee* ist ein ergreifendes Sinnbild dieser Cafoni, ein tumbes, treuherziges Menschenkind, für das die Freundschaft des seltsamen Priesters Pietro, die unentgeltliche, grundlose, selbstlose Freundschaft wie ein Wunder ist, das Wunder der Barmherzigkeit in einer gnadenlosen Welt. Ein Sinnbild der Cafoni ist auch der alte Partisan Zaccaria in *Eine Handvoll Brombeeren,* der nach der Befreiung 1945 auf seiner Meierei eine Kommune gründet, die sich vom Königreich Italien lossagt und probeweise der Union der Sozialistischen Sowjetrepubliken anschließt, mit der vorerst einzigen Konsequenz, daß keine Steuern mehr bezahlt werden. Als die Partei die Kommune auflöst, weil sie nicht in ihre Taktik paßt, richtet sich der alte Zaccaria auf wie ein getroffenes Tier und schreit sich alle Flüche, die er kennt, von der Seele, denn wieder ist eine Hoffnung der Cafoni zunichte geworden.
Silone mißt alle Ideologien und Regime, alle ›Veränderungen‹, die die Zeit gebracht hat und bringt, an der Lage der Cafoni, daran, was sie dort verändern, und siehe da, es ist wenig oder nichts. Die Kirche, der Faschismus, die Demokratie, selbst die Kommunistische Partei türmen kunstvolle Gebäude tönender Phrasen, deren Last auf dem Rücken der Cafoni ruht. Während die Latifundienbesitzer, die Geschäftsleute und Eigentümer, die Advokaten und Redner, die Funktionäre ihr Schäfchen ins Trockene bringen, bleibt der Landproletarier im Maisfeld und auf der Wiese voller Steine immer der Dumme.
Achtzehnjährig verließ Silone die katholischen Schulen und Seminare, auf denen er sich zum Priesterberuf vorbereitete, und wurde Revolutionär. Er war Kriegsdienstgegner, Sekretär der Sozialistischen Jugend Roms, Redakteur radikaler Zeitungen, nahm am Gründungskongreß der Kommunistischen Partei Italiens teil und wurde einer ihrer höchsten Funktionäre, Mitglied des Zentralkomitees und Leiter der Untergrundbewegung gegen den Faschismus. Er brach Ende der zwanziger Jahre mit der Partei, nachdem er sich auf einer Sitzung des Exekutivkomitees der Komintern in Moskau geweigert hatte, eine Stellungnahme Trotzkis zu verurteilen, die niemand der Delegierten gelesen hatte, Stalin und seine Vertrauten ausgenommen. »Ist es möglich«, überlegt Pietro Spina in *Brot und Wein*, »am politischen Leben teilzunehmen, sich in den Dienst der Partei zu stellen und doch aufrichtig zu bleiben? Ist die Wahrheit für mich nicht die Wahrheit einer Partei geworden? Die Gerechtigkeit nicht die Gerechtigkeit einer Partei? Hat das Parteiinteresse nicht schließlich dazu geführt, daß ich jede Unterscheidung zwischen moralischen Werten aufgab . . . Wäre ich also dem Opportunismus einer in Dekadenz begriffenen Kirche nur entflohen, um mich dem Opportunismus einer Partei zu unterwerfen?« Und Rocco de Donatis, der

Held des Romans *Eine Handvoll Brombeeren*, sagt seinen Genossen: »Es sieht beinahe so aus, als fiele manchen von euch die Verwandlung vom Revolutionär zum Henker leicht, ja, als bemerktet ihr sie nicht einmal.«

Silone wurde vom faschistischen Regime dreimal verhaftet, entkam 1930 in die Schweiz, schloß sich später der Sozialistischen Partei an, in deren Exekutivkomitee er 1941 gewählt wurde. Seit seiner Heimkehr 1944 hat er sich bemüht, den in verschiedene Richtungen zerfallenen unabhängigen Sozialismus Italiens zu einigen.

»Wenn ich Schweizer wäre«, sagte Silone einmal im Schweizer Exil, »hätte ich es mir nie einfallen lassen, mich aktiv an der Politik meines Landes zu beteiligen. Denn in einem Land mit einer so fest verwurzelten Demokratie, wie es die Schweiz ist, stehen die Grundfragen der Freiheit und der Menschenwürde überhaupt nicht zur Debatte, und so dreht sich das politische Leben vorwiegend um praktische Probleme von geringerer grundsätzlicher Wichtigkeit. Aber in Italien ist das anders. Als Italiener empfand ich die Verpflichtung, mich politisch zu betätigen, so, wie in Kriegszeiten eben auch der friedlichste Bürger die Pflicht hat, zur Waffe zu greifen und sein Vaterland zu verteidigen. Denn in Italien ist die Freiheit und die Menschenwürde zwanzig Jahre lang unterdrückt worden, und die Gefahr besteht, daß sie morgen wieder unterdrückt wird – diesmal von einer roten Diktatur.[54]«

Was aber bleibt von der Revolution? Vielleicht nur der Samen unterm Schnee, das zag keimende Saatkorn, das der in einer Höhle verborgene Flüchtling unendlich vorsichtig mit einem Strohhalm bloßlegt, anhaucht und mit zerschmolzenem Schnee tränkt, dann mit einer Handvoll Erde vor Frost schützt. Vielleicht nur das bißchen Güte und Erbarmen, das Revolutionäre wie Spina und Donatis, Priester wie der ehrwürdige Don Benedetto (in *Brot und Wein*) den Menschen bringen. Vielleicht nur das Opfer, das Kreuz, das der eine für die anderen trägt: Pietro Spina, aber auch der Held von Silones fünftem Buch *Das Geheimnis des Luca* (1956) nehmen die schwere Schuld eines anderen, einen Mord auf sich – eine Pointe, die den heimlichen Christen verrät.

Als Sandro Pertini, nahezu achtzigjährig, ein Denkmal des Sozialismus und des Widerstandes gegen den Faschismus, 1978 zum Präsidenten der Republik gewählt wurde, rief er als erstes den todkranken Silone in der Klinik an. Mit kaum noch vernehmbarer Stimme antwortete ihm, wie François Bondy berichtet, der herzkranke Freund (›Sozialist ohne Partei, Christ ohne Kirche‹), daß er die gegenwärtigen kommunistischen wie christdemokratischen Führer achte, daß aber der sogenannte Historische Kompromiß (das Programm der Eurokommunisten) nur eine Formel, eine trügerische Formel sei, eine Formel von oben, die nur an der Basis, unter sozialistischen Arbeitern und christlichen Bauern, verwirklicht werden könne und eigentlich, falls die Zentrale in Rom dies als Grundlage ihrer Politik begreifen würde, längst verwirklicht sei. Dabei sagte Silone den denkwürdigen Satz: »Wenn der Faschismus einmal wiederkehrt, wird er nicht so dumm sein zu sagen: Ich bin der Faschismus. Er wird sagen: Ich bin der Antifaschismus.[55]«

Wie Silone im Bergland der Abruzzen wurzeln die anderen Dichter der italienischen Linken in heimatlicher Landschaft, vor allem Pavese und Vittorini, die ihm am nächsten stehen.
In *Mond und Johannisfeuer* (1950, deutsch: *Junger Mond*), dem letzten Roman des Piemontesen Cesare Pavese (1908–1950), kehrt ein Mann aus Amerika heim in sein Dorf. »Ich habe die Welt lange genug durchstreift«, sagt er, »um zu wissen: alles Fleisch ist gut, und eines so viel wert wie das andere. Und doch müht sich der Mensch und sucht Wurzel zu schlagen, ein Stück Erde zu haben und ein Dorf, damit sein Fleisch Wert und Dauer gewinne und etwas mehr davon bleibe als der Ring der Jahreszeiten ... Ein Dorf brauchst du, und wäre es nur, damit du es hin und wieder gern verläßt. Ein Dorf – das bedeutet: du bist nicht allein, du weißt, in den Menschen, in den Pflanzen, in der Erde lebt ein Stück von dir, das, auch wenn du selber nicht da bist, bleibt und auf dich wartet.«
In seinem Tagebuch 1935–1950 *Das Handwerk des Lebens* beschäftigt sich Pavese immer wieder mit der mythischen Bedeutung der Heimaterde, was bei ihm nichts zu tun hat mit Blut-und-Boden-Mystik. Die Erde ist überall gleich, sagt Pavese. Aber am Ort der Kindheit sind einzigartige Dinge geschehen. Die Wiese, der Wald, die Grotte, die Lichtung, die wir zuerst erlebten, haben alle Wiesen, alle Wälder, alle Grotten und alle Lichtungen beschworen. So haben sie ihre Weihe als Symbol empfangen, sind mit mythischem Siegel geprägt. Wohin wir auch kommen werden, sehnen wir uns nach den von heiligen Schauern erfüllten Augenblicken der Kindheit zurück.
Und weil das so ist, werden wir die Heimat niemals wiederfinden. Der Mond über den Bergen Piemonts, die Toten unter der Erde, ein Kind, das alles wie wir durchlebt, das Buch, das wir schreiben – das sind nur Symbole, in denen der Schmerz der Vergänglichkeit zittert. Wir kehren nicht zurück. Der Mann, der in Amerika war – dem Land, in dem wir erwachsen sind, kämpfen, schaffen, siegen und Heimweh haben –, empfindet voller Trauer: »Die jungen Leute, die Frauen, die Welt, das hat sich nicht gewandelt. Die Frauen tragen nicht mehr den Sonnenschirm, sonntags gehen sie ins Kino statt auf ein Fest, das Korn geben sie in den Silo, die Mädchen rauchen – aber das Leben ist das gleiche. Alle diese Menschen wissen nicht, daß sie sich eines Tages vergebens umblicken werden – alles wird auch für sie vergangen sein.«
Das eben ist unsere Tragik: daß sich die Sehnsüchte, die unsere Kindheit durchwalten, nie erfüllen. Denn haben wir, erwachsen, reich heimgekommen aus Amerika, endlich die Mittel dazu, ist uns die Offenheit der Jugend, die Jungfräulichkeit unserer Empfindungen verloren gegangen. Wir gehen als Fremde durch heimatliches Land.
Von diesem mythischen Grunderlebnis her ist der Kommunismus Paveses zu verstehen. Er wird von antikapitalistischer Sehnsucht gespeist, einer Hölderlinschen Sehnsucht nach dem verlorenen Paradies. »Was soll man sagen«, so heißt es im Tagebuch, »wenn eines Tages die natürlichen Dinge – Quellen, Wälder, Weinberge, Land – von der Stadt werden aufgesogen und verschwunden sein? ... Dann wird uns der einfache Satz ›Da war eine Quelle‹ bewegen.«
Diese antikapitalistische Sehnsucht spricht in *Mond und Johannisfeuer* aus dem

Kommunisten Nuto. »Erst müßte die Regierung jeden Fetzen Geld verbrennen und den, der es verteidigt, genauso.« Als der ›Amerikaner‹ einwendet, daß sich auch Millionäre aus Verzweiflung erschießen, erwidert Nuto, er sähe ja, es sei das Geld: ob einer welches habe oder nicht – solange es Geld gebe, werde keiner froh. Das ist ein utopischer Kommunismus, genauso wie die Definition im Tagebuch. »Es gibt nur zwei Haltungen – die christliche und die stoische. Wahrscheinlich taugt der Kommunist dazu, sie zu verschmelzen – er hat Nächstenliebe und felsenfesten Sinn, er weiß, daß am Ende alles eisern ist, und tut doch das Gute.« Schließlich ahnte Pavese, daß es in der Gesellschaft genauso wenig Erfüllung gibt wie im Leben des einzelnen. Am 27. Mai 1950 notierte er: »Ich habe mich verpflichtet an eine politische Verantwortlichkeit, die mich erdrückt. Die Antwort ist nur die eine: ›Selbstmord‹.« Hinzu kam unglückliche Liebe zu einer Frau, der er mit den Worten: »For C. Ripeness is all«, sein letztes Buch gewidmet hat. Aber: »Man tötet sich nicht aus Liebe für *eine* Frau. Man tötet sich, weil eine Liebe, irgend eine Liebe, uns in unserer Nacktheit enthüllt, in unserem Elend, unserer Wehrlosigkeit, unserem Nichts.«
Die letzte Eintragung im Sommer 1950 lautet: »Nicht Worte. Eine Geste. Ich werde nicht mehr schreiben.« Dann nahm Pavese eine Überdosis Schlaftabletten.

Auch Elio Vittorini (1908–1966) läßt in *Gespräch in Sizilien* (1941, deutsch: *Tränen im Wein*), den Icherzähler aus der Ferne heimkommen in sein Dorf. »Sind Sie Amerikaner?« wird er gefragt, und er antwortet: »Ja. Ich bin Amerikaner. Seit fünfzehn Jahren.« Bei Vittorini ist ganz klar, daß der Mann nie in Amerika war, nur: seit fünfzehn Jahren ist er von zu Hause fort. Amerika steht als Symbol für die Fremde, für das Leben draußen, die moderne Welt. Selbst das Dorf ist nur Gleichnis, wenn es auch unverwechselbar Sizilien ist.
»Um Zweideutigkeiten und Mißverständnisse zu vermeiden«, bemerkt Vittorini im Vorwort, »mache ich darauf aufmerksam, daß der Held dieser Gespräche nicht autobiographisch ist; so ist auch Sizilien, das ihn umgibt, nur zufällig Sizilien; nur weil mir der Name Sizilien besser klingt als der Name Persien oder Venezuela. Übrigens stelle ich mir vor, daß das Manuskript in einer Flasche gefunden wurde.«
Daraus erklärt sich das eigenartige Ineinanderweben von volkstümlichem Realismus und purer traumhafter Poesie, das den Dichter berühmt gemacht hat: Nirgendwo als in seiner Heimat hätte Vittorini erfahren können, was in dem Buch gesagt wird, aber jeder Mensch könnte es woanders erfahren. Jeder Mensch hat sein Sizilien ...
Der Erzähler begleitet seine Mutter bei einem Rundgang zu den Kranken des Dorfes. Er sieht viel Jammer, Unglück, Armut – das ganze Elend Süditaliens. Doch nicht diese Sozialkritik ist das Wesentliche am Buch, so alarmierend sie auch zur Zeit des Faschismus wirken mußte. Vittorini interessierte sich für den existentiellen Aspekt des Klassenkampfes. »Nicht jeder Mensch ist ein Mensch also. Einer verfolgt, und einer wird verfolgt. Und das menschliche Geschlecht ist nicht in allem menschliches Geschlecht, sondern nur das der Verfolgten. Erschlagt einen Menschen, und er wird mehr Mensch sein. Und so ist ein Kranker, ein Ver-

hungernder mehr Mensch. Und mehr menschliches Geschlecht ist das menschliche Geschlecht der Hungerleider.«

Der Erzähler fragt seine Mutter, ob es stimme, daß derjenige, der krank sei, der leide, mehr Mensch sei als der andere. »Nimm die Krankheit fort, und alles ist vorbei«, meint die Mutter. »Es ist nichts . . . Es ist die Krankheit.« Der Erzähler fährt fort: »Sie hatte natürlich recht: nehmt dem Kranken die Krankheit, und der Schmerz wird nicht mehr sein; gebt dem Hungrigen zu essen, und der Schmerz wird nicht mehr sein. Aber der Mensch in der Krankheit, was ist er? Und was ist er im Hunger? Ist nicht der Hunger der ganze Schmerz der Welt, der zu Hunger wurde . . .?«

Es gibt Menschen, sagt Vittorini, die nicht um ihren eigenen Schmerz leiden, sondern um den Schmerz der beleidigten Welt. Er nennt sie Große Lombarden. »Ein stolzer Mensch ist ein Großer Lombarde und denkt an andere Pflichten, wenn er Mensch ist. Deshalb ist er mehr Mensch.«

Ein Großer Lombarde war der Großvater des Erzählers. Über ihn entspinnt sich zwischen Mutter und Sohn ein Gespräch.

»Das war ein großer Mann«, sagte sie. »Er konnte achtzehn Stunden am Tag arbeiten und war ein großer Sozialist, ein großer Jäger und groß zu Pferde bei der Prozession des heiligen Joseph . . .«

»Er ritt in der Prozession des heiligen Joseph?«

»Und wie! Er war ein großer Reiter, tüchtiger als alle hier im Ort . . . Wie hätte man den Reiterzug ohne ihn machen sollen?«

»Aber er war Sozialist . . .«

»Er war Sozialist . . . Er konnte weder lesen noch schreiben, verstand aber etwas von Politik und war Sozialist . . .«

»Wie konnte er hinter dem heiligen Joseph herreiten, wenn er Sozialist war? Die Sozialisten glauben nicht an den heiligen Joseph.«

»Dein Großvater war kein solcher Sozialist wie alle anderen auch. Er war ein großer Mann. Er konnte an den heiligen Joseph glauben und Sozialist sein. Er hatte Verstand für tausend Sachen zusammen. Und er war Sozialist, weil er die Politik begriff. Aber er konnte an den heiligen Joseph glauben. Er sagte nichts gegen den heiligen Joseph.«

»Ich glaube, daß die Priester hierin einen Widerspruch sahen.«

»Und was gingen ihn die Priester an?«

»Aber die Prozession war doch eine Angelegenheit der Priester!«

»Du bist ein schöner Dummkopf! Die Prozession, das waren Pferde und Männer zu Pferd. Es war ein Reiterzug.« Sie stand auf und ging zum Fenster. »Siehst du«, sagte sie. Das Fenster sah auf das Gefälle der Dächer und dann auf die Täler, den Sturzbach und die Waldungen in der winterlichen Sonne und die Berge gegenüber mit Schneeflecken. »Siehst du«, sagte die Mutter, auf den Weg deutend, den der Reiterzug genommen hatte . . .

Vittorinis Weltanschauung ist weniger marxistisch als christlich, und zwar urchristlich, im Sinne der Bergpredigt, der Evangelien.[56] Als er in die Partei eingetreten sei, sagt Vittorini, habe er kein Buch von Marx, Lenin oder Stalin gekannt; er habe sich nicht einer Ideologie angeschlossen, sondern einem Kampf

und den Menschen. Wenn er sich nicht zum Christentum bekannte, so, weil es unter die Reichen und Herrschenden gefallen ist, unter diejenigen, die weniger Mensch sind als die Armen, von denen Christus sprach. Es gibt einen Katholizismus, der liebt, und einen, der haßt, sagt Vittorini einmal – das eine ist die Religion der Armen, das andere die der Reichen. Und er fordert vom Proletariat ein ›drittes Christentum‹ (nach dem feudalen Katholizismus und dem bürgerlichen Protestantismus).
Als Redakteur der kommunistischen Wochenzeitung *Politecnico* antwortete er 1945 auf einen Leserbrief:
»Ein Mailänder Leser, G. A., fragt an: ›Warum ... Weihnachten feiern?‹ Weil wir an Weihnachten glauben wie an alles, woran die Menschen glauben, wie an den Sommer und an den Winter, den Morgen, den Nachmittag und den Abend. Millionen von Menschen feiern Weihnachten, und wir sollen beiseite stehen, wenn es um die Sache von Millionen und Abermillionen geht? A. gibt zu, daß ›die Geburt des Christentums eine Revolution war. Hut ab!‹ Aber er meint auch, daß sie ›von späteren Revolutionen übertroffen worden ist, darum muß man diese feiern, nicht jene‹. Auch wenn ich seinem Gedankengang folge, kann ich ihm antworten, daß die Geburt Christi und des Christentums im Gegensatz zu den späteren Revolutionen die Überlegenheit hat, ein wirklich für alle Menschen geltendes, universelles Symbol zu sein . . . Ich bewerte nicht, was die christliche Revolution effektiv gewesen ist; aber symbolisch bedeutet sie das ganze Recht des Menschen auf Revolution. Das vor allem sehe ich in der Geburt des Christentums, das sehe ich in Weihnachten: die symbolische Einheit der Revolutionen.«
Vittorini wurde – wie der Erzähler des *Gesprächs in Sizilien* – als Sohn eines sizilianischen Eisenbahners geboren. Er besuchte einige Jahre die Realschule, riß aus dem Elternhaus aus, schlug sich als Bauarbeiter durch. 1925 wurde er als Schüler in die faschistische Partei aufgenommen. 1936 wurde er aus der faschistischen Partei ausgestoßen. Seine literarischen Arbeiten erregten bei der Zensur Ärgernis; Verbote, Verstümmelungen waren an der Tagesordnung. 1941 trat er der illegalen Kommunistischen Partei bei, in der er – wie Pavese – ›soldatischen Idealismus und demokratisches Gewissen‹ verkörpert glaubte. 1943 kam er als Staatsfeind ins Gefängnis. 1944 war er führender Propagandist der Untergrundbewegung. Nach dem Sieg über den Faschismus übernahm er die Redaktion kommunistischer Zeitungen.
Im Januar 1947 kam es zum Bruch zwischen dem Dichter und der Partei. Empört über die Shdanowschtschina, die Verfolgung der Künstler in der Sowjetunion, schrieb er in seiner Zeitschrift *Politecnico* einen offenen Brief an den Parteichef Togliatti. Dieser Brief ging noch nicht an den Kern der Differenzen, sagte aber Wesentliches über die Beziehungen von Kunst und Revolution. Vittorini verteidigte das Recht der Dichter, die Revolution auf ihre Weise, im Menschlichen sichtbar zu machen (eine Auffassung, die auch seinen sizilianischen Landsmann Salvatore Quasimodo, Lyriker und Nobelpreisträger, bewog, sich 1945 nach nur dreimonatiger Mitgliedschaft von der Kommunistischen Partei zu lösen). Später hat Vittorini ausgesprochen, daß hinter dem Widerspruch von Politik und Poesie, den er seinerzeit aufdeckte, der Widerspruch von Stalinismus und

Freiheit stand, der Einbruch des Faschismus in die soziale Bewegung. Die Größe der sozialistischen Bewegung, schrieb Vittorini 1958, entsprang ihrem Bewußtsein, die wahre liberale und humane Bewegung zu sein, sein zu müssen – »bis sie sich durch die ›distinguo‹, das Augenzwinkern, die geistigen Reservationen, die mystischen Beschwörungen und Exorzismen bastardisiert hat, die ihr Joseph Stalin in die Seele säte ...«

Der Arzt, Maler und Schriftsteller Carlo Levi (1902–1975) lebte nur ein Jahr im Italien der armen Leute, er hat jedoch in entscheidender Stunde – zu Beginn der Nachkriegsepoche – das Problem des Südens bewußt gemacht. In *Christus kam nur bis Eboli* (1945), seinem weltberühmten Erstlingswerk, beschreibt er Lukanien, das Knöchelstück des italienischen Stiefels, eine trostlose Landschaft, in die er unter dem Faschismus verbannt war. Wie in den Abruzzen wohnen an den steilen, unbewachsenen, schattenlosen Kalkhängen Lukaniens nur die Ärmsten der Armen. Griechen und Römer, Christentum und Zivilisation verharrten an der Küste und am Ende der großen Straßen, sie ließen den ungastlichen Landstrich und seine elend dahinvegetierenden Bewohner im Dämmer der Jahrtausende liegen, ausgeliefert einer korrupten Obrigkeit, dem Hunger, der Malaria und dem Aberglauben. »In dieses düstere Land ohne Sünde und ohne Erlösung«, sagt Carlo Levi, »wo das Übel nicht moralisch, sondern nur irdisches Leid ist, das ewig den Dingen anhaftet, ist Christus nicht herabgestiegen. Christus ist nur bis Eboli gekommen.«
Die Bewohner Lukaniens sind keine Christen, das heißt: keine Menschen, sie sind nur Lasttiere, ausgemergelt von harter Arbeit und weitem Weg, nach Essen schreiend und Chinin. Im Becken des pompösen Pissoirs, der einzigen Errungenschaft, die der Faschismus gebracht hat, lassen die Kinder Schiffchen schwimmen. Liebeshungrige Weiber brauen Zaubertränke aus Menstrualblut. Der Priester kommt betrunken auf die Kanzel, die ortsansässigen Ärzte sind Scharlatane, alle besseren Leute Faschisten, nicht aus Gesinnung, sondern weil sie es eh und je mit der Staatsmacht halten, die ihnen ein schmähliches Leben auf Kosten der Cafoni sichert. Als Carlo Levi, der in Handschellen hierher Deportierte, den Armen ein bißchen Trost und Hilfe bringt, wird er denunziert und gezwungen, die ärztliche Tätigkeit einzustellen. »Wir sind Hunde«, sagen die Bauern. »Die in Rom wollen, daß wir wie Hunde sterben. Endlich hatten wir einmal einen guten Menschen unter uns: Die in Rom wollen ihn uns wegnehmen. Wir werden das Gemeindehaus anzünden und den Bürgermeister umbringen.«
Dumpfe Resignation und in schlimmen Fällen verzweifelter, stets vergeblicher Aufruhr – das Schweigen und der Schrei – sind die Mittel, mit denen die Landproletarier auf ihr Elend reagieren. Ein stilles Gefühl der Brüderlichkeit, Sinn für Recht und Anstand herrschen unter ihnen, sie erwarten kein Paradies, aber sie sind eingedenk der Eitelkeit aller irdischen Dinge, gleichmütig gegenüber höherer Macht, stark im Ertragen und Entsagen. Sie leben wie die Tiere, Pflanzen und Geister, versunken in einer bewußtlosen, erdhaften, magischen Welt, niedergedrückt vom Schicksal, das – feindselig und erbarmungslos – von Ewigkeit zu Ewigkeit zu dauern scheint.

Es ist ein mythisches Italien, dieses Land der Cafoni, ein Italien ohne Entwicklung und Geschichte, ohne Vernunft, Logik und Zeit. »Dieses Italien«, sagt Levi, »hat sich in seinem schwarzen Schweigen entfaltet wie die Erde in einer Aufeinanderfolge von Jahreszeiten und gleichen Leiden, und was an Ewigem dahingerollt ist, hat keine Spur hinterlassen und zählt nicht.« Lukanien ist ein vorchristliches, vorhumanistisches Land, in dem faschistische Funktionäre und antifaschistische Revolutionäre gleichermaßen Fremdlinge sind, verschlagen von einem anderen Stern.

Die Cafoni sind keine Faschisten, aber auch nicht Liberale oder Sozialisten, denn alle diese Kategorien gelten nicht für sie. Partei, Nation, Staat – das ist das Fremde und Böse, das sind die in Rom. »Es gibt Hagel, Erdrutsche, Dürre, Malaria und es gibt den Staat. Es sind unabwendbare Übel, die schon immer da waren und immer da sein werden. Sie zwingen uns, unsere Ziegen zu schlachten, sie tragen unsere Möbel weg, und jetzt schicken sie uns in den Krieg. Da kann man nichts machen.« Der Staat ist für die Cafoni eine Form des Schicksals wie der Wind, der die Ernten versengt, und das Fieber, das im Blut wühlt. Und da man dem Schicksal sowieso nicht beikommen kann, ist die Politik nicht Sache der Cafoni.

Von diesem Gesichtspunkt aus folgert Levi, daß alle Ordnungen und Ideologien, auch die extremsten und scheinbar revolutionärsten, das Problem des italienischen Südens nicht lösen werden, solange sie es von oben her angehen. »Wir müssen fähig werden, uns einen neuen Staat auszudenken und zu schaffen, der weder der faschistische noch der liberale noch der kommunistische sein darf; denn all das sind im Grunde doch gleiche Formen derselben Staatsreligion. Wir müssen wieder zu den Wurzeln der Staatsidee selbst zurückgehen, zu dem Begriff des Individuums, der ihr zugrunde liegt ...« Levi schwebt eine Art Anarchsoyndikalismus vor. »Der Staat darf nur die Gemeinschaft unzähliger Autonomien, eine organische Föderation sein. Für die Bauern kann die Staatszelle, die einzige, durch die sie an dem vielfältigen Kollektivdasein teilnehmen können, nur die ländliche autonome Gemeinde sein ... Aber die Autonomie der Landgemeinde kann nicht bestehen ohne die Autonomie der Fabriken, der Schulen, der Städte und aller anderen Formen des sozialen Lebens. Das habe ich in einem Jahr unterirdischen Lebens gelernt.«

Die schier heillose Tragödie des italienischen Südens, die er 1955 noch einmal in seinem sizilianischen Reisebericht *Worte sind Steine* eindringlich geschildert hat, trieb Levi immer weiter ins linke Engagement. Nach lockeren Kontakten innerhalb der sozialistischen Aktionseinheit und Teilnahme an kommunistischen Schriftstellergesprächen unterstützte er offen die Kommunistische Partei Italiens, wurde zeitweise parteiloser Abgeordneter dieser Partei, die freilich inzwischen nicht nur entstalinisiert worden ist, sondern den demokratischen Flügel des Weltkommunismus vertritt. Gegen Chruschtschows Verfolgung der Künstler nahm er im Zentralorgan der KPI, *L'Unita* temperamentvoll Stellung: »Eine neue Kunst wird nur in Mut und Phantasie der Freiheit entstehen.[57]«

Mit Vasco Pratolini (* 1913) treten wir in ein anderes Milieu, in die italienische Stadt. *Chronik armer Liebesleute* (1947), sein bekanntestes Buch, spielt in einer Armengasse von Florenz, der Via del Corno im Schatten des Palazzo Vecchio. Die Gasse ist fünfzig Meter lang und fünf Meter breit, ohne Gehsteig, ohne Laternen, ist holprig gepflastert, mit einer Abflußrinne in der Mitte, die an Regentagen zu einem Sturzbach wird. Die Gasse ist ein Mikrokosmos des Proletarierviertels, Arbeiter wohnen da, kleine Angestellte, Krämer und ein paar Leute, die etwas Besseres sein wollen, Huren und Ganoven, Polizisten und Spitzel, Faschisten und Kommunisten. Pratolini beschreibt den Alltag dieser Menschen, ihre Freuden und Kümmernisse, ihre Hoffnungen und Ängste, ihre Tugenden und Erbärmlichkeiten, ihre ewigen Händel, ihre Küsse und Umarmungen mit der liebevollen Aufmerksamkeit des Neorealismus, dem er auch im Stil verpflichtet ist: Treue der Details, linearer Verlauf einfach nebeneinandergesetzter Handlungen, filmisches Aneinanderblenden der Szenen, jäher, unmotivierter Wechsel von Lachen und Traurigkeit, Reportersachlichkeit, hinter der sich heimliche Romantik verbirgt.

Pratolini ist mehr als alle anderen Schriftsteller der italienischen Linken politisch engagiert; seine *Chronik*, die die ersten Jahre der faschistischen Diktatur registriert, verherrlicht den Kampf der Kommunisten. Doch dieser Kampf der Kommunisten ist bei Pratolini keine Sache der Ideologie, sondern des Herzens, wie die ergreifendste Stelle des Buches bezeugt: Der Hufschmied Corrado, genannt Maciste, ein baumlanger, bärenstarker Mann, der beste Hufschmied von Florenz, versucht in der Nacht der langen Messer einen liberalen Abgeordneten, einen Bourgeois und Freimaurer, vor den Schwarzhemden zu retten.

»Was tust du da?« fragt der Autor seinen Helden. »Du bist maßgebend am Zustandekommen der illegalen Organisation beteiligt und hättest eigentlich nicht mehr das Recht, deinem Herzen zu folgen und dein Leben zur Rettung eines Freimaurers einzusetzen, bei dem die Squadristen vielleicht schon angekommen sind. Dabei handelt es sich um einen Kapitalisten, der rein zufällig den Faschisten feindlich gegenübersteht, der aber aus wohlerwogenen Motiven heraus ein Gegner der Arbeiterklasse ist. Müßte es dir demnach nicht Vergnügen bereiten, wenn sie ihn beiseite räumen? Statt dessen beeilst du dich, dorthin zu kommen, wo sich dein Geschick erfüllen soll.‹ Pratolini hebt seine Stimme: ›Du bist Maciste, bist Samson, der Scharfrichter des Volkes; du bist der Engel der Verkündigung; du bist ein Kommunist, den die Partei mit einer verantwortungsvollen Mission betraut hat; du bist Corrado, der Schmied, der den Huf des feurigsten Pferdes zwischen den Knien hält wie in einer Fußangel. Aber du bist ein Mensch aus Fleisch und Blut, ein Mensch mit einer Nase, zwei Augen, zweiunddreißig Zähnen und einer eintätowierten Tänzerin am Vorderarm. Deine Brust ist breit, mit einem Urwald von Haaren, und darunter schlägt dein großes Herz. Die Partei wird gegen dich den Vorwurf erheben, du habest einen Irrtum begangen, als du der Stimme deines Herzens folgtest; aber wenn du nicht der Stimme deines Herzens folgen würdest, wärst du überhaupt nicht in der Partei . . .«

Maciste fällt unter den faschistischen Kugeln mit den Worten: »Freimaurer oder nicht, er ist ein Mensch!«

An diese Stelle seines Buches mag der Kommunist Pratolini gedacht haben, als er 1956 gegen die Verbrechen der ungarischen Stalinisten und die sowjetische Intervention in Ungarn protestierte:
»Es ist nunmehr für alle klar, daß die Massen der Aufständischen Arbeiter, Studenten, Intellektuelle sind, die sich durch die Fehler der ungarischen Führer dazu hinreißen ließen, die Waffen gegen das Volksregime zu erheben . . . Wenn sich im Verlaufe des Kampfes konterrevolutionäre Elemente unter diese Arbeiter und Intellektuellen gemengt haben, so scheint mir das eine Bestätigung für die Tiefe der begangenen Fehler. Und die Intervention der sowjetischen Truppen erscheint also nicht nur als ein schmerzliches Faktum, sondern auch als eine tragische Sanktionierung jener Fehler.[58]«

Auch zwei der profiliertesten Gesellschaftskritiker der zeitgenössischen italienischen Literatur, Curzio Malaparte und Alberto Moravia, Kritiker der ›großen Welt‹, haben ihre besten, wenngleich nicht bekanntesten Bücher den Menschen ihrer Heimat gewidmet.
»Die Toskaner sind das schlechte Gewissen Italiens«, schreibt Malaparte (1898–1957) in seinem geistreichen, boshaften, provozierenden Buch *Verdammte Toskaner* (1956) und ruft aus: »Lernt von den Toskanern, daß man den Mächtigen, den Königen, den Kaisern, den Bischöfen, den Inquisitoren, den Richtern, den Tyrannencliquen, den Höflingen aller Art in den Mund spuckt... Lernt von den Toskanern, daß es nichts heilig Unantastbares in dieser Welt gibt außer dem Menschlichen, und daß die Seele eines jeden Menschen gleich ist der jedes anderen; und daß man nur sie sich sauberhalten muß und im Trockenen aufbewahren, so daß sie nicht verstaubt und feucht wird, wie es die Toskaner verstehen, die auf ihre Seele eifersüchtig bedacht sind, und wehe dem, der sie ihnen beschmutzen wollte oder demütigen oder salben, segnen, pfänden, mieten, kaufen... Lernt von den Toskanern, den Haß der Leute nicht zu fürchten, noch Neid, die Mißgunst, den Hochmut, und nicht einmal die Liebe zu fürchten. Lernt, Schlechtigkeit mit Fußtritten zu beantworten, Verdächtigung mit Bissen in die Kehle, Küsse auf die Wangen mit Krallen in die Augen . . .«
Die Toskaner, schreibt Malaparte, »haben eine Art zu knien, die viel eher ein Stehen mit gebeugten Beinen ist«, und in die Hölle gehen sie, »um ihr Wasser abzuschlagen.«
Der toskanische Widerspruchsgeist bewegte Malaparte, mit allen Ideologien wechselweise zu kokettieren und zu brechen. Als Sechzehnjähriger brach er aus der gutbürgerlich-christlichen Erziehung aus. Er meldete sich an die Argonnenfront und brachte es bis zum Hauptmann. Die diplomatische Karriere, die er nach dem Kriege einschlug, endete schon 1921, weil er sich, inzwischen als Schriftsteller hervorgetreten, gegen die für Staatsbeamte obligatorische Buchzensur auflehnte. Er ging in die faschistische Partei, nahm 1922 am legendären Marsch auf Rom teil und bedichtete den *Ehernen Mussolini:*

> »Es kräht der Hahn, er weckt die Erde,
> und Mussolini steigt zu Pferde . . .«[59]

Der Flirt mit dem Faschismus kühlte sich rasch ab, 1931 verließ Malaparte die Partei. In diesem Jahr publizierte er die machiavellistische Streitschrift *Technik des Staatsstreichs,* die wegen einiger Ausfälle gegen Hitler 1933 von den Nationalsozialisten verbrannt wurde. Elfmal, so berichtete Malaparte, sei er unter dem Faschismus verhaftet oder verbannt worden. Zeitweise setzte er sich ins Ausland ab. Schließlich versöhnte er sich wieder mit Mussolini. Als Kriegsberichterstatter des *Corriere della Sera* weilte er während des Zweiten Weltkrieges an der Ostfront; ungeachtet etlicher Differenzen, die wieder einmal zu seiner Maßregelung führten, tafelte er mit Himmler und Generalgouverneur Frank. Literarisches Produkt dieser Erlebnisse ist die deutschfeindliche Apokalypse *Kaputt,* die er 1944, bald nach dem Einzug der Alliierten in Italien, herausbrachte.
Als Verbindungsoffizier der Badoglio-Truppen nahm er am Vormarsch der Alliierten von Neapel nach Norden teil. Mit den Alliierten und vor allem mit dem Italien, das sich ihnen hingibt, dem Italien des Jahres Null, rechnet Malaparte in seinem skandalösesten Buch ab, *Die Haut* (1949), dieser wollüstigen Greuelprosa aus Blut, Eiter und Sperma. Er befreundete sich mit Togliatti, dem Führer der Kommunistischen Partei Italiens, und schrieb für das Parteiorgan *Unità.* Die *Geschichte von morgen* (1949) freilich, Utopie einer zeitweiligen sowjetischen Okkupation Europas, trug ihm das Mißfallen der Kommunisten ein, Togliatti trat öffentlich gegen ihn auf. Mit dem Film *Der verbotene Christus* (1951) verbesserte Malaparte seine Beziehungen zum Vatikan, der *Die Haut* auf den Index gesetzt hatte. Doch machte er das in *Verdammte Toskaner* durch neue Unverschämtheiten wieder wett.
1956/57 reiste Malaparte in die Sowjetunion und nach China. Seine Reiseberichte *In Rußland und in China* (1958 postum veröffentlicht) zeichnen sich durch eine Apologie Stalins und seines Terrors aus, was besonders befremdet, wenn man bedenkt, daß sie nach den Enthüllungen des XX. Parteitags geschrieben sind. Doch sollte nicht gerade dieser Zeitpunkt Malapartes späte Liebe zu Stalin erklären? Als sich alle von dem toten Diktator abwandten, sogar seine Mitkämpfer und Genossen, fühlte sich Malaparte veranlaßt, ihn in Schutz zu nehmen. Er tat es wie immer auf hintergründige Art, so daß man nicht recht weiß, wie ernst er es meint. Was soll beispielsweise die Moritat vom herzensguten Stalin bedeuten, der Abend für Abend am Grabe seiner Lieblingsfrau Blumen niederlegt? Hitler liebte Eva Braun, und Himmler war ein Freund der Blumen. Was soll man von Malapartes Geständnis halten, er habe schon 1929 bei einem Besuch in der Sowjetunion den Eindruck gewonnen, die intellektuellen Revolutionsführer müßten liquidiert werden? Damals war Malaparte nämlich noch Faschist. Vollends die Geschichte, in Rußland und China seien alle Hunde aus hygienischen Gründen totgeschlagen worden, erinnert an die mit demselben Ernst vorgetragene Affäre von der gesottenen Seejungfrau in *Die Haut.* Freilich unterscheiden sich die Reiseberichte aus Rußland und China von Malapartes früheren Arbeiten durch ihren Mangel an Geist und Witz. Man sieht einen müde gewordenen Spaßmacher vor sich, der die Provokationen, die man nun einmal von ihm erwartet, lustlos, mit gelangweilter Geste vorbringt. Hier, so scheint es, wirft das nahe Ende seinen Schatten voraus.

Aus China, wo er von Mao Tse-tung empfangen worden war, kehrte Malaparte tödlich an Krebs erkrankt heim. Auf dem Sterbebett konvertierte er, der als Sohn eines aus Sachsen stammenden Vaters sein Leben lang Protestant war, zur katholischen Kirche.
Ich glaube, daß diese Konversion logisch war, und zwar in dem Sinne, daß sie auf dem Sterbebett und nur dort erfolgen konnte. Malaparte, der sein Pseudonym in bewußter Antithese zu *Bona*parte wählte, war fasziniert von dem Bösen und Schlechten in der Welt, von der Sünde, die nun einmal die Voraussetzung der Gnade ist. Als Provokateur, als Geist, der stets verneint, als Stachel im Fleisch seiner Zeit hatte er teil am Rhythmus der göttlichen Weltordnung, ein Advocatus diaboli des Glaubens, Mephistopheles, der dem Herrn auf seine Weise dient. »Die Toskaner«, steht als Motto vor dem letzten Kapitel seines späten Buches, »haben den Himmel in den Augen und die Hölle im Mund.« Auf dem Sterbebett konnte er Frieden machen und sich dem Himmel zuwenden, dessen Harmonie er auf Erden so schmerzlich vermißte.
Daß die Begegnung mit dem Tode gerade im volksdemokratischen China stattfand, gab der religiösen Erleuchtung ihr besonderes Gepräge. »Das Buch«, meinte er zu seinem Biographen Vegliani, »das aus meinem letzten Erlebnis entstehen wird, soll *Das Mysterium Chinas* heißen. Denn ich weiß, daß ich dorthin vorgedrungen bin, wo China China ist und nichts als China. Wo die Menschen allein, ganz allein kämpfen, wie die, von denen ich dir erzählte, an den Ufern des Gelben Flusses. Ich habe nur um eines mich bemüht: das Geheimnis ihrer Herzen zu verstehen, ohne erfahren zu wollen, wie viele Tonnen Stahl das Land in einem Jahr zu produzieren in der Lage ist.[60]« Das Reich Gottes, der Kommunismus und China werden in der Todesvision Malapartes eins, allesamt weit genug entfernt, um seine toskanische Spottlust nicht herauszufordern.
Der Fanatismus, mit dem Malaparte sein Lebtag die Fäulnis der Welt umkreiste, erklärt sich nachträglich als ein religiöses Bedürfnis, die Erlösung herbeizuschreien. Als Revolutionär wie als Sünder endete er nicht ohne Konsequenzen beim Glauben. Darum ist auch kein Widerspruch in seinen letzten Handlungen: Er trat in die Kommunistische Partei ein, vermachte seine Villa auf Capri ›dem chinesischen Volk‹ und nahm die Sterbesakramente der in China verfolgten Kirche.

Für dieselbe Zeitung, die Malaparte nach Abessinien, Rußland und Finnland schickte, den *Corriere della Sera,* schrieb Moravia (* 1907) seine *Römischen Geschichten* (1954 gesammelt erschienen, deutsch: *Die Mädchen vom Tiber*), eine Serie Kurzgeschichten, deren jede genau zwei Zeitungsspalten füllen durfte. Im Unterschied zu seinen Romanen, die meist im erotischen Brutkasten der großbürgerlichen Gesellschaft angesiedelt sind, spielen die Geschichten Moravias im Rom der kleinen Leute, in den Armenvierteln, in den Vorstädten, am Straßenrand, am Tiberufer. Moravia schlüpft jedesmal in eine andere Gestalt, das erzählende Ich kann ein Taxichauffeur sein, ein Kellner, ein Klempner, ein Orangenverkäufer, ein Arbeitsloser, ein Schalterbeamter, ein Fahrstuhlführer. Meist sind es Schlechtweggekommene, Leute mit Minderwertigkeitskomplexen, Pechvögel und tumbe Toren, die ›das Glück am Rockzipfel erhaschen‹ möchten und sich in kleine Abenteuer verstricken, über die Widrigkeiten des Alltags stolpern, enttäuscht, ausgepowert und herumgestoßen werden, mit einer Träne im Auge ihre Hoffnungen begraben. Es sind Rollen für Chaplin: tragikomische Schicksale des kleinen Mannes, deren Bitterkeit gemildert wird durch Fatalismus und Ironie. Läßt man sich nicht durch das unterschiedliche Milieu täuschen, so entdeckt man in Moravias *Römischen Geschichten* das gleiche weltanschauliche Klima wie in seinen Romanen, ja, erst von den Geschichten her erschließt sich seine Darstellung der großen Welt. Nicht der sexualpathologische Kitzel ist das Wesentliche, sondern die große Resignation, die zurückbleibt, der Ekel und die Traurigkeit, die Moravia lange vor Sartre oder gar der Sagan eingefangen hat (1929 schrieb er *Die Gleichgültigen*). Der Gleichgültige Michele, der Knabe Agostino, die römische Dirne Adriana, der Konformist – das sind Menschen im Angesicht des Nichts, ohne Hoffnung und ohne Verzweiflung, von einem ›unaussprechlichen, absurden Kummer‹ heimgesucht. Selbst der Revolutionär Nino in *Die Römerin* (1947, deutsch: *Adriana*) wird vom Fatalismus zerfressen, er sagt, bevor er sich aufhängt, zu seiner Geliebten:

»Reiche Leute sind etwas Schreckliches, aber die Armen sind auch nicht viel besser, wenn auch aus anderen Gründen ... Die Menschheit ist ein Ding ohne Kopf und Schwanz und deshalb ausgesprochen unwesentlich ... die Geschichte der Menschheit ist nichts als ein langes Gähnen der Langeweile ... wozu hat man sie nötig? Was mich betrifft, ich könnte gut ohne sie auskommen.

Aber auch du bist in dieser Menschheit mit einbegriffen, du könntest also auch ohne dich selbst auskommen?

Vor allem ohne mich.«

Hier schlägt die psychologische Tendenz ins Politische um. Der Faschismus hatte guten Grund, die Bücher Moravias zu beargwöhnen und zu zensieren. Nicht nur, daß sie mit ihrer illusionslosen Wirklichkeitsschilderung den Mythos der nationalen Erneuerung, den Glorienschein des mediterranen Herrenmenschen zerstören, sie propagierten offensichtlich, ohne die Sache beim Namen zu nennen, eine Haltung des passiven Widerstandes. Die Menschen Moravias sind passiv, nicht aktiv, wie die Diktatur es wünscht, sie sind gleichgültig gegenüber dem Leben, somit auch gegenüber hochfliegenden Plänen, sie nehmen alles nicht so wichtig, sie sagen ›ohne mich‹ und machen nicht mit. Auch Fatalismus kann eine Stellungnahme sein. In aller Kühle formulierte Moravia sein Desinteresse an Mussolinis Imperium Romanum.

Diese reservierte, skeptische Haltung bewahrte Moravia auch nach dem Zusammenbruch des Faschismus davor, die von ihm beschriebene Krise des modernen Menschen durch ideologische Surrogate zu lösen. Im Unterschied zu Malaparte, der von einer Ideologie zur anderen flatterte, geht Moravia allen Ideologien aus dem Wege. Er nimmt die Welt, wie sie ist. »Der Schriftsteller«, erklärte er, »kann nichts anderes tun, als diese Kontraste dramatisch widerzuspiegeln. Die lebendige Haltung, die einzig ernsthafte Haltung in der Literatur, ist die des Realismus. Realismus heißt: Die Wahrheit sagen, die ganze Wahrheit. Man darf nie vergessen, daß der Schriftsteller vor allem ein Zeuge ist. Er muß alles berichten, was geschieht, auch auf die Gefahr hin, erdrosselt zu werden.[61]« In der Tat sind seine Bücher bei Faschisten, Kommunisten und Klerikalen gleichermaßen verpönt.

Kam Malaparte aus China als Gläubiger zurück, so Moravia aus der Sowjetunion als der Skeptiker, der er immer war (*Eine russische Reise,* 1958). selbst in den heiligen Hallen des Moskauer Mausoleums bewahrte er seine Nüchternheit:

»Zuallererst betrachtete ich die beiden Diktatoren zusammen. Sie lagen beide auf dem Rücken, und zwar etwas schräg, so daß der Kopf etwas höher war als die Füße; die Hände waren auf dem Bauch gefaltet und die Augen geschlossen. Bis zum Brustkorb bewahrten beide Leichen das äußere Ansehen eines menschlichen Körpers; aber von der Brust abwärts hatte man den beunruhigenden Eindruck, daß sie in zwei dünne flache Formen ausliefen, gleich zwei leeren Säcken. Lenin sah sehr blaß und blutlos aus, zugleich fest und glänzend, als ob er aus Wachs oder Elfenbein bestünde. Mir fiel an seinen Gesichtszügen auf, daß sie, wenn nicht mongolisch, so doch irgendwie asiatisch waren – ein rundes weißes Antlitz mit stark hervortretenden Backenknochen und schräg gestellten Augen. Seine Augenbrauen, die auf seiner hohen Stirn beinahe mit spitzem Winkel nach oben gingen, gaben seinem ganzen Gesicht einen Ausdruck der Konzentration und der Autorität. Ein Gesicht ohne jede Brutalität und Roheit, von ganz zarten Konturen, ganz Klugheit und Intellekt. Auf dem Mund, zwischen dem Schnurrbart und dem kleinen Spitzbart, lag ein fester, aber bitterer Ausdruck . . .

Dann blickte ich auf Stalin. Sein Gesicht war nicht so gut geschnitten wie Lenins, auch nicht so wächsern. Es bewahrte noch die naturgetreue Farbe, die gewisse gelbliche Hautfarbe des Leberkranken, auf der Stirn und um die Augen herum, während sich auf den Wangen ein Anflug von Bartstoppeln mit tabakbraunen kleinen Pünktchen vermischte. Das Haar war dicht, ein richtiger grauer Pelz, die kleinen Augen wurden von schweren Brauen überschattet. Die Nase war eine typisch georgische Nase – in Georgien sieht man solche Nasen an jeder Straßenecke –, d. h. gebogen, fleischig und hervorstechend. Der Mund unter dem grauen hängenden Schnurrbart hatte einen sehr bestimmten Ausdruck: zugleich mißtrauisch, brutal, unzufrieden und auf verlogene Weise wohlgelaunt – der Mund eines Mannes, der droht und zürnt, der anderen etwas vormacht und das gleiche von den anderen erwartet. Über dem ganzen Gesicht lag eine Schwere und Abgespanntheit, es war das Gesicht eines müden alten Mannes, der Haare auf den Zähnen hat. Im Gegensatz zu Lenin, auf dessen Zügen eine kühne, durchgeistigte Klarheit lag, konnte man Stalin nach seinem Gesicht als einen Mann bezeichnen, der nicht so sehr durch Intelligenz als durch eine reiche Skala von Stimmungen und durch sein Temperament hervorstechen mußte. Ich dachte daran, daß er wohl nicht zufällig im Zeitalter des Personenkultes ›Vater des Volkes‹ genannt worden war, wenn er auch eher ein Vater vom Schlage Saturns war, der seine Kinder fraß.«

Am Ende seiner Rußlandreise formulierte Moravia leidenschaftslos seine politische Meinung: »Die klassenlose Gesellschaft, von der Marx geträumt hat, ist nicht Utopie, sondern eine Wirklichkeit, die in der Sowjetunion wie anderswo im Kommen ist. Sie steht in enger Verbindung zu den modernen Phänomenen der Mechanisierung und Automation, und wenn sie wahrscheinlich auch nicht besser sein wird als die ihr voraufgegangenen Gesellschaftsformen, so wird sie doch den Bedingungen der neuen, von der Wissenschaft geprägten Umwelt besser entsprechen.«

Es war sicherlich kein Zufall, daß der italienische Kommunistenführer Togliatti 1956 seine Kritik am Sowjetsystem erstmals in einem Interview mit Moravia aussprach.

Ein Jahr später veröffentlichte Pier Paolo Pasolini (1922–1975) seine Gedichtsammlung *Die Asche Gramscis*, gewidmet dem im Gefängnis zugrundegegangenen Gründer der KP Italiens, in dem der italienische Eurokommunismus seinen autochthonen Ahnherrn sieht. Moravia und Pasolini gaben zusammen die Zeitschrift *Argomenti Nuovi* heraus. Wie Levi kandidierte auch Moravia wiederholt für die kommunistische Partei.

Seltsamerweise endete der Fall Moravia mit einer absurden Pointe. Als der notorische Skeptiker das kommunistische China besuchte (*Die Kulturrevolution in China*, 1967), ein Land also, das sich dem Verständnis eines durchreisenden Europäers entzieht, verfiel er – nicht anders als Malaparte – der maoistischen Mystik. Der Beobachter offenbarte seine Schwäche als Analytiker. Um die Kulturrevolution zu erklären, beschwor er Konfuzius und Lao Tse, religiöse Inbrunst, fernöstliche Seele und die permanente Revolution. China, so schrieb er, »ist der Steinerne Gast, der unerwartet auf dem Bankett des Wohlstands erscheint und daran erinnert, daß der Wohlstand allein nicht genügt.«

Vielleicht gibt es eine politpsychologische Erklärung für Moravias Illusionen über die Kulturrevolution. Der sozialistische Schriftsteller, der dem linken Konformismus seiner Zeit immer einen Schritt voraus war, projizierte auf den Massenrausch der Roten Garden den gerade ausbrechenden Aufstand der Jugend in den Industrie-Gesellschaften gegen das Establishment: von Berkeley über Paris und Berlin bis Prag. In Mao sah er den einzigen Führer, der sich an die Spitze des Generationensturms stellte. Ein Jahr nach seinem China-Buch war die Illusion allgemein, wie die Mao-Bilder und Ho-Ho-Ho-Schi-Minh-Rufe bei den Demonstrationen der Neuen Linken zeigten. Daß Moravia den Sieg der Manager und Technokraten über Privatkapitalismus und Parteiideologie vorausgesagt hatte, bedeutete ja nicht, daß er als unabhängiger Intellektueller das Regime der Manager, einen sozialen Zwang neuer Art, auch billigte. So überholte er mit seiner Vision der Kulturrevolution die inzwischen etablierte und integrierte Kommunistische Partei Italiens wiederum.

Dennoch: Selbst in der Kulturrevolution der roten Fahnen und roten Bücher brach sein kritischer Realismus durch. Moravia und seine Gefährtin Dacia werden eines Morgens von ihrem chinesischen Dolmetscher mit der überraschenden Einladung konfrontiert: ›Wir gehen heute Peking-Ente essen.‹ In einem vor der Kulturrevolution abgeschirmten Lokal bekommen sie die Delikatessen der alten chinesischen Küche vorgesetzt. Vor dem Fenster dröhnen die Lautsprecher, hängen die roten Tücher, ziehen die Massen brüllend vorbei. Moravia bewundert die knusprige Haut der Ente, wohlriechend, außen gebräunt und innen fett, das Fleisch ist weiß, zart, leicht. Entenbrühe mit dünnen Gurken- und Pilzscheiben.

Dacia: »Wie schade: Wenn wir im Hotel essen, habe ich immer Hunger, aber das Essen ist schlecht. Heute dagegen ist das Essen vorzüglich, aber ich habe überhaupt keinen Hunger.« Moravia: »Gib her, ich werde auch deinen Teil mitverspeisen. Es ist wahr, ich fühle mich schuldig ... Wir haben schwer gesündigt und das lastet nun auf unserem bürgerlich-kapitalistischen Bewußtsein ... Aber wenn ich schon sündige, will ich sündigen, so gut ich kann. Bis zum Platzen.«

Die vergessenen Europäer

Kein Mensch glaubt an jenen Plunder von der reinen Kunst (l'art pour l'art). In diesem dramatischen Augenblick der Welt muß der Künstler mit seinem Volk lachen und weinen.

FEDERICO GARCÍA LORCA im letzten Lebensjahr 1936[62]

Der Dichter Sean O'Casey (1880–1964) ist ein Kind des irischen Freiheitskampfes, aber er unterscheidet sich von der Mehrzahl seines Volkes und auch der irischen Freiheitskämpfer dadurch, daß er Protestant und Proletarier ist.
Er kam als das jüngste von dreizehn Kindern in den Slums von Dublin zur Welt. Als er sechs Jahre alt war, starb sein Vater, und die Mutter mußte die fünf überlebenden Kinder allein durchbringen. Einmal in der Woche gab es als Festschmaus Kartoffeln, in der Regel war ein Stück Brot mit Tee die tägliche Morgen- und Abendmahlzeit. In seiner *Autobiographie* (sechs Bände, 1939–1954) hat O'Casey der Mutter, der namenlosen irischen Proletarierfrau, ein Denkmal gesetzt: »Sie verstand nichts von Politik, aber in ihrer Tapferkeit, ihrer ruhigen und unbeugsamen Ausdauer, in ihrem furchtlosen und freudigen Kampf mit dem harten und oft grausamen Leben war sie die Seele des Sozialismus.« Als Folge der dauernden Unterernährung erkrankten Seans Augen. Die Schule war deshalb für ihn eine Qual, er konnte nur einsilbige Wörter lesen und schreiben. In einem Anfall von Verzweiflung schlug er seinem Lehrer ein Lineal über den Kopf. Nun war es mit dem Schulunterricht aus, alle weitere Bildung erwarb er sich autodidaktisch aus alten Büchern. Mit vierzehn Jahren mußte er sich sein Brot selbst verdienen – für drei Schilling in der Woche arbeitet er täglich elf Stunden. Er war Laufjunge, Zeitungsfahrer, Hilfsarbeiter auf dem Bau, Straßen- und Dockarbeiter, Hauswart einer Armenstiftung, schließlich Eisenbahnarbeiter. Er war dreißig Jahre alt, als er sein erstes Stück schrieb, und mehr als vierzig, als er die erste Aufführung eines seiner Stücke erlebte.
Nach vorübergehender Aktivität in der protestantischen Gemeinde begann sich O'Casey für den nationalen und sozialen Befreiungskampf Irlands zu interessieren. Er trat der Gälischen Liga bei, die die irische Sprache wiederbelebte, und bald darauf der Transportarbeitergewerkschaft. 1913 wurde er Sekretär der Irischen Bürgerarmee und damit einer der Führer der Befreiungsbewegung. Er verfaßte die Statuten der Armee und schrieb ihre Geschichte. Er nahm am blutigen Transportarbeiterstreik 1913 und am Osteraufstand 1916 teil; von den englischen Truppen gefangen, entging er nur durch einen Zufall der Erschießung. Aber schon vor dem Osteraufstand geriet O'Casey in Konflikt mit den Nationalisten, er trat von seinem Posten als Sekretär der Bürgerarmee zurück. Je weiter Irland auf dem Wege zur Selbständigkeit schritt (1921 wurde Südirland, der

größere, katholische Teil des Landes, Dominium mit eigener Regierung), desto schroffer wurde O'Caseys Ablehnung. Dafür hörte er aus Rußland ›Silbertrompeten‹. Er wurde Kommunist und bekämpfte die irische Regierung. Als seine Tragödie über den Osteraufstand *Der Pflug und die Sterne* 1926 im berühmten, von Yeats geleiteten Dubliner Abbey-Theatre aufgeführt wurde, kam es zu johlenden Protestdemonstrationen der Nationalisten. Die Polizei mußte eingreifen, das Theater verweigerte die weitere Zusammenarbeit mit dem Dichter. O'Casey kehrte seinem Land den Rücken und zog nach England.

In seiner Autobiographie motiviert O'Casey seine politische Haltung:

»Wie stellt der irische Premierminister De Valera es an, so fragte sich Sean, abgesehen von seinen persönlichen Fähigkeiten, die Führung des irischen Volkes fest in der Hand zu behalten? Vielleicht darum, weil er der letzte noch lebende Führer des Osteraufstandes ist, und weil er niemals etwas tun wird, was den Klerus beunruhigen könnte. Er wird alles, ob recht oder unrecht, im Geist eines guten, niemals wankenden Sohnes des Vatikans tun. Er ist der einzige, der heil aus dem Rauch und den Flammen hervorgegangen ist. Der ehemalige Soldat. Dieser Patriot, auf dessen Stirn das ‚nihil obstat' der Kirche geschrieben ist, kann nicht beseitigt werden. Das große Geschäft, durch das er nach bitterem Kampf England die jährliche Landessteuer um den Preis von 10 Millionen abkaufte, beendete den Wirtschaftskrieg mit England und schmückte gleichzeitig De Valeras Hut mit einer hohen und schön geschwungenen Feder . . .

Es gibt nur eine Gefahr für De Valera – die Volkserhebung gegen die Armut, die Vereinigung von Nord und Süd. Wenn das geschieht, dann kommt es zum Kampf gegen die schmutzstarrenden Elendsquartiere. Nieder mit ihnen!«

Hier wird deutlich, wie sehr der scheinbar extreme Nationalismus O'Caseys: sein Eintreten für die vollkommene Befreiung des ganzen Landes, sozialen und sogar protestantischen Motiven entsprang. Für den fanatischen, klerikal aufgeputschten Terrorismus, wie er heute noch den Norden der Insel versengt, ist der größte revolutionäre Dichter Irlands nicht brauchbar. Im Grunde war O'Casey ein Fremdling in diesem katholischen Bauernvolk und konnte sich deshalb auch im verruchten imperialistischen England wohler fühlen als in seiner Heimat. Der nationale Befreiungskampf verschmilzt bei ihm mit dem sozialen, ja, wird davon überwuchert – die nationale Bewegung wird, wie Lenin und Stalin gelehrt, zur Reservearmee der Weltrevolution. O'Casey fährt denn auch in seiner Autobiographie fort:

»Sean hatte nun mehr als Hoffnung. Er hatte Briefe erhalten, in denen ihm mitgeteilt wurde, was in der Sowjetunion vor sich ging; dabei waren auch Fotos des Volkes und seiner Lebensumstände. Zwei dieser Bilder zeigten Kinder aus dem Kaukasus und der Ukraine, die sich versammelt hatten, um die ersten Diesellokomotiven zu begrüßen, die in der Sowjetunion eingetroffen waren. Zwischen den Kindern standen auch einige Arbeiter und Rotarmisten; die Soldaten waren noch in ihre weiten Blusen gekleidet und trugen ihre alten Tuchhelme, an denen vorne ein winziger roter Stern befestigt war. Armut, so sah man, war noch ihr Gefährte und Bettgenosse, aber Auferstehung und Mut zeigte sich in ihren Mienen; sie sahen ein gewaltiges Schicksal vor sich.

Im Geist befand sich Sean bei diesen Kindern, diesen Arbeitern, diesen Rotarmisten; gemeinsam mit ihnen stieß er die Ruinen beiseite, aus denen sie emporstiegen, die Ruinen, aus denen eines Tages alle Menschen emporsteigen würden. Im Geist teilte er die Festigkeit ihrer furchtlosen Herzen und gesellte seinen Ruf den Jubelrufen des sowjetischen Volkes bei.«

Der Bruch mit dem Nationalismus war für O'Casey als Dichter von Segen. Denn so konnte er, wenn auch zum Ärgernis seiner Landsleute, den irischen Freiheitskampf objektiv und kritisch gestalten; er wurde davor bewahrt, in Tendenzpoesie abzugleiten. In seinen Revolutionsstücken: *Der Schatten eines Kämpfers* (1923; deutsch: *Harfe und Gewehr*), *Juno und der Pfau* (1924), *Der Pflug und die Sterne* (1926), *Rote Rosen für mich* (1942), kommt die nationalistische Seite um keinen Deut besser weg als die probritische. Die Stücke leben aus einer eigenartigen Dialektik: Romantik, gebrochen durch Satire. Ohne Zweifel ist das Irische daran – Revolution, Dubliner Proletariermilieu, Volkslieder und Tänze – nicht wegzudenken, aber sowie sich Pathos und Sentimentalität einstellen wollen, werden sie durch böse Kritik aufgehoben. O'Casey mag die Iren nicht, und die Iren mögen ihn nicht – dennoch sind beide ohne einander schwer vorzustellen. O'Casey ist ein Nachfolger seines Landsmannes Swift, und auch mit seinem Freund Shaw hat er einiges gemeinsam. Wenn er tragische Stoffe aufgreift, werden meist Tragikomödien daraus. Sogar *Der Preispokal* (1929), dieses bitterste aller Kriegsstücke, ist eine Tragikomödie. »Ein neuer Typ von Drama«, meinte Shaw zu diesem ›verflucht großartigen Stück‹, »steigt auf aus noch unausgeloteten Tiefen, um die kleinen konventionellen Bemühungen, die meine Stücke und die meiner Zeitgenossen darstellen, in den Ascheimer zu fegen . . . Sie, Sean O'Casey, aber werden bleiben als ›der Mann, der sich nicht aus dem Staub gemacht hat‹.«

Dennoch hat sich O'Casey in einem gewissen Sinne davongemacht. Denn die Romantik, die er aus der irischen Revolution ausgetrieben hat, kehrte in seiner Vorstellung vom Kommunismus schnurstracks wieder. Ist es nicht merkwürdig, daß der Mann, der die Not des Dubliner Proletariats so rührend beschrieben hat, von der Not des sowjetischen Proletariats überhaupt nicht berührt wird? Daß der Mann, der einmal von dem Schrecken sprach, den ihm ›der Anblick eines schimmernden, gut geölten Gewehrs verglichen mit einem Gänseblümchen‹ verursacht, beim Anblick von Rotarmisten Jubelrufe ausstößt?

In dem Stück *Rote Rosen für mich* gibt es eine symbolische Szene auf der Brükke in Dublin. Im rotflammenden Licht der untergehenden Sonne ist das düstere Stadtbild wie verzaubert, und wie im Märchen verwandeln sich vor den Augen der Zuschauer die erschöpften Arbeiter, die obdachlosen Vagabunden und Arbeitslosen und die elenden, von Not und Leid ausgezehrten Bettlerinnen. Vor der Zeit verblühte Gesichter blühen auf, gebeugte Schultern straffen sich – auf der Bühne stehen neue, kraftvolle, an schöne Bronzestatuen gemahnende Menschen. Stolz und freudig klingt ihr Lied, daß sie ihre Heimatstadt ›von Tücke und Neid‹ befreien werden, damit Kinderlachen und Jugendglück durch die Straßen hallen. »Wir schwören dir, dich von Hunger und Not, von allem Häßlichen, Niedrigen und Gemeinen zu befreien, dein Volk wird eine herrliche Stadt

erbauen, wie sie schöner und besser niemand geschaut hat.« Das Lied verklingt, die Sonne erlischt, und die Menschen verblassen wieder zu ihrem Alltagsaussehen. Von ferne hört man den Marschschritt der Soldaten, die die Unruhen niederwerfen werden.
Von dieser Art ist der Kommunismus O'Caseys: eine Vision in rotem Licht. »Der Verstand«, meinte der Dichter einmal, »kann das Gefühl niemals von der Bühne vertreiben, ebensowenig wie er das Gefühl aus dem Leben verbannen kann; denn Gefühl ist tief in uns und um uns, wo immer wir sind. Wir empfinden es, sehen es, vernehmen es unaufhörlich. Es lebt im Anblick der ersten Rose des Spätfrühlings und in dem der letzten Rose des Sommers; im Anblick der Wiege und des Sarges, im Wind und im Regen; im Stein der Kathedrale von Salisbury und in der Stahl- und Glaskonstruktion des Radio Center Buildings in New York; im Klang einer Beethoven-Symphonie und in den monotonen, erregenden Rhythmen des Rock 'n' Roll; und wie in diesen, so in anderen Dingen.[63]«

Federico García Lorca (1899–1936), Spaniens größter Dichter seit Calderón, schrieb 1928 seine berühmte *Romanze von der Guardia Civil:*

»Schwarze Pferde. Schwarze Eisen.
Auf den Capas glänzen Flecken,
die von Tinte sind und Wachs.
Ihre Schädel sind aus Blei,
darum lachen sie auch niemals.
Ihre Seelen sind aus Lack –
damit kommen auf der Straße
über Land sie hergeritten ...
Stadt, o Stadt du der Zigeuner!
Fahnen an den Straßenecken.
Lösche deine grünen Lichter,
denn die Guardia Civil kommt ...«

Wer diese Romanze liest: die grausige Schilderung eines Pogroms mit Plünderung, Brandschatzung, Vergewaltigung und Mord (›Rosa hockt in ihrer Tür und ächzt – beide Brüste, abgeschnitten, hingelegt auf eine Schale‹), braucht nicht lange zu rätseln, warum der Dichter im Morgengrauen des 19. August 1936 in der Schlucht von Viznar, unweit seiner Heimatstadt Granada erschossen wurde. Er wurde in einem Massengrab verscharrt.
Federico García Lorca, der von den Nationalisten umgebracht wurde, war der spanischste unter den spanischen Dichtern. »Man muß«, sagt Stephan Hermlin, »sich die andalusischen Dörfer vorstellen, in denen Lorcas Dichtung zu Hause ist, die Härte, mit der Licht und Schatten nebeneinandergesetzt sind, Landschaften, die man durch die Gitter der Fenster sieht, ihre Nelken und Oliven, ihr Schweigen und ihre Brunnen, ihre lange Geschichte. Lorcas Landschaft wurde von Völkerwanderungen durchquert, von Mauren und Juden bewohnt. Lorcas Gedichte sind voller Orientalismen und einander überlagernder Mythen. Sie sind erfüllt von

kühnen und kindlichen Bildern, von hellen, lustigen, grausamen Farben. Ungeheure Leidenschaften und ungeheure Strenge stoßen in ihnen zusammen . . .[64]«
Mit der patriotischen Legende freilich, dem Nimbus der Hispanidad, der so viel Elend verhüllt, und dem Glauben an die Gottgefälligkeit der feudal hierarchischen Ordnung war das Spaniertum Lorcas nicht zu vereinbaren. Sein Bild eines Landes ohne Heiterkeit und Tränen, in dem ›jeder Stein sagt: Gott ist sehr weit‹, wurde von den ›guten Spaniern‹ als Herausforderung empfunden.

»Auf dem kahlen Berg ein
Leidweg.
Klares Wasser,
hundertjährige Oliven.
In den Gäßchen
Männer, die sich fest umhüllen,
auf den Türmen
Wetterfahnen, die sich drehen,
ewig drehen.

O verlorenes Dorf im
Andalusien des Wehs!«

Lorca hat das poetische Erbe Spaniens wiedererweckt; seine Werke stehen bei aller Modernität des Lebensgefühls in der Tradition der Zigeunerromanzen, der alten Ghaselen und Serenaden. Oft nennt er seine Gedichte Lieder – man kann sie sich vorstellen zur Gitarre gesungen oder rezitiert, abends in den Straßen der Vorstädte und an den Zisternen der Dörfer. Jäh bricht der Rhythmus ab und wandelt sich zu einer anderen Melodie, die uns wie der vom Wind herübergetragene Fetzen eines Volksliedes berührt – in den Jahren, als der Name des Dichters verpönt war, zirkulierten manche seiner Gedichte anonym im Volk. Daneben steht die dunkle Macht der Balladen, immer wieder kreisend um den Tod, der mitten im Leben ist, in der Stierkampfarena und in der Taverne, unter der ausdörrenden Sonne der Sierra, in der Liebe und im Kampf. ›Eine Kirmes ohne Musik.‹
Pablo Neruda berichtet, wie Lorca ihm einmal erschaudernd von einem Sonnenaufgang in der Estremadura erzählte. Es war in der Nähe eines verlassenen Schlosses. Die Sonne stieg zwischen zwei verstümmelten Statuen, neben denen ein Lamm, das seine Herde verloren hatte, hin und her lief. Plötzlich tauchten, zu Lorcas Entsetzen, sechs oder sieben schwarze Schweine auf, die sich auf das Lamm warfen, es zerrissen und verschlangen[65]. In den Jahren, die ihm noch blieben, hat der Dichter sich von dem Alpdruck dieses Menetekels nicht befreien können. *Klage um den Stierkämpfer Ignacio Sanchez Mejias* (1935):

»Denn gestorben bist du für immer,
wie alle Toten der Erde,
wie alle Toten – vergessen
in einem Haufen verendeter Hunde.

Dich kennt niemand. Nein. Doch ich sing dich.
Ich sing dein Profil, deine Anmut, für später.
Die bedeutende Reife deiner Erkenntnis.
Dein Sehnen nach Tod, dem Geschmack seines Mundes.
Die Melancholie deiner tapferen Freude.

Lang wird es währen bis zur Geburt, wird je er geboren,
eines Andalusiers, so lauter, an Wagnis so reich.
Seine Feinheit sing ich mit Worten, die seufzen,
und gedenk einer traurigen Brise in den Oliven.«

Von 1929 bis 1931 studierte Lorca an der Columbia-Universität New York. Dieser Aufenthalt in Amerika, dem Babel des Kapitalismus, radikalisierte ihn. Vor allem drei Eindrücke wirkten auf ihn: der hektische Betrieb der Maschinenwelt, der ihn als Kind eines Bauernlandes erschreckte und verstörte, die heftigen sozialen Konflikte während der Wirtschaftskrise (Lorca stellt die ›Orkane von Gold‹ dem ›Stöhnen der Arbeitslosen‹ gegenüber) und die Diskriminierung der Neger, die ihn an die Diskriminierung der Zigeuner in seiner Heimat erinnerte. Auch das politische Pathos Walt Whitmans beeinflußte ihn. In der *Ode an Walt Whitman* (geschrieben 1929/30) fand Lorca seine schärfsten Worte:

»Euch keine Gnade! Habet acht!
Daß die Verworrenen und die Reinen,
die Vorbildhaften, die Gezeichneten, auch die in Demut bitten,
euch nicht die Türen schließen eures Bacchanals ...

Ein Tanz von Mauern rührt die Auen auf,
und es ertränkt Amerika vor Jammer sich und vor Maschinen.
Die kräftge Luft der tiefsten Nacht, so will ich,
soll Blumen, Lettern fegen von den Brückenbogen, wo du schläfst,
und künden soll ein schwarzes Kind den Weißen, die des Goldes,
gekommen sei das Reich der Ähre.«

In den Stücken Lorcas – vor allem den großen Tragödien *Bluthochzeit* (1933), *Yerma* (1934) und *Bernarda Albas Haus* (1936) – verschmelzen Folklore und Sozialkritik. »Das Theater«, sagt Lorca in einer 1935 gehaltenen Vorrede zu *Yerma*, »ist eine Schule des Weinens und des Lachens und eine freie Tribüne, auf der die Menschen alte oder irrige Morallehren deutlich zeigen und durch lebendige Beispiele ewige Regeln des menschlichen Herzens und Gefühls ausdrücken können. Ein Volk, das seinem Theater nicht hilft und es nicht fördert, ist, wenn nicht tot, so doch todkrank; so auch das Theater, das nicht den sozialen Pulsschlag der Geschichte aufnimmt, das Drama ihrer Menschen, die unverfälschte Eigenart ihrer Landschaft und ihres Geistes, ihr Lachen und ihr Weinen; solch ein Theater hat nicht das Recht, sich Theater zu nennen ...«

Lorcas *Yerma*-Rede schließt mit den Sätzen: »Ich bin nicht verträumt. Ich habe oft und kühl durchdacht, was ich denke, und als guter Andalusier besitze ich das Geheimnis der Kühle, weil mein Blut alt ist. Ich weiß, daß nicht der die Wahrheit zu eigen hat, der ›heute, heute, heute‹ sagt und dabei sein Brot direkt am Backofen ißt, sondern der, der mit heiterer Ruhe in der Ferne das erste Leuchten des Tagesanbruches auf den Feldern sieht. Ich weiß, daß nicht der recht hat, der ›sofort, sofort, sofort‹ sagt, wobei er seine Augen auf die kleinen Schlünde der Schalter heftet, sondern der, der ›morgen, morgen, morgen‹ sagt und das neue Leben kommen fühlt, das über der Welt schwebt.«

Federico García Lorca gehörte keiner politischen Partei an (›Ich bin ein Anarchist, Kommunist, ein Liberaler, ich bin Katholik, Traditionalist und Monarchist[66]‹), aber das Anwachsen der faschistischen Gefahr in Spanien trieb ihn immer weiter nach links. Als glühender Verehrer eines ›Theaters der sozialen Aktion‹ (*Yerma*-Rede) leitete er im Auftrage der republikanischen Regierung von 1931 bis 1934 das Studententheater La Barraca, eine Wanderbühne, die die Stücke von Calderón, Lope de Vega und Cervantes in die entlegensten Dörfer brachte. Seine letzten Gedichte veröffentlichte er in den Zeitschriften der Volksfront, er gehörte zu den Gründern eines antifaschistischen Intellektuellenverbandes und zur Gesellschaft der Freunde der Sowjetunion.

Die Nationalisten haben die Ermordung Lorcas, die ihnen hinterher peinlich war, als Versehen erklären wollen oder als privaten Racheakt. Auf eine telegraphische Anfrage des PEN-Club-Präsidenten H. G. Wells nach dem Ende Lorcas antwortete Franco, er besitze ›keine Mitteilung über die Sache‹[67].

García Lorcas Tod war ein politisches Verbrechen, daran besteht heute kein Zweifel mehr. Seine Exekution wurde am 20. August 1936 von der faschistischen Zeitung Granadas *El Ideal* offiziell bekannt gegeben. Lorca wurde ein Opfer des weißen Massenterrors, der dem roten in nichts nachstand – die Spanier haben sich in jenem Sommer nationalen Blutrausches zu Abertausenden gegenseitig abgeschlachtet[68]. Die faschistische Falange, später zur Staatspartei Franco-Spaniens umgeformt, spielte im Falle Lorcas eine ehrenhafte Rolle. Als sich in Granada herumsprach, daß auch der Dichter vom reaktionären Terror bedroht war, bot ihm die Familie Rosales, deren vier Söhne zu den bekanntesten Führern der granadinischen Falange zählten, eine Zuflucht in ihrem Haus. Eines Nachts, als alle Rosales-Söhne an der Front oder auf politischer Mission waren, wurde Lorca von einem lokalen Liquidationskommando abgeholt. Das Kommando stand unter Befehl von Ramon Ruiz Alonso, der kein Falangist, sondern Abgeordneter der militant katholischen CEDA, der Partei von Gil Robles, war. Der sofort von der Front zurückgerufene Luis Rosales, ein Jugendfreund Lorcas, konnte den Dichter nicht mehr retten; im Gegenteil: die Terroristen bedrohten nun auch ihn. Hauptmann Valdés gab den Befehl zur Erschießung Lorcas, Hauptmann Nestares ließ ihn vollstrecken.

Übrigens war es kein Zufall, daß gerade die Falange den Dichter zu schützen suchte. Die junge Partei war, bevor sie zur Stütze der Diktatur wurde, eine antikapitalistisch sozialrevolutionäre Bewegung. Ungeachtet der praktisch-politischen Differenzen stand sie Lorcas Idee einer nationalen und sozialen Erneuerung Spaniens nicht allzu fern. Die Ultramontanen, die Grundbesitzer und die Militärs waren Lorcas eigentliche Feinde. Überdies waren die jungen Falangisten romantisch bewegte Menschen: Luis Rosales war selber Dichter, und der Parteigründer José Antonio Primo de Rivera, der einen ähnlichen Tod wie Lorca, nur durch rote Terroristen, starb, wählte zum Symbol seiner Bewegung fünf Rosen. Das Franco-Regime, das nach dem Sieg die politische und künstlerische Romantik der ursprünglichen Falange verwarf (so wie alle Diktatoren sich nach der Machtergreifung von den Idealisten in den eigenen Reihen zu trennen pflegen), das den hochbegabten Lyriker Miguel Hernandez, weil er auf republikanischer Seite gekämpft hatte, 1942 im Gefängnis zugrunde gehen ließ – der Volksdichter Antonio Machado starb erschöpft unmittelbar hinter der rettenden französischen Grenze –, hat sich nachträglich mit den Mördern solidarisiert: indem es bis zuletzt die Umstände von Lorcas Tod zu verschleiern suchte; indem es die überlebenden Schuldigen, Ruiz Alonso und Nestares (Valdés ist im Bürgerkrieg gefallen), unbehelligt als Pensionäre in Spanien leben ließ, während es die Terroristen der roten Seite, soweit es ihrer habhaft wurde, der Garotte überantwortete.*
Das demokratische Spanien des Königs Juan Carlos nennt nun die Straßen statt nach José Antonio Primo de Rivera nach García Lorca.

Auch die Dichtung Rafael Albertis (*1902) ist aus der spanischen Volkspoesie gewachsen, ist undenkbar ohne die dunkle Bilderwelt der Romanzen, wenn auch bei ihm, der intellektueller als Lorca ist, Einflüsse der modernen Lyrik und Philosophie deutlich zu spüren sind. Sein erster Gedichtband, *Seemann an Land* (1924), der mit dem großen Nationalpreis für Literatur ausgezeichnet wurde, machte ihn berühmt. »Warum, Vater, brachtest du mich in die Stadt? Warum rissest du mich fort vom Meer?« Das hat Volksliedton, aber auch im übertragenen Sinn. Die Sehnsucht nach der Seefahrt weitet sich zu einer Sehnsucht nach der Mächtigkeit und Ursprünglichkeit des Meeres, nach den Korallen und Algen, den Muschelbänken, den Gärten auf dem Meeresgrund. »Nie werd' ich sehen dich, Gärtnerin in deinen Gärten, weiß von Morgenlicht.« Todessehnsucht ist in den Gedichten: Der Dichter trauert, daß ihm die Vermählung mit dem Meer verwehrt ist, das Geborgensein im Element. »Stürb einst meine Stimme an Land, tragt sie zur Fläche des Meeres und laßt sie ruhen am Strand.« Das ist die Sehnsucht des Menschen nach dem Mutterbauch, des Lebens nach dem Urozean, woraus es entsprungen ist. In dem Zyklus *Von den Engeln* (1929) wiederholt Alberti in anderen Bildern, mit anderen Chiffren die Klage um das verlorene Para-

* 1963 wagte es der Verlag Luis de Caralt in Barcelona, mein Buch unter dem Titel *Literatura y Revolucion* herauszugeben – einschließlich der ungekürzten Kapitel über Lorca und Alberti, versehen mit den Fotos der Verfolgten.

dies. »Städte ohne Antwort. Flüsse ohne Sprache, Gipfel echolos. Meere stumm.« Die Engel, die das himmlische, das ätherische Element im Dasein verkörpern, das Ideal, Überbringer des Lichtes, des Heils, der Gnade, sind stumm geworden, gescheitert, gestorben, verdorben. »Schwermütige Vögel, steingewordener Gesang.« Es gibt unbekannte Engel, Engel der Zahlen, glücklose Engel, Engel Aschenbrödel, Engel der Hast, neidvolle Engel, Engel des Mysteriums, somnambule Engel, Engel der Bodegas, falsche Engel, Engel der Ruinen – aber keine Engel für den Menschen. »Alle Engel verloren das Leben. Nur einer nicht, verwundet, gebrochenen Flügels.« Auch von streitbaren Engeln weiß Alberti:

»Menschenmenge von Meer und Land,
Namen, Fragen, Erinnerungen,
Stirne an Stirn.
Haufen eisigen Grolls,
Leib an Leib.
Turm ohne Kommando ich inmitten,
leichenfahler Turm, mit toten
Seelen behängt, die mich sahen,
die mich nicht gesehn.
Wind gegen Wind.«

Die Zivilisationsschwermut Albertis hat eine aggressive, satirische Komponente in seinen Groteskgedichten (*Kalk und Gesang*, 1927) »Mannequin, Girl-Venus, Wesen aus Draht und Holz. Lifts. Guten Tag, Pförtnerin...« beginnt ein Gedicht, worin Mythisches sich extravagant mit Technischem paart: »Himmelblaues WC. Thermosiphon. Badewanne. Unvergleichlich gekleidet und musterhaft, uriniert Ganymed auf Ikarus, des Windes gebrochenes Licht, eine Blume, schlicht aus Ozon und Benzin destilliert.« Hier wird der Sturz der Engel ins Parodistische gewendet. Es sind Verse schwarzen Humors, nicht zum Lachen, sondern zum Weinen bestimmt, grotesk und absurd, weil die moderne Welt grotesk und absurd ist, deformiert als Metapher für die Deformation des Menschen, lästerlich aus Protest gegen die Blasphemie der Zeit. »In meinem Sarge gähn ich, ein toter Karpfen . . . von vier gesottenen Gänsen gezogen zum Paradies!« Trotz dieser provokativen Note, einer Art spanischen Dadaismus', wäre Alberti wohl kaum unter die streitbaren Engel gefallen, wenn nicht der Bürgerkrieg gekommen wäre. Als Flieger verteidigte Alberti die Republik gegen Franco. Er schrieb Stücke und schlagkräftige Strophen unter dem Pseudonym Juan Panadero, Johann der Bäcker. »Galoppiere, Pferd mit vier weißen Füßen, Reiter des Volkes, die Erde ist dein. Galoppieren, hin galoppieren, bis sie im Meer begraben sind.« Er wurde Kommunist. Nach der Niederlage ging er nach Argentinien. Der Trauer um die drei spanischen Dichter, die dem Bürgerkrieg zum Opfer fielen: Federico García Lorca, Antonio Machado und Miguel Hernandez, gab der Emigrant Alberti in einer ergreifenden Ekloge Ausdruck, worin die Stimmen der drei Toten den Todeskampf eines Stieres begleiten, den man als Todeskampf der Dichter, des Volkes, Spaniens deuten kann.

Albertis dichterische Kraft hat in der Emigration nicht nachgelassen, wie die Zyklen *An die Malerei, Gezeiten, Erinnerungen* bezeugen. Fern der kommunistischen Kulturpolitik blieb der poetische wie der politische Impuls ungebrochen, wenn man von den dünnblütigen Gedichten absieht, die er in Europa schrieb, wohin er im Dienste der Weltfriedensbewegung fuhr. Vielleicht wurde er da vom Sozialistischen Realismus infiziert, vielleicht war es auch nur die Schwierigkeit, Gegenstände und Eindrücke zu bedichten, die sich der heimatlichen Bildersprache entziehen. Alberti selber hat die Last des Engagements wohl gespürt:

»Du konntest, da du ein Seemann warst an Land,
freier sein als heut,
unbekümmert wandern
von den Landfesten fort, entzündet
von deinen eben erwachten Träumen, durch abgrundtiefe
Täler untermeerischer Gärten, über die grünen
Hänge der Delphine, auf versunkenen Pfaden,
die zu süßen ersehnten Sirenen führten.
– – –
Wo waren da einst Grenzen, jene Furcht,
jene Abscheu vor den Schranken,
jener Kreislauf der Pflicht, den in der Nacht du heranrücken hörst
wie einen unglückseligen Befehl, der erfüllt sein muß bei Tagesanbruch!

Freiheit, du meine süße,
sosehr du Kind auch warst,
so klein auch deine zarten Schritte, sag mir,
gib mir Antwort, ob deine winz'gen Ohren mich
noch kennen: Trachtest du nicht, Flüchtige, Singende,
mich deinen freien glückverheißenden Gefilden wiederzugeben?
– – –
Freiheit, lasse mich nicht. Kehr mir zurück, hart und sanft,
ein jugendfrisches Mädchen, gereift im Leide.
Heut ist stärker mein Arm denn einst, und mein Gesang,
entflammt an deinem, er kann erschließen unsren Morgen
überm Meereshorizont für immer.«

Alberti hat das Paradies, das im Ozean (im archaischen Unbewußten) lagerte, an den Horizont (in die Utopie) projiziert.
Ende der siebziger Jahre kehrte Rafael Alberti, der letzte große überlebende Dichter des Bürgerkriegs, heim in das demokratisierte Spanien. Er fand ein anderes Land vor und eine andere Partei. Vom sowjetischen Terror gezeichnet, getragen von den ›Arbeiterkommissionen‹, den illegalen Gewerkschaften der Franco-Zeit, sich der Schrecken des Bürgerkriegs erinnernd, die sich nie wiederholen sollen, legte die spanische Partei, damals Speerspitze des Eurokommunismus, den Loyalitätseid ab vor dem König, der Fahne und der Demokratie.

Den nahezu achtzigjährigen Alberti, der den Terror, das barbarische Wüten unter ideologischen Gegnern auch jenseits des Ozeans, in Südamerika erlebte, hat die Zuwendung seiner Partei zu den bürgerlichen Realitäten nicht entmutigt. Er bleibe, so sagte er, was er gewesen sei: ein Bänkelsänger, ein Liedermacher, ein Poeta en la Calle, ein Dichter der Straße. »Strophe an Strophe, Lied an Lied brachte ich es sogar zum Parlamentsabgeordneten (KP-Abgeordneter für Cadiz).[69]«

Es liegt nahe, zur Deutung des Dichters Halldór Kiljan Laxness (* 1902) seinen Ende der dreißiger Jahre geschriebenen Roman *Weltlicht* heranzuziehen, da darin der Entwicklungsweg eines isländischen Volksdichters gestaltet ist. Obwohl es sich um ein Schlüsselwerk des Weltfriedenspreisträgers und Nobelpreisträgers handelt, ist sich die kommunistische Literaturkritik in der Interpretation des Buches auffallend uneinig.

»In dem vierteiligen Roman *Weltlicht*«, schreibt die Moskauer Zeitschrift *Sowjetliteratur*, »schildert Laxness den Lebenslauf des Bettelskalden Olafur Karason Ljosvikingur. Der Kapitalist Pjetur, allgemein ›dreifaches Pferd‹ genannt, fordert von dem Dichter die völlige Unterordnung seines Schaffens unter Pjeturs Ausbeuterinteressen. Olafur ist ein schwächlicher, kranker Mensch, zugleich aber ein kühner Rebellengeist. Lange Zeit bescheidet er sich mit dem Leben in einer durch eigene Vorstellungskraft geschaffenen Welt der Gerechtigkeit, schließlich aber erhebt er sich gegen Pjeturs Gewaltherrschaft und ruft in seinen Sängen das Volk zum Kampf auf.[70]«

Der Ostberliner Verlag, der die Bücher von Laxness herausbringt, meint hingegen: »Die Insel am Polarkreis ist ein harter Boden für Dichter, die sich wie Olafur angesichts der niederdrückenden Wirklichkeit in sich selbst zurückziehen. Wehrlos und lebensfremd, wird er zum Spielball der Mächtigen, ist Außenseiter, wo er Gefährte und Mitkämpfer sein müßte . . . Gefangen in der trostlosen Einförmigkeit eines armseligen und verachteten Daseins, verzehrt er sich in der Suche nach der reinen Schönheit, nach dem Weltlicht, anstatt seine Umwelt schaffend zu verändern.[71]«

Diese widersprüchliche Interpretation erklärt sich daher, daß der Romanheld Olafur ein vieldeutiger Charakter ist, den man nicht mit der politischen Elle messen kann. Olafur ist eine Art Simplicius Simplicissimus, ein treuherziger tumber Tor, der trotz allem Ungemach immerfort auf der Suche nach dem Schönen und Guten ist – ein nordischer Parzival auf der Suche nach dem Gral, der hier immateriell ist und Weltlicht heißt. »Vergiß nie deinen Traum vom Glück.« Hinter Olafurs Gebrechlichkeit steckt Lebensfremdheit und Lebensangst, aber auch Lebenskunst: In unwirtlichen Zeiten läßt er sich gern verhätscheln und bemuttern, aber an einem hellen jungfräulichen Frühlingsmorgen, wenn stille, klare Luft über der Erde liegt, die Blumen sich öffnen und eine Drossel im Gebirge singt, steht er auf und ist gesund. Olafur lebt und liebt, wandert und dichtet, er hat Glück bei den Frauen und wird von Politikern aller Richtungen umworben, so daß es ihm nie an einem Dach über dem Kopf fehlt und einer Mahlzeit auf dem Tisch.

Freilich: Das Dach brennt manchmal nieder, und die Mahlzeit ist manchmal karg. Denn alles Schöne, was Olafur begegnet, entgleitet ihm wieder. Das ist nicht schlechthin Tölpelei. Olafur flieht das Glück aus gutem Grund. Er gibt sich hin, aber nicht her. Er ist nicht bereit, für irdische Angelegenheiten sein Ideal zu verkaufen. »Vergiß nie deinen Traum vom Glück.«

Im Zentrum des Romans *Weltlicht* steht eine Aussprache zwischen dem Dichter Olafur und dem Revolutionär Örn Ulfar.

»Ljosvikingur«, sagt Örn Ulfar, »ich möchte eine Frage an dich richten. Warum dichtest du?«

»Ich lie-lie-be . . .«

»Du liebst. Was liebst du?«

»Ich weiß es nicht. Aber wahrscheinlich liebe ich die Schönheit.«

»Was sagst du zu Svidinsvik?«

»Die Aussicht auf die Berge hier in Svidinsvik ist ganz unvergleichlich.«

»Weißt du, daß es die Berge, die du betrachtest, in Wirklichkeit überhaupt nicht gibt? Oder siehst du nicht, daß sie mehr dem Himmel verwandt sind als der Erde? All das zauberhafte Himmelsblau, das dich verzückt, ist Sinnestrug.«

»Was ist denn am Ende wirklich? Was ist nicht Sinnestrug?«

»Das Menschenleben. Dieses Leben.«

»Nichts wäre natürlicher, als wenn die Schönheit und das Menschenleben sich vereinen und nie wieder trennen würden.«

»Die Schönheit und das Menschenleben sind zwei Liebende, die einander nie begegnen dürfen . . .«

»Immer, wenn es mir sehr schlecht ging, habe ich versucht, den Blick auf das Schöne und Gute zu heften und das Böse zu vergessen.«

»Für mich gibt es keine Schönheit, solange das Menschendasein ein unaufhörliches Verbrechen ist«, sagt Örn Ulfar. »Dächte ich anders, so würde ich mich als einen verkommenen Schurken betrachten.«

»Klagst du Gott an?« fragte Ljosvikingur.

»Falls du mir beweisen kannst, Gott hätte daran Schuld, daß mein Vater und meine Mutter es sich nie haben leisten können, für uns Milch zu kaufen, als wir klein waren; falls es Gott war, der verhindert hat, daß wir nicht ein einziges Mal im Jahr eine ordentliche Mahlzeit bekommen haben; wenn Gott es nicht zugelassen hat, daß wir Holz kaufen konnten, um unsere baufällige Hütte in der bittersten Winterkälte zu heizen; und es Gott war, der nicht geduldet hat, daß wir Kleidung auf dem Leib hatten; wenn Gott es war, der um keinen Preis der Welt erlaubt hat, daß wir Kinder von Erkältung und Skrofeln verschont bleiben konnten, ob Sommer oder Winter – ja, dann klage ich Gott an. Aber wenn ich ganz ehrlich sein soll, ich glaube ganz und gar nicht, daß du mir beweisen kannst, Gott regiere hier im Ort.«

Offensichtlich handelt es sich hier um einen inneren Dialog von Laxness: Er selber ist sowohl Olafur wie Örn Ulfar. Was die kommunistischen Interpreten so verwirrt, ist der Umstand, daß Laxness die beiden Seelen in seiner Brust bis zum Ende des Buches nicht auf einen Nenner zu bringen vermag. Wohl gibt es eine Szene, wo Olafur unter dem Eindruck einer Rede von Örn Ulfar in der kommunistischen Idee das Weltlicht sieht: »Unter dem roten Banner, dem Symbol des warmen Blutes der Menschheit, stand ein junges Mädchen: leuchtend und hingerissen, mit schwellendem Busen, Frühlingswind in den Locken. Und der Dichter sagte sich: sie ist das lebendige Sinnbild der Freiheit. Und er verstand sie mit einemmal bis auf den tiefsten Grund ihrer Seele. Noch brannte auf seinen Lippen der Kuß, mit dem sie ihn im Frost geküßt hatte, wie die Sonne im Frühling die Erde küßt.« Diese Szene scheint dem Rezensenten der *Sowjetliteratur* recht zu geben. Aber das Erlebnis verfliegt wie alle anderen: Olafur kehrt, nachdem er mit jenem Mädchen unter der roten Fahne eine Liebesnacht verbracht hat, in seinen jämmerlichen Alltag zurück. »Alles hierlassen«, sagt er. »Alles. Alle Träume. Alle Dichtungen. Alles Hoffen. Alles Leben. Alles.« Diese Wendung könnte dem Lektor des Ostberliner Verlages recht geben.

Doch Laxness verurteilt Olafur nicht. In einem nachträglichen Kommentar (1955) beklagt er ironisch, daß sein lieber kleiner Dichter nicht zur Heldenrasse gehöre, »ja, es ist bedauerlich, das ist eine Tragödie«; er sei nur ein Humorist und Innerer Emigrant gewesen, ein Genie, das der bekannten Stimme lauscht und lieber für die unrealistische Schönheit sterben will, als sich mit den Gestaltern des Zeitgeistes herumzubalgen[72]. »Ich bin nur ein Dichter«, sagt Olafur am Ende des Romans und schenkt einem gelähmten Mädchen einen Spiegel, damit sie vom Bett aus den Jökel sehen kann, die Herrlichkeit der Berggletscher auf Island.

Ich glaube, daß die ideologische Ambivalenz von Laxness mit der politischen Lage Islands zusammenhängt, die an die Irlands erinnert. Island wie Irland sind europäische Länder, die erst in der Mitte des zwanzigsten Jahrhunderts zu nationaler Selbständigkeit kamen. Die nationale Bewegung wird unter diesen Umständen von der schon weit fortgeschrittenen Klassendifferenzierung gebrochen. Der Nationalismus, in *Weltlicht* vertreten durch den Direktor Pjetur, wird den sozialen Aufgaben nicht gerecht; der Sozialismus, vertreten durch Örn Ulfar, ignoriert die nationale Frage (deren Symbol im Roman die dichterische und landschaftliche Schönheit Islands ist). Der Bettelskalde Olafur, der einerseits sein Vaterland anbetet, anderseits als Proletarier fühlt, versucht es erst mit der einen, dann mit der anderen Seite, bleibt aber unbefriedigt, weil jeweils nur ein Teil seines Wesens erfaßt wird. Das Ideal, das ihn lockt, entschwindet immer wieder wie eine Elfe in der Mittsommernacht.

Die Emanzipation Islands wird besonders kompliziert durch die Rolle Amerikas. Die Unabhängigkeitserklärung der Nordmeerinsel von Dänemark kam im Zweiten Weltkrieg mit amerikanischer Hilfe zustande. Das hatte neuen ausländischen Einfluß zur Folge, nun wirtschaftlicher Natur, Einräumen von Stützpunkten für die amerikanische Luftwaffe und Überfremdung des Bauernlandes mit westlicher Zivilisation. Laxness' Tendenzroman *Atomstation* (1948) handelt davon, aber auch sein großes historisches Epos *Die Islandglocke* (1943/46) spielt darauf an: »Ich weiß, ihr Hamburger würdet uns Isländern Getreide ohne Maden schicken und es nicht der Mühe wert halten, uns mit falschem Maß und Gewicht zu betrügen. Aber falls an Islands Küsten deutsche Fischerdörfer und deutsche Handelsplätze erbaut würden, wie lange wollte es dann dauern, bis sich dorten deutsche Kastelle erheben würden mit deutschen Kommandanten und Söldnertruppen? Was würde dann aus diesem Volk werden, das berühmte Bücher geschrieben hat? Die Isländer würden dann bestenfalls fette Lakaien in einem deutschen Vasallenstaat werden. Ein fetter Lakai ist kein großer Mann. Ein geprügelter Sklave ist ein großer Mann. Denn in seiner Brust wohnt die Freiheit.«

Dem auf einem Bauernhof aufgewachsenen Laxness schmeckte der amerikanische Kapitalismus besonders schlecht; wie Lorca kehrte er von einem Amerika-Aufenthalt 1926–1929 radikalisiert zurück. »Gerade in den USA«, schrieb er, »sah ich das kapitalistische System in seiner höchsten Entwicklung, und ich behaupte, daß man ein Idiot sein muß, um in Amerika nicht Sozialist zu werden.[73]«

Als Patriot wie als Sozialist ist Laxness also mit der Entwicklung Islands unzufrieden. Wie sein Held Olafur wird er von den realen Gegebenheiten abgestoßen, wie Olafur sucht er Rettung am Horizont. Seine Dichtung ist aus diesem Impuls geboren: Indem Laxness das heutige Island mit der alten Sagenwelt verschmilzt, die Menschen von heute mit Elfen, Hexen, Wahrsagern Umgang pflegen und Wunder erleben läßt, schafft er einen magischen Raum, in dem sich die Realitäten nicht mehr stoßen. Nicht zufällig kreist Laxness' Dichtung so oft um den Jökel, den Firn über Island – das ist der heilige, schon nicht mehr irdische Ort, wo der Gral verwahrt ist, wo das Weltlicht strahlt.

Auch sein politisches Ideal suchte Laxness in der Ferne, am Horizont, wo er verschwimmt wie das Gletschereis im Himmelsblau. Eine Zeitlang probierte er es mit dem Katholizismus; anderthalb Jahre lebte er im Kloster von Clairvaux. Dann schloß er sich dem Kommunismus an. Die kommunistische Kritik hat darauf aufmerksam gemacht, daß die Kommunisten in Laxness' Romanen nicht sehr real gezeichnet sind. Wie sollten sie auch? Sie leben wie alle anderen Romanfiguren im magischen Raum – jene blonde Walküre unter der Fahne, mit wogendem Busen und wehendem Haar, kommt schon in der Edda vor. Für den Dichter ist der Kommunismus nichts anderes als das auf die politische Bildfläche projizierte Weltlicht.

So blieb Halldór Kiljan Laxness ein Mann der Gegensätze, die sich im Unendlichen treffen: Realist und Idealist, Nationalist und Sozialist, Dichter und Politiker. Wehe, wenn sich die Gegensätze schon vorher treffen! Am 7. November 1956 schrieb Laxness in der Reykjaviker Zeitung *Thiodvirjinn* betrübt: Das Mißgeschick, das die Sowjets in Ungarn getroffen hat, ist für mich isländischen Sozialisten die Ursache großer Traurigkeit ... Ich bin Mitglied des Weltfriedensrates ... Nichts steht in größerem Gegensatz zu der Weltfriedensbewegung als das bewaffnete Vorgehen fremder Armeen gegen kleinere Länder ... Wenn ich die Ereignisse der letzten Tage in Ungarn hinnähme, hätte ich meinem Gefühl nach niemals wieder das Recht, gegen Handlungen fremder Armeen in anderen Ländern zu protestieren.[74]«

Die kommunistische Volksallianz Islands, eine führende politische Kraft ihres Landes, gehört inzwischen zu den radikalsten Verfechtern des Eurokommunismus; sie nimmt an keiner Veranstaltung des Sowjetkommunismus mehr teil. Laxness, der die Verurteilung von Dissidenten in der Sowjetunion eine ›Barbarei‹ und Solschenizyn einen ›großen Humanisten alter russischer Tradition‹

nannte, hat die Politik hinter sich gelassen und ist zum Weltlicht der Sagas (›gute Literatur, auf der man heute noch aufbauen kann‹) zurückgekehrt.
In seinen Memoiren *Dichterzeit* (1963) zog er Bilanz: »Der größte Fehler von uns Linkssozialisten gründete sich auf Leichtgläubigkeit. Es ist in den meisten Fällen ein größeres Vergehen, gutgläubig, als ein Lügner zu sein. Die Revolution hatte uns enthusiasmiert und unsere Hoffnungen an den Sozialismus geknüpft. Obwohl wir es hätten sehen können, haben wir nicht geglaubt, wie der Zustand der Gesellschaft in Rußland unter Stalin war. Nicht weil andere uns belogen, glaubten wir es nicht, sondern weil wir uns selbst belogen. Nur die Feinde des Sozialismus glaubten zu dieser Zeit Tatsachen über Stalin und seine Regierung. Die Leugnung von Fakten geht oft Hand in Hand mit den teuersten Hoffnungen und Idealen der Menschen.[75]«

Die Selbstkritik Amerikas

– der Zusammenbruch war nicht gekommen, und der Zusammenbruch würde niemals kommen, solange aus Angst noch Zorn werden konnte.

JOHN STEINBECK Früchte des Zorns 1939

Hoch zu Pferde zog John Reed (1887–1920) 1913 mit dem wilden Rebellenhaufen Pancho Villas zum Sitz des Präsidenten von Mexiko; in einem Rotarmistenauto fuhr er 1917 durch die von Schüssen gepeitschten Straßen Petrograds. Dieser große, blonde Junge aus dem amerikanischen Westen, der in der Blüte der Jahre fern der Heimat starb und unter der Mauer des Kreml bestattet liegt, Inbegriff des Amerikaners, der auszieht, den Völkern die Freiheit zu bringen, steht als mythische Gestalt am Anfang des amerikanischen Kommunismus – wie Rosa Luxemburg und Karl Liebknecht, Lenin und Antonio Gramsci ging er früh genug dahin, um im ungebrochenen Strahlenglanz der Revolution weiterzuleben.

John Reed war der Sohn eines Pioniers der amerikanischen Gründerzeit, eines angesehenen, honorigen Mannes, der in seiner Stadt Portland gegen die Korruption aufgetreten war. Er studierte an der vornehmen Harvard-Universität und gründete dort einen sozialistischen Klub, gewissermaßen den ersten der berühmten John-Reed-Klubs, die später zu Brutstätten des intellektuellen Kommunismus in Amerika wurden. Er stürzte sich ins Leben und wurde Journalist. Begabt, einfallsreich, temperamentvoll, von gewinnender Art und ausgestattet mit glänzenden Verbindungen, hatte er rasch Erfolg.
Lincoln Steffens, der den Vater beim gemeinsamen Kampf gegen die Holzbetrügereien in Portland kennengelernt hatte und den Jungen unter seine Fittiche nahm, erzählt in seiner *Autobiographie*: »Ich ging gewöhnlich früh zu Bett und schlief ein, aber es machte mir immer Freude, wenn Jack, ein großer, wachsender glücklicher Kerl, in mein Zimmer polterte, mich aufweckte, um mir zu erzählen, wie er in jener Nacht ›das Allerwunderbarste‹ gesehen oder getan hatte oder geworden sei. Mädchen, Spiele, Vagabunden, Leute der IWW*, streikende Arbeiter – ein jedes Erlebnis war für ihn so eindrücklich, eine Geschichte, die er dann auch oft nachher schrieb. Jeder Mensch, jeder Gedanke, Bill Haywood, irgendeine verkommene Dirne auf einer Parkbank, eine Revuetänzerin, Sozialismus, das Programm der IWW – alle bewegten sich für ihn auf einer Erlebnisebene. Ein jedes war das Allerwunderbarste. Jack und seine verrückten Freunde wa-

* Industrial Workers of the World, 1905 gegründete radikale Gewerkschaft; ihr Führer William Haywood wurde später Kommunist, an der Kremlmauer beigesetzt.

ren in der Tat das Allerwunderbarste« (zu den verrückten Freunden Reeds gehörte der junge Eugene O'Neill).

»Ein Mann muß vieles in seinem Leben lieben«, schreibt Dos Passos in der John-Reed-Skizze seines Romans *1919*. »Reed war ein Mann; er liebte Männer, er liebte Frauen, er aß gern und schrieb gern und liebte neblige Nächte und trank gern und liebte neblige Nächte und schwamm gern und spielte gern Fußball und liebte gereimte Verse und schrie gern Hurra und hielt gern Festreden und gründete gern Klubs und liebte Copeys Stimme, wenn sie las: *Der Mann, der König werden wollte* ... – aber hier steckte mehr dahinter als die Oxforder Gedichtsammlung; Linc Steffens sprach über den Genossenschaftsstaat, Revolution in einer Stimme, die so weich ist wie Copeys Stimme, Diogenes Steffens, Marx ist seine Laterne, durchwandert den Westen und sucht nach einem guten Menschen, Sokrates Steffens fragt unaufhörlich, warum nicht Revolution? John Reed wollte in einem Faß wohnen und Verse schreiben, aber er begegnete unaufhörlich Landstreichern, Arbeitern, kräftigen Kerls, die ihm gefielen, die kein Glück hatten, die keine Arbeit hatten, warum nicht Revolution?«

Wo es Streik, Aufruhr, Pogrom, Krieg gab, war der Reporter Reed zur Stelle, schrieb brillante Berichte – »der beste amerikanische Schriftsteller seiner Zeit«, sagt Dos Passos – und nahm für die Mühseligen und Beladenen Partei: für die revoltierenden Kumpel in den Gruben von Colorado und die streikenden Textilarbeiter in den Seidenfabriken Patersons, die landlosen Bauern Mexikos, die Juden in den osteuropäischen Gettos, die Soldaten beider Seiten in den Schützengräben des Ersten Weltkriegs. »Würden Sie im gegenwärtigen Krieg unter der amerikanischen Fahne kämpfen?« fragte ihn der Staatsanwalt, vor dem er sich wegen pazifistischer Agitation zu verantworten hatte. Reed antwortete kategorisch: »Nein«, und gab einen so beredten Bericht von den Greueln der Schlachtfelder, daß das Geschworenengericht ihn freisprach. Als er vom Militärdienst befreit wurde, weil er bei einer Operation eine Niere verloren hatte, erklärte er: »Der Verlust einer Niere kann mich davon befreien, dem Krieg zwischen zwei Völkern zu dienen, aber er befreit mich nicht vom Dienst, wenn es um den Krieg zwischen den Klassen geht.«

Die Nachkriegsjahre waren von fieberhafter revolutionärer Tätigkeit erfüllt: Gründung von Zeitungen und Organisationen, Kongresse, Straßenreden auf Seifenkisten, Reisen als blinder Passagier, mit gefälschten Papieren; er wurde zwanzigmal verhaftet, kam aber durch Kaution oder Gerichtsvertagung immer wieder frei.

Das Ende seines Lebens wurde verdüstert vom Konflikt mit der Komintern[76]. Auf der Gründungstagung der Kommunistischen Partei Amerikas 1919 widersetzte sich eine Gruppe von Amerikanern unter Reed dem Führungsanspruch der in Amerika ansässigen Russen und gründete eine eigene Kommunistische Arbeiterpartei. Die Komintern verurteilte die Spaltung und rief Reed zu Vereinigungsverhandlungen nach Moskau. Von dieser, seiner zweiten Rußlandreise konnte Reed nicht mehr heimkehren, da er auf der Rückfahrt, die er illegal unternehmen mußte, von einem Matrosen verraten und in Finnland ausgebootet wurde. Er blieb in der Sowjetunion und nahm 1920 als Delegierter der USA am

II. Weltkongreß der Kommunistischen Internationale in Moskau teil, wo er in scharfen Gegensatz trat zu Sinowjew und Radek, den sowjetischen Einpeitschern im Exekutivkomitee der Komintern (EKKI). Reed stellte sogar seinen Sitz im EKKI zur Verfügung. Aus jener Zeit kurz vor dem Tode sind Äußerungen tiefer Verzweiflung überliefert. Vermutlich bei einem Kongreß der Ostvölker in Baku infizierte er sich mit Typhus, der seinen ausgepumpten Organismus niederwarf. Da zu jener Zeit Genossen mit eigener Meinung noch nicht als Verbrecher angesehen wurden, bestattete man den toten Revolutionär mit allen Ehren an der Kreml-Mauer.

John Reeds Augenzeugenbericht von der Oktoberrevolution *Zehn Tage die die Welt erschütterten* (1919) ist weltberühmt geworden[77]. Das Engagement (›Im Kampfe waren meine Sympathien nicht neutral‹) hinderte den ›gewissenhaften Reporter‹ nicht an zuverlässiger Beobachtung und Dokumentation (einmal riß er eine Schicht von sechzehn übereinandergeklebten Plakaten von der Wand: »Schau, mit einem Schwung habe ich die ganze Revolution und Konterrevolution gepackt«), ja, es schärfte seinen Sinn für die unterschwelligen Massenstimmungen jener Tage, ohne die der Sieg der Bolschewisten nicht zu erklären ist. Eisenstein drehte danach einen seiner denkwürdigen Filme.

Im Schicksal des Buches spiegelt sich das Schicksal des Bolschewismus. »Mit dem größten Interesse und unausgesetzter Aufmerksamkeit las ich John Reeds Buch *Zehn Tage die die Welt erschütterten*«, schrieb Lenin zum Geleit. »Ohne Einschränkung empfehle ich es den Arbeitern der Welt. Dies ist ein Buch, das ich in Millionen von Exemplaren verbreitet und in alle Sprachen übersetzt wissen möchte.« Stalin setzte das Buch auf den Index. Der Grund dafür ist nicht schwer einzusehen, wenn man bedenkt, daß Reed den späteren Diktator nur zweimal höchst beiläufig erwähnt, hingegen immer wieder die eigentlichen Führer des Roten Oktober zitiert, die dann fast ausnahmslos vom Stalinismus vernichtet wurden. »Und dann stand Trotzki auf der Tribüne, selbstsicher, faszinierend, das ihm eigene sarkastische Lächeln um den Mund. Er sprach mit weithin schallender Stimme, die Massen zu sich emporreißend . . .« – nein, das konnte unter Stalin nicht gedruckt werden. Als Chruschtschow 1956 der Stalin-Legende zu Leibe ging, ließ er *Zehn Tage die die Welt erschütterten* wieder erscheinen. Freilich wurde auch jetzt noch das Buch, das Lenin den Arbeitern der Welt ›ohne Einschränkung‹ empfohlen hatte, mit Kommentaren versehen, die Reeds Hochachtung vor den Parteifeinden Trotzki, Sinowjew und Kamenew korrigieren.

Der sozialistische Gedanke wurde in den Vereinigten Staaten am Anfang des Jahrhunderts auf zwei Wegen vorgetragen: von unten durch die radikalen Arbeiterorganisationen, die damals mit dem Kapital auf Leben und Tod kämpften, und von oben durch eine Gruppe liberaler Publizisten und Reformer, denen Präsident Theodore Roosevelt den abfällig gemeinten Namen Muckrakers, Schmutzaufwühler, gab. Nach dem Sieg des industriellen Nordens über die Plantagenbesitzer der Südstaaten im Bürgerkrieg (1865) und dem Abschluß der Westkolonisation (1890) hatte sich der Kapitalismus stürmisch und vollkommen unbekümmert um politische, soziale und moralische Belange entwickelt. Es zeigte

sich, daß die demokratische Verfassung der hemmungslosen Bereicherung einzelner Tür und Tor öffnete, gemäß dem Wort von Anatole France: »Das Gesetz in seiner erhabenen Gleichheit verbietet Reichen wie Armen, unter Brücken zu schlafen, auf der Straße zu betteln und Brot zu stehlen.« Das Gesetz in seiner erhabenen Gleichheit gestattete Reichen wie Armen, die Wahlen zu beeinflussen, Verwaltungen, Volksvertretungen und Gerichte zu bestechen, die Polizei und die Presse zu kaufen, die kleinen Unternehmer und Farmer zu ruinieren und die Arbeiter auszubeuten. Die Industrie- und Finanzkönige hinterließen auf ihrem Weg zu immer größerem Reichtum, immer größerem Ansehen und immer größerer Macht eine Spur von Blut und öffentlicher Korruption. Begünstigt wurde diese Entwicklung durch das Einströmen von Millionen von Einwanderern, die, ungelernt und der Sprache wie der Gesetze unkundig, ein bequemes Objekt rücksichtsloser Ausbeutung waren.
Anderseits bot die demokratische Verfassung, die der Kapitalismus ausnutzte, auch seinen Widersachern eine Plattform. Einige große, weitverbreitete Zeitschriften deckten systematisch die Mißstände auf. Journalisten und Schriftsteller beschäftigten sich oft monatelang mit den Zuständen in einzelnen Städten und Staaten und legten dann umfassendes, stichhaltiges, alle Hintergründe erhellendes Material vor. Die amerikanische Öffentlichkeit war fassungslos angesichts des ungeheuren Mißbrauchs der demokratischen Spielregeln und der wirtschaftlichen Macht. Zwar gelang es der Großindustrie nach und nach, die Tätigkeit der Schmutzaufwühler durch Druck auf die Zeitschriften einzudämmen, aber das soziale Gewissen war wachgerüttelt. Reformen wurden durchgesetzt. Die Truste figurierten von nun an im Bewußtsein der Nation als Volksfeind Nr. 1. Ein neues Element kam in die Politik: die öffentliche Kontrolle.
Der führende Mann der Schmutzaufwühler war Lincoln Steffens (1866–1936). Er war der Sohn eines Geschäftsmannes in San Francisco, studierte an der Universität von Kalifornien, in Berlin, Heidelberg, München, Leipzig und an der Sorbonne. Ein deutscher Studienfreund, der früh starb, hinterließ ihm ein Vermögen, das er, als Börsenberichterstatter in Geldgeschäften bewandert, durch kluge Spekulationen zu mehren verstand. Dadurch konnte er sich ›von Wallstreet befreien‹. Als Redakteur und Reporter New Yorker Zeitschriften begann er 1902 damit, die Korruption in den amerikanischen Städten aufzudecken. Die erste Sammlung seiner Artikel, die 1904 unter dem Titel *Die Schande der Städte* erschien, wühlte die öffentliche Meinung auf wie außerdem nur noch – zwei Jahre später – Upton Sinclairs Enthüllungen über die Schlachthöfe von Chikago, *Der Sumpf*. Steffens war zu jener Zeit weder Sozialist noch überhaupt Politiker, einfach ein rechtschaffener Journalist, der sich über Unrecht und Mißwirtschaft empörte und dabei der Zustimmung der Bürgerschaft gewiß sein konnte. »Es waren Tage der Unschuld, und wir waren alles recht arglose Leute«, meinte er rückblickend. »Heute neige ich fast zu der Ansicht, daß das, was ich in jener Zeit geschrieben habe, seine Überzeugungskraft recht eigentlich der Tatsache verdankt, daß ich mit all der erlernten Unkenntnis von damals an meine Nachforschungen herantrat. Denn sie war es, die meinen Berichten den Grundton des Erstaunens, des Unwillens, der bürgerlichen Empörung verlieh.« Wie die Masse

der Amerikaner war er der Meinung, daß die Mißstände auf schlechte Leute zurückzuführen seien und durch Einsatz integrer Persönlichkeiten behoben werden könnten.

Erst als er eine Stadt nach der anderen abgraste und überall die gleichen Zustände vorfand, als er die ›schlechten Leute‹, die Industriellen, Politiker, Wahleinpeitscher und Lobbyisten, persönlich kennenlernte, geriet seine bürgerlich sittliche Überzeugung ins Wanken. Er entdeckte, daß nicht die Leute schlecht sind, sondern das, was er ›das System‹ nannte. Vor einem Auditorium von Honorationen in Los Angeles erklärte er: »Es ist nicht möglich, eine Eisenbahn, eine Straßenbahn, ein Gas- oder Elektrizitätswerk zu bauen und in Betrieb zu halten, ein Bergwerk auszubeuten, Wälder aufzukaufen und in großen Ausmaßen Holz schlagen zu lassen oder in der Tat irgendein bevorrechtetes Unternehmen zu leiten, ohne die Regierung zu bestechen oder in ihre Bestechungsmanöver mit verwickelt zu werden. Sie haben mir insgeheim gestanden, daß Sie dazu gezwungen sind, und nun erkläre ich Ihnen halb öffentlich, daß es so ist. Und die Dinge liegen in unserem ganzen Lande so. Das bedeutet nichts anderes, als daß wir eine Gesellschaftsordnung dulden, in welcher aus irgendeinem Grunde Sie und Ihresgleichen, das heißt, unsere fähigsten, begabtesten, einfallsreichsten, unternehmungslustigsten, praktischsten, kurz, unsere führenden Männer sich gegen die Gemeinschaft, ihre Gesetze und ihre volle Entwicklung stellen und stellen müssen.« Auf die Frage, wer schuld sei, antwortete er: »Im allgemeinen heißt es bekanntlich, Adam sei schuld. Aber, wie Sie sich erinnern, behauptete Adam, Eva sei es gewesen, das Weib; Eva hätte es getan. Und Eva behauptete, nein, nicht sie, sondern die Schlange sei schuld... Und jetzt komme ich und versuche Ihnen zu zeigen, daß auch heute noch die Schuld am Apfel liegt.«

Der entschieden schärfere Ton, den Steffens' Kampfgenosse Upton Sinclair (1878–1968) anschlug, erklärt sich vor allem daher, daß er nicht die Zustände an der Spitze, sondern die am Fuße der Gesellschaftspyramide zur Debatte stellte. Was oben als Unredlichkeit schockierte, wirkte sich unten als nackte Unmenschlichkeit aus. Sinclair stammte aus einer verarmten Familie von Seekapitänen; sein Vater, Whiskyhändler in Baltimore, ruinierte sich durch Trunk. Mit fünfzehn Jahren mußte der Junge für sich und seine Mutter den Lebensunterhalt verdienen; das Studium finanzierte er mühsam durch literarische Gelegenheitsarbeiten; später lebte er mit Frau und Kind in großer Not in einem Zelt. Er war Schreiber, Schüler und Freund Jack Londons. Der Roman *Der Sumpf* (1906), der die Eindrücke reflektierte, die Sinclair als Zeitungsberichterstatter in den Chikagoer Schlachthöfen und Fleischfabriken gewonnen hatte, machte ihn weltberühmt. Mit dem Honorar gründete er bei New York die Helikon-Hall-Farm, eine sozialistische Kolonie, deren Mitglieder, darunter der junge Sinclair Lewis, in Gütergemeinschaft lebten. Nach einem Jahr verschlang ein Brand das Unternehmen und damit Sinclairs Vermögen.

Seither schrieb er mit unerschöpflicher Produktivität zahllose Tendenzromane, die insgesamt in siebenundvierzig Sprachen übersetzt wurden. Neben dem *Sumpf* sind vor allem *König Kohle* (1917) und *Petroleum* (1927) klassisch geworden, das erste ein Buch über den Aufstand in den Rockefeller-Minen von Colorado,

das andere der ›Roman vom Werden einer neuen Weltmacht‹, der Weltmacht Öl. Die Werke Sinclairs können, obwohl sie die Tatsachen romanhaft verarbeiten, nicht mit literarischem Maßstab gemessen werden, sie sind eine Mischung von Kolportage und Pamphlet; ihren Rang in der Literaturgeschichte behaupten sie als Dokumente der Zeitgeschichte und des sozialen Protestes. »Wenn die Leute mich fragen, was sich im Verlaufe meines langen Lebens begeben hat«, sagte Shaw, »so verweise ich sie nicht auf Zeitungen und Quellen, sondern auf die Romane Upton Sinclairs.[78]«
Steffens und Sinclair haben wie Reed die Oktoberrevolution begrüßt, das bedeutete aber nicht, daß ihre Vorstellungen mit denen der Bolschewisten übereinstimmten. Lenin nannte Upton Sinclair schon 1915, als der Amerikaner mit einem Apell gegen den Krieg hervorgetreten war, einen ›Sozialisten des Gefühls‹, was er keineswegs als Kompliment meinte. »Naiv wirkt Sinclair mit seinem Aufruf . . .[79]« mokierte sich Lenin. Mangelndes Verständnis für die objektive revolutionäre Lage und die revolutionäre Organisation könne nicht durch Gefühl ersetzt werden. Sinclair versuche ›dem harten und erbarmungslosen Kampfe der mächtigen Strömungen innerhalb des Sozialismus‹ (nämlich zwischen demokratischen und terroristischen Sozialisten) mit Hilfe der Rhetorik aus dem Wege zu gehen. Dessenungeachtet schätzten die Bolschewisten Sinclairs Bücher als Entlarvungen des amerikanischen Kapitalismus und verbreiteten sie in Massenauflagen.
Als Mitglied einer Sonderkommission des Präsidenten Wilson traf Steffens zur Zeit der Versailler Friedensverhandlungen 1919 in Moskau mit Lenin zusammen. Er hatte den Auftrag zu sondieren, ob die Sowjets bereit seien, sich in die Normen eines friedlichen und gesitteten Zusammenlebens der Völker zu fügen. Das Gespräch mit Lenin hatte große Ähnlichkeit mit den Unterhaltungen, die Wells mit Lenin und Stalin geführt hat: Zwei völlig fremde Denkweisen standen einander gegenüber. »Lenin hatte wenig Geduld für meinen Liberalismus«, gesteht Steffens in seiner *Autobiographie*. Den Vorschlag, die weltrevolutionäre Aktivität und die Infiltration anderer Länder zu unterbinden, lehnte Lenin rundweg ab. »Was für Sicherungen können Sie bieten, daß der rote Terror nicht weiterhin mordet –« fragte Steffens. Lenin sprang wütend auf: »Wer will uns wegen unserer Morde zur Rechenschaft ziehen? . . . Wollen Sie damit sagen, das jene selben Leute, die soeben in einem völlig sinnlosen Krieg siebzehn Millionen Menschen systematisch haben hinschlachten lassen, sich nun Sorgen machen, weil eine Revolution, die sich ein bewußtes Ziel gesteckt hat, ein paar tausend umbringen mußte – damit wir uns von der Notwendigkeit des Krieges befreien können?« Ungeachtet dieser heftigen Reaktion blieb dem erfahrenen Menschenkenner Steffens nicht verborgen, daß gerade dieses Thema seinem Gesprächspartner an die Nieren ging. Lenin räumte schließlich ein, daß es besser wäre, mit dem roten Terror nur zu drohen und die lästige ehemalige Oberschicht auf diese Weise aus dem Lande zu jagen.
Wie alle anderen, die Lenin begegneten, konnte auch Steffens sich der Faszination dieser Persönlichkeit nicht entziehen. Er vertraute der Integrität Lenins und hoffte, daß der Weg Sowjetrußlands über die Diktatur zur Demokratie füh-

ren werde. »Ich bin in der Zukunft gewesen, und sie funktioniert«, sagte er nach seiner Heimkehr zu dem Bankier Bernard Baruch, Ratgeber Wilsons und später Franklin Roosevelts.

1931 wurde Lincoln Steffens noch einmal zum sozialen Gewissen der Nation mit seiner denkwürdigen *Autobiographie* (deutsch: *Die Geschichte meines Lebens*). Dieses Comeback war kein Zufall. Der jähe Zusammenbruch der Zwischenkriegskonjunktur, ausgelöst durch den schwarzen Freitag 1929 an der New Yorker Börse, riß das wirtschaftliche und soziale Leben Amerikas (und der Welt) in eine neue, die furchtbarste Krise des Kapitalismus; nach einem Jahrzehnt der scheinbaren Stabilisierung zeigte sich, daß die alte Intention der Schmutzaufwühler noch nicht abgegolten war. *The Autobiography of Lincoln Steffens* war der alarmierende literarische Ausdruck der Weltwirtschaftskrise, wie ein Menschenalter früher *The Shame of the Cities* Ausdruck der Gründerzeit-Malaise war. Das Buch, in dem der führende Liberale Amerikas offen seine Zweifel an der Demokratie und seine Sympathien für Sowjetrußland aussprach, leitete die Rote Dekade ein. Steffens' Tendenz zum Kommunismus wurzelte in seiner Vorliebe für die Revolution von oben. Schon in der Schmutzaufwühler-Zeit vertrat er die Meinung, ›daß es in jeder Stadt, wie überhaupt in jeder Lebenslage, Anführer und Nachtreter gibt, und zwar nur wenige Anführer und sehr viele Nachtreter. Sie lassen sich jederzeit unterscheiden. Man braucht einem Mann lediglich einen Vorschlag zu machen und ihn dann zu beobachten. Wenn er sich sofort dafür oder dagegen entscheidet, aus freien Stücken, dann hat man es vermutlich mit einem Anführer zu tun, und es lohnt sich, mit ihm zu reden. Wenn er sich aber nicht entscheiden kann, um Bedenkzeit und eine Gelegenheit bittet, sich mit seinen Mitarbeitern zu besprechen, dann ist er ein Nachtreter, ein ›Ja-Sager‹; und es lohnt sich nicht, weiter mit ihm zu reden ... Man verschaffe sich also die Unterstützung der Leithammel und überlasse es diesen, selbst ihre Herde zusammenzukriegen.«

Bemerkenswert ist, daß in der *Autobiographie* nicht nur Lenin gerühmt wird, sondern mit unverhohlener Emphase auch Mussolini. Diese seltsame Affinität kennen wir schon von anderen Linken, beispielsweise von Niekisch und Shaw. Steffens nennt die beiden Führer wiederholt in einem Atemzuge, er bagatellisiert ihre weltanschaulichen Gegensätze gegenüber ihrem gemeinsamen Verdienst, die Bourgeoisie und den Pöbel gebändigt zu haben (Steffens nennt das Volk tatsächlich ›Pöbel‹). »Die beiden Ziele waren einander entgegengesetzt oder waren doch wenigstens verschieden. Aber das ist hier nicht wichtig. Was fehlt und nottut, ist ein systematisches Vorgehen, ein Weg, das auszuführen, was ich die Reformer zu Hause (und in der Geschichte) vergeblich unternehmen sah ... Sie haben die demokratische Handlungsweise fahrengelassen und bedienten sich einer Diktatur, die von einer sehr beschränkten, entsprechend erzogenen, disziplinierten Minderheit rebellischer, aber im Grunde romantischer und gehorsamer junger Leute gestützt wurde.« Steffens' Gespräche mit Mussolini ähnelten denen mit Lenin aufs Haar – in beiden Fällen erschreckende Demonstrationen für die geradezu masochistische Unterwerfung des Intellektuellen wider sein Gewissen unter die Macht.

Bei der Erörterung der amerikanischen Perspektiven taucht ein dritter Heros neben Lenin und Mussolini auf – Henry Ford. Er ist für Steffens der Prototyp des kühnen, weitschauenden Wirtschaftsführers, der unabhängig von Banken und Aktionären (dem *raffenden* Kapital, wie die Nationalsozialisten zu sagen pflegten) alles für die Entwicklung der Produktivität und des Volkswohls tun kann. Steffens deutet an, daß Bolschewismus, Faschismus und Monopolkapitalismus von verschiedenen Ausgangspunkten, unter verschiedenen Fahnen in dieselbe Richtung tendieren, zu einem Regime der Manager, das die soziale Frage endlich zu lösen vermag. Die Bolschewisten schienen ihm dabei im Vorteil, weil sie am bewußtesten, am planvollsten und ökonomischsten vorgingen.

Diese unbestreitbar klugen Gedanken, mit denen der Exkommunist James Burnham zehn Jahre später Furore machte (*Das Regime der Manager*, 1941), haben mit Sozialismus im Sinne von Marx wenig zu tun. Sie verraten den Einfluß von Steffens' Landsmann und Generationsgenossen Thorstein Veblen (1857–1929), dem genialen Soziologen, der nach der Oktoberrevolution ebenfalls Parteigänger der Bolschewisten war. Veblen, Sohn einer aus Norwegen eingewanderten Farmerfamilie, war Professor für Nationalökonomie an mehreren amerikanischen Universitäten. Er war ein eigensinniger, indolenter, fürs Alltagsleben unbrauchbarer Mann, ein Eigenbrötler und Menschenverächter; wegen seines politischen Radikalismus und seines Lebenswandels büßte er mehrmals die Professur ein. In seinem ersten und bekanntesten Buch *Die Theorie der Müßiggängerklasse* (1899, deutsch: *Theorie der feinen Leute*) kritisierte er außerordentlich geistreich, sarkastisch und boshaft die Lebensart der Bourgeoisie; er leitete deren Lebenshaltung, Geschmack, Umgangsformen, Bildung und Freizeitgestaltung geradewegs aus den Sitten des Urwalds ab. Im Privateigentum (an Frauen wie Produktionsmitteln) sah er eine Institutionalisierung des räuberischen Instinktes im Menschen, die Verschleuderung des gesellschaftlichen Reichtums für unproduktive Zwecke wie Geltung und Genuß. Er setzte seine Hoffnung auf die moderne Technik, auf die Maschine, die eine rationale Organisation der Wirtschaft erzwingen würde. An die Stelle der egoistischen, anarchistischen Unternehmer würden eines Tages disziplinierte, nur auf ihre Arbeit orientierte Manager und Technokraten treten, Funktionäre einer monolithischen Staatswirtschaft. Veblen empfand dieses von ihm propagierte System als Sozialismus, verschwendete aber keinen Gedanken an das Schicksal der arbeitenden Massen. Marxens humanistischer Impuls fehlte ihm völlig.

Steffens, dem der humanistische Impuls durchaus zu eigen war, mußte, wenn er diesen Weg ging, unweigerlich in einen Konflikt zwischen Verstand und Gefühl geraten. Die *Autobiographie* offenbart mit großer Aufrichtigkeit sein Ringen mit dem Gewissen. Bei aller Bewunderung für die Leistungen der Diktatoren vergaß Steffens niemals, womit sie erkauft waren: mit dem Verlust der Menschenrechte. Wohl befürchtete er, die Intellektuellen könnten, wenn sie an der Humanität um jeden Preis festhielten, auf den Schindanger der Geschichte geworfen werden, er war aber nur zu einem zeitweiligen Verzicht bereit als Übergangsstufe zum Reich der Freiheit. An der Neige seines Lebens trat Lincoln Steffens in die Kommunistische Partei ein; er ist aber, wie Upton Sinclair be-

richtet, desillusioniert und gebrochenen Herzens gestorben. Während der Sowjetstaat unter Stalin immer mehr entartete, bemächtigte sich die amerikanische Demokratie unter Roosevelt der staatskapitalistischen Ideen von Veblen und Steffens und realisierte sie im New Deal.
Upton Sinclair war kein bürgerlicher Intellektueller, sondern ein Mann von der Straße, kein Ideologe, sondern ein ›Sozialist des Gefühls‹. Er wurde Antikommunist – nicht trotz, sondern wegen seiner Radikalität. In den dreißiger Jahren, als der Kommunismus seinen stärksten Einbruch in die amerikanische Intelligenz erzielte, bekannte er sich rückhaltlos zur Politik Roosevelts und bewarb sich 1934 als Kandidat der Demokraten für den Gouverneursposten von Kalifornien (vergeblich wie schon 1926 und 1930 als Kandidat der Sozialisten). Das Hauptwerk der Spätzeit, die aus elf Bestsellern bestehende *Lanny-Budd*-Reihe (1940–1953), welche die politischen, kriminalistischen und amourösen Abenteuer eines illegitimen Millionärssohnes vom Ersten Weltkrieg bis zur Berliner Blokkade erzählt, ist – politisch gesehen – ein Anti-Steffens: Die Manager aller Länder von den Großkapitalisten über die Nationalsozialisten bis zu den Bolschewisten werden als Feinde der Menschheit attackiert. Lanny Budd, der bei Hitler und Stalin ein- und ausgeht wie bei Roosevelt, ist ein militanter Demokrat; er wird am Ende von den Sowjets entführt und gefoltert.
In einem Brief an Fadejew, der ihn als ›Blüte der Weltliteratur‹ und ›Freund der Sowjetunion‹ gefeiert hatte, verwahrte sich Sinclair 1949 dagegen, daß seine vor dreißig und vierzig Jahren geschriebenen Bücher zur Verleumdung der amerikanischen Gesellschaft von heute mißbraucht werden[80]. »Ich habe mein Leben der Aufgabe geweiht, mich für die amerikanische Demokratie mittels der Kritik ihrer Unvollkommenheit einzusetzen . . . Dieses Recht, eine offene Kritik üben zu können, verdanke ich meinem Schöpfer und jenen großen amerikanischen Revolutionären, die uns unsere Freiheit und die Verfassung erkämpften, unter denen wir heute dieses Recht genießen können. Auch dem russischen Volk wurde eine Verfassung gegeben, die ihm seine Freiheit verkündete, aber diese Verfassung ist noch nie in die Praxis umgesetzt worden: sie dient eigentlich nur der Tarnung . . . Wer es in der Sowjetunion wagte, die Nachteile des gegenwärtigen Systems zu kritisieren, etwa in der Form, in der ich die Unzulänglichkeiten meines eigenen Landes angegriffen habe, würde sofort erschossen werden, gleich vielen Tausenden vor ihm.«
Es bedurfte nicht erst seines Briefes an Stalin 1952[81] mit der Frage, ob er als Eroberer oder als Staatsmann in die Geschichte eingehen wolle, um die Millionen Exemplare Upton Sinclairscher Bücher aus dem Sowjetleben verschwinden zu lassen, als hätte es sie nie gegeben.

Mit dem Auftreten der Schmutzaufwühler korrespondierte die Geburt des sozialkritischen Romans in Amerika. Jack London schrieb neben seinen Abenteuerbüchern sozialistische Tendenzwerke und Utopien (*Die eiserne Ferse*, 1907); Stephen Crane führte Elendsschilderungen in die amerikanische Literatur ein (*Maggie, ein Mädchen von der Straße*, 1892); Frank Norris wurde zum Epiker des kalifornischen Weizens (*Octopus*, 1901); David Graham Phillips, der zu den

Schmutzaufwühlern im engeren Sinne gehörte und auch am publizistischen Kampf der Reformbewegung beteiligt war, schockierte durch die Geschichte einer amerikanischen Nana (*Susan Lenox, ihr Fall und Aufstieg*, 1917 postum veröffentlicht). Es war eine unglückliche Zeit für die Dichtung Amerikas: Die Werke wurden, wenn sie den Anschauungen der Gesellschaft widersprachen, boykottiert, zensiert, totgeschwiegen; die Schriftsteller starben früh – London beging Selbstmord, Crane erlag der Tuberkulose, Norris einer Blindarmentzündung, Phillips wurde von einem Geisteskranken erschossen. Allein Dreisers mächtiges Werk ragt in die Periode nach der russischen Oktoberrevolution.

Theodore Dreiser (1871–1945) wuchs in drückender Armut auf, als neuntes von dreizehn Kindern eines aus dem Rheinland stammenden, bigott katholischen Hüttenverwalters[82]. Er konnte nur die Volksschule besuchen, später studierte er ein Jahr lang an der Universität Indiana. Die Armut blieb ihm treu, solange er sich als Kommis und Gelegenheitsarbeiter durchschlagen mußte. Dann arbeitete er sich im Journalismus hoch, ging nach New York, wo er mit seinem Bruder eine Zeitschrift herausgab, dann leitender Redakteur in einem großen Verlag von Modejournalen war. Wie vielen seiner Zeitgenossen blieb ihm die literarische Anerkennung lange versagt. Sein erster Roman *Schwester Carrie* (1900), der freimütig und vorurteilslos den Weg einer jungen Frau zum Erfolg auf der Bühne schildert, wurde wegen des Entrüstungssturms, den er beim literarischen Publikum, vor allem bei den Damen der Gesellschaft auslöste, vom Verleger zurückgezogen. Dreiser mußte mehr als ein Jahrzehnt warten, ehe er sich mit *Jennie Gerhardt* (1911), wieder einem Frauenschicksal, in der nun aufgeklärten Öffentlichkeit durchsetzen konnte.

Das zentrale Werk Dreisers, das Anfang und Ende seiner Entwicklung als Schriftsteller bezeichnet und seine Weltanschauung am deutlichsten offenbart, ist die *Trilogie der Begierde* mit den Bänden *Der Finanzier* (1912), *Der Titan* (1914) und – in dreißigjährigem Abstand – *Der Stoiker* (1947 postum veröffentlicht). Die Trilogie schildert den Aufstieg Frank Algernon Cowperwoods, eines Selfmademans der Jahrhundertwende, vom Sohn eines kleinen Bankangestellten zu einem der Könige der amerikanischen Wirtschaft. Vor dem Glaskasten eines Schaustellers hat der kleine Frank sein Urerlebnis, er sieht, wie ein Hummer einem Tintenfisch den Garaus macht: »Als er den getöteten Tintenfisch betrachtete, tat er ihm ein klein wenig leid. Dann blickte er auf den Sieger. ›Es muß wohl so sein‹, sagte er zu sich selbst. ›Der Tintenfisch war nicht rasch genug.‹ Er stellte sich den Hergang vor. Der Tintenfisch konnte den Hummer nicht töten, weil er keine Waffe hatte; wohl aber konnte der Hummer, der schwer bewaffnet war, den Tintenfisch umbringen. Der Tintenfisch bekam kein Futter; dem Hummer war der Tintenfisch als Nahrung bestimmt. Was konnte daraus werden? Wie konnte es anders sein? ›Er hatte eben keine Chance‹, schloß er endlich, als er heimwärts wanderte.« Frank ist intelligent, stark und rücksichtslos, er nimmt seine Chance wahr.

Als Kommis in seiner Heimatstadt Philadelphia eignet sich Cowperwood rasch die Kniffe der Börse an, kommt zu Reichtum und Macht, wird aber nach einer mißlungenen Spekulation von den angestammten Honoratioren zu Fall und ins

Gefängnis gebracht. Ungebrochen, klüger geworden, kehrt er zurück, gewinnt neue Millionen und geht nach dem lockenden Westen, in die aufstrebende Riesenstadt Chikago. In einem harten Kampf nach den Gesetzen des Dschungels, mit Geschäftspraktiken, zu denen Intrigen, Verleumdungen, Bestechungen, Erpressungen und Sabotagen gehören, schwingt sich Cowperwood zum Straßenbahnkönig Chikagos auf und erwirbt unermeßlichen Reichtum. Doch der letzte, gigantische Coup, von dem er sich die absolute Herrschaft über die Stadt erhoffte, scheitert am Widerstand der von seinen Rivalen mobilisierten Bevölkerung. Cowperwood schüttelt den Staub Amerikas von seinen Füßen, steckt sein Kapital in die europäische Wirtschaft und baut Londons Metro. Im Zenit des Erfolges aber, schon eingedenk der Sinnlosigkeit seines Tuns, stirbt er an einer heimtückischen Krankheit. Nach seinem Tode zerrinnen die aufgehäuften Millionen – sein Lebenswerk – unter den Händen unfähiger Erben und treuloser Verwalter; sogar die kostbare Gemäldesammlung kommt unter den Hammer. Übrig bleibt ein pompöses Grabmal aus grauem Granit.

Dreiser war ein ernster, gewissenhafter Mann, der, mühsam um Ausdruck ringend, seine Romane aus tief verletztem sittlichem Empfinden schrieb. Sein Werk muß in Zusammenhang gesehen werden mit der sozialen Protestbewegung seiner Zeit; der Dichter breitet ein Panorama des amerikanischen Lebens aus, wie es die Schmutzaufwühler in ihren Reportagen ans Licht gezogen haben. Kollegen entrüsteten sich über den Koffer mit Zeitungsausschnitten, den Dreiser mit sich herumschleppte, um seine Bücher gründlich dokumentieren zu können; das Porträt Cowperwoods ist nach dem Vorbild eines wirklichen Industriemagnaten gezeichnet. Eigene bittere Erfahrungen aus der Jugend in Armut und der journalistischen Praxis scheinen immer wieder durch. »Mitleid und Kummer«, sagt Upton Sinclair, »durchziehen wie eine monotone, gedämpfte Melodie seine Geschichten von der Nichtigkeit und dem falschen Glanz des Daseins.« Und Howard Fast: »Der Schlüssel zum Verständnis des Künstlers Dreiser ist das Mitleid, das Mitleid eines Victor Hugo oder eines Tolstoi. Durch alle seine Erzählungen zieht sich das Thema der Brüderlichkeit.[83]«

Andererseits haben Kritiker versucht, Dreiser von den Schmutzaufwühlern abzusetzen, weil er, wenn auch widerstrebend, von der Stärke und Intelligenz der Industriellen fasziniert war. Seine Anschauungen waren, wie die Metapher von Hummer und Tintenfisch demonstriert, vom Social Darwinism beeinflußt, Begriffe wie Kampf ums Dasein und Recht des Stärkeren sind seiner Gesellschaftsschilderung immanent. Das muß aber nicht dem sozialen Protest widersprechen; wir haben bei Steffens gesehen, wie Antikapitalismus mit Bewunderung für die Kapitalisten Hand in Hand gehen kann. Dreiser protestierte gegen eine Welt, in der eine Potenz wie die Cowperwoods vergeudet wird, in der jeder Akt der Menschlichkeit zum eigenen Nachteil ausschlägt. Auch Cowperwood hat seine menschlichen Seiten, beispielsweise seine Liebe zu den Frauen und seinen Stolz, aber gerade diese Eigenschaften, die ihn sympathisch machen, bringen ihm seine Niederlagen ein. Indem der Dichter seiner Kritik an der kapitalistischen Gesellschaftsordnung darwinistisch-nietzscheanische Gesichtspunkte zugrunde legte, nicht den Klassenkampf, sondern das Lebensrecht des Individuums vertrat, konnte er, ohne die Anklage aufzugeben, Schwarzweißmalerei und billiges Moralisieren vermeiden, das Klischee von den bösen Leuten oben und den guten unten, das so viele Tendenzromane seiner Zeitgenossen, nicht zuletzt die Upton Sinclairs, verdorben hat.

Dreisers bekanntestes und ohne Zweifel bedeutendstes Buch, *Eine amerikanische Tragödie* (1925), welches erzählt, wie ein ehrgeiziger junger Mann auf dem Weg nach oben strauchelt, seine schwangere Geliebte umzubringen sucht und auf dem elektrischen Stuhl endet, ist eine nahezu enzyklopädische Darstellung der gesellschaftlichen, sozialen, moralischen und juristischen Verhältnisse im damaligen Amerika, Anklage einer Gesellschaftsordnung, in der die Persönlichkeit pervertieren oder zerbrechen muß. Bei dieser Betrachtungsweise konnte freilich – wie schon bei Steffens – die Frage nicht ausbleiben nach dem ›besseren System‹.

Zur Zehnjahresfeier der Oktoberrevolution 1927 wurde Dreiser in die Sowjetunion eingeladen; er nahm unter der Bedingung völliger Freizügigkeit und Unabhängigkeit an und blieb elf Wochen im Land. Obwohl er auf der ersten Seite seines Reiseberichts *Dreiser betrachtet Rußland* (1928, deutsch: *Sowjetrußland*) beteuert, ›unverbesserlicher Individualist und daher Gegner des Kommunismus‹ zu sein, war er sichtlich beeindruckt. Als positiv empfand er: die Pflicht zur Arbeit für jedermann, die Planwirtschaft, die Volksbildung und die Frauenemanzipation, kurzum das neue sozialökonomische System. Als negativ empfand er: die Diktatur, die Propaganda, die Uniformität, die Praxis der Denunziation und des Terrors, also das neue politische System. Dreiser wurde hin- und hergerissen zwischen Bewunderung und Abneigung, es verwirrte ihn offenbar, daß die Revolution das für ihn Wichtigste: die Befreiung der Persönlichkeit, nicht bewirkt hatte. Die ideale Staatsform stellte er sich als demokratisch modifizierten Kommunismus oder kommunistisch modifizierte Demokratie vor. Seine Prognose korrespondierte mit den Gedankengängen von Veblen und Steffens: »Nach meinem Gefühl dürfte die Sowjetverfassung in Rußland – vielleicht mit einigen Modifikationen – bestehenbleiben, ja mehr noch: sie wird wohl alle anderen Nationen irgendwie tangieren und merklich beeinflussen. Trotz dieser meiner Ansicht und obwohl das System wundervolle Züge hat, bin ich doch weder mit seiner Philosophie noch mit seiner Technik vollkommen einverstanden. Es erweckt allzusehr den Anschein, als wäre eine Form der Tyrannei durch eine andere ersetzt worden. Gleichzeitig habe ich das Gefühl, daß unser eigenes Land schließlich und endlich sowjetisiert werden kann – vielleicht noch zu meinen Lebzeiten. Es ist kein gar so großer Schritt von einer Nation der vertrusteten Warenhäuser, Hotels, Zeitungen, der vertrusteten industriellen und Handelsunternehmungen jeglicher Art zu einem sowjetischen Staatstrustsystem unter Führung einer herrschenden Gruppe, wie dies in Rußland besteht.«

Der Reisebericht errang besondere Popularität dadurch, daß Sinclair Lewis und seine Frau Dorothy Thompson den Vorwurf des Plagiats erhoben, worauf der erregte Dreiser seinem Kollegen zwei Ohrfeigen versetzte – wenn man so will, ein handgreifliches Symbol für den Bruch Dreisers mit den Liberalen.

Die große Krise 1929/30 bewog den Schriftsteller, seine individualistischen Vorbehalte zurückzustellen: ›Der Individualismus bedeutet für wenige – alles, aber für die Mehrzahl – sehr wenig oder nichts.[84]‹ In einem offenen Brief an die Organisation der John-Reed-Klubs richtete er 1930 heftige Angriffe gegen die amerikanische Demokratie (»nur ein Werkzeug in den Händen der herrschenden Klassen«). Er fuhr im Auto zehntausend Meilen durch die Vereinigten Staaten, um die Auswirkungen der Wirtschaftskrise zu studieren, und veröffentlichte darüber 1931, in demselben Jahr, in dem Steffens seine *Autobiographie* herausbrachte, eine Aufsatzsammlung in der Art der Schmutzaufwühler, *Tragisches Amerika*, die erste Streitschrift seines Lebens. 1932 verklagte er – erfolglos – die Paramount, weil sie seine *Amerikanische Tragödie* im Film zu einer Kriminalstory verharmlost hätte. Demgegenüber rühmte er die radikale Bühnenbearbeitung durch den kommunistischen Regisseur Piscator: »Im Gegensatz zu meinem Buch ist die Piscator-Inszenierung nicht von Gehorsam durchdrungen, sondern im Gegenteil von Protest, stellenweise einem recht scharfen Protest gegen die jenem sozialen System eigene Grausamkeit und Unmenschlichlichkeit, einem System, das nach Meinung Piscators verändert werden und gesunden muß.[85]« Die *Internationale Literatur*, Zentralorgan der Internationalen Vereinigung kommunistischer Schriftsteller, konnte triumphieren: ›Dreiser kommt zu uns.‹ Doch hielten philosophische und ethische Bedenken den Dichter nach wie vor von einer Identifikation mit dem Kommunismus zurück. Dreiser war nie Marxist gewesen; seine Kritik an der Industriegesellschaft, die mit zunehmendem Alter immer erbitterter und verbohrter wurde, war kleinbürgerlich und hinterwäldlerisch, oft reaktionär. Er protestierte als Individualist gegen die Massengesellschaft, deren Triumph, wie er wohl wußte, durch nichts, auch durch den Kommunismus nicht, aufzuhalten war. Diese Einsicht gab seinen späten Schriften einen düster pessimistischen, ja mystischen Zug. Die Sozialkritik wurde nach wie vor mit biologischen Argumenten vorgetragen; Mitte der dreißiger Jahre äußerte sich Dreiser sowohl prokommunistisch als auch antisemitisch[86]. Erst anderthalb Jahrzehnte nach der Krise, im Angesicht des Todes, trat er der Kommunistischen Partei bei[87]. Dieser Schritt, den er als das logische und endgültige Fazit seines ganzen Lebens empfand, war kein politischer Akt mehr, sondern ein religiöser, gewissermaßen die letzte Kommunion: das endliche Versenken in die schon nicht mehr irdische Utopie. Wie wären sonst die letzten Zeilen der *Trilogie der Begierde* zu erklären, die der gerade zum Kommunismus konvertierte Dichter am 27. Dezember 1945, dem Tag vor seinem Tode, schrieb? Frank Cowperwoods geliebte Berenice, die nach Indien gegangen ist, dort Yoga-Übungen erlernt und sich der Armenpflege gewidmet hat, steht vor dem Grab des toten Titans:

»Jetzt konnte sie den Tod nicht so sehen, wie sie ihn vor ihrem Aufenthalt in Indien gesehen hatte. Dort galt der Tod nur als eine Phase des Lebens und die Zerstörung der einen stofflichen Form als das Vorspiel zum Aufbau einer anderen. ›Wir werden nie geboren, wir sterben nie‹, hieß es dort.

Und als sie herumging und die Blumen in einer Bronzeurne auf den Stufen des Grabmals ordnete, kam ihr der Gedanke, Cowperwood müsse jetzt wissen, wenn er es auch nicht gewußt hatte, als er auf Erden lebte, daß seine anbetende Liebe zur Schönheit, sein ständiges Suchen nach Schönheit in jeder Gestalt, vor allem in der Gestalt einer Frau, nichts anderes gewesen war als eine Suche nach dem göttlichen Plan hinter allen Gestalten – nach dem Antlitz Brahmans, das durch alle hindurchleuchtet. Sie wünschte, er hätte diese Gedanken mit ihr teilen können, als sie noch zusammen waren, und erinnerte sich der Worte:

Versunken in Brahman
Überwindet er die Welt,
Selbst hier in der Welt lebend,
Ist Brahman Eines,
Unwandelbar, vom Bösen nicht berührt.
Welch andere Heimat haben wir als ihn?

Und was hatte doch der Guru von der Nächstenliebe gesagt? ›Sei dankbar, daß du dir selber helfen kannst, indem du einem Armen hilfst. Denn ist nicht das Weltall du selbst? Wenn ein Mensch an deine Tür kommt, geh dir selbst entgegen.‹«

Dreiser hat die sozialkritische Literatur Amerikas über den Tendenzroman hinaus zum Problemroman geführt. James T. Farrell (1904–1979) ist den Weg der Objektivierung weitergegangen. Er will nur noch Beobachter und Zeuge sein; sein Werk steht jenseits der Ideologie. »Ich bin bestrebt, in meinem Werk ein genaues, detailliertes und objektives Bild gewisser Züge des sogenannten American Way of Life zu zeichnen. Ich will die Frage beantworten: Was geschieht mit den Menschen? Ich bin der unerschütterlichen Überzeugung, daß ich eine zutreffende und repräsentative Aussage darüber zu machen habe, wie in meiner Zeit die Menschen lebten, litten und Freude empfanden, wie sie Ideale schufen und verfochten, liebten, haßten und sterben mußten« (1936).[88]
Farrell stammt aus einem ähnlich bedrückenden Milieu wie Dreiser, aus einer armen, irisch-katholischen Einwandererfamilie, ansässig am Rande der Slums von Chikago. In seiner Kindheit und Jugend interessierte er sich vornehmlich für Baseball; er wußte die Namen der Ligaspieler, bevor er lesen und schreiben konnte. Er besuchte die katholischen Schulen, war Gelegenheitsarbeiter, Handlungsgehilfe und Handlungsreisender, später Journalist. An der Universität Chikago studierte er Sozialwissenschaften und Literatur. Dort begann er zu schreiben – ›so ehrlich, so klar und so gut, wie ich konnte‹. Seit dieser jähen Wendung zur Literatur 1929 hat er fast jeden Tag geschrieben, in dreißig Jahren rund dreißig dickleibige Romane und zahllose Erzählungen aus dem zeitgenössichen Amerika.
Hauptwerke sind die *Studs Lonigan*-Trilogie (1932–1935) und die *Danny O'Neill*-Tetralogie (1936–1943). Beide Romanreihen sind wie die meisten anderen Arbeiten Farrells aus der schier unerschöpflichen Quelle seiner persönlichen Erfahrungen gespeist: Sie spielen in den Proletariervierteln Chikagos, ihre Helden, Studs Lonigan und Danny O'Neill, sind Jungen irischer Abstammung, die in der Zeit vor und nach dem Ersten Weltkrieg aufwachsen. Im Unterschied zu Dreiser, der ausgeprägte Persönlichkeiten in dramatische Situationen stellte, zeichnet

Farrell graue Typen in einem grauen Milieu, eine miese kleine Welt des Alltags, düster, häßlich und trivial. Mietskasernen, Sportplätze, Spielhallen, Kneipen, Straßen – Arbeiter, Rowdies, Herumtreiber, Schankwirte, Tankstellenwarte, kleine Geschäftsleute, Armenärzte, Prediger, Neger – Armut, Krankheit, Bigotterie, Krawall, Sexus und Suff. Ein Milieu, das nicht nur materiell, mehr noch geistig arm ist. Dabei schwingt sich Farrell nirgends zu einem Pathos der Anklage auf; kleine Freuden und Freundlichkeiten finden auch ihren Platz. Er führt den Naturalismus bis an die Grenze: Seine Darstellung ist genau, detailliert und objektiv bis zum Extrem, geradezu minutiös werden die Charaktere beschrieben, die Gespräche notiert, die Vorgänge verfolgt. Dennoch kommt keine Langeweile auf; die subtile Gestaltung des äußeren wie inneren Geschehens (Farrell hat außer Marx auch Freud, außer Dreiser auch Joyce studiert) gibt die Alltagswelt überraschend lebendig und eindringlich wieder. Zwar fehlt die tiefgreifende Problematik, die Dreisers Romane kennzeichnet, doch das wird wettgemacht durch überlegene Beobachtung und Darstellung. Es ist die neu-sachliche Welt des Malers Edward Hopper.

Die fotografische Objektivität bedeutet nicht politische Indifferenz, im Gegenteil: Die sozialen Verhältnisse werden auf diese Weise einer besonders harten und unbestechlichen Kritik unterzogen. »Insofern«, sagt Farrell (1949), »dient die Literatur einer Epoche ihr als Gewissen und Bewußtsein, als eine der strengsten Prüfungen dieses Zeitabschnitts und seiner Gesellschaft. Denn sie enthüllt wirklich, positiv oder negativ, zum Guten oder zum Bösen, von welcher Art das Leben der Menschen und die Werte der betreffenden Epoche und Gesellschaft sind. Diese Prüfung sollte zugleich Ehre und Pflicht eines Künstlers sein. Um seine Pflicht als Künstler erfüllen, um seinen Anspruch als Künstler zu rechtfertigen, muß er seine Aufgabe in ihrer vollen Schwere auf sich nehmen, darf er nicht versuchen, sich ihrer zu leicht zu entledigen, wie es ihm so oft angeboten wird.« Sich der Verantwortung zu leicht entledigen – das ist nach Meinung Farrells der Fall, wenn die Literatur sich »zu einer gelehrigen Magd der Tendenzpolitik, der Wirtschaft und der Staatsreligion« machen läßt.

Wie in der Kunst mißtraute Farrell auch in der Politik der Ideologie, wie in der Kunst trat er auch im Leben an die sozialen Fragen ohne Scheuklappen heran. Wohl sind seine Romane aus der sozialen Bewegung Amerikas nicht wegzudenken, wohl wurde er entschiedener Sozialist, doch blieb er, selbst in der Roten Dekade, dem Kommunismus gegenüber reserviert. Er galt als Trotzkist. Später nannte er den Kommunismus den ›bittersten Feind des Sozialismus‹. Kein Wunder, daß er von rechts und links beschimpft wurde und zeitweise sehr allein stand.

Die Bezeichnung Rote Dekade für die dreißiger Jahre in Amerika ist in mancherlei Hinsicht ungenau. Zunächst zeitlich: Das massenhafte soziale Engagement der Intellektuellen beginnt zwar mit dem Ausbruch der katastrophalen Wirtschaftskrise (25. Oktober 1929: Schwarzer Freitag an der New Yorker Börse), endet aber noch nicht mit der Stabilisierung Ende der dreißiger Jahre, sondern wird durch die amerikanisch-sowjetische Waffenbrüderschaft gegen Hitler wiederbelebt und bis Ende des Zweiten Weltkriegs prolongiert. Vor allem gilt

es, wenn man die Epoche verstehen will, sehr unterschiedliche Aspekte auseinanderzuhalten. Da war erstens das neue liberale Establishment um den 1932 gewählten Präsidenten Franklin D. Roosevelt, das, gestützt auf die Wirtschaftstheorien von Keynes (*Das Ende des laissez-faire,* 1926), die Krise durch Kontrolle des kapitalistischen Konkurrenzkampfes, öffentliche Arbeitsprogramme und Sozialreformen (New Deal) in den Griff zu bekommen suchte und in den Griff bekam. Die Sozialreformen blieben zwar noch weit hinter denen zurück, die beispielsweise Bismarck Ende des vorigen Jahrhunderts im deutschen Kaiserreich eingeführt hatte, aber der gutbürgerlichen amerikanischen Mittelklasse schien schon der New Deal wie ein Gespenst des Sozialismus oder Kommunismus, was in ihren Augen auf dasselbe hinauskommt. Zweitens war da der sozialrevolutionäre oder Linkstrend der Schriftsteller und Künstler, die, zutiefst betroffen angesichts der Schlagschatten des American way of life, ein anderes, ein besseres Amerika suchten, eine Neue Grenze, aber auch sie dachten in ihrer großen Mehrheit nicht an eine Revolution im bolschewistischen Sinn, sondern an ein radikaldemokratisches Ausschöpfen der Verfassung, die allen Bürgern das Recht auf Leben, Freiheit und Glück verspricht. Drittens war da die kleine, aber traditionsreiche und gutorganisierte Kommunistische Partei, die der diffusen Bewußtseinswoge die Institutionen und die Kader stellte: die John-Reed-Clubs, die legendären Zeitschriften *New Masses* und *Partisan Review**, die zahlreichen Solidaritätskomitees. Viertens schließlich, was dann bei der Abrechnung im Kalten Krieg als das Herzstück hingestellt wurde, aber nur in einem polizistischen Gehirn so aussehen kann: daß der sowjetische Geheimdienst das prosowjetische Klima ausnutzen konnte, um Einflußagenten und Industrie-, vor allem Atomspione in Schlüsselstellungen zu schleusen.
Daniel Aaron schreibt 1961 in seinem Standardwerk *Writers on the Left* (Episoden aus der amerikanischen kommunistischen Literatur)[89], was auch für unser ganzes Buch gilt: »Ohne Einschluß der Fellow-Travellers, der Liberalen oder der parteilosen Radikalen wäre die Geschichte der kommunistischen Literatur natürlich sehr mager, denn die Kommunistische Partei hatte auf die Schriftsteller weit weniger Einfluß als die *Idee* des Kommunismus oder das Image Sowjetrußlands.« Um das Ausmaß, aber auch die ideologische Vielfalt der Bewegung zu verstehen, muß man sich vor Augen halten, daß, ganz abgesehen von den politisch und sozialrevolutionär engagierten Schriftstellern, die wir in diesem Buch behandeln, in den dreißiger und vierziger Jahren selbst eindeutige Liberale oder im Grunde unpolitische, nur human gesinnte Menschen in den Bannkreis kommunistischer Aktivitäten geraten sind, meist durch Schreiben von Artikeln in kommunistischen Zeitungen, Unterschrift unter kommunistisch verfaßte Resolutionen, Spenden für kommunistisch organisierte Unternehmungen, Mitgliedschaft, in der Regel nominell und blind, in kommunistisch gesteuerten Komitees, Annahme von Einladungen in die Sowjetunion. Beispielsweise Carl Sandburg,

* *Partisan Review* wurde von kritischen, meist schon mit der Partei zerstrittenen Intellektuellen gemacht und deshalb bald einer ›trotzkistischen Linie‹ bezichtigt. Die großen linken Kritiker der Zeit waren Max Eastman, Edmund Wilson und Grandville Hicks, die Ende der dreißiger Jahre mit der Partei brachen.

Sinclair Lewis, Thomas Wolfe, Sherwood Anderson, Thornton Wilder, Eugene O'Neill, Arthur Miller, Clifford Odets, Rex Stout (in England Virginia Woolf, Stephen Spender und Wystan Hugh Auden). Ganz Hollywood scheint fasziniert gewesen zu sein, von Charlie Chaplin bis Walt Disney; selbst Ronald Reagan, damals Schauspieler, 1981 Präsident der Vereinigten Staaten, mußte sich 1947 vor dem Untersuchungsausschuß des Kongresses über unamerikanische Tätigkeit verantworten[90]. Das Phänomen ist nicht durch sowjetische Wühlarbeit zu erklären, sondern gründet ganz einfach in der verzweifelten Reaktion auf die mörderischen Herausforderungen der Zeit: Krise, Faschismus und Krieg. Aaron schreibt: »Die Partei konnte Dos Passos, Hemingway, Lewis, Dreiser, Steinbeck oder Wolfe nicht diktieren, selbst wenn sie es versucht hätte.« Eben deshalb sind ihre Werke gültig geblieben, als Zeitzeugnisse und als Literatur. Literarischer Reflex der Roten Dekade, Höhepunkt der sozialrevolutionären Literatur Amerikas überhaupt, waren die großen Romane jener Jahre: die Trilogie *USA* von Dos Passos, Hammetts *Malteser Falke,* Caldwells *Gottes kleiner Acker,* Hemingways *Haben und Nichthaben,* Steinbecks *Früchte des Zorns* und Thomas Wolfes *Es führt kein Weg zurück.* Künstlerisch, politisch, soziologisch und geographisch in keiner Weise vergleichbar, deutet jedes dieser Bücher die Explosivkraft der Krise an.

John Dos Passos (1896–1970), Sohn eines erfolgreichen Rechtsanwaltes portugiesischer Abstammung in Chikago, empfand früh den Alpdruck der Industriegesellschaft; seine romanische Sensibilität, geweckt durch künstlerische Eindrücke und weite Reisen mit der Familie, sträubte sich gegen die robuste Geschäftstüchtigkeit des Mittelwestens und die Prosa der Maschinenwelt[91]. »Millionen von Menschen«, schrieb er schon während seines Studiums an der Harvard-Universität (1912–1916) in einem Zeitschriftenaufsatz, »verrichten niedrige, und, selbst unter besten Bedingungen, verblödende Arbeiten, weil sie in die Stränge der mechanisierten Industrie geschirrt sind und außer den hektischen Vergnügungen des erstickenden Großstadtlebens keine Möglichkeit besitzen, ihren Gedanken und Gefühlen Ausdruck zu verleihen.« Er erlebte den Ersten Weltkrieg als Sanitäter und war erschüttert von der sinnlosen Orgie der Zerstörung; die Kriegsbücher, mit denen er seine Laufbahn als Schriftsteller begann: *Eines Mannes Feuertaufe 1917* (1920) und *Drei Soldaten* (1921), sind Zeugnisse der ›verlorenen Generation‹. In der Nachkriegszeit gehörte er in Paris zu dem Kreis um Gertrude Stein, der Maler wie Picasso und Matisse mit Schriftstellern wie Hemingway, Sherwood Anderson und Ezra Pound vereinte (damals malte auch Dos Passos). Jahrelang war er als Zeitungskorrespondent unterwegs, in Europa, im Orient und in Mexiko – als wollte er auf diese Weise der industriellen Revolution entfliehen.

Und war ihr doch schon ganz und gar verfallen. Waren seine pausenlosen Reisen etwa kein Ausdruck der hektischen Zeit? Lieferte er sich, indem er die Schiffe, die Bahnen, die internationalen Metropolen zu seinem Domizil machte, nicht erst recht der Technik aus? Konnte er seinen Beruf ausüben ohne Schreibmaschine, Telegraf und Telefon, Setzmaschine und Rotationsdruck, bedurfte nicht auch er des Massenpublikums der Leser? Und flirrte nicht selbst durch die exklusive Atmosphäre der Pariser Boheme mit Jazz, Ausdruckstanz und abstrakter Kunst der neue Zeitgeist? Er kehrte nach New York zurück und schrieb *Manhattan Transfer* (1925), eines der bahnbrechenden Bücher der modernen Literatur: die von den Rhythmen und Synkopen des Massenzeitalters gepeitschte Sinfonie der großen Stadt. »Was aber Dos Passos eigentlich auszeichnet«, schrieb Sinclair, »ist nicht das Gefühl für diese Technik, sondern vielmehr seine Leidenschaft für die Schönheit und die Bewegung des Lebens . . . Die Stadt ist da, ihr Geruch, ihre Farbe, ihr rauhes und fesselndes Bild: das Gurgeln und Plätschern schmutzigen Wassers zwischen dem Bug der Fähre und der Helling; Wolkenkratzer um Mitternacht, wenn ein gelber Lichtschimmer von verbotener Liebe erzählt oder von der Arbeit des müden Buchhalters; das tolle Getöse der Untergrundbahn im nächtlichen Dunkel; der Geruch des Frühlings in den Parks, die der Policeman durchspukt; das lustige Gekreisch des Kabaretts und das Stöhnen der Verlassenheit im Massenquartier – tausend Ahnungen der Schönheit ohne jedes Salbadern einer gekünstelten Schönheitsduselei.«

Es liegt nahe, daß Dos Passos nach einer Auflösung des Widerspruchs suchte, der seine Seele in Haßliebe zerfleischte, daß er sich einer Idee öffnete, die die erregende Wirklichkeit des Massenzeitalters mit den humanen Werten zu vereinen versprach. 1932, auf dem Höhepunkt seines politischen Engagements, erinnerte er sich jener Nachkriegsjahre, da er vom Dichter der verlorenen Generation zum Epiker des neuen Zeitalters reifte. »Jeder Frühling ist eine Zeit der Umwälzung, aber damals lebte Lenin noch, der Generalstreik in Seattle schien der Beginn einer Flut und nicht der Ebbe zu sein; die Amerikaner in Paris waren vollkommen groggy von Theater, Malerei und Musik; Picasso lehrte von neuem sehen; Strawinsky hämmerte uns die Musik der russischen Steppe in die Ohren; Ströme von Energie schienen überall durchzubrechen, wo junge Leute ihre Uniformen auszogen. Das große Amerika erstrahlte im Glanze der neuen Ritz-Idee [Glamour Hotels]. Überall reckten sich die Völker der Erde, ausgehungert und aufgebracht, bereit zu irgend etwas Neuem und Turbulentem; und in jedem Kino sah man Charlie Chaplin.« Die industrielle und künstlerische Revolution verschmolz mit der politischen.

1926 trat Dos Passos in die Redaktion der kommunistisch orientierten Zeitschrift *New Masses* ein, die neben den John-Reed-Klubs Kristallisationspunkt der linken Intellektuellen war (für sie schrieben in den dreißiger Jahren Dreiser, Sherwood Anderson, Caldwell, Farrell, Hemingway und die tonangebenden linken Kritiker Edmund Wilson und Granville Hicks). Dos Passos engagierte sich leidenschaftlich im Fall Sacco und Vanzetti, schrieb eine Broschüre zur Verteidigung der beiden unglücklichen Anarchisten und demonstrierte in der Woche ihrer Hinrichtung 1927 zusammen mit Michael Gold, Dorothy Parker und anderen vor dem Gerichtsgebäude in Boston, weswegen er eine Nacht ins Gefängnis wanderte. »Allright«, rief er empört, »wir sprechen eben zwei verschiedene Sprachen... *wir sind zwei Nationen.*« 1928 besuchte er die Sowjetunion; er berichtete darüber ohne Enthusiasmus, aber voller Hochachtung. Durch die Krise 1929 wurde er weiter radikalisiert, wenn er auch der Hoffnung Ausdruck gab, der unvermeidliche Klassenkampf möge unter ›möglichst humanen Bedingungen‹ vor sich gehen. Er unterzeichnete – wie Anderson, Caldwell, Hughes, insgesamt 52 Intellektuelle – eine Resolution für den kommunistischen Präsidentschaftskandidaten 1932, William Z. Foster, sowie zahllose andere kommunistische Manifeste, ohne freilich Parteimitglied zu werden. Auf die Frage der Zeitschrift *Modern Monthly*, ob ein Schriftsteller der Kommunistischen Partei beitreten solle, antwortete er: »Das geht außer ihn selbst niemanden etwas an. Manche Leute sind geborene Parteifunktionäre, andere sind von Natur aus Nutznießer und Mitläufer. Das ist Sache des Temperaments. Ich persönlich gehöre zu den Nutznießern und Mitläufern.« Dem Dichter kam es offenbar darauf an, seine Unabhängigkeit zu wahren – in der Tat hat er, als die Kommunisten 1934 eine sozialistische Kundgebung im Madison Square Garden ohne Rücksicht auf humane Bedingungen sprengten, zusammen mit 24 anderen Persönlichkeiten einen Brief an *New Masses* gerichtet und gegen die Ausschreitungen seiner Bundesgenossen protestiert.

Die Trilogie *USA* mit den Bänden *Der 42. Breitengrad* (1930), *1919* (1932, deutsch: *Auf den Trümmern*) und *The Big Money* (1936), was soviel wie *Hochfinanz* bedeutet, zieht die Summe aus der weltanschaulichen, politischen und literarischen Entwicklung Dos Passos'. Sie soll, wie der Dichter sagt, »die nackte Wahrheit über die typische amerikanische Lebensführung in ihrer Hohlheit und ihrem Verfall während eines zusammenbrechenden Zeitalters« enthüllen. Mit starker Hand schafft Dos Passos eine Einheit von Thema und Technik des Werkes, einen revolutionären, in seiner Neuartigkeit und Kühnheit weit über *Manhattan Transfer* hinausgehenden Stil. Er läßt die Lebensgeschichten einer Reihe von Durchschnittsamerikanern, die er einfach, nüchtern und kommentarlos, im Sozialen wie Erotischen ungeschminkt erzählt, polyphon nebeneinander herlaufen; es gibt keine romanhafte Verknüpfung, die Geschichten berühren und überschneiden sich zuweilen so beiläufig und zufällig, wie es im wirklichen Leben vorkommt. Diese Lebensgeschichten werden auf dreifache Weise unterbrochen, gewissermaßen filmisch geschnitten: Einmal durch gesellschaftskritisch akzentuierte Kurzbiographien von zeitgeschichtlichen Persönlichkeiten, von Industriellen wie Ford und Carnegie, Bankiers wie Morgan, Politikern wie Theodore Roosevelt und Wilson, Revolutionären wie Reed, Denkern wie Edison und Veblen, Künstlern wie Isadora Duncan, Frank Lloyd Wright und Rudolph Valentino. Dann durch die Wochenschau (Newsreel), wirre, hektische und fragmentarische Zusammenstellungen von Schlagzeilen, Zeitungsberichten, Losungen und Schlagertexten. Schließlich durch das Kamera-Auge (Camera Eye), welches auf das Innenleben des Autors gerichtet ist, autobiographische Impressionen und innere Monologe erfaßt.

Auf diese Weise entsteht, großartig komponiert und bildkräftig, ein Panorama des amerikanischen Lebens, hinübergreifend auf den in Amerikanisierung begriffenen europäischen Kontinent, authentisches Zeugnis einer neuen Welt, ihrer Politik, Wirtschaft und Kultur, ihrer vielen Laster und seltenen Tugenden – ein Bild der Krise vor dem gewittrigen Horizont der Revolution.

Dashiell Hammett (1894–1961) lief mit vierzehn Jahren aus der Schule weg, probierte alle möglichen Berufe – offenbar ein unerläßliches Ingrediens amerikanischer Schriftstellerbiographien (noch in späten Jahren sagte man ihm nach, daß er ebenso gut einen Swimmingpool reparieren wie jüdische Religionsgeschichte interpretieren könne), holte sich im Ersten Weltkrieg eine Lungengeschichte, die ihm sein Leben lang zu schaffen machte, arbeitete acht Jahre lang zwischen Ost- und Westküste für die weltberühmte Detektei Pinkerton, trank zu viel, liebte zu viel, gab zu viel Geld aus, zog irgendwann von seiner Familie weg, verdiente sein Existenzminimum durch kleine Beiträge in Groschenheften und war plötzlich da: ein neuer, gerade auf seinem Feld, dem Kriminalroman, völlig unerwarteter Revolutionär und Klassiker der amerikanischen Moderne – »so amerikanisch wie eine abgesägte Schrotflinte«, sagte Dorothy Parker[92]. In fünf Jahren schrieb er seine fünf großen Romane: *Rote Ernte* (1929), *Der Fluch des Hauses Dain* (1929), *Der Malteser Falke* (1930), *Der gläserne Schlüssel* (1931), *Der dünne Mann* (1934). Man umschwärmte ihn auf New Yorker Parties und in den Studios von Hollywood, den tollen Burschen, dessen Narben an den Beinen und dessen Einbuchtung am Schädel von wirklichen Schlachten mit der Unterwelt zeugten, den hageren, scheinbar harten Mann mit den schwermütigen Augen, der mit seiner melancholischen Liebe für Frauen und Whisky, einer gewissen, nicht gespielten Gleichgültigkeit für persönliche Sicherheit und Wohlergehen, einer vielleicht durch Krankheit, vielleicht durch die Zeit erzeugten Neigung zur Vergeudung des Lebens die Aura der Krise in die intellektuelle Gesellschaft trug. Aber auch die Große Literatur verneigte sich sofort vor ihm: Hemingway, Faulkner, Malraux, Gide... Später schrieb er nur noch Geschichten unterschiedlicher Qualität, der Zweite Weltkrieg hatte ihm ein Lungenemphysem eingebracht, er starb an Lungenkrebs.

Hammett hat Literaturgeschichte gemacht, indem er die Hard-boiled-Story begründete, die hartgesottene Detektivgeschichte (und er hat Filmgeschichte gemacht: Sein *Malteser Falke* mit Humphrey Bogart, Regie John Huston, leitete 1941 die Schwarze Serie Hollywoods ein). Man kann sich heute kaum noch vorstellen, daß es bis dahin im Genre des Kriminalromans fast nur den englischen Typ gab, wie ihn Conan Doyle mit seinem Sherlock Holmes erfunden hatte, Dorothy Sayers mit Lord Peter Wimsey und Agatha Christie mit Hercule Poirot zur Vollendung führten: einerseits das erlesene Milieu viktorianischer Landhäuser und honorabler Clubs, andererseits den Detektiv als Denkspieler, der kompliziert ausgedachte Fälle wie Kreuzworträtsel löst. In dieses Genre brach Hammett ein mit der Darstellung nackter, brutaler Wirklichkeit aus dem Alltag der amerikanischen Verbrecherwelt, wie er sie selber, am eigenen Leib, zur Zeit ihrer äußersten Exzessivität, in den Golden Twenties der Prohibition (des Alkoholverbots und Alkoholschmuggels), erlebt hatte. Alle Klassiker des modernen amerikanischen Kriminalromans: Raymond Chandler, Erle Stanley Gardner, Ellery Queen, haben sich zu Hammett als ihrem Meister bekannt[93]. Stilistisch ist der Einfluß Hemingways unverkennbar: die lässige Sprache, die Unterkühlung der Gefühle, die lapidare Illusionslosigkeit der Handlung. Aber wo Hemingway romantische Außenseiter zu tragisch einsamen Helden wählt, überträgt

Hammett das Lebensgefühl der Lost Generation, der verlorenen Generation in der Zwischenkriegszeit, auf den kleinen Mann im Dschungel der Städte, sei er nun Detektiv, Polizist, Geschäftsmann, Gangster. Die Geworfenheit in das Räderwerk einer mitleidlosen Massengesellschaft wird Action. Sein begabtester Schüler, Raymond Chandler, hat dies paradigmatisch ausgedrückt: »Hammett gab den Mord den Leuten zurück, die Grund haben zu morden, und nicht nur da sind, um eine Leiche zu liefern.«

Daß Hammett in der Roten Dekade zu den Linken zählte, der Kommunistischen Partei jahrelang sehr nahestand, leuchtet angesichts seiner Lebensgeschichte und seiner Gesellschaftskritik auf Anhieb ein. Die KP war für Hammett, was seinerzeit für John Reed die revolutionäre Gewerkschaft IWW war: die radikale Alternative (in einem seiner Romane kommt ein Funktionär der IWW vor, eine ehrenhafte, aber erledigte Figur aus alten Zeiten). Lillian Hellman, erfolgreiche Bühnenautorin, mit der er liiert war, so links wie er, erzählt, wie kritisch und beißend scharf er sich oft über den Kommunismus geäußert hat, dennoch, so sagte er zu ihr, wisse er vorerst nichts Besseres[94]. In seinen Romanen und Geschichten kommt, was im Vergleich zu den mannigfachen Hoffnungen so vieler berühmter Zeitgenossen fast verwundert, die Vision einer sozialistischen Gesellschaft mit keiner Andeutung vor. Selbst Chandlers Detektiv Philip Marlowe wird irgendwie, freilich nicht politisch gemünzt, von dem Antrieb bewegt, die Welt durch Parteinahme für die Guten gegen die Schlechten, die Schwachen gegen die Raubtiere, die Betrogenen gegen die Betrüger bessern zu können. Nichts davon bei Hammett; seine Welt ist unheilbar.

Vielleicht aber liegt gerade da Hammetts Kern. Seine Helden sind, wenngleich auf der dunklen Seite Amerikas lebend, Helden von Hemingways Schlag. Sein Detektiv Sam Spade (Bogarts unvergeßliche Rolle) ist ein glückloser, abgerissener, angeschlagener Mann, der jede Chance und jeden Trick nutzt, um überleben zu können. Dennoch: Ganz tief im Innern ist ein Ehrenkodex eingebrannt, der um keinen Preis korrumpierbar ist. Das macht es seinen Gegen- wie Mitspielern so schwierig: Wo ist dieser Mann bestechlich, wo nicht? Talleyrand soll einmal gesagt haben, es käme, je nach Persönlichkeit, nur auf die Summe an. Selbst die Verführungskraft schöner Frauenkörper, die unser Held wie sein Autor und der große Talleyrand wohl zu schätzen weiß, stößt auf eine letzte Grenze. Damit erhebt sich, was wir über seinen faszinierenden Konstruktionen und der brillanten Schreibweise meist vergessen, Hammetts schmales Werk auf die Höhe des offenbar unzerstörbaren Archetypus amerikanischer Literatur: den unversöhnlichen Gegensatz zwischen dem amerikanischen Way of life und dem amerikanischen Traum. James Fenimore Cooper, Walt Whitman, Herman Melville, Edgar Allan Poe, Jack London, Mark Twain, Eugene O'Neill, Thomas Wolfe, Ernest Hemingway . . . – die großen Wälder und die großen Seen, die Indianer und die Pioniere, die Biber und die Bisons und der weiße Wal, das endlose Band der Eisenbahnen und das erste Fließband für die Tin Lizzy bei Ford, die Raddampfer auf dem Mississippi und die Frachter auf dem Pazifik, der Schnee auf dem Kilimandscharo und das Erschrecken der Menschen bei ihrem Abenteuer . . . – all dies, das Leben und der Traum, begann in der Krise 1929/30 auf den

einfachen Amerikaner durchzuschlagen. So gesehen könnte der Malteser Falke, eine mit Edelsteinen besetzte Goldstatuette, die angeblich die Ordensritter für den spanischen König fertigen ließen, die es aber vielleicht nie gab, diese Traumfigur, um deren eigentlich immateriellen Besitz in dem Roman so viele Menschen unterschiedlicher Couleur kämpfen und sterben, so gesehen könnte der Malteser Falke ein Bild des amerikanischen Traums sein in der Zeit seiner größten Anfechtung.
Während der antikommunistischen Säuberung des Senators Joe McCarthy nach dem Zweiten Weltkrieg, auf die wir noch zu sprechen kommen werden, wurde Hammett vor den Kongreßausschuß gegen unamerikanische Aktivität geladen, um als einer der drei Treuhänder im Bürgschaftsfond des Civil Rights Congress, der Kautionen für linke Angeklagte stellte, etwas über dessen Geldgeber auszusagen. Er hatte seinen Namen zur Verfügung gestellt, war, wie das bei Schriftstellern so üblich ist, nie im Büro gewesen und hatte keine Ahnung. Am Abend vor dem Gerichtstag meinte Lillian Hellmann: »Warum sagst du nicht einfach, daß du die Namen nicht kennst?« Nicht die Aussage, so belastet man auch war, nur die Verweigerung der Aussage stand unter Strafe. Hammett: »Nein, das kann ich nicht tun . . . Warum? Ich weiß nicht . . . Ich glaube, es hat etwas damit zu tun, daß ich mein Wort halten muß; aber ich möchte nicht darüber reden . . . Ich hasse diese Art Rederei, aber vielleicht sollte ich dir doch lieber sagen: Wenn es um mehr als nur Gefängnis, wenn es um mein Leben ginge, würde ich es für das hingeben, was ich für Demokratie halte, und ich lasse mir weder von Polizisten noch von Richtern vorschreiben, was ich für Demokratie zu halten habe.« Danach, so berichtet Lillian, ging er ins Bett und am nächsten Tag ins Gefängnis. Hammett blieb sechs Monate im Knast, bewährte sich bei der Säuberung der Klos, worauf er sehr stolz war, und kehrte seelisch und nervlich gebrochen zurück.

Erskine Caldwell (* 1903) wurde als Sohn eines Wanderpredigers im Südstaat Georgia geboren[95]. Er besuchte nur zwei Jahre die Schule, im übrigen wurde er von seiner Mutter unterrichtet, die als Lehrerin ausgebildet war. In seinen Jugendjahren war er Fabrikarbeiter, Baumwollpflücker, Koch, Kellner, Kutscher, Fußballprofi und anderes mehr, er studierte kurze Zeit an den Universitäten von Virginia und Pennsylvania und wurde dann Journalist. Er bestand einige revolutionäre Abenteuer: landete mit einem Waffenschiff auf Kuba und tauchte in Mexiko auf. Seine Kenntnis der Sozialverhältnisse in den Südstaaten stammt nicht nur aus dem persönlichen Erleben seiner Kindheit und Jugend, sie wurde vertieft durch sozialwissenschaftliche Studien – noch auf dem Höhepunkt seiner Erfolge als Schriftsteller hielt er Vorlesungen über die wirtschaftliche Notlage des Südens. Das große Jahr Caldwells war 1933: *Gottes kleiner Acker* erschien und wurde einer der größten Erfolge in der Literaturgeschichte Amerikas (Auflage im Laufe der Jahre sieben Millionen); *Die Tabakstraße,* deren Buchausgabe ein Jahr zuvor unbeachtet geblieben war, begann in der Dramatisierung von Jack Kirkland ihren Triumphzug am Broadway (das Stück wurde sieben Jahre ohne Unterbrechung gespielt).

Die Popularität Caldwells wurde nicht zuletzt durch die Skandale und Prozesse vorangetrieben, die seine freimütige Schilderung sexueller Vorgänge provozierte. So wurde *Gottes kleiner Acker* von der New Yorker ›Gesellschaft zur Unterdrückung der bösen Laster‹ angegriffen, die schon gegen Joyce und D. H. Lawrence interveniert hatte. Caldwell gewann jedoch den Prozeß (wie die meisten anderen); Farrell und andere prominente Kritiker sagten zu seinen Gunsten aus. In der Tat hat die nackte Sittenschilderung Caldwells mit Pornographie nichts zu tun; sie ist, was nur allzuoft übersehen wird, Ingredienz seiner Gesellschaftskritik. Sexus, Suff und Aberglaube sind die elementaren Mächte, die das Leben der ›armen Weißen‹ und der Neger im Süden beherrschen, sie sind die Schicksalsmächte schlechthin für Menschen, denen nichts als das Existenzminimum geblieben ist. Armut und Unwissenheit reduzieren das Leben auf das bloß Kreatürliche, Animalische – selbst Rassenhaß und Lynchjustiz sind exzessiver Ausdruck sozialer Entmenschlichung. »Es ist uns übel mitgespielt worden«, sagt der alte Ty Ty in *Gottes kleiner Acker*. »Gott steckte uns in den Körper von Tieren, aber er verlangt von uns, daß wir uns als Menschen benehmen sollen. Damit hat das Unheil angefangen. Hätte er uns doch gelassen, wie wir geschaffen sind, und uns nicht ‚Menschen' genannt – noch der letzte von uns wüßte, wie er zu leben hat.«

Doch hat die Reduzierung des Menschen auf seine Kreatürlichkeit bei Caldwell auch einen positiven Aspekt: Sie setzt die natürliche Kraft und Gesundheit des Menschen frei. Die revolutionäre Energie wird von dieser Kraft gespeist. Der Arbeiter Will Thompson, der in der zentralen Szene von *Gottes kleiner Acker* seine schöne Schwägerin mit beinahe sakraler Gebärde in Besitz nimmt, indem er sie vor aller Augen entkleidet und auf seinen Händen davonträgt, ist Streikführer in der Textilfabrik. Er ist der Proletarier katexochen – Urkraft im Sinne von Marx, der Mensch ohne Besitz, ohne Vorurteil, ohne Moral, der eine Welt zu gewinnen hat. Die Frauen, deren Schönheit und Leidenschaft im grauen Alltag zunichte wird, die Männer, denen der Baumwollstaub die Lungen zerfrißt, deren Arbeitsethos mißbraucht wird – sie alle setzen auf ihn ihre Hoffnung.

»Will wußte: nie konnte er fort von den nächtlich blau erleuchteten Spinnereien, von den Männern mit den blutigen Lippen in den Straßen und von der Unrast der Fabriksiedlungen ... Hier mußte er aushalten und seinen Freunden zu einer Existenzmöglichkeit verhelfen. Ohne ihn konnten die Fabrikstraßen nicht bestehen. Hier mußte er ausharren, auf diesen Straßen mußte er gehen und des Abends den Sonnenuntergang hinter der Baumwollspinnerei betrachten und den Sonnenaufgang am Morgen. In den Fabrikstraßen der Valley-Ortschaften gab es Mädchen mit festen hohen Brüsten. Der Stoff, den sie unter den blauen Lichtern woben, umspannte ihre Körper; aber das Sichregen der festen Brüste unter der Hülle glich den raschen Bewegungen unruhiger Hände. In den Fabrikstädten des Valley ging die Schönheit betteln, und der Hunger der starken Männer war wie das Wimmern geschlagener Frauen. ›Jesus Christus‹, murmelte er erstickt.«

Im Gegensatz zur Gewerkschaft (AFL), die den Kampf mit den Unternehmern auf die Lohnfrage beschränken will, fordert Will Thompson die Besitznahme der

Fabrik durch die Arbeiter. Er stürmt an der Spitze der Menge den Betrieb und stellt den Strom für die Maschinen an, die Arbeiter werfen zum Zeichen des Arbeitsbeginns ihre Hemden zum Fenster hinaus auf den Hof. Noch einmal mischt sich Sexuelles und Soziales: als die Weiber Wills Hemd wie eine Reliquie an sich reißen und zerfetzen. Zwar scheitert das Unternehmen, und der Anführer wird von Streikbrechern erschossen, doch ist offensichtlich, was Caldwell meint: Dieser Will Thompson ist – als Gegenbild zur Dekadenz der Oberschicht besonders der Südstaaten – Symbol nicht nur für die erotische, vor allem auch für die soziale Potenz der Arbeiter.

Ernest Hemingway (1898–1961) wurde als Sohn eines Arztes in Oak Park bei Chikago geboren. Bei Ausbruch des Weltkrieges meldete sich der Junge in New York kriegsfreiwillig, wurde aber zurückgeschickt. Kurz vor dem Abitur lief er erneut von zu Hause weg und wurde Lokalreporter in Kansas City. Er machte das letzte Jahr des Krieges in einer Sanitätskolonne an der italienischen Front mit, wurde verwundet und dekoriert. 1920 war er Redakteur einer Gewerkschaftszeitung in Chikago, dort lernte er Sherwood Anderson kennen, seinen Lehrmeister. Als Zeitungskorrespondent bereiste er den Nahen Osten und Europa. Fünf Jahre lebte er von Gelegenheitsreportagen und Gelegenheitsarbeiten in Paris; zu ihm und seinesgleichen sagte Gertrude Stein: »Ihr gehört alle einer verlorenen Generation an.« *The Sun Also Rises* (1926, deutsch: *Fiesta*) und *A Farewell to Arms* (1929, *In einem anderen Land*) drückten die Stimmung jener Generation und jener Jahre aus und machten ihren Autor weltberühmt. Seit 1927 lebte Hemingway im karibischen Raum. Er trat als Boxer und Stierkämpfer in die Arena, ging auf Tiefseefischfang und Großwildjagd, stürzte mit dem Flugzeug ab. Er nahm am spanischen Bürgerkrieg teil, war Korrespondent in China, wurde im Zweiten Weltkrieg erneut verwundet und wieder dekoriert. Alle Romane und Erzählungen Hemingways sind aus dem Stoff gemacht, den er in seinem gefährlichen Leben an sich riß.

»Ich bin und bleibe Berichtender und habe nie geleugnet, ein Reporter, ein Journalist zu sein. Darum bin ich ein Fanatiker der Objektivität. Das heißt, daß ich das Leben beim minutiösen Überschatten der Romantik ebenso schildere wie in den Stunden, in denen das Pathos der Verzweiflung Besitz ergreift.[96]«

Hemingways Roman *Haben und Nichthaben* (1937) ist von der westlichen Kritik mit gemischten Gefühlen aufgenommen worden. Professor Anissimow vom Moskauer Institut für Weltliteratur hingegen meint: »Sein bestes Buch.[97]« In beiden Fällen dürfte das Urteil durch den Umstand getrübt sein, daß es sich um ein tendenziöses Buch handelt, ein politisch, ein garstig Lied. *Haben und Nichthaben* ist Ausdruck einer Krise, nicht nur im Leben Hemingways, sondern der Gesellschaft überhaupt; die Romantik tritt hier ganz zurück hinter dem Pathos der Verzweiflung. Wir finden alle Elemente, die für Hemingways Dichtung charakteristisch sind: Den Zynismus der Lost Generation, der aus den betrogenen, auf den Hund gekommenen Kriegsveteranen spricht, die in den Kneipen randalieren. Das große Abenteuer bei der Jagd auf Riesenfische und beim Schmuggel von Rum und Menschen zwischen Kuba und Florida. Männliche

Härte und Kraft in der Gestalt Harry Morgans, des einarmigen Mannes im Motorboot, Jägers und Gejagten, der das Leitmotiv Hemingways verkörpert: daß ein Mann zwar vernichtet, aber nicht besiegt werden kann. Dahinter steht ein furchtbarer Ernst. Diese Veteranen randalieren nicht aus Langeweile, sondern weil sie auf die Straße gesetzt worden sind. Diese Arbeitslosen, Vagabunden, Banditen, Nigger und Chinks (Chinesen) sind keine malerische Dekoration natürlichen Lebens, sondern Elendsgestalten von der Schattenseite Amerikas. Die reichen Müßiggänger mit ihrem Weltschmerz und ihren Affären stehen als Parasiten der Gesellschaft da, der verbummelte Literat ist nicht nur eine traurige, mehr noch eine schändliche Gestalt. Und dieser Harry Morgan stürzt sich nicht aus Lust ins Abenteuer, sondern weil seine Kinder hungern. Die Leute, die ihn über den Haufen schießen, sind kubanische Revolutionäre, die eine Bank ausgeraubt haben, um für ihre Bewegung Geld zu beschaffen.

»Ich weiß nicht«, sagt Morgan, »wer die Gesetze gemacht hat, aber ich weiß, es gibt kein Gesetz, daß man hungern muß.« Und: »Ich bin kein Radikaler nicht. Aber 'ne Wut hab ich. 'ne Wut hab ich schon lange.« Als es von einem Veteranen heißt: ›Der ist ein Roter‹, setzt ein anderer hinzu: »Du wärst auch einer, wenn du den geringsten Verstand hättest.« Die Männer sagen: »Wir sind die Verzweifelten. Diejenigen, die nichts zu verlieren haben. Wir sind die völlig Verrohten. Wir sind schlimmer als die Bande, mit der der Original-Spartakus gearbeitet hat. Aber es ist schwierig, was mit uns zu machen, weil wir bisher immer geschlagen worden sind, so daß Fusel unser einziger Trost ist und unser einziger Stolz darin besteht, daß wir nehmen können. Aber wir sind nicht alle so. Es gibt einige unter uns, die geben werden.«

»Gibt es viele Kommunisten im Lager?«

»Nur ungefähr vierzig. Von zweitausend. Man muß Disziplin und Selbstverleugnung haben, um Kommunist zu sein; ein Saufsack kann nicht Kommunist sein.« Und Harry Morgan sagt, als er verblutet: »Ein Mann allein hat keine verfluchte Chance nicht.«

John Steinbeck (1902–1968) ist in Kalifornien aufgewachsen, wo die meisten seiner Romane spielen; sein Vater, ein Gemeindebeamter, war deutscher Herkunft, seine Mutter, eine Lehrerin, stammte aus irischer Familie. Er studierte an der Universität Stanford Meeresbiologie. Wie Farrell, Caldwell und andere berühmte Kollegen schlug er sich – zeitweise in New York, dann wieder in Kalifornien – mit Gelegenheitsarbeiten durch, war Hilfsarbeiter, Maurer, Anstreicher, Nachtwächter, Dienstmann, Fischer, Fruchtpflücker und Reporter. Dabei lernte er die armselig vegetierenden und streunenden amerikanischen Unterschichten kennen, deren primitives, grausames wie poetisches Leben Gegenstand seiner Dichtung wurde (*Tortilla Flat,* 1935, *Von Mäusen und Menschen,* 1937). Als diese Schichten, so lange geduldig und genügsam dahinlebend, in der Not der dreißiger Jahre in Bewegung kamen, lieh Steinbeck ihnen seine Stimme. *In Dubious Battle* (1936, *Stürmische Ernte*) war Steinbecks engagiertester Roman, ein radikal politisches Stück von Elend und Klassenkampf auf den kalifornischen Obstplantagen, zugleich seine intensivste Annäherung an die Kommunisten – vergleichbar Hemingways *To Have and Have Not* und dessen Reportagen über die Arbeitslosen in Florida. Am Ende der Depression, schon jenseits parteipolitisch möglicher Auslegung, schuf Steinbeck das Denkmal der Krise und ihrer Überwindung.

Der Roman *Die Früchte des Zorns* (1939), ein breites und bewegtes Epos amerikanischen Lebens, schildert die Entwurzelung Hunderttausender von Farmern und Pächtern des Mittelwestens und ihren Verzweiflungszug zum gelobten Land, dem goldenen Garten Kalifornien. Durch Raubbau und Mißwirtschaft: Kahlschläge, Abbau der Grasdecke und Baumwoll-Monokultur, waren die einst fruchtbaren Hochebenen ostwärts der Rocky Mountains ausgezehrt und ausgedörrt worden. Wenn ein Staubsturm aus den Prärien über Chikago erschien, pflegten die Leute den grimmigen Witz zu machen: »Onkel Joe wird gleich hier sein, seine Farm fliegt gerade vorbei.[98]« Große Gesellschaften entrissen den verarmten und verschuldeten Farmern das Land, durchpflügten mit Traktoren die Raine und vertrieben die Familien aus ihren Wohnstätten. In Kansas, Oklahoma, Texas, New Mexico, Arkansas machten sich die Menschen auf den Weg, Karawanen von alten Autos, Wagenladungen mit Männern und Frauen, Greisen, Kindern und Hausrat, und zogen, einem Heerwurm gleich, über das Betonband der Route 66 nach Westen. Es waren Menschen, die keine Wahl hatten, die zu allem entschlossen waren, rastlos, hungrig und wild, durch Polizeistreifen, Rollkommandos und Straßensperren, durch Gesetze und Schikanen nicht aufzuhalten. Sie wurden herumgestoßen, verjagt, eingesperrt, ausgeplündert und ausgebeutet, aber sie waren nicht kleinzukriegen, sie hatten nichts zu verlieren und stellten sich der Gesellschaft zum Kampf auf Leben und Tod.

Steinbeck schreibt:

»Da ist ein Mann namens Hines – hat rund dreißigtausend Acker, Pfirsiche und Trauben – und hat 'ne Konservenfabrik und 'ne Kelterei. Der redet dauernd von den ›verdammten Roten‹. ›Diese verdammten Roten treiben das Land noch in den Ruin‹, sagt er, und: ›Wir müssen diese roten Schweine fortjagen.‹ Na, und da war ein junger Kerl, der grad in den Westen gekommen ist, und der hört das eines Tages. Er kratzt sich den Kopf und sagt: ›Mister Hines, ich bin noch nicht lange hier. Was ist denn das – diese verdammten Roten?‹ Na, und Hines sagt: ›Jedes Schwein, wo dreißig Cents die Stunde will, wenn wir fünfundzwanzig zahlen, ist'n Roter!‹ Der junge Kerl überlegt sich's und kratzt sich den Kopf und sagt: ›Tja, Mister Hines, ich bin kein Schwein, aber wenn das die Roten sind – ja, ich will auch dreißig Cents die Stunde. Das wollen wir alle. Verdammt noch mal, Mister Hines, dann sind wir ja alle Rote‹.«

Und weiter:

»Ist ein Traktor schlecht? Ist die Kraft, die die langen Furchen aufwirft, schlecht? Wenn der Traktor uns gehörte, wäre er gut – nicht mir, sondern uns. Wenn unser Traktor die langen Furchen aufwerfen würde in unserem Land, wäre er gut. Nicht in meinem, in unserem Land. Dann würden wir den Traktor lieben, wie wir das Land geliebt haben, als es noch unser war ... Die beiden Männer hocken sich auf den Boden, und die Frauen und Kinder hören zu. Hier ist der Wendepunkt – du, der du Veränderung hassest und Revolution fürchtest. Halte diese

beiden Männer auseinander, sie müssen sich hassen, fürchten, müssen einander mißtrauen. Hier beginnt das, was du fürchtest. Hier liegt der Keim. Denn hier ändert sich das ›Ich habe mein Land verloren‹ ... und es wächst das ›Wir haben *unser* Land verloren‹. Hier liegt die Gefahr, denn zwei Männer sind nicht so allein und verwirrt wie einer. Und aus diesem ersten ›Wir‹ wächst noch viel Gefährlicheres. ›Ich habe ein bißchen Essen‹ und ›Ich habe keins‹. Wenn die Lösung dieses Problems ist ›*Wir* haben ein bißchen Essen‹, dann ist die Sache im Gang, dann hat die Bewegung Ziel.«
Und weiter:
»Die großen Landbesitzer, die bei einer Umwälzung ihr Land verlieren müssen, die großen Landbesitzer, die Zugang haben zur Geschichte, die Augen haben, um Geschichte zu lesen und die große Tatsache wissen zu können: wenn Eigentum sich in zu wenig Händen ansammelt, wird es weggenommen. Und die zweite Tatsache, die zur ersten gehört: wenn die Überzahl des Volkes Hunger hat und friert, dann wird sie sich mit Gewalt das nehmen, was sie braucht. Und die schreiende Tatsache, die durch die ganze Geschichte hindurchklingt: Unterdrückung bewirkt nur die Stärkung und den Zusammenschluß der Unterdrückten. Die großen Landbesitzer überhörten die drei Schreie der Geschichte ... Das Geld wurde für Waffen ausgegeben und für Gas, um die großen Besitzungen zu schützen, und Spione wurden ausgeschickt, um drohende Revolten aufzudecken, die erstickt werden mußten. Die Veränderungen in der Wirtschaft wurden übersehen, Pläne zur Veränderung ignoriert, nur um Mittel zur Vernichtung von Revolten ging es, und die Ursachen zu den Revolten blieben bestehen ... Die großen Landbesitzer, die durch ihre Gesellschaften zugleich mehr und weniger als Menschen geworden waren, rannten in ihr Verderben und wandten alle die Mittel an, die auf lange Sicht sie selbst zerstören würden. Jeder kleine Trick, jede Gewaltanwendung, jede Razzia in einem Hooverville [Obdachlosenlager], jeder Polizist, der dickbäuchig durch ein Lumpencamp schlenderte, schob den Tag ein wenig hinaus und trug zur Unvermeidlichkeit des Tages bei.«
Und weiter:
»Sie verbrennen Kaffee als Feuerung in den Schiffen. Sie verbrennen Korn zur Heizung, denn es gibt ein gutes Feuer. Sie werfen Kartoffeln in die Flüsse und stellen an den Ufern Wachen auf, damit die hungrigen Leute sie nicht herausfischen können. Sie schlachten Schweine und graben sie ein und lassen sie verfaulen und den Saft in die Erde sickern.
Es gibt Verbrechen hier, das nicht zu schildern ist. Es gibt hier Leid, das Tränen selbst nicht sprechen lassen können. Es gibt hier Mißerfolg, der all unsere Bemühungen zunichte macht. Die fruchtbare Erde, die geraden Baumreihen, die starken Stämme und die reife Frucht. Und Kinder müssen sterben, weil die Orange ihren Profit nicht verlieren darf. Und die Leichenbeschauer müssen in den Totenschein schreiben: ›Starb an Unterernährung‹, weil Nahrungsmittel verfaulen müssen.
Die Leute kommen mit Netzen, um die Kartoffeln aus dem Fluß zu fischen, aber die Wächter verbieten es ihnen. Sie kommen in ratterndem Wagen, um sich Orangen zu holen, aber die Orangen sind mit Petroleum bespritzt. Und sie ste-

hen still und sehen zu, wie die Kartoffeln vorbeischwimmen, hören die Schweine schreien, die in einem Graben geschlachtet und mit Ätzkalk bedeckt werden, sehen die Orangenberge zu einem Fäulnisbrei zusammensinken, und in den Augen der Hungernden steht ein wachsender Zorn. In den Herzen der Menschen wachsen die Früchte des Zorns und werden schwer, schwer und reif zur Ernte.« Am Ende des Buches reicht eine junge Frau, deren Säugling dem Elend erlegen ist, einem fremden Mann, der krank ist und hungert, ihre Brust zum Trinken – Gleichnis für das, was Steinbeck mit Sozialismus meint: ein freies und natürliches Zusammenleben der Menschen in Solidarität. In der Hauptrolle des Films *Früchte des Zorns* (1940) trat ein neuer, sozialkritisch engagierter Schauspieler auf: Henry Fonda.

Thomas Wolfe (1900–1938) hat sich nie auffällig sozialistisch engagiert. Die Werke seines kurzen Lebens sind der Bewußtseinsstrom eines genialen, durch und durch amerikanischen Einzelgängers. Dennoch, oder gerade deshalb, so nah am Puls des Lebens, schlug auch bei ihm das existenzielle Erlebnis der Krise durch. Es war gewiß kein Zufall, daß ein Kapitel (The Company) seines letzten, unvollendeten, postum zusammengestellten Buches *Es führt kein Weg zurück* (1940) zunächst 1938, also noch mit Einverständnis des Autors, als story in der kommunistischen Literaturzeitschrift *New Masses* erschien. Dieses Kapitel schildert die »Tretmühle der amerikanischen Geschäftswelt« (Meyn). Aber weit darüber hinaus: Wer das große Fragment mit offenen politischen Augen liest, wird überall den Zeitbezug entdecken. Einerseits das konkrete Notat der Depression im Bewußtsein der Menschen, andererseits die Zerrissenheit angesichts des Zwiespalts zwischen Wirklichkeit und Traum, wobei am Ende auch bei Wolfe der Glaube an den amerikanischen Traum siegt. Dies wird entschieden, als der Held (der Autor) 1936 die glanzvollen Olympischen Spiele in Hitlers Berlin sieht. Schmerzhaft nimmt Thomas Wolfe Abschied von diesem Deutschland, das ihm, viel eher als Amerika, den ersten Weltruhm bescherte: Es führt kein Weg zurück. Kazin nennt ihn den »wachsamsten Romancier der Depressionszeit«; Bloch hat ihn geliebt als Ausbund beinahe deutscher Utopie. Kurz vor seinem Tod forderte Thomas Wolfe in einem Vortrag vor der Purdue-Universität Indiana mehr gesellschaftliches Engagement des Schriftstellers.

Nach den Präsidentschaftswahlen 1932 war Franklin D. Roosevelt mit einer Mannschaft junger fortschrittlicher Nationalökonomen in das Weiße Haus eingezogen und hatte jene wirtschaftlichen Veränderungen eingeleitet, von denen in den Büchern der linken Schriftsteller die Rede war. Die Revolution wurde abgeblasen. Der New Deal, der mit Hilfe einschneidender staatlicher Maßnahmen und Reformen die Wirtschaft dem öffentlichen Wohl unterordnete, bewies, daß die soziale Frage gelöst werden konnte, ohne die demokratische Verfassung preiszugeben. Andererseits hatte der Kommunismus seinen verbrecherischen Charakter vor aller Welt enthüllt und seine Attraktivität weitgehend eingebüßt. Zwar protestierten noch 1939 rund dreihundert Intellektuelle, darunter Odets, Hammett, Thurber, Hicks gegen die Gleichsetzung von Bolschewismus und Faschismus, aber eine Woche später machte sie der Hitler-Stalin-Pakt mundtot. Die Volksfront löste sich auf, die Schriftsteller nahmen Abschied von ihren Illusionen.

Am bittersten war die Enttäuschung bei denen, die sich am meisten engagiert hatten: wie bei Upton Sinclair so bei Dos Passos. Schon der 1936 erschienene letzte Band der *USA*-Trilogie, *The Big Money*, hatte eine pessimistische Note. Mit der *Spotswood*-Trilogie (*Abenteuer eines jungen Mannes*, 1939, *Nummer eins*, 1943, *Das hohe Ziel*, 1949) schrieb Dos Passos gewissermaßen ein politisches Gegenstück zu *USA*. Erschüttert vom tragischen Schicksal einiger seiner Freunde, schildert er im ersten Band, wie ein junger amerikanischer Kommunist, der auszog, die spanische Republik zu verteidigen, in den Mühlen der GPU zermahlen wird (›Ich, Glenn Spotswood, geistig gesund und körperlich gefangen, vermache hiermit der internationalen Arbeiterklasse meine Hoffnungen auf eine bessere Welt‹). Im letzten Band wendet Dos Passos sich sogar gegen Roosevelt. Er hatte 1945 Österreich und Deutschland besucht und dabei den Eindruck gewonnen, daß Amerika den Krieg in doppelter Hinsicht verloren habe: durch die Auslieferung Osteuropas an die Sowjets und durch die wirtschaftlichen Repressalien (Demontagen) gegen die besiegten Völker. Schließlich wandte er sich auch gegen die Sozialpolitik der New Dealer (›Der Sozialismus ist keine Antwort auf die übergroße Machtkonzentration, die der Fluch des Kapitalismus ist. Er muß etwas Besseres gefunden werden‹) und näherte sich dem konservativen Flügel der Republikaner (›Die unumschränkte Macht der herrschenden Schicht in der Sowjetunion zwingt zu der Überlegung, ob das Profitmotiv wirklich so schlecht ist, wie es immer dargestellt wird‹)[99].

Hemingway hat mit dem Totalitarismus abgerechnet in seinem Meisterwerk *Wem die Stunde schlägt* (1940), auf das wir in anderem Zusammenhang zu sprechen kommen werden. In dem Film (1943) spielt Gary Cooper den amerikanischen Guerillero.

Caldwell und Steinbeck besuchten die Sowjetunion als Reporter, der eine 1941, der andere 1947, und wurden als sozialistische Schriftsteller gebührend gefeiert. Doch beide reagierten mit Reserve. Caldwell, der in kritischem Augenblick Stalin interviewte und Kriegsberichte schrieb (*Moskau unter Feuer* und *Mit aller Kraft auf der Straße nach Smolensk*, 1942) nahm zum politischen System in der Sowjetunion weder positiv noch negativ Stellung. Steinbecks *Russisches Tagebuch* (1949) war kritisch gehalten und hat Ehrenburg ›nicht gefallen‹. Als die Kommunisten im Koreakrieg die Amerikaner beschuldigten, Pestflöhe ausgestreut zu haben, sagte Steinbeck in einem Brief an das italienische KP-Organ *Unità* seine Meinung: »Die Bakterien, die die Vereinten Nationen in Korea abwarfen, sind kleine Flugblätter. Sie enthalten die gefährlichsten und sich am schnellsten verbreitenden Bakterien der Welt: die Wahrheit. Das ist der Bazillus, den die Sowjets mehr als alles andere fürchten. Sie haben recht, wenn sie diesen Bazillus der Wahrheit fürchten, denn gerade dieser Bazillus wird sie eines Tages zerstören.[100]«

1963 sprach Steinbeck vor jungen Schriftstellern in Moskau und ermutigte sie zur Entstalinisierung: »Zeigt eure Zähne, ihr jungen Wölfe.« Jewtuschenko, sein

Verehrer, antwortete 1966 angesichts des amerikanischen Debakels in Vietnam: »John, Sie sind ein alter Wolf, zeigen Sie Ihre Zähne.[101]« Im Jahr, als Steinbeck starb, zeigte jedenfalls Jewtuschenko seine Zähne, er protestierte gegen die sowjetische Okkupation der Tschechoslowakei.

Nach dem Zweiten Weltkrieg, im Kalten Krieg, gerieten die Intellektuellen in die Mühle der Kongreßausschüsse zur Untersuchung unamerikanischer Aktivitäten, worunter prokommunistische Handlungen oder Gesinnungen verstanden wurden. Im Senat war Joseph McCarthy, Senator von Minnesota, der Einpeitscher, im Repräsentantenhaus Richard Nixon, der spätere unrühmlich abgetretene Präsident der USA[102]. Thomas Mann, Charles Chaplin, Orson Welles verließen rechtzeitig das Land. Bertolt Brecht und Hanns Eisler konnten sich herausreden. Die Vernehmungen waren, auch wenn es nicht selten so aussah, keine Gerichtsverhandlungen, sondern Hearings, die sich allerdings schnell zum öffentlichen Pranger entwickelten. Die Ausschüsse konnten »unamerikanische Aktivität« nicht bestrafen; die zahlenmäßig sowieso geringfügige KP der USA wurde erst 1954 verboten. Aber sie konnten die Delinquenten beruflich und gesellschaftlich ruinieren. Die direkten Machtmittel waren begrenzt: Entlassung aus dem Staatsdienst (der aber in den USA wesentlich schmaler ist als der öffentliche Dienst bei uns, betroffen waren Diplomaten und Teile der Lehrerschaft), Entfernen der Bücher aus öffentlichen Bibliotheken, Aussperrung aus staatlich subventionierten Programmen, besonders der Auslandssender, Paßentzug, Steuerfahndung. Aber auch die großen Medienkonzerne beugten sich zeitweise dem Druck, entließen die verdächtigen Mitarbeiter oder erteilten ihnen keine Aufträge mehr. Hart wurden die »Aussageverweigerer« bestraft, die unter Berufung auf die Verfassung Aussagen über sich, vor allem aber über Kollegen ablehnten. Wegen »Mißachtung des Kongresses« wurden Dashiell Hammett, Howard Fast, Edward Dmytrik, Albert Maltz zu Gefängnis verurteilt.
Am längsten zog sich das Verfahren gegen Arthur Miller hin – der Gedanke, daß Amerikas Sexidol Marylin Monroe ihrem Gatten Butterbrotpakete ins Gefängnis bringt, schien selbst hartgesottenen Antikommunisten schwer erträglich. Als der Senator, ein eher naiver als bösartiger Politiker, 1954 seine Mitarbeiter nach Deutschland schickte, um die dort stationierten Sender und Zeitschriften zu säubern, schlug die Militärverwaltung (wohl auch der Geheimdienst CIA) zurück und bezichtigte den Stab des Senators unamerikanischer Aktivität. Die Amerikaner in Deutschland hatten inzwischen Sozialisten von Sowjetagenten unterscheiden gelernt. (Der sozialdemokratische Bürgermeister von Berlin zur Zeit der sowjetischen Blockade 1948/49 und des Aufstands gegen das sowjetische System am 17. Juni 1953, Ernst Reuter, war 1921 Generalsekretär der Kommunistischen Partei Deutschlands gewesen, einer Sektion der Moskauer Komintern; was hätte Joe McCarthy ihn gefragt?) Noch im selben Jahr entzog der Kongreß dem Senator das Vertrauen; er starb drei Jahre später – verachtet, verbittert, in Einsamkeit.
Die Intellektuellen, ein Jahrzehnt lang nicht gerade in ihrer physischen, aber doch materiellen Existenz gefährdet, haben sich gerächt. Die Sieger schreiben

die Geschichte – oder: Wer die Geschichte schreiben kann, bleibt Sieger. Der Film reagierte am härtesten, vielleicht, weil er am härtesten getroffen war. Wenn man heute die großen Filme der Nachkriegszeit mit politischem Bewußtsein sieht, leuchtet sofort ihr politischer Stellenwert ein: Abrechnung mit den Hexenjägern, aber auch Gerichtstag halten über sich selbst.
1949: Orson Welles (1940 Autor des säkularen antikapitalistischen Films *Citizen Cane*) spielt, nun in London, den Harry Lime in Carol Reeds *Der dritte Mann,* einem Film, in dem letztlich alles darum geht, ob man Freunde denunzieren darf, was Gewissen und Anstand wert sind, wo ihre Grenzen, auch die Verantwortung liegen.
1951: Billy Wilder, Emigrant aus Wien, dreht *Reporter des Satans,* eine schonungslose Abrechnung mit der Gewissenlosigkeit auch scheinbar demokratischer Presse – ein Mann muß sterben wegen des Profits.
1952: Fred Zinnemann (der 1944 *Das siebte Kreuz* nach Anna Seghers drehte), präsentiert in Hollywood den Western *High Noon* (Zwölf Uhr mittags), in dem Gary Cooper, umflort von einer unvergeßlichen Melodie, dekorativ umgeben von Grace Kelly, der späteren Fürstin Gracia Patricia von Monaco, als Einzelkämpfer die Dumpfheit und Trägheit der Menge überwindet. Überhaupt spielt in allen diesen Filmen die Musik: die tragisch-melancholische Melodie, die Zither, die Mundharmonika, die klagende Trompete, später der harte Schlag des Rock 'n Roll, eine wesentliche Rolle: als die zu diesem Zeitpunkt einzig mögliche radikale Aussage.
Ein Jahr später schlägt Zinnemann, der neben Kazan und Dmytrik am meisten Gefährdete, ermutigt durch die Oscars für *High Noon,* noch einmal zu mit dem antimilitaristischen Film *From here to Eternity* (*Verdammt in alle Ewigkeit*), worin Frank Sinatra, Burt Lancaster, Montgomery Clift und Deborah Kerr zu Weltruhm kamen. Arthur Miller schreibt das Theaterstück *Hexenjagd.*
1954, immer noch Amtszeit McCarthys: Elia Kazan (der 1951 den klassischen Revolutionsfilm *Viva Zapata* schuf), geht mit *Die Faust im Nacken* voll in die Auseinandersetzung um die amerikanische Demokratie. In der Hauptrolle Marlon Brando, wieder ein Einzelkämpfer, der von korrupten oder verführten Gewerkschaftern zusammengeschlagen wird. Kazan prägt den Revolte-Typ James Dean und holt Joseph Losey zurück, den der Untersuchungsausschuß aus Amerika vertrieben hatte. Sein Kameramann Boris Kaufmann ist ein Bruder Dsiga Wertows, der zu Lenins Zeit das revolutionäre Sowjetkino begründete.
Im selben Jahr: Edward Dmytrik macht den Film *Die Caine war ihr Schicksal,* Hauptrolle Humphrey Bogart, die letzte, schon von keiner Seite mehr gern gesehene Diskussion über Denunziation, Opportunismus und Loyalität.
1956 schließlich: Henry Fondas Bekenntniswerk *Die zwölf Geschworenen.*
Alle diese Werke haben eines gemeinsam: Sie behandeln an konkreten, meist historischen Fällen, auf hohem künstlerischen Niveau, in Erinnerung an Hitler und Stalin, im Angesicht McCarthys, den Hauptwiderspruch moderner demokratischer Gesellschaften: Dürfen die Menschenrechte durch Mehrheitsbeschluß aufgehoben werden? Oder anders herum gefragt: Wieviel Zivilcourage, wieviele materielle Opfer muß man aufbringen, um aufrecht durch die Demokratie zu gehen?

Vielleicht hat dazu schon 1947 ein Schauspieler, ein Westernheld namens Ronald Reagan, das Nötige gesagt. Reagan hatte versucht, in Hollywood eine Schauspieler-Gewerkschaft ins Leben zu rufen. Die Kommunisten hatten sein soziales Anliegen aus übergeordneten politischen Erwägungen scheitern lassen, was er ihnen natürlich nicht vergaß. Vor dem Kongreß wurde Reagan von dem Verdacht kommunistischer Tätigkeit entlastet, und das Komitee dankte ihm für seine Aussage. Aber er glaubte, noch etwas hinzufügen zu müssen, falls man ihn nicht richtig verstanden habe: »Ich verabscheue und ich hasse ihre [die kommunistische] Philosophie, und noch mehr verabscheue ich ihre Taktiken . . . Trotzdem möchte ich als Bürger nie erleben, daß wir in unserem Land gezwungen werden, entweder aus Angst oder aus Abneigung gegen diese Gruppe, mit irgendeinem unserer demokratischen Grundsätze Kompromisse schließen zu müssen, wegen dieser Angst und wegen dieser Abneigung. Ich bin immer noch der Ansicht, daß die Demokratie es schafft.«
Das Erlebnis des McCarthyismus hat sich tief eingegraben in das Bewußtsein der Traumfabrik Hollywood, auch der Bosse Jack Warner und Walt Disney, die McCarthy instinktlos genug war, vor den Ausschuß zu zitieren. Vielleicht ist dies ein Grund, warum bis heute die wirklich zentralen Auseinandersetzungen mit der modernen Gesellschaft, die wir Demokratie nennen, aus der amerikanischen Film- und Fernsehindustrie kommen, warum ein Mann wie Woody Allen, Idol einer ganz anderen Generation, sich plötzlich diesem Erbe stellte: Sein Film *The Front* (*Der Strohmann,* 1976) handelt vom Schicksal des von McCarthy angeschwärzten und ruinierten Radiounterhalters Henry Faulk. 1982, zur Amtszeit des Präsidenten Ronald Reagan, zog Hollywood dann den Schlußstrich unter eine Epoche: Es zeichnete Warren Beattys Film *Reds* (Die Roten), das Heldenepos von John Reed und seiner Gefährtin Louise Bryant im Sturm der Oktoberrevolution, mit drei Oscars aus. (Schade, meinte Reagan, daß es kein Happyend gab[103].)

Der dunkelste Punkt Amerikas ist die Negerfrage. Die furchtbaren Tragödien der Rassendiskriminierung und des Rassenhasses haben die Literatur Amerikas bewegt von Harriet Beecher Stowe (*Onkel Toms Hütte,* 1852) bis zu Faulkner (*Licht im August,* 1932, *Absalom, Absalom,* 1936, *Griff in den Staub,* 1948) und Caldwell (*Trouble in July* oder *Ein heißer Tag,* 1940, *Ein Haus im Hügelland,* 1946, *Estherville,* 1949). In der Negerfrage zeigte sich wie in der sozialen Frage die Grenze der demokratischen Verfassung. Wohl hatte der Süden den Bürgerkrieg verloren, wohl war die Sklaverei abgeschafft worden, aber unter Ausnutzung der Armut und Unwissenheit der Neger gelang es den weißen Herren der Südstaaten sehr schnell, die alte Hegemonie wiederherzustellen. Noch bei den Präsidentschaftswahlen 1952 wurden durch Manipulationen verschiedenster Art rund Dreiviertel der vier Millionen schwarzen Wahlberechtigten an der Stimmabgabe gehindert. Ja, man kann sagen, daß sich das Los der schwarzen Bevölkerung nach Aufhebung der Sklaverei noch verschlimmerte. Denn solange der Neger als Eigentum des Plantagenbesitzers einen materiellen Wert darstellte, war wenigstens sein Leben gesichert, der Herr ernährte und schützte ihn. Die

Befreiung machte den Neger vogelfrei. Nicht nur, daß er nun oft genug in Hunger und Elend verkam – es begann die eigentliche Schreckenszeit: Ku-Klux-Klan, Lynchjustiz, der weiße Terror.

Richard Wright (1908–1960) hat in seinen denkwürdigen Jugenderinnerungen *Black Boy* (1945) das Leben der Neger im Süden der Vereinigten Staaten geschildert. Es ist ein Buch, das in eine Reihe gehört mit den großen dichterischen Zeugnissen des Proletariats, in eine Reihe mit den Jugenderinnerungen Gorkis, Andersen Nexös, Istratis und O'Caseys.

Wright wurde als Kind eines Landarbeiters auf einer Plantage in Mississippi geboren. Er verbrachte, wie er sagt, ›ein Drittel des Lebens‹ damit, aus seinem Geburtsort über Jackson und Memphis nach Norden zu gelangen, ›nur um frei reden zu können, um dem Druck der Furcht zu entfliehen‹. Wright erzählt seine Geschichte ruhig und gewissenhaft, offen, mit manchmal brutaler Direktheit, aber ohne Haß, eher klagend als anklagend, aber ohne Sentimentalität, irgendwie verwundert, daß Zustände wie die in den Südstaaten unter Menschen möglich sind. Um so erschütternder wirkt sein Buch. Es ist nicht nur die materielle Armut, die den Neger niederdrückt – obwohl Wright auch darunter im Übermaß gelitten hat –, mehr noch wird der Neger durch die ihm aufgezwungene Armut des Geistes und der Seele entwürdigt. Von geordneter Schulbildung konnte keine Rede sein. Zugang zur Bibliothek mußte sich der schwarze Junge auf Schleichwegen verschaffen. Jeder berufliche Aufstieg, jede Qualifikation wurde im Ansatz vereitelt. Dem Neger wurden nur die niedrigsten, nur verdummende und demütigende Verrichtungen zugewiesen. Und über dem ganzen Leben lastete die Angst. Ein mißverständliches Wort, ein freimütiger Blick konnten den Tod bringen. Nicht, daß jeder Neger drangsaliert wurde – doch es genügte, daß hie und da ein Schwarzer im Auto verschleppt, wegen irgendeines vorgeschobenen Delikts (meist Belästigung weißer Frauen) an den Baum geknüpft wurde, um die unbedingte Herrschaft des weißen Mannes sicherzustellen.

Wright, ein begabter, feinfühliger und aufrechter Junge, war empört über den weißen Hochmut, aber noch mehr über die sklavische Unterwürfigkeit seiner schwarzen Brüder, über ihre Demut und Kriecherei, ihre Flucht in Bigotterie, Alkohol, Sexualität und Verbrechen, welche das Leben der Verdammten nur noch düsterer und hoffnungsloser machten. »Was war es nur, was mich so fühlen ließ?« fragt Wright am Ende des Buches. »Woher kam in der südstaatlichen Seelenverdunkelung mir dieser Wille zur Freiheit?« Und antwortet: »Die Bücher, nur sie.« Damit meinte er die Schriften des Kritikers Henry Louis Mencken, der der modernen Literatur Amerikas den Weg bereitet hatte, die Bücher von Mark Twain, Crane, Norris, Dreiser, Sinclair Lewis, Sherwood Anderson, Masters – jene Bücher, die die Weißen den Schwarzen aus gutem Grund vorzuenthalten suchten. »Diese Schriftsteller hatten ein Gefühl dafür, daß man Amerika so wandeln und formen könne, daß es dem Sehnsuchtsbild derer, die es bewohnen, näher käme . . . Zu diesem unsichtbaren fernen Licht tastete ich mich auf meiner Flucht aus dem Süden. Immerfort hielt ich ihm mein Gesicht zugewandt. Es war meine Hoffnung . . . Es war eine leise Verheißung und die Rechtfertigung all dessen, was ich tat.«

Von 1932 bis 1944 war Wright Mitglied der Kommunistischen Partei der USA, eine Zeitlang Sekretär des Chikagoer John-Reed-Klubs. In seinem Beitrag zu dem Band *Der Gott der keiner war* (1950) hat der Dichter mehr emotional als rational dargelegt, warum der Kommunismus bei ihm wie bei den meisten Negern trotz ihrer schweren sozialen Lage nicht Fuß fassen konnte. Die Neger ringen um ihre Gleichberechtigung als Bürger Amerikas, dessen Ordnung und Gesittung sie sich zugehörig fühlen, dessen Kultur ohne sie nicht denkbar ist, sie ringen um ihre Freiheit und Menschenwürde – was hätte ihnen der Kommunismus da zu bieten? Als Wright die kniefällige Selbstkritik eines der Abweichung bezichtigten Genossen erlebte, schoß in ihm die Erinnerung hoch an jene demütigenden Selbstentäußerungen, zu denen ihn einst die weißen Herren von Mississippi gezwungen hatten.
Langston Hughes (1902–1967), neben Wright der radikalste der amerikanischen Negerdichter, der 1932/33 in die Sowjetunion, 1937 ins republikanische Spanien reiste und zeitweise Parteigänger der Kommunisten war, hat nicht nur leidenschaftliche Anklagen gegen den weißen Terror des Südens geschleudert, sondern auch das Bekenntnis der Neger zur amerikanischen Demokratie geschrieben:

»Auch ich singe Amerika.

Ich bin der dunklere Bruder.
Sie schicken mich zum Essen in die Küche,
Wenn Besuch kommt,
Aber ich lache
Und esse gut
Und werde stark.

Morgen

Werde ich am Tisch sitzen,
Wenn Besuch kommt,
Keiner wird es wagen
Mir zu befehlen
›Iß in der Küche!‹

Dann

Übrigens
Werden sie sehen, wie schön ich bin,
Und sie werden sich schämen –

Auch ich bin Amerika.[104]«

Die Ära Roosevelt, die mit dem nationalen Wunder des New Deal begonnen hatte, endete mit dem internationalen Debakel von Jalta*. Beides – die Leistung im Innern wie das Versagen nach außen – entsprang derselben Wurzel: dem Linkstrend der Intelligenz. Man kann das Entsetzen des amerikanischen Volkes verstehen, als es aus der Euphorie der Großen Allianz erwachte und angesichts der Ereignisse in Osteuropa und Ostasien erkennen mußte, daß der schwer errungene Sieg verspielt, die Chance eines dauernden Friedens vertan worden war. Die Bundespolizei deckte sowjetische Agentennetze im Beraterstab Roosevelts und im angloamerikanischen Atomzentrum auf. Joe McCarthy hat dann mit dem Entsetzen Schindluder getrieben. Als der ehrgeizige Senator die Mühlen der amerikanischen Wachsamkeit in Betrieb setzte und das Land mit einer Welle der Denunziation und Gesinnungsschnüffelei, mit Prozessen, Schwarzen Listen und Diffamierungen aller Art überschwemmte, waren die linken Illusionen der Intelligenz längst zerstoben – die amerikanischen Schriftsteller hatten den Kommunismus eher durchschaut als die Regierung. Der McCarthyismus hat die Konsolidierung der amerikanischen Demokratie eher behindert als gefördert, er hat den Friedensschluß zwischen den Intellektuellen und der Gesellschaft um viele Jahre verzögert.

Der letzte namhafte Schriftsteller in Amerika, der zu den Kommunisten hielt, war Howard Fast (* 1914). Der Arbeitersohn aus New York, der in seiner Reifezeit wie so viele seiner Kollegen quer durch Städte und Berufe wanderte, gehörte zwar nie zu den Großen der amerikanischen Literatur, wie die kommunistische Propaganda lange Zeit weismachen wollte, doch wurden seine farbigen und instruktiven, brillant geschriebenen historischen Romane viel gelesen; einige waren Bestseller. Die Romane behandelten revolutionäre Themen aus der amerikanischen Geschichte: Existenzkampf der Indianer (*Die letzte Grenze,* 1941), Unabhängigkeitskrieg (*Bürger Tom Paine,* 1943), Negerbefreiung (*Straße zur Freiheit,* 1944); sie waren von Patriotismus und dem Pathos der Demokratie erfüllt und trafen während des Zweiten Weltkriegs den Nerv der Zeit. Damals, als das politische und intellektuelle Leben noch Linksdrall hatte, spielte Fast eine Rolle im Apparat der amerikanischen Rundfunkpropaganda. Als sich dann nach dem Krieg der offizielle Kurs änderte, schien es ihm wohl eine Sache der Ehre und des Anstands, der nun desavouierten Idee die Treue zu halten. Weil er sich weigerte, die Listen eines kommunistischen Flüchtlingskomitees herauszugeben, wurde er 1946 wegen ›Mißachtung des Kongresses‹ verurteilt, 1950 mußte er drei Monate ins Gefängnis. Sein Name stand auf allen Warnlisten, er bekam keinen Job und keinen Paß. Seine Bücher (zum Beispiel *Spartakus,* 1951) mußte er im Selbstverlag herausbringen, was freilich auch damit zusammenhing, daß Fasts literarisches Niveau unter dem Einfluß der Ideologie gelitten hatte.
In der Sowjetunion und den Volksdemokratien stieg derweil sein Ansehen ins Maßlose; seine Bücher erschienen in Millionenauflagen und mehr als zwanzig

* Konferenz von Roosevelt, Churchill und Stalin im Februar 1945 auf der Krim. Aufteilung der Welt in Interessensphären.

Sprachen. 1953 wurde ihm der Internationale Stalinpreis verliehen, in der Begründung hieß es: »In der niederdrückenden Atmosphäre von Hetze und Verleumdung steht Howard Fast treu zu seinen Idealen, verteidigt er mit seiner Feder nach wie vor die Rechte der Menschen und deren Freiheit. Er verkörpert das fortgeschrittene, das wahre Amerika, das Amerika der einfachen Menschen, die genauso wie die Menschen in den übrigen Ländern zutiefst daran interessiert sind, daß in der ganzen Welt Frieden und Freundschaft herrschen.[105]«

Howard Fasts Nibelungentreue endete, als der oberste Chef des Weltkommunismus auf dem XX. Parteitag in Moskau die Verbrechen Stalins enthüllte. Unmittelbar nachdem das State Department die Geheimrede Chruschtschows veröffentlicht hatte, im Juni 1956, schrieb der Schriftsteller im Parteiorgan *Daily Worker*: »Der Bericht Chruschtschows ist ein seltsames und furchtbares Dokument, das vielleicht in der Geschichte ohne Parallele dasteht; man muß sich mit dem Tatbestand vertraut machen, daß er geradezu protokollarisch Akte eines barbarischen und paranoischen Blutrausches festhält, die sich dem zivilisierten Menschen für alle Ewigkeit als ein Memento der Schande einprägen werden.« Bestürzt rief er aus: »Ich habe jämmerlich versagt, ich habe verfehlt zu erkennen, daß es keineswegs ein Sieg ist, wenn man den Sozialismus gewinnt und dabei das heilige Recht des Menschen auf sein Gewissen verliert, seine Würde und sein Recht, zu sagen, was er will.[106]« Fast beschloß, zwar in der Kommunistischen Partei zu bleiben, aber von nun an jedes Unrecht zu kritisieren, wo immer es geschähe. Das konnte nicht lange gutgehen; nach dem sowjetischen Massaker in Ungarn, das den amerikanischen Schriftsteller zu einem offenen Brief an seine sowjetischen Kollegen bewog, war es mit der Parteigenossenschaft vorbei.

In dem Buch *Der nackte Gott* (1957) zog Howard Fast Fazit:

»Ich war in den Vereinigten Staaten in meiner Funktion als Schriftsteller stark behindert: ich mußte meine Bücher unter großen Kosten und manchmal unter finanziellen Verlusten herausbringen; aus einem relativ wohlhabenden und erfolgreichen Leben wurde ich in den nackten Kampf um die literarische Existenz geworfen; meine neuen Werke waren im eigenen Land allmählich immer weniger und weniger bekannt. Doch bei all diesen Entbehrungen standen folgende wichtigen Tatsachen unbedingt fest:

1. ich konnte weiterhin schreiben;
2. ich bin am Leben geblieben;
3. ich konnte weiter für das unveräußerliche Recht kämpfen, so zu schreiben, wie es mir paßte.

Gerade wegen der brutalen und ungerechtfertigten Behandlung, die ich in jener Zeit erfuhr, möchte ich dies nachdrücklich festhalten. Ich war gegen die Politik meiner Regierung und machte aus meinem Herzen keine Mördergrube. Ich verlangte keine Rücksicht und übte selbst keine Rücksicht, und doch blieben die drei Punkte unangetastet.

Der sowjetische Schriftsteller leistete keinen Widerstand. Er forderte die Regierung nicht zu Repressalien heraus. Seine Unbotmäßigkeit lag bestenfalls auf dem Gebiet der Gestaltung. Und doch ist das Folgende festzustellen:

1. er konnte nicht weiterschreiben, sondern wurde zum Schweigen gebracht;

2. er konnte nicht weiterleben, sondern wurde grausam gefoltert und hingerichtet;
3. er konnte nicht für sein unveräußerliches Recht kämpfen, so zu schreiben, wie es ihm paßte. Dieses Privileg ist ihm fremd, der ganze Begriff entstammt einer ihm unbekannten Weltanschauung; und für eben den Versuch, dieses Unbekannte zu entdecken und sich anzueignen, wird er von seinen Herren mit dem Tod belohnt ...
Was immer die Kommunistische Partei einmal gewesen sein mag, heute ist sie ein Gefängnis für die besten und kühnsten Träume des Menschen.«
Nun konnte die Sowjetunion, die den Abfall des Stalinpreisträgers mehr als ein Jahr zu vertuschen gesucht hatte, nicht mehr schweigen. Die *Literaturnaja Gaseta* nannte Fast einen Psalmensänger des Revisionismus, der Marx mit dem Propheten Jesaja verwechsele, einen Hysteriker, Doppelzüngler, Opportunisten, Speichellecker, einen militanten Zionisten, der weinerliche Predigten über die Ermordung jüdischer Bürger in der Sowjetunion halte und die Untaten des Verräters Berija [1953 erschossener Geheimdienstchef Stalins] der Kommunistischen Partei in die Schuhe schiebe. ›Sogar Ihre früheren Bücher, Howard Fast, sind einem ordentlichen Menschen zuwider – Sie haben sie mit Spülwasser und Schmutz bespritzt, worin Sie heute völlig versunken sind.[107]‹
Wie hieß es doch bei der Verleihung des Stalinpreises: »In der niederdrückenden Atmosphäre von Hetze und Verleumdung steht Howard Fast treu zu seinen Idealen, verteidigt er mit seiner Feder nach wie vor die Rechte der Menschen und deren Freiheit ...[108]«

Lateinamerikas großer Gesang

Immer in der Ferne ist die Freiheit.

B. TRAVEN Der Karren 1931

Die revolutionäre Gärung Lateinamerikas wurde der Welt zum ersten Mal von einem Schriftsteller bewußt gemacht, der kein Lateinamerikaner war.
Dieser Mann war wohl der berühmteste Unbekannte unseres Jahrhunderts[109]. Zunächst wußte man nur so viel: Im Frühjahr 1925 traf im sozialdemokratischen Zentralorgan *Vorwärts* zu Berlin ein dicker Umschlag mit mexikanischen Briefmarken ein, der ein unverlangt eingesandtes Manuskript enthielt, gezeichnet von einem Verfasser mit offenbar kryptischem Namen: B. Traven, der mit einem getippten T. unterschrieb. Veröffentlicht von der gewerkschaftseigenen Büchergilde Gutenberg wurde das Buch wie die folgenden ein Welterfolg. Zahllose Reporter, Kamerateams aus Europa und Amerika hefteten sich an die Spur des Autors, darunter der berühmte Regisseur John Huston. Man kannte nur seinen Bevollmächtigten, einen griesgrämigen und schwierigen Mann namens Hal Croves, der die Geschäfte abwickelte und sich jede Entscheidung durch den sagenhaften Traven bestätigen ließ, meist auf einem Zettel mit unentzifferbarem Gekritzel, das nur Croves zu deuten verstand. Manche glaubten, auf verwischten Fotos des fotoscheuen Herrn Croves, mit versteckter Kamera im Urwald geschossen, eine gewisse Ähnlichkeit mit dem radikalen Schriftsteller Ret Marut zu entdecken, der während der bayrischen Räterepublik die Zeitschrift *Der Ziegelbrenner* herausgab. Ret Marut, offensichtlich auch ein Pseudonym, hatte als einer der am meisten gehaßten Revolutionäre nach dem Sieg der Konterrevolution flüchten müssen. Andere wiederum hielten ihn für den dänischen Schriftsteller Bendrich Torsvan, der in den zwanziger Jahren in der Umgebung des Räterepublikaners Mühsam gesehen worden war. Die Identität dieses Torsvan war aber auch nicht aufzudecken.
Schließlich ließ Traven durch seinen Agenten Croves eine offizielle Version verlautbaren: Er stamme zwar von skandinavischen Eltern ab, sei aber 1890 in Chikago geboren. Er habe, abgesehen von wenigen unzusammenhängenden Stunden, keine Schule besucht und sich vom siebenten Lebensjahr an seinen Lebensunterhalt selbst verdient. Er sei Matrose, Bäcker, Baumwollpflücker, Viehtreiber, Goldgräber, Farmer, Petroleumdriller, Gelegenheitsarbeiter, Hauslehrer auf abgelegenen Farmen, Medizinmann, Geburtshelfer und Advokat in Indianerdörfern gewesen. Seit vierzig Jahren, d. h. schon vor dem Ersten Weltkrieg, lebe er, von Reisen abgesehen, in Mexiko, lange Zeit in unerforschten Gebieten. Seine

Muttersprache sei Englisch; er schreibe seine Bücher nicht, wie vielfach angenommen, deutsch, sondern englisch und spanisch.
Das einzige, was an dieser Erklärung überzeugte, war die Berufsbiographie, die durch die minutiöse Kenntnis der Arbeitsbedingungen in seinen Büchern belegt wird. Aber warum klang sein Englisch so merkwürdig, demgegenüber sein Deutsch, abgesehen von einigen Holprigkeiten, die langer Aufenthalt in einem anderen Sprachraum bewirkt haben könnte, authentisch?
Eine andere Version soll ihres besonders pittoresken Charakters wegen nicht verschwiegen werden: Traven könnte ein unehelicher Sohn des deutschen Kaisers Wilhelm II., seinerzeit Kronprinz, mit einer englischen Sängerin sein (wofür die ›Hohenzollern-Nase‹ auf einem Foto des mexikanischen Unbekannten spricht); dies würde mühelos die übertriebene Diskretion erklären. Und ein holländischer Journalist behauptete ernsthaft in einer angesehenen Zeitschrift, er habe Traven im spanischen Bürgerkrieg bei Teruel fallen sehen.
Traven reagierte unwirsch auf Fragen nach seiner Person. »Die Arbeiter sollen keine Autoritäten verehren, weder Könige noch Generäle, noch Präsidenten, noch Künstler, noch Ozeanflieger. Jeder Mensch hat die Pflicht, den Menschen nach besten Kräften und Fähigkeiten zu dienen, ihnen das Leben zu erleichtern, ihnen Freude zu bringen und ihre Gedanken auf große Ziele zu richten. Ich erfülle meine Pflicht gegenüber der Menschheit, wie ich es immer getan habe, als Seemann, als Arbeiter, als Forschungsreisender, als Hauslehrer in weltentlegenen Farmen und jetzt als Schreiber. Ich fühle mich nicht als eine Person, die in breitem Licht stehen will. Ich fühle mich als Arbeiter, namen- und ruhmlos wie jeder Arbeiter, der dazu beiträgt, die Menschheit einen Schritt weiterzubringen[110]. . . Ich fühle mich wie ein Körnchen im Sande, aus dem die Erde besteht. Meine Werke sind wichtig, meine Person ist unwichtig, wie die Person des Schuhmachers unwichtig ist, der es als seine Pflicht ansieht, gute und passende Schuhe anzufertigen. Der Setzer, der mein Buch setzt, ist genauso wichtig für die Kultur wie ich, und darum sollte man sich um meine Person nicht mehr kümmern als um die Person des Setzers. Ich hoffe, daß endlich begriffen wird, was ich meine: Ich will mein Leben als gewöhnlicher Mensch, der unauffällig und schlicht den Menschen lebt, nicht aufgeben, ich will zu meinem Teil dazu betragen, daß jeder Mensch das Bewußtsein in sich stärkt, daß er genauso wichtig und unentbehrlich ist für die Menschheit wie jeder andere, ganz gleich, was er tut, und ganz gleich, was er getan hat.[111]«
Helmut Jaesrich hat die Überlegung hinzugefügt: »Vielleicht saß der Grund auch tiefer, in einem schweren Trauma der Identität, das durch Polizeiverhöre und Grenzüberschreitungen mit falschen Papieren hervorgerufen war.«
Inzwischen glauben wir dank der detektivischen Arbeit amerikanischer wie deutscher Reporter aus beiden deutschen Staaten zu wissen, wer Traven war. Laut Geburtsurkunde 1882 geboren unter dem bürgerlichen Namen Otto Feige in der ostbrandenburgischen Gemeinde Schwiebus (heute polnisch Swiebodzin), Sohn eines Töpfers und einer Fabrikarbeiterin namens Friederike Wienecke, ursprünglich unehelich, dann durch alsbaldige Eheschließung der Eltern legitimiert. In Schwiebus gab es tatsächlich eine Ziegelei. So wurde er denn, nach

kärglichen Lehrjahren, darunter im Schauspielerberuf bei Louise Dumont in Düsseldorf (Paul Henckels: ›Dieser Marut hatte etwas Mysteriöses an sich‹), zum ›Ziegelbrenner‹ Ret Marut, dem radikalsten Publizisten in der bayrischen Räterepublik. Wahrscheinlich ist er, wie er es selbst beschrieben hat, nach vorübergehender Haft in England, als Heizer auf einem elenden Frachter, einem ›Totenschiff‹, dem weißen Terror entkommen. Ganz sicher ist der Ursprung deshalb immer noch nicht: Ab Marut dürfte es stimmen, aber Feige könnte auch eine angekaufte, gut auswendig gelernte Personalie sein.
Traven – Marut – Torsvan – Croves – Feige starb 1969 in Mexiko City.
Die Mystifikation hat eher das Gegenteil dessen bewirkt, was er erhoffte: Sie hat ihn besonders marktgerecht und verkäuflich gemacht. Seinem Werk, seiner Sache hat das mehr genützt als geschadet. Auf alle Fälle hat Traven viele Jahre unter den mexikanischen Indios gelebt; die Presse und die Behörden seines Gastlandes nehmen ihn in Anspruch als den ›größten Schriftsteller Mexikos‹. Sein Werk kulminiert – ungeachtet des Millionenerfolges seiner Abenteuerromane *Der Schatz der Sierra Madre* (1927) und *Das Totenschiff* (1929) – in den sechs Bänden der *Mahagoni*-Serie, dem großen Zyklus aus dem Leben der ausgebeuteten Indianer: *Der Karren* (1930), *Die Regierung* (1931), *Der Marsch ins Reich der Caoba* (1933), *Trozas* (1936), *Die Rebellion der Gehenkten* (1936) und *Ein General kommt aus dem Dschungel* (1939).
Der Zyklus behandelt die Zustände in Mexiko unter der mehrere Jahrzehnte, bis 1911 währenden Diktatur des Porfirio Diaz. Eine Schicht von Plantagenbesitzern und Unternehmern, der korrupte Beamte, bornierte Militärs, habgierige Händler und skrupellose Arbeitskräftewerber in die Hände arbeiten, preßt aus den in Elend und Unwissenheit dahinvegetierenden Indianermassen den letzten Schweiß- und Blutstropfen heraus. Mit Hilfe betrügerischer Schuldverpflichtungen und Kontrakte werden die Indios in eine Art Leibeigenschaft, ja Sklaverei gezwungen, sie werden in den Urwald getrieben, um dort die Caoba, das kostbare Mahagoniholz, zu bergen. Mörderische Arbeit, tropische Hitze, Regenfälle, Jaguare, Skorpione, Schlangen und Moskitos, Krankheiten und Entbehrungen lichten ihre Reihen ebenso wie grausame Strafen: Auspeitschungen, Verstümmelungen, Henken an Armen und Beinen. Liebespaare und Familien werden auseinandergerissen und gehen zugrunde.
Traven, wie kein zweiter vertraut mit dem primitiven Dasein dieser Menschen, berichtet davon in farbigen, ethnographisch aufschlußreichen Episoden, die eine einfache lineare Handlung, etwa die Karawane der Ochsenkarren, den Marsch in den Urwald, den Weg des Aufstandes, beschreiben und Menschenschicksale wie im Streiflicht erhellen. Zarte Liebesgeschichten stehen neben Szenen barbarischer Grausamkeit, Hymnen mexikanischer Schönheit neben Ausbrüchen wilder Verzweiflung, zuweilen unterbrochen von Kommentaren, in denen der Autor seiner Empörung über das Unrecht in aller Welt Ausdruck gibt.
Die beiden letzten Bände des Zyklus schildern die siegreiche Revolution, in der Traven ein Ereignis elementarer Gerechtigkeit sieht. »Rebellionen müssen sein. Ein See, der kein fließendes Wasser hat oder zuweilen heftig von Stürmen aufgerüttelt wird, fängt zu stinken an und versumpft endlich.« Die Muchachos, die

indianischen Sklavenarbeiter, erschlagen ihre Aufseher und Antreiber, verlassen den Dschungel und ziehen unter Führung eines einundzwanzigjährigen Indiogenerals, Zerstörung und Schrecken verbreitend, gegen die Regierungsstädte. ›Tierra y Libertad – Erde und Freiheit‹, ist ihre Losung.
»So brutal und mitleidlos auch Menschen unterdrückt werden mögen«, sagt Traven, »so weit es auch gelingen mag, sie durch Phrasen, durch Schwenken von bunten Fetzen und durch Dröhnen von Pauken und Trommeln zu verblöden, immer und überall wird eine Grenze erreicht, wo weder Gewalt noch Brutalität, noch göttliche Erhabenheit, noch Versprechen, noch Heldenanbetung irgendeinen weiteren Erfolg hat. Das Leben ist wertlos geworden; weil der Mensch, so niedrig er auch sein mag, so gering er auch von sich selbst denkt, dennoch mehr vom Leben verlangt, als nur zu essen und zu zeugen und für die Götter zu arbeiten und sie dafür noch anzuräuchern. Wenn der Unterdrückte und Gequälte zu fühlen beginnt, daß sein Leben dem des Tieres so ähnlich geworden ist, daß es kaum noch ähnlicher werden könnte, dann ist die Grenze bereits überschritten, und der Mensch verliert jegliche Vernunft und handelt wie ein Tier, um seine menschliche Würde wiederzugewinnen. Was hier geschah, und was unter gleichen Umständen überall auf Erden geschieht oder geschehen muß, kann nicht auf Rechnung der Muchachos gesetzt werden, sondern auf Rechnung derer, die jene Verhältnisse schufen und deren Wohlergehen diese Verhältnisse günstig waren. Jeder Peitschenhieb auf einen Menschen ist ein Glockenschlag, der den Untergang der Macht ankündigt, unter der jener Peitschenhieb ausgeteilt wurde. Wehe den Gepeitschten, die Hiebe vergessen können! Und dreimal wehe denen, die nicht darum kämpfen, die Hiebe zu vergelten!«
»In letzter Instanz«, erklärt Traven, »handelt es sich bei allen wahren Revolutionen nicht um mehr Lohn, nicht um Aufteilung allen Besitzes, nicht um Privilegien, sondern um unverbrämte und unverkleidete Gerechtigkeit.«
Die Kommunisten kritisieren Traven wegen ›Inkonsequenz, Pessimismus und anarchistischer Neigungen‹; die kommunistische Literaturkritik der DDR forderte, seine Bücher nur mit kommentierendem Vor- und Nachwort herauszugeben[112]. In der Tat ist Traven unabhängiger Sozialist, dem Programm nach Anarcho-Syndikalist (daher schon früh die Vermutung, er habe mit der Münchner Räterepublik etwas zu tun gehabt). Er lehnt den Kommunismus grundsätzlich und kategorisch ab: »Den Indianern braucht man keine Bibelstunde einzuhämmern. Sie benötigen auch keine kommunistischen und sozialistischen Parteiprogramme.« Wirtschaftlich fordert er eine Gesellschaft frei assoziierter, sich selbst verwaltender Kommunen, da »der Staat in seiner Eigenschaft als Kapitalist brutaler, rücksichtsloser und tyrannischer sein mag, als die früheren Herren je waren«. Politisch steht er auf dem Boden der Demokratie. Er meint, »daß kein Mensch, so klug er auch sei und so sehr er sich auch einbilde, der Lenker und Führer eines Volkes zu sein, das Recht habe, die Meinung, die Gedanken, die Rede, den Willen der Menschen zu unterdrücken. Denn jeder Mensch hat das Recht, zu sagen, was er denkt; und jeder Mensch hat die Pflicht, alle anderen Menschen darüber zu unterrichten, daß sie schlecht und zu ihrem eigenen Nachteil regiert werden, wenn er weiß, wo das Übel zu suchen ist und wie es abge-

ändert werden kann. Auch wenn der Mensch irrt oder unrecht hat, so soll ihm dennoch das Recht bleiben zu sagen, was er denkt, und wie er sich denkt, daß es besser gemacht werden könnte.«
Und an anderer Stelle: »Es wäre für das ganze Volk und für den Ruhm des Diktators um ein Tausendfaches besser gewesen, wäre dem Volk endlich ein ungehindertes Wahlrecht erteilt worden, wären dem Diktator seine autokratischen Rechte beschnitten worden, hätte er sich vor einem Parlament verantworten müssen, selbst wenn das Parlament sich aus Männern zusammsetzte, die stundenlang redeten, ohne etwas zu sagen, und tagelang berieten, ohne etwas zu entscheiden. Es wäre besser und billiger und für das Volk nützlicher gewesen, hätte der Diktator allen Volksgenossen, ob sie seine Freunde oder Feinde waren, ein unbeschränktes Recht gegeben, sich auszuquatschen, bis ihnen das Maul triefte. Aber gleich allen Diktatoren, deren Namen die Geschichte erhalten hat, erlaubte er keinen Widerspruch. Was er befahl, war Gesetz, ohne daß dem Manne, der gehorchen sollte und das Gesetz zu beachten hatte, das Recht gegeben wurde, etwas beim Gesetzemachen mitzureden. Er kannte nur eine Antwort gegenüber den Wünschen und Forderungen der Staatsbürger, und das war die Antwort mit den Knüppeln und Revolvern seiner uniformierten Knechte.«
Und schließlich: »Das goldene Zeitalter der Diktatur hatte eine unerhörte Steigerung der Produktion möglich zu machen verstanden. Aber darüber hatte es den Menschen und das Individuum vergessen und vergessen, daß alles und jedes Ding zu einem Produkt gemacht werden kann, mit einer einzigen Ausnahme, und die ist das Hirn und die Seele des Menschen.«

Die mexikanische Revolution vor dem Ersten Weltkrieg, für die sich auch John Reed und Lincoln Steffens begeisterten, war das Vorspiel eines revolutionären Prozesses, dessen Ausmaß erst in der Mitte unseres Jahrhunderts erkennbar geworden ist. Palastrevolten und Militärputsche hat es in Mittel- und Südamerika immer gegeben, sie dürfen aber nicht mit den Volksrevolutionen verwechselt werden, wie wir sie zuerst in Mexiko, zuletzt in Kuba und Nicaragua erlebt haben. Revolutionen dieser Art korrespondieren mit der Emanzipation Asiens und Afrikas, was auf den ersten Blick verwundert, da doch die meisten lateinamerikanischen Länder die Kolonialherrschaft schon am Anfang des 19. Jahrhunderts abgeschüttelt haben. Dennoch ist Lateinamerika noch heute unterentwickelt. Weite Teile des Landes sind nicht bebaut, die Bodenschätze nur in Ausnahmefällen erschlossen. Zwei Drittel der Lateinamerikaner leiden Hunger, vornehmlich die dunkelhäutigen Bewohner. Die Wirtschaft wird beherrscht von Monokulturen wie Kaffee, Kakao, Bananen, Zucker und Viehzucht. Die Produkte können natürlich nicht im Lande abgesetzt werden, sie kommen auf den Weltmarkt, werden vor allem von den Vereinigten Staaten aufgekauft, von denen die lateinamerikanischen Länder deshalb abhängig sind. Mächtige Truste wie die United Fruit und die American Sugar beherrschen den Kontinent, unterstützt vom sogenannten Kompradoren-Kapital, einheimischen Kaufleuten und Unternehmern, die die Geschäfte der nordamerikanischen Gesellschaften besorgen. Die Truste und die Kompradoren stellen sich ebenso wie der Großgrund-

besitz einer wirtschaftlichen Erschließung in den Weg, da sie sich nicht nach nationalen Gesichtspunkten richten, sondern nach dem Profit auf dem Weltmarkt. Blutige Diktaturen versuchen die gegenwärtige Gesellschaftsordnung aufrechtzuerhalten; in zahlreichen Fällen hat die Regierung der USA, um ihre falsch verstandenen Interessen zu schützen, direkt oder indirekt in den inneren Status der lateinamerikanischen Republiken eingegriffen.
Gegen den bestehenden Zustand lehnen sich die Gewerkschaften, die bürgerlichen Mittelschichten und die Intellektuellen auf, die allesamt unter den halbkolonialen, halbfeudalen Produktionsverhältnissen zu leiden haben. Nationale und soziale Evolution verschmelzen. Die Kommunisten versuchen, sich in diesen Prozeß einzuschalten, doch meist werden sie von radikalen Demokraten überspielt. Sie wirken aber auf die Intelligenz, da sie die konsequenteste und faszinierendste Idee anzubieten haben.

Jorge Amado (* 1912), von dem die chilenische Nobelpreisträgerin Gabriela Mistral sagte, die brasilianische Literatur besitze kein stärkeres Bekenntnis zum Brasilianismus und zu Südamerika, keinen zweiten Autor mit einer solchen Liebe zu seinem Volk[113], wuchs im Lande des Kaffees und Kakaos, im brasilianischen Staat Bahia auf. Dreizehnjährig entlief er der Jesuitenschule und verdingte sich auf einer Kaffeeplantage. Zu jener Zeit erreichte die Kolonne des Luis Carlos Prestes auf ihrem legendären 26 000-Kilometer-Marsch durch die Urwälder des Landes den Staat Bahia. Prestes hatte als Ingenieuroffizier an einer mißglückten Militärrevolte teilgenommen und führte dann von 1924 bis 1927 einen zähen Guerillakrieg gegen die weit überlegenen Regierungsstreitkräfte. Seine Heldentaten und die revolutionäre Propaganda, die er verbreitete, hinterließen im Gedächtnis der ausgepowerten Landarbeiter ihre Spuren, auch als die Kolonne längst aufgerieben, Prestes ins sowjetische Exil gegangen war.
Amado hat dem Helden seiner Jugend viele Jahre später das Buch *Der Ritter der Hoffnung* (1942) gewidmet, ein Heldenlied voll volksliedhafter und balladesker Poesie, das viel dazu beigetragen hat, einen Mythos um Prestes zu weben. Die Geschichte des Volksführers, von einem seiner Gefährten einem schwarzen Mädchen erzählt, verschmilzt bei Amado mit den Hoffnungen und Sehnsüchten der Volksmassen:

> »Alle Ungerechtigkeit wird ein Ende finden
> an dem Tag seiner Wiederkehr.
> Die Dürre wird aufhören, ausgerottet werden die Banditen
> und die Verbrecher, die Tod und Verderben bringen.
> Das böse Schicksal wird enden
> an dem Tag seiner Wiederkehr.«

Luis Carlos Prestes kehrte wieder als Generalsekretär der Kommunistischen Partei Brasiliens; Jorge Amado schloß sich der Partei an, die, getragen von der Popularität ihres Führers, zur stärksten KP der amerikanischen Kontinente mit zeitweise 200 000 Mitgliedern wurde.

Das Werk Amados gliedert sich in mehrere Zyklen, deren erster: *Die Romane von Bahia,* geschrieben während der Studienzeit in Rio de Janeiro in den dreißiger Jahren, den Schriftsteller berühmt gemacht hat. Zu diesem Zyklus gehören u. a. die Romane *Jubiaba* (1935), *Tote See* (1936) und *Herren des Strandes* (1937). Es sind Bilder aus dem Leben des brasilianischen Volkes, der Fischer, Arbeiter und Vagabunden, Neger und Mulatten, Halbwüchsigen und Kinder, Bilder aus dem Hafenviertel seiner Heimatstadt Bahia, wo ›das Elend das einzige ist, was es im Überfluß gibt‹. Bei aller sozialkritischer Realistik, bei aller Treue im folkloristischen Kolorit sind die Werke gefiltert durch ein leidenschaftliches, sinnliches, poesietrunkenes Temperament. Die Mächtigkeit des südlichen Himmels ist darin, die Weite und Schwermut der See, die wilde Hemmungslosigkeit tropischer Erotik und die Magie fremdartiger Riten, Legenden und Lieder, wie sie in den Slums, an den Kais und auf den Plantagen Brasiliens zu Hause sind.

Wegen seiner politischen und publizistischen Tätigkeit wurde Amado, ebenso wie Prestes, mehrmals ins Gefängnis geworfen; 1941 emigrierte er zum ersten Mal, vorerst für kurze Zeit. In Buenos Aires und Montevideo begann er seinen Zyklus aus der Geschichte des Kakaoanbaus, dessen Kern die zusammenhängenden Bände *Land ohne Ende* (deutscher Titel: *Grausames Land* bzw. *Kakao*) und *São Jorge dos Ilhéus (Das Land der goldenen Früchte)* sind, 1943/44 nach Amados Rückkehr in die Heimat erschienen. In diesen Romanen erwies sich der inzwischen gereifte Dichter als Epiker von Rang, als brasilianischer Balzac.

Der erste Band schildert die ursprüngliche Akkumulation im Kakaoland. Feudale Großgrundbesitzer, die ›Obersten‹, roden zu Beginn des Jahrhunderts den Urwald, ›den besten Boden für Kakao, den es auf der Welt gibt‹. Sie ›gehen über Leichen, um Kakao zu pflanzen‹, reißen mit Hilfe von Fälschungen, Bestechungen, Morden das Land an sich. Sie setzen ohne Wimperzucken ihr Leben ein und treiben die Zivilisation weit in das sonnenlose Innere des Landes vor. In der einen Hand die Flinte, in der anderen die Knute, sind sie Helden der Pionierzeit.

Im zweiten Band wird ihnen von den kapitalistischen Exporteuren das Land abgejagt, nun nicht mehr mit Blut und Eisen, sondern mit der lautlosen Waffe der Börsenmanöver. Die Obersten werden in der Mühle von Hausse und Baisse zermahlen. Wie bei Balzac verfolgt man mit Spannung den Mechanismus der ökonomischen Prozesse, der in zahllosen Schicksalen aus allen Schichten der Gesellschaft reflektiert wird. Die Poesie des frühen Amado durchtränkt auch noch diese Romane, die Gestalten sind, unabhängig von ihrer Klassen- und Parteizugehörigkeit, jenseits von Gut und Böse, in ihrer ganz privaten, individuellen Menschlichkeit erfaßt.

Amado, der 1945 als kommunistischer Abgeordneter ins Parlament gewählt wurde, mußte nach dem neuen Verbot der Partei 1947 wiederum in die Emigration gehen. Er ließ sich in der tschechoslowakischen Volksdemokratie nieder. Damit begann die dritte Phase seines Werkes. Der 1300 Seiten zählende Roman *Katakomben der Freiheit* (1952) ist ein Phänomen, das selbst in der kommunistischen Literatur seinesgleichen sucht. Er demonstriert, wie ein Schriftsteller von Rang, offenbar ohne nennenswerten Druck, veranlaßt allein durch das Klima des Gastlandes, mit einem Kopfsprung in den Sozialistischen Realismus stürzt und darin untergeht.

In dem Werk, das die Verhältnisse unter der Vargas-Diktatur Ende der dreißiger Jahre behandelt und zu einer Trilogie ausgeweitet werden sollte, findet man keine Spur mehr von ›Brasilianismus‹, der südlichen Poesie und dichterischen Vitalität, die Amado berühmt gemacht haben. Die Verfolgung kommunistischer Friedenskämpfer durch imperialistische Wüstlinge, die da geschildert wird, gleicht aufs Haar den einschläfernden Fleißarbeiten, die kommunistische Schriftsteller aller Länder, vorzugsweise des Ostblocks, massenhaft produzieren.

Die Kommunisten sind edel, aufrichtig und tapfer, unbestechlich und züchtig, sie lieben ihre Frauen, aber mehr noch die Partei und die Sowjetunion, glauben an den Sieg und diskutieren ununterbrochen über die neueste politische Linie. Die Imperialisten leben in Bars, machen anrüchige Geschäfte, feiern Orgien, verführen Mädchen aus dem Volk und lassen sie sitzen, prügeln ihre Gegner, schreiben antisowjetische Bücher, schwärmen für Hitler und die Wallstreet, zittern vor der Revolution und spülen die Gewißheit ihres Untergangs mit Whisky hinunter. Man fragt sich erstaunt, wo denn all die Menschen aus Amados früheren Büchern geblieben sind, die weder Kommunisten noch Faschisten, nicht immer Helden, aber auch nicht immer Schurken waren. Sogar prüde ist Amado geworden – wenn man von den sadistischen Folterszenen absieht, wo brasilianische Polizisten kommunistische Frauen in Gegenwart ihrer Männer schänden.

Im Nachwort entschuldigt sich der inzwischen heimgekehrte Amado, daß er sich ›nicht knechtisch an die tatsächlichen Vorkommnisse gehalten‹ habe. Vielmehr habe er sich eine ›notwendige Freiheit‹ gestattet, ›damit die in künstlerische Form umgesetzte Wirklichkeit dem Volk als eine Waffe in seinem gegenwärtigen Kampf für Frieden und nationale Befreiung dient‹.

Der späte Amado: Nun erst, in der letzten Periode seines Schaffens, hatte er alles gegessen: die dunkle Haut der Frauen und das Salz des Seetangs, das zärtlich Umkosen der Heimat, die Poesie, die in jedem Menschen liegt, den bitteren Geschmack der großen Politik. Seine späten Werke (*Gabriela wie Zimt und Nelken*, 1958; *Die Abenteuer des Käpitäns Vasco Moscoso*, 1961) haben ihm Weltruf verschafft. Wenn er durch die Straßen Bahias geht, verneigen sich die Honoratioren und küssen ihn die Armen.

Pablo Neruda (1904–1973) hat es verstanden, lange Zeit hohe Ämter eines antikommunistischen Staates mit kommunistischer Gesinnung zu vereinen. Man erzählt, daß er als chilenischer Konsul in Mexiko eines Morgens die Einwohner der Stadt mit Maueranschlägen überraschte, auf denen seine Gesänge an Stalingrad zu lesen waren. Nach dem Krieg trat er der Kommunistischen Partei Chiles bei und wurde Abgeordneter. 1948 mußte er in die Illegalität, anschließend bis 1952 in die Emigration gehen[114].

In jener Zeit, da er dahinzog »durch die große Nacht, durch das ganze Leben, von den Tränen schreibend, ein Gewand nach dem anderen wechselnd . . . von der Tür eines menschlichen Wesens zum andern, von eines Menschen Hand zu einem andern Menschen«, schuf er sein Hauptwerk *Canto General* (1950, *Der große Gesang*), den wortgewaltigen, an Bildern überströmenden Hymnus auf den südamerikanischen Kontinent.

»Das dunkle Blut, wie in einem Herbst
auf den Boden vergossen,
des Todes furchtbare Standarte im Urwald,
die eindringenden und verlöschenden Schritte, der Schrei
der Krieger, der schlafenden Lanzen Dämmern,
der Soldaten angsterfüllter Schlaf, die gewaltigen
Ströme, in denen die Gelassenheit plätschert des Kaimans,
deine jungen Städte mit malerischen Bürgermeistern,
der Vögel Chor von unbändiger Wildheit,
in der Wildnis vermodertem Tag des Leuchtkäfers
behütender Schimmer,
wenn ich in deinem tiefsten Innern lebe, in deinem lichtumrankten
Abend, in deiner Ruhe, im Mutterschoß deiner Geburten,
im Beben der Erde, im Satan, der in den Bauern steckt, in der Asche,
die aus den Schneestürmen niederfällt, im Weltenraum,
im reinen Raum, dem unfaßbaren, kreisenden,
in der Condore blutigen Fängen, im erniedrigten Frieden
Guatemalas, in den Negern,
in den Molen Trinidads, in La Guayra:
alles ist meine Nacht, das alles
ist mein Tag, all das
ist meine Luft,
das alles lebe ich, leide ich, richte ich auf und sterbe . . .

Amerika, ich rufe deinen Namen nicht vergeblich an.«

An Nerudas 600-Seiten-Poem überwältigt der Reichtum an immer neuen, kühnen Bildern, in denen sich Avantgardismus und indianische Folklore vermählen, der mächtig ausholende Griff, der eine ganze Welt: Kosmisches, Geographisches, Biologisches, Historisches, Ökonomisches, Politisches und Privates, umspannt. Erich Arendt, ein bedeutender Dichter der DDR, hat den Gesang ins Deutsche übertragen.

Neruda beschreibt den grünen Erdteil, als sei er gerade aus dem Urozean aufgetaucht, die weithin schwingende Kette der Kordilleren, die gewaltigen Ströme, die sich durch das ›Salz der Geologie‹ und die Unermeßlichkeit des Wälderdikkichts fressen, die Echsen, Jaguare und Tukane, die aufragenden Bäume und den Blütenduft, der über die Erde treibt. Er huldigt dem Ozean, diesem Dom aus Wasser und Mollusken, erzählt von dem Treiben an den Küsten, der großen Fahrt der Schiffe, den Vogelscharen auf den Wellenkämmen, den Inseln hinter dem Horizont. Er besingt die Geschichte Südamerikas, die geometrische Schönheit der indianischen Hochkulturen, bebaute Terrassen an den Andenhängen, die humane Weisheit der Mayas, eine wundersame, in Wasser und Wind versunkene Welt. Mit Schmerz und Zorn berichtet er von dem durch Blut und Gold watenden Zug der Conquistadoren, von der Leidensspur, die die Stiefel der Eroberer in die braune Erde traten, er weint um den Untergang der Inkas und Azteken und klagt die weißen Männer Cortez, Alvarado und Pizarro an, aber er neigt sich vor dem Mut des Magellan in der Sturmeshölle und kündet die Menschlichkeit des milden Jesuiten Las Casas.

Neruda besingt den Kampf der Befreier Bolivar, Miranda und San Martin, all die Freiheitsbewegungen der Indios und Neger, Mestizen und Mulatten und die zahllosen Revolutionen bis in unsere Tage. Seine Gedanken weilen bei den streikenden Arbeitern der chilenischen Salpeterminen und den ausgebeuteten Sklaven auf den Zuckerrohrplantagen Kubas. Er flucht allen Diktatoren Südamerikas, wobei er freilich den seinerzeit bedeutendsten, Peron, ganz vergaß – die Kommunisten kollaborierten nämlich gerade mit ihm, und die Bücher Nerudas, darunter *Canto General,* wurden in Buenos Aires verlegt.

In dem Gesang ›Holzfäller, wach auf‹ malt der Stalin-Friedenspreisträger ein Panorama der Weltfriedensbewegung, über dem, ganz in der Ferne und unwirklich wie Zeus auf dem Olymp, Stalin thront, auch »Molotow und Woroschilow stehen dort, ich sehe sie, mit den andern, den hohen Generälen, den unbesiegbaren ...«

Der große Gesang mündet in das persönliche Dasein des Dichters, rühmt den Wein des Frühlings und des Herbstes, die flammende Umarmung einer Studentin: ihr kühles Haar, ihre Lippen, ihre Schenkel; alle Länder, die er bereiste, und am Ende die Partei, die ihn das Licht der Welt erkennen ließ.

Die Faszinationskraft des Poems rührt offenbar daher, daß es Neruda gelungen ist, die strotzende Potenz des südamerikanischen Erdreichs, eine jahrtausendealte heroische Geschichte und die Empfindungen eines Dichterlebens mit der kommunistischen Bewegung zu verbinden. In einer Zeit der Not und Verfolgung, unter Bauern und Arbeitern geschrieben, strahlt der Gesang die ins Metaphysische reichenden Hoffnungen der Unterdrückten und Verdammten aus. Einige Jahre später, als der einstige Diplomat der chilenischen Bourgeoisie zum Diplomaten des Friedenslagers avanciert war, klangen die Töne schon anders. In *Die Trauben und der Wind* (1954) singt Neruda:

»Stalin ist der hohe Mittag
des Menschen und der Völker Reife ...
Er lehrte alle
wachsen, wachsen ...
Er war da,
einfach wie du und ich,
wenn es dir und mir gelänge,
einfach zu sein wie er ...
Seine Art
gütigen Brotes und unbeugsamen Stahls ...
Malenkow aber wird sein Werk nun weiterführen ...«

Der Dichter Ricardo Paseyro hat darauf aufmerksam gemacht, daß der Name des Gebenedeiten ohne weiteres auszuwechseln ist, beispielsweise: ›Mussolini ist der hohe Mittag des Menschen und der Völker Reife‹ oder ›Aga Khan ist der hohe Mittag des Menschen und der Völker Reife‹. Genauso bequem ist – zum Glück – der Name Malenkow durch Chruschtschow oder Breshnew zu ersetzen[115].

1952 kehrte Neruda aus dem Ostblock nach Chile zurück. Seine *Elementaren Oden* (1954) enthalten schon keine Spur mehr von Propaganda. 1971 verlieh die Stockholmer Akademie nach langem Zögern dem Kommunisten den Nobelpreis für Literatur. Zu dieser Zeit war er Chiles Botschafter in Paris; er hatte ein Jahr zuvor seine Kandidatur als kommunistischer Präsidentschaftskandidat zugunsten des Kandidaten der Volksfront, Salvador Allende, zurückgenommen. Der Krebs zwang ihn aufs Krankenbett. Hilflos mußte er 1973 erleben, wie Allende, mit der Maschinenpistole in der Hand die revolutionäre Demokratie verteidigend, auf den Stufen des Präsidentenpalais fiel, wie das vom amerikanischen Geheimdienst organisierte Militär dem jungen Sänger der Revolution Victor Jara im Fußballstadion von Santiago zuerst die Gitarre, dann die Hände, dann den Schädel zerschlug. Zwei Wochen später starb Pablo Neruda. Flankiert von schweigenden Soldaten trugen ihn Tausende zu Grabe, Arbeiter und Studenten, Kommunisten, Sozialisten und Christliche Demokraten – er war nun ganz zum Dichter der Nation geworden. Die Zeitungen in der Welt brachten Verse, mit denen er Jahrzehnte vorher als wohlsituierter Karrierediplomat im spanischen Bürgerkrieg seinen literarischen und politischen Weg begann:

»Kommt, seht das Blut in den Straßen,
kommt, seht
das Blut in den Straßen,
kommt, seht das Blut
in den Straßen.[116]«

Auf den Antillen, den sonnenüberglühten Inseln in der Karibischen See, wuchsen zwei große revolutionäre Dichter auf: Nicolás Guillén (* 1902), spanisch sprechender Kubaner, und Aimé Césaire (* 1913), französisch sprechender Martinikese. Beide sind Neger[117].

Der Rhythmus des Tam-Tam, der großen Urwaldtrommel, und der harte Schlag der Gitarre begleiten Guilléns Gesänge. Manche seiner Verse sind im Takt von Rumba und Calypso zu lesen. Dem Urquell schwarzer Magie entstammt jener Beschwörungssong zum Töten einer Schlange: »Mayómbe-bombe-mayombé! Sensemayá, die Schlange . . . Mayómbe-bombe-mayombé! Sensemayá, sie rührt sich nicht . . . Mayómbe-bombe-mayombé! Sensemayá, die Schlange . . . Mayómbe-bombe-mayombé! Sensemayá ist tot!« Und die Ballade vom Schwarzwasser-Kobold: »Böser Tod, geh fort, böser Tod! Wasserkobold, du schwarzer Zwerg, geh fort! Ach, mein Kindchen, mein Kleinchen . . .« Guillén besingt seine Brüder: »Zwischen den Zähnen die Morgenhelle und die Nacht im Haar. Was ist das, was ist das? – der Neger.« Die Leidenschaft der Frauen beim Tanz: »Dich werde ich in den Kelch eines Tanzliedes schütten: Schwarze du, verbrannt an dir selber, Lendengürtel zu meinem Gesang.« Und ihre Schönheit: »Dein ist das Zeichen des Urwalds, du, mit deinen roten Ketten am Hals, deinen Ringen aus gebogenem Golde am Arm und diesem dunklen Kaiman, der im Sambesi deiner Augen schwimmt.« Das Boot auf dem Urwaldstrom: »Der Bootstreiber rudert, Gefangner im schmalen Kanu, und es fragt das treibende Ruder das Wasser und gibt keine Ruh.« Das Meer: »Maulbeerfarbene Nacht träumt über dem Meer; feucht wird die Stimme der Fischer auf dem Meer; wassertriefend steigt der Mond aus dem Meer.« Und die Glut der Tropen: »Oh, die Begierde, den Rauch eurer Brände einzusaugen und in zwei bitteren Brunnen, den Achselhöhlen, zu atmen! Den Achselhöhlen, o Tropen, mit ihren krausen, von euren Flammen gekrümmten Haaren.« Heiße Sonne über der Heimat: »Die Inseln fahren zur See, fahren zur See, fahren zur See, fahren feuerbrennend zur See.«

Die ekstatische Bilderwelt der Negerdichter erfährt bei Césaire eine weitere Steigerung. »Ein Gedicht von Césaire«, schreibt Sartre, »schießt empor und dreht sich um sich selbst wie eine Rakete, Sonnen gehen daraus hervor und kreisen und explodieren zu neuen Sonnen ... Césaires Worte werden gegeneinandergepreßt und -geschmiedet von seiner wütenden Leidenschaft. Die Worte Césaires beschreiben das Negertum nicht, bezeichnen und umreißen es nicht wie der Maler sein Modell: sie erschaffen es, setzen es vor unseren Augen zusammen: er schleudert die Seele des Schwarzen aus sich heraus im gleichen Augenblick, da andere sich zu verinnerlichen suchen.« Und Senghor, der kongeniale Dichterbruder aus Afrika, der den Senegal in die Unabhängigkeit führte, sagt von Césaire: »Seine Bilder sprudeln aus dem Innersten eines Vulkans, aus dem Schmelztiegel, wo Metalle und Edelsteine reiften, Bilder dreier Kontinente, dreier Rassen, Bilder der Welt. Bilder, die zünden, weil es Bilder sind, die singen ...[118]«

Bei Césaire stößt die Sonne Dolche in den Rücken der Städte, die Pferde schlagen Träume aus ihren Hufen, die Erde löst sich auf wie ein Eisblock in Urin, in der Herberge der Ekliptik treffen sich Mond und Sonne, die Dämmerung plätschert unter den Lidern, ein Mädchen zerfetzt den Wein der Tage und den Stein der Nächte und macht daraus zierliche Lerchen, Blitze kommen aus den Ställen des Himmels herbei wie besessene Tiere, die Gedanken sind der Honig des Schädels auf dem Schwarzbrot der Weltminute, Schreie bespritzen den Himmel mit Kot, (Mast-)Baum und Segelschiff koitieren im Zyklon, und in der 61. Minute der letzten Stunde füsiliert eine unsichtbare Ballerina die Herzen mit Kugeln, die höllenrot sind von Blumen.

Das ist kein Surrealismus, wie André Breton meinte, als er, im letzten Krieg nach Martinique verschlagen, den jungen Césaire entdeckte. Es sind reale Bilder mit realem Sinn, freilich einer fremden, vielfach gebrochenen Mentalität, einer exotischen Mythologie entstammend und sich überschlagend unter der Wucht eines ungezügelten Temperaments. Die Negerdichter wie Guillén und Césaire sind schwarze Intellektuelle, die unter Europäern studiert haben und leben, in europäischen Sprachen schreiben, dem kritischen Denken und den politischen Anschauungen Europas verpflichtet sind. Doch durch die weiße europäische Hülle schimmert die grelle Wildnis der tropischen Landschaft, der von glühender Sonne, dampfendem Regen, Vulkanausbrüchen, Tornados und Hurrikanen gepeitschten westindischen Inseln, schimmert, ganz in der Tiefe, der dunkle Zauber der Urheimat Afrika.

La négritude, das Negersein, drängt in diesen Gedichten zur Erfüllung, im ethnischen, politischen und mythischen Sinn. Der schwarze Dichter will, wie Césaire sagt, »den großen Schrei der Neger mit solcher Gewalt ausstoßen, daß die Gerichte der Welt davon erschüttert werden«. Ein Gedicht beginnt: »Wenn die Neger Revolution machen, reißen sie zunächst die Baumriesen aus auf dem Marsfeld, schleudern sie dem Himmel ins Gesicht wie Gebell und legen sich zur Ruhe im heißesten Gesang der reinsten Vogelzüge . . .« Die Revolution ragt in kosmische Dimensionen:

> »Tief in meinen Wunden, wo mein Blut gegen die Trümmer des Schiffbruchs der Kadaver verreckter Hunde hämmert, wo die Kolibris zerschmelzen, halte ich meinen Pakt
> einen Tag für die Brüderschaft unserer Füße
> einen Tag für unsere Hände ohne Groll
> einen Tag für unseren Atem ohne Mißtraun
> einen Tag für unsere Gesichter ohne Scham . . .
> Und die Neger werden im Staub – in ihren Ohren singen Edelsteine aus vollen Lungen – die Splitter suchen, daraus man den Glimmer macht, daraus man die Monde macht und den Lamellenschiefer, daraus die Zauberer die versteckte Wildheit der Sterne machen.«

Die Dichtung Guilléns und Césaires ist durchdrungen von der Trauer um das Leid der schwarzen Brüder und von der Empörung über die grausame Herrschaft des weißen Mannes. »Mein Vaterland ist mild von außen, im Innern Bitternis und Schmerzen . . .«, dichtet Guillén, und Césaire schreit: »Europa – Ziername für einen Scheißhaufen.« Er verspottet die Kolonisation Afrikas: »Hele helele der König ist ein großer König! Geruhen Eure Majestät mir in den Arsch zu schauen, ob Diamanten darin sind?« Guillén beschreibt Kuba: »Neger in den Zuckerrohrfeldern. Yankees über den Zuckerrohrfeldern. Erde unter den Zuckerrohrfeldern. Blut, das aus uns fließt.« Césaire weist erbittert auf »das heteroklitische Gestrandetsein, die krankheitstreibenden Gestänke der Korruption, die ungeheuerliche Sodomiterei zwischen Hostie und Opferknecht, die unüberschreitbaren Schranken des Vorurteils und der Dummheit, die Unzüchte, die Heucheleien, die Geilheiten, Verrätereien, Lügen, Falschheiten und Erpressungen – das Keuchen der unzulänglichen Niedertracht, den anstrengungslosen Enthusiasmus, die Begierden, Hysterien und Perversionen, die Harlekinaden des Elends, die Verkrüppelungen, die Kitzel, die Nesselfieber, die lauwarmen Hängematten der Ausartung[119]«.

Von Schweiß und Peitsche dichtet Guillén, von Blut und Stöhnen, von bettelnden Kindern, bedeckt mit Geschwüren und Läusen, von Negern, die unter ihren Lasten seufzen, und von flanierenden, sich amüsierenden Herren – »Fünf Minuten Unterbrechung. Die Musikband von Juan el Barbéro spielt einen kubanischen Tanz« –, von Armut inmitten von Reichtum und dem Fluch auf gesegnetem

Land, von Soldaten und Revolutionären, von dem Großen Bruder in der Ferne: »Stalin, großer Held, Kapitän, den Gott Chongó beschützt, den Gott Ochún bewahrt«, und von dem Tag der Abrechnung, an dem man endlich die Wahrheit sagen kann auf Negerart. »Bindet mich, tretet mich, mordet mich«, ruft der Rebell in Césaires Tragödie *Und die Hunde schwiegen* (1956). »Es ist zu spät. Die Stunden, die aus dem Dickicht brechen, wittern schon die Zukunft ...«
Guillén singt das Lied der Insurgenten:

»He, Kameraden, hier sind wir!
Die Stadt erwartet uns mit ihren Palästen, zart
wie Waben wilder Bienen;
trocken sind ihre Straßen wie Flüsse,
wenn in den Bergen kein Regen fällt,
und ihre Häuser blicken mit schüchternen Augen uns an.
Die uralten Menschen werden uns Milch und Honig reichen,
uns mit grünen Blättern krönen.

He, Kameraden, hier sind wir!
Unter der Sonne
spiegeln auf unserer schweißigen Haut
sich die feuchten Gesichter der Besiegten,
und in der Nacht,
da die Gestirne an der Spitze unserer Flammen sich entzünden,
wird unser Lachen früh über Flüssen und Vögeln aufgehn.«

Als dann freilich 1959 die bärtigen Revolutionäre in Havanna einzogen, war Nicolás Guillén, Mitglied des Zentralkomitees der Kommunistischen Partei Kubas (Sozialistische Volkspartei), nicht unter ihnen. Erst als alles vorbei war, kehrten die kommunistischen Funktionäre aus dem Exil heim und erklärten: »Die Partei muß den allgemeinen und hochtrabenden Phrasen über die Revolution die systematische Darlegung der Wirklichkeit gegenüberstellen, die Darlegung dessen, was bereits erreicht wurde und was noch zu tun ist ...[120]« Als Fidel Castro ins kommunistische Lager einschwenkte, avancierte Guillén zum Poeta laureatus der Volksrepublik, zum Vorsitzenden des Schriftstellerverbandes sozialistisch-realistischer Spielart.
Aimé Césaire, Abgeordneter Martiniques in der französischen Nationalversammlung, aber schrieb im Oktober 1956 einen offenen Brief an Maurice Thorez, Generalsekretär der Kommunistischen Partei Frankreichs:
»Was ich will, ist, daß Marxismus und Kommunismus den schwarzen Völkern dienen, nicht daß die schwarzen Völker dem Marxismus und Kommunismus dienen sollen. Lehren und Bewegungen müssen für die Menschen da sein, und nicht die Menschen für die Doktrin und die Bewegung. Das gilt, wohlverstanden, nicht nur für die Kommunisten. Wenn ich Christ oder Moslem wäre, würde ich das gleiche sagen. Jede Lehre ist nur etwas wert, wenn sie von uns gedacht, für uns gedacht, durch uns verwandelt wird ...

Wir halten es nun für unsere Pflicht, unsere Bemühungen mit denen aller wahrheits- und gerechtigkeitsliebenden Menschen zu vereinen, um Organisationen zu schaffen, die die schwarzen Völker auf wirksame Weise in ihrem Kampf heute und morgen unterstützen: im Kampf für Gerechtigkeit, im Kampf für Kultur, im Kampf für Würde und Freiheit . . . Aus diesem Grunde bitte ich Sie, meinen Austritt aus der Kommunistischen Partei entgegenzunehmen.[121]«
Die schwarzen Proletarier von Martinique wählten ihn weiterhin zu ihrem Sprecher, Abgeordneten und Bürgermeister.

Vielleicht hätten die Revolutionäre aus Kubas Sierra Maestra, radikale Demokraten in der Tradition Bolivars, Zapatas und Sandinos*, auf ihrer Sonneninsel so etwas wie eine Ahnung sozialistischer Demokratie, einen »tropischen Sozialismus«, verwirklichen können (selbst Césaire hoffte darauf). Fidel Castro fuhr, von der amerikanischen Regierung nicht eingeladen, zur UNO nach New York und stimmte gegen die sowjetische Okkupation des revolutionären Ungarn. Die Hegemonialmacht der westlichen Welt gab ihm so wenig Chancen wie die Sowjetunion den Polen, Ungarn und Tschechen. 1961, als die amerikanische Blokkade Kuba fast erdrosselte und der amerikanische Geheimdienst eine exilkubanische Streitmacht an der Schweinebucht landete, verkündete Castro den Kommunismus und stellte sein Land unter sowjetischen Schutz.
Man hatte gehofft, daß in Kuba allen Realitäten zum Trotz wenigstens, was den Zauber dieser Revolution ausgemacht hat: die Poesie und die Liebe, würden überleben können. Nicht nur der Kommunist Guillén, auch der eher aristokratische Demokrat Alejo Carpentier ist für die neue Ordnung eingetreten (gestorben 1980 als kubanischer Kulturattaché in Paris). Gabriel García Márquez vertrat jahrelang die kubanische Nachrichtenagentur *Prensa latina*. Doch wo die sowjetische Geheimpolizei hinfaßt, wächst keine Blume mehr. Die Gefängnisse für Tausende politischer Gefangener, die Massenaustreibung widerspenstiger Bürger, die Folterungen, die den Diktaturen in Chile und Argentinien Ehre machen könnten, die Straflager für Katholiken und Homosexuelle, die Diskriminierung der Schwarzen und der Frauen – das alles fand seine Entsprechung in der verordneten Lüge und Zensur. Heberto Padilla (* 1936), den die Welt für den Sänger der kubanischen Revolution hielt, der 1968 für den Band *Außerhalb des Spiels* den Preis der ›Union der kubanischen Schriftsteller und Künstler‹ erhielt, beschreibt die ›Aufnahmebedingungen einer neuen Gesellschaft[122]‹:

»Erstens Optimist sein, / zweitens: adrett, höflich, fügsam
(sämtliche Sportabzeichen errungen) / und zuletzt die Gangart jedes Mitglieds:
Ein Schritt vorwärts, / zwei oder drei zurück
aber immer / applaudierend.«

* Simon Bolivar (1783–1830), Befreier Südamerikas; Emiliano Zapata (1879–1919), mexikanischer Bauernführer, ermordet; César Augusto Sandino (1893–1934), Freiheitsheld Nicaraguas, von USA-Hilfstruppen unter General Somoza nach einem Versöhnungsbankett ermordet.

›Und manchmal diese düsteren Gedanken‹ heißt ein anderes Gedicht:

»Also: wenn Majakowski die
große Revolutionslyrik unserer Zeit war
und er mitten in seiner Revolution
einen Revolver nimmt und sich erschießt,
bedeutet das, daß alle Poesie
sich zur entscheidenden Stunde bewaffnen muß,
muß es immer einen grausamen
Kommentar über irgendeinen Selbstmord geben?

Nein, nein, natürlich nicht.

Also: wenn Bertolt Brecht,
der sein Nachfolger wurde, einen österreichischen Paß
verlangt und seine unveröffentlichten Papiere
in Mikrofilmen auf verschiedene Hauptstädte verteilt,
bedeutet das, daß alle Überzeugung
sich auch von Vorsicht nährt, daß ein Paß
des Landes deiner Liebe nicht ausreicht
noch eine befreite Bank genügend Sicherheit bietet,
die Texte einer Revolution zu bewahren?

Nein, nein, natürlich nicht.

Doch manchmal kommen diese düsteren Gedanken.
Aber was geschieht in Wirklichkeit?
Die Meister begehen Selbstmord, werden vorsichtig,
zwingen uns, zwischen den Zeilen zu lesen, sie werden
klug in ihrer Leidenschaft.
Und dann kommen diese schwarzen Gedanken,
denn in ihren Gräbern ruhen nicht nur ihre Gebeine,
sondern chiffrierte Menschen, die jeden Augenblick ausbrechen können.

Jeden Morgen erheben wir uns mit der Welt,
doch unversehens
gibt es da Leute, die gegen deinen Willen arbeiten,
die dein schönstes Gedicht packen und dich vors Gericht bringen.«

Padilla wurde als ›Hetzer‹, ›CIA-Agent‹, ›Provokateur‹ und ›Faschist‹ hingestellt; zwei Jahre entzog man ihm das Recht zu publizieren und, was schlimmer war, die Lebensmittelkarten; im März 1971 endlich verhaftet, durfte er bereits im April seine Selbstkritik ablegen, die in den Worten gipfelte: »Wie oft war ich undankbar und ungerecht gegen Fidel! Ich werde es immer bereuen!« Diese Selbstkritik enthielt viel hintergründige Ironie, wie wir sie vom Galilei des

Bertolt Brecht kennen: Er habe beim Staatssicherheitsdienst schon einige neue Gedichte geschrieben, ›sogar über den Frühling‹.
Man ließ ihn frei und wenigstens als Übersetzer weiterarbeiten. 1980 durfte er durch Vermittlung des Senators Edward Kennedy in die USA ausreisen.

»Den Dichter – werft ihn hinaus!
Der hat hier nichts zu schaffen.
Er spielt nicht mit,
begeistert sich nicht . . .
Hat immer was einzuwenden.«

Sartre war mit dem Maximo Lider in den jungfräulichen Tagen der Revolution viele Stunden am weißen, palmenumfächelten Strand der Karibik, vertieft in philosophische Gespräche, gewandert. Als er, Simone de Beauvoir, Enzensberger, Rossana Rossandra, Mario Vargas Llosa, Octavio Paz, Alberto Moravia und andere, die für die kubanische Revolution eingetreten waren, zum Fall Padilla an den Genossen Fidel schrieben: »Inhalt und Form dieses absurden Geständnisses mit seinen absurden Anklagen erinnern an die dunkelsten Momente des Stalinismus«, antwortete Castro prompt und klar: Jetzt wisse er endlich, wer die wahren Freunde der Revolution seien. Diesen ›schamlosen Pseudolinken‹, ›CIA-Agenten‹ und ›Spionen des Imperialismus‹ werde der Besuch Kubas fortan verboten. Der ›Revolutionstourismus‹ wurde umgedreht: Statt westlicher Intellektueller die Insel, besuchten nun kubanische Soldaten, sowjetisch ausgebildet, ausgerüstet und finanziert, fremde Kontinente: Angola, Äthiopien, Jemen – Botschafter der ›tropischen Revolution‹.
Anfang der siebziger Jahre besuchte Ernesto Cardenal (* 1925), der gute Mensch von Solentiname, zweimal das sozialistische Kuba. Der Arbeiter- und Bauernpriester hatte 1966 auf einer Insel im Großen See von Nicaragua eine urchristliche Kommune gegründet; sie wurde später, 1977, im Todeskampf des Diktators Somoza von dessen Nationalgarde zerstört. Die Aufzeichnung seiner Gespräche mit den Bauern und Fischern (*Das Evangelium der Bauern von Solentiname*, 1976) gehört zu den großen Zeugnissen unserer Zeit: eine Bibellesung für die Dritte Welt. Cardenal sprach lange mit Castro. Sein Reisebericht *In Kuba* (1972) offenbart eine neue Form des Revolutions-Tourismus. Dieser Politiker im Priesterrock läßt sich nichts vormachen; er hat die Bücher von Rolland, Gide, Silone gelesen. Er weiß alles, sieht alles – und rechtfertigt dennoch alles. Sogar die Christenverfolgung auf Kuba. Das unterscheidet ihn beispielsweise von García Márquez, der seine Kuba-Berichte nur auszugsweise erscheinen ließ, um einerseits dem Revolutionsstaat, der ihm Asyl gewährt hatte, nicht zu schaden, andererseits aber auch nicht der Verherrlichung des Terrors zu dienen*. 1979 zog Cardenal mit der Sandinistischen Befreiungsfront in Managua ein und wurde Kulturminister. Wohin wird ihn die Geschichte tragen?

* 1981 trat García Márquez unbeschadet seiner Sympathien für Kuba zusammen mit den französischen Intellektuellen auf einer Kundgebung in Paris gegen das Militärregime und die sowjetische Einmischung in Polen auf.

Nirgendwo ist mir der Doppeltitel meines Buches *Literatur und Revolution – Die Schriftsteller und der Kommunismus* so unangemessen vorgekommen wie am Beispiel Lateinamerikas. Die Revolution wird auf diesen Kontinent als Erdbeben kommen wie in China. Dann werden die Kubaner längst wie Lenin eingeschreint sein in das Mausoleum der Geschichte. Die ganze Literatur Süd- und Mittelamerikas in unserem Jahrhundert geht trächtig mit der Revolution. Gehören deshalb Miguel Angel Asturias (1899–1974) und Gabriel García Márquez (* 1928) in unser Buch? Mit dem Kommunismus haben sie wenig zu tun. Selbst Octavio Paz (* 1914) hat nur in einem historischen Augenblick: als er im spanischen Bürgerkrieg kämpfte und *No pasarán* schrieb, an die kommunistische Idee geglaubt.

Vielleicht sollte man auch dies bedenken: Neruda ist Chilene, Amado Brasilianer, Asturias Guatemalteke, García Márquez Kolumbianer, Paz Mexikaner, Vargas Llosa Peruaner – es fällt dem Chronisten aber schwer, sie geographisch festzumachen, sie sind meist, was mit den Zuständen in ihren Heimatländern zusammenhängt, auf der Wanderschaft. Ideologisch sieht es nicht viel anders aus. Dennoch scheinen sie, von Europa aus gesehen, alle verschwistert. Wurzeln sie nicht vielleicht alle in einer weit tiefer lotenden Heimat: ihrer Sprache, der Latinität? Oder, um es genauer zu fassen, sich erinnernd an jenes Großgriechenland von Ephesos bis Syrakus: Sind sie nicht, was die Kraft ihrer Literatur erklären könnte, die den Stürmen des Ozeans ausgesetzten Erben hispanischer und lusitanischer Denkart, also ein versprengtes, aber verwandeltes Stück Europa, das am Ende dieses Jahrhunderts als Brücke zur Dritten Welt wichtig ist? Das freilich kann marxistisch nicht erklärt werden.

Don Miguel Angel (Asturias) sagt zu seinem Übersetzer Günther W. Lorenz: »Man hat mir oft, vor allem in den sozialistischen Ländern, vorgeworfen, daß ich den mythischen Aspekt beibehalten habe, der doch, wie die Kommunisten sagen, die soziale Anklage, den Eindruck der Realität abschwäche. Ich erwidere darauf, daß ich mit diesem impotenten Geschreibsel, das man den ›sozialistischen Realismus‹ nennt, nichts anfangen kann.[123]« Der Nobelpreisträger und Träger des Lenin-Friedenspreises sagt weiter: »Ohne den Schrei, ohne die Stimme unserer Menschen auf dem Lande zu hören, ohne den klagenden Mestizen zu hören, der zu uns kam und sich etwas ganz anderes erhofft hatte, ohne diese ganze bebende, leidende und kämpfende Welt wahrzunehmen, ohne all das kann man bei uns keine Literatur schreiben. Unsere Romane haben nach 1920 die Tür zu dieser Welt aufgestoßen, und es sind jene Romane, mit deren Hilfe das europäische Publikum sich gerade anschickt, unsere Welt kennenzulernen. Das sind keineswegs endgültige Werke, keineswegs. Unsere Literatur wird nicht in diesem Stadium, wird nicht in dieser Grausamkeit, nicht bei der Schilderung von Landschaften, Indios, Negern und Weißen, von Schweiß und Blut, von Angst und Not stehen bleiben, nein, nein, nein. Unsere Literatur ist logisch, und sie wird sich in Zukunft weiterentwickeln. In der Gegenwart aber besteht unsere einzige Aufgabe darin, Zeugen zu sein, Zeugen, Ankläger und Protestanten zugleich.«

Asien gründlich verändert

Ich sehne mich nach der Insel des Gesanges jenseits dieser wogenden See von Geschrei.

RABINDRANATH TAGORE Verirrte Vögel 1916

»Tagore«, berichtet ein Augenzeuge, »hat ein wundersames Aussehen. Er trägt einen hellgrauen seidenen Kittel. Sein Bart und sein Haupthaar sind lang. In seinen Augen liegt Indien, und eine große Ruhe geht von ihm aus. Seine Stimme ist metallen. Zuweilen besteht sie aus lauter Obertönen; seine langhingezogenen Worte haben ein singendes Echo, und sie schweben in der Luft wie die Seelen verstorbener Glocken ...«

Was mag Rabindranath Tagore (1861–1941), den Weisen aus dem Geisterreich der Upanischaden*, dazu bewogen haben, unter die Fellow-Traveller zu gehen[124]? Anfang der dreißiger Jahre reiste er in die Sowjetunion; seine *Briefe über Rußland* (1931) sind voller Bewunderung für den kommunistischen Aufbau. »Alles was ich sehe, ist wunderbar. Es ist nicht wie in anderen Ländern. Es unterscheidet sich grundlegend. Alles ist wachgerüttelt ...[125]« Tagore war in den ersten Jahrzehnten unseres Jahrhunderts neben Gandhi, dem er in vielem verwandt ist, die repräsentative Gestalt der indischen Emanzipation. Als Aristokrat, Brahmane und Großgrundbesitzer, Doktor der Philosophie, der in England Rechtswissenschaft studiert hatte, gehörte er der obersten Schicht des Landes an, deren Wohlhabenheit und geistige Reife zu ihrer politischen Entmündigung schmerzhaft kontrastierten. Er haßte als guter Inder den Kolonialismus – ›den Geist des Raubtieres, das seine Beute haben muß‹, war aber beeindruckt von den Ideen des Abendlandes. Er trennte den durch Staat, Wirtschaft, Militär vertretenen Imperialismus des Westens streng von dessen Kultur. Dem Apparat der Kolonialverwaltung warf er vor, das Eindringen gerade der wertvollen Elemente des Westens in die Entwicklungsländer zu verhindern. »Wir dürfen nicht verkennen, daß im Abendlande eine lebendige Seele da ist, die einen stillen Kampf gegen die ungeheuren Organisationen führt, unter denen Männer, Frauen und Kinder zermalmt werden, weil ihr Mechanismus keine geistigen und menschlichen Gesetze kennt. Das Abendland hätte sich nie zu der Höhe erheben können, die es erreicht hat, wenn seine Kraft nur die Kraft des wilden Tieres oder der Maschine wäre. Durch den Rauch seiner Kanonen und durch den Staub seiner Märkte hat das Licht seiner sittlichen Natur immer wieder hell geleuchtet und uns [Morgenländern] das Ideal der sittlichen Freiheit gebracht.«

* Upanischaden: altindische religiös-philosophische Texte.

Hier wird die Ambivalenz des Asiaten gegenüber Europa sichtbar, seine Empfangsbereitschaft für westliche Ideen und Hilfsquellen, soweit sie nicht vom Kolonialismus befleckt sind.

In den Ideen Tagores gingen indische Geistesgeschichte und europäischer Humanismus eine romantische Verbindung ein. Der Antikolonialismus verschmolz bei ihm mit Antikapitalismus, dem Unbehagen an der modernen Gesellschaft überhaupt, die er als ein ›Marionettentheater von Politikern, Soldaten, Fabrikanten und Bürokraten‹ verabscheute. Die Industrie, Krämergeist und Materialismus, das ganze ›Zeitalter des Intellekts, der Wissenschaft, der Maschinen‹ machte er verantwortlich für die Zerstörung der Freiheit, der Kultur und des Gemeinschaftslebens nicht nur in Indien.

»Im Westen wird durch den nationalen Mechanismus von Handel und Politik die Menschheit schön ordentlich in Ballen zusammengepreßt, die ihren Nutzen und hohen Marktwert haben; sie sind mit eisernen Reifen umspannt, mit Aufschrift versehen und mit wissenschaftlicher Sorgfalt und Genauigkeit sortiert. Gott schuf doch wahrlich den Menschen, daß er menschlich sei; aber dies moderne Produkt ist so wunderbar regelmäßig zugeschnitten und poliert, hat so sehr den Charakter der Fabrikware, daß der Schöpfer Mühe haben wird, es als geistiges Wesen zu erkennen, als das Geschöpf, das er nach seinem göttlichen Bilde schuf.«

Das metaphysische Erlösungsstreben des Hinduismus greift bei Tagore ins Diesseitige; das Nirwana wird zur Utopie. Sein Satz »Alles läuft hinaus auf die Harmonie zwischen dem einzelnen und dem Weltall« war nicht nur als pantheistisches Bekenntnis gemeint, sondern auch als Richtschnur gesellschaftlicher Praxis. In der Gemeinschaft sah Tagore den ›Ausdruck des sittlichen und geistigen Strebens des Menschen, das seiner höheren Natur entspricht‹. In diesem Sinne gründete er 1901 auf seinem Landgut in Bengalen die internationale Schule Santiniketan (Stätte der Ruhe), wo zahlreiche Studenten und Studentinnen sich fern der ›lauten Welt‹ bilden. (Bengalen ist heute noch Kern eines freilich autonomen indischen Kommunismus.)

»Des Morgens um viereinhalb Uhr«, so wird berichtet, »schreitet ein Chor durch die Räume der Schule und weckt mit feierlichen Gesängen die Schüler zur friedlichen Schönheit der Morgendämmerung. Jeder Schüler ordnet selbst seinen Schlafraum; Dienstboten gibt es nicht. Dann folgen Turnübungen im Freien und das Morgenbad, nach dem jeder sich für eine stille Andacht auf etwa eine Viertelstunde in die Einsamkeit zurückzieht. Nach dem Frühstück vereinigen sich alle zur kurzen Morgenfeier; die Knaben singen gemeinsam einen Abschnitt aus den Upanischaden. Darauf sammeln sich die verschiedenen Klassen unter einzelnen alten Bäumen. Um 12 Uhr ist Mittagbrot. Wegen der großen Hitze bleibt für den Nachmittag nur leichte Arbeit, gegen Abend Turnspiel, Übungen, Gartenarbeit; dann die abendliche Waschung und stille Sammlung. Der Gesang eines Sanskritverses leitet zum Abendbrot über. Geschichtenerzählen, Theaterspielen, Singen und dergleichen enden den Tag. Der Chor singt, noch einmal die Runde durch den Garten machend, die Müden in Schlaf.«

Das Eigenartige und Bezeichnende ist, daß sich klösterliche Idylle und Vegetariertum mit durchaus modernen Ideen mischen, wie Sport, Koedukation und Gleichberechtigung der Geschlechter, Anlage eines Musterdorfes mit Tierarzt, Maschinenpark usw. Es ist kein Zufall, daß Tagore in der Sowjetunion gerade von der kollektivierten Landwirtschaft und von der umfassenden Volksbildung beeindruckt war.

Man kann das gesellschaftliche Ideal Tagores sozialistisch nennen, wenn es auch eher ein Sozialismus im Sinne Nehrus, des politischen Gandhi-Erben, als Stalins war. Selbstverständlich trennten Tagore trotz allem vom Kommunismus ganze Welten, insbesondere seine Religiosität und sein Pazifismus; die *Briefe über Rußland* enthalten neben Zustimmung auch manche Kritik. Man müßte den Dichter schon, wie Lenin es mit Leo Tolstoi versucht hat, in zwei Teile teilen, einen ›fortschrittlichen‹ und einen ›reaktionären‹, um ihn im kommunistischen Pantheon unterzubringen. Denn auch das hat Tagore seine Schüler gelehrt: »Laß uns im Kampf um die kollektive Freiheit nichts tun, was die individuelle Freiheit zerstören könnte. Nimm deine Zuflucht in politischen Äußerungen und Taten niemals zur Lüge. Mißachte niemals den Menschen und versuche nicht, den Sieg mit allen Mitteln zu erringen. Zu siegen bedeutet gar nichts. Wohl aber müssen wir ehrenhaft siegen. Setze deine Hoffnung auf den Menschen und nicht auf Programme ... Es gibt zwei Dinge, die du als mein Schüler bedenken sollst: Verzichte nie vor Freund oder Feind auf die Freiheit des Geistes. Halte die Fenster deines Gemütes weit offen. Fanatismus ist der Tod des menschlichen Gemütes. Und zweitens: Betrachte den Menschen als Mitglied der großen Menschenfamilie und niemals, niemals als Glied einer Kaste, Gruppe, Nation oder Rasse.«

Die eigentlich sozialistische Literatur Asiens beginnt mit Premtschand und Lu Hsün, die man den indischen und den chinesischen Gorki genannt hat. Der Vergleich hat – mutatis mutandis – viel für sich. Die beiden asiatischen Schriftsteller verehrten Gorki und nahmen in der Literatur ihrer Länder einen ähnlichen Platz ein wie er in der russischen. Sie setzten den Realismus durch, stellten soziale Konflikte in den Mittelpunkt ihrer Werke und sympathisierten mit der Revolution. Sie hatten eine bedeutende geistige und moralische Autorität und erzogen eine Generation von Schriftstellern. Sie schätzten die Sowjetunion, verbanden sich aus dem Gedanken der Volksfront heraus mit den Kommunisten und halfen die linken Schriftstellerorganisationen ihrer Länder gründen, ohne darum ihre Unabhängigkeit aufzugeben. Wie Gorki waren sie moralische, nicht politische Schriftsteller; Autoritäten jenseits und über der Partei.

Im Unterschied zu Tagore, dessen Muttersprache Bengali war, schrieb Premtschand (1880–1936) in Hindi und Urdu, den beiden Varianten des Hindustanischen, der Hauptsprache Indiens[126]. Er wurde in Nordindien, in einem Dorf bei Benares, als Sohn eines armen Postangestellten geboren. Ohne Schulunterricht in unserem Sinne erwarb er sein Wissen, wurde Lehrer, sogar stellvertretender Schulinspektor. Als Gandhi in den zwanziger Jahren die indische Bevölkerung zum passiven Widerstand gegen die Kolonialverwaltung aufrief, zur Non-Cooperation, verließ Premtschand wie viele andere den Staatsdienst und führte von nun an ein entbehrungsreiches Leben. Seine erste Novellensammlung wurde öffentlich verbrannt. Er war literarisch außerordentlich produktiv, schrieb im Laufe seines Lebens einige Dramen, ein Dutzend Romane, etwa dreihundert Erzählungen, zahlreiche Artikel und Essays und übertrug europäische Werke in seine Muttersprache Hindi. Seine literarischen und politischen Bemühungen galten gleichermaßen dem nationalen Befreiungskampf wie den sozialen Fragen. An der Sowjetunion imponierte ihm – wie Tagore – vor allem die Lösung der Agrarfrage, die ja das Kardinalproblem für die hungernden Massen Asiens ist. 1935 konferierte er fünf Tage mit Gandhi über eine Einheitssprache für Indien. Im Jahre seines Todes wurde er zum ersten Präsidenten des Allindischen Verbandes Fortschrittlicher Schriftsteller gewählt, einer unter dem Eindruck des Pariser Kongresses zur Verteidigung der Kultur 1935 entstandenen Vereinigung, an deren Gründung auch sein jüngerer Kollege Mulk Raj Anand (*Kuli,* 1936), der spätere Weltfriedenspreisträger, beteiligt war. Premtschands letzte öffentliche Äußerung war eine Gedenkrede für Maxim Gorki.

Charakteristisch für den Stil und die Art Premtschands ist seine Erzählung *Eine Handvoll Weizen.* Ein Bauer niederer Kaste namens Schankar borgt bei dem Priester des Dorfes eine Handvoll Weizen, um einen durchreisenden Mahatma, einen Heiligen, gebührend bewirten zu können. Weil es sich um eine so unbedeutende Menge handelt, gibt der Bauer den Weizen nicht förmlich zurück, sondern legt bei den Getreidegeschenken, die der Priester sowieso zweimal im Jahr bekommt, jeweils etwas zu. Nach sieben Jahren verlangt der geschäftstüchtige Priester, der sich auf das Gewerbe des Geldverleihers verlegt hat, von Schankar allen Weizen, der in der Zwischenzeit aus den paar Weizenkörnern von damals hätte sprießen können. Natürlich kann der arme Mann die Menge nicht auftreiben. Unter Androhung von Höllenstrafen zwingt der Priester seinen Schuldner dazu, sein Lebtag lang für ihn Frondienst zu leisten, allein um die Zinsen abzuarbeiten. Nach Schankars Tod preßt der Priester dessen Sohn in die Fron. »Leser!« schließt Premtschand in der moralisierenden Art des indischen Realismus. »An dieser Geschichte ist nichts erfunden! Sie ist lebendige Wahrheit. Noch immer gibt es auf der Welt solche Priester und solche Menschen wie Schankar!«

Premtschands letztes und reifstes Werk, der Roman *Godan* (1936), verdichtet die Expropriierung der indischen Bauern durch kapitalistische Manipulationen zu einer aufrüttelnden Tragödie.

Die Auseinandersetzung mit den hunderttausend religiösen und sozialen Vorurteilen, die die Emanzipation Indiens behindern, nimmt im Werk Premtschands einen wesentlichen Platz ein. Als eine junge Frau im Kindbett stirbt, kaufen Vater und Sohn statt eines Leichentuches von dem dafür erbettelten Geld zu essen und zu trinken: »Was für ein schlechter Brauch, daß jemand, der zu Lebzeiten keine Kleidung bekommt, neuen Stoff für ein Leichentuch haben muß ...« So ist Premtschand weniger Revolutionär als Aufklärer und Moralist. Ungeachtet der stark sozialkritischen Akzente vertritt er als echter Inder und Gandhi-Anhänger nicht den Klassenkampf, sondern die Gewaltlosigkeit und die Brüderlichkeit. Er baut auf das Gute im Menschen. Viele seiner Erzählungen geben

Beispiele menschlicher Wandlung: Mißgünstige bekehren sich zur Gerechtigkeit, Lügner zur Wahrheit, Karrieristen zur Uneigennützigkeit, Feinde zur Freundschaft.
Seine revolutionärste Erzählung ist *Der große Marsch.* Ein Zug von Satjagrahis, ›Wahrheitssuchern‹, kommt durchs Dorf, Leute, die dem Aufruf Gandhis folgend ihren Dienst aufgegeben haben und nun arm und ehrlos sind. Sie werden mit Ehren und Gaben empfangen. Als die Polizei mit Peitschen und Knüppeln gegen die Demonstranten vorgeht und den Dorfschulzen, der ihnen Unterschlupf gewährte, abführt, schützt der Führer der Satjagrahis die Polizisten vor dem Zorn des Volkes. »Brüder«, ruft er, »ich habe euch schon erklärt, daß wir einen Kampf für Recht und Gerechtigkeit führen und daß wir nur mit den Waffen des Rechtes und der Gerechtigkeit kämpfen . . . Selig sind die, welche im Kampf um die Freiheit Strafen erleiden!« Verstärkt durch neue Freiwillige zieht der Zug weiter.

Lu Hsün (Lu Xun, 1881–1936) wurde in einer Kreisstadt der Küstenprovinz Tschekiang geboren, er stammt aus einer verarmten Mandarinfamilie. Er studierte in Nanking Eisenbahn- und Bergbauwesen, später in Japan Medizin. Dort sah er eine Wochenschau vom Russisch-Japanischen Krieg, die ihn erschütterte: Ein Chinese wird als Spion hingerichtet, und seine Landsleute sehen gleichmütig zu. Er beschloß, das Studium aufzugeben und sich der Literatur zuzuwenden. »Ich erkannte, daß die Medizin überhaupt nicht wichtig war. Die Menschen eines schwachen und zurückgebliebenen Landes, mögen sie auch noch so kräftig und gesund sein, können bei solchen sinnlosen Schauspielen wie dieser Hinrichtung nur Opfer oder Zuschauer sein. Krankheit und Tod haben demgegenüber wenig zu bedeuten. Die wichtigste Aufgabe ist, die Einstellung zum Leben zu ändern, und dafür schien mir die Literatur das beste Mittel. Ich beschloß, eine literarische Bewegung ins Leben zu rufen.[127]«
Nach dem Sturz des Kaiserthrons 1911 wurde er Abteilungsleiter im Ministerium für Erziehung, zuerst in Nanking, dann in Peking. Daneben beschäftigte er sich mit philosophischen und kunsthistorischen Studien. Die Demonstrationen am 4. Mai 1919 in Peking zogen ihn wieder ins politische Leben. Studenten und Intellektuelle zwangen die Regierung, die Unterzeichnung des Versailler Vertrages zu verweigern, der die Übergabe der ehemals deutschen Besitzungen in China an eine andere Kolonialmacht, an Japan, vorsah. In der ›Bewegung des 4. Mai‹, die sich aus den Demonstrationen entwickelte, sehen die Kommunisten den Keim ihrer eigenen Bewegung. In der Tat waren die Ereignisse ein Signal, daß die nach 1911 versickerte Revolution wieder auflebte; ein Pekinger Professor wurde erster Generalsekretär der Kommunistischen Partei Chinas.
Von 1920 an hielt Lu Hsün Vorlesungen über Literatur an der Pekinger Universität und an der Staatlichen Lehrerbildungsanstalt. 1926, als der erste große Revolutionskrieg ausbrach und die im Süden herrschende Kuomintang, unterstützt von den Kommunisten, gegen die Regierung und die Militärbefehlshaber im Norden marschierte, wurde Lu Hsüns Lage in der Hauptstadt prekär. Die Regierung setzte seinen Namen auf die Liste der Verdächtigen; er mußte sich

verbergen und fliehen. In den folgenden Jahren lehrte er jeweils kurze Zeit an den Universitäten Amoy und Kanton. Als Tschiang Kai-schek nach dem Sieg der Revolution seine blutige Diktatur errichtete, zog sich der Dichter aus den öffentlichen Ämtern zurück.

Bis zu seinem Tode lebte und arbeitete Lu Hsün in Schanghai. Er organisierte Verlage und Zeitschriften, schrieb insgesamt sechzehn Bände Essays, drei Bände Erzählungen, Gedichte in Prosa und in Versen und seine Erinnerungen, außerdem übersetzte er zahlreiche ausländische Autoren und chinesische Klassiker in die Umgangssprache, in der die meisten seiner eigenen Arbeiten geschrieben sind. 1930 konstituierte sich in Schanghai unter dem Patronat der Kommunistischen Partei die Liga linker Schriftsteller und wählte Lu Hsün zum Vorsitzenden. Die Liga war illegal. Der Dichter lebte in diesen Jahren unter ständiger Bedrohung, mußte sich oft tagelang verborgen halten und wechselte siebzigmal sein Pseudonym. George Bernard Shaw, Egon Erwin Kisch und Ludwig Renn besuchten ihn. Im selben Jahr wie Gorki und Premtschand starb er an einem Lungenleiden – sein Begräbnis wurde zu einer Massendemonstration.

Lu Hsün war – wie sein russischer und sein indischer Gesinnungsgenosse – ein Schriftsteller, der volkstümlichen Realismus mit umfassender Bildung und weitem Horizont vereinte, ein Kritiker und Aufklärer, der an den barbarischen Verhältnissen litt, unter denen sein Volk lebte. »Was mich betrifft«, schrieb er im Vorwort seines ersten Bandes Erzählungen, »so leide ich darunter, daß ich nicht vergessen kann, und meine Erzählungen sind hervorgegangen aus dem, was ich nicht aus meinem Gedächtnis tilgen kann.« Die Anteilnahme verbarg er hinter Sarkasmus, sein Revolutionspathos wird immer wieder ironisch aufgehoben, was möglicherweise auch Ausdruck des tiefen Pessimismus war, der den einsamen und kranken Dichter sein Lebtag lang heimsuchte. In literarischer Hinsicht steht er, wie Simone de Beauvoir bemerkt, Tschechow näher als Gorki.

Mit milder Ironie hat Lu Hsün seine berühmteste Geschichte erzählt, *Die wahre Geschichte des Ah Q* (1921). Der Titelheld ist ein namenloser Landproletarier (Ah Q heißt soviel wie Paul X), der immer nur geduckt und getreten wird, der aber immer wieder aufmuckt, wenn auch meist nur heimlich und hintenherum. Er kommt nie hoch, gibt aber auch nie auf, weil er jede Niederlage vor sich selbst in einen moralischen Sieg ummogelt. Er ist Don Quichotte und Sancho Pansa im chinesischen Dorf. Als er von einer Rebellion hört (es handelt sich um die Revolution von 1911), schreit er laut heraus, daß er dazugehöre, und steckt sich in der Art der Revolutionäre den Zopf hoch. Natürlich richtet er nicht das geringste aus, weiß nicht einmal, wie er an die Herren Aufrührer herankommen soll – diese Revolution, von der Lu Hsün sagt: »Nur die Amtsbezeichnungen waren durch andere ersetzt worden«, war keine Revolution für arme Leute. Während andere die Beute wegschleppen, wird der arme Ah Q als Bandit erschossen.

Die Literaturkritik, insbesondere der Linken, hat später darüber gestritten, ob der Dichter nun Ah Q als Revolutionär verherrlichen oder seine Unentschlossenheit – den Ah-Q-ismus – anprangern wollte. Die kommunistische Orthodoxie, die für undisziplinierte Leute nichts übrig hat, neigt zur zweiten Auslegung; Stalinpreisträger Kuo Mo-jo dichtete: »Ah Q ist heute in Amerika . . .[128]«

In Wirklichkeit meinte Lu Hsün weder das eine noch das andere. Er wollte, so kommentierte er einmal, ›die stumme Seele des Volkes‹ zeigen, die Tausende von Jahren ›wuchs, welkte und verblich wie das Gras unter einem großen Fels‹. Er hatte die Geschichte seinerzeit in Fortsetzungen für eine Zeitschrift geschrieben. »Woche um Woche verging, und es erhob sich die Frage, ob Ah Q Revolutionär werden würde oder nicht. Ich dachte mir, daß Ah Q sich nicht zum Revolutionär entwickeln würde, solange es in China keine Revolution gäbe, es aber tun würde, sobald es sie gäbe. Einzig und allein dieses Schicksal war für meinen Ah Q möglich . . .« Offenbar auf die gerade im Gang befindliche Kuomintang-Revolution anspielend, die wieder keine Revolution der armen Leute war, fuhr er fort: »Ich bin sicher, daß es bei den nächsten Reformen auch noch Revolutionäre von der Art Ah Qs geben wird. Ich wünschte wohl, ich hätte, wie die Leute sagen, eine Periode aus der Vergangenheit dargestellt, aber ich fürchte, daß das, was ich sah, nicht die Vergangenheit war, sondern die Zukunft, die vielleicht noch zwei oder drei Jahrzehnte, von heute aus gerechnet, auf sich warten läßt. Das bedeutet keine Herabsetzung der Revolutionäre. Es bleibt eine Tatsache, daß Ah Q seinen Zopf mit einem Eßstäbchen hochsteckte.«

Die Erzählung ist keine Demonstration politischer Verhaltensregeln. Ihre säkulare Tiefe besteht darin, daß sie die gewaltigen revolutionären Potenzen durchscheinen läßt, die in den chinesischen Volksmassen schlummerten. Wer sie erweckte, würde das seit Jahrtausenden versteinerte Antlitz Chinas verwandeln und wahre Wunder vollbringen. Lu Hsün glaubte an diese Revolution, die wie

»... ein ungebärdiger Vulkan eines Morgens
ausbrechen
und vom Zittergras bis zum Baumriesen
alles vernichten wird.
Nichts von all dem, was morsch und brüchig ist,
wird bleiben.
Aber ich bin gefaßt und freudig gestimmt.
Ich werde lachen, ich werde singen.«

Lu Hsüns Glaube an die Volksrevolution erklärt paradoxerweise sein politisches Einzelgängertum. Denn keine der streitenden Parteien seiner Zeit war gewillt, die unheimliche Energie der Massen zu entfesseln; die Apparate der Kuomintang und der Komintern vertrugen und schlugen sich immer auf Kosten des Volkes. Es mußten erst, wie Lu Hsün voraussah, zwei bis drei Jahrzehnte vergehen, bis, im Revolutionskrieg 1946/49, das Volk in Bewegung kam. Mao Tse-tung, der die chinesischen Bauernmassen entgegen den Weisungen Stalins mobilisierte, brachte damit eine Kraft ins weltpolitische Spiel, deren Bedeutung noch gar nicht abzusehen ist. Es ist kein Wunder, daß Mao Lu Hsün verehrte und ihn postum zum ›Steuermann der Kulturrevolution‹ ernannte, zum ›Heiligen des neuen China‹.

Zu Lebzeiten des Dichters waren seine Beziehungen zu den Kommunisten weniger harmonisch. Die sowjetische *Literatur-Enzyklopädie* von 1932 nannte ihn einen Kleinbürger. In zahlreichen Briefen beklagte sich Lu Hsün über die Liga und vor allem deren kommunistischen Führungskern. »Ich habe das Gefühl«, gestand er 1935 seinem Vertrauten Hu Feng, »daß ich mit einer eisernen Kette gefesselt bin, einen Aufseher hinter mir, der mich die ganze Zeit peitscht. Es spielt keine Rolle, wie hart ich arbeite, das Peitschen wird fortgesetzt. Wenn ich mich umdrehen würde und fragen, was ich falsch gemacht habe, so würde sich der Aufseher beständig rechtfertigen und laut mein Werk preisen. Er würde die freundlichsten Gefühle zwischen uns betonen und dann bald auf das Wetter zu sprechen kommen. Es macht mich vollständig hilflos. Ich wage es nicht, anderen die Worte zu sagen, die zwischen uns gewechselt werden. Ich vermeide es, mit Fremden zu sprechen. Wenn es sein muß, dann sage ich nur Unwahrheiten. Stell dir nur meine jammervolle Lage vor![129]«

Und ein andermal: »Ich pflegte häufig umherzureisen. Jedoch habe ich zuletzt herausgefunden, daß unser Kommandierender General die meiste Zeit zu Hause bleibt und anderen Befehle erteilt, damit sie vorgehen. Deshalb dachte ich, ich hätte besser auch zu Hause bleiben sollen. Das erinnert mich an eine gewisse Geschichte von Tolstoi. Die Geschichte erzählt von einem Soldaten, der niemals an die Gefahren dachte, denen er zu begegnen hatte. Aber als er die kugelsicheren Stahlplatten sah, die den General rundherum schützten, konnte er nicht anders als an seine eigene Sicherheit denken und fürchtete sich mit einemmal so sehr, daß er nicht mehr den Mut aufbrachte, an die Front zurückzukehren. Wenn nun mein Kommandierender General darauf besteht, daß ein Unterschied zwischen dem Wert seines Lebens und dem des meinen besteht, so habe ich nichts zu sagen. Ich kann nur auf die Strafe warten, die kommen muß.«

In einem Brief an einen anderen Freund schrieb Lu Hsün bitter: »Wir müssen nur diejenigen fürchten, die sich ›Waffenbrüder‹ nennen, die nicht sagen, was sie denken. Es sind diejenigen, gegen die wir uns kaum schützen können. Weil ich mich gegen die schützen muß, die hinter mir stehen, muß ich mich seitlich kehren. Das macht es mir unmöglich, dem Feind die Stirn zu bieten. Zudem ist es außerordentlich ermüdend, wenn man nach vorn und nach hinten achtgeben muß. Meine Gesundheit ist nicht gut. Das hängt natürlich mit meinem Alter zusammen und nicht mit denen. Aber manchmal war ich doch recht verwirrt und fühlte, daß ich mich ganz vergeblich bemüht habe.«

Wenn Lu Hsün an der Seite der Kommunisten ausharrte, so, um die Einheitsfront gegen den Hauptfeind zustandezubringen, gegen die Diktatur Tschiang Kai-scheks und später gegen die Japaner. Bezeichnend für die ambivalente Stellung des Dichters in der politischen Geschichte seines Landes ist das Schicksal seiner drei profiliertesten Schüler, Ju Schih, Hu Feng und Mao Tun. Der eine wurde von Tschiang Kai-schek liquidiert, der andere von Mao Tse-tung ins Lager geworfen, der dritte wurde Kulturminister der Volksrepublik.

Ahnungsvoll schrieb Lu Hsün nach jener dunklen Februarnacht von Schanghai 1931, als die jungen Liga-Schriftsteller Ju Schih (*Die Sklavenmutter*), Hu Jeping (*Licht vor unseren Augen*), Jin Fu, Li Weh-sen und ihre Kollegin Feng Keng, mit Handschellen gefesselt, von einem Maschinengewehr niedergemäht wurden:

»Ich bin es gewohnt, bis zum Morgengrauen
die Nacht ohne Schlaf zu verbringen.
Doch jetzt bin ich, welch Jammer, ein Vertriebener.
Schon zeigen sich graue Haare im Bart.
Immerfort glaube ich zu hören,
daß irgendwo eine Mutter weint.
Wieder ist diese Stadt mit den Fahnen des Tyrannen
verhangen wie mit einem Leichentuch ...
Nein! Diesen Tod meiner heldenhaften Freunde
vermag ich nicht schweigend hinzunehmen,
und wie eine Waffe, sie im Kampf zu schwingen,
suche ich aufgebracht drohende Verse.
Doch mein Ringen ist vergebens wie ehedem,
in der Presse ist für Gedichte kein Platz.
Der Mond ist aufgegangen, und sein Licht
ergießt sich wie Wasser über die Kleidung.«

Weil er darüber nicht schreiben durfte, veröffentlichte Lu Hsün im Organ der Liga den Holzschnitt *Opfer* der von ihm verehrten Käthe Kollwitz – eine Mutter trennt sich schmerzerfüllt von ihrem Sohn. »Und nur ich wußte, daß er ein Gedenken an Ju Schih bedeutete.«

Als Mao Tse-tung (Mao Zedong, 1893–1976), Sohn eines wohlhabenden Bauern aus Tschangscha, Student der Pekinger Universität, Kommunist seit der Parteigründung und Bauernführer, von Moskau erst nach langen Auseinandersetzungen widerwillig anerkannt, 1942 die linken Schriftsteller Chinas in der kommunistisch beherrschten Provinz Jenan zusammenrief, stellte er ihnen Lu Hsün als Vorbild hin. Er forderte sie auf, mit der klassischen Literaturtradition zu brechen und in volkstümlicher Sprache für die Arbeiter, Bauern und Soldaten zu schreiben. Es komme, sagte er, nicht darauf an, ›Blumen auf Seide zu sticken‹, sondern darauf, ›Holzkohle zu Menschen zu bringen, die im Schnee frieren‹. Ja, er ging weit über Lu Hsün hinaus. Dessen ›feuilletonistisch-satirische‹ Schreibweise sei seinerzeit als Tarnkappe gegen die Zensur zweckmäßig gewesen, jetzt, da die revolutionären Ideen im Sowjetgebiet frei verkündet werden könnten, hätten die Schriftsteller einfach, unmißverständlich und laut den Klassenstandpunkt zu vertreten[130].
Demgegenüber hatte Lu Hsün noch unmittelbar vor seinem Tode in einem Interview gesagt: »Die Massenliteratur im national-revolutionären Krieg darf nicht auf Darstellung von Heldentaten der Freiwilligen, auf Forderungen und Studentendemonstrationen beschränkt werden. Natürlich sind solche Themen angebracht, aber der Themenbereich darf nicht so eng begrenzt werden. Die Massenliteratur holt viel weiter aus, so weit, daß sie die gesamte Literatur, von der Darstellung aller Formen des menschlichen Lebens bis zur Stärkung des Kampfbewußtseins, mit einbezieht ... Wir brauchen solchen Werken keinen Schwanz anzuhängen, den man als Fahne des national-revolutionären Krieges wedeln

läßt . . . Wir brauchen vielmehr Werke, in denen das wirkliche Leben, der reale Kampf, der rhythmische Pulsschlag der Gedanken, der Leidenschaften zu spüren ist.«

Doch Mao: »Die Literatur und die anderen Künste des Proletariats sind ein Teil des Revolutionswerkes, sind das, was Lenin ›die Schrauben im Mechanismus‹ genannt hat.« Jede andere Auffassung liefe auf den Standpunkt Trotzkis hinaus: ›Marxistische Politik – bourgeoise Kunst.‹ (Die literaturtheoretischen Schriften Trotzkis waren ins Chinesische übersetzt worden von – Lu Hsün.) In Fragen der Kunst war Mao noch stalinistischer als Stalin, was auf den barbarisch-plebejischen Charakter der chinesischen Revolution zurückzuführen sein dürfte: Wo die Kunst jahrtausendelang Privileg der Mandarine war, konnte revolutionäre Bilderstürmerei kaum ausbleiben.

Dennoch ließ Mao die Literatur der Volksrepublik lange Zeit durch zwei bedeutende Dichter aus der alten bürgerlichen Intelligenz repräsentieren; trotz ihrer hohen Ämter besaßen sie freilich keine reale Macht.

Mao Tun (Mao Dun, 1896–1981), in den zwanziger Jahren Professor an der Universität Schanghai, mit Lu Hsün Begründer der Liga linker Schriftsteller, wurde Kulturminister der Volksrepublik und Vorsitzender des Schriftstellerverbandes. Er hat bemerkenswerte Romane und Erzählungen geschrieben, vornehmlich in den zwanziger und dreißiger Jahren; obwohl sie gesellschaftskritisch sind, passen sie schlecht in die Linie, die er als Funktionär vertreten mußte. Schon der Stil ist anstößig: Sie sind nicht in der Volkssprache geschrieben und deshalb keine populäre Lektüre. Ihre Stimmung ist dumpf, pessimistisch, ausweglos; Optimismus und Aufruhr haben darin keinen Platz. Kleine Leute: Bauern, Krämer, Seidenraupenzüchter, mühen sich verzweifelt und vergeblich um ihr karges Brot; Eigennutz, Mißgunst, Apathie lähmen und quälen die Menschen – wie F. C. Weiskopf sagt: »Träume vertrocknen, Sehnsüchte sterben, Mühen tragen keine Frucht, Hoffnungen bleiben unerfüllt.[131]« Wenn man diese aufrichtige schwarze Literatur liest, versteht man, warum der Schriftsteller Mao Tun in der Ära der rosa Parteitraktätchen verstummen mußte, warum seine Werke während der Kulturrevolution verboten waren.

Kuo Mo-jo (Guo Moruo, 1892–1978), Arzt, Altertumsforscher, Philosoph und Schriftsteller, Übersetzer des *Faust* und des *Werther*, wurde Vorsitzender des Komitees für Kultur und Volksbildung und Präsident der Akademie der Wissenschaften[132]. Er begann seinen dichterischen Weg unter dem Zeichen des Konfuzius mit kontemplativer klassischer Poesie, die von der Hast der Welt nichts weiß, die von ›leisen, traurigen Tönen‹ erfüllt ist und ›in den Traum, in die Leere, ins Vergessen‹ führt. In den Revolutionswirren der zwanziger Jahre kam er zu der Überzeugung, daß ›der Geist der Unversöhnlichkeit, der Revolution die Mutter aller Künste‹ sei. Er gehörte zum radikalen Flügel der Liga, der mit Lu Hsün und Mao Tun im Streite lag, und hat manchen agitatorischen Knüppelreim verfaßt. Dennoch blieb er im Grunde seines Herzens immer der chinesischen Frühgeschichte verhaftet, den bibliophilen Schriften, Bronzen und Schildkrötenpan-

zern, und selbst seine Tragödien sind von dem hohen Pathos und dem Silberschein der Historie umglänzt. Obwohl ausgepichter Marxist, trat er der Partei nie bei. Mao ehrte ihn durch Zueignung zweier Gedichte.
Wehe denen, die nicht wie Mao Tun und Kuo Mo-jo aus ihrem Herzen eine Mördergrube machten! »Wir haben«, schrieb 1957 ein mutiger Professor aus Mittelchina an Mao Tse-tung, »gegen die Intellektuellen Bestrafungsmethoden angewandt, wie sie nicht einmal Bauern gegen Grundbesitzer oder Arbeiter gegen Kapitalisten anwenden würden. Während der Gesellschaftsreform-Kampagnen gab es unzählige Intellektuelle, die solche geistigen Torturen, Demütigungen und Verfolgungen nicht zu ertragen vermochten und es vorzogen, sich von hohen Gebäuden in die Tiefe zu stürzen, sich zu ertränken, zu vergiften, sich die Kehle durchzuschneiden oder sonstwie in den Tod zu gehen. Auch die Greise unter den Intellektuellen fanden keinen Unterschlupf, und selbst schwangeren Frauen gegenüber kannte man keine Nachsicht . . . Im Vergleich zu unseren Foltermethoden waren die Methoden der Faschisten in Auschwitz . . . plump und ungeschickt, dafür ›prompter‹ und ›wohlwollender‹ . . . Das Blutbad unserer Partei unter den Intellektuellen wird ebenso wie die vom Tyrannen Kaiser Tschin Huang-ti [Einiger Chinas, Erbauer der Großen Mauer] vollzogene Massenbestattung von Schriftstellern bei lebendigem Leibe als untilgbarer Schandfleck in die Geschichte Chinas eingehen*. So etwas muß bis ins Innerste erschüttern. Wir aber sind froh und selbstzufrieden und sagen: ›Wichtig sind vor allem die Errungenschaften.‹ Wo sind denn die Errungenschaften?[133]«
Nach dem XX. Parteitag in Moskau kam es auch in China zum Tauwetter; Mao Tse-tung gab die Parole aus: »Hundert Blumen sollen blühen, hundert Gedankenschulen miteinander wetteifern.«
Bei dieser Gelegenheit kam ans Licht, daß der oberste Partei- und Staatschef, was seine eigene Person anging, der verruchten trotzkistischen Anschauung huldigte: ›Marxistische Politik – bourgeoise Kunst.‹ Während er seinen Intellektuellen kategorisch vorschrieb, Agitation und Propaganda zu betreiben, pinselte er selber im stillen Kämmerlein zarte Verse. Als ihn sein englischer Biograph Robert Payne um einige Proben bat, wehrte er verlegen ab: »Meine Gedichte sind so nichtssagend. Ich schreibe Lyrik nur zu meinem Privatvergnügen.« Erst im Tauwetter erklärte sich Mao mit der Veröffentlichung einiger ausgewählter Gedichte einverstanden, freilich immer noch schlechten Gewissens, wie aus seinem Begleitbrief an die Redaktion hervorging: »Ich hatte mich niemals mit der Absicht getragen, diese Sachen zu veröffentlichen, weil sie im alten Stil geschrieben sind und, wie ich fürchte, ein schlechtes Vorbild abgeben und die Jugend beirren könnten. Zudem haben sie nicht viel Lyrisches und sind nichts Besonderes . . ., so verfahren Sie damit bitte nach Ihrem Gutdünken. In unserer Lyrik soll natürlich der neue Stil herrschen, Gedichte alten Stils mag man auch ein paar schreiben, aber sie sollten nicht unter der Jugend propagiert werden, weil

* Der historische Vorgang unter dem Tsch'in-Kaiser ist quellenkritisch nicht einwandfrei belegt. Es kann sein, daß die Gelehrten nicht physisch, sondern geistig ›begraben‹ wurden. Als Menetekel hat freilich auch Mao, durchaus wohlwollend, die Geschichte anerkannt.

ihre Form die Gedanken einengt . . . Dieses zu bedenken möchte ich Ihnen anheimstellen.«

Maos Gedichte sind kunstvolle Gebilde im klassischen Stil, die von Kennern gerühmt werden[134]. Ihre Sprache ist nicht das gesprochene Chinesisch. Silbenzahl, Verszeilen, Reime, sogar die Tonhöhe der Silben unterliegen strengen Regeln, auch spielt die Kalligraphie der Niederschrift eine künstlerische Rolle. Die komplizierte Form, die hochgezüchtete Sinnbildlichkeit und die mythologischen Bezüge setzen einen gebildeten und aufmerksamen Leser voraus. Die zur Veröffentlichung freigegebenen Gedichte gehen in der Regel von aktuellen politischen Anlässen aus, aber dadurch wird ihr Abstand vom Sozialistischen Realismus nur um so deutlicher. Die Verse erinnern an alte chinesische Rollbilder: Man blickt aus der Vogelperspektive auf schneebedeckte Bergmassive, durch die sich wilde Flüsse zwängen, auf hingetupfte Tempel und Pagoden, sieht irgendwo in der Ferne rote Fähnchen ›wie gemalt‹. Wildgänse ziehen im Wind dahin unter prangendem Himmel, begleitet von Sprüchen konfuzianischer Weisheit. Selbst der Lärm der Schlachten scheint von weither zu kommen. Die Seelen der toten Kameraden schweben auf zum Himmelsbogen, sie werden von den Heiligen mit Zimtblüten-Wein empfangen, und die Mondgöttin läßt Tränen fallen, wie Regen schwer.

Bertolt Brecht genoß das Vorrecht, schon Jahre zuvor ein Gedicht nachdichten zu dürfen, das Mao Tse-tung 1936 geschrieben hat, als er nach dem Langen Marsch das chinesische Kernland am Hoangho erreicht hatte, seine Sowjetbasis Jenan:

»Unter mir das Bild der Nördlichen Landschaft.
Zehntausend Meilen geflügelter Schnee.
Unbeweglich
Der Gelbe Fluß, von solcher Höhe
Nicht mehr reißend. Zwischen ihm und uns
Hauchzarte Wolkenbündel aus Weiß und aus Purpur.
Weidland und Äcker zu beiden Seiten
Der Großen Mauer. Wie viele Freier schon
Sich vor ihnen verbeugten!

Alle die armseligen
Könige der Tsch'in und der Han
Die nur wenig wußten.
Die Tang und die Sung, mit dem Leichtsinn im Übermaß!
Und der hochmütige
Einzige Sohn einer Dynastie, der Tschingis-Khan!
Mehr als den Bogen spannen
Konnte auch er nicht.

Alle verdarben.
Aber auch heute
Seht euch die großen Herren an: immer noch
Voll der alten schlimmen Begehrlichkeit![135]«

Dieses Gedicht taucht auch in dem Auswahlband von 1957 auf – nur den Schluß ließ der Diktator Mao, nun selber einer der großen Herren, dem Dichter Mao nicht durchgehen.
In der Neufassung heißt es:

»Alle verdarben.
Große Menschen
Finden wir erst in unserer Zeit.[136]«

Auch Ho Schi Minh (1890–1969), der legendäre Gründer des kommunistischen Vietnam, war ein Dichter auf dem Thron. Von ihm stammt dieser Vierzeiler:

»Jung und schön wie ein Mädchen ist der Mond
in der ersten Frühlingshälfte.
Kleine Wellen vom Fluß in die Frühlingsluft gestrahlt
erhöhen die Schönheit der Natur.
In der Mitte des Flusses besprechen wir militärische Fragen.
Und je mehr die Nacht fortschreitet, um so heller breitet sich
die Klarheit des Mondes um unser Boot aus.[137]«

Die Amnestierung des Dichters Mao Tse-tung bedeutete nicht, daß für alle die Blumen blühen sollten. Es gibt eine böse polnische Karikatur: Man sieht eine Sichel, welche Blumen mäht, die mit den Nummern 101, 102 und so fort versehen sind . . .

Hu Feng (1902–1986), Kommunist seit den zwanziger Jahren, Intimus von Lu Hsün, Romancier und Essayist, galt als führender marxistischer Literaturkritiker Chinas. Wie sein Lehrer bemühte er sich stets um ideologische Unabhängigkeit und lag deshalb zeitlebens im Kleinkrieg mit den Parteifunktionären. Nach Stalins Tod, aber unglücklicherweise zwei Jahre vor Maos 100-Blumen-Kampagne, setzte er zum Generalangriff gegen die kommunistische Kulturpolitik an. In der bildhaften Art der Chinesen sprach er von den ›fünf Dolchen‹, die die Schriftsteller und Künstler bedrohen:

1. Der revolutionäre Schriftsteller muß sich auf die kommunistische Weltanschauung festlegen.
2. Er ist zur Einfühlung in das Leben von Arbeitern, Bauern und Soldaten verpflichtet.
3. Er muß mit der Parteilinie gehen.
4. Er muß seine Werke in eine vorgeschriebene nationale Form gießen.
5. Er muß Sujets bearbeiten, die offiziell zu Pflichtthemen erklärt sind.

Hu Feng ging natürlich nicht soweit, völlige Freiheit zu fordern, aber er bestand darauf, daß wenigstens dem loyal gesinnten Schriftsteller freie und vielgestaltige Schaffensmöglichkeiten eingeräumt würden. Damit wiederholte er nur, was der Nationalheilige der rotchinesischen Kulturpolitik, Lu Hsün, in dem von uns zitierten Interview unmittelbar vor seinem Tode verlangt hatte.

Hu Feng unterbreitete sein Liberalisierungsprogramm im Juli 1954 unter Umgehung Kuo Mo-jos dem Zentralkomitee. Im Herbst 1954 gab man ihm Gelegenheit, seine Ansichten auf einer erweiterten Sitzung der Präsidien des Allchinesischen Verbandes der Literatur- und Kunstzirkel und des Schriftstellerverbandes zu vertreten. Zu diesem Zeitpunkt hatte jedoch die Parteispitze schon entschieden, die ›These von den fünf Dolchen‹ zu verwerfen. Im Frühjahr 1955 verurteilten nacheinander alle maßgebenden Kulturgremien der Volksrepublik den Ketzer. Hu Feng selbst ließ sich zu einer ›im Januar geschriebenen, im Februar revidierten, im März ergänzten und im Mai veröffentlichten‹ Selbstkritik herbei, in der er seine These vorsichtig zurückzog. Doch die Partei holte schon zum Todesstoß aus.

Die Selbstkritik wurde für scheinheilig erklärt, und das Parteiorgan *Jen Min Jih Pao* publizierte am 13. Mai 1955 »Bestimmte Informationen über die parteifeindliche Clique Hu Fengs«. Ein Denunziant zitierte belastende Stellen aus 34 angeblichen Briefen Hu Fengs der Jahre 1943–1950. Die Briefe lagen, wie der Denunziant ausplauderte, bereits seit 1952 bei Kuo Mo-jo im Dossier. Am 24. Mai folgten weitere Auszüge aus Briefen Hu Fengs. Und am 10. Juni folgten als ›dritte Serie‹ 67 Briefe angeblicher Mitverschwörer an den Staatsfeind Nr. 1. »Elemente der Hu Feng-Clique«, hieß es nun, »haben sich nachweislich in eine Reihe von Regierungsorganen, zahlreiche Militärorgane, bestimmte Organe des Erziehungswesens, zahlreiche Organe des Verlagswesens, einige Zeitungsredaktionen und bestimmte Wirtschaftsorgane eingeschlichen. Sie sind sogar in die Führungsorgane einiger Gewerkschaften, der Neuen Demokratischen Jugendliga und der Volksorganisationen eingedrungen, ja, einige haben die KP Chinas infiltriert und dort wichtige Positionen in ihre Hand gebracht ...«

Die Anklagen hatten das kulturpolitische Terrain längst verlassen und brachten das ganze Sündenregister stalinistischer Schauprozesse aufs Tapet: Aufbau eines Verschwörernetzes, Spionage für die Imperialisten und Tschiang Kai-schek, Sabotageakte, Attentate und dergleichen. Ein Weißbuch über den Fall und eine Broschüre Kuo Mo-jos gegen ›den Antisozialisten Hu Feng‹ wurden in Millionenauflagen verbreitet.

Hu Feng wurde zusammen mit seinen Freunden und Anhängern verhaftet und vor den Volkskongreß gestellt. Für zwei Jahrzehnte verschwand er im Arbeitslager.

Zwei Jahre später geriet eine weitere ›konterrevolutionäre Clique‹ in die Schußlinie der Partei und kam, ungeachtet der inzwischen proklamierten 100-Blumen-Theorie, kaum glimpflicher davon. Im Mittelpunkt der Affäre stand diesmal die bedeutendste chinesische Schriftstellerin der Gegenwart.

Ting Ling (Ding Ling, 1907–1986) Stalinpreisträgerin, stellvertretende Vorsitzende des Schriftstellerverbandes, stammt aus der Provinz Hunan im Innern Chinas, der Heimat Mao Tse-tungs. Sie wuchs in einer Beamtenfamilie auf, die unter dem Wandel der Zeiten zerfiel; ihre Mutter schuf sich nach dem Tode des Vaters eine unabhängige Stellung als Schulleiterin. Ting Ling studierte an den Universitäten Nanking, Schanghai und Peking. »Schriftstellerin«, gestand sie einmal, »wurde ich nur deshalb, weil ich allein war und unzufrieden mit der Gesellschaft und weil sich meinem Betätigungsdrang kein anderes Objekt bot.« Durch Kurzgeschichten und *Das Tagebuch von Fräulein Sofie* wurde sie rasch bekannt. Sie führte die moderne Frau in die chinesische Literatur ein und stellte sie in die sozialen und erotischen Spannungen der Umbruchszeit.
In Peking lernte sie den jungen Schriftsteller Hu Je-ping kennen und schloß mit ihm ›eine Studentenehe voller Glück und Wärme, aber nicht ohne Stürme‹. Beide traten der Liga linker Schriftsteller bei; als Sekretärin der Liga gehörte Ting Ling zum Kreis um Lu Hsün. Als Hu Je-ping 1931 in Schanghai erschossen wurde, blieb sie, auf immer verwundet, mit ihrem Baby zurück. »Kleines Äffchen«, flüsterte sie dem Kind zu, »das Leben deines Vaters ist zu Ende, aber sein Werk ist noch nicht zu Ende. Schlaf gut und iß gut, damit du einmal stark wirst und zu Ende führen kannst, was dein Vater nicht mehr tun konnte.«
Sie gab das Kind zu ihrer Mutter und trat in die Kommunistische Partei ein. 1932 wurde sie verhaftet, dann unter Polizeiaufsicht gestellt, bis es ihr 1936 gelang, ins Sowjetgebiet Mao Tse-tungs zu entkommen. Sie war damals schon die führende Schriftstellerin des Landes und die erste aus der künstlerischen Prominenz, die zur Roten Armee ging. Mao empfing sie mit einem Gedicht:

> »Wir haben ihr Loblied gesungen:
> Sie ist aus der Zelle entsprungen,
> zu uns in die Höhlen geflohen.
> Und anstatt wie einst Literaten
> führt sie jetzt die roten Soldaten.[138]«

Sie übernahm politische, militärische, propagandistische und kulturpolitische Aufgaben, besuchte mehrmals die Sowjetunion und begleitete die amerikanische Reporterin Agnes Smedley (*Tochter der Erde*, 1929) bei der Reise durchs Kampfgebiet.

Ting Lings stalinpreisgekrönter Roman *Sonne über dem Sanggan* (1948) gilt als das exemplarische Buch über das neue China. Es ist ein Roman von der Bodenreform, zusammengeballt auf zwanzig gewittrige Spätsommertage des Jahres 1946, ein realistischer Roman mit sozialistischer Tendenz, geschrieben in volkstümlicher, bildkräftiger Sprache, die Lu Hsün ebenso verpflichtet ist wie den alten Volksbüchern. *Sonne über dem Sanggan* ist mit *Neuland unterm Pflug* zu vergleichen, es repräsentiert in der chinesischen Revolution politisch wie literarisch eine ähnliche Entwicklungsstufe wie Scholochows Buch in der russischen. Die kommunistische Parteilichkeit ist noch nicht bis zur Schwarzweißmalerei gediehen (Ting Ling kritisiert auch die Parteifunktionäre), das Bemühen um Allgemeinverständlichkeit und agitatorischen Effekt hat die dichterischen Elemente noch nicht ausgelöscht. Höhepunkt des Romans ist die Beschreibung eines Volksgerichts über einen Grundbesitzer, eine aufwühlende Szene von grausig großartiger Kraft.

Ting Lings Bericht von der Entstehung ihres Romans wirft ein Licht auf die literarische Arbeitsmethode in der chinesischen Volksdemokratie:

»Anfang Juli 1947 schloß ich mich einer Arbeitsgruppe an, die mit der Durchführung des Bodenreformwerkes in Chuailai betraut war . . . Im September kehrte ich nach der Stadt Fouping zurück. Dort tauchten einige Gestalten, die ich während meiner Arbeit auf dem Lande kennengelernt hatte, in meiner Erinnerung wieder auf. Ich begann mich gleich mit dem Gedanken einer literarischen Auswertung dieser Erinnerungen zu beschäftigen. Vorerst hatte ich kein größeres Werk im Sinn. Ich dachte nur daran, meine Erlebnisse und Erfahrungen bei der Bodenreform niederzuschreiben. Dann erinnerte ich mich an ein bestimmtes Dorf, in dem es eine Gruppe begeisterter Aktivisten gab. Die Personen waren also da, ich brauchte sie nicht viel zu verändern. Der Plan eines dreiteiligen Buchs reifte. Der erste Teil sollte von der Beseitigung der Gutsbesitzerklasse, der zweite von der Landverteilung und der dritte vom Eintritt in die Armee handeln. Während ich am ersten Teil arbeitete, erhielt ich Material über die Tätigkeit der Volksmiliz im Tal des Sangganflusses. Das Material war sehr anschaulich . . . Später besuchte ich das Sanggangebiet mehrere Male, und ich denke mir oft, daß ich es noch einmal aufsuchen muß. Bald darauf fing ich mit dem Schreiben des zweiten Teils an. Im Laufe der Arbeit war ich des öfteren versucht, den Pinsel wegzulegen, das ganze Projekt aufzugeben. Als ich den zweiten Teil halb fertig hatte, kam es zur Revision der Bodenverteilung. Ich ließ mein Manuskript liegen und wurde Mitglied einer Arbeitsgruppe in Changtang, um neue Kenntnisse und Erkenntnisse zu sammeln. Das Leben dort brachte mir in vieler Hinsicht Bereicherung, aber ich fühlte, daß ich trotzdem noch immer nicht genug Stoff für meinen Roman hatte. Wieder in Fouping, machte ich mich ans Umschreiben des ersten Teiles; dieses Vorhaben kostete viel Mühe, viel Nachdenken. Als ich daranging, den zweiten Teil neu zu beginnen, wurden die *Grundsätze zur Durchführung der Bodenreform* veröffentlicht. Ich beteiligte mich in der Folgezeit an mehreren Bauernversammlungen; dabei kamen mir wieder Zweifel an meinem Roman. Deshalb beschloß ich, unmittelbar an der Bodenreform mitzuarbeiten. Vier Monate lang war ich als Mitglied einer Bodenreformgruppe in einem Dorf des Bezirks Cholu tätig. Gegen Ende April 1948 – ich war damals an der Vereinigten Universität von Dsengting – nahm ich mir das Romanmanuskript erneut vor; der Plan mußte nochmals geändert werden. Ich erkannte, daß Teil II und III überflüssig geworden waren, weil die Bodenverteilung unterdessen andere Formen angenommen hatte. Meine frühere Schilderung wirkte jetzt oberflächlich und ungeschickt. Auch hatte sich die Kriegslage völlig verändert. Ich experimentierte hin und her. Schließlich entschloß ich mich, das Buch stark zu kürzen. Aus drei Teilen sollte ein einziger werden. Neues Material zu sammeln hatte keinen Sinn. Auch mußte ich Vorbereitungen zur Teilnahme am Internationalen Frauenkongreß treffen. So beeilte ich mich mit dem Schreiben. Freilich konnte ich unter solchen Umständen einige Probleme nicht so ausführlich behandeln, wie ich es anfangs beabsichtigt hatte. Wenn ich in der Zukunft Zeit dazu finde, will ich den Roman gründlich umarbeiten. Heute bleibt mir nichts anderes übrig, als den Leser um Nachsicht zu bitten.[139]«

Was wurde Ting Ling 1957 vorgeworfen?

1. »... ließen sich antisozialistische Elemente unter unseren Intellektuellen durch die internationale antikommunistische Bewegung beeinflussen. Nach dem Frühjahr 1956 [XX. Parteitag] und besonders nach den Ereignissen in Ungarn legten sie die richtige Losung ›Hundert Blumen sollen blühen, hundert Gedankenschulen miteinander wetteifern‹ so aus, wie es ihnen paßte. Sie sind gegen eine ideologische Umerziehung und behaupten, daß ›Tauwetter‹ eingesetzt hätte und der ›Frühling‹ bald einziehen werde.«

2. »Die Revisionisten ... suchten gewisse Fehler in unserer Literatur und Kunst heraus und übertrieben sie, um die sozialistische Literatur und Kunst zu verleumden. Die chinesischen Rechten und Revisionisten äfften die reaktionären Autoren im Ausland nach, indem sie gegen die sozialistische Literatur der Sowjetunion und unseres Landes hetzten... Sie behaupteten, die sozialistischen Literatur und Kunst entbehre der Wahrheit, und es gebe für Schriftsteller keine ›Freiheit des schöpferischen Schaffens‹.«

3. »Die Rechten und Revisionisten behaupten, daß die Hauptaufgabe der Literatur und Kunst darin bestehe, die Mängel unserer Gesellschaft und die Schattenseiten des Lebens aufzudecken. Nur Werke mit einem solchen Inhalt bezeichnen sie als ›wahrheitsgetreu‹, während Werke, welche die ›Sonnenseiten‹ des Lebens besingen, nach ihrer Meinung ›die Wahrheit verhehlen‹ und ›verfälscht‹ sind. Was sie als Wahrheiten bezeichnen, sind negative, rückständige, starre, überlebte Dinge. Sie können oder wollen den Hauptstrom der sozialistischen Wirklichkeit nicht sehen, der voll pulsierenden Lebens mächtig und vorwärtsdrängend ist, sie können oder wollen nicht die sozialistische Wirklichkeit vom revolutionären, dialektischen Standpunkt aus betrachten und leugnen, daß die sozialistische Romantik ein unerläßlicher Bestandteil des sozialistischen Realismus ist.[140]«

Ting Ling wurde nach 25jähriger Mitgliedschaft aus der Kommunistischen Partei Chinas ausgeschlossen. Zunächst konnte man sie noch, eine glimpfliche Strafe, als Putzfrau im Gebäude des Schriftstellerverbandes sehen. Während der Kulturrevolution wurde sie von Rotgardisten verprügelt, durch die Straßen geschleift. Dann zwölf Jahre Deportation zur Zwangsarbeit in der äußersten nordöstlichen Steppe (Heilungkiang, das chinesische Sibirien). 1970 bis 1975 im Gefängnis. Ein anderer berühmter Revolutionsdichter, Gründungsmitglied in Lu Hsüns Liga, Ai Tsching (Ai Quing, * 1910), erlitt das gleiche Schicksal.

Höhepunkt aller Säuberungen war die Große Proletarische Kulturrevolution[141]. Maos letzter Sturm dauerte nur einen Sommer. In jenem Sommer 1966 kehrte Mao aus der Hauptstadt der Bewegung, Schanghai, wohin er sich grollend zurückgezogen hatte, in die Hauptstadt der Volksrepublik, Peking, zurück und ließ zwölf Millionen Rotgardisten, sein Rotes Buch schwenkend, an sich vorüberziehen. Die Halbwüchsigen stürmten auf sein Kommando das Hauptquartier der Partei und die Schaltstellen des Staates, setzten den höchsten Funktionären als Zeichen der Schande Papphüte auf und prügelten sie durch die Straßen. Mao schwamm als Beispiel unerschöpflicher Manneskraft im Jangtse. Fast schien es – und das mag die Faszination der Kulturrevolution in der Welt erklären –, als sei die Revolution tatsächlich permanent geworden, als stiege die immer wieder verratene Utopie als zürnender Rachegott auf die Erde nieder. Drei Gründe scheinen für die Kulturrevolution ausschlaggebend gewesen zu sein:
1. Mao hatte das Unglück, seine Revolution zu überleben. Er stand dem, was Lenin auf dem Sterbebett ängstigte, leibhaftig gegenüber: der bürokratischen Entartung des Sozialismus. Wenngleich auf chinesische Art, fand auch Mao kein anderes Rezept als Robespierre und Stalin: Er ließ die Köpfe rollen.
2. Nach den mißlungenen Experimenten ›Hundert Blumen‹ und ›Großer Sprung nach vorn‹ hatte Mao die Mehrheit in der Parteiführung verloren. Er reagierte auf dramatische Weise: Er liquidierte die Partei.
3. Der Übergang von der versteinerten chinesischen Tradition zur modernen Zivilisation mußte vollzogen werden. Bei aller Brutalität des Prozesses, den vor allem Maos Frau Tschiang Tsching (Jiang Quing) zu verantworten hat, wird man in diesen Jahren auch kulturgeschichtlich Bedeutendes entdecken: die acht Musteropern, die Tanzdramen, den revolutionären Farbholzschnitt.
Nun wurden auch Kuo Mo-jo und Mao Tun ihrer Ämter enthoben. Der alte Mao Tun, Gefährte Lu Hsüns, letzter aus der Generation von 1919, die den revolutionären Aufbruch der chinesischen Literatur eingeleitet hatte, sah sich Verfolgungen und Demütigungen ausgesetzt. Beide haben ihre Rehabilitierung durch den chinesischen Bonaparte, den zweimal gestürzten und zweimal auferstandenen Teng Hsiao-ping (Deng Xiaoping), noch erlebt.
Es folgten zehn Jahre der Machtkämpfe, der Agonie und des Chaos. Nach Maos Tod 1976 ließen die Nachfolger, Chinas Technokraten und Militärs, die Mao-Witwe und ihre Verschworenen, die sogenannte Viererbande, verhaften. So einfach war das: Keine Hand rührte sich zur Verteidigung der Utopie. Die Toten kehrten aus den Lagern und Gefängnissen zurück, freilich nicht alle.

Lao She (1899–1966), einer verarmten Mandschufamilie in Peking entstammend, ernährt seine Mutter durch Gelegenheitsarbeiten, bekommt 1924 die Möglichkeit, nach England zu gehen, unterrichtet an der Londoner ›School of Oriental Studies‹ Chinesisch. Schreibt Erzählungen; sein Roman *Rikscha Boy* wird 1936 in den USA zum Bestseller. Schon 1930 kehrt er über Hongkong nach China zurück, engagiert sich wie alle chinesischen Schriftsteller politisch, schreibt Theaterstücke mit antijapanischer Tendenz. 1949, nun in Peking an der Seite seiner siegreichen Revolution, bringt er sein Meisterwerk *Das Teehaus* heraus, das während der Kulturrevolution zehn Jahre verboten war, heute der Volksrepublik berühmtestes Stück ist, zu dessen Aufführung die höchsten Führer erscheinen, mit dem das Pekinger Volkskunsttheater als Beispiel für ein anderes, nicht maoistisches China durch Europa und Amerika zieht[142]. Im Lande selbst ersetzt es durch seinen beispiellosen Publikumserfolg alle acht Musteropern der Tschiang Tsching.

In den drei Akten wird die Geschichte eines alten Teehauses in Peking erzählt, in dessen Verfall sich der Verfall der alten Gesellschaft spiegelt. 1. Akt: 1898. Zeit der Dekadenz, des Frauenkaufs, der Unterwürfigkeit, aber auch schon erster kapitalistischer Unternehmungen und antiimperialistischer Geheimgesellschaften wie der ›Boxer‹. 2. Akt: 1918. Alles ein bißchen schäbiger, aber das Geschäft läuft noch so halbwegs; Glücksritter, Deserteure, Spitzel; Gewehre werden gegen Blumenmädchen getauscht; ab und zu Kanonenschüsse: das Imperium in der Agonie. 3. Akt: 1948. Mao ante portas. Die Schläger, Spitzel, Zuhälter, Spekulanten packen ihre Sachen. Die Alten vom ersten Akt tauchen noch einmal auf und beklagen den Untergang des Teehauses, des China von einst. Übrigens werden von Akt zu Akt die Schriftzeichen an der Rückwand immer größer: »Enthalten Sie sich politischer Äußerungen.« Schluß des Stücks: »Melde Herrn Vorsteher, der Wirt hat sich aus irgendeinem Grunde erhängt.«

Im Jahre 1966 fragte ein englisches Ehepaar den Romancier und Dramatiker, was die Revolution für ihn bedeute: »Lao She«, bemerken sie, »nahm eine Puppe in die Hand, die seine Enkelin ihm auf die Knie gelegt hatte, streichelte ihr den Kopf und sagte: ›Sie wird sie besser verstehen können als ich. Natürlich halte ich die Revolution für richtig und freue mich über sie. China ist in einem Ausmaß verändert worden, das sich keiner von uns hat vorstellen können.‹ Und er fügte hinzu: ›Die Revolution befindet sich nun in einer Phase des Übergangs, in der nicht mehr in erster Linie die Bedingungen, sondern hauptsächlich die Denkweise verändert wird. Ich kann verstehen, warum Mao Tse-tung die alte bourgeoise Weltanschauung zu vernichten wünscht, aber ich kann über diesen Kampf nicht schreiben, weil ich kein Marxist bin. Deshalb ist es mir unmöglich, zu denken und zu fühlen wie ein Pekinger Student des Jahres 1966, der die Situation marxistisch betrachtet. Wahrscheinlich werden Sie jetzt sagen, daß ich das Leben als 69 Jahre alter Bourgeois betrachte, der wünscht, daß die Revolution siegt, jedoch nicht immer mit ihr Schritt halten kann. Wir Mitglieder der alten Generation können uns nicht für das entschuldigen, was wir sind. Wir können nur erklären, warum wir so sind, und den jungen Leuten auf ihrem Weg in die Zukunft zuwinken. Deshalb müssen wir es auch der neuen Generation überlassen, über die neue Gesellschaft, die sie aufgrund ihrer Erfahrungen erschaffen, zu schreiben.‹[143]«

Wir wissen nicht genau, wie Lao She starb. Man fischte 1966 seine Leiche aus einem See, aber er hatte eine schwere Wunde am Kopf.

Von Maos Nachfolger Teng Hsiao-ping ist nicht bekannt, daß er Gedichte schreibt. Die einzige bemerkenswerte Äußerung dieses brillanten Technokraten zu Fragen der Kultur war: »Acht Musteropern mögen ja vorbildlich sein, aber kein Mensch kann sie jede Woche hören.«

»Erfahrungen gemacht und durch Sturm und Regen gegangen«, meinte gelassen die gelernte Partisanin Ting Ling, als sie sich 1979 als Stellvertretende Vorsitzende des chinesischen Schriftstellerverbandes in Peking wiederfand. Pläne hat die nahezu Achtzigjährige auch: Die Fortsetzung von *Sonne über dem Sanggan* heißt *Eiskalte Tage* und wird schon von einem chinesischen Kulturmagazin in Fortsetzungen abgedruckt. Dort erschienen 1981 auch wieder Gedichte Hu Fengs, der, inzwischen 79jährig, wie Ting Ling das Glück hatte, seine Feinde zu überleben. Der alte Mann mußte nach seiner Entlassung aus dem Arbeitslager zunächst in eine Nervenheilanstalt gebracht werden. Auch Ai Tsching wurde rehabilitiert.

Überlebt hat auch Pa Tschin (Ba Jin, * 1904), dessen sozialkritische Romane (*Die Familie*, 1931) der Revolution aus bürgerlich-liberaler Gesinnung siegen halfen. 1968 mußte er, vor Halbwüchsigen auf Glassplittern kniend, sein Sündenregister anhören. *Trilogie der Liebe* hieß sein erstes berühmtes Werk, *Kalte Nächte* – welche Parallele zu Ting Ling! – sein letztes, übrigens schon vor der Kulturrevolution. Als ihn die neue Führung 1979 als literarischen Botschafter nach Paris schickte, beschreibt ihn sein deutscher Herausgeber Wolfgang Kubin (Vorwort zur *Familie*, West-Berlin 1981) als einen ›alten, schweigsamen Mann‹.
Nach dem Tod Mao Tuns 1981 übernahm Pa Tschin die Leitung des in der Kulturrevolution zerschlagenen Schriftstellerverbandes. Der selber so oft Verfolgte und Geschlagene präsidierte unbewegten Gesichts den Zeremonien, in denen Chinas große revolutionäre Schriftsteller Ting Ling und Hu Feng an der Neige ihres Lebens in die Literatur der Volksrepublik zurückgeholt wurden.
Die neue Führung veröffentlichte postum Maos frühestes Gedicht (1923), ein Gedicht ohne Titel, Requiem des großen Mandarin:

»Ein Winken noch, dann gehn wir auseinander.
Unerträglich, sich so elend gegenüberzustehen,
noch einmal das Bittere zu sagen.
In Augenwinkeln und Wimpernspitzen sitzt der Schmerz.
Die drängenden heißen Tränen halte zurück.
Die alten Mißverständnisse unserer Briefe und Gespräche
verflüchtigen sich mit den ziehenden Wolken und Nebeln.
Wenn du auf Menschen zählst – Verlaß ist nur auf dich und mich.
Wird aber einer krank,
wie soll der andere es erfahren?

Schwerer Reif liegt heute auf der Straße vor dem Osttor.
Schmerzlich klar steht der schwindende Mond
über dem Bahndamm.
Der Schrei der Dampf-Pfeife zerreißt den Leib
und macht mich zum einsamsten Reisenden bis an den Himmelsrand.

Wir müssen die Fäden des Kummers zerschneiden,
uns aufmachen, die Kun-Lun-Berge umzustürzen
und als Taifun das Weltall durchfegen.
Dann können wir wieder die Flügel ineinandertauchen
und mit den Wolken in die Höhe fliegen.«

Der Abfall vom Roten Gott

Nichts kann mich davon abhalten, offen auszusprechen, was ich denke. Mir gilt die Wahrheit mehr als die Partei.

ANDRE GIDE Der Gott der keiner war 1950

Die Begegnung zwischen linker Literatur und linker Politik fand ihren spektakulären Höhepunkt im *Kongreß zur Verteidigung der Kultur*, den Münzenberg Ende Juni 1935 in Paris mit Kominterngeldern inszenierte. Es war, begünstigt durch die Weltangst vor dem Faschismus, das stärkste Aufgebot an Prominenz, das die kommunistischen Funktionäre jemals mobilisieren konnten[144].
Vor Tausenden von Menschen, die sich im Riesensaal der Mutualité drängten, verlas André Gide mit leidenschaftsloser, beinahe kalter Stimme sein Glaubensbekenntnis zum Kommunismus. Außer Gide präsidierten Waldo Frank, Heinrich Mann, Henri Barbusse, E. M. Forster, Martin Andersen Nexö, Carlo Sforza, André Malraux, Alexej Tolstoi und André Chamson den zehn öffentlichen Kundgebungen des Kongresses, an denen Persönlichkeiten aus aller Welt teilnahmen wie Robert Musil, Alfred Döblin, Bertolt Brecht, Ernst Bloch, Lion Feuchtwanger, Ernst Toller, Anna Seghers, Johannes R. Becher, Egon Erwin Kisch, Klaus Mann, Alfred Kerr, Emil Ludwig, Max Brod, Erich Maria Remarque, Bruno Frank, Ernst Gläser, Robert Neumann, Albert Ehrenstein, Ferdinand Bruckner, Annette Kolb, Else Lasker-Schüler, Alfred Kantorowicz, Ernst Weiß, Bodo Uhse, Erich Weinert, Willi Bredel, Rudolf Leonhard, George Grosz, Gustav Regler, Louis Aragon, Jean Richard Bloch, Julien Benda, Aldous Huxley, John Strachey, Michael Gold, Karin Michaelis, Karel Čapek, Vitezslav Nezval, Jef Last, Ilja Ehrenburg, Boris Pasternak, Wsewolod Iwanow, Nikolai Tichonow, Michail Kolzow, Wladimir Kirschon, Iwan Mikitenko*.
In seiner Autobiographie *Das Ohr des Malchus* (1958) erinnert sich der Exkommunist Regler, wie er damals, hingerissen von der kämpferischen Stimmung des Kongresses, einen unerwünschten Zwischenfall provozierte. Er ließ seinen vorbereiteten Text beiseite und hielt eine zündende Rede, an deren Ende er Gide und Barbusse Broschüren überreichte, die für die illegale Arbeit in Deutschland bestimmt waren. »Sie sind in diesem Augenblick schon drüben«, rief er in den Saal.
»Etwas Merkwürdiges geschah. Mit einem seltsam trockenen Geräusch erhob sich die Menge im Saal, so, als hätte ich den Taktstock gezückt und wollte, daß

* Kolzow, Kirschon und Mikitenko wurden bald darauf in Stalins Großer Säuberung liquidiert.

sie alle den Chor der Neunten Symphonie sängen. Sie sangen aber etwas ganz anderes.
Aus der Kulisse winkte mir der deutsche Dichter Johannes R. Becher . . . Aufgeregt rief er mich mit stummen Gesten an. Ich trat zu ihm hinter die gemalten Wände. ›Du bist wahnsinnig!‹ zischte er.
›Hörst du nicht, was sie singen!‹ sagte ich; meine Stimme war belegt vor Erregung.
›Aber das ist es ja doch!‹ brüllte er, nun gedeckt von dem mächtigen Chor, der anschwoll. ›Du hast alles verpfuscht, du hast uns demaskiert. Jetzt ist es kein neutraler Kongreß mehr. Das schöne Geld!‹ Er hämmerte mit beiden Fäusten gegen seine Stirn. ›Die Internationale!‹ kreischte er. ›Du wirst aus der Partei ausgeschlossen werden!‹
Ich sah das blasse Gesicht und wußte nicht, ob ich weinen oder lachen sollte. Draußen sangen sie: ›Völker hört die Signale – auf zum letzten Gefecht!‹ Die Luft zitterte von den tausend ernsten Stimmen. Gide und der ganze Vorstand hatten sich erhoben, sie verstanden, daß dies kein Theater, kein Programmpunkt, nichts Inszeniertes, sondern ein wahrer Ausbruch war. Barbusse sang mit . . .
›Du bist ein Saboteur‹, sagte heiser Johannes R. Becher . . .«

Zum Zeitpunkt dieses äußersten Triumphes hatte die Absage der Schriftsteller an den Kommunismus, die eines Tages alle Akklamationen übertönen sollte, schon eingesetzt.
Zur Zehnjahresfeier der Oktoberrevolution 1927 war Panait Istrati, Vizepräsident ehrenhalber der französischen Gesellschaft der Freunde Sowjetrußlands, nach Moskau gefahren. Gewohnt, sich das Leben von unten anzusehen, begnügte Istrati sich nicht wie viele andere mit dem Staatsbesuch. Die Tantiemen aus seinen Büchern machten ihn finanziell unabhängig, so daß er, zusammen mit seiner Frau, sechzehn Monate lang das Land durchstreifen konnte – mit der Bahn, im Auto, zu Schiff, zu Pferde und im Karren, vom Eismeer bis zum Kaukasus. Da er etwas Russisch und zwei Sprachen am Schwarzen Meer, Moldauisch (das ist Rumänisch in kyrillischen Buchstaben) und Griechisch, sprach, konnte er sich zumindest in einigen Teilen des Landes mit der Bevölkerung ohne Dolmetscher verständigen.
Vor allem hatte Istrati das Glück, Victor Serge (1890–1947) kennenzulernen, einen bis dahin unbekannten, nicht einmal für die sowjetische Geheimpolizei sonderlich auffälligen Mann. Serge schrieb Bücher, gab aber als Beruf Revolutionär an (so nannte er auch seine Erinnerungen, 1951 postum erschienen: *Beruf: Revolutionär*). Geborener Russe, naturalisierter Franzose, fühlte er sich wie Istrati in allen Weltgegenden und Sprachen zu Hause. Nach einigen turbulenten Jahren konspirativer Tätigkeit in Westeuropa hatte er 1919 in der Sowjetunion Zuflucht gesucht und kam nicht mehr raus. Er kannte die Stalinisten wie die Antistalinisten, aber da er sich, offenbar bereits in den zwanziger Jahren völlig desillusioniert, keiner Gruppe anschloß, fiel er vorerst durch den Rost aller Säuberungen. Mit der undurchdringlichen Schweigsamkeit eines gelernten Re-

volutionärs führte er den Staatsgast Istrati in eine Musterstrafkolonie für Schwerverbrecher, wo ›Erziehung durch Arbeit‹ und Selbstverwaltung der Sträflinge vorgezeigt wurden. »Schade«, knurrte der einstige Vagabund Istrati prompt, »daß man mindestens drei Menschen ermordet haben muß, um dieses Wohlergehen und diese schöne Arbeitsorganisation genießen zu können!« Serge: »Panait, man kann keine Omeletts machen, ohne Eier zu zerschlagen. Unsere Revolution ... usw.« Istrati: »Gut, ich sehe die zerschlagenen Eier. Wo sind eure Omeletts?«

Serge hat, um dies hier einzuflechten, legitimiert durch seine revolutionäre Integrität, auch Romain Rolland und André Gide beeinflußt, die Sowjetunion mit offenen Augen zu sehen. 1933 faßte endlich die sowjetische Geheimpolizei den üblen konterrevolutionären Diversanten. Der Kongreß zur Verteidigung der Kultur 1935 verlangte seine Freilassung. Rolland sprach mit Stalin über ihn, wobei sich herausstellte, daß weder der Diktator noch sein damaliger Polizeichef Jagoda irgend etwas Belastendes gegen Serge in der Hand hatten (er hatte nämlich unter der Folter nichts gestanden). Gide nahm seine Einladung nach Moskau erst an, als man Serge samt Familie über die Grenze geschoben hatte. Eines Tages wird man Victor Serge, heute fast vergessen, als den ersten Dissidenten Rußlands rühmen.

»Ich bin jetzt ein Besiegter«, schrieb Istrati im Vorwort zu seinen drei Büchern über Sowjetrußland *Auf falscher Bahn*, *So geht es nicht*, *Rußland nackt* (1929). »Diejenigen, auf die ich baute wie auf Fels, sind gleichfalls ein Gezücht, ein Ungeziefer, das alles aufopfern würde zum Heile ihrer teuren Doktrin, die Unschuldige zermalmt ... Bürokratengesindel ... Sie haben ganz bewußt die Ungerechtigkeit in Amt und Würden eingesetzt, haben weite soziale Schichten korrumpiert und ganz besonders die Elenden, um sich Mehrheiten zu schaffen und an der Herrschaft zu bleiben. Ihre Art der Korruption ist die unmenschlichste: Willst du zu essen haben, wenn auch mager, so mußt du in der ›Bewegung‹ sein; du mußt sogar den Kameraden denunzieren, der sich dazu nicht hergibt ... Wohlan, ich sage mich von meinen kommunistischen Freunden los, selbst in dem, was ihren Stolz in Rußland ausmacht: dem Aufbau des Sozialismus.«

Istratis Sympathien gehörten der trotzkistischen Parteiopposition, den von Stalin gestürzten Helden des Roten Oktober, deren Verbannung er während seiner Rußland-Reise miterlebt hatte. Immer, wenn er von Trotzki spricht, schlägt sein Herz schneller. Dabei hatte er ihn nur einmal gesehen, in einem Hotel in Bukarest vor dem Ersten Weltkrieg. Politisch noch unerfahren, keiner Weltsprache mächtig, konnte Istrati den schon damals berühmten Revolutionsführer nur anschauen ›wie ein Kalb‹. Immerhin fragte er ihn, warum er eine schwarze Bluse trage. »Weil ich ein Pessimist bin«, antwortete Trotzki spöttisch.

Mit der Neigung zum Trotzkismus hängen einige Schwächen der drei Bücher über Sowjetrußland zusammen, die übrigens, wie der Dichter im Vorwort mitteilt, nur zum Teil von ihm selbst, zum Teil von Mitarbeitern, vor allem Trotzkisten, verfaßt wurden[145]. Nicht nur, daß aller Anklage der stalinistischen Verbrechen zum Trotz die Meinung vertreten wird, die Sowjetunion müsse als Bollwerk des Sozialismus verteidigt werden. Die Kritik, soweit sie praktisch-politische, soziale und wirtschaftliche Fragen betrifft, ist oberflächlich, teilweise ungerecht. Viele Mängel der jungen Sowjetunion, die in den Büchern gerügt werden, waren tatsächlich Geburtswehen, die durch Stalins Rigorismus eher überwunden werden konnten als durch Trotzkis krampfhaftes Klammern an die Utopie.

Weit tiefer und wirklich vernichtend ist die Kritik an der menschlichen und geistigen Unterdrückung in Sowjetrußland, wie sie im ersten Buch und in Teilen des zweiten geübt wird, in jenen Teilen, die des Dichters eigene Handschrift verraten. Wie es scheint, hat Istrati sogar gespürt, daß in diesen Punkten, die ihm am meisten am Herzen lagen, seinen trotzkistischen Freunden nicht mehr zu trauen war als ihren stalinistischen Konkurrenten; denn er bemerkt an einer Stelle: »Auch die Opposition soll von mir wissen: wenn sie eine Neuauflage dieses Bolschewismus plant, so wird sie in mir einen unversöhnlichen Feind finden, einen einsamen Feind, der bereit ist, für das zu sterben, was er für das höchste Gut des Menschen hält: vor aller Welt seine Meinung frei verkünden zu dürfen, sei es als Genosse oder als Gegner.«

Am Ende des dritten Buches wird die Frage aufgeworfen, die von nun an wie ein Richtschwert über dem Kommunismus schwebt: »Die Geschichte stellt die Werktätigen vor die Frage, nicht ob sie den Sozialismus in fünfzehn Jahren, sondern ob sie sofort ihre Freiheit wollen.«

Es versteht sich, daß Istrati fortan für die Kommunisten nicht mehr der ›Gorki des Balkans‹, sondern ein ›internationaler Abenteurer‹ war. Als der todkranke Mann aus dem französischen Exil in seine Heimat zurückkehrte und von der Bukarester Akademie eine bescheidene Pension empfing, verleumdete man ihn, er habe sich der Siguranza (rumänische Geheimpolizei) verkauft.

Ein Jahr nach dem denkwürdigen Kongreß in Paris, 1936, fuhr André Gide zur Beisetzung Gorkis nach Moskau. Nun hatte er Gelegenheit, das Land seiner Träume in Augenschein zu nehmen. Wie Istrati, Rolland und zahllosen anderen Besuchern vorher und nachher wurde ihm ein wohldurchdachtes und wohlorganisiertes Programm vorgesetzt: Er wurde mit Ehrerbietung und Herzlichkeit überschüttet. Er wurde durch Musterbetriebe, Arbeitersiedlungen, Kindergärten, Erholungsheime und Klubs geführt. Ihm standen die komfortabelsten Autos zur Verfügung, Sonderwagen der Eisenbahn, die besten Zimmer in den besten Hotels. Die Funktionäre waren unablässig um ihn bemüht.

Gide, zwar kein Proletarier wie Istrati, aber von Natur aus kritischer als Rolland und marxistisch gebildet, wurde rasch stutzig. Auch er entzog sich dem offiziellen Programm und blickte hinter die Fassade. Da entdeckte er, der in die Sowjetunion gegangen war, ›um keinen Armen mehr zu begegnen‹, Armut im Übermaß. Er hätte das vielleicht hingenommen und mit den Aufbauschwierigkeiten des jungen Staates entschuldigt, wäre nicht als Kontrast dazu das Leben der Privilegierten gewesen, an dem man ihn teilnehmen ließ. Abend für Abend gab man ihm Bankette mit mehr als sechs Gängen, die volle vier Stunden in Anspruch zu nehmen pflegten; allein die Vorspeisen hätten genügt, den stärksten Appetit zu befriedigen.

Entsetzt sah Gide die Entrechtung der Arbeiter und Bauern, die Vergewaltigung der Kunst, die Überflutung des öffentlichen Lebens mit Lüge, die vollkommene Uniformität. Einmal besichtigte er eine besonders musterhafte Kolchose. »Ich wünschte«, so berichtete er später, »ich könnte meinen Lesern nur annähernd einen Begriff vermitteln von dem niederdrückenden Eindruck, den ausnahmslos alle diese Behausungen machen, weil ihnen jede persönliche Note fehlt. In jeder Wohnung stehen die gleichen häßlichen Möbel, hängt das gleiche Stalinbild. Ich sah nicht den geringsten Zimmerschmuck, keine privaten Besitztümer. Jedes Haus könnte mit einem beliebigen anderen des Kollektivs vertauscht werden, ohne daß die Insassen es bemerken würden. Selbstverständlich ist in einem Kollektiv auch das Vergnügen Gemeinschaftssache, die Häuser sind nichts als Schlafstellen, das Lebensinteresse der Kollektivmitglieder konzentriert sich auf den Klub.«

Diese Uniformität erstreckte sich über das ganze Land. »In der Sowjetunion steht ein für allemal fest, daß es über jede Frage – ganz gleich, um was es sich handelt – nur eine Meinung geben kann: die richtige. Jeden Morgen trichtert die *Prawda* dem Volk ein, was es wissen, glauben und denken muß . . . Wenn man mit einem Sowjetbürger gesprochen hat, ist es, als hätte man mit allen gesprochen.« Beklommen resümierte er: »Wenn der ganze Chor unisono singt, kann von Harmonie nicht mehr die Rede sein.«

Ekel erregte ihm der Stalinkult, auf den er überall stieß. Als er auf seiner Reise durch Stalins Geburtsort kam, das Dorf Gori im Kaukasus, wollte er seinem Gastgeber zum Dank für die großzügige Aufnahme eine persönliche Botschaft senden. Er setzte ein Telegramm auf, das folgendermaßen begann: »Im Augenblick, da unsere herrliche Reise uns nach Gori geführt hat, empfinde ich das Bedürfnis, Ihnen zu . . .« Hier hielt der Übersetzer inne und erklärte, es sei nicht schicklich, einfach ›Ihnen‹ zu schreiben, wenn man sich an Stalin wende. Man müsse unbedingt ein Epitheton hinzufügen, etwa: ›Ihnen, dem Lehrmeister der Werktätigen‹ oder ›Ihnen, dem Führer des Sowjetvolkes‹. Der Dolmetscher war nicht zu bewegen, das Telegramm ohne Berichtigung abzuschicken.

Gide kam zu dem Schluß, daß in der Sowjetunion nicht eine Diktatur des Proletariats herrsche, sondern eine Diktatur der Bürokratie, und daß nicht einmal in Hitler-Deutschland Geist und Gemüt der Menschen so versklavt seien wie unter dem Bolschewismus. Seine Abrechnung *Zurück aus Sowjet-Rußland* (1936) schlug wie eine Bombe ein, obwohl er sich um ausgewogenes Urteil und zurückhaltende Formulierung bemühte, auch die positiven Seiten des Sowjetregimes nicht verschwieg. Alle Parteigänger der Sowjetunion fielen über ihn her. In einem zweiten Band, *Retuschen zu meinem Rußlandbuch* (1937), in dem er sich gegen die Hetzkampagne zur Wehr setzte, bemerkte er bitter: »Die Publikation meines Buches *Zurück aus Sowjet-Rußland* hat mir eine Flut von Beleidigungen eingebracht. Diejenigen, die von Romain Rolland kamen, haben mir weh getan . . .«

Die Kommunisten haben Gide bis an sein Lebensende mit ihrem Haß verfolgt. Im Juli 1944 interpellierte ein Abgeordneter namens Giovoni in der Assemblée Consultative Provisoire, der in Algier versammelten Vertretung des freien

Frankreich, den Commissaire de l'Information, welche Maßnahmen er gegen Gide zu treffen gedenke, der in seinem Tagebuch gewagt hatte, die Haltung eines Teiles der Franzosen in den Tagen des Zusammenbruchs 1940 zu kritisieren. »Dieser giftmischerische Schriftsteller, der auf den Geist der Jugend einen verhängnisvollen Einfluß ausgeübt hat, macht in Defätismus mitten im Kriege. Seine Sucht nach Originalität und Exotischem, seine Unmoral und seine Perversität stempeln ihn zu einem gefährlichen Individuum.« Zu Zeiten des Tigers Clemenceau, meinte Giovoni, wäre der Verfasser derart infamer Schriften längst vor ein Kriegsgericht gestellt und erschossen worden. Es hätte kaum des Satzes bedurft, daß Gide die Bauern Frankreichs ebenso schwer beleidigt habe wie seinerzeit die Bauern Sowjetrußlands, um den Patrioten Giovoni als Vertreter der Kommunistischen Partei auszuweisen.
Der Commissaire de l'Information antwortete mit Würde: »Mit großer Befriedigung hat die Welt feststellen können, wie gering die Zahl der französischen Schriftsteller war, die sich Vichy anschlossen. Fast alle, und Gide unter ihnen, hatten die wahre Aufgabe Frankreichs erkannt . . . und die Rückkehr unseres Landes in die erste Reihe der Weltliteratur vorbereitet.[146]«

1936 schrieb Karel Čapek (1890–1938), Freund Thomas Masaryks*, Staatspreisträger und literarischer Repräsentant der tschechoslowakischen Demokratie, Meister des utopischen Romans und Erfinder der Roboter (*RUR*, 1920), ein Buch, das in die Reihe der großen antitotalitären Utopien gehört: *Der Krieg mit den Molchen*. Über die Tendenz dieses ironisch-hintergründigen Buches streiten sich bis auf den heutigen Tag die Gelehrten. ›Eine Satire auf die fortschrittliche Wissenschaft‹ – meint der Westen. ›Eine Satire auf den Imperialismus‹ – sagt der Osten.
Der biedere Kapitän van Toch entdeckt in der Südsee eine Salamanderart, die sich dressieren, zum Perlenfischen, Dammbauen abrichten läßt. Die intelligenten Tiere lernen sogar denken und sprechen. Film, Funk und Presse stürzen sich auf die Sensation. Doktorarbeiten und wissenschaftliche Kongresse werden ihnen gewidmet. Geschäftstüchtige Manager gründen Salamander-Syndikate zur Ausbeutung der billigen Arbeitskräfte. Die Regierungen stellen Molche in den Dienst ihrer Armeen und Flotten. Eine glänzende Prosperität, das Molch-Zeitalter beginnt. Bis die Molche, dank menschlicher Hilfe klug und stark genug geworden, zur Rebellion übergehen. Sie sprengen die Küsten, unterwühlen die Kontinente und bedrohen die Existenz der Menschen. Ein Fünftel Europas ist überflutet. Aus den Wassern der Moldau bei Prag taucht ein Molchkopf auf – Menetekel des bevorstehenden Unterganges der Goldenen Stadt.
Eine Satire auf die fortschrittliche Wissenschaft ist es insofern, als Čapek den Sinn eines hemmungslosen wissenschaftlich-technischen Fortschritts in Frage stellt. Er sieht in der Wissenschaft (Entdeckung, Erforschung und Domestizierung der Molche) einen Akt der menschlichen Selbstzerstörung. Legt man diese

* Gründer und erster Präsident der Tschechoslowakei († 1937). Sein Sohn Jan, Außenminister, stürzte bei der kommunistischen Machtergreifung 1948 aus dem Fenster.

Deutung zugrunde, könnte man den Krieg der Molche als Entfesselung der Elemente, als Sinnbild der Umweltzerstörung und des Atomkrieges auffassen.
Eine Satire auf den Imperialismus ist es insofern, als Čapek die Banalität unserer Zivilisation, die Barbarei der Ausbeutung und des Kolonialismus, den absurden und selbstmörderischen Charakter des Konkurrenzkampfes enthüllt. Der Roman illustriert den Gedanken von Marx, daß die Bourgeoisie im Proletariat seinen eigenen Totengräber schafft. Legt man diese Deutung zugrunde, könnte man den Krieg der Molche als Sinnbild der Weltrevolution auffassen.
Da es sich bei Čapeks Buch nicht um eine Allegorie, sondern um eine dichterische Vision handelt, sind beide Deutungen möglich (und noch einige andere). In unserem Zusammenhang interessiert uns vor allem der zweite, der politische Aspekt, der von der kommunistischen Kritik betont wird. Dabei ergeben sich sofort Weiterungen, die schlecht in das kommunistische Konzept passen.
Čapek begrüßt keineswegs den Untergang der imperialistischen Menschenwelt, er empfindet den Triumph der Molche als ein Unglück, wenn auch ein verdientes.
»Hör mal, willst du wirklich die ganze Menschheit zugrunde gehen lassen?
Des Autors Gesicht verfinsterte sich. Frag mich nicht, was ich will. Meinst du, es ist mein Wille, daß die menschlichen Festländer in Trümmer fallen, meinst du, ich habe dieses Ende gewollt? Das ist einfach die Logik der Ereignisse; kann ich denn in sie eingreifen? Ich habe getan, was ich konnte; habe die Menschen rechtzeitig gewarnt . . . Ich predigte: liefert den Molchen keine Waffen und Sprengstoffe, stellt den widerlichen Handel mit den Salamandern ein und so fort – du weißt, wie es ausgefallen ist. Alle brachten tausenderlei absolut richtige wirtschaftliche und politische Einwände vor, warum es nicht geht. Ich bin weder Politiker noch Wirtschaftler; ich kann sie doch nicht überzeugen. Was tun, die Welt wird vielleicht untergehen und versinken; dann aber geschieht es wenigstens aus allgemein anerkannten politischen und wirtschaftlichen Gründen, dann wird es wenigstens mit Hilfe der Wissenschaft, der Technik und der öffentlichen Meinung unter Aufwand allen menschlichen Scharfsinns vor sich gehen! Keine kosmische Katastrophe, sondern nichts als staatliche, machtpolitische, wirtschaftliche und andere Gründe. Dagegen läßt sich nichts machen.«
Und selbst wenn die Welt nicht zugrunde ginge – Čapek sieht in der Revolution auf keinen Fall eine Errungenschaft.
»Es muß doch nicht die ganze Menschheit aussterben. Die Molche brauchen bloß mehr Küsten, damit sie sich ansiedeln und ihre Eier legen können. Vielleicht werden sie nur an Stelle der zusammenhängenden Festländer aus den trockenen Erdteilen lange Streifen schneiden, damit der Küsten mehr sind. Nehmen wir an, daß sich auf diesen Landstreifen auch einige Menschen werden halten können, nicht wahr? Die werden Metalle und andere Dinge für die Salamander herstellen. Die Molche können doch selbst nicht mit Feuer arbeiten, weißt du?
Die Menschen werden also den Molchen dienen?
Ja, wenn du es so nennen willst. Sie werden einfach in den Fabriken arbeiten wie jetzt. Nur werden sie andere Herren haben. Schließlich und endlich wird sich vielleicht gar nicht so viel ändern –«

Die Deutung wird weiter dadurch kompliziert, daß Čapek Anspielungen auf den Nationalsozialismus hineinbringt. Er läßt einen nordisch-langschädeligen Edelsalamander auftauchen (›Solche Erfolche erreichen nur deutsche Molche‹). Der atlantische Diktator Chief Salamander, »der große Eroberer, Techniker und Soldat, der Dschingis Khan der Molche und Zerstörer der Kontinente«, ist in Wirklichkeit ein Mensch namens Andreas Schultze und war im Weltkrieg Feldwebel. Das Auftauchen dieser Art Molche vor Prag war eine Prophezeiung von unmittelbarer Aktualität und nur um wenige Jahre vorweggenommen.
Die Kommunisten lobten die antifaschistische Tendenz des Romans und sahen darin ein weiteres Argument, den Dichter für sich in Anspruch zu nehmen. »In einigen phantastischen Szenen von der Schaffung des ›Molchstaates‹«, schreibt Sowjetkritiker Molotschikowski, »ist gezeigt, wie die kapitalistische Ordnung zwangsläufig faschistische Regime hervorbringt, wie diese alle möglichen aggressiven politischen Doktrinen, Theorien vom ›Lebensraum‹ und von ›rassischer Minderwertigkeit‹ aufstellen . . .[147]«
Damit schlägt die kommunistische Interpretation einen Salto mortale. Sie bricht mit dem Klassenkampfschema, das für den ersten Teil des Romans so gut paßte (Bourgeoisie – Proletariat), und bedient sich, um den Schlußteil zu erklären, des antifaschistischen Klischees (Demokratie – Faschismus). Die solange rechtschaffenen Tiere werden flugs verteufelt. Der Krieg der Molche wäre dann nicht die Weltrevolution, sondern die Aggression der Faschisten.
Wo aber bleiben die Kommunisten? Sollte Čapek, dieser soziologisch und politisch versierte Schriftsteller, die Sowjetmacht, eine für das Schicksal Mitteleuropas und überhaupt der modernen Welt entscheidende Kraft, einfach vergessen haben?
Čapek hat die Kommunisten nicht vergessen. Es gibt nämlich nicht nur die Edelsalamander im Westen (Atlantis), sondern auch noch die primitiven, halbbarbarischen Molche im Osten (Lemurien), ursprüngliche Schüler des alten Kapitäns van Toch, der die Molche entdeckt und als erster dressiert hat – wie Marx das Proletariat. Aus dieser Zweiteilung der Molche entspringt die überraschende Schlußwendung des Romans:
»Also hier ist Atlantis und Lemurien. Diese Einteilung hat geographische, verwaltungstechnische und kulturelle Gründe . . .
. . . und nationale. Vergiß nicht die nationalen Gründe. Die lemurischen Salamander sprechen Pidgin-English, während die atlantischen Basic-English sprechen.
Nun gut. Im Laufe der Zeit dringen die Atlanten durch den ehemaligen Suezkanal in den Indischen Ozean.
Natürlich. Der klassische Weg nach Osten.
Richtig. Dagegen werden die lemurischen Molche über das Kap der Guten Hoffnung an die Westküste des ehemaligen Afrikas drängen. Sie werden nämlich behaupten, daß ganz Afrika zu Lemurien gehöre.
Natürlich . . .
Die Atlanten verachten die Lemuren und heißen sie schmutzige Wilde; die Lemuren wiederum hassen fanatisch die atlantischen Molche und sehen in ihnen

Imperialisten, westliche Teufel und Störer des alten, reinen, ursprünglichen Molchtums. Der Chief Salamander erlangt Konzessionen an den lemurischen Küsten, angeblich im Interesse des Exports und der Zivilisation. Der ehrwürdige Greis King Salamander muß, wenn auch ungern, nachgeben; er ist nämlich weniger gut gerüstet. In der Bucht von Tigris unweit des einstigen Bagdad bricht es aus: die eingeborenen Lemuren überfallen die atlantische Konzession und töten zwei atlantische Offiziere, angeblich einer nationalen Beleidigung wegen. Infolgedessen ...

... kommt es zum Krieg. Ganz natürlich.

Ja, es kommt zum Weltkrieg der Molche gegen die Molche.

Im Namen der Kultur und des Rechts.

Und im Namen des echten Molchtums. Im Namen der nationalen Ehre und Größe. Die Losung ist: Entweder wir oder sie! Die Lemuren, mit malaiischen Krisen und Yoga-Dolchen bewaffnet, schneiden den atlantischen Eindringlingen unbarmherzig die Kehlen durch; dafür lassen die fortgeschritteneren, europäisch gebildeten Atlanten chemische Gifte und kulturzerstörende Bakterien in die lemurischen Gewässer und zwar mit solchem Kriegserfolg, daß sie dadurch sämtliche Weltozeane verseuchen. Das Meer ist mit künstlich gezüchteter Kiemenpest infiziert. Und das ist das Ende, mein Lieber. Die Molche sterben aus ...«

Diesem Schluß ist weder mit dem Klassenkampf-Schema noch mit dem Antifa-Schema beizukommen. Es handelt sich dabei um eine Prognose des Hitler-Stalin-Paktes und des Hitler-Stalin-Krieges – wenn auch der Pessimist Čapek den Ausgang zu optimistisch gesehen hat.

Das ganze Buch erklärt sich zwanglos als Gleichnis für das Heraufkommen des technischen Zeitalters: Die Produktion der Vernichtungswaffen wie der Ansturm der Massen gegen die bürgerliche Gesellschaft sind zwei Aspekte derselben Sache. Die Molche: das können Atombomben, Faschisten und Bolschewisten, Kolonialvölker, amerikanische und sowjetische Massengesellschaft sein. Das Festland: das ist die abendländische Kultur und Humanität, die einen verdienten und dennoch beklagenswerten Tod stirbt.

Von Tuberkulose und politischer Depression zermürbt, starb Karel Čapek Weihnachten 1938. Der tote Demokrat, der sich dem Kommunismus immer verweigert hatte[148], wurde einverleibt in das Pantheon der Volksdemokratie.

Im spanischen Bürgerkrieg sammelten sich die Schriftsteller noch einmal um die roten Fahnen[149]. Der zweite Schriftstellerkongreß zur Verteidigung der Kultur fand 1937 in Madrid und Valencia statt. Hemingway, Malraux, Bernanos, Dos Passos, Nehru, Orwell, Spender, Auden, Koestler, Louis Fischer, Jef Last, Anand, Guillén, Paz, Simone Weill, Renn, Kantorowicz, Bredel, Weinert, Regler und viele andere verteidigten die Republik; Ralph Fox, John Cornforth und Maté Zalka (General Lukács) fielen in den Reihen der Internationalen Brigaden Angesichts der kurzsichtigen und beschämenden Nichteinmischungspolitik der westlichen Demokratien gewann die Sowjetunion, die als einziges Land neben Mexiko die legitime Regierung Spaniens unterstützte, neues Ansehen. Dieses Ansehen brach allerdings zusammen, als offenbar wurde, wie eigennützig und hinterhältig die Hilfe aus Moskau war. Der Kreml hat sich jedes Gewehr und jeden Mann in harter Währung bezahlen lassen, nicht nur mit dem spanischen Goldschatz, sondern auch mit immer neuen politischen Zugeständnissen, wodurch die Kommunisten von einer Splitterpartei schließlich zu absoluten, terroristisch regierenden Machthabern der Republik wurden.

Bei einem Treffen in Madrid einigten sich André Malraux und Ernest Hemingway scherzhaft, die Darstellung des Krieges zwischen sich aufzuteilen. Malraux übernahm es, die Ereignisse bis zum März 1937, bis zum Sieg der Internationalen Brigaden über die Mussolini-Truppen bei Guadalajara zu gestalten. Noch im selben Jahr legte er seinen Roman *Die Hoffnung* vor. Das Buch enthält nüchterne, unerbittliche Tatsachenberichte vom Krieg, der als Schauplatz menschlicher Bewährung verstanden wird. Die Auseinandersetzung mit dem Kommunismus ist bei Malraux Teil einer umfassenden Problematik: der Fragwürdigkeit humaner Bestrebungen überhaupt.

»Ihr seid Pfarrer geworden«, sagt ein Anarchist zu den kommunistischen Genossen. »Damit will ich nicht sagen, daß der Kommunismus eine Religion ist; aber ich sage, daß die Kommunisten im Begriff sind, Pfarrer zu werden. Revolutionär sein, heißt für euch schlau sein . . . Ihr werdet von der Partei aufgefressen, von der Mitgliedschaft aufgefressen. Dem gegenüber, der nicht zu eurer Partei gehört, kennt ihr weder Rechtschaffenheit noch Pflichten, noch sonst etwas. Für euch gibt es keine Treue mehr . . .« Ein Kommunist antwortet: »Vom sachlichen Standpunkt aus ist es besser, untreu als unfähig zu sein.« Der Anarchist: »Die Parteien sind für die Menschen gemacht, nicht die Menschen für die Parteien. Wir wollen weder einen Staat schaffen noch eine Kirche, noch eine Armee, sondern Männer.« Der Kommunist: »Ihr werdet leider nur allzubald erfahren, daß, sachlich gesprochen, mit eurer Moral keine Politik zu machen ist.« Ein anderer: »Noch sonst mit irgendeiner Moral.« Kommandant Garcia, der den Anschauungen des Autors wohl am nächsten steht, setzt hinzu: »Die Schwierigkeit, ja vielleicht die Tragödie der Revolution besteht darin, daß man sie ebensowenig ohne Moral machen kann . . .«

Ein kommunistischer Führer meditiert: »Ich nehme diese Hinrichtungen auf mich, sie sind erfolgt, um andere Menschen zu retten, um die Unsern zu retten. Freilich muß ich eines gestehen: mit jeder Stufe, die ich in dem Bestreben nach größerer Leistungsfähigkeit, nach besserem Kommandieren erklimme, entferne ich mich mehr und mehr von den Menschen. Mit jedem Tage bin ich weniger und weniger menschlich . . .« Und er sagt sich: »Die Annäherung an die Partei hat keinen Wert, wenn sie zugleich die Trennung von denen bedeutet, für die die Partei sich müht.« Ihm antwortet ein Vorgesetzter, ein roter General: »Vom Tage an, da du ein hohes Kommando in der Armee des Proletariats übernimmst, hast du kein Recht auf deine Seele mehr.« Er packt ihn mit hartem Griff: »Von nun an darfst du niemals mehr Mitleid mit einem verlorenen Menschen haben.«

»Es gibt eine Politik der gerechten Sache«, sagt Garcia, »aber es gibt keine gerechte Partei.« Der Berufsoffizier Hernandez, der aus Loyalität und Fairneß die Republik verteidigt, fragt ihn: »Warum sollte die Revolution nicht von den humansten unter den Menschen gemacht werden?« Garcia: »Weil, mein lieber Freund,

die humansten unter den Menschen keine Revolution machen. Sie bringen Bibliotheken zustande oder Totenäcker . . .« Er prophezeit dem Idealisten, der wenig später in die Hände der Faschisten fällt und erschossen wird: »Die Partie, die Sie spielen, ist von vornherein verloren, weil Sie politisch leben – das heißt: in einer politischen Aktion, als Inhaber einer militärischen Kommandostelle, die in jedem Augenblick in die Politik mündet – und weil Ihr Verhalten nicht politisch ist. Sie stellen einen Vergleich an zwischen dem, was Sie sehen, und dem, was Sie erträumten. Die Aktion denkt nur in Begriffen der Aktion. Es gibt keinen politischen Gedanken, es sei denn in dem Vergleich einer konkreten Sache mit einer andern konkreten Sache, einer Möglichkeit mit einer andern Möglichkeit. Entweder die Unsern oder Franco – entweder eine Organisation oder eine andere Organisation. Nicht aber eine Organisation im Gegensatz zu einer Sehnsucht, einem Traum oder einer Apokalypse . . . Es ist eine aussichtslose Partie, mein lieber Freund. Moralische Vervollkommnung und Edelmut sind persönliche Probleme, zu denen die Revolution keinerlei unmittelbare Beziehung hat.«
Als Malraux *Die Hoffnung* niederschrieb, bekannte er sich noch zum Kommunismus. Er brach damit nach dem Hitler-Stalin-Pakt – als er erkannte, daß die ungerechte Partei auch für eine ungerechte Sache kämpfte.

Hemingway legte sein Spanienbuch *Wem die Stunde schlägt* 1940 vor. Deutlicher noch als Malraux zeichnete er in den grauenvollen Bildern vom Terror auf weißer wie roter Seite den spanischen Krieg als Zusammenstoß zweier Totalitarismen. Die balladeske Geschichte eines Liebespaares der letzten Stunde, des amerikanischen Freiwilligen Robert Jordan und des geschändeten spanischen Mädchens Maria, spielt vor politischem Hintergrund: Das Schicksal der Liebenden, das Schicksal der versprengten Partisanen hinter den faschistischen Linien, ja das Schicksal Spaniens wird im Hotel Gaylord in Madrid entschieden, so wie der Trojanische Krieg auf dem Olymp entschieden wurde. Hotel Gaylord ist das sowjetische Hauptquartier, der geheime Generalstab weniger zur Verteidigung als zur Eroberung der Republik. Dort gehen die sowjetischen ›Berater‹ ein und aus, die auf der Moskauer Frunse-Akademie und den Komintern-Schulen gedrillten Bürgerkriegshelden, die kommunistischen Literaten aus allen Ländern, die Geheimpolizisten und Kommissare, deren düsteres, unseliges Wirken Hemingway in einem psychopathischen Typ inkarniert sieht, den er mit Namen und Adresse nennt.
»Ich sollte dich eigentlich übern Haufen schießen, André Marty«, denkt der General Golz über seinen Kommissar. »Der Teufel soll dich holen, daß du so viele Menschen umgebracht hast, weil du dich in Dinge einmischst, von denen du nichts verstehst. Verflucht der Tag, da man Traktorenfabriken und Dörfer und Kollektivgüter nach dir benannt hat, so daß du ein Symbol geworden bist, das ich nicht antasten kann! Geh woandershin, verdächtigen, ermahnen, intervenieren, denunzieren und schlachten . . .« Und der sowjetische Journalist Karpow, ein intelligenter Zyniker mit Resten von Humanität, in dem Hemingway offenbar Kolzow porträtiert hat, sagt dem französischen Parteiveteranen ins Gesicht: » Ich werde schon noch herausfinden, ob Sie wirklich so unantastbar sind, Ge-

nosse Marty ... Ich möchte gerne wissen, ob es nicht möglich wäre, den Namen dieser Traktorenfabrik zu ändern.«
Fünfzehn Jahre später wurde Marty tatsächlich aus der Partei ausgestoßen – aber da hatten die Kommunisten Hemingways *Wem die Stunde schlägt* längst als Hetzschrift klassifiziert. Und Michail Kolzow war schon vor Erscheinen des Romans von der Moskauer GPU erschossen worden.

Der Lyriker Stephen Spender (* 1909), Verfasser von *Forward from Liberalism* (1937), erzählt in seiner Autobiographie *Welt zwischen Welten* (1951) von seinen Erlebnissen und Begegnungen in Spanien. Enttäuscht von der Ohnmacht und Ratlosigkeit der Demokratie gegenüber dem aufkommenden Faschismus, hatte sich der Dichter von dem englischen Kommunistenführer Harry Pollitt zum Eintritt in die Partei bewegen lassen. Welch ein Mißverständnis das war, wird durch den Umstand illustriert, daß er als erstes im Parteiorgan *Daily Worker* einen Artikel gegen die Moskauer Prozesse schrieb. Er übernahm journalistische Aufträge im spanischen Krieg, um seinen Beitrag zum Sieg der Brüderlichkeit in der Welt zu leisten. Es traf ihn tief, als ihm ein achtzehnjähriger Landsmann, Freiwilliger in den Internationalen Brigaden, sein Herz ausschüttete, daß der Kampf gar nicht um die Freiheit ginge, die zu verteidigen er ausgezogen war, sondern um die Machtergreifung der Kommunisten. Spender wollte dem verzweifelten Jungen zur Heimkehr verhelfen, doch der sträubte sich. Sechs Wochen später fiel er. Ein anderer junger Mann, der unter dem Einfluß Spenders Kommunist geworden und nach Spanien gegangen war, floh von der Front, nachdem er alles Vertrauen zur roten Sache verloren hatte. Er wollte nach Hause, wurde aber von einer Kommunistin verraten, verhaftet und ohne Gerichtsverfahren verurteilt. Er kam ins Straflager, dann als ›Trotzkist‹ ins Gefängnis, wo in überfüllten Zellen halbverhungerte Häftlinge einem ungewissen Schicksal entgegendämmerten. Spender, der sich für den jungen Freund verantwortlich fühlte, nahm Kontakt mit der britischen Botschaft auf und intervenierte beim Außenminister der Spanischen Republik. Es gelang ihm, den jungen Freund zu retten, aber die englischen Kommunisten der Internationalen Brigaden warfen ihm vor, sich mit dem ›Klassenfeind‹ eingelassen zu haben. Ähnliche Gründe, die Liquidierung seines spanischen Übersetzers, bewogen Dos Passos zum Bruch mit den Kommunisten (*Abenteuer eines jungen Mannes*, 1939).
An anderer Stelle (*Der Gott der keiner war*) faßte Spender seine spanischen Erfahrungen zusammen:
»Sogar die Kommunisten begriffen, was Spanien zur Aktion und zum Symbol dieses Jahrhunderts werden ließ, und stritten entrüstet ab, daß die Republik kommunistisch sei. Doch taten sie das nur, weil sie es für gute Propaganda hielten, gleichzeitig setzten sie alles daran, ihre Propaganda Lügen zu strafen und in Spanien wie in den ausländischen Hilfsorganisationen die Macht zu bekommen. Damit trieben sie die Liberalen, die Männer guten Willens, die die Volksfront unterstützten, in einen Gewissenskonflikt und zerrissen die Einheit der republikanischen Reihen. Für die Kommunisten war der Krieg in Spanien eine Pha-

se in ihrem Kampf um die Macht. Wenn sie auch mit ihrer Einseitigkeit und ihrem Fanatismus die treibende Kraft der Volksfront waren, hemmten sie doch die anderen Kräfte, die letzten Endes vitaler waren als sie, denn sie waren komplizierter und legten mehr Wert auf Freiheit und Vielfalt. Fast die gesamte Literatur über den spanischen Krieg schätzt die Energie des wiederauflebenden Liberalismus mehr als die kommunistische Orthodoxie, die in den verwickelten Vorgängen, die man durchlebte, jede geistige Auseinandersetzung tötete. Die besten Bücher über den Krieg, die von Malraux, Hemingway, Koestler und Orwell, schildern die spanische Tragödie vom liberalen Gesichtpunkt und legen Zeugnis gegen die Kommunisten ab.«

Manès Sperber (1905–1984), gebürtiger Österreicher, verließ 1937 nach jahrelangem Einsatz in der kommunistischen Untergrundbewegung Mittel- und Osteuropas die Partei. »Dies war der einzige Augenblick meines Lebens, in dem ich an Selbstmord dachte ... In dieser Lage machte ich mich auf die Suche nach meiner verlorenen Zeit.[150]« In der Trilogie *Wie eine Träne im Ozean* (*Der verbrannte Dornbusch*, 1940 begonnen, 1949 erschienen; *Tiefer als der Abgrund*, 1950; *Die verlorene Bucht*, 1953) breitet Sperber die von Terror und Verrat überschattete Landschaft des europäischen Bürgerkrieges aus, das von Paris bis Moskau, von Berlin bis Belgrad sich erstreckende Trümmerfeld der Hoffnung. Es ist kein Zufall, daß Malraux sich zu dem Werk bekannt hat (er hat einen Teil des Werkes herausgegeben und eingeleitet). Sperber fährt fort, wo Malraux aufgehört hat. Er beschreibt nicht mehr die Helden und Märtyrer im Angesicht des Todes, die Unbesiegbaren der *Condition humaine*, sondern diejenigen, die dazu verdammt sind, die Revolution zu überleben, die für immer Geschlagenen, die Versprengten und Verzweifelten im Angesicht des Nichts.

Die Trilogie setzt 1931 in Berlin ein mit einer Beratung der Führungsspitze der illegalen Kommunistischen Partei Jugoslawiens. Am Beispiel dieser unter furchtbaren Opfern kämpfenden, von Moskau skrupellos preisgegebenen Partei wird deutlich, mit welchen Mitteln Stalin die kommunistische Weltbewegung unter seine Kontrolle zwang, wird deutlich, daß es nicht nur eine Internationale der Revolutionäre gibt, sondern auch eine Internationale der Henker, die quer durch die Parteien geht. Der Weg Dojno Fabers, des autornahen Helden der Trilogie, und der anderen heimatlosen Revolutionäre führt über die Schädelstätten der Totalitarismen – den weißen Terror auf dem Balkan, die Kapitulation der KPD vor Hitler, den aussichtslosen Kampf der österreichischen Arbeiter, die Moskauer Prozesse, Spanien, den Pakt der Diktatoren zur Aufteilung der Welt, Hitlers Siege und Niederlagen, die Judenvernichtung, den Partisanenkrieg und die sogenannte Befreiung – an die Schwelle der Nachkriegszeit mit ihrem ›bitteren Geschmack der Hoffnung‹. Der Weg Dojno Fabers und der anderen heimatlosen Revolutionäre ist ein Weg der Heimsuchungen, Irrtümer und Opfer, eine inbrünstige, besinnungslose Hetzjagd durch den Maquis aller Länder, ein Sich-Aufbäumen und Sich-Betäuben, ein Immer-Wieder-Hinausschieben der doch unausweichlichen Einsicht: daß die große Liebe, zu der jeder Mensch nur einmal im Leben fähig ist, vergeudet war. »In diesem Werk«, sagt Malraux, »begegnen uns todbringende Wahrheiten, die zu Leidenschaften und

Schicksalsmächten wurden und deren verheerende Wirkungen das gleichsam herausfordern, was nach dem Willen des Autors an ihre Stelle zu treten hat und was nichts mit Glauben oder Unglauben zu tun hat, sondern vielleicht das eigentliche Menschsein betrifft, das hier erhellt wird.[151]«

Todbringende Wahrheiten – leise gesagt. Manès Sperber, der scheinbar sanfte, im Kern aber radikale, fast alttestamentarische Prophet, erschien erst spät in der literarischen Szene. Er war kein Schriftsteller, der mit dem Kommunismus brach, sondern wurde Schriftsteller, jedenfalls der, als den wir ihn kennen, nach dem Bruch. Von Jahr zu Jahr, von Buch zu Buch wurde seinen Lesern und wohl auch ihm selber klar, daß er, jenseits der Schlachten, in eine neue Dimension der Auseinandersetzung mit dem Kommunismus schritt. Zweierlei macht die Gedanken Sperbers unverwechselbar: sein Beruf als Psychologe und seine Herkunft aus dem jüdischen Osten Europas. Er hat in Wien zu Füßen des Individualpsychologen Alfred Adler gesessen, des neben C. G. Jung bedeutendsten Freud-Renegaten, und machte zeit seines Lebens kein Hehl daraus, daß ihm Adlers Begriffe Geltungstrieb, Minderwertigkeitskomplex, Überkompensation zum Verständnis der politischen Situation unserer Zeit brauchbarer schienen als Freuds in einem ganz anderen Milieu gemachte Entdeckungen Liebes- und Todestrieb. Sperber hat sein Leben streng nach der psychoanalytischen Methode aufgearbeitet: zunächst die Mannesjahre *Wie eine Träne im Ozean*, dann weit zurückgehend die Trilogie der Kindheit und Jugend *All das Vergangene . .* (1974: *Die Wasserträger Gottes*, 1975: *Die vergebliche Warnung*, 1977: *Bis man mir Scherben auf die Augen legt*). Danach erst, oder fast unmerkbar parallel, trug Sperber, immer wieder zögernd, seiner selbst nie ganz gewiß, die philosophischen, psychologischen und soziologischen Texte vor, die ihn zum herausragenden Essayisten deutscher Sprache machten.

Die zweite Komponente: Sperbers Herkunft aus dem ›Städtl‹, irgendeinem jüdischen Ort im damals österreichischen, heute russischen Galizien. Von dieser Welt, deren geistigen Reichtum wir erst jetzt begreifen, ist nach Hitlers Vernichtungsfeldzug nahezu nichts übrig geblieben. Die Juden haben in der revolutionären Bewegung Rußlands, Polens und des Balkan eine prozentual vielleicht unverhältnismäßig große Rolle gespielt, weil für sie die Befreiung der Arbeiterklasse verschmolz mit ihrer Befreiung als Minderheit (aus ähnlichen Gründen haben auch die Frauen in der revolutionären Bewegung Rußlands eine unverhältnismäßig große Rolle gespielt). Aber über diesen historischen Prozeß war Sperber längst hinaus. In seinen Schriften tauchte im Hintergrund auf, was die von Griechenland und Rom geprägten Abendländer bewundern, aber schwer verstehen: die Vereinbarkeit kühler rationaler Logik mit der Vision von Gott, der Welt und den Menschen. Das chassidische Judentum, von dem Sperber sich schon in der Kindheit getrennt hat, erklärt dennoch die bezwingende Kraft dieser Bücher: »Nur langsam erfasse ich«, so schreibt er am Ende der Trilogie *Wie eine Träne im Ozean*, »daß den Menschen verleugnet, wer ihm das Recht abstreitet, schwach zu sein, für sich und die Seinen zu fürchten . . . Wer die Menschheit nicht mit liebevoller Geduld betrachtet, der hat nichts von ihr verstanden und wird unausweichlich ihr Feind werden.«

Die Moskauer Prozesse versetzten den Freunden der Sowjetunion einen furchtbaren Schock. Nicht nur die Morde selbst, die Liquidierung einer Generation von Revolutionären, lösten Empörung aus, vor allem erregten die Selbstbezichtigungen der oppositionellen Parteiführer das Entsetzen der gesitteten Welt.
Heute haben diese Geständnisse, nicht zuletzt dank den Enthüllungen Chruschtschows, viel von ihrer Rätselhaftigkeit eingebüßt. Wir wissen, daß dazu keine Wunderdrogen nötig waren. Die Angeklagten waren unmenschlichen Foltern ausgesetzt, deren geringste die pausenlosen Nachtverhöre waren, bei denen die Untersuchungsrichter einander bis zum Zusammenbruch des Opfers ablösten. Einige Angeklagte wurden dadurch gefügig gemacht, daß man ihr Leben oder das ihrer von Sippenhaft bedrohten Angehörigen zu schonen versprach. Die für die einzelnen Prozesse willkürlich zusammengestellten Gruppen von Angeklagten wurden mit Polizeispitzeln durchsetzt, um die Solidarität zu brechen. Im übrigen wurde überhaupt nur ein geringer Prozentsatz der Todgeweihten in Schauprozessen vorgestellt; die meisten wurden auf administrativem Wege liquidiert.
Immerhin bleibt das erstaunliche Phänomen, daß einige der prominentesten Revolutionsführer, die ihr Leben oft genug in die Schanze geschlagen und Verfolgungen aller Art durchgestanden hatten, in aller Öffentlichkeit und ohne Versuch eines Widerrufs Verbrechen auf sich nahmen, von deren Absurdität sie selber wie die ganze Welt überzeugt waren.
Drei Schriftsteller der Linken haben den stalinistischen Terror in nun schon klassisch gewordenen Werken analysiert: Koestler in *Sonnenfinsternis*, Sartre in *Die schmutzigen Hände* und Orwell in *1984*.
Arthur Koestler (1905–1983), aus Ungarn stammend, doch in der ganzen Welt zu Hause, war als Journalist jahrelang Mitarbeiter im Apparat Münzenbergs, des roten Pressekonzerns. Während des Spanienkrieges gab er ein Schwarzbuch über die Greueltaten der Faschisten heraus, wurde bei der Eroberung Malagas von den Francotruppen gefangengennommen und nur durch Intervention der englischen Regierung vor der Erschießung bewahrt (*Ein spanisches Testament*, 1938). Unter dem Eindruck seiner Erlebnisse in Spanien löste er sich von den Kommunisten. *Sonnenfinsternis* erschien 1941.
Am fiktiven Fall des Volkskommissars Rubaschow, eines bolschewistischen Revolutionärs von Schlage Bucharins oder Radeks, exerziert Koestler, wie ein Geständnis für den Schauprozeß präpariert wird. Eine Behandlungsmethode, die physischen Terror und Gehirnwäsche auf raffinierte Weise mixt, trifft auf eine für Bolschewisten charakteristische politisch-psychologische Disposition: eine ersatzreligiöse Bindung an die Partei und die in Fleisch und Blut übergegangene Vorstellung, daß jedes, aber auch jedes Mittel heilig ist, wenn es der Partei nützt.
»Ihre Fraktion«, sagt der Untersuchungsrichter zu Rubaschow, »ist geschlagen und vernichtet. Sie wollten die Parteispaltung, obgleich sie wußten, daß die Spaltung der Partei den Bürgerkrieg bedeutet. Sie wußten von der Unzufriedenheit unter den Bauern, die noch nicht gelernt haben, den Sinn der ihnen auferlegten Opfer zu verstehen. Im Kriegsfall, von dem uns möglicherweise nur einige Monate trennen, können solche Strömungen zur Katastrophe führen. Da-

her die absolute Notwendigkeit für die Partei, gereinigt dazustehen. Sie muß aus einem Guß sein, ein einziger Block, gefüllt mit blinder Disziplin und absolutem Vertrauen. Sie und Ihre Freunde, Bürger Rubaschow, haben einen Riß im Körper der Partei verursacht. Wenn Ihre Reue echt ist, dann müssen Sie uns helfen, diesen Riß zu heilen. Ich habe Ihnen bereits gesagt, daß dies der letzte Dienst ist, den die Partei von Ihnen verlangt.«
Der Untersuchungsrichter fährt fort: »Ihre Aufgabe ist daher, die Opposition verächtlich zu machen; den Massen vor Augen zu führen, daß Opposition ein Verbrechen und jeder Oppositionelle ein Verbrecher ist. Das ist die einfache Sprache, die die Massen verstehen. Wenn Sie anfangen, über komplizierte Motive zu reden, stiften Sie bloß Verwirrung. Ihre Aufgabe, Bürger Rubaschow, ist, zu vermeiden, daß Sie Sympathie und Mitleid erwecken. Sympathie und Mitleid für die Opposition bedeuten eine Gefahr für unser Land.« Und er schließt: »Genosse Rubaschow, ich hoffe, daß Sie die Aufgabe, die die Partei Ihnen setzt, verstanden haben.« Es war das erste Mal, daß Rubaschow wieder Genosse genannt wurde. Er fühlte eine heiße Welle in sich emporsteigen, gegen die er wehrlos war . . .

Die Perversion der Moral, die nicht nur die Haltung von Richtern und Angeklagten in den Schauprozessen bestimmte, sondern der ganzen bolschewistischen Parteigeschichte ihr Stigma eingeprägt hat, legte Sartre in *Die schmutzigen Hände* (1948) bloß. Hugo, ein junger Intellektueller, erschießt im Auftrage der Partei einen kommunistischen Führer, der von der Linie abgewichen ist. Als er nach Jahren aus dem Gefängnis kommt, hat die Partei ihren Kurs geändert, und er wird nun selber für die Tat liquidiert, die er einst im Parteiauftrag begangen hat.
Hugo ist ein heimatloser Bürgersohn, der die Parteidisziplin braucht, um die Gedanken, die ihm im Kopf herumgehen, die Gedanken an die Fragwürdigkeit der Welt zu verjagen. »Ich muß andere Gedanken in meinen Kopf hineinbringen. Parolen: ›Tu dies. Geh. Halt an. Sag das und das.‹ Ich brauche Gehorsam. Gehorchen ist alles. Essen, schlafen, gehorchen.« Sein Opfer, der Parteiführer Hoederer, verficht selber die Prinzipien, denen er geopfert wird: »Ich werde lügen, wenn es nötig ist . . . Nicht ich habe die Lüge erfunden; sie ist entstanden aus einer in Klassen aufgeteilten Gesellschaft, und jeder von uns hat sie schon bei der Geburt geerbt. Wir werden die Lüge nicht dadurch abschaffen, daß wir sie persönlich ablehnen, sondern dadurch, daß wir mit allen Mitteln die Klassen zum Verschwinden bringen . . . Alle Mittel sind gut, wenn sie wirksam sind . . . Reinheit ist eine Idee für Fakire und Mönche. Ihr Intellektuellen und bürgerlichen Anarchisten macht euch einen Vorwand daraus, um überhaupt nichts zu tun. Nichts tun, unbeweglich dastehen, die Ellbogen angelegt, Handschuhe an den Händen. Ich habe schmutzige Hände. Bis zu den Ellbogen hinauf. Ich habe meine Hände in Dreck und Blut getaucht. Und wenn? Meinst du, man kann regieren und kinderrein dabei bleiben?«
Hugo ist der Intellektuelle, der der ›Verführung des Denkens‹ erliegt, der sich selber und andere auf dem Altar des neuen Gottes zu opfern bereit ist, dann

aber erleben muß, daß sein Gottesdienst nichts weiter war als eine kleine und nicht einmal seltene Schmutzerei in der Prosa des politischen Alltags. Am Schluß nimmt er auf echt Sartresche Weise seine Tat auf sich: »Ich weiß nicht, weshalb ich Hoederer getötet habe, aber ich weiß, weshalb ich ihn hätte töten sollen: weil er schlechte Politik machte, weil er den Genossen die Unwahrheit sagte und weil er die innere Gesundheit der Partei aufs Spiel setzte ... Ein Mensch wie Hoederer kommt nicht zufällig um. Er stirbt für seine Ideen, für seine Politik; er ist verantwortlich für seinen Tod.«

George Orwell (1903–1950), der aus Protest gegen das britische Kolonialregime den Kommunisten nahegekommen war, aber schon in Spanien nicht in ihren Reihen kämpfte, sondern in der von ihnen verleumdeten und blutig verfolgten Gruppe POUM, unabhängigen Sozialisten, denen auch Willy Brandt nahestand (*Hommage to Catalonia*, 1938, deutsch: *Mein Katalonien*), hat das tiefste Buch über den Totalitarismus geschrieben. *1984* (1949) gestaltet die Liebe Winstons und Julias, die vom totalitären Regime als Akt der Revolte aufgefaßt und in den Mühlen der Diktatur zerrieben wird.

Orwell beschreibt nicht, wie man aus dem Titel schließen könnte, eine zukünftige Welt, sondern die Stalins, Hitlers und Mao Tse-tungs. Dadurch freilich, daß er die Vorgänge mit greller Schärfe beleuchtet, erscheinen die Menschen und Ereignisse geisterhaft, irreal wie Schattenbilder, die man an eine Kalkwand wirft. Orwell dringt ins Innere des Systems, wo Politik und Ideologie sich als Metaphysik enthüllen. Wo die Logik in den Abgrund des Absurden stürzt. Bespitzelung und Terror sind in dieser Welt von 1984 bis zur äußersten Perfektion getrieben, sie sind Instrumente, um die psychischen Strukturen und damit das Sein der Menschen zu ändern. Erst wenn der Widerstand nicht nur unterdrückt, sondern erloschen ist, hat die Partei gesiegt.

»Sie sind hier«, sagt O'Brien, der Ingenieur der Seele, zu dem im ›Liebesministerium‹ inhaftierten Winston Smith, »weil Sie es an Demut, an Selbstdisziplin haben fehlen lassen. Sie wollten den Akt der Unterwerfung nicht vollziehen, der die geistige Gesundheit erkauft. Sie haben es vorgezogen, ein Verrückter, eine einköpfige Minderheit zu sein. Nur der geschulte Geist erkennt die Wirklichkeit, Winston. Sie glauben, Wirklichkeit sei etwas Objektives, äußerlich Vorhandenes, aus eigenem Recht Bestehendes. Auch glauben Sie, das Wesen der Wirklichkeit sei an sich klar. Wenn Sie sich der Selbsttäuschung hingeben, etwas zu sehen, nehmen Sie an, jedermann sehe das gleiche wie Sie. Aber ich sage Ihnen, Winston, die Wirklichkeit ist nicht etwas an sich Vorhandenes. Die Wirklichkeit existiert im menschlichen Denken und nirgendwo anders. Nicht im Denken des einzelnen, der irren kann und auf jeden Fall bald zugrunde geht: nur im Denken der Partei, die kollektiv und unsterblich ist. Was immer die Partei für Wahrheit hält, ist Wahrheit. Es ist unmöglich, die Wirklichkeit anders als durch die Augen der Partei zu sehen. Diese Tatsache müssen Sie wieder lernen, Winston ... Sie müssen sich demütigen, ehe Sie geistig gesund werden können.«

Winston und Julia sind, einmal auf ihren Abwegen ertappt, bereit, alles zu gestehen und in allem zu gehorchen. Aber das ist nicht genug. Sie sollen glauben.

Sie sollen den Seinsbereich, dem sie verhaftet sind, die Humanität mit allen ihren Werten und Maßstäben verlassen und sich kopfüber in den Abgrund fallen lassen, in den dunklen Mutterschoß der Partei. Der totalitäre Staat nimmt dem Menschen alles, woran er sich halten könnte: Die Familie wird zerstört, die Freundschaft vergiftet, die Liebe verboten, Religionen und Traditionen versinken, die Erinnerung fällt ins Gedächtnisloch, die Vernunft dreht sich im Kreise, und die sittlichen Normen werden auf den Kopf gestellt. Der Mensch wird gedemütigt und entwürdigt, ein Nichts, kaum wert, es anzuspucken, ohne Charakter und Anstand. »Nie wieder werden Sie einer normalen menschlichen Empfindung fähig sein. In Ihnen ist alles gestorben. Nie wieder werden Sie der Liebe, der Freundschaft, der Lebensfreude, des Lachens, der Neugierde, des Mutes oder der Lauterkeit fähig sein. Sie werden ausgehöhlt sein. Wir werden Sie vollkommen auspressen und dann mit unserem Gedankengut füllen.«
O'Brien spricht aus, was die Diktatoren nur selten aussprechen, aber um so häufiger praktizieren: »Es wird keine Treue mehr geben, außer der Treue zur Partei. Es wird keine Liebe geben, außer der Liebe zum Großen Bruder. Es wird kein Lachen geben, außer dem Triumphgelächter über einen besiegten Feind. Es wird keine Kunst geben, keine Literatur, keine Wissenschaft. Wenn wir allmächtig sind, werden wir die Wissenschaft nicht mehr brauchen. Es wird keinen Unterschied geben zwischen Schönheit und Häßlichkeit. Es wird keine Neugier, keine Lebenslust geben. Alle Freuden des Wettstreits werden ausgetilgt sein. Aber immer – vergessen Sie das nicht, Winston – wird es den Rausch der Macht geben, die immer mehr wächst und immer raffinierter wird. Dauernd, in jedem Augenblick, wird es den aufregenden Kitzel des Sieges geben, das Gefühl, auf einem wehrlosen Feind herumzutrampeln. Wenn Sie sich ein Bild von der Zukunft ausmalen wollen, stellen Sie sich einen Stiefel vor, der in ein Menschenantlitz tritt – immer und immer wieder.«
»Meinetwegen«, sagt Winston. »Aber am Schluß werden sie euch abtun. Früher oder später werden sie euch als das erkennen, was ihr seid, und dann werden sie euch in Stücke reißen.« O'Brien: »Sehen Sie irgendein Anzeichen dafür?« Smith »Nein. Ich glaube einfach daran. Ich *weiß*, daß es euch fehlschlagen wird. Es gibt etwas in der Welt – ich weiß nicht, einen Geist, ein Prinzip –, das ihr nie überwinden werdet ...«

Die Gespräche zwischen O'Brien und Winston Smith in den Folterkellern des Totalitarismus korrespondieren, so seltsam es anmutet, mit den Gesprächen, die in Audens Poem *Zeitalter der Angst* (1947) einige Nachtbummler in einer New Yorker Bar führen – in beiden Fällen wird die Problematik der modernen technischen Welt debattiert. Wystan Hugh Auden (1907–1973) war das Haupt des Oxforder Left wing, einer Gruppe junger, vom Zeitgeist radikalisierter Dichter wie Spender, Isherwood und McNeice, die in symbolhaltigen, kühnen Versen die Großstadt, den technischen Fortschritt und die Maschinen besangen, Marxismus und Psychoanalyse studierten und sich für den Kommunismus begeisterten. Auden hat, ohne Parteigenosse zu sein, in Spanien und China gekämpft, was ihn zu den großen Poemen *Spanien* (1937) und *Reise in den Krieg* (1939, mit Isherwood) anregte; im Zweiten Weltkrieg war er Flieger. Nachdem er alle politischen, weltanschaulichen und künstlerischen Abenteuer ausgekostet hatte, ließ er sich in Amerika nieder und wurde katholisch.

Das Poem *Zeitalter der Angst*, in dem Auden ein Fazit seines Lebens und Erlebens zieht, handelt am Allerseelenabend 1944. Der Krieg, aber auch der fragwürdige Friede, der heraufkommt, werfen ihren Schatten über das Gespräch.

»Gespannt konferieren Vier*, die bekannt sind,
Nachts in einem Schloß über Völker.
Sie sind nicht von gleichem Rang: drei
Stehn in Gedanken auf einem dicken Teppich,
Erwarten den Vierten, der ihnen befiehlt,
Bis dieser durch eine Wandtür plötzlich
Hereintritt. Lautlos, rasch, unansprechbar
Wie Tod, Schmerz oder Schuld; er grüßt sie
Und setzt sich: Herr über dieses Leben.
Er lächelt, er ist natürlich, er riecht
Nach Zukunft, nach der Zeit ohne Duft, einer Welt
Geplanter Vergnügen und Ausweiskontrollen,
Patrouillen, Beruhigungsmittel, milder
Getränke, gesteuerter Gelder, ein Planet,
Vom Terror gezähmt: Sein Telegramm
Setzt graue Massen in Gang,
Wenn der Morast zu trocknen beginnt.

Viele gingen zugrunde, mehr werden folgen.«

Für Auden sind die Krisen, Kriege und Diktaturen, die unsere Zeit peinigen, Ausgeburt unserer Vermessenheit, der Hybris des modernen Menschen, der auch er selbst einmal verfallen war. »Alkohol, Sinnlichkeit, Ermüdung und die Sehnsucht, gut zu sein, hatten sie mittlerweile in jenen Zustand der Schwärmerei versetzt, in dem es einem vorkommt, als ob nur eine Kleinigkeit, ein leicht zurechtzustellender Irrtum, ungemäße Ernährung, unzulängliche Erziehungsmethoden oder ein überholter Sittenkodex der Menschheit das tausendjährige Paradies auf Erden versperrten. Nur noch eine ganz kleine Anstrengung, vielleicht nur die Entdeckung der Worte, um es zu beschreiben – und grenzenlose Freude mußte sofort auf die erstaunten Armeen dieser Welt herunterkommen und für immer ihren Haß und ihre Leiden zerstören.« Am Ende des Gedichts taucht dann der Gedanke an IHN auf, den wahren Gott, der

»all seine Kinder im Wahn ihres Zweifels
Umfaßt und sich ihrer erbarmen wird,
Die unbewußt warten, daß sein Reich komme.«

* Gemeint sind die Konferenzen der Siegermächte 1944/45.

In *Der Gott der keiner war* (1950) haben Koestler, Silone, Wright, Gide, Louis Fischer und Spender Rechenschaft gegeben, was sie zum Kommunismus hin und was sie wieder von ihm weg führte. »Ich wurde bekehrt«, schreibt Koestler, »weil ich reif dafür war und weil ich in einer sich auflösenden Gesellschaft lebte, die verzweifelt nach einem Glauben verlangte . . . Reif für die erschütternde Entdeckung, daß Weizen verbrannt und Obst vorsätzlich vernichtet wurde und daß Schweine ertränkt wurden, damit in den Jahren der Krise die Preise stabil blieben . . . während Europa unter dem Gedröhn der Hungermärsche erzitterte und mein Vater seine abgeschabten Manschetten unter dem Tisch verbarg . . . Man sang die ›Internationale‹, aber es hätten ebensogut die älteren Worte sein können: ›Wehe den Hirten, die sich selbst geweidet haben, sollten nicht die Hirten die Schafe weiden?‹«
Silone: »Ich bin in einer Gebirgsgegend Süditaliens aufgewachsen. Was mich, sobald ich begann, meinen Verstand zu gebrauchen, am meisten beeindruckte, war der schreiende Kontrast zwischen der privaten Sphäre, dem Familienleben, das vorwiegend sittsam, ernsthaft und ehrbar war, und den sozialen Verhältnissen, die von Roheit, Haß und Betrug strotzten . . . Der Arzt aus einem Nachbardorf erklärte mir des öfteren: ›Wer hier geboren wird, ist wirklich vom Unglück geschlagen. Es gibt hier keinen Mittelweg: entweder muß man sich auflehnen oder mitschuldig werden.‹«
Wright: »Als ich bei den Ämtern um Brot hatte betteln müssen, war mir immer wieder unklar durch den Kopf gegangen, ob sich die Ausgestoßenen nicht in ihrem Handeln, Denken und Fühlen zusammenschließen könnten. Nun wußte ich es. Es geschah ja bereits in einem Sechstel der Erde. Die revolutionären Reden sprangen mir aus den Druckseiten entgegen und trafen mich mit ungeheurer Macht . . . Es schien mir, daß hier endlich, in diesem revolutionären Ausdrucksbereich, die Erfahrungen der Neger einen Platz finden, einen praktischen Wert haben und eine Rolle spielen könnten. Aus den Zeitschriften, die ich las, klang mir das leidenschaftliche Verlangen nach den Erfahrungen der Enterbten entgegen, und nichts war darin von dem lahmen Gerede der Missionare.«
Gide: »Warum sehne ich mich nach dem Kommunismus? Weil ich ihn für gerecht halte, weil ich unter den in der Welt herrschenden Ungerechtigkeiten um so intensiver leide, als ich selbst zu den Bevorzugten gehöre . . . Weil ich an den Fortschritt glaube, weil ich das Zukünftige dem Vergangenen vorziehe . . . Weil ich der Überzeugung bin, daß der Kommunismus uns befähigt, den Gipfel der Kultur zu erreichen, weil nur der Kommunismus zu einer neuen und höheren Form der Kultur führen kann und muß.«
Fischer: »Zum ersten Male wagte sich eine Regierung daran, die Träume der Reformatoren, Bilderstürmer und Vorkämpfer aller Zeiten zu erfüllen. Ein Glücksschauer durchfuhr die Menschheit. Furcht ergriff alle diejenigen, die alte Vorrechte, Tradition, Militarismus, Imperialismus und die Vorherrschaft der weißen Rasse sowie des Status quo beibehalten wollten; ihre Befürchtungen spornten die Hoffnung bei den anderen an.«
Spender: »Was mich in den Evangelien am meisten beeindruckt hatte, war der Satz, daß alle Menschen vor den Augen Gottes gleich sind und daß die Reichtü-

mer der wenigen ein Unrecht an den vielen sind. Mein Sinn für die Gleichheit der Menschen gründete sich nicht so sehr auf ein bewußtes Erkennen der Massen, als auf der Erkenntnis der Einsamkeit. Ich kann mich darauf besinnen, daß ich nachts wach lag und über diesen menschlichen Zustand nachdachte, in den jeder Lebende, ohne gefragt zu werden, auf Erden hineingeworfen wird, wo er in sein eigenes Wesen eingeschlossen ist, für den Rest der Menschheit ein Fremdling bleibt, der Liebe braucht und seinen eigenen Tod vor Augen hat . . .«
Dieselbe Lauterkeit, die die Schriftsteller zum Kommunismus führte, bewegte sie zur Umkehr; ihr Abfall hat dadurch doppeltes Gewicht.
Der Wahrheitsfanatiker Koestler verteidigte die kleine, tapfere Schar der POUM, die in den Schützengräben gegen Franco wie in den GPU-Kellern verblutete.
Der Bauernsohn Silone erkannte, daß die Komintern nicht für die ausgebeuteten Cafoni der Abruzzen, sondern für die Weltherrschaft Moskaus kämpft.
Der Neger Wright begegnete der schlimmsten Entwürdigung des Menschen in der Kommunistischen Partei, als er die beschämende Selbstkritik eines der Abweichung bezichtigten Genossen anhören mußte.
Der Bürger mit schlechtem Gewissen Gide entdeckte in der Sowjetunion einen Klassenstaat, der den, aus dem er kam, an Ungerechtigkeit weit übertraf.
Louis Fischer war entsetzt, als die Regierung, die ihm Vorkämpfer gegen Imperialismus, Militarismus und Rassenwahn schien, mit Hitler ein Bündnis schloß.
Und Spender, der an der Seite der Kommunisten die Liebe gesucht hatte, sah sich treiben in einer Flut von Haß.
»Die Sowjetunion«, klagt Gide, »hat unsere teuersten Hoffnungen enttäuscht; sie hat uns gezeigt, wie eine ehrliche Revolution von trügerischem Flugsand zugeschüttet werden kann.«
Tiefe Erschütterung spricht aus den letzten Worten Wrights: »Einsam wandte ich mich heimwärts, nun wirklich ganz allein, und sagte mir, daß in all der sich weithin dehnenden Unendlichkeit unseres mächtigen Kontinents der wohl am wenigsten bekannte Lebensfaktor das menschliche Herz sei, das am wenigsten begehrte Ziel des Daseins die Gelegenheit, ein Menschenleben zu leben. Vielleicht, so dachte ich, konnte ich aus meinem gemarterten Gefühl heraus einen Funken in dieses Dunkel werfen . . .«
Die exkommunistischen Schriftsteller hoben die Auseinandersetzung mit dem Kommunismus auf eine neue Stufe. Sie zerstörten die Legende, wonach Kapitalismus und Kommunismus die Gegensätze unserer Zeit sind, also jede Kritik an der alten Gesellschaftsordnung in den Kommunismus mündet, andererseits jeder Abfall von Moskau in die Arme der finstersten Reaktion führt. Die abgefallenen Schriftsteller blieben die Sozialisten, die sie waren, ja, sie konnten es nur bleiben, weil sie abfielen. Sie blieben Antifaschisten, aber sie kamen zu der Ansicht, daß Konzentrationslager unter jedem Regime vom Übel sind.

Die Wendung der Intellektuellen zur Demokratie fand ihren Höhepunkt wieder in einem Kongreß, dem *Kongreß für kulturelle Freiheit*, der in den ersten Tagen des Korea-Krieges 1950 im belagerten Berlin stattfand. Der Kongreß, der von einem ehemaligen Generalsekretär der KPD, dem Berliner Oberbürgermeister Ernst Reuter, eröffnet wurde, stand unter der Ehrenpräsidentschaft von Benedetto Croce, John Dewey, Karl Jaspers, Jacques Maritain und Bertrand Russell. Zu den Teilnehmern zählten, um nur einige Namen zu nennen, G. A. Borgese, James Burnham, Werner Egk, James T. Farrell, Sidney Hook, Hermann Kesten, Arthur Koestler, Eugen Kogon, Melvin J. Lasky, Hans Leisegang, Franco Lombardi, Golo Mann, Walter Mehring, Hermann J. Muller, Nicolas Nabokow, Guido Piovene, Theodor Plievier, Charles Plisnier, Jules Romains, Eugen Rosenstock-Huessy, Denis de Rougemont, David Rousset, Ignazio Silone, Renée Sintenis, Hans Thirring, Ernst Tillich, Alfred Weber. Zustimmungserklärungen sandten Raymond Aron, Hermann Broch, Louis de Broglie, Ralph Bunche, John Dos Passos, Georges Duhamel, Louis Fischer, André Gide, Victor Gollancz, George Grosz, Julian Huxley, Carlo Levi, Salvador de Madariaga, André Malraux, Gabriel Marcel, Carson McCullers, Alexander Mitscherlich, Jules Monnerot, Reinhold Niebuhr, Eleanor Roosevelt, Reinhold Schneider, Upton Sinclair, Tennessee Williams, Carl Zuckmayer.

Zu den Merkwürdigkeiten oder vielleicht auch Charakteristika schriftstellerischen Engagements in unserer Zeit gehört es, daß auch diesen Kongreß wie den von 1935 ein Geheimdienst finanzierte, diesmal der amerikanische CIA, getarnt durch verschiedene wohltätige Stiftungen. Die moralische Integrität der beteiligten Intellektuellen wird dadurch nicht getrübt – kein Geheimdienst kann mit noch so viel Geld geistige Veranstaltungen solchen Ranges aus dem Nichts zaubern: Sie sind und bleiben Zeichen der Zeit.

Es blieb dem Dichter Johannes R. Becher vorbehalten, die Gefühle seiner Partei angesichts dieses Kongresses auszudrücken:

»Mit Spitzeln und Kriegsverbrechern gibt es keinerlei Art von Diskussion. Solche Leute sind für uns keine Gesprächspartner. Wir setzen uns mit ihnen auseinander nur im wörtlichen Sinne. Wir setzen uns mit ihnen soweit wie möglich auseinander, um nicht in Tuchfühlung mit ihnen zu geraten, die ja längst keine deutschen, französischen, englischen, amerikanischen Schriftsteller mehr sind, sondern die sich längst als Handlanger der Kriegshetzer in eine Bande internationaler Hochstapler verwandelt haben, in literarisch getarnte Gangster. Wir hassen diese Leute, die sich zu Schreibern der Kriegshetzer erniedrigt haben, aber wir hassen sie nicht nur, wir empfinden Abscheu und Ekel vor diesem antibolschewistischen Gesindel, widerwärtig ist uns das Geschwätz dieser kriminellen Clique von der Freiheit der Persönlichkeit, hinter dem nichts anderes steckt als der Versuch, die Entfaltung der Persönlichkeit in einem freien Volk zu verhindern und wieder Millionen von Persönlichkeiten auf den Schlachtfeldern den Heldentod der freien Persönlichkeit sterben zu lassen.

Ihr langweilt uns. Wie langweilig seid ihr in dem sogenannten Glanz eurer Interessantheit, der kein echter Glanz ist, sondern nur das Phosphoreszieren der Fäulnis. Nennt mich meinetwegen einen ›terrible simplificateur‹, einen schrecklichen Vereinfacher, mich ängstigt diese Phrase nicht. Das Leben, das wir aufbauen wollen, ist in der Tat einfach, schön in seiner Einfachheit, einfach in seiner Menschlichkeit. Mag sein, daß dieses in einem hohen Sinne so großartige, einfache Leben abschreckend und schrecklich sein wird für euch, die ihr verderbt seid an Haupt und Gliedern, und es wird es sein, das kann man ja wohl bestimmt sagen.

Nein, wir werden es nicht zulassen, daß solch ein Schund und Schmutz in der Deutschen Demokratischen Republik verbreitet wird, eure sogenannten Probleme interessieren uns nicht. Eure Verwicklungen, Kompliziertheiten, die ihr mehr oder weniger literarisch routiniert darstellt, sind für uns wertlos. Wir wollen nichts mehr wissen von euch, euch weder sehen noch hören. Zwar müssen wir vorerst noch von euch Kenntnis nehmen, aber wir nehmen nur in dem Sinne von euch Kenntnis, wie man von einem Geschwür Kenntnis nimmt, das darauf wartet, operiert zu werden.[152]«

Bechers Behauptung, Kongreßteilnehmer hätten das Haus des kommunistischen Kulturbundes in Ost-Berlin in Brand gesteckt, mutet fast wie ein aus dem Unbewußten aufgestiegenes Symbol an.

Fazit 3: Die verglühte Utopie

Es war wie mit einer ersten Liebe, in die der Tod eingegriffen hat: Man weiß, man wird nimmermehr so lieben.

MANES SPERBER zu Jean Bloch-Michel 1959

Man muß also zur Kenntnis nehmen, daß diese Phase in der Entwicklung des Sozialismus, die von der Oktoberrevolution ausgegangen ist, ihre Schubkraft erschöpft hat.

Erklärung der Italienischen Kommunistischen Partei, 29. Dezember 1981

Im Westen wird dem Kommunismus meist ein kunstfeindlicher Charakter zugeschrieben: »Die Folge der kommunistischen Politik war die Erniedrigung der Hauptkulturkräfte und die unsagbare Tragödie ungezählter schöpferischer Künstler und Denker.[153]« Solche Kritiker können zahlreiche Beweise für geistige und künstlerische Verfolgung in allen Phasen des Sowjetregimes anführen: Von der Massenemigration russischer Schriftsteller und Künstler nach der Oktoberrevolution (nur vergleichbar dem Exodus der deutschen geistigen Elite nach der Machtergreifung Hitlers), der Erschießung Gumiljows und dem Verhungern Blocks über die Selbstmordserie gerade der engagiertesten sowjetischen Dichter, die Säuberungen und Liquidierungen während der Stalinzeit bis zur Diffamierung der Nobelpreisträger Pasternak, Solschenizyn und Sacharow noch lange nach Stalins Tod, der Einlieferung widerspenstiger Schriftsteller in Konzentrationslager und Irrenhäuser, dem Verstoßen der Besten und Tapfersten, was schon eine Gnade war, ins Exil. Literarische Leistungen, die trotzdem unter dem Sowjetregime enstanden sind, werden aus dieser Sicht zurückgeführt einerseits auf das ›Beharrungsvermögen der kulturellen Traditionen‹, andererseits auf den – meist vergeblichen, weil vom Regime sofort angefeindeten – Versuch von Schriftstellern und Künstlern, im subkutanen Bereich ihres Wirkens die kommunistische Ideologie zu umgehen oder gar zu unterwandern.

Demgegenüber spricht Iwan Anissimow, Direktor des Instituts für Weltliteratur in Moskau, von einer ›neuen Epoche der Weltliteratur‹, die durch die bolschewistische Oktoberrevolution bewirkt worden sei[154]. Zu der Zeit, als ich mein Buch schrieb, Ende der fünfziger Jahre, entdeckte auch Anissimow den Stoff, dessen Bearbeitung zu Stalins Zeiten unerwünscht war, für die Sowjetunion aber unter den Auspizien der Koexistenz, des ideologischen Wettbewerbs, an Interesse gewann. Ich gestehe, daß ich Anissimow beneidet habe um die Fülle des dokumentarischen Materials, das ihm zugänglich ist. Was ich nur mühsam und unvollständig erschließen kann, liegt in den Moskauer Archiven lückenlos vor.

Doch ich glaube, unser beider Produkte ansehend: Insgeheim beneidet Anissimow auch mich. Er tut sein möglichstes, den Einfluß der bolschewistischen Revolution auf die Weltliteratur herauszustreichen. Aber die Faszinationskraft des Kommunismus auf die Schriftsteller unseres Jahrhunderts kommt bei mir, in einem kritischen Buch, viel deutlicher heraus. Das hat seinen sehr einfachen Grund darin, daß Anissimow auf achtzig Prozent der Parteigänger, die ich erwähne, verzichten muß: Sie sind inzwischen abgefallen und ins Gedächtnisloch des Regimes verdrängt worden. Dies zu erklären oder auch nur aufzulisten, reicht die lineare, undialektische, naiv fortschrittsgläubige Methode des Historischen Materialismus nicht hin.

Professor Anissimow sagt: »Jeder, der zu denken vermochte, sah den Gegensatz zwischen der kapitalistischen Welt, die, von einer tödlichen Krise gepackt, Rettung in Faschismus und Krieg suchte, und der Sowjetunion, dem Land des Sozialismus, das sicher und zielbewußt die neue Welt aufbaut und der ganzen Menschheit den rettenden Weg zeigt.«

Daran ist vieles richtig. In der Tat läßt sich das Engagement der Schriftsteller für den Kommunismus, das wie nach den Gesetzen der Quantenmechanik schubweise verlaufen ist, durch die Krisendaten des kapitalistischen Systems periodisieren.

1917/18: Ende des Ersten Weltkriegs mit seinen für damalige Zeit unerhörten Schrecken, dem Zusammenbruch vieler alter Ordnungen und Werte. Revolutionen und Unruhen überall.

1929: Schwarzer Freitag an der New Yorker Börse, Beginn der Weltwirtschaftskrise mit Millionen Bankrotten und Arbeitslosen. Daraus wurde, was man in Amerika die Rote Dekade genannt hat.

1933: Sieg des Nationalsozialismus in Deutschland, der militantesten Kulturbarbarei. Die Volksfront entstand, ein Bündnis aller antifaschistischen Kräfte, in dem die Kommunisten, die am besten Organisierten, führend waren.

1936: Ausbruch des spanischen Bürgerkriegs, der Freiwillige aus aller Welt, von Malraux und Hemingway bis Bernanos und Nehru für die bedrohte Republik mobilisierte. Von den großen Demokratien im Stich gelassen, wurde die Republik bald sowjetisch dominiert, also ›rot‹.

1941: Eintritt der Sowjetunion in den Zweiten Weltkrieg. Hier ist ein erstes Nachdenken angebracht: Nicht 1939, der Beginn von Hitlers Angriffskrieg, war für die Linken das Datum; zu diesem Zeitpunkt waren sie durch den Hitler-Stalin-Pakt desorientiert. 1939 desertierte Frankreichs KP-Führer Thorez, um den Kriegsdienst gegen Stalins Verbündeten Hitler zu verweigern. 1941 war die Welt wieder in Ordnung. Die wichtigsten Widerstandsbewegungen in Europa kämpften unter dem roten Stern.

1945: Ende des Zweiten Weltkriegs, der mit rund 55 Millionen Toten alles bisher Vorstellbare übertraf. Atombomben auf Hiroschima und Nagasaki. Beginn des Kalten Krieges. Eine Weltfriedensbewegung entstand, wiederum geführt von den Kommunisten, den am besten Organisierten. Picassos ›Friedenstaube‹.

Damit enden freilich die historischen Daten, die zur massenhaften Akkumulation der Schriftsteller unter die kommunistischen Losungen geführt haben. Das

›moralische Parallelogramm‹, wie Plievier es genannt hat, begann sich unübersehbar zu verschieben.
Wenngleich es nicht unser Thema ist, sei darauf hingewiesen, daß es in dieser Epoche auch eine Reihe bedeutender Schriftsteller gab, die eher zur radikalen Rechten tendierten: d'Annunzio, Pirandello, Marinetti, Ezra Pound, William Yeats, Charles Maurras, Henri de Montherlant, Jean Giono, Drieu La Rochelle, Robert Brasillach, Louis-Ferdinand Céline, Gottfried Benn, Hanns Johst, Ernst Niekisch, Ernst Jünger, Oswald Spengler, Moeller van den Bruck, Carl Schmitt, Karl Haushofer, Martin Heidegger, Sven Hedin, Knut Hamsun ... Zöge man die Darstellenden und Bildenden Künste hinzu, wäre die Zahl noch erheblich größer. Zwischen der radikalen Linken und der radikalen Rechten gab es zahlreiche Affinitäten und Querverbindungen; man denke nur an die Rolle, die z. B. Sorel und Heidegger als Lehrer beider Seiten gespielt haben. Warum die Genannten mehr nach rechts als nach links tendierten, bedürfte einer ebenso gründlichen Untersuchung, wie es dieses Buch für die Schriftsteller auf der linken Seite zu leisten versucht. Auf den ersten Blick schon ist sicher, daß es sich nicht um den banalen Gegensatz revolutionär – konservativ handelt. Auch die Rechten empfanden sich als Revolutionäre gegen die bürgerliche Welt. Wenn man eine Formel suchen wollte, die die linken wie rechten Ränder des politischen Spektrums gleichermaßen deckt, wäre es der Begriff der ›antikapitalistischen Sehnsucht‹ – ein Wort von Gregor Strasser, dem Organisator der NSDAP, den Hitler, als er sich für den Krieg und den militärindustriellen Komplex entschied, 1934 zusammen mit dem anderen »deutschen Sozialisten« in seiner Partei, dem Stabschef der SA Röhm, erschießen ließ. Die rechten Utopien wurden in den Kämpfen unseres Jahrhunderts verschlissen wie die linken.
Neben den Krisenerscheinungen der westlichen Welt muß noch ein anderer Aspekt genannt werden. Der Sowjetstaat, eine neue Form gesellschaftlicher Ordnung, bot den Intellektuellen unbestreitbar positive Eindrücke und Attraktionen, die allesamt zusammenhingen mit der Verwandlung der Kultur aus einer Privatsache zu einer Angelegenheit von staatspolitischem Rang.
Während im Westen der Schriftsteller und Künstler auf den Markt und die Gunst des Publikums angewiesen ist, sichert ihm im Osten der Staat einen meist opulenten Lebensunterhalt.
Während im Westen der Massengeschmack profitorientierten Massenmedien ausgeliefert wird, sorgt im Osten der Staat für allgemeine Volksbildung, für Bildungsdruck.
Während im Westen der Schriftsteller und Künstler als Privatmann ignoriert, bestenfalls als Hofnarr dekoriert wird, hält der Staat im Osten den ›Kunstschaffenden‹ für eine politisch bedeutende Persönlichkeit, einen ›Ingenieur der Seele‹, der höchsten Würdenträgern gleichgestellt ist. Er ist so wichtig, daß er notfalls auch getötet werden muß.
Ein Bonmot von Brecht, als die DDR-Spitze sein Musikdrama *Verhör des Lukullus* nach sechsstündiger Diskussion verbot: »Können Sie mir eine andere Regierung nennen, die bereit ist, mit mir sechs Stunden über ein Stück zu diskutieren?[155]«

Was Brecht hier, nicht ohne Peinlichkeit, ironisiert, entbehrte, wo es historische Dimension gewann, nicht der Würde: die Begegnung von Gorki und Stalin, Becher und Ulbricht, Malraux und de Gaulle, Sartre und Fidel Castro. Was Julien Benda den Verrat der Intellektuellen nannte (*La trahision des clercs*, 1927) hat Koestler, der selbst Gebrannte, in die Antinomie *Der Yogi und der Kommissar* (1950) zu fassen gesucht. Der Intellektuelle, ohnmächtig in der praktischen Politik, sucht die Nähe der Mächtigen, um seinen Ideen Wirklichkeit zu verleihen. Es schmeichelt, im Dunstkreis der Herrschaft zu stehen, ein Quentchen teilzuhaben an der Gewalt, Menschen zu erziehen. Noch einmal und wohl immer wieder: Platon beim Tyrannen Dionys in Syrakus, Petronius am Hofe des Nero, Voltaire beim Flötenkonzert in Sanssouci... Übrigens war es nicht nur die Verführungskraft der Macht auf die Intellektuellen, genauso das Legitimitätsbedürfnis der Herrschenden, das die Begegnung von Politik und Kunst bewirkte. Im Nachhinein muß man einräumen: Wenn auch der Idealstaat nicht gekommen ist, Selbstaufgabe oder ein oft tödlicher Bruch der Preis war, sind doch, was nicht zu gering veranschlagt werden sollte, ein paar Kunstwerke beschützt, ein paar Menschenleben gerettet worden.
Ein Phänomen muß wohl auch noch erwähnt werden, wenngleich man in den hohen geistigen Sphären, in denen wir uns bewegen, nicht gern davon spricht. Es handelt sich um den sogenannten Revolutionstourismus, wie ihn als erster Leo Trotzki so nannte. Der Schriftsteller reist in ein kommunistisch regiertes Land nicht einfach wie in irgendein anderes Land seiner Wahl; das geht gar nicht wegen der Visen, Devisen, Formulare, Reservierungen, Platzkarten, Besichtigungsgenehmigungen, Gesprächserlaubnisse, Sprachbarrieren usw. (es sei denn, er bescheidet sich mit einem Badeurlaub vom Reisebüro). Er wird also eingeladen nach dem Prinzip, das man russisch ›Delegazia‹ nennt. Dann ist alles klar: Die Hotels und Restaurants sind gebucht (man muß nirgendwo Schlange stehen und bekommt jeden Tag Fleisch zu essen, meist üppige Bankette), die Flugzeuge und Eisenbahnen sind gebucht (sollte mal was durcheinander gekommen sein, fliegt der arme Russe, Chinese oder Kubaner aus dem Abteil), die schwarzen, verhangenen Limousinen sind je nach Rangordnung gebucht, die vorzeigbaren Fabriken, Krankenhäuser, Gefängnisse und Kindergärten sind gebucht, natürlich sind auch die Gesprächspartner gebucht und programmiert. Selbst für die Betreuung in einsamen Nächten sorgen Agentinnen der Geheimpolizei. Nehmen wir an, der westliche Schriftsteller würde dennoch durch alle Filter die Wirklichkeit des real existierenden Sozialismus schauen: Was für ein Schuft muß er sein, die großzügige administrative, oft auch menschliche Gastfreundschaft durch kritische Berichte zu entgelten. Besonders während des Exils, diesem weltweiten Schriftstellerschicksal unserer Zeit, boten die kommunistischen Hilfsfonds und Kulturzeitschriften, die subventionierten Massenauflagen in der Sowjetunion vielen Autoren die einzige Überlebenschance.
Ein bedeutendes Instrumentarium zur Bindung sympathisierender Schriftsteller, Künstler und Wissenschaftler stellen die von der sowjetischen Regierung verliehenen *Stalin-*, seit 1956 *Lenin-Friedenspreise* und die von der kommunistischen Weltfriedensbewegung verliehenen *Weltfriedenspreise* dar, der Ver-

such eines Gegenstücks zu den Nobelpreisen. Sie stehen auch Persönlichkeiten offen, mit deren politischen, philosophischen und künstlerischen Anschauungen sich die Sowjetunion nicht voll identifiziert. Bemerkenswerterweise führen die sowjetischen Nachschlagewerke keine komplette Liste der Preisträger, zu denen auch zahlreiche Politiker der Dritten Welt gehören: Solche Aufstellung würde zu offensichtlich die Wechselhaftigkeit in den sowjetischen Bündnisbeziehungen spiegeln.

Diese politischen und sozialen Aspekte sind natürlich nicht alles, nicht einmal das Wesentliche. Offensichtlich hat die kommunstische Idee weit über die aktuellen Anlässe hinaus auf das Werk tonangebender Schriftsteller unserer Zeit eingewirkt. Die neue Epoche der Weltliteratur sieht Professor Anissimow vor allem darin, daß sich die Schriftsteller erstmals zu einer Gesellschaftsordnung als ihrem Ideal bekannten.

Was erwarteten die Schriftsteller von der Sowjetunion, wieweit identifizierten sie sich mit deren politischem System? Geht man dieser Frage, wie in unserem Buch, im einzelnen nach, stößt man sofort auf Widersprüche.

Dichter, die aus den Tiefen der Gesellschaft kamen, aus oft unvorstellbarer Armut, wie Maxim Gorki und Martin Andersen Nexö, Panait Istrati und Sean O'Casey, erwarteten vom Kommunismus natürlich die klassenlose Gesellschaft, das Ende der Ausbeutung und Ungerechtigkeit. Richard Wright und Langston Hughes, die aus dem Negerproletariat der amerikanischen Südstaaten stammten, gehören in dieselbe Reihe. Virginia Woolf, die in den dreißiger Jahren im *Daily Worker* schrieb, kam aus der Frauenbewegung. Kommunistische bzw. prokommunistische Autoren in kolonialen oder halbkolonialen Ländern (Indien, China, Lateinamerika) betonen begreiflicherweise die Gedanken der Freiheit, Gleichheit und Gerechtigkeit.

Übrigens wurde diese Sehnsucht nach der klassenlosen Gesellschaft auch von vielen Bürgersöhnen mit schlechtem Gewissen geteilt.

Der Ungar Tibor Déry organisierte einen Streik in der Fabrik seines Onkels, die er erben sollte*. André Gide bekannte: »Warum sehne ich mich nach dem Kommunismus? Weil ich ihn für gerecht halte, weil ich unter den in der Welt herrschenden Ungerechtigkeiten um so intensiver leide, als ich selbst zu den Bevorzugten gehöre.[156]« Joseph Breitbach (1903–1980), der deutsch wie französisch schreibende Lothringer, schöpfte seine Gesellschaftskritik aus der Kenntnis kapitalistischen Wirtschaftslebens, der Entfremdung von Unternehmern wie Angestellten. Dieser moderne Ansatz hielt auch über den Bruch mit dem Kommunismus 1929 hinaus stand (1940 Beschlagnahme seiner Manuskripte durch die Gestapo in Paris, 1962 *Bericht über Bruno*).

Das Seltsame ist nun, daß andere Schriftsteller wiederum von dem undemokratischen, dem diktatorischen und elitären Charakter des Bolschewismus fasziniert waren. Man braucht nur an das Wort von Thomas Mann zu denken, der

* Déry (1894–1977) blieb sich treu. Als ein Sprecher des ungarischen Volksaufstands 1956 gegen die Sowjetmacht wurde der Altkommunist zu neun Jahren Kerker verurteilt.

autoritäre Volksstaat habe zwar seine schaurigen Seiten, bringe aber die Wohltat mit sich, ›daß Dummheit und Frechheit endlich einmal das Maul zu halten haben[157]‹. Ernst Niekisch, der Repräsentant des deutschen Nationalbolschewismus, meinte: »Der Bolschewismus wollte von Anfang an der geistigen Elite eine große Chance zur Errichtung ihrer Herrschaft bieten ... Die Verführungskraft der kommunistischen Idee auf manche Intelligenzschichten geht auf die Chance zurück, welche diese Idee der Macht des Geistes zu bieten scheint.[158]«
Auf der Suche nach Chancen für die Elite fuhr Niekisch nicht nur zu Radek nach Moskau, sondern auch nach Rom zu Mussolini. Diese Schwäche für Mussolini ist bezeichnend für nicht wenige Linke. Wir haben gesehen, daß Malaparte, der als kommunistischer Parteigenosse starb, seine politische Karriere mit dem Marsch auf Rom begann. Georges Sorel, der Propagandist von Mythos und Gewalt, war an seinem Lebensabend ein Bewunderer Lenins wie des ›Condottiere‹ Mussolini; George Bernard Shaw begeisterte sich für Mussolini und Hitler wie später für Stalin. Gorki kam über Nietzsche zum Bolschewismus (*Nachtasyl*, 1902).
Lincoln Steffens, der neben Upton Sinclair der führende Mann der Muckrakers am Anfang des Jahrhunderts war, schrieb 1931 in seiner *Autobiographie* Lenin und Mussolini, die er beide besucht hat, das Verdienst zu, die Bourgeoisie und den Pöbel gebändigt zu haben. Neben Lenin und Mussolini stellte Steffens als dritten Heros Henry Ford – den Prototyp des kühnen, weitschauenden Wirtschaftsführers (die Nationalsozialisten unterschieden zwischen ›schaffendem‹ und ›raffendem Kapital‹). Bolschewismus, Faschismus und Monopolkapitalismus laufen bei Steffens auf dasselbe hinaus, auf ein ›Regime der Manager‹, wie James Burnham es formuliert hat, der nicht zufällig ebenfalls durch die kommunistische Bewegung gegangen ist. Auch der eigentliche Vater dieser Gedanken, der geniale Soziologe Thorstein Veblen, den man den amerikanischen Marx genannt hat, war Parteigänger der Bolschewisten.
›Kommunismus ist Sowjetmacht plus Elektrifizierung‹ – erläuterte Lenin H. G. Wells, als dieser ihn 1920 im Kreml besuchte. Das Pathos der Industrialisierung war von Anfang an eines der großen Themen der bolschewistischen Literatur, man denke nur an *Zement* von Fjodor Gladkow und *Die Wolga fällt ins Kaspische Meer* von Boris Pilnjak. In England besangen die Oxforder Linken: Auden, Spender, Isherwood und McNeice, die Großstadt, den technischen Fortschritt und die Maschinen; in Amerika tat das Carl Sandburg, der 1918 Lenins Brief an die amerikanischen Arbeiter in seinem Gepäck in die Staaten schmuggelte. John Dos Passos schrieb *Manhattan Transfer*, eines der bahnbrechenden Bücher der modernen Literatur: die aus der Unrast des Industriezeitalters aufbrandende Sinfonie der Millionenstadt. In der Trilogie *USA* verschmolz Dos Passos seine technische Vision mit der politischen – ein Bild der Krise vor dem gewittrigen Horizont der Revolution.
Andere Schriftsteller jedoch wurden gerade durch die Angst vor der Industrialisierung in die Arme des Bolschewismus getrieben. Heim ins Bauernparadies sehnte sich Sergej Jessenin, einer der ersten Parteigänger der Oktoberrevolution, und der Kommunist Cesare Pavese schrieb in seinem letzten Roman, daß der Mensch sich sein Lebtag mühe, »›Wurzeln‹ zu schlagen, ein Stück Erde zu

haben und ein Dorf, damit sein Fleisch Wert und Dauer gewinne und etwas mehr davon bleibe als der Ring der Jahreszeiten . . .[159]« Gerade bei italienischen Schriftstellern (Ignazio Silone, Elio Vittorini) ist das kommunistische Engagement aus dem Erlebnis der Dorfarmut und der Dorfgemeinschaft gewachsen. Nicht zufällig wurden Federico García Lorca und Halldór Kiljan Laxness radikalisiert, als sie Ende der zwanziger Jahre aus ihren Bauernländern in das Babel der modernen Zivilisation, nach Amerika kamen. Scholochow galt lange Zeit als ›Kulakenschriftsteller‹, weil er im *Stillen Don* eine Epopöe der bäuerlichen Kosaken geschrieben hatte. Die Hoffnungen dieser Schriftsteller wurden von breiten Volksmassen geteilt; bekanntlich kam der Kommunismus aus eigener Kraft nur in Bauernländern zur Macht.

Der ukrainische Volksschullehrer Anton Makarenko gilt als Vater der Kollektiverziehung, die mit unserer Vorstellung vom Kommunismus untrennbar verbunden ist; er gründete inmitten der Stürme des russischen Bürgerkriegs seine Kolonie für heimatlose Kinder, das Idealbild einer Kommune in nuce. Von einer ganz anderen Ideenwelt her, der indischen Philosophie, kam Rabindranath Tagore zum Gedanken des Kollektivs, und am Ende seines Lebens machte er kein Hehl aus seinen Sympathien für das neue Rußland. Jahrzehnte später sah Ernesto Cardenal im kommunistischen Kuba eine Verwirklichung seiner Vision christlicher Brüderlichkeit in Armut, Keuschheit und Gehorsam[160].

Ein Beispiel, wie ein umherirrender Individualist Rettung im Kollektiv suchen und finden konnte, lieferte Johannes R. Becher, Dichter der Nationalhymne der DDR:

»Bin ich zerbröckelnde Mauer,
Säule am Wegrand, die schweigt?
Oder Baum der Trauer,
über den Abgrund geneigt?«

fragte der frühe Becher und antwortete:

»Ja – verfaulter Stamm . . .[161]«

Am Ende der Verwirrung, der Einsamkeit und der Verzweiflung trat er in die Reihen der Partei: »Ich legte ab meinen Namen, ich heiße Genosse.[162]«

Demgegenüber protestierte Theodore Dreiser sein Leben lang als Individualist gegen die Massengesellschaft. Er war vom Social Darwinism beeinflußt, vertrat das Recht des Stärkeren im Kampf ums Dasein. In seinen Büchern geht es ihm immer wieder um den Nachweis, daß in der Fetischwelt der kapitalistischen Gesellschaft, in ihrem unmenschlichen, undurchschaubaren Getriebe gerade die tüchtigsten Potenzen vergeudet werden.

Die Forderung nach Befreiung des Individuums hat am deutlichsten André Gide ausgesprochen in seiner Botschaft an den 1. Kongreß der Sowjetschriftsteller 1934, als er die Sowjetunion aufforderte zu beweisen, daß das kommunistische Ideal nicht das Ideal eines Ameisenhaufens sei.

André Gide hat auch gesagt, daß er nicht durch Marx zum Kommunismus gekommen sei, sondern durch das Evangelium. Dieses Mißverständnis des Kommunismus als einer religiösen Erneuerung mutet besonders merkwürdig an, wenn man an den militanten Atheismus denkt, den das kommunistische Regime praktiziert.

Bertolt Brecht hat die Herausforderung Gottes in seinem Lehrstück *Der Flug der Lindberghs* (1929/30) besungen:

»Darum beteiligt euch
an der Bekämpfung des Primitiven,
an der Liquidierung des Jenseits und
der Verscheuchung jedweden Gottes, wo
immer er auftaucht . . .
Unter den schärferen Mikroskopen
fällt er.
Es vertreiben ihn
die verbesserten Apparate aus der Luft,
die Reinigung der Städte,
die Vernichtung des Elends
machen ihn verschwinden und
jagen ihn zurück in das erste Jahrtausend.[163]«

Das ist – abgesehen von einigen Bürgerschreckgedichten Majakowskis – das einzige mir bekannte dichterische Werk, das in die platte antireligiöse Propaganda der Kommunisten einstimmt. Übrigens hat Brecht das Stück nicht in die zwölfbändige Gesamtausgabe letzter Hand aufgenommen. Das Hadern mit Gott, das eine innere Affinität verrät, und ein Respekt vor der Hierarchie der Kirche, in der er ein Vorbild für die Ordnungsstruktur des Kommunismus sah, sind charakteristisch für eine Reihe späterer Werke Brechts. Veronika Polonskaja, die letzte Geliebte Majakowskis, erzählt von einem Gespräch in der Nacht vor dem Selbstmord: »Majakowski ruft Gott an. Sind Sie etwa gläubig?[164]«.

Fellow-Travellers religiöser Prägung finden sich häufiger als Atheisten. Der grundgläubige Franz Werfel kämpfte 1918 in der Roten Garde in Wien. Der edle und fromme Romain Rolland glaubte, es sei nichts als ein verschrobenes Vorurteil seiner kommunistischen Freunde, daß sie sich von Gott lossagten. Während seiner ganzen Weggenossenschaft mit den Kommunisten bemühte er sich rührend, das göttliche Feuer im Kommunismus zu entdecken.

Es deutet auf religiöse Motive, wenn so viele linke Dichter unserer Zeit buchstäblich in ihrer letzten Stunde Anschluß an den Kommunismus suchten – so, wie ihre Vorläufer in früheren Jahrhunderten auf dem Sterbebett nach der Letzten Ölung riefen. Der Spötter Anatole France, der Liberale Lincoln Steffens, der Provokateur Malaparte, der verbohrte Individualist Dreiser traten nach langem Zögern unmittelbar vor ihrem Tode der Kommunistischen Partei bei. Dreiser bezeichnete diesen Akt in seinem Brief an den Parteivorsitzenden Foster als das logische und endgültige Fazit seines ganzen Lebens, schloß aber zum gleichen

Zeitpunkt seine *Geschichte des Titanen* mit einem Bekenntnis zur Weltentsagung der indischen Philosophie. In Italien, wo der Kommunismus zuerst in den Bauernprovinzen Fuß gefaßt hat, spricht aus allen Werken kommunistischer bzw. exkommunistischer Schriftsteller (Vittorini, Silone, Pavese, Quasimodo) eine Volksreligiosität, die sowohl dem aristokratischen Denken des Episkopats wie der Freigeisterei der Bourgeoisie entgegengesetzt wird.

Noch seltsamer wirkt, wenn man die Motive betrachtet, welche die Schriftsteller zum Kommunismus führten, das Gegensatzpaar Frieden und Krieg. Die beiden Schriftsteller, die die berühmtesten Bücher gegen den ersten großen Krieg schrieben, wurden Kommunisten: Henri Barbusse und Jaroslav Hašek.

Seither haben die Kommunisten versucht, jede Friedensbewegung unter ihre Fittiche zu nehmen. Doch als Gorki vorschlug, in der Sowjetunion einen Sammelband pazifistischer Erzählungen herauszubringen, antwortete Stalin: »Wir sind doch nicht gegen jeglichen Krieg . . . Wir sind für den Befreiungskrieg, den antiimperialistischen, revolutionären Krieg, ungeachtet der Tatsache, daß ein solcher Krieg bekanntlich nicht frei ist von den ›Schrecken des Blutvergießens‹, sondern diese sogar reichlich aufweist.[165]«

Auf dieser Basis konnte ein Mann wie Ludwig Renn zum Kommunismus finden, der in seinem Buch *Krieg* im Unterschied zu allen anderen Autoren der Linken das Fronterlebnis bejahte. Sehr bezeichnend ist das Bekenntnis des ehemaligen kaiserlichen Hauptmanns Vieth von Golssenau alias Renn: »Die Fälle mehren sich in Deutschland, wo Angehörige adliger Familien zur Roten Front stoßen. Ist das ein Zufall? Ich persönlich habe mich stets mehr zu den echten Proletariern hingezogen gefühlt als zu den Bürgerlichen oder gar Sozialdemokraten, die mir als Menschen erschienen, die etwas scheinen wollen, was sie nicht sind, und sich dabei lächerlich machen . . .[166]«

Nicht nur Lenin und Lunatscharski stammten aus dem (Beamten-)Adel; der Graf Alexej Tolstoi kehrte aus dem Exil nach Moskau zurück, weil ihm dort die Möglichkeit geboten wurde, seinen imperialen Ideen und seinem aristokratischen Lebensstil nachzugehen.

Männer wie André Malraux, Ernest Hemingway und Wystan Hugh Auden haben im Kommunismus vor allem den Kampf gesucht, das große Abenteuer, die menschliche Bewährung; sie standen an den Fronten des Weltbürgerkrieges, in China, in Spanien, im Kampf gegen Hitler. Auch die Existentialisten Sartre und Camus wurden im Kampf, in der Résistance, Verbündete der Kommunisten.

Die bolschewistische Oktoberrevolution hat insofern etwas Neues in die Literatur gebracht, als sie den Schriftstellern die Möglichkeit bot, ihre Ideale auf einen irdischen Ort zu projizieren. Klassenlose Gesellschaft und Herrschaft der Elite, Industrialisierung und Bauernparadies, Geborgenheit im Kollektiv und Entfaltung des Individuums, Entthronung Gottes und Neugeburt des Christentums, ewiger Friede und gerechter Krieg – all das verschmolz im roten Feuerschein der Utopie. Majakowski sagt: »An das Mausoleum in Moskau grenzen viele Länder.[167]« Sieht dieses Mausoleum, in dem der gegen seinen Willen mumifizierte Lenin liegt, nicht wie die Kaaba in Mekka aus? Selbst Kritiker des

Kommunismus wie Jules Monnerot (*Soziologie des Kommunismus*, 1949) haben in ihm eine religiöse Bewegung zu erkennen geglaubt, einen Islam des 20. Jahrhunderts.

Es ist aber keine neue Religion daraus geworden. In Wirklichkeit vollzog sich eine Revolution im klassischen Sinn, wie sie die Geschichte von Zeit zu Zeit zu inszenieren pflegt, um die Welt zu bewegen, mit all den historisch bekannten Phasen: Ausbruch – Klimax – Ernüchterung. Die weithin ausstrahlende Kraft, die die Zeitgenossen zu Enthusiasmus, auch zu Furcht und bodenlosem Haß hinriß, hat die russische Revolution durchaus mit anderen Revolutionen von Weltbedeutung, den »Lokomotiven der Geschichte«, gemein, der frühen deutschen (Reformation/Bauernkrieg), der niederländisch-englischen unter Oranien und Cromwell (die recht eigentlich erst in Amerika zündete), der großen französischen. Mit ihnen teilt sie auch das religiöse oder ersatzreligiöse Pathos des Anfangs, die eschatologische Erwartung, aus der dann nicht viel mehr als Elitenwechsel, Umverteilung der Güter, Modernisierung des Lebensstils und der Institutionen, geopolitische Machtverschiebung zu resultieren pflegt.

Revolutionen sind nicht Ursache, sondern Ausdruck einer Krise. Die Krise, die den Roten Oktober zeugte, war der Eintritt des Menschen in die Industriegesellschaft, die Schwierigkeit dieses Schritts besonders in Ländern mit aufklärungsfeindlichem, widerstrebendem Bewußtsein, mit zurückgebliebenen, verkrusteten Strukturen. In solcher Umbruchzeit versprach der Bolschewismus die Versöhnung aller Gegensätze, die Erlösung von allem materiellen und seelischen Leid in einem nun irdisch verstandenen, mit hoher Intellektualität und prophetischer Gewißheit ausgemalten Paradies. So zogen denn alle Ängste und Hoffnungen unseres verunsicherten Jahrhunderts (soweit sie nicht vom Faschismus eingefangen wurden, der ähnliche Erlösung, wenn auch auf sehr andere Weise, versprach) mit unter den roten Fahnen. Jakob Burckhardt sagt: »Die beginnende Crisis hat jeder Zeit den stärksten Fahrwind mit sich. Das Mitmachen aller, die etwas anders haben wollen, als es bisher gewesen ist.[168]«

Vielleicht ist die Faszination der Intellektuellen durch den Kommunismus bolschewistischer Radikalität von hierher am ehesten zu verstehen. Wir zitieren noch einmal Burckhardt, der ein ganz unbefangener Richter ist, weil er im 19. Jahrhundert, noch vor der Epoche der großen Kriege und Revolutionen, die er ahnte, schrieb. Er hatte übrigens nichts gegen Revolutionen: »Die Leidenschaft ist die Mutter großer Dinge ... Ungeahnte Kräfte werden im Einzelnen und in den Massen wach, und auch der Himmel hat einen anderen Ton.[169]« Über das Verhältnis der Krise zu Kunst und Literatur sagte Burckhardt: »Wenn sie nicht geradezu das Leben *zer*stört, so schadet die bloße *Störung* nichts; Kunst und Literatur nehmen Theil an der frischern Luftströmung; kräftige Gemüther lieben eine Atmosphäre von Gefahren; große und tragische Erlebnisse reifen den Geist; Dante dichtete die Divina commedia im Exil. Kunst und Literatur brauchen nicht gerade den *Inhalt* der betreffenden Crisen zu schildern oder gar zu verherrlichen, wenn nur neuer *Gehalt* in das Leben kommt.

Dagegen umschirmt in ganz ruhigen Zeiten das Privatleben mit seinen Interessen und Beqemlichkeiten den zum Schaffen angelegten Geist zu sehr (und raubt ihm die *Größe*) ... In ganz ruhigen Zeiten werden Kunst und Literatur Speculationszweige: Das bloße Talent nimmt die erste Stelle ein und oft nicht einmal das Talent; die große Originalität, hier übertönt, übermault (sic!), muß auf Sturmzeit warten, wo alle Verlegercontracte von selber aufhören. In der Sturmzeit sind auch ganz andere Leute das Publicum.[170]«

Religionen haben übrigens, auch das ist ein definitiver Unterschied zu Revolutionen, an ihrem Ursprung wenig Sinn für Kunst, weil sie, um festen Grund zu finden, auf die Worte der Stifter dogmatisch fixiert sind und vorerst keinen noch so gut gemeinten Zauber dulden können. Mehr als ein halbes Jahrtausend dauerte es von Jesu Tod bis zu den Mosaiken in der Hagia Sophia. Bei Revolutionen verläuft der Prozeß genau umgekehrt. Revolutionen sind Vulkane, die bei ihrem Ausbruch Feuer speien, bald aber auch nach geophysischen Gesetzen erlöschen. Dürer und Grünewald, Rembrandt, Hobbes und Milton, die Enzyklopädisten, David und Gilly, Kant, Schiller und Hölderlin, Heine, Börne und Lenau, Wagner und Verdi, die Expressionisten, Surrealisten und Futuristen, die den revolutionären Ausdruck ihrer Zeit verkörperten, traten im Aufschwung der Bewegung auf – als die Prosa des neuen Staatsmodells justifiziert wurde, war ihre Leidenschaft nicht mehr gefragt. Sie wurden eingeschreint in das, was man ›Kulturerbe‹ nennt.

Lenin erklärte der deutschen Kommunistin Clara Zetkin: »Das Erwachen, die Betätigung von Kräften, die Sowjetrußland eine neue Kunst und Kultur schaffen wollen, ist gut, ganz gut. Das stürmische Tempo dieser Entwicklung ist begreiflich und nützlich. Wir müssen und wollen nachholen, was in Jahrhunderten versäumt worden ist. Die chaotische Gärung, das fieberhafte Suchen nach neuen Lösungen und Losungen, das ›Hosianna‹ für bestimmte Kunst- und Geistesrichtungen heute, das ›Kreuziget sie‹ morgen: all das ist unvermeidlich. Die Revolution entfesselt alle zurückgehaltenen Kräfte und treibt sie aus der Tiefe an die Oberfläche ...« Er setzte freilich sogleich hinzu: »Aber natürlich, wir sind Kommunisten. Wir dürfen nicht die Hände in den Schoß legen und das Chaos gären lassen, wie es will. Wir müssen auch diese Entwicklung bewußt, klar zu leiten und ihre Ergebnisse zu formen, zu bestimmen suchen.[171]« Damit war das Spiel dann aus.

Der Bolschewismus als Heilslehre stieß an seine Grenze, als er auf die westlichen Gesellschaften prallte, die seiner zur Bewältigung des Industriezeitalters nicht bedurften. Selbst im osteuropäischen Satellitengürtel, mit Waffengewalt unterworfen, faßte die Sowjetideologie nie Fuß. Schließlich ist auch in der Sowjetunion selber und in China, seit sie Industriestaaten und militärische Großmächte wurden, von der Utopie nichts geblieben – man trägt dort die nun purpurrot gewordenen Farben so, wie ein französischer Bürgermeister die Trikolore zum Jahrestag des Bastillesturms als Schärpe über dem Bauch trägt.

Abschied der Schriftsteller von ihren Träumen. Die Anziehungskraft des Kommunismus erlosch im Augenblick seiner größten, doch erdenschweren Triumphe. Wieder, wie schon die Zuwendung, verlief die Absage der Intellektuellen schubweise, aber mit statistisch meßbarer, sich steigernder Tendenz, festzumachen an fixen Daten – als wären die körnigen, sprunghaften Gesetzmäßigkeiten der

Quantenphysik, dieses Normativs der Mikrophysik im 20. Jahrhundert, auch Gesetze der Soziologie.

1948 bricht Tito mit Stalin, Entdeckung der Existenz sowjetischer Zwangsarbeitslager mit Millionen politischer Gefangener; 1953 Aufstand in der sowjetisch besetzten Zone Deutschlands und in den sibirischen Lagern; 1956 Geheimrede Chruschtschows über Stalins Verbrechen, Aufstand in Polen und Ungarn; 1958: Mao Tse-tung bricht mit der Sowjetunion; 1961 die Mauer von Berlin; 1968 sowjetische Intervention gegen den Prager Frühling; 70er Jahre: der Eurokommunismus formiert sich als selbständige Kraft; 1980 sowjetische Besetzung Afghanistans, Massenstreiks in Polen, freie Gewerkschaft ›Solidarität‹, die nur durch eine Militärdiktatur aufgehalten werden kann.

Kein neuer Himmel und keine neue Erde. Es führt kein Weg zurück zu jenen fernen Tagen, als, noch im letzten Abendglanz des alten Europa, in Wien, Zürich und London ein paar Männer und Frauen in den Zug oder aufs Schiff stiegen, um die Welt zu befreien. Sie wurden übrigens wie die Künstler die ersten Opfer ihrer eigenen Revolution.

Zwar reisten noch einige prominente Schriftsteller ihrer Utopie hinterher: nach Kuba, Vietnam, China, aber auch dort trafen sie nur die gleiche trübe Wirklichkeit. 1980 bewunderte Luise Rinser, wahrlich ein später und etwas skurriler Frühling, den nordkoreanischen Diktator Kim Il Sung (*Nordkoreanisches Reisetagebuch*. Frankfurt 1981). So kann man sagen:

1. Der Kommunismus übte seine größte Anziehungskraft in seiner schrecklichsten Zeit aus, unter Stalin. Der gemäßigte, human gefilterte Kommunismus Chruschtschows und der Eurokommunismus fanden so wenig Sänger wie die Sozialdemokratie.
2. Möglicherweise zählen die eurokommunistischen Massenbewegungen heute mehr Intellektuelle als Anhänger denn je zuvor. Aber niemand wird auf die Idee kommen, im Werk von Pasolini oder Adamov, Walser oder Kroetz, trotz vorübergehender Parteigenossenschaft, nach konstitutiven kommunistischen Bestandteilen zu suchen. Das politische Engagement der Schriftsteller und Künstler hat zur staatsbürgerlichen Normalität zurückgefunden.
3. Die Befreiungsbewegung in der Dritten Welt, von der Sowjetunion großzügig durch Waffen und Propaganda unterstützt, hat, wenngleich einige ihrer Führer wie Leopold Senghor, Aimé Césaire, Patrice Lumumba, Agostinho Neto und Ernesto Cardenal bedeutende Gedichte schrieben, keine kommunistischen Spuren in die Literatur gegraben. Die Zukunft steht unter einem anderen Stern.

Den großen, unsterblichen Texten der kommunistischen Epoche: den Versen von Block, Majakowski, Pasternak und Mandelstam, dem *Stillen Don* und dem *Julio Jurenito*, dem *Braven Soldaten Schwejk*, dem *Geist der Utopie* und dem *Leben des Galilei*, der *Condition humaine*, den *Fliegen* und *Mensch in der Revolte*, *Wem die Stunde schlägt* und *Früchte des Zorns*, dem *Canto General*, den Bekenntnissen so vieler Nobelpreisträger, ist nur noch ein Jahrhundertwerk gefolgt: die grimmige Abrechnung des Swift unserer Zeit, Alexander Solschenizyns *Archipel Gulag*.

A N H A N G

Zeittafel

Bemerkungen zur Periodisierung

Wie jeder Historiker weiß, bereiten in der Geschichte die Periodisierungen das meiste Kopfzerbrechen. Die Geschichte verläuft nun einmal, wie Lenin so schön formulierte und meisterhaft zu nutzen verstand, nicht geradlinig wie der Newski-Prospekt in Petersburg. Jede Epoche hat ihre Wurzeln und Ausläufer, Ungleichzeitigkeiten, Unterbrechungen und Schübe, ihre ausgefransten Ränder. Da wir unsere Untersuchung von der kulturhistorischen Substanz her auf ›die Epoche Lenins und Stalins‹ begrenzt haben, müssen wir auch für unsere politisch-literaturgeschichtliche Synchronopsis, die zum Nachschlagen wie Nachdenken gemacht ist, eine halbwegs plausible Begrenzung suchen. Unter mancherlei diskutablen Möglichkeiten schienen mir die Eckdaten 1903 und 1968 am brauchbarsten.
Dies zu erklären, vielleicht auch die Schwerkraft zu deuten, um die, Kern unserer Geschichte, in diesem Jahrhundert wie in einem Planetarium so viele literarische Sterne kreisten, seien ein paar Skizzen zur Konfiguration des Kommunismus in unserer Zeit gestattet.
Das Jahr 1903 markiert die *ideologische* Grundlegung des modernen Kommunismus (das Wort ist viel älter und wurde in früheren Jahrhunderten meist synonym für Sozialismus gebraucht). 1903 bricht Lenin in schroffem Gegensatz zu Plechanow, Kautsky und Rosa Luxemburg, den bis dahin unbestrittenen Autoritäten des Marxismus, mit den demokratischen Traditionen der europäischen Arbeiterbewegung und setzt an deren Stelle seine, aus dem russischen Untergrund gewachsene, diktatorische, konspirative, polizistisch-jesuitische Vorstellung sozialistischer Organisation und Herrschaft. Kern seines Bruches ist die Überzeugung, daß nicht die Arbeiterklasse (Marxens historisches Subjekt) die künftige Geschichte schafft, sondern, freilich in deren Namen und unter dem Vorwand ihres Interesses, ein Orden klassenloser, intellektuell geschulter Berufsrevolutionäre (heute hat man dafür einen Namen: Nomenklatura). Den Arbeitern traute Lenin, womit er so unrecht nicht hatte, keinen Sinn für Kataklysmen zu, Vernichtung und Geburt kosmischer Welten, sondern nur den banalen (wie er es nennt: gewerkschaftlichen, trade-unionistischen, kurzum sozialdemokratischen) Willen zu gerechterem Anteil am Sozialprodukt und höherer Lebensqualität, zur angemessenen Mitbestimmung in Staat, Wirtschaft und Gesellschaft.
Rosa Luxemburg hat als erste erkannt und kompromißlos ausgesprochen, daß die scheinbar nebensächliche Diskussion über das *Parteistatut* (ein Programmentwurf

ist von Lenin nicht bekannt) die zentralen Fragen sozialistischer Politik berührt. Der Begriff Bolschewismus, ›Mehrheitsfraktion‹, leitet sich aus dem eher beiläufigen Abstimmungssieg Lenins in dieser Frage auf jenem Londoner Parteitag 1903 her. Da sich seine Konzeption auf die Dauer weder in der russischen noch gar in der westeuropäischen Sozialdemokratie durchsetzte, entwickelten sich die Bolschewiki nach und nach zu einer eigenen, bis 1917 freilich nie ordentlich definierten Partei; das offizielle Gründungsdatum Prag 1912 gilt selbst in der sowjetischen Geschichtsschreibung als Episode.

Den Sieg im zerrütteten Rußland 1917 verdanken die Bolschewiki einer historisch einzigartigen Konstellation, was die Effizienz ihrer gerade für solchen Fall präparierten Organisation und das Genie ihrer charismatischen Führer Lenin und Trotzki nicht mindert. Als Modell revolutionärer Machtergreifung hat der russische Vorgang (Staatsstreich im politischen Vakuum, Manipulation desorientierter, frustrierter Massen) keine Nachfolge gezeugt, jedenfalls nicht auf der linken Seite gesellschaftlicher Bewegung. Mussolinis Marsch auf Rom und Hitlers Nationale Revolution ähneln dem Leninschen Muster mehr als Maos langdauernder Volksbefreiungskrieg. Dennoch hat der Rote Oktober in Petersburg und Moskau den solange diffusen sozialrevolutionären Strömungen der Neuzeit, in denen, charakteristisch für jeden weltgeschichtlichen Umbruch, transzendente Verheißungen siedeten, etwas gegeben, was weit mehr bedeutete als ein methodologischer Katechismus: *Basis* und *Symbol.*

1919 ist das *organisatorische* Gründungsdatum des modernen Kommunismus im Weltmaßstab. Begünstigt durch seinen Erfolg in Rußland, den Zusammenbruch der alten europäischen Ordnung und die tiefe Krise des Imperialismus manchesterkapitalistischer Prägung, gelingt Lenin die Gründung einer kommunistischen Weltpartei: der III. Internationale, der *Komintern.* Nicht ohne Schwierigkeiten: Die KPD, die größte und traditionsreichste revolutionäre Partei, hatte den Beitritt abgelehnt und wäre wohl, hätten die deutschen Militaristen nicht Rosa Luxemburg ermordet, niemals beigetreten; die Anarcho-Syndikalisten (die im iberischen Sprachraum: Spanien und Lateinamerika, großen Einfluß hatten) brachen die Verhandlungen ab, weil sie zu Recht um ihr höchstes Gut, die Freiheit, fürchteten.

Die I. Internationale (1864–1872/76) war eine verschwörerische Sekte unter Führung der Revolutionäre Marx und Bakunin, eines ökonomischen Theoretikers und eines anarchistischen Praktikers. Nicht einmal die Pariser Kommune 1871, der signifikante proletarische Aufstand im vorigen Jahrhundert, nahm von ihnen Notiz.

Die II. Internationale wurde 1889 von 20 Arbeiterparteien Europas und Amerikas gegründet. Ihre Forderungen: das Mehrheitswahlrecht, der 8-Stunden-Tag, der 1. Mai als Kampftag der Werktätigen (an jenem Tag in jenem Jahr blutige Streikkämpfe in den USA). 1914: 3,3 Millionen Mitglieder, 12 Millionen Wähler, stärkste Partei in Deutschland, Ministerposten zuerst in Belgien. Da die nationalen Parteien, vielfältig in den Staat integriert, bei Kriegsausbruch 1914 fast ausnahmslos für die Vaterlandsverteidigung votierten, zerfiel die Internationale und baute sich erst langsam, vor allem angesichts der faschistischen Bedrohung, wieder auf.

Neugründung 1947/51. 1982 umfaßt die Sozialistische Internationale (Präsident Friedensnobelpreisträger Willy Brandt, Vorsitzender der SPD) weit über hundert Parteien und Befreiungsbewegungen in der westlichen und der Dritten Welt.

Die IV. Internationale (1938) war ein eher sektiererisches Unternehmen des in der Sowjetunion gestürzten und ausgewiesenen Trotzki, das Stalin weniger politisch als ideologisch zu schaffen machte. Ausgerechnet in Ceylon (Sri Lanka) geraten die Trotzkisten 1970/72 in die Nähe der Macht, eine Chance, die sie, doktrinär imprägniert, von Russen wie Chinesen logischerweise im Stich gelassen, rasch vertun.

Jede Partei, die der Komintern beitrat, mußte rigorose Bedingungen unterschreiben: Kommandozentrale in Moskau (nach einem Sieg in Deutschland sollte sie nach Berlin verlegt werden, auf alle Fälle bolschewistisch dominiert); strikte Disziplin, militärisch wie bürokratisch (Demokratischer Zentralismus); die nationalen Parteien sind nur Sektionen der Weltpartei – wie Dimitroff im Reichstagsbrandprozeß aussagt; sie werden von Komintern-Beauftragten grundsätzlich fremder Nationalität kontrolliert (in Deutschland waren das u. a. der Russo-Pole Radek, der Schweizer Humbert-Droz, der Bulgare Dimitroff); Verpflichtung auf gewaltsamen Umsturz und Diktatur des Proletariats, d. h. seiner Avantgarde, der Partei; proletarischer Internationalismus, d. h. klagloses Opfern nationaler und sozialer Bewegungen für die Weltrevolution, als deren heilige Bastion die Sowjetunion zu gelten hat; Pflicht zur Mehrgleisigkeit legaler und illegaler Organisationen, Militärapparat und Geheimdienst; verbindliches ideologisches Leitbild, das der jeweilige Führer in Moskau diskussionslos, ex kathedra, verkündet.
So fremd dies Modell allem scheint, was seit Marx, Engels, Lassalle, Bebel, den beiden Liebknechts und Rosa Luxemburg Sozialismus heißt: Eben diese elitäre Rigorosität, die in der Mitte unseres Jahrhunderts Schlagkraft und Glaube zu maximalisieren schien, hat die Dichter angezogen, ihren Visionen konkreten Stoff geliefert. Davon handelt mein Buch.
Wann ist dieser rocher de bronze, der Monolith des Weltkommunismus zerbrochen? 1943, als der Kreml die Komintern aus Rücksicht auf die verbündeten westlichen Demokratien im Krieg gegen Hitler auflöste? 1948, als die Jugoslawen als erste regierende kommunistische Partei die sowjetische Marschordnung verließen? 1953, als Stalin starb? 1956, als Chruschtschow den toten Diktator, den Vater aller Werktätigen, als Massenmörder exkommunizierte? Als er das 1947 gegründete *Kominform* (Kommunistisches Informationsbüro), schwächliche Nachgeburt der Komintern, sang- und klanglos schloß? 1960, als auch die Chinesen, die größte aller kommunistischen Parteien, die Front wechselten? Danach blieb von Lenins Idee einer verschweißten Weltpartei nur noch die *Breshnew-Doktrin* von der eingeschränkten Souveränität sozialistischer Länder übrig, zu deren Durchsetzung es keiner wie immer gearteten Organisationsformen, nur noch der Panzer bedarf.
Im letzen Drittel unseres Jahrhunderts steht zwar das Sowjetimperium im Zenit der Macht, aber die revolutionäre Dynamik ist auf andere, sehr disparate Kräfte übergegangen: den Eurokommunismus, Maos Kulturrevolution und die Studentenrevolte, den internationalen Terrorismus, die Befreiungsbewegungen der Drit-

ten Welt, die politische Renaissance des Islam (1969 Machtergreifung Khadafis in Libyen, zehn Jahre später Khomeinis im Iran).
Deshalb unser Schlußpunkt 1968: der definitive, seit Jahren qualvoll vorausdämmernde *ideologische und organisatorische Zerfall des Weltkommunismus.* Seit jener Nacht im August kann von einer kommunistischen Weltbewegung als vereinter politisch-geistiger Kraft nicht mehr die Rede sein. Was nicht ausschließt, daß die Ideen weiterwirken, daß sie immer wieder, wo die Macht schwach und die Not groß ist, aus dem Schwelbrand der Geschichte aufflammen, vielleicht auch aufleuchten werden.

1903 II. Parteitag der russischen Sozialdemokratie in London; Spaltung in Menschewisten (Martow, Plechanow) und Bolschewisten (Lenin).

1904 (bis 1905) Russisch-Japanischer Krieg, Niederlage Rußlands.

1905 Erste russische Revolution (Januar: Blutsonntag in Petersburg; Juni: Meuterei des Panzerkreuzers Potjomkin in Odessa; Oktober: Zar Nikolaus II. verkündet konstitutionelle Monarchie und Reformen; November: Trotzki Vorsitzender des Petersburger Sowjets; Dezember: Aufstand in Moskau).
Samjatin als Organisator bei der Potjomkin-Meuterei. Lenin: Parteiorganisation und Parteiliteratur *(die Schriftsteller sollen den Parteiorganisationen beitreten und der Parteilinie folgen).*
Gründung der radikalen Gewerkschaftsorganisation Industrial Workers of the World (IWW) in den USA.
Friedensnobelpreis für Bertha von Suttner (Die Waffen nieder).

1906 Stabilisierung des Zarismus unter Ministerpräsident Stolypin (kapitalistische Reformen).
Gorki: Die Mutter *(nach bolschewistischer Interpretation das erste Werk des Sozialistischen Realismus).*

1907 *Begegnung Gorkis mit Lenin in London.*

1909 *Auseinandersetzung Lenins mit den sogenannten Gottsuchern (oppositionelle Fraktion innerhalb der Bolschewisten unter Bogdanow, Lunatscharski und Gorki).*
Entfremdung zwischen Lenin und Gorki.

1911 Revolution in China (Sturz des Kaiserthrones durch Sun Jat-sen, den Gründer der Kuomintang; Zerfall des Reiches).
Revolution in Mexiko (danach jahrelang Bürgerkrieg).

1912 Bolschewisten selbständige Partei.
Erster Balkankrieg.
Sozialistischer Friedenskongreß in Basel.

1913 Zweiter Balkankrieg.
O'Casey Sekretär der irischen Bürgerarmee.
Reed nimmt an den Kämpfen in Mexiko teil.
Nobelpreis für Tagore.

1914 Ausbruch des Ersten Weltkrieges; Zusammenbruch der II. Internationale (die sozialistischen Parteien Europas mit Ausnahme der Russen und Serben unterstützen die Kriegspolitik ihrer Länder); Jaurès ermordet.
Andrić in der Verschwörergruppe Junges Bosnien, die das Attentat auf den österreichischen Thronfolger in Sarajewo organisiert hat.
Rollands Aufruf gegen den Krieg.

1915 Eineinhalb Millionen Armenier in der Türkei ermordet.
Nobelpreis für Rolland.
(1915 und 1916:) Die Kriegsgegner unter den europäischen Sozialisten konferieren in der Schweiz (Zimmerwald und Kiental); statt der Losung ›Die Waffen nieder‹ fordert Lenin ›Umwandlung des Krieges in den Bürgerkrieg‹.

1916 Gründung des Spartakusbundes unter Karl Liebknecht, Rosa Luxemburg und Franz Mehring.
Osteraufstand in Irland.
O'Casey beim irischen Aufstand von den Engländern gefangengenommen.

1917 Revolution in Rußland (Februar, d. h. März nach Gregorianischem Kalender: Sturz des Zaren; Provisorische Regierung unter Fürst Lwow, später Kerenski, die den Krieg weiterführt; April: Lenin kehrt mit deutscher Unterstützung aus dem Exil zurück; Mai: Rückkehr Trotzkis, Bündnis beider zur Machtergreifung; Juli: Bolschewistischer Putsch scheitert; Flucht Lenins nach Finnland; Oktober, d. h. November nach Gregorianischem Kalender: Bolschewisten erstürmen das Winterpalais in Petrograd, den Sitz der Provisorischen Regierung; Rat der Volkskommissare mit Lenin als Vorsitzendem, Trotzki als Volkskommissar für Äußeres, später für Krieg, Stalin für Nationalitäten, Lunatscharski für Volksbildung; Dekrete über Frieden, Landverteilung und Freiheit der Nationalitäten; Gründung der Tscheka, der politischen Polizei, unter Dsershinski).
Gorki nimmt gegen die Oktoberrevolution Stellung; Massenemigration russischer Schriftsteller und Künstler; für die Sowjetmacht optieren die Futuristen (Majakowski) und einige Symbolisten (Block, Bely, Brjussow).
Reed Augenzeuge der Oktoberrevolution.
Kriegseintritt der USA.

1918 Sprengung der Konstituante, der gewählten russischen Nationalversammlung, durch die Bolschewisten; Gründung der Roten Armee (unter Trotzki); Ermordung der Zarenfamilie.
Friede Deutschlands mit der Ukraine und mit Sowjetrußland in Brest-Litowsk.
Bogdanow organisiert den Proletkult als Versuch einer vollkommen neuen proletarisch-kommunistischen Kultur.
November-Revolution in Deutschland (Meuterei der Hochseeflotte; Abdankung des Kaisers und aller deutscher Fürsten; Rat der Volksbeauftragten aus SPD und USPD unter Ebert).

Ein Jahr nach der Oktoberrevolution, im Oktober 1918, erschien Maxim Gorkis Aufsatz »Ein Jahr russische Revolution« in »Süddeutsche Monatshefte«, 16. Jahrgang, Heft 1

Пролетаріи всѣхъ странъ, соединяйтесь!

НОВАЯ ЖИЗНЬ

Maxim Gorkij: Ein Jahr russische Revolution.

„Das freie Wort".

31. Mai 1917.

Es ist wohl möglich, daß alle meine Gedanken „naiv" sind. Ich halte mich für einen schlechten Publizisten, werde aber mit einer Hartnäckigkeit, die vielleicht einer besseren Verwendung wert wäre, mein Werk fortsetzen, selbst auf die Gefahr hin, daß meine Stimme vielleicht wie die Stimme des Predigers in der Wüste — die, leider, nicht menschenleer ist, — verhallen wird.

Die guten, anständigen Bücher, die besten Werkzeuge der Kultur sind fast gänzlich vom Markte verschwunden. Warum sie verschwunden sind, ist eine Frage für sich. Es gibt gar keine vernünftigen, objektiv belehrenden Bücher mehr. Dafür haben sich in erschreckender Weise die Zeitungen vermehrt, die den Menschen von Tag zu Tag Haß und Feindschaft gegeneinander beibringen, verleumden, im gemeinsten Schmutz wühlen und die Zähne fletschen unter dem Vorwande, die Frage beantworten zu wollen: wer ist am Zerfalle Rußlands schuld?

Selbstverständlich ist jeder von den Streitenden ehrlich davon überzeugt, daß alle seine Gegner schuld sind und er allein im Rechte ist; daß er jenen wunderbaren Vogel, den man Wahrheit nennt, eingefangen hat.

Die Zeitungen haben sich ineinander verbissen und rollen durch die Straßen als ein Knäuel giftiger Schlangen, die Bevölkerung mit ihrem gehässigen Zischen erschreckend und ihnen die „Freiheit des Wortes" — genauer gesagt, die Freiheit der Entstellung der Wahrheit, die Freiheit der Verleumdung demonstrierend.

„Das freie Wort" wird allmählich zu einem unanständigen Wort. Gewiß: „Im Kampfe hat jeder das Recht, beliebige Waffen zu gebrauchen"; gewiß: „Politik ist eine schamlose Sache" und „der beste Politiker ist der gewissenloseste Mensch". Selbst wenn man diese Zulumoral anerkennt, hat man doch ein beklemmendes Angstgefühl für das junge Rußland, das eben das Sakrament der Freiheit empfangen hat!...

Lange genug hat der Russe zu seinem Gott gebetet: „Herr, öffne mir meinen Mund!" Nun ist der Mund geöffnet, und aus ihm kommen Ströme von Haß, Lüge, Heuchelei, Neid und Habgier. Und wenn es darunter auch Leidenschaft

Spartakusbund konstituiert sich als Kommunistische Partei Deutschlands (Dezember).
Zahlreiche deutsche Schriftsteller in den Arbeiter-, Soldaten- und Matrosenräten.
Revolution in Österreich-Ungarn; Zerfall der Donaumonarchie.
Kisch an der Spitze der Roten Garde in Wien, in der auch Werfel und Robert Neumann kämpfen.
England und Frankreich erklären Unabhängigkeit der arabischen Länder (erst nach und nach verwirklicht); Balfour-Deklaration verspricht den Juden Palästina als Nationalheimat.
Sandburg bringt Lenins Brief an die amerikanischen Arbeiter in die USA.
(Bis 1920:) Bürgerkrieg in Rußland zwischen Roten und Weißen (Admiral Koltschak, Generale Kornilow, Krasnow, Denikin, Judenitsch, Wrangel); Autonomiebewegung der Polen, Finnen, Ukrainer, Kosaken, der baltischen, kaukasischen und mittelasiatischen Völker sowie des Fernen Ostens; ausländische Intervention, zuerst der Deutschen, dann der westlichen Alliierten. Die antikommunistischen Kräfte unterliegen infolge ihrer Uneinigkeit, ihrer Unfähigkeit, die Volksmassen zu mobilisieren, und der Unzulänglichkeit der ausländischen Hilfe. Nur Polen, Finnland und die baltischen Länder können sich behaupten.
Kriegskommunismus in der sowjetischen Wirtschaft.
Blüte der Agitationsdichtung (Majakowski, Bedny); im Bürgerkrieg kämpfen auf roter Seite u. a. Babel, Wischnewski, Furmanow, Fadejew, Leonow, Wsewolod Iwanow, Scholochow, Tichonow, Soschtschenko und die Tschechen Hašek und Kolman.

1919 Gründung der III. Internationale (Komintern) in Moskau.
Gründung des Völkerbundes in Genf.
Deutsche Nationalversammlung in Weimar beschließt demokratische Verfassung; Friedensvertrag von Versailles.
Spartakusaufstand in Berlin (Januar) und Räterepublik in Bayern (März/April); Liebknecht, Luxemburg, der bayerische Ministerpräsident Eisner von Nationalisten ermordet.
Schriftsteller in den Revolutionsräten in Bayern (Landauer, Niekisch, Traven [Marut], Toller, Mühsam, Brecht).
Räterepublik in Ungarn unter Béla Kun, *mit Lukács als Kommissar für Volkskultur; Gyula Illyes in der Roten Armee.*
Barbusse gründet Intellektuellenbewegung Clarté.
Anatole France tritt für den Kommunisten Marty ein, Rädelsführer bei der Meuterei französischer Interventionstruppen in Odessa.
Gründung und Spaltung der Kommunistischen Partei der USA *(Reed für eigenen amerikanischen Weg).*
Steffens bei Lenin.
In China Bewegung des 4. Mai: Demonstrationen in Peking gegen die Benachteiligung Chinas im Versailler Vertrag, *zugleich für Demokratie, Volksbildung, Schriftreform, beteiligt sind Lu Hsün, Mao Tun, Kuo Mo-jo.*

Detail aus einem Rosta-Fenster Wladimir Majakowskis

1920 Lenins Elektrifizierungsplan (GOELRO).
Lenin verwirft Hegemonieanspruch und Bilderstürmerei des Proletkult und unterstellt die Organisation dem Kommissariat für Volksbildung.
Makarenko übernimmt Verwahrlosten-Kolonie im Bezirk Poltawa (Ukraine).
In Deutschland rechtsradikaler Kapp-Putsch (März); anschließend Aufstand der Kommunisten in Mitteldeutschland unter Max Hölz und Rote Ruhrarmee; Zerfall der USPD.
Wells bei Lenin; Reed stirbt in der Sowjetunion.
Türkische Revolution unter Kemal Pascha (Atatürk); Annäherung an die Sowjetunion.
Kominternkongreß der Völker des Ostens in Baku.

1921 Sowjetische Annexion Georgiens.
Hungersnot in Rußland; Aufstände in Kronstadt und Tambow;
Wendung Lenins vom Kriegskommunismus zur Neuen Ökonomischen Politik (NEP), die in begrenztem Maße kapitalistische Elemente in der Wirtschaft zuläßt.
Tod Blocks; Erschießung Gumiljows; Emigration Gorkis.
Die Serapionsbrüder konstituieren sich als überparteiliche Schriftstellervereinigung.
Max Barthel in der Sowjetunion.
Selbstverwaltung für Irland (Dominion).
Gandhi fordert die Inder zum passiven Widerstand auf.
Gründung der Kommunistischen Partei Chinas (mit Mao).
Nobelpreis für France.

1922 *Das bolschewistische Zentralkomitee beschließt, außer den proletarischen Schriftstellergruppen die Serapionsbrüder und die Majakowski-Futuristen zu unterstützen.*
Deutsch-sowjetisches Abkommen von Rapallo;
Ermordung Rathenaus.
Mussolinis Marsch auf Rom.
Andersen Nexö zum ersten Mal in der Sowjetunion.

1923 *Trotzki:* Literatur und Revolution *(Anerkennung der sog. Mitläufer als Hauptmacht der sowjetischen Literatur).*
Rückkehr Alexej Tolstois und Ehrenburgs aus der Emigration.
Ruhrbesetzung durch Franzosen und Belgier; passiver Widerstand der Reichsregierung Cuno; Separatismus in Aachen und Speyer; linkssozialistische Regierungen in Sachsen und Thüringen; Höhepunkt der Inflation; kommunistischer Aufstand unter Thälmann in Hamburg; Hitler-Putsch in München. Stresemann bricht Ruhrkampf ab und stabilisiert die Mark; Reichswehr unterbindet alle rechts- und linksradikalen Unruhen.
Der Kominternbeauftragte für Deutschland Radek sucht Bündnis mit den Nationalrevolutionären (›Schlageter-Kurs‹, genannt nach dem von Franzosen erschossenen Freikorps-Offizier).
Rex Stout finanziert die linksradikale Zeitschrift New Masses.

Faksimile des Schutzumschlags von John Heartfield, Malik-Verlag, Berlin 1929

1924 Tod Lenins.
Woronski, Freund Trotzkis, vereinigt Kommunisten und Mitläufer zur Schriftstellerorganisation Perewal (Gebirgspaß), die für kulturelle Freiheit eintritt.
Dawesplan; relative Stabilisierung des Kapitalismus.
Ermordung des sozialistischen Abgeordneten Matteotti durch Faschisten in Italien.
Malraux in Indochina.
Revolte des Hauptmanns Prestes in Brasilien (später Vorsitzender der KP Brasiliens).
(Bis 1928:) Lenins Testament, das die Absetzung Stalins als Generalsekretär der Bolschewistischen Partei vorsah, wird nicht vollstreckt; Diadochenkämpfe (zuerst Troika Sinowjew-Kamenew-Stalin gegen Trotzki; dann Bündnis Stalins mit den Rechten Bucharin, Rykow und Tomski gegen die Linken Sinowjew und Kamenew; schließlich Kampf der Stalinisten gegen die Rechten).
Fruchtbarste Periode der Sowjetliteratur; heftige Auseinandersetzungen zwischen den großen Schriftstellervereinigungen: dem Perewal, den Futuristen (1923: Linke Literaturfront, LEF), den Proletarischen Gruppen (1925: Russische Assoziation Proletarischer Schriftsteller, RAPP) und dem Verband der Bauerndichter.
1. Surrealistisches Manifest.

1925 Tod des sowjetischen Kriegskommissars Frunse unter ungeklärten Umständen.
Beschluß des bolschewistischen Zentralkomitees: Über die Politik der Partei auf dem Gebiet der belletristischen Literatur (*für freien Wettbewerb unter allen Schriftstellergruppen, die loyal zur Sowjetmacht stehen*).
Selbstmord Jessenins.
Duhamel, der Kroate Krleža, der Tscheche Seifert in der Sowjetunion.
Hindenburg Reichspräsident; Vertrag von Locarno (Verständigung zwischen Stresemann, Briand und Austen Chamberlain); die Alliierten beginnen mit Räumung des Ruhrgebietes und Rheinlandes (1930 abgeschlossen).
Gide in Französisch- und Belgisch-Afrika.
Tod Sun Jat-sens.
Nobelpreis für Shaw.

1926 Tod Dsershinskis, des Gründers der Tscheka.
Mussolini läßt Gramsci, Führer der KP Italiens, verhaften (stirbt 1937 im Gefängnis).
Die Kuomintang unter Tschiang Kai-schek tritt, verbündet mit den Kommunisten, zum Angriff gegen die Militärbefehlshaber (Warlords) in Nordchina an.
Benjamin, Toller und Joseph Roth in der Sowjetunion.
Malraux in China.

»Der neue Kurs. *Reden der Genossen Bucharin und Sinowjew, Brief des Ekki.*«
Herausgegeben vom Zentral-Komitee der KPD, Berlin, 25. September 1925

Referat des Genossen Bucharin

auf der Sitzung der Deutschen Kommission in Moskau am 12. August 1925.

Ich muß erklären, warum wir es für unsere Pflicht gehalten haben, jetzt Alarm zu schlagen in der Frage der deutschen Partei.

Ich glaube, daß jetzt in Europa

zwei Hauptprozesse

vorhanden sind: Der erste Prozeß ist der, daß ein Teil der sozialdemokratischen Arbeiter zu uns kommt; auf verschiedenen Umwegen, nicht direkt, kommen sie zur Kommunistischen Partei. Als spezifisches Phänomen betrachte ich solche Erscheinungen wie die deutsche Arbeiterdelegation nach Sowjetrußland, die schwedische Delegation u. a., die jetzt das Bestreben haben, nach Sowjetrußland zu kommen, und auf diesem Gebiete, auf der Basis des neuen Wachstums des Proletarierstaates, wird sich eine gewisse Entwicklung zur Sache des Kommunismus zeigen. Das war früher nicht so, das ist eine neue Tatsache, eine sehr wichtige Tatsache, eine welthistorisches Ereignis, ebenso wie z. B. das Linkswerden des englischen Proletariats, das beides mit denselben Gründen zu erklären ist, wie auch die Tatsache des Linkswerdens der sozialdemokratischen Arbeiter, die nicht direkt, sondern auf Umwegen zu uns kommen.

In Zentraleuropa haben wir noch einen anderen Prozeß. Früher bestand in Deutschland eine Situation, die als Grundlage — kann man sagen — das gemeinsame Schicksal von Deutschland und Rußland hatte, also eine breite Sympathie für Sowjetrußland. Jetzt aber ist auf diesem Gebiete eine Wendung eingetreten. Mit dem Kampf um diesen sogenannten Garantiepakt ist in Deutschland eine Neuorientierung verbunden. Früher war die allgemeine — sozusagen — Volksstimmung, d. h. die Stimmung nicht nur unter dem Proletariat, sondern in breiten Volksschichten, im Kleinbürgertum, in Teilen der Bourgeoisie, im Proletariat eine Tendenz zu Sowjetrußland. Jetzt ist eine Wendung da. Welche? Eine Neuorientierung nach Westen. Die Bourgeoisie will sich Sicherungen schaffen im Dawes-Plan, im Garantiepakt, in der Orientierung nach Westen. Wenn ich ein bißchen

1927 Trotzki, Sinowjew und Kamenew aus der Parteiführung ausgestoßen; Verbannung Trotzkis und seiner Freunde, darunter Radek und Woronski, nach Mittelasien.
Erste internationale Konferenz der Proletarischen Schriftsteller in Moskau (in Anwesenheit von Barbusse und Becher; Majakowski wird der Zutritt verweigert).
Istrati, Kazantzakis, Dreiser besuchen die Sowjetunion.
Gruppe 27 in Madrid mit Lorca und Alberti.
Hinrichtung der Anarchisten Sacco und Vanzetti in Boston.
Austritt Orwells aus der Polizeitruppe in Burma als Protest gegen den Kolonialismus.
Erster Kongreß der unterdrückten Völker in Brüssel (mit Barbusse, Ledebour, Theodor Lessing, Toller, Nehru, Frau Sun Jat-sen und der Kuomintang).
Blutige Unterdrückung der Kommunisten durch die Kuomintang in Schanghai und Kanton; im Südosten Sowjetgebiet unter Mao Tse-tung.

1928 Prozeß gegen die technische Intelligenz in der Sowjetunion (Schachty).
Rückkehr Gorkis aus der Emigration.
Dos Passos, Stefan Zweig, Joseph Breitbach (Parteimitglied 1920–29) besuchen die Sowjetunion.
Bund Proletarisch-Revolutionärer Schriftsteller in Deutschland.
Bruch Istratis mit dem Kommunismus.
Tschiang Kai-schek Herr in China.
(Bis 1932:) Erster Fünfjahrplan der Sowjetunion (Kollektivierung der Landwirtschaft, Beginn der Industrialisierung).
Die RAPP unter Auerbach erringt Hegemonie in der Sowjetliteratur (ausschließliche Orientierung auf Arbeiter- und Produktionsthemen); die Futuristen unterwerfen sich der RAPP; dem Perewal wird Trotzkismus vorgeworfen, den Bauerndichtern Unterstützung der Kulaken (Großbauern); die meisten Mitläufer schweigen.

1929 ›Jahr der großen Wende‹: Verbannung Trotzkis aus der Sowjetunion; Bucharin aus der Parteiführung ausgestoßen; Stalin Alleinherrscher.
Rücktritt Lunatscharskis (1933 gestorben).
Ächtung Pilnjaks und Samjatins (wegen Veröffentlichung verbotener Bücher im Ausland).
Erich Kästner und Malaparte in der Sowjetunion. Seifert bricht mit der Partei.
Tod Stresemanns.
Schwarzer Freitag an der New Yorker Börse, Beginn der Weltwirtschaftskrise.
Nobelpreis für Thomas Mann.

1930 *Zweite internationale Konferenz der Proletarischen Schriftsteller in Charkow (Delegationen aus Deutschland, Japan, USA, französische Gruppe mit Aragon und Eluard); Gründung der Internationalen Vereinigung Revolutionärer Schriftsteller.*

Frontispiz-Illustration (Entwurf Juergen Seuss) zur Werkausgabe von Panaït Istrati (Herausgegeben von Heinrich Stiehler), Büchergilde Gutenberg, Frankfurt am Main 1985

Selbstmord Majakowskis.
Neuer Prozeß gegen die technische Intelligenz in der Sowjetunion (›Industriepartei‹).
Heinrich Mann, Arnold Zweig und Wassermann protestieren gegen den sowjetischen Prozeß.
Der Ire O'Flaherty besucht die Sowjetunion.
Bruch der großen Koalition in Deutschland; Regierung Brüning erläßt Notverordnungen.
Liga linker Schriftsteller unter Lu Hsün in China.
Tagore besucht die Sowjetunion.
Ho Schi Minh gründet die KP Indochinas.
Nobelpreis für Sinclair Lewis.

1931 *Emigration Samjatins.*
Bruch Silones mit dem Kommunismus.
Shaw besucht die Sowjetunion; Sperber referiert in Moskau auf psychologischem Kongreß.
Steffens' Autobiographie *leitet Rote Dekade in USA ein.*
Tschiang Kai-schek läßt fünf Schriftsteller der Liga erschießen.
Japan besetzt die Mandschurei.

1932 Hungersnot in Rußland; Rebellion der Stalin-Fraktion unter Kirow gegen Stalin (Ablehnung der Todesstrafe für Oppositionelle).
Zentralkomitee der KPdSU beschließt Auflösung der RAPP (wegen Sektierertums gegenüber den wertvollsten Kräften der Sowjetliteratur und Eigenmächtigkeiten gegenüber der Partei); Gründung eines Einheitsverbandes der Sowjetschriftsteller; Gespräch Stalins mit führenden Schriftstellern in der Villa Gorkis (die Schriftsteller sollen ›Ingenieure der menschlichen Seele‹ werden).
Höhepunkt der Krise in Deutschland: 6 Millionen Arbeitslose; demokratische Parteien setzen Wiederwahl Hindenburgs als Reichspräsident durch, sind aber infolge ihrer Uneinigkeit und der Übermacht der Radikalen (Nationalsozialisten 11–13 Millionen Wähler, Kommunisten 5–6 Millionen) unfähig zur Regierung; Sturz Brünings; Reichskanzler Papen setzt sozialdemokratische Regierung in Preußen ab; Reichskanzler Schleicher versucht Bündnis von Reichswehr, Gewerkschaften, linkem Flügel der NSDAP (Gregor Strasser); Bruch Hitlers mit Strasser.
Ossietzky wegen Geheimnisverrats (geheime deutsche Rüstung in der Sowjetunion) 7 Monate im Gefängnis.
Niekisch bei dem nach Moskau zurückgekehrten Radek.
Kongreß gegen Krieg und Faschismus in Amsterdam (mit Rolland, Barbusse und Heinrich Mann).
Manifest der 52 amerikanischen Intellektuellen für die kommunistischen Kandidaten bei den Präsidentschaftswahlen.

1933 (bis 1937) Zweiter Fünfjahrplan der Sowjetunion (forcierte Industrialisierung und Rüstung, Stachanow-Bewegung, d. h. rücksichtslose Steigerung der Arbeitsnormen).

Schutzumschlagentwurf von Georg Salter, S. Fischer Verlag, Berlin 1931

Hitler an der Macht.
Massenemigration deutscher Schriftsteller und Künstler; Verhaftungen nach dem Reichstagsbrand (Ossietzky, Mühsam, Renn, Kisch); öffentliche Bücherverbrennung in Berlin.
Deutschland und Japan verlassen den Völkerbund.
Dimitroff im Reichstagsbrandprozeß freigesprochen, in die Sowjetunion entlassen.
Gorki rechtfertigt in einem Sammelband die Zwangsarbeit am Ostsee-Weißmeer-Kanal.
Wittfogel bricht nach KZ und Emigration mit der Partei.
Roosevelt Präsident der USA; New Deal (staatliche Maßnahmen zur Bekämpfung der Wirtschaftskrise).
Nobelpreis für den russischen Exilschriftsteller Bunin.

1934 Kirow von der GPU in Leningrad ermordet; Stalin verkündet ›verschärften Klassenkampf‹.
Erster Kongreß der Sowjetschriftsteller in Moskau (in Anwesenheit von Malraux, J. R. Bloch, Aragon, Andersen Nexö, Plievier, Toller, Graf, Regler, Klaus Mann und anderen Ausländern; Gorki hält Repräsentationsreferat, Shdanow dekretiert Sozialistischen Realismus, Bucharin tritt für Toleranz ein).
Wells bei Stalin.
Hitler liquidiert innerparteiliche Opposition (Röhm, Gregor Strasser) und andere Gegner (General Schleicher).
Welk wegen Angriff auf Goebbels ins KZ.
In Österreich Aufstände der Sozialisten (Februar) und Nationalsozialisten (Juli) gegen die Diktatur Dollfuß; Dollfuß von Nationalsozialisten ermordet.
Déry und Hay nehmen am Februar-Aufstand der österreichischen Arbeiter teil.
Der ungarische Lyriker Attila József verläßt die Kommunistische Partei (1937 Selbstmord).
Karin Michaelis in der Sowjetunion.
Kisch zum Antikriegskongreß in Australien.
Ermordung von General Sandino in Nicaragua.
(Bis 1935:) Langer Marsch der 8. Armee unter Mao Tse-tung vom Südosten (Kiangsi) nach dem Nordwesten Chinas (Jenan).

1935 VII. Weltkongreß der Komintern proklamiert Volksfront (Dimitroff).
Kongreß zur Verteidigung der Kultur in Paris (mit Barbusse, Gide, Malraux, Aragon, Ehrenburg, A. Tolstoi, Waldo Frank, E. M. Forster, Huxley, Čapek, Andersen Nexö, Heinrich und Klaus Mann, Becher, Brecht, Musil, Lasker-Schüler, Kerr, Remarque, Pasternak).
Selma Lagerlöf im Vorstand der Internationalen Schriftstellervereinigung zur Verteidigung der Kultur.
Rolland und Saint-Exupéry in der Sowjetunion; Barbusse stirbt dort.
Breton bricht mit dem Kommunismus; Selbstmord Crevels.

1934. Egon Erwin Kisch besuchte den Antikriegskongreß in Australien. Wiedergabe eines Plakats zu einer Großveranstaltung am 1. Februar 1934

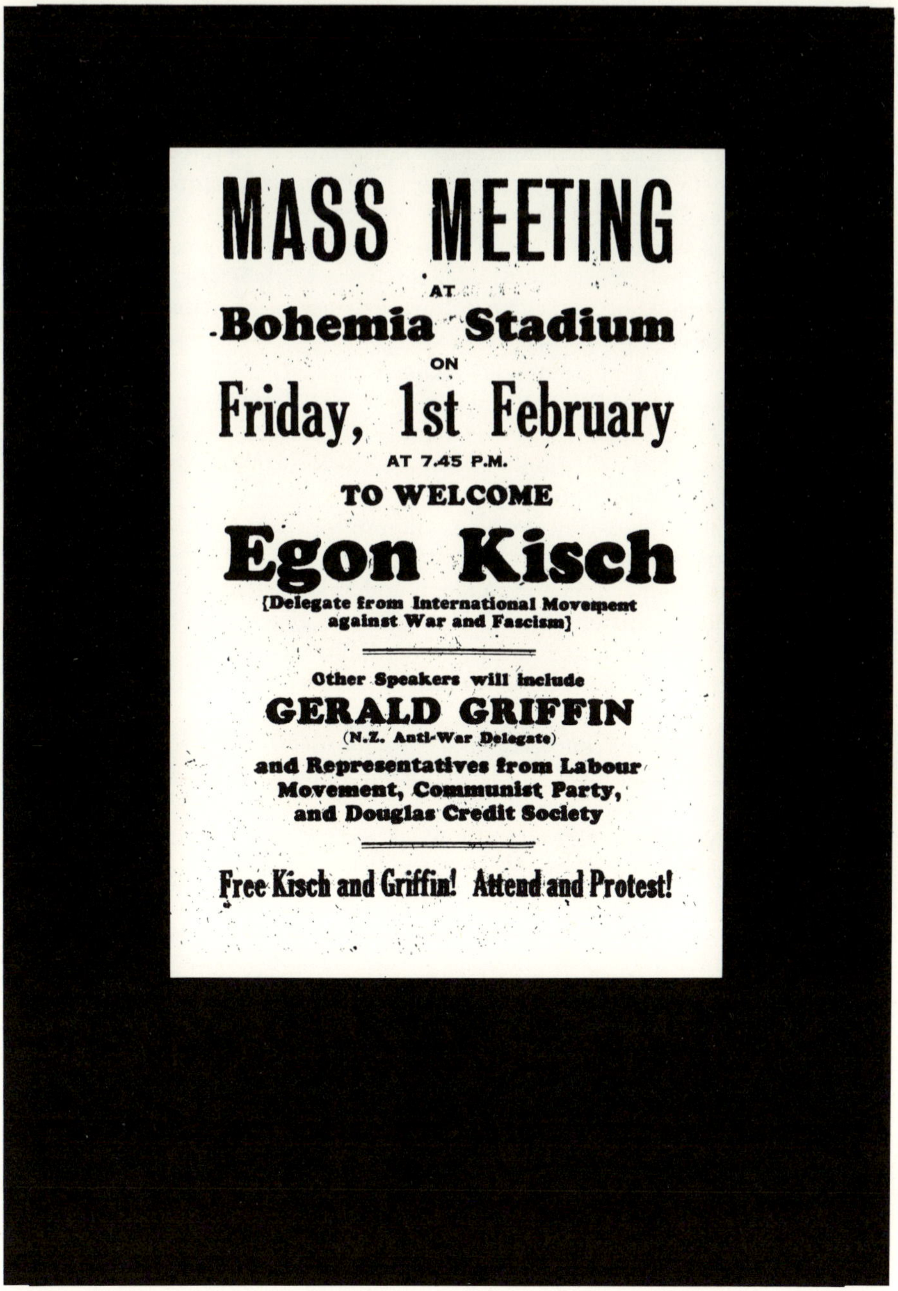

Saarabstimmung zugunsten Deutschlands.
Italien überfällt Abessinien.

1936 (bis 1939) ›Große Säuberung‹ in der Sowjetunion (ein großer Teil der politischen, wirtschaftlichen, militärischen und geistigen Elite wird liquidiert, darunter die 9 außer Stalin noch lebenden Mitglieder des Leninschen Politbüros, der obersten Parteiführung zur Zeit der Revolution und des Bürgerkrieges, 98 von 139 Mitgliedern des amtierenden Zentralkomitees und die Mehrheit der ehemaligen ZK-Mitglieder, 18 Volkskommissare d. h. Minister der Sowjetunion, 16 Botschafter und Gesandte, fast alle Vorsitzenden der einzelnen Unionsrepubliken, drei Viertel der Generalität sowie zahlreiche emigrierte Kommunisten des Auslandes, vor allem Deutsche, Polen, Jugoslawen, Ungarn und Spanier).
Zahlreiche sowjetische oder in der Sowjetunion lebende Schriftsteller werden erschossen, zu Tode gefoltert, in Zwangsarbeitslager deportiert.
Tod Gorkis.
1. Schauprozeß gegen Sinowjew, Kamenew u. a.
Kampagnen gegen Formalismus (Lady Macbeth von Mzensk *von Schostakowitsch) und gegen Anti-Patriotismus* (Die Recken *von Borodin/Bedny).*
Bruch Gides mit dem Kommunismus nach Besuch der Sowjetunion; Céline in der Sowjetunion.
Achse Deutschland-Italien und Antikominternpakt Deutschland-Japan; Olympiade in Berlin.
Volksfront-Regierungen in Spanien und Frankreich; Erhebung der spanischen Nationalisten unter General Franco gegen die Volksfront-Regierung (Deutschland und Italien unterstützen Franco; Sowjetunion und Mexiko unterstützen die Republik; Frankreich, England und USA erklären Nichteinmischung).
García Lorca von Franco-Anhängern ermordet.
Schriftsteller kämpfen für die spanische Republik (Malraux, Orwell, Renn, Regler, Kantorowicz).
Virginia Woolf schreibt im Daily Worker.
Allindischer Verband fortschrittlicher Schriftsteller unter Premtschand.
Ting Ling schlägt sich ins Sowjetgebiet zu Mao Tse-tung durch.
Friedensnobelpreis (des Jahres 1935) für Ossietzky; Literaturnobelpreis für O'Neill.

1937 2. Schauprozeß gegen Pjatakow, Radek u. a.; Geheimprozeß gegen Marschall Tuchatschewski; Liquidierung Béla Kuns.
Schließung des revolutionären Meyerhold-Theaters in Moskau (Meyerhold 1939 verhaftet und 1940 liquidiert).
Feuchtwanger bei Stalin.
Heinrich Manns Versuch einer Einigung der deutschen Emigration in Paris scheitert am Widerstand Ulbrichts.
Gestapo verhaftet Niekisch (1939 verurteilt).
Die Kommunisten liquidieren ihre Verbündeten in Spanien: die Anarchisten, Katalanischen Autonomisten und unabhängigen Sozialisten

Montage-Illustration aus: Gustav Regler, Das große Beispiel. Roman einer internationalen Brigade. Büchergilde Gutenberg, Frankfurt am Main 1976

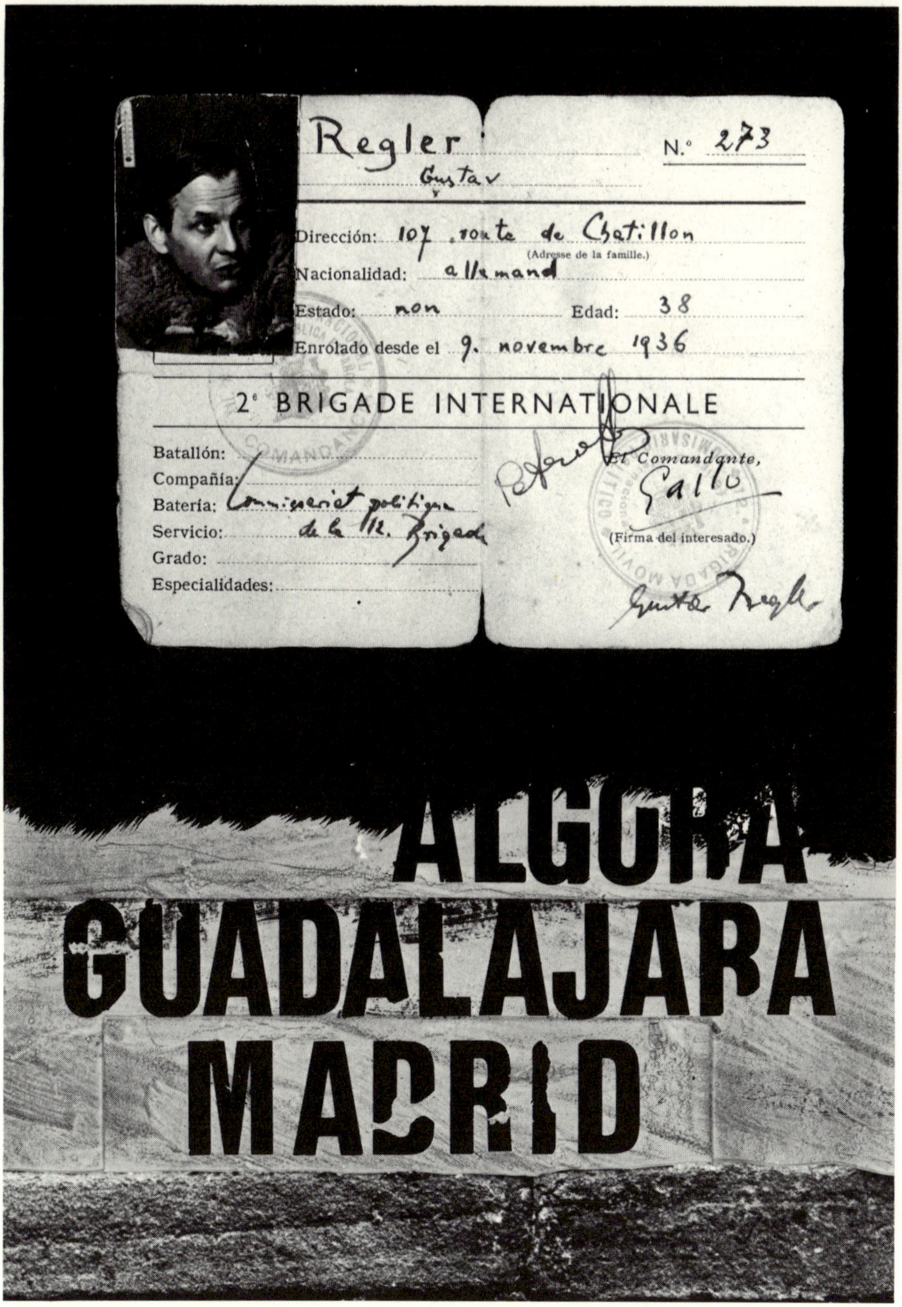

(POUM); *der POUM stehen Orwell und Willy Brandt nahe, Simone Weil kämpft in der anarchistischen Kolonne Duruti.*
Zweiter Kongreß zur Verteidigung der Kultur in Madrid und Valencia (mit Hemingway, Malraux, Chamson, J. R. Bloch, Spender, Alberti, Hernandez, Neruda, N. Guillén, Renn, Tolstoi, Fadejew); Koestler von Franco-Truppen gefangengenommen.
Italien verläßt den Völkerbund.
Neuer Überfall Japans auf China; Bündnis von Kuomintang und Kommunisten.

1938 3. Schauprozeß gegen Bucharin, Rykow, Jagoda u. a.
Auflösung der Polnischen Kommunistischen Partei und Liquidierung ihrer in der Sowjetunion lebenden Führer.
Hitler entläßt die Wehrmacht-Führung, weil sie seinen Kriegsplänen widerspricht; Einmarsch in Österreich; Münchner Konferenz (Hitler, Mussolini, Neville Chamberlain und Daladier); Übergabe der Sudetengebiete an Deutschland.
Andreas Nin, zu Lenins Zeit spanischer Vertreter im Exekutivbüro der Komintern, dann Führer der POUM, wird von sowjetischen Agenten verhaftet und erschossen.
Gide, Mauriac, Duhamel, Martin du Gard verteidigen die POUM.
Rolland trennt sich von den Kommunisten.
Auden und Isherwood in China.
Breton bei Trotzki und Diego Rivera in Mexiko; gemeinsames Manifest: Für eine unabhängige revolutionäre Kunst.

1939 Hitler besetzt die Tschechoslowakei, Mussolini Albanien.
Sieg Francos im spanischen Bürgerkrieg.
Hitler-Stalin-Pakt; Hitler beginnt den Zweiten Weltkrieg;
Teilung Polens zwischen Deutschland und der Sowjetunion;
Broniewski, Kommunist seit 1921, fällt in Lemberg in sowjetische Hand (bis 1941 inhaftiert); Stanislaw Wittkiewicz, Kommunist seit 1919, begeht Selbstmord.
Winterkrieg der Sowjetunion gegen Finnland.
Stiftung der Stalinpreise.
Spender, Koestler, Auden, Malraux und Dos Passos brechen mit dem Kommunismus; Paul Nizan verläßt die Partei (fällt 1940).

1940 Stalin annektiert Litauen, Lettland und Estland; Finnland muß Teile Kareliens, Rumänien muß Bessarabien und die Bukowina abtreten.
Sowjets ermorden die gefangenen polnischen Offiziere (Katyn).
Hitler unterwirft Dänemark, Norwegen, Holland, Belgien, Luxemburg und Frankreich.
Kollaborationsregime unter Marschall Pétain und Laval im unbesetzten Frankreich (Vichy); General de Gaulle ruft von London aus zur Fortsetzung des Widerstandes auf.
Flucht der nach Frankreich emigrierten Schriftsteller, einige begehen Selbstmord (Hasenclever, Benjamin).

Am 9. Februar 1937 wurde Arthur Koestler in Malaga von Franco-Truppen gefangengenommen und zum Tode verurteilt. Sein Zuchthaus-Tagebuch erschien 1938 bei Victor Gollancz in London und im Europa-Verlag, Zürich. (Schutzumschlag von Walter Binder)

ARTHUR KOESTLER

Ein spanisches Testament

Mit einem Vorwort der Herzogin von Atholl

IN SPANIEN ZUM TODE VERURTEILT

Der Kriegsberichterstatter des „News Chronicle", dessen Gefangennahme nach dem Fall Malagas europäisches Aufsehen erregt hat, veröffentlicht sein Zuchthaus-Tagebuch. Ein Dokument von erschütternder Wahrhaftigkeit.

EUROPA VERLAG ZÜRICH

Kriegseintritt Italiens.
GPU-Agenten ermorden Trotzki in Mexiko und (wahrscheinlich) Münzenberg in Frankreich.

1941 Hitler unterwirft Jugoslawien und Griechenland; Afrikakorps unter Rommel überschreitet die ägyptische Grenze.
Überfall Deutschlands auf die Sowjetunion.
Hitler befiehlt Endlösung der Judenfrage.
Selbstmord Marina Zwetajewas.
Brecht reist von Finnland durch die Sowjetunion nach den USA; Caldwell bei Stalin.
Französische Schriftsteller (Malraux, Eluard, Aragon, Sartre, Camus) kämpfen in der Résistance.
Djilas Partisanenführer in Montenegro/Jugoslawien.
Japan überfällt die Amerikaner im Pazifik; Deutschland und Italien erklären USA den Krieg.
Briten und Russen besetzen den Iran.
Ho Schi Minh formiert die kommunistische Volksfront Vietminh in Indochina.

1942 Japan erobert Hinterasien, die Philippinen, Indonesien, Burma und Pazifikinseln; in den eroberten Gebieten breiten sich nationale Unabhängigkeitsbewegungen aus.
Mao Tse-tungs Rede an die Schriftsteller in Jenan (die Schriftsteller sollen für die Arbeiter, Bauern und Soldaten schreiben).
Landung der Alliierten in Französisch-Nordafrika.
*Milo Dor als Mitglied einer kommunistischen Widerstandsgruppe in Jugoslawien verhaftet (*Tote auf Urlaub, *1952).*

1943 Auflösung der Komintern.
Der sowjetische General Wlassow ruft in deutscher Gefangenschaft zum Kampf gegen den Bolschewismus auf; Nationalkomitee Freies Deutschland aus gefangenen deutschen Offizieren in Moskau.
Kapitulation der 6. deutschen Armee in Stalingrad.
Kapitulation der Achsenstreitkräfte in Afrika; Landung der Alliierten auf Sizilien und in Süditalien; Sturz und Verhaftung Mussolinis (gründet nach seiner Befreiung durch deutsche Kommandos Gegenregierung in Norditalien);
Konferenzen von Casablanca (Roosevelt, Churchill) und Teheran (Roosevelt, Churchill, Stalin).
Der kommunistische Schriftsteller Nordahl Grieg, aus Norwegen geflüchtet, wird als britischer Pilot über Berlin abgeschossen.
Jugoslawisches Volksbefreiungskomitee unter Tito.

1944 Alliierte Invasion in Frankreich; deutsche Erhebung gegen Hitler (20. Juil); Warschauer Aufstand der polnischen Heimatarmee gegen deutsche Besatzung (von der Sowjetarmee nicht unterstützt).
Unabhängigkeitserklärung Islands.
Saint-Exupéry kehrt vom Feindflug über dem Mittelmeer nicht zurück.

Faksimile der Titelseite der in Frankfurt am Main erschienenen Tageszeitung vom 9./10. November 1940

Nummer 265. 65. Jahrgang — Samstag/Sonntag, 9./10. November 1940 — Samstags/Sonntags 15 Pfennig

General-Anzeiger der Stadt Frankfurt am Main

(Frankfurter General-Anzeiger)

Wortlaut der Rede des Führers am Vorabend des 9. November

Kampf bis zum klaren Endsieg!

Adolf Hitler vor der Alten Garde in München: „Wir sind uns darüber im klaren, daß jeder Waffenstillstand heute tatsächlich nur ein Waffenstillstand sein würde. Sie würden hoffen, daß ich vielleicht in einigen Jahren dann nicht mehr an der Spitze des Reiches stehe und daß dann der Kampf von neuem beginnen könnte. Es ist daher mein unabänderlicher Entschluß, nunmehr die Auseinandersetzung bis zu einer klaren Entscheidung zu führen: genau so, wie ich als Nationalsozialist im Kampf um Deutschland jeden Kompromiß abgelehnt habe, so lehne ich heute nunmehr auch hier jeden Kompromiß ab. . . . Es muß hier einer brechen. Und das wird unter keinen Umständen Deutschland sein!"

Entscheidung!

Von Ernst Kayser

Wir sind vorbereitet wie nie zuvor!

Das Deutschland vor 1914

Der Kampf um die Macht in Deutschland

Schon damals war England unser Feind

Die heutigen Wehrmachtsberichte siehe Seite 2

Fortsetzung Seite 2.

1945 Tod Roosevelts; Erschießung Mussolinis durch Partisanen; Selbstmord Hitlers.
Kapitulation Deutschlands; amerikanische Atombomben auf Hiroshima und Nagasaki; Einmarsch der Sowjetunion in die Mandschurei; Kapitulation Japans.
Konferenzen von Jalta im Februar (noch Roosevelt, Churchill, Stalin) und Potsdam im Juli/August (Truman, Churchill bzw. Attlee, Stalin); Gründung der Vereinten Nationen im Juli in San Francisco.
Austreibung der Deutschen aus den Ostgebieten.
Beginn der Bolschewisierung in den von der Sowjetarmee besetzten Ländern.
Gründung eines Kulturbundes zur demokratischen Erneuerung Deutschlands unter kommunistischer Führung (Becher).
Malraux Informationsminister in der Regierung de Gaulle.
Quasimodo in der Kommunistischen Partei.
Republik Vietnam unter Ho Schi Minh.

1946 Konflikt zwischen den Franzosen und Ho Schi Minh; Beginn des Dschungelkrieges in Vietnam.
Sowjets räumen Bornholm und die von ihnen besetzten Teile des Iran.
(Bis 1948:) ›Shdanowschtschina‹: Absetzung Tichonows als Vorsitzender des Schriftstellerverbandes, Fadejew Generalsekretär; Beschlüsse des Zentralkomitees der KPdSU gegen die Schriftsteller Soschtschenko und Achmatowa (14. August 1946), zur Ausrichtung der Theaterspielpläne (26. August 1946), gegen die Filmregisseure Eisenstein und Pudowkin (4. September 1946), gegen den Philosophen Alexandrow (25. Juni 1947), gegen die Komponisten Schostakowitsch, Prokofjew und Chatschaturian (10. Februar 1948).

1947 Gründung des Kommunistischen Informationsbüros (Kominform).
Erster Deutscher Schriftstellerkongreß unter sowjetischem Patronat in Berlin; Bruch zwischen Ost und West.
Plievier, Ricarda Huch, Hagelstange, Bense und viele andere gehen aus der sowjetisch besetzten Zone nach Westdeutschland.
Hans Werner Richter (1932 aus der KPD ausgeschlossen) gründet die Gruppe 47.
Ausscheiden der Kommunisten aus den Regierungen in Frankreich und Italien.
Churchills Rede in Fulton, Beginn des Kalten Krieges.
Bruch Vittorinis mit dem Kommunismus.
Kommunistische Gegenregierung unter Markos in Griechenland.
Steinbeck in der Sowjetunion.
Kongreßausschuß für unamerikanische Aktivitäten (1950 McCarthy Vorsitzender).
Unabhängigkeitserklärungen Indiens unter Nehru sowie Pakistans und Burmas; Gandhi ermordet.
Nobelpreis für Gide.

Textseite aus Theodor Plievier's Roman »Berlin«, nach »Moskau« und »Stalingrad« der dritte Band der Romantrilogie über Hitlers Krieg. Verlag Kurt Desch, Wien-München-Basel 1954

In einer Privatwohnung am Schulenburgring in Tempelhof unterschrieb der letzte Befehlshaber über Berlin die Kapitulationsurkunde, auch eine ihm vorgelegte zusätzliche Erklärung. Er wurde nach Johannisthal gefahren und hatte dort seine Erklärung auf eine Schallplatte zu sprechen.

„Berlin, den 2. Mai 1945. Am 30. April hat der Führer uns, die wir ihm Treue geschworen hatten, im Stich gelassen. Auf Befehl des Führers glaubt Ihr noch immer, um Berlin kämpfen zu müssen, obwohl der Mangel an schweren Waffen, an Munition und die Gesamtlage den Kampf als sinnlos erscheinen lassen. Jede Stunde, die Ihr weiterkämpft, verlängert die entsetzlichen Leiden der Zivilbevölkerung Berlins und unserer Verwundeten. Im Einvernehmen mit dem Oberkommando der Sowjetischen Truppen fordere ich Euch daher auf, sofort den Kampf einzustellen. Weidling, General der Artillerie und Befehlshaber des Verteidigungsbereiches Berlin.“

Lautsprecherwagen fuhren durch die Straßen Berlins.

Die Stimme des Generals, überdimensional verstärkt, hallte durch hohle Ruinenreihen und hinunter in Keller und durch Luftschächte und von Granaten gerissene Löcher in die U-Bahn-Schächte, hallte auch über das von Panzern durchfurchte Zoo-Gelände mit den zerstörten Raubtierhäusern und den von Splittern erschlagenen Löwen und Bären und Büffeln ... hallte durch das zertrümmerte Aquarium und über die zur Straße führenden Treppenstufen, auf denen, nach einer Nacht des Abschiednehmens, Polizeioffiziere und Polizeisoldaten und Frauen, manche eng umschlungen, betrunken oder auch tot nebeneinanderlagen.

Die Nachricht umheulte auch den Bunker am Zoo. Aus den Rohren der 15-cm-Geschütze auf dem Turm des Flakbunkers löste sich der letzte Schuß. Aber der Krieg wollte noch nicht verenden. Heulen und Zähneklappern und Nervenzusammenbrüche, Trunkenheit und Mord und Selbstmord ... Der Bunkerkommandant, mit flackernden Augen, einen Arm in der Binde, wollte die Erklärung Weidlings nicht zur Kenntnis nehmen. Er beschloß, mit allen Kräften, die ihm noch zur Verfügung standen und mit den Zivilisten, die ausgebrannt, verwahrlost, mit apathischen Gesichtern den Bunker umdrängten, über Spandau nach Westen durchzubrechen.

(Bis 1949:) Die Kommunisten unter Mao Tse-tung erobern China; Kuomintang unter Tschiang Kai-schek nach Taiwan.

1948 (Bis 1953:) Judenverfolgung in der Sowjetunion (Kampagne gegen Zionismus und Kosmopolitismus).

Schließung aller jüdischen Kultureinrichtungen in der Sowjetunion; Verhaftung der führenden Schriftsteller jiddischer Sprache.

Kommunistischer Weltkongreß der Kulturschaffenden in Breslau (mit Fadejew, Ehrenburg, Seghers, Andersen Nexö, Eluard, Quasimodo, Frisch, Bondy, Hans Mayer, Andrić, Amado, Picasso, Léger, Pechstein, Scharoun, Julian Huxley); Angriff Fadejews auf die westliche Intelligenz (Sartre).

Marshallplan zum Wiederaufbau Europas, von der Tschechoslowakei, Polen und den anderen Ostblockländern unter sowjetischem Druck abgelehnt.

Kommunistische Machtergreifung in der Tschechoslowakei (Fenstersturz des Außenministers Jan Masaryk).

Sowjetunion lehnt Dimitroffs Projekt einer Balkanföderation der Volksdemokratien ab.

Ausschluß Jugoslawiens aus dem Kominform; Bruch Titos mit Stalin.

Tod Shdanows.

Sowjetische Blockade West-Berlins (bis 1949).

Brecht geht, da er von den Alliierten keine Einreisegenehmigung nach Westdeutschland bekommt, in die sowjetisch besetzte Zone.

Iannis Ritsos wegen kommunistischer Aktivität in Griechenland im Gefängnis.

Gründung des Staates Israel unter Weizmann und Ben Gurion; Krieg mit den Arabern (1949 Waffenstillstand).

Unabhängigkeitserklärung von Ceylon.

1949 Liquidierung des Shdanow-Anhängers Wosnessenski (Leningrader Affäre).

Die Sowjetunion wird Atommacht.

Stiftung der Internationalen Stalin-Friedenspreise.

Erster Weltfriedenskongreß in Paris und Prag (außer den Schriftstellern der Ostblockstaaten beteiligen sich an der kommunistischen Weltfriedensbewegung Aragon, Laxness, O'Casey, Alberti, Fast, Neruda, Amado, der Inder Anand, der Türke Hikmet).

Tod Dimitroffs in der Sowjetunion; Titoisten-Prozesse in Ungarn (Rajk), Bulgarien (Kostoff) und Albanien (Dsodse); Absetzung der Parteisekretäre in Polen (Gomulka) und Griechenland (Markos), Ende des griechischen Bürgerkriegs.

Die Sowjetunion und ihre osteuropäischen Verbündeten gründen den Rat für gegenseitige Wirtschaftshilfe, Comecon (1950 Beitritt der DDR; 1962 Austritt Albaniens, Beitritt der Mongolei; 1972 Beitritt Kubas, 1978 Vietnams).

Innentitel. Holzschnitt von Albert Kapr. Verlag Philipp Reclam jun., Leipzig 1974

Gründung der Bundesrepublik Deutschland und der Deutschen Demokratischen Republik.
Stiftung der Nationalpreise der DDR; Becher und Hanns Eisler schreiben die Nationalhymne der DDR.
Glückwunsch Heinrich Manns und Feuchtwangers an die DDR.
Goethe-Rede Thomas Manns in Frankfurt und Weimar.
Gründung der NATO (1955 Beitritt der Bundesrepublik Deutschland).
Die Führer der französischen und italienischen Kommunisten, Thorez und Togliatti, erklären, ihre Parteien würden bei einem Krieg mit der Sowjetunion die Rote Armee unterstützen.
Absage Sinclairs an den Kommunismus.
Unabhängigkeitserklärung Indonesiens unter Sukarno.

1950 *Zweiter Weltfriedenskongreß in Warschau (Gründung des Weltfriedensrates und Stiftung der Weltfriedenspreise); Stockholmer Appell der Weltfriedensbewegung gegen die Atomwaffen.*
Überfall Nordkoreas auf Südkorea; Vereinte Nationen leisten Südkorea militärische Hilfe, auf seiten Nordkoreas kämpfen auf Wunsch Stalins rotchinesische Streitkräfte.
Einmarsch Rotchinas in Tibet.
Steinbeck protestiert gegen die kommunistische Invasion Südkoreas.
Kongreß für kulturelle Freiheit in West-Berlin (führende Philosophen, Schriftsteller, Künstler und Wissenschaftler protestieren gegen die totalitäre Diktatur).
Silone, Koestler, Gide, Spender, Wright und L. Fischer veröffentlichen Der Gott der keiner war.
Selbstmord Paveses.
Fast wegen unamerikanischer Betätigung im Gefängnis.
Rassentrennung (Apartheid) in der Südafrikanischen Union.

1951 *Beschluß des Zentralkomitees der SED (5. Plenum) gegen Formalismus;* Verhör des Lukullus *von Dessau/Brecht,* Tage der Commune *von Brecht und der Film* Beil von Wandsbeck *nach Arnold Zweig verboten.*
Andersen Nexö siedelt in die DDR über.
Nazim Hikmet nach 15 Jahren Haft in der Türkei in die Sowjetunion entlassen.
Der Dichter Konstantin Biebl begeht in Prag Selbstmord; Viteszlav Nezval, ehemaliger Surrealist, unterstützt die Verfolgung seiner Schriftstellerkollegen; Louis Fürnberg dichtet, um der Anklage zu entgehen, das Lied Die Partei, die hat immer recht.
Hammett wegen unamerikanischer Betätigung im Gefängnis.

1952 *Stalin läßt 26 jiddische Schriftsteller und Künstler erschießen.*
Erste Auseinandersetzung mit der Shdanowschen Kulturpolitik in der Sowjetunion (Diskussion über die Konfliktlosigkeit in der Dramatik; Malenkow fordert auf dem XIX. Parteitag Satire).
Zionistenprozeß in der Tschechoslowakei (Slansky); *André Simone (Otto Katz) hingerichtet.*

Umschlag der deutschen Ausgabe, die 1951 im Dietz Verlag, Berlin, erschien

HOWARD FAST

PEEKSKILL
USA

Der Kongreß für die Verteidigung der Bürgerrechte (USA) ist stolz darauf, dieses Buch vorzulegen.

Zum ersten Male wird hier eine umfassende und eingehende Schilderung der Vorgänge gegeben, die sich bei jenen beiden Zwischenfällen bitteren Angedenkens abspielten, zu denen es im Jahre 1949 in Peekskill, USA, kam.

Howard Fast, der diese Schilderung gibt, war nicht nur Augenzeuge des Geschehens in Peekskill, er war auch in beiden Fällen einer der Hauptbeteiligten an dem Kampf. Hier wird ein Ereignis

Marty aus der Kommunistischen Partei Frankreichs ausgestoßen.
Bruch zwischen Sartre und Camus; Sartre spricht auf dem kommunistischen Völkerkongreß für den Frieden in Wien.
Krleža verkündet als Vorsitzender des jugoslawischen Schriftstellerverbandes die ›Freiheit des künstlerischen Schaffens‹.
Revolution in Ägypten (Nasser).
U Nu verkündet unter dem Druck kommunistischer Guerillas einen marxistisch-buddhistischen Wohlfahrtsstaat in Burma.

1953 Verhaftung der Kremlärzte (unter dem Vorwurf, Shdanow ermordet zu haben; von Stalins Nachfolgern rehabilitiert); Tod Stalins; Erschießung Berijas und der Geheimpolizeichefs; kollektive Führung unter Ministerpräsident Malenkow; Chruschtschow Parteisekretär.
Schepilow informiert die Sowjetschriftsteller im Namen der Parteiführung, daß eine Revision der Politik im Gange ist; erste Welle des Tauwetters setzt ein.
Aufstände in der DDR (17. Juni) und in sowjetischen Zwangsarbeitslagern (Workuta, Norilsk, Karaganda).
Der Präsidialrat des Kulturbundes und das Präsidium der Akademie der Künste in Ost-Berlin protestieren unter Wortführung von Becher und Brecht gegen die Kulturdiktatur der Partei und des Staates.
Sympathieerklärung Camus' für die Aufständischen des 17. Juni.
Imre Nagy Ministerpräsident der ungarischen Volksdemokratie.
Der amerikanische Geheimdienst rettet den Schah des Iran vor dem demokratischen Premier Mossadegh; Unterdrückung der kommunistischen Tudeh-Partei.
Goldmedaille des Weltfriedensrates für den Perser Alavi, der als Professor in der DDR lebt.
Waffenruhe in Korea.

1954 *Verbot gesellschaftskritischer Theaterstücke in der Sowjetunion (Sorins* Gäste); *Säuberung von* Nowy Mir *und* Oktjabr.
Zweiter Kongreß der Sowjetschriftsteller (Versuch der Partei, das Tauwetter einzudämmen; Widerstand der Schriftsteller mit Scholochow an der Spitze; Surkow löst Fadejew in der Führung des Schriftstellerverbandes ab).
Nach Auflösung der terroristischen Kunstkommission Bildung eines Kulturministeriums der DDR unter Becher.
Rede Zweigs gegen die geistige Bedrückung der Menschen auf dem Kulturbundtag in Dresden.
Sartre und Beauvoir in der Sowjetunion.
Bruch zwischen Djilas und Tito.
Jorge Semprun im Politbüro der spanischen Exil-KP (1964 ausgeschlossen).
Kapitulation der Franzosen in Vietnam; Krieg in Algerien.
Tschu En-lai und Nehru verkünden die fünf Prinzipien friedlicher Koexistenz.

Arnold Zweig spricht am 19. November 1954 in Frankfurt am Main: Wiedergabe des Ankündigungsplakats. Darunter: Karikatur Arnold Zweigs von Harald Kretschmar, 1953

DEMOKRATISCHER KULTURBUND DEUTSCHLANDS

Arnold Zweig, Berlin

spricht über

DIE VERANTWORTUNG DES SCHRIFTSTELLERS IN UNSERER ZEIT

Beatrice Zweig

liest aus

Die Feuertaufe

VON ARNOLD ZWEIG

Einleitende Worte:

FRANZ STEGMEYER, Frankfurt/Main

Am Freitag, dem 19. November 1954, um 20 Uhr, im „Haus der Kochkunst", Frankfurt am Main, Windmühlstraße 1

Eintritt 0,50 DM

Verantwortlich: Arno Leetz, Frankfurt a. M. Druck: Taunus GmbH Druck- u. Verlagsanstalt Frankfurt a. M

Amerikaner intervenieren in Guatemala; *Asturias verhaftet.*
Nobelpreis für Hemingway.

1955 Malenkow als Ministerpräsident der Sowjetunion durch Bulganin ersetzt; Chruschtschow an der Spitze der kollektiven Führung.
Sowjetunion räumt Österreich (Neutralisierung des Landes) und den Stützpunkt Porkkala in Finnland; Versöhnung mit Jugoslawien; Reise Chruschtschows und Bulganins nach Asien; Gipfelkonferenz in Genf; Adenauer in Moskau.
Gründung des Warschauer Pakts (1956 Aufnahme der DDR).
Schiller-Rede Thomas Manns in Stuttgart und Weimar.
Sturz Imre Nagys durch Parteisekretär Rakosi.
63 ungarische kommunistische Schriftsteller mit Déry und Hay an der Spitze protestieren gegen die Diktatur.
Djilas zum ersten Mal verurteilt (insgesamt 10 Jahre im Gefängnis).
Weltfriedenspreis für den Griechen Kazantzakis.
Sturz des argentinischen Diktators Perón.
Bandung-Konferenz der afrikanisch-asiatischen Staaten.
Der chinesische Volkskongreß verurteilt Hu Feng.
Sartre und Beauvoir in China.
Nobelpreis für Laxness.

1956 XX. Parteitag der KPdSU (Geheimrede Chruschtschows über die Verbrechen Stalins).
Selbstmord Fadejews.
Rehabilitierung der von Stalin ermordeten Schriftsteller und Künstler; Umbenennung der Stalinpreise in Leninpreise; zweite Welle des Tauwetters setzt ein.
Der türkische Moskau-Emigrant Hikmet tritt gegen den Stalinismus auf (Hat es Iwan Iwanowitsch wirklich gegeben?)
Malaparte und Moravia in der Sowjetunion.
Auflösung des Kominform.
Togliatti verkündet die These vom Polyzentrismus der kommunistischen Weltbewegung *(im Gespräch mit Moravia).*
Aufstand in Posen (Juni); Zentralkomitee der Polnischen Vereinigten Arbeiterpartei wählt Gomulka gegen den Einspruch Chruschtschows zum Ersten Sekretär (Oktober).
Schwarze Literatur in Polen (Wazyk, Brandys, Hlasko, Andrzejewski, Woroszylski); Pressekampagne für menschlichen Sozialismus (Po prostu, Nowa Kultura); *Petöfi-Klub der ungarischen Schriftsteller.*
Revolution in Ungarn (Oktober/November); demokratische Regierung Nagy erklärt Neutralität Ungarns und bittet Vereinte Nationen um Schutz; sowjetische Intervention; Kollaborationsregierung Kadar.
Lukács Kulturminister in der Regierung Nagy (zusammen mit Nagy verhaftet und nach Rumänien deportiert).
Der Rumäne Paul Goma im Gefängnis (in den siebziger Jahren führender Bürgerrechtskämpfer seines Landes; 1971: Ostinato*).*

Schutzumschlagentwurf von Werner G. Krüger. Büchergilde Gutenberg, Frankfurt am Main 1963

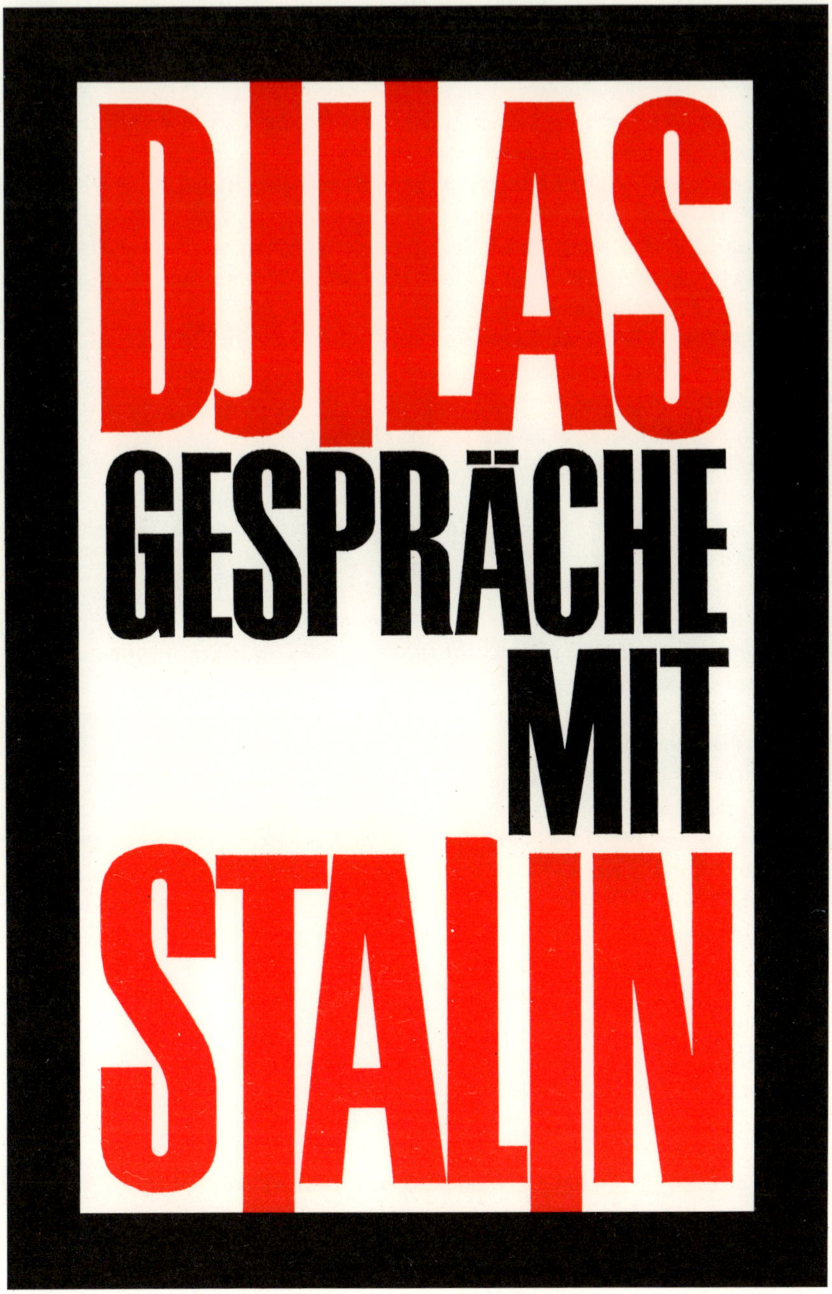

Proteste von Laxness, Sartre, Beauvoir, Vercors, Vaillant, Pratolini u. a. gegen die sowjetische Intervention in Ungarn; Césaire und Fast brechen mit dem Kommunismus.
In der DDR Revolte junger Lyriker; Verhaftung der Harich-Gruppe; Zwangsemeritierung Blochs.
Das Bundesverfassungsgericht verbietet die KPD (1969 als DKP neugegründet).
Mao Tse-tung gibt die Losung aus: ›Laßt hundert Blumen blühen, laßt hundert Schulen miteinander wetteifern.‹
Erster Kongreß der afrikanisch-asiatischen Schriftsteller in New Delhi (mit Anand, Levi, Simonow).
England, Frankreich und Israel greifen Ägypten an (Suez-Krise).
Unabhängigkeitserklärung Marokkos unter Mohammed V. und Tunesiens unter Bourgiba.

1957 Malenkow, Molotow, Kaganowitsch, Schepilow und Marschall Shukow aus der Parteiführung ausgestoßen (1958 auch Bulganin).
Sputnik, erster künstlicher Erdsatellit.
Pasternaks Doktor Schiwago.
Gespräche Chruschtschows mit Schriftstellern zur Ausrichtung der Literatur.
Verurteilung von Déry und Hay (bis 1960 im Gefängnis); Verbot von Po prostu *in Polen.*
Kulturkonferenz der SED zur Ausrichtung des mitteldeutschen Kulturlebens; Kurella Leiter der Kulturkommission beim Politbüro; Prozesse gegen Intellektuelle (Harich 10 Jahre, Loest 7½ Jahre, Janka 5 Jahre, Zehm 4 Jahre Gefängnis).
Laxness, Feuchtwanger und Aragon protestieren gegen die Verurteilung ihres Ostberliner Verlegers Walter Janka.
Kantorowicz flüchtet aus der DDR.
Malaparte in China.
Karl August Wittfogel veröffentlicht Die orientalische Despotie.
Gründung der Europäischen Gemeinschaft aus BRD, Benelux, Frankreich, Italien (1973 erweitert um Dänemark, Großbritannien, Irland, 1981 Griechenland).
Unabhängigkeit Ghanas unter Nkrumah.
Lenin-Friedenspreis für Lundkvist.
Nobelpreis für Camus.

1958 Ultimatum Chruschtschows gegen West-Berlin; neuer Bruch mit Tito.
Hinrichtung der ungarischen Revolutionführer Imre Nagy und General Pal Maleter.
Säuberung von Nowa Kultura; *Emigration Hlaskos.*
Djilas veröffentlicht Die Neue Klasse.
Protest von Malraux, Sartre, Mauriac, Roger Martin du Gard gegen Folterungen in Algerien.
Machtergreifung de Gaulles in Frankreich.

Einband (Entwurf von Marianne Langenberg) für Erich Loest's Roman »Jungen die übrig blieben«. Volk und Buch Verlag, Leipzig 1950

Malraux Informationsminister, dann Kulturminister in der Regierung de Gaulle.
Mao verkündet den ›Großen Sprung nach vorn‹.
Ting Ling aus Partei und Schriftstellerverband Chinas ausgestoßen.
Zweiter Kongreß der afrikanisch-asiatischen Schriftsteller in Taschkent mit Mao Tun, Anand, Hikmet.
Revolution im Irak; Kommunisten als Bündnispartner (in den 70er Jahren von den Nationalrevolutionären liquidiert, ähnliches Schicksal der Kommunisten in Syrien, dem Sudan, Somalia und anderen vorübergehend prosowjetischen Staaten).
Unabhängigkeitserklärung Guineas unter Touré (auch dort werden später die sowjetischen Berater ausgewiesen).
U Nu gibt sein sozialistisches Experiment in Burma auf.
Die Amerikaner stürzen den neutralen Ministerpräsidenten von Laos, Prinz Souvanna Phouma (das Land fällt in der Folge in die Hand der vietnamesischen Kommunisten).
Nobelpreis für Pasternak.

1959 Chruschtschow in den USA (Gespräch in Camp David).
Dritter Kongreß der Sowjetschriftsteller (Konzession an die Liberalen: Surkow als Sekretär des Schriftstellerverbandes durch den parteilosen Fedin ersetzt).
Aufstand in Tibet gegen das rotchinesische Regime; Dalai Lama flüchtet nach Indien.
Revolution in Kuba unter Fidel Castro und Ché Guevara; das nationalrevolutionäre Regime stimmt in der Ungarn-Frage gegen die Sowjetunion.
Hemingway, Césaire und García Márquez begrüßen die kubanische Revolution.
Nobelpreis für Quasimodo.

1960 Auseinandersetzungen über die Koexistenz zwischen Sowjetunion und Rotchina; die Sowjetunion zieht alle Experten zurück.
Vollkollektivierung der Landwirtschaft in der DDR; Massenflucht in die Bundesrepublik.
Gescheiterte Gipfelkonferenz in Paris (Eisenhower, Macmillan, de Gaulle, Chruschtschow).
Dumitriu, dreifacher Staatspreisträger, verläßt Rumänien.
Protest der 121 französischen Intellektuellen mit Sartre an der Spitze gegen den Algerienkrieg.
Unabhängigkeit Zyperns unter Makarios und zahlreicher afrikanischer Länder (›Jahr Afrikas‹); Unruhen im Kongo (Ausweisung der sowjetischen Berater durch General Mobutu).
Senghor Präsident von Senegal; Lumumba, Ministerpräsident des Kongo, feiert die Unabhängigkeit des Landes im Gedicht.
Dritter Kongreß der afrikanisch-asiatischen Schriftsteller in Kairo.
Sartre, Beauvoir, Graham Greene, Neruda und Sagan auf Kuba.

1961. Mauerbau in Berlin. Faksimile aus »Der Spiegel«, 30. August 1961

damit er Abschriften des Briefes überreichen könne. Doch der Bonner Terminkalender wies an diesem Mittwoch keine Lücke für Berlin auf.

Erst am Donnerstagmorgen konnte Senator Klein das Schreiben seines Bürgermeisters loswerden: bei Staatssekretär Globke im Bundeskanzleramt und bei Botschafter Duckwitz, Leiter der Ostabteilung im Auswärtigen Amt.

Die Bundesregierung war aber zu diesem Zeitpunkt bereits unterrichtet: Botschafter Grewe hatte am Mittwochabend von Washington aus Alarm geschlagen. Er war vom State Department gefragt worden, was die Bundesregierung von dem Brandt-Brief halte, den der Berliner Vertreter in Bonn mangels Termin noch gar nicht hatte überreichen können.

Die Bundesregierung, empört darüber, daß sie den Inhalt eines so wichtigen Dokuments erst von den Amerikanern erfahren mußte, ließ das State Department über die Deutsche Botschaft in Washington wissen: Die Lage sei nicht so dramatisch, wie Brandt sie dargestellt habe.

Wahrheitsgemäß konnte Botschafter Grewe nach Bonn berichten, daß Präsident Kennedy über den Brandt-Brief verärgert sei, sowohl über den Ton als auch über den Inhalt des Schreibens. Denn der Bürgermeister hatte unverhohlen mit dem deutschen Mißtrauen gedroht: „Untätigkeit und reine Defensive könnten eine Vertrauenskrise zu den Westmächten hervorrufen."

Briefschreiber Brandt hatte die Vereinigten Staaten außerdem des Wankelmuts bezichtigt: „Ich ... kann nicht ohne Bitterkeit an die Erklärungen denken, die Verhandlungen mit der Sowjet-Union mit der Begründung abgelehnt haben, man dürfe nicht unter Druck verhandeln."

Schließlich hatte Willy Brandt sein Schreiben auch noch mit einer vertraulichen Floskel geschlossen, wie sie bislang im Schriftverkehr zwischen Bürgermeistern und amerikanischen Staatschefs nicht üblich war: „Ich schätze die Lage ernst genug ein, um Ihnen, verehrter Herr Präsident, mit dieser letzten Offenheit zu schreiben, wie sie nur unter Freunden möglich ist, die einander voll vertrauen."

Als im Bundeskanzleramt in Bonn die dechiffrierten Telegramme des Washingtoner Botschafters Grewe vorlagen, konnte es keinen Zweifel mehr geben: Der Berliner Bürgermeister war im Weißen Haus abgeblitzt.

Voller Genugtuung überschütteten Bonns Christdemokraten den Briefschreiber mit Spott und Hohn.

Bundeskanzler Konrad Adenauer, der nur Anfang und Ende des 90-Zeilen-Briefes gelesen hatte („Er war mir zu lang"), bezeichnete es als „ungeheure Arroganz und Instinktlosigkeit", daß Willy Brandt den John F. Kennedy „mit dem Holzhammer" traktieren wollte.

Richtig ausgeschlachtet aber, darüber waren sich die CDU-Wahlstrategen am Rhein klar, könne Brandts Reinfall mit seinem Brief an Kennedy erst dann werden, wenn den deutschen Wählern der Text bekanntgemacht würde. Und so geschah es.

Aus Hans Globkes Bundeskanzleramt gelangte eine Abschrift des Brandt-Briefes in die Hände des Bonner FAZ-Korrespondenten Dr. Eberhard

GAMPFGRUPPE AUF'M BOSTEN

Ulbricht an der Sektorengrenze / Aus einer Übertragung des DDR-Fernsehens

ULBRICHT: Alle — alle Befähle wurd'n büngtlich ausgeführt, ja?

KAMPFGRUPPLER: Ja, jawohl.

ULBRICHT: Alle woar'n zu d'r Zeit dort, wo se hingehört'n, ja?

KAMPFGRUPPLER: Jawohl. In den Betrieben und unsere Nationale Volksarmee.

ULBRICHT: Die Volgsarmee, ja ...

VOLKSPOLIZIST: Die Kampfgruppen, die Kampfgruppen der Betriebe waren auch da.

ULBRICHT: Die Gampfgruppen. Und zur Understitzung, nich wahr, stehen einiche Banzer der Zowjetarmee in Resärve, ja? Damit's beim Gächner geine Mißverständnisse nich gibt, ja?

(Heiterkeit)

ZONENBÜRGER: Und die kennen wir, die Panzer.

ULBRICHT: Nich wahr, die genn' wer, ja?

ERSTER KAMPFGRUPPLER: Offenbar ist es denen drüben wohl ein bißchen an die Nieren gefahren. Denn heute ist den ganzen Tag der Hubschrauber hier in Betrieb, die verfahren 'ne ganze Menge Sprit extra für uns.

ULBRICHT: Ja, ja, hm, hm.

ERSTER KAMPFGRUPPLER: Von drüben die Generale waren auch schon da.

ZWEITER KAMPFGRUPPLER: Ja, die haben sich alles angesehen.

DRITTER KAMPFGRUPPLER: Ein US-General ist hier vorbeigefahren.

ULBRICHT: Na schön, nu is ja alles in Ordnung, ja?

VOLKSARMIST: Die haben tüchtig photographiert, die können sich das ansehen, die Volksarmee steht hier.

ULBRICHT: Die Volgsarmee steht auf'm Bosten, ja? Alles in Ordnung, ja?

ERSTER KAMPFGRUPPLER: Ich glaube, die sagen nicht mehr „die sogenannte DDR".

(Heiterkeit)

ULBRICHT: Se säh'n, daß ähm alles büngtlich durchgefiehrt worn is, ja? Es is ähm alles durchgefiehrt worn. Es is alles gut. Da gibt's geine Zweifel. Alles exakt. Der Stacheldraht is da.

ZWEITER KAMPFGRUPPLER: Jawohl, alle Zweifel sind beseitigt.

ULBRICHT: Alle Zweifel sind beseiticht, ja?

ZONENBÜRGER: Die hätten ja auf den Brief von Bürgermeister Ebert pünktlich antworten können. Das war doch 'ne gute Sache.

ULBRICHT: Hoffentlich zieh'n se dä Lehre draus ..., daß die den Friedensvertrach zu erwarten ha'm.

ERSTER KAMPFGRUPPLER: Vor allem: schneller Antwort zu geben.

ULBRICHT: Ja. Dann alles Gude. Auf Wiedersäh'n. Alles Gude, ja? Wiedersähn. Wiedersähn.

1961 Kennedy Präsident der USA.
Erste bemannte Raumflüge der Sowjetunion und der USA.
Bau der Mauer von Berlin (13. August).
Bloch verläßt die DDR.
Djilas freigelassen (1962 erneut verhaftet).
Bruch zwischen Sowjetunion und Albanien.
Zweites Vatikanisches Konzil: Reformkonzil unter Johannes XXIII.
Der amerikanische Geheimdienst CIA landet Exilkubaner in der Schweinebucht; totales Handelsembargo der USA gegen Kuba; Castro proklamiert den Sozialismus und das Bündnis mit der Sowjetunion.
UNO-Generalsekretär Hammarskjoeld verunglückt tödlich bei der Kongo-Aktion; Ermordung Lumumbas.
Südafrika verläßt das Commonwealth.
Erste Konferenz der Blockfreien in Belgrad.
Ständiges Büro der Schriftsteller Asiens und Afrikas in Colombo (mit Rotchina, der Vereinigten Arabischen Republik, Japan, Sudan, Indonesien, Ceylon).
Frantz Fanon schreibt die Abrechnung mit dem Kolonialismus Die Verdammten der Erde.
Kurdischer Aufstand im Irak unter Mustafa Barzani (1975 nach Entzug der sowjetischen Hilfe und der des Schahs gescheitert).
Nobelpreis für Andrić.

1962 Unabhängigkeit Algeriens.
Kubakrise (Chruschtschow verzichtet unter dem Druck Kennedys auf Raketenbasis).
Staatsbesuch de Gaulles in der Bundesrepublik Deutschland.
Solschenizyn veröffentlicht mit Zustimmung des Zentralkomitees die säkulare Abrechnung mit den stalinistischen Zwangsarbeitslagern Ein Tag im Leben des Iwan Denissowitsch.
Nobelpreis für Steinbeck.

1963 US-Präsident Kennedy besucht die Bundesrepublik und Berlin.
Ermordung Kennedys in Dallas/Texas.
Konferenz über Kafka auf Schloß Liblice bei Prag mit Eduard Goldstücker, Roman Karst, Ernst Fischer, Roger Garaudy.
Wirtschaftliche und gesellschaftliche Reformen in der DDR (Neues Ökonomisches System, NÖS).
Christa Wolf veröffentlicht Der geteilte Himmel.
Ladislav Mnačko: Verspätete Reportagen *(das entscheidende Buch zur Vorbereitung des Prager Frühlings).*
Die Amerikaner lassen den Präsidenten von Süd-Vietnam, Diem, ermorden, weil er eigene Wege zur Beendigung des Indochinakrieges sucht.

1964 Offizielles Eingreifen der Amerikaner in den vietnamesischen Bürgerkrieg (der simulierte Tongking-Zwischenfall).
Sturz Chruschtschows durch Breshnew.
Verbot der Vorlesungen Havemanns; Ausschluß aus der SED.

1963. Der Mord an Präsident Kennedy. Faksimile aus »Der Spiegel«, 27. November 1963

17. JAHRGANG NR. 48

DER SPIEGEL

DAS DEUTSCHE NACHRICHTEN-MAGAZIN

27. NOVEMBER 1963

22. November 1963. Sekunden vor dem Attentat: Auf dem Wege zu einer Wahlversammlung fährt Präsident Kennedy mit seiner Frau durch Dallas im Staate Texas.

DAS ATTENTAT VON DALLAS

12.31 Uhr: Der Präsident sinkt, von einer Kugel getroffen, auf den Rücksitz des Wagens. Seine Frau und ein Leibwächter beugen sich über ihn.

Herbert Marcuse schreibt sein Buch Der eindimensionale Mensch.
Jorge Semprun, Mitglied des spanischen Politbüros, verläßt die Partei.
Militärputsch vereitelt demokratische Reformen in Brasilien; Verfolgung der KP, der traditionsreichsten des Kontinents.
China Atommacht.
Nobelpreis für Sartre (nicht angenommen) und Martin Luther King.

1965 Ende des NÖS in der DDR.
Wolf Biermann erhält Auftritts- und Publikationsverbot; Hermlin, Huchel, Heym u. a. werden gemaßregelt; Säuberung der Zeitschrift Sinn und Form.
Kommunistischer Putsch in Indonesien gescheitert; General Suharto entmachtet Sukarno; Liquidierung der indonesischen KP, der größten Asiens außerhalb Chinas.
Tod von Papst Johannes XXIII.
Cardenal gründet die Kommune Solentiname im Großen See von Nicaragua.
Nobelpreis für Scholochow.

1966 *Kulturrevolution in China;* Sturz des Staatspräsidenten Liu Schao-schi und des Generalsekretärs der Partei Teng Hsiao-ping.
Lao She wird in den Selbstmord getrieben.
Guevara bricht mit Castro.
Die Amerikaner stürzen den neutralen Präsidenten von Kambodscha, Prinz Sihanouk (in der Folge fällt das Land erst in die Hände der einheimischen Kommunisten, der Roten Khmer, dann vietnamesischer Okkupationstruppen).
Erster nachstalinistischer Schauprozeß in der Sowjetunion gegen die Schriftsteller Sinjawski und Daniel.
Große Koalition in der Bundesrepublik (SPD/CDU/CSU), die 1969 durch eine sozialliberale Koalition (SPD/FDP) abgelöst wird.
Der Dichter Bülent Ecevit Generalsekretär der Republikanischen Volkspartei in der Türkei, der Partei Atatürks.

1967 Sechstagekrieg gegen Israel, katastrophale Niederlage der von den Sowjets unterstützten Araber. Beginn des Umdenkens in Ägypten (1972 Ausweisung der sowjetischen Berater; 1977 besucht Nassers Nachfolger Präsident Sadat Jerusalem).
Studentenunruhen in Berkeley und Berlin (Anti-Schah-Demonstrationen).
Mao Tse-tung und Tschu En-lai brechen die Kulturrevolution ab.
Moravia in China.
Ché Guevara fällt als Guerillero in Bolivien, Pater Camilo Torres in Kolumbien; Carlos Marighela wird aus dem ZK der KP Brasiliens ausgeschlossen, weil er den Untergrundkampf gegen die Diktatur fordert (*Handbuch der Stadtguerilla,* er fällt 1969 in Sao Paulo im Straßenkampf). Internationalisierung des modernen Terrorismus.
Régis Debray in Bolivien gefangengenommen (auf Intervention von

21. August 1968. Einmarsch der Truppen des Warschauer Pakts in die Tschechoslowakei

Extrablatt

Preis 10 Pf

Stadt D 2637 A

Frankfurter Neue Presse

Tages Anzeiger

Herausgeber: Werner Wirthle; Chefredakteur: Robert Schmelzer, Stellvertretende Chefredakteure: Dr. Friedrich Herzog, Richard Kirn und Lothar Saczek; Innenpolitik: Dr. F. Herzog; Außenpolitik: H. Kraiker; Chef vom Dienst: H. Hatscher; Nachrichten: H. Hatscher, G. Tilliger; Feuilleton: H. Castagne; Lokales: R. Kirn; Wirtschaft: K. Wenda, J. H. Otto; Bezirksausgaben: Lothar Saczek; Sport: Herbert Hoffmann; Bonner Redaktion: Bonn 0 22 21 / 2 61 38; Anzeigen: Dr. H. Kohler. Anzeigenpreisliste Nr. 9. Anzeigenannahme: Frankfurt, Schillerstraße 19—25. Redaktion: Frankenallee 71—81.

Jahrgang 23 / Nr. 193

Verlag und Druck: Frankfurter Societäts-Druckerei GmbH., 6 Frankfurt a. M. 1, Frankenallee 71—81, Postschließfach 3429. Auslieferung in Österreich: Hermann Waldbaur, Wien VI, Salzburg I. Monatsbezugspreis: DM 6,30 (einschl. Trägerlohn und 5,5 % Mehrwertsteuer), Postbezug: DM 6,80 (einschl. 5,5 % Mehrwertsteuer). Postscheckkonto: Frankfurt (Main) 511 34, 762 99. Telefon: 23 05 01, Telegrammadresse presse frankfurtmain. Fernschreiber: 04 11054. Österreich 2,5 Schilling, Italien 80 Lire, Schweiz 0,30 sfr, Frankreich 0,60 F, Luxemburg 4 lfr, Spanien 10 Ptas, Griechenland 5 Dr.

Frankfurt am Main, Mittwoch, den 21. August 1968

Überfall auf die Tschechoslowakei

In der Nacht Einmarsch von Ostblock-Truppen

Schüsse in Prag • Die Grenzen gesperrt • Moskau behauptet: Prag bat um Hilfe • Auch DDR-Truppen dabei

Frankfurt, 21. August

Seit 23 Uhr rücken ununterbrochen sowjetische, polnische, ungarische, bulgarische und Truppen der DDR in das tschechische Staatsgebiet ein. Um 4 Uhr am Mittwochmorgen besetzten mit Flugzeugen gelandete sowjetische Truppen die tschechische Hauptstadt Prag. Der bis zu diesem Augenblick noch freie Prager Rundfunk fordert in seinen Sendungen die tschechische Bevölkerung auf, Ruhe zu bewahren, keinen Widerstand zu leisten und der Arbeit wie gewohnt nachzugehen.

In den frühen Morgenstunden kam es nach Augenzeugenberichten zu Schießereien in Prag, nachdem sich jugendliche Demonstranten lautstark gegen den sowjetischen Gewaltakt gewandt hatten.

In einer Erklärung, die von der Moskauer amtlichen Nachrichtenagentur Tass am Mittwochmorgen verbreitet wurde, wurde der Einmarsch mit dem angeblichen Hilferuf tschechischer Kommunisten begründet.

Die von dem Überfall völlig überraschte tschechoslowakische Führung wies die Streitkräfte des Landes an, keinerlei Widerstand zu leisten. Das Präsidium (Politbüro) des Zentralkomitees der tschechoslowakischen KP richtete kurz nach Mitternacht einen Appell an die Bevölkerung, Ruhe zu bewahren, und bezeichnete die Invasion der Truppen des Warschauer Paktes als einen Bruch der Vereinbarungen zwischen den sozialistischen Staaten und als eine Verletzung der Rechte eines souveränen Staates.

17 Tage nach der Ostblock-Gipfelkonferenz in Preßburg und nach Wochen des Schwankens in Moskau hatte sich die Sowjetführung schließlich doch entschlossen, mit ihrer ganzen militärischen Macht einzugreifen, um der Liberalisierungs- und Reformbewegung in der Tschechoslowakei ein Ende zu setzen.

Reformer in Haft?

Über das Schicksal der führenden Männer der Tschechoslowakei war am Mittwochmorgen nichts Konkretes zu erfahren. Gerüchte in Prag sprachen davon, daß die ganze Regierung in Haft genommen worden sei. Staatspräsident Svoboda wurde zuletzt gesehen, als er in Begleitung einiger unbekannter Zivilisten in einer schwarzen Funktionärslimousine das Gebäude des Zentralkomitees mit unbekanntem Ziel verließ.

In den Hauptstädten der Welt wurden die Regierung und Staatsmänner in der Nacht zum Mittwoch von den dramatischen Entwicklungen in der Tschechoslowakei unterrichtet. Die erste Reaktion war überall grenzenlose Bestürzung. Der amerikanische Präsident

Kommentar Seite 2

Johnson rief sofort den Nationalen Sicherheitsrat der Vereinigten Staaten zu einer Sondersitzung ein. Der britische Premierminister Wilson brach seinen Urlaub ab und ist auf dem Wege nach London.

Das Drama hatte kurz vor Mitternacht begonnen. Die ersten Alarmnachrichten kamen von der Grenze zur DDR. Sowjetische Panzerkolonnen drangen über die Grenzstraßen und durch die nächtlichen Orte in Böhmen ein. Gleichzeitig scheinen nach den bisher vorliegenden Berichten andere Truppen des Warschauer Paktes an anderen Stellen einmarschiert zu sein, und die wichtigsten Zentren des Landes wurden innerhalb weniger Stunden schlagartig besetzt.

Sirenengeheul und lähmendes Entsetzen

Radio Prag verbreitete kurz danach den ersten Bericht über die Invasion. Entsetzen lähmte die Menschen, die um diese Stunde noch auf den Straßen waren. Vor den Gebäuden des Rundfunks und des Zentralkomitees versammelten sich Hunderte von Menschen. Sirenen heulten, am Himmel dröhnten pausenlos die Motoren der sowjetischen Transportgeschwader, Funktionärswagen und Gefangenentransportwagen jagten durch die wenig belebten Straßen der Stadt.

„Sie haben uns verkauft"

Das Gebäude des Prager Rundfunks war mit schweren Eisenketten verschlossen.

Verbindungen unterbrochen

Die Telefonverbindungen zwischen Prag und der Außenwelt wurden gegen zwei Uhr unterbrochen, wenige Stunden später rissen auch die Fernschreibverbindungen mit Prag ab. Die Grenzen zur Tschechoslowakei sind seit der Nacht geschlossen. Zwar trafen noch vereinzelt Reisende aus der Tschechoslowakei in der Bundesrepublik ein, doch wurden die ersten der etwa 30 Lastkraftwagenfahrer, die täglich von dem bayerischen Grenzort Schirnding aus in die Sandgruben bei Eger fahren, an der Grenze ohne Angabe von Gründen zurückgeschickt.

(Fortsetzung auf Seite 2, Spalte 1)

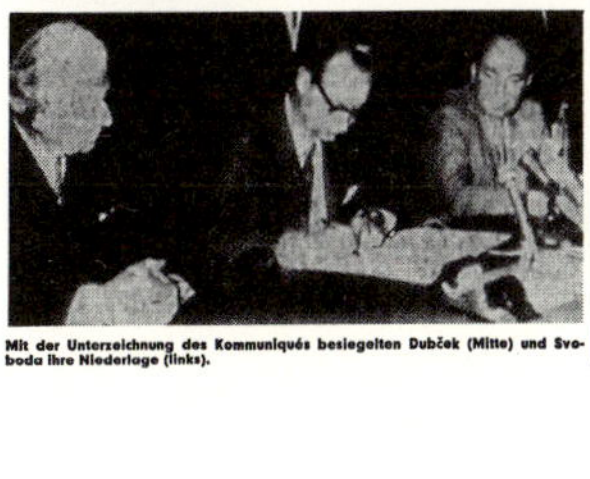

Mit der Unterzeichnung des Kommuniqués besiegelten Dubček (Mitte) und Svoboda ihre Niederlage (links).

Dubcek: Sein Schicksal ist noch ungewiß

„Russen raus!"

Vor dem Gebäude des tschechoslowakischen ZK aus wurden am Mittwochmorgen Schüsse abgegeben, als mehrere hundert jugendliche Tschechen mit dem Ruf „Russen raus", kurz nach dem Morgengrauen auf das Haus zumarschierten.

Interzonenverkehr reibungslos

Helmstedt/Berlin, 21. August (dpa)

Am Interzonen-Grenzübergang Helmstedt-Marienborn lief der Verkehr am Mittwochmorgen reibungslos und ließ nichts von den Geschehnissen in der Tschechoslowakei spüren.

Autofahrer aus der Bundesrepublik hatten über Rundfunk von dem Einmarsch erfahren und gaben im Kontrollpunkt Helmstedt ihrer Empörung Ausdruck. Dagegen waren die Fahrer tschechoslowakischer Lastzüge, die in der Nacht in Helmstedt eintrafen, äußerst verschlossen und sagten kein Wort zu den Vorgängen in ihrer Heimat. Einige teilten lediglich mit, sie hätten von ihrer üblichen Fahrroute abweichen müssen und seien im Süden der DDR umgeleitet worden.

Radio Prag: Letzte Nachricht

Um 6 Uhr früh strahlte Radio Prag erneut einen Appell aus, der wie die letzte Meldung eines sinkenden U-Bootes klang: „In der schwierigsten Stunde unseres Lebens", sagte der Sprecher, unterstützen wir hier bei Radio Prag in vollem Umfange unseren Staatspräsidenten, unsere legale Regierung und das Zentralkomitee unter der Führung des Genossen Dubček."

„Es kann sein, daß dies der letzte Bericht ist, den Sie hören, denn die meisten unserer technischen Einrichtungen sind nicht mehr in unserer Hand.

Wir appellieren daher an Sie, die Sie uns hören können, verbreiten Sie die Botschaft, die vom Zentralkomitee ausgegangen ist, das permanent tagt, obwohl das Gebäude des Zentralkomitees schon von ausländischen Truppeneinheiten umstellt ist. Genosse Dubcek, dem wir unser volles Vertrauen schenken, sendet die folgende Botschaft:

„Wir sind überzeugt, das es das beste ist, wenn Sie heute morgen an ihre Arbeitsplätze zurückgehen. Dies ist ein Appell und eine Bitte. Ich bitte Sie, in diesem Augenblick ist das die einzig mögliche Lösung."

SED: Einmarsch wegen politischer Krise

Berlin, 21. August (dpa)

Ostberlin hat am Mittwoch den Einmarsch in die Tschechoslowakei damit begründet, daß durch einen „verschärften Rechtskurs" einer Gruppe in der Führung der KPC und „erhöhte Aktivität der antisozialistischen Kräfte eine akute politische Krise" in der ČSSR ausgelöst worden sei.

Das SED-Zentralkomitee erklärte, „dem Sozialismus treu ergebene Persönlichkeiten der Partei und des Staates der ČSSR" hätten am Dienstag „offen den Kampf der sozialistischen Staatsordnung gegen die konterrevolutionären Umtriebe aufgenommen". Diese Persönlichkeiten hätten sich am Mittwoch an die Regierungen der Sowjetunion, Bulgariens, der DDR, Polens und Ungarns mit der Bitte gewandt, „in Anbetracht der durch die Wühlarbeit der konterrevolutionären Elemente und der Einmischungsbestrebungen der imperialistischen Mächte entstandenen Gefahr dem tschechoslowakischen Brudervolk und Staat unverzüglich jegliche Hilfe, einschließlich militärischer Hilfe, zu erweisen.

Gerstenmaier: Beteiligung deutscher Truppen ein Skandal
(Interview auf Seite 2)

Einreise unmöglich

Schirnding, 21. August (dpa)

Die Einreise in die Tschechoslowakei ist nach Angaben der Grenzpolizei Schirnding zur Zeit nicht mehr möglich. Dagegen treffen noch Reisende aus der ČSSR in der Bundesrepublik ein. Die ersten von etwa 30 Lastkraftwagenfahrern, die täglich von Schirnding aus in die Sandgruben bei Eger fahren, um dort Kies und Sand zu holen, wurden am Mittwochmorgen am Grenzübergang ohne Angaben von Gründen zurückgeschickt. Die Fahrer besitzen Pässe und langfristige Visa.

Letzte Meldung:

Sowjets feuern auf Prager Demonstranten

Prag, 21. August (upi)

Mit ihren Leibern versuchten Prager Bürger am Mittwochmorgen, am Wenzelsplatz in der Prager Innenstadt vorrückende sowjetische Panzer aufzuhalten, meldete die Nachrichtenagentur ČTK.

Radio Prag meldete um 7.35 Uhr, vor dem Rundfunkgebäude seien Schüsse gefallen. „Es ist nicht klar, ob das Feuer unserem Haus oder den Leuten galt, die vor unserem Haus demonstrieren", sagte der Sprecher. „Das Ende ist nahe", setzte er hinzu.

*

Prag, 21. August (dpa). — Sowjetische Truppen haben nach einer Meldung der britischen Nachrichtenagentur Reuter um 7.25 Uhr mit Maschinengewehren das Feuer auf tschechoslowakische Demonstranten eröffnet, die sich vor dem Gebäude von Radio Prag versammelt hatten. Schüsse wurden auch in der Nähe des zentral gelegenen Hotels Esplanada gehört. Die Menschen auf den Straßen flüchteten sich in Türeingänge.

de Gaulle, Mauriac, Sartre, Sagan u. a. nach drei Jahren freigelassen, danach Berater des späteren Präsidenten Mitterand).

Ermordung von Martin Luther King und Robert Kennedy.

Offener Brief Solschenizyns an den sowjetischen Schriftstellerkongreß, verlesen auf dem Kongreß der tschechischen und slowakischen Schriftsteller.

Militärregierung in Griechenland (bis 1974); *der Komponist Theodorakis in Haft.*

Vietnam-Tribunal in Stockholm mit Russel, Sartre, Peter Weiß u. a.

Nobelpreis für Asturias.

1968 Prager Frühling: Reformkurs unter Dubček; Tito und Ceausescu auf dem Hradschin.

Maiaufstand der Studenten und Arbeiter in Paris (de Gaulle durch die KPF gerettet).

Attentat auf den deutschen Studentenführer Rudi Dutschke (1979 an den Folgen gestorben); Osterunruhen in der BRD (danach Gründung der terroristischen Rote-Armee-Fraktion von Andreas Baader und Ulrike Meinhof).

21. August: Einmarsch der Sowjetarmee und ihrer Verbündeten in die Tschechoslowakei (Breshnew-Doktrin von der eingeschränkten Souveränität sozialistischer Länder).

Massenflucht tschechischer und slowakischer Schriftsteller; Berufs- und Schreibverbote für den Großteil der Intelligenz.

Rumänien und Jugoslawien verkünden Volksbewaffnung gegen die sowjetische Drohung einer Invasion; Albanien verläßt den Warschauer Pakt; China solidarisiert sich mit den Osteuropäern (1969 Grenzzwischenfall am Ussuri) und sucht Bündnis mit dem Westen; Nord-Korea löst sich von der Sowjetunion.

Alle führenden kommunistischen Parteien Westeuropas wie die großen außereuropäischen Parteien Japans, Indiens, Mexikos, Venezuelas und Australiens distanzieren sich von der Sowjetunion; Geburt des Eurokommunismus.

Tet-Offensive (Neujahrs-Offensive) der Nord-Vietnamesen und des Vietkong überflutet vorübergehend den Süden Indochinas; US-Präsident Johnson stellt die Luftangriffe nördlich des 20. Breitengrads ein (1973 Arrangement des US-Außenministers Kissinger mit dem nordvietnamesischen Politbüro-Mitglied Lê Duc Tho, Friedensnobelpreis für beide; 1975 Einzug der Kommunisten in Saigon).

Christa Wolf schreibt Nachdenken über Christa T.

Andrej Sacharow, führender sowjetischer Atomphysiker, Mitglied der Akademie der Wissenschaften, veröffentlicht sein Memorandum Gedanken über Fortschritt, friedliche Koexistenz und geistige Freiheit.

Nobelpreis: *1970 für Alexander Solschenizyn, 1971 für Pablo Neruda, 1975 für Andrej Sacharow, 1980 für Czeslaw Milosz, 1982 für Gabriel García Márquez, 1984 für Jaroslaw Seifert.*

Quellenverweise

Zur Bibliographie

Da es von den Hauptwerken der behandelten Schriftsteller zahlreiche Ausgaben sowohl in der Originalsprache wie in Übersetzungen gibt, habe ich darauf verzichtet, die Zitate aus diesen Werken per Seite zu belegen. Am Anfang der Quellenvermerke verweise ich jeweils generell auf die von mir benutzte Fassung. Die Anmerkungen, umfangreich genug, notieren vor allem abgelegene, schwer findbare Äußerungen und wichtige Sekundärquellen. Der Forscher sei überdies auf die amerikanische Ausgabe verwiesen (J. Rühle, *Literature and Revolution*, Praeger, New York 1970), die in größerem Maße fremdsprachige Literatur anführt.

Zur Umschrift russischer und chinesischer Namen

Für beide Sprachen gibt es inzwischen eine allgemein anerkannte wissenschaftliche Transkription, die es dem Spezialisten erlaubt, aus der Übersetzungsformel die Originalschreibweise im Kyrillischen bzw. in der chinesischen Zeichenschrift zu rekonstruieren. Danach würde Chruschtschow – Chruščëv zu schreiben sein, Tschiang Tsching – Jiang Quing. Da ich mich an einen breiteren Leserkreis wende, habe ich mir diese Schreibweise nicht zu eigen gemacht, sondern folge der traditionellen, vornehmlich am DDR-Duden orientierten, lautsprachlich einigermaßen nachvollziehbaren Umschrift. Eine Orientierung auf die neue Umschrift hätte überdies bedeutet, in die Orthographie der Quellen einzugreifen.

Zu einigen Fragen der Textkritik und Übersetzung

Da wir uns an ein deutsches Publikum wenden, folgen unsere Zitate strikt den autorisierten deutschsprachigen Fassungen. Nur wo es keine deutschen Vorlagen gibt, habe ich selber übersetzt bzw. übersetzen lassen. Das Verfahren, so objektiv es aussieht, ist nicht unproblematisch. Beim jahrelangen Umgang mit dem Material, insbesondere der Aufbereitung des Buches für fremdsprachige Ausgaben, fiel mir nicht selten auf, daß die einschlägigen Übersetzer zuweilen recht frei mit dem Original umzugehen pflegen, daß aber auch die Autoren selber gelegentlich ihre Aussagen in späteren Auflagen stillschweigend korrigieren. Dem philologischen Puzzle überall nachzugehen, hätte den Rahmen meines Buches gesprengt. Ich habe mich darauf beschränkt, politisch relevante Fälle teils im Text, teils in den Anmerkungen aufzudecken.

Ein Sonderfall sind Gedichte, deren Übersetzer stets genannt wird: Hier habe ich mich davon leiten lassen, diejenige Nachdichtung zu wählen, in der nach meinem Urteil Texttreue und poetischer Ausdruck am ehesten harmonieren.

Erster Teil

Überblickswerke zur Sowjetliteratur (Auswahl)

(O. Anweiler, K. H. Ruffmann), Kulturpolitik der Sowjetunion, Stuttgart 1973.
(K. u. R. Eimermacher), Dokumente zur sowjetischen Literaturpolitik 1917–1932, Stuttgart 1972.
V. Erlich, Russischer Formalismus, Frankfurt/Main 1968.
E. Etkind, Russische Lyrik von der Oktoberrevolution bis zur Gegenwart, München 1984.
(H. Jünger), Geschichte der russischen Sowjet-Literatur, 2 Bände, Berlin-Ost 1973 und 1975.
W. Kasack, Lexikon der russischen Literatur ab 1917, Stuttgart 1976; Ergänzungsband 1986 (das Standardwerk zur Geschichte der Sowjetliteratur und der russischen Auslandsliteratur nach dem neuesten Stand).
W. Kasak, Russische Literatur des 20. Jahrhunderts in deutscher Sprache. 350 Kurzrezensionen von Übersetzungen 1976–1983, München 1985.
W. Lettenbauer, Russische Literaturgeschichte, Wiesbaden 1958.
(N. Ludwig), Handbuch der Sowjetliteratur 1917–1972, Leipzig 1975.
D. Mirski, Geschichte der russischen Literatur, München 1964 (Fürst Dmitri Mirski, in der großen Säuberung ermordet, war neben Trotzki der wichtigste bolschewistische Interpret russischer Literatur).
M. Slonim, Die Sowjetliteratur, Stuttgart 1972.
G. Struve, Geschichte der Sowjetliteratur, München 1957 (ein Quellenwerk ersten Ranges).
L. Timofejew, Geschichte der Sowjetliteratur, Band III der Geschichte der russischen Literatur für zehnklassige Mittelschulen, Berlin-Ost 1953.
L. Trotzki, Literatur und Revolution, Wien-Berlin 1924; Berlin-West 1968.

Überblickswerke zur Sowjetliteratur nach Stalins Tod (Auswahl)

C. Gerstenmaier, Die Stimme der Stummen, Stuttgart 1971.

M. Heller, Stacheldraht der Revolution. Die Welt der Konzentrationslager in der sowjetischen Literatur, Stuttgart 1975.

J. Holthusen, Rußland in Vers und Prosa, Berlin-West 1973.

J. Holthusen, Russische Literatur des 20. Jahrhunderts, Bern 1978.

W. Kasack, Die russische Literatur 1945–1982, München 1983.

(G. Lindemann), Sowjetliteratur heute, München 1979.

J. Malzew, Freie Russische Literatur 1955–1980, Frankfurt/Main-Berlin 1981.

H. v. Ssachno, Der Aufstand der Person, Berlin-West 1965.

(H. v. Ssachno, M. Grunert), Literatur und Repression, München 1970.

(V. Shabinsky), Ostlicht, Berlin-West 1958.

A. Steiniger, Literatur und Politik in der Sowjetunion nach Stalins Tod, Wiesbaden 1965.

Laufende Rezensionen und Bibliographien zur sowjetischen Literatur in den Zeitschriften Ost-Europa, Stuttgart; Kontinent, Frankfurt/Main-Berlin-Wien.

Drei russische Dichter. Alexander Block, Ossip Mandelstam, Sergej Jessenin, Frankfurt/Main 1963, Nachdichtung P. Celan.

A. Block, Gesammelte Dichtungen (darin: Die Skythen), München 1947, Nachdichtung J. v. Guenther.

A. Block, Die Zwölf, Frankfurt/Main 1958, Nachdichtung P. Celan.

A. Block, Ausgewählte Aufsätze, Frankfurt/Main 1964.

A. Block, Ausgewählte Werke in drei Bänden. Hrsg. F. Mirau, München 1978.

S. Jessenin, Liebstes Land, das Herz träumt leise, Berlin-Ost 1958, Nachdichtung E. J. Bach.

W. Majakowski, Ausgewählte Gedichte und Poeme, Berlin-Ost 1953, Nachdichtung H. Huppert. (Daraus stammen die Übersetzungen soweit nicht in den Anmerkungen anders vermerkt.)

W. Majakowski, Werke in 5 Bänden, Frankfurt/Main 1967–1974, Nachdichtung H. Huppert.

(K. Dedecius, Herausgeber und Übersetzer), W. Majakowski, Liebesbriefe an Lilja, Vorwort J. Rühle, Frankfurt/Main 1981.

1 K. Fedin, Dichter, Kunst, Zeit, Berlin-Ost 1959, S. 413.

2 L. Timofejew, Geschichte der Sowjetliteratur, Band III der Geschichte der russischen Literatur für zehnklassige Mittelschulen, Berlin-Ost 1953, S. 188–190.

3 F. Stepun, Vergangenes, Unvergängliches, München 1947–50, I/332.

4 M. Gorki, Erinnerungen an Zeitgenossen (Lenin, Tolstoi, Block, Jessenin u. a.), Berlin-Ost 1951, S. 197.

5 G. Struve, Geschichte der Sowjetliteratur, München 1957, S. 22.

6 ebda., S. 20.

7 K. Fedin (Anm. 1), S. 414.

8 M. Gorki (Anm. 4), S. 203–205.

9 A. Tolstoi, Der Leidensweg, Berlin-Ost 1953, II/274.

10 M. Gorki (Anm. 4), S. 217.

11 V. Zavalishin, Early Soviet Writers, New York 1958, S. 127–129; ders. in Literaturny Sowremenik, München 1/1951.

12 V. Alexandrowa, Soviet Literature, 35 years of Purge, Problems of Communism, Washington, 1/1952.

13 M. Gorki (Anm. 4), S. 213 f.

14 B. Pasternak, Geleitbrief, Köln 1958, S. 138.

15 W. Lenin, Über Kultur und Kunst, Berlin-Ost 1960, S. 618.

16 ebda.

17 A. Mettschenko, Gegen subjektivistische Hirngespinste über das Schaffen Majakowskis, Sowjetwissenschaft – Kunst und Literatur, Berlin-Ost, 4/1958 (Übersetzung aus Kommunist, Moskau, 18/1957).

18 ebda.

19 V. Zavalishin (Anm. 11).

20 W. Majakowski, Gedichte (russisch-deutsch), Ebenhausen bei München 1959, S. 102, Nachdichtung K. Dedecius.

M. Gorki, Klim Samgin, Berlin-Ost 1952–1957.
M. Gorki, Klim Samgin, 4 Bände, München 1982, Nachwort H. Immendörffer.
M. Gorki, Material zu Klim Samgin, Weimar 1954.
M. Gorki, Gesammelte Werke in Einzelausgaben, Berlin 1926–1931, Berlin-Ost 1946 ff.
M. Gorki, Briefe, Berlin-Ost 1960.
M. Gorki, Unzeitgemäße Gedanken über Kultur und Revolution, Frankfurt/Main 1972.
J. Rühle, Gorki und die Geburt des Sozialistischen Realismus, in: J. Rühle, Das gefesselte Theater, Köln-Berlin 1957; Theater und Revolution, München 1963.
B. D. Wolfe, Brücke und Abgrund (Gorki und Lenin), Wien-Frankfurt/Main-Zürich 1970.

21 G. Struve (Anm. 5), S. 79.
22 W. Lettenbauer, Russische Literaturgeschichte, Frankfurt/Main-Wien 1955, S. 325.
23 N. Gourfinkel, Maxim Gorki, Hamburg 1958, S. 67.
24 M. Gorki, Material zu Klim Samgin, Weimar 1954, S. 40 f.
25 ebda.
26 ebda.
27 M. Gorki, Klim Samgin, Berlin-Ost 1956, Nachwort Ralf Schröder, IV/672.
28 B. Michailowski/N. Belkina, Maxim Gorki (Auszug aus der Großen Sowjetenzyklopädie, 2. Aufl., Bd. 12, Moskau 1952), Berlin-Ost 1953, S. 43 f.
29 N. Gourfinkel (Anm. 23), S. 67.
30 M. Gorki (Anm. 24), S. 41.
31 M. Gorki (Anm. 27), S. 693 f.
32 M. Gorki (Anm. 24), S. 41 und 49.
33 M. Gorki, Erinnerungen an Zeitgenossen, Frankfurt/Main 1962, S. 196. In der Ausgabe Berlin-Ost 1951 (Anm. 4) ist das Porträt W. I. Lenin vollkommen verstümmelt, u. a. fehlt dieser Passus.
34 W. Lenin (Anm. 15), S. 619.
35 Dieser Satz ist sowohl in der Ausgabe Berlin-Ost (Anm. 4) wie in der Frankfurter Ausgabe (Anm. 33) verstümmelt; er steht vollständig in der Erstausgabe der Erinnerungen an Zeitgenossen, Berlin 1928. Offenbar hat Gorki den einschränkenden zweiten Teil des Satzes noch selbst getilgt.
36 M. Gorki, Ein Jahr russische Revolution (Artikel aus Nowaja Shisn, Petrograd 1917/18), Süddeutsche Monatshefte, Leipzig-München, Oktober 1918.
37 M. Gorki, (Anm. 4), S. 95.
38 M. Gorki (Anm. 24), S. 43 und 45.
39 M. Gorki (Anm. 4), S. 212 f.
40 ebda., S. 205.
41 Prozeßbericht über die Strafsache des antisowjetischen ›Blocks der Rechten und Trotzkisten‹, herausgegeben vom Volkskommissariat für Justizwesen der UdSSR, Moskau, 1938.

Die erste Vision der totalitären Welt

A. Huxley, Schöne Neue Welt, Frankfurt/Main 1953.
G. Orwell, 1984, Zürich 1950.
J. Samjatin, Wir, Köln-Berlin 1958.

42 G. Orwell, Freedom and Happiness, Tribune, London, 4. 1. 1946.
43 G. Struve (Anm. 5), S. 59.
44 C. G. Jung, Gegenwart und Zukunft, Schweizer Monatshefte, Basel, März 1957 (Sonderbeilage).
45 A. Jegolin, J. Stalin und die Sowjetliteratur, Berlin-Ost 1952, S. 35.
46 G. Struve (Anm. 5), S. 264.
47 ebda., S. 265.

Die klassischen Werke der Revolutionsepoche

Dreißig neue Erzähler des neuen Rußland, Berlin 1928.
I. Babel, Budjonnys Reiterarmee, Berlin 1926.
I. Babel, Das erzählerische Werk, Olten-Freiburg 1960.
I. Babel, Petersburg 1918, Pfullingen 1977.
A. Fadejew, Literatura i Shisn (Literatur und Leben), Moskau 1939.
A. Fadejew, Die Neunzehn (Die Vernichtung), Wien-Berlin 1928; Berlin-Ost 1955.
K. Fedin, Städte und Jahre, Berlin 1927.
D. Furmanow, Tschapajew, Berlin-Ost 1958.
F. Gladkow, Zement, Wien-Berlin 1927; Berlin-Ost 1949.
L. Leonow, Die Bauern von Wory (Dachse), Wien 1926.
L. Leonow, Aufruhr (Dachse), Berlin-Ost 1957.
B. Pilnjak, Die Wolga fällt ins Kaspische Meer, Berlin 1930, Vorwort K. Radek.
A. Serafimowitsch, Der eiserne Strom, Berlin-Ost 1952.

48 L. Timofejew (Anm. 2), S. 205.
49 K. Fedin (Anm. 1), S. 369 f.
50 A. Fadejew, Der Weg des Schriftstellers ist Kampf, Sowjetwissenschaft – Kunst und Literatur, Berlin-Ost, 11/1957 (Übersetzung aus Oktjabr, Moskau, 6/1957).
51 G. Struve (Anm. 5), S. 301.
52 ebda., S. 89.
53 V. Alexandrowa (Anm. 12). Über die letzten Lebensjahre Babels vgl. auch E. Shinko, Roman eines Romans, Köln 1962.
54 ebda.
55 G. Struve (Anm. 5), S. 323.
56 M. Eastman, Offener Brief an Rockwell Kent, Monat, Berlin-West, 21/1950. Das Buch von Max Eastman, Artists in Uniform, London-New York 1934, war die erste grundlegende Darstellung der sowjetischen Kunstdiktatur.
57 A. Mettschenko, Die Geschichte der Sowjetliteratur unter neuen Gesichtspunkten, Sowjetwissenschaft – Kunst und Literatur, Berlin-Ost, 11/1956 (Übersetzung aus Kommunist, Moskau, 12/1956).

58 M. Scholochow, Diskussionsrede auf dem XX. Parteitag der KPdSU, Neues Deutschland, Berlin-Ost, 24. 2. 1956.
59 H. Fast, The Naked God, New York 1957.

Das Epos der Kosaken

M. Scholochow, Der stille Don, Berlin-Ost 1953; München 1959.
M. Scholochow, Tichij Don (Der stille Don, überarbeitete Ausgaben), Moskau 1953; 1956.
Michail Scholochow Werk und Wirkung, Materialien des Internationalen Symposiums ›Scholochow und Wir‹, Karl-Marx-Universität Leipzig 1966 (Darin: R. Lalić, Zur Textkritik an Scholochows Stillem Don).

60 R. Mestan, Scholochows Reise nach Prag, Zeit, Hamburg, 4. 7. 1958.
61 A. Jegolin (Anm. 45), S. 39.
62 M. Scholochow, Tichij Don, Moskau 1953, Nachwort K. Potapow.
63 ebda.
64 J. Lukin, Michail Scholochow, Moskau 1952.
65 L. Jakimenko, Die neue Auflage des Stillen Don, Ostprobleme, Bad Godesberg, 36/1954 (Übersetzung aus Literaturnaja gaseta, Moskau, 10. 8. 1954).
66 K. Marx/F. Engels, Über Kunst und Literatur, Berlin-Ost 1950, S. 104 (Brief von Engels an Miss Harkness, April 1888, im Original englisch).
67 G. Lukács, Der russische Realismus in der Weltliteratur (3. erweiterte Auflage), Berlin-Ost 1952, S. 163 f.
68 ebda., S. 165.
69 G. Lukács, Deutsche Realisten des 19. Jahrhunderts, Berlin-Ost 1951, S. 69.
70 G. Lukács (Anm. 67), S. 364.
71 J. Leshnew, Michail Scholochow, Sowjetliteratur, Moskau, 8/1948.
72 G. Lukács (Anm. 67), S. 378.
73 ebda., S. 364.
74 ebda., S. 378.
75 ebda., S. 363.
76 K. Marx/F. Engels (Anm. 66), S. 107 (Marx, Zur Kritik der Hegelschen Rechtsphilosophie, Einleitung).
77 F. Engels, Der deutsche Bauernkrieg, Berlin-Ost 1951, S. 158.
78 G. Lukács (Anm. 67), S. 363.
79 ebda., S. 379.
80 L. Timofejew (Anm. 2), S. 314.
81 G. Lukács (Anm. 67), S. 361.
82 ebda., S. 175 ff.

Die heroische Periode der kommunistischen Erziehung

A. Fadejew, Die Junge Garde, Berlin-Ost 1953.
L. Froese, Ideengeschichtliche Triebkräfte der russischen und sowjetischen Pädagogik, Heidelberg 1956.
A. Kollontai, Wege der Liebe (Liebe der Arbeitsbienen), Berlin 1925.
A. Kollontai, Autobiographie einer sexuell emanzipierten Kommunistin, Berlin-West 1977.

A. S. Makarenko, Der Weg ins Leben (Pädagogisches Poem), Berlin-Ost 1948.
A. S. Makarenko, Werke, Berlin-Ost 1956 ff.
A. Makarenko, Gesammelte Werke (russisch-deutsch), erschienen Bd. 1–5, 7, 9, sog. Marburger Ausgabe, Stuttgart und Ravensburg 1976–1982.
N. Ognjow, Das Tagebuch des Schülers Kostja Rjabzew, Berlin 1927.
N. Ognjow, Kostja Rjabzew auf der Universität, Berlin 1929.
N. Ostrowski, Wie der Stahl gehärtet wurde, Berlin-Ost 1954.

83 A. S. Makarenko, Iswestija, Moskau, 7. 11. 1937.
84 L. Volpicelli, Die sowjetische Schule, Heidelberg 1958, S. 59.
85 E. Simmons, Der Mensch im Spiegel der Sowjetliteratur, Stuttgart 1956, S. 52, Beitrag von L. Luke.
86 C. Zetkin, Erinnerungen an Lenin, Wien-Berlin 1929, S. 63.
87 W. Lenin (Anm. 15), S. 532 ff.
88 C. Zetkin (Anm. 86), S. 64 f.
89 L. Timofejew (Anm. 2), S. 307, vgl. auch L. Grünwald, Wiener Tagebuch, 11/1984.
90 L. Timofejew, S. 303.
91 W. Solski, Der große Meyerhold, Monat, Berlin-West, 21/1950.
92 L. Timofejew (Anm. 2), S. 385.
93 K. Simonow, Es geht um die Wahrheitstreue, Sowjetwissenschaft – Kunst und Literatur, Berlin-Ost, 4/1957 (Übersetzung aus Nowy Mir, Moskau, 12/1956). Simonow zitiert kritisch den Artikel Die Junge Garde auf unseren Bühnen, Kultura i shisn, Moskau, Herbst 1947.
94 L. Timofejew (Anm. 2), S. 385.
95 Sowjetische Literaturkritik, Berlin-Ost 1953, S. 207 (Aufsatz von M. Kusnezow, Die neue Fassung der Jungen Garde, Nowy Mir, Moskau, 2/1952).

Lachen, um nicht zu weinen

I. Ilf/J. Petrow, Zwölf Stühle, Hamburg 1954.
I. Ilf/J. Petrow, Die Jagd nach der Million, Berlin-Ost 1958.
M. Soschtschenko (Einzelausgaben der Humoresken), Schlaf schneller, Genosse, Frankfurt/Main 1953; Was die Nachtigall sang, Stuttgart 1957; Der verborgte Ehemann, Berlin-Ost 1957; Der redliche Zeitgenosse, München 1958; Der Rettungsanker, München 1959; Der Flieder blüht, München 1959; Der Anruf im Kreml, Gütersloh 1963; Bleib Mensch, Genosse, München 1970.
M. Soschtschenko, Das Himmelblaubuch, München 1970.
M. Soschtschenko, Schlüssel des Glücks. Autobiographie. München 1977.

96 A. Shdanow, Über Kunst und Wissenschaft, Berlin-Ost 1951, S. 14.
97 G. Struve (Anm. 5), S. 196 f.
98 I. Ilf/J. Petrow, Jagd nach der Million, Berlin-Wien-Leipzig 1932, Nachwort A. Lunatscharski.
99 ebda.
100 E. Simmons (Anm. 85), S. 255, Beitrag von R. Domar.
101 M. Soschtschenko, Drusheskije parodij (Freundschaftliche Parodien), Literaturnije Sapiski, Moskau, 2/1922.

102 A. Shdanow (Anm. 96), S. 15.

103 Beschlüsse des Zentralkomitees der KPdSU (B) zu Fragen der Literatur und Kunst 1946–1948, Berlin-Ost 1952, S. 3 (Beschluß über die Zeitschriften Swesda und Leningrad, 14. 8. 1946).

Die Passion der Akmeisten

A. Achmatowa, Gedichte, Ebenhausen 1967, Nachdichtung H. Baumann.

A. Achmatowa, Im Spiegelland; Ausgewählte Gedichte, herausgegeben von E. Etkind, München 1982.

(J. v. Guenther), Neue russische Lyrik, Frankfurt 1960.

O. Mandelstam, Gedichte, Frankfurt/Main 1959, Taschenbuch Frankfurt/Main 1983, Nachdichtung P. Celan.

O. Mandelstam, Schwarzerde, Frankfurt/Main 1984, Nachdichtung R. Dutli.

O. Mandelstam, Mitternacht in Moskau, Zürich 1986, Nachdichtung R. Dutli.

H. Noll, Anna Achmatowa oder Das Schicksal der russischen Dichtung, Die Welt, 23. 5. 1987 (Artikel anläßlich der sowjetischen Erstveröffentlichung ihres »Requiem« in der Moskauer Zeitschrift Oktjabr).

A. Yarmolinsky, A Treasury of Russian Verse, New York 1949.

104 M. Slonim, Modern Russian Literature, New York 1953, S. 213.

105 ebda., S. 217.

106 V. Zavalishin (Anm. 11), S. 45.

107 Frankfurter Allgemeine Zeitung, 18. 3. 1961.

108 G. Ruge, Pasternak, München 1958, S. 73.

109 V. Zavalishin (Anm. 11), S. 49.

110 A. Shdanow (Anm. 96), S. 20 f.

111 Beschlüsse des Zentralkomitees (Anm. 103), S. 4.

112 G. Struve (Anm. 5), S. 514 f.

Alexej Tolstoi – Der Arbeiter- und Bauerngraf

A. Tolstoi, Peter I., Berlin-Ost 1950; München 1960.

A. Tolstoi, Der Leidensweg, Berlin-Ost 1953.

A. Tolstoi, Brot, Berlin-Ost 1953.

113 L. Timofejew (Anm. 2), S. 325.

114 J. Jelagin, Zähmung der Künste, Stuttgart 1954, S. 130 ff.

115 L. Timofejew (Anm. 2), S. 326 f.

116 W. Lettenbauer (Anm. 22), S. 379.

117 A. Tolstoi, Die Oktoberrevolution hat mir alles gegeben, Sonntag, Berlin-Ost, 2/1958.

118 Erläuterungen zur Sowjetliteratur, Berlin-Ost 1953, S. 162 (Aufsatz von A. Mjasnikow, Alexej Tolstoi, Sowjetliteratur, Moskau, 3/1949).

119 A. Tolstoi (Anm. 117).

120 L. Timofejew (Anm. 2), S. 332.

121 A. Jegolin (Anm. 45), S. 41.

122 Erläuterungen zur Sowjetliteratur (Anm. 118), S. 396 (Aufsatz von J. Petrow, Der historische Roman in der Sowjetliteratur, Sowjetliteratur, Moskau, 2/1949).
123 A. Jegolin (Anm. 45), S. 10.
124 L. Timofejew (Anm. 2), S. 332.
125 ebda., S. 337.

Ilja Ehrenburg – Literat Provocateur

I. Ehrenburg, Die ungewöhnlichen Abenteuer des Julio Jurenito, Berlin 1923; 1929.
I. Ehrenburg, Der Sturm, Berlin-Ost 1949.
I. Ehrenburg, Auszüge aus Kriegsaufsätzen, Bundeskorrespondenz, Frankfurt/Main, 24. 2. 1956 (Übersetzung aus der Prawda).
I. Ehrenburg, Über die Arbeit des Schriftstellers, Berlin-Ost 1954.
I. Ehrenburg, Wenn das Eis bricht (Tauwetter), Ostprobleme, Bonn, Nr. 32–48/1955; Tauwetter, Berlin-Ost 1957.
I. Ehrenburg, Menschen, Jahre, Leben, München 1965.
I. Ehrenburg, Das bewegte Leben des Lasik Roitschwantz, Frankfurt/Main 1976.

126 W. Lenin (Anm. 15), S. 619.
127 G. Struve (Anm. 5), S. 173.
128 Erläuterungen zur Sowjetliteratur (Anm. 118), S. 298.
129 G. Alexandrow, Genosse Ehrenburg vereinfacht, Prawda, Moskau, 14. 4. 1943.
130 G. Ruge, Gespräche in Moskau, Köln 1961, S. 137.
131 I. Ehrenburg, Menschen, Jahre, Leben, München 1965, I/7 f.

Die Stimme Rußlands

B. Pasternak, Doktor Schiwago, Frankfurt/Main 1958.
B. Pasternak, Geleitbrief, Köln-Berlin 1958.
B. Pasternak, Über mich selbst, Frankfurt/Main 1959.
B. Pasternak/O. Freudenberg, Briefwechsel 1910–1954, Frankfurt/Main 1986.
A. Efron, Briefe an Pasternak 1948–1957, Frankfurt/Main 1986.

132 G. Ruge (Anm. 108), S. 94.
133 Komsomolskaja Prawda, Moskau, 30. 10. 1958.
134 Ostprobleme, Bonn, 1/1959.
135 Literaturnaja Gaseta, Moskau, 25. 10. 1958.
136 Redaktionsgremium von Nowy Mir, Brief an Boris Pasternak, Kunst und Literatur, Berlin-Ost, 1/1960.
137 Prawda, Moskau, 26. 10. 1958.
138 G. Ruge (Anm. 108), S. 101.
139 Prawda, Moskau, 8. 12. 1958.
140 Prawda (Anm. 137).
141 H. Beckmann, Der überlebende Mensch, Rheinischer Merkur, Köln, 31. 10. 1958.
142 G. Struve (Anm. 5), S. 515.
143 G. Ruge (Anm. 108), S. 80.

144 P. Demetz, Marx, Engels und die Dichter, Stuttgart 1959, S. 133; vgl. K. Marx, F. Engels, Über Kunst und Literatur, in einem Band (Anm. 66), 2 Bände, Berlin-Ost 1967; vgl. auch B. Brumm, Marxismus und Realismus am Beispiel Balzac, Frankfurt/Main-Bern 1982; S. Prawer, Karl Marx und die Weltliteratur, München 1983.

145 K. Marx/F. Engels (Anm. 66), S. 3.

146 ebda., S. 4.

147 ebda., S. 6.

148 ebda.

149 ebda., S. 22.

150 G. Plechanow, Kunst und Literatur, Berlin-Ost 1955, S. XXIV; vgl. auch F. Mehring, Gesammelte Schriften, Berlin 1929/31; Berlin-Ost 1960/67; Werke, Neuwied 1974. Mehring war der deutsche sozialdemokratische Zeitgenosse Plechanows; als radikaler Sozialist 1918 mit Rosa Luxemburg und Karl Liebknecht Begründer der KPD.

151 W. Lenin (Anm. 15), S. 59 ff.

152 Studienmaterial zur Kunstdiskussion für künstlerische Lehranstalten, Dresden, Reihe II/5/1953, Nachtrag.

153 A. Jegolin (Anm.45); vgl. J. W. Stalin, Briefe an Schriftsteller, in: Neue Deutsche Literatur, Berlin-Ost, Sonderheft 1952; Ostprobleme, Bonn, 23/1953; Aufbau, Berlin-Ost, 5/1953; zum sowjetischen Schriftstellerkongreß 1934 vgl. (H. Schmitt, G. Schramm), Sozialistische Realismuskonzeptionen, Hamburg 1979.

154 N. Chruschtschow, Michail Scholochow – begabter Chronist unserer Epoche, Rede am 30. 8. 1959 in Weschenskaja am Don, Neues Deutschland, Berlin-Ost, 4. 9. 1959; vgl. auch N. Chruschtschow, Der Schriftsteller – ein Kämpfer für den Sieg des Neuen, Rede auf dem III. Sowjetischen Schriftstellerkongreß, Sowjetwissenschaft – Kunst und Literatur, Berlin-Ost, 7/1959, Beilage.

155 (V. Shabinsky), Ostlicht, Berlin-West 1958, S. 22 f.

Überblickswerke und Dokumentationen zur deutschen sozialistischen und kommunistischen Literatur einschließlich DDR-Literatur (Auswahl)

Aktionen – Bekenntnisse – Perspektiven (Berichte und Dokumente zum literarischen Schaffen in der Weimarer Republik), Berlin-Weimar 1966.

Arbeiter und Arbeiterbewegung in der deutschen Literatur (Anthologie), Neue Deutsche Literatur, Berlin-Ost, Nr. 5/1957.

L. v. Balluseck, Dichter im Dienst, Wiesbaden 1956.

Beiträge zur deutschen Gegenwartsliteratur (Publikationsreihe), Deutscher Schriftstellerverband, Berlin-Ost 1955 ff.

G. Birkenfeld, R. Hagelstange, H. W. Sabais, Freier Geist zwischen Oder und Elbe (Dokumente des Widerstandes seit 1945), Darmstadt-Zürich 1953.

(G. Caspar), Er rührte an den Schlaf der Welt (Deutsche Schriftsteller über Lenin), Berlin-Ost 1954.

(G. Caspar), Du Welt im Licht (Deutsche Schriftsteller über Stalin), Berlin-Ost 1954.

Deutsche sozialistische Literatur (Bibliographie), Berlin-Ost 1975.

Deutsches Schriftstellerlexikon, Weimar 1960.

R. Drews, A. Kantorowicz, Verboten und verbrannt, Berlin 1947.

Exil, 7 Bände (UdSSR; Schweiz; USA-Schanghai; Lateinamerika; Tschechoslowakei-Großbritannien-Skandinavien-Palästina; Niederlande-Spanien; Frankreich), Leipzig 1979 ff.

W. Fähnders, M. Rector, Linksradikalismus und Literatur, Reinbek 1974.

(W. Fähnders, M. Rector), Literatur im Klassenkampf, München 1971.

W. Fähnders, Proletarisch-revolutionäre Literatur in der Weimarer Republik, Stuttgart 1977.

K. Franke, Die Literatur der Deutschen Demokratischen Republik, München 1974 (2. Auflage).

Frieden – Krieg – Militarismus im kritischen und sozialistischen Realismus, Berlin-Ost 1961.

H. Gallas, Marxistische Literaturtheorie (Kontroversen im Bund proletarisch-revolutionärer Schriftsteller), Neuwied-Berlin 1971.

(H. J. Geerdts), Literatur der Deutschen Demokratischen Republik. Einzeldarstellungen. 2 Bände, Berlin-Ost 1974 und 1979.

Geschichte der deutschen Literatur von den Anfängen bis zur Gegenwart, Band 11; Literatur der Deutschen Demokratischen Republik, Berlin-Ost 1976 (bei aller Parteilichkeit das Standardwerk zur Literaturgeschichte der DDR).

V. Gransow, Kulturpolitik in der DDR, Berlin-West 1975.

Greif zur Feder, Kumpel (Bitterfelder Weg), Halle 1959.

O. Grotewohl, Deutsche Kulturpolitik, Dresden 1952.

Hammer und Feder (Selbstzeugnisse von DDR-Schriftstellern), Berlin-Ost 1955.

(G. Heintz), Deutsche Arbeiterdichtung 1910–1933, Stuttgart 1974.

(G. Heintz), Texte der proletarisch-revolutionären Literatur Deutschlands, Stuttgart 1974.

(L. Hoffmann, D. Hoffmann-Ostwald), Deutsches Arbeitertheater, München 1973.

R. Hoffmann, Rotes Metall (Anthologie 1917–1933), Berlin-Ost 1960.

(P. O. Hohendahl, P. Herminghouse), Literatur und Literaturkritik in der DDR, Frankfurt/Main 1976.

M. Jäger, Sozialliteraten, Düsseldorf 1973.

M. Jäger, Kultur und Politik in der DDR. Ein historischer Abriß, Edition Deutschland Archiv, Köln 1982 (enthält die umfangreichste Bibliographie zur Kulturpolitik der DDR).

M. Jäger, »Sozialistischer Realismus« als kulturpolitisches Losungswort, in: Begriffsbestimmung des literarischen Realismus, Darmstadt 1986.

J. Jarmatz, Kritik in der Zeit (Sozialismus - Literatur - Entwicklung), Halle 1970.

A. Kantorowicz, Deutsches Tagebuch, 2 Bände, München 1959; 1961.

Kulturpolitisches Wörterbuch, Berlin-Ost 1978 (2. Auflage).

A. Kurella, Der Mensch als Schöpfer seiner selbst, Berlin-Ost 1959.

H. Lauter, Der Kampf gegen den Formalismus in Kunst und Literatur (5. Tagung des ZK der SED), Berlin-Ost 1951.

Lexikon deutschsprachiger Schriftsteller von den Anfängen bis zur Gegenwart, 2 Bände, Leipzig 1967 und 1968; 2., erweiterte Auflage 1972 und 1974.

Lexikon sozialistischer deutscher Literatur von den Anfängen bis 1945, Halle 1963.

(P. C. Ludz), DDR-Handbuch, Köln 1979.

G. Lukács, Deutsche Literatur im Zeitalter des Imperialismus, Berlin-Ost 1950.

G. Lukács, Skizze einer Geschichte der neueren deutschen Literatur, Berlin-Ost 1953.

H. Mayer, Zur Gegenwartslage unserer Literatur, Sonntag, Berlin-Ost, Nr. 49/1956.

H. Mayer, Ein Deutscher auf Widerruf. Erinnerungen, 2 Bände, Frankfurt/Main 1982, 1984.

Ministerium für Kultur der DDR, Programmerklärung zur Verteidigung der Einheit der deutschen Kultur, Berlin-Ost 1954.

Ministerium für Kultur der DDR, Programmerklärung über den Aufbau einer Volkskultur in der DDR, Berlin-Ost 1954.

H. Mohr, Der 17. Juni als Thema der Literatur in der DDR, Deutschland Archiv, Köln 6/1978.

H. Noll, Rußland, Sommer, Loreley. Ein Deutscher in der Sowjetunion, Hamburg 1986.

D. Pike, Deutsche Schriftsteller im sowjetischen Exil 1933–1945, Frankfurt/Main 1981.

P. Pörtner, Literatur-Revolution 1910–1924, Darmstadt-Berlin-Neuwied 1960.

(F. J. Raddatz), Marxismus und Literatur (Dokumentation), Reinbek 1969.

F. J. Raddatz, Traditionen und Tendenzen (Materialien zur Literatur der DDR), Reinbek 1972.

(M. Reich-Ranicki), Auch dort erzählt Deutschland, München 1960; Zur Literatur der DDR, München 1974.

P. Rilla, Literatur als Geschichte (Literatur und Lüth, Goethe in der Literaturgeschichte), München 1978, Vorwort J. Rühle.

Rote 1-Mark-Romane, Wien-Berlin-Zürich 1930–1932; Neuauflagen in den Taschenbuchreihen Kämpfende Kunst und Rote Dietz Reihe, beide Berlin-Ost.

J. Rühle, Die Kulturpolitik der Sowjetzone, Parlament, Bonn, Nr. XLVII/1955, Beilage.

J. Rühle, Die Schriftsteller und der Kommunismus in Deutschland, Köln-Berlin 1962 (mit Beiträgen von Sabine Brandt).

C. Rülcker, Ideologie der Arbeiterdichtung, 1914–1933, Stuttgart 1970.

H.-D. Sander, Geschichte der Schönen Literatur in der DDR, Freiburg 1972.

Schriftsteller der DDR und ihre Werke, Leipzig 1955; (Meyers Taschenlexikon 1974).

Schriftsteller der Deutschen Demokratischen Republik, Leipzig 1961.

Schriftsteller der Gegenwart (Biographienreihe als Hilfsmittel für den Schulunterricht: Seghers, Marchwitza, Bredel, Brecht, Wolf, H. Mann, A. Zweig, Th. Mann, Becher, Andersen-Nexö, Hauptmann, Feuchtwanger, L. Frank, Fallada, Renn, Hesse, Scharrer, Strittmatter, Claudius, Uhse, Weinert, Hermlin, Kuba u. a.), Berlin-Ost 1954 ff.

(E. Schubbe), Dokumente zur Kunst-, Literatur- und Kulturpolitik der SED (1946–1970), Stuttgart 1972; fortgesetzt: (G. Rüß), Dokumente zur Kunst-, Literatur- und Kulturpolitik der SED (1971–1974), Stuttgart 1976.

A. Soergel, Dichtung und Dichter der Zeit, Neue Folge, Leipzig 1927.

(I. Spittmann, K. W. Fricke), 17. Juni 1953, Edition Deutschland, Archiv, Köln 1982.

F. Trommler, Sozialistische Literatur in Deutschland, Stuttgart 1976 (das Standardwerk zum Thema).

(H. Viesel), Literaten an der Wand (Die Münchner Räterepublik und und die Schriftsteller), Frankfurt/Main 1980.

H. A. Walter, Deutsche Exilliteratur 1933–1950, mehrbändiges Werk; bisher erschienen: Bedrohung und Verfolgung bis 1933, Darmstadt-Neuwied 1972; Asylpraxis und Lebensbedingungen in Europa, Darmstadt-Neuwied 1972; Exilpresse I, Darmstadt-Neuwied 1973; Exilpresse, Stuttgart 1978.

Weimarer Republik (herausgegeben vom Kunstamt Kreuzberg und dem Institut für Theaterwissenschaft der Universität Köln), Berlin-Hamburg 1977.

F. C. Weiskopf, Verteidigung der deutschen Sprache, Berlin-Ost 1955.

J. Willett, Explosion der Mitte, Kunst und Politik 1917–1933, München 1981 (das wichtigste Buch zum geistigen Verständnis der Epoche).

E. Zenker, Wir sind die Rote Garde (Anthologie 1914–1933), Leipzig 1959.

Zum XXXV. Jahrestag der Großen Sozialistischen Oktoberrevolution (Einfluß der Oktoberrevolution auf Heinrich und Thomas Mann, Arnold Zweig, Becher, Wolf u. a.), Neue Deutsche Literatur, Berlin-Ost, Sonderheft 1952.

Zur Tradition der sozialistischen Literatur in Deutschland (Dokumentation), Berlin-Weimar 1967, 2. Auflage.

Zur Tradition der deutschen sozialistischen Literatur. Eine Auswahl von Dokumenten 1926–1949 (Veröffentlichung der Akademie der Künste der Deutschen Demokratischen Republik, Sektion Literatur und Sprachpflege, Abteilung Geschichte der sozialistischen Literatur), 4 Bände, Berlin und Weimar 1979.

Links wo das Herz ist

1 K. Pinthus, Menschheitsdämmerung (Anthologie der Expressionisten), Hamburg 1959, S. 79 f.

2 Die Expressionismus-Zitate stammen, soweit nicht anders angegeben, aus A. Soergel, Dichtung und Dichter der Zeit, Neue Folge, Leipzig 1927, der sich auf die z. T. unerreichbaren Originalquellen bezieht.

3 Zitiert nach F. Wolf, Zehn Jahre – zehn Dramatiker, Aufbau, Berlin-Ost, 3–4/1957. In der Werkausgabe hat Wolf das politisch präzisiert: ›Die Welt wird umgestürzt werden . . .‹, F. Wolf, Das bist Du, Gesammelte Dramen, Berlin-Ost 1952, S. 131.

4 G. Benn, O' Geist, Gedichte, Wiesbaden 1960, S. 50.

5 G. Lukács, Essays über Realismus, Berlin-Ost 1948, S. 159.

6 J. R. Becher, Hymne auf Rosa Luxemburg, An Alle, Berlin 1919, zitiert nach K. Pinthus (Anm. 1), S. 285.

7 E. Mühsam, Gedichte, Berlin-Ost 1960; Unpolitische Erinnerungen, Berlin-Ost 1958. Zur sowjetischen Einschätzung vgl. Pawlowa, Die Dichtung Erich Mühsams, Kunst und Literatur, Berlin-Ost, 9/1959.

8 E. Toller, Ausgewählte Schriften, Berlin-Ost 1959, Vorwort B. Uhse; Werke, Hamburg 1961.

9 A. Klein, Zwei Dramatiker in der Entscheidung (Toller und Wolf), Sinn und Form, Berlin-Ost, 5/6/1958.

10 E. Niekisch, Gewagtes Leben, Köln-Berlin 1958, S. 99.

11 Vgl. Die Linkskurve, Berlin, 1/1931.

12 E. Hilscher, Thomas Manns politische Essays, Aufbau, Berlin-Ost, 12/1954. Die Erbengemeinschaft Thomas Mann hat in einem Brief vom 5. Mai 1965 an Alfred Kurella den propagandistischen Gebrauch, den die SED von dem Antikommunismus-Zitat machte, eine Vereinfachung, die der Fälschung gleichkomme, genannt und den Wortlaut von 1943 dagegen gestellt: »Sie sehen, daß ich in einem Sozialismus, in dem die Idee der Gleichheit die der Freiheit vollkommen überwiegt, nicht das menschliche Ideal erblicke, und ich glaube, ich bin vor dem Verdacht geschützt, ein Vorkämpfer des Kommunismus zu sein. Trotzdem kann ich nicht umhin, in dem Schrecken der bürgerlichen Welt vor dem Wort Kommunismus, diesem Schrecken, von dem der Faschismus so lange gelebt hat, etwas Abergläubisches und Kindisches zu sehen, die Grundtorheit unserer Epoche.« (Abgedruckt in Erika Mann, Briefe und Antworten, Band II.)

13 Th. Mann, Goethe als Repräsentant des bürgerlichen Zeitalters, Gesammelte Werke, Frankfurt/Main 1960, IX/331.
14 Th. Mann, Meine Zeit, ebda., XI/319.
15 A. Kantorowicz, Deutsches Tagebuch, München 1959, I/654.
16 A. Kantorowicz, Der Einfluß der Oktoberrevolution auf Heinrich Manns Entwicklung, Neue Deutsche Literatur, Berlin-Ost, 11/1952.
17 H. Mann, Ein Zeitalter wird besichtigt, Stockholm 1946, S. 54, 119.
18 Vgl. S. Brandt, Der Trinker – ein Protest gegen die Unmenschlichkeit, Sonntag, Berlin-Ost, 2. 5. 1955.
19 E. Welk, Herr Reichsminister, ein Wort bitte, Grüne Post, Berlin, 29. 4. 1934.
20 E. Welk, Im Morgennebel, Neues Deutschland, 19. 2. 1953.
21 Greifenalmanach (Zum Geburtstag Feuchtwangers und Grafs), Rudolstadt 1954, S. 127.
22 ebda., S. 151.
23 O. M. Graf, Antwort an einen und viele Genossen, Linkskurve, Berlin, 1/1930.
24 A. Scharrer, Der Hirt von Rauhweiler, Berlin-Ost 1949, 1959, Verlagsnachwort.
25 ebda.
26 J. Bonk, Ein Pionier der proletarisch-revolutionären Literatur, Neue Deutsche Literatur, Berlin-Ost, 7/1959.
27 Die Zitate zur Arbeiterdichtung stammen, soweit nicht anders angegeben, aus A. Soergel (Anm. 2).
28 F. Martini, Deutsche Literaturgeschichte, Stuttgart 1957, S. 524.
29 Zur kommunistischen Arbeiterliteratur in Deutschland vgl. Zur Tradition der siozialistischen Literatur in Deutschland, Berlin-Ost 1962; Zur Geschichte der sozialistischen Literatur 1918–1933, Berlin-Ost; Proletarisch-revolutionäre Literatur 1918–1933, Reihe Schriftsteller der Gegenwart, Berlin-Ost 1962; N. Kljuschnik, Das Thema der Arbeiterbewegung im deutschen proletarisch-revolutionären Roman Anfang der dreißiger Jahre, Sowjetwissenschaft – Kunst und Literatur, Berlin-Ost, 6–7/1958; H. Eckert, Proletarisch-revolutionäre Literatur, Neues Deutschland, Beilage 23/7. 6. 1958; Deutsches Arbeitertheater 1918–1933, Berlin-Ost 1961.
30 J. R. Becher, Linkskurve, Berlin, 10/1931.
31 E. Weinert, Über meinen Beruf, Junge Welt, Berlin-Ost, 92/1958.
32 E. Weinert, Das Zwischenspiel 1918–1933, Berlin-Ost 1956, S. 509.
33 H. Marchwitza, Sturm auf Essen, Wien-Berlin-Zürich 1930.
34 Lenin, zitiert in Bechers Vorwort zur 1. Auflage K. Grünberg, Brennende Ruhr, Berlin 1928.
35 W. Karsch, Weltbühne, Berlin, 39/1931.
36 G. Lukács, Willi Bredels Romane, Linkskurve, Berlin, 11/1931, vgl. auch die Kontroverse Lukács/Ottwalt, Linkskurve 7, 10, 11, 12/1932.
37 W. Bredel, Linkskurve 1/1932. Zu Bredel vgl. auch Dokumente seines Lebens, Berlin-Ost 1961.
38 W. Bredel, Rede auf der Theoretischen Konferenz des Schriftstellerverbandes v. 6.–8. 6. 1958, Sonntag, Berlin-Ost, 15. 6. 1958.
39 J. R. Becher, Ein Schritt weiter, Linkskurve, Berlin, 1/1930.
40 Jacobsohn, Weltbühne, Berlin, 3/1919.
41 A. Eggebrecht, Einer sagte nein, Sender Freies Berlin, Berlin-West, 4. 5. 1958.
42 C. v. Ossietzky, Vor Sonnenaufgang, Weltbühne, Berlin, 16. 9. 1930.
43 C. v. Ossietzky, Diktatur Severing, Weltbühne, Berlin, 29. 10. 1929.
44 P. Panter, Gesunde und kranke Nerven, Weltbühne, Berlin, 14. 10. 1930.
45 Fragen an eine Arbeiterfrau (1929), in: Kurt Tucholsky, Deutschland, Deutschland unter anderen, Berlin-Ost 1957, S. 35; vgl. auch (W. Victor), Kurt Tucholsky – Ein Lesebuch für unsere Zeit, Erfurt 1952, S. 156.
46 P. Panter (Anm. 44).
47 K. Tucholsky, Dank vom Hause Stalin, Weltbühne, Berlin, 8. 5. 1928.

48 C. v. Ossietzky, Cachin und Trotzki, Weltbühne, Berlin, 17. 1. 1928.
49 VVN-Nachrichten, Düsseldorf, 4. 5. 1949.
50 C. v. Ossietzky, Rechenschaft, Weltbühne, Berlin, 10. 5. 1932.
51 C. v. Ossietzky, Der Weltbühnenprozeß, Weltbühne, Berlin, 1. 12. 1931.
52 H. Mann, Carl von Ossietzky, Neue Deutsche Literatur, Berlin-Ost, 5/1958.
53 Neue Weltbühne, Prag, 6. 2. 1936, zitiert nach Monat, Berlin-West, 115/1958.
54 K. Tucholsky, Ausgewählte Briefe, Hamburg 1967, S. 333, 338 ff.
55 K. Tucholsky, Lerne lachen ohne zu weinen, Berlin 1931, S. 244.

Haßliebe zu den niederen Dämonen

L. Dupeux, ›Nationalbolschewismus‹ in Deutschland 1919–1933, München 1985.
E. Niekisch, Gedanken über deutsche Politik, Dresden 1929.
E. Niekisch, Entscheidung, Berlin 1930.
E. Niekisch, Hitler, ein deutsches Verhängnis, Berlin 1932.
E. Niekisch, Das Reich der niederen Dämonen, Hamburg 1953.
E. Niekisch, Gewagtes Leben, Köln-Berlin 1958.

56 Weltwoche, Zürich, 7. 11. 1958.
57 F. G. Jünger, Spiegel der Jahre, München 1958, S. 35.
58 E. Jünger, Strahlungen, Tübingen 1949, S. 245.
59 F. G. Jünger (Anm. 57), S. 38.
60 Linkskurve, Berlin, 5/1930.
Die kommunistische Einstellung zu Niekisch kommt sehr deutlich zum Ausdruck in den Zensurvorgängen um die DDR-Ausgabe seiner Europäischen Bilanz (Potsdam 1951), Akten im Bundesarchiv Koblenz, Nachlaß Niekisch.
61 F. Hielscher, Fünfzig Jahre unter Deutschen, Reinbek 1954, S. 276 f.
62 H. Buchheim, Ernst Niekisch, Vierteljahreshefte für Zeitgeschichte, Stuttgart, Oktober 1957.
63 F. G. Jünger (Anm. 57), S. 187.
64 E. Jünger, Jahre der Okkupation, Stuttgart 1958, S. 148.

Thomas Mann und die Krise der Republik

Th. Mann, Werke in 12 Bänden, Berlin-Ost 1956.
Th. Mann, Tagebücher 1944–1946. Herausgegeben von Inge Jens. Frankfurt/Main 1986.
E. Mann, Briefe und Antworten, 2 Bände (1922–1969), München 1985.
J. Fest, Die unwissenden Magier. Über Thomas und Heinrich Mann, Berlin (West) 1985.
H. Mayer, Thomas Mann, Berlin-Ost 1950.
E. Fischer, Dichtung und Deutung, Kap. Doktor Faustus und die deutsche Katastrophe, Wien 1953.
J. Marcus-Tar, Thomas Mann und Georg Lukács, Köln-Wien 1982.

65 G. Lukács, Thomas Mann, Berlin-Ost 1953, S. 17.
66 ebda., S. 31.
67 K. Sontheimer, Thomas Mann und die Deutschen, München 1961, S. 85.

Die Geschichte als Gleichnis

L. Feuchtwanger, Josephus-Trilogie, Rudolstadt 1951.
L. Feuchtwanger, Jud Süß, Rudolstadt 1954.
L. Feuchtwanger, Erfolg, Berlin-Ost 1956.
A. Kantorowicz, Heinrich und Thomas Mann, Berlin-Ost 1956.
A. Kantorowicz, Heinrich Manns Essay über Zola, Wissenschaftliche Zeitschrift der Humboldt-Universität zu Berlin, Gesellschafts- und sprachwissenschaftliche Reihe Nr. 3, Jahrgang III 1953/54.
H. Mann, Essays, 2 Bände, Berlin-Ost 1954/56, Nachwort A. Kantorowicz.
V. Skierka, Lion Feuchtwanger, Berlin (West) 1984 (Bildband).
H. Mann, Ein Zeitalter wird besichtigt, Berlin-Ost 1947, Nachwort A. Kantorowicz.
H. Mann, Henri Quatre, Berlin-Ost 1956, Hamburg 1959, Nachwort A. Kantorowicz.

68 L. Feuchtwanger zum 70. Geburtstag, darin: Versuch einer Selbstbiographie, Berlin-Ost 1954, S. 124.
69 L. Feuchtwanger, Die Füchse im Weinberg, Berlin-Ost 1952, Nachwort.
70 L. Feuchtwanger (Anm. 68), S. 125.
71 ebda., S. 47.
72 G. Lukács, Der historische Roman, Berlin-Ost 1955, S. 315.
73 ebda.
74 ebda., S. 317.
75 Lion Feuchtwanger, Reihe Schriftsteller der Gegenwart, Berlin-Ost 1960, S. 25.
76 L. Feuchtwanger (Anm. 68), S. 136.
77 Vgl. die angegebenen Aufsätze von Alfred Kantorowicz.
78 Th. Mann, Bericht über meinen Bruder, Gesammelte Werke, Frankfurt/Main 1960, XI/478.
79 H. Mann, Die Vollendung des Königs Henri Quatre, Berlin-Ost 1956, Nachwort von A. Kantorowicz.
80 ebda.
81 G. Lukács (Anm. 72), S. 383.
82 L. Feuchtwanger (Anm. 69), Vorspruch.
83 A. Kantorowicz, Briefe Heinrich Manns aus der Emigration, Frankfurter Allgemeine Zeitung, 29. 3. 1958.
84 A. Kantorowicz, Deutsches Tagebuch, München 1959, II/75.
85 E. Badstübner-Peters, Wie unsere Republik entstand, Illustrierte historische Hefte 2, Berlin-Ost 1977, S. 33.

Der rote Reporter

E. E. Kisch, Gesammelte Werke in Einzelausgaben, Berlin-Ost 1960 ff.

86 A. Kantorowicz, Rechenschaft, Die Zeit, Hamburg, 36/37/38 v. 5./12./19. 9. 1957.
87 E. Utitz, Egon Erwin Kisch, der klassische Journalist, Berlin-Ost 1956, S. 196.
88 E. E. Kisch, Karl Marx in Karlsbad, Aufbau, Berlin-Ost, 4–5/1949.
89 E. Utitz (Anm. 87), S. 198.
90 Zeit, Hamburg, 8. 4. 1948.
91 E. Utitz (Anm. 87), S. 31.
92 E. Utitz (Anm. 87), S. 81 ff.
93 Inzwischen gibt es einen in Australien lebenden Reporter, Jiri Hodac, der die Wahrheit von Kisch über Oberst Redl wieder infrage stellt. Vgl. R. Ströbinger, Die Wahrheit über den Fall Oberst Redl, Welt, Bonn, 10. 5. 1982.
94 E. E. Kisch, Marktplatz der Sensationen, Berlin-Ost 1953, Vorwort B. Uhse; L. Sulc, Egon Erwin Kisch und die Rote Garde, Volksstimme, Wien, 24. 4. 1960.
95 E. Utitz (Anm. 87), S. 200.
96 Literarisches Echo, zitiert nach D. Schlenstedt, Die Reportage bei Egon Erwin Kisch, Berlin-Ost 1959.
97 B. Uhse (Anm. 94) S. 286 f. Der plattdeutsche Autor Heinz von der Wall hat diese Geschichte nachgeprüft und festgestellt, daß Hans ut Hamm sich öffentlich im »Hamburger Fremdenblatt« (29. 4. 1939) gegen den Plagiatsvorwurf des »Schwarzen Korps« verwahrt hat und daß es 1939 einen plattdeutschen Literaturpreis der Stadt Hamburg nicht gegeben hat (Brief an den Autor).
98 Kurier, Berlin-West, 29. 3. 1958.
99 E. E. Kisch, Der rasende Reporter, Berlin-Ost 1947, S. 349.

Offizier des Kaisers – Soldat der Komintern

E. Jünger, In Stahlgewittern, Berlin 1940.
E. M. Remarque, Im Westen nichts Neues, Köln-Berlin 1957.
L. Renn, Adel im Untergang, Berlin-Ost 1947.
L. Renn, Krieg – Nachkrieg, Berlin-Ost 1955.
L. Renn, Der Spanische Krieg, Berlin-Ost 1955.
J. Rühle, Mit den Augen des Stabsoffiziers, Monat, Berlin-West, 91/1956.

100 L. Renn, Die Schlacht bei Guadalajara, Verlag des Ministeriums des Innern, Berlin-Ost o. J.
101 L. Renn, Verteidigung und ihre Vorbereitung (Diskussionsbeitrag auf dem Schriftstellerkongreß), Neues Deutschland, Berlin-Ost, 15. 1. 1956.
102 L. Renn, Bildung der Volksarmee – Antwort auf Bonner Kriegspolitik (Pressekonferenz des Ausschusses für deutsche Einheit), Neues Deutschland, Berlin-Ost, 21. 1. 1956.
103 L. Renn, Über die Voraussetzungen zu meinem Roman Krieg, Linkskurve, Berlin, 1–4/1929.
104 ebda.
105 L. Renn, Gutsbesitzer, Offiziere, Kommunisten, Linkskurve, Berlin, 6. 6. 1931.
106 Vgl. W. Lenin, Ausgewählte Werke I, Berlin-Ost 1951, S. 880.
107 Brief Stalins an Gorki v. 17. 1. 1930, Neue Deutsche Literatur, Berlin-Ost, Sonderheft zum XXXV. Jahrestag der Großen Sozialistischen Oktoberrevolution, November 1952.
108 Ludwig Renn, Reihe Schriftsteller der Gegenwart, Berlin-Ost 1956.

109 ebda.
110 L. Renn, Krieg – Nachkrieg, Berlin-Ost 1955, Nachwort S. 485.
111 L. Renn, Ein Anstoß und seine unerwarteten Folgen, Hammer und Feder, Berlin-Ost 1955, S. 438 f.
112 Als Dokument vgl. Ernst Busch, Songs of the Spanish Civil War, Vol. I u. II, Folkways Records, New York 1961 (Originalaufnahmen im Unterschied zu den später in der DDR von Ernst Busch nachgesungenen Aufnahmen).
113 Schriftsteller der Gegenwart (Anm. 108).
114 G. Regler, Das Ohr des Malchus, Köln-Berlin 1958, S. 526. (Zu Regler neuerdings ein Beitrag aus der DDR: Dieter Schiller, Gläubig an unsere Idee. Die letzten Jahre des revolutionären Schriftstellers Regler (1935–1939), Weimarer Beiträge Heft7/1986, S. 1172–1191.)
115 Schriftsteller der Gegenwart (Anm. 108).
116 Im Kampf um eine neue deutsche Architektur. Ludwig Renn antwortet Dr. Kurt Liebknecht. Stellungnahme des Neuen Deutschland, Berlin-Ost, 14. 3. 1951. Dort wird auch die Berliner Zeitung (Rühle) wegen Verteidigung der »amerikanischen Kulturbarbarei« des Bauwesenes angegriffen.

Gefährten am Kreuzweg

Anna Seghers, Gesammelte Werke in Einzelausgaben, Berlin-Ost 1951 ff.
H. Gallas, Marxistische Literaturtheorie, Neuwied-Berlin 1971.
(J. Matzner), Lehrstück Lukács, Frankfurt/Main 1974.
(H. J. Schmitt), Die Expressionismus-Debatte, Frankfurt/Main 1973.
Die literaturpolitische Diskussion der zwanziger und dreißiger Jahre wird ausführlich erörtert in der Zeitschrift Die Alternative, Berlin-West 1964 ff.

117 Studienmaterial für künstlerische Lehranstalten, Dresden, Sonderheft 1952.
118 G. Lukács, Essays über Realismus, Berlin-Ost 1948, Briefwechsel zwischen Anna Seghers und Georg Lukács.
119 G. Lukács, Deutsche Literatur im Zeitalter des Imperialismus, Berlin-Ost 1950, S. 77 f.
120 Vgl. Georg Lukács und der Revisionismus, Berlin-Ost 1960; Lukács an J. Rühle am 8. 8. 1964, ›. . . mit Freude festgestellt, daß Sie – sehr im Gegensatz zu den Kritikern im Westen – in meinen Aufsätzen aus den 30er Jahren die Opposition zu der Stalinschen Literaturtheorie relativ klar gesehen haben.‹
121 A. Seghers, Referat auf dem IV. Deutschen Schriftstellerkongreß, Beiträge zur deutschen Gegenwartsliteratur, Berlin-Ost, 1/1956.
122 S. Rosanowa, Der Kampf um eine neue deutsche demokratische Literatur, Neue Welt, Berlin-Ost, 19/1952.
123 A. Seghers, Das Erntedankfest, in: Unser Deutschland, Berlin-Ost 1957.
124 C. Wolf, Anna Seghers über ihre Schaffensmethode, Neue Deutsche Literatur, Berlin-Ost, 8/1959.

B. Brecht, Hauspostille, Berlin 1927; Hundert Gedichte, Berlin-Ost 1951. Brecht hat die Erstausgaben seiner Gedichte mehrfach, vor allem durch Weglassungen, korrigiert. Die Zitate in unserem Buch beziehen sich auf die Originalfassungen.

B. Brecht, Stücke 1–12, Frankfurt/Main 1949–59; Berlin-Ost 1951–59. Darin Brechts Kommentare Bei Durchsicht meiner ersten Stücke.

B. Brecht, Versuche 1–15, Frankfurt/Main 1949–1959, Berlin-Ost 1951–1959.

B. Brecht, Modellbücher (Antigone, Galilei, Courage), Berlin-Ost 1955, 1958; (Gewehre der Frau Carrar), Dresden 1952.

Berliner Ensemble, Theaterarbeit, Dresden 1952.

B. Brecht, Werke in 20 Bänden, Frankfurt/Main 1967.

B. Brecht, Politische Schriften, Frankfurt/Main 1970.

B. Brecht, Arbeitsjournal, 3 Bände, Frankfurt/Main 1973.

B. Brecht, Tagebücher, Frankfurt/Main 1975.

B. Brecht, Briefe, 2 Bände, Frankfurt/Main 1981.

Brecht in der Kritik, München 1977.

H. Bunge, Fragen Sie mehr über Brecht (Gespräche mit Hanns Eisler), München 1972.

M. Esslin, Brecht, Frankfurt/Main 1962.

H. Lüthy, Vom armen Bert Brecht, Monat, Berlin-West, 44/1952.

A. Müller, G. Semmer, Geschichten von Herrn B., 1. Band Frankfurt/Main 1967; 2. Band München 1968.

W. Paul, Aus Bertolt Brechts späten Jahren, Neue Deutsche Hefte, Gütersloh, 52/1958.

K. Völker, Bertolt Brecht, München-Wien 1976.

E. Schumacher, Die dramatischen Versuche Bertolt Brechts 1918–1933, Berlin-Ost 1955.

Sonderhefte Bertolt Brecht, Sinn und Form, Berlin-Ost 1949 und 1957.

125 Vgl. J. Rühle, Das gefesselte Theater, Köln 1957, und Theater und Revolution, München 1962.

126 A. Kellner, Tod des Bertolt Brecht, Monat, Berlin-West, 97/1956.

127 B. Brecht, Ist das Volk unfehlbar?, Gesammelte Werke, Bd. 9, Gedichte II, Frankfurt/Main 1967, S. 741.

128 Bertolt Brecht before the Committee on Un-American Activities, Folkways Records, New York, FD 5531.

129 B. Brecht, Das Amt für Literatur, Berliner Zeitung, Berlin-Ost, 15. 7. 1953; dort erschien auch Nicht feststellbare Fehler der Kunstkommission, 11. 7. 1953.

130 A. Kellner (Anm. 126).

Die Kunst des inneren Vorbehalts

A. Zweig, Gesammelte Werke in Einzelausgaben, Berlin-Ost 1948 ff.

131 A. Zweig über seinen Romanzyklus Der große Krieg der weißen Männer, Sonntag, Berlin-Ost, 10. 11. 1957.
132 A. Zweig, Junge Frau von 1914, Berlin-Ost 1950, Nachwort zur 1. Ausgabe 1931.
133 Vgl. G. Lukács, Schicksalswende, Kap. Arnold Zweigs Romanzyklus über den imperialistischen Krieg 1914–1918, Berlin-Ost 1956; H. Mayer, Der Grischa-Zyklus, Sonderheft Arnold Zweig, Sinn und Form, Berlin-Ost 1952.
134 A. Zweig, Das Beil von Wandsbek, Berlin-Ost 1953, Nachbemerkung.
135 Heinrich Mann – Arnold Zweig, Reihe Schriftsteller der Gegenwart, Berlin-Ost 1954, S. 75.
136 A. Zweig, Die Feuerpause, Berlin-Ost 1954, Nachwort.
137 C. Milosz, Verführtes Denken, Köln-Berlin 1955.
138 Heinrich Mann – Arnold Zweig (Anm. 135), S. 76.
139 ebda., S. 73.
140 A. Zweig, Über die Gegenwart in Romanen, Neues Deutschland, Berlin-Ost, 6. 11. 1955, Beilage.
141 K. Tucholsky, Panter, Tiger und andere, Berlin-Ost 1957, S. 135.
142 A. Zweig, Wir brauchen wieder Muße zur persönlichen Entwicklung, Sächsisches Tageblatt, Dresden, 14. 2. 1954.
143 ebda.

Johannes R. Bechers Poetische Konfession

J. R. Becher, Das neue Gedicht, Leipzig 1918.
J. R. Becher, Die hungrige Stadt, Wien-Berlin, 1927, 1928.
J. R. Becher, Ein Mensch unserer Zeit, Rudolstadt 1929.
J. R. Becher, Auswahl in 6 Bänden, Berlin-Ost 1952.
J. R. Becher, Auf andere Art so große Hoffnung, Berlin-Ost 1951/52.
J. R. Becher, Verteidigung der Poesie, Berlin-Ost 1952.
J. R. Becher, Poetische Konfession, Berlin-Ost 1953.
J. R. Becher, Macht der Poesie, Berlin-Ost 1955.
J. R. Becher, Das poetische Prinzip, Berlin-Ost 1957.
J. R. Becher, Walter Ulbricht – ein deutscher Arbeitersohn, Berlin-Ost 1958.
J. R. Becher, Bild-Chronik, Berlin-Ost 1963.
Sonderhefte Johannes R. Becher, Sinn und Form, Berlin-Ost 1949 und 1960.
S. Brandt, Johannes R. Bechers verdrängte Gedichte, SBZ-Archiv, Köln, 20/1958.
K. Pinthus, Menschheitsdämmerung, Hamburg 1959.
J. Rühle, Tränen des Vaterlands, Deutschland Archiv, Köln, 5/1981.
J. Rühle, Bad Saarow: Johannes R. Becher, in: Stätten deutscher Literatur, Texte zum Kalender des Gesamtdeutschen Instituts, Bonn 1982.
A. Soergel, Dichtung und Dichter der Zeit, Neue Folge, Leipzig 1927.
W. Ulbricht, Dem Dichter des neuen Deutschland Johannes R. Becher, Berlin-Ost 1959.

144 Vor allem J. R. Becher, Das neue Gedicht, Leipzig 1918; J. R. Becher, Ein Mensch unserer Zeit, Rudolstadt 1929.

145 J. R. Becher, Danksagung, Sinn und Form, Berlin-Ost, 2/1953. Dort stehen auch die Huldigungen Brechts, Arnold Zweigs, Anna Seghers' u. a. für Stalin.

146 A. Kurella, Über Johannes R. Bechers Poetische Konfession, Beiträge zur deutschen Gegenwartsliteratur, Berlin-Ost, 10/1955.

147 Wortprotokoll der 33. Tagung des Zentralkomitees der SED, Berlin-Ost, 16.–19. 10. 1957.

148 J. R. Becher, Der große Feind, Berliner Zeitung, Berlin-Ost, 16. 11. 1955.

149 D. Wellershoff, Gottfried Benn, Phänotyp dieser Stunde, Köln-Berlin 1958, S. 177 ff.

150 Neue Deutsche Volkslieder, Aurora, Berlin-Ost, 58000 3. Vgl. B. Brecht, Gesammelte Werke, Frankfurt/Main 1967, Band 19, S. 509 f.

Bilanz des Hitler-Stalin-Krieges

Th. Plievier, Stalingrad, München 1948.

Th. Plievier, Moskau, München 1952, Nachwort des Verlages.

Th. Plievier, Berlin, München 1954.

G. Birkenfeld/R. Hagelstange/H. W. Sabais, Freier Geist zwischen Oder und Elbe, Darmstadt-Zürich 1953.

W. Leonhard, Der Schock des Hitler-Stalin-Paktes. Erinnerungen aus der Sowjetunion, Westeuropa und USA. Freiburg/Br. 1986.

151 Ja, Woina, Spiegel, Hamburg, 38/1952.

152 R. Hagelstange, Theodor Plievier, Monat, Berlin-West, 80/1955.

Die Dämmerung nach vorn

E. Bloch, Das Prinzip Hoffnung, Berlin-Ost 1954, 1955, 1959; Frankfurt/Main 1959.

E. Bloch, Differenzierungen im Begriff Fortschritt, Sitzungsbericht der Deutschen Akademie der Wissenschaften, Berlin-Ost 1956.

J. Bochenski, Der sowjetrussische dialektische Materialismus, Bern 1950.

T. Franz, Revolutionäre Philosophie in Aktion. Ernst Blochs politischer Weg, genauer besehen, Hamburg 1985.

(R. Gropp), Ernst Bloch zum 70. Geburtstag, Berlin-Ost 1955.

R. Gropp, Mystische Hoffnungsphilosophie ist unvereinbar mit Marxismus, Forum, Berlin-Ost, 6/1957, Beilage.

R. Gropp, Ernst Blochs Revision des Marxismus, Berlin-Ost 1957.

J. Hommes, Der technische Eros, Freiburg 1955.

J. Rühle, Hoffnung mit Trauerflor, in: (R. Traub/H. Wieser), Gespräche mit Ernst Bloch, Frankfurt/Main 1975.

Ulbrichts Kampf gegen die Intellektuellen, SBZ-Archiv, Köln, Sonderheft 1957.

G. Wetter, Der dialektische Materialismus, Freiburg 1953.

Bloch-Almanach, erscheint jährlich seit 1981, herausgegeben vom Ernst-Bloch-Archiv der Stadtbibliothek Ludwigshafen durch Karlheinz Weigand.

153 K. Hager, Parteilichkeit oder politische Neutralität?, Neues Deutschland, Berlin-Ost, 8. 7. 1955.
154 Neues Deutschland, 15. 10. 1955.
155 W. I. Lenin, Philosophischer Nachlaß, Werke, Band 38, Berlin-Ost 1964, S. 170.
156 Freiheit, ihre Schichtung und ihr Verhältnis zur Wahrheit, Protokoll der Konferenz der Sektion Philosophie der Deutschen Akademie der Wissenschaften, Berlin-Ost 1956.
157 R. Gropp, Ernst Blochs Revision des Marxismus, Berlin-Ost 1957, S. 10.
158 Wortprotokoll der 33. Tagung des Zentralkomitees der SED, Berlin-Ost, 16.–19. 10. 1957.
159 K. Hager, Der Kampf gegen bürgerliche Ideologien und Revisionismus, Forum, Berlin-Ost, 3,4/1957.
160 J. Rühle, Die Deutsche Zeitschrift für Philosophie, Berliner Zeitung, Berlin-Ost, 1. 12. 1953.
161 SBZ-Archiv, Köln, 19/1. 10. 1961.
162 Vgl. J. Rühle, Leibhaftig aufgetaucht aus der Geschichte – Karl August Wittfogel in Düsseldorf, Deutschland Archiv, Köln, 12/1979, und ders., Rudi Dutschke, eine deutsche Utopie, Deutschland Archiv, Köln, 2/1980.

Fazit 2: Sprache, Nation und Sozialismus

163 M. Buhr/A. Kosing, Kleines Wörterbuch der marxistisch-leninistischen Philosophie, Stichwort Nation, Berlin-Ost 1974, S. 194.
164 B. Brecht, Gesammelte Werke in 20 Bänden, Frankfurt/Main 1967, Band 9, S. 707.
165 (A. W. Mytze), Wie viele deutsche Literaturen gibt es? Europäische Ideen, Berlin-West, 2/1973 und 3/1974.
166 Vgl. u. a. (H. Moser), Das Aueler Protokoll, Band I der Reihe Die Sprache im geteilten Deutschland, Düsseldorf 1964 (darin: J. Rühle, Die Sprache des Sozialistischen Realismus); (M. W. Hellmann), Zum öffentlichen Sprachgebrauch in der Bundesrepublik Deutschland und in der DDR, Düsseldorf 1973; M. Kinne/B. Strube-Edelmann: Kleines Wörterbuch des DDR-Wortschatzes, Düsseldorf 1980; Sprache in Deutsch-Land, Muttersprache, Wiesbaden, 3–4/1981 (darin umfassende Bibliographie); O. Gudorf, Sprache als Politik, Köln 1981.
167 Berlin-Ost 1951; München 1972.
168 Vgl. V. Klemperer, LTI, Berlin-Ost 1947.
169 Vgl. W. Oschlies, Lenins Enkeln aufs Maul geschaut, Köln 1981, auch: Deutschland Archiv, Köln, 10/1979 und 9/1980.
170 Neues Deutschland, Berlin-Ost, 16. 6. 1970.
171 G. Lerchner, Zur Spezifik der Gebrauchsweise der deutschen Sprache in der DDR und ihrer gesellschaftlichen Determination, in: Deutsch als Fremdsprache, Leipzig, XI/1974.
172 Vgl. S. Brandt, Die deutschen Rabiaten, in: J. Rühle, Die Schriftsteller und der Kommunismus in Deutschland, Köln-Berlin 1960.
173 Neues Deutschland, Berlin-Ost, 22. 7. 1951.
174 Vgl. J. Rühle, Literatur und Revolution, 1. Ausgabe, Köln-Berlin 1960, München-Zürich 1963, Beispiele der politischen Neurose (Kuba, Hermlin, Heym, Bronnen; ergänzt durch Strittmatter in: J. Rühle, Die Schriftsteller . . ., Anm. 172).
175 P. C. Ludz, Mechanismus der Herrschaftssicherung. Eine sprachpolitische Analyse gesellschaftlichen Wandels in der DDR, München-Wien 1980; vgl. dazu: J. Rühle, Peter Christian Ludz – das letzte Buch, Deutschland Archiv, Köln, 6/1980.
176 V. Erlich, Russischer Formalismus, Frankfurt/Main 1973; D. Lichatschow, Nach dem Formalismus, München 1968.
177 Vgl. Literaturverzeichnis am Anfang dieses Teils.

Die großen alten Männer der sozialistischen Literatur

M. Andersen Nexö, Pelle der Eroberer, Berlin-Ost 1949.

M. Andersen Nexö, Ditte Menschenkind, Berlin-Ost 1950.

M. Andersen Nexö, Morten der Rote, Die verlorene Generation, Berlin-Ost 1950, Jeannette, 1958.

M. Andersen Nexö, Erinnerungen, Berlin-Ost 1952.

H. Barbusse, Das Feuer, Zürich 1918.

H. Barbusse, Staline, Paris 1935. (Ghostwriter des Stalin-Buches war der spätere Kulturkommissar der DDR, damaliger Moskau-Emigrant Alfred Kurella.)

A. France, Die Insel der Pinguine, Berlin-Ost 1952, Nachwort A. Antkowiak.

J. Hašek, Die Abenteuer des braven Soldaten Schwejk, Köln-Berlin 1952, Berlin-Ost 1953.

P. Istrati, Kyra Kyralina, Onkel Angiel, Die Haiducken, Kindheit des Adrian Zograffi, Michail, Frankfurt/Main 1926 ff.

P. Istrati, Auf falscher Bahn, So geht es nicht, Rußland nackt, München 1930.

P. Istrati, Tage der Jugend, München 1931.

(R. Pytlik). J. Hašek in Bildern, Briefen und Erinnerungen, Ost-Berlin 1983.

R. Rolland, Mahatma Gandhi, Erlenbach-Zürich 1923.

R. Rolland, Die verzauberte Seele, München 1923 ff.

R. Rolland, Quinze ans de combat, Paris 1935.

R. Rolland, Aus meinem Leben, Amsterdam 1949.

R. Rolland, Johann Christoph, Berlin-Ost 1951.

R. Rolland, Zwischen den Völkern, Stuttgart 1954.

G. B. Shaw, Politik für jedermann, Zürich 1945.

H. G. Wells, Nacht über Rußland, Berlin 1922.

H. G. Wells, Mind at the end of its tether, London 1945.

1 G. Piltz, Sobald wir ernstlich wollen, Berliner Zeitung, Berlin-Ost, 21. 9. 1951.

2 St. Heymann, Ein großer kritischer Realist, Neues Deutschland, Berlin-Ost, 3. 11. 1950; zu Shaws Rußland-Besuch 1931 vgl. M. Heller, A. Nekrich, Geschichte der Sowjetunion, Königstein/Taunus 1981, Band I, S. 244.

3 I. Anissimow, Die Weltliteratur und die sozialistische Revolution, Sowjetwissenschaft – Kunst und Literatur, Berlin-Ost, 8,9/1958 (Übersetzung aus Woprossy literatury, Moskau, 8/1957).
4 G. MacDougall, Der irische Rebell, Neues Deutschland, Berlin-Ost, 26. 7. 1956.
5 I. Anissimow (Anm. 3).
6 Die offizielle sowjetische Fassung des Gesprächs ist veröffentlicht in J. Stalin, Fragen des Leninismus, Moskau 1938.
7 V. Brome, H. G. Wells, London-New York-Toronto 1951, S. 203.
8 E. Bentley, Der Tod Methusalems, Monat, Berlin-West, 28/1951.
9 A. France, Die Insel der Pinguine, Berlin-Ost 1952, Nachwort A. Antkowiak.
10 W. Ilberg, Romain Rolland, Berlin-Ost 1951, S. 23 f.
11 Frankfurter Allgemeine Zeitung, 8. 12. 1966, ein Artikel über die Rolland-Ausstellung im französischen Nationalarchiv.
12 Zu Rollands Verhältnis zur Sowjetunion vgl. R. Rolland, Quinze ans de combat, Paris 1935; W. Ilberg (Anm. 10). Die angeführten Zitate sind, soweit nicht anders vermerkt, diesen Werken entnommen.
13 H. Hesse – R. Rolland Briefe, Zürich 1954, Brief Rollands vom 5. 3. 1938.
14 Zu Barbusses Verhältnis zum Kommunismus vgl. A. Vidal, Henri Barbusse, Soldat des Friedens, Berlin-Ost 1955.
15 V. Klemperer, Barbusse und Plievier, Aufbau, Berlin-Ost, 6/1946.
16 E. Shinko, Roman eines Romans, Köln 1962, S. 185.
17 N. Nikolajew, Ein hervorragendes Buch der Gegenwart, Sowjetliteratur, Moskau, 11/1952.
18 J. Hasek, Die Abenteuer des braven Soldaten Schwejk, Köln-Berlin 1952, Nachwort
19 H. Böll, Die Abenteuer des braven Soldaten Schwejk, Süddeutsche Zeitung, München, 17. 12. 1952.
20 P. Reimann, Über realistische Kunstauffassung, Berlin-Ost 1949, S. 144.
21 Zu Haseks Verhältnis zum Kommunismus vgl. A. Kolmann, Die verirrte Generation, Frankfurt/Main 1975, J. Dresler, Die Abenteuer des braven Soldaten Hasek, Osteuropa, Stuttgart, 4–5/1962; N. Jelanski, Jaroslav Hasek w Krasnoj Armii i na partinoj rabote w Sowjetskoj Rossii, Literatura slawjanskich narodow, Moskau, 2/1957; J. Krizek, Jaroslav Hasek v revolucnim Rusku, Prag 1957; P. Demetz, Schelm und Anarchist, Frankfurter Allgemeine Zeitung, 23. 1. 1983. Aus diesen Werken stammen die folgenden Zitate.
22 M. Brod, Der heimliche Jaroslav Hasek, Forum, Wien, 2/1957.
23 M. Andersen-Nexö, Reihe Schriftsteller der Gegenwart, Berlin-Ost 1962, S. 6.
24 ebda., S. 37.
25 ebda., S. 40.
26 ebda., S. 14.
27 K. Schodder, Der große Däne, der große Mensch, Aufbau, Berlin-Ost, 6/1954.
28 P. Istrati, Kyra Kyralina, Berlin 1925, Vorwort R. Rolland.
29 ebda., Zum Geleit von P. Istrati.
30 N. Kazantzakis, Rechenschaft vor El Greco, Berlin-München-Wien 1967, Bd. 2, 62–68.

Die Mandarins von Paris

L. Aragon, Die Glocken von Basel, Berlin-Ost 1946.
L. Aragon, Die Viertel der Reichen, Die Reisenden der Oberklasse, Aurelien, Berlin-Ost 1952.
L. Aragon, Die Kommunisten, Berlin-Ost 1953 ff.

R. Aron, Opium für Intellektuelle, Köln-Berlin 1957.
S. de Beauvoir, Die Mandarins von Paris, Hamburg 1955.
F. Bondy, Der Rest ist Schreiben, Wien 1972.
M. A. Brunier, Les existentialistes et la politique, collection idées Gallimard, Paris 1966.
A. Camus, Die Pest, Hamburg 1950.
A. Camus, Der Mensch in der Revolte, Hamburg 1953.
A. Camus, Der Mythos von Sisyphos, Hamburg 1959.
D. Caute, Communism and the French Intellectuals, London 1964 (das Standardwerk zum Thema).
L. F. Céline, Die Judenverschwörung in Frankreich, Dresden 1938.
L. F. Céline, Reise ans Ende der Nacht, Hamburg 1958.
L. F. Céline, Von einem Schloß zum anderen, Hamburg 1960.
L. F. Céline, Nord, Paris 1960.
P. Eluard, Vom Horizont eines Menschen zum Horizont aller Menschen, Berlin-Ost 1956, Nachdichtung F. Hagen.
A. Gide, Tagebuch 1889–1939, Stuttgart 1950–54.
A. Gide, Tagebuch 1939–1942, München 1948.
H. Lüthy, Nach dem Untergang des Abendlandes, Köln 1965.
A. Malraux, So lebt der Mensch (La Condition humaine), Stuttgart 1955.
A. Malraux, Anti-Memoiren, Frankfurt/Main 1968.
C. Malraux, Wer den Ruf vernimmt, Tübingen 1968; Das Geräusch meiner Schritte, Bern-München 1982.
R. Minder, Dichter in der Gesellschaft, Frankfurt/Main 1972.
M. Nadeau, Geschichte des Surrealismus, Hamburg 1965.
J. P. Sartre, Ist der Existentialismus ein Humanismus?, Zürich 1947.
J. P. Sartre, Dramen, Stuttgart 1948.
J. P. Sartre, Was ist Literatur?, Hamburg 1948.
J. P. Sartre, Materialismus und Revolution, Stuttgart 1950.
J. P. Sartre, Der Teufel und der liebe Gott, Hamburg 1951.
J. P. Sartre, Krieg im Frieden 1, Artikel, Aufrufe, Pamphlete 1948–1954, Reinbek 1982.
J. P. Sartre, Krieg im Frieden 2, Reden, Polemiken, Stellungnahmen 1952–1956, Reinbek 1982.

31 Vgl. (R. Grossmann), Der Gott der keiner war, München 1962; K. Mann, André Gide, Zürich 1948. Aus diesen Werken stammen die entsprechenden Zitate.

32 F. Bondy, André Malraux, in: Die Großen der Weltgeschichte, Band XI, Zürich 1978, S. 584.

33 H. Holz, Der französische Existentialismus, Speyer-München 1958, S. 99.

34 G. Zeltner, Gier nach Wirklichkeit, Monat, Berlin-West, 157/1961.

35 J. Gorkin, Stalins langer Arm, Köln 1980, S. 264.

36 I. Ehrenburg, Menschen, Jahre, Leben, München 1965, II/80.

37 I. Dubowskoj, Paul Eluards Dichtung, Sowjetliteratur, Moskau, 10/1953. Vgl. auch P. Eluard, Vom Horizont eines Menschen zum Horizont aller Menschen, Berlin-Ost 1956, Anmerkungen F. Hagen.

38 P. Eluard, Joseph Stalin, Cahiers du Communisme, Januar 1950, S. 4.

39 F. Lennartz, Ausländische Dichter und Schriftsteller unserer Zeit, Stuttgart 1955, S. 184.

40 L. Aragon, Die Viertel der Reichen, Berlin-Ost 1952, Nachwort.

41 R. S. Short, The Politics of Surrealism 1920–1936, The Journal of Contemporary History, London, 2/1966, S. 6.

42 F. Bondy, Wie Frankreichs stalingläubiger Dichter die Vergangenheit sieht, Tagesspiegel, Berlin-West, 18. 2. 1959.

43 Zitiert nach E. T., Einsichten, Welt, Hamburg, 29. 7. 1959.

44 Zitiert nach Interpress, Hamburg, 22. 9. 1977.

45 J. P. Sartre, Dramen, Hamburg 1948, Vorwort.

46 A. Camus, Der Belagerungszustand, Programmheft des Schiller-Theaters, Berlin-West, 31/1953–54.

47 J. P. Sartre, Der Teufel und der liebe Gott, Hamburg 1951, Text auf dem Umschlag; vgl. auch H. Holz, der französische Existentialismus, Speyer-München 1958, S. 45 f.; G. Lukács, Existentialismus oder Marxismus, Berlin-Ost 1951; F. Bondy, Jean-Paul Sartre and Politics, Journal of Contemporary History, London, 2/1967.

48 J. P. Sartre, Was ist Literatur?, Hamburg 1958, S. 140.

49 Briefwechsel zwischen A. Camus und J. P. Sartre, Les Temps Modernes, Paris, 82/1952; Aron, Opium für Intellektuelle, Köln 1957.

50 Lüthy, Frankreichs heimatlose Linke, Monat, 19/1950.

51 J. P. Sartre, Programmheft der Leipziger Theater, 20/1953–1954, Die ehrbare Dirne.

52 Interview mit L'Express, Paris, 9. 11. 1956; vgl. auch J. P. Sartre, Le fantôme de Staline, Les Temps Modernes, 129–131/1956.

53 J. Bloch-Michel, Ein Gespräch mit dem Nobelpreisträger Albert Camus, Monat, 111/1957.

Italien zwischen Schwarz und Rot

A. Gramsci, Briefe aus dem Kerker, Berlin-Ost 1956.

C. Levi, Christus kam nur bis Eboli, Zürich 1947.

C. Levi, Worte sind Steine (Drei Reisen nach Sizilien), Berlin-Ost 1960.

C. Malaparte, Verdammte Toskaner, Karlsruhe 1957.

C. Malaparte, In Rußland und in China, Karlsruhe 1959.

A. Moravia, Die Mädchen vom Tiber (Römische Geschichten), München 1954.

A. Moravia, Eine russische Reise, München 1959.

A. Moravia, Die Kulturrevolution in China, München 1968.

C. Pavese, Junger Mond (Mond und Johannisfeuer), Hamburg 1954.

C. Pavese, Das Handwerk des Lebens, Hamburg 1956.

V. Pratolini, Chronik armer Liebesleute, München 1949.

I. Silone, Fontamara, Zürich 1933.

I. Silone, Brot und Wein, Zürich 1936.

I. Silone, Samen unterm Schnee, Zürich 1942.

I. Silone, Eine Handvoll Brombeeren, Zürich 1952.

E. Vittorini, Tränen im Wein (Gespräch in Sizilien), Zürich 1942.

E. Vittorini, Offenes Tagebuch, Olten-Freiburg 1959.

54 P. Eckstein, Ignazio Silone, Sie und Er, Zürich, 17. 2. 1955.

55 F. Bondy, Der Unbequeme, Weltwoche, Zürich, 30. 8. 1978.

56 Zu Vittorinis Verhältnis zum Kommunismus vgl. E. Vittorini, Offenes Tagebuch, Olten-Freiburg/Breisgau 1959 (Brief an Togliatti, Politechnico, Rom, 35/1947). Die folgenden Zitate stammen aus diesem Werk.

57 Schlechtes Echo aus Italiens KP, SPD-Pressedienst Ostspiegel, Bonn, 17. 4. 1963.

58 V. Pratolini, Il Punto, Rom, 17. 11. 1956.

59 L. Barzini, Curzio Malaparte, Monat, Berlin-West, 133/1959.

60 F. Vegliani, Malaparte, Karlsruhe 1958, S. 184.

61 P. Citati, Gespräch mit Alberto Moravia, Neue Zürcher Zeitung, 1. 11. 1952.

Die vergessenen Europäer

R. Alberti, Stimme aus Nesselerde und Gitarre, Berlin-West 1959, Nachdichtung E. Arendt.

R. Alberti, Der verlorene Hain (Erinnerungen), Frankfurt/Main 1976.

H. Jaenicke, Es lebe der Tod, Hamburg 1980.

H. Laxness, Weltlicht, Berlin-Ost 1955.

H. Laxness, Atomstation, Hamburg 1955.

F. García Lorca, Gedichte, Hamburg 1948, Nachdichtung E. Beck.

F. García Lorca, Die dramatischen Dichtungen, Wiesbaden 1954.

S. O'Casey, Autobiographie, 6 Bände, Zürich 1973.

H. Thomas, Der spanische Bürgerkrieg, Berlin-Frankfurt/Main-Wien 1962.

62 H. A. J., Seine Lieder gingen von Mund zu Mund, Welt, Hamburg, 20. 7. 1956.

63 G. B. Shaw über O'Caseys The Silver Tassie, Programmheft des Schillertheaters, Berlin-West, 27/1953–54; zum Verhältnis O'Caseys zu den Kommunisten vgl. A. Jelistratowa, Sean O'Casey – der Schriftsteller und Patriot, Sowjetliteratur, Moskau, 11/1952.

64 S. Hermlin, Federico García Lorca, Aufbau, Berlin-Ost, 2/1957.

65 ebda.

66 F. Lennartz (Anm. 39), S. 386.

67 G. Lorenz, Federico García Lorca, Hamburg 1963, S. 112.

68 Zu Lorcas Tod vgl. G. Lorenz, ebda., H. Barth, Das Geheimnis von Federico García Lorcas Tod ist endgültig geklärt, Tagesspiegel, Berlin-West, 6. 8. 1961.

69 Vgl. W. Haubrich, Der Dichter auf der Straße, Frankfurter Allgemeine Zeitung, 7. 2. 1980.

70 N. Krymowa, Ein Schriftsteller von der Insel der Sagas, Sowjetliteratur, Moskau, 12/1953.

71 H. Laxness, Weltlicht, Berlin-Ost 1955, Text auf dem Umschlag.

72 H. Laxness, Das Buch über das Genie, Sinn und Form, Berlin-Ost, 5/1955.

73 N. Krymowa (Anm. 70).

74 M. J. Lasky, Die ungarische Revolution, Berlin-West 1958, S. 292.

75 E. Lehmann-Brauns, Laxness arbeitet am 52. Buch, Frankfurter Allgemeine Zeitung, 1. 7. 1972.

Die Selbstkritik Amerikas

D. Aaron, Writers on the Left, New York 1961 (das Standardwerk zum Thema).

E. Caldwell, Gottes kleiner Acker, Zürich 1948.

J. Dos Passos, Der 42. Breitengrad, Berlin 1930.

J. Dos Passos, Auf den Trümmern (1919), Berlin 1932.
J. Dos Passos, Die Hochfinanz, Hamburg 1962.
Th. Dreiser, Sowjetrußland, Berlin-Wien-Leipzig 1929.
Th. Dreiser, Der Finanzier, Der Titan, Der Stoiker, Berlin-Ost 1953/54.
Th. Dreiser, Tragisches Amerika, Berlin-Ost 1955.
J. Farrell, Studs Lonigan, New York 1938.
J. Farrell, Die fremde Erde, Zürich 1953.
J. Farrell, Kein Stern geht verloren, Berlin-West 1959.
D. Hammett, Romane 1–5, Zürich 1974–1976.
D. Hammett, Erzählungen, Band 1 und 2, Zürich 1976, 1978.
E. Hemingway, Haben und Nichthaben, Hamburg 1957.
A. Kazin, Amerika – Selbsterkenntnis und Befreiung, Freiburg/Br. 1951.
R. Meyn, Die ›Rote Dekade‹, Hamburg 1980.
H. Schumann, Zum Problem des kritischen Realismus bei John Steinbeck, Halle 1958.
U. Sinclair, Lanny Budd kehrt zurück, Bern 1953.
L. Steffens, Die Geschichte meines Lebens, Zürich 1948.
J. Steinbeck, Früchte des Zorns, Konstanz-Zürich 1940.
T. Veblen, Theorie der feinen Leute (Theorie der Müßiggängerklasse), Köln-Berlin 1958.
R. Wright, Black Boy (Ich Negerjunge), Köln 1978, München 1981.
R. Wright, Schwarz unter weiß – fern von Afrika, Frankfurt/Main 1952.

76 Zum Konflikt John Reeds mit der Komintern vgl. T. Draper, The Roots of American Communism, New York 1957; G. Hicks, John Reed, New York 1936; Sopade Informationsdienst, Bonn, 11. 11. 1947; Problems of Communism, 3/1957; W. Leonhard, Völker hört die Signale, München 1981, S. 55.

77 J. Reed, Zehn Tage, die die Welt erschüttern, Berlin-Ost 1957 (darin: Biographie Reeds von A. Williams, Vorworte von Lenin und Krupskaja, neuer sowjetischer Kommentar); vgl. SBZ-Archiv Köln, 14/1958.

78 F. Lennartz, Ausländische Dichter und Schriftsteller unserer Zeit, Suttgart 1955, S. 633.

79 Internationale Literatur, Berlin, 3/1932, S. 113.

80 Der Fall Upton Sinclairs, Monat, 21/1950, vgl. E. Elistratowa, Upton Sinclair, Internationale Literatur, Berlin, 3/1932.

81 K.-H. Wirzberger, Die Romane Theodor Dreisers, 1955, Neue Zeitung, Berlin-West, 4. 7. 1952.

82 Zum Verhältnis Dreisers zum Kommunismus vgl. K.-H. Schönfelder, Die großen Romane Th. Dreisers, Aufbau, Berlin-Ost, 12/1956; S. Dinamow, Dreiser kommt zu uns, Internationale Literatur, Berlin, 3/1932.

83 F. Lennartz (Anm. 78).

84 Th. Dreiser, Der Individualismus und die Dschungeln, Rede in New York 15. 12. 1931, Internationale Literatur, Berlin, 3/1932.

85 I. Anissimow, Weltliteratur und Revolution, Kunst und Literatur, Berlin-Ost, 12/1959.

86 I. Howe/L. Coser, The American Communist Party, Boston 1958, S. 298.

87 Brief an Foster, Generalsekretär der KP USA, Sonntag, Berlin-Ost, 29. 4. 1962.

88 Über Farrell und den Sozialismus vgl. J. Farrell, Was braucht die Literatur?, Monat, Berlin-West, 4/1949; J. Farrell, Introduction to Studs Lonigan (Ausgabe von The Modern Library), 1938; J. Farrell, Kein Stern geht verloren, Berlin-West 1959 (Klappentext); J. Farrell, Communism and Radicalism in the USA (Rezension von J. Howe),

L. Coser, The American Communist Party, Problems of Communism, 4/1958 (Dementi der Unterzeichnung des Wahlaufrufs für Foster/Ford 1932 durch Farrell). Die deutsche Ausgabe von Studs Lonigan wurde 1947 von der amerikanischen Militäradministration verboten, weil sie wegen ihrer »Kapitalismuskritik« für die Reedukation der Deutschen nicht geeignet sei. Dasselbe Verdikt traf alle Werke Faulkners (»ein völlig negatives Bild von unserer Gesellschaft«). S. J. Göhring, Amerikanische Literaturpolitik in Deutschland 1945—1953, Stuttgart 1976.

89 D. Aaron, Writer on the Left, New York 1961; vgl. auch M. Geismar, Writers in a Crisis, Boston 1942; M. Geismar, Rebels and Ancestors, Boston 1953; M. Gold, Proletarian Literature in the United States, New York 1935; G. Hicks, Where we came out, New York 1954; E. Lyons, The Red Decade, New York 1941.

90 (H. Keil), Sind oder waren Sie Mitglied?, Verhörprotokolle über unamerikanische Aktivitäten bis 1956, Hamburg 1979, S. 142 ff.; vgl. auch H. Keil, Erklärungsversuche zum McCarthyismus (Literaturbericht), Zeitschrift für Politik, Köln, 2/1974.

91 Vgl. G. Hicks, Der Romancier und die Macht, Monat, Berlin-West, 40/1952; Dos Passos, Manhattan Transfer, Frankfurt/Main 1948, Vorwort Sinclair Lewis; sowie die o. a. Werke zur roten Dekade.

92 Klappentext D. Hammett, Der dünne Mann, Zürich 1976.

93 Klappentexte der Diogenes-Ausgabe, Zürich 1974—1978.

94 L. Hellman, Vorwort zu D. Hammet, Das große Umlegen, Zürich 1976; vgl. auch Vorwort zu D. Hammet, Detektiv bei Continental,s, von Steven Marcus, Zürich 1978.

95 Zu Caldwell vgl. A. Arnold, E. Caldwell und die Literatur der amerikanischen Südstaaten, Neue Zürcher Zeitung, 8. 11. 1958; Sonnenstadt ohne Sterne, Neues Deutschland, Berlin-Ost, Beilage vom 20. 12. 1958.

96 E. Hemingway, ein Interview mit John Neumann, New York, Hemingway-Werbeprospekt, Rowohlt, Hamburg 1957.

97 I. Anissimow, Kunst und Literatur, Berlin-Ost, 1/1960.

98 F. Claes, Licht aus dem Westen, Köln 1957, S. 20 f.; vgl. H. Schumann, Zum Problem des kritischen Realismus bei John Steinbeck, Halle 1958.

99 G. Hicks (Anm. 91); Lennartz (Anm. 78).

100 Brief an Unitá, zitiert nach Neue Zeitung, Berlin-West, 4. 7. 1951, John Steinbeck schlägt zurück; vgl. auch John Steinbeck reist nach Sowjetrußland, in: L. L. Snyder/ R. B. Morris, Hier hielt die Welt den Atem an, Stuttgart 1953.

101 Frankfurter Allgemeine Zeitung, 15. 7. 1966.

102 Sind oder waren Sie Mitglied? (Anm. 90).

103 New York Times, 8. 12. 1981.

104 Auch ich bin Amerika, Nachdichtung S. Hermlin, Berlin-Ost 1948; vgl. auch Janheinz Jahn, Schwarzer Orpheus, München 1954.

105 Akademiemitglied D. W. Skobelzyn, Vorsitzender des Komitees für die Internationalen Stalinpreise, Für Festigung des Völkerfriedens, Sowjetliteratur, Moskau, 2/1954.

106 H. Fast, Der nackte Gott, Monat, Berlin-West, 112 und 113/1958; vgl. auch New York Times, 1. 2. 1957.

107 N. Gribatschow, H. Fast – ein Nachbeter des Revisionismus, Presse der Sowjetunion, 25/1958, aus: Literaturnaja Gaseta, Moskau, 30. 1. 1958.

108 D. W. Skobelzyn (Anm. 105).

Lateinamerikas großer Gesang

J. Amado, Werke in Einzelausgaben, Berlin-Ost 1950 ff.

J. Amado, Der Ritter der Hoffnung, Berlin-Ost 1952.

E. Cardenal, In Kuba, Wuppertal 1972.

E. Cardenal, Das Evangelium der Bauern von Solentiname, Wuppertal 1980.

A. Césaire, Sonnendolche, Heidelberg 1956, Nachdichtung J. H. Jahn.
A. Césaire, Und die Hunde schwiegen, Emsdetten 1956.
N. Guillén, Bitter schmeckt das Zuckerrohr, Berlin-Ost 1952, Nachdichtung E. Arendt.
G. Márquez, Zwischen Karibik und Moskau. Journalistische Arbeiten 1955 bis 1959, Köln 1986 (Reiseberichte aus der DDR, Ungarn, Polen, der Tschechoslowakei und der Sowjetunion).
P. Neruda, Der große Gesang, Berlin-Ost 1953, Nachdichtung E. Arendt.
P. Neruda, Die Trauben und der Wind, Berlin-Ost 1955, Nachdichtung E. Arendt.
B. Traven, Werke in Einzelausgaben, Berlin 1926 ff.

Überblickswerke zur modernen Literatur Lateinamerikas (Auswahl)

E. Galeano, Die offenen Adern Lateinamerikas, Wuppertal 1973.
R. Grossmann, Geschichte und Probleme der lateinamerikanischen Literatur, Ismaning 1979.
Lateinamerikanische Literatur der Gegenwart in Einzeldarstellungen, Stuttgart 1978.
G. W. Lorenz, Die zeitgenössische Literatur in Lateinamerika. Chronik einer Wirklichkeit. Motive und Strukturen, Tübingen 1970.
(C. Meyer-Clason), Unsere Freunde, die Diktatoren. Lateinamerikanische Schriftsteller heute. Prosa, Essays, Poesie, Königstein/Ts. 1980.
(K. Niggestich), Städte in Lateinamerika, Wuppertal 1976.
O. Paz, Lateinamerika und die Demokratie, Merkur, München, 3/1983.
L. Pollmann, Geschichte des lateinamerikanischen Romans, Berlin-Bielefeld 1981.
Rose aus Asche, Spanische und lateinamerikanische Lyrik seit 1900, Frankfurt/Main 1981.
(M. Strausfeld), Materialien zur lateinamerikanischen Literatur, Frankfurt/Main 1976.

109 R. Recknagel, Forum, Berlin-Ost, 20/21/1961; G. Heidemann, Stern, Hamburg, 19/1967; R. Recknagel, Beiträge zur Biographie des B. Traven, Berlin-West 1977; W. Wyatt, The Man who was B. Traven, London 1980; H. Jaesrich, Die Liebe zum Pseudonym, Monat, Berlin-West, 2/1980; K. S. Guthke, Das Geheimnis des Jahrhunderts entdeckt – und rätselhafter denn je, Schweizer Monatshefte, Zürich, 4/1982 (Vorabdruck aus der Traven-Gesamtausgabe der Büchergilde Gutenberg, Schlußband).

110 Telegraf, Berlin-West, 20. 1. 1949.

111 Bergbau-Industrie, Bochum, 15. 3. 1949.

112 V. Weimer, Sonntag, Berlin-Ost, 34/1957. Vgl. auch Nachwort von L. Renn zu Baumwollpflücker, Berlin-Ost 1957; H. D. Tschörner, Travens Mahagony-Serie, Aufbau, Berlin-Ost, 12/1957.

113 Klappentext J. Amado, Katakomben der Freiheit, Berlin-Ost 1955, vgl. auch E. Naganowski, Früchte der Liebe und des Zorns, Aufbau, Berlin-Ost, 12/1954.

114 E. Arendt, Die Indios steigen von Mixco nieder, Berlin-Ost 1951; P. Neruda, Der große Gesang (Nachdichtung E. Arendt), Nachwort, Berlin-Ost 1953.

115 Cuadernos, Paris, 28/1958.
116 Frankfurter Allgemeine Zeitung, 25. 9. 1973.
117 J. H. Jahn, Schwarzer Orpheus, München 1954; J. H. Jahn, Muntu, Düsseldorf 1958; vgl. E. Ruthenbeck, Die Dichtung des Schwarzen Menschen, Gemeinschaft und Politik, Bad Godesberg, 11/1957.
118 Klappentext und Nachwort von J. H. Jahn zu A. Césaire, Sonnendolche, Heidelberg 1956.
119 J. H. Jahn, Cahier d'un Retour ou Pays Natal, Paris, zitiert nach Werbematerial des Verlages Kiepenheuer & Witsch.
120 Vgl. Aus der Internationalen Arbeiterbewegung, Berlin-Ost, 14. 3. 1959. Aus den Thesen des Exekutivkomitees der Sozialistischen Volkspartei Kubas.
121 A. Césaire, Lettre à Maurice Thorez, Présence africaine, Paris 1956.
122 Zum Fall Padilla: Der Sozialismus als Staatsmacht, Kursbuch 30, Berlin-West 1972; M. Sales, Schöpferische Freiheit auf der Insel der Freiheit, Kontinent 15, Frankfurt/Main-Berlin-Wien 1980; E. Hackl, Aber immer applaudierend . . ., Tagebuch, Wien, 7/8/1981; E. Cardenal, In Kuba, Wuppertal 1972, S. 151 f.
123 Günther W. Lorenz interviewt Miguel A. Asturias, Welt der Literatur, Hamburg, 20.7.1967.

Asien gründlich verändert

Ba Jin (Pa Tschin), Die Familie, Berlin-West 1980.
Ba Jin (Pa Tschin), Kalte Nächte, Frankfurt/Main 1981.
Ding Ling (Ting Ling), Das Tagebuch der Sophia, Frankfurt/Main 1980.
Ting Ling (Ding Ling), Sonne über dem Sanggan, Berlin-Ost 1952.
(A. Donath), Die Drachenschnur. Geschichten aus dem chinesischen Alltag, Darmstadt-Neuwied 1981.
(W. Franke), China Handbuch, Düsseldorf 1974.
(V. Klöpsch, R. Ptak), Hoffnung auf Frühling. Moderne chinesische Erzählungen, 1. Band 1919–1949, Frankfurt/Main 1980. (W. Kubin). Hundert Blumen. Moderne chinesische Erzählungen, 2. Band 1949–1979, Frankfurt/Main 1980.
Kursbuch 15 (darin: Dossier China, Lu Hsün u. a.), Frankfurt/Main 1968.
Lao She, Das Teehaus, Frankfurt/Main 1980.
Lao She, Zwischen Traum und Wirklichkeit, Frankfurt/Main 1982.
Lu Hsün (Lu Xun), Morgenblüten abends gepflückt, Berlin-Ost 1958.
Mao Dun, Shanghai im Zwielicht, Berlin-West 1979.
Mao Tse-tung, Ausgewählte Werke, Band 1–4, Peking 1968.
Selected Works of Mao Tse-tung, Volume V, Peking 1977.
Mao Tse-tung, Ausgewählte Militärische Schriften, Peking 1969.
(H. Martin), Mao intern, München 1974.
M. Schwiedrzik, Literaturfrühling in China? (Gespräche mit chinesischen Schriftstellern, darunter Ting Ling, Mao Tun, Ba Jin u. a.), Köln 1980.
(H. L. Schütz, M. L. Fenner), Weltliteratur heute, München 1982 (darin: M. Schwiedrzik, Annäherung an Lu Xun).

124 A. Tchurig, Tagore, Dresden 1921; E. Engelhardt, Rabindranath Tagore als Mensch, Dichter und Philosoph, Berlin 1921; W. Ruben, Geschichte der indischen Philosophie, Berlin-Ost 1954; M. Lal, R. Tagores Persönlichkeit und Lebenswerk, Universitas, Stuttgart, 4/1955.

125 R. Tagore, Briefe über Rußland, Leipzig 1961, S. 3.

126 Vgl. K. Abbas, Über Indiens Literaturen, Sowjetliteratur, Moskau-Berlin-Ost, 4/1955; J. N. Madan, Premchand, Lahore 1946; W. Ruben, Geschichte der indischen Philosophie, Berlin-Ost 1954; B. Gargi, Literaturbrief aus Indien, Neue Deutsche Literatur, Berlin-Ost, 3/1956; J. Tupikowa, Mulk Radsch Anand, Sowjetliteratur, Moskau, 9/1953.

127 Lu Hsün, Morgenblüten abends gepflückt, Berlin-Ost 1958, Nachwort von J. Herzfeld; Feng Hsueh-feng, Wegbereiter Lu Hsün, Aufbau, Berlin-Ost, 3–4/1957; Jef Last, Lu Hsün – Dichter und Idol, Frankfurt/Main 1959.

128 Kuo Mo-jo, Ah-Q-Geist, Neues Deutschland, Berlin-Ost, 21. 12. 1957, Beilage.

129 Yan I-fan, The Case of Hu Feng, Communist China Problem – Research Series, Hongkong 1956.

130 Mao Tse-tung, Reden in Jenan über Literatur und Kunst, Werke III; E. Snow; Roter Stern über China, Frankfurt/Main 1970; E. Snow, Die lange Revolution, Stuttgart 1973; R. S. Elegant, Chinas Rote Herren, Frankfurt/Main 1951 (darin Mao, Ting Ling, Kuo Mo-jo); P. Dittmar, Wörterbuch der Chinesischen Revolution, Freiburg 1975; (Th. Scharping), Mao Chronik, München-Wien 1976.

131 F. C. Weiskopf, Versunkenes China, Aufbau, Berlin-Ost, 9/1953.

132 I. Sergejew, Kuo Mo-jo – der Dichter einer großen Nation, Aus der Presse der Sowjetunion, 97/1953; M. Grycz-Liebgen, Kuo Mo-jos langer Marsch, Welt, Hamburg, 16. 11. 1972.

133 Das alte Lied, Spiegel, Hamburg, 9/1958.

134 Mao Tse-tung, Gedichte, Berlin-Ost 1958; Mao Tse-tung, Neunzehn Gedichte, Neue Deutsche Literatur, Berlin-Ost, 4/1959; (J. Schickel), Mao Tse-tung, 37 Gedichte, Hamburg 1965; zwei weitere Gedichte in: Beilage zu China im Bild, Peking 1976; drei nachgelassene Gedichte in: A. Donath, Der Osten wird weiß, Deutsche Welle, Köln, Herbst 1977 (Manuskript).

135 B. Brecht, Versuche 22–24, Berlin-Ost 1952, S. 144.

136 Die Sinnverwandlung der beiden letzten Zeilen ist umstritten. Schickel (Anm. 134) glaubt an ein Mißverständnis Brechts. Aber Brecht lag eine wörtliche Übersetzung von Wu An und Dr. Fritz Jensen vor, einem deutschen Kommunisten, der in der Umgebung Maos lebte und als verläßlicher China-Kenner gilt. Ein solches Mißverständnis ist selbst bei chinesischen Schriftzeichen kaum möglich. Vermutlich handelt es sich tatsächlich um verschiedene Fassungen.

137 Ho Chi Minh, Gedichte, Sonntag, Berlin-Ost, 29/1957; (M. Bretschneider), Nächte auf dem Marsch – Lyrik und Prosa aus Vietnam, Berlin-Ost 1968.

138 R. Elegant (Anm. 130), S. 144.

139 Ting Ling, Sonne über dem Sanggan, Berlin-Ost 1952, Vorwort, Nachwort von F. C. Weiskopf. Vgl. auch Jermaschew, Ding Ling und ihr Roman ›Sonne über dem Sanggan-Fluß‹, Presse der Sowjetunion, Berlin-Ost, 128/1952.

140 Tschou Jang, Die große Aussprache über Fragen der Literatur, Presse der Sowjetunion, Berlin-Ost, 61/62/1958; R. MacFarquar, The Hundred Flowers, London 1960; J. Schickel, China: Die Revolution der Literatur, München 1969; (J. Schickel), Der große strategische Plan, Dokumente zur Kulturrevolution, Berlin-West 1969; J. Glaubitz, Opposition gegen Mao, Olten-Freiburg/Breisgau 1969.

141 J. Schickel, ebda.; Ken ling, Maos kleiner General, München 1974; Holzschnitt im neuen China (Ausstellungskatalog), Berlin-West 1976; R. Hoffmann, Maos Rebellen, Hamburg 1977; R. Witke, Genossin Tschiang Tsching, München 1977.

142 (V. Klöpsch/R. Ptak), Hoffnung auf Frühling. Moderne chinesische Erzählungen, erster Band 1919–1949, Frankfurt/Main 1980, S. 284; H. Kremp, Der Untergang des alten Teehauses, Welt, Hamburg, 27. 9. 1980.

143 W. M. Schwiedrzik, Literaturfrühling in China (Gespräche mit chinesischen Schriftstellern, darunter Ting Ling, Mao Tun, Lao She u. a.), Köln 1980, S. 42.

R. Aron, Opium für Intellektuelle, Köln-Berlin 1957.
W. H. Auden, Das Zeitalter der Angst, München 1958, Nachdichtung K. H. Hansen.
P. Boris, Die sich lossagten (Lexikon der Renegaten und Dissidenten), Köln 1983.
M. Boveri, Der Verrat im XX. Jahrhundert, Hamburg 1956/60.
K. Čapek, Der Krieg mit den Molchen, Berlin-Ost 1954.
D. Caute, The Fellow-Travellers, New York 1973.
(R. Crossman), Der Gott der keiner war (The God That Failed), Konstanz-Zürich-Wien 1950.
Die europäischen Linksintellektuellen zwischen den beiden Weltkriegen, München 1967.
M. Djilas, Die neue Klasse, München 1958.
M. Djilas, Anatomie einer Moral, Olten-München 1962.
E. Fischer, Kunst und Koexistenz, Reinbek 1966.
R. Garaudy, Die große Wende des Sozialismus, München 1972.
A. Gide, Zurück aus Sowjetrußland. Retuschen zu meinem Rußlandbild, Zürich 1937.
A. Glucksmann, Die Meisterdenker, Reinbek 1978.
E. Hemingway, Wem die Stunde schlägt, Frankfurt/Main 1951.
(J. Hermand), Neues Handbuch der Literaturwissenschaft, Band 21, Wiesbaden 1979.
P. Istrati, Auf falscher Bahn, So geht es nicht, Rußland nackt (Drei Bücher über Sowjetrußland), München 1930.
(W. Klein), Paris 1935 (Internationaler Kongreß zur Verteidigung der Kultur), Berlin-Ost 1982.
A. Koestler, Sonnenfinsternis, Stuttgart 1948.
A. Koestler, Der Yogi und der Kommissar, Esslingen 1950.
A. Koestler, Pfeil ins Blaue, München 1953.
A. Koestler, Die Geheimschrift, München 1955.
(H. Krüger), Das Ende einer Utopie, Olten-Freiburg 1963.
L. Kolakowski, Der Mensch ohne Alternative, München 1960.
(L. Labedz), Der Revisionismus, Köln-Berlin 1965.
P. Lewis, George Orwell Biographie, Berlin-West 1982.
A. Malraux, Die Hoffnung, Stuttgart 1954.
H. Mayer, Ein Deutscher auf Widerruf, Band I, Frankfurt/Main 1982.
C. Milosz, Verführtes Denken, Köln-Berlin 1955.
J. Monnerot, Soziologie des Kommunismus, Köln-Berlin 1952.
G. Orwell, 1984, Baden-Baden, Stuttgart 1950.
G. Orwell, Mein Katalonien, München 1964.
F. J. Raddatz, Marxismus und Literatur, Band 3, Reinbek 1969.
G. Regler, Das Ohr des Malchus, Köln-Berlin 1958.
E. A. Roloff, Exkommunisten, Mainz 1969.
J. P. Sartre, Dramen, Stuttgart 1948.

A. Schaff, Marx oder Sartre? Versuch einer Philosophie des Menschen, Frankfurt/Main 1966.
J. Semprun, Was für ein schöner Sonntag, Frankfurt/Main 1981.
V. Serge, Beruf: Revolutionär, Frankfurt/Main 1967.
S. Spender, Welt zwischen Welten, Frankfurt/Main 1952.
M. Sperber, Wie eine Träne im Ozean, Köln-Berlin 1961.
M. Sperber, Die Achillesferse, Köln-Berlin 1960.

144 Vgl. I. Ehrenburg, Menschen, Jahre, Leben, Bd. II, München 1965; A. Kantorowicz, Heinrich Manns Beitrag zur deutsch-französischen Verständigung, Wissenschaftliche Zeitschrift der Humboldt-Universität zu Berlin, Gesellschafts- und sprachwissenschaftliche Reihe, Nr. 1, Jahrgang VI 1956/57; G. Nollau, Die Internationale, Köln 1959.

145 Vgl. auch B. Souvarine, Panait Istrati und der Kommunismus, Kontinent, Frankfurt/Main-Berlin-Wien, 20/1982. Danach setzen sich die drei Bände folgendermaßen zusammen: 1. persönliche Aussage Istratis, 2. Material der trotzkistischen Parteiopposition, 3. wirtschafts- und sozialpolitische Dokumentation des Pariser Sowjetexperten Souvarine.

146 A. Gide, Tagebuch 1939–1942, München 1948, Anhang.

147 J. Molotschkowski, Karel Čapek und das Heute, Neue Zeit, Moskau, 50/1958.

148 Vgl. W. E. Harkins, Karel Čapek, New York-London 1962. In seiner Rezension des Buches weist J. Dresler, Osteuropa, Stuttgart, 7–8/1965, auf zwei frühe, auch von Harkins übersehene Aufsätze Čapeks hin: Warum ich kein Kommunist bin? und Proletarische Kunst.

149 Zum Spanischen Bürgerkrieg: H. Thomas, Der Spanische Bürgerkrieg, Berlin-Frankfurt/Main-Wien 1964; A. Kantorowicz, Spanisches Kriegstagebuch, Hamburg 1979; H. Jaenecke, Es lebe der Tod, Hamburg 1980; J. Gorkin, Stalins langer Arm, Köln 1980.

150 J. Bloch-Michel, Interview mit Manès Sperber, Monat, Berlin-West, 130/1959.

151 M. Sperber, Qu'une larme dans l'océan, Paris 1952, Vorwort A. Malraux.

152 J. Becher, Verteidigung der Poesie, Berlin-Ost 1952, S. 119; Kongreß für kulturelle Freiheit, Monat, Berlin-West, 22–23/1950.

Fazit 3: Die verglühte Utopie

153 J. M. Bochenski/G. Niemeyer, Handbuch des Weltkommunismus, Freiburg-München 1958, S. 509.

154 I. Anissimow, Die Weltliteratur und die sozialistische Revolution, Sowjetwissenschaft – Kunst und Literatur, Berlin-Ost, 12/1959 und 1/1960; I. Anissimow, Nowaja Epocha Wsemirnoj Literatury, Moskau 1966.

155 A. Müller/G. Semmer, Geschichten vom Herrn B. (1. Band), Frankfurt/Main 1967, S. 51.

156 Der Gott der keiner war, München 1962, S. 167.

157 A. Kantorowicz, Deutsches Tagebuch, München 1959, I/645.

158 E. Niekisch, Gewagtes Leben, Köln-Berlin 1958, S. 153.

159 C. Pavese, Junger Mond, Hamburg 1954, S. 7.

160 E. Cardenal, In Kuba, Wuppertal 1972.

161 K. Pinthus, Menschheitsdämmerung, Hamburg 1959, S. 41.

162 J. R. Becher, Vom Verfall zum Triumph, Berlin-Ost 1961, S. 151.

163 B. Brecht, Der Flug der Lindberghs, Versuche, Berlin 1930, Heft 1.

164 V. Polonskaja, Erinnerungen an Majakowski, in: Kontinent, Frankfurt/Main, Berlin, Wien, 2/1983.

165 J. Stalin, Brief an Gorki, Neue Deutsche Literatur, Berlin-Ost, Sonderheft November 1952.

166 L. Renn, Gutsbesitzer, Offiziere, Kommunisten, Linkskurve, Berlin, 6/1931.

167 W. Majakowski, Ausgewählte Gedichte und Poeme, Berlin-Ost 1953, S. 379. Darin heißt es in der Nachdichtung von Hugo Huppert: ›Abschiednehmen kam ein ganzes Land / an das Mausoleum grenzen viele Länder.‹ Im Original V. Majakowski, Stichotvorenija i poemy, Bd. 2, S. 166, Moskwa 1961, heißt es zurückhaltender: ›Um von Iljitsch Abschied zu nehmen, verhielten wir unseren Schritt am Mausoleum.‹

168 J. Burckhardt, Über das Studium der Geschichte, München 1982, S. 211.

169 ebenda, S. 363.

170 ebenda, S. 213 f. (Hervorhebungen im Original).

171 W. Lenin, Über Kultur und Kunst, Berlin-Ost 1960, S. 635 f.

Register